U0895893

# 中国测绘地理信息年鉴

China Surveying, Mapping and Geoinformation Yearbook

2015

国家测绘地理信息局

# 中国地理位置图

中国地图出版社多圆锥投影（1983年）

比例尺 1 : 116 000 000

0 1160 2320 3480 4640千米

# 中国政区图

哈萨克斯坦
吉尔吉斯斯坦
塔吉克斯坦
蒙古
巴基斯坦
印度
尼泊尔
不丹
孟加拉国
缅甸
泰国
新疆维吾尔自治区
西藏自治区
青海
甘肃
四川
云南
乌鲁木齐
拉萨
西宁
兰州
成都
昆明
比什凯克
塔什干
伊斯兰堡
新德里
加德满都
廷布
达卡
内比都
万象
河内
准噶尔盆地
古尔班通古特沙漠
塔里木盆地
塔克拉玛干沙漠
青藏高原
巴丹吉林沙漠
腾格里
孟加拉湾
图例
首都
外国首都、首府
省级行政中心
地级市行政中心(外国重要城市同)
县级行政中心(外国一般城市同)
国界
未定国界
省、自治区、直辖市界
特别行政区界
地区界
军事分界线
山峰 关隘
珊瑚礁
长城
沙漠
常年河 时令河
运河 渠道
时令湖
淡水湖 咸水湖
井 泉
铁路
公路
双标准纬线等积圆锥投影 标准纬线25°、47°

比例尺 1:18 000 000

0 180 360 540 720 千米

▲ 2014 年 9 月 22 日，中共中央政治局常委、国务院副总理张高丽（左）在纽约联合国总部向联合国秘书长潘基文（右）递交中国政府捐赠的 30 米分辨率全球地表覆盖数据光盘。

▲ 2014 年 10 月 23 日，中共中央政治局委员、新疆维吾尔自治区党委书记张春贤（左一）参观中国测绘科技馆。

▲ 2014 年 6 月 16 日，国土资源部部长、党组书记，国家土地总督察姜大明（右二）到中国测绘创新基地调研，参观测绘地理信息技术装备。

▲ 2014 年 1 月 28 日，总参谋长助理乙晓光中将（右五）视察驻京某测绘导航基地。

▲ 2014 年 12 月 26 日，国家测绘地理信息局局长库热西·买合苏提出席全国测绘地理信息工作会议并作工作报告。

▲ 2014 年 3 月 18 日，国家测绘地理信息局局长徐德明出席“感动测绘人物”颁奖仪式并讲话。

▲ 2014 年 4 月 21 日，国家测绘地理信息局局长库热西·买合苏提（右）在中国测绘创新基地会见土耳其国家测绘局局长麦延·凯萨普（左）。

▲ 2014 年 5 月 5 日，总参测绘导航局局长薛贵江（前右一）陪同国家测绘地理信息局局长库热西·买合苏提（前右二）、副局长王春峰（前右四）到解放军卫星导航定位总站调研。

▲ 2014 年 5 月 9 日，四川省委书记王东明（右）在成都会见国家测绘地理信息局局长库热西·买合苏提（左），双方就加快推进四川测绘地理信息工作交换意见。

▲ 2014 年 5 月 23 日，国家测绘地理信息局局长库热西·买合苏提（左）在中国测绘创新基地会见联合国副秘书长吴红波（右），双方就全球地表覆盖遥感制图成果在联合国范围内推广应用等问题进行探讨和交流。

▲ 2014年9月4日，国家测绘地理信息局局长库热西·买合苏提（右三）、湖北省副省长许克振（左二）在武汉参观地理信息企业成果展。

▲ 2014年11月9日，江西省省长鹿心社（右）在南昌会见国家测绘地理信息局局长库热西·买合苏提（左）。

▲ 2014 年 11 月 17 日，吉林省委书记巴音朝鲁（右二），副书记、省长蒋超良（右一）在长春会见国家测绘地理信息局局长库热西·买合苏提（左二）、副局长王春峰（左一）。

▲ 2014 年 1 月 23 日，总参测绘导航局局长薛贵江（左三）到成都某测绘导航基地慰问官兵。

▲ 2014 年 5 月 29 日，国家测绘地理信息局副局长王春峰出席测绘地理信息“十二五”规划评估工作会议并讲话。

▲ 2014 年 6 月 19 日，国家测绘地理信息局副局长王春峰（前左三）到陕西省第一次地理国情普查汉中洋县测区检查指导工作。

▲ 2014 年 9 月 29 日，国家测绘地理信息局副局长李维森（右）赴四川调研第一次全国地理国情普查工作。

▲ 2014 年 10 月，国家测绘地理信息局副局长李维森（前左四）率代表团访问匈牙利、波兰两国测绘地理信息主管部门，并与匈牙利签署了中匈测绘地理信息合作谅解备忘录。

▲ 2014 年 9 月 25 日，2014 中国地理信息产业大会在成都开幕，国家测绘地理信息局副局长、中国地理信息产业协会会长宋超智作报告。

▲ 2014 年 11 月 7 日，全国测绘地理信息宣传工作会议在长沙召开，国家测绘地理信息局副局长宋超智主持会议并作工作报告。

▲ 2014 年 6 月 5 日～6 日，国家测绘地理信息局副局长闵宜仁（右三）到安徽巡查督导第一次全国地理国情普查工作。

▲ 2014 年 9 月 9 日，国家测绘地理信息局副局长闵宜仁在局党组中心组（扩大）理论学习专题辅导报告会上作专题报告。

▲ 2014 年 9 月 11 日，国家测绘地理信息局党组成员、纪检组组长于贤成（左三），总工程师李志刚（右三）到新疆维吾尔自治区测绘地理信息局调研督导第一次全国地理国情普查工作。

▲ 2014 年 11 月 26 日，国家测绘地理信息局党组成员、纪检组组长于贤成出席在成都举办的国家测绘地理信息局青年学术和技术带头人培训班开班式并讲话。

▲ 2014 年 3 月 21 日，国家测绘地理信息局副局长李朋德（中）出席在中国测绘创新基地召开的极地测绘地理信息科技工作座谈会，接见南极科考测绘队员代表。

▲ 2014 年 5 月 18 日～19 日，以“数字矿山、绿色矿山、安全矿山”为主题的 2014 年中国国际矿山测量学术论坛在西安召开，国家测绘地理信息局副局长李朋德出席会议并讲话。

▲ 2014年8月7日～11日，国家测绘地理信息局总工程师李志刚（左三）到甘肃、宁夏调研“天地图”建设及应用推广情况。

▲ 2014年2月12日，江苏省副省长、国家信息农业工程技术中心主任曹卫星（右）到江苏省测绘地理信息局调研。

▲ 2014 年 2 月 19 日，四川省副省长侍俊（前左二）到四川测绘地理信息局调研四川省部分重点地区精确测绘工作。

▲ 2014 年 3 月 27 日，甘肃省委常委、常务副省长罗笑虎（前右四）到甘肃省测绘地理信息局视察指导测绘地理信息工作。

▲ 2014 年 4 月 2 日，吉林省委常委、常务副省长马俊清主持召开吉林省地理国情普查领导小组工作会议并讲话。

▲ 2014 年 7 月 16 日，国家测绘地理信息局和陕西省政府在西安召开省地理国（省）情监测会议，陕西省副省长白阿莹（右二）出席会议并讲话，省政府副秘书长杨长亚（右四）主持会议，国家测绘地理信息局副局长李维森（右三）出席会议。

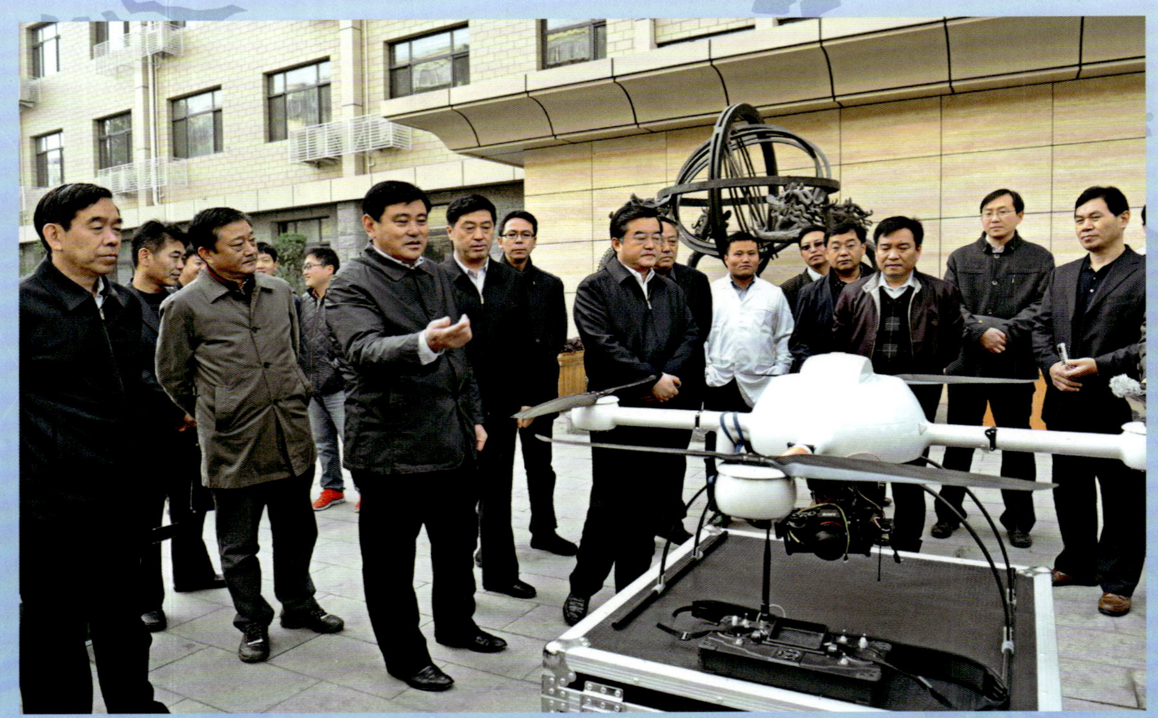

▲ 2014 年 11 月 10 日，河北省省长张庆伟（前排中）到河北省地理信息局参观测绘应急装备。

▲ 2014 年 12 月 1 日，江苏省委常委、副省长、省普查领导小组组长徐鸣（前右二）到江苏溧阳指导第一次全国地理国情普查工作。

▲ 2014 年 1 月 13 日，全国测绘地理信息局长会议在中国测绘创新基地召开。

▲ 2014 年 3 月 18 日，首届“吉威时代杯”感动测绘人物颁奖仪式在中国测绘创新基地举行，10 名测绘地理信息工作者获“感动测绘人物”称号。

▲ 2014 年 5 月 8 日，国家测绘地理信息局完成的“中国西部 1:5 万地形图空白区测图工程”获世界地理空间信息杰出工程奖。

▲ 2014 年 6 月 8 日，国家测绘地理信息局在中国测绘创新基地召开测绘地理信息界院士座谈会。

▲ 2014年6月9日，由国家测绘地理信息局与联合国统计司共同主办的联合国地理信息与统计融合国际研讨班在中国测绘创新基地开幕。

▲ 2014年6月13日～14日，第一次全国地理国情普查现场交流会在浙江省德清县举行。

▲ 2014 年 6 月 17 日，总参测绘导航局与国家测绘地理信息局在中国测绘创新基地举行工作座谈。

▲ 2014 年 8 月 27 日，国家测绘地理信息局与中国兵器工业集团公司签署战略合作框架协议。

▲ 2014 年 8 月 29 日，全国测绘法宣传日主场活动在山东潍坊举行。

▲ 2014 年 10 月 22 日～24 日，联合国第三次全球地理信息管理高层论坛在中国测绘创新基地举行。

▲ 2014 年 11 月 7 日，全国测绘地理信息宣传工作会议在长沙召开。

▲ 2014 年 11 月 18 日，国家测绘地理信息局与吉林省政府在长春签订民用遥感卫星和地理信息产业发展战略合作框架协议。

▲ 2014 年 11 月 25 日，第二届全国国家版图知识竞赛团体赛总决赛在北京落幕。

▲ 2014 年 12 月 26 日～27 日，全国测绘地理信息工作会议在中国测绘创新基地召开。

▲ 2014 年 2 月 6 日，执行中国第 30 次南极科考测绘任务的黑龙江测绘地理信息局测绘队员归国。

▲ 2014 年 3 月，新疆维吾尔自治区测绘地理信息局测绘科学研究院对红山、昌吉、天池、阜康、白杨沟、大阪城 6 个北斗地基增强系统基准站开展测试工作。

▲ 2014 年 4 月，吉林省测绘外业队员进行地理国情普查外业核查工作。

▲ 2014 年 6 月，教育部和国家测绘地理信息局联合主办的 2014 年全国职业院校技能大赛测绘赛项在河南省开封市举行总决赛，图为参赛选手在进行规定项目比赛。

▲ 2014 年 8 月 6 日，南京军区某测绘信息中心执行南京青奥会安保测绘导航保障任务。

▲ 2014 年 8 月，国家测绘产品质量检验测试中心的测绘队员在西藏进行查图工作。

▲ 2014 年 11 月 23 日，四川测绘地理信息局测绘技术服务中心的测绘应急分队队员组装、调试无人机，为获取康定地震灾区高分辨率影像做准备。

▲ 2014 年 5 月 27 日～29 日，全国测绘地理信息系统第三届“中色杯”羽毛球比赛在河北省石家庄市举办。

# 2014 年国家测绘地理信息局新任领导简介

## 国家测绘地理信息局局长、党组书记 库热西·买合苏提

库热西·买合苏提，男，维吾尔族，1960 年 3 月生，新疆皮山人，1977 年 1 月参加工作，1984 年 1 月加入中国共产党，中央党校研究生院经济管理专业毕业，中央党校研究生学历。

1977 年 1 月 ~ 1977 年 9 月，新疆军区测绘大队教导队学员；1977 年 9 月 ~ 1979 年 2 月，解放军测绘学院航测系学习；1979 年 2 月 ~ 1980 年 9 月，乌鲁木齐军区第二测绘大队制图队测绘员；1980 年 9 月 ~ 1982 年 2 月，广州军区测绘大队航测内业队技术员；1982 年 2 月 ~ 1986 年 7 月，乌鲁木齐军区第二测绘大队制图队、航测内业队副中队长；1986 年 7 月 ~ 1988 年 5 月，新疆维吾尔自治区党委党校教务处、业教处干部；1988 年 5 月 ~ 1992 年 12 月，新疆维吾尔自治区监察厅干部；1992 年 12 月 ~ 1993 年 2 月，新疆维吾尔自治区监察厅三处副处长；1993 年 2 月 ~ 1996 年 1 月，新疆维吾尔自治区纪委纪检监察二室副主任；1996 年 1 月 ~ 1998 年 10 月，新疆维吾尔自治区纪委常委；1998 年 10 月 ~ 2000 年 4 月，新疆维吾尔自治区哈密地区行署副专员（1996 年 8 月 ~ 1998 年 12 月，中央党校函授经济管理专业学习）；2000 年 4 月 ~ 2003 年 1 月，新疆维吾尔自治区哈密地委副书记、行署专员；2003 年 1 月 ~ 2007 年 12 月，新疆维吾尔自治区副主席（2001 年 9 月 ~ 2004 年 7 月，中央党校研究生院经济管理专业学习）；2007 年 12 月 ~ 2008 年 2 月，新疆维吾尔自治区党委常委，自治区副主席；2008 年 2 月 ~ 2012 年 2 月，新疆维吾尔自治区党委常委，自治区副主席，自治区国资委党委书记；2012 年 2 月 ~ 2014 年 3 月，新疆维吾尔自治区党委常委，自治区副主席；2014 年 3 月，国土资源部副部长、党组成员，国家测绘地理信息局局长、党组书记。

# 《中国测绘地理信息年鉴》编纂委员会



# 《中国测绘地理信息年鉴》协调员

## 《中国测绘地理信息年鉴》编辑部

# 编辑说明

《中国测绘地理信息年鉴》由国家测绘地理信息局组织编纂。本卷年鉴主要记述测绘地理信息行业2014年内对国家经济建设和社会发展有重大影响的事件、活动、成果和重要统计资料等内容，除部首彩页外，设有综述、特载、综合工作、地方工作、行业单位工作、法律法规、公告、大事记、统计资料、插页、附录等11个栏目。

年鉴稿件由国家测绘地理信息局机关各司室，局属各单位，总参测绘导航局编研室，各省、自治区、直辖市、计划单列市测绘地理信息行政主管部门，新疆生产建设兵团测绘地理信息主管部门，省级主要测绘地理信息单位，部分甲级测绘资质单位，有关测绘地理信息社团，武汉大学，郑州测绘学校等提供。部首彩页由国家测绘地理信息局办公室、总参测绘导航局编研室、中国测绘宣传中心和有关测绘地理信息单位等提供。中国地理位置图和中国政区图由中国地图出版集团提供。根据国家有关规定，年鉴各栏目未收录我国香港、澳门特别行政区和台湾省的资料。

二〇一五年八月

# Remarks

China Surveying, Mapping and Geoinformation Yearbook, compiled by National Administration of Surveying, Mapping and Geoinformation (NASG), contains major events, activities, achievements and important statistical materials of surveying, mapping and geoinformation sector which were significant to national economic development and social progress in 2014. Besides the colored front pages, it comprised 11 parts including summary, highlights, comprehensive work, local work, work of entities of surveying, mapping and geoinformation sector, laws and regulations, announcements, memorabilia, statistics, foldouts and appendixes.

Materials of the Yearbook were provided by NASG departments and its sub-institutions, the Military Surveying, Mapping and Navigation Bureau, surveying, mapping and geoinformation administrative departments of provinces, autonomous regions, municipalities, cities specially designated in the state plan, and Xinjiang Production and Construction Corps, major surveying, mapping and geoinformation organizations at provincial level, organizations or enterprises with Class A surveying and mapping qualification, surveying, mapping and geoinformation societies or associations, Wuhan University, Zhengzhou School of Surveying and mapping, etc. The colored front pages were provided by the General Office of NASG, the Editing and Research Office of the Military Surveying, Mapping and Navigation Bureau, China Surveying and Mapping Publicizing Center, and other related surveying, mapping and geoinformation organizations. China's Geographic Location Map and China's Administrative Map were provided by SinoMaps Press. Statistics of Hong Kong, Macao and Taiwan are not included in the yearbook in accordance with relevant national regulations.

August, 2015

# 目　录

综述 …………………………………………………………………………（1）

# 特　载

**重要文献** ……………………………………………………………………（4）
国务院办公厅关于促进地理信息产业发展的意见 ……………………………（4）
国家发展改革委员会 国家测绘地信局关于印发国家地理信息产业发展规划（2014-2020 年）的通知 ……………………………………………………………………（7）
关于印发全国测绘地理信息局长会议文件的通知 ……………………………（7）
国家测绘地理信息局关于北斗卫星导航系统推广应用的若干意见 …………（24）
关于印发《国家测绘地理信息局工作规则》的通知 …………………………（26）
关于印发《中共国家测绘地理信息局党组工作规则》的通知 ………………（30）
关于印发《中共国家测绘地理信息局党组贯彻落实〈建立健全惩治和预防腐败体系 2013—2017 年工作规划〉实施办法》的通知 ……………………………………（33）
关于印发《国家测绘地理信息局领导干部选拔任用工作办法》等 6 项制度的通知 ……（37）
关于印发《测绘地理信息部门信息化建设指导意见》的通知 ………………（49）
关于印发《国家测绘地理信息局全面深化改革的实施意见》的通知 ………（55）
关于印发测绘资质管理规定和测绘资质分级标准的通知 ……………………（59）
关于印发《注册测绘师执业管理办法（试行）》的通知 ………………………（65）
**领导讲话** ……………………………………………………………………（68）
国土资源部部长姜大明在测绘地理信息工作汇报会上的讲话 ………………（68）
国土资源部部长姜大明在 2014 年全国测绘地理信息工作会议上的讲话 ……（71）
中央组织部副部长王尔乘在国家测绘地理信息局干部大会上的讲话 ………（75）
中央教育实践活动第 30 督导组组长吴定富在国家测绘地理信息局党的群众路线教育实践活动总结大会上的讲话 ……………………………………………………（76）
国家测绘地理信息局局长徐德明在国家测绘地理信息局党的群众路线教育实践活动总结大会上的讲话 ……………………………………………………………（78）
国家测绘地理信息局局长，国务院第一次全国地理国情普查领导小组副组长、办公室主任徐德明在全国地理国情普查工作会议上的讲话 ……………………………（84）
国家测绘地理信息局局长库热西・买合苏提在李克强同志视察中国测绘创新基地重要讲话三周年座谈会上的讲话 ……………………………………………………（87）

国家测绘地理信息局局长库热西·买合苏提在第一次全国地理国情普查现场交流会上的讲话 ……（91）
国家测绘地理信息局局长库热西·买合苏提在全国测绘地理信息局长座谈会上的讲话 ……（94）
国家测绘地理信息局局长库热西·买合苏提在国家测绘地理信息局党组会议上关于传达学习贯彻张高丽副总理对第一次全国地理国情普查重要批示精神的讲话 ……（101）
国家测绘地理信息局局长库热西·买合苏提在全国地理信息产业促进工作现场会上的讲话 ……（102）
国家测绘地理信息局局长库热西·买合苏提在数字城市建设与智慧城市探索专题研究班上的讲话 …（107）
国家测绘地理信息局局长库热西·买合苏提在全国测绘地理信息宣传工作会议上的讲话 ……（110）
国家测绘地理信息局局长库热西·买合苏提在2014年全国测绘地理信息工作会议上的工作报告 …（113）
国家测绘地理信息局副局长王春峰在学习贯彻习近平总书记系列讲话精神集中轮训结业式上的讲话 ……（123）
国家测绘地理信息局副局长王春峰在测绘地理信息界院士座谈会上的讲话 ……（125）
国家测绘地理信息局副局长李维森在国家测绘地理信息局安全生产委员会视频电话会议上的讲话 ……（127）
总结经验 承前启后 转型升级 再创辉煌
——国家测绘地理信息局副局长李维森在数字城市向智慧城市转型升级工作会议上的讲话 ……（128）
国家测绘地理信息局副局长宋超智就新版测绘资质管理规定和测绘资质分级标准答记者问 ……（134）
国家测绘地理信息局副局长宋超智在全国测绘地理信息宣传工作会议上的讲话 ……（137）
国家测绘地理信息局副局长闵宜仁在贯彻落实《国务院办公厅关于促进地理信息产业发展的意见》工作会议上的讲话 ……（141）
国家测绘地理信息局副局长闵宜仁在全国地理信息与地图（测绘成果管理）工作会议上的讲话 …（144）
严格纪律约束 强化执纪监督 深入推进党风廉政建设和反腐败工作
——国家测绘地理信息局党组成员、纪检组组长于贤成在全国测绘地理信息系统党风廉政建设工作会议上的讲话 ……（149）
国家测绘地理信息局党组成员、纪检组组长于贤成在全国测绘地理信息系统文化建设座谈会上的讲话 ……（154）
国家测绘地理信息局副局长李朋德在信息化测绘技术体系建设座谈会上的讲话 ……（158）
**重要会议** ……（159）
国家测绘地理信息局安全生产委员会电视电话会议 ……（159）
全国测绘地理信息局长会议 ……（160）
国家测绘地理信息局党的群众路线教育实践活动总结大会 ……（160）
全国测绘地理信息系统党风廉政建设工作会议 ……（160）
贯彻落实《国务院办公厅关于促进地理信息产业发展的意见》工作会议 ……（161）
全国地理国情普查工作会议 ……（161）
全国地理信息与地图（测绘成果管理）工作会议 ……（162）
李克强视察中国测绘创新基地重要讲话三周年座谈会 ……（162）
测绘地理信息界院士座谈会 ……（162）
全国测绘地理信息法制与行业管理工作会议 ……（162）
全国测绘地理信息局长座谈会 ……（163）
全国地理信息产业促进工作现场会 ……（163）
数字城市向智慧城市转型升级工作会 ……（163）
全国测绘地理信息工作会议 ……（164）
**重大事件** ……（164）
两项测绘地理信息科技成果荣获国家科学技术奖励 ……（164）

国务院办公厅印发关于促进地理信息产业发展的意见 …… (164)
《中华人民共和国测绘法》修订列入国务院立法计划 …… (164)
新时期“感动测绘人物”推选活动揭晓 …… (165)
西部测图工程获“世界地理空间信息杰出工程奖” …… (165)
第一次全国地理国情普查取得进展 …… (165)
国家测绘地理信息局出台全面深化改革实施意见 …… (165)
中国政府向联合国捐赠高分辨率全球地表覆盖数据 …… (165)
国土资源部与国家测绘地理信息局深化业务协作 …… (166)
联合国第三次全球地理信息管理高层论坛在北京举办 …… (166)
全国国家版图知识竞赛圆满落幕 …… (166)

# 综合工作

**重点工作** …… (167)
数字城市、智慧城市建设 …… (167)
“天地图”建设与应用 …… (167)
地理国情监测 …… (168)
地理信息产业 …… (169)
**政策法规** …… (169)
政策研究 …… (169)
立法工作 …… (170)
政务公开 …… (170)
依法行政 …… (170)
行政执法 …… (170)
法制宣传 …… (171)
**规划与计划** …… (171)
重要规划 …… (171)
重大战略 …… (172)
测绘地理信息发展研究 …… (172)
**基础测绘** …… (172)
经费投入 …… (172)
基础测绘项目 …… (173)
测绘基准管理 …… (174)
基础航空摄影与卫星影像获取 …… (174)
安全生产 …… (175)
**海洋测绘** …… (175)
航海图书编制出版 …… (175)
海图编制出版 …… (175)
**界线测绘** …… (176)
**卫星测绘** …… (176)

测绘卫星建设与规划 …… (176)
卫星测绘关键技术研究 …… (177)
**质量监督与计量** …… (178)
**市场监管** …… (178)
测绘资质管理 …… (178)
市场管理 …… (179)
诚信管理 …… (179)
**地图管理与地图公共服务** …… (179)
地图审核 …… (179)
互联网地图监管 …… (180)
地图市场监管 …… (180)
地图公共服务 …… (180)
国家版图意识宣传教育 …… (181)
**测绘地理信息成果管理与应用** …… (181)
资料档案建设 …… (181)
成果提供 …… (182)
涉密测绘成果管理 …… (182)
测量标志保护 …… (182)
应急保障 …… (182)
**科技工作** …… (183)
科技创新体系 …… (183)
科技项目 …… (183)
科技成果 …… (185)
科技奖励 …… (186)
**测绘地理信息标准化** …… (186)
标准化研究 …… (186)
国家标准制修订 …… (186)
行业标准制修订 …… (187)
计量标准化 …… (187)
国际标准化 …… (187)
标准宣传贯彻 …… (187)
**财务工作** …… (187)
财务制度建设 …… (187)
预算管理 …… (187)
决算管理 …… (188)
财务监管 …… (188)
政府采购 …… (188)
国有资产管理 …… (188)
**行政体制与队伍建设** …… (188)
机构编制 …… (188)
事业单位改革 …… (189)
人才队伍建设 …… (189)
离退休干部管理 …… (190)

职业资格管理 …… (191)

**对外合作与交流** …… (192)

测绘地理信息“走出去” …… (192)

双边合作 …… (192)

多边合作 …… (192)

**政务工作** …… (192)

建议提案办理 …… (192)

文秘档案管理 …… (193)

信息编发 …… (193)

保密工作 …… (193)

政务信息化建设 …… (193)

维护稳定工作 …… (194)

**宣传工作** …… (194)

宣传管理 …… (194)

专题宣传 …… (195)

**新闻出版** …… (197)

地图图书出版 …… (197)

期刊出版 …… (199)

**统计工作** …… (199)

统计管理 …… (199)

统计制度建设 …… (199)

统计信息化 …… (200)

统计信息服务 …… (200)

统计调查研究 …… (200)

**测绘地理信息教育** …… (200)

教育指导 …… (200)

武汉大学 …… (200)

郑州测绘学校 …… (201)

中国测绘科学研究院 …… (202)

**党的建设与党风廉政建设** …… (203)

党的群众路线教育实践活动 …… (203)

党建工作 …… (203)

党风廉政建设 …… (203)

**文化建设** …… (204)

思想文化建设 …… (204)

精神文明建设 …… (204)

群团工作 …… (205)

**学术社团** …… (205)

中国测绘地理信息学会 …… (205)

中国地理信息产业协会 …… (206)

中国卫星导航定位协会 …… (207)

其他学术组织 …… (208)

# 地方工作


北京市 …… (209)
天津市 …… (214)
河北省 …… (218)
山西省 …… (224)
内蒙古自治区 …… (230)
辽宁省 …… (232)
吉林省 …… (235)
黑龙江省 …… (242)
上海市 …… (248)
江苏省 …… (252)
浙江省 …… (258)
安徽省 …… (263)
福建省 …… (266)
江西省 …… (271)
山东省 …… (275)
河南省 …… (281)
湖北省 …… (287)
湖南省 …… (292)
广东省 …… (296)
广西壮族自治区 …… (301)
海南省 …… (306)
重庆市 …… (310)
四川省 …… (314)
贵州省 …… (322)
云南省 …… (325)
西藏自治区 …… (330)
陕西省 …… (333)
甘肃省 …… (340)
青海省 …… (346)
宁夏回族自治区 …… (351)
新疆维吾尔自治区 …… (353)
新疆生产建设兵团 …… (359)
青岛市 …… (361)
大连市 …… (362)
宁波市 …… (365)
深圳市 …… (367)
厦门市 …… (370)

# 行业单位工作

北京市 ……………… (375)
天津市 ……………… (377)
河北省 ……………… (382)
山西省 ……………… (390)
辽宁省 ……………… (391)
吉林省 ……………… (393)
黑龙江省 ……………… (396)
江苏省 ……………… (402)
浙江省 ……………… (405)
福建省 ……………… (408)
江西省 ……………… (411)
山东省 ……………… (416)
河南省 ……………… (420)
湖北省 ……………… (425)
湖南省 ……………… (428)
广东省 ……………… (432)
广西壮族自治区 ……………… (443)
海南省 ……………… (446)
重庆市 ……………… (448)
四川省 ……………… (450)
西藏自治区 ……………… (458)
陕西省 ……………… (458)
青海省 ……………… (470)
宁夏回族自治区 ……………… (473)
新疆维吾尔自治区 ……………… (474)

# 法律法规

**部门规章** ……………… (481)
测绘地理信息行政执法证管理办法
中华人民共和国国土资源部令第58号，2014年4月10日国土资源部第2次部务会议通过 …… (481)
**重要规范性文件** ……………… (483)
关于印发《地理国情普查过程质量监督抽查规定》和《地理国情普查检查验收与质量评定规定》
的通知

国地普办〔2014〕1号 2014年1月9日 …… (483)
关于印发《第一次全国地理国情普查考核管理细则》和《第一次全国地理国情普查质量管理细则》的通知
国地普办〔2014〕5号 2014年1月24日 …… (483)
关于贯彻落实《国务院办公厅关于促进地理信息产业发展的意见》的通知
国测信发〔2014〕2号 2014年2月12日 …… (491)
关于印发《国家测绘地理信息局重点实验室管理办法》的通知
国测科发〔2014〕1号 2014年4月9日 …… (492)
关于印发《地理国情普查成果资料汇交与归档基本要求》的通知
国地普办〔2014〕14号 2014年4月16日 …… (495)
关于进一步加强实景地图审核管理工作的通知
国测图发〔2014〕4号 2014年9月25日 …… (495)
**规范性文件目录** …… (496)
综合 …… (496)
市场监管与执法 …… (497)
机构设置与人事管理 …… (497)
规划与财务工作 …… (498)
基础测绘与地理国情普查 …… (498)
测绘成果管理与地理信息服务 …… (499)
科技与国际合作 …… (499)
党的建设 …… (499)
**地方法规、规章及重要规范性文件** …… (500)
河北省人民政府办公厅关于促进地理信息产业发展的实施意见
冀政办函〔2014〕61号 2014年6月19日 …… (500)
河北省人民政府办公厅关于加强卫星定位连续运行参考站建设及使用管理的通知
2014年11月13日 …… (502)
河北省地理信息局 河北省发展和改革委员会 河北省财政厅关于加强卫星定位连续运行参考站建设管理的通知
冀地信〔2014〕55号 2014年8月28日 …… (503)
山西省人民政府办公厅关于促进地理信息产业发展的实施意见
晋政办发〔2014〕69号 2014年9月9日 …… (503)
吉林省人民政府办公厅关于促进地理信息产业发展的实施意见
吉政办发〔2014〕15号 2014年4月22日 …… (506)
吉林省地理信息公共服务办法
《吉林省地理信息公共服务办法》已经2014年6月13日省政府第7次常务会议审议通过，现予公布，自2014年8月1日起施行
吉林省人民政府令第245号 2014年6月24日 …… (510)
黑龙江省人民政府办公厅关于促进地理信息产业发展的实施意见
黑政办发〔2014〕53号 2014年11月5日 …… (512)
江苏省人民政府办公厅关于促进地理信息产业发展的实施意见
苏政办发〔2014〕87号 2014年10月22日 …… (514)
浙江省人民政府办公厅关于进一步推进地理信息产业发展的实施意见
浙政办发〔2014〕127号 2014年11月11日 …… (517)

福建省人民政府关于数字福建智慧城市建设的指导意见
闽政〔2014〕14 号　2014 年 4 月 10 日 …………………………………………（520）
江西省人民政府办公厅关于促进地理信息产业发展的实施意见
赣府厅发〔2014〕56 号　2014 年 11 月 13 日 ……………………………………（525）
陕西省测绘成果管理条例
2014 年 11 月 27 日陕西省第十二届人民代表大会常务委员会第十四次会议修订 ……………（527）
陕西省人民政府办公厅关于促进地理信息产业发展的意见
陕政办发〔2014〕45 号　2014 年 5 月 18 日 ……………………………………（531）
青海省人民政府办公厅贯彻落实《国务院办公厅关于促进地理信息产业发展的意见》的实施意见
青政发〔2014〕189 号　2014 年 11 月 24 日 ……………………………………（533）
大连市人民政府办公厅关于做好大连市地理信息公共平台应用与维护工作的通知
大政办发〔2014〕7 号　2014 年 2 月 25 日 ……………………………………（537）

## 公　告

国家测绘地理信息局公告 ……………………………………………………（538）
测绘质量检查公告 ……………………………………………………………（555）
省级测绘地理信息公告 ………………………………………………………（557）

## 大　事　记

一　月 ……………………………………………………………………（562）
二　月 ……………………………………………………………………（563）
三　月 ……………………………………………………………………（564）
四　月 ……………………………………………………………………（565）
五　月 ……………………………………………………………………（565）
六　月 ……………………………………………………………………（566）
七　月 ……………………………………………………………………（567）
八　月 ……………………………………………………………………（568）
九　月 ……………………………………………………………………（568）
十　月 ……………………………………………………………………（569）
十一月 ……………………………………………………………………（570）
十二月 ……………………………………………………………………（571）

# 统计资料

一、综合 ……………………………………………………………………………………………………………（574）
表 1 2014 年测绘服务总值……………………………………………………………………………………（574）
表 2 2014 年年末从业人员……………………………………………………………………………………（575）
表 3 2007—2014 年测绘资质单位数量、从业人员和服务总值……………………………………………（576）
表 4 2007—2014 年测绘地理信息系统服务总值和从业人员………………………………………………（578）
表 5 1974—2014 年测绘地理信息系统测绘成果提供………………………………………………………（580）
表 6 1974—2014 年测绘地理信息系统地图图书出版………………………………………………………（581）
二、测绘地理信息管理机构 …………………………………………………………………………………（582）
表 7 2014 年测绘地理信息管理机构设置……………………………………………………………………（582）
三、测绘资质单位 ……………………………………………………………………………………………（584）
表 8 2014 年按类别分单位数量和服务总值…………………………………………………………………（584）
表 9 2014 年按地区分单位数量和服务总值…………………………………………………………………（585）
表 10 2014 年按类别分测绘从业人员 ………………………………………………………………………（586）
表 11 2014 年按地区分测绘从业人员 ………………………………………………………………………（587）
表 12 2014 年按类别分主要仪器设备 ………………………………………………………………………（588）
表 13 2014 年按地区分主要仪器设备 ………………………………………………………………………（590）
四、测绘地理信息系统单位 …………………………………………………………………………………（592）
（一）测绘服务总值 …………………………………………………………………………………………（592）
表 14 2014 年测绘服务总值和劳动生产率 …………………………………………………………………（592）
（二）生产 ……………………………………………………………………………………………………（593）
表 15 2014 年测绘基准建设 …………………………………………………………………………………（593）
表 16 2014 年航空航天遥感资料获取 ………………………………………………………………………（594）
表 17 2014 年地理信息数据生产 ……………………………………………………………………………（595）
表 18 2014 年地图编制 ………………………………………………………………………………………（599）
表 19 2014 年界线测绘和工程测量 …………………………………………………………………………（600）
表 20 2014 年地理信息系统开发 ……………………………………………………………………………（601）
表 21 2014 年全国 1:1 万地图覆盖 …………………………………………………………………………（602）
（三）地图图书出版和地图审核 ……………………………………………………………………………（603）
表 22 2014 年地图图书出版 …………………………………………………………………………………（603）
表 23 2014 年地图审核 ………………………………………………………………………………………（604）
（四）科技 ……………………………………………………………………………………………………（605）
表 24 2014 年测绘地理信息系统科技研究 …………………………………………………………………（605）
表 25 2014 年直属单位科技研究 ……………………………………………………………………………（606）
表 26 2014 年科技成果 ………………………………………………………………………………………（607）
（五）人力资源 ………………………………………………………………………………………………（608）
表 27 2014 年直属单位人员 …………………………………………………………………………………（608）
表 28 2014 年地方单位人员 …………………………………………………………………………………（610）

表 29　2014 年直属单位从业人员增减变动 …… (612)
表 30　2014 年地方单位从业人员增减变动 …… (613)
表 31　2014 年直属单位年末从业人员分类 …… (614)
表 32　2014 年地方单位年末从业人员分类 …… (615)
**(六) 专业人才** …… (616)
表 33　2014 年测绘地理信息系统专业技术人员 …… (616)
表 34　2014 年直属单位专业技术人员 …… (617)
表 35　2014 年西部地区专业技术人员 …… (618)
表 36　2014 年测绘地理信息系统专家 …… (619)
表 37　2014 年直属单位专家 …… (620)
表 38　2014 年西部地区专家 …… (621)
**(七) 测绘成果管理与应用** …… (622)
表 39　2014 年按类别分地形图、专题地图、地图集和电子地图提供 …… (622)
表 40　2014 年按地区分地形图、专题地图、地图集和电子地图提供 …… (623)
表 41　2014 年按类别分数字测绘成果提供 …… (624)
表 42　2014 年按地区分数字测绘成果提供 …… (626)
表 43　2014 年按类别分测绘基准成果、航摄成果和卫星影像提供 …… (628)
表 44　2014 年按地区分测绘基准成果、航摄成果和卫星影像提供 …… (629)
表 45　2014 年测绘成果汇交 …… (630)
表 46　2014 年测绘成果共享协议签订情况 …… (631)
**(八) 固定资产** …… (632)
表 47　2014 年主要固定资产投资 …… (632)
表 48　2014 年主要设备数量 …… (633)
表 49　2014 年各单位主要设备数量 …… (634)
**(九) 教育培训** …… (637)
表 50　2014 年教育培训 …… (637)
**(十) 立法执法** …… (638)
表 51　2014 年测绘法规 …… (638)
表 52　2014 年测绘行政执法 …… (639)
**(十一) 数字城市建设** …… (640)
表 53　2014 年数字城市地理空间框架建设 …… (640)
**(十二)“天地图”建设** …… (641)
表 54　2014 年“天地图”节点接入 …… (641)

## 附　　录

**全国测绘地理信息系统领导干部名录** …… (642)
国家测绘地理信息局机关司级以上干部名录 …… (642)
国家测绘地理信息局直属单位、挂靠单位领导班子成员名录 …… (643)
各省、自治区、直辖市、计划单列市测绘地理信息行政主管部门及有关测绘地理信息单位，

新疆生产建设兵团测绘地理信息主管部门领导班子成员名录 …… (646)
**测绘地理信息人物名录** …… (653)
全国政协委员 …… (653)
院士 …… (653)
国家测绘地理信息局直属单位享受政府特殊津贴人员 …… (653)
百千万人才工程国家级人选 …… (654)
海外高层次人才引进计划人选 …… (654)
国家测绘地理信息局科技领军人才 …… (654)
国家创新人才推进计划中青年科技创新领军人才 …… (654)
国家创新人才推进计划重点领域创新团队 …… (654)
百千万工程领军人才 …… (655)
全国新闻出版行业领军人才 …… (655)
国家测绘地理信息局青年学术和技术带头人名单 …… (655)
**先进集体和先进个人名录** …… (655)
全国民族团结进步模范集体 …… (655)
全国省级测绘地理信息行政主管部门2014年度测绘地理信息工作绩效考核受表彰单位 …… (655)
全国测绘地理信息技术能手 …… (657)
测绘地理信息系统全国“六五”普法中期先进集体和先进个人名单 …… (658)
“转作风、树新风、办实事、求实效”优秀活动 …… (658)
“转作风、树新风、办实事、求实效”展示活动 …… (658)
国家测绘地理信息局2014年度“五型机关”创建活动先进集体和先进个人名单 …… (659)
“美丽中国”第二届全国国家版图知识团体赛获奖名单 …… (659)
“美丽中国”第二届全国国家版图知识个人赛获奖名单 …… (660)
“中图杯”第二届全国少儿手绘地图大赛获奖名单 …… (679)
军队测绘导航部队先进个人 …… (684)
军队院校育才奖 …… (685)
其他获得省部级表彰的先进集体和先进个人 …… (685)
**科技奖励名单** …… (686)
国家科技奖励 …… (686)
2014年中国测绘地理信息学会测绘科技进步奖名单 …… (686)
2014年全国优秀测绘工程奖名单 …… (701)
2014年优秀地图作品裴秀奖名单 …… (708)
2014年中国地理信息科技进步奖名单 …… (710)
2014年中国地理信息产业优秀工程奖名单 …… (714)
2014年卫星导航定位科技进步奖名单 …… (719)
2014年卫星导航定位优秀工程和产品奖名单 …… (721)
其他省部级科技奖励项目 …… (722)
**甲级测绘资质单位名录** …… (722)

**索引** …… (744)

# Contents

**Summary** …………………………………………………………………………………………( 1 )

## Highlights

**Important Documents** …………………………………………………………………………( 4 )

Opinions of the General Office of the State Council on Promoting the development of Geoinformation Industry ……………………………………………………………………………………( 4 )

Circular on Printing and Distributing National Geoinformation Industry Development Plan (2014-2020) by NDRC and NASG ………………………………………………………………………( 7 )

Circular on Printing and Distributing Documents of National Surveying, Mapping and Geoinformation Conference …………………………………………………………………………………( 7 )

Opinions of National Administration of Surveying, Mapping and Geoinformation on Promotion and Application of Beidou Satellite Navigation System ………………………………………………( 24 )

Circular on Printing and Distributing *Working Disciplines of National Administration of Surveying, Mapping and Geoinformation* ……………………………………………………………………( 26 )

Circular on Printing and Distributing *Disciplines of Central Party Committee of National Administration of Surveying, Mapping and Geoinformation* ………………………………………………( 30 )

Circular on Printing and Distributing *Detailed Rule on Implementing 2013-2017 Work Plan for Establishing and Improving Corruption Punishment and Prevention System by Central Party Committee of NASG* … ( 33 )

Circular on Printing and Issuing 6 systems including *discipline of NASG on choosing and appointing Leaders and Officers* ……………………………………………………………………………( 37 )

Circular on Printing and Distributing *Guidance on Informatization Construction for Surveying, Mapping and Geoinformation Organizations* ………………………………………………………………( 49 )

Circular on Printing and Distributing *Implementing Methods on Comprehensively Deepening Reform by NASG* ………………………………………………………………………………………( 55 )

Circular on Printing and Distributing *Provisions on Surveying and Mapping Qualification Management and Standards of Surveying and Mapping Qualification Classification* …………………………( 59 )

Circular on Printing and Distributing *Regulations of Practicing Requirements of Licensed Surveyors (Trial)* ……………………………………………………………………………………………( 65 )

**Leeders' Speeches** ………………………………………………………………………………( 68 )

Speech by Jiang Damin, Minister of Land and Resources on Debriefing Meeting of Surveying, Mapping and Geoinformation Works ……………………………………………………………( 68 )

Speech by Jiang Damin, Minister of Land and Resources on 2014 National Surveying, Mapping

and Geoinformation Working Meeting ( 71 )
Speech by Wang Ercheng, Vice Minister of Organization Department of the CPC Central Committee on Cadre Conference of NASG ( 75 )
Speech by Wu Dingfu, leader of NO. 30 Central Steering Group at the Summarizing Meeting on the Party's Mass Line Education Practice of NASG ( 76 )
Speech by Xu Deming, Director General of NASG at the Summarizing Meeting on the Party's Mass Line Education Practice of NASG ( 78 )
Speech by Xu Deming, Director General of NASG, Deputy Head and Office Director of National Geographic Conditions Survey Leading Group, at the First Plenary Session of Leading Group Office on the First National Geographic Conditions Survey ( 84 )
Speech by Kurexi Maihesuti, Director General of NASG on Symposium Commemorating the 3rd Anniversary of Vice Premier Li Keqiang's Important Remark During Inspecting China Surveying and Mapping Innovation Base ( 87 )
Speech by Kurexi Maihesuti at the in-site Exchange Meeting of the First National Geographic Conditions Survey ( 91 )
Speech by Kurexi Maihesuti, Director General of NASG at the National Symposium of Surveying, Mapping and Geoinformaiton Director Generals ( 94 )
Speech by Kurexi Maihesuti, Director General of NASG at the NASG CPC Leading Group Meeting on Learning and Implementing Important Instructions by Vice Premier Zhang Gaoli on the First National Geographic Conditions Survey (101)
Speech by Kurexi Maihesuti, Director General of NASG at the in-site Meeting of Promoting National Geographic Industry Work (102)
Speech by Kurexi Maihesuti, Director General of NASG at the Workshop on Digital City Construction and Smart City Discovery (107)
Speech by Kurexi Maihesuti, Director General of NASG at the National Surveying, Mapping and Geoinformation Publicizing Working Conference (110)
Working Report by Kurexi Maihesuti, Director General of NASG at the 2014 National Surveying, Mapping and Geoinformation Working Conference (113)
Speech by Wang Chunfeng, Deputy Director General of NASG on Learning and Implementing Spirit of Series of Remarks by Xi Jinping, General Secretary of CPC at the Closing Ceremony of Concentrated and Rotated Training (123)
Speech by Wang Chunfeng, Deputy Director General of NASG at the Symposium of Surveying, Mapping and Geoinformation Academicians (125)
Speech by Li Weisen, Deputy Director General of NASG at the Teleconference of NASG Production Safety Commission (127)
Summarizing Experience, Inheriting the Past and Ushering in the Future, Transformation and Upgrading, Duplicating Great Achievement
Speech by Li Weisen, Deputy Director General of NASG at the Working Conference on Transformation and Upgrading Digital City to Smart City (128)
Answers to Questions by Journalists by Song Chaozhi, Deputy Director General of NASG on New Edition of Administrative Regulations and Classification Standards of Surveying and Mapping Qualifications (134)
Speech by Song Chaozhi, Deputy Director General of NASG at the National Surveyinh, Mapping and Geoinformation Publicizing Working Conference (137)

Speech by Min Yiren, Deputy Director General of NASG on adopting and Implementing *Suggestions on Promoting the Development of Geoinformation Industry by the State Council* ·························· (141)
Speech by Min Yiren, Deputy Director General of NASG at the National Working Conference on Geoinformation and Maps ································································ (144)
Reinforce Discipline Restraint, Strengthen Discipline Monitoring, Push Forward Party Conduct and Clean Government Construction and Anti-corruption Work
Speech by Yu Xiancheng, Member of the CPC NASG Leading Party Group and Head of the Discipline Group of NASG at the National Working Conference of Surveying, Mapping and Geoinformation Sector on Party Conduct and Clean Government Construction ···································· (149)
Speech by Yu Xiancheng, Member of the CPC NASG Leading Party Group and Head of the Discipline Group of NASG at the Symposium Culture Construction of Surveying, Mapping and Geoinformation Sector ································································ (154)
Speech by Li Pengde, Deputy Director General of NASG at the Symposium on Information-based Surveying and Mapping Technological System Construction ·································· (158)
**Major Meetings** ································································ (159)
Teleconference of Production Safety Commission of NASG ·································· (159)
National Conference of Surveying, Mapping and Geoinformation Director Generals ························· (160)
Summary Conference of NASG Mass Line Campaign ·································· (160)
National Working Conference of Surveying, Mapping and Geoinformation Sector on the Development of Party Conduct and Clean Government ·································· (160)
Working Conference on Adopting and Implementing *Suggestions on Promoting Development of Geoinformation Industry by the State Council* ·································· (161)
National Working Conference on National Geographic Conditions Survey ······························ (161)
National Working Conference on Geoinformation and Maps (Surveying and Mapping Results Management) ································································ (162)
Symposium Commemorating the Third Anniversary of Vice Premier Li Keqiang's Important Remark During China Surveying and Mapping Innovation Base ·································· (162)
Symposium of Surveying, Mapping and Geoinformation Academicians ······························ (162)
National Working Conference on Surveying and Mapping Laws and Industry Management ················· (162)
National Symposium of Surveying, Mapping and Geoimformation Director Generals ······················ (163)
National In-site Working Conference on Promotion of Geoinformation Industry ························ (163)
Working Conference on Transformation and Upgrading from Digital City to Smart City ··················· (163)
National Working Conference on Surveying, Mapping and Geoinformation ······························ (164)
**Major Events** ································································ (164)
Two Surveying, Mapping and Geoinformation Scientific and Technological Achievements Won National Scientific and Technological Progress Award ·································· (164)
The State Council Printed and Distributed Suggestions on Promoting the Development of Geoinformation Industry ································································ (164)
The Revision Work of *Surveying and Mapping Law of P. R. C. was Enlisted to Legislation Plan of the State Council* ································································ (164)
Inspiring and Stimulating Figure in Surveying and Mapping Sector of the New Era Announced ··········· (165)
China Western Mapping Project Won Geospatial World Excellent Award ······························ (165)
Progress Made by the First National Geographic Conditions Survey ································ (165)

Implementing Rules of Comprehensively Deepen the Reforms Issued by NASG …… (165)
The Chinese Government Donated High Resolution Global Landcover Dataset to the United Nations …… (165)
Professional Cooperation Deepened between MLR and NASG …… (166)
The Third High-level Forum on UN Global Geospatial Information Management Held in Beijing …… (166)
National Competition of National Territory Knowledge Concluded …… (166)

## Comprehensive Work

**Key Work** …… (167)
Digital City and Smart City Construction …… (167)
Construction and Application of Map World (Tianditu) …… (167)
National Geographic Conditions Monitoring and Analysis …… (168)
Geoinformation Industry …… (169)
**laws and regulations** …… (169)
Policy Research …… (169)
Legislation Work …… (170)
Open Government …… (170)
Administration According to Law …… (170)
Law Enforcement …… (170)
Legal System Publicity …… (171)
**Planning** …… (171)
Important Plans …… (171)
Important Strategies …… (172)
Surveyinhg, Mapping and Geoinformation Development Research …… (172)
**Basic Surveying and Mapping** …… (172)
Investment …… (172)
Basic Surveying and Mapping Project …… (173)
Management of Surveying and Mapping Datum …… (174)
Acquisition of Basic Arial Photogrammetry and Satellite Imagery …… (174)
Production Safety …… (175)
**Marine Charting** …… (175)
Publish on Nautincal Books …… (175)
Publish on Charts …… (175)
**Boundary Surveying and Mapping** …… (176)
**Satellite Surveying and Mapping** …… (176)
Construction and Planning of Surveying and Mapping Satellites …… (176)
Key Technology Research of Satellite Surveying and Mapping …… (177)
**Quality Control** …… (178)
**Market supervision** …… (178)
Management of Surveying and Mapping Qualification …… (178)
Management of Surveying and Mapping Market …… (179)

Management of Credibility ······ (179)
**Management of Map and Public Service** ······ (179)
Map Examination ······ (179)
Supervision and Management of Internet Maps ······ (180)
Supervision and Management of Map Market ······ (180)
Map Public Service ······ (180)
Promotion and Education of National Territory Consciousness ······ (181)
**Management and Application of Surveying, Mapping and Geoinformation Results** ······ (181)
Construction of Documents Archives ······ (181)
Results Provision ······ (182)
Management of Confidential Surveying and Mapping Results ······ (182)
Protection of Surveying and Mapping Markers ······ (182)
Emergency Response ······ (182)
**Science and Technology Work** ······ (183)
Scientific and Technical Innovation System ······ (183)
Scientific and Technical Projects ······ (183)
Scientific and Technical Achievements ······ (185)
Awards of Scientific and Technical ······ (186)
**Standardization of Surveying, Mapping and Geoinformation** ······ (186)
Research of Standardization ······ (186)
Revision of National Standards ······ (186)
Revision of Industrial Standards ······ (187)
Metrology Standardization ······ (187)
International Standardization ······ (187)
Publicity and Implementation of Standards ······ (187)
**Financial Work** ······ (187)
Development of Financial System ······ (187)
Budget Accounts Management ······ (187)
Final Accounts Management ······ (188)
Financial Supervision ······ (188)
Government Procurement ······ (188)
State-owned Property Management ······ (188)
**Administrative System and Team Development** ······ (188)
Organizational Setting-up ······ (188)
Reform of Institutional Organizations ······ (189)
Cultivation of Talented Personnel ······ (189)
Management of Retired Staff ······ (190)
Management of Professional Qualifications ······ (191)
**International Cooperation and Exchange** ······ (192)
Surveying, Mapping and Geoinformation Going Global Strategy ······ (192)
Bilateral Cooperation ······ (192)
Multilateral Cooperation ······ (192)

**Administrative Affairs** ······ (192)
Handling of Suggestions and Proposals ······ (192)
Management of Secretarial and Archive Work ······ (193)
Information Distribution ······ (193)
Confidential Work ······ (193)
Informatization of Administrative Work ······ (193)
Safeguarding Stability Affairs ······ (194)
**Publicity Work** ······ (194)
Management of Publicity ······ (194)
Themed Publicity ······ (195)
**Press and Publication** ······ (197)
Map Publication ······ (197)
Newspapers and Periodicals Publication ······ (199)
**Statistical Work** ······ (199)
Statistics Management ······ (199)
Construction of Statistics System ······ (199)
Statistics Informatization ······ (200)
Statistical Information Service ······ (200)
Statistics Investigation and Research ······ (200)
**Education of Surveying, Mapping and Geoinformation** ······ (200)
Guidance of Education ······ (200)
Wuhan University ······ (200)
Zhengzhou School for Surveying and Mapping ······ (201)
Chinese Academy of Surveying and Mapping ······ (202)
**CPC Party Building &Development of Party Conduct and Clean Government** ······ (203)
Party's Mass Line Education Practice ······ (203)
Party Building Work ······ (203)
Development of Party Conduct and Clean Government ······ (203)
**Cultural Development** ······ (204)
Morality and Culture Construction ······ (204)
Social Construction of Ideological Infrastructure ······ (204)
Mass People and CYL Work ······ (205)
**Academic Associations** ······ (205)
Chinese Society of Surveying, Mapping and Geoinformation ······ (205)
China Association for Geographic Information Service ······ (206)
GNSS & LBS Association of China ······ (207)
Other Academic Organizations ······ (208)

## Local Work

Beijing Municipality ........ (209)
Tianjin Municipality ........ (214)
Hebei Province ........ (218)
Shanxi Province ........ (224)
Nei Monggol Autonomous Region ........ (230)
Liaoning Province ........ (232)
Jilin Province ........ (235)
Heilongjiang Province ........ (242)
Shanghai Municipality ........ (248)
Jiangsu Province ........ (252)
Zhejiang Province ........ (258)
Anhui Province ........ (263)
Fujian Province ........ (266)
Jiangxi Province ........ (271)
Shandong Province ........ (275)
Henan Province ........ (281)
Hubei Province ........ (287)
Hunan Province ........ (292)
Guangdong Province ........ (296)
Guangxi Zhuang Autonomous Region ........ (301)
Hainan Province ........ (306)
Chongqing Municipality ........ (310)
Sichuan Province ........ (314)
Guizhou Province ........ (322)
Yunnan Province ........ (325)
Tibet Autonomous Region ........ (330)
Shaanxi Province ........ (333)
Gansu Province ........ (340)
Qinghai Province ........ (346)
Ningxia Hui Autonomous Region ........ (351)
Xinjiang Uygur Autonomous Region ........ (353)
Xinjiang Production Construction Corps ........ (359)
Qingdao Municipality ........ (361)
Dalian Municipality ........ (362)
Ningbo Municipality ........ (365)
Shenzhen Municipality ........ (367)
Xiamen Municipality ........ (370)

# Works of Entities

Beijing Municipality ······ (375)
Tianjin Municipality ······ (377)
Hebei Province ······ (382)
Shanxi Province ······ (390)
Liaoning Province ······ (391)
Jilin Province ······ (393)
Heilongjiang Province ······ (396)
Jiangsu Province ······ (402)
Zhejiang Province ······ (405)
Fujian Province ······ (408)
Jiangxi Province ······ (411)
Shandong Province ······ (416)
Henan Province ······ (420)
Hubei Province ······ (425)
Hunan Province ······ (428)
Guangdong Province ······ (432)
Guangxi Zhuang Autonomous Region ······ (443)
Hainan Province ······ (446)
Chongqing Municipality ······ (448)
Sichuan Province ······ (450)
Tibet Autonomous Region ······ (458)
Shaanxi Province ······ (458)
Qinghai Province ······ (470)
Ningxia Hui Autonomous Regions ······ (473)
Xinjiang Uygur Autonomous Region ······ (474)

# Laws and Reguilations

**Departmental Rules** ······ (481)
Rules on Management of Surveying, Mapping and Geoinformation Law Enforcement Certificate
Approved on April 10, 2014 the Second Ministerial Meeting of MLR, No. 58th Decree of MLR ······ (481)
**Major Normative Documents** ······ (483)
Circular on Releasing and Distributing *Rules of Supervision and Random Sampling Inspection of National Geographic Conditions Survey Quality and Rules of Inspection and Quality Evaluation of National Geographic Conditions Survey*
GUODIPUBAN[2014]1, January 9, 2014 ······ (483)

Circular on Releasing and Distributing *Detailed Rules on Examination and Management of the First National Geographic Conditions Survey and Detailed Rules on Quality Management of the First National Geographic Conditions Survey*
GUODIPUBAN[2014]5, January 24, 2014 …… (483)
Circular on Adopting and Implementing *Suggestions on Promoting the Development of Geoinformation Industry by the General Office of the State Council*
GUOCEXINFA[2014]2, February 12, 2014 …… (491)
Circular on Releasing and Distributing *Rules on Management of NASG Key Laboratories*
GUOCEKEFA[2014]1, April 9, 2014 …… (492)
Circular on Releasing and Distributing *Basic Requirement of Results and Documents Interchanging and Archiving of National Geographic Conditions Survey*
GUODIPUBAN[2014]14, April 16, 2014 …… (495)
Circular on Further Strengthening Examination and Management of Real View Maps
GUOCETUFA[2014]4, September 25, 2014 …… (495)
**Catalogue of Normative Documents** …… (496)
Comprehensive …… (496)
Market Supervision and Law Enforcement …… (497)
Organization Structure and Personnel Management …… (497)
Planning and Finance …… (498)
Basic Surveying and Mapping&National Geographic Conditions Survey …… (498)
Surveying and Mapping Results Management and Geoinformation Service …… (499)
Science, Technology and International Cooperation …… (499)
Party Building …… (499)
**Local Regulations, Rules and Normative Documents** …… (500)
Implementation Advice on Promoting the Development of Geoinformation Industry by General Office of the People's Government of Hebei Province
JIZHENGBANHAN[2014]61, June 19, 2014 …… (500)
Circular of General Office of Hebei Province on Strengthening Management of Satellite Positioning CORS Construction and Application
November 13, 2014 …… (502)
Circular on Strengthening Management of Satellite Positioning CORS Construction by Hebei Provincial Administration of Geoinformation, Development and Reform Committee of Hebei Province, Hebei Financial Department
JIDIXIN[2014]55, August 28, 2014 …… (503)
Implementation Advice on Promoting the Development of Geoinformation Industry by General Office of the People's Government of Shanxi Province
JIZHENGBANFA[2014]69, September 9, 2014 …… (503)
Implementation Advice on Promoting the Development of Geoinformation Industry by General Office of the People's Government of Jilin Province
JIZHENGBANFA[2014]15, April 22, 2014 …… (506)
Regulations of Jilin Province on Geoinformation Public Service
Regulations of J*ilin Province on Geoinformation Public Service* was approved by the 7th Provincial Executive Meeting and released, Effective on June 24, 2014 …… (510)

Implementation Advice on Promoting the Development of Geoinformation Industry by General Office of the People's Government of Heilongjiang Province
HEIZHENGBANFA[2014]53, November 5, 2014 ······ (512)
Implementation Advice on Promoting the Development of Geoinformation Industry by General Office of the People's Government of Jiangsu Province
SUZHENGBANFA[2014]87, October 22, 2014 ······ (514)
Implementation Advice on Further Promoting the Development of Geoinformation Industry by General Office of the People's Government of Zhejiang Province
ZHEZHENGBANFA[2014]127, November 11, 2014 ······ (517)
Guidance Advice of the People's Government of Fujian Province on Digital Fujian Smart City Construction
MINZHENG[2014]14, April 10, 2014 ······ (520)
Implementation Advice on Promoting the Development of Geoinformation Industry by General Office of the People's Government of Jiangxi Province
GANFUTINGFA[2014]56, November 13, 2014 ······ (525)
Regulations on Surveying and Mapping results Management by Shaanxi Province
Revised during the 14th Session Executive Meeting of the 12th People's Representative Congress of Shaanxi Province on November 27, 2014 ······ (527)
Advice on Promoting the Development of Geoinformation Industry by General offic of the People's Government of Shaanxi
SHANZHENGBANFA[2014]45, May 18, 2014 ······ (531)
Implementation Advice of the General Office of the People's Government of Qinghai Province on Adopting and Implementing *Advice on Promoting the Development of Geoinformation Industry by General Office of the State Council*
QINGZHENGFA[2014]189,November 24, 2014 ······ (533)
Circular of the General Office of the People's Government of Dalian Municipality on Application and Maintenance of Geoinformation Public Service Platform
DAZHENGBANFA[2014]7, February 25, 2014 ······ (537)

## Announcements

Announcement of National Administration of Surveying, Mapping and Geoinformation ······ (538)
Announcement of Quality Examination of Surveying and Mapping ······ (555)
Announcement of Provincial Surveying, Mapping and Geoinformation ······ (557)

## Memorabilia

January ······ (562)
February ······ (563)
March ······ (564)

April ······ (565)
May ······ (565)
June ······ (566)
July ······ (567)
August ······ (568)
September ······ (568)
October ······ (569)
November ······ (570)
December ······ (571)

## Statistics

**I. Composite** ······ (574)
Table 1 Total Cost of Surveying and Mapping Services in 2014 ······ (574)
Table 2 Employed Populations by End of 2014 ······ (575)
Table 3 Qualification Units Number, Employees and Total Service Cost of Surveying and Mapping 2007-2014 ······ (576)
Table 4 Total Cost of Surveying, Mapping and Geoinformation Services and Employees 2007-2014 ······ (578)
Table 5 Provision of Surveying, Mapping and Geoinformation Results 1974-2014 ······ (580)
Table 6 Map Publishing Surveying, Mapping and Geoinformation Sector 1974-2014 ······ (581)
**II. Administrative Authorities of Surveying, Mapping and Geoinformation** ······ (582)
Talbe 7 Administrative Organization Structure of Surveying, Mapping and Geoinformationin 2014 ······ (582)
**III. Qualification Units for Surveying and Mapping** ······ (584)
Table 8 Units Number and Total Service Cost by Classificationin 2014 ······ (584)
Table 9 Units Number and Total Service Cost by Regionin 2014 ······ (585)
Table 10 Surveying and Mapping Employees by Classification in 2014 ······ (586)
Table 11 Surveying and Mapping Employees by Regionin 2014 ······ (587)
Table 12 Major Instruments and equipment by Classification in 2014 ······ (588)
Table 13 Major Instruments and equipment by Region in 2014 ······ (590)
**IV. Departments and Units of China's Surveying, Mapping and Geoinformation Sector** ······ (592)
(I) Total Value of Surveying and Mapping ······ (592)
Table 14 Total Service Value and Labor Productivity of Surveying and Mapping in 2014 ······ (592)
(II) Production ······ (593)
Table 15 Surveying and Mapping Datum Construction in 2014 ······ (593)
Table 16 Aerial, Spatial and Remote Sensing Data Acquirement in 2014 ······ (594)
Table 17 Geoginformation Data Production in 2014 ······ (595)
Table 18 Map Compilation in 2014 ······ (599)
Table 19 Boundary Demarcation and Engineering Survey in 2014 ······ (600)
Table 20 Geographic Information System Development in 2014 ······ (601)
Table 21 1:10,000 Map Coverage in China ······ (602)
(III) Publication of Map Books and Map Examination ······ (603)

Table 22 Publication of Map Books in 2014 …… (603)
Table 23 Map Examination in 2014 …… (604)
(IV) Science and Technology …… (605)
Table 24 S&T Research of Geographic Information Systems in 2014 …… (605)
Table 25 S&T Research of NASG Sub-institutions in 2014 …… (606)
Table 26 S&T Results in 2014 …… (607)
(V) Human Resources …… (608)
Table 27 Personnel of NASG Sub-institutions in 2014 …… (608)
Table 28 Personnel of Local Departments in 2014 …… (610)
Table 29 Changes of Staff from NASG Sub-institutions in 2014 …… (612)
Table 30 Changes of Personnel from Local Departments in 2014 …… (613)
Table 31 Classification of Staff from NASG Sub-institutions at the End of 2014 …… (614)
Table 32 Classification of Staff from Local Departments at the End of 2014 …… (615)
(VI) Professional Talents …… (616)
Table 33 Professional Staff of Surveying, Mapping and Geoinformation Sector in 2014 …… (616)
Table 34 Professional Staff from NASG Sub-institutions in 2014 …… (617)
Table 35 Professional Staff from China's Western Area in 2014 …… (618)
Table 36 Experts of Surveying, Mapping and Geoinformation in 2014 …… (619)
Table 37 Experts from NASG Sub-institutions in 2014 …… (620)
Table 38 Experts from China's Western Area …… (621)
(VII) Management and Application of Surveying and Mapping Results …… (622)
Table 39 Provision of Topographic Maps, Thematic Maps, Atlases and Electric Maps by Types in 2014 …… (622)
Table 40 Provision of Topographic Maps, Thematic Maps, Atlases and Electric Maps by Regions in 2014 …… (623)
Table 41 Provision of Digital Surveying and Mapping Results by Types in 2014 …… (624)
Table 42 Provision of Digital Surveying and Mapping Results by Regions in 2014 …… (626)
Table 43 Provision of Surveying Datum, Aerial Results and Satellite Imageries by Types in 2014 …… (628)
Table 44 Provision of Surveying Datum, Aerial Results and Satellite Imageries by Regions in 2014 … (629)
Table 45 Summarization and Submission of Surveying and Mapping Results in 2014 …… (630)
Table 46 Sharing Agreement of Surveying and Mapping Results in 2014 …… (631)
(VIII) Fixed Assets …… (632)
Table 47 Main Fixed Assets Investment in 2014 …… (632)
Table 48 The Amount of Main Instruments and Devices in 2014 …… (633)
Table 49 The Amount of Main Instruments and Devices of all Institutes in 2014 …… (634)
(IX) Education and Training …… (637)
Table 50 Education and Training in 2014 …… (637)
(X) Legislation and Law Enforcement …… (638)
Table 51 Surveying and Mapping Laws and Regulations in 2014 …… (638)
Table 52 Surveying and Mapping Administrative Law Enforcement in 2014 …… (639)
(XI) Digital City Construction …… (640)
Table 53 Geospatial Framework Construction of Digital City in 2014 …… (640)
(XII) Map World (Tianditu) Construction …… (641)

Table 54 Map World (Tianditu) node Connection in 2014 …… (641)

# Appendixes

**List of Leaders of China's Surveying, Mapping and Geoinformation Sector** …… (642)
List of Leaders at or above Departmental/Bureau Level in NASG Headquarters …… (642)
List of Leaders of NASG Sub-institutions …… (643)
List of Leaders of Administrative Departments and Major Institutions of Surveying, Mapping and Geoinformationof Provinces, Autonomous Regions, Municipalities, Cities specifically Designated in the State Plan, and Xinjiang Production and Construction Corps …… (646)
**List of Elites in Surveying, Mapping and Geoinformation Sector** …… (653)
Members of the National Committee of Chinese People's Political Consultative Conference …… (653)
Academicians …… (653)
Staff Enjoying Special Government Allowance Grantees of NASGSub Institutions …… (653)
Candidates at National Level of Several Hundred, Thousands and Tens of Thousand Talents Program …… (654)
Candidates for the Introduction Plan of High Level Talent from Overseas …… (654)
Leading S&T Talents of NASG …… (654)
Young Leading Talents in S&T Innovation from National Innovative Talents Program …… (654)
Innovation Groups of Key Field from National Innovative Talents Program …… (654)
National Program of Hundreds, Thousands and Tens of Thousands Talents …… (655)
Leading Talents of News and Press Sector in China …… (655)
List of Young Academic Leaders of NASG …… (655)
**List of Excellent Units and Individuals** …… (655)
Exemplary Unit of National Solitary and Progress …… (655)
Excellent Provincial Administrative Departments of Surveying, Mapping and Geoinformationin Excellently Conducting Surveying, Mapping and Geoinformation Work in 2014 …… (655)
National Technical Experts of Surveying, Mapping and Geoinformation …… (657)
List of Excellent Unit and Individual in "June Fifth" Mid-term Law Popularization in Surveying, Mapping and Geoinformation Sector …… (658)
Excellent Activities in "Change Work Style, Set up New Style, Handle Concrete Affairs, Pursue Real Effect" Campaign …… (658)
Display Activities in "Change Work Style, Set up New Style, Handle Concrete Affairs, Pursue Real Effect" Campaign …… (658)
2014 Advanced Units and Individuals of NASG in Creating Effective and Innovative Government Activities …… (659)
List of Group Winners of the Second National Territory Knowledge Competition Themed "Beautiful China" …… (659)
List of Individual Winners of the Second National Territory Knowledge Competition Themed "Beautiful China" …… (660)
List of Winners of the "Zhongtubei" Second National Children's Map Drawings Competition …… (679)
Excellent Individuals from PLA Surveying, Mapping and Navigation Units …… (684)

Incubation Award of Military Universities and Colleges …… (685)
Other Advanced Units and Individuals at Provincial and Ministerial Level …… (685)
**List of Science and Technology Awards** …… (686)
Science and Technology Award Winners at National Level …… (686)
Winners of 2014 Scientific and Technological Advancement Award for Surveying and Mapping by Chinese Society of Surveying, Mapping and Geoinformation …… (686)
Winners of 2014 Excellent Surveying and Mapping Project Award …… (701)
Winners of 2014 Excellent Maps Peixiu Award …… (708)
Winners of 2014 China's Scientific and Technological Advancement Award of Geoinformation …… (710)
Winners of 2014 Excellent Project of China's Geoinformation Industry …… (714)
Winners of 2014 Scientific and Technological Advancement Award in Satellite Navigation Positioning …… (719)
Winners of 2014 Excellent Project and Product of Satellite Navigation Positioning …… (721)
Other Scientific and Technological Advancement Awards at Provincial and Ministerial Level …… (722)
**List of Units with Class-A Qualification for Surveying and Mapping** …… (722)

**Index** …… (744)

# 综　述

2014年，我国测绘地理信息事业取得新成就，为国家经济建设和社会发展提供坚实保障。1月22日，《国务院办公厅关于促进地理信息产业发展的意见》发布。7月18日，《国家地理信息产业发展规划（2014—2020年）》印发。8月1日，中共中央政治局常委、国务院副总理张高丽对第一次全国地理国情普查工作作出重要批示，对普查工作取得的阶段性成果表示认可，对进一步做好普查工作提出明确要求。9月9日，《国家测绘地理信息局全面深化改革的实施意见》出台。9月22日，张高丽代表中国政府向联合国捐赠测绘地理信息科技人员研制的世界首套30米分辨率全球地表覆盖数据。10月22日，国土资源部与国家测绘地理信息局联合印发深化部局业务协作实施方案。10月22日～24日，联合国第三次全球地理信息管理高层论坛在北京举行，《地理信息支撑可持续发展北京宣言》发表。

## 积极推进全面深化改革

测绘地理信息系统全面深入贯彻党的十八届三中全会精神，强化创新驱动，积极推进各项改革发展工作。中共国家测绘地理信息局党组经过大量深入调研和广泛听取意见，加强了对制约事业发展的全局性、长远性、重大性问题的深层次分析，准确把握测绘地理信息工作在国家改革发展大局中的定位，出台《国家测绘地理信息局全面深化改革的实施意见》，提出改革发展的整体思路和目标框架，为推进各项改革明确了方向、路径和内容。国家测绘地理信息局确立了加快建设科学完备的政策法规体系、新型基础测绘体系、公共服务体系、地理信息产业体系、科技创新体系和人才队伍体系，提升测绘地理信息依法行政能力、地理信息资源供给能力、公益性服务保障能力、地理信息产业国际竞争能力、创新驱动发展能力和维护国家地理信息安全能力等六大体系和六大能力的改革目标任务。推进新型基础测绘改革、行政审批制度改革和事业单位分类改革，与国土资源部首次联合印发了深化部局业务协作实施方案，部局业务协作取得实质性进展和重要突破。江苏、浙江、陕西等省测绘地理信息行政主管部门出台深化改革方案，浙江、吉林、湖北、河北、陕西等地分别在深化地理信息交换共享、推进民用遥感卫星统筹利用、促进地理信息产业发展、加快北斗卫星导航系统应用、加强测绘地理信息成果管理等方面取得有益经验。

## 第一次地理国情普查顺利开展

8月，国务院副总理张高丽对第一次全国地理国情普查工作作出批示，充分肯定第一次全国地理国情普查工作取得阶段性成果，对下一阶段任务还提出要求。全国共落实普查经费约67.1亿元，其中中央财政投入12.7亿元；共投入普查人员4万多人，完成高分辨率正射影像图生产、内业遥感解译及工作底图制作全部任务，外业调绘核查约910万平方千米，内业编辑整理约860万平方千米，已完成普查数据生产任务的92%；数据库建设和统计分析工作准备就绪。建立严格的质量管控体系，健全《普查质量管理细则》等规章制度，完善“两级检查、一级验收”机制，完成4次过程质量监督抽查并通报督促整改。强化制度建设，严格规范管理，确保普查人员人身安全、普查资料保密安全、普查资金使用安全。注重普查成果应用推广，与国家发展和改革委员会签署《地理国情监测服务于区域协调发展总体战略合作协议》；形成重点湖泊监测、秸秆禁烧实时监测等成果，公开发布了植被覆盖变化、矿山环境地面沉降等监测成果。

## 基础测绘扎实推进

基础测绘数据覆盖面进一步扩大，国家现代测绘基准体系基础设施建设一期工程已完成90%，全国卫星导航定位基准站网建设统筹加强；海岛（礁）测绘一期工程顺利完成，二期工程技术准备基本就绪；优于1米的高分辨率遥感影像首次实现对陆地国土的全部覆盖；极地测绘、新农村建设测绘等项目实施顺利。数据现势性进一步增强，国家1:5万、1:25万、1:100万基础地理信息数据库实现动态更新和联动更新，重点要素现势性保持在1年内，20多个省（自治区、直辖市）实现1:1万数据库常态化更新，国省联动更新技术体系逐步形成；2000国家大地坐标系成果转换和应用不断推进。数据获取能力进一步提升，资源三号卫星影像全球覆盖面积近1亿平方千米，国家测绘地理信息局作为主用户的高分七号卫星正式立项，天绘、资源一号卫星影像数据共享顺利推进，积极探索引入吉林一号等民用商业卫星数据源，无人机遥感系统全面推广应用。

## 地理信息产业快速发展

国家测绘地理信息局抓住国务院明确地理信息产业为战略性新兴产业这一重大契机，大力推进《国务院办公厅关于促进地理信息产业发展的意见》的贯彻落实，推动产业规模快速增长，质量效益不断提升，为国家稳增长、促转型、调结构发挥积极作用。与国家发展和改革委员会联合印发《国家地理信息产业发展规划（2014—2020年）》；修订了测绘资质管理规定和分级标准；浙江、湖北、吉林、陕西、四川、河北、湖南、山西、安徽、江苏、江西、黑龙江、宁夏、辽宁、青海、新疆、甘肃等17个省（自治区）出台了促进地理信息产业发展的政策文件，政策环境不断优化。国家地理信息科技产业园一期工程已陆续投入使用，山东、浙江、四川、吉林等地的产业园区加快建设，地理信息产业成为各级政府及各类产业园区重要的结构调整方向和重点招商引资平台；中地信地理信息股权投资基金和湖北省地球空间信息产业创业投资基金年内设立，产业发展平台逐步健全。出台了北斗卫星导航系统推广应用政策，推进全国北斗地基增强系统的建设和社会化应用；中国位置网服务联盟启动北斗“百城百联百用行动计划”，选定100个城市开展位置网互联互通和100个位置服务应用示范，北斗产业化应用步入正轨。

## 应用成效日益彰显

国家测绘地理信息局紧密围绕经济社会发展大局和社会民生需要，大力推进测绘地理信息应用。“天地图”作为国家地理信息公共服务平台的公益性定位进一步强化，《天地图公益性保障服务能力建设方案》印发；“天地图”公众版推出2014版和多语言版，首次发布全球海底地形晕渲地图，已有30个省级、143个市（县）级节点与主节点实现服务聚合；基于“天地图”的各类应用大幅增长，为中共中央办公厅、国务院办公厅、公安、水利、海关、邮政等部门提供了高效服务。数字（智慧）城市建设成效显著，国家测绘地理信息局被列入全国智慧城市建设指导部门和智慧城市健康发展部际协调工作组成员单位，开展20个智慧城市建设试点；数字城市已在全部地级城市和380多个县级城市开展建设，累计开发应用系统超过3600个，经济和社会效益显著。应急测绘保障作用突出，在新疆和田、云南鲁甸、四川康定地震等应急救灾以及马航失联等突发事件中，各级测绘地理信息部门积极主动提供了高效及时、可靠有力的应急测绘保障，得到各方的充分肯定。服务领导决策和重大战略取得新进展，领导工作用图首次实现国家与省级间的交换共享，全年累计向中共中央办公厅、国务院办公厅等部门提供领导工作用图服务121次；各级测绘地理信息部门在APEC会议、第三次经济普查、极地科考、环境治理、不动产统一登记等方面发挥了重要的测绘地理信息保障作用。地图文化创意和创新产品不断涌现，组织编制了《中国国界线标准样图》和《世界标准地名地图集》，与人民网联合制作《2014习近平出访路线图》，重庆市推出“每周一图”，陕西测绘地理信息局编制《丝绸之路经济带地图集》，中国地图出版集团开发留学系列地图，满足了百姓多样化的需求。

## 国际合作和科技创新成果丰硕

测绘地理信息“走出去”战略迈出坚实步伐，成功研制出世界首套30米分辨率全球地表覆盖数据，国务院副总理张高丽代表中国政府向联合国捐赠了该套数据，获得联合国秘书长潘基文高度评价；成功举办联合国第三次全球地理信息管理高层论坛，《地理信息支撑可持续发展北京宣言》发表，中国测绘地理信息国际地位进一步提升。科技创新取得新成效，编制《信息化测绘技术体系建设大纲》，加强对测绘公益性行业科研专项的管理，2 项科研成果获国家科技进步奖二等奖，一批科技成果得到推广应用。加强标准化工作，完成 36 项国家和行业标准制修订工作，23 项国家标准立项工作。

## 统一监管力度不断加大

国家测绘地理信息局加快推进地理信息安全监管立法，《中华人民共和国测绘法》修订纳入国家安全立法体系，健全地理信息安全监管制度；《地图管理条例》提交国务院审议，《测绘管理工作国家秘密范围的规定（修订稿）》送有关方面征求意见；加强对倾斜航摄、实景地图、新型导航位置服务产品等的保密政策研究。积极推进行政审批制度改革，向国务院上报取消 3 项、下放 1 项行政审批，取消、下放比例为 36%；完成测绘资质复审换证和 2014 年度注册工作；全年累计批准地图审核申请 3587 件、涉密测绘成果使用申请 728 批次，严格对外国组织或个人来华测绘和对外提供涉密基础测绘成果的审批。提高互联网地图安全监管能力，完善了上下联动的互联网地图监管系统，实现对地理信息失泄密、“问题地图”等的集中监控、实时报警和协同处理；对 76 家中央国家机关网站和 188 家互联网地图服务网站进行问题排查，督促存在问题的网站及时整改。加大行政执法力度，挂牌督办无人机擅闯首都机场非法测绘等重大违法案件，协调有关方面依法严肃查处；与 6 部门联合加强对全国农村集体土地确权登记发证中军事设施信息安全的保障；深入开展“问题地图”专项治理。推进管理体制完善，重庆市测绘地理信息局正式挂牌并拟增设地理国情监测处，湖南省国土资源厅（测绘地理信息局）在已有基础测绘处、测绘行业管理处的基础上新增地理信息处，河南、河北、江西、云南等地管理体制建设取得新进步。加强国家版图意识宣传教育，组织开展全国测绘法宣传日系列活动；举办“美丽中国”第二届全国国家版图知识竞赛和少儿手绘地图大赛，参赛范围覆盖包括港澳台在内的全国 34 个省级行政区，4 万多名少儿共绘“美丽中国”，47 万多名公众踊跃答题，千万网友线上互动，提升了全民的国家版图意识和爱国意识。

## 以党的建设带动班子队伍自身建设

国家测绘地理信息局认真总结和运用党的群众路线教育实践活动的宝贵经验，切实加强自身建设。在党的建设方面，通过党组中心组集中学习、测绘学习大讲堂、党员干部集中轮训等方式，认真学习党的十八届三中、四中全会精神和各项方针政策，自觉与党中央保持高度一致。在党风廉政建设方面，不断深化党的群众路线教育实践活动整改落实，严格执行党风廉政建设责任制，明确和强化“两个责任”，制定《局党组贯彻落实〈建立健全惩治和预防腐败体系 2013—2017 年工作规划〉实施办法》，加强巡视和内部审计，认真做好信访举报处理工作。在财务管理方面，修订了《测绘工程产品价格》，财务管理制度更加健全，管理更加严格规范。在干部队伍建设方面，严格执行干部选拔任用条例，坚持正确用人导向，加强对领导干部的管理监督，引导广大干部职工践行“三严三实”。在人才培养方面，10 人入选国家高层次人才特殊支持计划，国家测绘地理信息局选拔了第三批科技领军人才，出台《注册测绘师执业管理办法（试行）》。在精神文明建设方面，新时期“感动测绘人物”推选活动成功举办，杨艳萍、周良、蒋捷、秘金钟、“天地图”团队等先进典型获国家级荣誉称号，政府门户网站、新媒体建设取得新进展，测绘地理信息社会影响力和知名度进一步提升。

# 特　　载

## 重要文献

### 国务院办公厅关于促进地理信息产业发展的意见

国办发〔2014〕2号　2014年1月22日

各省、自治区、直辖市人民政府，国务院各部委、各直属机构：

地理信息产业是以现代测绘和地理信息系统、遥感、卫星导航定位等技术为基础，以地理信息开发利用为核心，从事地理信息获取、处理、应用的高技术服务业。随着近年来地理信息产业迅速兴起并保持高速增长，这一战略性新兴产业在我国经济社会发展中的作用日益显现。为促进我国地理信息产业发展，经国务院同意，现提出以下意见：

**一、充分认识发展地理信息产业的重大意义**

（一）发展地理信息产业是实现科学发展的重要支撑。地理信息是重要的基础性信息资源，是国家信息资源的重要组成部分。开发利用地理信息，有利于促进国土空间布局优化，有利于促进工业化、信息化、城镇化、农业现代化同步推进，有利于推动经济社会科学发展。

（二）发展地理信息产业是维护国家安全的重要保证。地理信息是重要的战略性信息资源，关系到国家主权、安全和利益，在维护政治、经济、军事、科技和其他非传统领域国家安全中发挥着重要作用。加强重要地理信息资源的开发利用监管，对维护国家安全具有重要意义。

（三）发展地理信息产业是加快转变经济发展方式的重要手段。地理信息产业的不断发展，将促进物联网、智慧城市以及关联服务业的发展，完善“网格化”社会管理，支撑重大项目科学决策，带动创业就业，对转变经济发展方式起到“助推器”的作用。

（四）发展地理信息产业是保障和改善民生的重要内容。地理信息已成为人民群众日常生活中不可或缺的关键信息，在旅游出行、医疗卫生、扶老助残等方面应用广泛。加快地理信息产业发展，有利于人民群众更多更好地分享改革开放的成果。

**二、总体要求**

（五）指导思想。以邓小平理论、“三个代表”重要思想、科学发展观为指导，全面提高我国地理信息获取和处理能力，推进地理信息规范监管和广泛应用，推动体制机制创新，营造良好发展环境，加快突破关键核心技术，提升地理信息产业整体水平和国际竞争力，更好地满足经济社会发展的需要。

（六）基本原则。

——坚持市场主导与政府引导相结合。充分发挥市场在资源配置中的决定性作用，突出企业主体，加强政府引导，强化政策扶持，营造环境，创造条件，推动产业又好又快发展。

——坚持自主创新与对外合作相结合。完善以企业为主体的科技创新体系，着力推进关键核心技术研发，加强国际交流与合作，提升自主创新能力，大力促进科技成果产品化、产业化和国际化。

——坚持规范监管与广泛应用相结合。加快形成规范有序的地理信息市场秩序，加强安全监管，在维护国家安全的前提下，积极推进地理信息公共服务平台建设，促进地理信息高效、广泛利用。

——坚持整体推进与重点发展相结合。做好统筹规划，加快地理信息产业结构调整和优化升级，促进产业集聚、整体推进和全面提升，加强分类指导，大力发展对产业具有支撑、牵引作用的重点领域，鼓励优势企业通过兼并重组等方式做大做强。

——坚持经济社会需求与国防需求相结合。充分发挥地理信息对维护国家安全的重要支撑作用，走军地统筹、军民融合的发展路子，在基础地理信息生产和技术创新等方面兼顾国防需求。

（七）发展目标。通过政策推动，逐步形成地理信息获取、处理、应用为主的成熟产业链，形成若干个实力雄厚、具有国际竞争力的大型企业和龙头企业，培育一批充满活力的中小型企业。用5至10年时间，使我国地理信息获取能力明显提升，科技创新能力持续增强，市场监管有效、竞争有序，产品更加丰富、应用更加广泛，产业国际竞争力显著提高。

**三、推动重点领域快速发展**

（八）提升遥感数据获取和处理能力。发展测绘应用卫星、高中空航摄飞机、低空无人机、地面遥感等遥感系统，加快建设航空航天对地观测数据获取设施，形成光学、雷达、激光等遥感数据获取体系，显著提高遥感数据获取水平。加强遥感数据处理技术研发，进一步提高数据处理、分析能力。

（九）振兴地理信息装备制造。培育若干拥有知识产权的中高端地理信息技术装备生产大型企业，带动相关配套零部件生产企业向“专、精、特”方向发展，提升装备制造的专业化、精细化、特色化水平。

（十）提高地理信息软件研发和产业化水平。结合下一代互联网、物联网、云计算等新技术的发展趋势，大力推进地理信息软件研发，特别是在大型地理信息系统、高性能遥感数据自动化处理等核心基础软件产业化方面实现突破，达到国际先进水平。

（十一）发展地理信息与导航定位融合服务。加快推进现代测绘基准的广泛使用，结合北斗卫星导航产业的发展，提升导航电子地图、互联网地图等基于位置的服务能力，积极发展推动国民经济建设和方便群众日常生活的移动位置服务产品，培育新的经济增长点。

（十二）促进地理信息深层次应用。推进面向政府管理决策、面向企业生产运营、面向人民群众生活的地理信息应用。繁荣地图市场，鼓励制作和出版多层次、个性化、群众喜闻乐见的优秀地图产品，开发出版城市及公路水路交通多媒体地图和三维虚拟地图等特色地图。积极发展地理信息文化创意产业，开发以地图为媒介的动漫、游戏、科普、教育等新型文化产品，培育大众地理信息消费市场。

**四、优化产业发展环境**

（十三）夯实产业发展基础。规范建立全面反映产业发展情况的统计制度、指标体系和分类标准，建立地理信息及相关产业单位名录库，加强信息统计和发布工作。编制地理信息产业发展规划，提出规划目标、方向和重点，加强与相关规划、政策的衔接，明确任务和措施。

（十四）支持企业做大做强。完善地理信息服务资质管理、数据使用许可、地图审核等制度以及地理信息标准体系。支持企业通过并购、参股等方式进入地理信息产业，鼓励地理信息企业兼并重组，优化资源配置。推动产业集群化、规模化发展，加快培育大型企业和龙头企业。

（十五）规范市场秩序。建立地理信息市场招投标、资产评估、咨询服务等制度以及工程监理、监督检验等质量保障体系，健全地理信息市场信用体系。加大知识产权保护力度，依法查处非法出版和不正当竞争等行为，维护公平竞争的市场秩序。

（十六）强化安全监管。健全涉密地理信息保密管理规定，进一步完善涉密地理信息处理、分发与应用跟踪机制，加强安全监管能力建设，进一步提高涉密地理信息保密安全监管水平。加强高分辨率卫星遥感影像的应用管理。加大对涉外地理信息合作项目及其使用地理信息成果的监督力度。依法严厉打击非法获取、处理地理信息行为。深入开展各类宣传教育活动，不断提高公民的国家版图意识和地理信息安全保密意识。

**五、推进科技创新和对外合作**

（十七）加快科技创新和产业转化。加大国家科技计划、知识创新工程和自然科学基金项目对地理信息科技创新的支持力度，发挥国家科技重大专项的核心引领作用，集中力量突破一批支撑产业发展的关键共性核心技术，加快推进产业重点领域创新发展和科研成果的产业转化。强化企业在科技创新中的主体地位，鼓励符合条件的地理信息企业申请建立各类科技创新平台，构建专业技术创新与产业转化服务体系。

（十八）加强人力资源建设。以促进地理信息科技创新和产业升级为重点，着力培养高层次、创新型的核心技术研发人才和科研团队。以提高产业综合竞争能力为核心，加快培育具有国际视野的经营管理人才。坚持产学研相结合，紧密结合产业发展需求，进一步优化高校专业和课程设置，努力培养国际化、复合型、实用型人才。对经批准建立的产业基地（园区）引进的高层次地理信息人才，优先安排本人及其配偶、未成年子女在所在地落户。

（十九）促进国际交流与合作。积极引进、消化、吸收国外先进技术，加强多层次、多形式、多领域的研发、生产和人才培养合作。实施“走出去”战略，鼓励和支持在地理信息服务领域开展对外合作，为相关企业走向国际市场提供信息咨询和服务。鼓励企业输出地理信息服务、技术、装备和标准，承揽国际外包业务。

**六、加强财税金融支持**

（二十）加大财政支持力度。在现有资金渠道内，着力支持地理信息获取、处理、应用、出版等产业发展的关键环节，提升产业创新能力。进一步加大对公益性地理信息产品生产的投入力度，落实政府采购政策，鼓励政府部门地理信息服务外包。地方各级人民政府要采取有效措施，加大投入，推动形成成熟的地理信息产业链。

（二十一）落实相关税收优惠政策。地理信息企业销售自主开发、生产、出版的地理信息产品，符合软件产品范围和认定条件的，可按规定申请享受国家鼓励软件产业发展的增值税优惠政策。地理信息企业符合软件企业认定条件的，经认定后可以申请享受有关软件企业所得税优惠政策。地理信息企业投资国家鼓励类项目，除《国内投资项目不予免税的进口商品目录》所列商品外，在投资总额内所需进口自用设备以及按照合同随设备进口的技术及配套件、备件，免征进口关税。

（二十二）加大融资支持力度。鼓励企业投资地理信息产业，有条件的地方可按规定设立主要支持地理信息企业发展的股权投资（基金）企业或创业投资（基金）企业，引导社会资金投资地理信息产业，不断扩大投入规模，提高产业发展后劲。积极支持符合条件的企业采取发行股票、债券等多种方式筹集资金，拓宽直接融资渠道。银行业金融机构要在控制风险的前提下，积极拓宽抵质押品范围，开发适合地理信息企业的创新型金融产品，对其合理信贷需求给予支持。充分发挥融资性担保机构和融资担保扶持资金的作用，为地理信息企业提供各种形式的贷款担保服务，积极推动企业利用知识产权等无形资产进行质押贷款。大力发展金融租赁、融资租赁等其他间接融资方式，支持地理信息产业发展。

**七、健全产业发展保障体系**

（二十三）完善政策法规。顺应新型服务业态的发展规律和发展趋势，适时研究制定和完善促进地理信息产业发展的法规、规章和政策，明确各类市场主体的权利和义务。建立健全地理信息获取、处理、应用、出版以及知识产权保护、安全保密监管等相关配套制度措施。

（二十四）强化各方协调配合。各相关部门要按照统一、协调、有效的原则，做好地理信息规划统筹、公共服务、市场监管、标准建设、安全管理等工作。推进军民测绘融合发展，大力推动先进军事测绘和地理信息技术成果、装备设施的社会化应用。充分发挥相关学会、协会在促进地理信息产业发展中的作用。

（二十五）加强分类指导。对于具有战略性或关系国家安全的领域，坚持以国家投资为主，通过建立健全法律法规体系妥善处理好地理信息保密与开放的关系。对于市场化程度高的重点发展领域，以社会投资为主，政府通过多种方式给予政策、资金扶持。对于地理信息社会化服务，主要由企业提供，政府给予合理引导和支持，基础地理信息实行免费或低收费政策。

（二十六）强化基础地理信息支撑。加强基础测绘和地理国情监测，进一步丰富基础地理信息。采取优惠政策，鼓励符合条件的地理信息企业充分利用基础地理信息开展社会化应用和增值服务，开发出版多样化、大众化、具有自主知识产权的地理信息产品。

（二十七）推进地理信息开放共享。组织开展地理信息资源共享政策性试点工作，建立健全政府部门间地理信息资源共建共享机制，明确共建共享的内容、方式和责任，统筹协调地理信息获取分工、更新和共享工作，在切实保障政府部门应用需求的前提下，避免重复建设和资源浪费。积极研究并尽快出台地理信息数据对社会开放的相关政策，促进地理信息的广泛应用和产业的健康、快速发展。

（此件公开发布）

# 国家发展改革委员会　国家测绘地信局关于印发国家地理信息产业发展规划（2014—2020年）的通知

发改地区〔2014〕1654号　2014年7月18日

各省、自治区、直辖市及计划单列市、新疆生产建设兵团发展改革委、测绘地信局（测绘地理信息行政主管部门、测绘地理信息主管部门）：

根据《国务院办公厅关于促进地理信息产业发展的意见》（国办发〔2014〕2号）关于“编制地理信息产业发展规划”的要求，为促进地理信息资源开发利用，提升地理信息产业核心竞争力，我们会同国务院有关部门组织编制了《国家地理信息产业发展规划（2014—2020年）》。现印发你们，请按照实施。

附：《国家地理信息产业发展规划（2014—2020年）》（略）

# 关于印发全国测绘地理信息局长会议文件的通知

国测办发〔2014〕3号　2014年1月16日

各省、自治区、直辖市、计划单列市测绘地理信息行政主管部门，新疆生产建设兵团测绘地理信息主管部门，局所属各单位，机关各司室：

2014年1月13日～14日，全国测绘地理信息局长会议在京召开。会前，中共中央政治局常委、国务院副总理张高丽作了重要批示。国土资源部党组书记、部长、国家土地总督察姜大明出席会议并作重要讲话。国土资源部党组副书记、副部长、国家土地副总督察、国家测绘地理信息局党组书记、局长徐德明在会上作重要讲话。国家测绘地理信息局党组副书记、副局长王春峰作会议总结。

现将姜大明部长、徐德明局长的重要讲话和王春峰副局长的会议总结印发给你们，请结合学习贯彻党的十八届三中全会精神和习近平总书记系列重要讲话精神，立足测绘地理信息改革发展实际，认真学习、深刻领会、精心组织、狠抓落实，扎实做好2014年各项工作。

# 在全国测绘地理信息局长会议上的讲话

国土资源部党组书记、部长，国家土地总督察　姜大明

（2014年1月13日，根据录音整理）

同志们：

全国国土资源工作会议刚刚结束，全国测绘地理信息局长会议就紧接着召开了，非常高兴参加全国测绘地理信息局长会议。首先，我代表国土资源部党组，向全体与会代表和长年战斗在一线的全国测绘地理信息系统广大干部职工致以亲切的问候！向所有关心、支持国土资源工作的领导和同志们表示衷心的感谢！

会前，我看了德明同志的讲话，感到测绘地理信息工作成效显著、思路清晰明确、改革部署到位、任务重点突出，我完全赞同。下面我谈三点意见：

**一、2013年测绘地理信息工作成绩显著**

2013年，全国广大测绘地理信息干部职工，在以德明同志为班长的国家测绘地理信息局党组的领导下，紧紧围绕党和国家中心工作，扎实认真地开展党的群众路线教育实践活动，推动各项工作取得了新的进展。

在党中央、国务院的高度重视下，第一次全国地理国情普查全面展开，这项开创性工作起步稳、反响大。新一届国务院组成之后，张高丽副总理对分管的部门都提出了非常明确严格的工作要求，要求国土资源部摸清国家的土地家底，对于其他部门也反复讲要摸清家底。张高丽副总理高度重视第一次全国地理国情普查工作，亲自担任领导小组组长，召开了全国电视电话会议，并发表重要讲话，对做好普查工作提出明确要求，寄予殷切期望。测绘地理信息部门在这项工作上早筹划、快推进，在国务院部署第三次全国经济普查等多项普查工作之前完成了动员部署，可以说是抢抓了机遇、争取了主动。

数字城市、“天地图”、地理国情监测“三大平台”数据更加翔实，功能更加丰富，应用更加广泛，助推经济社会发展的综合效益日益显现。海岛（礁）测绘一期工程经过5年的时间全面完成，测绘地理信息工作者付出了艰苦努力，建立了海域测绘基准体系，摸清了海岛礁的数量分布，工作成果显著，为国家海洋战略实施提供了有力保障，对于维护国家海洋权益、开发我国主张管辖海域的海洋资源、建立强大的海防将发挥重要作用。国家地理信息科技产业园正式启用，地理信息产业持续快速发展。国土、地矿界周成虎、郭仁忠分别增选为中国科学院、中国工程院院士，“国产民用高分辨率立体测图卫星测绘和应用关键技术”获得国家科技进步一等奖，这是测绘地理信息界科技人员的殊荣，更是对测绘地理信息事业的褒奖和鼓励，很不容易。在四川芦山地震等抢险救灾中，测绘地理信息部门冲锋在前，发挥了不可替代的作用。涉密测绘成果使用情况跟踪检查和专项检查取得实效，维护了国家地理信息安全。国家测绘地理信息局荣获“2012年度世界杰出国家测绘地理信息管理部门奖”，国际测绘地理信息事务参与度和话语权大幅提升。这个奖每两年才评选一次，只颁给了极少数国家的测绘地理信息部门，说明中国在国际测绘地理信息界的地位进一步提升，说明我们的工作做得扎实、贡献较大。

成绩来之不易，一定要加倍珍惜。希望大家在现有良好工作的基础上，进一步推动测绘地理信息事业取得更大发展。

**二、充分认识全面深化改革的重大意义**

党的十八届三中全会对全面深化改革作出了战略部署。2014年，是全面深化改革的开局之年。全国测绘地理信息干部职工，一定要把深入学习贯彻十八届三中全会精神和习近平总书记系列重要讲话精神作为当前的首要政治任务，统一思想，凝聚力量，积极主动融入全面深化改革大局。

全面深化改革，必须牢牢把握改革的核心要义。党的十八届三中全会，明确提出了全面深化改革的指导思想、目标任务、重大原则，描绘了全面深化改革的新蓝图、新愿景、新目标，汇集了全面深化改革的新思想、新论断、新举措。习近平总书记的系列重要讲话，为我们在新的历史起点上实现新的奋斗目标提供了基本遵循。全国国土资源系统和测绘地理信息系统都要把学习贯彻三中全会精神、习近平总书记重要讲话精神紧紧抓住，与开展党的群众路线教育实践活动紧密结合，武装头脑、指导实践、推动发展。作为《中共中央关于全面深化改革若干重大问题的决定》起草小组成员和中央宣讲团成员，我在国土资源部和江西省等地宣讲时，提出全面深化改革，必须牢牢把握好六个“总”：总目标是完善和发展中国特色社会主义制度，推进国家治理体系和治理能力现代化，中央文件里正式强调“治理”这个新概念，需要我们更加深入地去理解其本质要求。总思路是六个“紧紧围绕”，就是紧紧围绕经济体制、政治体制、文化体制、社会体制、生态文明体制和党的建设深化改革。总开关是进一步解放思想，从而实现解放和发展社会生产力、解放和增强社会活力。总引领是以经济体制改革为重点、发挥经济体制改革牵引作用，我们仍处于社会主义初级阶段，发展是解决一切问题的关键，发展是当前的第一要务，要通过发挥经济体制改革的牵引作用，从而带动政治、文化、社会等各方面的改革。总方向是坚持社会主义市场经济改革方向，使市场在资源配置中起决定性作用和更好发挥政府作用，这是理论上的重大突破。总要求是促进社会公平正义、增进人民福祉，这是改革的出发点和落脚点。人民的利益有两个方面，一方面是物质利益，这是人民的福祉；一方面是民主权利，这是社会的公平正义。我们要从这六个“总”的角度去进一步学习三中全会精神，力求把握得更清楚、学习得更深入，把改革推进得更加有力。完成《决定》确定的改革任务时间紧迫、任务艰巨，大家一定要提高对全面深化改革重大战略意义和系统性部署的认识，切实把思想和行动统一到中央决策部署上来，坚定信心，凝聚力量，“咬定青山不放松”，坚决打好这场攻坚战。

全面深化改革，必须从大局出发找准工作定位。中央关于全面深化改革的一系列决策部署有很多涉及国土资源管理。在刚刚闭幕的全国国土资源工作会议上，我们明确提出了国土资源工作要“尽职尽责保护国土资源、节约集约利用国土资源、尽心尽力维护群众权益”的工作定位，全面部署了国土资源领域今年的工作和深化改革的主攻方向与重点任务。测绘地理信息事业是经济社会发展的重要组成部分，全面深化改革，是推进测绘地理信息事业转型升级的必由之路和强大动力。面对新形势、新任务、新需求、新期待，测绘地理信息部门也要找准定位，自我加压，抢抓机遇，主动作为，积极主动融入改革大局、推动改革大局、服务改革大局，通过深化改革，显著提升测绘地理信息事业发展的质量和效益，更优质、更全面、更有力地服务经济社会科学发展。

全面深化改革，必须加强领导提升能力。李克强总理强调，能够亲身参与国家现代化建设的伟大进程，既是难得的人生际遇，也是我们共同肩负的重大责任和使命。在这场关乎国家命运的改革攻坚战中，各级领导干部是主力军，是决定因素。因此，要不断提高领导干部的思想政治定力，充分发挥总揽全局、协调各方的领导核心作用，确保把握改革的正确方向。能力是基础，必须不断提高把握和运用市场经济规律、社会发展规律、测绘地理信息事业发展规律的水平，不断增强思想政治能力、动员组织能力、驾驭复杂矛盾能力。作风是保证，要坚决推动“四风”问题解决，善始善终开展好教育实践活动，严格执行国务院“约法三章”，大力弘扬测绘精神和“快干好”作风，以实实在在的成效取信于民，汇聚改革合力。要把测绘地理信息的生产力最大程度地发挥出来，我看还得靠机制、靠改革，这样才能更加紧密地融入大局，更好地服务大局，在融入和服务大局的过程中，来不断发展和壮大测绘地理信息事业。

**三、推动2014年测绘地理信息工作新进步**

古人讲“时势者，百事之长也”。面对改革大潮，智者顺势而为、借力发力。德明同志稍后将对2014年的测绘地理信息工作作出部署，在这里，我再提几点建议，供大家参考。

一要把握大局，因势而谋。从现在起到2020年，改革都将是我们面临的最大的“势”。习近平总书记要求我们要善于观大势、谋大事，这里的“势”，既包括国内形势、世界形势，也包括国土资源系统、测绘地理信息系统的发展形势，这个大势要把握好发挥好。大家要认真对照党的十八大提出的“五位一体”总布局要求，对照三中全会《决定》的总体部署和目标任务，真正解放思想，切实转变观念，找准测绘地理信息工作和大局需要的结合点，找准测绘地理信息工作的突破点和着力点。德明同志提出2014年测绘地理信息工作要“强改革、重市场、树品牌、优服务、保安全、促发展”的总体思路，我认为，这是国家测绘地理信息局党组站高望远、审时度势，主动围绕改革、服务改革，推进测绘地理信息事业提质增效升级的科学谋划。希望大家进一步加强战略研究和政策研究，抓紧完善各项改革的顶层设计并全力以赴推进实施，第一时间让中央看到我们改革的决心、改革的力度和改革的实效。

二要抓住重点，顺势而为。决策始于科学，科学尊重国情。地理国情是重要的基本国情。做好重大国情国力调查，是了解国情、把握国势、制定国策的重要基础性工作。服务生态文明建设、城镇化发展、国家粮食安全以及建设责任政府、阳光政府，地理国情普查使命光荣、责任重大、任务艰巨。党中央、国务院把这一重大职责赋予测绘地理信息部门，体现了对我们的充分信任，大家一定要不辱使命、不负重托，把普查作为今年工作的重中之重，全力予以推进，争取向党和人民交出一份经得起实践检验的合格答卷。张高丽副总理在普查工作电视电话会议上特别强调，地理国情普查是推动测绘地理信息事业转型升级的一次重大机遇。从国土资源部开展全国二调项目来看，一项有影响的工作，会对全局工作产生重要的作用。全国土地二调成果经过国务院常务会议、中央常委会议、中央政治局会议三次审议，所有中央常委、国务院领导都发表了重要意见，习近平总书记、李克强总理还作出了非常重要的批示和要求，成果于2013年12月30日公布。在中央经济工作会议、中央城镇化工作会议、中央农村工作会议上，中央领导同志对国土资源工作作出了新论述、提出了新要求。中央领导同志这么集中系统地对国土资源工作作出指示和要求，是国土资源部成立15年来所没有的。经过认真深入研究，我们把工作归纳为三个大的方面，第一是要坚持最严格的耕地保护制度，严防死守耕地红线，确保国家粮食安全；第二是要坚持最严格的节约用地制度，节约集约利用土地，确保新型城镇化和新农村建设的健康发展；第三是要积极稳妥推进土地制度改革，更好发挥市场和政府作用，维护好广大群众的根本利益。根据领导同志的重要讲话精神，结合群众路线教育实践活动中对问题的分析和反思，我们确定了国土资源工作在全党全国工作大局中的定位，就是刚才前面我讲过的三句话。“尽职尽责保护国土资源”，这是党和国家赋予国土资源部门的基本职责；“节约集约利用国土资源”，这是国土资源部门保障科学发展的核心任务；“尽心尽力维护群众权益”，这是国土资源工作的根本出发点和落脚点，全体国土资源干部职工对这个工作定位高度认可。我看第一次全国地理国情普查对测绘地理信息事业的影响也是如此，这是让中央感受测绘地理信息能力、让社会认知测绘地理信息重要地位的一次很好机会，同时也是发现问题、提升测绘地理信息工作质量的一次很好机会。希望大家以地理国情普查为契机，以全面深化改革为动力，切实推进转变职能，着力提升服务水平，推动事业更好更快发展进步。

三要打造品牌，乘势而上。测绘地理信息部门在技术、装备、资源和人才上有着良好的优势。深化改革，就是要将自身优势转化为促进事业发展的更大动力。我们要继续下气力打造好数字（智慧）城市、“天地图”、地理国情监测这“三大平台”，尤其要高度重视发挥好“三大平台”的功能作用，通过广泛深入的应用，带动事业全局发展。要加快转变政府职能，深化行政审批制度改革，进一步优化地理信息产业发展环境，充分发挥市场作用，放手让劳动、知识、技术、管理和资本的活力竞相迸发，提高测绘地理信息在经济体制改革中的贡献率。也要特别重视发挥科技进步和创新的作用，把科技创新的动力更好地激发出来，提升生产力水平，抢占国际竞争制高点和主动权，赢得先机、赢得优势。测绘地理信息部门还承担着许多基础性、服务性工作，希望大家统筹兼顾，全力抓好。

同志们，测绘地理信息部门是国土资源大家庭的重要一员，也是国土资源工作的重要帮手和有力支撑。当前，中央一系列全面深化改革的战略部署，如建立不动产统一登记制度，加强自然资源资产管理，严防死守耕地红线，确保国家粮食安全，推进新型城镇化和新农村建设，保障生态安全和建设美丽中国等，都对国土资源工作提出了新要求、新任务。这些要求和任务都是中央领导重视、社会各方关注、事关百姓切身利益的重大改革。国土资源部感到责任重大，不敢懈怠。在这些国土资源领域的管理和改革工作中，测绘地理信息工作具有重要地位，占有一席之地。中央经过反复协调，决定整合不动产登记职责，由国土资源部负责指导监督全国土地、房屋、草原、林地、海域等不动产统一登记职责，基本做到登记机构、登记簿册、登记依据和信息平台“四统一”，这与测绘地理信息工作是分不开的，建立不动产登记信息管理基础平台必须以地图为基础。三中全会提出加强自然资源资产管理，很重要的内容就是要把自然资源资产化，要做好精确确权和动态监测，需要测绘地理信息提供依据。严防死守耕地红线、推进新型城镇化和建设生态文明等，也都与测绘地理信息密切相关。做好这些重点工作，迫切需要从基础上准确掌握国情国力，需要依靠测绘地理信息数据和先进技术，实现科学决策、科学设计、科学管理、科学实施。希望全国各级测绘地理信息部门，积极主动契合国土资源部的整体改革部署，发挥自身优势，共同打好国土资源领域的改革攻坚战。国土资源部也将进一步加大对测绘地理信息工作的支持力度，营造有利于测绘地理信息事业发展的良好环境。全国各级国土资源部门要更加高度重视测绘地理信息工作，采取更多有效手段实质性地关心、支持测绘地理信息事业发展。

新春佳节将至，借此机会，我代表国土资源部党组，向全国广大测绘地理信息干部职工和家属，致以最良好的祝愿，祝大家新春愉快、身体健康、工作顺利、阖家幸福！马年即将来临，祝大家快马加鞭、马到成功！

# 在全国测绘地理信息局长会议上的讲话

国土资源部党组副书记、副部长，国家土地副总督察，
国家测绘地理信息局党组书记、局长　徐德明

（2014 年 1 月 13 日，根据录音整理）

同志们：

这次会议的主要任务是：全面贯彻落实党的十八届三中全会和中央经济工作会议、中央城镇化工作会议精神，深入学习贯彻习近平总书记系列重要讲话精神、李克强总理和张高丽副总理重要讲话与批示精神，总结 2013 年测绘地理信息工作，部署 2014 年改革发展重点任务，统一思想，凝聚力量，推动测绘地理信息事业转型升级、跨越发展。

下面，我讲三点意见。

**一、关于 2013 年工作的基本情况**

2013 年，在党中央、国务院的坚强领导和高丽副总理的关心重视下，在国土资源部党组和大明部长的正确指导下，在国家有关部门和地方各级党委政府的支持配合下，全国测绘地理信息干部职工解放思想、开拓创新、团结奋斗、锐意进取，推动测绘地理信息事业取得新进步。主要表现在以下八个方面。

一是教育实践活动扎实有效。我们严肃认真完成规定动作，突出特色做好自选动作，创新成立了群众监督联系组，开展了新时期“感动测绘人物”推选和建设“三大平台”建言献策活动，大力宣传新时期测绘好干部杨艳萍同志的先进事迹，做到了学习深入扎实有效、开门查找问题建议、广泛听取群众意见，得到了中央第 30 督导组的肯定。我们坚持边整边改、立行立改，强化理论武装，加强作风建设和干部队伍建设，深入推进党风廉政建设和反腐败工作，推动全系统党风政风作风明显好转，涌现出了全国“人民满意的公务员”艾勇等先进人物，群众认可度、满意度很高。杨艳萍、艾勇不是简单的荣誉或典型，他们代表的是测绘地理信息行业和群体，展示的是测绘地理信息在社会中的地位、作用和形象，弘扬了测绘精神。

二是地理国情普查开局良好。国务院高度重视第一次全国地理国情普查工作，印发了《关于开展第一次全国地理国情普查的通知》，成立了以高丽副总理为组长的领导小组，召开了全国电视电话会议。截至目前，普查《总体方案》和《实施办法》已经印发，累计获取了 930 万平方公里的高分辨率遥感影像，制作完成了 480 万平方公里的普查底图，完成约 420 万平方公里的外业调查，培训近 2 万人次。全国各省（区、市）均已编制完成本地区普查实施方案，全部成立了领导机构和办事机构。

三是“三大平台”建设全面推进。数字城市建设成效显著，地级市累计立项 321 个，完成建设 190 个，开发应用系统逾 2500 个，县级市已立项建设 260 个，有力促进了城市管理水平的提升。“天地图”2013 版正式上线，实现了主节点与 30 个省级节点、83 个市级节点的在线聚合，为国家电子政务外网、国家电子政务内网党委业务系统及有关部门安装了政务版、涉密版，应用领域显著拓展。地理国情监测取得了陕北地区生态变化、特大矿区地面沉降等试点成果。海岛（礁）测绘一期工程圆满完成，全面摸清了我国主张管辖海域海岛（礁）的数量和分布，建成了陆海统一的海域测绘基准体系和海岛（礁）基础地理信息数据库。国家现代测绘基准体系基础设施一期工程建设顺利推进。资源三号卫星全球影像有效覆盖面积达 5600 万平方公里。

四是应急测绘保障及时可靠。应急测绘能力大幅提升，灾情快速响应机制进一步优化，灾后 2 小时即可提供应急专题地图。实现了通过网络向国务院应急办直接传输地图数据，加强了与民政部、水利部、安监总局、武警部队的应急联动和信息共享。在四川芦山地震、黑龙江洪涝灾害等抢险救灾中提供了高效优质的保障服务，得到各方面高度评价。

五是地理信息产业持续向好。新兴应用不断涌现，产业继续保持较快增长速度，各方面对地理信息的关注度、认可度持续提升。累计已有 18 家地理信息企业在境内外上市，企业兼并重组加速。国家地理信息科技产业园开园运行，二期工程及配套工程 120 万平方米主体封顶，在国际国内成为测绘地

理信息品牌，各界给予高度评价。浙江、山东、四川、陕西等地的区域性产业园区建设推进顺利，产业集聚发展模式初步形成，产业竞争力、创造力不断增强。

六是测绘国际地位显著提升。国家测绘地理信息局荣获“2012年度世界杰出国家测绘地理信息管理部门奖”，国际业界充分认可中国测绘地理信息事业的发展成就和为提升发展中国家地理信息能力所做出的贡献。成功举办了联合国全球地理信息管理成都论坛和两期发展中国家测绘地理信息局长培训班，我国多位专家在国际相关组织担任要职，全球地表覆盖高分辨率遥感制图项目得到联合国副秘书长的充分肯定，主导制订国际标准一项，国际测绘地理信息事务参与度和话语权大幅提升。

七是统一监管力度不断加大。《全国基础测绘中长期规划纲要（修编，2013～2020年）》已上报国务院。《地图管理条例》通过国务院法制办审查，《测绘法》修订全面展开，《测绘管理工作国家秘密范围的规定》修订顺利推进。积极推进行政审批制度改革，进一步简政放权。开展了涉密测绘成果跟踪检查和地勘行业专项检查。完善了公开地图信息发布制度，加大了对实景地图的审核管理，发布了地图导航定位产品测评结果。政策研究、质量管理等工作进一步加强。

八是科技和队伍建设成效突出。财政部正式批准将测绘地理信息行业纳入公益性行业科研专项试点。“国产民用高分辨率立体测图卫星测绘和应用关键技术”获得国家科技进步一等奖。成绩来之不易，是科研人员忘我奋斗、不畏艰辛、勇于牺牲的结果。周成虎、郭仁忠分别增选为科学院、工程院院士。成功举办了第三届测绘地理信息行业职业技能竞赛。测绘地理信息社团组织快速成长进步，成为推动大测绘的有效载体和重要平台。测绘地理信息文化建设欣欣向荣，社会影响力和知名度进一步提升。

成绩的取得，归功于党中央、国务院的坚强领导和高度重视，是全国广大测绘地理信息干部职工同心同德、不懈奋斗的结果。在此，我代表国家测绘地理信息局党组，向大家的辛勤付出表示衷心的感谢！

当然，看到成绩的同时，我们也认识到，当前事业发展中依然存在体制机制不完善、监管执法能力不强、公共服务水平不高、核心技术掌握不足、数据挖掘能力薄弱、产业规模不大等方面的问题。必须高度重视，加强研判，找准根源，有序化解。

**二、关于2014年工作的总体思路**

习近平总书记强调，“改革是一个国家、一个民族的生存发展之道。面对未来，要破解发展面临的各种难题、化解来自各方面的风险和挑战，更好发挥中国特色社会主义制度优势，除了深化改革开放，别无他途”。我国35年来的非凡成就得益于改革，巩固35年来的丰硕成果需要继续改革，扩大成果更需要深化改革。习近平总书记在多个场合反复讲“改革开放只有进行时，没有完成时”，我们必须深刻领会，以实际行动做到改革不停顿、开放不止步。

全面深化测绘地理信息领域改革，必须找准测绘地理信息工作的定位。克强总理用“五个重要”高度肯定测绘地理信息工作的地位和作用，强调测绘地理信息是经济社会活动的重要基础，是全面提高信息化水平的重要条件，是加快转变经济发展方式的重要支撑，是战略性新兴产业的重要内容，是维护国家安全利益的重要保障。这“五个重要”，对我们是肯定、是提升，也是鞭策，更是根本要求。高丽副总理十分重视关心测绘地理信息发展，要求我们以地理国情普查为契机推动事业转型升级。中央领导同志的重要讲话和指示批示，为测绘地理信息事业加快发展指明了方向，明确了目标和任务。局党组经过认真研究讨论认为，我们确立的“构建智慧中国、监测地理国情、壮大地信产业、建设测绘强国”的总体战略，提出的“服务大局、服务社会、服务民生”的基本宗旨，明确的“基础先行、服务保障、应急救急、统筹协调、管理监督、维护安全”的功能定位，都是符合三中全会要求和国家发展改革要求的，是符合测绘地理信息事业发展规律和内在要求的。全国测绘地理信息领域深化改革都要在这个整体思路框架下，科学合理布局战略重点、优先顺序、主攻方向、工作机制、推进方式和路线图、时间表。

2014年，全国测绘地理信息工作的总体思路是：深入贯彻落实党的十八届三中全会精神，以习近平总书记系列重要讲话精神为指导，以全面深化改革为动力，以提质增效升级为核心，以地理国情普查为牵引，以扩大社会应用为重点，以服务经济社会民生为目的，强改革、重市场、树品牌、优服务、保安全、促发展，推动测绘地理信息事业转型升级，更深更好地融入改革发展大局，服务改革发展大局。

从现在到2020年，测绘地理信息各项工作都要以改革为统领，用改革的思路和办法破解难题，以改革的实际成效取信于民，以改革促创新发展、促结构优化、促民生改善，所以要“强改革”；转变政府职能的关键是理顺政府与市场的关系，让市场在资源配置中起决定性作用，政府要尊重市场经济规律，充分发挥市场作用，更多依靠市场力量，所以要“重市场”；品牌就是核心竞争力。必须坚定不移、毫不动摇地推动和完善“三大平台”建设，打造测绘地理信息部门的响亮品牌，让社会满意，让人民赞誉，所以要“树品牌”；测绘地理信息发展要始终坚持“服务大局、服务社会、服务民生”的宗旨，不断提升服务保障“五位一体”总布局和“四化”同步建设的能力和水平，政府要把服务企业作为重要责任，所以要“优服务”；国家安全至上，地图具有严肃的政治性、严格的法定性，测绘地理信息事关国家主权、安全和利益，确保国家地理信息安全是我们义不容辞的责任，所以要“保安全”；发展是解决一切问题的关键和基础，测绘地理信息事业要加快发展，不断创造新的社会价值和经济价值，更好地服务保障经济社会发展全局，所以要“促发展”。

全面深化测绘地理信息领域改革，必须协调处理好政府与市场、中央与地方、全局与局部、内部与外部、行政监管与业务保障、公益性与商业性、改革与稳定、长远与近期等方面的关系，必须对我们的思想观念、管理理念、组织结构、力量布局、技术构架、产品结构、服务模式等进行一次重大变革和集成创新。惟此，才能真正推动事业转型升级、跨越发展。

**三、关于2014年的几项重点工作**

2014年，是全面贯彻落实党的十八大、十八届三中全会精神的重要一年，是全面深化改革的开局之年，也是完成“十二五”规划目标任务的关键一年。各地各单位要着手启动“十三五”规划前期准备，认真抓好年度各项工作的落实，确保全年工作任务圆满完成。在这里，我再强调以下几点。

第一，学好讲话，把握正确方向

党的十八大以来，习近平总书记围绕改革发展稳定、内政外交国防、治党治国治军发表了一系列重要讲话，提出了很多新思想、新观点、新论断、新要求，具有很强的思想性、前瞻性和指导性，学习好讲话精神是当前全党的重大政治任务。不久前，我在中央党校参加了为期一周的专题学习。我深感，讲话思想深邃、博大精深，显示了对世情、国情、党情的深刻把握，体现了理论逻辑、实践逻辑、历史逻辑的高度统一，闪耀着马克思主义世界观和方法论的光辉。讲话接地气、知民情，说老百姓的话、说实在话，没有空话、套话，非常亲切、非常入耳，学习讲话时有身临其境之感。“学，然后知不足。”越学我越觉得心里亮堂、力量无穷，越学越感到思想解放、责任重大。讲话是我们服务大局、明确方向的行动指南，是我们武装头脑、指导实践、做好工作的强大武器，一定要精心组织，系统学习，见行见效。

学好讲话，要在融会贯通、入脑入心上下功夫。在新的发展形势、新的发展时期，我们面临着思想转变的重大问题。学习三中全会精神，要知其言更知其义，知其然更知其所以然，努力做到“真”“深”“实”。“真”就是真心实意，认认真真地学习原文，既全面系统领会讲话的基本内容，又着力把握讲话蕴含的新思想、新观点、新要求；“深”就是深入思考，抓住重点精读深读、研机析理，既领会讲话的丰富内涵，又把握核心要义、思想精髓；“实”就是紧密联系测绘地理信息实际，带着现实工作和思想上的问题来学，既改造主观世界，又解决实际问题。

学好讲话，要在武装头脑、增强定力上下功夫。讲话方方面面贯穿了坚定的信仰追求、历史的担当意识、真挚的为民情怀和务实的思想作风。我们要通过深入学习，切实增强“任凭风浪起，稳坐钓鱼台”的政治定力，实干兴邦的担当精神，为民务实清廉的价值追求和加快建设测绘地理信息强国的坚强决心，真正做到学之愈久、知之愈深、信之愈笃、行之愈坚。

学好讲话，要在指导实践、务求实效上下功夫。我们要把学好讲话精神与学习贯彻三中全会精神紧密结合，与开展教育实践活动紧密结合，与学习贯彻克强总理、高丽副总理重要讲话和指示批示精神紧密结合，与推动各项重点工作的落实紧密结合，把学习的成效体现在解放思想、改进作风、推动工作上。特别要以教育实践活动整改落实和“回头看”为抓手，切实加强思想政治建设，推进作风建设常态化长效化，进一步巩固和扩大教育实践活动成果，真正把思想统一到中央的重大决策部署上来，统一到习近平总书记重要讲话精神上来，统一到国家测绘地理信息局党组的安排部署上来，使我们的工作让中央满意、让群众满意。

第二，做好普查，发挥监测作用

习近平总书记强调，我国一些领域底数不清、数据不实情况仍然存在。李克强总理强调，地理国情是建设责任政府、服务政府的重要支撑。如何科学布局工业化、城镇化，如何统筹规划、合理利用国土发展空间，如何有效推进重大工程建设，地理国情监测至关重要。张高丽副总理指出，抓紧开展第一次全国地理国情普查，对于我们做到心中有数，立足底线思维、进行宏观思考、更好把握大局，有效应对各种风险和挑战，推进解决各种深层次矛盾和问题意义重大。

建立系统完整的生态文明制度体系，推动建立生态环境责任追究制度，整体谋划国土空间开发，促进资源节约利用和生态环境保护，保障国家粮食安全和舌尖上的安全，迫切需要对全国范围的自然资源进行摸底普查和持续监测。要让城市融入大自然，让居民望得见山、看得见水、记得住乡愁，地理国情普查和监测可谓恰逢其时。测绘地理信息部门作为客观公正的第三方，不人为设定“边界”，只提供客观真实数据，在评判生态文明建设成效方面，我们有着独特的优势，我们提供的普查和监测成果最具权威性，特别具有公正性，不带任何部门利益，不带任何地方色彩，完全符合三中全会提出的“完善决策权、执行权、监督权既相互制约又相互协调的行政运行机制”的要求。

做好地理国情普查，加快地理国情监测，是党和国家赋予我们的重要任务，是前无古人的首创大事，是时代给我们提出的新要求、新使命，是了解国情、把握国势、制定国策的重要支撑，是推进国家治理体系和治理能力现代化的有力武器，是加快生态文明建设、美丽中国建设的必然选择，也是我们自身能力完全可以承担的义不容辞的重大职责。我们一定要紧紧抓住历史契机，以对历史、对人民高度负责的态度来履行好地理国情普查这一光荣使命，勇于担当，主动作为，下先手棋，打主动仗。

做好普查，必须坚持“边普查、边应用”。要始终把监测放在普查的核心地位，把劲使在监测上，把监测、监管、监控寓于普查的全过程。一定要把握时机、会干巧干，我们说契机、契机，就是看到机遇要像楔子一样钉进去，不要等、不能拖。现在正是落实三中全会提出的决策权、执行权、监督权分离的关键时期，是加强自然资源资产管理的最好时机，我们现在不监测、不出成果，什么时候出?!等到职责调整完了，我们再出成果，不就成了“马后炮”?!我们还怎么发挥辅助决策、监督监管的作用?!我们的作为就体现在监测上、体现在成果的发布上。所以，一定要转变观念，切实加快成果提供和转化，敏锐地捕捉和发现市场、社会、领导到底需要啥，在干中找出亮点，快出成果、出好成果，这样才不会坐失良机，才能以有“为”争有“位”，以有“位”促更有“为”。做好普查，必须彻底打破惯性思维和僵化思想，用辩证思维对待普查和监测工作，着力处理好几个关系。一是“点与面”的关系，立足点上突破、点上见效、以点带面。哲学中讲，普遍性存在于个性之中，把个性做好了，普遍的问题也就解决了。当前，我们可以把监测的立足点主要放在点上，有些“点”的成果极具代表性和现实意义，可以先行提供应用，不要等到全部“面”上的成果出来后再一并发布，白白错过大好时机。地理信息现势性很强，监测成果若不及时发布使用，很快就又滞后了。二是“精与用”的关系，“精准”是我们行业的优点，但“精准”绝对不是死板、刻板。有些应用不需要过高精度，只要能判断出趋势、得出结论就行。所以要坚持“按需普查、按需监测”，尽快推出成果，不要过分地在细节上纠结，以免造成时间和资源的浪费。三是“新与旧”的关系，要充分利用已有测绘成果和档案资料来进行比对分析。就如同人的照片，只要新老一对照，就能看出模样变化。自然形态的变化也一样，新旧图一比对，就可以看出沧桑巨变，得出无可辩驳的监测结论，一目了然。所以要加强创新、转变观念，老图就是我们搞监测的历史资料，要翻箱倒柜把老图找出来，测新图不能忘老图，要拿着老图看新图，在测新图的过程中找出变化、作出判断、形成成果，不要等到普查结束后才开始监测。四是“东与西”的关系，习近平总书记讲，“我们既要绿水青山，也要金山银山。宁要绿水青山，不要金山银山，而且绿水青山就是金山银山。”我国西部当前重在保护，东部重在建设，东部经济社会发展快速、人口稠密，空间格局变化快、变化大，所以尤其要对东部地区加强监测、加快监测，通过我们的监测成果发现问题、形成威慑，让东部地区领导掌握以牺牲环境代价换取发展的损失，让西部地区领导也可以引以为戒，使监测工作更好发挥监督政府生态建设绩效的作用。普查工作责任重大、意义重大，要发挥好普查工作的作用，处理好以上几个方面的关系，核心还在“用”字上。普查是全国一张图、一个节点，全国上下必须“一盘棋”，统一行动、步调一致。国情是由省情、区情、市情、县情、乡情、村情等构成的，国情是一个完整的整体，开不得“天窗”，容不得任何一个地区“掉链子”。各地一定要服从大局，保证进度，行动慢的地方要加快行动起来，确保普查工作实现多要素、全覆盖、无缝隙。经费是做好普查工作的保障，还未落实经费的地方要抓紧落实，国家普查办也要加大监督力度，确保今年工作计划如期实施。与此同时，我们也要加强对普查经费使用的监督，从制度设计上把住源头，提高资金使用效率，把省下的钱多做些工作、多办些实事，决不允许任何人贪污、挪用、浪费普查经费。

普查工作时间紧、任务重、涉及面广。我们一定要大力宣传动员，强化统筹兼顾，科学规范管理，精心组织实施，确保成果质量，有序有力有效推进。普查工作是首创性的，既是对测绘地理信息技术力量和队伍能力的检验，更是对我们管理水平和组织能力的考验。我们一定要解放思想，创造性地开展工作。我们要看到，普查工作有着自身的特点，与基础测绘既相联系又相区别。基础测绘重在基础地理信息资源建设，成果主要是地形图和基础地理信息数据库，侧重业务保障，是普查工作的基础。地理国情普查，精于心、简于形，重在看图比对、看图说话、看图评价，是对数据的信息挖掘和知识发现，核心成果是普查图件和分析报告，强调行政监管。因此，不能直接套用基础测绘的思维模式和管理方式来实施普查，更不能将普查作为一次性的项目来组织实施。质量是普查的根本。普查成果代表的是国情国力，普查数据的准确性直接影响到决策的科学性。为此，必须坚持全过程质量控制，切实加强质量监督的体制机制创新和技术创新，确保普查成果权威可靠。与此同时，要始终把安全放在首位，确保普查工作安全实施。

第三，打造品牌，做强“三大平台”

品牌是核心竞争力，是事业发展基石，是作为的有力彰显，是强国重要保障。“三大平台”是国家测绘地理信息局党组着眼国家发展大局和事业发展全局的正确判断，是测绘地理信息直接服务经济社会发展主战场的重要抓手，是加快事业转型升级的必然选择。

随着人类社会进入信息时代，数据成为继土地、劳动力、资本之后的新要素，成为未来提高竞争力的关键，一个“数据为王”的时代正在到来。当前，不少领导和院士专家正在积极呼吁将大数据上升为国家战略。“三大平台”自身拥有海量的数据资源，又是集成整合其他各类信息数据的公共基底，这是我们的独特优势。可以肯定，大数据时代，“三大平台”的作用将更加彰显，用途将更加广泛，效用将更加突出。

加强“三大平台”建设，首先要牢牢把握住数据的主动权，提升竞争力。数据是基础、是核心，没有高质量、广覆盖、内容丰富、更新快速的数据，“三大平台”就是无米之炊、无水之源。我们要立足当前、着眼长远，盘活存量、用好增量，优化结构、提升质量，加快实现基础地理信息资源由地上向地下、由陆地向海洋、由近海向远海、由国内向国外、由有限要素向全要素、由定期更新向适时动态更新的战略拓展。2014 年，要扎实推进国家现代测绘基准体系基础设施一期工程、资源三号卫星应用系统建设、全球地表覆盖数据库建设、国家基础航空摄影、1:5 万基础地理信息数据库全要素更新、海岛（礁）测绘二期工程等重大项目的实施和立项，大力推进地理信息资源的深度共享，积极推动军地测绘融合发展，切实加强测绘档案资料管理和开发利用，夯实“三大平台”建设的数据资源基础。

数据资产价值的大小不仅仅在于数据的规模，更在于数据的活性以及解释运用数据的能力。“三大平台”要发挥好作用，必须开发出多样化的服务和产品，增强服务力，实现数据治国、数据掘金。这就好比“面粉”已经有了，我们不能只停留在当农民“种麦子”“磨面粉”的阶段，而要根据领导、社会和百姓不同的“口味”，学会当“面点师”“蛋糕师”，既能做成可口家常饭，也能登上大雅之堂。关于数据的挖掘应用，“没有想不到，只有做不到”。否则，面粉放在粮库里，霉了、长虫子了，只有白白扔掉。特别是测绘数据现势性强，如果不能及时投入使用就会失去应用价值。因此，要一手抓“三大平台”基础数据资源建设，一手抓“三大平台”推广应用，千方百计拓展服务，推动“三大平台”更好贴近管理决策需求、满足社会民生需要。关于数字城市建设，有的地方反映现在有点乏力了，我看关键是后续业务没有开展起来，2014 年，要贯彻落实好国务院即将出台的《关于促进智慧城市健康发展的指导意见》，加快建设智慧城市地理空间框架和时空信息平台，大力推进智能交通、智慧城管、智慧管网等应用服务，全面推动数字城市向智慧城市升级。要紧紧围绕经济社会发展的重点亮点难点热点，加强对国土空间开发、资源节约利用、生态环境保护、城镇化发展、区域总体发展规划实施等的动态监测，探索开展地理世情监测。要按照“政府主导、市场运作、企业经营、增值服务”的方式来加强“天地图”建设，强化专题信息整合，促进开发应用，完善用户体验，不断提高市场占有率，按照克强总理的要求，把“天地图”打造成为“政府服务的公益性平台、产业发展的基础平台、方便群众的服务平台、国家安全的保障平台”。与此同时，我们也要依托“三大平台”，加强应急能力建设，推进重大工程立项，加快建设应急测绘服务基地和专业队伍，做好应急服务保障，打造应急测绘知名品牌。

“三大平台”，既相对独立又有机联系，各有侧重，互为补充，经过这几年的加快建设和不断完善，已经日趋成熟，并分别发挥了重要作用。现在，是集中优势、整合资源、聚合服务的时候了。为此，要着力做强做大品牌，加快将“天地图”打造成为测绘地理信息部门对内对外服务的终极出口，进一步扩大影响力。“三大平台”建设的成果，都要尽快整合到“天地图”上来，通过“天地图”涉密版、政务版、公众版分别面向不同对象发布数据和提供服务。当然，数字（智慧）省区和数字（智慧）城市建设、地理省（区）情和地理市情监测，这些工作，我们还要全力推进；这些品牌，我们还要全力打造。但在国家层面，力量上必须整合、共享，设计上必须统一标准、互联互通，服务上必须统一出口、统一平台。测绘地理信息部门最没有理由搞各自为政，但现在我们的标准还没有完全统一，尤其整合到“天地图”后，没有统一的标准就没有生命力、就没有融合力，我们就无法更加有效占领市场。以前常说“酒香不怕巷子深”，现代社会，不懂得营销、不懂得经营的品牌是没有生命力的。我们也要学会包装和推销自己，加强“三大平台”推广推介，通过广泛宣传提升知名度，通过良好过硬的应用实效扩大影响力。

“三大平台”建设，既要政府部门全力推动，也要充分发挥市场作用，大幅提高生产力，依靠市场资源和企业力量共同做大做强“三大平台”。我们要进一步强化政府政策引导和优惠举措扶持，吸引企业积极参与“三大平台”建设，主动介入“三大平台”增值开发，发挥好企业“主力军”“生力军”的作用，并通过“三大平台”建设带动企业壮大、产业发展。智慧城市建设，光靠我们自己的事业单位，一年下来也完成不了几个，但如果真正把企业的积极性调动起来，几年之内全面实现由数字城市向智慧城市的升级，我看是完全有可能的。实际上有些地方已经这么做了。比如，辽宁的数字城市建设在引进实力很强的企业后，成效非常显著。智慧城市的应用拓展以及今后的持续维护，都应以企业为主体。地理国情监测也是如此，要实现持续快速的监测，要及时掌握各地的最新变化，我看也要走政府购买公共服务这条路子，把社会力量作为地理国情监测的重要补充。“天地图”本身就是在网络上运行的，其公众版更是直接参与市场竞争，所以更应遵循互联网的发展规律，遵循市场经济规律，用互联网的新思维方式来审视“天地图”的发展，来布局企业的战略、结构、技术、服务和商业模式等等。我们只有通过创新发展，开发出独特的、别人难以模仿的管理机制、管控模式和运营方式，才能在激烈的竞争中立于不败之地。

第四，壮大产业，促进转型升级

当前，随着科学技术尤其是移动互联技术的快速发展进步，地理信息生产与服务提供正从专业走向大众，一个“全民测绘”时代正在到来，地图已经成为移动终端的标配、移动互联的入口、打通线上线下服务的核心。而随着大量多元资本注入测绘地理信息企业，地理信息产业竞争更加激烈，正引发核心要素的重新分配、生产关系的重构和利益格局的剧烈调整。与此同时，全球测绘地理信息领域的竞争与融合日益加剧，发达国家大幅加大技术创新力度，加快拓展新兴服务，凭借先发优势、技术优势、资本优势，抢夺全球地理信息服务市场。

2013 年，国家关于促进信息消费等一系列政策密集出台，为地理信息产业发展带来了重大利好。但在这样一个以数据免费为主基调的时代，测绘地理信息的价值与价格呈现出了反向发展的态势，一方面测绘地理信息服务的价值大幅提升、需求十分旺盛，另一方面其市场价格却很低甚至为零。互联网催生出的新兴服务模式，正猛烈冲击着我们原有的管理理念、技术构架和盈利模式。我们可以得出这样的基本结论：当前地理信息产业发展势头良好、潜力巨大，但也存在一些变数和风险。时代和技术在倒逼我们做长产业链条，做大产业边界，促进产业融合发展，加快产业转型升级。对于壮大地理信息产业，我们既要坚定信心，又要有忧患意识，防微虑远。

企业强则国家强。消费在经济增长中是起基础性作用的，而内需是增长的主动力。促进地理信息产业发展，必须转变职能、强化服务、完善政策、刺激消费，优化产业发展环境，激发产业市场活力，把产业规模做大。我们要贯彻落实好《国务院关于促进信息消费扩大内需的若干意见》，全力争取《国务院办公厅关于促进地理信息产业发展的意见》出台，加快制定我局促进产业发展的优惠政策和具体举措，积极争取有关部门、地方政府对产业发展更多更大的关心支持。要把使市场在资源配置中起决定性作用和更好发挥政府作用有机结合起来，进一步简政放权，提高行政效率；进一步开放基础数据，支持企业增值开发；进一步加大政府向社会力量购买服务，助推和带动产业发展。要大力改善地理信息消费环境，积极培育新的消费增长点，通过改善供给质量来激活消费需求，促进地理信息消费快速增长，激发民间投资积极性。要更加重视产业调查研究，注重研究分析市场，准确掌握产业发展态势，并及时作出预测预警和政策调整。

当前，我国经济面临增长速度换档期、结构调整阵痛期、前期刺激政策消化期三期叠加的状况。地理信息产业作为战略性新兴产业，近年来连续保持了高速增长的良好态势，但推进产业结构调整也势在必行。调整好了，我们就能乘势而上，走出一条新路子，释放出巨大潜能，调整不好，也有可能被国内跨界者和国际巨头挤压打压，甚至丧失阵地。为此，要通过科学规划、合理准入、园区积聚、兼并重组等方式，加快推进地理信息产业转型升级，把产业实力做强。我们要加强产业发展战略研究，积极推进《国家地理信息产业发展规划（2013～2020年）》的实施，科学设计产业布局，明确优先发展领域，引导产业向高附加值、高增长率的方向发展。按照整体降低门槛、局部从严要求的总体思路，修订测绘资质管理规定和分级标准，科学合理调整产业准入门槛，促进产业优势领域更加突出。要扎实推进国家地理信息科技产业园二期工程建设，完善各项配套优惠措施，积极推动联合国—中国地理信息合作中心、联合国地理信息支持服务基地、国际地理信息技术转移中心落户园区，加快各地区域性产业园建设，发挥好园区的集聚、辐射、带动效应，合掌为拳，抱团发展。注重加强对企业兼并重组的指导和支持，发挥好相关社会组织的服务、协调、监督、保护作用和产业发展基金的孵化、引导、扶持、带动作用，促进产业要素有序自由流动，资源高效配置，市场深度融合，内生动力不断增强。与此同时，我们也要鼓励支持企业和产品“走出去”，着力打造龙头企业和知名品牌，提升中国地理信息产业的国际竞争力。

远古时期，古人就知道利用北斗七星来判断时间和方向。现如今，我们自主打造的北斗卫星导航系统，可以提供高精度导航、定位、授时服务。建设“北斗”，是国家战略，是强国需要，是国家安全所在，是百姓民生所需。“北斗”，是中国的，是民族的，也是我们测绘地理信息人的。我们常说要爱国，爱国不是空洞的。爱国就要爱国货、爱民族品牌。我们要理直气壮、责无旁贷地把推进“北斗”产业化的大旗扛起来，贯彻落实好《国家卫星导航产业中长期发展规划》，以“北斗”应用助推产业发展，以产业发展加快“北斗”应用。切实加强“北斗”产业化战略研究、政策制定、标准化和质量监督工作，加快相关科技攻关，在重大专项中带头应用和自觉使用“北斗”，积极推动“中国位联”建设，举办好“应用北斗、光彩中国”宣讲活动，积极引导和激发各方面对“北斗”的需求和消费，鼓励支持针对“北斗”的增值开发和社会化应用，全力打造“北斗”民族品牌。

第五，加强科技，推进自主创新

科技是第一生产力，新技术革命是引领发展的重要引擎。当前，世界正处于新技术革命孕育期，世界各国纷纷加快卫星导航定位、高分辨率遥感卫星等技术的进步升级，推进云计算、物联网、移动互联、大数据等高新技术与测绘地理信息技术的深度融合。

习近平总书记强调，“不少国家都在策划通过改革创新赢得未来，关键看谁干得成、干得好。”面对新一轮科技革命的历史机遇，我们要坚定不移走中国特色自主创新道路，立足测绘地理信息强国建设，站在民族复兴“中国梦”伟业高度，勇于攀登，敢于挑战，以“为有牺牲多壮志，敢教日月换新天”的魄力，投入科技攻关，推进自主创新，抢占未来发展的制高点。

加快自主创新，要搭建好平台。我们要着力深化测绘地理信息科技创新体制改革，加强基础性、战略性、前沿性科学研究和共性技术攻关，鼓励支持各类创新要素向企业集聚，鼓励发展企业主导、市场导向的产业技术创新联盟，充分发挥企业的创新主体地位。要大力发展技术市场，搭建和用好“产、学、研、用”研发基地和创新平台，为各类创新主体与要素提供施展才能的舞台，促进科技成果资本化、产业化。要不拘一格、慧眼识才，放手使用优秀人才，为他们奋勇创新、脱颖而出创造条件。我们科技管理的体制机制要活一点，营造勇于创新、鼓励成功、宽容失败的良好氛围。

加快自主创新，要舍得投入。有投入才能有产出，有付出才能有收获。要想取得大成果，获得大进步，没有大的投入肯定是不行的。这个投入既包含经费的投入，也包含装备的投入，还包含人力的投入。希望大家把眼光放长远一些，拿出我们的魄力和决心，舍得在人才身上花钱，舍得在装备建设和技术创新上投入。没有一流的技术、一流的装备、一流的人才，哪有一流的能力?！只有能力上去了，我们干事才会有底气，服务保障才能更有力。所以要进一步加大科技创新投入，用好测绘地理信息公益性科研专项经费和其他科研经费；加大教育培训力度，实施好重点人才工程，加快建设创新人才高地；积极推动测绘卫星发展整体纳入《国家民用空间基础设施中长期发展规划》，加快资源三号后续星、高分七号卫星立项进程，加强高精尖装备建设，推动技术装备更新换代。当然，加大投入并不是“撒胡椒面”，而是要更加集中优势、重点突破。前段时间，科技部万钢部长对科研领域的经费浪费痛心疾首，呼吁严加监管。我们一定要树立“大测绘、大科研、大技术”的理念，用好科研经费。科研项目立项和申报，没有身份界限、没有范围边界，不要仅仅局限于我们的直属单位，我们要的就是一个字“好”，只要项目好都可以申报。科研成果的价值，一定要通过现实生产力来评价，让市场来评判。我们的科技投入本来盘子就不大，更要强化绩效管理，投入方向一定要反复论证、公开透明，把钱花在刀刃上。要坚决反对项目立项和评审上的不正之风，杜绝关系票、人情票，营造测绘地理信息行业项目立项和评审的良好生态。

加快自主创新，要勇于攻坚克难。实施创新驱动不能等待观望懈怠。习近平总书记强调，“我们是一个大国，在科技创新上要有自己的东西”。当前，我们在高精尖技术方面，还落后于美国等发达国家，我们的很多科研成果还属于引进消化吸收再创新的阶段。为此，必须树立强烈的创新自信，胸怀大局、把握大势、着眼大事，瞄准国际测绘地理信息科技发展的最前沿，集中力量突破一批核心关键技术，推出一批国际领先的首创性科研成果，不断在攻坚克难中追求卓越。在这一点上，我们要下大决心、下大气力，瞄准了方向，就要以舍我其谁的担当、百折不挠的坚韧全力以赴。当然，我们也要有耐心，不能急于求成，还要宽容失败。科研项目要始终坚持引领未来、支撑发展的方针，适度超前现实需求，不能工程项目都上马了，技术储备还没到位，科研与业务不能“两张皮”，必须强化统筹。同时，我们也要扩大科技开放合作，发挥好联合国全球地理信息管理高层论坛的作用，充分利用“走出去”“请进来”，在更高起点上推进自主创新。

第六，强化监管，维护市场秩序

信息时代，“全民测绘”导致监管对象空前庞大，非法测绘行为变得更加隐蔽、快速、无绪。如何加强对虚拟空间不确定对象的不确定行为的监管，如何确保国家地理信息安全，无疑考验着我们的智慧。我们原有的基于实体单位的管理模式和执法手段，显然已经无法适应时代和技术的发展进步了。如何利用互联网的思维方式来改革和提升我们的监管水平，成为了当务之急。

我们要善于用法治思维和法治方式来履行职能、调节经济、推动改革，加快建设符合国家改革发展新要求的测绘地理信息法制体系。按照宏观政策要稳、微观政策要活的总要求，下气力推进《测绘法》修订，尽快出台《测绘地理信息法制建设五年规划》，对现行法律、法规、制度进行一次大梳理、大整顿，逐步清理和废除妨碍事业发展、制约市场主体活力释放的规定和做法，补充完善有利于国家大局和事业长远发展的政策法规。我们也要注重加强法制宣传教育，做好《地图管理条例》的宣传贯彻落实，举办好美丽中国——第二届全国国家版图知识竞赛和少儿手绘地图大赛，推动自觉遵法守法用法，促进国家版图意识的提高。

要坚持促进公平，依法监管，执法必严。市场建好了，才会有公平，市场不规范，就会导致市场失灵，使资源的效益、效能不能充分发挥，导致浪费，造成严重损失。政府部门在市场监管中的重要责任是保障公平竞争，维护市场秩序，弥补市场失灵。我们要大幅度减少政府对资源的直接配置，推动资源配置依据市场规则、市场价格、市场竞争实现效益最大化和效率最优化。要加快建立开放透明的市场规则，完善市场信用管理制度，加强项目工程招投标监管，打击恶意竞争行为，加大知识产权保护，营造公平发展的环境。要进一步加大监督执法力度，扩大监督执法范围，提高监督执法频次，完善监督执法方式和手段，提升联合执法合力，大幅提高违法违规成本，规范测绘地理信息市场行为。

国家主权、安全和利益高于一切。从去年对全国地勘行业涉密测绘成果和地质资料使用与管理专项检查的情况来看，涉密测绘成果管理十分混乱，甚至可以用触目惊心来形容。这对国家安全是多么大的隐患啊！党中央、国务院对地理信息失泄密问题非常关注，地理信息安全这根弦，我们要始终绷紧绷牢。所以要深入研究信息时代测绘地理信息安全监管的新情况、新特点、新趋势，切实加强安全监管和保密管理的制度创新、管理创新、机制创新和技术创新，规范管理，违法必究，确保国家地理信息安全。要积极主动服务国家安全委员会相关工作开展，推动测绘地理信息安全监管能力的提升、职能的强化、力量的扩充。要充分发挥科技和管理的作用，将发展和保密这对矛盾和谐地统一起来，科学确定测绘管理工作国家秘密范围。要继续开展好“问题地图”专项整治，健全互联网地图安全监管工作机制，完善并推广互联网地图标注内审系统和互联网地图监管系统。进一步加强涉密测绘成果管理，采用事前、事中、事后闭合管理的方式开展地理信息安全监管，防止失泄密事件发生。

第七，建好队伍，提升管理水平

建设过硬的测绘地理信息队伍是我们深化改革、做好工作的根本保证，只有把职能加强、班子配强、队伍建强，我们才会无往而不胜、无坚而不摧，才能为事业发展提供有力支撑。

新一届政府开门办的第一件大事，就是推进政府自身改革。克强总理近日要求继续把简政放权作为“当头炮”，作为新年伊始国务院的第一件事。我们要深入研究党中央、国务院对政府职责转变的新要求，科学定位政府角色，深入推进行政审批制度改革，合理调整政府部门的“权力清单”，放权给市场，放权给基层，放权给社会组织和事业单位，把职能切实转变到加强发展战略、规划、政策、标准等的制定和实施，强化对市场活动的监管和公共服务提供上来。我们既要扎扎实实做减法，不越位、不错位，把不该管的事项坚决移出去。同时也要看到决策权、执行权、监督权相分离给我们带来的机遇，加快推进地理国情监测发挥好监督监管职能；还要看到国家安全委员会的设立，要求我们进一步强化地理信息安全监管职责；更要看到促进资源的节约集约高效利用，对于我们强化对基础地理信息资源建设的统筹、确立“三大平台”的权威性、避免重复测绘等具有积极意义。“来而不可失者，时也。蹈而不可失者，机也。”我们一定要用敏锐的眼光、战略的思维，来审时度势、抢抓机遇，积极主动做加法，积极主动补位，强化应有的职能职责，把该管的事项坚决管住管好。与此同时，要继续推进地方测绘地理信息管理机构更名和建设，强化行政管理职能，推进管理体制健全。克强总理在视察中国测绘创新基地时指出：“目前，测绘地理信息体制机制还不能适应发展的要求，甚至在一些地方还存在管理机构的空白、‘短腿’。”“要顺应测绘地理信息发展趋势，逐步形成有利于测绘地理信息事业健康发展的体制机制。”各地一定要抓住地方机构改革的有利时机，以克强总理重要讲话精神为指导和依据，做好解释说明工作，按照克强总理的要求，“加快健全体制、完善机制、强化职责，更好地发挥测绘地理信息主管部门的作用。”

在事业单位分类改革问题上，方向要明，步子要稳。改革的目的既不是简单地将一部分队伍推向市场，也不是简单地为了规范事业单位的薪酬，而是要科学布局事业整体力量，优化事业单位内部结构，更好激发各方面的活力和动力。我们今天不主动，明天就会被动，甚至会被淘汰。所以，一定要以改革为契机，紧密结合当前旺盛的服务保障需求，首先致力于把事业发展的“蛋糕”做大做强。只要我们把“蛋糕”做大了，分“蛋糕”也就好办了。事业单位分类改革，事关事业的长远发展，涉及到职工的切身利益，一定要加强研究，准确地把握中央精神，反复细致推敲论证，做好顶层设计，谋定而后动，先布棋盘再落子。顶层设计要以人为本，局部利益要服从大局利益，近期利益要服从长远利益。当然，我们也要充分尊重民意，发挥好职工群众的聪明才智，做好动员发动和解释说明，既要积极、又要稳妥、更要扎实。

领导力决定凝聚力，团结力决定战斗力。事业发展，关键在人。强有力的班子，扎实过硬的作风，团结和谐的队伍，是做好各项工作的保证。我们要积极培育和践行社会主义核心价值观，切实弘扬正气、发扬民主、增进团结，全力营造勤政廉政、务实为民、风清气正的良好氛围。要坚决贯彻落实中央“八项规定”，厉行节约，反对浪费。贯彻落实好中纪委三次全会和国务院廉政工作会议精神，切实加强反腐倡廉建设，严格组织制度。强化财务监督和内部审计，进一步加强经费管理，提高资金使用效益。加强测绘地理信息文化建设，始终坚持正确的舆论导向，大力弘扬测绘精神和“快干好”工作作风，进一步增强全行业的凝聚力和向心力，向全社会释放测绘地理信息人的正能量。

同志们，做好2014年各项工作，任务艰巨，责任重大。让我们紧密团结在以习近平同志为总书记的党中央周围，解放思想、改革创新、团结奋进、扎实工作，共同打好测绘地理信息领域全面深化改革这场攻坚战，为加快生态文明、美丽中国建设，实现全面建成小康社会宏伟目标和中华民族伟大复兴“中国梦”，作出新的更大贡献！

中华民族最重要的传统节日——新春佳节即将来临。在此，我代表国家测绘地理信息局党组，提前给大家和全国测绘地理信息干部职工拜年了！祝愿大家身体健康、工作顺利、阖家幸福、马到成功！

## 在全国测绘地理信息局长会议上的总结讲话

国家测绘地理信息局党组副书记、副局长　王春峰

（2014年1月14日）

同志们：

按照会议安排，结合大家的讨论，受德明局长委托，我对会议作简要总结。

**一、对会议的总体评价**

本次会议是在测绘地理信息系统认真贯彻落实党的十八届三中全会和中央经济工作会议、中央城镇化工作会议精神，深入学习贯彻习近平总书记系列重要讲话和李克强总理、张高丽副总理重要讲话与批示精神，全面深化测绘地理信息领域改革，推动事业转型升级、跨越发展的新形势下，召开的一次十分重要的会议。

一天半来，代表们紧扣会议主题，热烈讨论，积极交流，畅所欲言。大家一致认为，中共中央政治局常委、国务院副总理张高丽同志会前审阅了会议主要讲话材料并作出重要批示，体现了党中央、国务院对测绘地理信息工作的高度重视和亲切关怀，是对我们做好2014年各项工作的巨大鼓舞，我们一定要用更加良好的业绩回报党中央、国务院的殷切期望。

国土资源部党组书记、部长、国家土地总督察姜大明同志亲临会议并作重要讲话，充分肯定2013年测绘地理信息工作，强调要充分认识全面深化改革的重大意义，要求我们因势而谋、顺势而为、乘势而上，切实抓住难得的发展机遇，推动2014年测绘地理信息工作取得新进步。大明部长特别强调，测绘地理信息部门是国土资源大家庭的重要一员，是国土资源工作的重要帮手和有力支撑，测绘地理信息工作在国土资源领域管理和改革中具有重要地位、占有一席之地，让我们感到内心温暖、无比亲切、倍受鼓舞，充分体现了国土资源部对测绘地理信息事业的高度重视和关心支持，是我们进一步做好工作的强大动力和行动指南。

德明局长作了重要讲话，总结了2013年测绘地理信息事业发展取得的成绩，明确了2014年工作思路和重点任务。讲话充分体现了以德明局长为班长的国家测绘地理信息局党组站高望远、观大势谋大事的宏观思维和战略眼光，对全面深化改革的深刻认识和战略思考，对推动事业转型升级、跨越发展的精心谋划和整体设计，具有很强的前瞻性、理论性、思想性、指导性；讲话贯穿了改革思维、进取意识和务实情怀，思想解放、思考深入、思路清晰；讲话对事业发展现状和趋势的把握客观准确，对重点工作的部署安排抓住了关键、把握了要领，为我们做好2014年各项工作提供了重要遵循。

代表们普遍认为，本次会议，有以下三个方面的收获：

一是总结了成绩，提振了士气。代表们表示，近五年来，全国测绘地理信息事业在国家局党组的正确领导下，年年有突破、年年有提升，始终有“滔滔不绝的动力、明明白白的方向、实实在在的举措”，多项成绩将载入中国测绘地理信息史册。党中央、国务院的肯定，国土资源部的认可，国际地位的提升，极大地鼓舞了广大干部职工的士气与斗志。大家一致认为，局党组关于事业发展的整体定位和重大战略决策，经过几年来的实践检验，证明是富有远见、行之有效、非常正确的，在今后的工作中要继续坚定不移地予以贯彻和坚持。

二是认清了形势，坚定了信心。代表们表示，会议对形势进行了精辟分析和科学判断。十八届三中全会作出了全面深化改革的决定，对测绘地理信息事业提出了更加紧迫旺盛的需求和更新更高的要求。会议进一步深化了对推进测绘地理信息领域改革发展重要性和必要性的认识，进一步提升了对推进事业转型升级重要性和紧迫性的认识，感觉既动力十足，又责任重大。改好了、做好了，必定乘势而上，开创出更加辉煌的业绩；改不好、做不好，也可能会丧失难得的良机，于事业有愧。代表们表示，将进一步增强机遇意识、责任意识、危机意识，进一步增强全面深化改革的自觉性、主动性、坚定性，解放思想，开拓创新，奋力开创事业改革发展的新局面。

三是统一了思想，明确了任务。代表们认为，参加本次会议使思想得到了大解放、精神得到了大洗礼。会议提出的“强改革、重市场、树品牌、优服务、保安全、促发展”的总体思路和七个方面的重点任务，完全符合十八届三中全会精神，完全符合事业发展的客观规律，契合局党组关于事业改革发展的总体定位，切合各地区各单位的实际情况，既在战略上着眼全局，又在部署上突出重点，更统筹兼顾了近期工作与长远任务，对于全面深化测绘地理信息领域改革意义重大。大家表示，将在国家局党组的领导下，上下一心，攻坚克难，以“钉钉子”的精神推进改革，圆满完成 2014 年各项工作任务。

总体来看，会议达到了统一思想、明确部署、增强信心、凝神聚力的目的，为全年工作顺利开展奠定了坚实基础。

**二、需要强调的几个问题**

本次会上，大家提出了很多好的意见和建议，会议秘书组已认真做好记录。会后，国家局将认真研究，尽可能吸收采纳、协调解决。下面，我就大家关注的几个问题再强调一下。

一要加强对地理国情普查工作的宣传。2014 年是做好普查工作的关键年。普查工作成败与否，关键在今年；今后能否形成常态化的地理国情监测机制，今年也是重要基础。普查工作是一把手工程，各单位主要负责同志一定要切实担负起责任，牢牢把普查工作抓在手上、亲力亲为、主动作为，决不能让党中央国务院赋予我们的这项首创性工作出纰漏、掉链子。我们要干成一件事情，领导重视是关键，社会支持是基础。所以，一定要通过汇报工作、展示成果、专家讲课、现场参观、媒体宣传等多种方式方法宣传普查工作的重要意义，让领导重视、社会关注。我们要快出成果、出好成果，用成果说话，通过成果应用推动普查各项工作顺利开展。尤其要注重加强面向领导的宣传，抓住领导最关心、最重视的问题来切入和着力，赢得地位和支持。本次会上，有代表建议，加强地理国情评价体系研究，设立类似 GDP、CPI 等的权威指标，定期发布指标指数，权威展示生态环境与经济发展的关系、人地协调程度等，更好推动普查工作融入经济社会发展大局，直接与经济增长和社会民生挂钩，并以此扩大地理国情普查和监测工作的社会知名度与影响力，让领导和社会像关注 GDP、CPI 等指数一样关注地理国情指标指数。这个建议很好，会后，国家局有关部门要进一步加强研究，按照科学、严谨、规范的要求，加快论证和设计，尽快提出对策建议。也请大家群策群力，积极建言献策，共同把这件关乎普查工作全局的大事谋划好、论证好、设计好、推动好。

二要高度重视测绘地理信息成果应用。德明局长常说，服务决定地位，服务就是扩大应用。测绘地理信息事业的价值在于成果的广泛应用，事业发展的生命力就在于千方百计地扩大应用。不应用就没有作为，不应用就不能产生效益，也是对我们辛辛苦苦、付出很大代价获取的测绘成果的严重浪费，有同志甚至用“犯罪”这个词来形容。有为才能有位，只有以应用彰显作用、彰显作为，以应用干出影响、干出地位，才能让领导部门更加关心重视、各行各业和百姓生活更加离不开，我们的职能也才能更加强化，地位才能进一步提升，事业才能不断发展壮大。扩大应用，打造平台是根本之道。“三大平台”就是扩大应用最重要的载体。所以要把更多精力、更多资源、更多智慧投入到“三大平台”的应用上来，在“用”、“管用”、“及时用”上下功夫，为事业永续发展占据主动、赢得未来。

三要全力支持产业和企业发展。新一届政府开门第一件大事，就是转变政府职能，核心是简政放权，提供优质服务。德明局长在讲话中把“优服务”作为2014年总体思路的重要方面，强调要把服务企业作为重要责任。我国地理信息产业现在规模还不大，竞争力还不强，迫切要求我们完善开放透明的市场规则，加大扶持，加强引导，打破地域和体制限制，为企业创造优良的发展环境。本次会上，企业代表提出希望得到更加实质性的扶持。下一步，国家局将积极推进政府购买公共服务，进一步扩大测绘相关项目招投标范围，希望地方局也能够同步推进；我们正积极协调军方和国家保密部门，促进测绘成果科学定密，正全力推动公众版基础数据的研发，以实现更大程度地开放基础数据，服务企业增值开发应用；在科技创新、标准制定、法规政策等方面，国家局都将更加开放、透明、公平、公正，吸纳更多的企业实质性参与科学研究、标准起草、法规制定和项目实施。

四要着力谋划“十三五”重大项目。重大项目是事业发展和转型升级的重要载体与有力支撑。测绘地理信息事业之所以有今天的大好局面，一个很重要的原因在于近年来重大项目源源不断，大投入带动了大发展，产生并积累了强大后劲。当前，“十二五”规划已经实施过半，各地要按要求对规划实施情况进行中期评估，系统检查规划实施情况，科学评估规划成果成效。《全国基础测绘中长期规划纲要（修编，2013～2020年）》近期将由国务院办公厅转发，各地各单位要认真抓好宣传贯彻落实。同时，要结合《纲要》实施，启动“十三五”规划研究和前期准备工作，尤其要提早谋划出一批关系全局、意义深远、带动作用强的重大项目建议。一个重大项目的立项，需要前期的系统研究和精心准备，不可能一蹴而就。如果前期准备不足，就有可能造成“十三五”重大项目“断档”。所以我们一定要先行一步，提前谋划。

五要切实抓好安全生产和质量工作。近期，习近平总书记、李克强总理在多个场合对安全生产作出了非常严格的批示。测绘地理信息安全生产形势也不容乐观，去年发生的几起安全事故，教训十分深刻。各地各单位一定要牢固树立“安全生产人命关天，是不能踩的‘红线’”的意识，以对人民、对生命高度负责的态度，认真吸取教训，见微知著，防患未然，采取有力措施确保安全生产。质量是测绘地理信息工作的生命线。质量管理只能加强，不能削弱；只能抓紧，不能放松；只能严格，不能放宽。各地各单位一定要进一步增强质量意识，强化质量管理，落实质量责任，从源头上把好质量关，保证测绘成果、工程和服务质量，维护好测绘地理信息队伍的良好形象。

六要坚持不懈推进作风建设。党的十八大以来，中央对作风建设紧抓不放，节奏一步比一步紧，措施一个比一个严，要求一项比一项实。大的方面，从八项规定到党的群众路线教育实践活动，从三中全会将作风建设作为改革的重要内容写入《决定》，到中共中央、国务院印发《党政机关厉行节约反对浪费条例》等；细节方面，从严禁用公款送月饼、公款吃喝，购买印制寄送贺年卡等物品、购买赠送年货节礼，到领导干部禁止出入私人会所，再到清理腾退超标公务用车、办公用房，等等。我们深刻体会到，中央对于作风建设制度的篱笆是越扎越密，对干部的约束是越来越到位，监督的力度是越来越大。测绘地理信息行业一直保持着优良的作风和良好的传统，我们一定要严格党性约束，严肃认真遵守党中央国务院的各项规章制度，切实加强作风建设和党风廉政建设，继续保持队伍的优良形象。特别是春节将至，各地各单位一定要绷紧反腐倡廉这根弦，厉行勤俭节约，绝不能在这个关键节点上出问题。

**三、关于解放思想转变观念的几点要求**

全面推进测绘地理信息领域改革是一场任务艰巨的攻坚战。面对新形势、新任务、新要求、新期待，我们必须以强大的政治勇气推进改革，用新的思维思路破解难题，用新的理念观念谋划发展，筑牢推进改革的思想基础。

一要统一思想、明确方向。“兄弟齐心，其利断金”。测绘地理信息事业近年来不断取得新突破新业绩，就在于我们思想的统一、方向的一致。当前，我们面临的机遇前所未有，改革任务的繁重前所未有，我们只有上下一盘棋、拧成一股绳，才能乘势而上、共同发展。各地各单位要切实把思想和认识统一到这次全国测绘地理信息局长会议精神上来，把部署和行动统一到会议确定的2014年七项重点任务上来，齐心协力“强改革、重市场、树品牌、优服务、保安全、促发展”，汇聚起改革发展的强大合力，共同推动事业加快发展。

二要转变观念、创新思维。在这个新的时代，思想不解放，观念不转变，是走不出新路子的。我们很多事情做不做得成，不是钱的问题，而是思维、观念、方法的问题。如果我们仍然沿用传统的观念来搞地理国情普查和“三大平台”建设，我们的发展之路只会越走越窄，好的战略谋划将无法得到良好的回报；如果我们仍沿用传统的模式来管理信息时代的测绘地理信息市场，我们的工作只会越来越被动，国家地理信息安全将越来越难以保证。时代在倒逼我们解放思想、深化改革，我们只有与时俱进，打破传统观念的桎梏，才能打开工作的新局面，才能让发展的空间更广、改革的动力更强、事业的活力更大。

三要统筹协调、注重实效。我们的工作战线长、头绪多，涉及方方面面，必须综合考虑各方面的情况，兼顾各方面的需求和利益，整合各方面的力量和资源，争取效益的最大化、最优化。我们要学会弹钢琴，研究各项工作之间的关联性、耦合性，既要注重整体协调推进，又要合理统筹安排资金、技术、装备和人员，还要注重借力发力、形成合力，保证任何一项工作都不拖后腿，每一项任务都协调有序，取得最佳效果，以实实在在的工作成效彰显测绘地理信息事业的作用，真正做到以“有为”争“有位”，以“有位”强“作为”。

**四、抓好会议精神的贯彻落实**

2014年是改革年也是落实年。一分部署，九分落实。测绘地理信息工作的各项任务已经明确，需要我们脚踏实地、真抓实干，把会议精神贯彻落实好。在此，我代表国家局党组对贯彻落实会议精神提三点要求。

一要传达好、学习好。地方各级测绘地理信息主管部门要及时向当地党委、政府报告高丽副总理的重要批示、大明部长和德明局长的重要讲话精神，争取更多的理解、重视与支持，为事业发展赢得政治保证和外部环境。各地各单位要迅速传达好本次会议精神，向广大干部职工通报测绘地理信息事业发展的新形势、新任务、新要求，组织大家把会议精神学懂、学透。同时，要加强宣传，通过报纸、广播、电视、网站、微博、微信等多种形式，多渠道宣传会议精神，推动会议精神的落实。

二要凝聚好、引领好。测绘地理信息领域全面深化改革的攻坚战已经打响。系统上下要牢固树立全面深化改革的意识，真正花心思、动脑筋研究改革问题，以改革的思路和办法破解难题、推动工作，凝聚开拓进取、昂扬向上的精神力量。我们要深刻认识到，我们不是深化改革的旁观者，而是实践者、参与者、利益相关者，我们的领导干部更是改革发展的引领者。改革的任务越繁重，就越要不断提高领导班子和领导干部的领导力，通过领头羊卓有成效的工作，提振干部职工的精气神，凝聚起攻坚克难的强大力量，推动各项工作再上新台阶。

三要结合好、落实好。各地各单位要根据大明部长和德明局长的重要讲话精神，结合自身实际，进一步完善2014年工作思路和工作计划，确保各项重点工作都有明确的时间表、路线图和责任者，确保会议提出的每项重点任务都能落到实处。局机关各司室要于本周内将2014年工作计划报到局办公室，办公室要尽快完成2014年工作要点的起草，经局审议后尽快印发，以指导全系统做好今年各项工作。

新春佳节将至，各地各单位要结合开展群众路线教育实践活动，多到基层、到群众中走走，特别要到困难地方、困难家庭去看看，实实在在帮他们解决一些困难和问题，送上党和政府的关心温暖，让干部职工过上一个欢乐、祥和、安全的节日，在此，也祝愿大家春节快乐、阖家幸福、马年吉祥！

# 国家测绘地理信息局关于北斗卫星导航系统推广应用的若干意见

国测办发〔2014〕8号 2014年3月6日

各省、自治区、直辖市、计划单列市测绘地理信息行政主管部门，新疆生产建设兵团测绘地理信息主管部门，局所属各单位，局机关各司（室）：

为贯彻落实党中央国务院关于军民融合发展的重大战略决策和《国务院办公厅关于促进地理信息产业发展的意见》与《国家卫星导航产业中长期发展规划》，切实发挥测绘地理信息部门的优势，履行监管与服务职责，加快北斗卫星导航系统（以下简称“北斗”）在民用领域的推广应用和产业化发展，维护国家安全和利益，提出以下意见。

## 一、充分认识“北斗”推广应用的重要意义

（一）“北斗”是我国自主研制的卫星导航定位系统，是服务经济建设、社会发展和公共安全的重要空间基础设施。“北斗”填补了我国在卫星导航定位领域的空白，是我国测绘地理信息基础设施的重要组成部分，对推进地理国情监测、数字城市建设和“天地图”建设将带来新的活力，对促进我国测绘地理信息的发展、带动“走出去”战略的实施、加快测绘强国建设意义重大。

（二）大力推动“北斗”规模化应用，对于推动科学技术创新、促进产业结构调整、提高社会生产效率、改善人民生活质量、提升国家核心竞争力、维护国家安全等具有重要的作用。

（三）“北斗”开启了我国导航与位置服务产业的新纪元，将进一步推动我国地理信息产业的发展。基于“北斗”的公众应用激增，政府公共事务管理、城市管理以及军事、应急救援等政务应用也在大幅增长，“北斗”产业化呈现出广阔发展空间。为进一步推动我国自主知识产权的卫星导航系统应用，需要强化政府对自主“北斗”导航与定位产品和位置服务的政府扶持、市场培育和应用推广，在维护国家安全的前提下，积极推进“北斗”的广泛应用，促进地理信息产业的发展。

## 二、着力加强“北斗”推广应用的统筹协调

（四）充分发挥测绘地理信息部门的作用。“北斗”是我国地理信息产业的重要支撑。在推动“北斗”产业化过程中，各级测绘地理信息行政主管部门在市场准入、安全监管、产品认证和质量检测等方面担负着重要职责。各地测绘地理信息部门要在国家测绘地理信息局的统一指导和部署下，认真履行职责，在推动“北斗”应用产业化中发挥好行业主管部门的作用。

（五）建立“北斗”推广应用统筹机制。在“北斗”地面基础设施建设、科技创新等方面，测绘地理信息部门具备独特优势，要积极主动与发展改革、财政、科技等部门沟通协调，发挥中央、地方和其他社会组织的优势，统筹规划卫星导航基础设施的建设和应用，加强科技创新，大力促进“北斗”产业化应用。同时，要加强位置服务的数据安全监管，健全市场监督管理机制。

## 三、着力加快“北斗”地面基础设施建设

（六）加强“北斗”地基增强系统建设。加快推进现有国家卫星导航连续运行基准站网络改造，实现对“北斗”的兼容。统筹指导各地开展“北斗”地基增强系统建设，统一部署，分步实施，全面推进“北斗”地基增强系统建设。加快推进现代测绘基准的广泛使用，为用户提供更高精度的“北斗”导航与定位服务。

（七）全面提升位置数据综合服务平台建设水平。充分利用“天地图”等优势资源，加快现代大地基准建设，推进位置服务体系建设。综合地图与地理信息、遥感数据信息、交通信息、气象信息、环境信息等信息资源，采用云计算等技术，为各类用户提供综合性的位置数据综合服务。

## 四、着力加强“北斗”应用科技创新

（八）加强“北斗”应用创新能力建设。整合现有行业科技资源，推动面向行业应用的工程（技术）研究中心、企业研发中心等创新平台建设，支持科研院所和高等院校建立产、学、研、用相结合的“北斗”应用技术创新体系，开展多领域、跨学科科技攻关和技术研发，积极支持基于位置的大数据及物联网科技创新和应用服务，增强关键技术和

共性技术持续攻关能力。

（九）突破“北斗”应用关键技术。开展基于“北斗”的实时动态高精度定位技术研究，研制多功能的精密单点定位软件系统，研究基于“北斗”的单基准站差分、多基准站局部区域差分和广域差分技术，提高定位结果的可靠性与精度。加强星载北斗接收机及星载多模接收机的研制，促进“北斗”在卫星测绘领域的应用。开展“北斗”相兼容多系统联合应用技术及“北斗”在各行业应用的独立支撑技术研究。加快推进高精度高动态时空基准信息应用服务、室内外无缝衔接定位服务和智能位置服务等应用技术创新，拓展“北斗”应用的深度和广度。

（十）加强“北斗”应用标准体系建设。将“北斗”应用标准体系建设纳入测绘地理信息标准化建设规划，研究建立“北斗”应用标准体系框架。以测绘地理信息基准建设、数据采集与加工处理、导航定位与位置服务、应急保障服务等方面为重点，着力推进行业应用急需、共性和基础性标准的制修订，促进“北斗”在测绘地理信息领域的推广应用。促进“北斗”应用标准的军民通用化和国际化。加强“北斗”应用标准体系的宣贯工作。

**五、着力支持“北斗”相关企业发展**

（十一）充分发挥行业协会作用。中国卫星导航定位协会要发挥好引导、协调、服务作用，积极推动“北斗”社会化应用、科技创新、教育培训和行业自律，要定期发布“北斗”白皮书，引导社会应用“北斗”，促进“北斗”产业发展。

（十二）引导企业集聚发展。国家和地方的地理信息科技产业园要通过税收、金融、股权激励、高新技术企业认定等方面的优惠政策，吸引更多“北斗”相关企业入驻，充分发挥地理信息产业园的集聚作用。

（十三）大力支持企业“走出去”。鼓励有条件的企事业单位在境外合作建立“北斗”卫星导航研发中心和营销服务网络，大力开拓国际市场。利用与联合国合作的“中国及其他发展中国家地理信息管理能力开发”项目平台，开展卫星导航领域的国际合作，鼓励国外企业开发利用北斗系统。

（十四）支持企业申报“北斗”产业化示范项目。组织有条件的卫星导航企业，积极申报发展改革委和财政部支持的国家卫星及应用产业发展项目。与相关部门合作，共同设立“北斗”测绘地理信息应用示范项目。

**六、着力推动“北斗”行业应用**

（十五）加强“北斗”在测绘地理信息行业的应用。在重大工程、重点计划、重要领域积极研究推进使用“北斗”。在工程测绘、不动产测绘、环境监测等工程中，积极研究推进使用“北斗”。要将实时动态空间基准——“国家现代测绘基准体系基础设施”作为重大工程，加快利用“北斗”升级改造并推广应用。

（十六）促进“北斗”在其他重点行业的应用。通过提供技术支持、共同开发应用系统等多种方式，与公共安全、交通运输、防灾减灾、农林水利、气象、国土资源、环境保护、公安警务等部门积极合作，大力推进“北斗”产品和服务在这些行业及领域的规模化应用。

**七、着力优化“北斗”应用市场环境**

（十七）加强位置服务的安全监管。在《测绘管理工作国家秘密范围的规定》等保密政策修订过程中，加强导航与位置服务相关数据保密范畴的研究，科学确定基于“北斗”的测绘地理信息成果安全保密的内容。协调、联合有关部门，制定“北斗”导航与位置服务的数据安全管理制度，加强对导航与位置服务平台及用户位置上报行为的监管，在发挥“北斗”定位精度优势的同时保障国家安全和利益。严格执行地理信息保密管理各项制度，切实为“北斗”产业化应用提供安全有序的市场环境。

（十八）加强“北斗”导航与定位服务产品质量检测与监管。积极推进相关部门合作建立“北斗”导航与位置服务产品质量检测工作机制，切实加强对“北斗”导航与位置服务软硬件产品的质量检测和监督管理。开展基于“北斗”的测绘装备测试定型及产品认证工作，促进自主创新成果转化。建立权威地图导航定位产品质量综合测评体系，以《车载导航电子地图产品规范》和《导航电子地图检测规范》为基础，进一步强化地图导航产品的检验测评工作。

# 关于印发《国家测绘地理信息局工作规则》的通知

国测办发〔2014〕12号 2014年5月30日

各省、自治区、直辖市、计划单列市测绘地理信息行政主管部门，新疆生产建设兵团测绘地理信息主管部门，局所属各单位，机关各司室：

《国家测绘地理信息局工作规则》已经2014年5月22日第3次局务会议修订通过，现予印发，请认真遵照执行。

## 国家测绘地理信息局工作规则

（2014年5月22日第3次局务会议修订通过）

### 第一章 总 则

一、根据《国务院工作规则》、《国土资源部工作规则》，结合局工作实际，制定本规则。

二、局工作的指导思想是，高举中国特色社会主义伟大旗帜，以邓小平理论、“三个代表”重要思想、科学发展观为指导，认真执行党的路线方针政策，坚决贯彻党中央、国务院的决策部署，严格遵守宪法和法律法规，坚持服务大局、服务社会、服务民生，全面正确履行部门职责。

三、局工作的准则是，执政为民，依法行政，深化改革，实事求是，科学决策，开拓创新，民主公开，务实清廉，践行社会主义核心价值观，推进职能转变和简政放权，努力建设职能科学、结构优化、廉洁高效、人民满意的服务型政府部门。

四、按照《国务院关于部委管理的国家局与主管部委关系问题的通知》（国发〔1998〕12号）的相关规定和要求，接受国土资源部的管理。

### 第二章 职责分工

五、局工作人员要严格遵守宪法、法律和行政法规，认真履行职责，为民务实，严守纪律，勤勉廉洁。

六、实行局长负责制，局长领导局的全面工作。

七、副局长协助局长工作，按分工负责处理分管事务。受局长委托，负责其他方面的工作或者专项任务，并代表局进行外事活动。总工程师受局长、副局长委托，协助开展相关工作，完成所交办的专题事项。

八、实行局领导互为替补的工作分工与协调制度。局长出差（出访）期间，由局长委托的副局长主持工作。

九、办公室主任协助局领导处理局机关日常事务。各司室主要负责人负责本司室的全面工作。各司室其他负责人协助主要负责人工作，按职责分工负责处理分管工作。

一项工作原则上由一个司室主办，实行主办司室责任制。工作事项涉及多个司室的，主办司室要主动沟通协调，相关司室要积极协调配合。

### 第三章 坚持依法行政

十、维护宪法和法律权威，建设法治政府部门。按照合法行政、合理行政、程序正当、高效便民、诚实守信、权责统一的要求，行使权力，履行职责，承担责任。完善部门权力清单制度，做到法无授权不可为。

十一、坚持科学民主立法，不断提高立法质量。起草法律、行政法规和部门规章草案，制定规范性文件，要符合宪法、法律、行政法规和国务院有关规定，准确反映经济社会和测绘地理信息事业发展要求，充分反映人民群众意愿；设定行政许可、行政处罚、行政强制等事项，要严格依法进行，不得违法增加公民、法人和其他组织的义务。适时开展法律、行政法规、部门规章及规范性文件的后评估工作。

十二、完善测绘地理信息立法工作机制。起草法律、行政法规和部门规章草案，制定规范性文件，要依照法定权限和程序进行，涉及公众权益、社会关注度高的事项及重要涉外、涉港澳台侨事项，应当事先请示国务院，与部门联合制定的重要规范性文件发布前报经国务院批准；要扩大公众参与，除依法需要保密的外，起草的法律、行政法规、部门规章草案送审稿都要公开征求意见；要加强立法协调，起草司室应主动协调，经协调达不成一致意见的，法规与行业管理司要列明各方理据，提出倾向性意见，报请局务会议研究；要严格合法性审查，提交局务会议审议的重要规范性文件，由法规与行业管理司负责合法性审查。

十三、严格行政执法责任制和执法过错追究制。严格规范程序，落实责任，强化监督，做到有法必依、执法必严、违法必究，公正执法、文明执法，维护公共利益、群众权益和测绘地理信息市场秩序。

## 第四章　实行科学民主决策

十四、构建决策科学、执行坚决、监督有力的权力运行体系，强化测绘地理信息综合改革、制度建设、发展战略和工作体系的顶层设计，着力研究解决测绘地理信息管理改革发展重大问题。

十五、测绘地理信息规划、政策法规、改革事项、工作计划、重要项目和财务预决算等重大事项，由局务会议或局长办公会议讨论决定。

十六、完善行政决策程序规则，把公众参与、专家论证、风险评估、合法性审查和集体讨论决定作为重大决策的必经程序，增强测绘地理信息政策制定透明度和公众参与度，实行科学决策、民主决策、依法决策。

十七、凡提交局研究决策的重大事项，都必须经过深入调查研究，必要时经专家或研究、咨询机构等进行合法性、必要性、科学性、可行性和可控性评估论证。涉及国务院有关部门、单位和地方的，应事先充分协商、征求意见；涉及重大公共利益和公众权益的，要向社会公开征求意见，必要时举行听证会；容易引发社会稳定问题的，要进行社会稳定风险评估。

在重大决策执行过程中，要跟踪决策的实施情况，了解利益相关方和社会公众对决策实施的意见和建议，全面评估决策执行效果，及时调整完善。

十八、机关各司室要坚决贯彻落实党中央、国务院和局的决策部署，及时跟踪和反馈执行情况，确保政令落实。各司室重大事项的处置必须经司务会集体研究，并经分管局领导同意。办公室要按照突出重点、注重实效的原则加强督促检查。重要工作完成情况作为年度绩效评估和干部考核的重要依据。

## 第五章　推进政务公开

十九、把公开透明作为局工作的基本制度，认真贯彻落实《政府信息公开条例》。深化政务公开，完善各类办事公开制度，健全政府信息发布制度，推进行政权力行使依据、过程、结果公开。

二十、凡涉及公共利益、公众权益、需要广泛知晓的事项和社会关切的事项以及法律法规和国务院规定需要公开的事项，主办司室应当通过中国测绘报、局门户网站、新闻发布会以及其他报刊、广播、电视、网络等方式，依法、及时、全面、准确、具体地向社会公开。除依法需要保密的外，局出台的规范性文件一律在局门户网站公开。

二十一、强化政务公开信息化建设。加强天地图、局政府网站和电子政务综合应用平台建设，完善运行机制，优化系统功能，加强信息发布，强化政务公开。

加强行政许可集中受理厅的运行管理，推进行政许可事项接办分离、网上办理、网上公示、网上查询等事项，提高在线办事能力。

二十二、实行局新闻发布制度。定期或不定期召开新闻发布会，向社会发布权威信息，加强政策解读，及时回应社会关切。办公室是新闻发布和对外宣传工作的统一归口管理部门。各司室应指定专人负责本部门的信息公开工作，加强舆情监测分析，正确引导社会舆论，发现问题要及时报告。

二十三、建立内部通报制度，在系统内部定期或不定期通报重要测绘地理信息工作事项。

## 第六章　健全监督制度

二十四、认真及时办理全国人大代表建议、政协委员提案，及时予以答复，认真接受询问和质询，虚心听取意见和建议。

二十五、依照有关法律的规定接受人民法院依法实施的监督，做好行政应诉工作，尊重并自觉履行人民法院的生效判决、裁定，并自觉接受监察、审计等部门的监督指导。对监督中所发现的问题，及时认真整改并按要求作出报告。

二十六、加强内部监督，健全层级监督制度。严格执行行政复议法，加强行政复议指导监督，纠正违法或不当的行政行为，依法及时化解行政争议。

二十七、自觉接受社会公众和新闻舆论的监督，对社会和媒体反映的相关问题，要认真调查核实有关情况，及时依法处理和改进工作。重大问题向社会公布处理结果。

二十八、重视信访工作，进一步完善信访制度，畅通和规范群众诉求表达、利益协调、权益保障渠道。

二十九、推行局内绩效管理制度和行政问责制度，将贯彻落实局重大决策、履行工作职责、进行行政审批、执行财经纪律以及自身建设等情况纳入行政问责范围，定期进行定性、定量考核评估，健全纠错制度，严格责任追究，维护政府部门公信力，进一步提升执行力。

## 第七章　会议制度

三十、局召开的会议包括局务会议、局长办公会议、局专题会议、全国性工作会议。

三十一、局务会议由局长召集和主持，局长、副局长、局党组成员、总工程师和各司室主要负责人为会议组成人员。会议召集人可根据需要确定其他有关人员列席会议。

局务会议的主要任务是：

（一）传达党中央、国务院重要文件和会议精神；

（二）审议上报的法律、行政法规和部门规章草案，审定局重要规范性文件；

（三）审定发展战略、中长期发展规划、局年度工作要点、局年度计划、重大项目和重要改革方案等重大事项；

（四）研究决定、部署全局性工作和局机关重要工作；

（五）通报局内外重要情况。

局务会议议题由局领导提出，局长确定。会议的会务、记录和会议纪要的起草工作由办公室负责，起草的会议纪要经办公室负责人审核，报有关局领导审阅，呈局长签发。

三十二、局长办公会议由局长召集和主持，副局长、局党组成员、总工程师参加。会议召集人可根据需要确定有关人员出席会议。

局长办公会议的主要任务是：

（一）研究落实局党组会议、局务会议决定的事项；

（二）审议需上报的重要请示、报告或下发的重要文件，局重要会议的主要文件；审议财务预决算；

（三）研究局重点调研工作、重要出访团组、会议安排、培训等计划方案；

（四）协调有关司室之间的重要工作；

（五）听取专项工作汇报。

局长办公会议根据需要召开。议题由局领导提出，局长确定。会议的会务、记录和会议纪要的起草工作由办公室负责，起草的会议纪要经办公室负责人审核，报有关局领导审阅，呈局长签发。

三十三、局专题会议由局长、副局长、局党组成员按照职责分工召集和主持。会议召集人根据需要确定参会人员。

局专题会议的任务是：

研究、决定会议召集人职责范围内的专项工作。

局专题会议根据工作需要召开。研究事项由主持会议的局领导确定。会议的会务、记录和纪要的起草工作由相关司室负责，会议纪要由会议主持人签发。

三十四、局务会议、局长办公会议审议或局专题会议研究的议题，有关司室应认真准备，提前征求意见，涉及几个司室职责的，主办司室应主动与有关司室加强协调，努力增进共识，达成一致。不能达成一致的，主办司室应当简要说明分歧点，并提出建设性意见，由分管局领导审阅后提交会议讨论。会议有关材料一般应于会前3个工作日送达与会人员。

参加会议人员在会前应对审议的问题认真研究，并准时参加会议。参会人员因故不能参加会议的，须向会议主持人请假。

三十五、严格会议管理，坚持会议计划制度。

局或局与其他部委联合拟定在下一年度召开的

全国性工作会议（一类），由办公室提出会议计划，经局长办公会议审定后，报国务院审批。机关各司室拟定在下一年度召开的全国性专业会议（二、三类），由各司室年底提出会议计划，经分管局领导审核，办公室汇总提请局长办公会议审定。遇有特殊情况须临时召开计划外会议，应另行报批。

以局名义召开全国性工作会议，由办公室会同有关司室负责筹备；机关各司室召开的全国性专业会议，由主办司室负责筹备。

拟请局领导出席会议并讲话，由主办司室负责准备讲话素材稿和新闻宣传稿件，并按程序报批。

三十六、各类会议要贯彻精简、务实、高效、节约的原则，减少数量，控制规模，严格审批，提倡用一个会议解决多个问题。能采取视频会议形式的，不集中开会（包括培训）。各类会议都要主题明确、准备充分，提高效率和质量，注重解决实际问题。严格遵守国家有关会议管理规定，严禁发生各类违规行为。

## 第八章　公文审批

三十七、按照《党政机关公文处理工作条例》、《国家测绘地理信息局公文处理实施细则》和有关公文运转规定处理公文。

除局领导交办事项和必须直接报送的事项外，公文一律送办公室按规定程序统一办理，不得直接报送局领导个人。

三十八、局收到的党中央、国务院公文，由办公室报局长阅批。局收到国务院各部门、有关机构、单位和地方人民政府的公文，由办公室按分工报分管局领导阅批；特别重要的，办公室可直接报局长阅批。

各司室、各直属单位和各省（区、市）测绘地理信息行政主管部门的请示、报告，由办公室按局领导职责分工呈批，重大事项报局长审批。

局领导批示的公文，由办公室统一转办、处理。

三十九、需要请示中共中央、国务院的事项，通过国土资源部呈文；遇有紧急事项需直接向中共中央、国务院行文请示时，应同时抄送国土资源部。

四十、局上行文由局长或主持工作的局领导签发。局平行文、下行文一般由分管局领导签发；内容重要、涉及面广、对全局工作具有普遍指导意义或影响重大的公文，由分管局领导核报局长签发。

以办公室名义发文，属于办公室职责范围的，由办公室负责人签发，重要事项送分管局领导签发；不属于办公室职责范围的，由办公室核稿后送分管局领导签发。

内部签报由办公室报送分管局领导签批。分管局领导认为需要的，由分管局领导批请其他局领导签批。重要事项报送局长签批。

除办公室外，机关各司室不得对外正式行文。

四十一、局（或办公室）与国务院有关部门以及省（区、市）人民政府（或其办公厅）联合发文或会签来文，主办司室要在局内达成一致意见后，积极与联合发文单位或局外其他相关单位沟通协商，认真提出意见，及时报局领导审定后，按要求签发或会签。

四十二、凡以局或办公室名义制发的公文，由主办司室拟文，办公室负责审核和送审、送签，局领导不直接签批未经办公室审核的公文文稿。

各司室办理公文，主要负责人要对文稿认真审核把关，涉及其他司室职权范围或需要其他司室核实、把关、知悉的，主办司室应主动与有关司室协商、会签后方可行文。出现分歧时，主办司室负责人要主动协调，协办司室要积极配合；协商后仍不能取得一致意见的，主办司室应如实列明各方理据，提出建设性意见，报请局领导协调或裁定。

四十三、切实改进文风，大力精简文件简报。凡法律、行政法规、部门规章已作出明确规定的，现行文件规定仍适用、没有新内容和新政策的，可以用函、电方式办理的，一律不再制发文件。提高公文质量，压缩公文篇幅，行文要观点鲜明、简明扼要、准确得当。各单位报送局的简报须经办公室核准，原则上只能保留1种。没有实质内容、可发可不发的文件简报，一律不发。

实行电子公文网络传输和网上办理，推行无纸化办公，减少一次性办公用品消耗，降低成本，提高效率。

## 第九章　工作纪律

四十四、坚决贯彻落实党的路线方针政策和国务院工作部署，严格执行局党组的各项重要决定，严格遵守纪律，有令必行，有禁必止。

四十五、局务会议组成人员必须带头执行党中央、国务院的决定，认真落实局的各项决策部署，如有不同意见可在局内部提出，在局没有重新作出决定前，不得有任何与决定相违背的言论和行为；代表局或司室对外发表讲话或发表文章、接受媒体采访，应按规定进行报批。

四十六、严格执行请销假制度。局长离京出差（出访）或休假，由局长指定的局领导主持工作，并由办公室事先向国务院总值班室及国土资源部部长报告；其他局领导和总工程师离京应事先向局长报告。

各司室主要负责人离京外出需报分管局领导批准；各司室其他负责人离京外出，经本部门主要负责人同意后，报分管局领导批准。各司室负责人离京需将请假情况向办公室备案。

四十七、发布涉及政府重要工作部署、经济社会发展重要问题的信息，必须严格按程序审定，重大情况及时向国务院和国土资源部报告。

四十八、严格遵守保密纪律和外事纪律，严禁泄露国家秘密、工作秘密或者因履行职责掌握的商业秘密等，坚决维护国家的安全、荣誉和利益。

### 第十章 加强廉政和作风建设

四十九、严格执行中央改进工作作风、密切联系群众的八项规定，反对形式主义、官僚主义、享乐主义和奢靡之风，大力弘扬测绘精神，推进作风建设常态化。

五十、坚持从严治政、廉洁从政。落实党风廉政建设责任，加强对履行职责和行使权力各个环节的监督。严格执行领导干部廉洁自律各项规定，管好自己，管好家属和身边工作人员，正确行使职权。机关工作人员参加局计划安排之外的讲课与学术活动，须经批准并不得影响正常工作。

五十一、严肃财经纪律，执行财务制度，加强审计工作。规范各项资金使用，增强机关财务收支透明度。遵循先有预算、后有支出的原则，严格执行预算，严禁超预算或者无预算安排支出，严禁虚列支出、转移或者套取预算资金。

加强预算管理与监督，各类会议活动经费全部纳入预算管理。严格执行住房、办公用房、车辆配备等方面的规定，切实降低行政成本，建设节约型机关。

严格控制因公出国（境）团组数量和规模。改革和规范公务接待工作，不得违反规定用公款送礼和宴请，不得接受地方的送礼和宴请；公务用餐应本着实事求是、勤俭节约的原则，尽量在本单位食堂节俭安排。

五十二、大兴学习之风，建设学习型机关，切实增强干部职工本领，提高保障和促进深化改革、转型发展的能力。

五十三、加强调查研究，创新调研方式，围绕测绘地理信息工作重点和难点问题，深入基层单位调研，注重了解实际情况，研究和解决实际问题，严格执行中央八项规定和党政机关国内公务接待规定等制度。

五十四、局领导不为各省（区、市）测绘地理信息行政主管部门的会议发贺信、贺电，不题词。对局领导活动的新闻报道，要从严掌握；确需报道的，报道内容送局领导本人审定。

五十五、局所属各单位适用本规则。

## 关于印发《中共国家测绘地理信息局党组工作规则》的通知

国测党发〔2014〕23 号 2014 年 5 月 7 日

各省、自治区、直辖市测绘地理信息行政主管部门，新疆生产建设兵团测绘地理信息主管部门，计划单列市测绘地理信息行政主管部门，局所属各单位，机关各司室：

《中共国家测绘地理信息局党组工作规则》已经 2014 年 5 月 5 日第 12 次局党组会议修订通过，现予印发，请认真遵照执行。

# 中共国家测绘地理信息局党组工作规则

（2014 年 5 月 5 日第 12 次局党组会议修订通过）

## 第一章　总　则

**第一条**　为认真贯彻执行党的路线、方针、政策和决定，坚持和健全民主集中制，做好国家测绘地理信息局党组工作，根据《中国共产党章程》和有关工作条例，结合国家测绘地理信息局实际，制定本规则。

**第二条**　国家测绘地理信息局党组高举中国特色社会主义伟大旗帜，坚持以邓小平理论、“三个代表”重要思想和科学发展观为指导，解放思想、实事求是、与时俱进、求真务实，对测绘地理信息工作实行政治、思想和组织领导，全心全意为人民服务。

**第三条**　局党组要加强理论学习，坚定理想信念，坚持改革创新，观大势、谋大事、懂全局、管本行，努力提高政治鉴别能力、战略思维能力、工作推动能力、持续创新能力和自我提升能力，把党的路线、方针、政策同测绘地理信息实际相结合，卓有成效地开展工作。

**第四条**　党组书记主持党组工作。党组副书记协助党组书记工作，在党组书记出差、出访期间主持党组工作。党组成员根据党组决议，按照职责分工分管有关工作，行使相关职权。

## 第二章　职　责

**第五条**　党组职责：

（一）组织学习、贯彻落实党的路线、方针、政策和党中央、国务院决策部署，团结、带领党员和群众完成党和国家交办的任务。

（二）研究确定测绘地理信息工作的重大方针、政策和重大改革事项，审议测绘地理信息工作的中长期规划和重要工作部署，并向党中央、国务院报告有关重要情况、提出相关建议。

（三）研究、审议国家测绘地理信息局机关、直属单位机构设置，讨论决定局党组管理干部的任免、调动、交流和奖惩，强化对干部的教育、监督，开展巡视工作，加强司局级领导班子主要负责人监督，抓好干部队伍特别是局党组、司局级领导班子和后备干部队伍的建设。

指导国家测绘地理信息局直属机关党委、直属单位党组织的工作。

（四）严格执行中央改进工作作风、密切联系群众和廉洁从政的各项规定，做到为民、务实、清廉，带头践行社会主义核心价值观，反对形式主义、官僚主义、享乐主义和奢靡之风，切实加强思想、组织、作风、反腐倡廉和制度建设。

（五）完成党的中央委员会交办的其他工作。

## 第三章　组织原则

**第六条**　党组及其成员必须严格遵守党的政治纪律、组织纪律和财经纪律，维护党的集中统一，在大是大非面前坚定立场，对各种错误思潮坚决斗争，对中央要求令行禁止，任何情况下都在思想、政治、行动上同党中央保持高度一致。

必须坚持贯彻执行民主集中制、坚持用好批评和自我批评武器、坚持严格党内生活、坚持党性原则基础上的团结，增强党内生活的政治性、原则性、战斗性和发现问题、解决问题的能力。

**第七条**　党组实行集体领导和个人分工负责相结合的制度。凡属党组职责范围内决定的问题，必须集体研究决定。

党组成员要服从全局，积极主动做好相关工作。对分管的司（室）和单位通过定期听取汇报、研究布置重要工作等形式加强管理和指导，做到敢于负责、切实履职；对于不属于自己分管的工作要主动关心，提供意见和建议。

应当充分发挥党外局领导班子成员的作用，积极支持其开展工作。

**第八条**　党组决定重要问题，应充分酝酿讨论，然后进行表决。重视并认真考虑少数人的不同意见。对重要问题如有不同意见，除在紧急情况下按多数人意见执行外，应当暂缓决定，进一步调查研究，交换意见后再作决定。

**第九条** 党组书记负责协调党组各成员的工作，带头执行民主集中制，充分发扬党内民主，善于集中正确意见，自觉接受其他成员的监督。党组其他成员要支持党组书记的工作，接受党组书记对自己工作的指导、督查。

党组成员应自觉维护党组内部团结，互相信任，互相谅解，互相支持，互相帮助，互相监督。

**第十条** 党组成员对应该保密的会议内容、讨论情况和党组成员在会上发表的个人意见等，必须严守秘密，不得泄露和扩散。

**第十一条** 党组成员在出席有关会议、调查研究、检查指导工作或参加其他活动时，所发表指导工作的意见必须符合党组集体决定的精神。

## 第四章 会议制度

**第十二条** 党组的会议包括党组会议、党组民主生活会、党组中心组会议。

党组的会议由党组书记召集和主持，受党组书记委托可由党组副书记召集和主持，全体党组成员参加。因故不能参加的应向会议主持人请假。

**第十三条** 党组会议：

（一）党组会议主要内容是传达学习党中央重要会议精神，贯彻落实党中央、国务院的重大方针、政策和决定，研究部署测绘地理信息重要工作，研究部署党风廉政建设和班子队伍建设工作，研究局重大改革工作，研究干部人事问题等。

（二）党组会议应有三分之二以上党组成员到会方能举行。由会议召集人根据会议议题确定列席人员。

（三）党组会议议题由党组书记审定。涉及多个司（室）、单位的议题，应由主办司（室）、单位事先与有关司（室）、单位进行充分协商。对于情况不明或意见分歧较大的问题，原则上不提交党组会议讨论。

（四）讨论干部问题时，推荐、提名干部和决定干部任免、调动、交流和奖惩等事项，党组应充分讨论，以应到会党组成员超过半数同意形成决定。

（五）党组会议决定的事项，由党组成员按分工分头落实或组织实施。落实情况应及时督促检查，并做好信息反馈。执行中如发现问题，要及时向党组报告，在党组未作出新的决定之前，按原决定执行。

（六）对突发事件和紧急情况，来不及召开党组会议或因人数不足无法召集会议，但又必须尽快作出决定的，由党组书记临机处置，事后向党组会议报告。

（七）党组会议由专人记录，对议定事项形成会议纪要。党组会议纪要由党组书记签发，或由党组书记委托党组副书记签发。会议原始记录按规定归档保存，查阅须经党组书记批准。

**第十四条** 党组民主生活会：

（一）党组民主生活会根据中央要求和中央纪委、中央组织部确定的主题召开，原则上每年召开一次，列席会议人员由党组书记确定。要把领导干部执行党风廉政建设责任制情况和如实报告个人廉洁从政情况作为民主生活会的重要内容。

（二）党组成员要参加双重组织生活会，既参加党组民主生活会，也参加所在党支部的组织生活会。

（三）党组民主生活会召开之前，由局直属机关党委和其他有关部门广泛征求意见和建议。征求意见和建议情况应当分别向党组成员反馈或在会上通报。党组成员要认真做好会议准备，会前要相互谈心，沟通情况，交换意见。

（四）党组民主生活会上，党组成员要认真开展批评与自我批评。因故缺席应提交书面发言，在会上代为宣读，列入会议记录。会后由主持人或由主持人委托参加会议的其他同志将会议情况和评语意见转告缺席人。

（五）针对党组民主生活会检查和反映出来的问题，要积极制定整改措施，切实加以解决。要在局一定范围内通报会议情况和整改措施，按要求进行测评，接受群众监督。

（六）党组民主生活会后十五天内按要求向中央纪委、中央组织部和中央国家机关工委报送有关情况和材料。

**第十五条** 党组中心组会议每季度召开一次，主要由党组成员参加，可根据学习内容，确定机关司（室）、所属单位负责人参加。

结合形势需要和重点工作、热点问题，由局直属机关党委拟订学习计划和研讨专题报中心组组长审定。党组中心组会议采取专题辅导、重点发言和集体研讨等形式进行，坚持学习理论与指导实践相结合，统筹安排中心组会议与个人自学、专题调研，确保学习质量。

## 第五章　党风廉政建设

**第十六条**　党组要认真履行党风廉政建设主体责任，定期研究党风廉政建设工作，及时传达贯彻中央和中央纪委部署要求，结合测绘地理信息工作实际抓好党风廉政建设责任制的落实。

**第十七条**　党组成员必须带头落实党风廉政建设责任制，实行“一岗双责”，把党风廉政建设与业务工作紧密结合，做到“两手抓、两手硬”。

党组成员要严格执行中央关于党员领导干部廉洁从政的各项规定，做到严以修身、严以用权、严以律己，谋事要实、创业要实、做人要实。

**第十八条**　党组成员要切实做好直接联系群众工作，热情接待群众来访，密切党同人民群众的血肉联系。

党组成员要深入基层调查研究，注重了解实际情况，研究和解决实际问题，严格执行中央八项规定和党政机关国内公务接待规定等制度。

**第十九条**　党组要集中精力议大事、抓大事，改进会风、文风，精简会议、文件，力戒空话、套话，提高会议、公文质量，提高工作效率、行政效能。

## 第六章　附　则

**第二十条**　党组文件按照国家测绘地理信息局公文处理实施细则统一管理。

# 关于印发《中共国家测绘地理信息局党组贯彻落实〈建立健全惩治和预防腐败体系2013—2017年工作规划〉实施办法》的通知

国测党发〔2014〕27号　2014年5月30日

局所属各单位党委（党组、总支、支部）、机关各司室党支部：

《中共国家测绘地理信息局党组贯彻落实〈建立健全惩治和预防腐败体系2013—2017年工作规划〉实施办法》已经局党组会议审议通过，现印发给你们，请结合实际认真贯彻执行。

各单位、各部门党组织要充分认识颁布实施《工作规划》和《实施办法》的重要性，切实担负起党风廉政建设和反腐败工作的主体责任，把贯彻落实《工作规划》和《实施办法》列入重要议事日程，与各项业务工作同部署、同落实、同检查。纪检监察机构要协助党组织抓好任务分解，搞好组织协调，加强检查监督，推动工作深入开展。

局所属各单位要结合实际制定贯彻落实《工作规划》和《实施办法》的具体措施，严肃认真地抓好任务落实。

# 中共国家测绘地理信息局党组贯彻落实《建立健全惩治和预防腐败体系2013—2017年工作规划》实施办法

为贯彻中共中央《建立健全惩治和预防腐败体系2013—2017年工作规划》（中发〔2013〕14号），推进测绘地理信息惩治和预防腐败体系建设，结合工作实际，制定本实施办法。

**一、指导思想和工作目标**

1. 指导思想。高举中国特色社会主义伟大旗帜，以邓小平理论、“三个代表”重要思想、科学发展观为指导，深入贯彻落实党的十八大、十八届三中全会和习近平同志系列重要讲话精神，按照《中国共产党章程》的要求，坚持党要管党、从严治党，标本兼治、综合治理、惩防并举、注重预防，紧紧围绕测绘地理信息事业发展的中心任务，加强思想教育，完善制度机制，强化制约监督，坚定不移转变作风，坚定不移反对腐败，营造风清气正的良好环境，为测绘地理信息事业改革发展提供有力保障。

2. 工作目标。经过5年努力，国家局机关和局所属单位党的作风建设深入推进，“四风”问题得到认真治理，对权力运行的制约监督科学有效，预防腐败工作扎实开展，纪律约束和法律制裁的警戒作用有力发挥。测绘地理信息部门惩治和预防腐败体系基本完善，测绘精神大力弘扬，党风廉政教育的针对性、实效性进一步提高，党员干部的理想信念更加坚定，廉洁自律和拒腐防变意识显著增强。

**二、坚持不懈抓好作风建设**

3. 深入贯彻中央八项规定。严格执行中央八项规定和国家局党组十项具体措施，认真落实《党政机关厉行节约反对浪费条例》和国家局会议、培训、出差、因公临时出国（境）、公务接待、公务用车配备使用等一系列制度，强化制度硬约束，提高制度执行力。严格控制会议数量和规模，提高会议质量和效率，节约会议经费，能够用视频会议解决问题的不召开集中会议。切实转变文风，严格控制发文数量、提高文件质量和办文效率，进一步精简各类简报。改进下基层调研和新闻报道工作，增强实效。进一步加强出访团组的审批管理，严格执行因公临时出国（境）项目事前事后公示制度。（责任部门：办公室、科技与国际合作司、人事司。列在首位的为牵头部门，其他司室按职责做好相应工作，下同）

4. 严格遵守党的各项纪律。国家局机关和局所属单位各级党组织和广大党员干部要自觉学习、遵守、贯彻和维护党章，自觉反对特权思想、特权现象，自觉按照党的组织原则和党内政治生活准则办事。严格执行党的政治纪律、组织纪律、财经纪律等各项纪律，自觉同以习近平同志为总书记的党中央在思想上政治上行动上保持高度一致，坚决维护党的团结统一。严肃查处违反党的纪律的行为，确保中央关于测绘地理信息工作的各项决策部署得到贯彻落实，决不允许有令不行、有禁不止，决不允许各自为政、阳奉阴违，坚决纠正组织涣散、纪律松弛、自由主义、好人主义等现象。（责任部门：直属机关党委、办公室）

5. 切实巩固教育实践活动成果。认真落实国家局党组、局所属各单位、机关各司室群众路线教育实践活动整改方案，扎实做好整改落实和建章立制工作，强化对整改落实情况的督促检查，在抓常、抓细、抓长上下功夫，持续推进作风建设取得新成效。进一步完善和落实党员干部直接联系和服务群众制度，健全领导接待日制度、基层联系点制度、与干部群众谈心制度、征集群众意见制度、党员承诺践诺制度，畅通群众诉求反映渠道。完善民主生活会制度，坚持以整风精神开展批评和自我批评，高质量开好每年党员领导干部民主生活会。（责任部门：直属机关党委、人事司、法规与行业管理司、办公室）

**三、坚决有力惩治腐败**

6. 严肃查办违纪违法案件。坚持“老虎”、“苍蝇”一起打，以零容忍态度惩治腐败，既坚决查处领导干部违纪违法案件，又切实解决发生在群众身边的不正之风和腐败问题，做到有腐必反、有贪必肃。重点查处顶风违纪、群众反映强烈的领导干部，形成有力震慑。坚持“一案双查”，对发生重大腐败案件和不正之风长期滋生蔓延的单位，既追究当事人责任，又追究相关领导责任。深入剖析典型案例，既举一反三、开展警示教育，达到查处一件、警示一片、教育一片的效果，又查找体制机制制度方面存在的薄弱环节，促进完善制度、加强管理、堵塞漏洞。（责任部门：直属机关党委）

7. 坚持抓早抓小、防微杜渐。本着对事业负责、对干部负责的态度，建立健全早发现、早处理机制，防止小问题变成大问题、个别性问题演化为多发性问题。认真梳理各类问题线索，及时采取约谈、函询等方式向本人和组织核实。对干部存在的苗头性、倾向性问题，要及时进行诫勉谈话，提醒批评。对构成轻微违纪但尚不需要给予纪律处分或不接受组织批评的，要采取适当的组织措施。对应当给予纪律处分的要及时处理，促使党员干部对纪律红线始终心存敬畏。（责任部门：直属机关党委、人事司）

8. 规范信访举报和查办案件工作。畅通来信、来访、电话、邮件等举报渠道，完善信访举报管理办法，加强线索台账管理，做好线索的登记、报批、调查、处理、反馈、归档等工作，确保线索不流失。加强对信访举报线索的受理核实，严格依纪依法、安全文明办案，严肃处理以案谋私、泄密等违纪违法行为。强化国家局党组纪检组对局所属各单位纪委查办案件工作的指导，严格办案程序，转变办案方式，严明办案纪律，不断提高查办案件工作的质量、效率和水平。（责任部门：直属机关党委、办公

室）

**四、科学有效预防腐败**

9. 扎实开展廉洁从政思想教育。深入开展中国特色社会主义和中国梦教育、理想信念和宗旨教育、社会主义核心价值观教育，加强党纪国法、廉政法规和从政道德教育，深入开展向杨艳萍等先进人物学习活动，大力弘扬测绘精神，针对不同岗位、不同人员的特点开展形式多样的廉政教育，教育广大党员干部牢记党的性质和宗旨，坚定理想信念，强化纪律意识，自觉做到“严以修身、严以用权、严以律己，谋事要实、创业要实、做人要实”，筑牢拒腐防变的思想防线。把反腐倡廉教育列入学习型党组织建设和干部教育培训计划，作为党委（党组）中心组学习、民主生活会、干部教育培训的重要内容。国家局党组和局所属各单位党委（党组、总支、支部）定期开展廉洁从政专题学习，强化廉政教育。创新方式方法，充分利用局报刊网站加强廉政宣传，增强针对性、感染力和实效性。积极推进测绘地理信息廉政文化建设。（责任部门：直属机关党委、人事司）

10. 深入推进行政审批制度改革。进一步简政放权，转变职能，对测绘地理信息部门的权力和管理的各项事务进行清理，完成取消和下放行政许可事项、取消非许可审批事项工作，最大限度减少对微观事务的管理，推行权力清单制度。对保留的行政审批事项，进一步简化手续、优化程序、限时办结。对取消的审批事项加强后续监管，防止出现监管职能缺位、错位或不到位。修订《测绘资质管理规定》和《测绘资质分级标准》，弱化事前审批，降低准入门槛，下移管理重心，加强事中和事后监管。（责任部门：法规与行业管理司、承担行政审批事项的有关司室）

11. 努力提高选人用人公信度。坚持党管干部原则，坚持正确用人导向，严格执行中央《党政领导干部选拔任用工作条例》和中组部《关于加强干部选拔任用工作监督的意见》，严格按照规定的用人原则、标准、条件、资格、程序和纪律办事，提高选人用人公信度。进一步完善干部教育培训、选拔任用和管理监督等制度机制，对党员干部严格要求、严格教育、严格管理、严格监督，突出对现在重要岗位且今后可能还会在更重要岗位工作的领导干部的监督。研究建立干部作风状况考核评价机制，健全完善考核评价指标，注重考核结果的应用。进一步规范领导干部企业兼职（任职）管理，有针对性地开展领导干部报告个人有关事项情况抽查工作。严肃查处选人用人方面的不正之风和腐败问题，确保用人环境风清气正。（责任部门：人事司）

12. 严格执行财务管理制度。进一步健全和严格执行预算管理、专项资金管理、国库集中支付、预算支出绩效管理、收支两条线等财经制度，做到收入一个“笼子”、预算一个“盘子”、支出一个“口子”，确保资金使用规范安全高效。严格执行预算，严禁超预算或者无预算安排支出，严禁虚列支出、转移或者套取预算资金。进一步建立健全并严格执行地理国情普查、国家现代测绘基准体系基础设施建设、海岛（礁）测绘等重大工程，联合国基金项目、公益性科研等重要专项和基础测绘、航空摄影等经常性业务项目经费管理制度，做到专款专用，提高财政资金的使用效益。严格控制“三公”经费，不得突破预算批复规模，稳步推进“三公”经费预决算公开，提高经费支出透明度。认真执行《国家测绘地理信息局内部审计工作管理办法》，强化财务收支审计、项目专项审计、离任经济责任审计，加强对重点领域、重大项目、重要资金的审计监督，注重审计结果运用。（责任部门：规划财务司、直属机关党委）

13. 强化权力运行制约和监督。认真执行《中共国家测绘地理信息局党组工作规则》《国家测绘地理信息局工作规则》，坚持集体领导和分工负责制度，重大事项决策、重要干部任免、重要项目安排、大额资金使用按程序集体研究决定。围绕测绘地理信息重大项目、行政审批、经费使用、市场执法、人事任免、政府采购等关键领域和重点环节，强化对民主集中制执行情况，政治纪律、组织纪律、财经纪律、中央八项规定执行情况的监督检查。认真落实重要情况通报和报告、述职述廉、民主生活会、诫勉谈话和函询等监督制度。发挥法律监督、民主监督、群众监督、舆论监督的作用，保证权力正确行使和规范运行。国家局所属各单位党委（党组、总支、支部）和机关各司室党支部每年底要向局纪检组报告党风廉政建设责任制落实情况。（责任部门：办公室、直属机关党委、人事司）

14. 进一步加强巡视工作。进一步完善巡视制度和机制，健全巡视工作机构，明确巡视职能定位，探索全面巡视与专项巡视相结合，把发现问题、推动解决问题作为主要任务。每年按计划对国家局所属单位开展巡视，创新巡视方式，提高巡视实效，做好巡视意见反馈，确保整改落实到位，强化巡视成果在领导班子管理和干部选拔任用工作中的运用。（责任部门：直属机关党委、人事司）

15. 推进反腐倡廉制度建设和政务公开工作。坚持用法治思维和法治方式完善反腐倡廉法规制度，进一步完善测绘地理信息法律法规体系，深入推进廉政风险防控机制建设，构建决策科学、执行坚决、监督有力的权力运行体系，使各项制度规定配套衔接、环环相扣，最大程度减少制度漏洞。完善政务公开制度，推进行政权力行使依据、过程、结果公开，凡涉及公共利益、公众权益、需要广泛知晓的事项和社会关切的事项以及法律法规和国务院规定需要公开的事项，要依法、及时、全面、准确、具体地向社会公开。加强测绘地理信息行政许可集中受理厅的运行管理，推进行政许可事项接办分离、网上办理、网上公示、网上查询。（责任部门：法规与行业管理司、办公室、直属机关党委）

**五、加强对党风廉政建设和反腐败工作的组织领导**

16. 党委要承担主体责任。落实主体责任是推进党风廉政建设和反腐败工作的“牛鼻子”。各级党委（党组、总支、支部）要充分认识党风廉政建设和反腐败工作是党委（党组、总支、支部）工作的重要组成部分，切实担负起党风廉政建设的主体责任，牢固树立不抓党风廉政建设就是严重失职的意识，坚持“两手抓、两手都要硬”，全面落实党风廉政建设责任制。国家局党组和局所属各单位、机关各司室党组织要把党风廉政建设和反腐败工作列入重要议事日程，定期进行专项研究、定期听取专题汇报、定期向上级纪委汇报。要抓好党员的日常教育、管理、提醒，把党风廉政建设和反腐败工作与测绘地理信息重点工作、重大项目、各项管理和服务工作同考虑、同部署、同落实。从各方面支持和保障纪检监察机构和人员履行职责。动员和组织职工群众有序参与反腐倡廉工作，发挥各方面的积极作用。国家局党组书记和各单位党委（党组、总支、支部）书记是本单位本部门党风廉政建设和反腐败工作第一责任人，要亲自抓、为主抓、系统抓、务实抓，敢于负责、敢于担当，做到重要工作亲自部署、重大问题亲自过问、重点环节亲自协调、重要案件亲自督办，管好班子，带好队伍，严格自我约束，做廉洁从政的表率。国家局党组成员、副局长对分管工作、部门和单位的党风廉政建设和反腐败工作负领导责任。国家局各所属各单位、机关各司室领导班子其他成员要按照“一岗双责”要求，抓好职责范围内的党风廉政建设和反腐败工作。（责任部门：直属机关党委）

17. 纪委要负起监督责任。国家局和局所属各单位纪检监察机构要进一步明确职责定位，切实转职能、转方式、转作风，聚焦中心任务，认真履行协助党委（党组）加强党风廉政建设和组织协调反腐败工作职责，集中精力做好监督执纪问责工作。要增强监督的经常性、切实性、严肃性和有效性，更好发挥监督作用。认真分析掌握本单位本部门党风廉政建设和反腐败工作的形势和存在问题，提出分类处理意见，定期向国家局纪检组报告工作。要加强对纪检监察干部的教育、管理和监督，引导纪检监察干部牢记使命责任、坚定理想信念、增强党性观念、严守工作纪律，以铁的纪律打造一支政治强、业务精、作风硬的干部队伍。（责任部门：直属机关党委、人事司）

18. 狠抓各项工作任务的落实。国家局所属各单位、机关各司室要把贯彻落实《实施办法》作为党风廉政建设责任制的重要内容，细化任务分解，抓好工作落实。牵头部门要认真履行责任，加强与其他责任部门的沟通，其他责任部门要增强全局观念，支持配合牵头部门开展工作，主动承担职责范围内的任务，形成工作合力。对抓党风廉政建设和反腐败工作不力、造成不良影响的，严肃追究责任。（责任部门：机关各司室）

# 关于印发《国家测绘地理信息局领导干部选拔任用工作办法》等6项制度的通知

国测党发〔2014〕45号　2014年10月14日

局所属各单位，机关各司室：

《国家测绘地理信息局领导干部选拔任用工作办法》、《国家测绘地理信息局直属单位中层领导干部任免备案管理办法》、《国家测绘地理信息局直属单位干部选拔任用工作监督检查办法》、《国家测绘地理信息局公务员任职回避和公务回避规定》、《国家测绘地理信息局人事部门与纪检监察机构联席会议制度》、《关于进一步从严管理干部档案的意见》已经2014年9月12日国家测绘地理信息局党组会议审定，现予印发，请结合实际认真贯彻执行。

6项制度的印发，是我局深入贯彻党的十八大、十八届三中全会和全国组织工作会议精神特别是习近平总书记重要讲话精神，进一步加强和规范干部选拔任用工作的重要举措，对于进一步巩固党的群众路线教育实践活动成果，全面贯彻执行中央新修订的《党政领导干部选拔任用工作条例》，认真落实从严治党、从严管理干部的要求，不断提升我局干部选拔任用和管理工作的科学化水平，具有重要意义。

各级党组织及其人事部门要认真学习，自觉增强政治纪律、组织人事纪律观念，带头遵守中央和我局的各项干部人事制度，规范行使选人用人权；自觉将制度的各项规定要求落实到我局干部工作的全过程，严格按规定的原则、标准、条件、资格和纪律办事，树立良好用人导向，不打折扣、不搞变通，做到有规必依、执法必严、违规必究，确保我局干部人事工作规范有序、风清气正。

## 国家测绘地理信息局领导干部选拔任用工作办法

### 第一章　总　则

**第一条**　为认真贯彻执行党的干部路线方针政策，落实中央从严治党、从严管理干部的要求，进一步健全和完善国家测绘地理信息局（以下简称局）领导干部选拔任用工作机制，根据《公务员法》、《党政领导干部选拔任用工作条例》（以下简称《干部任用条例》），制定本办法。

**第二条**　选拔任用领导干部必须坚持《干部任用条例》规定的原则、标准、条件、资格、程序和纪律，坚持加强党的领导和充分发扬民主相结合，坚持正确的用人导向，加强综合研判，做到选贤任能、用当其时，知人善任、人尽其才。

**第三条**　本办法适用于局总工程师，内设部门（以下简称部门）处级以上领导干部，以及所属单位由局党组管理的领导干部。

选拔任用局机关处级以上非领导职务干部及陕西、黑龙江、四川、海南测绘地理信息局（以下简称四直属局）机关司局级非领导职务干部，本办法明确规定的事项按规定执行，未明确的参照本办法关于领导干部的条款执行。

**第四条**　局党组按照干部管理权限履行选拔任用领导干部职责，人事司在局党组的领导下负责本办法的具体组织实施。

### 第二章　选拔任用资格条件

**第五条**　领导干部应当具备《干部任用条例》规定的基本条件，同时具备拟任职务所要求的思想政治素质、工作能力、文化程度和任职经历等方面的条件和要求。

**第六条**　提拔担任领导职务的，应当具有下列基本资格：

（一）提任处级领导职务的，应当具有五年以上工龄和两年以上基层工作经历。

（二）提任处级以上领导职务的，一般应当具有在下一级两个以上职位任职的经历。

（三）提任处级以上领导职务，由副职提任正职的，应当在副职岗位工作两年以上，由下级正职提任上级副职的，应当在下级正职岗位工作三年以上。

提任巡视员、副巡视员的，应当在副司局级、正处级岗位上工作五年以上；提任调研员、副调研员的，应当在副处级、主任科员岗位上工作四年以上。

（四）一般应当具有大学专科以上文化程度，其中司局级以上领导干部一般应当具有大学本科以上文化程度。

（五）应当经过党校、行政院校、干部学院或者组织（人事）部门认可的其他培训机构的培训，培训时间应当达到干部教育培训的有关规定要求。确因特殊情况在提任前未达到培训要求的，应当在提任后一年内完成培训。

（六）具有正常履行职责的身体条件。

（七）提任党的领导职务的，还应当符合《中国共产党章程》规定的党龄要求。

**第七条** 领导干部应当逐级提拔。符合《干部任用条例》规定的特别优秀条件或者工作特殊需要情形的，可以破格或者越级提拔担任领导职务。

破格提拔干部必须从严掌握。任职试用期未满或者提拔任职不满一年的，不得破格提拔。不得在任职年限上连续破格。不得越两级提拔。

## 第三章 动 议

**第八条** 根据工作需要和领导班子及干部队伍建设实际，局党组或者人事司以书面或口头方式提出启动司局级职务干部和处级领导职务干部选拔任用工作意见或建议；局机关处级非领导职务干部的选拔任用，由各部门经分管局领导同意后书面向人事司提出意见或建议。

**第九条** 人事司综合有关方面建议和平时了解掌握的情况，对领导班子和干部进行分析研判，就选拔任用的职位、条件、范围、方式、程序等提出初步建议。

**第十条** 初步建议向分管人事工作的局领导和局党组书记报告后，在一定范围进行酝酿，形成工作方案。其中司局级职务干部和处级领导职务干部的选拔任用方案，经局党组集体研究审定后组织实施；局机关处级非领导职务干部的选拔任用方案，经局党组书记同意后组织实施。

酝酿的范围根据干部管理权限和补充职位确定，至少应包括局党组书记、分管拟补充职位的局领导、分管人事工作的局领导及人事部门负责人，司局级副职和处级职位还可听取职位所在单位（部门）正职的意见。

**第十一条** 司局级领导职务干部的选拔任用，一般在局机关和直属单位范围内进行，可从其他司局级领导职务干部转任、调任，也可从同职级非领导职务干部或下一职级干部中民主推荐提拔任用。

局机关及四直属局机关司局级非领导职务干部的选拔任用，一般从本机关下一职级干部中民主推荐提拔任用，根据工作需要也可从其他单位同职级干部转任、调任，或从下一职级干部中民主推荐提拔任用。

局机关处级领导职务干部的选拔任用，可从局机关同职级非领导职务干部或下一职级干部中民主推荐提拔任用，也可从其他单位转任、调任或从下一职级干部中民主推荐提拔任用；局机关处级非领导职务干部的选拔任用，可从空缺职位所在部门下一职级干部中民主推荐提拔任用，也可从其他单位（部门）转任、调任或从下一职级干部中民主推荐提拔任用。

**第十二条** 选拔任用局机关副司级和处级领导职务干部，人选较多且意见不易集中或没有合适人选的，可在一定范围内开展竞争性选拔。

竞争性选拔应当采取适当方式测试、测评，突出岗位特点，突出实绩竞争，注重能力素质和一贯表现，择优比选，防止简单以分取人。

**第十三条** 干部交流要统筹事业发展与干部培养，注重保持工作的连续性和稳定性，科学依规确定交流对象，保持适当的交流频次。

## 第四章 民主推荐

**第十四条** 选拔任用领导干部，必须经过民主推荐。民主推荐包括会议推荐和个别谈话推荐，推荐结果作为选拔任用的重要参考，同一职位的民主推荐结果在一年内有效。

**第十五条** 民主推荐由人事司组织，应当经过下列程序：

（一）召开推荐会，公布推荐职位、任职条件、推荐范围，提出有关要求，组织填写推荐表，提供干部名册及相关材料；

（二）进行个别谈话推荐；

（三）对会议推荐和谈话推荐情况进行综合分析；

（四）向局党组汇报推荐情况。

民主推荐也可以先进行个别谈话推荐，根据谈话情况，经局党组研究，提出初步名单，再进行会议推荐。

**第十六条**　参加民主推荐人员范围一般根据补充职位或人选所在单位情况确定：

（一）局总工程师职位的补充，参加会议推荐的范围一般为：局机关副司级以上干部及所属单位党政主要负责人；参加个别谈话推荐的范围一般为：局机关各部门及所属单位党政主要负责人。

（二）局机关司局级职位和处长职位的补充，参加会议推荐的范围一般为：局机关全体公务员；参加个别谈话推荐的范围一般为：局机关副司级以上干部。

（三）局机关副处长及处级非领导职位的补充，参加会议推荐的范围一般为：补充职位所在部门全体人员；参加个别谈话推荐的范围一般为：补充职位所在部门副处级以上干部。

（四）局所属单位的局党组管理干部职位的补充，参加会议推荐的范围一般为：补充职位所在单位领导成员及相当职务干部、内设部门及所属单位领导成员，人数较少的单位可扩大至全体人员，专业性较强的职位可扩大至相关专业技术人员；参加个别谈话推荐的范围一般为：补充职位所在单位领导成员及相当职务干部、内设部门正职领导、所属单位主要负责人。

跨单位（部门）交流提任的（不含局总工程师职位的补充），民主推荐在人选所在单位（部门）开展，参加民主推荐的范围参照前述相当职位补充的民主推荐范围进行。

**第十七条**　民主推荐结果较为分散的，可根据民主推荐结果提出初步名单进行二次会议推荐。参加二次会议推荐人员范围根据职位具体情况确定。

**第十八条**　个人向组织推荐领导干部人选，必须负责任地写出推荐材料并署名。所推荐人选经人事司审核符合条件的，纳入民主推荐范围，缺乏民意基础的，不得列为考察对象。

## 第五章　考　察

**第十九条**　确定考察对象，应当根据工作需要和干部德才条件，将民主推荐情况与平时考核、年度考核、一贯表现和人岗相适等情况综合考虑，充分酝酿，防止把推荐票等同于选举票、简单以推荐票取人。

考察对象由人事司提出建议报局党组集体研究确定。

**第二十条**　有下列情形之一的，不得列为考察对象：

（一）群众公认度不高的。

（二）近三年年度考核结果中有被确定为基本称职以下等次的。

（三）有跑官、拉票行为的。

（四）配偶已移居国（境）外；或者没有配偶，子女均已移居国（境）外的。

（五）受到组织处理或者党纪政纪处分影响使用的。

（六）其他原因不宜提拔的。

**第二十一条**　对确定的考察对象，必须依据干部选拔任用条件和岗位职责要求进行严格考察，全面考察其德、能、勤、绩、廉。突出考察政治品质和道德品行，深入了解理想信念、政治纪律、坚持原则、敢于担当、开展批评和自我批评、行为操守等方面的情况。注重考察工作实绩，深入了解履行岗位职责、推动和服务科学发展的实际成效。加强作风考察，深入了解为民服务、求真务实、勤勉敬业、奋发有为，反对形式主义、官僚主义、享乐主义和奢靡之风等情况。强化廉政情况考察，深入了解遵守廉洁自律有关规定等情况。

**第二十二条**　考察应当保证充足的时间，一般应经过下列程序：

（一）组织考察组，制定考察工作方案；

（二）同考察对象所在单位（部门）主要负责同志就考察工作方案沟通情况，征求意见；

（三）根据考察对象的不同情况，通过适当方式在一定范围内发布干部考察预告；

（四）采取个别谈话、发放征求意见表、民主测评、实地走访、查阅干部档案和工作资料、同考察对象面谈等方法，广泛深入地了解情况，根据需要进行民意调查、专项调查、延伸考察；

（五）综合分析考察情况，与考察对象的一贯表现进行比较、相互印证，全面准确地对考察对象作出评价；

（六）向考察对象所在单位（部门）主要负责同志反馈考察情况，并交换意见；

（七）考察组研究提出人选任用建议，向人事司汇报，经人事司集体研究提出任用建议方案，向局党组报告。

**第二十三条** 考察领导干部拟任人选，个别谈话的范围按照下列原则确定：

（一）考察局机关司局级职务拟任人选，个别谈话范围一般为：局机关副司级以上干部及人选所在部门全体工作人员。

（二）考察局机关处级职务拟任人选，个别谈话范围一般为：人选所在部门副处级以上干部及所在处室全体工作人员。

（三）考察所属单位的国家局党组管理干部职务拟任人选，个别谈话范围一般为：人选所在单位领导成员及相当职务干部、内设部门正职领导、所属单位主要负责人及其他有关人员。

跨单位交流提任的拟任人选，考察在人选所在单位开展，参加个别谈话的范围参照考察前述相当职位拟任人选的范围进行。

**第二十四条** 考察组应当听取考察对象所在单位人事部门、纪检监察机构、机关党组织的意见，根据需要可以听取巡视机构和其他相关部门意见。

人事司应当就考察对象的党风廉政情况听取纪检监察机构的意见。对拟提拔的考察对象，应当查阅个人有关事项报告情况，必要时可以进行核实。对需要进行经济责任审计的考察对象，应当委托审计部门按照有关规定进行审计。

**第二十五条** 考察领导干部拟任人选，必须形成书面考察材料，建立考察文书档案。已经任职的，考察材料归入本人档案。考察材料必须写实，全面、准确、清楚地反映考察对象的情况，包括下列内容：

（一）德、能、勤、绩、廉方面的主要表现和主要特长。

（二）主要缺点和不足。

（三）民主推荐等情况。

**第二十六条** 考察组由两名以上成员组成，考察组成员应当具有较高素质和相应资格，考察组负责人应当由思想政治素质好、有较丰富工作经验并熟悉干部工作的人员担任。

实行干部考察工作责任制。考察组必须坚持原则，公道正派，深入细致，如实反映考察情况和意见，对考察材料负责，履行干部选拔任用风气监督职责。

## 第六章　讨论决定

**第二十七条** 拟任人选在讨论决定前，应当根据职位和人选的不同情况，在一定范围内充分酝酿。司局级职务拟任人选，一般在局党组成员中进行酝酿，根据需要也可以适当扩大酝酿范围；处级职务拟任人选，一般由人事司商有关部门进行酝酿，并报分管拟任职位部门的局领导、分管人事工作的局领导和局党组书记同意。

**第二十八条** 拟任人选经充分酝酿后，由局党组集体讨论做出任免决定。

对拟破格提拔的司局级职务人选在讨论决定前，必须报经中央组织部同意。越级提拔或者不经过民主推荐列为破格提拔人选的，应当在考察前报告中央组织部，经批复同意后方可进行。

**第二十九条** 局党组讨论决定干部任免事项，必须有三分之二以上成员到会，并保证与会成员有足够时间听取情况介绍、充分发表意见。与会成员对任免事项，应当发表同意、不同意或者缓议等明确意见。

**第三十条** 局党组讨论决定干部任免事项，应当按照下列程序进行：

（一）人事司逐个介绍拟任人选的考察和任免理由等情况，其中涉及破格提拔的人选，应当说明破格的具体情形和理由；

（二）参加会议人员进行充分讨论；

（三）进行表决，以局党组应到会成员超过半数同意形成决定。存在重大分歧的，应暂缓作出决定。

**第三十一条** 局和地方双重管理领导干部的任免，由人事司就局党组确定的拟任人选征求协管方的意见。

**第三十二条** 需要报上级备案的干部，应当按照规定及时向中央组织部备案。破格提拔的处级职务干部，应当在当年年底向中央组织部备案。

## 第七章　任　职

**第三十三条** 实行党政领导干部任职前公示制

度。提拔担任领导职务的，下发任职通知前，应当在一定范围内进行公示。公示内容应当真实准确，便于监督，涉及破格提拔的，还应当说明破格的具体情形和理由。公示期不少于五个工作日。公示结果不影响任职的，办理任职手续。

**第三十四条**　实行党政领导干部任职试用期制度。提拔担任领导职务的，试用期为一年。试用期满后，经考核胜任现职的，正式任职；不胜任的，免去试任职务，一般按试任前职级安排工作。

**第三十五条**　实行任职谈话制度。对决定任用的司局级干部，由局党组指定专人同任用干部本人谈话，肯定成绩，指出不足，提出要求和需要注意的问题；对决定任用的处级干部，由所在部门主要负责人同任用干部本人谈话。

**第三十六条**　干部任职时间，自局党组决定之日起计算。其中由局党组向有关组织推荐选举提名人选的，自当选之日起算。

## 第八章　纪律和监督

**第三十七条**　选拔任用领导干部，必须严格遵守《干部任用条例》和本办法的各项规定，并遵守下列纪律：

（一）不准超职数配备、超机构规格提拔领导干部，或者违反规定擅自设置职务名称、提高干部职级待遇。

（二）不准采取不正当手段为本人或者他人谋取职位。

（三）不准违反规定程序推荐、考察、酝酿、讨论决定任免干部。

（四）不准私自泄露动议、民主推荐、民主测评、考察、酝酿、讨论决定干部等有关情况。

（五）不准在干部考察工作中隐瞒或者歪曲事实真相。

（六）不准在民主推荐、民主测评、组织考察和选举中搞拉票等非组织活动。

（七）不准利用职务便利私自干预下级或者原任职单位干部选拔任用工作。

（八）不准在工作调动、机构变动时，突击提拔、调整干部。

（九）不准在干部选拔任用工作中封官许愿，任人唯亲，营私舞弊。

（十）不准涂改干部档案，或者在干部身份、年龄、工龄、党龄、学历、经历等方面弄虚作假。

**第三十八条**　局党组和人事司对干部选拔任用工作和贯彻执行《干部任用条例》及本办法的情况进行监督检查，查处违反组织人事纪律的行为，受理有关干部选拔任用工作的举报、申诉。

局纪检监察机构、局党组派出的巡视组按照有关规定，对干部选拔任用工作进行监督检查。

**第三十九条**　实行领导干部选拔任用工作责任追究制度。凡出现按照《干部任用条例》、《党政领导干部选拔任用工作责任追究办法（试行）》应当追究责任情形的，按照有关规定，严肃追究有关人员的责任。

**第四十条**　领导干部应当服从组织任职安排，对无正当理由拒不服从的，依照法律及有关规定予以免职或者降职使用。

## 第九章　附　则

**第四十一条**　局所属单位管理干部的选拔任用，由各单位根据国家有关规定和本办法制定相应规定，并报人事司备案。

**第四十二条**　局机关挂靠单位处级干部的选拔任用，参照本办法执行。

**第四十三条**　本办法由国家局人事司负责解释。

**第四十四条**　本办法自发布之日起施行，局原有干部选拔任用有关规定与本办法抵触的，以本办法为准。

# 国家测绘地理信息局直属单位中层领导干部任免备案管理办法

**第一条**　为进一步规范直属单位干部选拔任用行为，加强对干部选拔任用工作的监督，改进干部选拔任用有关事项报告工作，防止和纠正用人上不正之风，根据《党政领导干部选拔任用工作条例》（以下简称《干部任用条例》）、《党政领导干部选拔任用工作有关事项报告办法（试行）》和《关于加强干部选拔任用工作监督的意见》，结合我局干部工作实际，制定本办法。

**第二条** 直属单位干部选拔任用工作必须严格执行《干部任用条例》的基本条件、基本资格、主要环节、基本程序、纪律要求等各项规定，不得擅自突破或简化。

**第三条** 直属单位干部选拔任用必须在国家局核定的干部职数内进行，不得超职数配备干部，不得擅自提高干部职级待遇。

**第四条** 直属单位中层领导干部任免职备案范围为：

（一）陕西、黑龙江、四川、海南测绘地理信息局内设机构正处级领导职务及其所属单位党政正职。

（二）国家局直属事业单位内设机构正处级领导职务。

（三）中国地图出版集团内设部门及其子公司主要负责人。

**第五条** 直属单位领导班子在进行备案范围内的中层领导干部任免工作动议时，应征求分管的国家局领导意见，并将情况告知人事司。人事司受国家局党组委派，负责受理、审核、答复直属单位报送的领导干部任免职备案事项，遇有重大问题时需及时向国家局党组请示报告。

**第六条** 直属单位中层领导干部（含中层副职）任免中有下列情形之一的，应当按照要求事先报告国家局人事司，经答复同意后方可进行：

（一）在机构变动或者主要领导成员已经明确即将离任时确因工作需要提拔、调整干部的。

（二）破格或越级提拔干部的。

（三）一批集中调整干部数量较大的。

（四）单位班子成员的近亲属在单位内提拔任用，或者提拔担任所属单位班子成员的。

（五）领导干部因被问责受到组织处理或者纪律处分，影响期满拟重新任用的。

（六）超过任职年龄需要继续留任的。

（七）其他应当事先报批的事项。

此外，人事、财务、审计、纪检、监察等部门正职岗位的任免，也需按以上要求事先报告。

本条第（四）项所称领导成员的近亲属，是指与领导成员有夫妻关系、直系血亲关系、三代以内旁系血亲以及近姻亲关系的人员。

**第七条** 直属单位领导班子应在作出备案范围内的中层领导干部任免决定后、履行任免职程序前，以书面形式向局人事司进行备案。其中，涉及破格提拔，人事、财务、审计、纪检、监察等部门正职领导干部任免的应报送请示件。

**第八条** 领导干部任免职备案材料内容和要求：

（一）干部任免职请示或备案报告。主要内容应包括干部任免职理由，职数配备情况和党委（党组）讨论意见等。

（二）干部任免审批表。应按规定逐项填写清楚、填准填实，简历要前后衔接、时间不得空断，并加盖党委（党组）印章。

（三）考察材料（仅提拔任用人选）。必须写实，全面、准确、清楚地反映考察对象的情况，应包括下列内容：德、能、勤、绩、廉方面的主要表现和主要特长；主要缺点和不足；民主推荐、民主测评、考察谈话、个人有关事项报告查阅等情况，同时须标明日期并加盖人事部门印章。

（四）党委（党组）会议纪要和会议记录复印件。均应加盖党委（党组）印章。

（五）公示情况报告（仅提拔任用人选）。应加盖人事部门印章。

（六）单位党组纪检组（纪委）出具的廉政鉴定（仅提拔任用人选）。如无党组纪检组或纪委，可以单位名义出具。

**第九条** 国家局人事司依据有关规定对备案材料进行审核，在收到书面报告或备案材料 15 个工作日内予以答复。涉及财务、审计、纪检、监察等部门正职领导干部的任免，应征求国家局相关主管司室的意见。其中，破格提拔和人事、财务、审计、纪检、监察等部门正职领导干部的任免采用书面批复，其余备案人员采用电话答复方式。

**第十条** 按规定进行任职试用的备案范围内的中层领导干部，试用期满经考核不胜任现职被免去试任职务的，应及时通报国家局人事司。

**第十一条** 凡违反本办法作出的干部任用决定或应报告而未报告的任用事项，一经查实、一律无效，并按相关规定予以纠正，追究有关责任人的责任。对不符合本办法要求的备案材料，不予受理。

**第十二条** 本办法由国家局人事司负责解释。

**第十三条** 本办法自印发之日起施行。2003 年 11 月 25 日印发的《国家测绘局直属单位中层领导干部任免备案管理暂行规定》（国测党字〔2003〕24 号）同时废止。

# 国家测绘地理信息局直属单位干部选拔任用工作监督检查办法

## 第一章　总　则

**第一条**　为加强和规范对直属单位干部选拔任用工作的监督检查，进一步提升干部选拔任用工作的满意度，根据《党政领导干部选拔任用工作条例》（以下简称《干部任用条例》）、《党政领导干部选拔任用工作监督检查办法（试行）》和《关于加强干部选拔任用工作监督的意见》的有关规定，结合国家测绘地理信息局实际，制定本办法。

**第二条**　干部选拔任用工作的监督检查，以邓小平理论、“三个代表”重要思想和科学发展观为指导，贯彻党的十八大、十八届三中全会和习近平总书记系列重要讲话精神，落实党要管党、从严治党方针，加强对干部选拔任用工作全过程的监督，严明组织纪律，坚决防止和纠正选人用人上的不正之风，建设信念坚定、为民服务、勤政务实、敢于担当、清正廉洁的高素质干部队伍，保证党的干部路线、方针、政策全面正确地贯彻执行。

**第三条**　监督检查坚持下列原则：

（一）党组领导、分级负责。

（二）实事求是、客观公正。

（三）发扬民主、群众参与。

（四）全程监督、预防为主。

（五）依法依纪监督、违法违纪必纠。

**第四条**　对直属单位干部选拔任用工作的监督检查，采取直属单位自查与国家局检查相结合，日常监督检查与专项监督检查相结合的形式进行。

**第五条**　国家局人事司在局党组的统一领导下，具体负责组织实施直属单位干部选拔任用工作监督检查，受理有关干部选拔任用工作的举报、申诉，制止、纠正违反干部选拔任用工作有关规定的行为，并对有关责任人作出处理或者提出处理意见。

**第六条**　国家局纪检监察机构、巡视组按照工作职责和有关规定，对直属单位干部选拔任用工作进行监督检查，并适时与国家局人事司沟通情况。

## 第二章　监督检查内容及重点

**第七条**　监督检查要按规定的内容和重点执行，着力检查选拔任用干部导向是否端正、程序是否合规、风气是否清正、结果是否公正。

**第八条**　监督检查《干部任用条例》的学习宣传情况，重点为：是否采取措施认真组织《干部任用条例》和相关政策法规的学习宣传和培训工作；是否达到“领导干部熟悉、人事干部精通、干部职工了解”的目标要求。

**第九条**　监督检查干部选拔任用工作原则的贯彻落实情况，重点为：是否坚持党管干部原则，是否坚持五湖四海、任人唯贤，是否坚持德才兼备、以德为先，是否坚持注重实绩、群众公认，是否坚持民主、公开、竞争、择优，是否坚持民主集中制和依法办事原则。

**第十条**　监督检查干部选拔任用资格条件把关情况，重点为：提拔任职的干部是否具备《干部任用条例》规定的基本条件，最低工龄、基层工作经历、在下一级岗位的任职时间、文化程度等情况是否符合规定；法律法规及章程对任职资格有特别要求的，是否具备规定的资格；破格提拔的干部是否符合《干部任用条例》明确的适用情形和要求、是否履行了规定的程序；从党政机关以外选拔任用的干部是否符合调任规定。

**第十一条**　监督检查干部选拔任用主要环节和基本程序的履行情况，重点为：

（一）动议环节：工作方案初步建议，是否在听取有关方面意见的基础上提出；初步建议提出的职位、条件、范围、方式、程序等，是否符合《干部任用条例》的规定；提出的选拔任用职位是否符合机构编制及职数管理相关规定；初步建议向主要领导成员报告后，是否又在一定范围内进行了酝酿；开展公开选拔或竞争上岗，选拔的职位、数量和范围是否合理，选拔程序和测试测评方法是否科学；资格条件突破规定的公开选拔或竞争上岗方案，是否事先报批同意。

（二）民主推荐环节：是否按规定进行了民主推荐；会议推荐和个别谈话推荐是否全部开展；参加民主推荐的人员范围是否符合规定；是否能够全面真实反映民意；是否召开党委（党组）会议集体研究确定考察对象；确定考察对象时，是否根据工作需要和干部德才条件，综合考虑民主推荐与平时考核、年度考核、一贯表现和人岗相适等情况；是否存在简单以票取人的现象。

（三）考察环节：是否发布考察预告；考察工作是否按照规定的程序进行；对干部的德、能、勤、绩、廉是否进行了全面考察；个别谈话和征求意见的范围是否符合要求；应当进行经济责任审计或履行干部选拔任用工作职责离任检查的考察对象，是否按规定进行审计或检查；是否查阅了考察对象的个人有关事项报告情况、干部档案和工作材料；是否就考察对象听取纪检监察部门和巡视机构的意见；对考察中发现的重要情况和问题，是否进行了认真调查核实，有无事实不清的情况；评价考察对象时，是否综合分析其考察情况与一贯表现，相互比较印证；是否实行干部考察组“一岗双责”。

（四）讨论决定环节：是否坚持党委（党组）集体讨论决定；是否有三分之二以上成员到会；是否对拟任人选进行了逐个介绍和充分讨论；是否对破格提拔的人选逐个说明破格的具体情形和理由；是否超过半数同意后才形成决定；是否存在临时动议；该回避的班子成员是否回避；该报告的干部选拔任用事项是否事前报告并得到批复和同意。

（五）任职环节：是否严格执行任前公示、任职试用期、任职谈话3项制度；需要审批或备案的干部，是否及时进行了请示或备案；公示时间是否不少于五个工作日；公示内容是否真实准确，其中涉及破格提拔的，是否说明破格的具体情形和理由；对任前公示中反映干部的有关问题是否进行了认真调查核实，有无“带病提拔”的现象和用人失察失误的情况。

**第十二条** 监督检查干部选拔任用纪律规定执行情况，重点是：是否严格遵守干部选拔任用工作“十不准”、“十严禁”等纪律；是否严格执行领导干部交流、回避和免职、辞职、降职等制度；是否严格执行干部选拔任用工作有关事项报告、“一报告两评议”、主要负责同志履行干部选拔任用工作职责离任检查等选人用人监督制度；对群众反映的有关领导干部选拔任用方面问题是否调查处理；对查实的违规用人行为是否认真整改。

**第十三条** 监督检查人事部门自身建设情况，重点是：干部考察文书档案是否健全完善；是否对干部选拔任用工作和贯彻执行《干部任用条例》情况开展监督检查；干部选拔任用工作规章制度是否健全；监督检查是否做到全覆盖、常态化，是否具有针对性；干部经常性提醒教育制度是否健全；群众监督渠道和平台是否畅通；对违反组织人事纪律的行为是否严肃查处。

**第十四条** 其他需要监督检查的情况。

## 第三章 日常监督检查

**第十五条** 直属单位党委（党组）负责本单位干部选拔任用工作的日常监督，党委（党组）主要负责同志是第一责任人。同时，强化上级监督、纪检监察监督和巡视监督，发挥群众监督的作用。

**第十六条** 直属单位党委（党组）每年对本单位干部选拔任用工作进行一次自查，并将自查情况作为领导班子年度总结的一项重要内容，向国家局党组报告。涉及组织工作重要事项随时报告。党委（党组）民主生活会要把干部选拔任用工作情况作为一项重要内容，认真对照检查，发现问题及时纠正。

**第十七条** 严格执行干部选拔任用工作有关事项报告制度和《国家测绘地理信息局直属单位中层领导干部任免备案管理办法》，凡应报告而未报告的任用事项一律无效。

**第十八条** 严格执行干部选拔任用“一报告两评议”、直属单位党委（党组）主要负责同志履行干部选拔任用工作职责离任检查制度，加强结果监督。

**第十九条** 坚持和完善人事纪检监察联席会议制度，定期就直属单位干部选拔任用工作及党风廉政建设情况，沟通信息、交流情况。

**第二十条** 加强对领导干部的从严监督，将干部选拔任用工作监督与干部日常管理监督相结合，督促干部懂规矩、守规矩。建立健全干部经常性提醒教育制度，坚持和完善函询、诫勉谈话、党员领导干部个人有关事项报告、民主生活会、领导干部任期经济责任审计等制度。发现干部苗头性、倾向性问题，及时提醒教育。

**第二十一条** 加强人事部门干部选拔任用工作的内部监督。国家局人事司和直属单位人事部门要进一步健全决策、执行、监督、咨询系统，逐步形成科学分工、相互配合、合理制约、高效运行的工作机制。

**第二十二条** 加强举报受理工作，健全完善举报渠道和平台，发挥群众监督作用。

## 第四章　专项监督检查

**第二十三条**　国家局党组结合巡视等工作，每3至5年对直属单位干部选拔任用工作全面监督检查一遍；同时对干部职工反映强烈的突出问题、举报反映多的地方和单位进行有针对性的重点监督检查。

**第二十四条**　专项监督检查的方法步骤：

（一）国家局人事司按局党组统一部署拟定方案，明确检查内容和时间范围，组成检查组并进行培训；

（二）同被检查的单位党委（党组）主要负责同志及其人事部门负责人沟通相关情况，说明检查的目的、要求、内容和程序，告知需提前准备的材料，商定检查时间；

（三）在被检查单位一定范围内发布检查公告；

（四）听取被检查单位干部选拔任用工作专题汇报；

（五）在一定范围对被检查单位党委（党组）干部选拔任用工作情况和新选拔任用干部进行民主评议；

（六）采取个别谈话、召开座谈会、走访有关部门、问卷调查等方式，广泛深入了解情况；

（七）查阅材料，包括被检查单位党委（党组）及其人事部门研究干部任免事项的会议原始记录及纪要，新提拔任用干部的动议、民主推荐、考察、讨论决定、呈报任免等有关材料，违纪违法受处理干部情况，干部职数配备情况以及调查处理干部职工反映有关问题的材料；

（八）抽查被检查单位部分重点对象的干部档案和考察文书档案；

（九）检查组与被检查单位党委（党组）主要负责同志沟通检查中反映和发现的问题，听取有关意见或情况说明；

（十）检查组形成检查报告和反馈意见稿，肯定成绩、指出问题，提出加强和改进干部选拔任用工作的意见和建议。经国家局人事司研究审核后，报国家局党组研究审定；

（十一）国家局人事司采取一定方式，将经国家局党组审定的检查反馈意见，转交被检查单位党委（党组）及其人事部门主要负责同志；

（十二）被检查单位党委（党组）根据检查反馈意见，针对存在问题研究制定整改措施，并于检查结束后3个月内将整改情况书面报上级党委（党组）。

## 第五章　调查核实和查处

**第二十五条**　国家局人事司和纪检监察机构按部门职责分工，具体负责直属单位违反干部选拔任用工作规定问题的调查工作。

（一）对于在监督检查中发现的或干部职工举报的线索清楚、内容具体的直属单位违反干部选拔任用工作规定问题，国家局人事司要认真调查核实，必要时可与纪检监察机构组成联合调查组进行调查，并提出处理意见或建议。

（二）国家局纪检监察机构在受理举报、查办案件等工作中发现的直属单位违反干部选拔任用工作规定问题，应当按照有关规定进行调查核实，并适时与人事司沟通情况。

**第二十六条**　国家局党组对责成直属单位党委（党组）调查处理的违反干部选拔任用工作规定问题，将加强督促检查，及时掌握情况。

（一）凡国家局党组批转调查核实并要求报告结果的查核件，直属单位党委（党组）要及时报告结果，三个月内不能报告的，应当说明理由和查核进展情况。

（二）国家局党组必要时可派出督查组，对责成查核的重要问题进行督查，对处理不到位的责成重新查办。

**第二十七条**　认真落实中央查处“跑官要官”、“拉票贿选”、“买官卖官”和坚决防止“带病提拔”的各项规定，对经调查核实的违反干部选拔任用工作规定问题，按中央规定予以严肃处理，坚决整治用人上的不正之风。

**第二十八条**　贯彻落实《党政领导干部选拔任用工作责任追究办法（试行）》有关规定，明确追责情形和问责重点。凡出现违反干部选拔任用工作规定的问题，都要及时对选拔任用过程进行倒查。经倒查核实，存在责任追究办法明确的应当追究责任情形的，必须按规定的追责方式，严肃追究有关责任人的责任。

**第二十九条**　建立健全直属单位干部选拔任用工作纪实制度，如实记录干部选拔任用动议、民主推荐、考察、讨论决定等情况，为开展干部选拔任用倒查、实施责任追究提供依据。

## 第六章 纪律和责任

**第三十条** 干部选拔任用监督检查工作要坚持原则，实事求是，深入细致。承担监督检查工作人员要严守工作纪律，严格遵守保密要求，公道正派，廉洁自律。对违反纪律的，要按有关规定追究责任。

**第三十一条** 接受检查的单位党委（党组）及其人事部门，要如实报告干部选拔任用工作的情况，按要求提供有关材料。凡弄虚作假、设置障碍、对反映问题人员打击报复，严重影响检查工作的，依据有关规定严肃处理。

**第三十二条** 实行干部选拔任用工作监督责任制。直属单位党委（党组）要加强对干部选拔任用工作的领导和监督；人事部门要在党委（党组）领导下，把干部选拔任用工作监督摆在突出位置抓好落实。凡不认真执行干部选拔任用工作规定，用人上不正之风严重、干部职工反映强烈以及对违反组织人事纪律的行为查处不力的，要追究单位主要领导成员、分管领导成员和其他有关人员的责任。

## 第七章 附 则

**第三十三条** 陕西、黑龙江、四川、海南测绘地理信息局对所属单位干部选拔任用工作的监督检查，参照本办法执行。

**第三十四条** 本办法由国家局人事司负责解释。

**第三十五条** 本办法自印发之日起施行。2004年1月14日印发的《国家测绘局党政领导干部选拔任用工作监督检查办法（试行）》（国测党字〔2004〕1号）同时废止。

# 国家测绘地理信息局公务员任职回避和公务回避规定

## 第一章 总 则

**第一条** 为加强对公务员的管理和监督，保证公务员依法、公正执行公务，促进机关廉政建设，根据《党政领导干部选拔任用工作条例》、《公务员回避规定（试行）》，制定本办法。

**第二条** 需进行任职回避和公务回避的亲属关系范围如下：

（一）夫妻关系。

（二）直系血亲关系，包括祖父母、外祖父母、父母、子女、孙子女、外孙子女。

（三）三代以内旁系血亲关系，包括伯叔姑舅姨、兄弟姐妹、堂兄弟姐妹、表兄弟姐妹、侄子女、甥子女。

（四）近姻亲关系，包括配偶的父母、配偶的兄弟姐妹及其配偶、子女的配偶及子女配偶的父母、三代以内旁系血亲的配偶。

**第三条** 本办法适用于国家测绘地理信息局机关和陕西、黑龙江、四川、海南测绘地理信息局机关（以下简称局机关和四直属局机关）的公务员。

## 第二章 任职回避

**第四条** 公务员凡有第二条所列亲属关系的，不得在同一机关担任双方直接隶属于同一领导人员的职务或者有直接上下级领导关系的职务，也不得在其中一方担任领导职务的机关从事组织、人事、纪检、监察、审计和财务工作。

本规定所指直接隶属，是指具有直接上下级领导关系；同一领导人员，包括同一级领导班子成员；直接上下级领导关系，包括上一级正副职与下一级正副职之间的领导关系。

**第五条** 公务员任职回避按照以下程序办理：

（一）本人提出回避申请或者所在机关提出回避建议；

（二）任免机关人事部门按照管理权限进行审核，并提出回避意见报任免机关。在报任免机关决定前，应当听取公务员本人及相关人员的意见；

（三）任免机关作出决定。需要回避的，予以调整。职务层次不同的，一般由职务层次较低的一方回避；职务层次相同的，根据工作需要和实际情况决定其中一方回避。

**第六条** 对拟进入机关的人员和拟调整的人员应当依据本规定严格审查把关，避免形成回避关系。对可能形成回避关系的，应当予以调整。

对因婚姻、职务变化等新形成的回避关系，应当及时予以调整。

## 第三章　公务回避

**第七条**　公务员执行下列公务活动时，涉及本人、与本人有第二条所列亲属关系人员利害关系，或者其他可能影响公正执行公务的，应当回避，不得参加有关调查、讨论、审核、决定，也不得以任何方式施加影响：

（一）考试录用、调任、职务升降任免、考核、考察、奖惩、交流、出国审批。

（二）监察、审计、仲裁、案件审理。

（三）项目资金审批、监管。

（四）其他应当回避的公务活动。

**第八条**　公务员公务回避按以下程序办理：

（一）本人或者利害关系人提出回避申请，或者主管领导提出回避要求；

（二）所在机关进行审查作出是否回避的决定，并告知申请人；

（三）需要回避的由所在机关调整公务安排。

特殊情况下，所在机关可以直接作出回避决定。

## 第四章　纪律和监督

**第九条**　公务员应当主动报告应回避的情形。有需要回避的情形不及时报告或者有意隐瞒的，应当予以批评教育；影响公正执行公务，造成不良后果的，应当给予相应处分。

**第十条**　对个人、组织据实反映公务员需要回避的情况，应当按照管理权限及时处理。

**第十一条**　公务员必须服从回避决定。无正当理由拒不服从的，应当予以免职。

**第十二条**　人事司负责局机关和四直属局机关公务员回避工作的监督检查，四直属局机关人事部门负责本机关公务员回避工作的监督检查，对违反本规定的予以纠正，并按规定追究相关人员责任。

## 第五章　附　则

**第十三条**　局和四直属局所属事业单位工作人员参照本规定执行，所属企业工作人员按国家有关规定执行。

**第十四条**　本规定由国家局人事司负责解释。

**第十五条**　本规定自发布之日起施行，《国家测绘局国家公务员任职回避和公务回避实施暂行办法》（测人〔1996〕90号）同时废止。

# 国家测绘地理信息局人事部门与纪检监察机构联席会议制度

**第一条**　为进一步加强对干部选拔任用工作的监督，根据《中国共产党党内监督条例（试行）》、《党政领导干部选拔任用工作条例》、《关于加强干部选拔任用工作监督的意见》等有关规定，结合我局实际，制定本制度。

**第二条**　联席会议成员由国家局人事司、纪检监察机构负责同志组成。根据工作需要，可增加相关处室负责同志列席。

**第三条**　联席会议分为定期、不定期两类。定期会议原则上每季度举行一次，不定期会议根据工作需要举行。联席会议一般由人事司负责召集。

**第四条**　定期联席会议主要就以下事项沟通信息、交流情况：

（一）国家局党组管理干部的廉政情况等。

（二）局属各单位在干部选拔任用工作中存在的违法违规问题以及干部职工的相关反映。

（三）需通报的其他情况。

**第五条**　不定期联席会议主要就以下拟选拔任用干部是否存在影响任职的廉洁自律方面问题听取意见：

（一）拟选拔任用为国家局机关司处级干部或直属单位属于国家局党组管理的干部。

（二）任职试用期满的国家局机关司处级干部或直属单位属于国家局党组管理的干部。

（三）其他需听取意见的拟选拔任用干部。

**第六条**　不定期会议按照下列程序进行：

（一）国家局人事司负责同志逐个介绍拟任职干部基本信息、考察（考核）情况以及拟任职岗位建议；

（二）国家局纪检监察机构负责同志通报所掌握的上述同志在廉洁自律方面的情况，明确有无影响任职的问题；

（三）联席会议对上述情况进行研究，如未发现存在影响任职使用的问题，则同意上报局党组审定，如存在相关问题，要认真调查核实并向局党组报告，坚决杜绝“带病提拔”。

**第七条** 应经过联席会议审议而未进行的干部选拔任用事项，国家局党组不予研究。

**第八条** 联席会议要做好会议记录，形成会议纪要并报国家局党组。

**第九条** 参加联席会议人员应严格遵守保密纪律，严禁泄漏会议内容。如有发生，应按有关规定追究责任。

**第十条** 各直属单位要根据上述规定，建立本单位人事部门与纪检监察机构联席会议制度，并报国家局人事司备案。

**第十一条** 本制度由国家局人事司、纪检监察机构负责解释。

**第十二条** 本制度自印发之日起施行。1995 年 5 月 9 日发布的《关于建立国家测绘局人事、纪检、监察等部门联席会议制度的通知》（国测党字〔1995〕40 号）同时废止。

## 关于进一步从严管理干部档案的意见

为加强局干部档案管理，落实管理责任，切实有效发挥干部档案功能，根据中央组织部《进一步从严管理干部档案的通知》（中组发〔2014〕9 号），结合局实际，现就进一步从严管理干部档案提出如下意见：

**一、充分认识从严管理干部档案的重要性，进一步增强责任感和紧迫感**

干部档案是历史地、全面地考察了解干部的重要依据，体现了干部的基本诚信。干部档案工作是干部管理工作的基础性环节和重要组成部分，反映了干部人事部门的管理水平。从严管理干部档案，是落实中央从严管理干部的重要抓手，是选拔“信念坚定、为民务实、勤政务实、敢于担当、清正廉洁”好干部的重要基础，也是加强干部选拔任用监督检查、预防和治理选人用人不正之风的重要措施。近年来，局属单位干部档案管理水平得到显著提高，但仍不同程度存在接收档案审查不严、干部档案缺少材料、信息不准不实、整理不及时、不规范等问题，给干部管理工作造成了隐患。局属各单位要从全面提升干部管理水平，对事业负责、对干部本人负责的高度，对进一步从严管理干部档案工作给予高度重视，明确工作责任，采取有效措施，确保干部档案质量符合规定要求。

**二、严格执行干部档案管理各环节要求，不断提高干部档案质量**

（一）严格执行干部档案审核制度。要按照干部管理权限和“谁管理、谁把关，谁考察、谁审核，谁签字、谁负责”原则，在拟任人选任职前严格审核其干部档案，重点审核“三龄两历一身份”等内容，发现档案涂改、材料和信息涉嫌造假的，要立即核查，未核准前一律暂缓考察并停止任职程序；要认真审核干部任前公示信息，发现有异议的要立即进行核查，未核准前不得公示，经核查没有问题但有特殊情况可能引起干部群众质疑的，公示时要作必要说明。要严格执行《关于认真做好干部出生日期管理工作的通知》（组通字〔2006〕41 号），在办理干部录用、任免等事项时，要对干部的出生日期进行认真核对、确保无误，凡已经组织认定而干部本人又要求更改出生日期的，均不再办理。要定期开展本单位所管理干部档案的集中审核工作，针对干部档案缺少材料、信息不准不实、整理不规范等问题，每年至少要进行一次集中审核，对发现的问题要按照有关规定认真查核、及时整改。

（二）严格落实干部档案转递制度。干部人事管理关系发生变化后，要按照合格、及时、安全、规范的要求做好干部档案转递工作。转出的干部档案必须合格，转出单位要参照《新任中管干部档案接收标准》（组通字〔2008〕17 号）规定的标准，对转出的档案进行严格审核，不符合要求的要认真进行整改。干部档案必须及时转递，干部人事管理关系变化后，其干部档案须在 2 个月内转移至新任职的干部档案管理部门。转递干部档案特别要注意安全，转递的干部档案必须严密包封，通过机要交通转递或派专人递送，严禁邮寄或交干部本人自带，坚决防止档案丢失或出现抽取、更换档案材料等造假行为。转出干部档案要按规范程序进行，履行报批程序后填写干部档案转递单，接收单位接收时要按照信息准确、材料齐全、手续完备、整理规范的要求严格审查，对不合规定要求的，退回转出单位限期整改后再报，符合规定要求的，在干部档案转递单的回执上签名盖章，立即返回原单位。

（三）严格执行干部档案保管制度。要根据干部档案安全保密要求，建立健全并严格执行干部档案保管的规章制度。要改善档案保管条件，做到有专人保管档案、有专用档案库房、有专门铁质档案柜，库房的防火、防潮、防蛀、防盗等设施齐全。要严格保管档案，经常检查库房的安全设施，每年至少要对所管档案进行 1 次全面检查核对，发现隐患和问题及时解决。要认真执行查阅和借用档案规定，因工作需要查阅和借用干部档案，必须按照查阅和借用干部档案的规定办理审批手续，确保符合规定、手续完备；查阅干部档案，查阅单位至少派 2 名中共党员干部到保管单位查阅，任何人不得查阅或借用本人及其直系亲属的档案；干部档案一般不外借，因工作需要必须借出使用时，要说明理由，严格履行审批、登记手续，并限期归还，且不得擅自转借他人；查借阅归还的干部档案，要逐卷逐页审核，严防档案材料在查借阅中被涂改、抽取、撤换、添加。

（四）严格干部档案收集归档工作。要按照《干部人事档案材料收集归档规定》（中组发〔2009〕12 号），建立和完善干部档案材料收集归档工作机制，确保档案材料真实可靠、形成规范、收集齐全、手续完备、归档及时。干部人事部门及其他形成干部档案材料的部门，要严格按照规定范围及时制作干部任免、考核、工资、培训、奖励、处分、职称、党团等各类档案材料。其中，干部人事部门形成的干部档案材料要即时放入本人档案，非干部人事部门形成的档案材料，要在 1 个月内送交干部人事部门，并履行移交登记手续。干部人事部门要对收集的各类档案材料认真鉴别，确保归档材料真实完整、文字清楚、对象明确。发现档案材料填写不规范，手续不完备，或材料上的姓名、出生时间等与档案记载不一致的，应通知材料形成部门重新制作，补办手续；对有疑问的档案材料，要会同有关部门进行核实确认；发现有弄虚作假等干部档案违法违纪行为，要立即报告有关部门进行处理；符合归档要求的材料，须在 1 年内按标准整理归档。

**三、严格落实干部档案工作责任制，形成各方协同配合、严格管理的干部档案工作格局**

各单位党委（党组）要高度重视干部档案工作，切实发挥干部档案工作重大问题的领导把关作用，从严加强干部档案队伍建设，关心干部档案工作人员。各单位干部人事部门作为干部选任部门和干部档案管理部门，要将从严管理干部档案工作作为一项重要基础性工作，严格制度、明确责任、全程把关、不留死角，切实担负起从严管理干部档案工作职责。局人事司将不定期开展局所属单位干部档案的专项检查、抽查工作，四直属局也要加强对所属单位干部档案工作的指导检查。各级干部要自觉讲诚信、懂规矩、守纪律，严肃对待个人档案，如实填写有关材料，确保档案信息真实准确。凡发现干部档案弄虚作假等违纪违法行为的要全程倒查，按照有关规定严肃追究当事人和相关责任人的责任。

## 关于印发《测绘地理信息部门信息化建设指导意见》的通知

国测规发〔2014〕3 号　2014 年 5 月 29 日

各省、自治区、直辖市、计划单列市测绘地理信息行政主管部门，新疆生产建设兵团测绘地理信息主管部门，局所属各单位，局机关各司室：

我局组织制定了《测绘地理信息部门信息化建设指导意见》，现予印发。

测绘地理信息部门信息化是根据十八大坚持走中国特色新型工业化、信息化、城镇化、农业现代化道路精神，为提高测绘地理信息服务水平和能力而开展的自身建设工作，旨在改造生产工艺流程、革新公共服务模式、提高管理效率，是推进测绘地理信息转型升级，最终实现按需测绘的重要举措。各地测绘地理信息部门要深刻认识此项工作的重要性，积极筹措资金，尽快实现建设目标，推动测绘地理信息管理、生产和服务水平不断提升。

# 测绘地理信息部门信息化建设指导意见

根据国家关于到2020年全面建成小康社会总体要求和新时期测绘地理信息总体发展战略，为推进转型发展，提高测绘地理信息公共服务水平，加快测绘地理信息强国建设，制定测绘地理信息部门信息化建设指导意见。

## 一、必要性和迫切性

当前，面对测绘地理信息事业需求环境发生根本改变，支撑技术加快更新换代，生产服务方式快速转型，对经济社会服务能力亟待提升这一发展形势，加快推进信息化建设，充分利用现代信息技术，尤其是以云计算、物联网、新一代移动通信等为代表的新技术，加强电子政务建设，推进生产工艺流程优化改造，形成新的生产服务模式和能力，实现测绘地理信息管理、生产、服务全过程的信息化，对于推动测绘地理信息转型升级、科学发展具有重要意义。

（一）贯彻十八大要求的重要举措

党的十八大报告要求坚持走中国特色新型工业化、信息化、城镇化、农业现代化道路，将“信息化水平大幅提升”明确为全面建成小康社会目标之一。习近平总书记在中央网络安全和信息化领导小组第一次会议上强调要统一谋划、统一部署、统一推进、统一实施，加快做好网络安全和信息化工作。测绘地理信息是国家信息化建设的基础和重要支撑。率先实现测绘地理信息部门的信息化，对国家持续推进电子政务、电子商务建设，实现四化同步发展，深化工业化和信息化融合，建设信息中国具有重要的现实意义。

（二）提升公共服务能力的基本要求

提供多样化、个性化的地理信息公共服务，不断满足各领域对测绘地理信息的需求是测绘地理信息部门的应尽职责。加强测绘地理信息部门信息化建设，是更好地履行政府公共服务职能的基础工作，也是不断丰富地理信息服务内容，提高地理信息服务水平的迫切要求和现实选择。只有加强信息化建设，才能充分发挥现有政务信息资源的作用，提供更加快捷高效的政务服务；才能立足于“天地图”等地理信息服务系统，依托互联互通的现代网络体系，实现地理信息服务网络化；才能提升应急测绘能力，实现地理国情监测的常态化和业务化，真正形成综合地理信息服务能力。

（三）促进转型升级的根本需要

根据党的十八大关于建设美丽中国、海洋强国等战略部署要求，以及按需测绘和动态测绘的内在需求，测绘地理信息要加快推进转型升级，实现由被动服务向主动服务、由数字化生产向信息化生产的转变就必须要着力加强政务信息化建设，健全主动服务的渠道和手段；必须要加快推进生产信息化改造，建立与地理国情监测等新型测绘地理信息工作相适应、与现代测绘技术手段相匹配的生产工艺流程体系；必须要加速整合现有测绘地理信息数据、人才、装备等各类资源，建成地理信息产品获取、加工、分发、共享、交换、服务等于一体的服务系统，为测绘地理信息全面转型奠定基础。

## 二、总体思路

（一）指导原则

全面贯彻落实党的十八大和十八届三中全会精神，按照国家关于加快建设宽带、融合、安全、泛在的下一代国家信息基础设施，推进经济社会各领域信息化，推动信息化与工业化深度融合，建设信息中国的总体部署，紧密围绕中央网络安全和信息化领导小组总体要求，结合《全国基础测绘中长期规划纲要》（国办发〔2006〕59号）的组织实施，以促进转型升级，提高地理信息资源获取和开发利用水平为根本目的，制度化推动信息技术与测绘地理信息管理、生产和服务的全面融合。加强顶层设计，坚持需求主导，充分改造整合现有资源，强化电子政务建设，提升测绘行政管理水平和效率；强化生产工艺流程升级改造，推进测绘生产模式的变革；强化服务系统建设，革新公共服务方式；强化信息安全体系，保障信息安全；强化资源共享、业务协同和互联互通，突出建设效能。

（二）发展目标

2015年左右，政务信息化水平大幅提升，适应应急测绘、地理国情监测等新型测绘地理信息工作需要的生产工艺流程初步形成，满足按需提供服务的服务体系和模式初步建立，网络基础设施进一步完善，信息安全保障机制和标准规范更加完善。

——政务信息化方面。政务信息资源建设与整合部分完成，电子政务公共平台和应用支撑软环境建成并投入使用。围绕重点核心业务的政务应用系统建设取得进展。内外网站内容更丰富、服务更高效，行政许可项目（除涉密以外）全部实现在线办理；

——生产信息化方面。国家局（省局）层面生产管理相关数据资源的整合和数据库建设基本完成，具体生产单位生产技术体系的信息化改造取得进展。

——服务信息化方面。地理信息服务资源库建设取得进展，并实现与天地图等地理信息公共服务平台的协同运行，按需的地图产品制作系统和相应的服务业务管理系统建设取得进展。集在线服务、离线服务，数字化服务、传统产品服务于一体的综合地理信息服务模式形成；

——基础设施和信息安全方面。覆盖国家局及各直属单位的办公业务专网和生产业务专网建成。依托国家电子政务外网的测绘地理信息部门电子政务外网建设取得进展。重点涉密信息系统分级保护和三级非涉密信息系统等级保护的保密安全整改基本完成。

2017年左右，政务信息化完成，行政管理效能大幅提高。生产和服务信息化建设基本完成，测绘生产、服务工艺流程和管理方式发生根本改变。政务管理、生产、服务等实现基于网络基础设施的高度协同和无缝链接。信息安全保障体系和风险管理体系基本完善。信息化推进机制、标准规范体系和政策法规体系基本健全。

**三、政务信息化**

围绕日常行政管理、政务服务、市场监管等工作需要，依托测绘地理信息部门电子政务外网和办公业务专网，重点建设和完善内外网站、应用系统、政务信息资源库等，提高测绘地理信息政务管理信息化水平。

（一）内外网站建设。加强国家局门户网站建设，强化其信息公开、网上办事、互动交流等方面的功能。加强网络视频、音像等多媒体信息资源建设，丰富信息服务内容。扩大网上办事服务事项，优化办事流程，提高网上办事便捷性和实效性。积极推进测绘微门户、微博、微信等信息发布和互动交流平台建设，完善政务交流和反馈机制，建立健全公众意见及问题的受理、处理及反馈网络服务模式，增强在线访谈等功能。加快国家局英文版网站建设进度，不断扩大其影响和覆盖范围。各地要结合本地区实际，加快推进测绘地理信息门户网站建设。并推进与国家局门户网站的互联互通和政务协同，形成“一站式”服务功能。

加强内部综合办公门户建设，实现办公自动化和政务业务应用系统整合。根据测绘地理信息管理职能关系和综合办公与决策支持的需求，建立国家局及所属单位统一的内部综合办公门户和支撑平台，以此为依托实现各种政务信息资源和应用系统的整合、互联互通，逐步形成资源共享、协同办公、业务统筹，流程便捷、规范有序、协同高效的网络化、无纸化办公新模式。各地也要加快现有资源整合和应用系统建设，建设内部综合办公门户，在条件成熟时实现与国家局内部综合办公门户的互联互通。

（二）重要政务应用系统和信息资源库建设。开展机构库、人力资源库、法律法规库、公文档案库、统计信息库、测量标志目录库、项目目录库、规划计划信息库、文化资源库等各类政务信息资源的整合和建设，形成政务管理决策信息资源库。在此基础上，重点推进如下政务应用系统建设：

——市场监管系统。形成对资质管理、市场信用管理、行政执法等工作的服务能力。

——地图审核与管理系统。建立和完善地图审核管理系统、地图审查业务系统和互联网地图监管系统，提高地图审核与地图管理信息化水平。

——成果管理系统。建成和完善地理信息分发服务系统、测量标志管理系统等。

——项目管理系统。建设基础测绘项目计划及生产管理系统、成果应用项目管理系统、测绘科技项目管理系统，重大工程项目管理系统等。

——质量监管系统。建设测绘地理信息产品和服务质量监督检验业务管理系统等。

——经济运行管理系统。包括预算管理系统、资产管理系统、统计信息系统等，强化测绘地理信息经济运行的监管能力。

——人才管理系统。包括人力资源管理系统、行业执业资格管理系统、行业职业技能鉴定管理系统、远程教育系统等。

（三）应用支撑平台建设

建设具有开放性和扩展性、适应业务动态变化需求的测绘地理信息部门电子政务应用支撑平台，具备资源共享、信息交换、业务访问、业务集成、流程控制、安全控制、系统管理等各种基础性和公共性功能，为实现政务应用系统之间的互联互通、互操作等提供支撑。

**四、生产信息化**

重点围绕基础测绘生产组织管理需求，充分考虑应急测绘、地理国情监测等新型测绘地理信息生产特点，依托统一网络基础设施，按照国家（省）局、测绘生产事业单位两个层面，开展装备设施、人力资源、资料数据等生产要素资源库和相应应用系统建设，建成网络化、流程化、智能化的测绘生产管理信息平台，实现测绘生产全过程业务流程信息化。大幅度提高测绘生产事业单位装备的信息化、智能化水平，不断提高各级测绘地理信息部门和单位测绘生产效率。

（一）国家局（省局）生产信息化建设

依托国家局（省局）生产业务专网，整合所属各单位骨干人员、核心技术、重大装备、资料数据等信息资源，建设国家局（省局）测绘生产管理信息平台，实现基础测绘生产跨区域信息共享和业务协同，以及对生产进度等全流程跟踪和生产质量等网络化管理。以此平台为基础，着力打造基础测绘生产原始资料数据集中管理、数据分布式处理、生产质量统一监管和生产成果集中入库管理的信息化测绘生产布局，着力形成基础测绘生产原始资料数据统筹获取和分发能力，基础测绘项目计划和预算的统一管理能力，重大装备和技术的统一调配能力，基础测绘成果质量的统一监管能力和成果数据的集中管理能力。国家局（省局）测绘生产管理信息平台重点开展生产业务信息资源整合和相应应用系统建设。

——生产业务信息资源整合。重点开展资料数据库（包括航空航天影像、地面测量数据、水下测量数据、基础地理信息数据、基础测绘项目成果、重大测绘工程项目成果等）、重大装备数据库（包括航空数码相机、成像雷达、地面移动测量系统、船舶测量系统、重力测量仪、无人飞机航摄系统等）、质检样本数据库（包括检核点数据、影像特征点数据、样本数据和测试用例等）、项目管理数据库、质量控制数据库、技术文档数据库等的建设。

——应用系统建设。重点包括人员装备管理系统，支持专业技术人员、重大装备实时监控和跨区域调配等；项目管理系统，支持在线的项目计划下达、生产任务调度、进度监控等功能；质量控制系统，支持对原始资料数据、成果数据的质量检查、质量监控、质量评价、质量统计分析等功能；资料管理系统、成果管理系统等。

——新型生产模式探索。借鉴现有1:5万基础地理信息数据库更新项目分区生产模式，建立收集整理各类门户网站和社交媒体等方面的地理信息资源的技术能力和运作机制，充分利用数据挖掘技术、增量更新技术和大数据技术等，探索建立测绘地理信息在线增量生产模式，拓展测绘生产和地理信息动态更新方式。

（二）生产事业单位生产信息化建设

围绕基础测绘生产任务的接收、生产计划制定和下达、数据生产、进度管理、质量控制、资料管理、成果归档等工作，依托生产事业单位内部局域网，建设测绘生产管理信息平台。同时，有针对性地开展生产事业单位技术装备资源整合和建设，大力提高测绘生产事业单位技术体系的信息化、智能化水平。

——技术体系信息化改造。充分利用测绘生产事业单位现有技术装备、作业生产环境，以实现资源共享和协同作业为目标，开展生产技术体系信息化改造，构建以高速局域网、集群服务器、并行计算处理以及资源数据库等为技术支撑的测绘生产技术装备集成应用环境，显著提高现有技术装备的应用效率。针对现有基础测绘生产装备配备的薄弱环节，有选择地定向采购现代测绘生产技术装备，补足生产技术短板。

——生产业务信息资源整合。整合测绘生产业务流程中人力、装备、资料数据、成果数据、业务管理信息等各类信息资源，建立资料数据、质检样本、人力资源、生产装备、项目管理等方面的信息资源库。

——应用系统建设。结合生产事业单位具体情况，重点建设资料、项目、质量、成果以及办公等方面的管理系统。探索建设基于网络的测绘地理信息在线增量生产模式。

**五、服务信息化**

根据按需、灵活提供综合地理信息服务的有关要求，加强测绘档案管理信息化，对现有测绘成果档案、国家和地方基础地理信息数据库、航空航天影像以及各类专项成果等成果信息资源进行整合改造，构建地理信息服务资源库，实现对服务资源的有序组织管理。在此基础上，进一步丰富服务产品，完善服务方式，拓宽服务渠道，加强与“天地图”、数字城市和地理国情监测等主要服务出口的对接，提升数据整合加工与产品快速制作能力，搭建信息化服务运行管理平台，逐步形成集产品加工、分发、共享交换、在线服务等于一体的信息化地理信息服务系统。

（一）地理信息服务资源库建设。对现有基础地理信息数据库进行整合改造，根据应用需求进行适当的保密技术处理，完善数据存储与管理规范、提升数据的查询与提取能力，同时提取与应用密切相关的要素，形成适合于在线服务的地理框架数据库。对测绘成果档案、基础地理信息数据、航空航天影像以及地理国情普查、海岛（礁）测绘、现代测绘基准体系基础设施建设、卫星测绘应用、应急测绘等重点工程和新型测绘业务形成的成果等信息资源进行统一编目，按照统一的信息资源整理与分类规范，建立信息资源目录体系，进行分级分类和标准化处理。利用云存储和信息仓库等技术，实现上述各类经处理满足服务要求的地理信息数据统一管理，构建物理上分布、逻辑上统一、集成应用的地理信息服务资源库。

（二）测绘地理信息服务产品制作能力建设。适应当前地理信服务由标准地图服务向按需地理信息综合服务转变的需求，基于地理信息服务资源库，建立和完善电子地图快速生产系统，根据用户需求实现数据快速抽取、转换与加载、地理框架数据的快速生产、电子地图快速配图与切片等功能，具备地形图制作、影像图制作、电子地图制作、三维模型制作和专题产品制作等能力。继续完善现有标准化4D产品制作系统。大力开发地理国情信息统计分析系统、卫星测绘产品制作系统、应急测绘产品发布系统等适应新型测绘业务需要的服务产品制作体系。配备与上述产品生产能力相适应的产品生产软硬件装备，满足用户快速获取产品的需求，提升测绘地理信息产品分发服务能力。

（三）测绘地理信息在线服务能力建设。继续完善测绘成果目录服务系统，提供内、外网测绘成果使用申请审批、成果查询检索，以及标准目录服务和元数据服务。基于云计算技术构建地理信息在线服务系统，针对社会和公众需求，积极开发各类应用系统，丰富在线服务产品和数据。加快政务版和公众版“天地图”和数字城市的建设及应用推广力度，全面实现基础地理信息服务的网络化。积极完善地理国情监测、应急测绘、卫星测绘等新型测绘地理信息业务的在线服务能力。

（四）服务业务管理信息化。搭建服务业务运行管理平台，实现测绘地理信息服务资源整合、产品生产和成果提供的有效衔接。围绕各种类型的项目，实现服务产品生产和提供的全过程项目管理，业务流程管控，形成流程化和规范化的业务办理与流转机制，并支持与数据库、工具软件的集成调度。

**六、网络基础设施**

不断充实完善软硬件设施设备，提升网络设施水平，为发展各类政务和业务应用奠定坚实基础。整合各类网络基础设施资源，加快形成满足政务、生产、服务信息化需要的网络基础设施环境。国家局在现有内部办公网、中国测绘网基础上，形成办公业务专网和生产业务专网，其中办公业务专网与互联网物理隔离，生产业务专网为涉密网，覆盖范围均为国家局及所属单位。各地也要加快完善满足内部办公和生产业务需要的网络基础设施。依托国家电子政务外网，建设覆盖中央、省、市三级测绘地理信息行政主管部门的测绘地理信息部门电子政务外网。在互联有效的网络设施的支持下，探索建立管理、生产、服务协同有效的运行机制，提升生产、管理、服务能力和效率。

（一）办公业务专网建设。将现有的国家局内部办公网逐步拓展，在完成对测绘创新基地各单位的覆盖后，进一步发展成覆盖国家局及其直属单位的办公业务专网。该网属非涉密网，在其上部署内部办公门户网站、政务信息资源库、应用支撑平台和相关应用系统等。在满足国家有关要求的前提下进行数据交换，可开展内网综合办公、公文传输、视频会议等业务。

（二）测绘地理信息部门电子政务外网建设。依托国家电子政务外网，逐步构建覆盖中央、省、市三级测绘地理信息部门的电子政务传输网络。其上部署各类非涉密政务、业务应用系统。将现有互联网上运行的政务、业务系统有计划地向电子政务外网上迁移。

（三）生产业务专网建设。严格按照国家分级保护标准，进一步完善中国测绘网，提升其传输能力和覆盖面，形成覆盖国家局和各直属单位的生产业务专网，主要用于支撑涉密测绘地理信息数据生产和服务方面的业务，按最小化授权原则建设。该网与部门办公业务专网和电子政务外网实现物理隔离，按照国家相关技术要求进行建设，同时预留与国家电子政务内网互联的接口。

## 七、信息安全保障

将信息安全保障体系建设作为信息化建设项目重要内容，同步规划、同步建设、同步运行。按照分级保护和等级保护的有关要求，推进异地灾备中心建设。强化基础环境建设，健全防护和保密体系，提升信息系统安全保护能力和水平。

（一）强化涉密信息系统分级保护。根据国家关于涉密机房建设标准和要求，加强涉密机房选址及建设工作。强化涉密场所周边周界、安全区域、保密要害部门部位以及中心机房及楼梯设备间的安全防控措施。建立健全信息安全保密体系，完善以网络布线、用户终端控制、远程传输线路为重点的物理隔离措施，规范电子文件及数据库字段（表）的密级标识。按照国家涉密信息系统安全防护有关规定，完善涉密信息系统的安全保密防护机制。加强对原有涉密系统进行访问控制、密级标识、身份鉴别、安全审计等方面的改造。健全包括系统备份与恢复、计算机病毒防治与恶意代码防护、应急响应等保密安全运行与管理机制，进一步加强对内部涉密人员、外部人员安全保密管理，设备与介质安全保密管理，系统运行与开发，物理环境安全管理，信息保密安全管理等方面的管理，推动开展分级保护测评工作。

（二）加强非涉密信息系统等级保护。完善非涉密信息系统基础安全防护体系，形成在网络层、系统层、应用层的立体安全防御功能。扩容网络带宽，科学规划安全域，部署访问控制、身份认证等必要安全防护措施，达到非涉密信息系统等级保护的相应标准。加强行业信息安全管理，建立行业信息安全管控模式，根据集权与分权的信息安全管理原则，明确国家局及地方局安全管理目标、职责，并建立健全组织体系、制度规范及管理流程。完善行业信息安全等级保护联络员制度，定期组织行业工作检查、培训教育等工作，推动行业信息安全工作评价体系建设，开展系统内信息安全等级保护测评工作，建设信息安全动态监管平台。

## 八、标准规范体系

注重发挥标准规范在信息化建设中的支撑作用，强化对现有相关标准的整理、改造和利用。密切跟踪新一代信息技术在测绘地理信息中的应用，适时完善相应标准规范体系。

——梳理国际国内信息化建设相关标准规范。对现有测绘地理信息标准进行清理，加强对现有标准体系的丰富与完善，提高其与测绘科技进步的适应性。根据测绘地理信息部门信息化建设实际需要，积极采用现有技术标准成果，为相应建设提供依据。

——加强政府引导，注重发挥地理信息企业在标准制定方面的积极性和主动性，形成企业研究制定标准、政府审核发布的各司其职、分工明确的标准形成机制。重点围绕信息资源、应用系统、基础设施等建设，进一步加强标准修订。加大力度完善测绘业务流程、服务和产品质量控制与评价等方面的标准。同时，注重加强系统运维、部门职责等方面的制度规范建设。

## 九、保障条件

（一）组织领导。健全信息化推进工作领导机制，研究发展战略，确定发展方向，决定重大事项，开展顶层设计。各地测绘地理信息部门结合本地实际，进一步完善本地区信息化工作机制，确保职能落实和人员到位，为信息化建设提供组织保障。

（二）资金筹措。建立部门、生产服务单位等多渠道投入机制，多方筹措资金，加快信息化建设。测绘地理信息主管部门根据国家信息化建设有关要求将本指导意见有关内容纳入部门预算解决。积极争取各级政府对测绘地理信息部门信息化建设给予专项支持。

（三）考核监督。进一步强化国家局对本系统信息化建设的指导监督职责，定期开展对各地信息化推进工作情况的检查指导工作，并将其作为测绘地理信息部门科学发展观考评重要内容。加强对本指导意见实施情况评估，形成定期考核、滚动修订的良性实施机制。

（四）新技术应用。密切跟踪现代新兴技术发展趋势，加强云计算、物联网、移动互联网、大数据、云存储等高新技术在测绘地理信息领域的应用。力争在拓展应用领域、创新应用模式、提升应用水平等方面取得重要突破。加快成果转化与推广，提升行业信息化技术水平。

（五）衔接协调。本指导意见明确的信息化建设思路贯穿“十二五”、“十三五”两个发展时期，是实施测绘地理信息“十二五”规划，研究“十三五”发展思路的重要依据。测绘地理信息部门在开展相关战略研究、规划编制和重大项目工作中要将本指导意见所确定的建设任务作为重要内容予以优先考虑。

# 关于印发《国家测绘地理信息局全面深化改革的实施意见》的通知

国测规发〔2014〕6号　2014年9月9日

各省、自治区、直辖市测绘地理信息行政主管部门，新疆生产建设兵团测绘地理信息主管部门，局所属各单位，局机关各司室：

我局研究制定《国家测绘地理信息局全面深化改革的实施意见》，现予印发。

推进全面深化改革是贯彻落实党的十八大、十八届三中全会精神，加速推进测绘地理信息转型升级、跨越发展的关键。各有关单位和部门要深刻认识此项工作的重要性，结合本地实际，抓紧制定具体工作方案，尽快将各项改革任务落到实处。有关情况及时报我局。

## 国家测绘地理信息局全面深化改革的实施意见

按照全面建成小康社会宏伟目标要求，为加快推动测绘地理信息健康持续发展，全面提升测绘地理信息服务大局、服务社会、服务民生的能力和水平，现就贯彻落实党的十八大、十八届三中全会精神，推进测绘地理信息全面深化改革提出如下意见。

**一、必要性和迫切性**

贯彻落实党的十八大、十八届三中全会精神，加快推进测绘地理信息全面深化改革，大力推进体制机制创新，破除各种体制机制障碍，不断健全制度体系，对于推进测绘地理信息事业转型升级、跨越发展具有十分重要的意义。

（一）改革是推动测绘地理信息事业发展的成功经验。测绘地理信息发展历史是其应用领域和服务能力不断拓展和提升的历史，在革命时期，其作为军事情报工作，主要为取得军事斗争的胜利提供保障；在建设时期，其主要为国防建设和经济建设提供基础性、先行性保障服务；在改革时期，其服务领域已经覆盖经济、社会、生态以及国防和人民大众日常生活等方方面面。这一发展进程受益于相关技术的快速发展和深入应用，更受益于坚持以发展市场经济为导向的持续改革。目前这一改革进程仍然没有停止，继续解放思想，不断在观念、体制、机制、政策、制度等方面的变革上取得进展，使其更加适应当前测绘地理信息发展需要，不但必须，而且十分急迫。

（二）改革是破解事业发展难题的根本途径。当前，测绘地理信息生产服务不断向网络化智能化、社会化市场化发展，观念、体制、机制、制度等方面越来越不适应发展的需要，出现许多问题：不同层级政府之间地理信息资源难以共享，全国统一协同的地理信息服务格局难以形成；公益与市场界限模糊，部门既当运动员又当裁判员的现象时有发生，事业单位与市场主体之间存在无序竞争现象；自主创新意识有待提高，自主创新能力有待增强，发达国家技术占据我国大部市场的局面亟待改善；事业单位业务趋同化趋势加剧，事业单位布局与生产服务业务开始出现脱节现象；制度建设滞后，地理国情监测等新业务的发展缺乏保障，地理信息资源消费市场亟待培育。只有通过全面深化改革，才能释放发展活力，保持测绘地理信息发展的持续和健康。

（三）改革是促进事业转型升级的核心动力。推动转型升级、跨越发展是今后一段时间内测绘地理信息事业发展的主旋律。正确处理部门和市场之间的关系，大力开发应用相关技术，不断拓展业务范围，不断深化融合服务，是其成功的关键保障。为此，一方面要加快地理国情监测、应急测绘等新业务的常态化进程。同时，要按照市场取向的改革要求，结合新业务发展需要，进一步转变部门职责职能，优化调整组织结构，完善管理运行体制机制，加强制度建设，营造有利于实现转型升级的优良政策环境。

（四）改革是增强自主创新能力的重要途径。

伴随着现代技术的深入应用，测绘地理信息在继续为经济社会提供基础性服务的同时，已然成为综合国力的重要体现和国家治理能力的重要组成，在维护国家权益、保持社会稳定、反分裂反暴恐的斗争中发挥关键作用。按照十八大关于创新驱动发展的要求，加大科技创新力度，尽快提升自主创新能力，就显得尤为迫切。必须将全面深化改革工作放到突出位置，注重发挥部门和市场两个积极性，进一步变革当前科技创新工作体制机制，加强资源整合，改进管理方式，着力形成科研生产相互衔接，以生产为中心、以服务为导向、以企业为主体的技术创新体系。

**二、总体思路**

（五）指导原则。高举中国特色社会主义伟大旗帜，以邓小平理论、“三个代表”重要思想、科学发展观为指导，深入贯彻落实党的十八大和十八届三中全会精神，贯彻落实习近平总书记系列讲话精神，凝聚共识，统筹谋划，协同推进，以促进转型升级、跨越发展，不断拓宽服务领域，提高服务效益为改革的根本目的，以正确处理部门与市场之间的关系，更好地发挥市场在资源配置中的决定性作用为重点，以健全法律法规政策体系、完善运行机制为手段，坚持问题导向，坚持为国家全面深化改革工作提供保障服务。加快转变职能，健全机制，创新模式，完善制度，不断促使事业布局更加优化，运行更加科学，为经济社会发展的服务效果更加突出。

（六）改革目标。通过持续更新发展理念和管理思想，不断推进体制机制、宏观管理、业务布局、政策制度等方面的改革。到2020年，符合全国统一监管要求的职责定位和组织机构基本完善，信息化、服务型测绘地理信息服务模式基本形成。测绘地理信息政策法规体系、新型基础测绘体系、公共服务体系、地理信息产业体系、科技创新体系和人才队伍体系基本完善。测绘地理信息依法行政能力、地理信息资源供给能力、公益性服务保障能力、地理信息产业国际竞争能力、创新驱动发展能力和维护国家地理信息安全能力得到全面提升。

**三、主要任务**

认真完成中央关于全面深化改革各项工作任务。在此基础上，围绕优化测绘地理信息管理与运行，重点做好如下改革工作。

（七）转变部门职能。进一步强化各级测绘地理信息部门在战略规划和计划管理、标准、质量、成果、保密、信息安全等方面的宏观管理职责；强化推动和规范地理信息产业健康发展的相关职责；增加地理国情监测、应急测绘等新型业务的推进职责；落实不动产测绘、地下管线测绘、海洋测绘等方面的职能职责。

（八）改进运行机制。各级管理部门要改变传统习惯，逐步从生产服务具体事务中退出，将其交由合适的事业单位、社会中介组织和产业组织承担。进一步突出管理部门的宏观管理职责，将其工作重点更多地放在强化战略引导和规划统筹，加强信息资源管理和共享应用，推进科技创新，维护运行各类测绘基础设施，组织提供公共服务，加强市场管理和为促进产业发展营造良好环境上来。进一步明确和巩固事业单位在公益性生产服务中的主体地位，充分发挥其技术、资源、人才优势，做好具体生产服务等方面工作。积极发展和大力培育中介和产业组织，不断繁荣产业活动。

（九）推进事业单位和社团改革。稳步推进事业单位分类改革，推动事业单位与主管部门理顺关系和去行政化，探索建立事业单位法人治理结构，推动有条件的事业单位转制为企业和社会组织。加快实施政社分开，推进社团明确权责、依法自治、发挥作用。统筹考虑职能调整，体制建设，事业支撑布局和现代化测绘队伍建设等事项，按照测绘基准管理、地理信息处理及管理、地理国情监测、公共服务、质量管理、应急测绘等业务需求，对现有事业单位布局进行适度调整。

（十）改进行政审批及管理。切实简化审批环节，按要求、有计划地取消、下放一批行政审批事项。减少部门直接配置资源的领域。促进行政执法重心下移至市县。完善联合执法、综合执法机制。加强对外国的组织和个人来华测绘行为的管理，加强国家版图意识教育。加强电子政务建设，提高行政管理效率和透明度。

（十一）理顺国家局与地方局事权关系。全国、跨省级行政区陆地范围的基础测绘、地理国情监测、应急测绘等建设应用，全球地理信息资源建设应用以及其他涉及国家战略需求的重大测绘事项的战略、规划、政策、标准制定，以及相应基础设施建设应用等职责作为国家局事权。成果提供使用、测量标志保护等作为国家局和地方局共同事权。区域测绘地理信息建设、管理和公共服务作为地方局事权。

进一步加强国家局与地方局地理信息资源共建共享制度和机制建设。探索建立国家统筹与地方政府分级负责的新型基础测绘管理制度。由地方局管理更方便有效的测绘地理信息事项，一律下放地方局管理，国家局加强指导和监督。

（十二）优化事业布局。按照社会主义市场经济体制建设的有关要求，继续加快推进测绘地理信息领域市场经济发展，着力形成公益事业和地理信息产业互为支撑、有机结合、共同发展的新型事业总体布局。公益事业在总体事业布局中处于主导地位，发展重点为对现代化建设具有基础性、全局性、战略性作用的非竞争领域。大力发展地理信息产业，主要依靠市场的力量大力开展地理信息资源开发利用，不断满足人民群众生产生活的需要。理顺公益事业和地理信息产业之间的业务边界，公益事业逐步从市场能发挥作用的领域退出。

（十三）建立新型基础测绘业务体系。明确定义国家测绘基准和测绘系统，确立其在我国国土空间定位服务中的法定支撑地位。完善国家基础地理信息系列数据库，明确其作为我国法定标准地理信息基础服务的地位。将基础测绘工作内容调整到重点围绕国家测绘基准和测绘系统、标准基础地理信息基础服务的维护、更新、管理和提供使用上来。继续大力推动地理信息获取实时化、处理自动化、服务网络化和应用社会化。逐步打造新型基础测绘业务工作体系。

（十四）完善基础测绘规划计划和预算管理。创新基础测绘规划编制方法，规范编制程序，丰富规划内容。确立基础测绘规划在推进基础测绘发展中的龙头地位，将基础测绘规划所明确的任务和相关项目作为编制年度计划和年度预算的主要依据，切实将基础测绘规划作为配置政府资源的工具和手段。适时调整基础测绘年度计划指标体系，健全计划编制、下达、执行及绩效考评报告制度，不断增强其刚性指导作用。探索通过向社会购买服务等方式创新基础测绘生产服务模式。研究通过调整预算支出结构支持转型升级具体措施。加强基础测绘经费管理，建立健全绩效评估体系。

（十五）培育新型测绘地理信息业务。加紧研究探索开展地理国情监测、应急测绘等业务的生产工艺流程、业务体系和工作机制，充分运用立法等手段，确立其法律地位。各级测绘地理信息部门要积极争取将其纳入部门职责。探索建立新型业务的计划管理制度和投入政策，建立稳定投入机制。按照国家应急管理的需要，加快形成应急测绘稳定运行机制，加紧研究探索企业、个人等社会力量参与应急测绘保障的动员机制。

（十六）提升部门公共服务水平。以各类企业更方便地获得政府公益性地理信息资源为目标，修订地理信息使用许可政策，制定实施遥感数据使用和国产卫星遥感数据出口服务政策，完善地理信息共建共享政策与标准。确立“天地图”的战略定位，将其打造成为政府部门内部和不同层级政府之间实现地理信息共享的平台，以及测绘地理信息部门对社会提供地理信息服务的平台。加速完善主要依靠市场开展“天地图”建设运营及服务的机制，创新地理信息服务模式，促使地理信息分发服务从传统的“窗口式”服务向网络化服务转变。

（十七）拓宽市场作用领域。优化地理信息市场准入和退出机制，进一步完善测绘地理信息资质、市场监管和信用管理的挂钩政策，适度放宽测绘资质标准，方便不同所有制企业发展业务。落实国务院关于政府购买公共服务有关部署精神，非涉密测绘地理信息公共服务一般应向社会力量购买，不宜交由市场承担的公共服务也要逐步引入内部竞争机制。积极探索市场机制在数字城市、智慧城市建设等方面发挥作用的方法和途径。

（十八）加强市场监管。建立健全权责明确、公平公正、透明高效、法制保障的市场监管格局，坚持宽进严管，把统一监管的着力点从“重事前审批”向“重事中、事后监管”转变。加强测绘信用信息采集和管理。坚持监管标准、程序、结果全公开。激发市场主体活力，平等保护各类市场主体合法权益，维护公平竞争的市场秩序。加强市场监管队伍建设。

（十九）加强地理信息安全管理。推进地理信息安全监管体系建设，完善测绘地理信息科学定密、合理定密、涉密测绘成果提供使用和跟踪检查有关政策，大力应用地理信息安全保密防护技术。完善多级联动、部门协作的网上地理信息安全监管机制，打造地理信息安全监管一体化平台。落实国家分级保护、等级保护要求，强化信息系统软硬件和基础环境建设，健全防护和保密体系，提升信息系统安全保护能力和水平。

（二十）规范部门服务及管理。进一步加强地图与地理信息数据产品技术审查工作，完善地图技术审查与出版相结合的安全服务模式。改善测绘成果产品质量检验监督服务，将其服务重点由主要面向基础测绘成果转变为主要面向市场。加快完善注册测绘师、职业资格等制度。探索改革测绘与地理信息技术标准生成模式，鼓励企业和生产单位研制地理信息产品生产与服务标准，逐步将现有国家和地方标准机构主要职能由“研制标准”转变为“审查标准”，将成熟的企业标准上升为行业标准或国家标准。

（二十一）完善科技创新体系。落实国家创新体系建设要求，强化企业技术创新主体地位，加快建立企业主导产业技术研发创新的体制机制。进一步优化重点实验室、工程技术研究中心等创新平台布局，提高质量，推进其纳入国家创新平台规划。强化科技资源开放共享，建立基础研究、应用研究、技术创新、成果转化协调发展的机制，进一步明确科研机构、生产事业单位、相关企业在创新体系中的职责定位。鼓励企业加大对科技创新的投入，统筹发挥政府调控作用和市场决定性作用，完善科技项目及经费管理制度、科技成果评价及奖励制度，发挥市场对技术研发方向、路线选择、要素价格以及创新要素配置的导向作用，健全技术创新的市场导向机制。

（二十二）完善科技管理方式。坚持科技工作引领未来、支撑发展的方针，树立科技工作主要为生产服务实践提供支撑的理念，将生产服务一线对科技支撑的需求作为科技规划编制、科技项目立项的主要依据。制定科技项目向一线生产服务单位倾斜的政策，推进测绘科技工作与生产实践工作深度融合，实现科学研究、实验开发、推广应用一体化发展。改革科研项目生成机制，加强对各类科研投入的统筹，瞄准目标，集中优势，形成合力，实现重大突破。

（二十三）创新人才发展机制。坚持党管人才基本原则，实施更加开放的人才政策。完善人才培养选拔机制，统筹项目实施与人才培养、科技创新团队建设。健全党政机关、企事业单位和社会各方面畅通的人才流动机制，培养、吸纳和用好多专业、多领域、多层次的优秀人才。

（二十四）推进军地深度融合。落实中央关于统筹经济建设和国防建设有关部署精神，统筹好军地测绘基础设施建设应用和地理信息资源共建共享等方面的工作，共同推进全球地理空间信息资源基础设施建设等项目，共同开展军地测绘深度融合发展战略研究并推动纳入国家相关部署。完善融合发展领导机制，进一步理顺和优化合作机制，研究制定资源共建共享管理办法，不断加强规划衔接、计划对接，项目协同和资源共享，促其不断机制化。进一步确立融合发展重点。研究建立军地需求对接机制，制定地方测绘建设贯彻国防需求有关政策。

（二十五）强化对权力运行的制约和监督。落实党风廉政建设责任制。进一步加强行政监察和审计监督。加强和改进巡视工作，创新巡视方式，提高巡视实效。健全反腐倡廉制度体系。完善党务公开、政务公开制度，推进行政权力行使依据、过程、结果公开。严格贯彻中央八项规定精神，推动测绘地理信息系统作风建设常态化长效化。

**四、保障措施**

（二十六）加强立法工作。结合《中华人民共和国测绘法》修订，全面清理各类法规和规章制度，修改或废除阻碍深化改革和事业进步的规定和做法，将全面深化改革有关事项纳入法律框架，形成符合全面深化改革要求的政策和法规体系，为依法推进改革和发展奠定基础。

（二十七）加强组织领导。各级测绘地理信息部门要切实提高对全面深化改革重要性和紧迫性的认识，把改革工作摆在更加突出的位置，抓好工作部署，落实工作责任，及时研究和解决改革工作中的重大问题。各级测绘地理信息局党组（党委）是本部门全面深化改革的第一责任人，负责改革总体设计、统筹协调、整体推进、督促落实等工作。

（二十八）明确责任分工。国家局各司室、各直属单位以及各地方局要在本实施指导意见的基础上，抓紧制定落实方案，对各项任务进行分解，细化改革措施，明确改革的时间表、路线图和阶段性目标。选择有代表性的地区和领域，开展试点工作。

（二十九）加强督导检查。针对全面深化改革中出现的新情况、新问题，及时加强调查研究，有针对性地制定政策措施。严格督察考核，对各项改革事项做到有布置、有督促、有检查。

# 关于印发测绘资质管理规定和测绘资质分级标准的通知

国测管发〔2014〕31号　2014年7月1日

各省、自治区、直辖市测绘地理信息行政主管部门：

根据党的十八届三中全会精神，按照国务院行政审批制度改革要求，本着简政放权、宽进严管、强化服务的原则，为了规范测绘资质行政许可行为，进一步转变政府职能，激发市场活力，维护市场秩序，促进地理信息产业发展，我局依据《中华人民共和国测绘法》、《中华人民共和国行政许可法》等法律法规，对《测绘资质管理规定》和《测绘资质分级标准》进行了重新修订，现予印发，请遵照执行。

## 测绘资质管理规定

### 第一章　总　则

**第一条**　为了加强对测绘资质的监督管理，规范测绘资质行政许可行为，维护市场秩序，促进地理信息产业发展，依据《中华人民共和国测绘法》、《中华人民共和国行政许可法》，制定本规定。

**第二条**　从事测绘活动的单位，应当依法取得测绘资质证书，并在测绘资质等级许可的范围内从事测绘活动。

**第三条**　国家测绘地理信息局负责全国测绘资质的统一监督管理工作。

县级以上地方人民政府测绘地理信息行政主管部门负责本行政区域内测绘资质的监督管理工作。

**第四条**　测绘资质分为甲、乙、丙、丁四级。

测绘资质的专业范围划分为：大地测量、测绘航空摄影、摄影测量与遥感、地理信息系统工程、工程测量、不动产测绘、海洋测绘、地图编制、导航电子地图制作、互联网地图服务。

测绘资质各专业范围的等级划分及其考核条件由《测绘资质分级标准》规定。

**第五条**　国家测绘地理信息局是甲级测绘资质审批机关，负责审查甲级测绘资质申请并作出行政许可决定。

省级测绘地理信息行政主管部门是乙、丙、丁级测绘资质审批机关，负责受理、审查乙、丙、丁级测绘资质申请并作出行政许可决定；负责受理甲级测绘资质申请并提出初步审查意见。

省级测绘地理信息行政主管部门可以委托有条件的设区的市级测绘地理信息行政主管部门受理本行政区域内乙、丙、丁级测绘资质申请并提出初步审查意见；可以委托有条件的县级测绘地理信息行政主管部门受理本行政区域内丁级测绘资质申请并提出初步审查意见。

### 第二章　申请与受理

**第六条**　申请测绘资质的单位应当符合下列条件：

（一）具有企业或者事业单位法人资格；

（二）具有符合要求的专业技术人员、仪器设备和办公场所；

（三）具有健全的技术、质量保证体系，测绘成果档案管理制度及保密管理制度和条件；

（四）具有与申请从事测绘活动相匹配的测绘业绩和能力（初次申请除外）。

**第七条**　测绘资质审批机关应当将测绘资质行政许可的依据、条件、程序、期限以及需要提交的全部材料的目录等向社会公布。

**第八条**　测绘资质审批机关应当健全测绘资质管理信息系统维护机制，实现测绘资质行政许可在线受理和审查，方便管理相对人，提高行政效率，增强管理能力。

**第九条**　初次申请测绘资质的单位，应当提交下列材料的原件扫描件：

（一）企业法人营业执照或者事业单位法人证书，法定代表人的简历及任命或者聘任文件；

（二）符合要求的专业技术人员的身份证，毕业证书与测绘及相关专业技术岗位工作年限证明材料或者任职资格证书，劳动合同，社会保险缴纳证明等材料；

（三）符合要求的仪器设备所有权证明及省级以上测绘地理信息行政主管部门认可的测绘仪器检定单位出具的检定证书；

（四）单位办公场所证明；

（五）健全的测绘质量保证体系证明；

（六）测绘成果及资料档案管理制度材料；

（七）测绘成果保密管理制度材料。

**第十条** 申请晋升测绘资质等级的单位，应当提交下列材料的原件扫描件：

（一）符合要求的专业技术人员的身份证，毕业证书与测绘及相关专业技术岗位工作年限证明材料或者任职资格证书，劳动合同，社会保险缴纳证明等材料；

（二）符合要求的仪器设备所有权证明及省级以上测绘地理信息行政主管部门认可的测绘仪器检定单位出具的检定证书；

（三）健全的测绘质量保证体系证明；

（四）测绘成果及资料档案管理制度材料；

（五）测绘成果保密管理制度材料；

（六）与所申请升级专业范围相匹配的测绘业绩和能力证明材料。

申请新增专业范围的单位，应当提供第（一）至（五）项材料。

**第十一条** 拟从事生产、加工、利用属于国家秘密范围测绘成果的单位，其保密管理工作应当符合下列条件，并向测绘资质审批机关提交有关书面材料：

（一）依法成立3年以上的法人，无违法犯罪情况；

（二）依照国家有关保密和测绘地理信息法律法规，建立健全保密管理制度；

（三）设立保密工作机构，配备保密管理人员；

（四）依照国家有关规定，确定本单位保密要害部门、部位，明确岗位职责，设置安全可靠的保密防护措施；

（五）与涉密人员签署保密责任书，测绘成果核心涉密人员应当持有省级以上测绘地理信息行政主管部门颁发的涉密人员岗位培训证书。

**第十二条** 测绘资质审批机关应当自收到申请材料之日起5个工作日内作出不予受理、补正材料或者予以受理的决定。

## 第三章 审查与决定

**第十三条** 测绘资质审批机关应当自受理申请之日起20个工作日内作出行政许可决定。20个工作日内不能作出决定的，经本机关负责人批准，可以延长10个工作日，并应当将延长期限的理由告知申请单位。

**第十四条** 申请单位符合法定条件的，测绘资质审批机关作出拟准予行政许可的决定，通过本机关网站向社会公示5个工作日。

公示期间有异议的，测绘资质审批机关应当组织调查核实。经核实有问题的，应当依法作出处理。

公示期满无异议的，或者有异议但经核实无问题的，测绘资质审批机关作出准予行政许可决定，并于10个工作日内向申请单位颁发测绘资质证书。

测绘资质审批机关作出准予行政许可决定，应当予以公开，公众有权查阅。

测绘资质审批机关作出不予行政许可决定，应当向申请单位书面说明理由。

**第十五条** 测绘资质证书分为正本和副本，由国家测绘地理信息局统一印制，正、副本具有同等法律效力。

测绘资质证书有效期不超过5年。编号形式为：等级+测资字+省级行政区编号+顺序号+校验位。

**第十六条** 初次申请测绘资质不得超过乙级。测绘资质单位申请晋升甲级测绘资质的，应当取得乙级测绘资质满2年。

申请的专业范围只设甲级的，不受前款规定限制。

## 第四章 变更与延续

**第十七条** 测绘资质单位的名称、注册地址、法定代表人发生变更的，应当在有关部门核准完成变更后30日内，向测绘资质审批机关提出变更申请，并提交下列材料的原件扫描件：

（一）变更申请文件；

（二）有关部门核准变更证明；

（三）测绘资质证书正、副本。

**第十八条**　测绘资质证书有效期满需要延续的，测绘资质单位应当在有效期满60日前，向测绘资质审批机关申请办理延续手续。

对继续符合测绘资质条件的单位，经测绘资质审批机关批准，有效期可以延续。

**第十九条**　测绘资质单位在领取新的测绘资质证书的同时，应当将原测绘资质证书交回测绘资质审批机关。

测绘资质单位遗失测绘资质证书申请补领的，应当持在公众媒体上刊登的遗失声明原件、补领证书申请等材料到测绘资质审批机关办理补领手续。

**第二十条**　测绘资质单位转制或者合并的，被转制或者合并单位的测绘资质条件可以计入转制或者合并后的新单位。

测绘资质单位分立的，分立后的单位不受本规定第十六条的限制，可以重新申请原资质等级和专业范围的测绘资质。

## 第五章　监督管理

**第二十一条**　各级测绘地理信息行政主管部门应当严格依法行政，坚持公开透明、便民高效、规范统一，加强对测绘资质单位的日常监督管理。

**第二十二条**　实行测绘资质年度报告公示制度。测绘资质单位应当于每年2月底前，通过测绘资质管理信息系统，按照规定格式向测绘地理信息行政主管部门报送本单位上一年度测绘资质年度报告，并向社会公示，任何单位和个人均可查询。

**第二十三条**　测绘资质年度报告内容包括本单位符合测绘资质条件、遵守测绘地理信息法律法规、上一年度单位名称、注册地址、办公地址和法定代表人变更、专业技术人员流动、仪器设备更新、基本情况变化（含上市、兼并重组、改制分立、重大股权变化等）、测绘地理信息统计报表报送情况、测绘项目质量（用户认可或者通过质检机构检查验收）、诚信等级等情况。

测绘资质单位应当对测绘资质年度报告的真实性、合法性负责。

各级测绘地理信息行政主管部门可以对本行政区域内测绘资质单位的测绘资质年度报告公示内容进行抽查。经检查发现测绘资质年度报告隐瞒真实情况、弄虚作假的，测绘地理信息行政主管部门依法予以相应处罚。

对未按规定期限报送测绘资质年度报告的单位，测绘地理信息行政主管部门应当提醒其履行测绘资质年度报告公示义务。

**第二十四条**　实行测绘资质巡查制度。各级测绘地理信息行政主管部门应当有计划地对测绘资质单位执行《测绘资质管理规定》和《测绘资质分级标准》的有关情况进行巡查。

国家测绘地理信息局负责指导全国测绘资质巡查工作，并对省级测绘地理信息行政主管部门开展的巡查工作进行抽查。

省级测绘地理信息行政主管部门负责制定本行政区域内测绘资质巡查工作计划，并组织实施。每年巡查比例不少于本行政区域内各等级测绘资质单位总数的5%。

各级测绘地理信息行政主管部门组织开展测绘资质巡查工作，应当事先向被巡查单位发出书面通知，告知巡查时间、巡查内容和具体要求。巡查结束后，应当向被巡查单位书面反馈意见。

**第二十五条**　实行测绘地理信息市场信用管理制度。各级测绘地理信息行政主管部门应当加强测绘地理信息市场信用管理，褒扬诚信，惩戒失信，营造依法经营、有序竞争的市场环境。

**第二十六条**　测绘资质单位违法从事测绘活动被依法查处的，查处违法行为的测绘地理信息行政主管部门应当将违法事实、处理结果报告上级测绘地理信息行政主管部门和测绘资质审批机关。

## 第六章　罚　则

**第二十七条**　测绘资质单位违法从事测绘活动的，各级测绘地理信息行政主管部门应当依照《中华人民共和国测绘法》及有关法律、法规的规定予以处罚。

**第二十八条**　测绘资质单位有下列情形之一的，予以通报批评：

（一）在测绘资质申请和日常监督管理中隐瞒有关情况、提供虚假材料或者拒绝提供反映其测绘活动情况的真实材料的；

（二）两年未履行测绘资质年度报告公示义务的；

（三）测绘地理信息市场信用等级评定为不合格的。

**第二十九条** 测绘资质单位有下列情形之一的，应当依法予以办理注销手续：

（一）测绘资质证书有效期满未延续的；

（二）测绘资质单位法人资格终止的；

（三）测绘资质行政许可决定依法被撤销、撤回的；

（四）测绘资质证书依法被吊销的；

（五）测绘资质证书所载各专业范围均不再符合法定条件的；

（六）测绘资质单位申请注销的。

**第三十条** 测绘资质单位的部分专业范围不符合相应资质标准条件的，应当依法予以核减相应专业范围。

**第三十一条** 测绘资质单位有下列情形之一的，应当依法视情节责令停业整顿或者降低资质等级：

（一）超越资质等级许可的范围从事测绘活动的；

（二）以其他测绘资质单位的名义从事测绘活动的；

（三）将承揽的测绘项目转包的；

（四）测绘成果质量经省级以上测绘地理信息质检机构判定为批不合格的；

（五）涂改、倒卖、出租、出借或者以其他形式转让测绘资质证书的；

（六）违反保密规定加工、处理和利用涉密测绘成果，存在失泄密隐患被查处的。

**第三十二条** 测绘资质单位有下列情形之一的，应当依法吊销测绘资质证书：

（一）有本规定第三十一条的情形之一且情节严重的；

（二）以欺骗手段取得测绘资质证书从事测绘活动的；

（三）承担国家投资的测绘项目，且经暂扣测绘资质证书6个月仍不汇交测绘成果资料的。

**第三十三条** 测绘资质单位在从事测绘活动中，因泄露国家秘密被国家安全机关查处的，测绘资质审批机关应当注销其测绘资质证书。

**第三十四条** 依照本规定作出的核减专业范围、降低资质等级、吊销测绘资质证书、办理注销手续等决定，由测绘资质审批机关实施，其他决定由各级测绘地理信息行政主管部门实施。

**第三十五条** 各级测绘地理信息行政主管部门及其工作人员在测绘资质审查和监督管理工作中玩忽职守、滥用职权、徇私舞弊的，依照《中华人民共和国测绘法》和《中华人民共和国行政许可法》的有关规定予以处理。构成犯罪的，依法追究刑事责任。

## 第七章 附 则

**第三十六条** 中外合资、合作企业测绘资质的申请、受理和审查依据《外国的组织或者个人来华测绘管理暂行办法》及有关规定办理。

**第三十七条** 本规定自2014年8月1日起施行。2009年3月12日发布的《测绘资质管理规定》同时废止。

# 测绘资质分级标准

## 前 言

一、本标准划分为通用标准、专业标准两部分。

通用标准是指对各专业范围统一适用的标准。

专业标准包括大地测量、测绘航空摄影、摄影测量与遥感、地理信息系统工程、工程测量、不动产测绘、海洋测绘、地图编制、导航电子地图制作、互联网地图服务。

本标准中各专业范围划分为若干专业子项。

二、凡申请测绘资质的单位，应当同时达到通用标准和相应的专业标准要求。

三、本标准中的作业限额是指承担测绘项目的最高限量。

四、本标准中的定量考核标准是指最低限量。

五、省级测绘地理信息行政主管部门可以根据本地实际情况，适当调整各专业标准中乙、丙、丁级的人员规模、仪器设备数量要求。调整后的地方标准，不得高于本标准的高一等级考核条件，也不得低于本标准的低一等级考核条件，不得修改专业范围及专业子项、考核指标和作业限额，不得突破通用标准的规定。调整后的标准应当报送国家测绘地理信息局备案。

六、本标准自2014年8月1日起施行。2009年3月12日发布的《测绘资质分级标准》同时废止。

## 通用标准

**一、主体资格**

具有企业或者事业单位法人资格。

**二、专业技术人员**

1. 本标准所称专业技术人员，包括测绘专业技术人员和测绘相关专业技术人员。

测绘专业技术人员，是指测绘工程、地理信息、地图制图、摄影测量、遥感、大地测量、工程测量、地籍测绘、土地管理、矿山测量、导航工程、地理国情监测等专业的技术人员。

测绘相关专业技术人员，是指地理、地质、工程勘察、资源勘查、土木、建筑、规划、市政、水利、电力、道桥、工民建、海洋、计算机、软件、电子、信息、通信、物联网、统计、生态、印刷等专业的技术人员。

申请大地测量、测绘航空摄影、摄影测量与遥感、工程测量、不动产测绘、海洋测绘、地图编制、导航电子地图制作的单位，测绘相关专业技术人员不得超过本标准对专业技术人员要求数量的60%；申请地理信息系统工程的单位，测绘相关专业技术人员不得超过本标准对专业技术人员要求数量的80%；申请互联网地图服务的单位，专业技术人员比例不作要求。

2. 符合下列条件之一的专业技术人员，可以计入相应类别人员数量：

（1）高级专业技术人员：取得测绘及相关专业高级专业技术任职资格；获得测绘及相关专业博士学位并在测绘及相关专业技术岗位工作3年以上；获得测绘及相关专业硕士学位并在测绘及相关专业技术岗位工作8年以上；测绘及相关专业大学本科毕业并在测绘及相关专业技术岗位工作10年以上。

（2）中级专业技术人员：取得测绘及相关专业中级专业技术任职资格；获得测绘及相关专业博士学位并在测绘及相关专业技术岗位工作1年以上；获得测绘及相关专业硕士学位并在测绘及相关专业技术岗位工作3年以上；测绘及相关专业大学本科毕业并在测绘及相关专业技术岗位工作5年以上；测绘及相关专业大学专科毕业并在测绘及相关专业技术岗位工作7年以上；获得测绘地理信息行业技师职业资格（但不得超过2人）。

（3）初级专业技术人员：取得测绘及相关专业初级专业技术任职资格；测绘及相关专业大学本科毕业；测绘及相关专业大学专科毕业并在测绘及相关专业技术岗位工作2年以上；测绘及相关专业中专毕业并在测绘及相关专业技术岗位工作4年以上。

（4）注册测绘师，是指经过考核认定和注册测绘师资格考试取得《中华人民共和国注册测绘师资格证书》，并依法进行注册的人员。注册测绘师可以计入中级专业技术人员数量。

3. 同一单位申请两个以上专业范围的，对人员数量的要求不累加计算。

4. 年龄超过65周岁的人员和兼职人员，不得计入专业技术人员数量。

5. 自本标准施行之日起满3年后，甲、乙级测绘资质单位的注册测绘师数量应当达到本标准的考核要求。自本标准施行之日起满5年后，丙、丁级测绘资质单位也应当具备相应数量的注册测绘师，具体要求另行规定。

6. 未取得专业技术职务任职资格的其他测绘从业人员，应当通过测绘地理信息行业职业技能鉴定获得国家职业资格证书。

**三、仪器设备**

按各专业标准核算仪器设备数量时，所有权非本单位的、报废的、检定有效期已过的仪器设备等，均不能计入。

随着科学技术的发展，性能指标更优越的仪器设备可以替代某一专业标准所规定的相应仪器设备。

**四、办公场所**

各等级测绘资质单位的办公场所：甲级不少于$600m^2$，乙级不少于$150m^2$，丙级不少于$40m^2$，丁级不少于$20m^2$。

**五、质量管理**

甲级测绘资质单位应当通过ISO9000系列质量保证体系认证；乙级测绘资质单位应当通过ISO9000系列质量保证体系认证或者通过省级测绘地理信息行政主管部门考核；丙级测绘资质单位应当通过ISO9000系列质量保证体系认证或者设区的市级以上测绘地理信息行政主管部门考核；丁级测绘资质单位应当通过县级以上测绘地理信息行政主管部门考核。

申请互联网地图服务专业范围的，不受前款规定限制。

**六、档案和保密管理**

测绘资质单位应当有健全的测绘成果及资料档案管理制度和保密制度；设立保密工作机构，配备保密管理人员；确定保密要害部门、部位，明确保密岗位责任，与涉密人员签订保密责任书；测绘成果核心涉密人员应当持有省级以上测绘地理信息行政主管部门颁发的涉密人员岗位培训证书；建立测绘成果核准、登记、注销、检查、延期使用等管理制度；生产、存储、处理涉密测绘成果档案的设备设施与条件，应当符合国家保密、消防及档案管理的有关规定和要求。

**七、测绘业绩**

1. 申请晋升甲级测绘资质的，应当符合以下条件：近2年内完成的测绘服务总值不少于1600万元，且有3个以上测绘工程项目取得省级以上测绘地理信息行政主管部门认可的质检机构出具的质量检验合格证明。

2. 申请晋升乙级测绘资质的，应当符合以下条件：近2年内完成的测绘服务总值不少于400万元，且有2个以上测绘工程项目取得设区的市级以上测绘地理信息行政主管部门认可的质检机构出具的质量检验合格证明。

3. 申请晋升丙级测绘资质的，应当符合以下条件：近2年内完成的测绘服务总值不少于50万元，且有1个以上测绘工程项目取得县级以上测绘地理信息行政主管部门认可的质检机构出具的质量检验合格证明。

4. 申请导航电子地图制作或者互联网地图服务专业范围的，不作测绘业绩考核要求。

**八、测绘监理**

从事测绘监理应当取得相应专业范围及专业子项的测绘资质。

本标准在摄影测量与遥感、地理信息系统工程、工程测量、不动产测绘、海洋测绘等5个市场化程度较高的专业范围下设置相应的甲、乙级测绘监理专业子项。

申请甲级测绘监理专业子项的，应当符合以下条件：取得相应专业范围的甲级测绘资质；近2年内，在每个相应专业范围内有2个以上测绘工程项目取得省级以上测绘地理信息行政主管部门认可的质检机构出具的质量检验合格证明。

申请乙级测绘监理专业子项的，应当符合以下条件：取得相应专业范围的甲级或者乙级测绘资质；近2年内，在每个相应专业范围内有1个以上测绘工程项目取得省级以上测绘地理信息行政主管部门认可的质检机构出具的质量检验合格证明。

测绘监理资质单位不得超出其测绘监理专业范围和作业限额从事测绘监理活动。

乙级测绘监理资质单位不得监理甲级测绘资质单位施测的测绘工程项目。

## 备　注

**一、专业范围及专业子项**

1. 大地测量

全球导航卫星系统连续运行基准站网位置数据服务是指通过若干全球导航卫星系统连续运行基准站、数据中心及数据通信网络等组成的系统提供位置数据服务的活动。全球导航卫星系统（GNSS）包括北斗卫星导航系统、GPS、GLONASS、GALILEO等。

2. 测绘航空摄影

一般航摄包含胶片航空摄影、数码航空摄影、机载激光扫描、机载SAR成像。

3. 摄影测量与遥感

从事高分辨率卫星影像处理与提供的单位，应当取得摄影测量与遥感内业专业子项的测绘资质。

4. 地理信息系统工程

地面移动测量是指利用集成在地面移动载具上的多种传感器，在移动状态下采集各种实景地理空间信息及数据后处理的活动。

5. 工程测量

（1）规划测量包含城乡规划定线测量、城乡用地测量、规划检测测量、日照测量。

（2）变形形变与精密测量包含精密工程测量、变形（沉降）观测、形变测量。

（3）线路与桥隧测量包含线路工程测量、桥梁测量、隧道测量。

6. 海洋测绘

（1）在内陆江河湖泊等水域从事海洋测绘活动的单位，应当取得海洋测绘专业范围的相应专业子项。

（2）海洋工程测量包含底质测量、浮泥测量、浅地层剖面测量、水下管线测量、港口与航道工程测量。

7. 互联网地图服务

（1）互联网地图服务主要包括地理位置定位、地理信息上传标注、地图数据库开发三项内容。通过无线互联网络调用的地图也属于互联网地图服务范畴。

（2）地理位置定位是指将空间坐标与互联网地图相应位置进行匹配，并进行地图可视化表达的服务。

（3）地理信息上传标注是指允许用户在互联网地图上填写其感兴趣的信息并与他人分享的服务模式。这些信息包括但不限于名称、地址、分类、属性、影像、评论等。

（4）地图数据库开发是指互联网地图服务单位开发互联网地图数据库和有关服务功能，供使用者调用、开发。从功能上包括但不限于地图显示、地图标绘、地图搜索、公交换乘、行车路线、地理编码、逆地理编码等地图服务，从形式上包括但不限于 API、Web Service、SDK 等各种类型的地图接口调用服务。

**二、仪器设备**

1. 大地测量

（1）天文测量设备：标称精度优于0.5″的天文经纬仪或者全站仪。

（2）基线测量设备：用于基线测量的基线尺，其标称精度应当优于1/100万，24m长度基线尺不少于6根。

2. 测绘航空摄影

（1）航摄仪及其他传感器：包括框幅式数字航摄仪（像幅不小于7000×11000），推扫式数字航摄仪、机载激光扫描仪、机载SAR。

（2）IMU/DGPS系统：IMU是指惯性测量装置，DGPS是指差分GPS设备。

（3）无人飞行器系统：每套含飞行平台2架、飞控系统2套、测控地面站1套、相机2台（像幅不小于5600×3700）。

（4）多镜头多角度倾斜摄影测量系统：具备IMU/DGPS系统，具备5个以上镜头且每个镜头像幅不小于5600×3700。

3. 地理信息系统工程

地面移动测量系统：是指将多种传感器集成在车载平台上，沿道路快速精确采集多元地理信息数据，并在内业环境中生产成图的快速多源数据采集和处理系统。GNSS是指接收全球导航卫星系统信号以确定地面空间位置的仪器，INS是指惯性导航系统，LiDAR是指激光雷达，影像获取设备是指立体相机、全景相机等用于地面移动测量的影像采集设备。

**三、软件**

1. 测绘航空摄影

多角度倾斜摄影真三维处理系统：能够处理倾斜航摄获取的多源数据，快速自动生成真三维数据的系统。

2. 摄影测量与遥感

（1）全数字摄影测量系统：从影像获取到过程数据处理、成果输出，均采用数字化形式进行的摄影测量系统。

（2）遥感图像处理系统：能够对遥感图像信息进行数字化、复原、几何校正、增强、统计分析、信息提出、分类、识别等图像加工的系统。

3. 地理信息系统工程

（1）地理信息处理软件：用于处理和分析地理信息的软件。

（2）地理信息系统平台软件：用于地理信息系统及数据库建设的基础软件，具备地理信息的获取、存储、编辑、处理、分析和显示等功能，并可支持软件定制开发。

4. 互联网地图服务

独立地图引擎：部署于服务器上，能够向用户提供地图显示、空间搜索、上传标注、接口调用等服务的软件系统。

## 关于印发《注册测绘师执业管理办法（试行）》的通知

国测人发〔2014〕8号　2014年7月9日

各省、自治区、直辖市测绘地理信息行政主管部门，新疆生产建设兵团测绘地理信息主管部门：

为加强注册测绘师管理，规范注册测绘师执业行为，根据《中华人民共和国测绘法》、《中华人民共和国行政许可法》、《注册测绘师制度暂行规定》，国家测绘地理信息局制定了《注册测绘师执业管理办法（试行）》，现予印发，请遵照执行。

# 注册测绘师执业管理办法（试行）

## 第一章 总 则

**第一条** 为加强注册测绘师管理，规范注册测绘师注册、执业和继续教育行为，根据《中华人民共和国测绘法》、《中华人民共和国行政许可法》和《注册测绘师制度暂行规定》，制定本办法。

**第二条** 在中华人民共和国境内注册测绘师的注册、执业、继续教育和监督管理，适用本办法。

**第三条** 国家测绘地理信息局负责全国注册测绘师的执业管理工作。

县级以上地方测绘地理信息行政主管部门负责本行政区域内注册测绘师的执业管理工作，具体职责分工由省级测绘地理信息行政主管部门确定。

国务院有关部门所属单位和中央管理企业的注册测绘师按照属地原则进行管理。

## 第二章 注 册

**第四条** 依法取得中华人民共和国注册测绘师资格证书（简称资格证书）的人员，通过一个且只能是一个具有测绘资质的单位（简称注册单位）办理注册手续，并取得《中华人民共和国注册测绘师注册证》（简称注册证）和执业印章后，方可以注册测绘师名义开展执业活动。

注册单位与注册测绘师人事关系所在单位或聘用单位可以不一致。

**第五条** 申请注册测绘师注册程序如下：

（一）申请人填写注册申请表；

（二）注册单位审核后，报省级测绘地理信息行政主管部门；

（三）省级测绘地理信息行政主管部门审查并提出意见后报国家测绘地理信息局；

（四）国家测绘地理信息局审批；

（五）国家测绘地理信息局作出批准注册决定后在国家测绘地理信息局网站公布。

受理、审查和审批的具体要求遵照《注册测绘师制度暂行规定》第十五、十六条执行。

**第六条** 注册证和执业印章每一注册有效期为3年，期满需要继续执业的，应在期满30个工作日前提出延续注册申请。变更注册单位须及时办理变更注册手续，距离原注册有效期满半年以内申请变更注册的，可同时申请延续注册。准予延续注册的，注册有效期重新计算。

**第七条** 申请注册测绘师注册应提交初始（延续、变更）注册申请表及与注册单位签订的聘用（劳动）合同或相关证明。

提供上述材料的同时，申请初始注册，须同时提交资格证书及身份证明；申请延续注册或逾期初始注册，须同时提交注册测绘师继续教育证书；申请变更注册，须同时提交与原注册单位解除聘用（劳动）或合作关系的证明材料。

超过70周岁申请初始注册、延续注册及变更注册，均须提供身体健康证明。

**第八条** 取得资格证书超过1年以上不满3年提出申请初始注册者，须提供不少于30学时继续教育必修内容培训的证明。取得资格证书3年以上提出申请初始注册者，须提供相当于一个注册有效期要求的继续教育证明。

本办法施行前已经取得资格证书的，在本办法实施之日起1年内提出申请初始注册的，不需要提供参加继续教育的证明。

**第九条** 注册测绘师注册通过注册系统进行在线申请。有关材料原件通过系统扫描报送电子文件。申请人和注册单位对相关材料的真实性负责并承担相应法律责任。

**第十条** 注册测绘师注册证或执业印章遗失或污损，需要补办的，应当持在省级以上公众媒体上刊登的遗失声明或污损的原注册证或执业印章，经注册地省级测绘地理信息行政主管部门审核后，向国家测绘地理信息局申请补办。

**第十一条** 申请人以不正当手段取得注册的，按照《注册测绘师制度暂行规定》的有关规定予以处理。

**第十二条** 注册测绘师注册证和执业印章的注销、吊销、撤销、失效、收回以及不予注册等，遵照《注册测绘师制度暂行规定》第二十一、二十二、二十三、二十四条的规定执行。注册测绘师个人或注册单位对有关处理决定有异议的，可依法申请行政复议或者提起行政诉讼。

重新具备注册条件的，可按照规定程序重新申请注册。

## 第三章　执　业

**第十三条**　注册测绘师开展执业活动，必须依托注册单位并与注册单位的资质等级和业务许可范围相适应。

**第十四条**　测绘地理信息项目的技术和质检负责人等关键岗位须由注册测绘师充任。

**第十五条**　测绘地理信息项目的设计文件、成果质量检查报告、最终成果文件以及产品测试报告、项目监理报告等，须注册测绘师签字并加盖执业印章后生效。

自本办法实施之日起3年内，丙级、丁级测绘资质单位可暂不执行本条规定。

**第十六条**　注册测绘师签字盖章的文件修改原则上由注册测绘师本人进行，因特殊情况该注册测绘师不能进行修改的，应由其他注册测绘师修改，并签字、加盖执业盖章，同时对修改部分承担责任。

**第十七条**　因测绘地理信息成果质量问题造成的经济损失，由注册单位承担赔偿责任。注册单位依法向承担该业务的注册测绘师追责。

探索建立注册测绘师执业责任保险制度。

**第十八条**　测绘资质单位须配备一定数量的注册测绘师，具体数量要求根据单位的资质等级、业务性质和范围、人员规模等，由国家测绘地理信息局在《测绘资质分级标准》中规定。

**第十九条**　省级测绘地理信息主管部门可探索建立注册测绘师事务所管理制度，在征得国家测绘地理信息局同意后实施。

**第二十条**　注册测绘师应恪守职业道德，严守国家秘密和委托单位的商业、技术秘密，保证执业活动中相应的测绘地理信息成果质量并承担终身责任。任何组织和个人不得以任何理由要求注册测绘师在不符合质量要求的项目文件上签字盖章。

## 第四章　继续教育

**第二十一条**　注册测绘师延续注册、重新申请注册和逾期初始注册，应当完成本专业的继续教育。

注册测绘师继续教育分为必修内容和选修内容，在一个注册有效期内，必修内容和选修内容均不得少于60学时。

**第二十二条**　注册测绘师继续教育必修内容通过培训的形式进行，由国家测绘地理信息局推荐的机构承担。必修内容培训每次30学时，注册测绘师须在一个注册有效期内参加2次不同内容的培训。

**第二十三条**　注册测绘师继续教育选修内容通过参加指定的网络学习获得40学时，另外20学时通过出版专业著作、承担科研课题、获得科技奖励、发表学术论文、参加学习等方式取得。

**第二十四条**　国家测绘地理信息局在人力资源和社会保障部指导下，负责组织编写必修课培训大纲，审查培训教材，评估培训机构，下达年度继续教育培训计划。

**第二十五条**　注册测绘师继续教育实行登记制度。

**第二十六条**　注册单位应积极为注册测绘师提供继续教育学习经费和学习时间，以及参加继续教育的其他必要条件。

## 第五章　监督管理

**第二十七条**　各级测绘地理信息行政主管部门履行监督管理职责，纠正注册测绘师违反有关法律、法规、本办法及有关规范和标准的行为。对注册测绘师违反有关法律、法规、本办法及有关规范和标准的行为，情节严重的，应当依照《中华人民共和国测绘法》及有关法律、法规的规定予以处罚。

逐步建立注册测绘师执业责任鉴定机制。

**第二十八条**　建立注册测绘师信用档案。注册测绘师信用档案应包括注册测绘师执业业绩记录、学术研究及项目获奖情况、被举报投诉核实处理情况、违法违纪行为处罚情况及其他需要记入档案的信息。

注册测绘师信用信息按照规定程序向社会公开。

**第二十九条**　单位和个人可以通过注册测绘师姓名和注册证编号或执业印章编号查询注册测绘师的有关信息。

**第三十条**　注册测绘师执业管理中，相关机构的工作人员，有不履行工作职责、监督不力或者谋取私利等违纪违规行为，并造成不良影响或者严重后果的，由其上级相关行政管理机关责令改正，对直接负责的主管人员和其他直接责任人员依法给予行政处分；构成犯罪的，依法追究刑事责任。

### 第六章 附 则

**第三十一条** 注册证、执业印章和注册测绘师继续教育证书样式由国家测绘地理信息局统一确定。

**第三十二条** 香港特别行政区、澳门特别行政区、台湾地区人员到内地以注册测绘师名义执业的管理办法另行规定。

外国人员来我国境内以注册测绘师名义执业的管理办法另行规定。

**第三十三条** 本办法自2015年1月1日起施行。本办法由国家测绘地理信息局负责解释。

# 领导讲话

## 国土资源部部长姜大明在测绘地理信息工作汇报会上的讲话

2014年6月16日

很高兴和德霖同志以及有关司局的负责同志再次来中国测绘创新基地调研工作。刚才，我们参观了测绘仪器装备和应急保障成果，观看了地理国情普查和监测成果、数字城市、1:5万基础地理信息数据库、“天地图”演示，听取了春峰同志的介绍，德霖同志和部有关司局的同志也谈了很好的意见。

通过今天的调研，以及我到国土资源部工作一年多时间了解的情况，我深切感受到在国家测绘地理信息局党组的领导下，全国广大测绘地理信息干部职工锐意改革、奋发进取的精神风貌和高昂士气；深切感受到测绘地理信息事业的快速发展和不断跨越，在服务大局、服务社会、服务民生方面取得的显著成绩。借此机会，我代表国土资源部，向国家测绘地理信息局领导班子，并通过在座的同志们向全国测绘地理信息干部职工，表示崇高的敬意和诚挚的问候！

下面，我简要谈三点意见，供同志们参考。

**一、测绘地理信息工作成效显著，地位作用进一步彰显**

近年来，测绘地理信息局党组紧紧围绕党和国家中心工作，科学谋划并带领广大干部职工创新奋进、扎实工作，测绘地理信息事业实现了历史性的跨越。克强总理2011年专程到中国测绘创新基地视察并发表重要讲话，在今年《政府工作报告》中明确要求加强测绘工作。高丽副总理亲自担任第一次全国地理国情普查领导小组组长，出席全国电视电话会议，并作重要讲话进行动员部署。今年5月25日，高丽副总理在库热西同志关于加快测绘地理信息事业发展的报告上批示：“希望按照中央要求，在已有工作基础上，推动测绘地理信息事业实现新发展。”《国务院办公厅关于促进地理信息产业发展的意见》的印发实施，为地理信息产业发展进一步指明了方向、提供了有力政策支持。这些都充分体现了党中央、国务院对测绘地理信息工作的高度重视、充分肯定和殷切希望。

今年测绘地理信息局实现了主要领导的顺利交接、平稳过渡。库热西同志担任国家测绘地理信息局党组书记、局长近3个月来，在局党组同志的支持配合下，充分发挥了他领导经验丰富、熟悉测绘地理信息工作和地方工作的优势，边学习、边调研、边思考，角色转变很快，抓工作有声有色，正团结带领全系统干部职工推进测绘地理信息事业接续发展。

我们高兴地看到，海岛（礁）测绘、“资源三号”卫星应用系统建设、现代测绘基准体系建设、基础地理信息数据库动态更新等重大工程取得丰硕成果，极大地丰富了基础地理信息资源。地理国情普查和监测、“天地图”开发、数字城市建设、应急测绘保障等重点工作成效突出，为稳增长、促改革、调结构、惠民生、保稳定提供了坚实的测绘地理信息保障。地理信息产业园区集聚效应逐步显现，地理信息产业保持了持续快速增长，为国家经济建设作出了积极贡献。测绘地理信息科技自主创新能力不断提升，装备能力显著增强，以两院院士和科技领军人物为代表的高端人才不断涌现，国际测绘地理信息事务的参与度和话语权大幅提升。教育实践活动整改工作扎实推进，测绘系统呈现出人心齐、风气正、干劲足的良好局面。有作为才能有地位，国家测绘地理信息局在真抓实干中做出了成绩、扩大了影响，测绘地理信息工作在经济社会发展中的支撑保障和服务作用进一步彰显，地位得到了提升。

**二、测绘地理信息工作要进一步找准定位，加快改革创新和转型升级**

党的十八届三中全会对全面深化改革作出了系统部署，新一轮改革大潮已经起势。国家测绘地理信息局要把深入学习贯彻十八届三中全会精神和习近平总书记系列重要讲话精神作为首要政治任务，进一步找准定位，主动融入和服务国家改革发展大局，主动融入和服务国土资源改革发展大局，在融入和服务“两个大局”中实现自身的改革发展。

一要搞好改革顶层设计。要按照中央关于全面深化改革的战略部署，以十八届三中全会和习近平总书记系列重要讲话精神为指导，着眼大局、立足实际，深入思考、科学谋划，做好测绘地理信息领域深化改革的顶层设计。要紧紧围绕全面深化改革的总目标，加快完善测绘地理信息管理体系，提升测绘地理信息管理能力，使之更能满足改革发展大局的需要和自身科学发展的需要。要进一步明确工作定位，找准测绘地理信息工作和经济社会发展大局需要的结合点，找准测绘地理信息工作改革创新的突破点和着力点，进一步加强战略研究和政策研究，坚持问题导向和民生导向，抓紧完善推进各项改革的路线图和时间表，并全力以赴地付诸实施。要把握好深化改革的原则步骤，坚持底线，试点先行，稳步推进。要主动作为，以改革为动力推进测绘地理信息事业转型升级，为国家改革发展大局作出应有贡献。

二要加快职能转变。要按照党中央、国务院关于转变政府职能的要求，切实简政放权，把行政审批的“制度笼子”扎得更紧，真正让政府更好归位，市场更大发力，群众更多受益。要注重创新管理方式，加强市场活动监管，优化公共服务，切实履行职责，该管的一定要管好、管到位，该放的一定要放足、放到位。要注重提高事中事后监管能力，加强地理信息安全监管，严厉打击非法测绘行为，加大国家版图意识教育宣传力度，切实维护国家主权、安全和利益。要深入贯彻落实《国务院办公厅关于促进地理信息产业发展的意见》，创造有利条件、营造良好环境，促进产业健康快速发展，提升产业对经济社会发展的贡献率。

三要坚持创新驱动。我国发展已经进入创新驱动新阶段。测绘地理信息是智力和科技密集型行业，离不开先进理论和高新技术的支撑。国家测绘地理信息局所在地被命名为“中国测绘创新基地”，可见创新对于测绘地理信息事业发展的极端重要性。我们要认真学习贯彻习近平总书记在“两院”院士大会上的重要讲话精神，坚持创新驱动发展战略，增强自主创新能力，加大自主创新成果的源头供给。要把握重点领域创新发展战略机遇，加快国内测绘地理信息高精尖装备和国产软件的研发、推广和应用，提升装备建设的整体水平，抓紧推进资源三号后续星的研制发射，尽快摆脱我国高精度卫星遥感数据严重依赖国外供应的被动局面。要坚持实施“走出去”战略，加强国际合作，充分利用国外资源和技术，加快提高我国测绘地理信息装备水平和装备能力。创新需要人才，人才决定事业。要高度重视培养引进高端人才，全力支持院士专家、科技领军人才和学科带头人专心从事创新研究、技术研发和科技服务工作。要注重青年人才的培养，为创新驱动提供坚强的人才保障。

四要提升服务保障水平。要把做好地理国情普查作为头等大事抓紧抓实抓好，确保普查任务高效优质按时完成。明年普查工作要全部结束，今年很关键，任务很艰巨，大家要全力以赴推进，向党和人民交出一份经得起实践检验的合格答卷。要紧紧围绕国家战略布局、政府宏观决策、社会民生需求和区域发展急需等重点热点难点，尽快形成有分量、有代表性、有说服力的地理国情监测成果，为服务生态文明、美丽中国建设提供地理国情支撑。要加快数字（智慧）城市、“天地图”建设与应用、“北斗”系统产业化等工作，服务城市现代化管理和百姓工作生活需要。要继续实施好重大测绘工程，在大数据时代牢牢掌握住基础地理信息资源的主动权。要编制好“十三五”规划，为长远发展谋好篇、布好局。

**三、深化业务协作，切实增强服务大局的整体合力**

测绘地理信息部门是国土资源大家庭中的重要一员，测绘地理信息事业也是国土资源事业的重要组成部分。我们这次来的一个重要目的，就是要寻找切入点和结合点，共同探索建立业务协作长效机制，进一步增强包括测绘地理信息工作在内的国土资源工作服务大局的整体合力。

一要积极拓展协作领域。国家测绘地理信息局资源丰富、技术精湛、装备精良，而且召之能战、战之能胜，是一支能够堪当重任的队伍。加强务实协作，有利于推动包括测绘地理信息事业在内的国土资源事业加快发展。例如，在地籍工作中，位置、面积等重要信息的获取，都离不开测绘地理信息工作；建立不动产登记信息管理基础平台，也需要以地理信息为基础；在地质环境灾害防治方面，可以充分利用测绘地理信息成果、装备和科技手段，及早发现隐患，及时作出预测预警，快速高效抢险救灾，为灾害综合治理等提供科学依据。可以加强协作的领域还有很多，需要双方细致对接，找准着力点和发力点，共同发力，精准发力，形成强大合力。

二要加强信息资源共享。关于资源共享整合、避免重复和浪费的问题，中央领导一直高度重视，媒体和百姓也非常关注。加强资源共享，也是实现国土资源部门各类资源节约集约利用的重要途径。我们严防死守耕地红线、节约集约利用土地、开展自然资源资产管理制度改革研究等工作，都需要精准掌握和动态监测国情国力，地理国情普查和监测成果基本上能够满足需要。有些工作如土地卫片执法检查、土地利用现状调查等，完全可以和地理国情监测工作有机结合起来，既节省了财政资金，还可提高效率和精准度。测绘地理信息局应及时为国土资源管理提供所需的基础地理信息资源，积极推动“天地图”、数字城市在国土资源领域的应用。部里掌握的土地、规划、地质灾害、不动产登记等成果，应及时提供给国家测绘地理信息局。在国外遥感影像订购方面，部里要带头支持国家测绘地理信息局把这个工作统筹起来。

三要健全协作工作机制。国家测绘地理信息局是国土资源部管理的国家局，既然是“一家人”就要“一条心”，就要心往一处想，劲往一处使。要加强统筹协调，健全工作机制，有序推进业务协作。在具体路径选择上，比较成熟的、看得准的，可以走中央带动地方的路子，一声令下，全面推广和实施。看不准、需要探索的，既可以自上而下、以点带面，也可以选取地方先行先试，取得试点经验后再全面推广。请库热西同志、存智同志、德霖同志共同商量抓好业务协作有关事宜，本着先易后难、逐项突破的原则，提出切实可行的方案，重大事项提交部党组会研究决定。有关司局和单位要高度重视，积极主动研究和做好工作，办公厅要加强服务协调。

我去年第一次来中国测绘创新基地调研时就强调“管理就是服务”，所以部里对国家测绘地理信息局的服务只能加强，不能削弱。部机关和地方各级国土资源部门都要进一步加大对测绘地理信息工作的支持力度。同时，也希望国家测绘地理信息局发挥自身优势，积极主动契合国土资源部重点工作，共同推进国土资源领域全面深化改革。

这里，还要着重强调一下队伍建设问题。测绘地理信息工作的地位越来越重要，要求越来越高，任务越来越艰巨。“打铁还需自身硬”。全面加强和做好新时期测绘地理信息工作，必须切实加强队伍建设。要深入学习贯彻习近平总书记系列重要讲话精神，在实际工作中努力践行“三严三实”（既严以修身、严以用权、严以律己，又谋事要实、创业要实、做人要实）和“五个坚持”（坚持绝对忠诚的政治品格、坚持高度自觉的大局意识、坚持极端负责的工作作风、坚持无怨无悔的奉献精神、坚持廉洁自律的道德操守）。比如，把坚持绝对忠诚的政治品格与测绘地理信息工作保密性很强的要求结合起来，坚决维护国家测绘信息安全；把坚持极端负责的工作作风与测绘地理信息工作高精尖的要求结合起来，杜绝发生“失之毫厘、谬以千里”的错误；把坚持无怨无悔的奉献精神同日常业务工作紧密结合起来，认真完成党和人民交付的每一项任务。要巩固教育实践活动成果和巡视工作成果，认真整改到位，构建长效机制。局里要按照中央要求，切实加强对地方测绘地理信息系统开展教育实践活动的指导。要搞好班子的团结，不断增强局党组的向心力、凝聚力和战斗力。要带好队伍，积极践行社会主义核心价值观，大力弘扬测绘精神，努力打造一支“信念坚定、为民服务、勤政务实、敢于担当、清正廉洁”的干部队伍。要按照克强总理在近期国务院常务会议上的要求，更加重视抓执行力、抓落实的问题，切实做到守土有责，不折不扣贯彻落实好党中央、国务院的决策部署。

最后，我们祝愿并坚信，在以库热西同志为班长的国家测绘地理信息局党组的坚强领导下，在全国广大测绘地理信息干部职工的共同努力下，测绘地理信息事业的明天会更美好，测绘地理信息系统一定能为经济社会发展做出新的更大贡献！

# 国土资源部部长姜大明在2014年全国测绘地理信息工作会议上的讲话

（根据记录整理）

2014年12月26日

这次全国测绘地理信息工作会议很重要。刚才，库热西同志传达了中共中央政治局常委、国务院副总理张高丽同志对测绘地理信息工作、也是对这次会议的重要批示。中央领导同志对一年来测绘地理信息工作取得的成绩给予了充分肯定，对明年工作提出了明确要求，对于我们认真学习、深刻领会、全面贯彻党的十八大、十八届三中、四中全会和今年中央经济工作会议精神，适应经济发展新常态，谋划和推动明年的测绘地理信息工作具有重要意义。我们一定要认真学习领会中央领导同志的重要批示精神，切实抓好贯彻落实。

在此，我代表国土资源部党组，向2014年度测绘地理信息工作绩效考核优秀单位和新当选的科技领军人才表示热烈的祝贺！向与会同志并通过大家向全国测绘地理信息系统广大干部职工致以亲切的问候！

2014年，国家测绘地理信息局实现了领导班子的顺利交接和平稳过渡，测绘地理信息事业在继承中发展，在发展中创新。以库热西同志为班长的新一届局党组，团结带领全国广大测绘地理信息干部职工努力工作、奋力拼搏，各项工作都取得了显著成效，迈上了新的台阶。我有五个方面的突出印象：一是地理国情普查顺利推进。这项工作得到了张高丽副总理的充分肯定，张高丽副总理作出重要批示，要求各地政府高度重视和积极推进；国务院普查领导小组及时印发了《关于贯彻落实张高丽副总理重要批示精神　加快推动地理国情普查工作的通知》，在已有成绩基础上加快推动普查工作。这项工作与前几年部里开展的第二次全国土地调查一样，都是重要的基础性工作和重大国情国力调查。你们在方法上注重抓进度、抓质量、抓应用，在实施中注重完善普查组织管理体系、技术支撑体系、质量管控体系，实现了时间过半任务过半，取得了一批重要的监测成果。二是保障服务大局的能力显著提高。“天地图”是测绘地理信息工作的一张重要名片，是服务经济社会发展的重要手段，在社会上的影响越来越大。数字城市建设也达到了新的高度，未来的发展空间将会更大。你们在北京APEC会议、极地科考、地震救灾、马航失联、不动产统一登记等重大事件和工作中提供了及时有力的服务保障，在世人面前展示了测绘地理信息的真实力和硬功夫。三是地理信息产业布局更加科学。《国务院办公厅关于促进地理信息产业发展的意见》出台，首次在国家层面确立了地理信息产业的战略性新兴产业地位。你们认真贯彻落实《意见》，并与国家发展改革委联合印发了《国家地理信息产业发展规划（2014—2020年）》，对推进产业发展进行了部署，地理信息产业发展的布局也更为科学。四是加大了在国际测绘地理信息事务中的话语权。张高丽副总理代表中国政府向联合国捐赠了你们研制的世界首套30米分辨率全球地表覆盖数据，赢得了联合国和国际社会的高度赞誉。你们成功举办了联合国第三次全球地理信息管理高层论坛，发表了《地理信息支撑可持续发展北京宣言》。这些工作不仅提升了我国在国际测绘地理信息事务中的地位，也值得国人骄傲。五是全面深化改革迈出了重要步伐。认真贯彻落实党的十八届三中全会精神，印发了国家测绘地理信息局全面深化改革的实施意见，明确了测绘地理信息工作在国家改革发展大局中的定位，提出了进一步深化改革的思路、目标和任务，为测绘地理信息事业自身改革发展、更好地服务国家全面深化改革大局奠定了很好的基础。

总体来看，2014 年，全国测绘地理信息战线的同志们付出了辛勤劳动，工作取得了明显成效，部党组是满意的。关于明年工作，库热西同志将作具体部署。在这里，我就学习贯彻中央领导同志重要讲话和中央一系列重要会议精神，做好明年测绘地理信息工作，讲三点意见，供大家参考。

**一、认识新常态，把思想和行动统一到中央对形势的重大判断和要求上来**

经过 30 多年的改革发展，我国已经成为全球第二大经济体，但发展面临着新的问题，也出现了新的阶段性特征。2013 年，习近平总书记作出我国经济发展正处于增长速度换挡期、结构调整阵痛期、前期刺激政策消化期“三期叠加”阶段的重大判断。2014 年 5 月，习近平总书记在河南考察时，首次引用了“新常态”这个概念来分析我国经济形势。随后在中央政治局会议上，总书记对“三期叠加”作了进一步分析，强调经济工作要适应新常态。在北京亚太经合组织工商领导人峰会上，总书记分析了新常态下呈现速度变化、结构优化、动力转换这三大特点。在刚刚闭幕的中央经济工作会议上，总书记全面阐释了新常态带来的九个方面的趋势性变化，使我们对新常态的认识更加深入系统，更加立体化。部党组在认真学习中央经济工作会议精神，特别是学习理解新常态的重要论述时认为，经济发展新常态是中央全面把握国际经济政治发展格局、深刻认识我国基本国情和发展阶段所作出的重大科学判断，是对我们党治国理念和发展思想的进一步深化和创新，是指导当前和今后一个时期我国经济持续健康发展的重要战略思想，也是我们做好明年和相当长一段时间经济工作的“纲”。

国土资源工作、测绘地理信息工作一定要紧密结合当前形势，找准工作定位，观大势、谋大事、懂全局、管本行，这是我们做好工作的根本要求，也是基本方法。

一要观大势。就是要深刻理解我国经济发展新常态的内涵，把握明年和今后一个时期经济工作的主要任务与核心要求。这就要求我们深刻认识新常态下经济发展的趋势性变化，准确把握新常态下经济工作的指导方针和原则要求，既要适应形势、顺势而为，也要把握机遇、奋发有为。

二要谋大事。当前我国经济下行压力大、面临的问题多，要用好我国经济的巨大韧性、潜力和回旋余地，依靠促改革调结构，坚持不懈推动经济发展提质增效升级，努力做到调速不减势、量增质更优。我们要认识新常态、适应新常态、引领新常态，特别是充分认识新常态下国土资源工作、测绘地理信息工作的供需关系带来的深刻影响以及机遇、挑战，把事关事业长远发展的大事始终抓在手上、集中脑力来想、集中精力来办，把握发展主动。

三要懂全局。我们做专业工作不能就事论事，要懂得把握大局，在把握大局中增强我们围绕中心、服务大局的能力和水平，增强我们对经济社会发展大局的保障力和贡献率。部党组明确了在国家改革发展大局中“尽职尽责保护国土资源、节约集约利用国土资源、尽心尽力维护群众权益”的国土资源工作定位，其中，“尽职尽责保护国土资源”，就是要把中华民族赖以发展和惠及子孙的国家资源保护好；“节约集约利用国土资源”，就是推进资源利用方式的转变和资源配置质量、效益的提高，推动和促进经济发展方式的转变；国土资源关系各行各业、关系千家万户、关系子孙万代，“尽心尽力维护群众权益”，就是要维护好征地、地质灾害防治、测绘地理信息等工作中涉及的群众权益。同时，这个定位也要不断充实和发展，我们将在今年全国国土资源工作会议上提出慎重稳妥推进国土资源领域改革、全面推动国土资源依法行政等内容。

四要管本行。形势把握了、方向掌握了、大局了然于心了，就要落实到做好自身工作上。关于做好测绘地理信息工作的“本行”，接下来，库热西同志要作具体部署，请大家按照库热西同志的部署抓好落实，确保测绘地理信息各项改革发展取得新的成效。

**二、适应新常态，立足大局谋划好 2015 年测绘地理信息工作**

我们必须在经济社会发展大局中谋划和推动工作，才能在“大势”和“大事”上保持清醒。党的十八大和十八届三中、四中全会、中央经济工作会议作出了一系列重大部署，这就是我们要服务的大局。我理解可以概括为两大方面，第一方面是坚持以经济建设为中心不动摇，发展仍是执政兴国的第一要务。国土资源工作、测绘地理信息工作任何时候都不能偏离这个中心，我们事业发展过程中的很多困难和问题必须要靠发展来解决，这是我们工作的主轴。第二方面是全面深化改革和推进依法行政。习近平总书记强调，党的十八届四中全会通过的全面推进依法治国的决定与三中全会通过的全面深化改革的决定形成了姊妹篇。也可以看成“两轮”，深化改革提供动力，依法行政提供保障。我们要对“一轴两轮”这个大局了然于胸，明确工作的用力方向，提高围绕中心、服务大局的水平和保障能力，使“一轴”更加稳健，“两轮”互动前行。

如何围绕大局、促进测绘地理信息事业再上新台阶，库热西同志在工作报告中提出了七大方面27项具体工作，我都同意。在这里，我就进一步做好测绘地理信息工作提六点希望：

一是推进重点改革要有新突破。中央成立了全面深化改革领导小组，今年已经召开了七次会议，对于各项改革明确了具体分工、牵头部门、参与部门、时间表和路线图。今年国土资源部涉及3项改革：征地制度改革、集体经营性建设用地入市改革和宅基地制度改革，中央要求很高。我们坚持守住底线、试点先行，用了近一年时间形成了统一的工作意见，已经中央政治局常委会议审议通过。国家测绘地理信息局党组对测绘地理信息领域全面深化改革作出了统筹部署，提出了19个方面的改革任务。要进一步突出问题导向，在以下重点领域和关键环节取得突破：要着眼立业之基，深化基础测绘建设改革，牢牢掌握国家战略性地理信息资源的主动权；要拓展发展之道，深化测绘地理信息服务模式改革，以地理国情普查为契机推动测绘地理信息事业转型升级；要激活强测之力，深化科技体制改革和管理创新，突出创新驱动，增强发展动力；要夯实职能之本，深化统一监管改革，切实维护国家地理信息安全；要立足履职之需，深化管理体制机制改革，理顺事权关系，优化事业布局。

二是依法行政要上新水平。要深入推进测绘地理信息依法行政，坚持法定职责必须为、法无授权不可为。要全面推进政务公开，公开政府职能、法律依据、实施主体、职责权限、管理流程、监督方式。要推进测绘地理信息领域科学立法、严格执法、全民守法，建立健全测绘地理信息法律规范体系、法治实施体系、法治监督体系、法治保障体系，为测绘地理信息事业健康有序发展提供有力的法治保障。

三是地理国情普查要出新成果。地理国情普查是一项摸清家底的重要工作，中央重视、社会期待。要把普查工作作为头等大事、重中之重，以高度的政治责任感和使命感做好各项工作，确保普查任务顺利完成。要强化普查质量的监督管理，确保普查成果的高质量、高标准、高水平。要创新开展成果应用研究，实现普查成果应用的社会化、最大化、最优化。

四是基础测绘工作要有新局面。基础测绘是测绘地理信息事业的立业之基，是保障服务的源头活水，在任何时候都要将基础测绘工作作为工作的重要基础加以重视，这也是重中之重。要适应形势的变化，不断充实基础测绘内涵，着力发展同新技术、新要求、新应用相适应的新型基础测绘，形成全国基础测绘统筹建设、协调发展、资源共享的良好局面。

五是保障服务能力要有新提升。要不断提升地理信息获取能力和更新速度，不断拓展地理信息覆盖范围和应用领域，为国家战略、重大工程和突发事件提供有力保障。国家战略要突出“一带一路”、京津冀协同发展、长江经济带三大战略和西部开发、东北振兴、中部崛起、东部率先发展四大板块，各地还有各自发展战略以及跨区域、次区域发展战略等。要站在服务科学发展、维护国家安全、加快转变经济发展方式、切实保障和改善民生的高度，促进地理信息产业发展，提升产业对经济社会发展的贡献率。要深入实施创新驱动发展战略，注重科技创新体系的顶层设计和科技成果的转化，切实提升测绘地理信息自主创新能力。

六是部局业务协作要有新气象。测绘地理信息事业是国土资源事业的重要组成部分，加强和深化部局业务协作，有利于测绘地理信息工作与国土资源工作相互融合、彼此促进、共同提升。今年6月，我专程到测绘地理信息局调研，听取库热西同志就深化部局业务协作的工作建议。之后的半年时间里，部局多次就有关合作重点进行了商议。前不久，部局共同印发了深化部局业务协作的实施方案，进一步明确了部局业务协作的领域和机制，为两家更好地节约资金和力量、共享资源和成果、形成服务大局合力奠定了坚实的基础。希望测绘地理信息部门充分利用自身的数据、技术、装备等优势，主动契合国土资源重点工作，并在服务国土资源工作中实现自身的发展进步。国土资源部也将主动关心并大力支持测绘地理信息工作，加强统筹和指导，确保实施方案确定的协作事项能落地、见实效。库热西同志还抓了军地测绘融合工作，部队方面给予了高度重视，部里也将大力支持，要力争明年有大的进展。

**三、落实“两个责任”，打造一支对党忠诚、作风优良、业务精湛的干部队伍**

经过近60年的发展，测绘地理信息领域造就了一支作风优良、组织放心的高素质队伍，为事业发展提供了可靠的组织和人才保障。但是，我们仍然要清醒地认识到，我们面临的四大风险和四大考验更加严峻。现在看来，以前的“清水衙门”“象牙塔”也出现了很多问题。不正之风和腐败问题严重损害党的形象、损害党的机体健康，解决不好就会对党造成致命伤害，对一条战线、一个单位更会造成重大影响，对此，我们必须高度重视、高度警醒。党的十八大以来，以习近平同志为总书记的党中央，立足全局、审时度势，坚持党要管党、从严治党，一手抓党风廉政建设，立规矩、反“四风”，一手抓反腐败斗争，加强巡视工作、加大办案力度、老虎苍蝇一起打。中央抓作风、反腐败，赢得了广大党员干部群众的衷心拥护。新形势下，我们要严格按照中央要求，认真落实党委的主体责任和纪委的监督责任“两个责任”，加大党建和干部队伍建设力度，着力打造一支对党忠诚、作风优良、业务精湛的测绘地理信息队伍。在这里提三点要求。

一要切实增强政治意识，严守政治纪律和政治规矩。党纪党规条条都是铁律，款款都是“高压线”。党的十八届四中全会强调，党的领导和社会主义法治是一致的，社会主义法治必须坚持党的领导，党的领导必须依靠社会主义法治。只有在党的领导下依法治国、厉行法治，人民当家作主才能充分实现，国家和社会生活法治化才能有序推进。党规党纪是社会主义法治体系的重要组成部分，党规党纪严于法律。政治纪律是我们党最重要、最根本、最关键的纪律，是各级党组织和全体党员在政治方向、政治立场、政治言论和政治行为方面必须遵守的基本准则，这是党章规定的，必须高度重视和严格遵守。习近平总书记在党的十八届四中全会第二次全体会议上指出的“七个有之”，就是破坏党的组织、破坏党的政治规矩的表现。实事求是分析来看，“七个有之”，我们现在没有，不一定以后没有；行为上没有，不一定思想上的潜意识没有。以当前反腐败重大案件来看，都是首先破坏了党的政治规矩、违反了党的政治纪律，然后政治上变质、经济上贪腐、道德上沦丧、生活上堕落。我们要按照习近平总书记提出的“抓党建是最大的政绩”要求，切实增强政治意识、大局意识、纪律意识，坚决在思想上、行动上与党中央保持高度一致，在大是大非问题上立场坚定、旗帜鲜明，在生活小节、平常小事上谨言慎行、遵规守矩。要严格组织纪律，贯彻民主集中制，副处级以上领导干部要按规定如实报告个人重大事项。

二要大力加强党风廉政建设，确保我们的干部想干事、能干事、干成事、不出事。随着市场经济的发展，重大项目的组织实施和大额资金的管理使用，测绘地理信息部门发展实力强了、资金多了，财务管理、审计方面容易出现问题，测绘地理信息系统反腐倡廉的形势和任务发生了很大变化，必须高度重视、常抓不懈。抓好党风廉政建设，关键是落实好“两个责任”，把责任具体化，层层向下传导压力。要以落实“一岗双责”为头、“一案双查”为尾，拿出具体办法，两头都抓起来；出了情况，既查当事人，又查负责人，真正把主体责任、监督责任落实到位。

三要继续巩固好党的群众路线教育实践活动成果，不断把作风建设引向深入。教育实践活动基本结束了，中央正在部署召开领导干部民主生活会，强调要深化运用教育实践活动成果。我们必须树立持续整改、长期整改的思想，总结运用好教育实践活动的宝贵经验，确保未完成的整改任务有人抓、不落空、见实效。党员干部要以身作则，以上率下，发挥在优良党风政风和社会风气中的引领和标杆作用，把作风建设的具体要求落实到日常工作的每一个环节、每一个步骤，严格遵守关于作风建设的各项制度规定，形成抓作风促工作、抓工作强作风的良性循环。

同志们，国土资源和测绘地理信息是一家，长期以来，国土资源工作得到了测绘地理信息工作的大力支持和帮助，借此机会对同志们表示衷心的感谢。国土资源部将会一如既往地支持国家测绘地理信息局的工作，支持全国测绘地理信息系统的工作。

过几天就要元旦了，2014年的脚步即将走完，2015年的脚步已经临近。祝大家新年愉快、阖家幸福！

# 中央组织部副部长王尔乘在国家测绘地理信息局干部大会上的讲话

（根据录音整理）

2014年3月24日

同志们：

今天，受中央领导同志委派，到国家测绘地理信息局，来宣布中央关于国家测绘地理信息局主要负责同志调整的决定。下面，我首先宣读中央的决定。中央决定，库热西·买合苏提同志任国土资源部副部长、党组成员，国家测绘地理信息局局长、党组书记，免去徐德明同志的国土资源部副部长、党组副书记、国家土地副总督察，国家测绘地理信息局局长、党组书记职务，需要说明的是，有关行政职务的任免还要履行相关的法律程序。这次测绘地理信息局的主要领导调整，是中央根据干部任职年龄的有关规定，和局领导班子建设的需要，从全局出发，通盘考虑，慎重研究决定的，充分体现了中央对测绘地理信息工作和局领导班子建设的关心和重视。徐德明同志到任职年龄的时候曾经表示随时可以从领导岗位上退下来，这充分体现了德明同志以大局为重、以事业为重的胸怀和境界。中央作出决定以后，徐德明和库热西·买合苏提同志都表示坚决拥护中央的决定，服从组织安排，认真搞好工作的交接。

大家都知道，徐德明同志是2008年10月担任国家测绘局局长、党组书记的，近6年来，德明同志与局党组一班人，团结带领测绘系统的广大干部职工，坚决贯彻落实党中央国务院的决策部署，不断推进测绘地理信息工作的理论创新、政策创新、制度创新和工作创新，明确工作思路，抓好工作落实，推动测绘地理信息事业取得了新的成绩。坚持围绕中心、服务大局，研究确立“构建智慧中国，监测地理国情，壮大地信产业，建设测绘强国”的总体战略。找准功能定位，抓住工作重点，构建“数字城市、天地图和地理国情监测”这三大平台，为提高城市综合管理水平，维护国家地理信息安全和处置重大突发事件提供了有力的保证。坚持抓改革促发展，建成中国测绘创新基地，建设国家地理信息科技产业园，开展了第一次全国地理国情普查，积极推进测绘地理信息事业转型升级、快速发展。德明同志还坚持业务工作和党建工作两手抓，切实加强领导班子的思想政治建设，认真贯彻民主集中制，增强班子的整体功能，重视机关党建工作，积极深化干部人事制度改革，不断提高干部队伍的素质和机关的行政效能。这些成绩的取得，是党中央国务院正确领导的结果，是国土资源部关心支持的结果，也是测绘地理信息局领导班子和全系统的干部职工包括离退休老同志辛勤工作的结果。这其间凝结了德明同志大量的心血和汗水。在此，让我们向德明同志表示衷心的感谢和崇高的敬意！

2012年3月以后，德明同志还担任了国土资源部党组副书记、国家土地副总督察，在国土资源部分工负责机关政务、调控和监测、执法监察、科技与国际合作等工作。他统筹兼顾，合理安排，积极地协助徐绍史、姜大明同志，做了大量富有成效的工作。他政治立场坚定，工作思路清晰，领导经验丰富，组织协调能力比较强，处事果断，抓工作、抓落实的力度大。他爱学习思考，知识面比较宽，语言和文字表达能力强，性格直爽，为人正派，团结同志，要求自己比较严格。德明同志虽然从国土资源部和测绘地理信息局领导岗位上退下来了，相信他一定会一如既往地关心支持国土资源管理和测绘地理信息工作。同时，德明同志还是十二届全国政协人口资源环境委员会的副主任，将在全国政协岗位上继续发挥作用。

库热西同志大家可能还不太熟悉，在这里，我把他的情况简要介绍一下。库热西同志1960年3月出生，1984年1月入党，1977年1月参加工作，解放军测绘学院毕业，在乌鲁木齐军区、广州军区当过测绘员，转业以后，在新疆维吾尔自治区党校、自治区监察厅、自治区纪委工作，1996年1月担任新疆维吾尔自治区纪委常委，1998年10月任哈密地区行署副专员，2000 年 4 月任哈密地委副书记、行署专员，2003 年 1 月任自治区副主席，2007 年 12 月任自治区党委常委、副主席，2008 年 2 月任自治区党委常委、自治区副主席、自治区国资委党委书记。库热西同志思想政治素质好，有正确的民族观，国家意识比较强，眼界开阔，思维敏捷，领导经验比较丰富，组织协调能力比较强。近年来，按照新疆维吾尔自治区党委加快推进新型工业化建设要求，充分发挥资源优势，积极推动自治区的工业发展，狠抓安全生产，为自治区改革发展稳定做了大量工作。他事业心、责任感强，工作务实，严谨细致，处事稳重，团结同志，要求自己比较严格。中央决定由库热西同志担任国家测绘地理信息局局长、党组书记职务，既是从大局、工作需要出发，也考虑到库热西同志的特长，发挥其专长，同时也充分体现了中央对少数民族干部政治上的充分信任和关心。大家一定要把思想统一到中央的决定精神上来，讲政治、顾大局，积极配合、全力支持库热西同志的工作。主要领导的职务变动是单位的一件大事，也是对班子成员和广大干部的一次考验，大家一定要恪尽职守、抓好工作，实现顺利交接、平稳过渡。

同志们，党的十八届三中全会对全面深化改革作出了总体部署，下一步测绘地理信息工作会更加艰巨和繁重。希望局党组认真地学习领会、全面贯彻落实中央的精神，深刻认识做好新形势下测绘地理信息工作的重要性和紧迫性，更好地融入和服务改革发展大局，开创测绘地理信息事业的新局面。要凝心聚力，全面深化测绘地理信息领域改革，优化地理信息产业发展环境，完善测绘地理信息管理体制和运行机制，继续做好第一次全国地理国情普查，不断推动测绘地理信息事业转型升级。要抓好班子的自身建设，努力建设学习型领导班子，严格执行民主集中制，搞好班子的团结，不断提高班子的凝聚力和战斗力。要坚持“信念坚定、为民服务、勤政务实、敢于担当、清正廉洁”的标准，严格执行干部任用条例，加强干部队伍建设，树立正确的用人导向。要加强党风廉政建设和作风建设，按照“三严三实”的要求，抓好党的群众路线教育实践活动整改措施的落实，树立为民、务实、清廉的良好形象。

相信测绘地理信息局新的领导班子一定能够在以习近平同志为总书记的党中央领导下，在国土资源部的支持帮助下，团结带领广大干部职工，进一步增强使命感和责任感，锐意改革、真抓实干，在已有工作的基础上，推动我国测绘地理信息事业取得更大的发展，为建设生态文明、美丽中国作出新的贡献！

## 中央教育实践活动第 30 督导组组长吴定富在国家测绘地理信息局党的群众路线教育实践活动总结大会上的讲话

2014 年 1 月 24 日

同志们：

1 月 20 日至 21 日，中央召开了党的群众路线教育实践活动第一批总结暨第二批部署会议，习近平总书记和其他中央政治局常委出席了会议，总书记发表了重要讲话。他站在党和国家全局的高度，全面总结了第一批教育实践活动的成效和经验，深刻阐述了第二批教育实践活动的重要性和紧迫性，明确提出了搞好活动的目标任务和基本要求。讲话具有很强的思想性、针对性和指导性。无论是对第一批后续工作的继续落实，还是对开展好第二批活动，都具有重大而深远的意义。刘云山同志就认真学习贯彻总书记重要讲话精神，切实把思想和行动统一到中央精神上来，扎实开展第二批教育实践活动作了重要讲话。赵乐际同志作了总结讲话。根据中央精神和国家测绘地理信息局的实际情况，今天，局党组召开会议，对党的群众路线教育实践活动进行总结。刚才，徐德明同志代表党组作了总结报告，讲的很好，我完全赞同。

下面，我代表督导组讲两点意见。

**一、国家测绘地理信息局教育实践活动取得明显成效**

国家测绘地理信息局党组按照中央确定的指导思想和目标要求，以解决“四风”问题为突破口，紧密结合部门实际，切实加强组织领导，把学习教育贯穿始终，认真查摆突出问题，召开了高质量的专题民主生活会，对群众反映强烈的突出问题开展了集中专项整治，抓好建章立制工作，教育实践活动取得了实实在在的效果。在前几天通报会后的民主评议中，局党组的“好”和“较好”率达到99.2%，说明干部群众是满意的。督导组认为国家测绘地理信息局党组教育实践活动符合中央要求，取得的成效是明显的，主要体现在以下四个方面。

一是通过集中的学习教育，党员、干部普遍经受了一次深刻的马克思主义群众观和党的群众路线教育。测绘地信局党组紧密围绕教育实践活动主题，认真组织学习习近平总书记系列讲话和中央有关精神，学习中央确定的重点内容和必读书目，把个人自学和集中学习结合起来，把教育和实践结合起来，通过专题研讨、案例剖析、座谈交流等有效方式，坚持边学习、边思考、边行动，做到入脑入心，党员、干部的宗旨意识、群众观点普遍增强。

二是通过群众的广泛参与，深入查找了“四风”方面的突出问题。在教育实践活动中，全过程敞开大门，广泛倾听群众意见，接受群众监督和评判，自觉以群众满不满意作为检验活动成效的根本标准。活动期间，共先后2次发放民主评议表247份，与干部群众个别谈话170多人次，向有关部门发函550余封，群众监督联系组与360多名干部职工进行座谈交流，征求到各方面意见建议391条。多渠道、多层次的征求意见，有效激发了干部群众的参与热情，进一步了解了群众的呼声和诉求，查找了“四风”问题的突出表现。有的同志形象地说，这是一次比较全面彻底的“体检”。

三是通过召开一次高质量的专题民主生活会，批评和自我批评的优良传统得到恢复和发扬。坚持整风精神，开展批评和自我批评是这次教育实践活动的一大亮点。在民主生活会上，大家敞开心扉，直面问题，逐一查摆“四风”方面的突出问题和具体表现，剖析问题根源，明确整改方向和措施。相互批评做到了实事求是、出以公心、与人为善，注意把握好分寸和角度，不纠缠细枝末节，会议氛围严肃紧张又宽松和谐。通过这次专题民主生活会，大家受到了一次多年没有过的民主集中制教育和严格的党内生活锻炼。民主生活会情况通报后，干部群众普遍认为，这次生活会拿起了批评和自我批评武器，动了真格，是近年来开得最好、最成功的一次。

四是通过落实整改和专项整治，为民务实清廉的意识得到增强并见诸行动。执行“八项规定”，解决“四风”突出问题，目的是加强党的作风建设，核心是保持党同人民群众的血肉联系。测绘地信局党组从群众反映强烈的12个问题入手，提出了一系列具体整改措施，确定了文山会海、检查评比泛滥、公务用车、办公用房超标等专项整治重点，文件和简报数量明显减少，“三公经费”大幅下降，局机关和所属单位超标办公用房已腾退完毕，各项制度更加完善。这些效果的取得，使党的为民务实、艰苦奋斗的政治本色得到彰显，党员、干部焕发了锐意进取、奋发有为的精神状态，使基层群众看到了党和政府服务民生的真实行动，进一步密切了党群干群关系。

取得以上成效，是以习近平同志为总书记的党中央正确领导和率先垂范的结果，离不开测绘地信局党组的精心组织特别是一把手认真履行第一责任人职责、发挥示范带头作用，也离不开测绘地信部门广大干部群众自始至终的热情参与和大力支持！

**二、继续巩固和发展教育实践活动成果**

习近平总书记指出，教育实践活动有期限，但贯彻群众路线没有休止符，作风建设永远在路上。党的群众路线教育实践对每个党员、干部来说，是一个永无完结的课题，必须持之以恒地抓下去。这次教育实践活动创造、积累的一些有效做法和成功经验，要在今后党的建设，特别是领导班子建设和党员、干部队伍建设中加以深化和运用。这里，我提几点希望。

第一，要继续抓紧抓好整改落实。第一批教育实践活动已进入尾声，但收尾决不是收场，还有许多后续工作要做，尤其是整改落实工作，包括按方案有序推进整改，也包括专项整治。其中，有的正在进行，有的还没有开始，已经做完的成果还需要巩固。说了就要做，承诺的就要完成，决不能听取了意见、查找了问题，认识也很深刻，就是说了不做，错了不改，承诺了不兑现，虎头蛇尾，这样会影响更坏。更何况作风问题具有顽固性和反复性，还有很强的变异性和传染性。因此，要坚定不移地抓好整改落实，决不能虎头蛇尾、功亏一篑。对第二批活动中查找出的问题，涉及到本系统和行业的，要认领并认真整改。要坚持上下联动、相互配合、形成合力，使整个教育实践活动取得实实在在的效果。

第二，要牢固树立、自觉践行群众观点。这次活动之所以能得到广大干部群众的普遍认可，原因之一，就是我们始终站在群众的立场上找问题、查根源、抓整改，群众认为什么问题突出就着重解决什么问题，群众认为什么问题紧迫就抓紧解决什么问题，认真回应群众关切，无论是文山会海、检查评比泛滥，还是公务用车、办公用房超标，都是群众关注的问题。形势和任务在发展，群众的需求也会发生变化。在任何时候任何情况下，我们作任何决策都要站在群众立场，树立群众观点，时刻想着群众，把群众利益作为一切工作的出发点和落脚点，切实解决“为了谁、依靠谁、我是谁”的问题。

第三，要继续拿起并用好批评和自我批评这个武器。批评与自我批评是我们党的优良传统，也是我们党的三大作风之一。一段时期以来，这一法宝没有得到真正运用，由“利器”变成了“钝器”。在这次教育实践活动中，我们又拿起了这一有力武器，重新恢复了这一光荣传统，成为这次教育实践活动取得成功的重要标志之一。我们体会到，专题民主生活会能不能开好，会前功夫很重要，自我深入剖析查找问题，反复谈心交心，把问题谈开谈透，真正触及灵魂，既红脸出汗，又加油鼓劲，有利于增进团结、形成共识，也能确保民主生活会的高质量。在党内、在班子内，由于大家经历不同、分工不同，在具体问题上看法、意见有不一致的地方是正常的。不论遇到怎样的分歧，要善用多用批评和自我批评这一武器。只要大家以大局和事业为重，本着实事求是、与人为善，真诚交换意见，求同存异，就能营造“团结——批评——团结”的良好氛围。

第四，要继续保持求真务实、艰苦奋斗的优良作风。这次活动聚焦“四风”，使群众深恶痛绝、反映强烈的一些问题，如文山会海、检查评比泛滥，公务用车、办公用房超标等得到了有效遏制，群众普遍叫好，社会反响也很好。在当前情况下，要趁热打铁、乘势而上，大力倡导和践行求真务实、艰苦奋斗的作风。要把活动中取得的好经验、好做法用制度固定下来，做好废、改、立工作，形成长效机制，使党员、干部自觉把党的传统作风内化于心、见之于行，真正把心思用在干事业上，始终保持求真务实、奋发有为、艰苦奋斗的精神。我相信国家测绘地理信息局广大党员干部一定能把教育实践活动激发出来的正能量，转化为全面深化改革、推进测绘地理信息事业转型升级的强大动力，为实现中华民族伟大复兴的中国梦提供强有力的保障。

教育实践活动开展以来，国家测绘地理信息局广大干部群众对我们第30督导组的工作给予了大力支持和帮助。我们督导组全体同志向大家表示衷心感谢！春节将至，借此机会，向在座的全体同志拜年，祝大家新春快乐，阖家幸福，工作顺利，身体健康！

谢谢大家！

## 国家测绘地理信息局局长徐德明在国家测绘地理信息局党的群众路线教育实践活动总结大会上的讲话

2014 年 1 月 24 日

尊敬的定富组长、庭大副组长及督导组成员，各位领导、同志们：

大家上午好！

1月20日至21日，中央召开了党的群众路线教育实践活动第一批总结暨第二批部署会议，习近平总书记发表重要讲话，全面总结了第一批教育实践活动的成效和经验，对第二批教育实践活动作出了部署，讲话高屋建瓴，思想深邃，内涵丰富，体现了党要管党、从严治党的政治清醒，体现了直面问题、攻坚克难的政治担当，体现了植根人民、造福人民的政治自觉，是指导教育实践活动的纲领性文献。一会儿，我们将对会议精神做专门传达，请各级党组织学习好、贯彻好、落实好。

按照中央统一部署，在中央第30督导组精心指导下，局党组按照“照镜子、正衣冠、洗洗澡、治治病”的总要求，以为民务实清廉为主要内容，于2013年7月5日至2014年1月23日开展了党的群众路线教育实践活动。2014年1月8日，在中央第

30督导组组织的125人参加的民主评议中，“总体评价”、“学习教育情况”、“专题民主生活会情况”三项分别为“好”与“较好”的共124票，占总票数的99.2%，“整改落实情况”为“好”与“较好”的共122票，占总票数的97.6%。可以说，我们这次活动实现了预期目标，达到了预期效果，得到了群众好评。下面，我代表局党组，对开展教育实践活动的情况作全面总结。

**一、基本做法**

中央《关于在全党深入开展党的群众路线教育实践活动的意见》印发后，局党组立即组织了集中学习，并着手起草实施方案。2013年6月18日中央教育实践活动工作会议召开后，局党组立即传达学习并对我局教育实践活动做出部署，及时成立组织机构，创新成立了群众监督联系组，确立了党组成员联系点，2013年7月5日召开动员大会，并印发实施方案和工作安排一览表，我局教育实践活动正式启动。

（一）学习教育、听取意见环节，突出一个“真”字

局党组把第一环节看作是基础环节来抓，突出一个“真”字，坚持真学、真懂、真信、真用、真心听取意见。

一是坚持个人自学与集中研讨紧密结合。局党组及其成员始终坚持先学一步、多学一些、学深一点，把学习习近平总书记等中央领导同志一系列重要讲话和中央一系列文件精神放在首要位置，在坚持自学中央规定的学习篇目和关于作风建设经典篇目的基础上，开展了党组中心组（扩大）理论学习研讨活动，我、维森、贤成分别围绕党的群众路线、三大平台建设、廉政建设作了重点发言。党组先后集中学习共7天。通过学习，党组成员提高了对加强作风建设重要性和紧迫性的认识，增强了践行群众观点和群众路线的自觉性和坚定性。

二是坚持示范教育与警示教育紧密结合。为了学习先进典型的崇高精神和优良作风，局党组组织党员、干部赴兰考县焦裕禄纪念馆实地参观学习，印发了《关于向新时期测绘好干部——杨艳萍同志学习的决定》并举办了7场巡回报告会，组织收看了影片《周恩来的四个昼夜》，开展了“新时期感动测绘人物”推选活动，印发了《全国测绘地理信息系统创先争优活动先进典型事迹汇编》一书。同时，组织党员、干部收看了教育片《苏联亡党亡国二十年祭——俄罗斯人在诉说》，对薄熙来的案件进行了学习和反思，很好地发挥了先进典型的示范引领作用和反面典型的警示提醒作用。

三是坚持理论学习与促进工作紧密结合。大力发扬理论联系实际的学风，在《中国测绘报》开设了“参加群众路线教育实践活动心得体会”专栏，机关各司室和各直属单位主要负责人带头撰写关于加强作风建设的学习心得和体会。举办了“坚持快干好 提振精气神”主题演讲活动，集中展示了党员、干部开展学习、深入思考的成果。以“做大做强三大平台、提升服务保障能力”为主题，组织开展了建言献策活动，收集公众针对三大平台建设、开发、应用等环节的意见建议。

四是坚持调查研究与听取意见紧密结合。活动之初，局党组成员带队组成6个调研组，深入直属单位、地方主管部门、基层测绘单位、相关企业和科研单位等进行了调研，听取干部职工的意见建议。为了更深入地听取意见、查找问题，“十一”前夕，局党组又组成5个调研组，分赴环境艰苦的外业测区，就教育实践活动进一步听取一线职工的意见建议。

五是坚持征求意见与找准问题紧密结合。为了发动群众给党组“把脉看病”，局党组敞开大门，广开言路，开展了多方面、多层级、多形式、多渠道的听取意见工作。累计发出调查问卷和征求意见函550余份，召开了28个征求意见座谈会。汇总梳理出各种意见建议391条。其中：贯彻落实中央八项规定的意见建议12条，“四风”方面存在问题的意见建议46条。群众真实意见的收集，为局党组找准问题奠定了良好基础。

（二）查找问题、开展批评环节，突出一个“严”字

局党组把第二环节看作是关键环节来抓，突出一个“严”字，坚持严的标准、严的措施、严的纪律，召开了一次高质量的专题民主生活会。

一是深化听取意见工作。在前一环节征求意见的基础上，局党组通过开设网上邮箱、召开座谈会、开展“双向约谈”、进一步发挥群众监督联系组作用等方式，深入查摆问题。局党组将梳理归纳后的意见建议在一定范围内进行公示，请干部职工对梳理的意见够不够、准不准，查摆的问题透不透、深不深进行评判。

二是广泛开展谈心交心活动。局党组成员之间

集中开展了两轮谈心活动。党组成员还与分管部门和联系单位的负责同志进行了谈心，与干部职工开展了“双向约谈”。6名党组成员之间开展谈心共124人次，与党员干部群众“双向约谈”共37人次。通过深入的谈心活动，达到了交流思想、深化认识、增进团结、共同提高的目的。

三是认真撰写对照检查材料。按照衡量尺子要严、查摆问题要准、原因分析要深、整改措施要实的要求，我亲自主持撰写了党组对照检查材料，先后召开7次党组会集体会诊，共修改20余次，中央第30督导组反馈意见3次，中央活动办反馈意见1次。局党组成员联系自己的思想、工作和生活实际，联系自己的成长经历特别是领导岗位上的各种表现，反复修改和完善了自己的对照检查材料。

四是召开高质量的专题民主生活会。在中央第30督导组和中央国家机关工委有关同志全程指导下，2013年11月5日，局党组召开了教育实践活动专题民主生活会。我代表局党组报告了党组遵守政治纪律的情况，贯彻落实中央八项规定精神、转变作风的情况，查摆了党组在“四风”方面的12个突出问题和具体表现，并从理想信念、宗旨意识、党性修养、纪律要求四个方面深刻剖析了问题的实质和产生的根源，提出了努力方向和整改措施。党组成员一一发言对照检查，并提出了具体实在的改进措施。每位党组成员发言后，其他党组成员均对其进行了诚恳批评。我给各位党组成员共提了10条意见，党组成员之间共提了58条批评意见。会上，不放“哑炮”、“空炮”和“礼炮”，贯穿了整风精神。中央第30督导组给予充分肯定和高度评价，认为这次会议开得是好的，达到了“团结——批评——团结”的目的，符合中央要求。

五是及时通报专题民主生活会情况。2013年11月8日，局党组召开了情况通报会，并通过多种方式收集干部职工的意见建议。大家一致认为，局党组坚持严字当头、率先垂范，带头召开了一次严肃认真、民主团结、求真务实、质量较高的专题民主生活会，充分体现了整风精神。党组对照检查材料实事求是，查摆深刻，聚焦准确，贯彻了中央要求，回应了群众关切，体现了敢于直面问题的勇气、实事求是的态度和敢于担当的正气。

（三）整改落实、建章立制环节，突出一个“实”字

局党组把第三环节作为根本环节来抓，突出一个“实”字，发扬“钉钉子”精神，务求取得实效。

一是认真制定整改方案。针对局党组检查出的“四风”问题，我主持研究制定了整改方案、专项治理方案和制度建设计划，并专门成立了制度建设工作组。召开机关各司室和局所属各单位负责人参加的视频会议，部署局党组整改方案的细化工作。按照开门搞整改的原则，将局党组整改方案进行了公示，接受广大干部群众的监督。

二是抓紧落实整改任务。责任领导带领责任部门，反复研究分析，深入细化分解，增强了整改措施的针对性和可操作性。2013年12月26日召开党组扩大会议，专门听取整改推进情况汇报。局党组建立了整改“台账”制度，完成一项、销号一项，确保整改任务件件落实。2014年1月8日召开了整改情况通报会，接受广大干部职工的监督和评议。

三是下大力气开展专项整治。局党组从群众最关心的问题入手，用“狠、准、韧”的精神，出重拳、给狠招、下猛药，开展了文山会海和检查评比泛滥、公务用车问题、办公用房超标问题3项专项整治，局机关及局所属单位共精简会议140个，精简文件631个，精简简报50%左右，清理评比达标表彰项目16个；清理超标公务用车7辆；超标办公用房已按要求腾退完毕；有关局领导个人住房问题已整改。

四是积极推进建章立制工作。对局现有制度进行了全面梳理，共梳理出“四风”相关制度文件109件，摸清了制度家底，列出了制度建设清单。聚焦“四风”问题，制定了制度建设计划，确定了需要修订的制度8件、需要建立的制度4件。已经修订了《局工作规则》、《局会议管理办法》、《局外事和香港澳门台湾事务管理规定》，新制定了《局机关食堂公务接待用餐管理办法（试行）》、《局精简公文管理规定》、《局视频会议系统管理暂行办法》、《关于进一步加强和规范评比达标表彰活动管理工作的通知》等相关规定，制度建设取得了初步成效。

**二、主要特点**

局党组在教育实践活动中，发扬“认真”精神，教育与实践并举，纠“四风”与建制度并举，落实中央决策部署有速度、有力度，结合自身实际有特色、有亮点，整个教育实践活动有质量、有效果，做到了教育实践活动与业务工作两不误、两促进。总体看，主要表现在“八个坚持和下功

夫”上。

（一）坚持把学习教育贯穿活动始终，在提高思想、深化认识上下功夫。局党组坚持把理论武装摆在第一位，将学习习近平总书记一系列重要讲话、中央一系列重要文件和中央督导组要求部署作为重中之重，同时，与学习党的光辉历史和优良传统紧密结合，与学习规定篇目和自选篇目紧密结合，与学习十八届三中全会精神紧密结合，参加教育实践活动的自觉性和主动性不断增强。

（二）坚持把总要求贯穿活动始终，在聚焦“四风”、把握方向上下功夫。局党组坚持把“照镜子、正衣冠、洗洗澡、治治病”这一总要求贯穿活动始终，聚焦“四风”问题，以贯彻落实中央八项规定和局党组十项措施为切入点，坚持对准焦距、找准穴位、抓住要害，对照党章、对照廉政准则、对照改进作风、对照群众期盼、对照先进典型，看差距、找不足，摆问题、析根源，明方向、定措施，使得教育实践活动不走神、不散光，始终沿着正确方向健康发展。

（三）坚持把发挥群众监督联系组的作用贯穿活动始终，在接受监督、群众评判上下功夫。局党组把群众满意作为根本标准，坚持开门搞活动，请群众参与，受群众监督，让群众评判。由普通群众、党外人士、青年干部等组成的群众监督联系组，全程参与、谋划、监督每个环节的工作，先后参加了16个基层党支部的学习讨论，与360多名干部职工进行了面对面座谈交流，较好地发挥了联络员、监督员、宣传员的作用。为了能够真正听到群众的真话、实话、掏心窝子的话，局党组多次深入基层，广泛征求意见，先后将梳理归纳后的意见建议、对照检查材料、整改方案进行公示，将专题民主生活会和整改落实情况及时向群众通报，真开门、开大门，为教育实践活动打下了牢固的群众基础。

（四）坚持把边查边改贯穿活动始终，在求真务实、取得实效上下功夫。局党组始终坚持问题导向，立说立行、即知即改，活动开始就开展了清理规范简报工作，叫停和压缩了出国（境）团组，在预算执行中严格控制“三公经费”开支。活动中，开展了文山会海和检查评比泛滥、公务用车问题、办公用房超标问题专项整治。对于群众反映的领导干部个人住房有关问题，局党组两次派人赴有关部门咨询政策，并召开党组会专题研究整改，整改情况已向中央活动办和中央督导组做了专题报告，让干部职工看到了党组整改的决心和信心，感受到了党组整改的力度和速度。

（五）坚持把“回头看”贯穿活动始终，在查漏补缺、善作善成上下功夫。为了确保活动步步为营、稳扎稳打，局党组把“回头看”作为重要抓手贯穿活动始终，主要开展了“六个回头看”，即看学习教育，思想基础是否打得“牢”；看查摆问题，“四风”问题是否找得“准”；看自我剖析，思想灵魂是否触得“深”；看谈心交心，坦诚相见是否谈得“透”；看开展批评，思想武器是否用得“好”；看边查边改，整改工作是否抓得“实”，不断地查漏补缺，使得教育实践活动扎扎实实，不虚、不空、不偏。

（六）坚持把宣传先进典型贯穿活动始终，在树立标杆、示范引领上下功夫。局党组高度重视先进典型的选树和宣传工作，特别是注重开展向身边的先进典型学习活动，授予杨艳萍同志“新时期测绘好干部”荣誉称号，先后在北京、四川、重庆、海南、黑龙江、陕西、浙江举办了7场杨艳萍同志先进事迹报告会，3000余名党员干部现场聆听了杨艳萍同志的感人事迹，多家新闻媒体进行了直播、刊发和转载，使得广大党员干部学有标杆，行有示范，自觉地见贤思齐，比学赶超。

（七）坚持把自选动作贯穿活动始终，在抓好结合、体现特色上下功夫。局党组在做好中央规定动作的同时，创造性地开展自选动作。举办了“坚持快干好 提振精气神”主题演讲活动，开展了“新时期感动测绘人物”推选活动，围绕“做大做强三大平台、提升服务保障能力”开展了建言献策活动，实现了规定动作不折不扣、自选动作有声有色的良好局面。

（八）坚持把加强宣传报道贯穿活动始终，在营造氛围、舆论引导上下功夫。局党组把加强宣传报道和舆论引导放在重要位置，依托活动专报、简报、中国测绘报、局网站、社会媒体等平台，形成立体宣传态势，使教育实践活动不断深入人心。编发教育实践活动专报49期、简报46期，其中被中央活动办主办的群众路线网采纳34条。在中国测绘报开设了专栏，在局门户网站开设了活动网页，为教育实践活动创造了良好的舆论氛围，提高了群众的积极性和参与度。

**三、活动成效**

局党组通过开展教育实践活动，取得了重要的思想认识成果、实践成果和制度成果，为全面深化改革、推动测绘地理信息事业发展汇聚了强大正能量，取得了群众满意的良好成效。

（一）思想认识上有新收获，群众观点进一步强化。局党组坚持从思想源头抓起，自觉做到学用结合、知行合一，在深入学习中深化认识、提高觉悟，在把握群众路线的精神实质、增强反“四风”的思想自觉和行动自觉上下功夫，打牢改进作风、服务群众的思想基础。广大党员、干部特别是领导干部积极主动参加学习教育，勇于拿起批评和自我批评的思想武器，经受了一次深刻的思想政治洗礼，思想得到升华，灵魂受到触动，马克思主义群众观点在心里扎下了根，与以习近平同志为总书记的党中央保持高度一致的政治定力进一步增强，中国特色社会主义的共同理想进一步坚定，为民务实清廉成为广大党员、干部的价值追求和自觉行动。

（二）作风建设上有新气象，优良传统进一步弘扬。局党组按照活动总要求，扭住“四风”不放，“改”字当头，以改进作风的新成效取信于民。通过在专题民主生活会上开展批评和自我批评，党性原则得到了加强，坦诚相见、从善如流的党内生活氛围得到恢复；通过配合国务院审改办进一步做好行政审批改革工作，机关职能进一步转变，效能进一步提高；通过改进文风会风，“文山会海”得到明显遏制，让干部职工可以把更多的时间和精力放在推动事业发展上；通过规范“三公”经费管理，严格控制出访团组数量和经费，公务接待实行自助餐，公务用车更加规范了，以往需要来回奔波的会议利用视频会议的方式解决了，经费节省了，效率提高了，铺张浪费少了；通过改进新闻报道，“镜头”对准群众，宣传领导少了，宣传群众多了；通过清理领导干部超标办公用房，领导的办公场所小了，群众的办公空间大了。在局党组的带动下，广大干部职工自觉改进作风，切实做到求真务实、不务虚功，勇于担当、积极作为，批评和自我批评的优良传统得到进一步弘扬，“热爱祖国、忠诚事业、艰苦奋斗、无私奉献”的测绘精神和“快、干、好”的优良作风得到进一步弘扬。

（三）纪律约束上有新进步，自律意识进一步增强。局党组及其成员通过撰写对照检查材料，认真剖析了自身遵守党的政治纪律、贯彻执行中央八项规定的情况，就廉洁自律有关问题进行了明示，从纪律观念上深挖了思想根源、提出了整改措施。《党政机关厉行节约反对浪费条例》、《党政机关国内公务接待管理规定》等规章制度印发后，局党组及其成员严格执行，自觉遵守，并坚决抵制公款送礼、公款吃喝、奢侈浪费、公款购买贺年卡和烟花爆竹等不正之风。对照中央关于严肃整治“会所中的歪风”的要求，局党组成员认真进行了自查，均书面作出了承诺。通过不断学习和自我剖析，党组成员严格执行廉政准则和中央八项规定的自觉性明显增强，不碰红线、不越底线、讲规矩、守纪律的表率作用进一步发挥，自我净化、自我完善、自我革新、自我提高的能力进一步增强。

（四）解决问题上有新成效，党群关系进一步密切。局党组成员与干部职工开展“双向约谈”，带头深入群众、深入基层调研，参加所联系部门的学习和业务活动，以普通党员身份参加所在党支部活动，全方位多渠道倾听干部群众意见，拉近了与群众的距离。针对社会公众反映的测绘地理信息成果使用不便的问题，大力加强“天地图”建设，优化涉密基础测绘成果提供使用审批、地图审核程序，切实方便了群众。针对全国地勘行业涉密测绘成果和地质资料使用存在失泄密隐患问题，联合有关部门开展了专项治理。针对群众反映的地理信息资源统筹困难、共享不够的问题，积极加强与有关部门的沟通，研究工作方案，推进建立健全地理信息资源共建共享机制，实现了资源三号卫星与天绘卫星、资源一号卫星02C卫星等其他国产遥感卫星成果的共享交换，提高了地理信息资源利用效率。针对长期以来存在的京外直属局离退休人员生活补贴执行地方标准问题，积极向财政部争取，2014年“一下”预算离退休经费控制数较上年增加3450万元、增长29%，维护了离退休职工利益。针对职工反映的生产生活和后勤管理方面存在的问题，启动了对车道沟、玉渊潭老旧小区的改造，对局自有家属院物业实行了统一管理，努力为干部职工营造良好的生活环境。局党组坚持有什么问题就解决什么问题，什么问题突出就重点解决什么问题，解决基层疾苦、做好群众工作的能力明显提高。

（五）谋划长远上有新提高，长效机制进一步建立。局党组注重既立足当前、切实解决群众反映强烈的突出问题，又着眼长远、建立健全促进党员干部坚持为民务实清廉的长效机制，活动期间已修订制度3项，新制定制度4项。本着于法周延、于事简便、配套衔接、务实管用的原则，目前还在抓紧建立健全作风建设方面的规章制度，内容涉及局党组工作规则、调研工作管理、培养选拔优秀年轻干部、与干部谈心谈话、行政审批、资质管理、行政执法、测绘地理信息成果服务、内部审计和政府采购监督等方面，力求以法治思维和改革精神建制度、立规矩，推动作风建设常态化、长效化。

**四、主要体会**

通过认真组织开展教育实践活动，我们有以下五点体会：

（一）找准问题、切中要害，是这次教育实践活动取得实效的核心。这次教育实践活动，中央明确把矛头指向群众反映强烈的“四风”问题，目的性和针对性极强，体现了党要管党、从严治党的决心。局党组牢牢把握活动的目标和任务，始终聚焦作风建设，强化问题意识，把深入查摆和切实解决“四风”问题贯穿活动始终，直言弊处，直面问题，从而赢得了干部群众的支持拥护，取得了实实在在的效果。

（二）领导带头、率先垂范，是这次教育实践活动取得实效的关键。中央政治局带头开展教育实践活动，为全党树立了标杆和榜样。局党组认真履行教育实践活动的主体责任，在活动之初就制定了三项纪律，确保活动时间、进度和质量。我作为“第一责任人”，尽管部、局两头工作头绪多、任务重，但始终把教育实践活动放在心上，抓在手上，深入一线，靠前指挥；局党组成员都能以普通党员的身份把自己摆进去，以身作则，率先垂范，从而形成了以上率下反“四风”的示范带动力和强大推动力。

（三）精心督导、严格把关，是这次教育实践活动取得实效的保证。中央第30督导组坚持发扬求真务实、真抓实干的优良作风，指导和帮助我局认真开展教育实践活动，保证了活动按照中央要求有序推进。局党组选调精兵强将组成的4个督导组，敢于唱黑脸、当包公，本着尽职不越位、督导不包办的原则，抓住关键不撒手、突出重点不放松，全程督促和分类指导所负责部门和单位开展活动，保证了各部门各单位贯彻中央要求和局党组部署不折不扣。

（四）统筹谋划、精心组织，是这次教育实践活动取得实效的基础。局党组先后召开党组会和领导小组会31次，及时学习贯彻中央精神，研究审定各种方案，认真谋篇布局，抓好顶层设计，周密安排部署，充分发挥了总指挥和司令部的作用。注重对机关各司室和各直属单位的指导和统筹，党组成员深入各自联系点，面对面开展工作。局活动办按照中央和局党组要求，提前谋划准备，精心组织实施，加强联系沟通，提出工作建议，一丝不苟当好参谋助手。正是由于党组领导强、统筹谋划早、部署安排细、各方配合好、上下联动快，从而保证了活动各环节衔接紧密，推进有力。

（五）动真碰硬、狠抓整改，是这次教育实践活动取得实效的根本。局党组坚持先禁己身而后人、打铁还需自身硬的原则，敢于抛开面子揭短亮丑，敢于坚持原则动真碰硬，触及利益问题不畏首畏尾，碰到实质问题不避重就轻，以无私无畏的勇气向自己开炮、抓自身建设，以“钉钉子”的精神和“啃硬骨头”的决心抓整改落实，从而保证了整改结果群众认可，活动成效群众满意。

**五、几点要求**

习近平总书记强调指出，教育实践活动有期限，但贯彻群众路线没有休止符，作风建设永远在路上，收尾不是收场。下一步，我们将着力做好以下五方面的工作。

（一）认真学习贯彻重要讲话，在吃透精神、领会实质上下功夫。要采取多种形式深入传达学习贯彻习近平总书记1月20日重要讲话精神，深刻理解群众路线是永葆党的青春活力和战斗力的重要传家宝，必须做到坚持教育和实践两手抓，使马克思主义群众观点深深植根于思想中，真正落实到行动上；深刻理解理想信念是共产党人的精神之“钙”，必须加强思想政治建设，解决好世界观、人生观、价值观这个“总开关”问题；深刻理解加强和改进作风建设是保持党同人民群众血肉联系的有效途径，必须聚焦解决群众反映强烈的突出问题，以作风建设新成效凝聚起推动改革发展的正能量；深刻理解批评和自我批评是清除党内灰尘和政治微生物的有力武器，必须以整风精神严格党内生活，着力提高领导班子发现和解决自身问题的能力；深刻理解讲认真是我们党的根本工作态度，必须做到无私无畏、敢于担当，把认真精神体现到党内生活和干事创业方方面面。要把“五个必须”作为加强党的建设的根本举措和有效途径，牢牢把握，始终坚持。

（二）切实强化政治定力，在思想上政治上行动上与党中央保持高度一致。要把深入学习习近平总书记的一系列重要讲话作为理论武装的重点，与学习十八届三中全会精神、中央经济工作会议精神、中央纪委三次全会和国务院廉政工作会议精神紧密结合，增强政治意识、“看齐”意识、保持一致意识，更加准确地理解把握以习近平为总书记的党中央的执政理念、治国方略、工作思路、创新实践和信念意志，坚定道路自信、理论自信、制度自信，坚决维护党中央的权威，真正做到政治上同心、情感上认同、行动上同步。

（三）严格遵守党的纪律，切实在顾全大局、令行禁止上见成效。要加强对党员、干部遵守政治、组织、人事、财经等纪律的教育，引导广大党员、干部进一步强化大局意识、纪律意识和组织意识，以更加坚决的态度、更加有力的措施，坚定不移地维护和严格执行党的纪律，坚决贯彻党中央国务院的一系列决策部署和纪律要求，严格遵守党章和各项规章制度，严格执行民主集中制、民主生活会、请示报告等党内生活制度，严格执行《党政机关厉行节约反对浪费条例》及廉洁自律有关规定，使党员、干部心有规则、行有规范。

（四）巩固扩大活动成果，不断让广大职工看到新变化新气象。教育实践活动转入第二批并不等于第一批整改落实任务的结束，更不是纠正“四风”任务的完成，决不能有歇口气思想、过关心理，故态复萌。对于已经整改的要抓巩固，防止反弹；尚未整改的要加大力度，防止开“空头支票”；整改不到位、群众不满意的，要“加火补课”。要继续发挥制度建设工作组的作用，推动有关制度规定的出台。同时，要抓好各项制度的贯彻落实和制度执行情况的监督检查，切实维护制度的严肃性和权威性。要以认真的精神抓好整改工作，以高度负责的态度兑现承诺，不断巩固和扩大教育实践活动成果，不断让广大职工真正看到教育实践活动带来的新变化新气象。

（五）促进活动成果转化，推动测绘地理信息事业实现转型发展。要以促进教育实践活动成果转化为抓手，以全面深化改革为动力，以提质增效升级为核心，以地理国情普查为牵引，以扩大社会应用为重点，以服务经济社会民生为目的，强改革、重市场、树品牌、优服务、保安全、促发展，推动测绘地理信息事业转型升级，更深更好地融入和服务改革发展大局。

同志们，我局教育实践活动之所以取得明显成效，与中央第30督导组的严督实导密不可分，他们在全过程各环节都给予了悉心指导，特别是在关键时候和重要节点，严格把关，莅临指导，在此，我代表局党组，向定富组长、庭大副组长及督导组成员的辛勤付出表示衷心的感谢！

新春佳节将至，我代表局党组，向在座各位并通过你们向测绘地理信息战线上的广大干部职工及家属致以节日的问候，祝大家春节愉快、身体健康、阖家幸福、马到成功！

谢谢大家。

# 国家测绘地理信息局局长，国务院第一次全国地理国情普查领导小组副组长、办公室主任徐德明在全国地理国情普查工作会议上的讲话

（根据录音整理）

2014 年 3 月 4 日

同志们：

开展第一次全国地理国情普查，是测绘地理信息部门在新形势下顺应时代发展要求的战略行动，是更好服务国家改革发展大局的重大举措。普查工作自去年起步以来，各地普遍高度重视，成立了领导小组，制定了实施方案和工作计划，明确了工作任务，落实了普查经费，进展比较顺利。但也存在总体不平衡、推进不协调、经费不落实等问题，个别省份的重视程度、投入力度与国务院要求还相差甚远，在一定程度上拖了全国的后腿，影响了全国普查工作的整体进展。春节前召开的全国测绘地理信息局长会议已经对2014年地理国情普查工作作出了总体安排，提出了明确要求，各地测绘地理信息部门主要负责同志都参加了会议。今天，我们专门

召集各位分管副局长、主管处长、技术负责人来开会，就是要进一步具体部署、具体要求、强化落实。在座各位是第一次全国地理国情普查的指挥员、战斗员、组织员、协调员，责任重大、使命光荣，必须担起责任，认真协调、精心组织、高效落实，切实推进地理国情普查工作。本次会议是一次全面开展地理国情普查工作的关键性会议，开好这次会议对我们进一步激发工作热情，确保地理国情普查全面完成具有重要意义。借此机会，我讲几点意见：

**一、充分理解、深刻认识，领会地理国情普查重大意义**

充分理解、深刻认识开展地理国情普查的重大意义，要认真学习好习近平总书记系列重要讲话，特别是关于生态文明建设、自然资源资产管理的要求和指示；学习好李克强总理对加强地理国情监测的深刻论述；领会好张高丽副总理在第一次全国地理国情普查电视电话会议上的重要讲话精神。张高丽副总理对地理国情普查的重大意义做出了深刻阐述，强调地理国情普查是了解国情、把握国势、制定国策的重要依据，是加强生态文明建设和美丽中国建设的重要支撑，是测绘地理信息服务大局、服务社会、服务民生的重要抓手，是测绘地理信息在新形势下转型发展、跨越发展的必然选择。特别是当前“五位一体”总体布局和“四化”建设同步推进，都需要及时提供现势性好的测绘地理信息服务，地理信息已经成为信息化的重要支撑，没有准确、现势、动态的数据，测绘地理信息就无法满足经济社会发展需要，就无法满足社会民生要求。人类的生产、生活与地理位置密切相关，人民生活质量的提高，也需要我们提供更好的地理信息服务。因此地理国情普查至关重要，李克强总理强调“地理国情监测极为重要”。对于普查工作，我们的认识有多高，责任就有多大，信心就有多足。这项工作能否做好，领导重视是关键。分管副局长要把地理国情普查当成政治任务和头等大事，抓在手上，履职尽责，积极主动，把各项工作落到实处；所有参会人员都要挑大梁、担重任，对国家负责、对事业负责，切实组织实施好地理国情普查工作，牢牢抓住事业转型升级的黄金机遇。

**二、高度负责、精心组织，推进地理国情普查科学实施**

开展地理国情普查是首创性的、前无古人的事业，与传统测绘既有联系又有区别，要求非常高。要实现普查多要素、全覆盖、无缝隙，没有精准的测绘，没有高度负责的精神，没有科学的态度，是难以达到的。如果我们能够达到这些标准，我们自身就有了致胜的法宝，我们的成果就能广泛应用，就能转化为强大的生产力，为各个部门提供最优质、最有效的服务。各参与单位和部门务必重视、重视、再重视。如果哪个地方的地理国情普查工作做不好，首要原因一定是认识不够。大家一定要按照党中央、国务院领导的讲话精神，对照普查总体方案的要求，看看是不是做到了，之前不重视的要补课、要自省、自查，迎头赶上，不拖全国的后腿。各地各单位要做到每一个设计、每一个方案都精准、完美，保证整个组织实施有条不紊，使各个环节环环相扣、紧密相连，切实用科学的态度合理组织、合理普查，突出重点、整合资源，避免重复、减少浪费。

**三、严格管理、严格检查，确保地理国情普查质量**

一项工程是否过硬，一件产品能否达到预期效果，关键在于管理是否严格。所以要把严格管理贯穿于地理国情普查的全过程，融入到每个作业员的工作中，从源头上建强制度、高度负责、一丝不苟。普查工作是良心活，考验的是我们对党的忠诚、对事业的忠诚。严格管理就是要增强责任意识、质量意识，加强对各级干部、对一线作业员的思想教育，引导、督促大家从自我做起，从每个人做起，管理好地理国情普查的各项工作；就是要加大检查、抽查力度，对于检查中发现的问题采取强力措施，从严处理，杀一儆百，形成震慑，要让违法违规、弄虚作假的付出代价、自食其果；就是要监督检查部门认真负责，坚持原则、坚持标准，只有这样才能保证普查工作质量不出问题，才能创造优质工程，否则就是对人民的犯罪。同时，要切实加强资金管理，严格招投标程序，严格资金审批，避免造成浪费，甚至酿成腐败，那样就有损于我们测绘人的形象。我们测绘人务必要在普查过程中进一步体现和升华“热爱祖国、忠诚事业、艰苦奋斗、无私奉献”的优良传统，向党和人民交上满意的答卷。

**四、突出重点、重视应用，发挥地理国情普查作用**

我们这次搞地理国情普查，就是要发挥测绘在生态文明建设、美丽中国建设、地质灾害防治、应急救援等方面的作用，从监测走向监督、监管、监控。开展地理国情普查必须站在国家的高度、站在可持续发展的高度、站在生态文明建设的高度上努力发挥作用。在普查过程中，监测是核心。如果不能把监测作为地理国情普查的核心来加以把握、实施和展示，地理国情普查的作用就会落空，张高丽副总理强调“边普查、边监测、边应用”，目的就在于此。去年我们发布了两次监测试点成果，效果非常好。其中一次中央电视台对辽宁抚顺西露天矿的监测情况进行了长时间的报道，引起了国务院领导的关注，张高丽副总理亲自作出批示，辽宁省政府也成立专门班子进行研究。过去，测绘工作没有充分发挥作用，原因在于我们提供了“米”，没有做成“饭”；提供了“面”，没有蒸成“馒头”，现在我们就是要做“米饭”、蒸“馒头”，把成果转化成能够与现实需求紧密对接的产品，让地理信息服务满足生态文明建设的要求，真正发挥推动可持续发展的监督作用。所以我反复讲，一定要把应用、监测贯穿于普查的每个环节，要充分利用已有的测绘地理信息成果，翻箱倒柜把老图找出来，通过比对分析、发现变化、看图说话，直观地反映沧桑巨变和资源环境的恶化，让人触目惊心。这样才能引起警醒，才能促进对自然的尊重、保护和热爱，才能推动自然资源保护，拓展生态文明建设空间。当前正处在自然资源资产管理所有权和监督权分离的酝酿时期，是测绘地理信息部门融入国家改革发展大局的关键时期。习近平总书记讲，我们既要绿水青山，也要金山银山，宁要绿水青山，不要金山银山，而且绿水青山就是金山银山。保护自然资源，测绘地理信息人要敢于亮剑，抢抓机遇，自我加压、自担重任；要站在国家利益上考虑问题，自强自信，无愧于心。

**五、加大协调、强化沟通，保证地理国情普查全面落实**

地理国情普查时间紧、工作量大、队伍多，必须加大协调力度，勤于沟通、善于沟通，增强沟通的主动性，尤其要积极与相关部门协调沟通，不厌其烦地去争取各方支持。要协调好方方面面的资源，把已有的资源整合在一张图上，真正为国家节约资源和资金，避免浪费。要建立月通报制度，如实通报各地进展情况，通报正反面典型，鼓励先进，鞭策后进，以通报的形式交流经验、通报进度，让各地相互比较、彼此追赶。要督促各地加强领导，提高重视程度，切实站在政治的高度、全局的高度、事业发展的高度，严格按照全国一盘棋的理念，抓好组织、资金、项目、任务的落实，保证全国一张图如期完成。

**六、保证时间、集中力量，加快地理国情普查进度**

普查工程浩大、涉及面广、时间集中、任务繁重。要以倒计时的紧迫状态，安排好时间进度、项目表、路线图，及时组织人力、物力、财力，加大投入，力争每个项目都能超前完成，起码要按时完成，决不能滞后。同时也要加强安全生产教育，保证生命和财产安全。大家一定要有脱一层皮的精神，全身心投入，不能满足于一般性的号召和要求，做到随时发现问题，随时调度，加强指导，层层把关。各单位主管领导要经常深入基层、深入实际，帮助解决问题，其他班子成员也要积极支持、共同推进。各部门要主动配合，为这项工作让步、提供便利、创造条件，共同打好这场战役，务必取胜。

**七、做好宣传，凝聚共识，扩大地理国情普查影响**

要深入宣传地理国情普查的重大意义，让大家了解、知晓什么是地理国情普查，对经济社会发展和百姓民生有什么影响和重要作用。只有大家懂得了，明白了，知名度提高了，我们的地位和作用才能提高。为此，要加大宣传力度，善于抓住典型，用事实说话，拿出数据支撑。宣传要去专业化，学会创造题材，学会讲故事，学会包装自己、推销自己，让人家看到普查的效果和应用的好处，切实抓住这一有利契机扩大影响，形成宣传效应，推动地理国情普查转为现实需求，推动测绘地理信息事业转型升级。与此同时，要通过劳动竞赛、评比表彰等方式，激发干部职工的工作热情，凝聚发展力量。

最后，希望大家团结一心、众志成城、攻坚克难、开拓创新，全力做好地理国情普查各项工作，确保按期、优质、节俭、安全地完成全国地理国情普查任务。

在此，也代表国务院地理国情普查领导小组和普查办公室，对大家付出的辛勤和努力表示衷心的感谢！

# 国家测绘地理信息局局长库热西·买合苏提在李克强同志视察中国测绘创新基地重要讲话三周年座谈会上的讲话

2014 年 5 月 23 日

同志们：

大家上午好！

2011 年 5 月 23 日，对测绘地理信息事业而言是具有里程碑意义的特殊日子。三年前的今天，克强总理百忙之中专程来到中国测绘创新基地视察，发表重要讲话，并宣布国家测绘局更名为国家测绘地理信息局，为测绘地理信息事业发展指明了前进方向，注入了强大动力，开启了新的纪元。

今天，我们召开座谈会，回顾工作、研判形势、明确任务，就是要进一步深化认识、凝聚共识、提振精神，深入贯彻党的十八届三中全会精神，进一步推动克强总理重要讲话精神的贯彻落实，加快推进测绘地理信息事业改革发展。刚才，我们通过视频重温了三年前那个激动人心的时刻，孙刚副局长、李建成院士畅谈了重要讲话发表 3 年来对国防建设和科技创新的重大推动作用及下一步关于推进军民融合、科技和教育工作的建议，5 位同志汇报了在重要讲话指引下本单位本部门取得的成绩成效。我深刻地感受到重要讲话给测绘地理信息事业发展带来了重大而深远的影响。下面，我谈三点意见。

**一、进一步深刻领会李克强总理重要讲话的重大意义**

三年来的实践证明，克强总理的重要讲话，使我们的发展思路更加清晰，重点任务更加明确，对策措施更加有力，是指引测绘地理信息事业科学发展的纲领性文件。

克强总理重要讲话是做好测绘地理信息工作的基本遵循。讲话站在党和国家事业发展的战略高度，从我国国情国力的现实出发，明确了测绘地理信息工作的重要定位，阐述了测绘地理信息工作的重要性，提出了一系列事关测绘地理信息事业发展全局的理论观点、基本论断和重要部署，既体现了对历史成绩的深刻总结，又蕴含了对形势任务的科学研判；既切中了测绘地理信息事业发展的关键，又与党的十八大以来的重大方针政策高度契合。讲话高屋建瓴，思想深邃，内涵丰富，具有很强的思想性、指导性、实践性，是做好新时期测绘地理信息工作的基本遵循，我们必须在今后的改革发展实践中坚定不移地加以贯彻。

克强总理重要讲话是推动测绘地理信息事业跨越发展的行动纲领。讲话为测绘地理信息事业确立“构建智慧中国、监测地理国情、壮大地信产业、建设测绘强国”总体战略指明了方向，明确了“不断增强基础测绘保障服务能力”“加快发展地理信息产业”“推进完善测绘地理信息体制机制”三大战略任务，提出了丰富基础地理信息资源、加强地理国情监测、推进数字城市建设、加快推进“天地图”建设、积极引导和扶持地理信息产业发展、逐步形成有利于测绘地理信息事业健康发展的体制机制等重点工作，体现了党中央、国务院对测绘地理信息事业发展的宏观把握，具有很强的系统性、预见性、针对性，是加快推进测绘地理信息事业跨越发展的行动纲领，我们必须在今后的工作中一以贯之地予以落实。

克强总理重要讲话是建设测绘地理信息强国的强大动力。讲话高瞻远瞩地指明了测绘地理信息强国建设之路，高度评价了测绘地理信息工作的重要成绩和重大意义，高度赞扬了测绘地理信息工作者的眼光、激情和智慧，极大地增强了全系统干部职工建设测绘地理信息强国的使命感、责任感和加快改革发展的信心决心。克强总理的重要讲话，是方向，是鼓舞，为我们创造了发展的良好环境条件，提供了坚强的政治保障，为建设测绘地理信息强国凝聚了强大动力，我们在今后的改革发展中必须进一步提振精气神，激发新活力。

**二、李克强总理重要讲话引领测绘地理信息事业取得显著成绩**

三年来，在克强总理重要讲话的指引下，全国广大测绘地理信息干部职工抢抓机遇、团结奋斗，推动测绘地理信息事业取得重大突破，实现快速发展。

一是地位作用不断提升，事业发展环境明显优化。克强总理在今年《政府工作报告》中明确要求加强测绘工作，高丽副总理亲任第一次全国地理国情普查领导小组组长，《国务院关于开展第一次全国地理国情普查的通知》《国务院办公厅关于促进地理信息产业发展的意见》等一系列有利于事业发展的政策文件密集出台，充分体现了党中央、国务院对测绘地理信息工作的高度重视。2012 年我局代表中国政府与联合国签署了地理信息管理能力开发信托基金协议，2013 年我局荣获了“世界杰出国家测绘地理信息管理部门奖”，标志着我国在全球测绘地理信息领域的话语权和影响力日益扩大。与此同时，发改委、科技部、财政部、总参测绘导航局等国家各部门以及地方各级党委政府对测绘地理信息工作的重视、关心、支持程度显著提升，事业发展环境明显改善。

二是数据资源极大丰富，保障服务能力大幅增强。第一次全国地理国情普查全面启动，已完成 480 万平方千米的普查底图制作和约 420 万平方千米的外业调查工作，并在地面沉降、湖泊变化等方面取得一批监测成果。数字城市建设全面推进，地级市已累计立项 322 个，开发应用系统 2500 余个，智慧城市试点取得初步成果。“天地图”地理信息服务网站数据更加翔实，功能不断完善，综合效益逐步显现。海岛（礁）测绘一期工程圆满完成，全面摸清了我国主张管辖海域海岛（礁）的数量和分布。国家现代测绘基准体系基础设施一期工程建设顺利推进，并开始提供基准信息服务。“全球地表覆盖遥感制图与关键技术研究”完成全球两期 30 米地表覆盖遥感制图数据集，填补了国际空白。为四川芦山地震、新疆于田地震等抢险救灾及灾后重建提供了应急测绘保障，得到各方高度评价。

三是综合效益日益显现，地理信息产业持续向好。认真做好《国务院办公厅关于促进地理信息产业发展的意见》的贯彻落实，编制了《国家地理信息产业发展规划（2014～2020 年）》，启动了测绘资质管理规定修订工作，为产业发展营造良好政策环境。国家地理信息科技产业园一期工程 135 万平方米顺利竣工，二期工程 135 万平方米正加快建设，区域性产业园区建设快速、特色鲜明，地理信息产业集聚发展模式初步形成。认真贯彻落实《国家卫星导航产业中长期发展规划》，着力推动“北斗”导航系统社会化、产业化应用。大力改善地理信息消费环境，积极培育新的消费增长点，推动地理信息产业连续 3 年保持高速增长态势，为国家经济建设稳增长、调结构作出了积极贡献。

四是体制机制逐步完善，统一监管力度不断加大。以国家测绘地理信息局更名为契机，推动 24 个省级测绘地理信息管理部门相继更名，市县级机构建设进一步加强，测绘统一监管职能进一步强化。《测绘法》修订全面展开，《地图管理条例》近期将由国务院法制办提交国务院审议，《全国基础测绘中长期规划纲要（2014～2020 年）》已报请国务院审批，《测绘地理信息行政执法证管理办法》颁布施行。开展了丰富多彩的国家版图意识宣传教育活动，“问题地图”专项治理和测绘成果保密检查逐步深化，地理信息市场进一步规范，地理信息安全监管能力不断提升，有效维护了国家主权、安全和利益。

五是科技装备能力提升，人才队伍建设成效突出。7 项成果分获国家科技进步一、二等奖和国家技术发明奖，并在产业化方面产生良好效益。“中国西部 1:50000 地形图空白区测图工程”荣获“世界地理空间信息杰出工程奖”。“资源三号”卫星的发射与应用开启了我国自主测绘卫星的新时代，累计获取全球 6000 万平方千米的高分辨率遥感影像。无人机航摄系统、地理信息应急监测系统的成功研制与推广应用，显著提升了地理信息数据快速获取能力。人才建设取得新进步，5 人增选为两院院士，2 人入选新世纪百千万人才工程国家级人选，8 人被评选为国家测绘地理信息领域科技领军人才。着力强化党的建设，群众路线教育实践活动深入开展，先进典型不断涌现，全系统党风廉政建设进一步加强。

**三、以李克强总理重要讲话为指南推动测绘地理信息事业新发展**

克强总理的重要讲话，是指引测绘地理信息领域全面深化改革的行动指南，对于推动测绘地理信息事业转型升级具有重大的现实意义。我们必须再学习、再深化，把学习克强总理重要讲话与学习习近平总书记系列重要讲话和党的十八届三中全会精神紧密结合起来，把贯彻落实克强总理重要讲话精神与全面深化测绘地理信息领域改革发展紧密结合起来，推动测绘地理信息事业再上新台阶。

（一）全力以赴推进地理国情普查和监测，这

是重中之重

科学发展必须尊重国情。习近平总书记指出，我国一些领域底数不清、数据不实情况仍然存在。克强总理强调，如何科学布局工业化、城镇化，如何统筹规划、合理利用国土发展空间，如何有效推进重大工程建设，地理国情监测至关重要。国务院把第一次全国地理国情普查和监测工作交给我们，是对测绘地理信息部门的极大信任，是对测绘地理信息保障能力的全面检验，也是深化测绘地理信息领域改革的重要行动和推动事业转型升级的重大机遇。这项工作的重要性、复杂性和艰巨性，已经在全系统上下形成了深刻和广泛的共识。我们一定要以对国家、对人民、对历史高度负责的态度，把地理国情普查和监测作为头等大事抓紧抓实抓好。

一要坚持科学普查、依法普查、创新普查的总体要求。强化统筹协调，坚持质量标准，确保安全普查，加快成果转化，高效优质按时完成第一次全国地理国情普查任务，向党和人民交出一份经得起实践和历史检验的合格答卷，确保不辱使命、不负重托。二要坚持“边普查、边应用”的工作原则。加强普查数据综合统计和分析研究，寻找出规律性和趋势性，针对生态文明建设、优化国土空间开发格局、推进城镇化发展等重大战略任务的需要，及时发布普查成果和分析报告，提供预测预警，强化对生态文明建设绩效的监督，为科学发展提供依据，为建设责任政府、服务政府和美丽中国提供支撑。三要坚持“以普查带监测促转型”的战略途径。高丽副总理要求我们以地理国情普查为契机加快推进测绘地理信息事业转型升级。我们要紧紧抓住这个难得的机遇，积极推动地理国情监测进法律、进职责、进规划、进预算，形成常态化的地理国情监测工作机制，带动生产结构调整、服务模式转变、保障能力提升和职责职能强化。

（二）加快丰富基础地理信息资源，这是立业之基

克强总理强调，基础测绘是为经济社会发展和国防建设提供基础地理信息的基础性、公益性事业，是实现经济社会可持续发展的基础条件和重要保障，其保障服务能力需要进一步增强。在“数据为王”的大数据时代，我们拥有的海量基础地理信息资源，是集成整合其他各类信息的公共基底，是全社会的宝贵财富，更是我们的发展之源和独特优势。

一要坚持基础测绘的基础地位不动摇。基础测绘是测绘地理信息事业发展的根基，在信息时代更具战略意义。要进一步加强基础测绘工作，加快基础地理信息资源建设和更新，不但要确保数据的权威性和覆盖度，还要在数据的鲜活性、多样化、丰富度、适用性上下功夫，牢牢把握住基础地理信息资源的主动权。二要通过大项目带动大发展。一方面要做好已立项测绘地理信息重大工程的组织实施和计划立项工程的立项争取与前期技术设计，同时要启动“十三五”规划前期工作，提早谋划一批事关全局、意义长远、带动作用强的重大项目。三要强化资源共享整合。协调好中央与地方、民用与军用、国内与全球、系统内与系统外的信息共享和资源整合，加快实现基础地理信息资源由地上向地下、由陆地向海洋、由国内向国外、由静态向动态、由有限要素向全要素、由定期更新向适时动态更新的战略拓展，夯实事业发展的数据资源基础。

（三）切实提升地理信息公共服务能力，这是发展之道

克强总理强调，人类对地理信息掌握的程度，决定了自身的视野和活动范围。随着经济社会的快速发展和科学技术的不断进步，测绘地理信息应用越来越广、作用越来越大。测绘地理信息工作的价值和生命力在于应用。互联网时代，测绘地理信息社会化应用潜力巨大。我们一定要紧紧围绕党中央国务院重大决策和重大战略、经济社会发展重大工程和重点工作以及百姓需求和社会民生等，千方百计拓展应用，更好地服务大局、服务社会、服务民生。

关于“天地图”，要按照克强总理关于“天地图”是政府服务的公益性平台、产业发展的基础平台、方便群众的服务平台、国家安全的保障平台的功能定位，运用互联网思维全面加强“天地图”建设和应用，争取国家进一步支持和投入，推动其上升为国家战略信息平台，将其打造成为数据最全、更新最快、使用最便捷、权威性最强的互联网地理信息服务国字号品牌。关于数字城市，要加快实现数字城市由建设为主向应用为主、由示范应用向全面应用的转变，积极推动数字城市相关成果在政府管理和居民工作生活中的广泛应用，建立健全数字城市长效运行机制，并在智慧城市建设和运行过程中抢占先机，占据战略地位。关于测绘应急保障，要进一步加强应急测绘能力建设，尤其是应急测绘装备建设、人才队伍建设和数据资源建设，形成应

急测绘品牌。进一步健全应急测绘体制机制，理顺行业内、部门间信息共享、资源整合、联动应急的工作机制，积极主动为自然灾害、突发公共事件、反恐维稳等提供快速可靠的服务保障。关于测绘成果社会化应用，要处理好保密与公开、政府与市场、应用与监管等的关系，在确保地理信息安全的前提下，尽可能实现社会效益、经济效益的最大化。要下大气力推动测绘成果应用和市场接轨，按照市场经济规律办事，最大程度地挖掘出地理信息数据的经济价值，带动劳动就业，方便生产生活，对经济起到“助推器”的作用。

（四）大力实施测绘创新驱动发展战略，这是强测之力

习近平总书记近日指出，“一个国家综合实力的核心还是技术创新，不掌握科技创新最灵魂、最根本的东西，就掌握不了国家科技事业发展的命运。”克强总理在讲话中要求我们要进一步增强自主创新能力，提高高端测绘地理信息装备自主化水平。对于我们这样一个高技术行业，科技创新是我们的灵魂、支撑和强大的驱动力。

一要营造良好环境。测绘科技创新要坚持以引领未来、支撑发展为方针，以事业发展和市场需求为着力点，以促进科技成果转化为现实生产力为目的，以公益性科研专项等重大科技项目和测绘重大工程为抓手，搭建和用好“产、学、研、用”创新平台，瞄准国际前沿，开展科技攻关，推进自主创新，在核心关键领域形成若干重大成果。二要尊重创新主体。要深化科技体制改革，注重发挥企业在科技创新中的主体作用，把科技创新的动力和活力更好地激发出来。要进一步完善科技管理体制和考核评价机制，最大限度地调动科技人才创新的积极性，尊重科技人才创新的自主权，大力营造勇于创新、鼓励成功、宽容失败的良好氛围。三要加强装备研发。生产工具是推动生产力发展进步的重要因素。要大力支持测绘技术装备国产化研究，缩小我国在测绘地理信息仪器装备方面与发达国家的差距，尤其要加强高精尖装备研究，提高自主化水平，降低对国外的依赖。要加大对装备建设的投入，通过技术装备的更新换代带动生产力总体水平的大幅提升。四要重视标准化工作。“得标准者得天下”，话语权和主动权的竞争核心很大程度上就是标准之争。要重视和加强标准化工作，特别是事关地理信息产业发展的国际标准的制订工作。要加大标准宣贯力度，促进测绘地理信息共享和成果质量提升。

（五）着力促进地理信息产业壮大，这是兴业之要

克强总理指出，地理信息产业是战略性新兴产业和生产型服务业的重要结合点，开发利用潜力很大。当前，地理信息产业已经成为世界各国互联网巨头竞争的重点领域，产业间跨界组合、资本融合、技术结合已经成为必然。我们要把引导、促进和服务产业发展作为重要责任，实现产业实力和层次“双提升”、发展速度和比重“双提升”、产品附加值和竞争力“双提升”。

一要抓好《意见》落实。《国务院办公厅关于促进地理信息产业发展的意见》历经五年时间出台，来之不易，意义重大。必须全面深入贯彻落实好《意见》，最大可能地发挥好《意见》的作用。一方面要做好自身的贯彻落实，在转变职能、强化服务、完善政策、加大扶持等方面做好工作，同时要千方百计地推动国家有关部门贯彻落实好《意见》，把《意见》的条款落实到具体的优惠政策、资金投入、项目支持等方面上来，为产业发展创造有利条件、营造良好环境。二要激发市场需求。发挥好地理信息产业园区的集聚、辐射、带动效应，发挥好测绘地理信息相关社会组织的服务、协调、监督作用，发挥好地理信息产业发展基金的孵化、引导、扶持作用，通过多种方式宣传地理信息产业的重要作用，促进地理信息产业与经济社会发展有关行业、有关领域、有关方面的融合发展，激发市场潜力，做长产业链条，做大产业规模，做优产业结构。三要引导产业发展。要发挥好市场在地理信息资源配置中的决定性作用，促进产业要素有序自由流动、资源高效配置、市场深度融合和内生动力不断增强，加快推进产业转型升级。同时要加强产业发展战略研究和市场监测，掌握产业运行数据，注重市场状态分析，研判产业发展态势，并及时作出预测预警和政策调整，促进产业健康发展。四要推进“北斗”应用。在重大专项中要带头应用和自觉使用“北斗”，积极引导和激发各方面对“北斗”的需求和消费，规范“北斗”导航定位市场行为，全力支持打造“北斗”民族品牌。

（六）加强测绘地理信息统一监管，这是职能之本

克强总理要求我们“要加快健全体制、完善机制、强化职责，更好地发挥测绘地理信息主管部门

的作用”“要进一步加强地理信息市场监管”。

党的十八届三中全会对全面深化改革作出了系统部署和全面安排，对依法治国、依法行政、简政放权等提出了明确要求。技术的发展进步带来了测绘监管对象的多元化、大众化和非法测绘行为的隐蔽性、无绪性，测绘地理信息市场监管面临巨大挑战。为此，必须加快转变政府职能，创新管理模式，提升监管水平，切实提升运用法治思维和法治方式履行职能的能力。一要健全法制。要高度重视并全力推进《测绘法》修订工作，充实和完善有利于事业长远发展的条文和内容，夯实我们的法治基础。积极争取《地图管理条例》尽快颁布实施，做好法规建设立、改、废各项工作，加快建设符合国家改革发展新要求的测绘地理信息法制体系。二要简政放权。深入研究党中央、国务院对政府职责转变的新要求，准确定位政府角色，积极推进行政审批制度改革，尽快清理和废除妨碍事业发展、制约市场主体活力释放的规定和做法，放权给市场，放权给基层，放权给社会组织和事业单位。三要依法行政。进一步加大执法力度，完善执法手段，提升执法能力，依法监管，执法必严，加强地理信息安全监管，打击非法测绘行为，规范测绘地理信息市场秩序，维护地理信息安全。要加强对年青一代特别是中小学生的国家版图意识宣传教育，让国家版图意识根植于心。四要完善体制。加强国家局自身建设研究，争取在优化内部组织结构、强化职能职责等方面取得突破。继续加强地方各级测绘地理信息行政管理机构建设和职能强化工作。积极稳妥推进事业单位分类改革，优化整体布局，完善内部结构，提升整体势能。

（七）切实强化系统干部队伍建设，这是固本之魂

“为政之要，惟在得人。”加强自身建设，是永恒的话题。

一要做到坚定信念不动摇。要切实把思想、认识、行动统一到习近平总书记系列重要讲话和党的十八届三中全会精神上来，坚定“主心骨”，筑牢“压舱石”，坚持“三个自信”，增强政治定力，使理想信念内存于心、外化于行。二要做到改进作风不懈怠。优良作风具有无声的力量，能让干部群众心贴心，发展才有正能量。我们要让“三严三实”成为为人处世的自觉遵循，让为民务实清廉成为履行公职的自觉行动，切实做好转变作风的久久之功，努力形成政通人和、心齐劲足、敢打硬仗、务实奋斗的生动局面。三要做到提升能力不停滞。于公，我们必须具备事业改革发展要求的学习能力、谋划能力、创新能力、治理能力、协作能力等，并在学习工作实践中不断提升。于己，要慎独、慎初、慎微，真正去浮除躁、修身笃行、涵养人格。四要做到文化引领不放松。努力建设以社会主义核心价值观为主旨、以测绘精神为主线，符合社会主义先进文化前进方向、具有鲜明时代特征和行业特色的测绘地理信息文化，唱响主旋律、传递正能量，为事业发展提供精神激励、文化支撑、舆论推动。

同志们，克强总理重要讲话常学常新，贯彻克强总理重要讲话意义深远。我们要深入学习贯彻习近平总书记系列重要讲话精神和党的十八届三中全会精神，继续深入学习贯彻克强总理重要讲话精神，团结一心、奋发作为，全面深化测绘地理信息领域改革发展，推动测绘地理信息事业取得新的更大进步！

# 国家测绘地理信息局局长库热西·买合苏提在第一次全国地理国情普查现场交流会上的讲话

（根据录音整理）

2014 年 6 月 13 日

尊敬的旭明副省长，同志们：

上午好！

刚才，旭明副省长作了热情洋溢的致辞，介绍了浙江省的基本情况，同时围绕测绘地理信息工作如何更好地为省政府服务谈了很好的意见；德清县委张晓强书记介绍了德清的基本情况。在此，我谨

代表国务院第一次地理国情普查领导小组办公室、国家测绘地理信息局党组，向浙江省委、省政府长期以来对测绘地理信息事业的关心重视和大力支持表示感谢！对德清县委、县政府为开好这次会议所做的精心安排和周到工作表示谢意！对浙江省测绘地理信息工作取得连续多年走在全国前列的优异成绩表示祝贺！

在党中央、国务院的高度重视和正确领导下，在国家有关部门单位和各地党委政府的大力支持下，第一次全国地理国情普查工作实现了良好开局，取得了阶段性成果，这是大家共同努力的成绩。在此，我代表国家局党组，向参与地理国情普查、战斗在地理国情普查一线的所有干部、职工、同志们表示敬意！

当前，第一次全国地理国情普查已进入关键期。今天，我们在浙江德清召开全国现场交流会，梳理工作、交流经验、查找问题、明确任务，就是要进一步贯彻落实《国务院关于开展第一次全国地理国情普查的通知》和张高丽副总理在全国地理国情普查电视电话会议上的重要讲话精神，更加有序有力有效地推进普查工作，确保普查任务高效优质按时完成。

下面，我讲三点意见。

**一、进一步深化认识，增强做好普查工作的责任感、使命感、紧迫感**

开展地理国情普查，是党中央、国务院在新形势下作出的一项重要决定，是建设生态文明、美丽中国的新举措，是时代赋予我们的新任务，是促进经济社会科学发展的新要求，是满足人民生活水平不断提高的新需要，也是测绘地理信息工作在新的历史时期的一次重大发展机遇。我们要进一步深化认识，坚持“以普查带监测促转型”的战略途径，以对国家、历史、人民高度负责的态度完成好这一光荣使命。

一要把普查工作作为重中之重。克强总理强调，地理国情是建设责任政府、服务政府的重要支撑。如何科学布局工业化、城镇化，如何统筹规划、合理利用国土发展空间，如何有效推进重大工程建设，地理国情监测至关重要。高丽副总理指出，抓紧开展第一次全国地理国情普查，对于我们做到心中有数，立足底线思维、进行宏观思考、更好把握大局，有效应对各种风险和挑战，推进解决各种深层次矛盾和问题意义重大。国务院把第一次全国地理国情普查和监测工作交给我们，是对测绘地理信息部门的极大信任，是对测绘地理信息保障能力的全面检验，也是测绘地理信息工作真正从幕后走到台前的重大契机。这就要求我们必须以高度的政治责任感和使命感做好普查工作。普查工作是“一把手”工程。去年8月，各省局主要负责同志与国务院普查办签订了责任书。今天，各省局“一把手”大都在座，可以说，你们对普查的重视程度，决定着普查工作的推进力度。希望大家切实担负起责任，把普查工作牢牢抓在手上、亲力亲为、主动作为，充分发挥总揽全局、协调各方的领导作用。我们不能把普查工作仅仅当作一个项目管，而要作为一项事业来干，作为当前的头等大事全力以赴加以推进。

二要牢牢抓住转型发展机遇期。高丽副总理要求我们以地理国情普查推动测绘地理信息事业转型升级。随着改革的不断深入、时代的快速发展和科技的日新月异，当前，几乎所有传统产业和传统服务都在发生深刻变化，大数据、云计算、物联网等新一代信息技术和智能服务的旺盛需求已催生出新的测绘地理信息服务业态，特别是随着生态文明、美丽中国建设和自然资源资产管理等方面的迫切需要，地理国情普查和监测应运而生。过去，我们的地理信息资源不够丰富，数据分析能力不强。现在，我们已经具备了资源、人才、技术的独特优势。这就要重新定位我们的服务方式，提升我们的服务能力，延伸我们的服务领域。作为领导干部，我们要主动谋划转型思路，做好转型升级这篇大文章。转型升级是个系统工程，涉及管理方式、技术手段、生产模式、人才队伍和服务对象等多个方面，国家局将在战略定位上提出思路，在体制机制上搭建平台，各地也要结合当地经济社会发展实际，以地理国情普查为牵引，以全面深化改革为动力，以转型升级为方向，因地制宜谋划自身的转型之路，推动我们的事业更好更快发展。

**二、进一步加强力量，使普查工作做到保质量、保进度、保安全**

地理国情普查是一项庞大的系统工程。要用三年时间，完成全国陆地国土范围的多要素、全覆盖、无缝隙地理国情普查，涉及面广、技术性强、实施难度大，任务十分艰巨，时间十分紧迫。

一要确保普查质量。决策始于科学，科学尊重国情，地理国情普查是了解国情、把握国势、制定国策的重要基础性工作。我们最终形成的普查成果，将提交党中央、国务院领导决策参考，应用和服务于各部门各领域。因此，质量是普查成果的生命，确保普查成果全面、真实、准确，是普查工作的核心和关键，这也是我们的职业特点和长期养成的职业习惯，希望大家继续发扬光大。要强化过程质量监督抽查，前移质量关口，防范出现大范围错误，防止重大质量事故，决不允许弄虚作假。国务院普查办组织的两批次过程质量抽查基本实现了全国覆盖，也发现了不少问题。大家要认真总结经验，督促整改落实，确保普查数据经得起历史检验，确保普查成果高质量、高标准、高水平。

二要确保普查进度。国务院 9 号文件印发后，全国各省、自治区、直辖市测绘地理信息主管部门迅速响应、积极行动，普查工作得到了各地政府的大力支持，总体进展情况较好，但也有个别省份相对滞后，推进力度不够，影响了整体进度。地理国情是一个完整的整体，由省情、区情、市情、甚至乡情、村情构成，普查是全国“一张图”、统一时点，开不得“天窗”，容不得任何一个地方掉队，全国上下必须“一盘棋”。普查标准时点为 2015 年 6 月 30 日，现在仅剩下一年左右的时间了。各地必须以大局为重，细化工作计划，加快工作节奏，用倒计时的方法推进普查工作，确保普查任务在统一步调、统一标准、统一时点要求下圆满完成。

三要确保普查安全。安全生产是人命关天的大事，是不能踩的“红线”。要始终绷紧安全生产这根弦，牢固树立“安全第一、预防为主”的思想，科学制定安全生产各项制度、措施和预案，严格落实安全生产责任制，做好安全生产排查和检查，构建安全生产长效机制。要加强对全体普查人员、特别是临时人员和聘用人员的安全生产教育，用高新技术手段和现代化装备设施保障安全，提升安全突发事件应急处理能力，确保每位普查人员人身安全，把普查工作打造为平安工程。要守住资金使用安全，严格执行国家法律和财经纪律，严格资金使用管理，严格规范相关程序，保证不出任何问题。同时，要确保数据管理和使用安全，决不能发生失泄密事件。

四要加强督导检查。克强总理在近期召开的几次国务院常务会议上，反复强调抓落实的问题，决定对国务院部署的工作进行全面督查，检查落实情况。地理国情普查是国务院部署的重要工作，各地各单位都要守土有责。这次会议不仅是现场交流会，也是一次现场督导会，希望领导干部分片包干、靠前指挥、精心组织、真抓实干，深入一线、体察实情、解决问题、做好服务。普查办要统筹安排好工作计划，不定期开展督查巡查，对进展缓慢的要予以通报，对出现重大问题的要严肃追究责任，确保普查实施按计划推进，努力把普查工作做实、做细、做深、做好。

**三、进一步探索创新，普查成果应用要努力实现社会化、最大化、最优化**

普查的根本目的在于应用。要把普查与监测相结合，做到边普查、边应用，强化分析、强化创新，早出成果、早见成效，为经济社会发展提供依据，充分发挥普查成果的综合效益，不断提升测绘地理信息工作的地位和作用。

一要深度谋划普查成果应用。地理国情普查和监测，既是基础测绘服务方式、服务对象、服务领域、服务范围的延伸和拓展，又是测绘地理信息工作的转型升级和提升跨越，更是我们深度融入经济社会发展主战场的重大突破和作用彰显。国家局将紧紧围绕国家发展战略布局、政府宏观决策、生态文明建设、社会民生需求等，创新开展成果应用研究。各地要结合区域发展重点热点难点，深度谋划成果应用，尽快形成有份量、有代表性、有说服力的地理国情监测成果，让各级领导和政府部门在使用中体会到普查成果的价值所在，感受到地理信息资源的重要作用。我们要走出去，主动与有关部门和行业搞好资源和成果整合，广泛开展沟通交流，深入了解需求，找准成果利用切入点；要请进来，跨专业、跨学科听取专家意见，汲取好经验，征询好建议，不断丰富和完善普查最终成果，力求普查成果的服务对象和应用范围最大化，为领导宏观决策、部门科学管理提供最有价值的决策依据。同志们，这个要求非常重要，我们普查的最终目的是要落到监测上，监测的目的就是服务大局，这个大局就是国家经济社会发展的大局，就是各省经济社会发展的大局，就是民生改善的大局。如何使我们的普查成果最终能够和大局紧密结合起来，希望大家深入进行这方面的研究。浙江省已经拿出了一个本子，希望同志们也能在这方面多下功夫。普查本身不是目的，关键看我们的结合点找得准不准，看测绘地理信息的独特优势能不能和各省关心的重点问题结合好，看将来能不能拿出让领导信服、让群众满意的成果。我们的功夫一定要下在统计分析上，下在与各地经济社会发展的结合点上。

二要不断提升自主创新能力。习近平总书记日前在两院院士大会强调，“创新是民族进步之魂”“努力实现关键技术重大突破，把关键技术掌握在自己手里”。创新也是推动测绘地理信息事业永续发展的强大动力。地理国情普查和监测在我国是第一次，可以说是一项前无古人的事业，没有现成的模式可套，没有现成的经验可循。但正因为是首创性工作，才给了我们发挥聪明才智、展示能力水平、大胆创新实践、彰显作用价值的难得机遇。各地要鼓励广大科技人员勇于担当、敢为人先，找准方向、扭住不放，在攻坚克难中追求卓越，不断提升地理国情普查和监测的自主创新能力。要在普查生产技术上加强创新，努力实现普查数据获取实时化、处理自动化，使普查成果的应用能及时跟上社会各界的需求；要在普查成果应用上加强创新，着眼于普查成果应用社会化，在普查成果与国民经济深度融合、成果展现形式上加大探索，形成直观形象、内容丰富、应用价值高、与经济社会发展联系紧密的普查成果应用和服务模式；要在普查管理上加强创新，充分利用新技术、新手段创新管理的方式方法，充分利用联络员机制和普查信息网络直报、巡查督查通报和目标考核等制度实现精细化管理。与此同时，要加强地理国情评价体系研究，设立并定期发布地理国情指标指数，权威展示生态环境与经济发展的关系、人地协调程度等，更好推动普查工作融入经济社会发展大局，直接与经济增长和社会民生挂钩，并以此扩大地理国情普查和监测工作的社会知名度与影响力。

同志们，地理国情普查和监测是一项开创未来、利国利民的大事，我们责任重大，使命光荣。全系统广大干部职工和全体普查人员要以时不我待的态度和夙夜在公的精神，鼓足干劲，全力推进，向党和人民交出一份经得起实践和历史检验的合格答卷，为测绘地理信息事业转型升级，为经济社会发展和生态文明建设作出应有贡献！

## 国家测绘地理信息局局长库热西·买合苏提在全国测绘地理信息局长座谈会上的讲话

2014 年 7 月 11 日

同志们：

这次我们用了一天半的时间，把各省（区、市）测绘地理信息主管部门的领导同志请来召开这样的一个座谈会，虽然时间很短，但我感觉成效很大。这次会议，给了我一个和各省（区、市）测绘地理信息主管部门主要领导同志见面的机会，我感到非常高兴；同时，也给了我一个了解全国各省（区、市）测绘地理信息工作情况的机会，我感到收获很大。我感觉，近年来各地的测绘地理信息工作，勇于改革、勇于创新、勇于担当、勇于进取，工作有声有色、特色鲜明。我过去印象中的测绘工作，是极其重要却又默默无闻、极其单调、极其艰苦、无人知晓的一项工作。但改革开放之后，尤其是近年来，我感觉测绘事业的发展和国家的发展、和整个改革开放发展的大潮应该说是同步地在向前。这让我感到很兴奋、很振奋，感到未来很有希望！可能在座的同志一直从事这项工作没这种比较，但我是有的。我来国家测绘地理信息局工作三个多月以来，通过不断地观察、不断地思考，我确确实实感受到测绘事业没有辜负党中央国务院的期望，没有辜负老一代测绘人的愿望，我们实现了新的跨越、新的创新、新的发展。所以，我们应该为测绘事业能够走到今天，能够为经济社会发展、为国家现代化建设做出这样独特的、应有的贡献感到骄傲和自豪！同时，更应该坚定信心、更加努力地去改革、去创新、去进取、去担当，更好地推动测绘地理信息事业再上新台阶！这是听了大家发言以后的一点感慨，希望和同志们共勉。

这次会议也是一个年中的会议，一天半来，大家围绕深入贯彻落实党的十八届三中全会精神和习近平总书记系列重要讲话精神，围绕全面深化测绘地理信息领域改革，研判形势，查找问题，谋划发展，各位局领导发表了重要意见，各单位、各部门也提出了很好的建议，我都同意。这次会议解放了思想，达成了共识，明确了任务，开得很好、很成功，对于全面深化测绘地理信息领域改革，加快推进测绘地理信息事业转型升级，具有十分重要的作用。

下面，我谈几点意见，供大家参考。

**一、简要回顾上半年工作**

一是第一次全国地理国情普查有序推进，已完成约30%的整体工作任务，其中，完成高分辨率正射影像图生产约850万平方千米，完成进度88%；完成工作底图制作约560万平方千米，完成进度58%；完成外业调绘核查约500万平方千米，完成进度52%，数据库建设和统计分析工作启动。浙江、辽宁、河北、山东、江西、重庆等省（市）普查工作推进相对靠前。二是《国务院办公厅关于促进地理信息产业发展的意见》印发实施，地理信息产业发展态势良好，产业增长率超过20%，浙江、湖北、吉林、陕西、四川、河北等地政府出台了促进地理信息产业发展的实施意见，“北斗”导航系统社会化、产业化加快推进，地理信息产业为稳增长、调结构、惠民生、促就业发挥了积极作用。三是重大工程推进顺利，数字城市建设地级市已累计立项324个，开发应用系统2500余个；天地图已有30个省级节点和113个市级节点实现了与主节点的服务聚合；国家现代测绘基准体系基础设施建设一期工程、1:5万数据库更新工程顺利实施；四是科技创新取得新成绩，成功研制了全球地表覆盖高分辨率遥感制图数据集，两项科研成果分获国家科技进步一、二等奖。五是法规制度建设加快，《测绘法》修订全面启动，《地图管理条例》已由国务院法制办提请国务院审议，《测绘地理信息行政执法证管理办法》颁布施行，新版测绘资质管理规定和测绘资质分级标准出台，《吉林省地理信息公共服务办法》发布。六是队伍建设进一步加强，教育实践活动整改落实积极推进，人才工作取得新成效。

整体来看，上半年各项工作正按照年初的部署有序推进，取得明显成效，为全年各项目标任务的顺利完成奠定了良好基础。

**二、关于深化改革面临的形势**

深化改革是党的十八大、十八届三中全会提出的到2020年的重大战略任务。改革本身是贯穿于发展全过程的，我们要健康、可持续地推进事业的发展，就要不断地改革，这样才能够实现可持续发展。测绘地理信息事业的改革应该怎么改，深化改革应该怎样在全行业贯彻落实，这是本次座谈会的主题。在这里，我重点围绕深化改革问题谈点想法。首先，简要谈谈对当前测绘地理信息领域全面深化改革重要性、必然性和紧迫性的认识。

全面深化改革，是中央的重大战略部署。全面深化改革关系党和国家全局，党的十八届三中全会对全面深化改革作出了系统部署。习近平总书记强调，必须以更大的政治勇气和智慧，不失时机深化重要领域改革，攻克体制机制上的顽瘴痼疾，突破利益固化的藩篱，进一步解放和发展社会生产力，激发和凝聚社会创造力。全面深化改革是一个整体，是一项庞大复杂的系统工程。没有与改革无关的地方，没有与改革无关的部门。只有每个地方、每个部门都从大局出发，守土有责、守土尽责，才能形成合力，才能保证改革的顺利推进。如何顺应改革潮流，围绕国家改革大局，全面深化测绘地理信息领域改革，是我们当前面临的重大考题。十八届三中全会提出的加快生态文明建设、加强自然资源资产管理、加快转变经济发展方式、加快转变政府职能等重大举措，一方面为我们提升保障服务能力指明了改革方向，提供了发挥作用、彰显价值的广阔舞台；另一方面也对我们转变政府职能、发挥市场在资源配置中的决定性作用、改变服务模式、提升队伍素质等，提出了明确和严格的改革要求。与此同时，我国经济发展外部环境仍然存在较大的不确定性，经济增长下行压力依然存在，一些困难不容低估，潜在风险需要高度关注，这都要求我们站在国家改革发展的高度，进一步提升测绘地理信息事业的发展质量和效益，提高测绘地理信息工作对经济增长、结构调整、劳动就业等的贡献率。

全面深化改革，是时代发展的迫切需要。李克强总理指出，“人类对地理信息掌握的程度，决定了自身的视野和活动范围。”推进国家治理体系和治理能力现代化，决策将日益依赖数据和分析，管理必须从客观的国情、世情出发。强调科学发展，离不开测绘地理信息工作的支撑。随着各领域改革的不断深入，测绘地理信息工作与政府管理决策、企业生产运营、人民群众生活的联系将更加紧密，各方面对地理信息服务保障的需求将更加旺盛，测绘地理信息发展将更加直接地融入经济社会发展主战场。加快生态文明建设，迫切要求地理国情普查和监测提供权威、可靠、及时的国情国力数据；开展不动产登记和加强自然资源资产管理，必须充分利用地理信息数据和技术；加快信息化建设，“天地图”可以也应当发挥战略性基础信息平台作用；促进新型城镇化发展，数字（智慧）城市可提供地理信息基底和空间分析手段；加强城市地下管线建设和管理，要求我们测绘好地下“生命线”；实施海洋战略、提升国际事务话语权、开展极地科学考察、应对突发事件等，测绘地理信息保障都不可或缺。新中国成立以来，经过几代测绘人的不懈努力，测绘地理信息工作已经打下了良好基础。可以说，大幅提升测绘地理信息服务保障能力，时代有需求，我们有基础，也有实力，这也是我们深化改革发展的底气之所在。我们一定要增强信心、勇于担当，努力打好主动仗，下好先手棋，在国家改革大潮中把测绘地理信息事业推上新的高度。

全面深化改革，是抢占发展制高点的必然选择。当前，国际社会高度重视测绘地理信息的战略地位，世界各国纷纷加强地理信息资源建设，加快卫星导航定位、高分辨率遥感卫星等技术的进步升级，推动云计算、物联网、移动互联、大数据等高新技术与测绘地理信息的深度融合，抢占未来发展的制高点。发达国家更是凭借先发优势、技术优势、资本优势，正加快抢夺全球地理信息服务市场，这也给我国国家安全带来了现实威胁。而我们仍然存在自主创新能力不强、核心技术掌握不足、全球资源获取能力有限、产业国际竞争力不强等问题，我们事业的发展，距离世界一流水平还有不小差距。习近平总书记指出，“科技创新的重大突破和加快应用极有可能重塑全球经济结构，使产业和经济竞争的赛场发生转换。”作为技术密集型行业、战略性新兴产业，创新驱动对我们的影响巨大，甚至是决定性的。为此，我们必须、也只有把科技创新摆在核心位置，紧紧抓住新一轮科技革命和产业变革带来的重大机遇，大幅提升创新能力、特别是自主创新能力，成为测绘地理信息领域“新的竞赛规则的重要制定者、新的竞赛场地的重要主导者”。与此同时，随着信息社会的来临，地理信息生产与服务去专业化趋势明显，也引发了地理信息产业核心要素的重新分配、生产关系的重构和利益格局的调整，地理信息产业在迎来良好发展机遇的同时，也受到了很大的冲击和挑战。这些都要求我们跟上互联网时代的发展节奏，契合互联网时代的发展方式，加快推进事业产业结构调整和转型升级。

全面深化改革，是加快事业发展的内在要求。信息技术的发展进步，引发了测绘地理信息生产力的变革。当前，我们正处于事业转型升级的关键节点，生产关系不适应生产力的矛盾和问题也逐步显现。比如，如何协调好政府和市场的关系，发挥市场在资源配置中的决定性作用？如何应对各方面日益旺盛的需求，提升基础测绘整体能力，扩大测绘地理信息成果应用？如何推进地理国情监测有效服务生态文明建设，形成常态化工作机制？如何完善市场体系，应对互联网经济对地理信息产业带来的机遇和挑战？面对统一监管压力不断加大的现实状况，如何解决监管不到位的问题？如何优化布局、调整结构、整合资源，提升事业发展的质量和效益？等等。中央提出，全面深化改革要坚持问题导向，就是要把解决问题作为深化改革的突破口。因此，我们要抓住现阶段影响和制约事业转型升级的主要矛盾和矛盾的主要方面，寻求破解难题的科学路径和有效办法，在思想观念、管理理念、职责定位、组织结构、力量布局、技术构架、产品结构、服务模式等方面进行变革和创新，通过逐个问题的解决，变压力为动力，找到测绘地理信息事业通往信息社会的最佳路径，使我们的生产关系适应生产力的发展，促进生产力水平的大幅提升，继而推动事业的快速发展进步。

同志们，测绘地理信息领域全面深化改革，是历史的必然，现实的选择，未来的方向。我们一定要进一步增强紧迫感、责任感，在国家全面深化改革的大局中找准定位，正确、精准、有序、协调地推进测绘地理信息领域各项改革，为推动和服务国家改革发展大局作出应有贡献。

**三、关于全面深化改革的定位和重点**

关于测绘地理信息工作在国家改革发展大局中的定位，我想用三句话做个概括：全力做好测绘地理信息服务保障，大力促进地理信息产业发展，尽责维护国家地理信息安全。其中，全力做好测绘地理信息服务保障，强调加强基础测绘，监测地理国情，强化公共服务和公益性保障，这是我们服务经济社会科学发展的基本任务；大力促进地理信息产业发展，强调挖掘地理信息的价值，强化市场服务和社会化应用，这是提升测绘地理信息工作经济效益的主攻方向；尽责维护国家地理信息安全，强调加强测绘地理信息统一监管，规范测绘地理信息市场秩序，维护国家主权、安全和利益，这是党和国家赋予我们的重要职责，也是我们的职能之本。这三大定位，相辅相成、互为支撑，共同聚力服务国家改革发展大局。

根据以上工作定位，按照中央关于全面深化改革的战略部署，我们要继续实施“构建智慧中国、监测地理国情、壮大地信产业、建设测绘强国”的总体战略，加快建设科学完备的政策法规体系、基础测绘体系、公共服务体系、地理信息产业体系、科技创新体系和人才队伍体系，全面提升运用法治思维和法治方式管理的能力、基础地理信息资源供给能力、公益性服务保障能力、地理信息产业竞争能力、创新驱动发展能力、维护国家地理信息安全能力，促进测绘地理信息事业转型升级、跨越发展，更好服务大局、服务社会、服务民生。要着力深化以下五个方面的改革。

一是深化基础测绘建设改革。基础测绘是立业之基。要坚持需求决定生产的导向，建立健全基础测绘体制机制，加快建设新型基础测绘体系，夯实事业发展的数据资源基础，大幅提升基础地理信息资源供给能力，牢牢把握住国家战略性信息资源的主动权。一要扩大数据覆盖。做好基础测绘重大工程实施，加快数字（智慧）城市、数字省区建设，加强海岛礁测绘、边境测绘、极地测绘和地下管线测绘，强化全球地理信息获取，推进基础地理信息资源由地上向地下、陆地向海洋、近海向远海、国内向全球的战略拓展，实现全方位、立体化的覆盖。二要加快数据更新。完善基础测绘更新机制，加快更新频次，实现由定期更新向适时动态更新转变，由全要素统一更新向分要素有侧重更新转变，由单一产品更新向系列产品联动更新转变，不断增强基础地理信息资源的现势性，保持数据的鲜活度。三要丰富数据内容。与时俱进地赋予基础测绘新的内涵，科学确定数据内容、数据种类和精度标准，提高数据质量，优化数据结构，增强基础地理信息资源的实用性、适用性、可靠性。四要提升生产能力。加快发展系列测绘卫星，促进技术装备更新换代，形成“空天地海一体化”的现代化测绘基础设施，对基础测绘组织结构和工艺流程进行信息化改造，显著提升基础测绘数据获取、处理、管理、服务的能力和效率。五要强化资源共享。统筹全国基础测绘力量，对基础测绘分级管理体制进行适度调整，更好发挥各级基础测绘的整体作用；深化军民测绘工作融合，科学划定职责分工，完善军民测绘规划衔接、计划对接、项目协同、资源共享机制；强化与国土资源部及其他部门的业务协作，促进共建共享，避免重复建设；健全基础测绘项目招投标制度，更多依靠社会力量开展基础测绘建设，最大程度地凝聚各方力量，推进各级基础测绘队伍从数据生产者向信息整合者转变。

二是深化测绘地理信息服务模式改革。习近平总书记在今年两院院士大会上指出，清政府用10年时间绘制了科学水平空前的《皇舆全览图》，但却将之收藏内府，未能发挥其对经济社会发展的作用，而当时参加测绘的西方传教士却把资料带回西方并整理发表，使西方在相当长一个时期内对我国地理的了解超过了中国人。习近平总书记的“地图之问”，让我们深刻认识到，测绘地理信息工作只有与经济社会发展紧密结合并发挥作用，才有价值和生命力。我们必须坚持以应用为中心，强化主动服务意识，加强测绘公共服务，大力发展地理信息产业，显著提升测绘地理信息服务保障能力，实现测绘地理信息工作从提供地理信息数据走向提供地理信息综合服务，从“幕后”走向“台前”，从基础先行走向服务决策管理全过程，取得社会效益、经济效益的最大化、最优化。一要协调好测绘成果保密与应用的关系。加快修订测绘成果保密管理制度，实现科学定密、合理定密，促进测绘成果的广泛应用；加强技术创新和管理创新，加快测绘地理信息保密技术研究和公众版产品研发，丰富测绘成果供给；完善测绘成果使用许可制度，更大程度地开放基础数据，鼓励企业对测绘成果进行增值开发，推进测绘成果社会化应用的深度、广度和速度。二要确立“天地图”的战略地位。要以“天地图”为抓手，创新地理信息分发服务模式，促进地理信息分发服务从传统的面对面、点对点向网络化云服务转型升级。加强地理信息云服务基础设施和国家地理信息数据交换中心建设，将各级基础测绘建设成果、地理国情普查与监测成果等集成整合到“天地图”上来，不断完善“天地图”政务版、涉密版、公众版，切实将“天地图”打造成为权威、详尽、可靠、优质的中国地理信息云平台，并推动其上升为国家信息化建设的基础平台。三要推进地理国情监测法定化。地理国情监测既是了解国情、把握国势、制定国策的基础性工作，也是推动事业转型升级的重要抓手，对于强化职能、彰显价值、发挥作用意义重大。要在做好地理国情普查工作的同时，着手研究和推进地理国情监测进法律、进职责、进规划、进预算，促进地理国情监测的常态化、长效化、法定化，将其打造成为测绘地理信息部门服务生态文明建设的响亮品牌。四要做强应急测绘保障。建立健全应急测绘保障体制机制，理顺行业内、部门间信息共享、资源整合、联动应急的工作机制，加快建立社会力量参与应急测绘保障的动员机制，完善应急测绘保障体系，并推动纳入各级政府应急管理体系；进一步加强应急测绘能力建设，尤其是应急测绘装备建设、数据资源建设和人才队伍建设，积极主动为自然灾害、突发公共事件、反恐维稳等提供快速可靠的应急测绘保障。五要促进测绘基准服务现代化。创新测绘基准建设、维护、服务模式，加强现代测绘基准基础设施建设，统筹规划国家和地方卫星导航定位连续运行基准站网的建设和运营，强化部门间资源共享与合作，加强测绘基准服务资源整合和服务机构建设，形成现代化导航与位置综合服务体系，提供高精度动态测绘基准服务，加快推进“北斗”系统在民用领域的社会化应用和产业化开发。六要大力发展地理信息产业。积极引导和扶持地理信息产业发展，建立公平开放透明的市场规则，推进统一开放、竞争有序、诚信守法、监管有力的现代地理信息市场体系建设，促进产业要素有序自由流动、资源高效配置和内生动力不断增强，推动地理信息产业与大数据、物联网、智能交通、现代物流、文化创意等新型服务业态的融合发展，做大产业规模，做优产业结构，做长产业链条，显著提升地理信息产业核心竞争力。

三是深化科技创新体制改革。习近平总书记要求我们，不能总是用别人的昨天来装扮自己的明天，不能总是指望依赖他人的科技成果来提高自己的科技水平。我们要根据国家的统一部署和测绘地理信息科研工作的实际，大力深化测绘地理信息科技体制改革，做好测绘地理信息科技创新顶层设计，加快建设信息化测绘技术体系，显著提升创新驱动发展能力，夯实事业发展的科技支撑。一要完善科技创新体系。建立以规范的项目管理制度、完善的绩效评价制度、健全的成果登记制度、透明的信息发布制度、高效的科技投入制度为主要内容的科技创新制度体系；形成以科研机构、高等院校、重点实验室、工程技术研究中心、企业等构成的产学研用相结合的科技创新体系；公益性科研机构主要承担基础性科学研究和重大关键技术攻关，让市场真正成为配置创新资源的决定性力量。二要增强自主创新能力。瞄准国际领先水平，立足我国实际需要，遵循科学研究、技术创新和成果转化规律，抓重大、抓尖端、抓基本，持续推进基础性、系统性、前沿性技术研究和技术研发，着力强化地理信息云计算、海量多源数据管理、地理信息数据挖掘、地理信息安全保密等领域的关键技术攻关，更加注重高精尖装备研发，抢占国际科学前沿领域制高点，实现科技创新由“跟跑者”向“并行者”“领跑者”的转变。三要改革科研项目生成机制。推动科技和测绘地理信息事业发展深度融合，打通从科技强到事业强、产业强的通道。科研项目要始终坚持引领未来、支撑发展的方针，强化对测绘地理信息生产和服务的支撑，适度超前现实需求；加强对各类科研投入的统筹，提高科研项目和资金管理水平，瞄准目标，集中优势，形成合力，争取重大突破。四要发挥好企业的创新主体地位。充分调动测绘地理信息企业的创新积极性，通过扩大测绘成果供给、强化技术创新指导、加大科研项目和经费投入、政府采购政策倾斜、搭建科研成果转化平台、开放科研基础设施等多种方式，引导创新资源向企业集聚；支持有条件的企业组建实验室、工程中心和研发中心，鼓励发展企业主导、市场导向的产业技术创新联盟，促进企业的创新活动，提升企业科技创新能力。五要改革科技成果转化制度。加快建立测绘地理信息科技报告机制，加强知识产权保护，下大力气促进科技成果的共享转化与产业化，注重地理信息技术与人文科学技术的融合，将科技成果同国家需要、人民要求、市场需求紧密结合起来，形成科研直接面向需求、生产直接连接科研的良性互动协作机制，完成从科学研究、实验开发到推广应用的三级跳，促进科技成果资本化、产业化。

四是深化测绘统一监管改革。要牢固树立法治理念，坚持依法行政，改革测绘统一监管模式和手段，更好发挥政府作用，切实提升运用法治思维和法治方式履行职能、深化改革、推动发展的能力，促进测绘地理信息市场公平竞争，维护市场正常秩序，保障国家地理信息安全。一要夯实法制支撑。结合《测绘法》修订，全面清理各类法规和规章制度，坚决废除和纠正妨碍竞争、有违公平的规定和做法，将发展改革事项纳入法律框架，加快建成符合全面深化改革新要求的测绘地理信息政策法规体系。二要转变政府职能。按照国家关于行政审批制度改革的要求，切实简政放权，减少简化审批环节，把行政审批的“制度笼子”扎得更紧，大幅度减少政府对资源的直接配置，放权给市场，放权给基层，放权给社会组织和事业单位，把职能转变到加强发展战略、规划、政策、标准等的制定实施和强化对市场活动的监管和公共服务提供上来，增强政府公信力和执行力；要引入竞争机制，加大政府购买公共服务力度，非涉密公共服务一般应向社会力量购买，不宜交由市场承担的公共服务也要逐步引入内部竞争机制。三要加强市场监管。建立健全权责明确、公平公正、透明高效、法制保障的市场监管格局。坚持宽进严管，把统一监管的着力点从“重事前审批”向“重事中、事后监管”转变；坚持疏管并重、放管结合，建立守信激励和失信惩戒机制，放活不放任，放权不放责，把该管的坚决管住、管好；坚持监管标准公开、程序公开、结果公开，保障市场主体和社会公众的知情权、参与权、监督权；坚持管理创新、技术创新，采用信息技术手段提高监管的效率和效益，建立健全政务中心和网上办事大厅，提供一站式服务。四要强化安全监管。完善多级联动、部门协作的网上地理信息安全监管机制，打造地理信息安全监管一体化平台，形成以国家监控中心为主体、省级监控中心为骨干的安全监控网络，并争取纳入国家公共安全体系，全面提高地理信息安全监管能力，维护国家地理信息安全。五要整合监管力量。完善联合执法、综合执法机制，推进中央地方、系统内外执法力量的整合，形成执法合力，提高执法效率；探索社会共治新机制，充分依靠社团组织、舆论和社会公众的力量，群策群力，逐步形成全民监督防范违法测绘行为、宣传普及国家版图意识的良好局面。

五是深化管理体制机制改革。要理顺事权关系，完善服务保障功能，优化队伍结构，加快形成权责明晰、分工合理、运转协调、监管到位、规范高效的测绘地理信息管理体制机制，解放和增强行业整体活力，提升测绘地理信息统一监管和服务保障的效率、质量。一要强化职能。结合测绘地理信息工作的实际，合理划分各级测绘地理信息行政管理部门的事权，有针对性地提出职能职责调整优化建议，推进地理国情监测、地理信息产业监管、应急测绘保障等职能职责进法律、进“三定”，进一步强化和落实地理信息安全监管、不动产测绘、地下管线测绘、海洋测绘、测绘基准服务等方面的职能职责。二要完善体制。按照中央关于政府机构改革的部署和要求，本着“有利于事业长远发展、有利于统一监管力量强化”的原则，因地制宜地推进测绘地理信息行政管理机构建设，优化机构设置、职能配置和工作流程，加强地理国情监测、应急测绘保障、地理信息交换共享等方面的管理力量。三要优化布局。按照国家关于事业单位分类改革的总体部署，根据技术进步、职责变化和经济社会发展的需求，对测绘地理信息事业单位的布局、功能和规模进行优化调整，保留一支适当规模的基础测绘队伍，加强地理国情监测、应急测绘保障、测绘基准服务、地下管线测绘、海洋测绘等方面的队伍力量，优化职责配置，理顺职责关系，减少单位间的职能交叉和重复，形成科学、高效、协调、完备的基础测绘队伍格局；加快推进政社分开和社团组织改革，行政机关要将适合社团组织行使的职能转移给社团组织，推进社团组织明确权责、依法自治、发挥作用；要通过科学规划、合理准入、园区集聚、兼并重组等方式，优化地理信息产业发展布局，推动地理信息产业向高附加值、高增长率方向发展。四要创新人才发展机制。坚持党管人才基本原则，统筹推进各类人才建设，实施更加开放的人才政策，积极营造有利于人才成长和发展的良好环境，完善人才培养选拔机制，健全人才流动机制，培养、吸纳和用好多专业、多领域、多层次的优秀人才，满足更好履行职责、更好提供服务保障的需要，夯实事业发展的人力资源支撑。

以上谈到的只是测绘地理信息领域深化改革的五个重点方面。此外，在规划管理、预算与经费管理、标准化工作、国际合作与交流、干部人事、党的建设、廉政建设等方面，各单位各部门要根据中央的部署和要求，结合我们的具体实际，制订深化改革的目标和任务，扎实推进这些方面的改革工作。

同志们，这一轮测绘地理信息领域的改革，是全方位的、系统的、深入的、多维度的，任务十分繁重和艰巨。事业转型期通常会出现一些问题和困难，生产关系的调整必然会涉及到深层次利益格局的调整。因此，全面深化测绘地理信息领域改革，必须发挥好各级班子的领导核心作用和基层党组织的战斗堡垒作用，充分调动职工群众的积极性和创造性，协调处理好改革与稳定、长远与近期、大局与局部、快与慢、得与失等方面的关系，积极稳妥地加以推进。

国家局党组已经多次就测绘地理信息领域改革

发展进行研究，上星期还专题研究了国家局全面深化改革的实施意见，目前已有了一个初步框架。制定这个意见，就是要明确国家局深化改革的整体思路和目标任务，指导整个系统和领域的全面深化改革工作，加快推动测绘地理信息领域的改革发展。

**四、关于下半年工作**

下半年工作任务很重，请大家按照既定计划认真抓好落实。这里我只强调几项重点工作。第一，地理国情普查已进入关键时期，今年的任务完成关系到整个普查工作的成败。目前普查工作总体进展较好，但也存在着进度不平衡、质量风险较大、技术组织管理不到位等问题和困难。下半年，必须采取有力措施解决突出问题，加快工作节奏，倒计时推进各项工作开展，确保年度任务圆满完成。第二，《国务院办公厅关于促进地理信息产业发展的意见》出台十分不易，文件是有“有效期”和“保质期”的，我们决不能让《意见》悬在空中、放到“过期”，一定要趁热打铁，抓好《意见》的贯彻落实，最大限度地发挥好《意见》对促进产业发展的作用。第三，要抓紧做好第三届联合国全球地理信息管理高层论坛的筹备工作，这个论坛是经克强总理、高丽副总理批准同意举办的一个非常重要的高层论坛，一定要将论坛办好、办实，办出特色，展示良好形象，提升国际影响力。第四，“十三五”规划是一项关系到事业可持续和长远发展的重要工作，要广泛调研、科学规划、充分论证、确保质量，尽早拿出基本思路和主要框架。第五，要按照中央要求，认真做好测绘援疆援藏工作，举全行业之力，推动新疆、西藏测绘地理信息事业快速发展。

为了做好下半年工作，我再提几点要求。

一要加强调查研究。习近平总书记强调：“研究、思考、确定全面深化改革的思路和重大举措，刻舟求剑不行，闭门造车不行，异想天开更不行，必须进行全面深入的调查研究。”我们每一项重点改革措施的出台，都事关事业长远发展，都可能涉及职工群众切身利益，所以一定要有充分的调查研究基础，一定要进行深入地政策研究和反复论证，在全面掌握事业发展现状、把准改革脉搏的基础上作出科学决策。各单位各部门一定要善用常用调查研究这个谋事之基、成事之道，有重点、有针对性地开展调查研究，稳妥有序地推进改革发展进程和各项重点工作的落实。

二要深化整改落实。国家局要继续抓好党的群众路线教育实践活动的整改落实，进一步巩固扩大教育实践活动成果，在抓常、抓细、抓长上下功夫，实现100%销号式管理，真正做到善始善终、善作善成。各地要按要求扎实开展好党的群众路线教育实践活动，积极投入、精心组织、周密部署、务求实效。要更加高度重视党风廉政建设，抓好党员干部直接联系群众制度的落实，努力打造“信念坚定、为民服务、勤政务实、敢于担当、清正廉洁”的干部队伍。

三是加强督促检查。习近平总书记强调，目标是否坚定，决定改革的成败；落实能否到位，决定蓝图的实现。前不久，李克强总理主持召开国务院常务会议，专门研究部署督查工作，并派出8个督查组，分赴有关部门、单位和部分省市区开展全面督查。我们一定要按照中央要求，锲而不舍，真抓实干，采取任务分解、责任到人等措施，打通“最先一公里”和“最后一公里”，坚决贯彻落实党中央国务院的决策部署，切实把局各项重点工作落到实处。下半年，国家局将加大督查力度，通过督查促工作落实，通过督查促作风转变。

四要强化业务协作。测绘地理信息事业要加快发展，必须走整合资源的路子，善于借力发力。下半年，要着力推进两方面的业务协作。6月16日，大明部长对深化部局业务协作提出了明确要求，国家局也专门印发了通知，各单位各部门要主动与国土资源部门对接需求，主动提供测绘地理信息保障服务，在国土资源部和国家测绘地理信息局、各省（区）国土资源厅和测绘地理信息局两个层面来强化业务协作，更深层次地融入和服务国土资源工作大局。同时，要抓住中央推动军民融合发展的契机，扎实推进测绘地理信息工作军民深度融合。国家局与总参测绘导航局已经多次进行沟通，双方都表达了强化合作的真诚意愿。各单位各部门要抓紧时间展开工作，尽早取得实质性成果。

同志们，2014年时间已经过半，完成全年的工作任务还需要大家付出不懈努力。希望大家深入学习贯彻习近平总书记系列重要讲话精神和克强总理、高丽副总理重要讲话、批示的精神，团结奋斗，开拓创新，扎实工作，确保全年工作任务圆满完成，加快推动测绘地理信息事业改革发展，为促进经济社会科学发展作出更大贡献！

# 国家测绘地理信息局局长库热西·买合苏提在国家测绘地理信息局党组会议上关于传达学习贯彻张高丽副总理对第一次全国地理国情普查重要批示精神的讲话

2014 年 8 月 18 日

7 月 30 日，我局向国务院第一次全国地理国情普查领导小组报送了《关于第一次全国地理国情普查阶段性工作情况的报告》。8 月 1 日，中共中央政治局常委、国务院副总理张高丽做出重要批示，对第一次全国地理国情普查工作取得阶段性成果给予充分肯定，对下一阶段任务提出明确要求。国土资源部部长姜大明 8 月 6 日也就贯彻落实张高丽副总理重要批示精神提出了要求。

高丽副总理的重要批示精神，一方面体现了党中央、国务院对地理国情普查工作的高度重视，体现了高丽副总理对我局一年多来工作的充分肯定，体现了对普查工作取得阶段性成果的高度认可；另一方面，指出了普查任务的艰巨性和繁重性，为我们指明了努力方向，提出了工作目标和措施要求。一年多来，我们在党中央、国务院的正确领导下，特别是在高丽副总理的直接关怀领导下，在国务院各有关部门和各省（区、市）的大力配合支持下，加强组织领导、创新制度建设、做好统筹协调、精心组织实施，特别是在强化技术管理、严格质量控制、狠抓工作落实、深化成果应用方面做了大量工作。成绩的取得，来之不易。高丽副总理的重要批示，既是对我们的亲切关怀和有力鼓舞，更是对今后工作的指导方针。我们一定要以高度的政治责任感和使命感，认真贯彻落实高丽副总理的重要指示精神，再接再厉，全力以赴做好普查后续各项工作。

一要深刻领会批示精神，保持清醒头脑，增强紧迫感和责任感。“下一阶段任务还很繁重。”高丽副总理的重要批示高屋建瓴，明确指出了今后普查工作的艰巨和繁重。从目前统计结果来看，2/3 的省份未达到或刚刚达到全国平均进度（总体工作量的 30%），接下来的任务十分繁重，时间非常紧迫，全国总体上完成任务压力很大。因此，我们没有丝毫理由懈怠和自满，必须高度警醒、高度自觉，继续添柴加火，再鼓干劲，把压力变为动力，把贯彻落实高丽副总理的重要批示精神落实到工作中，落实到行动上。

二要尽快传达批示，加强督促指导。地理国情普查是国务院部署的一项重要工作，必须全国“一盘棋”，任何一个地方都不能掉队。“加强督促指导”，是高丽副总理为我们下一步工作指出的具体措施和方法，我们必须坚决遵循，认真落实。我们要抓住中央领导同志作出重要批示的有利时机，按照大明部长批示，尽快传达高丽副总理重要批示精神，将普查进展情况和存在的问题通报各省级人民政府，使政府领导进一步提高对普查工作的认识和重视程度，了解本地普查工作成效和进度，并以此督促落后省份，加快推进普查工作，尽早赶上全国同步水平。普查工作与其它各项工作紧密相关，没有与普查工作无关的地方、单位和同志，要尽快把高丽副总理重要批示精神传达到全系统各部门、各单位和全体干部职工，进一步统一思想、深化认识，安排部署好普查和为普查服务的各项工作。

三要加大统筹力度，加快普查进度。要统筹好国家和地方普查分工的关系。我局作为国务院国普办，是国家层面的组织者，要加快后续工作的设计和组织，积极开展相关技术的攻关和试验，确保后续工作顺畅开展；各省（区、市）要按照统一的技术标准和要求，立足本地实际，加强组织管理，加快任务实施。要统筹好地理国情普查和其它业务工作的关系。普查是当前各项工作的重中之重，一定要统筹和调动一切优势力量，在时间、资源、人力等各方面为地理国情普查提供保障。要统筹好地理国情和地理省情市情的关系。大部分省（区、市）在地理国情普查要求的内容上增加了地理省情所需的普查要素，势必会对全国进度造成一定影响。各省（区、市）一定要贯彻落实好高丽副总理的重要批示，坚持地方服从中央、局部服从整体的原则，统筹好地理国情和省情普查的关系，保障国情普查优先，省情普查不能影响国情普查进度。

四要层层严把关口，务必保证质量。质量是普查成果的生命，确保普查成果全面、真实、准确，是普查工作的核心和关键。目前，普查质量监督保障体系已经基本形成，但是通过几次过程质量监督抽查发现，普查成果的质量风险仍然不容忽视。要进一步完善质量控制体系。着力完善普查质量控制机制和流程，注重制度建设，强化质量管理，避免在普查数据统计分析过程中，因为部门利益或地方利益等原因，导致出现非技术因素的质量问题。要严格执行责任追究和奖惩制度。督促各地强化普查的过程质量监管，务必对此前监督抽查发现的问题进行彻底整改，确保各地所执行的技术标准高度统一。要进一步强化培训。普查不同阶段的培训工作要及时跟进，不断提高普查作业人员的质量意识和把握技术标准、规范作业的能力。

五要深入思考研究，加快成果应用。“完成好普查任务”，是高丽副总理提出的目标要求。如何才能完成好、才算完成好普查任务，我们应深入思考和研究，最终要体现在高水平的成果上，体现在高效能的成果应用上。因此，我们在确保进度和质量的同时，要坚持边普查、边监测、边应用，及早开展最终综合成果应用研究，增加成果应用的广度和深度，提高普查成果利用的效率和效益，实现效能最大化和最优化，并且起到以普查带监测促转型的效果。

总之，要把贯彻高丽副总理重要批示作为下一步推进全国地理国情普查的重要动力，进一步深化认识，进一步集中力量，强化督促指导，确保进度和质量，完成好普查任务，向党中央、国务院交上一份满意答卷。

## 国家测绘地理信息局局长库热西·买合苏提在全国地理信息产业促进工作现场会上的讲话

（根据录音整理）

2014 年 9 月 4 日

今天，我们在湖北省武汉市召开全国地理信息产业促进工作现场会。这次会议是贯彻落实《国务院办公厅关于促进地理信息产业发展的意见》（以下简称《意见》）的重要举措，非常重要。会议内容很丰富，大家进行了现场观摩，听取了企业的讲解，安排了大会交流，四个省市开展的工作各有特色和侧重，希望大家思考借鉴。下午，还将进行讨论交流，闵宜仁副局长将就促进地理信息产业发展做出具体安排，并对大家提出的问题进行解答。我相信，本次会议应该会收到很好的成效，能够进一步贯彻落实好《意见》精神，有利于进一步促进全国地理信息产业健康、快速发展。

会前，我与湖北省委书记李鸿忠、省长王国生以及相关领导进行了会见，同许克振副省长进行了会谈和交流，了解到湖北省思路开阔，目标明确，也取得了很好的成效，尤其是湖北省发挥自身优势，在推动北斗导航应用产业发展方面，力度很大，让我们感受到湖北省委、省政府对产业发展的高度重视。各地对地理信息产业发展高度关注，各级领导亲力亲为来推动，让我们充满信心，地理信息产业一定能够快速发展。

下面我讲三点意见，供大家参考。

**一、地理信息产业已进入发展的黄金机遇期**

近年来，地理信息产业保持了持续高速增长，产业影响力不断扩大，产业渗透率快速提升，产业发展欣欣向荣，这得益于党中央、国务院对地理信息产业的高度重视。国家和地方有利于产业发展的各类政策措施密集出台，也是顺应大数据时代潮流、建设信息社会的客观要求，符合测绘地理信息事业发展进步的历史规律。纵观当今国内外形势，可以说，我国地理信息产业已经迎来了加速发展的重大历史机遇。

（一）新常态为产业发展提供了新机遇。当前，随着经济发展潜在增长率下降、资源环境压力加大，我国经济“做不到”也“受不了”像过去那样的高速增长，与此同时，人口结构变化、要素成本上升等，倒逼经济结构优化升级、发展转向创新驱动，我国经济进入以中高速、优结构、新动力、多挑战为主要特征的新常态。习近平总书记指出，要从当前我国经济发展的阶段性特征出发，适应新常态。地理信息产业作为科技含量高、物质资源消耗少、成长潜力大、综合效益好、吸纳就业能力强、产业关联度大的新兴战略性产业，在新常态下，也必将发挥应有的作用，迎来快速发展的新机遇。“发展必须是遵循经济规律的科学发展，必须是遵循自然规律的可持续发展，必须是遵循社会规律的包容性发展”，总书记作出的这一重大判断，是对新常态下中国经济发展新特点、新趋势的科学把握，是对推动经济持续健康发展新思路、新目标的高度概括。地理信息产业发展要抓住新常态下的新机遇，就必须按照十八届三中全会的部署，按照“三遵循三发展”的规律，转方式、调结构，释放改革红利，焕发企业活力，促进产业快速、可持续的发展。

（二）战略性新兴产业地位已经确立。地理信息产业作为新兴朝阳产业，不仅是国民经济和社会信息化的重要基础和有力支撑，同时也与经济运行和人民生活息息相关。近年来，随着地理信息与移动互联网、物联网的融合更加紧密，地理信息呈现出巨大的商业价值，地理信息产业连续5年保持了超过20%的年增长率；资本市场对地理信息产业板块更加关注和青睐，已有18家相关企业上市，部分大型互联网企业通过收购或者注资等方式，进入了地理信息服务领域，推动了电子商务与地理信息的深度融合。可以预见，随着云计算、移动互联、大数据等技术的发展，以及北斗卫星导航系统产业化进程的加快，在国民经济和社会发展中必将扮演越来越重要的角色。2011年5月23日，李克强总理在视察中国测绘创新基地时，就高度肯定了地理信息产业的重要作用。《意见》更是用“四个重要”深刻阐述发展地理信息产业的重大意义，强调发展地理信息产业是实现科学发展的重要支撑，是维护国家安全的重要保证，是加快转变经济发展方式的重要手段，是保障和改善民生的重要内容，并明确指出地理信息产业是战略性新兴产业。战略性新兴产业这一定位的确立，必将为产业发展带来诸多有利条件，有力促进产业加快发展。

（三）产业宏观环境得到极大改善。去年以来，国务院连续印发了《“宽带中国”战略及实施方案》《关于促进信息消费扩大内需的若干意见》《国家卫星导航产业中长期发展规划》等重要文件，提出加快推动北斗卫星导航系统核心技术研发和产业化，支持拓展位置服务市场，大力发展地理信息产业，加快智慧城市建设等任务，有效拉动了地理信息消费，为地理信息产业发展创造了良好的政策环境。今年以来，继《意见》印发之后，又相继出台了《国务院办公厅关于加强城市地下管线建设管理的指导意见》《国家新型城镇化规划（2014～2020年）》《国务院关于加快发展生产性服务业促进产业结构调整升级的指导意见》《国家地理信息产业发展规划（2014～2020年）》和《关于促进智慧城市健康发展的指导意见》等一系列事关地理信息产业发展的政策。国家测绘地理信息局也颁布了新的《测绘资质管理规定》和《测绘资质分级标准》。浙江、湖北、江西、吉林、陕西、四川、河北、湖南等地政府已经出台了促进地理信息产业发展的相关政策或实施意见，北京、黑龙江、山西、江苏、云南等地推出了创新产业发展的具体举措。此外，中国地理信息产业协会主导筹建了地理信息股权投资基金，湖北省设立了总规模2亿元的地球空间信息产业创业投资基金。总体来看，各级党委政府对地理信息产业重要性的认识更加到位，对产业发展的支持力度明显加大，产业发展环境显著优化。

（四）产业正处于迅速兴起阶段。当前，各级党委政府更加注重促进科学管理决策，采取有效手段解决资源环境人口灾害等问题，这对准确掌握国情国力提出了新的更高要求，也迫切需要丰富基础地理信息资源、常态化开展地理国情监测，促进地理信息资源和技术更好服务管理决策。在产业和企业层面，如何在移动互联时代顺应技术的发展进步，抢占发展先机，促进产业优化升级，提高工作效能效率等，都对地理信息服务提出了旺盛需求。据中国互联网络信息中心统计，手机地图在国内手机网民中的渗透率高达35.4%，用户数量接近1.5亿，地图已经成为移动终端的标配、移动互联的入口、打通线上线下服务的核心。可以预见，随着第三次全国经济普查、第一次全国地理国情普查、第九次全国森林资源清查、不动产统一登记、地下空间测绘等重大项目和工作的启动，以及国产系列遥感卫星发射应用、北斗卫星导航定位系统产业化等进程的加快，必将有力带动地理信息产业发展。而随着地理信息服务从以交通出行为主快速拓展到电子商务、旅游、房产、社交、娱乐等众多领域，成为出行、生活、休闲、购物等应用的入口，地理信息的社会化应用有望迎来爆发式增长。

（五）产业发展面临的困难与挑战不容忽视。尽管地理信息产业发展形势良好，但我们也清醒地看到，地理信息产业还存在规模不大、结构不合理、企业竞争力不强、核心关键技术缺乏、高端仪器自主化水平不高等问题，地理信息的开放共享、安全保密以及质量保障等工作仍然任重道远。在促进产业发展方面，我们还存在政策法规不完善、促进产业发展的抓手不多、力度不够等问题和困难。与此同时，随着科学技术尤其是移动互联技术的快速发展进步，地理信息生产与服务提供正从专业走向大众，大量多元资本的注入，导致地理信息产业竞争更加激烈，正引发核心要素的重新分配、生产关系的重构和利益格局的剧烈调整。在产业形态上，地理信息产业原有的边界被逐步打破，服务内涵变得难以精准界定，服务外延越来越大，这对产业监管提出了严峻考验。在盈利模式方面，互联网时代测绘地理信息的价值与价格呈现出了反向发展的态势，一方面测绘地理信息服务的价值大幅提升、需求十分旺盛，另一方面其市场价格却很低甚至为零，这对地理信息产业发展模式提出了新的挑战。与此同时，全球竞争与融合日益加剧，发达国家正凭借先发优势、技术优势、资本优势，加快抢夺全球地理信息服务市场。因此，我们既要看到产业发展的良好势头和巨大潜力，也要看到存在的变数和风险，既要坚定信心，又要防微虑远，主动应对。

**二、全力抓好《意见》的贯彻落实**

习近平总书记指出，“如果落实工作抓得不好，再好的方针、政策、措施也会落空，再伟大的目标任务也实现不了”。《意见》是对产业发展作出的重大战略决策部署，明确了发展产业一系列的政策措施，各地在贯彻落实《意见》上也取得了一定成效，但还远远不够，政策的含金量还远远没有挖掘出来。为进一步抓好《意见》的贯彻落实，我再提几点要求。

一要继续推动各级政府把《意见》落到实处。各地要站在国家战略高度，充分认识到《意见》作为地理信息产业发展纲领性文件的重大意义，测绘地理信息主管部门要继续通过多种方式争取地方党委、政府的重视和支持，推动政府尽快出台促进当地地理信息产业发展的政策措施。要通过政策文件、发展规划、实施计划等多种形式对《意见》所明确的政策逐条深入研究，对提出的任务逐项进行分解细化，落实责任，明确任务，列出时间表，画出路线图，建立倒逼机制，确保《意见》的各项政策能够发挥最大效用。要加强统筹协调，推动地理信息产业发展的部门间协作，形成政府主导、部门联动合力促进产业发展的机制。要结合深入落实《意见》，认真做好《国家地理信息产业发展规划(2014～2020年)》贯彻工作，结合当地实际，编制好各地产业发展规划，并积极推动把地理信息产业发展纳入当地经济社会发展“十三五”总体规划。各地要建立《意见》落实情况的检查督促机制，及时交流贯彻《意见》的情况，确保《意见》落到实处，发挥作用，见到成效。刚才，吉林局介绍了本地区争取省领导的重视出台产业实施意见的经验。希望未出台文件的地区要积极争取，推动文件出台，促进产业发展。

二要把握发展重点，突出各地特色，因地制宜发展。各地要根据《意见》所明确的产业发展五大重点领域，紧密结合地方经济社会发展的要求，根据本地地理信息产业的空间分布现状，充分考虑区域发展战略、功能定位以及区域经济、科技发展水平和人力资源、地理信息资源的丰富程度等多种因素，按照扬长避短的原则，强化政策指导和规划引导，突出各地特色，发挥企业的自主性和创造性，因地制宜地确定重点发展领域和重点发展方向，努力形成分工合理、各具特色、优势互补、协调发展的地理信息产业空间布局。在刚才的交流中，湖北省重点围绕北斗卫星导航应用产业发展开展了许多工作；浙江省围绕大力开展地理信息产业园区建设，推动企业集聚发展，都取得了较好成效，都值得大家思考和借鉴。产业发展必须依托本地的优势资源，比如，在北京、上海、湖北等地理信息科研力量雄厚的地区，可以重点推动地理信息技术创新，突破关键性技术，取得自主知识产权，并推动科技成果的产业化应用，增强在国际市场的竞争力；在中西部和东北等具有人力资源成本优势的地区，可重点发展数据处理和加工等服务外包业务；在广东、江苏等制造业比较发达的地区，可重点发展地理信息仪器装备制造业。这样各地在产业发展上就会出现合理的分工、科学的布局、优化的结构，就会形成优势突出、特色鲜明、有序竞争、良性发展的局面，从而把产业做大做强。

三要创新发展模式，搭建多种载体和平台，促进产业的规模化和集群化发展。地理信息产业的发展从根本上说靠市场选择，在于充分发挥市场配置资源的决定性作用，但这并不意味着市场是万能的，不能全部依赖市场的自发机制。我们要坚持政府引导与市场主导相结合，既充分发挥市场作用，突出企业主体地位，又要强化政府引导，加强顶层设计，完善政策措施，搭建各种有利于产业发展的载体和平台，推动产业的规模化、集群化发展。我们要在深刻分析产业发展规律、地理信息科技创新前景、产业分工布局以及区域竞争合作等规律性走向的基础上，进一步优化思路，按照《意见》所确定的五个重点领域，通过比较、筛选，确定优先方向，并通过政府项目、政府采购、优惠政策、数据支持等多种措施推动产业发展。测绘地理信息主管部门要紧密结合事业发展，发挥行业独特优势，突出重点，打造一批特色鲜明，具有资源优势和发展潜力的产业发展载体和平台。李克强总理指出，“天地图”是产业发展的基础平台。我们要通过进一步采取措施吸引一批企业参与“天地图”建设，带动一批企业依托“天地图”开展增值服务，为产业发展奠定坚实的数据基础平台。要抓住国家推广北斗卫星导航定位系统的大好时机，积极引导北斗卫星导航应用产业的发展，以此为突破口和重要抓手，助推地理信息产业的整体发展。要通过数字城市和智慧城市建设，抓住产业发展的牛鼻子，支持多系统、多样化的开发应用建设，带动产业发展。要引导企业参与行业信息化建设和重大国情国力调查项目，发挥好示范和带动效用。要发挥好地理信息产业园区的集聚、辐射、带动效应，推动产业集群发展，降低企业运营成本。但是，产业园建设一定要根据地方产业发展的现状和经济发展的需要，反复论证，切不可一哄而上，遍地开花。

四要坚持高起点、高标准、高水平原则，始终引领产业发展，显著提升国际竞争力。地理信息产业是涉及装备制造、软件开发、地理信息工程服务、卫星遥感及航空摄影、位置及导航服务、互联网地图服务等多领域的综合性高技术产业。产业的发展必须坚持高起点、高标准、高水平原则，不仅要促进产业持续快速增长，努力做大产业总量，更为重要的是要遵循产业规律和发展大势，注重科技进步与创新，优化产业布局，调整发展策略，做优产业结构，推动产业向高科技含量、高附加值、高增长率领域发展。要促进与大数据、物联网、智能交通、现代物流、文化创意等新型服务业态的融合发展，做长产业链条，走出一条符合实际、独具特色的地理信息产业发展路子。要发挥好地理信息产业发展基金的孵化、引导、扶持作用，引导社会资金更多投资地理信息产业。要增强自主创新能力，瞄准国际领先水平，立足我国实际需要，遵循科学研究、技术创新和成果转化规律，抓重大、抓尖端、抓基本，持续推进基础性、系统性、前沿性技术研究和技术研发，着力强化地理信息核心关键技术攻关，更加注重高、精、尖装备研发，抢占国际科学前沿领域制高点，不断提升我国地理信息产业国际竞争力。

**三、着力提升促进地理信息产业发展的能力**

在前不久召开的全国测绘地理信息局长座谈会上，我用三句话概括了测绘地理信息工作在国家改革发展大局中的定位，即：全力做好测绘地理信息服务保障，大力促进地理信息产业发展，尽责维护国家地理信息安全。大力促进地理信息产业发展，强调挖掘地理信息的价值，强化市场服务和社会化应用。这是提升测绘地理信息工作经济效益的主攻方向，也是我们的兴业之要。

习近平总书记强调，国家治理体系和治理能力是一个国家的制度和制度执行能力的集中体现，两者相辅相成。坦率地讲，对于宏观经济管理、促进产业发展，我们经验还不足、办法也不多。如何顺应地理信息产业发展规律，履行好促进产业发展的职责，提升促进地理信息产业发展的能力，发挥好政府部门应有的引导和扶持作用，迫切需要我们解放思想、改革创新，不断加强学习和研究。下面，我提四点希望和要求。

一要加强产业研究。要加强产业发展战略研究，深入调查产业发展的新情况、新特点、新趋势，准确掌握产业发展状况，摸清产业发展存在的关键问题，把握产业发展的客观规律，提出有前瞻性、针对性、科学性的对策措施，建立和完善促进产业发展的有关政策制度。要加强对产业发展的跟踪监测和形势研判，准确掌握产业运行数据，注重市场状态分析，客观研判产业发展态势，并及时作出预测预警和政策调整，提高宏观调控能力，规避产业发展风险，促进产业健康发展。当前，我们正在对产业进行分类研究，争取尽快与国家统计局联合建立产业统计制度，为促进产业科学发展提供基础统计数据支持。各地可积极开展产业统计试点和地理信息及相关产业单位名录库建设等工作，这是一项基础性工作，各地一定要按照国家测绘地理信息局的部署将这项工作做好。有些地方理解从事地理信息产业的就是在本地区具有测绘资质的单位，这远远不够。地理信息产业覆盖面大，涉及单位很多。如果产业发展的数据摸不清，工作难度将增大且针对性不够。我们要加强产业统计研究和基础工作，以此针对性地加强产业发展的指导。

二要夯实资源基础。地理信息产业是以地理信息开发利用为核心发展形成的。促进地理信息产业的健康快速发展，必须依托丰富详实的基础地理信息资源。可以说，基础测绘，既是测绘地理信息事业发展的立业之基，也是地理信息产业发展的源头活水。为此，要协调好基础测绘事业与地理信息产业的关系，既要通过加强基础测绘加快产业发展，也要通过大力促进产业发展提升基础测绘的能力和水平。为此，要进一步提升遥感数据获取和处理能力，加快建设“空天地海一体化”的现代化测绘基础设施，加快建设信息化测绘技术体系，做好基础测绘重大工程实施，显著提升基础地理信息资源的覆盖范围、数据更新频次和内容丰富程度，为产业的发展提供更多更好的基础数据资源。

三要加强市场监管。李克强总理指出，我们最大限度地放权，一个重要目的就是要为各类市场主体营造公平竞争的发展环境，在放权的同时必须加强市场监管，把该管的事管住管好。我们应当清醒地认识到，随着地理信息产业的发展，对市场监管提出了新的更高的要求。要科学定位政府角色，深入推进行政审批制度改革，进一步简政放权，强化事中事后监管，实行“宽进严管”。要优化测绘资质、数据提供、地图审核等方面的审批程序，提高地理信息公共服务水平。要针对地理信息市场中存在的无序竞争、问题地图、非法测绘、成果质量不合格、侵权盗版以及测绘成果泄密等问题，抓住市场监管的重点和关键，以点带面推动全局工作。要创新市场监管机制，提高监管效能。要针对地理信息产业的特点，充分研判市场监管面临的新形势、新特点，不断创新监管机制和方式方法，探索开展综合执法和联合执法，提高监管的针对性、有效性和科学性。要着力在长效机制建设、信用约束和部门合作等方面下功夫，切实提高综合监管能力。要以测绘资质管理系统、信用信息管理系统、地理信息安全监管系统等平台为依托，加强市场信息化建设，不断提高市场监管的科技含量和实际效能，为地理信息产业的健康发展创造公平、公正的市场环境。

四要强化指导协调。促进地理信息产业发展，是一项全局性的工作，是各级政府义不容辞的责任。各级测绘地理信息主管部门要向浙江、湖北等省局学习，通过多种方式争取省委、省政府的重视和支持，将促进产业发展纳入当地党委政府的重要议事日程。各地在促进产业发展方面，眼光要长远一些，步子要大一些，要勇于探索，敢于创新，加快建立有利于促进地理信息产业加快发展的管理体制机制。要强化对产业发展的指导和协调，加强产业政策、标准等的制定和实施，既要为各类企业发展“松绑”，又要为企业发展保驾护航。产业发展涉及多个部门，测绘地理信息主管部门要主动加强与各部门的协调配合，争取支持，赢得更多有利于产业发展的制度和措施，营造更加良好的产业发展政策环境。同时，要进一步理顺政府、行业协会和企业之间的关系，充分发挥相关学会、协会等社团组织联系政府与企业之间的桥梁和纽带作用，使他们更好地承接政府转移的部分行业管理职能，推动行业自律，更好地服务产业发展。

同志们，让我们在以习近平同志为总书记的党中央领导下，振奋精神，坚定信心，抓住机遇，开拓创新，乘势而上，认真贯彻落实党中央国务院的重要部署，加快推动地理信息产业上规模、提层次、增效益，为国家经济社会发展稳增长、调结构、促改革、惠民生作出应有的贡献。

# 国家测绘地理信息局局长库热西·买合苏提在数字城市建设与智慧城市探索专题研究班上的讲话

2014 年 9 月 15 日

尊敬的招玉芳副省长，各位市长、各位专家，同志们：

大家上午好！

经中共中央组织部批准，数字城市建设与智慧城市探索专题研究班今天正式开班了。本期研究班得到了中组部的高度重视，开班前，中组部对办班主题、课程设置、技术参观等环节做了认真研究和细致安排，对筹备工作给予了悉心指导。广东省委省政府对研究班的举办给予了大力支持，为办好培训班提供了诸多便利和帮助。在此，我代表国家测绘地理信息局，向中组部、广东省委省政府对测绘地理信息工作的重视和支持致以崇高的敬意和衷心的感谢！向各位市长的到来表示热烈的欢迎！向广东省国土资源厅、广州市委市政府、广州市国土资源和房屋管理局为本期研究班所作的细致安排和提供的周到服务表示衷心的感谢！

本期研究班课程内容丰富，既有院士专家的学术报告、国家测绘地理信息局负责同志的专题报告，也有相关地市负责人的经验介绍和现场参观演示。希望通过观摩和学习，各位市长能够有所感悟、有所启发、有所收获。

下面，我谈三点意见，供大家参考。

**一、简要介绍测绘地理信息工作基本情况**

测绘，是人类认识地球的一种手段，是人们认知世界的一种文化。从古代测绘、传统测绘发展到现代测绘，测绘的手段从简单目测、地面量测逐步发展到飞机航空摄影、卫星导航定位和卫星航天遥感；测绘的对象从地面发展到地下、水下，从陆地发展到海洋，从地球发展到月球乃至火星；测绘成果的载体从岩石、陶片、丝绢、皮革逐步发展到纸张、电子存储器；测绘成果的表现形式从山水图画、抽象符号、二维地图逐步发展到数字地图、实景地图、网络地图、三维乃至四维地理信息系统；测绘的功能也随着社会的发展和进步不断拓展和延伸，在维护国防安全和国家利益、管理社会公共事务、处理经济社会发展重大问题、提高人民群众生活质量等方面发挥着越来越重要的作用。

新中国成立后，特别是改革开放以来，在党中央、国务院的重视和关怀下，我国测绘地理信息工作紧密围绕经济社会发展大局，在改革创新中不断发展进步，取得可喜成就，建立了国家统一的现代测绘基准体系，测制了国家系列基本比例尺地形图，形成了国家基础地理信息数据库，精确测量了珠穆朗玛峰高程，成功打造了“天地图”地理信息服务平台，开展了国界线、行政区划界线测绘和南北极测绘，工程测绘、地籍测绘、矿山测绘、海洋测绘、地下空间测绘等不断发展进步，地理信息产业日益繁荣。当前，全国从事测绘地理信息相关工作的企事业单位约 2.2 万家，上市企业 18 个，全行业从业人员有 40 多万人，2013 年全行业总产值约 2500 亿元。

近年来，国家测绘地理信息局主要开展了以下几项重点工作：一是完善发展思路。确定了测绘地理信息工作在国家改革发展大局中“全力做好测绘地理信息服务保障，大力促进地理信息产业发展，尽责维护国家地理信息安全”的基本定位，明确了“构建智慧中国，监测地理国情，壮大地信产业，建设测绘强国”的总体战略。二是打造知名品牌。加快实施数字城市、天地图、地理国情普查三项重点工作，为促进领导科学管理决策、提升城市综合管理水平、提高百姓生活质量等提供服务保障。三是加强基础测绘。国家西部测图工程、海岛（礁）测绘一期工程顺利竣工，国家现代测绘基准体系基础设施一期工程建设推进顺利，全国 1:5 万基础地理信息数据库实现每年一更新，积累了丰富的基础地理信息资源。四是做好应急保障。利用无人机航摄系统、测绘应急监测车等现代装备和技术，第一时间获取和提供灾区地理信息，为历次重大自然灾害的应急救灾、灾情评估和灾后重建提供保障，发挥了重要作用。五是强化公共服务。推进测绘地理信息服务深度融入经济社会发展主战场，启动了第一次全国地理国情普查工作，主动服务国家和地方重大战略实施和重大工程建设，为了解国情、把握国势、制定国策提供科学基础。六是大力发展产业。深入贯彻《国务院办公厅关于促进地理信息产业发展的意见》，通过完善政策、放宽准入、园区集聚、资金支持、项目引导、规范市场等多种方式，推动地理信息产业连续多年保持超过20%的年平均增长率。七是强化统一监管。牵头开展了测绘地理信息市场治理、测绘成果保密检查等专项活动，切实加强国家版图意识宣传教育，减少了“问题地图”的产生，维护了国家地理信息安全。八是推动科技兴测，人才强测。资源三号测绘卫星成功发射，多项科研成果获得国家级科技奖励，全行业院士人数达21人，多人在国际相关组织担任要职，我国在国际测绘地理信息事务中拥有较大影响力。

特别值得一提的是，数字城市建设取得重大成果。截至目前，国家测绘地理信息局已组织开展了320余个地级市、260多个县级市的数字城市建设，已有200多个地级市、60多个县级市的数字城市完成建设并投入使用，全国已累计开发数字城市应用系统3000多个，涉及国土、房产、公安、环保、卫生等60多个领域。据不完全统计，我局组织的数字城市建设，直接带动投资60亿，节约财政资金100亿，拉动产值高达300多亿。数字城市建设，一方面促进了城市信息资源的充分共享，避免了重复投资采集基础地理信息，为各类自然资源和经济社会信息的共享交换提供了统一平台，杜绝了信息孤岛，避免了数字鸿沟，有力推进了城市信息化进程；另一方面，通过开发各类基于数字城市地理空间框架的应用系统，提高了政府决策管理的能力和水平，有力推进城市管理模式的变革。李克强总理对我局组织开展的数字城市建设给予高度评价，指出：“目前我国的数字城市建设有些方面已迈入了世界先进行列，有力地提高了城市管理工作的科学化、精细化水平，提升了政府形象”。

当前，国家测绘地理信息局正深入贯彻落实党的十八大、十八届二中、三中全会精神和习近平总书记系列重要讲话精神，全力推动测绘地理信息领域的改革发展，促进测绘地理信息治理体系和治理能力的现代化。我们将着力推进以下五个方面的改革：一是深化基础测绘建设改革。加快建设新型基础测绘体系，与时俱进地赋予基础测绘新的内涵，推进基础地理信息资源由地上向地下、陆地向海洋、近海向远海、国内向全球的战略拓展，推动各级基础测绘队伍从数据生产者向信息整合者的转变，牢牢把握住国家战略性信息资源的主动权。二是深化测绘地理信息服务模式改革。加强测绘公共服务，持续开展地理国情监测，积极引导和扶持地理信息产业发展，加快实现测绘地理信息工作从提供地理信息数据走向提供地理信息综合服务，从基础先行走向服务决策管理全过程，实现社会效益、经济效益的最大化、最优化。三是深化科技创新体制改革。建立健全测绘地理信息科技创新体系，持续推进基础性、系统性、前沿性技术研究和技术研发，打通从科技强到事业强、产业强的通道，实现科技创新由“跟跑者”向“并行者”“领跑者”的转变。四是深化测绘统一监管改革。加快建成符合全面深化改革新要求的测绘地理信息政策法规体系，深化行政审批制度改革，简政放权，依法行政，严格执法。五是深化管理体制机制改革。理顺事权关系，优化生产力布局，加快形成权责明晰、分工合理、运转协调、监管到位、规范高效的测绘地理信息管理体制机制，解放和增强行业整体活力。

**二、稳步推进数字城市向智慧城市转型升级**

智慧城市是运用物联网、云计算、大数据、空间地理信息集成等新一代信息技术，促进居民工作生活、城市管理服务、公共安全等各方面智慧化的新理念和新模式。当前及今后一段时间，国家测绘地理信息局将着力推动数字城市地理空间框架向智慧城市时空信息云平台转型升级，积极助力智慧城市建设。

一要充分认识智慧城市建设的重要意义。随着我国城镇化进程的加快，城市发展面临的资源、环境、人口、灾害等问题十分严峻，创新城市发展模式已经迫在眉睫。党的十八大提出要坚持走中国特色新型工业化、信息化、城镇化、农业现代化道路，在提高城镇化质量上下功夫。习近平总书记强调，发展要从当前我国经济发展的阶段性特征出发，适应新常态。智慧城市是城市化和信息化的高度融合，推进以时空信息为基础的智慧城市建设，可以有效整合和充分利用城市各类信息资源，对城市各部门的业务流程进行信息化改造，解决管理体制上的条块分割和资源配置上的分散封闭，使城市管理和服务精细化、动态化、可视化、智能化，既有利于降低行政成本、节约资源，又可促进科学管理决策，并带动一批新兴产业的发展，推动城市走集约、智能、绿色、低碳的发展道路，有效提高城市综合承载能力和居民幸福感受，促进城市治理体系和治理能力现代化。

二要切实做好智慧城市建设的顶层设计。智慧城市建设是一项长期、复杂、艰巨的系统工程，一定要视各地的信息化条件和社会需求情况，适时启动，突出特色，不能炒作概念、一哄而上。不久前，经国务院同意，国家发改委等八部委联合印发了《关于促进智慧城市健康发展的指导意见》，明确要求城市人民政府要从城市发展的战略全局出发研究和制定智慧城市建设方案，加强顶层设计。希望各地在开展智慧城市设计时，以城市发展需求为导向，科学研判本地建设智慧城市的基础条件，客观分析数字城市建设的成果、成效，突出城市的个性和特色，因地制宜地确定智慧城市的发展目标、发展路径和重点任务。特别要把《意见》确定的“加强移动互联网、遥感遥测、北斗导航、地理信息等技术的集成应用”，“统筹城市地理空间信息及建（构）筑物数据库等资源，加快智慧城市公共信息平台和应用体系建设”，“以城市统一的地理空间框架和人口、法人等信息资源为基础，叠加各部门、各行业相关业务信息，加快促进跨部门协同应用”等基础性任务列入政府统筹建设的重点内容。

三要稳步推进数字城市向智慧城市转型升级。数字城市是智慧城市的基础，智慧城市是数字城市的高级阶段。国家测绘地理信息局将在充分吸收数字城市建设经验的基础上，遵循试点先行、示范带动的原则，有序地推进智慧城市建设。各地也要强化统筹协调，把握好数字城市向智慧城市转型升级的节奏和步骤，已经建成数字城市的地方，具备智慧城市建设条件的，可积极申报我局智慧城市试点，加快推动数字城市向智慧城市转型升级；尚未完成数字城市建设的地方，要统筹好数字城市与智慧城市建设，对于其中基础设施条件具备的地方，要力争一步建设到位，避免二次改造；对于暂不具备条件的地方，也要强化衔接、留好接口，避免不必要的重复和浪费。开展智慧城市建设，既要发挥好测绘地理信息部门的基础性作用，也要强化多部门的资源共享和协同合作，还要统筹、依靠市场机制和市场力量，形成政府主导、部门联动、企业参与的建设新格局。我们希望通过国家测绘地理信息局、各省级测绘地理信息部门、各市级人民政府的通力合作，到2020年，能够形成较为完备的智慧城市时空信息云平台建设和应用体系。

四要持续发挥数字城市、智慧城市的作用。数字城市地理空间框架、智慧城市时空信息云平台不是一个一次性的工程，而是城市信息化不可或缺的信息基础设施，必须持续更新、不断完善、不间断地提供服务。为此，要强化测绘地理信息部门维护和更新数字城市地理空间框架、智慧城市时空信息云平台的职能职责，积极推进城市地理信息交换中心建设，实现地理信息与经济社会、自然资源和人文信息的互联互通、共享交换和整合集成，要以地方法规或政府文件等方式，明确数字城市地理空间框架、智慧城市时空信息云平台在城市信息化进程中的战略性、基础性、唯一性地位，保障其稳定运行和及时更新，要大力推广数字城市地理空间框架和智慧城市时空信息云平台，鼓励各部门、各领域建设业务应用系统，鼓励支持相关企业对成果进行增值开发和提供商业化服务，推动城市管理和运行更加智能、更加高效、更加安全、更加以人为本。

**三、进一步加强测绘地理信息工作**

2011年，李克强总理在视察中国测绘创新基地时强调，测绘地理信息是经济社会活动的重要基础，是全面提高信息化水平的重要条件，是加快转变经济发展方式的重要支撑，是战略性新兴产业的重要内容，是维护国家安全利益的重要保障。2013年，国务院决定启动第一次全国地理国情普查，张高丽副总理亲任普查领导小组组长，强调抓紧开展第一次全国地理国情普查，对于我们做到心中有数，立足底线思维、进行宏观思考、更好把握大局，有效应对各种风险和挑战，推进解决各种深层次矛盾和问题意义重大。2014年，《国务院办公厅关于促进地理信息产业发展的意见》印发出台，地理信息产业从国家层面被确立为战略性新兴产业。这些都充分体现了党中央、国务院对测绘地理信息工作的高度重视和关心支持。做好测绘地理信息工作，是测绘地理信息部门的职责，更是各级政府的责任。借此机会，我向各位市长提出以下三点希望。

一要进一步加强对测绘地理信息工作重要性的认识。李克强总理强调，人类对地理信息掌握的程度，决定了自身的视野和活动范围。推进国家治理体系和治理能力现代化，决策将日益依赖数据和分析，管理必须从客观的国情、世情出发。可以说，越是强调科学发展，就越离不开测绘地理信息工作的支撑。加快生态文明建设，迫切要求地理国情普查和监测提供权威、可靠、及时的国情国力数据；开展不动产登记和加强自然资源资产管理，离不开地理信息数据和技术；加强城市地下管线建设和管理，要求测绘好地下“生命线”；加快信息化建设，“北斗”导航系统、“天地图”服务平台可以也应当发挥重要作用；促进发展方式转变，地理信息产业前景广阔，必将成为新的经济增长点。希望大家在今后的工作中，更加重视、关心、支持测绘地理信息发展，能够经常听取测绘地理信息工作汇报，经常到测绘地理信息单位视察指导，帮助协调解决测绘地理信息发展遇到的瓶颈和困难，为测绘地理信息事业加快发展营造良好的环境条件。

二要共同推进测绘地理信息事业改革发展。当前，测绘地理信息事业已进入发展的黄金机遇期，前景十分广阔，各方面需求旺盛，但转型升级任务也十分繁重和迫切。希望各位市长朋友，用你们的战略眼光和务实精神，共同推动测绘地理信息事业的改革发展。要与时俱进地赋予城市基础测绘新的内涵，依法将基础测绘列入本级国民经济和社会发展规划，列入地方财政预算，并加大投入力度，保证基础测绘的覆盖范围、信息内容、数据质量、更新频次和服务手段能够满足各方面的迫切需要。在制定重大战略、研究重要政策、规划城市发展、论证重点工程时，能够更多地利用地理空间的方法和手段，促进科学决策。积极推动测绘成果在城市公共服务领域的实质性应用，为地理信息产业的发展创造条件，提供优惠和便利，提升城市综合管理水平，促进城市发展方式转变，加强公益性测绘队伍建设，加强测绘地理信息高新技术装备和应急测绘装备建设，不断丰富测绘地理信息产品和服务，不断提升测绘地理信息保障服务能力。

三要切实强化测绘地理信息统一监管。地理信息安全事关国家安全、主权和利益。随着测绘地理信息领域全面深化改革进程的不断推进，很多事权将逐步下放地方，而测绘地理信息执法的重心本来也就在基层，因此，今后城市层面的测绘地理信息统一监管的任务将更加繁重。希望各地加快制定和完善适应改革发展新形势的政策制度，确保有法可依、于法有据；加强地方测绘地理信息行政管理机构建设，落实好行政管理职能、机构、人员和经费，确保各类行政许可“接得住、管得好”；不断提高依法行政能力和水平，创新测绘地理信息统一监管方式，加强对地理信息市场中存在的无序竞争、问题地图、非法测绘、成果质量不合格、侵权盗版以及成果泄密等的监管，规范测绘地理信息市场秩序，确保国家地理信息安全。

同志们，从某种程度上来讲，是否重视数字城市、智慧城市建设，是否重视测绘地理信息工作，体现着城市领导者的现代化意识和战略眼光。中组部连续七年将数字城市、智慧城市建设专题研究班纳入委托办班计划，充分体现了中组部对测绘地理信息工作的高度重视。在座的各位市长都是城市管理的精英和栋梁，希望大家通过几天的学习和研讨，真心宣传测绘地理信息工作的重要意义，真诚推动测绘地理信息事业发展，尽职加快数字城市、智慧城市建设，尽责促进地理信息产业发展，尽心维护国家地理信息安全。

借助研究班这个机会，我们也想听到各位市长对加快测绘地理信息事业改革发展的意见和建议，希望大家知无不言、言无不尽。

最后，预祝本次研究班圆满成功！祝大家学习期间身体健康，生活愉快！

谢谢！

# 国家测绘地理信息局局长库热西·买合苏提在全国测绘地理信息宣传工作会议上的讲话

2014 年 11 月 7 日

同志们：

今天，全国测绘地理信息宣传工作会议在长沙召开了。会议得到了湖南省委、省政府的大力支持，湖南省委常委、常务副省长陈肇雄同志作了热情洋溢的致辞，在此，我代表国家测绘地理信息局党组表示衷心的感谢！

做好新形势下宣传工作，提高舆论引导能力，是推进国家治理体系和治理能力现代化的重要方面。党中央高度重视宣传工作，党的十八大以来，习近平总书记多次就加强宣传工作发表重要讲话，特别是在2013年8月召开的全国宣传思想工作会议上，习近平总书记站在党和国家全局高度，深刻阐述了事关宣传思想工作长远发展的一系列重大理论和重要现实问题，进一步明确了新形势下宣传思想工作的方向目标、重点任务和根本遵循。把思想和行动统一到习近平总书记重要讲话精神和中央决策部署上来，切实做好测绘地理信息系统宣传工作，守土有责、守土负责、守土尽责，是我们的重大政治任务。刚才，超智同志回顾了近年来测绘地理信息宣传工作情况，对今后一个时期宣传工作作出了部署安排，我都同意。下面，我再讲四点意见。

**一、认清形势，坚定信念，把思想和行动统一到中央决策部署上来**

习近平总书记强调，宣传思想工作要“胸怀大局、把握大势、着眼大事”。我们要把思想统一到中央关于宣传思想工作的形势判断上来，准确把握中央关于加强宣传思想工作的决策部署和目标要求，切实增强做好测绘地理信息宣传工作的坚定性、自觉性和主动性。

（一）充分认识宣传工作的极端重要性。高度重视宣传工作，是我们党的优良传统和政治优势。习近平总书记用“三个事关”阐述意识形态工作的战略定位：事关党的前途命运，事关国家长治久安，事关民族凝聚力和向心力。当前，国际形势风云变幻，国内经济社会加快转型，现代传播技术迅猛发展，各种思潮此起彼伏，凝聚共识的任务更加艰巨，壮大主流思想变得更加重要。提高舆论引导能力和水平，已经成为党执政能力建设的重要内容。我们一定要从政治的高度、大局的高度、发展的高度来认识做好宣传工作的极端重要性，认识宣传工作在坚定道路信念、凝聚改革力量中的重要使命。

（二）切实增强做好宣传工作的政治坚定性。做好宣传思想工作必须讲党性。坚持党性，核心就是坚持正确政治方向，坚决同党中央保持高度一致，坚决维护中央权威。这是大原则，决不能动摇。测绘地理信息宣传工作必须坚持正确政治方向，做到立场坚定、旗帜鲜明，关键时刻勇于亮剑，切实担负起在测绘地理信息领域巩固国家意识形态阵地的政治责任，坚决抵制各种错误思潮对测绘地理信息系统干部职工的冲击。要坚持党管媒体原则不动摇，管好阵地、管好内容、管好新媒体、管好从业人员，确保测绘地理信息舆论宣传的领导权、管理权、话语权不旁落，牢牢占领宣传舆论阵地。

（三）进一步提升做好宣传工作的自觉主动性。随着经济社会的不断发展进步，测绘地理信息工作的重要程度不断提升。加大测绘地理信息宣传力度，对于做强事业、壮大产业、维护安全意义重大。我们要牢固树立宣传也是生产力的理念，把宣传工作作为测绘地理信息事业的重要组成部分抓紧抓实。测绘地理信息工作的地位作用，要通过宣传扩大影响、赢得支持；测绘地理信息领域的改革发展，要通过宣传形成共识、凝聚力量；测绘地理信息事业的政策举措，要通过宣传深入人心、推动落实。希望大家进一步充分认识宣传工作的重大意义，进一步增强自觉性、主动性，扎实认真做好测绘地理信息宣传工作。

**二、高举旗帜，把握方向，营造测绘地理信息事业发展良好氛围**

测绘地理信息宣传工作要高举中国特色社会主义伟大旗帜，坚持围绕中心、服务大局，紧紧围绕坚持中国道路、弘扬中国精神、讲好中国故事、凝聚中国力量，牢牢把握正确舆论导向，在广大职工群众中树立共同理想信念，广泛凝聚改革发展稳定的正能量，为实现测绘地理信息事业转型升级、跨越发展提供思想引领、舆论推动、精神激励和文化支撑。

一要把干部职工的头脑武装好。面对测绘地理信息行业发展加快、职能转化、主体复杂、思想多样、利益多元的实际，我们要深入分析、全面掌握干部职工的思想状态，进一步强化爱国主义和中国特色社会主义宣传教育，坚持不懈地用中国特色社会主义理论体系武装头脑、指导实践、推动工作，巩固马克思主义在意识形态领域的指导地位，巩固全党全国人民团结奋斗的共同思想基础，引导干部职工增强中国特色社会主义道路自信、理论自信、制度自信，把全系统干部职工凝聚在共同理想的伟大旗帜下，汇集起推动测绘地理信息事业改革发展的强大力量。

二要把社会主义核心价值观倡导好。社会主义核心价值观是兴国之魂，是我们思想精神的“总坐标”。我们要通过多种方式的宣传，深化干部职工对社会主义核心价值观的认识和理解，将社会主义核心价值观融入测绘地理信息生产生活，贯穿服务保障的各个方面，大力培育知荣辱、讲正气、作奉献、促和谐的良好行业风尚，大力培养自尊自信、理性平和、积极向上的职工群体心态，使每一名干部职工都成为社会主义核心价值观的自觉践行者和忠实维护者，不断增强全行业的凝聚力和向心力。

三要把改革发展稳定主旋律宣传好。我们要胸怀国家改革发展大局，做大做强正面宣传，吸引、引导、激励测绘地理信息干部职工多看主流、多看本质、多看光明面，理解改革、支持改革、参与改革。要深入宣传测绘地理信息事业的发展战略和工作定位，宣传测绘地理信息领域全面深化改革的重大意义和战略部署，宣传测绘地理信息工作的发展成就和美好未来，宣传系统内的先进典型和感人事迹。通过有效宣传，增进干部职工对改革举措的认识，促进干部职工对改革发展过程中出现问题和困难的理解，增强干部职工参与改革的自觉性、主动性和坚定性，为加快测绘地理信息事业转型发展凝聚强大的正能量。

四要把测绘法规宣传普及好。我们要深入贯彻落实党的十八届四中全会精神，在全行业大力宣传全面推进依法治国的重大意义，大力弘扬社会主义法治理念和法治精神。要结合《测绘法》修订等立法和依法行政工作，加大测绘地理信息普法宣传和法治文化建设力度，进一步拓宽国家版图意识宣传教育渠道，提高干部职工的法治思维和依法办事能力，在全行业营造尊法、信法、守法、用法、护法的浓厚氛围，提升全社会的测绘地理信息法律意识和国家版图意识，促进测绘地理信息法律法规的实施。

五要把测绘精神传承弘扬好。“热爱祖国、忠诚事业、艰苦奋斗、无私奉献”的测绘精神，是测绘人的品质，测绘人的担当，测绘人的精神家园。时代在进步，社会在发展，测绘地理信息的生产工艺、产品形式、服务方式、技术装备等都在发展变化，但几代测绘人在长期实践中凝炼形成的测绘精神，任何时候都不会过时。特别在当前，各种思想文化交流交融交锋更加频繁，各种社会矛盾和问题相互叠加、集中呈现，测绘地理信息事业发展也到了深化改革、转型升级的关键阶段，更加需要我们去坚守、践行和弘扬测绘精神，把测绘精神凝成传统、形成风气、变成作风，转化成为干部职工的行为方式和工作方式，用测绘精神来鼓舞士气、提振信心、促进和谐、推动发展。

**三、正面引导，开拓创新，不断提升测绘地理信息宣传工作水平**

做好新时期测绘地理信息宣传工作，要按照“全力做好测绘地理信息服务保障，大力促进地理信息产业发展，尽责维护国家地理信息安全”的测绘地理信息工作定位，找准宣传工作与全局工作的切入点和结合点，强化新闻策划，丰富宣传形式，突出行业特色，有效引导舆论，大力传播中国测绘地理信息好声音。

（一）强化阵地意识，牢牢掌握三动权、话语权。我们要以不容置疑的政治态度守住测绘地理信息宣传阵地，进一步办好报纸、期刊、网站、出版物、微博微信和科技馆、博物馆等，始终坚持团结稳定鼓劲、正面宣传为主的方针，弘扬主旋律、传播正能量，把握正确舆论导向。特别是要按照中央全面深化改革领导小组关于推动传统媒体和新兴媒体融合发展指导意见的要求，加快推进传统媒体和新兴媒体融合发展，把掌控互联网测绘地理信息舆论和网络信息安全作为占领阵地的重中之重，管好用好测绘地理信息网站、微博、微信等新媒体，占领信息传播制高点。

（二）强化创新意识，切实增强影响力、引导力。习近平总书记强调“做好宣传思想工作，比以往任何时候都更加需要创新。”我们要强化宣传理念创新，在准确把握测绘地理信息宣传工作规律的同时，主动适应互联网时代即时性、移动性、互动性和全民化等特点，适应现代传播新格局。要积极推进宣传手段创新，增强新闻敏感度，加强宣传策划，找准领导关心、社会关切、百姓关注的重点、热点和亮点，开展多媒体集成、多要素聚合、多手段并用的全方位、立体式、多样化的宣传，不断扩大宣传面，讲好测绘地理信息故事，增强影响力、引导力和感染力。要更加注重宣传技术创新，继续发挥好主流媒体、传统媒体的作用，更加注重运用微博、微信、动漫等新兴媒体，更加注重新兴媒体的创新使用，提升测绘地理信息宣传工作的合力。

（三）强化为民意识，确保工作有根基、接地气。我们要把宣传工作的重心放在抓基层打基础上，经常深入测绘地理信息生产一线、工作基层，多接地气、多摸实情、多见实效，从中汲取养分。要适应测绘地理信息工作分散、流动性强的特点，充分发挥移动通讯和移动网络的优势，让正确的舆论信息及时传达到每一个干部职工。要把笔触和镜头对准一线职工，展现测绘地理信息工作的艰苦细致，讴歌干部职工的精神风貌，丰富干部职工的精神世界，增强干部职工的精神力量，满足干部职工的精神需求。要多挖掘身边的先进典型，真正让干部职工爱听爱看、产生共鸣，真正使宣传工作顺应时代发展、体现测绘特色、满足大众需求。

（四）强化国际意识，提升对外宣传覆盖面、影响力。我们要积极树立“共同体”意识、打开国际视野，积极参与国际测绘地理信息事务，积极发出中国测绘地理信息声音，为维护国家整体利益、彰显中国负责任大国形象贡献力量。要积极通过新闻报道、展览展示、国际交流等方式，大力宣传推介“天地图”、全球地表覆盖数据、国产优秀软硬件装备等创新成果，为测绘地理信息技术和服务“走出去”营造氛围。要精心打造好国家局英文网站，加强中国测绘地理信息类图书的对外推广，注重利用好国际媒体和刊物，不断扩大中国在国际测绘地理信息界的地位和影响。

**四、加强领导，完善机制，构建测绘地理信息宣传工作大格局**

抓好宣传工作，既是中央的要求，也是事业的需要。希望各部门各单位站在党和国家大局的高度、站在事业发展全局的高度，更加重视、关心、支持测绘地理信息宣传工作，共同构建测绘地理信息宣传工作大格局，推动宣传工作再上新台阶。

（一）加强领导、建强队伍。各级党委（党组）要把宣传工作牢牢抓在手上。领导班子特别是“一把手”要切实担负起政治责任和领导责任，加强对本部门本单位宣传工作形势的分析研判和重点任务的统筹谋划。在重大事项、关键时刻，领导干部要带头接受媒体采访，表明立场态度，发出权威声音，做好舆论引导。要努力打造一支高素质的测绘地理信息宣传队伍，加强对宣传人员的教育培训，给予宣传人员干事创业的平台和真诚关心爱护，让他们全心全意投入宣传工作。

（二）推进协作、形成合力。我们要树立大宣传的理念，加强布局和协调，统筹整合各级各类宣传资源，做强做精宣传平台，激发和释放宣传生产力，努力形成统一领导、上下联动、内外协作、运转高效的测绘地理信息宣传网络，共同构建起测绘地理信息宣传工作的大格局。开展测绘地理信息宣传工作，宣传、新闻出版、网络安全和信息化等部门和机构的关心支持很重要，要主动接受领导，积极争取支持；中央和地方各大媒体的力量很关键，要善待媒体、善用媒体，把他们当作我们的“扩音器”和“放大镜”，主动提供新闻线索和新闻素材，借势借力开展宣传；系统内相关单位和部门的支持配合更是必不可少，要充分发挥广大地理信息企业和行业社团等组织的作用，调动他们的积极性、能动性、创造性，形成“众人拾柴火焰高”的良好局面。

（三）虚功实做、形成长效。我们要进一步完善规章制度，坚持用计划确定目标、明确责任，用制度管理队伍、促进落实。要完善新闻发言人制度，通过举行新闻发布会等形式，对公众进行正面有效的主动宣传。要结合事业单位分类改革，促进测绘传统媒体与新兴媒体融合发展。要健全宣传投入机制，从人力、财力和装备上保障宣传工作的顺利开展。要建立网络信息安全机制，确保测绘地理信息宣传网络和信息可管可控。要建立健全舆情分析、研判、报告及应对与处置工作机制，加强对应急宣传的统筹协调，有力有序有效地引导社会舆论。

同志们，宣传工作责任重大，使命光荣。我们要坚持稳中求进，坚持改革创新，紧紧围绕实现中华民族伟大复兴的中国梦，扎实做好测绘地理信息宣传工作，为测绘地理信息事业加快发展作出应有贡献。

## 国家测绘地理信息局局长库热西·买合苏提在2014年全国测绘地理信息工作会议上的工作报告

2014年12月26日

尊敬的大明部长，同志们：

上午好！

本次会议的主要任务是：深入贯彻落实党的十八大、十八届三中、四中全会和中央经济工作会议精神，以习近平总书记系列重要讲话精神为指导，进一步贯彻落实李克强总理、张高丽副总理对测绘地理信息工作的重要批示精神，全面总结2014年测绘地理信息工作，研究部署2015年测绘地理信息主要任务，总结经验、分析形势、凝聚力量、鼓舞士气，全面推动测绘地理信息事业改革与发展。

会前，中共中央政治局常委、国务院副总理张高丽同志审阅了会议工作报告，并作出重要批示。高丽副总理专门对测绘地理信息工作作出重要批示，体现了党中央、国务院对测绘地理信息工作的高度重视和对测绘地理信息工作者的亲切关怀，是对2014年测绘地理信息工作成绩和2015年工作思路与重点任务的充分肯定，是我们做好各项工作的强大动力。我们一定要深入学习贯彻高丽副总理重要批示精神，更加坚定深化改革、干事创业的信心和决心，紧紧围绕党和国家的中心工作，坚决贯彻落实党中央、国务院的部署要求，以更加扎实有效的工作和更加良好的业绩回报高丽副总理的关怀重视，绝不辜负党中央、国务院的殷切期望。

国土资源部党组书记、部长、国家土地总督察姜大明同志一直高度重视、关心支持测绘地理信息工作，今天又专程出席我们的工作会议并作重要讲话，充分体现了国土资源部、姜大明部长对测绘地理信息工作的高度重视和大力支持。刚才，姜大明部长对2014年测绘地理信息工作取得的成绩给予充分肯定，对进一步做好测绘地理信息工作提出殷切希望，系统阐述了主动适应新常态、积极引领新常态，全面深化改革、全面推进依法治国、全面从严治党的重大意义，为我们推动测绘地理信息事业深化改革、转型升级、科学发展指明了方向、提出了要求、明确了任务。我们一定要认真学习领会，坚决抓好贯彻落实。

下面，我向会议作2014年全国测绘地理信息工作报告，请提出意见。

**一、2014年工作回顾**

一年来，在党中央、国务院的坚强领导下，在国土资源部的正确指导下，在国家有关部门和地方各级党委政府的关心支持下，国家测绘地理信息局紧紧围绕改革发展大局，牢牢把握稳中求进工作总基调，以全面深化改革为动力，团结带领全国测绘地理信息干部职工求真务实、开拓进取，圆满完成了2014年各项工作任务，推动测绘地理信息事业取得新成就，为国家经济建设和社会发展提供了坚实保障。

（一）把全面深化改革作为首要政治任务积极推进

我们全面深入贯彻党的十八届三中全会精神，注重顶层设计，突出问题导向，强化创新驱动，积极推进测绘地理信息领域各项改革发展工作。一是牢牢把握方向。局党组经过大量深入调研和广泛听取意见，加强了对制约事业发展的全局性、长远性、重大性问题的深层次分析，准确把握测绘地理信息工作在国家改革发展大局中的定位，出台了《国家测绘地理信息局全面深化改革的实施意见》，提出了改革发展的整体思路和目标框架，为推进各项改革明确了方向、路径和内容。二是明确目标任务。确立了加快建设科学完备的政策法规体系、新型基础测绘体系、公共服务体系、地理信息产业体系、科技创新体系和人才队伍体系，提升测绘地理信息依法行政能力、地理信息资源供给能力、公益性服务保障能力、地理信息产业国际竞争能力、创新驱动发展能力和维护国家地理信息安全能力等六大体系和六大能力的改革目标任务。三是积极改革实践。国家局层面，着力推进新型基础测绘改革、行政审批制度改革和事业单位分类改革。国家局与国土资源部首次联合印发了深化部局业务协作实施方案，部局业务协作取得实质性进展和重要突破。地方层面，江苏、浙江、陕西等局出台了深化改革方案，浙江、吉林、湖北、河北、陕西等地分别在深化地理信息交换共享、推进民用遥感卫星统筹利用、促进地理信息产业发展、加快北斗卫星导航系统应用、加强测绘成果管理等方面取得有益经验。

（二）集中力量确保地理国情普查顺利开展

在全国地理国情普查领导小组的统一领导和各地的大力支持下，我们充分发挥“主力军”作用，克服时间紧、任务重等困难，把普查作为重中之重全力推进。今年8月，张高丽副总理专门作出批示，对第一次全国地理国情普查工作取得阶段性成果给予充分肯定，对下一阶段任务提出明确要求。一年来，我们注重抓进度。全国共投入普查人员4万多人，完成高分辨率正射影像图生产、内业遥感解译及工作底图制作全部任务，外业调绘核查约910万平方千米，内业编辑整理约860万平方千米，已完成普查数据生产任务的92%；数据库建设和统计分析工作准备就绪。全国共落实普查经费约67.1亿元，其中中央财政投入12.7亿元。我们注重抓质量。建立了严格的质量管控体系，健全了《普查质量管理细则》等规章制度，完善了“两级检查、一级验收”机制，完成了4次过程质量监督抽查并通报督促整改。我们注重抓安全。通过强化制度建设和严格规范管理，确保普查人员人身安全、普查资料保密安全、普查资金使用安全。我们注重抓应用。与国家发展改革委签署了《地理国情监测服务于区域协调发展总体战略合作协议》。形成了重点湖泊监测、秸秆禁烧实时监测等成果，公开发布了植被覆盖变化、矿山环境地面沉降等监测成果。

（三）进一步夯实基础测绘这个立业之基

我们坚持基础测绘的基础地位不动摇，稳步推进国家和地方基础测绘重大工程实施，不断丰富基础地理信息资源。数据覆盖面进一步扩大。国家现代测绘基准体系基础设施建设一期工程已完成90%；加强了对全国卫星导航定位基准站网建设的统筹。海岛（礁）测绘一期工程顺利完成，二期工程技术准备基本就绪。优于1米的高分辨率遥感影像首次实现对陆地国土的全部覆盖。极地测绘、新农村建设测绘等项目实施顺利。数据现势性进一步增强。国家1:5万、1:25万、1:100万基础地理信息数据库实现了动态更新和联动更新，重点要素现势性保持在一年内，20多个省（区、市）实现了1:1万数据库常态化更新，国省联动更新技术体系正在形成。2000国家大地坐标系成果转换和应用不断推进。数据获取能力进一步提升。资源三号卫星影像全球覆盖面积近1亿平方千米，国家局作为主用户的高分七号卫星正式立项，积极推进天绘、资源一号卫星影像数据共享，积极探索引入吉林一号等民用商业卫星数据源。无人机遥感系统得到全面推广应用。

（四）着力促进地理信息产业快速发展

我们紧紧抓住国务院明确地理信息产业为战略性新兴产业这一重大契机，大力推进《国务院办公厅关于促进地理信息产业发展的意见》的贯彻落实，推动产业规模快速增长，质量效益不断提升，为国家稳增长、促转型、调结构发挥了积极作用。一是着力优化产业政策环境。与国家发展改革委联合印发了《国家地理信息产业发展规划（2014—2020年）》，修订了测绘资质管理规定和分级标准。浙江、湖北、吉林、陕西、四川、河北、湖南、山西、安徽、江苏、江西、黑龙江、宁夏、辽宁、青海、新疆、甘肃等17个省（区）出台了促进地理信息产业发展的政策文件。二是积极搭建产业发展平台。国家地理信息科技产业园一期工程投入使用，山东、浙江、四川、吉林等地的产业园区正加快建设，各级政府及各类产业园区把地理信息产业作为重要的结构调整方向和重点招商引资平台，取得可喜成绩。设立了中地信地理信息股权投资基金和湖北省地球空间信息产业创业投资基金。三是推进北斗产业化应用。出台了北斗卫星导航系统推广应用政策，积极推进全国北斗地基增强系统的建设和社会化应用。中国位置网服务联盟启动北斗“百城百联百用行动计划”，选定了100个城市开展位置网互联互通和100个位置服务应用示范。

（五）测绘地理信息应用成效日益彰显

我们紧密围绕经济社会发展大局和社会民生需要，大力推进测绘地理信息应用。“天地图”影响力不断扩大。进一步强化了“天地图”作为国家地理信息公共服务平台的公益性定位，印发了《天地图公益性保障服务能力建设方案》。“天地图”公众版推出了2014版和多语言版，首次发布了全球海底地形晕渲地图，已有30个省级、143个市（县）级节点与主节点实现了服务聚合。为中办、国办、公安、水利、海关、邮政等部门提供了高效服务，基于“天地图”的各类应用大幅增长。数字（智慧）城市建设成效显著。国家局列入全国智慧城市建设指导部门和智慧城市健康发展部际协调工作组成员单位，开展了20个智慧城市建设试点；数字城市已在全部地级城市和380余个县级城市开展建设，累计开发应用系统超过3600个，取得显著的经济和社会效益。应急测绘保障作用突出。在新疆和田、云南鲁甸、四川康定地震等应急救灾以及马航失联等突发事件中，积极主动提供了大量高效及时、可靠有力的应急测绘保障，得到各方充分肯定。服务领导决策和重大战略有新进展。领导工作用图首次实现了国家与省级间的交换和共享，全年累计向中办、国办等部门提供领导工作用图服务121次。各级测绘地理信息部门在APEC会议、第三次经济普查、极地科考、环境治理、不动产统一登记等方面发挥了重要的测绘地理信息保障作用。社会化应用更加丰富。积极推进地图文化创意和创新，编制了《中国国界线标准样图》和《世界标准地名地图集》，重庆市“每周一图”、陕西局《丝绸之路经济带地图集》、中国地图出版社留学系列地图、与人民网联合制作的“2014习近平出访路线图”等新型地图产品更加贴近百姓需求。

（六）测绘地理信息国际合作和科技创新成果丰硕

我们瞄准国际发展前沿，着力自主创新，在国际测绘地理信息事务中的影响力和话语权显著提升。"走出去"战略迈出坚实步伐。成功研制出世界首套30米分辨率全球地表覆盖数据，张高丽副总理代表中国政府向联合国捐赠了该套数据，服务支撑全球可持续发展，彰显了中国负责任大国形象，联合国秘书长潘基文对此高度评价。成功举办了"联合国第三次全球地理信息管理高层论坛"，《地理信息支撑可持续发展北京宣言》发表，中国测绘地理信息国际地位进一步提升。科技创新取得新成效。编制了《信息化测绘技术体系建设大纲》，加强了对测绘公益性行业科研专项的管理，两项科研成果获国家科技进步二等奖，一批科技成果得到推广应用。加强标准化工作，完成了36项国家和行业标准制修订、23项国家标准立项。

（七）测绘地理信息统一监管力度不断加大

我们贯彻落实总体国家安全观，加强测绘地理信息统一监管，切实维护国家地理信息安全。加快地理信息安全监管立法。推动《测绘法》修订纳入国家安全立法体系，着力健全地理信息安全监管制度。《地图管理条例》已提交国务院审议，《测绘管理工作国家秘密范围的规定（修订稿）》已送有关方面征求意见。加强了对倾斜航摄、实景地图、新型导航位置服务产品等的保密政策研究。积极推进行政审批制度改革。向国务院上报取消3项、下放1项行政审批，取消下放比例为36%。完成了测绘资质复审换证和2014年度注册工作，国家局累计批准地图审核申请3406件、涉密测绘成果使用申请728批次，严格了对外国的组织或者个人来华测绘和对外提供涉密基础测绘成果的审批。提高互联网地图安全监管能力。完善了上下联动的互联网地图监管系统，实现了对地理信息失泄密、"问题地图"等的集中监控、实时报警和协同处理。对76家中央国家机关网站和188家互联网地图服务网站进行了问题排查，并督促存在问题的网站及时整改。加大行政执法力度。对无人机擅闯首都机场非法测绘等重大违法案件进行了挂牌督办，并组织协调有关方面依法严肃查处。与六部门联合加强了对全国农村集体土地确权登记发证中军事设施信息安全的保障。深入开展了"问题地图"专项治理。推进管理体制完善。重庆市测绘地理信息局正式挂牌并拟增设地理国情监测处，湖南省国土资源厅（测绘地理信息局）在已有基础测绘处、测绘行业管理处的基础上新增地理信息处，河南、河北、江西、云南等地管理体制建设取得新进步。加强国家版图意识宣传教育。组织开展了全国测绘法宣传日系列活动。成功举办了"美丽中国"第二届全国国家版图知识竞赛和少儿手绘地图大赛，参赛范围覆盖包括港澳台在内的全国34个省级行政区，4万余名少儿共绘"美丽中国"，47万余名公众踊跃答题，千万网友线上互动，有力提升了全民的国家版图意识和爱国意识。

（八）以党的建设带动班子队伍自身建设

我们认真总结和运用教育实践活动的宝贵经验，切实加强自身建设。在党的建设方面，通过党组中心组集中学习、测绘学习大讲堂、党员干部集中轮训等方式，认真学习贯彻落实党的十八届三中、四中全会精神和各项方针政策，自觉与党中央保持高度一致。在党风廉政建设方面，不断深化教育实践活动整改落实，严格执行党风廉政建设责任制，明确和强化了"两个责任"，制定了《局党组贯彻落实〈建立健全惩治和预防腐败体系2013—2017年工作规划〉实施办法》，加强巡视和内部审计，认真做好信访举报处理工作。在财务管理方面，修订了《测绘工程产品价格》。财务管理制度更加健全，管理更加严格规范。在干部队伍建设方面，严格执行干部选拔任用条例，坚持正确用人导向，加强对领导干部的管理监督，引导广大干部职工践行"三严三实"。在人才培养方面，测绘地理信息高等教育、职业教育蓬勃发展。10人入选国家高层次人才特殊支持计划，选拔了国家局第三批科技领军人才。出台了《注册测绘师执业管理办法（试行）》。测绘地理信息社团组织的桥梁纽带作用得到充分发挥。在精神文明建设方面，通过教育、宣传、引导、文化展示等多种方式，牢固树立社会主义核心价值观，大力弘扬测绘精神，"感动测绘人物"推选活动成功举办，杨艳萍、周良、蒋捷、秘金钟、"天地图"团队等先进典型荣获国家级荣誉称号。测绘地理信息宣传工作不断加强，政府网站、新媒体建设取得新进展，测绘地理信息社会影响力和知名度进一步提升。

成绩的取得，来之不易。得益于党中央、国务院的高度重视和坚强领导，得益于各部门、社会各界的鼎力支持和共同努力，得益于全国广大干部职工的顽强拼搏和扎实工作。在此，我代表国家测绘地理信息局，向一年来辛勤付出的同志们和全行业干部职工致以诚挚的敬意和衷心的感谢!

我是今年3月底来局工作的。之前，德明同志在国家局工作的5年多时间里，建成了中国测绘创新基地，建设了国家地理信息科技产业园，推动了第一次全国地理国情普查工作，推进了数字城市和"天地图"建设，我们的办公和科研条件得到极大改善，测绘地理信息服务保障能力显著增强，为事业长远发展打下了很好的基础。在此，向德明同志为测绘地理信息事业付出的智慧和心血致以由衷的敬意!

回顾和总结一年来的工作，我们主要有以下经验和体会:

一是必须深度融入、主动服务党和国家中心工作。测绘地理信息工作的实践让我们深刻感受到，只有坚持党中央、国务院的坚强领导，才能确保事业发展方向正确；只有找准了在国家改革发展大局中的定位，测绘地理信息的价值才能得到彰显。我们必须牢记守土有责、守土尽责，坚决贯彻落实党中央、国务院的决策部署，科学认识新常态，主动适应新常态，紧紧围绕、主动对接、深度融入党和国家中心工作，坚定不移地把服务大局、服务社会、服务民生作为我们的价值追求。

二是必须坚定走以改革促转型的发展道路。改革是大势所趋、人心所向，是浩浩荡荡的历史潮流。一年来，我们以全面深化改革为动力，谋好改革篇，布好战略局，打出组合拳，收到良好实效。我们必须坚持解放思想、问题导向、创新驱动，勇于突破旧框框、老套套，把改革创新贯穿到工作的全过程、体现到事业发展的各方面，通过改革创新把基础做实、能力做强、服务做优、产业做大、监管做严，推进测绘地理信息事业转型升级、科学发展。

三是必须牢牢掌握地理信息资源的主动权。信息时代，数据为王，谁掌握数据，谁就拥有主动。新中国成立以来几代测绘人积淀的测绘成果，是我们的宝贵财富。我们必须始终坚持基础测绘的基础地位不动摇，与时俱进地赋予基础测绘新的内涵，强化系统上下、行业内外的统筹协调、合作共享和互利共赢，加快建设全国测绘基准服务"一个网"和全国地理信息服务"一个平台"，举全测绘之力不断丰富基础地理信息资源，牢固夯实事业发展之基。

四是必须坚持把服务保障作为工作的出发点和落脚点。成果应用，是测绘地理信息工作的生命力所在。实践证明，只有测绘成果得到广泛深入应用，我们的工作才有意义，我们的事业才有前途。一定要坚持按需测绘，更加强化成果应用，更加注重公共服务，更多扶持产业发展，着力挖掘测绘地理信息蕴藏的知识和价值，打通数据生产、信息挖掘、综合服务的通道，让地理信息大数据充分"涌流"，在经济社会发展广阔舞台中创造出更大的社会和经济效益。

五是必须坚决维护国家地理信息安全。测绘地理信息工作事关国家主权、安全和利益。确保国家地理信息安全，是我们的重大政治责任。我们一定要牢固树立总体国家安全观，坚决守住守好国家秘密，坚决维护国家地理信息安全。唯有这样，我们的职能职责才能进一步强化，我们的服务保障才能更加有力，我国地理信息产业也才能赢得更多抗衡国外竞争的时间。

看到成绩的同时，我们也清醒地认识到，测绘地理信息事业发展过程中依然存在不少问题：在思想观念方面，思想解放不够，创新精神不足，缺乏站在国家层面、着眼宏观战略、谋划长远发展的深入研究和顶层设计。在基础测绘方面，对基础测绘的重要性认识不足；在基础测绘计划安排、成果形式、信息内容等方面与需求对接不够紧密；系统内部生产计划衔接不够，资源共享统筹不足。在成果应用方面，服务大局的能力不足，成果推广的力度、广度、深度不够，还存在成果束之高阁的现象；成果应用主要停留在一般性供图、供数据层面，缺乏有重大影响力的分析和应用成果。在科技创新方面，瞄准攻坚目标和现实需求有效引导科技项目做得不够，多年来重大科研成果不足；科研与生产存在"两张皮"现象，科技成果转化率仍然较低。在产业发展方面，产业发展现状底数不清，对产业的深入研究不够、有效引导不足，实质性推动产业发展的举措不多。在统一监管方面，一些法规、政策、标准针对性、可操作性不够强；针对信息化时代背景下的非法测绘、测绘成果失泄密、侵权盗版等违法行为的监管手段不强、创新不足、力度不大，对全球卫星导航定位系统连续运行跟踪站建设、管理和服务的统筹不足、监管不力，安全隐患突出；有的地区对履行行政职能认识不高、办法不多。在工作作风方面，对干部的管理还不够严格，有的干部廉洁自律意识不强，腐败隐患仍然存在，工作中程序不完备、政策执行不到位的现象还有发生，工作效能和执行力有待进一步提高。此外，战略规划、经费管理、国际合作、安全保密、新闻宣传等方面的工作，也都需要进一步加强。这些问题，有的是改革中的问题，是在发展过程中产生的；有的是工作不到位造成的，是主观原因导致的。有问题并不可怕，只有通过查找问题、分析问题、解决问题，才能推动事业的发展进步。希望同志们都认真对照检查，认真查找问题，认真寻求对策，下大气力推进问题的解决。

**二、2015 年工作总体部署**

党中央、国务院高度重视测绘地理信息工作。习近平总书记在今年两院院士大会上指出，清政府用10年时间绘制了科学水平空前的《皇舆全览图》，但却将之收藏内府，未能发挥其对经济社会发展的作用，而当时参加测绘的西方传教士却把资料带回西方并整理发表，使西方在相当长一个时期内对我国地理的了解超过了中国人。总书记的“地图之问”，体现了总书记对测绘地理信息价值的充分肯定和高度期待。李克强总理用“五个重要”强调测绘地理信息工作的重要性，指出测绘地理信息是经济社会活动的重要基础，是全面提高信息化水平的重要条件，是加快转变经济发展方式的重要支撑，是战略性新兴产业的重要内容，是维护国家安全利益的重要保障。张高丽副总理直接分管测绘地理信息工作，多次就做好测绘地理信息工作作出重要批示，特别强调测绘地理信息部门要以第一次全国地理国情普查为契机，加快转变发展方式，全面提升能力。党和国家领导同志的重要指示批示，为我们做好新时期测绘地理信息工作指明了方向、提出了要求，是指引测绘地理信息事业发展的基本遵循和行动纲领，我们必须在2015 年和今后的改革发展实践中坚定不移地予以贯彻落实。

当前，我国经济发展进入新常态，增长速度正从高速增长转向中高速增长，经济发展方式正从规模速度型粗放增长转向质量效率型集约增长，经济结构正从增量扩能为主转向调整存量、做优增量并举的深度调整，经济发展动力正从传统增长点转向新的增长点。新常态将给我国带来新的发展机遇，但也使我国经济社会发展面临不少困难和挑战。新常态背景下，地理信息大数据的价值日益彰显，各级党委政府和有关方面越来越多地利用测绘地理信息成果和技术支撑科学管理决策，测绘地理信息事业迎来了重大的发展机遇，但也面临着地理信息生产与服务从专业走向大众、地理信息产业跨界发展势头迅猛等带来的严峻挑战，进入转型升级的关键时期。2015 年，是全面深化改革的关键之年，是全面推进依法治国的开局之年，也是全面完成“十二五”规划的收官之年，我们一定要以更宽视野、更大智慧、更多担当，努力开创测绘地理信息事业发展的新局面。

2015 年测绘地理信息工作的总体要求是：深入贯彻落实党的十八大、十八届三中、四中全会和中央经济工作会议精神，以习近平总书记系列重要讲话精神为指导，进一步贯彻落实李克强总理、张高丽副总理对测绘地理信息工作的重要指示精神，主动适应经济发展新常态，按照“加强基础测绘，监测地理国情，强化公共服务，壮大地信产业，维护国家安全，建设测绘强国”的发展战略，坚持深化改革、依法行政、创新驱动，全力做好测绘地理信息服务保障，大力促进地理信息产业发展，尽责维护国家地理信息安全，加快推进测绘地理信息事业转型升级、科学发展。

2015 年，要着力做好以下七个方面的重点工作。

（一）全力以赴，优质按时完成普查任务

2015 年是地理国情普查的决战年，我们已向国务院立了军令状，必须以高度的政治责任感和使命感，高效优质按时完成各项普查任务，打好普查收官战，向党和人民交出一份合格答卷，确保不辱使命、不负重托。

一要保证进度。2015 年，地理国情普查进入冲刺阶段，任务十分艰巨。大家一定要把普查作为重大政治任务，作为事关测绘地理信息事业发展的头等大事来对待，集中优势力量，加快工作节奏，想尽一切办法，克服各种困难，确保标准时点核准、普查数据汇总、普查数据库建设、数据统计分析等重点任务全面完成。

二要严控质量。质量关乎普查工作的成败。测绘地理信息部门能否成为客观公正的“第三方”，要靠质量过硬的普查成果“说话”。从监督抽查结果来看，普查成果的质量风险不容忽视。一定要严格质量控制和责任追究，特别要避免因为部门或地方利益等原因，导致出现非技术因素的质量问题，切实把普查做成“铁的工程”，确保成果经得起历史和实践检验。

三要确保安全。要继续发扬钉钉子精神，确保普查工作人身安全、资料安全、资金安全。普查工作点多、线长、面广，安全生产这根弦一定不能松，要切实加强对职工的安全生产培训和教育管理，打造平安工程。普查工作任务繁重，参与的人员和队伍构成较为复杂，必须强化涉密成果管理，确保不发生任何失泄密事件。全国已经落实各级普查经费近70亿元，一定要严格规范管理和使用，强化对资金使用的监督。

四要科学分析。科学挖掘出地理国情普查数据中蕴含的知识，总结出规律性特征，揭示自然和人文要素的空间分布及其内在联系，提出有效的对策建议，这是普查的终极目标，也是我们的“短板”和最大的难点。我们一定要选准党委政府关心、社会民生关注的重要方面，综合统计分析普查成果和社会经济数据，形成科学有据的普查结论建议，促进科学管理决策，服务生态文明建设。

五要推广应用。要继续坚持边普查边应用，按程序和要求积极稳慎地向有关方面提供普查成果、向社会公开普查信息，促进普查成果的及时转化和广泛利用，为国家和地方重大战略、重大工程的实施提供保障，为经济、农业、人口、国土、水利等方面的普查调查工作提供支持，把普查工作做出权威、做出影响。

（二）优化布局，不断夯实事业发展基础

我们必须毫不动摇地坚持和巩固基础测绘的基础性、公益性地位，大力发展适应新形势的新型基础测绘，夯实事业发展的基础。

一要赋予基础测绘新的内涵。基础测绘是《测绘法》赋予我们的法定职责。随着经济社会发展和科技进步，基础测绘原有的内涵已经无法适应新的服务保障需求。为了在新形势下履行好这一法定职责，国家局在深化改革的意见中提出了建设新型基础测绘体系的重点任务。新型基础测绘应当以公益性测绘保障为主体、兼顾社会服务功能，按照分建共享、联动更新、统一平台服务的模式组织实施，主要包括：基于北斗的国家现代测绘基准体系，信息丰富、更新及时的基础地理信息云平台，个性化、快捷便利的地理信息服务系统，以及相关技术、标准、地理信息安全保密管理等支撑条件。我们将结合《测绘法》修订和“十三五”规划编制，加强新型基础测绘研究，进一步明确其具体内涵、建设目标、重点任务、力量布局和体制机制，积极探索、逐步推进新型基础测绘，争取在“十三五”期间取得重大进展。各地各单位也要结合实际情况，加强基础测绘改革，积极先行先试，为国家整体推进新型基础测绘积淀经验、提供支撑。

二要扎实推进基础测绘重大工程实施。做好国家现代测绘基准体系基础设施一期工程建设，加强对全球卫星导航定位系统连续运行跟踪站的整合共享和升级改造，初步建成全国卫星导航定位基准服务系统，加快形成全国统一的现代测绘基准服务“一个网”，并向社会提供高精度、实时动态的导航与位置服务。与军方合作建设北斗地基增强系统。加快推广2000国家大地坐标系。强化各级基础测绘建设的计划协同和资源共享，推进1:5万、1:1万等多尺度基础地理信息数据库的联动更新，进一步提升基础地理信息资源的质量。

三要全面谋划“十三五”事业发展。加强顶层设计，科学系统编制测绘地理信息事业发展“十三五”总体规划和科技、人才、标准等配套规划，明确发展目标和重点任务，凝练提出“十三五”重大项目建议，并争取将部分项目纳入国家“十三五”规划。要通过大项目带动事业大发展，抓好“国家测绘成果存储与服务设施项目”建设，推动“国家现代测绘基准体系基础设施建设二期工程”“海岛（礁）测绘二期工程”“国家应急测绘保障能力建设”项目立项，加快“边境测绘”“全球地理空间信息资源工程”“中国内陆水下地形测绘”“资源三号卫星后续星”等项目的立项前期工作，形成重大项目实施一批、申报一批、储备一批、研究一批的良性发展局面。

（三）深化改革，加快推进事业转型升级

我们要把抓改革举措落地作为重要政治责任，通过深化改革，推进事业转型升级、科学发展。

一要明确转型升级的方向。在事业格局上，要更加注重强化新型基础测绘和地理国情监测这两项基础性、公益性工作，加快建设新型基础测绘，推进地理国情监测常态化。在资源建设上，要让生产与需求紧密结合，实现从“供给导向”向“需求导向”的转型；要加大数据覆盖，加快数据更新，丰富数据内容，实现基础地理信息资源由地上向地下、陆地向海洋、国内向国外、静态向动态、有限要素向全要素、定期更新向适时动态更新的战略转型。在服务模式上，要打通测绘地理信息系统内部信息分建共享的通道，实现各级基础测绘从分级管理到协同更新、资源共享、统一服务的提升；要从传统的面对面、点对点服务向网络化云服务升级，从提供地理信息数据向提供地理信息综合服务转型，从发挥基础先行作用向服务决策管理全过程升级。在队伍架构上，要推进事业单位分类改革，对事业单位的布局、功能和规模进行优化调整，建设一支与新型基础测绘相适应的公益性队伍，加强地理国情监测、应急测绘保障、测绘基准服务、地下管线测绘、勘界测绘和海洋测绘等方面的队伍力量，稳慎推进检验检测认证机构整合、报刊出版体制改革等行业体制改革，加快推进政社分开和社团组织改革。在产业结构上，要通过科学规划、合理准入、园区集聚、兼并重组等方式，发挥市场对资源配置的决定性作用，促进地理信息产业向高附加值、高增长率方向发展。

二要推动地理国情监测常态化。地理国情监测是测绘地理信息部门由提供基础数据向直接服务决策管理转型升级的主攻方向，必须尽快全面推开。要加强地理国情监测研究。着力做好地理国情监测顶层设计，明确服务的具体方向和重点监测内容；做好详细技术设计，在生产性试验的基础上，明确分类监测的具体对象、精细程度、监测范围、监测频次、工艺流程、产品形式等；要组织科技攻关，研究解决地理国情监测关键技术，建立评价预测模型，加强专用硬软件设施的研发；要做好地理国情监测立项争取工作，有步骤、有策略地推进地理国情监测进法律、进职责、进规划、进预算。要积极开展地理国情监测。围绕国家战略布局、政府宏观决策、社会民生需求和区域发展急需等重点热点难点，主动与政府各部门交流沟通，选取主体功能区规划、新型城镇化建设、自然资源开发利用、区域协调发展、生态审计试点等方面内容开展监测，形成一批有分量、有代表性、有说服力的地理国情监测成果。

三要促进协作共享融合发展。树立“大测绘”观，以更加开放、务实、包容的理念，充分利用系统上下、行业内外、政府市场、军队地方、国内国际等方面的资源，协调各方面利益关系，调动各方面积极性，形成优势互补、利益共享，聚力发展、借力发展、抱团发展的良好局面。要加强部局业务协作。全面落实深化部局业务协作实施方案，发挥自身优势，主动契合国土资源重点工作，推进部局业务深度协同，力争在遥感影像获取、地理国情普查与监测、土地利用全覆盖遥感监测、测绘基准现代化建设、不动产统一登记、集体土地流转、行政执法等方面取得突破。要深化军民测绘融合。我们事业的性质决定了我们必须更加紧密地与军方合作、融合发展。要联合出台关于测绘领域军地融合深度发展的指导意见，科学划定军民测绘的职责分工，推进军民测绘规划计划衔接、项目协同和资源共享。要促进合作共享。落实好与国家发展改革委、航天科工集团、兵器工业集团、吉林省政府等的合作协议，促进互利共赢；强化基础航空航天遥感影像管理职责，力争在统筹计划、集中采购、统一分发、共享应用等方面取得重要进展。此外，要扎实做好测绘援疆援藏工作，促进全国测绘地理信息事业协调发展。

四要狠抓改革任务落实。有序有力有效推进各项改革发展工作，确保改有所进、改有所成。要细化实施方案。进行任务细化和分解，建立改革举措台账，落实责任主体，形成时间表和路线图。政策法规体系、新型基础测绘体系、公共服务体系、地理信息产业体系、科技创新体系和人才队伍体系等重要改革都要出台具体改革方案，拿出硬措施，划定硬杠杠，完成硬任务。各地、各单位要结合自身实际，形成详实、完备的改革细化方案。要强化督查督导。建立健全督查督办机制，坚持领导挂帅抓督查，掌握改革进展情况和落实效果，及时协调解决改革中出现的问题。要强化主责部门和一把手责任，把落实改革责任纳入单位和个人考核体系，对不落实、不完成任务的要倒查和追究责任。要坚持循序渐进。按照科学民主、以点带面、先行先试、实践检验的原则，把长期性目标与阶段性任务相结合，先易后难、循序渐进。改革条件较为成熟的地方，可以先行先试，探出新路子，创造性地开展工作。

（四）依法行政，加强测绘地理信息统一监管

深入贯彻落实党的十八届四中全会精神，强化法治思维，加快法治建设，打造法治政府，全面提升测绘地理信息依法行政能力和水平。

一要加强科学立法。紧紧围绕全面推进依法治国的总目标，针对测绘地理信息法治建设面临的突出问题，出台贯彻落实十八届四中全会精神的实施意见。开展测绘地理信息法规制度“立改废释”工作，做到改革于法有据。聚焦地理信息安全监管，集中全力修订《测绘法》，力争在地理信息安全监

管、全球卫星导航定位系统连续运行跟踪站监管、地理国情监测长效机制建设、航空航天遥感影像统筹、海洋测绘管理、测绘地理信息市场监管等方面取得重大突破，确保2015年3月修订草案报国务院法制办审议，年内提交全国人大常委会审议。加快推动《地图管理条例》出台，做好宣传贯彻工作。稳步实施国家局法制建设2015—2020年立法规划，增强立法的针对性、系统性和可操作性。完善立法程序，健全立法起草、论证、协调、审议、备案等机制，广泛吸纳民意民智。

二要做到严格执法。深化行政审批制度改革，进一步简政放权，放权给市场、基层、社会组织和事业单位。依法全面履行政府职能，健全依法决策机制，坚持严格规范公正文明执法。建立综合执法、联合执法机制，采取有效措施加强事中事后监管。全面推进政务公开，强化对权力运行的制约和监督。强化对执法人员的管理，加强法治效能建设。严格全球卫星导航定位系统连续运行跟踪站备案管理和新建站核准，开展清查评估和依法清理工作。加强对工程测绘、地籍测绘、房产测绘、地下管线测绘、海洋测绘等的指导和监督。创新监管机制和方式方法，加大检查治理和查处违法案件力度，联合有关部门开展全国测绘地理信息保密大检查。完善互联网地理信息安全监管体制，形成上下联动、协同处理的安全监管体系。完善市场信用管理制度，加强项目工程招投标监管，打击恶意竞争行为，加大知识产权保护力度，营造公平公正的市场环境。

三要完善管理体制。按照中央关于政府机构改革的部署要求，从“有利于事业长远发展、有利于维护国家地理信息安全”的角度出发，切实加强测绘地理信息管理体制研究和建设，加快构建权责明晰、分工合理、运转协调、监管到位、规范高效的测绘地理信息管理体制。

（五）勇于创新，努力开创应用服务新局面

我们要紧紧围绕党中央、国务院重大决策和重大战略、经济社会发展重大工程、重点工作以及百姓需求和社会民生，创新服务模式，千方百计拓展应用，彰显测绘地理信息的价值。

一要着力打造“天地图”战略性信息平台。按照李克强总理关于“天地图既是政府服务的公益性平台、产业发展的基础平台，又是方便群众的服务平台、国家安全的保障平台，是抢占国际竞争制高点的重要方面，甚至是突破口”的定位，争取国家进一步支持和投入，推动“天地图”上升为国家战略性信息基础平台。加快将各级基础测绘建设成果、地理国情普查相关成果整合融合到“天地图”上来，统筹建设“天地图”涉密版、政务版、公众版，切实将“天地图”打造成为全国测绘地理信息服务的“一个平台”。加强“天地图”国家数据中心建设，不断丰富“天地图”数据资源，不断改善“天地图”用户体验。联合有关部门，积极推进“天地图”在国土资源、公安、水利、统计等领域的应用，推动“天地图”接入各级政府门户网站。做好“天地图”示范应用，抓好“天地图”不动产统一登记基础信息平台试点工作。鼓励支持“天地图”市场化应用，完善管理和经营机制。

二要推进数字城市向智慧城市升级。全面完成全国地级市数字城市地理空间框架建设，进一步夯实城市地理信息资源基础，大力推动成果广泛深入应用，不断强化数字城市建设长效机制。认真履行智慧城市建设部际协调工作组成员职责，牢牢抓住国家推进智慧城市建设的有利契机，落实好《关于促进智慧城市健康发展的指导意见》，加快智慧城市时空信息云平台建设和应用，并强化其基础性、权威性地位，为智慧城市各业务系统建设提供统一的地理信息基底，服务新型城镇化建设。

三要切实加强应急测绘保障。积极推进国家应急测绘保障能力建设项目立项和实施，推动应急测绘保障体系纳入各级政府应急管理体系。健全分级负责、相互协同的应急测绘机制，形成中央统筹指导支持、地方就近统一行动的格局；强化系统、行业内部以及与部门、军队间的信息共享和联动应急。提升突发事件现场区域大范围多源获取、重点区域快速获取、应急前线机动灵活获取的应急能力，为各类突发公共事件提供快速可靠的应急测绘保障服务。

四要推动测绘成果社会化应用。积极推进地理信息数据对社会开放相关政策的出台，加快推进测绘成果科学定密，鼓励支持针对基础地理信息的增值开发。举办全国测绘地理信息成果应用和地图网上展览，采用多种方式推介推广测绘地理信息成果和技术。积极为“一带一路”等重大战略、南水北调等重大工程和社会治理创新等提供服务保障。继续开展好地下管线测绘、新农村建设测绘等工作。做好全球地表覆盖数据的更新维护和推广应用，为全球可持续发展提供支撑。

五要加快测绘科技创新。深入贯彻落实国家关于科技体制改革的系列部署，出台加强测绘地理信息科技创新的意见。完善科技创新体系，强化企业在技术创新中的主体地位，规范科研项目设置、项目生成、项目管理、绩效评价、成果登记、成果转化和经费管理，加强刚性约束和公开透明，把创新成果变成实实在在的生产力。加快建设信息化测绘技术体系，持续推进基础性科研攻关，强化关键技术研发，促进测绘技术与互联网技术的深度融合，加强高精尖装备建设。加强产品、服务和新技术标准研制，加快全球卫星导航定位系统连续运行跟踪站建设、管理和服务相关标准的制定与完善，力争在国际标准立项方面取得新进展，推进军民测绘地理信息标准通用化，创新标准化监管机制。推动测绘遥感卫星、北斗、“天地图”及其他自主技术和产品“走出去”，充分利用国外资源和技术实质性提高我国测绘地理信息科技和管理能力，推动联合国—中国地理信息合作中心建设，办好国际地图年活动。

（六）落实《意见》，促进地理信息产业发展

按照市场要活、创新要实、政策要宽的原则，着力推动地理信息产业提质增效升级发展。

一要贯彻落实产业发展政策。要深入贯彻《国务院办公厅关于促进地理信息产业发展的意见》，把《意见》的条款落实到具体的优惠政策、资金投入、项目支持等方面上来，最大限度地发挥好各项政策对促进产业发展的红利。要充分利用国务院关于促进信息消费、加强城市地下管线建设、发展生产性服务业、促进智慧城市发展、创新重点领域投融资机制、鼓励社会投资以及卫星导航产业发展等一系列相关政策，推动产业乘势而上、加快发展。

二要推动产业良性发展。坚持政府引导与市场主导相结合，推动不同投资主体、上中下游企业深入合作，支持龙头企业做大做强、中小企业协调快速发展。发现和培育新的增长点，鼓励地理信息产业与大数据、物联网、智能交通、现代物流、文化创意等新型服务业态的融合发展。加大政府购买公共服务力度，更多依靠企业和社会力量实施测绘地理信息重大工程。科学推进地理信息产业园区建设，完善配套优惠政策，推动产业集聚发展。在重大专项中带头应用和自觉使用北斗系统，实施好北斗“百城百联百用行动计划”，支持北斗芯片和终端产品研发与应用，规范北斗导航定位产业市场行为。加强地理信息产业评价体系研究和试点，建立产业统计制度和单位名录库，摸清产业发展底数，研判产业发展态势，及时预测预警和调整政策，促进产业健康发展。

三要引导企业转型发展。面对互联网时代产业跨界组合、资本融合、技术结合的新特点，要注重引导地理信息企业尤其是传统企业，进一步强化机遇意识、风险意识和创新思维、融合思维，更加注重市场和消费心理分析，深入研究行业政策、市场需求和发展趋势，摸清自身发展的优势、短板和潜力，有针对性地进行谋篇布局，注重跨产品类别、跨业务范围、跨行业领域的融合，抢抓先机，打造品牌，增强后劲。

（七）严格管理，建设作风过硬的干部队伍

千古兴业，关键在人。强化干部人才队伍建设是事业的固本之魂。

一要切实加强党的建设。突出全面从严治党这个主线，把抓好党建作为最大的政绩，以“服务中心、建设队伍”为核心，聚焦党建、聚焦主业、聚焦问题，加强学习型、服务型、创新型党组织建设，形成一心一意谋发展、聚精会神抓党建的新局面。坚持思想建党，深入学习贯彻习近平总书记系列重要讲话精神，坚持不懈推进思想理论武装。坚持制度治党，落实党建工作责任制，发挥好基层党组织的战斗堡垒作用。坚持从严治吏，严肃党内生活、严格组织制度、严明组织纪律，保持党的先进性和纯洁性。

二要持续抓好党风廉政建设。坚持抓常、抓细、抓长，不断巩固群众路线教育实践活动成果。严格执行党风廉政建设责任制，落实党委的主体责任、纪委的监督责任，推进惩治和预防腐败体系建设。强化巡视和审计监督作用，推动巡视发现问题、整改情况和内部审计结果公开。对违纪违规案件实行“一案双查”，加强对权力运行的制约监督。落实好党员干部直接联系群众制度，深化领导干部基层联系点工作，经常性地开展谈话谈心活动，真心实意帮助解决干部职工思想、工作和生活上的困难。

三要建设一流干部人才队伍。按照中央“信念坚定、政治可靠，严守党规、依法执政，作风优良、清正廉洁，改革创新、敢于担当，能力过硬、实绩突出”的要求，着力加强各级领导班子建设，选好干部、用好干部、管好干部。加强干部人才教育培训，完善干部选拔任用和考核评价机制。加强智库建设，强化发展战略研究和决策咨询。实施好专业

技术人才培养工程，不断壮大高层次人才队伍。加强对测绘地理信息高等和职业教育的指导。注重培养技能型人才，举办好第四届行业职业技能竞赛，做好职业技能鉴定工作。开展注册测绘师注册和执业管理。大力支持工会、共青团、妇联工作，做好老干部工作。积极培育和践行社会主义核心价值观，加强测绘地理信息文化建设和政风行风建设，认真履行社会责任，着力打造一流队伍。

四要强化和创新宣传。加强宣传策划，整合宣传资源，突出行业特色，构建测绘地理信息“大宣传”格局。要通过人大建议、政协提案、政务信息、专家讲座、工作汇报、成果展示等多种形式，加强对测绘地理信息在促进科学管理决策中功能作用的宣传，尤其是面向各级领导干部的宣传，增进各方面对测绘地理信息工作重要性的认识和了解，优化事业发展环境。要坚持团结稳定鼓劲、正面宣传为主，进一步加强新闻宣传、法制宣传、科普宣传和国家版图意识宣传教育，推动传统媒体与新兴媒体融合发展，加强舆情分析与应对，强化网络信息安全，有效引导社会舆论，扩大测绘地理信息的社会知名度和影响力。

同志们，让我们紧密团结在以习近平同志为总书记的党中央周围，齐心协力，扎实工作，推动测绘地理信息发展再上新台阶，为全面建成小康社会、全面深化改革、全面推进依法治国、全面从严治党作出应有贡献。

最后，值此辞旧迎新之际，祝福大家新年快乐、工作顺利。

# 国家测绘地理信息局副局长王春峰在学习贯彻习近平总书记系列讲话精神集中轮训结业式上的讲话

2014 年 3 月 28 日

同志们：

按照中央的要求和部署，经有关各方的共同努力，国家局学习贯彻习近平总书记系列讲话精神集中轮训工作即将圆满结束。本次集中轮训从 2 月 24 日开始，共举办培训班三期，培训学员近 400 人。集中轮训将学习习近平总书记系列重要讲话和十八届三中全会精神结合起来，相互促进，相得益彰，取得了很好的效果。

本次集中轮训筹备工作严谨扎实，日程安排紧凑高效，课程设置科学合理，归纳起来主要有三个特点。

一是各方高度重视。国家局党组对集中轮训的教学安排等方面内容进行了认真研究，并审定了轮训工作方案。局领导班子全体成员都按照中央要求分期参加了轮训。各单位各部门妥善处理工学矛盾，协调学员参训，对轮训工作给予大力支持。参训学员珍惜难得的学习机会，提前做好准备，合理安排工作，静下心来，认真投入学习。局人事司和局党校（管理干部学院）精心组织，周密安排，认真做好各项筹备工作，确保了轮训班顺利举办。

二是培训内容丰富。中央党校和国务院发展研究中心的十余位专家分别以政治建设、经济建设、社会建设、法治建设、生态文明建设、政治体制改革、外交战略、坚持和发展中国特色社会主义等为切入点，就深入学习习近平总书记系列讲话精神作专题辅导。学员们还研读了习近平总书记系列讲话原文和十八届三中全会《决定》，开展了交流研讨。轮训期间，为丰富学员课余生活，还安排了国学和健康知识讲座，开展了各种文体活动。

三是学习研讨热烈。集中轮训将授课与自学相结合、讨论与交流相结合、理论与实践相结合，并采用启发式、互动式教学，增加了学员与专家的互动和交流，极大地调动了学员的学习积极性和主动性。学员们学习认真，思考深入，讨论热烈，在领会讲话精神实质上下功夫，在利用所学理论分析研究实际问题上下功夫，切实增强运用理论指导实践、推动工作的自觉性和能动性，努力把讲话精神转化成推进测绘地理信息事业转型升级的强大动力和具体思路。

集中轮训尽管时间不长，但却是一次高强度、高效率、高质量的集中“充电加油”。大家反映，通过集中轮训，受益匪浅，收获颇丰。

一是提高了思想认识。通过集中轮训，大家进一步加深了对习近平总书记系列重要讲话重大意义的理解，深刻认识到深入学习贯彻讲话精神，是与中央保持高度一致、坚决维护中央权威的迫切需要，是推动测绘地理信息事业转型升级、跨越发展的迫切需要，是提升干部队伍素养、增强推动科学发展能力的迫切需要。大家表示，要把思想、认识、行动统一到讲话精神上来，真正做到认识上一致、政治上同心、思想上统一、行动上同步，进一步坚定理想信念，坚持正确的政治方向，坚决维护中央权威。

二是开阔了眼界思路。习近平总书记系列讲话涉及改革发展稳定、内政外交国防、治党治国治军，涵盖广泛、内容丰富，理论性强、系统性强。大家反映，通过专家不同视角、全方位的辅导和解析，对讲话的基本内涵和思想精髓有了更加全面、系统、深刻的理解，眼界更开阔了，思路更清晰了。特别是习近平总书记关于全面深化改革开放和推动科学发展的重要论述，对于我们推动开展测绘地理信息重点工作具有极其重要的指导意义，是我们学习的重中之重，测绘地理信息部门要从中寻找理论依据、寻求解决问题的思路，从而找准工作定位，明确发展方向，落实发展举措，确保发展成效。

三是坚定了干事创业的信心。通过集中轮训，大家加深了对总书记系列重要讲话实践意义的认识，进一步树立了走中国特色社会主义道路的坚定信念，对加快推进测绘地理信息事业发展充满了信心。大家表示，要进一步学习好、贯彻好、落实好讲话精神，在“学”、“思”、“行”贯通上下功夫，筑牢全面深化改革的思想基础；进一步解放思想、更新观念、转变作风、改革创新、抢抓机遇、真抓实干，把讲话精神贯穿到测绘地理信息工作的各个方面，探索总结破解测绘地理信息工作中各种困难和问题的对策，制定切实有效的工作思路和措施，加快推进测绘地理信息强国建设。

同志们，学习贯彻习近平总书记系列讲话精神是一项长期的政治任务，广大党员领导干部要以主动精神和责任担当，把学习贯彻讲话精神继续引向深入。

一是要持之以恒，不断深化学习。要把学习贯彻讲话精神作为一种政治责任和政治要求，坚持不懈，深研多思，诚心实践，努力做到在学习上深一步、认识上高一筹、实践上先一着。要继续原原本本、逐字逐句地学习讲话，对其中的重点内容，还要精心研读、潜心思考，结合测绘地理信息的实际深入领会、准确把握、吃透精神。要着力把握其中的内在联系、内在逻辑，防止断章取义、各取所需，真正做到知其言更知其义，知其然更知其所以然。要通过系统学习、反复学习，着力掌握讲话的重大理论观点、重大方针政策、重大工作部署，着力掌握贯穿其中的马克思主义世界观、方法论，力求在理论上、认识上有明显进步和新的提高。

二是要率先垂范，坚持带头学习。在座的各位多是本单位本部门的领导干部，要有高度的思想自觉性，带头学习、带头领会，多学一点、学深一点，真正做到了然于胸、运用自如，更好地用讲话和全会精神武装头脑，争做讲话精神的践行者、指导者、推动者。同时，大家还要以身作则、率先垂范，带动本单位、本部门干部职工的学习。要充分发挥自己的先学优势，结合自身的学习经验和体会，为本单位、本部门干部职工作好示范。各单位各部门要按照局党组的部署和要求，积极落实，广泛发动，将本单位、本部门的学习贯彻活动安排好、组织好、实施好。要利用各种渠道和载体，广泛宣传，广泛发动，把广大干部职工的思想统一到讲话精神上来，为加快推动事业发展奠定良好的思想基础。

三是要联系实际，务求取得实效。理论的源头是实践，检验理论的标准也是实践。学习贯彻讲话精神，要紧密联系当前世情、国情、党情变化实际，深刻认识坚持和发展中国特色社会主义面临的新形势、新任务、新考验，进一步增强广大干部职工的政治意识、大局意识和危机意识；要紧密联系测绘地理信息事业科学发展实际，努力在围绕中心、服务大局中发挥新作用、展现新作为、做出新贡献；要紧密联系本单位本部门的工作实际，瞄准新目标、谋划新思路、采取新举措，把讲话精神落实到各项工作的改革创新发展上；要紧密联系干部队伍的建设实际和思想实际，使讲话精神成为鼓舞斗志、凝聚力量的思想武器。要以讲话精神为指导，切实找准结合点和着力点，全面深化测绘地理信息领域的改革，不断推动测绘地理信息事业转型升级。

本次集中轮训是局党校（管理干部学院）成立以来第一次承担干部调训任务。局党校（管理干部学院）配合人事司较好完成了轮训各项任务，为下一步工作开了一个好头。相信局党校（管理干部学院）在今后的工作中，一定能够发挥好测绘地理信息干部培训的主阵地、主渠道作用，为加强测绘地理信息干部队伍建设、推动人才强测战略实施作出应有的贡献。

同志们，习近平总书记系列讲话，是思想宝库，更是行动指南。集中轮训只是一个开始，在今后的工作中，我们要把学习贯彻讲话精神与学习贯彻十八届三中全会和“两会”精神结合起来，与学习贯彻克强总理、高丽副总理重要讲话和批示精神结合起来，真正把讲话精神转化为推进测绘地理信息事业转型升级跨越发展的信心和决心，转化为做好本职工作的动力和能力，充分发挥测绘地理信息在促进“四化”同步发展、“五位一体”总体布局中的服务保障作用，为实现全面建成小康社会的目标作出新的更大贡献。

# 国家测绘地理信息局副局长王春峰在测绘地理信息界院士座谈会上的讲话

2014 年 6 月 8 日

尊敬的各位院士：

首先感谢大家在炎炎夏日里放弃休息，能够在百忙之中参加测绘地理信息界院士座谈会！这充分体现了各位院士对测绘地理信息事业的关心和支持。在这里，我受库热西局长委托，向大家简要通报当前测绘地理信息工作进展，以及对推进测绘地理信息转型升级、跨越发展的一些思考，请大家就此积极建言献策，为加快推进测绘强国建设提供有力的智力支持。下面，我谈两点想法。

**一、关于测绘地理信息工作进展**

近年来，我们深入贯彻党的十八大、十八届三中全会精神，全面落实李克强总理视察中国测绘创新基地的讲话精神，认真践行张高丽副总理对测绘地理信息工作的指示要求，着力强改革、树品牌、优服务、保安全、促发展，各项工作取得明显进展。

一是基础地理信息资源不断丰富。基础测绘是我们国家测绘地理信息局业务工作的基本职责，是我们的立业之基，近年来基础测绘经费稳步增加，中央地方财政每年达到近 40 亿的盘子，实现每年一次全国 1:5 万全要素更新，海岛（礁）测绘一期工程已经圆满完成，摸清了我国主张管辖海域海岛（礁）的数量和分布情况，目前正在准备海岛（礁）测绘二期工程组织实施的前期工作。国家现代测绘基准体系基础设施一期工程建设正在顺利推进，将建成高精度、三维、动态的现代测绘基准体系，建立数据服务中心并提供基准信息服务。

二是地理国情普查和监测工作顺利推进。国务院高度重视地理国情普查工作，组织召开了电视电话会议，并成立了以张高丽副总理为组长的领导小组，有力保障了地理国情普查工作全面铺开。按照高丽副总理的指示要求，我们抽调精干力量、争取资金支持、制定工作方案、强化普查手段、构建技术体系，坚持“边普查、边监测、边应用”的原则，重点监测主要湖泊以及全国板块运动等，并与国家发展改革委等有关部门签署地理国情监测合作协议，使普查和监测工作落到实处。

三是“天地图”、数字城市建设走向深入。数字城市和“天地图”是强化地理信息资源整合应用、推动测绘地理信息服务转型的有力抓手。当前，全国 30 个省级节点、113 个市级节点实现了与主节点的服务聚合，手机版、英文版等“天地图”的推出，使“天地图”服务覆盖面更加宽广、内容更加丰富、服务渠道更加多样化。数字城市建设已经覆盖 300 个城市，开发了 2500 多个应用系统，在 60 多个领域得到广泛应用，并适应物联网、云计算等高新技术发展趋势，在 12 个城市开展了智慧城市时空信息云平台建设试点。

四是地理信息产业蓬勃发展。今年初，国务院办公厅印发了关于促进地理信息产业发展的意见。这对推进我国地理信息产业发展具有里程碑的意义。对此，我局也组织召开院士专家座谈会，畅谈地理信息产业发展前景。目前，地理信息企业逐步发展壮大，在国内外资本市场上市的企业已达 19 家，诸如滴滴打车、三维摄影地图等新的服务业态不断涌现，彰显着地理信息产业的欣欣向荣。

五是规划政策更加完善。我局会同有关部门联合修编的《全国基础测绘中长期规划纲要》已报国务院审批，将对我国测绘地理信息转型升级、跨越发展产生实质性推动作用。我局与国家发展改革委共同编制《国家地理信息产业发展规划（2014—2020年）》，成为落实《国务院办公厅关于促进地理信息产业发展的意见》的重要举措，并及时组织修订了测绘资质标准等相关政策规范。

六是重大项目立项和实施进展顺利。在财政部的大力支持下，测绘地理信息领域公益性行业科研专项已经成功实施一年多，为攻克制约测绘地理信息发展的重大科研问题提供有力支撑。在国家发展改革委、财政部等有关部门的支持下，测绘卫星应用系统建设、海岛（礁）测绘一期工程等项目成功完成，国家测绘成果档案馆项目、测绘基准工程等有序推进，海岛（礁）测绘二期工程、资源三号卫星后续星等项目立项进展顺利，测绘地理信息能力建设迈上新的台阶。

这些成绩的取得不仅包含着测绘人付出的辛勤汗水，同样也凝聚着以各位院士为代表的科研工作者的心血和智慧。在为取得这些成绩欢欣鼓舞的同时，也要清晰的认识到新形势下经济社会发展、国防建设、科技进步对我们提出的新需求、新要求，以及由此带来的新机遇、新变化。

**二、关于对测绘地理信息转型发展的思考**

党的十八大和十八届三中全会提出全面建成小康社会、全面深化改革。如何在测绘地理信息领域贯彻落实好党中央、国务院的战略部署和要求，全面实现测绘地理信息的转型升级、跨越发展，成为局党组以及全体测绘人在新时期面临的新的重大课题。对此，我们也组织开展了一些重大课题研究，深入基层开展调研，对此有了一些初步思考，尚不成熟，供大家讨论。

一是以深化改革为切入点，推进测绘地理信息事业改革发展。十八届三中全会要求要更加明确中央和地方事权，以此确定支出责任，实现财力和事权关系的总体平衡，以及提出的生态文明建设，也为我们加快职能转变，拓展服务领域，提出了新的课题。对此，我们对边境地区大比例尺地形图测绘应纳入中央事权进行了深入研究。由此我们要进一步研究如何在新形势下科学合理地划分各级测绘地理信息部门的事权，在这次全面深化改革的过程中，为实现测绘地理信息的转型升级争取主动、赢得先机。

二是以服务转型为重点，切实抓好三大平台建设。中央要求全面建成小康社会，加快生态文明建设，对测绘地理信息提出了新要求。地理国情监测、天地图、数字城市等在服务优化国土空间布局、自然资源集约节约开发利用、城市精细化科学化管理、人民生活质量改善和提高方面的作用日益彰显。要进一步使这三大平台建设与国家要求、人民需求结合得更紧密，服务更到位，还需我们在继续做大做强平台的基础上，聚合力量，深入挖潜。

三是以政府为引导、市场为主导，发展壮大地理信息产业。充分发挥市场在资源配置中的决定性作用，是中央在新时期的一项重要决定和部署。国务院办公厅也印发了促进地理信息产业发展的意见，以政府引导、市场主导的产业发展格局已经初步形成。国家局也为规范地理信息市场，推进产业发展做了大量工作。按照中央改革要求，科学界定政府与市场的界限，确定事业和产业的关系，切实发挥市场在地理信息资源整合、配置、应用等方面的作用，还有许多工作要做。

四是以信息化建设为抓手，实现测绘地理信息生产、服务、管理的全面升级。党中央、国务院高度重视信息化工作，习近平总书记亲自担任国家网络安全和信息化领导小组组长。测绘地理信息是国家信息化建设的重要基础和支撑。据此，我们研究制定并印发了《测绘地理信息部门信息化建设指导意见》，旨在制度化推动信息技术与测绘地理信息管理、生产和服务的全面融合。如何进一步将大数据、云计算等新的技术和应用与测绘地理信息信息化建设高效融合，改造生产技术流程、改善测绘成果管理模式、改进地理信息服务手段等，都尚需进一步研究探讨。

各位院士，当前正是总结“十二五”、谋划“十三五”的重要时期，国家局已经对“十三五”规划工作作了部署，总体上希望测绘地理信息领域能够更好地服务于国民经济建设、社会发展主战场，服务于生态文明建设、美丽中国建设、自然资源资产的监管等国家发展战略、国家大的需求，发挥测绘地理信息应有的作用。因此，借此座谈会的机会，请各位院士专家对测绘地理信息未来发展出主意、出点子，建言献策，共绘蓝图。

# 国家测绘地理信息局副局长李维森在国家测绘地理信息局安全生产委员会视频电话会议上的讲话

2014 年 1 月 3 日

同志们：

今天，我们召开2014 年安全生产委员会全体成员和直属单位有关同志参加的安全生产视频电话会议。会议的主要任务，一是传达学习中央领导对安全生产的重要指示精神，二是传达徐德明局长在会前对安全生产工作的批示，三是总结全局2013 年安全生产工作，部署2014 年的安全生产工作。

应该说，近年来测绘地理信息安全生产整体不错，直属单位在几大工程实施中都创造了“零伤亡”的纪录。但2013 年发生了两起事故，事故的发生虽然有一定的偶然性，但毕竟付出了生命代价，给遇难职工家庭带来了不可挽回的的损失和痛苦。一起是陕西局的人员在青海作业完工回程中，路滑导致交通事故，造成2 死2 伤；另一起是四川局一作业员在云南作业，午餐后返回测站骑自行车摔倒，经抢救无效后死亡。两起事故令人痛心！人的生命是最可贵的，一旦失去不可挽回，所以加强安全生产时刻不能放松，无论我们怎么强调都不为过！要把此次会议精神传达到各下属单位，特别是外业单位，让大家引起高度重视。下面，就今年的安全生产工作我讲以下六个方面意见：

一、深刻领会精神，进一步增强使命感责任感。习近平总书记指出：安全生产必须警钟长鸣、常抓不懈，丝毫放松不得，每一个方面、每一个部门、每一个企业都放松不得，否则就会给国家和人民带来不可挽回的损失。李克强总理强调：安全生产是人命关天的大事，是不能踩的“红线”。张高丽副总理在第一次全国地理国情普查电视电话会议上对安全生产也作出了明确要求。党和国家领导人心系百姓安危、职工安全，在座的各位都是生产项目的组织者、管理者，更应该深刻领会领导同志的指示精髓和要求，始终把职工群众的生命安全放在第一位，以安全促生产，以安全促效益，以安全促发展，牢固树立发展不能以牺牲人的生命为代价这个观念，坚持以人为本、生命至上，时刻紧绷安全生产这根弦。把安全生产纳入单位总体发展规划，同步规划、同步部署、同步落实，将安全生产与单位的科学发展结合起来，与转变工作作风、践行群众路线结合起来，始终坚持安全生产高标准、严要求，以极大的使命感、责任感做好安全生产工作。

二、健全责任体系，进一步落实安全生产主体责任。按照习近平总书记的指示要求，要建立健全“党政同责、一岗双责、齐抓共管”的安全生产责任体系，建立健全最严格的安全生产制度。局党组书记、局长徐德明同志高度重视安全生产工作，关心职工群众的生产生活安全，历次局长会上强调安全生产工作，多次就安全生产专门做出批示，还专门对这次视频会议作了批示。会后，参会人员要将这次会议精神向单位主要领导、党组（党委）汇报。各单位的党政一把手一定要将安全工作作为重中之重，将安全责任落实到岗位、落实到人头，坚持职责分明、齐抓共管，加强监督、严格考核。各单位是安全生产工作的责任主体，要做到安全投入到位、安全培训到位、基础管理到位、应急救援到位，切实履行安全生产主体责任，承担起应尽的社会义务，自觉加强和改进安全管理，确保生产安全。

三、加强教育培训，进一步强化提升安全生产意识。各单位要根据测绘地理信息行业特点，当前的社会环境、自然环境状况，认真做好入职教育、上岗培训、项目专业培训、野外安全技能培训等工作。要经常总结梳理近年来安全生产工作的经验与教训，组织开展有针对性的交流，对好的思路、做法要坚持推广，对出现的问题、事故要分析发生的原因、对策、应对效果，做到亡羊补牢，切实吸取教训。汇总近几年发生的安全事故，一是道路交通安全事故，如今年发生的两起；二是缺乏常识知识导致，如地下管线测量中下井遇有毒气体、测量标尺触碰高压线等；三是疏忽大意导致，如游泳溺水等。各单位要加强安全知识普及，特别加强对新上岗及临时聘用人员的教育、培训，推广先进典型和经验，使安全生产理念深入人心。要有针对性地制定应急预案，并组织职工学习演练，有效提升防范应对突发事故的能力。

四、完善设施装备，进一步提高安全防范应对能力。根据具体工作特点，有侧重地配备相应装备。测绘内业工作人员、设备密集，所用资料多为涉密，要注意按照相关要求配备足量的消防、保密设施，防火、防雷、防电、防盗、防潮、防虫相关工作要细致、周全，特别要保持安全通道的畅通。测绘外业工作环境复杂，有时是人员密集的闹市，有时是人烟稀少、人迹罕至的困难地带，要配备有显著标记的服装，要装备定位、监控以及急救等设施，随时掌握每一位外业职工的工作情况，以便及时采取救援等紧急措施，确保各项工作处于可控状态。

五、突出工作重点，进一步抓好测绘外业生产安全。一直以来，外业生产安全都是我们工作的重中之重。回顾近年来我局外业安全生产工作，几个外部环境相对复杂、险恶的项目，如西部测图工程、1:5 万数据库更新项目、海岛（礁）测绘工程等，都圆满地完成了外业工作，没有发生伤亡事故。总结其原因，一是各方高度重视，二是管理措施严格，三是培训指导到位，四是监控防范有效。各单位一定要强化这四方面的工作，把安全生产贯彻始终，让外业职工牢牢树立“安全第一”的观念，时刻不能放松警惕，绝对不能心存侥幸，指导作业人员严格执行作业规程和安全生产规程，在保障安全的前提下开展生产。特别需要加强的是外业驾驶工作，近年发生的安全事故多为交通安全事故，各单位一定要加强对外业驾驶人员的管理、培训、考核以及教育工作，使其具有较强的安全意识，督促严格遵守道路交通法规，提高技术水平，提高防范、避免事故的能力。

六、创新管理方式，进一步改进提升安全管理效果。安全生产是一项长期艰巨的任务，我们要按照党中央、国务院对安全生产“全覆盖、零容忍、严执法、重实效”的总体要求，认真落实、逐项细化各项工作。同时，我们将在科学发展观考核工作中进一步细化安全生产考核事项，对内业、外业安全生产情况，隐患整改情况、应急预案制定落实情况等进行定期或不定期、告知或非告知的检查，及时发现隐患，解决问题，提升管理效果，检查结果作为考核依据。

同志们，安全生产是人命关天的大事，关系到每一位职工的切身利益，也关系到我们的事业能否健康顺利发展，我们务必要以对党、对职工群众、对事业发展高度负责的态度，结合党的群众路线教育实践活动，以求真务实的工作作风，狠抓各项工作的落实，千方百计杜绝安全生产事故的发生，保证职工群众生产安全。新的一年，我们不能发生任何重大伤亡事故，希望大家齐心协力，努力实现这一目标。

春节将至，在这里提前祝大家春节快乐，过一个节俭、祥和、安全、愉快的春节！

## 总结经验　承前启后　转型升级　再创辉煌

国家测绘地理信息局副局长李维森在数字城市向智慧城市转型升级工作会议上的讲话

2014 年 12 月 16 日

同志们，大家上午好！

在智慧城市建设大潮来临之际，我们在这里召开数字城市向智慧城市转型升级工作会议，这次会议的主要任务是：以党的十八大及十八届三中、四中全会和中央经济工作会议精神为指导，总结数字城市地理空间框架建设工作，交流经验，统一思想，共同谋划和研究智慧城市时空信息云平台建设思路，部署试点工作，推动智慧城市建设扎实稳步开展。这次会议国家局高度重视，库热西局长明天上午将到会作重要讲话。下面我讲三点意见。

### 一、数字城市建设工作回顾

“十一五”期间，国家测绘地理信息局做出了加快推进数字中国地理空间框架建设、提升测绘地理信息保障服务能力的总体部署。数字城市地理空间框架（以下简称数字城市）是数字中国的重要组成部分，数字城市建设关系数字中国战略的实施。9

年来，各级测绘地理信息行政主管部门开拓进取、扎实工作，城市人民政府求真务实、积极推进，城市测绘地理信息工作突飞猛进，翻开了崭新的一页，测绘地理信息保障服务能力和水平得到了极大的提升。

第一，明确建设目标，抓好顶层设计。城市是人类迈向文明的标志，是经济、政治、文化的中心。城市的发展方式、管理能力、信息化程度和服务水平在很大程度上依赖测绘地理信息的支撑。2006年以前，一方面，城市基础测绘薄弱，地理信息资源分布不平衡，且相对短缺；另一方面地理信息数出多门，自建自用，基准不同，标准各异，难以共享，信息孤岛现象严重。既造成低水平的重复建设，导致极大的浪费，又不能满足城市运行管理的需求，严重制约着城市经济社会的发展，有关部门迫切需要权威、统一的城市地理信息服务，以支撑城市的规划、建设和管理。为此，国家测绘地理信息局于2006年正式启动数字城市地理空间框架建设，印发了《关于开展数字城市地理空间框架建设试点工作的通知》，制定了《数字城市地理空间框架建设技术大纲》，目标是：到2015年底，完成全国333个地级以上城市和有条件的县级城市的数字城市地理空间框架建设，实现城市地理信息由政府主导、专业部门建设、各部门共享、广泛应用，并逐步实现国家、省、市纵向和城市间的横向互联互通。

第二，城市政府主导，三方共同建设。数字城市建设采用了以城市为主导，国家、省级测绘地理信息行政主管部门与城市人民政府三方合作共建的方式建设。国家测绘地理信息局负责在城市影像资料获取、国家基础测绘成果使用、数字城市建设技术、软件配置等方面提供支持，并配套10—15%经费；省级测绘地理信息行政主管部门具体监管指导项目建设，负责总体进度与质量的管理，在省级测绘成果使用、技术与经费等方面给予支持；城市人民政府负责组织项目实施，承担项目主要经费，从机制上对项目建设、成果推广应用以及更新维护提供保障。为保证项目的顺利实施，各城市人民政府成立了以主管副市长为组长，城市测绘地理信息主管部门负责人为副组长，发改、财政、工信、公安、国土、建设、城管等各部门领导为成员的实施领导小组，负责项目的领导与协调，领导小组办公室设在测绘地理信息主管部门，具体负责项目的组织实施。

第三，积极探索实践，试点建设先行。为确保数字城市建设工作扎实、有效开展，项目建设初期，在需求迫切、基础条件比较好、具备一定人才资源的城市，先行开展了数字城市建设试点工作。2006—2008年，太原、嘉兴、齐齐哈尔、西安、烟台、威海、德阳、潜江等城市，在管理模式、技术标准、平台软件、应用示范、政策机制等方面开展了积极的探索。2009年，第一批试点通过国家局组织的项目竣工验收，有关院士、专家给予了充分肯定和高度评价。2009以后，在全国开展了全面的推广工作，各级测绘地理信息行政主管部门主动宣传，大力推动，在试点的带动下，城市积极响应，数字城市建设在全国大规模的开展起来。

第四，科学技术引领，自主创新研发。由技术牵头单位中国测绘科学研究院主持，联合武汉大学、北京超图软件股份有限公司等主要技术支持单位，历经多年协同攻关，形成了网络时代地理空间框架公共服务体系，开放式国产大型服务地理信息基础软件，以及地理信息公共平台技术、应用和标准。统一了全国数字城市建设与应用的数据标准，保证了数据的统一性与权威性，为国家、省、城市间信息的互联互通与共享打下了基础；开发的国产地理信息公共平台软件，支撑了地理空间框架的运行与服务，数字城市建设90%以上使用了国产软件平台。

第五，及时跟踪指导，强化组织管理。针对数字城市建设不同阶段的主要任务以及出现的相关问题，国家测绘地理信息局进行了大量的调查研究，组织召开了各种层面的专家咨询会、技术研讨会以及工作推进会，先后出台了《关于加快数字城市建设推广应用工作的通知》等十二个文件。通过采取提前安排航摄计划、组织困难地区统一建设、配发基础平台软件、开展标准技术培训、完善技术大纲、进行目标责任考核以及中期检查评估等措施，逐步解决了项目实施过程中建设进度缓慢、航摄资料滞后、欠发达地区建设困难、人才技术不足、保密管理制约、成果共享汇交不及时等问题。通过推动政策机制建设，逐步确立了地理信息公共平台在城市的法定性、权威性、统一性地位，保证地理信息数据的及时更新、信息资源的共享交换和平台的长期有效运行。

第六，加大宣传力度，推动广泛应用。国家测绘地理信息局组织新华社、人民日报、中央电视台等国家主流媒体，开展“数字城市中国行”大型宣传活动，通过数字城市在政府、部门中的应用，以及给百姓生活带来的变化，宣传数字城市取得的成绩、发挥的效益，使数字城市建设与应用工作在全国产生了强烈的反响；省级测绘地理信息行政主管部门积极与市政府沟通宣传，组织城市间的参观、交流，在全省推动数字城市建设的深入与发展；完成建设工作的城市，通过制作项目建设与应用成果展示片，召开现场会、成果推广会，深入部门、单位了解需求等方式，在全市各部门和所辖区县内大力推广数字城市建设成果，宣传其在城市管理运行中的作用，推动其在全市的广泛应用。

回顾总结近十年的工作，主要取得了以下成绩：

一是丰富了城市地理信息资源。数字城市建设中，获取了城市范围高质量、高分辨率的航空、航天影像，处理了城市多尺度、多类型、多时相的海量基础地理信息数据，建立起规范、完善的基础地理信息数据库，建设了城市重点区域三维立体模型，从根本上解决了城市地理信息资源匮乏的局面，夯实并极大地丰富了城市地理信息基础。

二是促进了信息资源共享与信息化进程。数字城市搭建了面向政府、面向公众的地理信息公共平台，实现了地理信息与城市其他经济社会、自然资源和人文信息的互联互通与整合集成应用，促进了信息资源共享与开发利用，推动了城市的信息化进程，同时避免各部门各自为政的重复建设，解决了城市建设中的重复投入等问题，节约了大量资金。

三是统一了城市测绘基准、数据和标准。通过数字城市建设，全面梳理城市地方坐标系统，并统一到国家坐标框架；形成了一整套城市地理空间框架设计、建设、应用、服务标准，建立了标准一致、内容丰富的数据库，完善了数据体系，形成了服务政府、企事业单位及社会公众的地理信息公共平台。

四是拓展了测绘保障服务的深度与广度。数字城市建设成果在各领域得到广泛应用，专题系统涉及国土、规划、交通、房产、公安、消防、环保、卫生以及公众服务等几十个领域，有力提升了政府决策管理的科学化水平、精细化程度，提高了工作效率，方便了百姓生活，在城市的经济社会发展进程中发挥了重要作用。

五是推动了地理信息产业的发展。数字城市建设国家投入约 6 亿元，省级财政投入约 6 亿元，市级财政投入约 49 亿元，共计约 61 亿元，地理信息产业为各行各业服务产值达 300 多亿。带动影像获取、基础地理信息数据生产、应用系统开发、系统集成、软硬件设备生产制造等领域的众多企业积极参与，极大地提高了地理信息产业市场规模，推动了地理信息产业加快发展，同时有力地促进了人才就业；催生了以 NewMap、MapGIS、SuperMap 等为代表的一批具有我国自主知识产权的软件产品，有力带动了地理信息软件的国产化；地理信息企业在数字城市建设中进一步丰富了产品，扩展了市场领域；部分中小型企业，结合自身特点，抓住机遇，在数字城市建设中得到发展壮大，成为推动服务数字城市的生力军，可以说数字城市建设有力地推动了地理信息产业发展。

六是建立了国、省、市三级共建共享的建设模式。建立了国家测绘地理信息局、省级测绘地理信息行政主管部门、城市人民政府合作共建、市政府主导的工作模式，充分发挥了城市人民政府在数字城市建设中的主导性、关键性作用，调动各方的积极性，发挥各方的技术优势、资源优势和管理优势，促进了地理信息资源的统筹管理，推动了整个城市信息资源的共建共享。国家级、省级测绘地理信息部门共享了城市地理信息成果，为城市地理信息成果的收集开辟了新的途径。

七是实现了国家、省、市地理信息公共平台的互联互通。按照标准统一，分建共享的建设理念，数字城市建设核心成果数字城市地理信息公共平台，已实现与国家级地理信息公共平台主节点和省级节点的互联互通，成果实现实时共享，打破了地理信息在时间空间上的分割，大大提升测绘地理信息整体保障服务能力。

八是确立了政府主导、机制保障的建设与运行管理模式。数字城市建设工作中，城市内部由政府主导，专业部门承建，各部门配合，成果共享，同时，建立了更新维护与应用的长效机制，各城市以地方法规或政府文件的形式出台了数字城市地理空间框架或地理信息公共平台建设、使用管理规定办法等，确立了公共平台的权威性、统一性的地位，有力地保证了数据及时更新和系统长期有效运行。

九是有效带动了城市测绘地理信息管理机构建设。数字城市建设转变了测绘地理信息服务城市运行管理的方式，由原来的提供数据间接支撑到当前的直接服务城市发展，凸显测绘地理信息的作用与意义，测绘地理信息部门也在建设中得到加强。截至目前，100 多个城市成立了市测绘地理信息局，200 多个城市建立了地理信息中心，有效强化了城市测绘地理信息力量。

十是培养造就了一批专业人才队伍。由中组部主办，国家测绘地理信息局承办的“数字城市建设市长专题研究班”已连续举办 5 年，累计培训近 200 名城市领导，使城市领导对数字城市建设有了更加深刻的了解和认识；联合武汉大学，举办了学制 3 年的数字城市研究生班，为各省、城市测绘地理信息部门培养了一批数字城市建设技术骨干；在政策、标准、技术、软件等方面陆续开展了有针对性的短期技术培训 50 余次，目前，在全国范围内（包括各省、城市）已形成了以青年骨干为主的上万人的数字城市建设、管理以及运行维护的技术队伍。

数字城市建设得到了社会普遍认可，在全国地级以上城市已经得到全面推广，浙江、山东、河北、广东等省县级数字城市也普遍展开。2011 年 5 月 23 日，李克强总理在视察中国测绘创新基地时，听取了数字城市的汇报，观看了成果演示，对数字城市工作给予了充分肯定，他指出：“数字城市建设有些方面已经迈入了世界先进行列，有力地提高了城市管理工作的科学化、精细化水平，提升了政府形象。”数字城市建设取得了突出的成绩，已经产生并将继续产生巨大的效益，有力地推动城市信息化建设与社会发展。与此同时，我们也深刻地认识到：数字城市建设还存在政策保障机制不够健全有力、成果应用不够广泛、不同地区发展不够平衡等问题，需要我们下大力气，坚持不懈地抓下去。

## 二、全力推进数字城市向智慧城市转型升级

近年来，随着经济的快速发展，特别是城镇化建设的步伐加快，建设智慧城市的呼声已逐渐从概念的讨论，向可行性、可实施性发展，如何在这一新的挑战和大潮中发挥测绘地理信息部门的优势和基础性、先行性的作用，是我们面临的重大课题。为此，我们一定要统一思想，坚定信念，在扎实做好数字城市建设工作的同时，积极探索如何向智慧城市转型升级。

### （一）认清智慧城市发展大趋势

2008 年，美国 IBM 大中华区首席执行总裁彭明盛率先提出了“智慧地球”的概念，依托云计算、物联网等现代信息技术，实现更透彻的感知、更广泛的互联互通、更全面的智能化，立刻得到了社会各界的极大关注，世界各国都在努力抓住这一历史机遇与发展契机。美国、欧盟等西方发达国家率先开展了相关研究探索，日本、韩国、新加坡等亚洲国家也先后启动了新一代网络发展战略，巴西 2011 年在里约热内卢建立了应急反应智能系统，推动智能化技术的深入应用。

我国 2011 年《政府工作报告》提出：加快培育发展战略性新兴产业。积极发展新一代信息技术产业，建设高性能宽带信息网，加快实现三网融合，促进物联网示范应用。2012 年《政府工作报告》提出：“大力培育战略性新兴产业，……，加快三网融合、云计算、物联网试点示范工作的步伐。”2013 年《政府工作报告》提出，“要推进公共服务信息化，建设公共服务信息平台，实施数字化便民服务工程，……，加快形成智能化公共服务体系。”《国民经济和社会发展第十二个五年规划纲要》中也明确提出，“推动物联网关键技术研发和在重点领域的应用示范，加强云计算服务平台建设。”2013 年 7 月 12 日，李克强总理主持召开国务院常务会议，会议要求：“加快实施‘信息惠民’工程。在有条件的城市开展智慧城市试点示范建设。”

国家有关部门和城市相继开展了智慧城市相关工作。我局及工信部、住建部、科技部等部委相继开展了智慧城市相关研究及试点；全国有 200 余个城市实际开展智慧城市建设的探索，内容覆盖 20 多个领域，其中在信息基础设施、电子政务、社会治安、智能交通、智慧医疗、社区服务等中的应用最为广泛。

### （二）测绘在智慧城市建设中的角色和定位

测绘是定量了解掌握空间信息的有效方法，是描绘自然地理空间的最佳手段，在人类发展的历史长河中，无不留下测绘对地理空间的展示与描绘，人类和城市的发展都离不开空间、时间载体，都在时空载体中留下了不可磨灭的运行轨迹。李克强总理指出，“人类对地理信息掌握的程度，决定了自身的视野和活动范围。”在当前科学技术高度发达的时期，测绘地理信息作为各种信息的载体，更担负着与空间位置有关信息的集成、处理、可视、分析与决策的重任，是不可或缺的空间信息基础设施，扮演着支撑经济社会发展的重要角色。

数字城市建设中，测绘部门找准了定位，通过构建地理信息公共平台，使之成为城市各类经济和社会信息的有效载体，发挥了非常重要的作用。在

智慧城市建设中，我们构建时空信息云平台，除了要继续发挥测绘地理信息的基础性和载体性作用外，还要依托物联网、传感网和移动互联网等基础设施，应用大数据、云计算等新技术，使时空信息云平台成为各类实时感知信息的智能化运行载体，为智慧城市建设、运行和管理提供历史的、现势的和实时的多维度、全方位的地理信息服务和支撑。

今年8月，国家发改委牵头成立了促进智慧城市健康发展部际协调工作组（国家测绘地理信息局为工作组成员单位），印发了《促进智慧城市健康发展指导意见》，测绘地理信息在智慧城市中的角色和定位也在意见中得到明确体现，意见指出："智慧城市是运用物联网、云计算、大数据、空间地理信息集成等新一代信息技术，促进城市规划、建设、管理和服务智慧化的新理念和新模式。""智慧城市建设要统筹城市地理空间信息及建（构）筑物数据库等资源，加快智慧城市公共信息平台和应用体系建设。""以城市统一的地理空间框架和人口、法人等信息资源为基础，叠加各部门、各行业相关业务信息，加快促进跨部门协同应用。"由此可见，测绘地理信息在智慧城市建设中，既扮演着基础性、先行性角色，又有提供智能化信息服务的功能。

（三）数字城市是智慧城市的基础与前提

建设智慧城市，数字城市是基础，二者是城市信息化进程中的不同阶段，是一脉相承的。数字城市为智慧城市打下数据基础、设施基础、技术基础、人才基础以及思想基础，智慧城市是从数字城市一步步发展而来，因此，智慧城市建设一定要充分利用数字城市的已有资源，逐步实现转型升级，实现城市建设和发展的智能化。

数字城市阶段，测绘地理信息部门把重点放在地理空间框架的构建，为城市提供统一、权威的空间基准和平台。地理空间框架主要内容呈现为基础地理信息数据库和地理信息公共平台。智慧城市阶段，测绘地理信息部门的工作重点是构建时空信息框架、时空信息云平台。也就是基础地理信息数据库上升为时空信息数据库，地理信息公共平台上升为时空信息云平台。由此可见，我们是智慧城市阶段城市时空信息定位基础的建设者、提供者、服务者。

国家局将在充分吸收数字城市建设经验的基础上，有序地推进智慧城市时空信息云平台建设。我们希望通过与各省级测绘地理信息行政主管部门、各城市人民政府的通力合作，逐步形成较为完备的智慧城市时空信息云平台建设和应用体系。

（四）智慧城市时空信息云平台建设目标

推进智慧城市建设，是城市加快实现创新驱动、转型发展的重要手段，深化"城市让生活更美好"的重要举措，也是城市信息化新一轮加速发展的必然要求。国家局立足测绘地理信息部门的职能和前期数字城市建设的积累，已于2012年12月启动了智慧城市时空信息云平台建设试点工作，2013年3月发布了《智慧城市时空信息云平台建设试点技术指南》。计划到2015年底开展30—50个试点工作，力争每个省区有1—2个试点城市，到2020年，建成一批特色鲜明、智能化水平较高、服务于智慧城市的时空信息云平台。试点将探索智慧城市时空信息云平台的建设模式、共享模式和服务模式，凝练工艺流程和标准规范，为全国数字城市地理空间框架转型升级、大规模的智慧城市时空信息云平台建设提供依据。目标是为智慧城市的建设和发展提供统一、权威的时空信息定位基础，搭建起智慧城市所需要的智能化的时空信息运行载体，为各方面提供智能化的地理信息服务，成为智慧城市的科学建设与发展基础支撑。目前已有重庆、广州、武汉、郑州、太原、宁波等20个城市申请成为试点。

（五）智慧城市时空信息云平台建设内容

智慧城市建设阶段，我们建设的主要任务是构建时空信息框架，主要内容包括建立时空信息数据库、构建时空信息云平台和开展智能化的应用示范三个方面。

首先是建立时空信息数据库。考虑到传感网、物联网以及卫星定位技术的应用与发展，实时位置和感知信息在信息化建设中的作用越来越突显；同时随着测绘地理信息采集获取技术的不断发展，城市地理信息更新周期也越来越短，历史地理信息的比重不断加大，因此在传统地理信息数据的基础上，增加时间属性建设时空信息数据库成为建设的首要任务。时空信息数据库是在已建成的基础地理信息数据库基础上，通过数据扩充、添加时间属性以及数据重组，实现从基础地理信息数据到时空信息数据的升级。

二是建设时空信息云平台。时空信息云平台是对数字城市地理信息公共平台的智能化提升，主要是依托云计算环境，把基础设施、时空信息、功能软件和开发接口作为服务资源，通过构建基于知识引擎的资源池，由时空信息云平台面向泛在应用环境，按需提供及时的服务。平台在内容上扩充了对时空信息的支持，特别是接入了物联网感知信息，在功能上基于知识引擎实现了按需服务和个性化定制，增加了时空分析功能，在效能上基于云计算和大数据，具备更加智能化和灵性化的特征。

三是开展智能化的应用示范，在时空信息云平台基础上，选择实时性、移动性、自主性和智能化程度高的领域和需求，开展5个以上典型应用，可在原有应用系统基础上改造升级，同时要有1个为面向公众服务的应用系统，形成更加切合实际需求的智能、高效的应用系统。

**三、完善数字城市建设，抓好智慧城市试点**

（一）推动全国数字城市建设任务完成。我们要进一步加大数字城市地理空间框架建设推进工作力度，严格按照工作计划开展城市地理信息数据体系建设、数据库开发、地理信息公共平台搭建、应用系统研发以及政策机制建设；建设中应充分考虑城市自身的特点、条件与需求，因地制宜地开展工作，建出特色、发挥实效；边远地区、少数民族地区可利用国家基础测绘补助资金支持，积极推进建设；着力强化进度、质量监督管理，在保证成果质量的基础上加快实施进度，确保2015年12月底前全面完成。

（二）大力推动数字城市成果广泛深入应用。进一步加强成果应用推广工作，一是紧密结合城市建设、发展的需求和热点问题，在重点领域、部门推动地理信息空间框架应用基础上，力争在2年的时间内，推动20个部门或领域的应用，不断总结经验，将地理空间框架逐渐推广至全市地理信息应用的各个方面；二是完善所属区县地理空间框架的内容和质量，将精细化的地理信息逐渐从重点区域推向全市域，将地理信息应用扩展至全市各区县；三是不断提升应用水平、深化应用层次、发挥应用效果，加强地理信息框架与专业特点、需求的有效结合，强化支撑作用、提升服务水平，使其在政府便民服务、企事业单位发展、方便百姓工作生活等方面，切实发挥实效。

（三）落实完善数字城市长效机制。数字城市建设既是全国测绘地理信息部门统一实施的重大战略性工程，又是必须开展的城市基础测绘的核心内容，建立长期、权威、有效的地理空间框架及平台的管理办法是这项工作长期健康发展的基本保障。因此，城市原有的规定不完善的、由部门或市府办印发的，要在新一轮的建设与应用工作中，对原规定进行充实完善，上升到市政府文件规格上，同时要将文件中的各项要求、措施切实落实到工作中。数字城市建设是城市测绘地理信息工作的主要内容，省级测绘地理信息行政主管部门要切实履行好监督与指导的职责，国家局将此作为对省级基础测绘保障能力考核的重要方面，促使这项工作长期有效地开展下去。

（四）积极开展智慧城市建设试点。智慧城市建设试点工作的成效关系到整个智慧城市建设的整体推进，关系到测绘地理信息能否在智慧城市建设中发挥应有作用。因此我们共建三方务必在试点阶段求真务实，积极探索，敢于创新。国家测绘地理信息局作为智慧城市健康发展部际协调工作组成员单位，将认真贯彻落实意见精神，履行丰富完善地理信息、提升保障服务能力的职责，大力推动智慧城市时空信息云平台建设试点工作。国家局负责试点工作立项、设计审批、实施监督、项目验收等工作，在城市影像获取、软件开发、技术、资金等方面予以支持；省级测绘地理信息行政主管部门负责试点城市的推荐、立项申请工作，提供一定的资金配套，并具体指导试点建设，要遴选推荐基础条件好、具备实力并且探索积极性高的城市作为试点城市；城市人民政府要高度重视试点工作，负责落实试点所需的主要经费，明确承建部门的职责，选择好技术支撑单位，并从政策上确保所建时空信息云平台为政府及部门共享。

（五）进一步丰富城市地理信息资源。丰富完善城市地理信息、提供地理信息保障服务始终是测绘地理信息主管部门的主要职责，也是城市快速发展的迫切需要。在数字城市建设的试点阶段，我们只要求具备必要的基础数据，而在深化数字城市建设并向智慧城市转型升级阶段，就要尽可能丰富各种地理信息资源，进一步扩展信息范围，从市中心扩展到全市域，着力做好城市三维信息、地下管线信息、街景信息等的获取，积极开展实时信息的加载、处理、分析，不断增加信息量，加快更新周期，增强地理信息的权威性、丰富度和鲜活力，提升信息协同服务能力。

（六）加强团队建设、深化科技创新。在智慧城市试点和建设阶段，国家局将继续建立由中国测绘科学研究院牵头，相关高校和高科技企业及各省局技术支持单位为主要力量的强大的技术支撑团队，共同为智慧城市建设提供智能化的测绘地理信息服务。强化智慧城市时空信息云平台建设的研究，开展技术攻关、应用试验，充分利用物联网、云计算、大数据等领域的建设成果，探索地理信息智能化应用服务的模式、途径，循序渐进，提升时空信息云平台建设水平；加强相关标准规范研发，建立智慧城市时空信息云平台建设与应用标准体系，规范建设与应用工作，保证成果权威性、统一性、规范性，确保成果广泛共享和智能化应用；积极指导试点城市做好技术设计，提升设计质量，加大对城市地理信息技术人员的培养，形成一支理念先进、技术过硬的地理信息建设与应用服务队伍，切实承担起系统运行、维护、管理与服务等工作。

（七）探索多元化的建设模式。试点工作将积极探索智慧城市时空信息云平台建设开发与运行管理的工作模式和保障机制。一方面，对于基础性、公益性的基础地理信息数据的获取开发以及涉及民生领域的智能化应用，将主要建立由财政资金重点保证的投入机制；另一方面，对于具有市场前景、能够产生经济效益、可以通过市场运营方式开展的工作，将注重激发市场活力，鼓励社会资本参与建设投资和运营管理，引导具备一定实力条件的企业参与试点相关建设和智能化应用开发，探索通过建设取得经济效益的新模式，建立良性的市场运行机制，推动智慧城市时空信息云平台建设与应用的健康可持续发展。

同志们，建设智慧城市是人类的美好愿望，是未来发展的方向。推进智慧城市建设是历史性的机遇，也是长期的战略任务，不是一蹴而就的，需要我们深入地研究、积极地探索，寻求解决之道，在实践中总结提炼。我相信，我们有数字城市建设的成功经验，有三方通力合作的成功经验，通过我们的努力，一定能破解建设中出现的各种难题，一定会不断取得突破，测绘地理信息工作将为城市的科学化、智能化发展做出更大的贡献。测绘地理信息部门在智慧城市建设中也必将大有可为，再创辉煌！

谢谢大家！

# 国家测绘地理信息局副局长宋超智就新版测绘资质管理规定和测绘资质分级标准答记者问

2014 年 7 月 3 日

近日，国家测绘地理信息局颁布了新修订的《测绘资质管理规定》（以下简称《规定》）和《测绘资质分级标准》（以下简称《标准》），将于 2014 年 8 月 1 日起实施。为此，国家测绘地理信息局副局长宋超智接受记者采访并回答了有关提问。

1. 问：请您介绍修订《规定》和《标准》的背景。

答：现行《规定》和《标准》自 2009 年 6 月 1 日起实施 5 年来，在规范市场准入、加强日常监管、服务行业发展、引导产业升级等方面发挥了重要作用。当前，党中央国务院提出要转变政府职能、激发市场活力，测绘地理信息市场秩序面临着新挑战，地理信息产业发展需要更加宽松的环境，都对测绘资质管理工作提出了更高的要求，亟需修订完善《规定》和《标准》。一是政府职能转变提出了新要求。《中共中央关于全面深化改革若干重大问题的决定》指出："进一步简政放权，深化行政审批制度改革，最大限度减少中央政府对微观事务的管理"。李克强总理指出："要坚持放管结合、放管并举，创新监管方式，加强和改进事中事后监管"。促进经济稳定增长和测绘地理信息事业转型升级，要求进一步落实政府职能转变要求，提高行政效能，健全程序合理、运作高效、科学适用的资质管理制度。二是规范市场秩序提出了新要求。《国务院办公厅关于促进地理信息产业发展的意见》（国办发〔2014〕2 号）要求："完善地理信息服务资质管理"，"维护公平竞争的市场秩序"。2012 年底，李克强总理对测绘地理信息工作作出重要批示："切实强化测绘地理信息监管"。《国务院关于促进市场公平竞争维护市场正常秩序的若干意见》（国发

〔2014〕20号）要求："坚持放管并重，实行宽进严管，激发市场主体活力，平等保护各类市场主体合法权益，维护公平竞争的市场秩序"。当前，测绘地理信息市场主体、投资模式、服务内容、服务对象发生了新变化，进入大众地理信息时代，给地理信息安全带来隐患。一些重大涉军、涉密、涉网、涉外、涉证案件引起中央领导同志关注，要求我们采取措施、加强管理。要履行好测绘地理信息行政主管部门的监管职责，拓展测绘资质许可的事中和事后监管手段，营造规范有序的测绘地理信息市场。三是保障产业发展提出了新要求。随着云计算、物联网、大数据等现代信息技术与测绘技术加速融合，地理信息应用领域不断拓宽，产品形式更加多样化。《国务院办公厅关于促进地理信息产业发展的意见》（国办发〔2014〕2号）要求："营造良好发展环境"，"逐步形成地理信息获取、处理、应用为主的成熟产业链，形成若干个实力雄厚、具有国际竞争力的大型企业和龙头企业，培育一批充满活力的中小型企业"。调整充实测绘资质专业范围，实现测绘资质专业范围的全覆盖，履行好测绘地理信息部门的公共服务职责，促进测绘单位快速成长，都需要对《规定》和《标准》进行修订。

2. 问：请您介绍此次《规定》和《标准》修订工作的原则和指导思想。

答：国家测绘地理信息局深入贯彻落实党的十八届三中全会精神，按照国务院行政审批制度改革要求，梳理形成了"简政放权、宽进严管、强化服务"的修订原则，进一步转变政府职能，弱化事前审批，激发市场活力，强化事中和事后监管，维护市场秩序。妥善处理好三种关系：一是继承和创新的关系。保留实践证明行之有效的内容，调整确需完善的管理内容，在继承的基础上适度创新，避免大删大改，力求积极稳妥，实现政策平稳过渡。二是整体和局部的关系。既考虑资质标准对全国的统一性、考核指标对专业范围的统一性，从全局角度作出制度安排；也兼顾地区经济发展水平差异、测绘单位能力差异，允许省级部门在上下一个资质等级幅度内对乙级以下资质标准进行调整，给予省级部门最大调整权限。三是放开和管住的关系。放，即下放事权到位、放宽准入到位，给地方放权，给单位松绑。管，即监管内容到位、监管措施到位。测绘地理信息涉及国家安全，重大项目测绘成果质量涉及社稷民生。为此，有针对性地调整准入标准，充实监管措施，完善罚则条款，做到放管有度。

3. 问：请简要介绍一下新版《规定》和《标准》修订过程。

答：修订工作从2013年初启动，至2014年6月完成，充分体现了民主、科学、审慎的原则。遴选实力较强、经验丰富的56家甲级测绘单位组成11个专业标准修订小组，通过书面调研、实地调研、座谈研讨、网络问政等形式，广泛听取测绘地理信息行政主管部门、各等级测绘资质单位和社会公众的意见，2次上网公开征求意见，7次向省级测管部门、行业单位征求意见，召开各类工作会议40余次，共收到各方意见1900余条。对反馈意见逐条进行认真研究梳理，本着符合法理、贴近实际的原则，审慎作出修改，集聚民智，反映民意。

2014年6月23日，《规定》和《标准》经国家测绘地理信息局审议通过，7月1日正式印发，将于2014年8月1日起实施。

4. 问：修订后的《规定》和《标准》有哪些主要变化？

答：主要变化可以从五个方面来看：

（1）总体框架结构方面：新版《规定》共7章37条，增加"变更与延续"一章，减少"年度注册"一章，基本沿用11条，修改15条，新增11条，删除9条。新版《标准》将专业范围由12项调整为10项，专业子项由86项调整为55项。按照三中全会建立不动产统一登记制度的精神，将原地籍测绘、房产测绘、行政区域界线测绘3个专业范围合并为不动产测绘专业范围。根据科技进步情况，将地面移动测量、倾斜航摄、全球导航卫星系统连续运行基准站网位置数据服务、地理信息软件开发等新型服务业态纳入了测绘资质管理。

（2）激发市场活力方面：一是适当缩短了升级年限，将申请晋升甲级资质需取得乙级资质满3年的规定缩短到2年，对晋升其他资质等级和新增专业范围不做年限规定。二是放宽部分考核条件，大幅简化申请材料，放宽办公场所面积考核要求，取消对企业注册资金的考核要求，取消对落后淘汰、用途极少的仪器设备的考核要求。三是放宽乙、丙、丁级单位的作业限额，尽量放宽作业面积、长度、专业子项等限制。四是取消了对丙、丁级单位从事专业范围的数量限制。五是规定测绘单位转制、合并、分立的，新单位可以原资质等级和业务范围重新申请测绘资质，不受升级年限限制。

（3）放宽人员考核方面：一是为解决民营企业职称评定难，高层次人才引进难等问题，由以往只认职称证书的考核方式，调整为可以将学历结合工作年限的方式予以认定。二是进一步拓宽测绘专业及测绘相关专业的范围，测绘相关专业由原来的10类拓宽到22类。放宽测绘相关专业技术人员比例，申请传统测绘专业的由50%放宽到60%，申请地理信息系统工程专业的由70%放宽到80%，互联网地图服务专业不作比例考核要求。三是参照《关于测绘行业实行技师聘任制的实施意见》，规定获得测绘地理信息行业技师职业资格的人员可以计入中级专业技术人员（不得超过2人）。四是贯彻三中全会关于渐进式延迟退休年龄政策的精神，放宽专业技术人员年龄限制，规定未超过65周岁的人员可计入专业技术人员。五是首次将注册测绘师制度与测绘资质管理挂钩，规定测绘单位具有相应数量的注册测绘师，并设定了甲、乙级3年，丙、丁级5年的考核过渡期。

（4）加强监督管理方面：一是适度提高甲级单位考核条件，引导测绘单位做大做强，对专业技术人员、仪器设备、测绘业绩等提出了更高要求。二是强化专业技术人员真实性考核，要求提交材料中增加“社会保险缴纳证明等”。三是建立测绘资质年度报告公示制度，要求测绘单位按照规定格式报告本单位上一年度符合测绘资质条件、守法诚信经营、上市、兼并重组、重大股权变化等情况，并向社会公开，任何单位和个人均可查询。四是建立测绘资质巡查制度，国家局负责指导和抽查，省局负责具体实施，每年各省局按照一定比例遴选单位开展巡查，依法处理违法违规行为。五是加强诚信体系建设，褒扬诚信、惩戒失信，建立市场信用管理制度。六是完善罚则条款，对应当予以通报批评、注销测绘资质、核减业务范围、责令停业整顿或者降低资质等级、吊销测绘资质的，作出相应处理。

（5）强化保密管理方面：一是对拟从事业务涉及生产、加工、利用属于国家秘密范围测绘成果的单位，从保密管理制度、保密工作机构、保密管理人员、保密要害部门部位、核心涉密人员持证上岗等作出明确规定。二是对导航电子地图制作、倾斜航摄、互联网地图服务专业的保密管理作出细化严格规定。三是规定测绘单位在从事测绘活动中，因泄露国家秘密被国家安全机关查处的，应当注销其测绘资质证书。

5. 问：新版《规定》和《标准》实施后，将对地理信息产业发展带来哪些影响？

答：新版《规定》和《标准》是国家测绘地理信息局认真学习贯彻落实十八届三中全会精神、全力推动政府职能转变的一项重要举措，是测绘地理信息部门全面深化改革的重要成果，对保障地理信息产业发展将产生积极而深远的影响。一是有利于厘清政府和市场的关系。做到政府部门“法无授权不可为”，市场主体“法无禁止即可为”，充分发挥市场在资源配置中的决定性作用，给企业松绑、放权、让利，激发市场主体活力，促使测绘地理信息行政主管部门把精力放到提升监管能力、做好公共服务上来。二是将为促进地理信息产业做大做强增添强劲动力。我们预计，在国家局简政放权、激发市场活力等利好政策的带动下，测绘持证单位和从业人员数量将大幅增长，对促进就业、鼓励创业、壮大产业规模产生明显促进作用。在国家层面政策利好和市场巨大需求的带动下，测绘地理信息技术装备能力将进一步提升，创新驱动能力将显著增强，地理信息产业总产值将保持高速增长，产业投融资渠道逐步多元化，地理信息产业将迎来发展春天。三是有利于规范市场秩序。新版《规定》和《标准》坚持宽严相济、放管并重、宽进严管，做到放活不放任，放权不放责，将引导测绘资质单位守法自律诚信经营，提升测绘成果质量意识和地理信息安全保密意识，推动测绘地理信息行政主管部门进一步创新监管方式，拓展监管手段，加大监管力度，保障公平竞争市场秩序，为地理信息产业健康发展保驾护航。

6. 问：下一步，国家测绘地理信息局将采取哪些措施贯彻落实新版《规定》和《标准》？

答：一是通过相关新闻媒体进行宣传，做好政策解读和解疑释惑，提升社会关注度和行业影响力。为了方便社会各界学习、理解和贯彻新版《规定》和《标准》，国家局还将组织编印单行本，在全国范围内发行。二是今年7月上旬召开全国测绘地理信息法制与行业管理工作会议，向各省级测绘地理信息行政主管部门讲解新版《规定》和《标准》，部署开展全国测绘资质复审换证工作。三是组织指导各地开展全国测绘资质单位复审换证申请的审查工作，今年底前为全国1.4万余家测绘资质单位换发新版测绘资质证书。四是以新版《规定》和《标准》宣贯工作为契机，推动测绘地理信息监管方式由事前监管向事后监管转变，监管手段由静态监管向动态监管转变，监管重点由传统测绘活动向新兴地理信息活动转变，促进市场环境不断优化，为地理信息产业发展保驾护航。

# 国家测绘地理信息局副局长宋超智在全国测绘地理信息宣传工作会议上的讲话

2014 年 11 月 7 日

同志们：

上午好！很高兴在人文厚重的湖南省长沙市召开全国测绘地理信息宣传工作会议。为了深入贯彻党的十八大和十八届二中、三中、四中全会精神，贯彻习近平总书记系列重要讲话精神，贯彻全国宣传思想工作会议精神，进一步扩大测绘地理信息工作的社会影响，为推动测绘地理信息事业全面深化改革、转型升级提供强有力的思想保证、舆论支持、精神动力和文化支撑，国家测绘地理信息局党组研究决定召开全国测绘地理信息宣传工作会议。局党组高度重视宣传工作，库热西局长今天亲自出席会议，接下来还要作重要讲话，为测绘地理信息宣传工作指明方向、作出部署、提出要求，我们一定要认真学习、深刻领会，抓好全面贯彻落实。

下面，我讲三点意见。

**一、近几年测绘地理信息宣传工作回顾**

在国家测绘地理信息局党组的高度重视和正确领导下，在中宣部、国新办、中央及地方主要新闻媒体的大力支持下，在全国测绘地理信息系统各单位各部门的积极配合、共同努力下，近年来，测绘地理信息宣传工作为事业发展呼吁、呐喊、鼓劲，形成“长流水、不断线、不时掀起新高潮”的宣传态势，增进了党中央国务院和各级领导干部、有关部门及社会公众对测绘地理信息工作的认知程度、支持力度、应用广度，有效传播了测绘好声音，树立了测绘新形象，增添了测绘发展的动力。

据不完全统计，自 2012 年全系统宣传工作会议召开以来，人民日报、新华社、中央电视台等中央媒体累计刊发测绘地理信息新闻 2000 多条，地方媒体及网络媒体刊发转发消息 3 万多条；国家局开通官方微博、微信，关注用户达到近 20 万人，共发送各类消息 2500 多条。宣传工作取得累累硕果，有效推动了测绘地理信息事业加快发展。主要表现在以下四个方面：

（一）创名气，赢得各方支持，发挥了宣传的推动力

“宣传也是生产力”绝不是一句空话，做好宣传工作，不但能扩大测绘地理信息的影响力，也能转化为推动事业发展的强大推动力，转化为实实在在的生产力。例如，通过国测一大队的宣传，搭建了财政部经建司与国测一大队结对子开展党建共建活动的平台，促成了财政部给予国家局和国测一大队多方面支持。四川芦山、云南鲁甸地震等应急测绘保障宣传，凸显了测绘在应急救灾中不可替代的作用，有力地推动了测绘地理信息部门在国家应急保障体系中地位的快速提升。如今，突发事件一发生，我们就通过中央网络安全和信息化领导小组办公室向中央领导直报应急保障进展，中央各大媒体都在第一时间主动申请采访报道，中央电视台新闻直播车多次开进了国家局大院采制新闻。四川局通过做好应急测绘保障及其宣传工作，赢得了省委省政府的重视和信任，争取到“十二五”基础测绘经费 6.5 亿元，四川局还被纳入四川省政府 21 个省级议事机构。山西、山东、湖北、湖南、宁夏、青海等地还通过有效宣传，加强了宣传机构建设，专门成立或强化了宣传中心。

（二）树正气，把握舆论导向，发挥了宣传的引导力

测绘地理信息宣传的政治性强、敏感度高，在事关国家主权、安全和利益时，我们做到了主动发声、正确引导。通过大力宣传《中华人民共和国钓鱼岛及附属岛屿专题地图》的出版，彰显了我国政治外交立场，对于维护国家领土主权具有独特宣示作用；通过大力宣传国家版图意识宣传教育“进学校、进社区、进媒体”和全国国家版图知识竞赛等活动，有效减少了“问题地图”的产生和传播；通

过曝光测绘违法案例、开展全国测绘法宣传日活动等，提高了公众维护地理信息安全的意识。同时，宣传工作积极为事业发展的重点、难点工作鸣锣开道。比如，面对地理国情普查与监测这一历史首创性任务，人民日报发表了库热西局长署名文章，各大媒体大规模报道了国务院部署开展第一次全国地理国情普查的消息，深入报道了辽宁抚顺、内蒙古宝日希勒煤矿发生的变化等地理国情监测成效，新华网、中国测绘报、国家局网站也开辟专栏翔实报道普查与监测实施情况。通过卓有成效的宣传，进一步统一了认识，明确了思路，推动了普查顺利实施，促进了监测向常态化发展。

（三）鼓士气，展示优良形象，发挥了宣传的展示力

宣传为测绘地理信息行业提供了展示风采、树立形象的良好舞台。通过对“新时期测绘好干部”杨艳萍、“新时期感动测绘人物”先进事迹的深入挖掘和宣传报道，在行业内提振了精气神，营造了崇尚先进、学习先进、见贤思齐的浓厚氛围，推动了测绘精神的传承；在社会上展示了测绘人的良好形象，弘扬了社会主义核心价值观。通过组织国内外媒体宣传向联合国捐赠全球地表覆盖数据、举办联合国全球地理信息管理高层论坛等国际合作与交流情况，聚焦中国测绘地理信息“走出去”的坚实步伐，在国际上彰显了中国测绘实力，增强了国际话语权，树立了中国负责任大国形象，对于中国测绘地理信息产品、服务和技术走向世界起到了积极作用。

（四）聚人气，传播测绘好声音，发挥了宣传的影响力

测绘地理信息是一项基础性、先行性的工作，只“埋头苦干”是不能适应形势发展的，必须“既能干又能说”。近年来，我们重点宣传测绘地理信息发展成效，有效提高了工作显示度，扩大了社会影响力。最近通过组织中央新闻媒体开展“天地图中国行”宣传推介等活动，极大提升了“天地图”的知晓率和使用率。近年来，通过开展数字城市建设等重大工程成效宣传、十七大以来测绘地理信息工作成就的宣传等，有力展示了测绘地理信息积极融入国民经济建设主战场、提供有力服务保障的作用。通过组织对重庆推出“每周一图”等贴近百姓需求服务的宣传，以及对地理信息产业大会、知名测绘地理信息企业的宣传等，促进了地理信息新产品新技术的应用，带动了企业的发展，产生了很好的增值效应。

回顾近年来的宣传工作，我们有以下几点体会：

一是宣传要“讲大局”。只有做到胸怀大局、把握大势、着眼大事，和党中央国务院保持高度一致，不断增强政治定力和责任担当，自觉坚持在大局下思考、部署和行动，从趋势上准确把握，在大事上着墨发力，才能牢牢掌握主动权和领导权。

二是宣传要“大智慧”。宣传需要巧干，需要智慧，需要“谋定而后动”。近年来重大宣传活动都是在事前选准抓手、精心策划、周密部署的基础上取得成功的。推进宣传在理念、内容、形式、手段方面的创新，能让宣传更加生动鲜活，增强感染力、影响力，切实打动人、吸引人。

三是宣传要“协奏曲”。测绘地理信息部门宣传资源相对有限，需要我们学会搭台唱戏、借台唱戏，调动一切有利因素和多方力量为我所用，整合资源，合掌为拳，让有限的资源实现最大的宣传效益，达到“四两拨千斤”的效果。

四是宣传要“进成本”。宣传要投入和企业广告要计入产品成本是一个道理。宣传工作的产出和所投入的人财物是成正比的。国家局党组专门研究决定在重大工程项目中拿出部分经费作为宣传费用，加大了对宣传的投入，为宣传工作顺利开展提供了有力的经费保障。

五是宣传要“守纪律”。探讨可无禁区，宣传要有纪律。国家局在原有制度的基础上出台了《测绘应急保障宣传工作预案》《政务微博管理办法》《进一步加强和规范测绘地理信息新闻发布和对外宣传管理的通知》等一系列规章制度，实行了对外宣传审批制度，陕西、上海、新疆等地出台了加强宣传工作的政策措施，进一步促使宣传工作更加规范化、制度化、科学化。

在看到成绩的同时，我们也清醒地认识到，测绘地理信息宣传工作依然存在宣传人员素质有待提高、资源整合水平有待提升、经费投入有待增加、宣传手段有待创新、舆论引导能力有待加强等问题，测绘地理信息在社会上的声音还不够响不够亮不够密集。如何克服困难和不足，在新形势下开创宣传工作新局面，还需要我们认真加以研究解决。

## 二、准确把握当前和今后一段时期测绘地理信息工作的宣传重点

当前和今后一段时期的测绘地理信息宣传工作，

要紧紧围绕国家改革发展大局，围绕测绘地理信息事业发展的目标任务，围绕国家局党组的中心工作，努力营造有利于促进测绘地理信息改革发展的舆论氛围。

第一，要深入宣传党和国家的大政方针政策和社会进步主流。测绘地理信息宣传工作要始终把握党性原则，坚持正确的政治方向、坚定的政治立场。要以深入学习宣传习近平总书记系列重要讲话为重点，宣传党的理论和路线方针政策，宣传中央重大工作部署，宣传中央关于形势的重大分析判断，牢牢把握坚持和发展中国特色社会主义、实现中华民族伟大复兴中国梦这个主题，引导干部职工增强“三个自信”，真正做到在政治上、思想上、行动上和党中央保持高度一致，坚决维护中央权威。要唱响时代主旋律，大力宣传党的十八届三中全会精神，充分反映改革开放的伟大成就和社会发展进步的主流，增强干部职工投身改革发展实践的决心和信心，自觉为全面建成小康社会贡献智慧和汗水。大力宣传党的十八届四中全会精神，深入开展法治宣传教育，推动全社会树立法治意识，促进实现科学立法、严格执法、公正司法、全民守法。

第二，要深入宣传党中央国务院关于测绘地理信息工作的重大要求和部署。要大力宣传党中央国务院关于测绘地理信息工作的重大决策和中央领导同志的重要指示和批示，进一步统一思想，明确方向，按照党中央国务院的要求认真抓好贯彻落实。宣传好《测绘法》及其相关法规政策，提升运用法治思维和法治方式深化改革、推动发展、化解矛盾、维护稳定的能力，营造依法治测的良好舆论环境。要着力宣传国务院交给测绘地理信息部门的重大工作任务的执行情况，宣传第一次全国地理国情普查工作的成果成效，彰显普查成果在生态文明建设、领导科学决策等方面的重要作用；宣传《国务院办公厅关于促进地理信息产业发展的意见》的贯彻落实情况，优化产业发展环境，促进社会公众的地理信息消费，提高地理信息产业在国民经济建设中的贡献率。

第三，要深入宣传测绘地理信息改革发展思路和重要决策部署。要围绕“构建智慧中国、监测地理国情、壮大地信产业、建设测绘强国”的总体战略和“全力做好测绘地理信息服务保障，大力促进地理信息产业发展，尽责维护国家地理信息安全”的工作定位，深入宣传国家局党组的创新思维、决策部署，大力宣传新形势下测绘地理信息改革发展和“十三五”规划的思路方向、主要目标、工作任务和政策措施，着力宣传测绘地理信息部门在深化改革中加快法律规范体系、基础测绘体系、公共服务体系、地理信息产业体系、科技创新体系和人才队伍体系建设的情况，全面报道各地区、各部门贯彻落实的具体举措和主要成效，营造破解难题、加快发展、干事创业的浓厚氛围，把干部职工和企业产业的智慧力量凝聚到开创事业新局面上来，为推动和服务国家改革发展大局作出应有贡献。

第四，要深入宣传测绘地理信息转型升级的生动实践和成果成效。宣传好“天地图”、数字城市与智慧城市建设、测绘地理信息应急保障、新农村建设测绘保障服务等重点工作，彰显测绘地理信息服务保障经济社会发展的作用。宣传好国家1:5万数据库动态更新、资源三号卫星数据应用、现代测绘基准体系建设等重大工程，彰显测绘地理信息资源的基础性、战略性地位。宣传好地理信息产业发展、地理信息知名企业与品牌，展现地理信息产业作为战略性新兴产业对稳增长、调结构、促改革、惠民生的重要意义。宣传好测绘重大科技进步成果和“走出去”战略实施的突出贡献，彰显测绘地理信息创新驱动能力和在全球测绘地理信息界的国际地位。宣传好测绘地理信息市场监管和维护国家地理信息安全的举措成效，普及国家版图知识，体现测绘地理信息在维护国家安全中的重要作用。我们要通过以上卓有成效的宣传，彰显测绘地理信息工作服务大局、服务社会、服务民生的光荣使命和重要作用，促进行业地位和社会影响力的提升，赢得社会更多的关注和支持。

第五，要深入宣传测绘精神和行业文化。要在全系统深入阐释和大力倡导社会主义核心价值观，使干部职工成为社会主义核心价值观的自觉践行者和忠实维护者。要让“热爱祖国、忠诚事业、艰苦奋斗、无私奉献”的测绘精神薪火相传，增强全行业的凝聚力和向心力。继续组织好“感动测绘人物”推选活动，深入挖掘系统内的先进典型和感人事迹，宣传行业队伍人才建设情况，在全系统唱响昂扬向上的正气歌，营造学习先进、赶超先进的良好氛围。要充分展示地图文化的博大精深，充分发挥中国测绘科技馆的科普宣传职能，进一步加强对新时期测绘文化建设的宣传报道，促进测绘文化的传承和繁荣。

## 三、开创测绘地理信息宣传工作新局面

宣传工作是测绘地理信息事业的重要组成部分。面对新形势，测绘地理信息宣传工作要“跳出测绘看测绘”，进一步加强领导，整合资源，建强队伍，把握规律，加大创新，推动测绘地理信息系统宣传工作再上新台阶。

一要把握“时度效”，掌握话语权。要坚持团结稳定鼓劲、正面宣传为主的方针，让正面的声音成为主旋律，以正能量遏制负能量。所谓时、度、效，就是要把握好宣传的时机、节奏、角度和力度，做到在重大问题上不缺位、关键时刻不失语，提高宣传工作的效果。要加强舆情分析研判，建立应对与处置工作机制，做到重大舆情早发现、早报告、早处置。在应急测绘保障宣传或突发事件回应时，要加强对测绘地理信息宣传的统筹协调，确保响应迅速、渠道畅通、发布主动、声音权威，有效回应社会关切。

二要组织“大合唱”，强化资源整合。和大部委、大系统相比，我们能动员的宣传和经费资源很有限，要使宣传产生最大效益，必须统筹资源、合掌为拳，系统上下形成合力，内宣、外宣共同发力，使“小宣传”聚合为“大宣传”，让“独角戏”汇聚为“大合唱”。要主动向各级党委、政府报送信息，加强与宣传、新闻出版、网信等部门的沟通协调，在重大事项的宣传上争取支持。要进一步加强与中央和地方主要媒体的联系与合作，利用其覆盖广、受众多、影响大的优势，有力引导社会舆论。《中国测绘报》、国家局网站、《中国测绘》杂志、中国测绘科技馆，我们简称为一报一网一刊一馆，是国家局日常宣传的主要阵地，国家局官方微博、微信平台是我们的新媒体阵地，各地方、各单位和地理信息相关企业还有数量庞大、形式多样的宣传载体。一方面，要在机构、职能、人员、经费等方面整合宣传资源，构建全国测绘地理信息宣传网络；另一方面，要强化互联网思维，促进测绘地理信息传统媒体与新媒体融合发展，加快推进测绘地理信息行业“网站群”和“微信联盟”建设，释放和提升新闻生产力，努力形成自己独特的品牌号召力和媒体影响力。与此同时，要加强统筹协调，搞好协同合作，重大宣传、应急宣传要善用“大火”，集中优势、形成声势、掀起高潮；常规宣传、长期宣传则要会用“文火”，推动人人都是宣传员、时时都有宣传“料”、处处都有宣传点，从而实现“长流水”“不断线”，不断掀起新高潮的宣传局面。

三要善打“组合拳”，注重宣传实效。在现代传播条件下，“一招鲜，吃遍天”已经不能适应形势需要，因此，要会用“十八般兵器”、掌握多种“招术招法”。我们不仅要善于使用消息、通讯、评论等基于传统媒体的手段，而且要善于运用微博微信、论坛贴吧、博客播客以及纪录片、动漫等基于新媒体的手段，用更加大众的视野、角度和形式来宣传测绘地理信息这个专业性很强、受众面较窄的工作，拉近与百姓的距离，吸引更多的受众。策划是提高新闻宣传成效的重要途径，要增强政治敏感性和新闻敏感度，找准结合点，选好突破口，主动设置议题，精心组织策划，及时掌控节奏，全面把握布局，力求使宣传做到角度新、选材精、立意好、挖掘深、可读性强。要精心组织地理国情普查监测和增强公民国家版图意识等主题公益宣传，形成媒体宣传、社会宣传、公益宣传并举的生动局面。与此同时，我们也要深化测绘地理信息宣传改革，积极探索向社会购买宣传服务的新渠道，更好发挥市场在测绘地理信息宣传中的作用，更加广泛地凝聚宣传力量，扩大宣传规模，提升宣传质量和效益。

四要坚持“三贴近”，深化“走转改”。我们要把教育实践活动的新成效继续深化在“走转改”活动中，宣传工作者要进一步转变作风、端正学风、改进文风，主动增强服务基层、服务职工群众、服务生产一线的自觉性和主动性，确保测绘地理信息宣传工作接地气、有底气。要从大众视角出发，把工作重点和大众关注点有机结合，更加贴近实际、贴近生活、贴近群众，用群众喜闻乐见、润物无声的方式讲故事、讲道理，让群众爱听爱看、产生共鸣。要坚持眼睛下看，重心下移，带着对事业的热爱和对干部群众的真情实感去创造，更深地感受群众冷暖，更多地反映群众心声，更好地把群众凝聚在党的周围，凝聚到建设测绘地理信息强国的征程上。

五要把好“安全关”，确保网络信息安全。习近平总书记强调：“没有网络安全就没有国家安全，没有信息化就没有现代化”“互联网技术再发展也不能侵犯他国的信息主权”。测绘地理信息作为重要的战略信息资源，涉及国家主权、安全和利益，我们在大张旗鼓地做好宣传工作的同时，一定要下大力气维护测绘地理信息有关网络和信息安全。一方面要创新改进网上宣传，运用网络传播规律，弘

扬主旋律，激发正能量，实现测绘地理信息网络空间的清朗；另一方面要开展网上舆论斗争，严密防范和抑制网上攻击渗透行为，组织力量对错误思想观点进行批驳，最大限度地挤压负面信息的传播空间。同时，要运用新技术新装备新手段，切实增强测绘地理信息安全保障能力，确保测绘地理信息在互联网上的可管可控，切实保障国家主权、安全和利益。

六要建好“主力军”，建强宣传队伍。做好宣传工作关键在人。在机构建设上，有条件的地方，应尽快成立宣传专门机构；已经设立专门机构的，要加强力量和资源配置，发挥更大作用。在队伍建设上，重点要建立好三支队伍：一是宣传人才队伍。要把政治上强、理论上、笔头上、口才上有“几把刷子”的优秀人才选配充实到宣传队伍中来，并在政治上、工作上为他们创新创造、成长成才提供有利条件。要加强教育培训，掌握主流发声、舆情应对、新媒体运用等方面的原则、技巧和方法，提升敢于发声、善于发声、巧于发声的能力。尤其要打造一支政治可靠、业务精通、纪律严明、作风过硬的新闻发言人队伍，遴选好新闻发言人，充实新闻发言人团队力量，建立新闻发布制度，利用新闻发布会、答记者问、网上访谈等多种形式，增强政府信息发布的实效。二是专家队伍。测绘地理信息专业性很强，要充分发挥院士专家在测绘地理信息政策解读、科普宣传和舆论引导中的重要作用。三是网络评论员队伍。通过网络评论员，在网络上介绍测绘地理信息专业知识、呼应重大活动开展、评论热点敏感问题，积极构建理性的网络舆论环境。与此同时，我们也要切实加强马克思主义新闻观教育，规范记者队伍管理，严肃新闻采编纪律，保持宣传职业操守，决不能让测绘地理信息宣传沾上铜臭味，切实维护媒体的公信力。

同志们，做好新时期宣传工作责任重大、任务艰巨。让我们以高度的政治责任感、过硬的业务能力和扎实的工作作风，不断开创测绘地理信息宣传工作的新局面，为推动测绘地理信息事业全面深化改革、转型升级作出新的更大的贡献！

# 国家测绘地理信息局副局长闵宜仁在贯彻落实《国务院办公厅关于促进地理信息产业发展的意见》工作会议上的讲话

2014 年 2 月 24 日

根据会议安排，受国家局党组委托，下面我就《意见》出台的背景、主要精神向大家作个说明和解读。

**一、《意见》出台的背景**

《意见》是在我国地理信息产业迅猛发展、但总体上处于起步阶段的背景下出台的。《意见》与 2007 年《国务院关于加强测绘工作的意见》相配套，是从全局和整体上促进地理信息产业发展的纲领性、规范性文件，对未来 5—10 年我国地理信息产业发展具有重要指导作用。《意见》出台的背景主要体现在三个方面：

（一）是落实国务院领导指示精神的重要举措。2011 年，李克强总理在视察中国测绘创新基地时，指出：“要积极发展地理信息新型服务业态，加强政府引导，抓紧研究制定地理信息产业发展规划，完善财政、税收、政府采购、市场准入等方面的政策措施，为地理信息产业发展创造有利条件、营造良好环境”。《意见》的出台，使国务院领导同志的重要指示得到了进一步贯彻和落实。

（二）是破解地理信息产业发展难题的必然选择。目前，我国地理信息产业仍存在核心关键技术储备不足、地理信息开发利用不够等问题。同时，国际地理信息产业迅速发展，全球地理信息市场竞争加剧。因此，需要从国家层面制定一揽子促进地理信息产业发展壮大的政策措施，解决地理信息产业存在的问题，积极应对国外相关企业的冲击和挑战，拓展产业发展空间，掌握发展主动权。

（三）是满足社会对测绘地理信息迫切需求的根本之策。地理信息涉及面广，与经济建设、社会发展和人民生活息息相关，是信息化的直接推手。随着移动互联网、云计算、物联网等技术与地理信息技术集成与融合，地理信息应用不断由专业部门向社会大众延伸，正在走进千家万户，走进每一个人。当前，全社会对测绘地理信息需求快速增加，迫切要求加快发展地理信息产业。

为此，从2008年开始，国家局启动了产业发展政策的起草工作。2009年，进行了产业发展专题调研。2010年，开展了产业发展战略研究。2011年，在广泛征求31个省级测绘地理信息部门、29个中央部门、20多家地理信息企业以及100多位院士、专家意见的基础上，起草了《关于促进地理信息产业发展的意见（送审稿）》。2012年3月，经发改委、科技部、工业和信息化部、财政部、人力资源社会保障部、税务总局、新闻出版广电总局、总参测绘导航局等8部门会签后，第一次上报国务院。同年12月，根据国务院领导意见，我们对《意见》送审稿进行修改后，经8部门再次会签，第二次上报国务院。2013年6月，我们根据十八大精神修改完善后，经8部门第三次会签上报国务院。今年1月22日，经国务院同意，国务院办公厅正式出台《意见》。三次会签、三次上报、多次修改，《意见》出台来之不易。

**二、《意见》的主要创新点**

《意见》分为7大部分，共计27条，内容丰富，特色鲜明，主要有七个创新点。

（一）阐明了地理信息产业的深刻内涵。《意见》对地理信息产业内涵做出了科学阐释，强调了产业的技术手段，明确了产业的核心，提出了产业的活动内容，界定了产业的属性。这有助于各级政府、有关部门以及社会各界进一步统一思想、提高认识，形成促进地理信息产业发展的合力。

（二）确认地理信息产业是战略性新兴产业。《意见》明确把地理信息产业纳入战略性新兴产业范畴，充分肯定了地理信息产业发展的潜力和价值，解决了地理信息产业的战略定位问题。这有利于地理信息产业享受一系列与战略性新兴产业和高技术服务业有关的优惠政策，为发展壮大产业提供了重要政策保障。

（三）确立了发展地理信息产业的重要地位和作用。《意见》提出，发展地理信息产业是实现科学发展的重要支撑、是维护国家安全的重要保证、是加快转变经济发展方式的重要手段、是保障和改善民生的重要内容。这“四个重要”不仅揭示了加快地理信息产业发展的动力源泉，也深刻阐述了地理信息具有基础性、战略性、经济性和社会性的“四个特性”，更加坚定了我们抢抓机遇、加快发展的决心和信心。

（四）厘清了公益性测绘与产业发展的关系。《意见》明确提出了分类指导的思路，针对不同的情况区别对待。一是在公益性测绘方面，加强基础测绘和地理国情监测，强化基础地理信息对产业发展的支撑，对于具有战略性或关系国家安全的领域，坚持以国家投资为主。二是在产业发展方面，对于市场化程度高的五个重点发展领域，政府通过多种方式给予政策、资金扶持；对于重点发展领域以外的地理信息社会化服务，政府给予合理引导和支持。

（五）明确了地理信息产业重点发展领域。《意见》针对当前我国地理信息产业发展的核心环节、关键环节和薄弱环节，提出了五个方面对产业具有支撑、牵引作用的重点发展领域。这有利于激发企业加大对重点领域的投入力度，从而进一步调整、优化我国地理信息产业结构和布局，同时也有利于政府部门加大对重点领域的支持力度、加强对地理信息产业的宏观指导。

（六）完善了地理信息产业发展的总体思路。《意见》明确了促进地理信息产业发展的指导思想、基本原则、战略目标，从重点领域、发展环境、科技创新、政策支持、保障条件等方面，对促进产业发展进行了科学安排。这是我国首次在国家层面对地理信息产业发展进行全面部署，对于统筹解决产业发展的矛盾和问题、调动和协调各方面积极性、拓展产业发展的广度和深度将产生重要而深远的影响。

（七）提出了发展地理信息文化创意产业。《意见》提出，要开发以地图为媒介的动漫、游戏、科普、教育等新型文化产品，积极发展地理信息文化创意产业。地理信息与文化创意相结合，通过工艺设计，创新地理信息文化产品的内容与形式，必然会产生新的经济增长点，有利于地理信息更加融入大众生活，满足不断增长的地理信息消费需求。

**三、《意见》完善和建立的主要制度**

《意见》在继承和发扬了有关政策措施的同时，还要求建立和完善以下十项制度。

（一）建立地理信息产业统计制度。准确的统计数据，是全面掌握当前产业发展态势的基础，也是制定和调整产业政策的基础。为此，我们将建立反映产业发展情况的统计制度、指标体系和分类标准，建立地理信息产业单位名录库，加强信息统计和发布工作。

（二）完善地理信息服务资质制度。随着科技的发展，测绘地理信息活动的范围更加广泛，新兴的地理信息加工处理、提供服务等活动日益增多。为维护市场秩序、加强监管，我们将地理信息服务资质制度作为测绘资质管理的重要组成部分，对从事新兴地理信息活动实行市场准入，纳入监管。

（三）规范地理信息市场招投标制度。地理信息市场招投标制度是规范地理信息工程项目承发包交易，促进公平、公开竞争，确保工程质量和提高投资效益的重要制度。我们将在总结地方有关经验的基础上，在全国范围内建立和完善地理信息市场招投标制度，着力避免恶意竞争行为，营造健康发展的环境。

（四）建立地理信息资产评估制度。地理信息资产评估是保障各类产权主体合法权益的基础性工具，是具有公正性、独立性、专业性的第三方鉴证咨询服务行业。建立地理信息资产评估制度，其目的是为地理信息资产的交易等行为提供价值参考依据，也是推动落实《意见》中有关融资政策的基础，有利于地理信息企业获得各种形式的贷款和金融支持。

（五）建立地理信息咨询服务制度。结合地理信息产业转型升级的需要，我们将建立地理信息咨询服务制度，促进产业信息市场发展。这有利于向社会提供最优地理信息工程或者产品决策服务，或有参考价值的数据、预测、调查结果等服务，有利于推动地理信息需求的规范化和产业化。

（六）完善地理信息工程监理制度。工程监理是地理信息工程项目和地理信息产品质量管理的重要制度。我们将总结一些地方测绘项目监理的做法，扩大到地理信息工程领域，完善地理信息技术规范和标准体系，逐步建立和完善地理信息工程监理制度。

（七）完善地理信息安全保密监管制度。地理信息事关国家主权、安全和利益，地理信息安全保密工作贯穿于产业发展的始终。我们将进一步完善涉密地理信息处理、分发与应用跟踪机制，建立健全安全保密监管制度。在此基础上，创新监管手段，研发监管新技术、新方法，促进地理信息安全利用。

（八）完善高分辨率卫星遥感影像应用管理制度。一方面，不断加强对国产高分辨率卫星遥感影像的应用管理，如完善资源三号卫星遥感数据的使用和分发政策。另一方面，研究制定国外优于0.5米高分辨率卫星遥感影像在我国境内应用管理的政策和措施。

（九）落实地理信息服务政府采购制度。三中全会明确提出，要推广政府购买服务。一方面，要协调有关部门和单位严禁在财政资金项目招标中限制采用国产地理信息软硬件产品的行为。另一方面，要通过政府采购的方式，探索将政府部门地理信息公共服务、地理信息技术服务等外包给社会组织来完成，不断培育地理信息消费市场。

（十）完善政府部门间地理信息资源共建共享制度。针对政府部门间地理信息资源共建共享存在的问题，进一步完善制度，统筹协调地理信息数据的采集分工、持续更新和共享服务工作，形成现势性强、多源丰富的地理信息资源库，为产业发展提供更好的基础数据支撑和服务。

**四、《意见》提出的优惠政策**

在鼓励软件产业和集成电路产业发展、培育和发展战略性新兴产业、促进中小企业发展等相关政策的基础上，《意见》提出了以下五项优惠政策，具有很高的含金量。

（一）落户政策。《意见》提出，对经批准建立的产业基地（园区）引进的高层次地理信息人才，优先安排本人及其配偶、未成年子女在所在地落户。这对于吸引高层次地理信息人才具有重要意义。

（二）财政政策。《意见》提出，在现有资金渠道内，着力支持地理信息获取、处理、应用、出版等产业发展的关键环节。现有资金渠道主要包括：战略性新兴产业发展专项资金、国家高技术研究发展计划（863计划）、中小企业发展专项、电子信息产业发展专项基金、物联网发展专项资金等。同时，也包括地方一些专项财政资金。

（三）税收政策。《意见》提出了三条税收优惠政策，主要是地理信息产品、地理信息企业以及地理信息设备进口。经认定符合条件的地理信息产品和地理信息企业，可以享受国家支持软件产业和集成电路产业有关税收优惠政策。

（四）金融政策。《意见》提出，有条件的地方可按规定设立主要支持地理信息企业发展的股权投资（基金）企业或创业投资（基金）企业。支持符合条件的企业采取发行股票、债券等多种方式筹集资金。积极推动企业利用知识产权等无形资产进行质押贷款。

（五）基础地理信息支持政策。《意见》提出，实行基础地理信息免费或低收费、地理信息数据对社会开放等支持政策，鼓励企业充分利用基础地理信息开展社会化应用和增值服务。

同志们，《意见》对测绘地理信息工作提出了新的要求、赋予了新的使命、明确了新的责任。我们要认真学习、准确把握、坚决贯彻《意见》精神，努力推动地理信息产业的新发展、快发展、大发展！

# 国家测绘地理信息局副局长闵宜仁在全国地理信息与地图（测绘成果管理）工作会议上的讲话

2014 年 4 月 9 日

我们用了一天半的时间，围绕如何贯彻落实党的十八届三中全会和《国务院办公厅关于促进地理信息产业发展的意见》（以下简称《意见》）精神，按照全国测绘地理信息局长会议部署和库热西局长对这次会议的批示精神，结合工作实际，就地理信息与地图（测绘成果管理）工作开展了深入谋划与思考。会上，赵继成同志全面总结了近年来全国地理信息与地图（测绘成果管理）工作取得的成就，分析了存在的问题，对今年的工作进行了部署。江西、河北、江苏、浙江、广西、新疆六个省局分别介绍了各自的工作经验和取得的成绩，达到了互相交流、共同促进、共同提高的目的。在分组讨论中，大家对我们今后的工作也提出了一些很好的意见和建议，我们将认真研究。

下面，我结合大家讨论提出的问题和我个人的思考，就进一步做好地理信息与地图（测绘成果管理）工作，讲几点意见。

**一、厘清地理信息与地图（测绘成果管理）工作的主要思路**

党的十八届三中全会指出，“全面深化改革的总目标是完善和发展中国特色社会主义制度，推进国家治理体系和治理能力现代化”“使市场在资源配置中起决定性作用和更好发挥政府作用”“必须切实转变政府职能，深化行政体制改革，创新行政管理方式”“政府要加强发展战略、规划、政策、标准等制定和实施，加强市场活动监管，加强各类公共服务提供”。习近平总书记在省部级主要领导干部学习贯彻十八届三中全会精神全面深化改革专题研讨班上强调，必须适应国家现代化总进程，提高党科学执政、民主执政、依法执政水平，提高国家机构履职能力，实现党、国家、社会各项事务治理制度化、规范化、程序化，不断提高运用中国特色社会主义制度有效治理国家的能力。这些都对测绘地理信息部门在新的历史时期如何发挥作用、如何深化改革提出了新要求，赋予了新使命。

近年来，国家测绘地理信息局确立了“构建智慧中国、监测地理国情、壮大地信产业、建设测绘强国”的总体战略，提出了“服务大局、服务社会、服务公众”的基本宗旨，明确了“基础先行、服务保障、应急救急、统筹协调、管理监督、维护安全”的功能定位，这些都符合习近平总书记重要讲话和三中全会精神，也顺应了测绘地理信息事业发展的基本规律和内在要求。在年初召开的全国测绘地理信息局长会议上，我们确立了“强改革、重市场、树品牌、优服务、保安全、促发展”的 2014 年工作思路和七个方面的重点任务。

这些要求很大一部分涉及地理信息与地图（测绘成果管理）工作，如壮大地信产业、服务保障、应急救急、管理监督、维护安全等，这也是我们目前正在开展和推进的工作。因此，随着经济社会的发展，我们有必要进一步统一思想，厘清思路，破解难题，明确方向，履职尽责，推动发展，确保地理信息与地图（测绘成果管理）工作方向正确、措施有力、实效明显。

我认为，做好现阶段地理信息与地图（测绘成果管理）工作的基本要求可以概括为：围绕一个核心、处理好三个关系。

（一）围绕一个核心

2005 年底，国家局设立了地理信息与地图（测绘成果管理）司，主要目的就是要大力推动测绘成果的社会化应用，重点就是“用”。现在，这个司设置了地理信息处、成果管理处、地图管理处，并赋予相应的职能。从测绘成果应用的角度来划分，成果管理处负责涉密测绘成果的提供和使用，地图管理处负责公开测绘成果——地图的管理，地理信息处介于这两者之间，负责推动涉密测绘成果转化到公开测绘成果，以及拟订地理信息产业发展政策。我们当前工作的核心是推动测绘成果社会化应用，促进地理信息产业发展。只有紧紧围绕这个核心，同时结合工作职责和实际，我们才能在优化产业政策、提供基础地理信息资源、加强测绘成果和地图管理等方面发挥积极作用，从而不断促进地理信息产业发展。

（二）处理好三个关系

一是处理好测绘成果保密与公开使用的关系，这有利于解决测绘成果社会化应用的“深度”问题。在当前管理体制下，测绘成果保密与公开使用的矛盾会一直存在。随着科学技术的发展和社会需求的变化，这个矛盾有时会很尖锐、有时会较平和。2004年之前，导航电子地图技术的发展导致保密与应用的矛盾非常突出，国家局及时组织研发了非线性保密处理技术，并大力推广应用，矛盾得到一定程度的缓解。但是2010年以后，随着各地数字城市和天地图的纷纷上线，保密与应用的矛盾一度也非常尖锐，后来我们提出了“处理到位、审查到位、管理到位”的工作思路，逐步缓和了这个矛盾。现在，随着移动互联网、物联网、大数据技术和互联网地图的发展，这个矛盾又开始凸显。特别是实景地图、倾斜摄影等新技术、新应用的出现，进一步加剧了这个矛盾，迫切需要我们采取有效措施处理好保密与公开使用的关系。将这个关系处理好，才能有效促进测绘地理信息的深层次应用。

二是处理好测绘成果应用与监督管理的关系，这有利于解决测绘成果社会化应用的“广度”问题。测绘成果应用包括涉密和非涉密两个部分。涉密测绘成果的提供使用有一套完整的制度，监管手段方面主要有事前的行政许可、事中的保密检查以及事后的案件查处等。非涉密测绘成果主要指公开地图，监管手段也有事前的地图安全审校人员培训、地图审核，以及事后的案件查处等。但是，无论是涉密还是非涉密测绘成果的使用，在监管方面我们依然存在着手段不多、能力有限的问题，不能适应新形势、新情况的发展。为此，我们应当加强监管能力建设，使之与测绘成果社会化应用相适应，为测绘地理信息成果广泛应用保驾护航。

三是处理好提供公共服务与发挥市场作用的关系，这有利于解决测绘成果社会化应用的“速度”问题。党的十八届三中全会指出，政府的职责和作用主要是保持宏观经济稳定，加强和优化公共服务，保障公平竞争，加强市场监管，维护市场秩序，推动可持续发展，促进共同富裕，弥补市场失灵。在提供公共服务方面，我们依托基础测绘成果，提供了天地图在线地理信息公共服务、地理信息资源目录服务、标准地图服务、领导工作用图服务等，取得了较好的成效。但是，我们向社会提供的公共服务数量和质量都还不够，尚不能满足测绘成果社会化应用需求。下一步我们要充分利用市场的力量，加强和优化公共服务，特别是在应急测绘保障服务中，要进一步发挥企业的作用。同时，要通过我们提供的公共服务，不仅为企业降低运营成本，而且要鼓励企业进行增值开发，加速推进测绘地理信息的产业化发展。

**二、抓好地理信息与地图（测绘成果管理）的重点工作**

下面，我着重谈谈地理信息与地图（测绘成果管理）的五项重点工作。

（一）关于促进地理信息产业发展

当前，地理信息与移动互联网、物联网融合更加紧密，地理信息产业链条更长、产业边界更广。《意见》的印发，进一步强化了测绘地理信息部门的产业管理职能，为我们发挥更大作用提供了良好契机。目前，地理信息产业正处于起步阶段，还存在产业结构不够合理、发展不够平衡等问题，面临的困难也纷繁复杂，同时国际地理信息企业在高附加值产品开发、先进技术研发、高端装备制造等方面的领先优势也在不断扩大。作为政府部门，如何贯彻落实好《意见》精神，如何更好地促进地理信息产业发展，这是摆在我们面前的新课题。我们必须进一步解放思想，提升能力，在产业发展过程中切实发挥好应有的引导、扶持作用，并积极推动行业自律。

一是吃透《意见》精神。我们出版了《意见》辅导读本，刚才我也对《意见》进行了专门解读。《意见》的内涵很丰富，涉及的领域和政策也很多，需要我们下大力气学习领会。只有吃透了《意见》精神，我们才能更好地贯彻落实《意见》，更好地推动地理信息产业发展。二是加大改革创新力度。《意见》对现有体制机制提出了很多新要求，比如实行基础地理信息免费或低收费政策、数据开放共享政策。落实这两项政策，我们要以壮士断腕的气魄自我革命，不与市场争利。在产业园建设方面，不能一哄而上、盲目上马，而是要结合实际、做好规划，利用市场机制来打造特色产业链。总之，我们要创新发展理念、管理体制、监管方式，谋划好产业的发展。三是进一步简政放权。要以公益性事业单位改革为契机，规范事业单位从事市场行为，不插手企业和市场能够自主决定的事项，营造良好的市场公平竞争环境。进一步理顺政府、中介机构和企业之间的关系，充分发挥相关学会、协会等中介机构联系政府与企业之间的桥梁纽带作用，积极转移部分行业管理职能，推动行业自律。四是提升公共服务水平。国家测绘地理信息局正在对产业进行分类研究，争取尽快与国家统计局建立产业统计制度，为产业科学发展提供基础统计数据支持。要加强产业宏观监测，及时做出市场预测预警和政策调整，提高宏观管理能力。要通过完善涉密测绘成果数据提供使用、地图审核等制度，简化行政审批，弱化事前审批，强化事中和事后监管，提高行政效率和服务水平。

（二）关于加强测绘成果管理

众所周知，测绘成果在军事方面具有十分重要的战略价值。但是，近年来，部分涉密测绘地理信息生产和使用单位保密意识淡薄，在非涉密计算机上违规存储涉密地理信息，甚至在互联网上发送、传递涉密信息；非法获取、提供和买卖涉密测绘地理信息的案件时有发生；多地发生境外组织和个人窃取我重要地理信息数据的案件，给国家安全带来重大隐患。大家也可以从《2013 年涉密测绘成果保密检查情况通报》中看出问题的严重性。当前，面对日益严峻的保密要求和日益增长的市场需求，如何平衡保密与应用的关系，对我们加强测绘成果管理提出了更高要求。

一是加快测绘成果保密政策的调整。去年，我们联合国家保密局、总参测绘导航局成立了《测绘管理工作国家秘密范围的规定》（国测办字〔2003〕17 号）修订领导小组，正式启动了修订工作，并开展了相关基础研究，测绘成果科学定密的基本思路是定密单元的最小化和精细化。当前，应着力加强三方面的定密研究：（1）CORS 站的管理，包括哪些数据可以利用公网传输以及如何加密数据等；（2）地图属性的保密，包括落实好《基础地理信息公开表示内容的规定（试行）》等；（3）位置精度的保密，包括区分实测精度与测图精度、实测精度不应超过 30 米等。今年，我们将进一步加大沟通协调力度，争取能在测绘成果保密政策方面有所突破。二是推动测绘成果汇交制度的落实。昨天大家听了河北局的经验交流，他们在测绘成果汇交工作方面的力度非常大，并且取得了较好的成效，要认真学习和借鉴。各地测绘地理信息行政主管部门要加强与当地发改委、财政等部门的沟通协调，尽量掌握财政投入的测绘项目情况，及时督促有关单位汇交基础测绘成果。同时要完善测绘地理信息部门内部工作机制，加强测绘资质管理、地图审核、测绘成果提供等环节的衔接，建立汇交制度的闭合环。对于房产测绘等没有明确要求汇交的测绘成果，各地可以根据实际情况作进一步的细化。同时，我们也要利用好地理信息资源目录服务系统公布汇交的成果，及时为社会公众提供公共查询服务，将成果用起来。三是大力推进涉密测绘成果安全技术防范。目前涉密测绘成果管理问题十分突出，形势十分严峻。原有的管理措施已经不能适应新形势下的监管要求。加强涉密测绘成果保密管理，必须建立人防、物防、技防的立体防护体系。今后，要在完善涉密测绘成果使用审批、跟踪检查等制度的同时，着力研发和推广使用安全保密防护技术，从数据生产、使用等多个环节，切实有效封堵失泄密漏洞。目前，我们正在考虑建立测绘成果保密技术认证机制，通过技术手段强化管理职能。

（三）关于推动天地图的发展

经过四年多的建设，天地图发展目前已进入关键期，我们对天地图的认识也在逐步深入和不断调整。当前，随着移动互联网技术和智能手机的快速发展，互联网地图已成为互联网企业的战略性产品，各个企业正在不断加大投入，互联网地图市场竞争越来越激烈。2011 年，李克强总理指出，天地图是政府服务的公益平台、产业发展的基础平台、方便群众的服务平台、国家安全的保障平台，是抢占国际竞争制高点的重要方面，甚至是突破口。今年的全国测绘地理信息局长会议确定，毫不动摇地推动“三大平台”的建设依然是我们的工作重点，并明确提出要将天地图打造成为测绘地理信息部门对内对外服务的终极出口。前不久，国家局组织院士和专家们对天地图一期工程进行了验收和技术鉴定，他们一致认为，天地图具有公益性质，政府应持续投入，同时要尽快启动二期工程，实现全球地理信息数据的在线服务。

一是加强信息整合。各地要把数字（智慧）城市建设、地理国情监测等成果整合到天地图上来，并通过天地图涉密版、政务版、公众版及时向不同对象发布数据和提供服务，着力将其打造成为测绘地理信息部门对内对外服务的终极出口。对内，将测量标志、测绘统计、测绘资质单位等成果和信息发布在天地图上，并把天地图作为推动测绘成果应用的抓手、实现地理信息资源共享的平台和加强地理信息安全监管的试验田。对外，提供最基本的在线地理信息服务和专题信息服务，同时依托天地图加强人口、地名、法人等专题信息的数据整合和服务聚合力度，并形成专题图层，为用户提供基于地理位置的综合信息服务。二是推动广泛应用。大力推进节点间的数据融合，整合天地图各级节点数据资源，不断丰富数据内容，提升数据现势性，实现优势互补，形成整体合力，增强市场竞争力，为推广应用奠定坚实的基础。同时，通过各种方式拓展应用，推动天地图更好地贴近管理决策需要、满足社会民生需求。三是建立长效机制。根据以往经验，天地图市场化模式不宜一刀切。各地要发挥市场配置资源的决定性作用，处理好政府与市场的关系，按照政府主导、市场运作、企业经营、增值服务的原则，通过创新发展，进一步探索天地图管理机制和公众版商业化运营模式，增强天地图的自我“造血”功能。目前，国家局正在寻求战略合作伙伴，积极引入市场资源和机制，进一步优化天地图主节点的商业化运行机制，不断加强天地图的能力建设和应用推广。

（四）关于加强地图监管

近年来，党中央、国务院和有关领导高度重视地图管理与网络信息安全工作，近期还成立了中央网络安全和信息化领导小组，由习近平总书记亲自担任组长，显示了保障网络安全、维护国家利益的决心。《意见》提出要“繁荣地图市场”，《地图管理条例（送审稿）》也明确要求对地图编制、出版、生产、出口、引进等各环节进行监管，这对地图管理与服务、地图市场监管特别是互联网地图监管提出了更高要求。与此同时，随着互联网的快速发展，信息化生活方式的高度普及，地图逐渐成为许多新型媒体的必备功能、成为百姓出行的必备宝典，实景地图、三维地图等新型地图产品的快速发展，也为地图监管工作带来了新的挑战。

一是加强监管能力建设。增进部门间的沟通合作，按照中央的新要求，推动全国建立上下联动的监管机制、协同处理机制。进一步完善互联网地图监管系统、标注过滤系统，建设地图审核信息化业务系统，通过技术手段保障监管，提升对“问题地图”的技术监管能力。推动国家级节点、省级节点互联网地图监控室建设，配备专门人员和技术装备促进监管。二是加强地图公共服务。进一步明确地图审核内容，减少审批程序，缩短审批时间。开发适用、实用的权威性地图公共服务产品，提高产品质量，丰富产品种类。开展城市地图集的总体设计与试点编制工作，突出地名等基本地图公共服务。加强领导工作用图的资源共享与信息交流，提高领导工作用图编制与服务水平。三是加强国家版图意识宣传教育。加大部门间协调力度，健全协调指导小组机制，通过开展“美丽中国”第二届全国国家版图知识竞赛和少儿手绘地图大赛、国家版图意识宣传教育活动，借助大型商业网站、新媒体宣传平台的优势资源，带动社会公众广泛参与，扩大宣传教育的覆盖面。

（五）关于提升应急测绘保障服务水平

我国幅员辽阔、人口众多，气候、地质环境复杂，各种自然灾害、事故灾难、公共卫生、社会安全等突发公共事件频繁发生，给人民生命财产造成了极大威胁。汶川地震以来，我国应急测绘保障作用日益凸显，在历次国家重大突发事件中快速响应，及时提供保障，为党中央、国务院及有关部门准确真实地掌握灾情信息、部署救灾、实施救援以及开展灾情评估和灾后恢复重建等发挥了重要作用，应急测绘保障服务是测绘地理信息部门的重要职责。当然，我们也清醒认识到，目前应急测绘还存在一些亟待解决的瓶颈问题，主要表现为应急信息快速获取能力不足、自动化程度不高、快速反应能力不强、集成效率较低、应急数据资源储备不足、应急数据标准规范不健全等，应急测绘保障服务水平还需要进一步提升。

一是落实国务院有关应急规划。2012 年，国务院办公厅相继印发了航空应急和突发事件应急规划，要求加强应急测绘专业航空应急队伍建设，并明确要求国家测绘地理信局牵头，加强应急测绘技术装备和必需的保障条件装备建设，建设国家级应急测绘处理平台和3支应急测绘保障分队，提高突发事件现场地理信息快速获取能力。我们要认真落实规划中提出的这些要求，推进项目立项和尽快启动实施，切实提升应急测绘保障服务能力。二是完善应急工作机制。建立系统内部纵向和有关部门、军队横向的分工协助和信息共享机制，根据不同应急事件类型、等级和不同响应阶段，加强部门间的协同合作，在监测预报、应急处置、灾情评估、灾后重建等各方面，充分发挥和利用各部门优势，协调行动、高效救灾。三是加强应急数据标准研究。在应急事件发生时，由于数据格式的不一致导致我们浪费了很多时间，应急效率受到很大的影响。国家局将组织开展应急测绘数据格式标准研究，提高应急数据的通用性。同时，积极开展资源储备工作，收集整理自然灾害、突发事件高发易发区域的各种地理信息资源，建设储备数据库、资料库以及应急地理信息服务平台。

**三、提升地理信息与地图（测绘成果管理）服务水平**

习近平总书记指出：国家治理体系和治理能力是一个国家的制度和制度执行能力的集中体现，两者相辅相成。结合我们工作实际，地理信息与地图（测绘成果管理的）治理体系就是工作相关的法规、规章、政策等制度，治理能力就是贯彻落实这些制度的执行能力。因此，我们要在进一步完善法律法规的基础上更加注重治理能力建设，提升服务水平，增强按制度办事、依法办事的意识，善于运用制度和法律做好地理信息与地图（测绘成果管理）工作，提高依法执政水平和管理效能，推动事业转型升级。

（一）加强政策研究

政策法规是治理体系的重要组成部分。任何工作中都应该善于利用战略思维谋篇布局，以达到事半功倍的效果。我们要加强战略研究，深入研究地理信息产业、测绘成果管理和地图管理的新情况、新特点、新趋势，厘清各项体制机制、法律法规以及有关政策，提升运用法治思维和法治方式来履行职能、调节经济、推动改革的能力。要适应时代变化，从业务的角度进行梳理，既改革不适应实践发展要求的机制和法律法规，又不断构建新的机制和法律法规，使各方面业务有章可循，制度更加科学、更加完善。国家局今年将组织开展测绘地理信息管理与应用的政策研究，各地可以根据工作情况进行申报，我们将给予一定的经费支持。

（二）落实工作职责

按照国务院“三定”规定，我们应该承担地理信息资源共建共享机制的组织协调、地理信息安全监督管理、测绘成果汇交及测量标志保护、对使用财政资金的测绘项目和建设工程测绘项目立项提出意见等职责，但在实际工作中并没有完全履行好。昨天，我们选择江西等6个省局就遥感影像统筹、测量标志管理、测绘成果汇交、促进地信产业发展、加强地图监管等问题进行了交流发言，主要目的就是希望各地能学习他们落实工作职责、创新工作方式的好做法、好机制。我们要与时俱进，解放思想，加大协调力度，大胆工作，推动有关职责的落实，拓展发展空间。同时，还要加强制度的贯彻和执行，以制度形成地位、树立威信，切实推动地理信息与地图（测绘成果管理）各项工作的开展。

（三）加大创新力度

创新始终是事业立于不败之地的强大武器。江西、河北局创新了遥感影像统筹方式，实现了影像的统一管理；浙江局创新共享方式，有力推动了地理信息资源的共享和交换，以及测绘成果的深入应用；江苏局创新地开展天地图数据融合以及国家版图意识宣传教育，扩大了社会影响；广西、新疆局创新地图监管方式，提升了测绘地理信息部门的地位。因此，我们要结合本地区实际，根据形势发展要求，不断加大创新力度。要加大制度创新，建立有利于推动工作的机制和法律法规，联合有关部门，切实加强地理信息安全监管、地理信息资源共享等工作。要加大技术创新，通过实施地理信息与地图信息化项目，不断提升监管能力，提高公共服务水平，为履行好职责提供技术保障。

（四）加强业务信息化建设

要充分利用现代信息技术，加强电子政务建设，加快推进地理信息与地图（测绘成果管理）工作业务信息化建设。一是提升测量标志管理信息化水平，构建国家、省级一体化的测量标志管理信息系统。二是加强地图审查技术和安全监管能力信息化建设，建设地图技术审查辅助系统，增强地图技术审查自动化、智能化；研发并推广应用互联网地图监管系统和互联网地图标注过滤系统，建立健全上下联动、企业自律的互联网地图监管体系。三是提高地理信息保密安全技术防范水平，构建全方位、一体化、多级联动的地理信息保密与安全技术平台，形成完整、科学的国家地理信息安全保密监管信息化体系。

同志们，地理信息与地图（测绘成果管理）工作非常重要，面临的新情况、新问题也很多，需要我们进一步解放思想，开拓进取，提出更多的新思路、新办法，共同促进测绘成果的大应用、促进地理信息产业的大繁荣、推动测绘地理信息事业的大发展！

# 严格纪律约束　强化执纪监督　深入推进党风廉政建设和反腐败工作

国家测绘地理信息局党组成员、纪检组组长于贤成在全国测绘地理信息系统党风廉政建设工作会议上的讲话

2014年2月24日

同志们：

这次会议的主要任务是：认真学习贯彻习近平总书记在中央纪委三次全会和李克强总理在国务院第二次廉政工作会议上的重要讲话精神，全面落实党中央国务院和中央纪委关于反腐倡廉的决策部署，统一思想，提高认识，总结工作，分析形势，部署任务，深入推进测绘地理信息系统党风廉政建设和反腐败工作。国家局党组高度重视这次会议，会前徐德明局长对开好会议提出了明确要求，局党组多次研究会议筹备工作并专门审议了会议工作报告。国家局全体局领导出席了今天上午的会议，徐德明局长还将作重要讲话，我们要认真学习领会，坚决贯彻落实。下面，我作工作报告如下。

**一、2013年工作回顾**

2013年是贯彻落实党的十八大精神的开局之年，也是测绘地理信息事业实现新发展的重要一年。一年来，全国测绘地理信息系统各单位各部门认真贯彻中央关于反腐倡廉的决策部署，切实增强纪律性，不断提高执行力，持之以恒改作风，凝聚发展正能量，旗帜鲜明反腐败，党风廉政建设工作力度进一步加大，为测绘地理信息事业科学快速发展提供了有力保障。

（一）深入贯彻中央八项规定，作风建设呈现新的气象。国家局党组把贯彻中央八项规定作为重要政治任务和改进作风的突破口，及时制定出台了十项具体措施，以积极主动的态度、坚决有力的措施狠抓落实，取得了明显成效。2013年国家局机关和所属单位发文同比下降22%，简报精简50%，会议压减21.4%，“三公”经费支出减少41.5%，因公临时出国（境）人数减少94人次、经费压缩40%，国家局机关先后制修订了《局工作规则》、《会议管理办法》、《外事和香港澳门台湾事务管理规定》、《局机关食堂公务接待用餐管理办法（试行）》、《精简公文管理规定》等一系列制度。全系统各单位各部门以贯彻中央八项规定为切入点，狠抓作风建设，会议、文件、简报、“三公”经费支出、评比达标表彰、节庆论坛展会等均大幅减少。福建局、河南局、重庆市规划局、云南局等单位及时出台了贯彻中央八项规定的实施细则，青海局、厦门市国土房管局等单位开展了专项检查，有力推动了中央八项规定的落实。

（二）认真开展教育实践活动，“四风”问题得到有效遏制。按照中央统一部署，国家局及直属单位、各省局及直属单位参加了第一批党的群众路线教育实践活动。国家局党组把开展教育实践活动牢牢抓在手上，坚持教育与实践并举，纠“四风”与建制度并举，做到了教育实践活动与业务工作两不误、两促进，取得了群众满意的良好效果。全系统参加第一批教育实践活动的单位和部门思想上高度重视，行动上高度自觉，领导干部以身作则、率先垂范，圆满完成了学习教育、听取意见，查找问题、开展批评，整改落实、建章立制三个环节的各项任务，对“四风”之弊、行为之垢进行了一次大排查、大检修、大扫除。全系统参加第一批教育实践活动的单位和部门还把开展教育实践活动与深化作风建设、提高服务群众能力有机结合，黑龙江局进一步改善了职工生活居住环境，江西局开展了收送“红包”问题专项治理，海南局集中整治“庸懒散

奢贪”，青岛市国土房管局通过“网络在线问政”答复咨询提问1478个、答复率100%，宁波局开展了“正风肃纪”专项行动，深圳市规划国土委开展了窗口服务专项治理。在强化日常监督的基础上，全系统各单位各部门抓住元旦、春节、中秋、国庆等重要时间节点，狠刹“会所中的歪风”、公款送礼、公款吃喝、公款旅游、奢侈浪费、公款购买贺年卡和烟花爆竹等不正之风。全系统各级纪检监察机构开展了会员卡清退活动，天津市规划局、山西局、安徽局等还将清退范围扩大到本单位本系统全体党员干部。

（三）严格执行党的政治纪律，全系统执行力进一步提高。全系统各单位各部门把严格执行党的政治纪律摆在重要位置，以加强政治纪律教育为抓手，以强化监督检查为保障，引导广大党员干部进一步坚定中国特色社会主义道路自信、理论自信、制度自信，自觉用党章规范一言一行，自觉按照党的组织原则和党内政治生活准则办事，在思想上政治上行动上坚决与党中央保持高度一致。国家局围绕地理国情监测、数字城市建设、天地图建设等重大项目，加强了对全系统贯彻执行党中央国务院关于测绘地理信息工作的重要决策以及国家局党组部署的监督检查，有效维护了政令畅通。全系统各单位各部门认真贯彻落实党中央国务院的决策和国家局党组部署，紧密结合自身实际，围绕中心工作、重大任务、重要项目，通过多种形式积极开展监督检查，有力推动了各项工作任务的落实，执行力进一步提高。辽宁局全面加强管理，提高执行力，有力推动了地理国情普查等工作的顺利开展。

（四）不断加大监督力度，促进各项工作更加严格规范。2013年中央对国家局进行了巡视，国家局党组把配合做好巡视工作作为重要任务，积极配合中央巡视组开展工作，自觉接受上级监督。国家局连续5年对局所属单位开展巡视，2013年对陕西局领导班子及其成员进行了巡视，并逐步探索建立具有部门特点的巡视工作机制。国家局还组织对局所属相关单位和人员开展了审计调查和离任经济责任审计，完成了927一期工程项目、地理国情普查项目资金财务专项检查工作。全系统各单位各部门认真贯彻党内监督条例，严格执行党员领导干部报告个人有关事项、任前廉政谈话、述职述廉、诫勉谈话、函询等制度，切实加大对领导班子和领导干部的监督力度，针对苗头性、倾向性问题及时进行警示提醒。据粗略统计，2013年国家局和各省局共开展领导干部任前廉政谈话250余人次，领导干部述职述廉约1500人次，纪委负责人同下级党政主要负责人谈话约450人次，诫勉谈话24人次，开展初核案件17件。湖南厅针对资金使用、项目会审、项目招投标等实施现场监督95人次。大连市规划局实行测绘招投标全程跟踪督察，中国地图出版集团重大经营活动引入招投标方式，国家局地图技术审查中心通过“地图内容审查管理系统”实现了内部审查流程的监督。

（五）深化改革创新，源头防腐力度进一步加大。国家局把简政放权作为反腐倡廉的“釜底抽薪”之策，积极主动推进行政审批制度改革，向国务院审改办上报了计划于2015年前取消、合并4项行政审批事项，2013年取消了1项行政审批事项，在61个中央部门中列第20位。国家局及时向社会公布了目前保留的行政审批事项、“三公”经费年度预决算等情况，接受社会监督。国家局组织局所属各单位签订了预算执行承诺书，及时通报预算执行情况，强化了预算执行动态监控，推行了政府采购合同规范性文本，起草了纪检监察机构监督政府采购工作办法。全系统各单位各部门认真落实简政放权、转变职能的各项要求，加大了行政审批制度改革和职能转变工作力度，进一步激发了测绘地理信息市场活力。北京市勘测办推行“简、放、优、畅”四项措施极大方便了行政相对人，宁夏厅行政审批事项压减31%、审批时限提幅100%。

（六）不断创新廉政教育形式，风清气正氛围更加浓厚。国家局把反腐倡廉宣传教育作为预防腐败的重要措施，举办了杨艳萍同志先进事迹巡回报告会和党风廉政建设专题报告会，组织干部职工赴焦裕禄纪念馆学习参观，开展了“廉洁测绘扬清风”廉政格言警句征集活动，春节期间向广大党员干部发送了廉政宣传短信，组织观看了《周恩来的四个昼夜》等廉政教育影片，对薄熙来案件进行了反思，很好发挥了先进典型的示范引领作用和反面典型的警示提醒作用。全系统各单位各部门把廉政教育摆在重要位置，引导广大党员干部把好“总开关”，认清廉政“红线”、“黄线”和“高压线”。上海院制定完善了《领导班子和谐高效廉洁若干准则》，国家基础地理信息中心积极推进廉政文化建设，重庆院、四川局、甘肃局、中国测绘宣传中心、国家局管理信息中心、国家局职业技能鉴定指导中心、国家测绘产品质量检验测试中心、国家局机关服务中心等通过开展廉政教育月活动、参观廉政教育基地、开设专题讲座、举办知识竞赛等形式，营造了廉洁从政的良好氛围。

（七）强化“一岗双责”，全面落实党风廉政建设责任制。国家局党组坚持将党风廉政建设与业务工作同研究、同部署、同落实，印发了年度党风廉政建设和反腐败工作实施意见，组织局属各单位、机关各司室主要负责人签订了党风廉政建设责任承诺书，落实了责任分工，形成了一级抓一级、层层抓落实的工作格局。全系统各单位各部门层层落实党风廉政建设责任制，严格责任分解、责任考核和责任追究，形成了上下联动、全员参与党风廉政建设的良好局面。陕西局对党风廉政建设实行“一票否决”，浙江局、湖北局、新疆局将党风廉政建设责任制纳入年度考核并开展监督检查，国家局卫星测绘应用中心制定了党风廉政建设责任制实施办法。中国测绘科学研究院制修订了各项制度12个，夯实了党风廉政建设的制度基础，为科技创新提供了有力保障。全年国家局和各省局共对300多个单位进行了党风廉政建设情况检查考核，有力促进了责任制的落实。

在看到成绩的同时，我们也要清醒看到，近年来测绘地理信息工作快速发展，各级政府对测绘地理信息工作的重视程度越来越高，重大项目不断增多，资金投入逐渐增加，地理信息产业总体规模和从业人数快速增长，特别是当前正在开展的第一次全国地理国情普查涉及资金几十亿元，各级党员干部面临的诱惑越来越多，廉政风险增大，对党风廉政建设提出了新的更高要求。测绘地理信息部门与其他部门相比，拥有的行政许可权、行政执法权、资金支配权虽然不是很大，但很多职能面向全行业几十万职工甚至全社会广大公众，各级测绘地理信息行政主管部门握有一定的行政审批、项目分配等权力，各事业单位具有一定的项目组织实施、资金管理使用等权力，党风廉政建设容不得丝毫松懈。过去我们在这方面也有深刻的教训。同时，测绘地理信息系统党风廉政建设还存在一些不足，主要表现在：一些领导干部“一岗双责”意识不强，党风廉政建设责任制落实不到位；部分党员干部认为测绘地理信息部门是“清水衙门”，不具备腐败的机会和条件，在思想上对廉政建设有放松和麻痹的倾向；我们在行政审批、市场执法、项目分配、资金使用、财务管理、招标投标等工作中还存在薄弱环节，滋生腐败的土壤依然存在；有的纪检监察机构工作主动性还需提高，一些单位纪检监察机构尚不健全，人员力量不足，等等。测绘地理信息系统各级党组织和广大党员干部必须充分认识反腐败斗争的长期性、复杂性、艰巨性，对测绘地理信息系统的党风廉政建设不能有丝毫的放松思想，不能掉以轻心，要认真研究测绘地理信息系统党风廉政建设工作的特点，进一步理清完善工作思路，以更加坚定的态度、更加有力的举措、更加务实的作风，坚定不移地把党风廉政建设和反腐败工作抓紧抓实，为测绘地理信息事业改革发展凝聚正能量。

**二、2014年重点工作**

党的十八大以来，以习近平同志为总书记的党中央坚持党要管党、从严治党，把党风廉政建设和反腐败斗争提到新高度，提出了一系列新的理念、思路和举措，加大了改革创新的力度。中央领导同志率先垂范，认真落实党风廉政建设的各项要求，有力促进了党风政风好转，赢得了社会高度赞誉。我们要切实把思想和行动统一到中央部署要求上来，进一步增强做好党风廉政建设的自觉性和坚定性。

中央纪委三次全会、国务院第二次廉政工作会议后，国家局党组及时召开会议，认真传达学习，深入分析形势，并研究提出了2014年测绘地理信息系统党风廉政建设的总体要求和八项重点工作。总体要求是：认真学习贯彻习近平总书记在中央纪委三次全会和李克强总理在国务院第二次廉政工作会议上的重要讲话精神，坚持党要管党、从严治党，严明党的纪律，持续改进作风，加强制度建设，坚持改革创新，坚决惩治腐败，切实把党风廉政建设和反腐败工作抓紧抓实，为测绘地理信息事业改革发展保驾护航。着力做好以下八项重点工作：

（一）认真贯彻中央反腐倡廉决策部署，严格执行党的纪律。全系统各单位各部门要组织广大党员干部，认真学习贯彻习近平总书记、李克强总理关于党风廉政建设和反腐败工作的一系列重要讲话精神，切实把思想和行动统一到中央决策部署上来，进一步增强使命感、责任感和紧迫感，把党风廉政建设要求体现到测绘地理信息各项业务工作中去。要把维护党的政治纪律放在首位，始终在思想上政治上行动上自觉同以习近平同志为总书记的党中央保持高度一致，决不允许有令不行、有禁不止。要加强组织纪律教育，引导党员干部强化党的意识和组织意识，相信组织、依靠组织、服从组织，自觉接受组织安排和纪律约束，接受党组织教育和监督。要严格执行党的组织制度，认真落实民主集中制、党内组织生活、请示报告等制度，重要事项该请示的必须请示，该报告的必须报告。要严格执行组织人事纪律、财经纪律、保密纪律等各项纪律，对违反党的纪律的要严肃追究责任。要深入开展中国特色社会主义和中国梦教育、理想信念和宗旨教育、社会主义核心价值体系教育，针对不同岗位、不同人员的特点开展形式多样的廉政教育，推进测绘地理信息廉政文化建设，引导广大党员干部筑牢思想防线。

（二）严格执行中央八项规定和国家局党组十项具体措施，持续加强作风建设。全系统各单位各部门要深入落实中央八项规定和国家局党组十项具体措施，继续巩固和扩大群众路线教育实践活动成果，进一步加大整改落实和专项整治力度，不断改进文风会风，把为民务实清廉要求长期坚持下去，在坚持中深化，在深化中坚持，持之以恒纠正“四风”。抓紧建立完善密切联系群众、切实改进作风的各项规章制度，以制度化的成果推动作风建设常态化、长效化，国家局将继续建立健全作风建设方面的规章制度，包括局党组工作规则、调研工作管理、行政审批、资质管理、行政执法等各个方面的制度。要把改进作风、反对“四风”作为领导班子、领导干部考核的一项重要内容。各级纪检监察机构要把督促落实中央八项规定作为一项经常性工作，从具体问题抓起，紧盯重要时间节点，及时发现问题，对顶风违纪、情节严重、造成恶劣影响的要严肃查处并予以通报，对执行制度不力的要坚决追究责任。

（三）进一步提高执行力，确保测绘地理信息系统政令畅通。国务院部署开展的第一次全国地理国情普查，国务院办公厅印发的《关于促进地理信息产业发展的意见》，都是党中央国务院赋予测绘地理信息部门新的重要任务。面对新形势新任务，必须进一步加强全系统执行力建设，确保圆满完成任务。全系统各单位各部门要以提高执行力为着眼点，把思想集中到抓执行上，把力量凝聚到抓落实上，确保国务院决策部署和国家局党组各项安排落到实处。各级纪检监察机构要强化监督检查，会同有关部门重点检查国务院决策部署和国家局党组各项安排落实情况、第一次地理国情普查推进情况、《国务院办公厅关于促进地理信息产业发展的意见》执行情况、天地图和数字城市建设以及重大测绘项目推进情况等。对地理国情普查工作推进缓慢、《国务院办公厅关于促进地理信息产业发展的意见》落实不力、各项重点工作进展拖拉的，要予以批评或通报，确保测绘地理信息系统政令畅通、全国一盘棋。

（四）加强制度建设，切实做到用制度管权、管事、管人。全系统各单位各部门要切实贯彻中央《建立健全惩治和预防腐败体系 2013—2017 年工作规划》，认真研究制定实施办法，进一步推进具有测绘地理信息部门特点的惩治和预防腐败体系建设。要结合测绘地理信息工作实际，严格落实《党政机关厉行节约反对浪费条例》和会议、培训、出差、因公临时出国（境）、公务接待、公务用车配备使用等一系列制度规定。要进一步健全财务管理制度，完善内部控制和监督办法，完善内部审计工作制度。要深入贯彻中央新颁布的《党政领导干部选拔任用工作条例》，健全干部选拔任用相关制度，完善干部管理制度，研究建立干部作风状况考核评价机制，探索主要领导干部权力制约机制。要进一步完善各级领导班子议事规则、工作规则，坚持贯彻民主集中制，防止个人或少数人专断。要以法治思维和改革精神建制度、立规矩，把权力关进制度的笼子里。尤其是在全面深化测绘地理信息改革过程中，全系统各级纪检监察机构要积极参与改革措施的研究制定，从防范廉政风险的角度提出意见建议，监督各项改革举措落到实处，确保各项改革举措体现惩治和预防腐败要求。

（五）严格招投标管理和资金管理，确保管好用好财政资金。全系统各单位各部门要严格执行招投标制度，进一步加强对招投标活动全过程的监督。财务管理部门要从操作程序等方面对招投标活动严格管理，审计部门要通过开展预算执行审计、专项审计等方式加强监督，纪检监察机构要尽快出台监督政府采购的具体办法，从纪律执行方面加强监督，防止有关人员滥用职权、徇私舞弊。要严肃财经纪律，使财经纪律成为带电的“高压线”，进一步严格财务管理，严格执行预算管理、专项资金、国库集中支付、预算支出绩效管理、收支两条线等管理制度，落实《国家地理国情监测专项资金管理办法》、《联合国基金项目配套经费管理暂行办法》、《国家现代测绘基准体系基础设施建设一期工程财务管理办法》、《国家测绘地理信息局关于进一步加强行政事业性收费收入收缴管理工作的通知》等财务管理制度，围绕地理国情普查、公益性行业科研专项等重大项目开展财务专项检查，加强“三公”经费预算编制和支出管理，确保资金使用规范、高效。

（六）进一步推进简政放权和政务公开，激发社会活力和企业创造力。国务院把行政审批制度改革作为转变政府职能的突破口，正在全力推进。全系统各单位各部门要认真贯彻国务院部署要求，深入推进测绘地理信息行政审批制度改革，进一步简政放权，转变职能，最大限度减少对微观经济活动的干预，发挥市场机制的决定性作用。要修订《测绘资质管理规定》和《测绘资质分级标准》，下放管理权限，降低准入门槛，优化审批程序，激发社会活力和企业创造力。要逐步推行各级测绘地理信息部门权力清单制度，依法公开权力运行流程。要严格规范审批行为，改进审批方式，加强审批监管。要继续做好“三公”经费预决算公开工作，完善党务、政务和办事公开制度，推进决策公开、管理公开、服务公开、结果公开，让广大干部群众在公开中监督，保证权力正确行使和规范运行。

（七）认真落实党风廉政建设责任制，从严管理监督各级领导干部。各级领导干部要牢固树立“不抓党风廉政建设就是严重失职”的意识，坚持党风廉政建设责任制与测绘地理信息业务工作同部署、同落实、同考核的工作机制，落实党委的主体责任和纪委的监督责任，抓好责任分解，强化责任追究，各级党组织、纪检监察机构、相关职能部门要对承担的党风廉政建设责任做到守土有责。各级领导干部要“一岗双责”、率先垂范，认真执行领导干部廉洁自律规定，带头遵守纪律，要管好自己、管好家人、管好身边的人，自觉接受群众监督。要坚持对党员干部严格要求、严格教育、严格管理、严格监督，严格执行党内监督条例，落实领导班子内部监督、重要情况通报和报告、述职述廉、报告个人有关事项、诫勉谈话和函询等监督制度，开展对民主集中制执行情况的检查，严禁超职数配备干部，进一步规范领导干部企业兼职（任职）管理，有针对性地开展领导干部报告个人有关事项情况抽查工作。

（八）进一步加强巡视和审计工作，加大违法违纪案件查处力度。国家局要继续坚持开展巡视工作，突出巡视重点，强化发现问题的能力，注重巡视成果运用，不断增强巡视的威慑力和实效性。全系统各单位各部门要进一步加强内部审计工作，在开展财务收支审计、项目专项审计、离任经济责任审计等基础上，探索“联网审计”、“跟踪审计”等制度，确保资金使用规范高效。要坚持抓早抓小、防微杜渐，本着对事业负责、对干部负责的态度，及时掌握党员干部的思想、工作、生活情况，对群众反映的苗头性、倾向性问题早发现、早提醒、早预防，及时通过批评教育、诫勉谈话、函询等方式及早扯扯袖子，防止小问题变成大问题。全系统各级纪检监察机构和纪检监察干部要增强责任担当意识，按照中央纪委“转职能、转方式、转作风”的要求，认真履行监督执纪问责的职责，以更高的标准、更严的纪律要求自己，树立忠诚可靠、服务人民、刚正不阿、秉公执纪的良好形象。对信访举报线索要认真受理核实，对违法违纪行为要发现一起、查处一起，绝不姑息，坚决惩治腐败。

同志们，做好测绘地理信息系统党风廉政建设工作使命光荣，责任重大。我们要坚决贯彻党中央国务院关于反腐倡廉的决策部署，落实国家局党组各项工作安排，牢记使命，坚定信心，忠实履行职责，深入推进测绘地理信息系统党风廉政建设和反腐败工作，为测绘地理信息事业改革发展保驾护航、做出新的贡献！

# 国家测绘地理信息局党组成员、纪检组组长于贤成在全国测绘地理信息系统文化建设座谈会上的讲话

2014 年 10 月 21 日

同志们：

在全国上下喜迎伟大祖国六十五岁生日、党的十八届四中全会召开之际，今天我们齐聚武汉，召开全国测绘地理信息系统文化建设座谈会。这次会议对于贯彻落实党的十八大、十八届三中、四中全会精神，推动全国测绘地理信息系统文化建设，切实提高测绘地理信息系统文化软实力具有着重要的推动作用。

我们今天召开这个座谈会，主要目的就是认真学习习近平总书记关于加强文化建设的系列重要论述，特别是在最近召开的文艺工作座谈会上的重要讲话精神，总结和交流近年来测绘地理信息文化建设理论成果与实践经验，研讨进一步做好测绘地理信息文化建设工作的思路和方法，以习近平总书记在文艺座谈会上的重要讲话为指导，推动全系统文化建设再上新台阶。一会儿，三位同志将围绕文化建设做专题发言，八个单位将做大会交流发言。下面，我对近几年测绘地理信息系统文化建设情况作一简要回顾，并对今后的工作谈几点意见，供大家讨论。

**一、测绘地理信息系统文化建设近年来呈现出良好的发展局面**

近年来，各单位各部门认真贯彻落实十七届六中全会《关于深化文化体制改革 推动社会主义文化大发展大繁荣若干重大问题的决定》、十八大的决策部署和国家局党组关于加强测绘地理信息文化建设的工作要求，以弘扬测绘精神为重点，以学习宣传杨艳萍同志等先进事迹为抓手，自觉把文化建设与加强党的建设紧密结合，与加强党风廉政建设和教育实践活动紧密结合，与各项业务工作紧密结合，与群众工作紧密结合，取得了一定成效。

一是以培育核心价值理念为重点，扎实推进社会主义核心价值体系教育。全系统深入学习贯彻中央《关于培育和践行社会主义核心价值观的意见》，大力加强中国特色社会主义理论体系学习教育，注重加强理想信念教育、宗旨意识教育和测绘精神教育，认真总结本单位本部门在建设、改革、发展过程中形成的核心价值理念，切实增强干部职工的认同感、归属感和自豪感，形成了推动各项事业科学发展的强大精神力量。国家局通过组织社会主义核心价值观先进典型报告会、测绘精神演讲比赛等活动，提高广大党员干部的思想认同，凝聚智慧力量。新疆局以民族团结为基石，深入开展“热爱伟大祖国、建设美好家园”主题教育，国家测绘产品质量检验测试中心组织“理论学习大家谈”读书沙龙活动，北京院、山西局、河北局等总结凝炼了体现本单位特色的核心价值理念。

二是以学习宣传先进典型为抓手，激发广大干部职工的内生动力。全系统高度重视先进典型的示范引领作用，注重挖掘、发现和宣传身边的先进典型，用身边事身边人教育人激励人，不断激发广大干部职工的工作热情和内生动力，大力营造学习先进、争当先进的良好氛围，涌现出了杨艳萍同志等一批模范人物。杨艳萍同志是全国测绘地理信息系统唯一的外业女院长，是千千万万无私奉献的测绘职工的杰出代表，也是继国测一大队、刘先林院士之后，全系统涌现出来的又一位过得硬的先进典型。杨艳萍同志的先进事迹折射出一名测绘人不平凡的人生追求，彰显了新时期共产党员的先进性、纯洁性和高尚情怀，集中体现了坚定信念、忠诚事业、敢于担当的高尚品格；解放思想、攻坚克难、开拓创新的进取精神；心怀大爱、情系职工、服务群众的宗旨意识和公道正派、求真务实、廉洁奉公的道德情操。杨艳萍同志用实际行动诠释了“为民务实清廉”的价值追求，也为反对“四风”作出了表率。国家局组织了 7 场杨艳萍同志先进事迹巡回报告会，引导和激励广大党员干部加强党性修养、增强宗旨意识、弘扬优良作风。中国测绘宣传中心组织开展“新时期感动测绘人物”评选活动，四川局、山东厅等组织开展了向身边榜样学习活动。

三是以服务大局为根本，着力提高干部职工的

思想文化素质。近年来，全系统切实把提高干部职工的思想理论素质和科学文化素养作为提高学习能力、工作能力和创新能力的手段，结合学习贯彻十八大精神认真组织理论学习，结合数字城市、天地图、地理国情普查与监测等重点工作扎实开展岗位技能培训，不断促进干部职工的全面发展。国家局通过举办“测绘学习大讲堂”、学习贯彻十八大精神交流会、学习贯彻习近平总书记系列讲话精神集中轮训，进一步加强了理论武装，提高了政治素养。江西局举办“领导干部能力提升培训班”，中国地图出版集团组建“3·15”人才队伍，国家局卫星测绘应用中心着力打造“繁星”人才计划，为事业发展积蓄人才动力。福建局秉持科技创新也是一种文化，中国测绘科学研究院坚持在科技创新中加强文化建设，为事业发展创造和谐的文化氛围。国家局管理信息中心、河南局、重庆院充分运用网站、微博、微信等新媒体，围绕中心工作搭建文化建设新平台。

四是以制度建设为基础，提升文化建设水平。制度建设是文化建设的重要组成部分，也是确保文化建设科学发展的关键。全系统积极建立健全各项规章制度，努力把建设理念、工作理念以制度的形式固定下来，使文化建设有章可循、有规可依。十七届六中全会、十八大召开后，部分单位结合工作实际，制定了具体的实施意见或建设规划，出台了切实可行的工作制度，有力保证了文化建设的健康发展。浙江局、陕西局制定出台了文化建设发展规划，辽宁局、安徽局、山东厅、云南局等制定出台了加强文化建设的实施意见或办法。江苏局编制了“经纬江淮——理念、行为识别系统手册”。国家基础地理信息中心编撰体现中心文化体系的《文化手册》。国家局成果司针对新型地图服务业态的发展现状加强制度建设，为地图文化健康发展保驾护航。

五是以和谐单位建设为动力，推动思想政治工作落到实处。各单位各部门把加强文化建设与文明单位创建活动以及做好经常性思想政治工作有机融合，充分发挥党政工团整体合力，注重心理疏导和人文关怀，切实解决干部职工实际问题，维护干部职工切身利益，积极搭建干部职工沟通思想、增进情感的平台，着力营造和谐氛围。吉林局把人文关怀作为文化建设的重要内容，湖北局扎实推进“道德讲堂”建设，成立学雷锋志愿者服务队，黑龙江局提升工作和生活环境的人文品味，湖南厅坚持暑期到测区开展“送清凉”活动，甘肃局践行“测绘为民”，着力构筑和谐单位氛围。上海院、江西局始终坚持把文化建设与精神文明创建紧密结合，连续多年获得省级文明单位称号，2011 年分别荣膺“全国文明单位”称号。

六是以廉政文化建设为重点，树立和培育良好的工作作风。全系统以推动廉政文化建设为契机，深入开展权力观、地位观、利益观和党性党风党纪教育，深入开展示范教育、警示教育和岗位廉政教育，广泛开展具有测绘地理信息特色的廉政文化创建活动，努力用优秀的廉政文化推动党风廉政建设和反腐败工作。国家局组织全系统开展“廉洁测绘扬清风”廉政格言警句征集活动，海南局开展“庸懒散奢贪”专项整治，宁夏厅开展主题勤政警示教育月，广东厅创建“大地清风”网上廉政教育大厅，积极营造廉政文化氛围。国家局测绘发展研究中心、地图技术审查中心注重发挥领导班子在遵纪执纪方面示范引领作用。

七是以群众文体活动为载体，全面活跃干部职工业余文化生活。全系统以职工的精神文化需求为出发点，通过组织开展文艺会演、歌唱比赛、书画摄影展、诗歌散文征集、体育项目比赛等内涵丰富、生动活泼的文化活动，不断挖掘文化潜力，集聚文化力量，丰富文化生活，振奋了精神，提高了干部职工的文化修养和文化品位。国家局在全系统组织开展了“十八大礼赞”系列文化活动、文化精品评选、书法绘画比赛和乒乓球、桥牌、羽毛球等体育比赛。青海局从1995 年至今，连续成功举办了16 届“测绘文化周”，广西局连续 10 年在全区设地市轮流组织定向运动越野竞赛，倾力打造测绘文化品牌。

**二、提高认识、统一思想，深刻理解加强测绘地理信息系统文化建设的重大意义**

党的十八大、十八届三中全会对全面深化改革提出了新的要求，测绘地理信息事业正处于深化改革的转型期，进一步加强文化建设，对于测绘地理信息事业的全面、协调、可持续发展具有重要的现实意义和深远的历史意义。

（一）党中央把文化建设的重要地位提升到新高度。党的十八大作出了“扎实推进社会主义文化强国建设”的重大部署，从“五位一体”总体布局的高度论述了文化本身改革发展的新方向，对深化文化体制改革、推动社会主义文化大发展大繁荣提出了新的要求。十八大以来，习近平总书记对文化建设作出了一系列精辟论述。习近平总书记在山东考察时指出，一个国家、一个民族的强盛，总是以文化兴盛为支撑的，中华民族伟大复兴需要以中华文化发展繁荣为条件。在全国宣传思想工作会议上习近平同志又进一步指出，中华优秀传统文化是中华民族的突出优势，是我们最深厚的文化软实力，要做好中华民族优秀文化和光荣历史的正面教育，大力弘扬以爱国主义为核心的民族精神和以改革创新为核心的时代精神，增强做中国人的骨气和底气。2014年在省部级主要领导干部学习贯彻十八届三中全会精神全面深化改革专题研讨班开班式上习近平同志又指出，推进国家治理体系和治理能力现代化，要大力培育和弘扬社会主义核心价值体系和核心价值观，加快构建充分反映中国特色、民族特性、时代特征的价值体系。坚守我们的价值体系，坚守我们的核心价值观，必须发挥文化的作用。

几天前，中央召开了文艺工作座谈会，习近平总书记在会上发表了重要讲话。习近平总书记强调，“要坚持以人民为中心的创作导向，努力创造更多无愧于时代的优秀作品，弘扬中国精神，凝聚中国力量，鼓舞全国各族人民朝气蓬勃、迈向未来”，“我们要通过文艺作品传递真善美，传递向上向善的价值观，引导人们增强道德判断力和道德荣誉感，向往和追求讲道德、尊道德、守道德的生活”，“中华优秀传统文化是中华民族的精神命脉，是涵养社会主义核心价值观的重要源泉，要结合新的时代条件传承和弘扬中华优秀传统文化，传承和弘扬中华美学精神”。

党中央和习近平总书记关于文化建设的总体部署和重要论述，为扎实推进社会主义文化强国建设提供了重要遵循，指明了发展方向。我们应该认识到：加强文化建设，事关实现我党“两个100年”奋斗目标，事关实现中华民族伟大复兴的中国梦。我们要站在认真贯彻落实党的十八大和习近平总书记重要讲话精神的高度，在集中精力深化改革谋发展的同时，把文化建设作为测绘地理信息事业发展布局中的重要组成部分，一手抓业务发展，一手抓文化建设，推动硬实力与软实力相互促进，相得益彰，共同发展。

（二）测绘地理信息事业发展对文化建设提出新要求。测绘地理信息事业的发展离不开测绘地理信息文化的渗透与滋养。加强测绘地理信息系统文化建设是测绘地理信息事业发展的重要内容，是贯彻落实党的十八大精神的具体体现，是实现测绘地理信息事业发展的强大动力，是促进精神文明建设和党风廉政建设的重要手段，是提高队伍整体素质，促进人的全面发展的有力措施。当前，测绘地理信息事业迎来了良好的发展机遇，测绘地理信息工作正站在一个新的历史起点上。面对全面深化改革和转型发展的形势任务，迫切需要继续坚持开展测绘精神教育。“热爱祖国、忠诚事业、艰苦奋斗、无私奉献”的测绘精神，是国测一大队60年、是中国几代测绘人用崇高的理想信念、气吞山河的胸怀气魄、美丽的青春乃至宝贵的生命凝铸的精神丰碑，这种精神已经融入测绘队伍的血液之中，成为测绘地理信息文化建设的核心精神和灵魂。在新时期测绘地理信息事业伟大实践中，要大力弘扬和传承测绘精神，进一步增强干部职工的归属感、认同感、责任感和使命感，激发干部职工的创造力、凝聚力和战斗力。要通过用积极健康、和谐向上的文化熏陶和鼓舞干部职工，教育和引导干部职工正确看待改革中的利益调整，切实提高干部职工的思想道德素质、科学技术水平和开拓创新能力，使其形成共同的奋斗目标、价值理念、精神追求和职业操守，从而推动测绘地理信息事业科学快速发展。

（三）广大干部职工日益增长的精神文化需求对文化建设提出新需要。文化不仅是精神力量和智力财富，而且是干部职工的一种生活需求。随着测绘地理信息行业的发展壮大，干部职工物质生活水平不断提高，对精神文化的需求变得比以往任何时候都更加迫切，对精神文化的需求也表现出更高层次上的提升，并表现有追求新奇的特征。特别是常年工作在测绘外业一线的干部职工，条件艰苦、工作压力大、文化生活相对缺乏，在紧张繁忙的工作之余，基层的职工呼唤着文化的人文关怀，渴望着精神的抚慰和激励。在当前历史条件下，文化建设服务干部职工、满足干部职工精神文化生活需求的任务更加艰巨。十八大报告明确提出，建设社会主义文化强国，必须坚持为人民服务的方向，建设面向民族的科学的大众的社会主义文化。只有围绕干部职工精神文化需要加强文化建设，才能真正把他们凝聚到先进文化建设上来，才能不断满足干部职工日益增长的精神文化需要。

**三、围绕中心、服务大局，不断把测绘地理信息文化建设推向深入**

这次座谈会，既是一个交流会、一次研讨会，同时也是一个动员会，希望全系统各单位各部门要着力以科学的文化内容、有效的文化载体、丰富的文化活动、创新的文化手段和完善的文化制度，全面推进测绘地理信息文化建设的深入开展。

（一）坚持以社会主义核心价值体系为统领，牢牢把握文化建设的方向。党的十八大指出，社会主义核心价值体系是兴国之魂，决定着中国特色社会主义发展方向。加强测绘地理信息文化建设，必须始终坚持以社会主义核心价值体系为统领。要坚持不懈地开展理想信念教育，毫不动摇地高举中国特色社会主义伟大旗帜，深刻把握中国特色社会主义理论体系的精神实质和实践要求，坚持用党的最新理论成果和习近平总书记系列重要讲话精神武装头脑、指导实践、推动工作。要加强党性锻炼和党性修养，切实增强党员干部的政治意识、大局意识、责任意识，自觉维护党的政治纪律，坚守党性原则。要始终坚持传承和弘扬“热爱祖国、忠诚事业、艰苦奋斗、无私奉献”的测绘精神，深入学习宣传杨艳萍同志等先进事迹，不断探索实践、总结凝练富有时代气息的测绘地理信息核心价值观，保证测绘地理信息文化建设始终沿着正确的政治方向深入推进。

（二）坚持以人为本，不断增强文化建设的吸引力。文化建设的根本目的在于教育人、引导人、鼓舞人、塑造人。加强文化建设，必须着眼于全面提高干部职工素质，充分体现以人为本的价值理念。要紧密结合数字城市、天地图、地理国情普查与监测等重点工作的人才需求，通过文化建设，培养造就大批适应测绘地理信息工作需要的优秀人才队伍，努力促进干部职工的全面发展和进步。要着力营造尊重人、理解人、培养人、关心人的文化氛围，努力在宽松和谐的环境中实现干部职工的自我发展、自我完善和自我提高。要充分调动广大干部职工参与文化建设的积极性和主动性，树立人人是文化建设主体、文化建设成果人人共享的理念，切实从干部职工的需求出发，不断增强文化建设的吸引力。

（三）突出行业特色，不断提高文化建设的影响力。测绘地理信息文化建设要以行业特点为背景，鼓励创作更多题材多样的测绘地理信息文艺作品，讴歌测绘精神，弘扬主旋律。地图作为记录辉煌历史的测绘产品，具有深厚的历史价值和文化价值。要不断丰富地图的文化内涵和文化特征，积极开发以地图为媒介的新型文化产品，创新地图文化产品的内容与形式，发展地理信息文化创意产业。要以地图为依托，积极开展国家版图意识宣传教育和科普活动，增强群众国家版图意识，丰富测绘科学知识。要结合测绘地理信息工作特点，采取面向公众、寓教于乐的文化形式，精心打造效果突出、反响热烈的文化活动，并通过持续开展、不断完善使之成为品牌活动、精品活动，以充分展示具有测绘地理信息特点的文化魅力。

（四）坚持改革创新，切实增强文化建设的活力。十八大明确指出，建设社会主义文化强国，关键是增强全民族文化创造活力。实践反复证明，文化建设搞得好不好，有没有影响力，与这个单位的创新意识、创新精神、创新能力密切相关。要进一步解放思想，切实把改革创新作为推动文化建设的动力，努力用创新的思维、改革的办法解决发展中的难题。要根据文化建设的新形势新任务和干部职工的新需求新期待，科学规划文化建设的总体思路和工作举措，想在前、思在前、谋在前。系统内部分省局在文化建设方面已经取得了很好的成绩，也积累了很多成功经验，我们要注重吸收借鉴兄弟单位和系统外单位的成功经验做法，大胆采用网络、微信、微博等新兴媒体，不断创新文化建设的内容、形式、手段和载体。

（五）加强组织领导，扎实推动文化建设。加强文化建设，关键在党，关键在加强组织领导。各单位各部门党委（党组）要切实以高度的文化自觉担负起推动文化建设的政治责任，把文化真正放在“软实力”的高度来建设部署。单位主要负责同志要切实担当起文化建设第一责任人的职责，加强工作研究，把握发展方向，把文化建设与党建工作统筹起来，与业务工作结合起来，进一步提升文化建设的层次和水平。要结合自身实际，进一步加强文化制度建设，加大文化建设的投入，从资金、设施、人员等方面给予大力支持和保障，确保文化建设健康发展。国家局直属机关党委要进一步加强对系统文化建设的指导，适时开展系统文化建设方面的学习培训，通过组织现场会、交流会等形式，积极搭建系统文化建设沟通交流平台，要坚持开展系统性的文化建设活动，推动测绘地理信息文化建设整体上水平。

同志们，文化建设是只有起点没有终点的世代工程。全系统要在已有良好势头的基础上，乘十八届四中全会东风，顺势而为，乘势而上，牢牢把握中央对文化建设的总体要求，认真贯彻习近平总书记在文艺工作座谈会上的重要讲话精神，认真落实国家局党组的工作部署，务实创新、扎实奋进，不断开拓文化建设新局面，为推动测绘地理信息领域深化改革发展提供强大的智力支持和文化保障。

## 国家测绘地理信息局副局长李朋德在信息化测绘技术体系建设座谈会上的讲话

2014 年 2 月 20 日

同志们：

信息化测绘技术体系是信息化测绘的重要基础和核心内容，反映了地理信息的现代化程度，决定着社会化服务能力。经过十年的探讨、建设和发展，我国信息化测绘技术体系建设的思路、模式、技术等越来越成熟。目前，一些单位已经建立了相对完善的信息化测绘生产和服务体系，开了好头、树了样板，希望其他单位对信息化测绘技术体系的建设工作也能够高度重视，积极推动。下面我讲几点意见，供大家参考：

**一、认清形势，深刻领会信息化测绘技术体系建设的重要性**

信息化测绘技术体系是我国测绘地理信息技术实现了由传统向数字化转化和跨越之后进入的又一个新的发展阶段，对支撑和保障测绘地理信息转型升级影响重大。深刻认识信息化测绘体系的重要性要着重把握好以下几点：

一是《测绘地理信息发展“十二五”总体规划纲要》中对信息化测绘技术体系建设提出了明确的目标。目前，“十二五”已只剩最后两年，我们要抓紧时间，以“三大平台”建设全面展开为契机，充分利用国家重大工程的实施，深入做好需求调研、技术攻关和经验总结，加快做好信息化测绘技术体系建设工作，圆满完成“十二五”规划的既定目标。二是测绘地理信息的转型发展急需信息化测绘技术体系支撑。去年召开的中共十八届三中全会，通过了《中共中央关于全面深化改革若干重大问题的决定》，确立了改革和转型为经济社会发展的主线，这就要求测绘地理信息事业需要转型发展。当前测绘地理信息的主要任务已经从传统的基础测绘和简单的数据提供发展到地理国情监测、智慧城市建设和面向行业的大数据分析、面向领导的决策支持、面向百姓生活的地理位置服务等等。测绘地理信息的转型发展，必然要求测绘生产、地理信息服务能力的大幅提升和相应关键技术的突破，而这些都离不开强大的信息化测绘技术体系的支撑。三是测绘地理信息从后台走到了前台。随着测绘生产、管理方式和服务理念的转型，测绘地理信息从领导关注少、百姓用不到，发展到了现在的领导关注高、百姓离不了。当前，从党中央、国务院乃至各级地方政府和行业部门，对提供准确及时的测绘地理信息服务的要求越来越高，但是我们的数据还不够新、不够实，服务的内容和形式还没有完全跟上需求的变化。只有依靠信息化测绘技术体系支撑，才能更好地打造智能化的测绘地理信息生产线和服务平台，更好地保障和支撑测绘地理信息的转型发展，更好地服务国民经济建设和社会发展的需要。

**二、成果丰硕，凸显信息化测绘技术体系建设的作用**

“十二五”以来，尽管缺乏国家级重大项目的支撑，但信息化测绘技术体系在关键技术、装备研发等方面还是取得了长足的进步，我国信息化测绘的整体能力得到了提升，具体表现在以下几点：

一是科研成果丰硕。测绘地理信息行业科研单位涌现出了一大批信息化测绘方面的科研成果，高新技术企业也积极发掘和适应市场需求，自筹资源进行研发，产生了一大批先进、实用的国产信息化测绘软硬件装备，应用成效非常显著，为信息化测绘技术体系的全面建设打好了技术和装备的基础。二是相关产业发展迅速。《国务院办公厅关于促进地理信息产业发展的意见》的出台，为地理信息产业快速发展提供了重大政策支持；导航产业、位置服务业发展迅速，引起阿里巴巴、腾讯等互联网巨头的关注和支持，相继组建并购地理信息企业。随着IT领域发展理念、市场需求、运营平台与测绘地理信息部门的技术、数据优势相结合，将大力提升测绘地理信息的社会化服务能力，促进地理信息产业发展更上一个新台阶。三是支撑作用明显。测绘地理信息的信息化生产装备、产品模式的不断成熟和完善，有效地解决了“三大平台”等重大工程建设发展所面临的实时数据获取、海量数据处理、信息深度挖掘、网络智能服务等难题，为重大测绘工程的顺利开展打下了良好的技术基础。同时，随着信息化测绘技术体系建设所取得的进展，测绘地理信息的服务领域也不断扩大，并且取得了很好的效果。

**三、明晰内容，夯实信息化测绘技术体系建设的基础**

要对近几年信息化测绘技术体系的研究和建设成果进行总结，形成指导信息化测绘技术体系建设的一套标准化技术指导书，提出系列化的软硬件解决方案。

标准化技术指导书可以归纳为“1-1-5-1”模式，即一套总体技术体系——从顶层高度有机地串起各个关键部分；一个现代化基准——建立一套满足现代测绘地理信息生产、服务的现代化大地基准，作为信息化测绘技术体系的基础；五个基本组成部分——实时化地理信息获取、自动化地理信息处理、智能化地理信息管理、网络化地理信息服务、社会化地理信息应用。这五“化”是信息化测绘技术体系的核心。每一项关键技术都必须根据需求开展测试验证，以达到相互匹配、全面融合，使之符合测绘信息化技术体系的总体设计要求；一个生产管理体系——以管理信息化为抓手，做好生产管理，从全局高度进行统筹，充分发挥信息化测绘技术体系的高能力、高效率。信息化测绘技术体系没有非常严格的建设内容和方式限定，“1-1-5-1”模式只是信息化测绘技术体系建设的一个最小集。

各地在建设过程中可以根据自身条件、能力和需求，在“1-1-5-1”模式的基础上适度扩充。建设好信息化测绘技术体系一定要明晰主要内容、理清发展思路、做好顶层设计，达到业务流、数据流、信息流、控制流的完整统一，这样才能满足经济社会发展对地理信息服务的需求，保障和推进测绘地理信息的转型发展。

**四、快马加鞭，加快推进信息化测绘技术体系建设**

今年是信息化测绘技术体系建设的关键年，要大力推进信息化测绘技术体系建设。一是要做好试点示范建设，发挥带头作用；二是编制信息化测绘技术体系的标准化技术指导书，对各地提供指导；三是筹划在“十二五”末开展测评，对各地的信息化测绘技术体系建设进度和水平进行一次全面的考评；四是加大自主创新技术装备的应用，推进产学研用相结合，完善相关机制，鼓励开展国产先进技术装备的应用；五是加大宣传力度，在相关网站开辟信息化测绘技术体系建设专栏，对各地各单位的好经验、好做法、先进技术成果等进行宣传，扩大信息化测绘技术体系的影响力。

信息化测绘技术体系建设是一个循序渐进的过程，不可能一蹴而就，国家局将集中相应科技力量，在做好总结和经验推广的基础上，推进全国的信息化测绘技术体系建设。各地各单位要充分重视，加强投入，切实采取有力举措，加快推进本地本单位信息化测绘技术体系建设工作，在全系统、全行业共同努力下，争取早日建成信息化测绘技术体系。

# 重要会议

## 国家测绘地理信息局安全生产委员会电视电话会议

主办单位：国家测绘地理信息局

时间：2014年1月3日

地点：北京

参加人员：国家测绘地理信息局副局长、局安全生产委员会主任李维森，国家测绘地理信息局安全生产委员会在京成员，局在京所属各单位分管安全生产工作的领导和部门负责人在北京主会场参加会议。局安全生产委员会京外成员，局属京外单位分管安全生产工作的领导和部门负责人，陕西、黑龙江、四川、海南测绘地理信息局和重庆测绘院安全生产委员会成员在本地分会场参加会议。

议题（主要内容）：传达中共中央总书记习近平在听取青岛中石化输油管线泄漏爆炸事故情况汇报时的重要讲话精神和国务院总理李克强关于安全生产的重要批示精神，学习国务院安全生产委员会全体会议文件；总结国家测绘地理信息局2013年安全生产工作，研究讨论2014年安全生产工作要点，部署全年工作。

## 全国测绘地理信息局长会议

主办单位：国家测绘地理信息局

时间：2014年1月13日~14日

地点：北京

参加人员：国土资源部部长、党组书记，国家土地总督察姜大明；国土资源部副部长、国家土地副总督察，国家测绘地理信息局局长徐德明；国家测绘地理信息局在京领导班子成员、总工程师，各省、自治区、直辖市、计划单列市测绘地理信息行政主管部门主要负责人，新疆生产建设兵团测绘地理信息主管部门主要负责人，局所属各单位、机关各司室主要负责人，武汉大学、郑州测绘学校负责人，部分测绘地理信息企事业单位负责人，局在京所属单位领导班子成员，局机关全体公务员；国务院办公厅、审计署、国土资源部有关人员，以及中央新闻媒体记者等260多人参加会议。陕西、黑龙江、四川、海南、重庆分会场通过视频系统参加会议。

议题（主要内容）：学习贯彻中共中央总书记习近平系列重要讲话精神和国务院总理李克强、副总理张高丽重要讲话与批示精神，落实党的十八届三中全会和中央经济工作会议等会议精神，总结2013年测绘地理信息工作，部署2014年重点任务。

## 国家测绘地理信息局党的群众路线教育实践活动总结大会

主办单位：国家测绘地理信息局

时间：2014年1月24日

地点：北京

参加人员：国土资源部党组副书记、副部长、国家土地副总督察、国家测绘地理信息局党组书记、局长，局教育实践活动领导小组组长徐德明；中央教育实践活动第30督导组组长吴定富及督导组全体成员，国家测绘地理信息局党组成员、副局长、总工程师，近期退出党组的老干部，局第十二届全国政协委员，局机关全体党员、干部，局机关离休、退休党支部书记，局所属各单位主要负责人，局教育实践活动领导小组办公室、局督导组、群众监督联系组和制度建设组成员。

议题（主要内容）：总结国家测绘地理信息局党的群众路线教育实践活动，传达学习中央党的群众路线教育实践活动第一批总结暨第二批部署会议精神，部署贯彻落实工作。

## 全国测绘地理信息系统党风廉政建设工作会议

主办单位：国家测绘地理信息局

时间：2014年2月24日

地点：北京

参加人员：国土资源部党组副书记、副部长、国家土地副总督察，国家测绘地理信息局党组书记、局长徐德明；国家测绘地理信息局党组副书记、副局长王春峰，局党组成员、副局长李维森、宋超智、闵宜仁，局党组成员、纪检组组长于贤成，副局长李朋德，总工程师李志刚；各省、自治区、直辖市、计划单列市测绘地理信息行政主管部门、新疆生产建设兵团测绘地理信息主管部门党委（党组）书记和纪委书记（纪检组长），国家测绘地理信息局所属单位党委（党组、总支、支部）书记和纪委书记（纪检组长），机关各司室主要负责人参加会议。国家测绘地理信息局机关全体公务员，在京所属单位领导班子成员、党办主任列席会议。

议题（主要内容）：贯彻党的十八大和十八届二中、三中全会精神，落实中央纪委三次全会和国务院第二次廉政工作会议部署，总结2013年全国测绘地理信息系统党风廉政建设和反腐败工作，部署2014年工作任务。

## 贯彻落实《国务院办公厅关于促进地理信息产业发展的意见》工作会议

主办单位：国家测绘地理信息局

时间：2014年2月24日

地点：北京

参加人员：国土资源部副部长、国家土地副总督察，国家测绘地理信息局局长徐德明；国家测绘地理信息局副局长王春峰、闵宜仁，各省、自治区、直辖市、计划单列市测绘地理信息行政主管部门、新疆生产建设兵团测绘地理信息主管部门主要负责人；国家测绘地理信息局在京所属单位领导班子成员，京外所属单位主要负责人，国家测绘地理信息局机关全体公务员；部分地理信息企业负责人。

议题（主要内容）：解读《国务院办公厅关于促进地理信息产业发展的意见》主要精神，全面部署《国务院办公厅关于促进地理信息产业发展的意见》贯彻落实工作。

## 全国地理国情普查工作会议

主办单位：国务院第一次全国地理国情普查领导小组办公室

时间：2014年3月4日~5日

地点：北京

参加人员：国家测绘地理信息局局长，国务院第一次全国地理国情普查领导小组副组长、办公室主任徐德明，国家测绘地理信息局副局长、普查领导小组办公室常务副主任李维森。各省级测绘地理信息行政主管部门主管地理国情普查工作的副局长（省级普查办副主任），负责普查生产的处室主要负责人，省级普查办技术负责人，局直属单位有关负责人，国务院普查办有关人员。

议题（主要内容）：落实国务院关于开展第一次全国地理国情普查的决策部署，深入学习贯彻全国测绘地理信息局长会议有关要求，对2014年地理国情普查工作进行深入动员和部署，全面落实普查经费，对接中央与地方的普查工作计划，确保优质高效完成地理国情普查工作。

## 全国地理信息与地图（测绘成果管理）工作会议

主办单位：国家测绘地理信息局

时间：2014年4月8日~9日

地点：江西南昌

参加人员：国家测绘地理信息局副局长闵宜仁，各省级测绘地理信息行政主管部门分管地理信息与地图（测绘成果管理）工作的局领导及相关处（室）主要负责人；国家基础地理信息中心、局地图技术审查中心有关负责人及相关处（室）主要负责人。

议题（主要内容）：分析地理信息应用和产业发展、测绘成果管理、地图管理面临的新形势、新任务，研究需要把握的重大问题，交流工作经验，提出工作思路和建议措施。

## 李克强视察中国测绘创新基地重要讲话三周年座谈会

主办单位：国家测绘地理信息局

时间：2014年5月23日

地点：北京

参加人员：国土资源部副部长、国家测绘地理信息局局长库热西·买合苏提，国家测绘地理信息局在京领导班子成员、总工程师；国家发展和改革委员会、科技部、财政部、总参测绘导航局有关负责人，局所属单位负责人，机关各司室主要负责人，部分省、自治区、直辖市测绘地理信息行政主管部门负责人。

议题（主要内容）：重温国务院总理李克强视察中国测绘创新基地时的重要讲话精神，总结三年来贯彻落实李克强重要讲话的实际成果，深化对李克强重要讲话精神的认识和贯彻落实。

## 测绘地理信息界院士座谈会

主办单位：国家测绘地理信息局

时间：2014年6月8日

地点：北京

参加人员：国土资源部副部长、国家测绘地理信息局局长库热西·买合苏提，国家测绘地理信息局副局长王春峰、李朋德，局总工程师李志刚，测绘地理信息领域16名院士。

主要内容：听取院士对“十二五”后两年测绘地理信息事业发展思路、重点工作和“十三五”测绘地理信息事业转型升级、跨越发展的意见和建议。

## 全国测绘地理信息法制与行业管理工作会议

主办单位：国家测绘地理信息局

时间：2014年7月8日~9日

地点：陕西西安

参加人员：国家测绘地理信息局副局长宋超智，各省、自治区、直辖市测绘地理信息行政主管部门分管领导及行业管理（立法、执法）职能处（室）的主要负责人近80人。

议题（主要内容）：全面总结2009年以来测绘地理信息法制建设、市场监管、行政执法等工作取得的主要成绩和基本经验，分析形势和问题，对全面提升测绘地理信息法治工作水平提出要求和目标；解读新修订出台的《测绘资质管理规定》和《测绘资质分级标准》，部署开展全国测绘资质复审换证工作；交流测绘地理信息法制与行业管理工作的经验。

## 全国测绘地理信息局长座谈会

主办单位：国家测绘地理信息局

时间：2014 年 7 月 10 日 ~11 日

地点：北京

参加人员：国土资源部副部长、国家测绘地理信息局局长库热西・买合苏提，国家测绘地理信息局在京领导班子成员、总工程师；各省、自治区、直辖市、新疆生产建设兵团测绘地理信息主管部门主要负责人，局属各单位、机关各司室、测绘地理信息相关学会和协会党政主要负责人。

议题（主要内容）：学习贯彻党的十八届三中全会精神和中共中央总书记习近平系列重要讲话精神，交流上半年工作经验，研究深化测绘地理信息领域改革的思路对策，推动测绘地理信息领域全面深化改革，加快推进测绘地理信息事业转型升级、跨越发展。

## 全国地理信息产业促进工作现场会

主办单位：国家测绘地理信息局

时间：2014 年 9 月 4 日

地点：湖北武汉

参加人员：国土资源部副部长、国家测绘地理信息局局长库热西・买合苏提，湖北省副省长许克振，国家测绘地理信息局副局长闵宜仁，各省、自治区、直辖市测绘地理信息行政主管部门主要负责人和职能部门负责人，计划单列市测绘地理信息行政主管部门负责人，新疆生产建设兵团测绘地理信息主管部门负责人，国家测绘地理信息局有关司室、所属单位主要负责人。

议题（主要内容）：总结《国务院办公厅关于促进地理信息产业发展的意见》贯彻落实情况，分析形势和问题，部署贯彻落实工作和产业促进工作。

## 数字城市向智慧城市转型升级工作会

主办单位：国家测绘地理信息局

时间：2014 年 12 月 15 日 ~17 日

地点：湖北武汉

参加人员：国土资源部副部长、国家测绘地理信息局局长库热西・买合苏提，湖北省副省长许克振，国家测绘地理信息局副局长李维森，国家测绘地理信息局有关司室和所属单位负责人，全国各省、自治区、直辖市、计划单列市测绘地理信息行政主管部门相关负责人，各省、自治区、直辖市推荐城市的分管副市长及市测绘地理信息主管部门负责人，部分企事业单位代表。

议题（主要内容）：部署数字城市向智慧城市转型升级工作，研究、讨论智慧城市建设目标及思路，明确工作要求和措施；进行数字城市建设工作经验交流（含省级测绘地理信息行政主管部门和城市人民政府交流）；为中国测绘地理信息学会数字城市建设与应用优秀展示片颁奖；举办智慧城市建设报告会（含技术牵头单位技术报告及部分企事业单位技术报告）。

## 全国测绘地理信息工作会议

主办单位：国家测绘地理信息局

时间：2014 年 12 月 26 日 ~27 日

地点：北京

参加人员：国土资源部部长、党组书记，国家土地总督察姜大明，国土资源部副部长、国家测绘地理信息局局长库热西·买合苏提，国家测绘地理信息局领导班子成员、总工程师，国务院办公厅、国家发展和改革委员会、财政部、审计署、国土资源部、国务院法制办公室、总参测绘导航局、解放军信息工程大学的有关负责人和测绘地理信息领域院士代表。全国各省、自治区、直辖市、计划单列市测绘地理信息行政主管部门负责人，新疆生产建设兵团测绘地理信息主管部门主要负责人，国家测绘地理信息局所属各单位、机关各司室主要负责人，武汉大学、郑州测绘学校负责人，部分测绘地理信息企事业单位负责人，国家测绘地理信息局机关全体公务员及中央新闻媒体记者等 300 多人。陕西、黑龙江、四川、海南测绘地理信息局和重庆测绘院分会场通过视频系统参加会议。

议题（主要内容）：贯彻落实党的十八大和十八届三中、四中全会精神和中央经济工作会议精神，总结 2014 年测绘地理信息工作，部署 2015 年测绘地理信息工作。

# 重大事件

## 两项测绘地理信息科技成果荣获国家科学技术奖励

1 月 10 日，在北京举行的国家科学技术奖励大会上，国家测绘地理信息局推荐的“国产民用高分辨率立体测图卫星测绘和应用关键技术”项目获国家科技进步奖一等奖，“机载多波段多极化干涉 SAR 测图系统”获二等奖。

## 国务院办公厅印发关于促进地理信息产业发展的意见

1 月 22 日，国务院办公厅印发《关于促进地理信息产业发展的意见》，明确提出通过政策推动，逐步形成地理信息获取、处理、应用为主的成熟产业链，形成若干个实力雄厚、具有国际竞争力的大型企业和龙头企业，培育一批充满活力的中小型企业。

## 《中华人民共和国测绘法》修订列入国务院立法计划

2 月 13 日，《中华人民共和国测绘法》修订列入国务院立法计划，充分体现了党和国家对测绘地理信息工作的高度重视。此次测绘法修订将进一步完善测绘地理信息法治体系，对加强测绘地理信息市场监管、全面推进依法行政具有重大意义。

## 新时期“感动测绘人物”推选活动揭晓

3月18日，新时期“感动测绘人物”颁奖仪式在中国测绘创新基地举行。新时期“感动测绘人物”推选活动历时近7个月，得到社会各界特别是测绘地理信息行业的高度关注和热烈响应，全国共推出200多位候选人，最终评选出刘先林、刘彬、齐月荣、张建华、马秋禾、多杰、张玉金、徐红、孙昭苇、杨艳萍10名“感动测绘人物”。

## 西部测图工程获世界地理空间信息杰出工程奖

5月8日，在瑞士日内瓦举办的2014年度世界地理信息论坛上，“中国西部1:5万地形图空白区测图工程”获世界地理空间信息杰出工程奖。

## 第一次全国地理国情普查取得进展

8月1日，中共中央政治局常委、国务院副总理、第一次全国地理国情普查领导小组组长张高丽对第一次全国地理国情普查作出重要批示，对普查取得的阶段性成果表示充分肯定，对进一步做好普查工作提出明确要求。在各省（自治区、直辖市）政府的大力支持和测绘地理信息部门的共同努力下，截至2014年底，全国共投入地理国情普查人员4万多人，已完成普查数据生产任务的97%以上，超额完成年度工作计划，为2015年取得普查工作全面胜利奠定基础。

## 国家测绘地理信息局出台全面深化改革实施意见

9月9日，国家测绘地理信息局印发《国家测绘地理信息局全面深化改革的实施意见》，阐述了全面深化改革的必要性和迫切性，明确了改革的总体思路、主要任务和保障措施，提出要重点做好19项改革工作。

## 中国政府向联合国捐赠高分辨率全球地表覆盖数据

9月22日，中共中央政治局常委、国务院副总理张高丽代表中国政府在纽约联合国总部向联合国捐赠30米分辨率全球地表覆盖数据。该数据由国家测绘地理信息局研建，是全球首套最高分辨率、涵盖耕地等10类信息的地表覆盖数据，是全球地理信息资源建设的重要成果，对于认知全球自然资源与环境，监测资源、环境与气候变化，制定可持续发展战略与规划等具有非常重要的应用价值。

## 国土资源部与国家测绘地理信息局深化业务协作

10月22日，国土资源部与国家测绘地理信息局联合印发深化部局业务协作实施方案，明确要求在遥感影像获取利用、地理国情普查、土地利用遥感监测、测绘基准现代化建设、不动产登记管理、行政执法、科技创新资源共享、测绘地理信息与地质调查工作融合等方面加强交流合作。

## 联合国第三次全球地理信息管理高层论坛在北京举办

10月22日~24日，联合国第三次全球地理信息管理高层论坛在中国测绘创新基地举办，来自近20个国家的测绘地理信息局局长及约20个国际组织的代表出席论坛，共同研讨地理信息支撑可持续发展的新思想和新技术，分享先进理念与成熟经验。与会各国共同发表《地理信息支撑可持续发展北京宣言》。论坛期间，国家测绘地理信息局与多个国家的测绘地理信息主管部门签署合作文件。

## 全国国家版图知识竞赛圆满落幕

11月25日，由全国国家版图意识宣传教育和地图市场监管协调指导小组主办的“美丽中国”第二届全国国家版图知识团体赛总决赛圆满落幕，来自全国28个省（自治区、直辖市）和8个企业的36支队伍进入总决赛。此外，47万多名公众参加了国家版图知识个人赛，覆盖含香港、澳门、台湾在内的全国34个省级行政区域，竞赛官方网站点击量近1000万次。少儿手绘地图大赛收到作品3.8万幅，参赛人员覆盖全国29个省份2203所学校及幼儿园。

# 综合工作

## 重点工作

### 数字城市、智慧城市建设

至2014年底，全国全部333个地级行政区和380多个县级市已开展数字城市建设，其中220多个地级市、100多个县级市完成了建设并投入使用，累计开发应用系统3600多个，涉及国土、规划、公安等多个领域，国家数字城市地理空间框架建设已通过验收和鉴定，在城市经济社会发展中发挥了重要作用。

2014年，国家发展和改革委员会、工业和信息化部等8部委联合印发《关于促进智慧城市健康发展的指导意见》（发改高技〔2014〕1770号）。国家测绘地理信息局作为部际协调工作组成员单位，组织有关技术单位开展智慧城市时空信息云平台相关标准、技术体系研发，印发《智慧城市时空信息云平台建设试点技术指南》；支持平台软件Newmap的完善升级，为智慧城市时空信息云平台的建设奠定技术基础；在全国范围组织开展技术培训，推动人才建设；在广州举办数字城市建设与智慧城市探索专题研究班，在武汉召开数字城市向智慧城市转型升级工作会。至年底，重庆、广州、太原等20个城市已立项开展智慧城市时空信息云平台建设试点工作。

### “天地图”建设与应用

**【总体情况】**

全国各地进一步加大经费投入力度，各省级节点资金总投入1.36亿元，同比增长7.9%。积极推进“天地图”建设与应用，基于“天地图”的各类应用大幅增长，社会影响力不断扩大。至2014年底，全国已有30个省份完成了省级节点建设，145个市（含县级市）完成了市级节点建设，并实现了与国家主节点的服务聚合。其中，浙江、江苏两地率先全部完成地级市节点的建设与服务聚合。有17个省级节点与主节点开展数据融合，“天地图”信息细节更加丰富，数据优势更加明显，协同服务能力进一步增强。“天地图”2014版发布，自主云平台软件升级为V3.0版，数据调用效率和运维的便捷程度进一步提升。

**【“天地图”制度建设】**

国家测绘地理信息局明确将“天地图”作为国家地理信息公共服务平台，强化公益性定位，印发了《天地图公益性保障服务能力建设方案》，确定公益性保障服务的总体要求、主要任务和推进措施。进一步完善“天地图”省、市级节点考核机制，引导各地做好“天地图”建设与应用工作。开展了“天地图”省市级节点技术评估，共评出五星级省级节点11个、市级节点16个，四星级省级节点14个、市级节点30个，三星级省级节点3个、市级节点27个，二星级及以下省级节点2个、市级节点38个（其中未评定星级7个）。

**【“天地图”数据覆盖】**

“天地图”各级节点集成了测绘地理信息部门、专业部门和地理信息企业等多种数据源，信息量更加丰富。主节点完成了矢量与地名地址数据的全面更新，拥有超过2200万条的地名地址、兴趣点（POI）数据和3900万千米的道路数据；新增柏林、华盛顿、伦敦、巴黎、东京5个城市的15级~18级地图数据，全球海底地形晕染数据；发布了维文、蒙文地名注记图层以及非洲区域超过3300万平方千米30米分辨率影像数据；资源三号卫星2.1米分辨率影像数据国内覆盖面积由2013年的28.8万平方千米增加到2014年的454.5万平方千米，覆盖率由3%增加到47%，国外覆盖面积由2013年的111.5万平方千米增加到2014年的905.7万平方千米，覆盖率由1.6%增加到9.13%；全国0.5米分辨率影像数据已覆盖490个城市，覆盖面积由26.9万平方千米增加到65.97万平方千米，覆盖率由2.8%增加到6.8%。安徽、上海、浙江、河北、江苏、江西、重庆、吉林、河南、辽宁、宁夏、山东、山西、陕西、北京、湖南、福建、四川、天津、广东20个省级节点实现了矢量数据的全覆盖。

**【应用推介】**

国家测绘地理信息局开展以“智绘中国梦、应用天地图”为主题的天地图中国行宣传推介活动，人民日报、新华社等10多家中央新闻媒体对甘肃、新疆、江苏、上海、浙江、天津等地的“天地图”应用情况发表报道100多篇，各地方媒体、网站转播转载3000多篇，营造了良好社会舆论环境。开展第二届天地图应用开发大赛，收到有效作品163件，评出特等奖1件、一等奖3件、二等奖10件、三等奖50件。组织收集、整理110个典型应用案例，印制了《天地图应用典型案例（2014版）》。至年底，“天地图”已在中共中央办公厅、中央社会管理综合治理委员会、国家安全部、水利部、国家安全监督管理总局、海关总署、国家文物局、国家邮政局等部门得到应用。各地大力推进“天地图”在政府管理决策、重大工程建设、企业增值服务、百姓日常生活方面的应用，“天地图”省级节点在472个部门的应用达684个，各节点平均有22.8个应用。组织举办“天地图”数据融合技术培训、2014年发展中国家基于网络的地理信息服务平台构建与运维研修班技术培训。

## 地理国情监测

**【组织管理体系】**

第一次全国地理国情普查领导小组办公室完善日常管理制度，建立领导小组联络员制度、督察督办制度和信息交流通报等制度，各省（自治区、直辖市）均成立了省级普查领导小组及办公室，普查管理工作机制基本建立。全国共投入普查人员4万多人。

**【普查工作进展】**

全国各地已落实普查经费54.4亿元，中央累计投入12.7亿元。基本实现优于1米分辨率遥感影像全国覆盖，普查数据生产完成进度达92%，超额完成了预定任务目标。

**【技术支撑体系】**

国家测绘地理信息局组织中国测绘科学研究院、国家基础地理信息中心等项目承担单位，制定完成《地理国情普查成果资料汇交与归档基本要求》等10个技术文件，组织完成全国普查数据库技术设计、建库工作方案并开展建库试验，组织完成基本统计软件的统计内容优化和统计功能完善。

**【质量保障体系】**

国家测绘地理信息局加强普查成果质量检查队伍建设，严格执行“两级检查一级验收”制度。组织完成4个批次过程质量监督抽查工作，全面监控普查成果质量情况。开展了国家帮助西部贫困地区部分区域（370万平方千米）普查成果的预验收工作。

**【地理国情普查统计分析】**

中国测绘科学研究院开展地理国情普查基本统计关键技术研究与试验，完成第一批、第二批普查试点成果的基本统计，完成《地理国情普查基本统计成果对比分析报告》。编制综合统计总体技术方案，构建资源分布与利用、生态协调性、城镇发展、基本公共服务均等化、区域经济潜能等5个主题指标/指数体系，形成了《地理国情综合统计分析“1+5”方案》（1个总体技术方案、5个专题技术方案），组织开展第一、二批10个综合统计试点工作，形成了分析报告、图册等成果。

**【成果应用】**

国家测绘地理信息局组织有关技术单位开展京津冀地区主要地理国情信息监测、区域总体发展规划实施监测实验等监测项目，形成了京津冀地区7年重点大气颗粒物污染源空间分布监测、首都经济圈地区20年城市空间格局监测等16项监测成果。公开发布了陕北地区植被覆盖变化、松潘县自然生态遥感、抚顺市矿山环境等监测成果。

## 地理信息产业

**【产业发展政策】**

1月22日，《国务院办公厅关于促进地理信息产业发展的意见》（国办发〔2014〕2号，以下简称《意见》）正式印发。国家测绘地理信息局起草并发布了《意见》答问，组织专家和媒体进行深入解读；制定贯彻落实《意见》工作方案，印发《关于贯彻落实〈意见〉的通知》和《贯彻落实〈意见〉任务分解方案》；召开全国贯彻落实《意见》工作会议和企业座谈会，到山东、山西、浙江、海南、江西等地开展系列宣讲活动。

国家测绘地理信息局联合国家发展和改革委员会出台《国家地理信息产业发展规划》（2014—2020年），提出产业发展总体要求、重点领域，明确了主要任务和政策措施；修订并印发《测绘资质管理规定》和《测绘资质分级标准》，将倾斜航摄、地面移动测量、地理信息软件开发、地理信息监理等新型服务业态纳入测绘资质管理；出台《关于北斗卫星导航系统推广应用的若干意见》。浙江、湖北、吉林、陕西、四川、河北、湖南、山西、安徽、江苏、江西、黑龙江、宁夏、辽宁、青海、新疆、甘肃17个省（自治区）政府出台了促进地理信息产业发展的政策文件。

**【管理体制】**

湖北省政府建立了以副省长为召集人、以省直相关厅局领导为成员的湖北省北斗卫星导航应用产业发展工作联席会议制度，并在湖北省测绘地理信息局设立办公室。浙江省建立了由省级部门和地方政府组成的促进地理信息产业发展联席会议制度，日常工作由浙江省测绘与地理信息局承担。四川省政府建立了促进地理信息产业发展联席会议制度，旨在协同省级相关部门形成促进地理信息产业发展的合力。山西省测绘地理信息局成立了地理信息发展处，湖南省国土资源厅增设地理信息处，陕西测绘地理信息局设置了产业发展处。

**【金融支持】**

中国地理信息产业协会主导筹建了我国首支支持地理信息企业发展的中地信地理信息股权投资基金，设计规模暂定为55亿元，存续期限为10年，以支持企业发展。湖北省测绘地理信息局联合有关公司投资设立地球空间信息产业创业投资基金，总规模为2亿元；湖北省交通银行为湖北省北斗产业发展提供10亿元的贷款授信。吉林省测绘地理信息局与交通银行吉林分行签署战略合作协议，围绕地理信息产业重点项目、核心产品、应用转化等内容开展金融合作，共同为扶持中小型地理信息企业发展提供10亿元资金的授信额度。

**【园区建设】**

国家地理信息科技产业园二期工程及配套工程120万平方米顺利推进，签约入驻企业40多家。黑龙江、湖北、山东、浙江、云南、广东、江苏、四川、甘肃、陕西、河南、江西、吉林13个省份已建成或启动地理信息产业园（基地）建设。天津、河北、安徽、湖南、广西、甘肃、山西等地开始筹建地理信息产业园区或北斗产业园。

# 政策法规

## 政策研究

**【《中华人民共和国测绘法》修订研究】**

国家测绘地理信息局组织开展《中华人民共和国测绘法》（以下简称《测绘法》）修订工作，对海洋测绘相关内容进行研究，分析海洋测绘和海洋地理信息安全监管国际现状，进行国内调研，提出修订建议和说明。

**【测绘地理信息安全保密和监管研究】**

国家测绘地理信息局结合科技发展、国际环境等方面现状和趋势，借鉴国外及其他行业保密规定，提出修改地理信息安全保密政策的建议。组织开展测绘地理信息监管研究，从政策制度、体制机制、信息化建设等方面对提升我国测绘地理信息监管能力提出建议。

**【我国边境地区地理信息资源开发建设项目前期研究】**

国家测绘地理信息局组织开展我国边境地区地

理信息资源开发建设研究，完成总体设计、有关文本起草等工作。

## 立法工作

**【《测绘法》修订】**

《测绘法》修订被列入国务院年度立法计划和国家安全立法体系。6月27日，国家测绘地理信息局召开《测绘法》修订座谈暨专家委员会成立会议。9月17日，国家测绘地理信息局局长库热西·买合苏提主持召开局长办公会，原则审议通过修订方案，确立修订原则，明确修订重点，成立领导小组及其办公室，明确工作步骤和时间安排。9月~12月，国家测绘地理信息局副局长宋超智主持召开3次专题会议，研究部署《测绘法》修订工作，成立4个修订工作组，明确职责分工。11月，各修订工作组完成专题研究成果。12月，形成《测绘法》修正案初稿。

**【《地图管理条例》立法】**

3月26日，国务院法制办公室召开互联网地图专家论证会，修改完善《地图管理条例》草案。4月21日，国务院法制办公室将《地图管理条例》草案送31个部门复核，9个部门提出修改意见。7月4日，该条例草案报送国务院排会审议。国家测绘地理信息局组织编写该条例释义初稿，研究制定条例颁布后的宣传培训方案。

**【《测绘地理信息行政执法证管理办法》颁布实施】**

4月10日，国土资源部第2次部务会议审议通过《测绘地理信息行政执法证管理办法》（国土资源部令第58号），自2014年7月1日起实施。

**【局内立法工作】**

国家测绘地理信息局印发《国家测绘地理信息局2014年立法工作计划》。对《全国卫星导航定位连续运行基准站网管理办法》等4件立法项目草案进行审查，对重要规范性文件研究提出修改意见。编印2期《测绘地理信息法制工作参考》。《测绘资质管理规定》和《测绘资质分级标准》颁布，自2004年8月1日起实施。

## 政务公开

国家测绘地理信息局在局门户网站公布2013年部门决算、“三公经费”、行政经费决算和2014年部门预算，“三公经费”、行政经费预算，分别列出了因公出国（境）、公务用车购置及运行、公务接待费等。全年共主动公开政府信息5778条。开通第一次全国地理国情普查等专题、专栏14个，点击量超3.34亿次。收载社会公众各类有效留言981条，处理留言、领导信箱、网上投诉共584件，审核通过网友对有关文章的评论397条。

国家测绘地理信息局开通局官方政务微博和微信公众号，使用新媒体平台公开发布政府信息。全年共发布微博2475条、微信447条。微博发布信息浏览次数普遍超过3000次/条，最高接近9.5万次；收到评论5213条；发布的消息被@转发6922次，点赞2196次。其中，国家版图知识竞赛和少儿手绘地图大赛、国家版图知识有奖竞答、第二届全国国家版图知识竞赛团体决赛等微话题阅读量累计达807.5万次。

国家测绘地理信息局全年共收到政府信息公开申请1件，不属于国家测绘地理信息局政府信息公开范畴。对所有公开的政府信息未收取任何费用。未发生针对本部门因政府信息公开事务的行政复议和行政诉讼，未收到各类针对本部门政府信息公开事务有关的申诉（包括信访、举报）。

## 依法行政

在国务院行政审批制度改革工作领导小组办公室确认的11项行政审批项目中，国家测绘地理信息局已上报取消3项、下放1项行政审批，取消、下放比例为36%，达到国务院削减1/3行政审批事项的要求。

## 行政执法

**【执法制度建设】**

国家测绘地理信息局组织起草了《测绘地理信息行政处罚自由裁量权基准制度》和《测绘地理信息行政执法错案追究办法》。制定《国家测绘地理信息局机关行政执法工作规定》，理顺国家测绘地理信息局内部和国家测绘地理信息局与省级测绘地理信息局间的执法机制。开展测绘地理信息行政处罚案卷评查，提高行政处罚案件的办理质量和文书制作水平。

【健全联合执法机制】

国家测绘地理信息局与国土资源部、国家安全部、国家保密局、总参谋部、总后勤部联合印发《关于加强全国农村集体土地确权登记发证工作中军事设施信息安全保障的通知》(国土资发〔2014〕28号),规范涉及军事禁区和军事管理区的测绘活动,保障军事设施地理信息安全。贯彻国土资源部部长姜大明讲话精神,推进部局协作,利用国土资源执法力量,推进测绘地理信息行政主管部门与国土资源部门进行综合执法、联合执法。

【重大案件查办】

国家测绘地理信息局组织北京市规划、公安、工商等有关部门,查办北京国遥星图航空科技有限公司在首都机场附近实施无人机非法测绘案。牵头组织国家安全、北京市规划、北京市工商等有关部门查办北京美三山拍卖有限公司拍卖绝密地图案。

【执法队伍建设】

国家测绘地理信息局举办全国测绘地理信息行政执法人员培训班,副局长宋超智作《测绘地理信息工作的形势与任务》专题报告,全国100多名测绘地理信息行政执法人员参加培训。组织编写出版《测绘地理信息行政执法实用手册》,作为行政执法培训教材。

【执法管理】

国家测绘地理信息局认真落实国土资源部第58号令《测绘地理信息行政执法证管理办法》,组织设计制作新版《测绘地理信息行政执法证》,开展新版执法证换发和申领工作。组织完成测绘地理信息行政执法管理信息系统建设并推广应用,实现测绘地理信息行政执法机构、执法人员和执法证的信息化管理。

## 法制宣传

【"六五"普法落实】

国家测绘地理信息局印发2014年全国测绘地理信息普法依法治理工作要点,部署和指导年度普法工作。向全国普及法律常识办公室报送"六五"普法典型经验材料,推荐全国"六五"普法中期先进单位和先进个人,测绘地理信息系统共有2家单位和2名个人被授予先进称号。

【"8·29"测绘法宣传日活动】

国家测绘地理信息局围绕"发展地理信息产业,地图服务大众生活"宣传主题,举行2014年测绘法宣传日宣传口号、公益短信、宣传画有奖征集,委托中国测绘宣传中心承办测绘地理信息法律知识微信有奖问答。8月29日,测绘法宣传日系列活动主场设在济南,山东省国土资源厅承办主场宣传活动,国家测绘地理信息局局长库热西·买合苏提出席主场宣传活动。《中国测绘报》刊登库热西·买合苏提署名文章《以法治引领和推动测绘地理信息事业改革发展——纪念〈中华人民共和国测绘法〉修订颁布12周年》,新华网、人民网、网易、新浪等多家知名网站进行转载。

各级测绘地理信息行政主管部门组织开展测绘法宣传日活动,期间共发放各类宣传材料100多万份,公众参与人数600多万人。

# 规划与计划

## 重要规划

国家测绘地理信息局完成《全国基础测绘中长期规划纲要(修编,2014—2030年)》并报送国务院。按照国务院办公厅要求对文本进行了修改完善。

国家测绘地理信息局联合国家发展和改革委员会编制完成《国家地理信息产业发展规划(2014—2020年)》并印发。该规划是国家测绘地理信息局落实《国务院办公厅关于促进地理信息产业发展的意见》的重要内容。

国家测绘地理信息局完成《测绘地理信息"十三五"规划基本思路》,提出拟纳入国家"十三五"规划的3个重大项目和1项重大政策,已报送国家发展和改革委员会。召开4个规划片区会议,部署

"十三五"规划工作，深入了解各地规划工作情况。研究"十三五"测绘地理信息重大项目建设需求，提出"十三五"测绘地理信息重大项目具体建议。起草和修改完善了"测绘地理信息发展'十二五'总体规划纲要"实施情况评估报告。

## 重大战略

国家测绘地理信息局与国家发展和改革委员会就地理国情监测服务于区域发展总体战略实施形成合作协议，联合建立协议实施工作机制。针对地理国情监测服务于主体功能区规划，在黑龙江开展试点工作。

国家测绘地理信息局编写完成《国家测绘地理信息局全面深化改革的实施意见》并印发实施。组织对该意见进行细化分解，落实责任主体。

国家测绘地理信息局编制完成《测绘地理信息部门信息化建设指导意见》并印发实施。

国家测绘地理信息局起草《关于促进军地测绘深度融合创新发展的意见》，与总参测绘导航局进行多次沟通，并完成局内意见征求。

国家测绘地理信息局测绘发展研究中心（以下简称发展中心）参与中国工程院重点咨询研究项目"地理世情监测战略研究"，研究地理世情监测的政策法规和标准体系，提出资源整合、部门协同、国际合作的建议，为构建地理世情监测体系提供参考。

## 测绘地理信息发展研究

发展中心分析常态化地理国情监测的内涵，研究提出常态化地理国情监测的领域、内容以及主要任务，明确常态化地理国情监测工作的指导思想、基本原则和发展目标，提出了开展常态化地理国情监测的保障措施建议。

发展中心参与基于时空监测的自然生态和资源监管评价方法研究，探索自然生态和资源监管中开展地理国情监测的可行性，分析自然生态和资源监管对测绘地理信息的需求，明确自然生态空间监测的主要任务、指标体系、技术流程、评价分析方法等，探索自然生态空间监测常态化、业务化运行机制。

发展中心在对国际地理信息产业内涵与分类研究的基础上，提出我国地理信息产业产品和服务分类，明晰地理信息产业与其他相关产业的关系，并根据《国民经济行业分类》（GB/T 4754-2011），提出了地理信息及相关产业统计分类方案。

发展中心收集、整理与钓鱼岛相关的当代和历史地图、地理信息，研究日本和世界主要国家、主要国际组织在钓鱼岛问题上的态度、立场及其地图表现、背后的利益关系，为维护领土主权和海洋权益提供支持。完成《钓鱼岛图志》初稿。按照国家出版基金要求和专家评审意见，对《南海地图研究》进行修改完善。

# 基础测绘

## 经费投入

**【财政投入】**

测绘地理信息行业财政投入总体水平大幅提升，部门预算稳步增长。中央财政对测绘地理信息行业的投入持续增加，2014 年，财政部下达国家测绘地理信息局部门预算 16.1 亿元，按可比口径较 2013 年增加 2.4 亿元。

**【局重点工作经费】**

国家测绘地理信息局积极争取公益性科研专项试点工作，财政部批准每年新增科技经费超过 1 亿元；为"天地图"运行维护落实财政资金每年 1000 万元；落实中国测绘科技馆改造专项经费 1800 多万元；落实中国测绘创新基地热力改造和电梯更新专项经费 1600 多万元；落实联合国专项经费每年 1000 万元；落实资源三号卫星应用系统运行维护经费 1300 万元。

**【人员经费】**

为解决陕西测绘地理信息局等单位离退休经费不足的问题，国家测绘地理信息局落实新增资金 3450 万元，确保所属单位离退休人员补贴足额发放。为解决新增单位基本经费偏低的问题，积极协调将局卫星测绘应用中心和国家测绘产品质量检验测试中心纳入定员定额试点（当年全部中央单位新增试点单位4家，国家测绘地理信息局占2家），2家单位每人每年经费由2万元增加到7万元。为解决陕西、四川、黑龙江、海南4个直属局机关人员经费问题，增加行政经费500多万元。

**【拓展财政资金渠道】**

国家测绘地理信息局组织中国地图出版集团等中央文化企业积极参加2014年国有资本经营预算项目申报，并多次与财政部沟通申报项目的有关情况。财政部已批复2014年中央文化企业国有资本经营预算3517万元，文化产业发展专项资金930万元。

## 基础测绘项目

**【基础测绘计划】**

国家测绘地理信息局编制并印发2014年国家基础测绘生产计划，提出2015年国家基础测绘生产项目“一上”和“二上”计划。每月汇总编制各单位基础测绘项目和重大专项进度表，对执行较慢的单位和项目加强督促。

**【国家基础地理信息数据库动态更新】**

国家测绘地理信息局完成2013年度1:5万数字线划图（DLG）数据库项目验收和成果发布，建成最新的2013版1:5万DLG数据库，重点要素现势性持续保持在1年内，数据内容进一步丰富详实。

2014年，国家测绘地理信息局加大国家基础地理信息数据库动态更新项目在组织实施管理、资料保障、技术支撑和质量控制等方面的创新实践，优化1:5万数据库全要素更新和1:100万数据库缩编更新的技术规范、工艺流程、软件功能，国家1:5万~1:100万数据库动态更新与联动更新技术体系更加完善，实现常态化业务运行。2014年1:5万DLG数据库全要素更新生产顺利完成，成果分批汇交，开展了成果检验和入库。完成覆盖全国陆地国土的24182幅1:5万DLG重点要素更新以及北京、天津、内蒙古、黑龙江、陕西、青海、新疆、四川、西藏、海南、台湾、重庆12个省（自治区、直辖市）和广东（包括香港和澳门）、福建、湖南、贵州部分区域共16250幅1:5万DLG一般要素更新，重点要素现势性保持在2014年，一般要素现势性保持在2010年后。利用2013版1:5万DLG成果完成了覆盖全国陆地国土的24182幅1:5万地形图制图数据库的快速联动更新。利用2012版1:25万数据库成果，完成全国公开版1:100万DLG数据库缩编更新、1:100万地形图制图数据库生产和1:100万数字高程模型数据库更新，实现1:100万数据库与1:25万数据库协调一致，为联动更新做好准备。利用地理国情普查数字地表模型（DSM）成果，完成新疆、青海、西藏、云南和四川部分区域1903幅1:5万数字地面模型（DEM）及等高线数据更新，提高了数据精度。1:1万数据库整合升级工作顺利推进，已完成超过70%工作量的数据整合处理，为国省数据库联动更新奠定基础。

**【2000国家大地坐标系推广应用】**

国家测绘地理信息局向国务院各部委、各直属机构、各有关中央企事业单位印发《关于加快2000国家大地坐标系推广使用的函》，进一步明确国家推广使用2000国家大地坐标系的总体部署、部门分工，对下一步2000国家大地坐标系推广使用提出要求。为中国地质调查局的坐标系转换工作提供技术支持，参与转换方案的编写工作。

**【新农村建设测绘保障服务示范项目】**

国家测绘地理信息局选定内蒙古、江苏、浙江、江西4个省份作为2014年新农村建设测绘保障项目试点，带动部分省份在农村地区的测绘保障投入。开展需求调研，梳理新农村建设测绘保障服务需求，积极探索新农村建设测绘保障服务于城乡一体化建设的新模式。

**【GNSS卫星大地控制点数据处理】**

3月，国家基础地理信息中心完成全球导航卫星系统（GNSS）卫星大地控制点数据处理和平差方案编制工作，4月起，对920个GNSS卫星大地控制点进行数据收集与整理、质量检查、预处理。经解算，获得全球框架下大地点的精确坐标和2000国家大地坐标系下大地点的精确坐标，顺利完成该项目。

**【2014年全国卫星导航定位连续运行基准站网整体平差计算】**

8月起，国家基础地理信息中心对全国1790个基准站观测数据进行数据处理和平差计算，完成数据格式标准化、数据质量检查、数据预处理、软硬件计算环境部署、单日解处理等工作，完成平差计算，该项目顺利结题。

**【全国测量标志动态信息管理系统定制与应用】**

国家基础地理信息中心组织编制了全国测量标

志动态信息管理系统总体建设方案，已通过评审。

**【“927”工程项目】**

中国测绘科学研究院完成“927”工程技术支撑和技术管理工作，编写“927”二期工程总体方案和可行性研究报告，完成东海中心、南海中心以及3个海区数据获取和测图的初步设计及经费概算，完成海岛礁测绘工程项目管理平台建设、长航时无人机航测外业工程化研发和集成试验，以及岛礁双介质水下地形测量试验等。

**【国家现代测绘基准数据处理】**

中国测绘科学研究院编写完成《国家GNSS大地控制点数据处理与平差设计书》和《国家GNSS连续运行基准站数据处理设计书》，以及国家GNSS连续运行卫星定位服务综合系统（CORS）网约220个站点的数据处理报告。

**【卫星激光测距与系统维护】**

中国测绘科学研究院房山人卫站完成卫星激光测距（SLR）总观测1520圈，其中高轨卫星430圈、中轨卫星140圈、低轨卫星950圈，测距精度满足国际激光测距标准要求。完成SLR系统硬软件维护及升级工作，保证系统无故障运行。

**【中国大陆构造环境监测网络运行维护】**

总参测绘导航局组织有关单位完成中国大陆构造环境监测网络GNSS基准站、重力基准站、VLBI站、SLR站和数据共享子系统运行维护和技术管理，完成4次GNSS基准站技术管理移交暨运行维护培训会议。

**【三级GNSS大地控制网建设】**

总参测绘导航局组织完成三级GNSS大地控制网GNSS观测200多点，高程联测1500千米，GNSS数据处理2000多点，EDM高程导线数据处理1.8万多千米。

**【港澳专项测绘及保障】**

总参测绘导航局组织完成香港海域大比例尺海图，澳门地区1:7000正射影像挂图、1:1000正射影像图测制任务，与澳门特别行政区政府交接成果；完成港澳三维模型搜集，香港、九龙地区三维数据采集等任务。

## 测绘基准管理

国家现代测绘基准工程安全高效推进，完成142个GNSS连续运行基准站的土建工作，2500个卫星大地控制点选建、1135点观测工作，12.2万千米一等水准选埋、9.5万千米观测工作（穿越西藏、新疆、青海3省，是全国最长、难度最大的一等水准环观测），2.1万个水准点上加密重力观测、30个绝对重力点观测工作。开展2014年全国导航卫星系统连续运行基准站网整体平差计算工作，统一了全国基准站网坐标框架。

国家基础地理信息中心编制完成国家现代测绘基准体系基础设施建设一期工程2014年度生产计划和实施方案的编制工作，开发了项目管理系统。开展国家测绘基准管理服务系统专业定制软件开发工作。完成全国128个工程现场质量检查与验收，东北作业区66个GNSS大地控制点和131个水准点外业质检，检查结果总体优良。完成139号西藏、新疆、青海一等水准大环线（5000多千米）外业同期观测工作，拼环结果优异。

## 基础航空摄影与卫星影像获取

**【国家基础航空摄影】**

国家测绘地理信息局不断改进基础航空摄影与卫星影像获取的日常管理、成果验收、分发服务、成果管理等工作，通过项目信息化管理，提高管理效率及服务水平；调研收集全国基础航空航天遥感影像需求与利用情况，统筹影像利用及获取计划，充分发挥资料利用效益，避免重复投入；加强项目执行监督，对重大项目实施重点监控，严肃合同违约处罚，完善业绩诚信考核制度；改进成果资料验收办法，加快成果入库速度；强化统筹协调，充分结合国家、地方和企业力量，采取“已有资料采购”等模式，综合提高遥感影像获取能力；积极推广新技术应用，组织开展机载LiDAR、机载SAR、倾斜摄影等新型航空航天遥感影像获取工作。

2014年，国家航空航天遥感影像共完成获取面积215万平方千米（其中，航摄获取130万平方千米、高分辨率卫星影像获取85万平方千米），获取资源三号卫星影像数据中国范围有效覆盖近832万平方千米，收集资源一号02C影像800多景、天绘卫星影像2000多景、高分一号影像2000多景，为地理国情普查、省级基础测绘、数字城市、1:5万动态更新等重大测绘工程及时提供影像资料。

【影像成果接收与分发】

2014 年，国家基础地理信息中心共接收 75 个摄区航摄资料，像片 78.44 万片，数据量 291TB，面积 102 万平方千米；对外提供航片 3 万多片，数据量 84.6TB。接收高分辨率遥感影像 9778 景，数据量 19.8TB，覆盖面积 185 万平方千米；对外提供高分辨率遥感影像 33568 景，数据量 86.13TB，覆盖面积 315 万平方千米。

【SAR 飞行试验】

中国测绘科学研究院获取四川若尔盖湿地区域约 3700 平方千米范围的 0.5 米 X 波段干涉 SAR 和 1 米P 波段极化 SAR 影像数据，数据量 25.2TB。获取陕西阎良地区约 240 平方千米范围的 0.3 米、1 米和 2.5 米 X 波段极化干涉、干涉、全极化 SAR 影像数据 8TB，以及四川丹棱县地区约 650 平方千米范围的 0.3 米 X 波段极化干涉 SAR 影像数据 6TB，应用于地理国情监测。

## 安全生产

2014 年，全国测绘地理信息系统安全生产工作整体平稳，未发生安全责任事故。年初，国家测绘地理信息局召开局安全生产委员会会议，传达中共中央总书记习近平、国务院总理李克强重要指示、批示，印发《国家测绘地理信息局 2014 年安全生产工作要点》和《国家测绘地理信息局 2013 年安全生产工作总结》。组织各直属单位开展安全生产宣传及教育培训，强化职工安全意识；在安全事故易发时段，及时向各直属单位印发通知，要求加强监管力度，保障生产安全。组织开展安全生产大检查，及时排查安全隐患，保证测绘地理信息职工的生命财产安全。

# 海洋测绘

## 航海图书编制出版

【民用《航海图书目录》】

2 月，中国航海图书出版社编制出版民用《航海图书目录》（编号 K102），刊载了已编制出版的全球海域的各类海图及航海书表目录。

【主要航海图书】

3 月，中国航海图书出版社编制出版了 2015 年《太阳和月亮出没时刻表》，记述全年太阳、月亮出没时刻等信息；编制出版 2015 年《潮汐表》7 册，其中军用 3 册、民用 4 册，刊载所在海区主要港站每日逐时潮高和高低潮的潮时与潮高。4 月，编制出版 2015 年《航海天文历》，记述全年不同时刻太阳、月亮等天体的格林时角等信息。8 月，编制出版 2014 年度《航标表》，记载布设在各海区沿海和港口的航标资料。

【航海通告】

中国航海图书出版社全年共发放航海通告 34.14 万多册（含英文版航海通告 1.14 万册），发放民用航海通告透明样纸 3.09 万份。

## 海图编制出版

【海图编制出版总体情况】

2014 年，中国航海图书出版社共编制出版民用航海图 161 幅；入库民用航海图超过 38 张、民用航海书表 15 万多册、民用海图改正透明样纸 3.2 万多份；发放民用海图 27 万多张、民用书表 8.6 万多、民用海图改正透明样纸 2.6 万多份；改正海图 497 万多张，制作备考图改正样纸 7842 张，刻绘海图改正蜡纸 10194 张。

【主要海图产品】

5 月，中国航海图书出版社编制出版四拼彩色挂图《北冰洋形势图》，反映北冰洋及周边陆地与海洋的自然地理和人文政治形势、国家态势和疆界情况等，范围包括北回归线以北的北极周边区域。10 月，编制出版《世界海运图集》，主要由世界海运专题图、世界港口分布图、港口索引表等 3 个部分组成，收录和表示了全球约 1 万个港口的基本属性信息和分布位置等。

【民用 S-57 标准数字海图编制】

2014 年，中国航海图书出版社完成民用 S-57

标准格式数字海图编制任务，全年共编制全球海图137幅。

【电子海图发行】

中国航海图书出版社全年共发放电子海图光盘770套、电子海图33万多幅，范围覆盖全部中国海区及全球热点海域。全年按合作协议向英国海道测量局、挪威杰普森公司等提供了整套中国海区官方电子海图及52期ER更新文件。向民用船舶用户发行S-63格式电子海图光盘1000多张、电子海图2900多幅，并通过互联网每周向用户提供最新ER更新文件。

# 边界测绘

【中国与俄罗斯国界第一次联检测绘】

2014年，总参测绘导航局组织完成中国与俄罗斯国界第一次联合检查年度测绘任务，派员参加联合测图组会议5次，讨论解决测图过程的相关技术问题，检查修改联检工作用图，与俄方交换成果资料，对内业测图成果进行互检。

【中国与不丹边界勘测】

总参测绘导航局派员参加外交部组织的中国与不丹边界西段勘察工作，派员赴不丹参加中不边界专家小组会议。

【出版地图国界审查】

2014年，总参测绘导航局共完成247批次、8000多幅军内出版地图的国界线画法审查。

# 卫星测绘

## 测绘卫星建设与规划

【测绘卫星规划】

国家测绘地理信息局与国土资源部共同编制《陆地资源调查监测卫星业务系统（一期）项目建议书》，提出资源三号卫星02星工程项目作为该项目先期启动部分的建议，修改完善了资源三号卫星02星可行性研究报告。资源三号卫星02星计划于2015年发射。

国家测绘地理信息局作为主用户的1:1万立体测绘高分七号卫星由高分辨率对地观测系统重大专项领导小组第五次会议同意立项，该卫星计划于2018年发射。国家测绘地理信息局牵头完成了高分七号工程立项准备材料编制工作，联合中国航天科技集团公司完成评审，中国航天科技集团公司联合国家测绘地理信息局及住房城乡建设部、国家统计局向国家国防科技工业局行文申请立项。

国家测绘地理信息局向国家国防科技工业局明确了测绘地理信息部门对民用航天“十三五”期间科研星中的高分多模卫星、陆地生态碳监测卫星、3米L波段SAR卫星等的需求，此三颗卫星将在“十三五”期间先期立项，并将测绘地理信息部门列为相关用户。

【资源三号卫星应用系统初步验收】

12月底，资源三号卫星应用系统建设基本完成，进入收尾阶段。国家测绘地理信息局组织制定资源三号卫星应用系统建设项目验收工作方案，完成应用系统定制软件所有合同分包、应用系统计算机支撑平台合同分包的初步验收工作，同时开展档案整理工作。开展资源三号卫星应用系统试运行工作，初步实现应用系统的业务化运行，开展DSM、DOM等高级产品的生产。

国家测绘地理信息局卫星测绘应用中心（以下简称卫星中心）完成异地备份机房建设并正式交付

使用，全面完成机房配套设施建设并启用环境监控。进行资源三号卫星应用系统计算机支撑平台及其计算系统和存储系统的性能优化，完成应用系统各分系统的集成调试、大回路联调联试及压力测试。

**【卫星数据统筹】**

国家测绘地理信息局与国家国防科技工业局、航天五院、中国资源卫星应用中心协调，共同实现资源三号卫星的海外接收，与挪威 KSat 卫星地面接收公司完成数据传输技术试验，解决了数据海外传输的技术问题。

国家测绘地理信息局与总参测绘导航局在资源三号卫星与天绘卫星的获取计划协调、定期影像成果交换方面达成合作共识，完成资源三号卫星与天绘卫星数据的第一批免费交换。与国土资源部开展合作，实现资源一号 02C 卫星对测绘地理信息应用的数据供应。通过网络下载和现场拷贝两种途径获取高分一号卫星数据，为国产高分辨率卫星测绘应用提供更丰富的数据。

卫星中心建立多星协同、影像共享机制，搭建影像统筹技术支撑平台，深化影像统筹技术服务，实现国内重点区域当年影像无缝覆盖。加强与卫星相关单位的合作，协调制定合理有效的数据共享方案，构建国产卫星数据统筹获取联盟，为国产卫星的测绘地理信息统筹应用提供保障。

**【资源三号卫星数据生产】**

截至 2014 年底，卫星中心完成资源三号卫星摄影日计划编制共 113 次，接收原始数据 1754 轨。中国区域影像获取覆盖面积为 949 万平方千米，全球区域影像获取覆盖面积达 7913.57 万平方千米；云量在 20% 以下的有效数据中国覆盖范围为 920.65 万平方千米，全球覆盖范围达 5654.18 万平方千米。

通过科研项目的引导带动，有关技术单位开展基于资源三号卫星影像的 DSM、DOM 等高级产品的生产，从传统的卫星数据加工向提供卫星测绘技术服务转变，实现卫星测绘地理信息增值服务。累计为 1:5 万基础地理信息更新项目、“927” 工程、“天地图” 等测绘地理信息重大工程项目及国土资源等部门提供数据产品 14 万景，覆盖面积累计超过 3.5 亿平方千米。

卫星中心完成资源三号卫星原始数据编目生产和人工云判 1608 轨 405352 景，完成传感器校正（SC）产品生产 1558 轨 241563 景。在西部困难地区 DSM 产品生产方面，组织完成全部生产任务，满足西部地区地理国情普查中高分辨率影像正射纠正需求，产品被评定为优级品。依托国家发展和改革委员会产业化项目的实施，建立 2 米级全国无缝覆盖真彩色正射影像库，实现资源三号卫星的 1 年 1 版图。开展公开版的全国 15 米级 DSM 产品生产工作，完成数据处理和建库工作。

**【影像应用服务】**

资源三号卫星应用开始向基于卫星影像的数据挖掘和信息提取领域发展，面向国土资源部门、国家审计部门及卫星导航产业公司提供卫星遥感变化监测、卫星遥感统计、卫星导航道路变化等卫星测绘应用专题信息服务，效益和产值远远超过了资源三号卫星数据本身。与国内外测绘地理信息用户单位和高校签署战略合作协议，广泛开展技术服务应用。将影像机顶盒应用模式工程化，推进卫星影像专题应用。推出裸眼三维立体影像图系列产品；开发出用于快速更新、动态监测、执法监督、分析预测、应急保障等方面的卫星影像新产品。加强技术成果转化，开发道路、水体等专题信息提取，影像综合利用等技术平台。开展遥感卫星检校服务，拓展卫星检校对外服务的新领域。1 月 ~12 月，卫星中心向全国各级应用部门的 400 多家单位提供 4.4 万多景、总数据量达 52TB、覆盖面积累计超过 4800 万平方千米的卫星影像数据产品。

## 卫星测绘关键技术研究

卫星中心依托卫星测绘技术与应用国家测绘地理信息局重点实验室、国测星绘信息技术有限公司及国家“千人计划”、科技部“卫星测绘关键技术创新团队”等各种平台，创新科研管理机制，取得多项技术创新成果。开展激光测高、干涉雷达、重力卫星应用、姿态误差校正等关键技术研究及影像去云、超分重建工程化试验；参与国家测绘地理信息局“十三五”系列发展规划的制定，开展卫星测绘发展战略研究。卫星中心组织制订 3 项行业标准、20 项技术规范，获得软件著作权 14 项。

# 质量监督与计量

【总体情况】

国家测绘地理信息局不断加强测绘地理信息质量监督管理力度，组织制定《测绘地理信息质量管理办法》报批稿。在全国范围开展4批地理国情普查过程质量监督抽查，为普查成果提供保证。根据国务院关于整合检验检测认证机构实施意见的精神，开展检验检测认证机构整合工作，梳理局系统质检、仪检机构现状，提出整合总体思路。针对测绘地理信息仪器设备及测绘计量管理的发展现状，提出建立测绘行业专业计量站的意见，并与国家质量监督检验检疫总局进行沟通。

【重大项目质量监督】

国家测绘产品质量检验测试中心（以下简称质检中心）承担全国地理国情普查过程质量监督抽查工作。成立过程质量监督抽查领导小组，组建131人的专职抽查队伍，全年分4批开展过程质量监督抽查工作，覆盖全国31个省、自治区、直辖市的322家普查作业单位，其中对194家普查作业单位进行两次过程质量监督抽查。

质检中心承担国家帮助西部地区地理国情普查成果的质量检查与验收工作，涉及新疆、青海、内蒙古、西藏等西部地区178个行政县，面积约378万平方千米，合计10615幅1:5万图。7月~10月，完成普查成果的外业预验收工作。

质检中心完成国家现代测绘基准体系基础设施建设一期工程2014年度成果质量检查验收任务。完成594座国家GNSS大地控制网点和130条路线共36967.8千米国家高程控制网一等水准选埋及观测成果的质量验收及GNSS大地点、一等水准埋石的外业检查。完成甘肃、江西2省2000国家大地坐标系转换成果监督检查工作。

总参测绘导航局组织大地测量外业成果验收组，对各测绘导航基地和第二炮兵某测绘大队等单位2013年度大地测量外业成果进行检查验收。

【2014年导航电子地图质量检测】

质检中心开展2014年度全国导航电子地图检测工作，涉及5家导航电子地图制作资质企业生产的导航电子地图数据，完成南京、上海、杭州、厦门、广州、北京6个测评样区数据的质量检测及10家互联网公司导航地图质量检测工作；开展江苏、吉林、湖北3省9个城市的样区数据库建设工作，提交了导航电子地图质检结论。

# 市场监管

## 测绘资质管理

【资质管理制度】

7月1日，国家测绘地理信息局修订出台新版《测绘资质管理规定》和《测绘资质分级标准》（以下简称《规定》和《标准》），自8月1日正式实施。《规定》和《标准》适度放宽准入条件，强化事中和事后监管，进一步促进测绘地理信息行政主管部门转变政府职能，规范市场秩序。

【复审换证】

7月，国家测绘地理信息局印发《关于开展测绘资质复审换证工作的通知》，对复审换证工作作出全面部署。组织开发新版测绘资质管理信息系统，完善测绘资质行政许可在线办理，制作发放新版《测绘资质证书》。采取集中时间、集中人力的方式，完成全国甲级测绘资质复审换证审查工作。

【资质审批】

2014 年，国家测绘地理信息局依法审核批准 59 家单位取得甲级测绘资质，依法审核批准 40 家甲级测绘资质单位新增业务范围，在局门户网站分 10 个批次进行公示。

## 市场管理

【项目招投标监管】

4 月和 10 月，国家测绘地理信息局召开 2 次测绘地理信息行政主管部门和测绘资质单位参加的测绘项目招投标监管座谈会，研讨测绘地理信息领域招投标管理制度，加强招投标行为监管。

【行风建设】

10 月，国家测绘地理信息局组织起草《测绘地理信息行风建设行为准则》（初稿），引导测绘地理信息单位和从业人员树立正确的行业价值观，维护公平有序市场环境。

【企业负责人培训】

国家测绘地理信息局组织部分民营甲级测绘资质企业负责人参加第六期中英测绘技术与产业发展高级研讨班，提高企业高级管理人员的经营管理水平。

## 诚信管理

国家测绘地理信息局组织起草完成《测绘地理信息市场信用管理办法》和《测绘地理信息市场信用评价标准》（修订初稿）。启动测绘地理信息市场信用管理系统建设，提出信用管理系统需求分析报告。

# 地图管理与地图公共服务

## 地图审核

【地图审核管理】

国家测绘地理信息局加强对涉及领土主权等重要地图及新型地图产品的审核力度，梳理并细化地图审核工作流程、有关重大敏感地图内容和范围，组织完成《地图审查程序规定》和《地图内容审查规范》修订工作。全年共受理地图审核申请 4299 件，经审核批准 3587 件，不符合地图审查规定不予批准 474 件。

【地图审核信息化建设】

国家测绘地理信息局组织开展地图审核业务系统顶层设计、在线审批系统的建设工作，实现地图审核在线受理、审批。地图审查信息化平台建设工作有序开展，其中标准图、重要地理信息、地名等基础数据库已基本建成，初步实现支持多种方式的数据查询功能，地图审查单元模块的编辑功能模块初步建成。地图审查登记目录管理系统和电子地图 POI 筛查系统已应用于日常地图审查工作中。

【地图审核人员培训】

国家测绘地理信息局举办全国地图审核人员培训班，100 多名测绘地理信息行政管理人员和地图审核人员参加培训。其中，39 人通过考核，取得地图内容审查上岗证。

【地图内容审查】

2014 年，国家测绘地理信息局地图技术审查中心（以下简称审图中心）共接收送审地图 4290 件，完成为行政许可服务的地图审查 4055 件近 38 万幅。完成审核的地图中，基本合格 3589 件，不合格 466 件；地图集、地图册、挂图等 339 件，对外加工产品地图 1780 件，图书报纸期刊插附地图 1430 件，地球仪 81 件，导航电子地图 241 件，互联网地图 116 件，其他地图 68 件。受北京海关委托，审图中心对截获的 64 种日本入境旅游宣传地图进行审查，出具《检定意见书》；配合国家测绘地理信息局开展“美丽中国”第二届全国国家版图知识竞赛和少儿手绘地图大赛，完成相关地图审查；对中国测绘科技馆展览用图进行审查；对《中华人民共和国历史地图集》《天地图-维语》《天地图-蒙语》等重要地图进行审查。根据最新现势资料，修订完成《地图常见错误100例》。

【地图备案】

2014年，国家测绘地理信息局共收到13家单位的地图备案样书453件，进行了分类归档和部分抽查工作。对未按照《地图审核管理规定》要求报送备案样图的审核申请人，发送地图样图备案催促函，并进行说明引导。立项研究地图审查与备案管理信息系统，完成系统建设。

## 互联网地图监管

【机制建设】

国家测绘地理信息局组织召开网上地理信息安全监管联席会议，总结2014年网上地理信息安全监管工作，制定2015年工作要点并形成报告上报国务院。以网上地理信息安全监管协调组、全国国家版图意识宣传教育和地图市场监管等协调指导机构为依托，建立上下联动、部门协作的互联网地图监管体系。印发《关于进一步加强互联网地图安全监管工作的通知》，厘清国家和各地监管职责分工，明确监管网站范围和监管内容，提出监管具体工作方法。

【互联网地图监督检查】

国家测绘地理信息局组织完善互联网地图监管系统并在全国各省级测绘地理信息部门和有关单位推广运行，实现对涉密地理信息交易、“问题地图”“问题标注”等信息的集中监控、实时报警、协同处理。全年共检定国内外大型商业网站、论坛、微博中的地理信息1.3万多条，发现存在“问题地图”的服务275个、“问题地图”图片321个、违规POI标注2336个。

【互联网地图监控室建设】

国家测绘地理信息局初步建成国家级节点互联网地图监控室，重点对76家中央国家机关网站和188家甲级互联网地图服务测绘资质单位网站进行检查，发现40多个网站存在问题，责成有关单位进行整改。

【互联网地图安全审校人员培训】

国家测绘地理信息局组织开展全国互联网地图安全审校人员培训班，全国480多名学员接受培训并参加上岗考核，考试合格人员取得互联网地图安全审校人员上岗证。

## 地图市场监管

【“问题地图”专项治理】

国家测绘地理信息局印发《2014年“问题地图”专项治理工作方案》，组织开展2014年全国“问题地图”专项治理。全国各地重点清查了互联网上出售或提供涉密地图、上传标注涉密或敏感地理信息等违法违规行为，进一步规范了地图上广告登载和商业标注行为，遏制网上地理信息失泄密现象。组织查处中央电视台新闻频道和体育频道、湖南卫视《爸爸去哪儿》节目、《参考消息》《21世纪经济报道》等登载“问题地图”的违法违规行为，维护国家主权和利益。

【地图导航定位产品测评】

国家测绘地理信息局通过召开座谈会等形式总结2013年地图导航定位产品测评工作，进一步修改完善测评工作方案和测评大纲。2014年，组织中国卫星导航定位协会、质检中心对互联网地图产品（包括移动互联网地图导航产品）、车辆定位监控系统等新型产品开展测评，发布2014年地图导航定位产品推荐名单。

【地图市场调查】

国家测绘地理信息局组织审图中心赴8省（自治区、直辖市）13个城市开展地图市场调查，了解各地地图市场治理情况，到图书市场等场所开展实地检查，对发现的违法违规地图进行现场取证，并将检查结果反馈给当地测绘地理信息主管部门。

审图中心全年共接收涉及互联网地图、展览用图和报刊登载错误地图的举报16件，采取网上搜索和现场调查等方式对内容表示不符合国家规定的地图进行取样，对违法地图进行检定，出具地图内容检定意见书。分别采取通知修改、转告省级测绘地理信息行政主管部门和上报等方式进行处理，大部分地图违法问题得到纠正，处理结果全部反馈给举报人。

## 地图公共服务

【首次领导工作用图交换和共享】

国家测绘地理信息局与各省级测绘地理信息行政主管部门实现首次领导工作用图交换和共享，其中，交换和共享地图703种、地图集49种、应用系统目录42个。指导各地、各有关单位规范使用领导工作用图，组织建立领导工作用图共享数据库，对首次共享数据资源的时效性、可用性进行评估，对数据资源未覆盖范围进行统计。

【地图公共服务】

国家测绘地理信息局系统各有关单位全年累计向中共中央办公厅、国务院办公厅等提供地图服务121次，提供世界地图、中国全图、中国分省图、专题图、定制类地图110多种2000多幅。组织编制维文版新疆维吾尔自治区地图、中国和世界地图。

## 国家版图意识宣传教育

【版图知识相关赛事】

全国国家版图意识宣传教育和地图市场监管协调指导小组印发《关于举办“美丽中国”第二届全国国家版图知识竞赛和少儿手绘地图大赛的通知》，公布竞赛规程并指导各地开展国家版图知识团体赛、国家版图知识个人赛、全国少儿手绘地图大赛活动。国家版图知识团体赛，省、市、县级选拔活动在28个省份广泛开展；少儿手绘地图大赛参赛作品数量达38820幅，参赛人员覆盖全国29个省份的2203所学校及幼儿园；国家版图知识个人赛参与人数达47.2万，覆盖含港、澳、台在内的全国34个省级行政区域。比赛结果在国家测绘地理信息局门户网站、微博、微信等平台公布。

【国家版图意识宣传教育“三进”活动】

国家测绘地理信息局组织召开全国国家版图意识宣传教育和地图市场监管协调指导小组联席会议，总结2014年工作，制定2015年工作要点。国家版图意识宣传教育“进学校、进社区、进媒体”活动深入开展，阅读中国版图知识校园行、国家版图拼图接力赛、创建国家版图教育示范学校、国家版图知识进社区等活动在全国各地举行。

# 测绘地理信息成果管理与应用

## 资料档案建设

【档案管理】

国家测绘地理信息局组织制定《测绘地理信息业务档案管理规定》和《测绘地理信息业务档案保管期限表》。组织测绘地理信息项目归档情况核查，提出归档工作改进方案。

【测绘档案资料收集】

2014年，国家测绘档案资料馆共接收1:5万更新印刷地形图9150幅183万张。收集国土资源部、住房和城乡建设部、环境保护部等13个部委26类专题数据，数据量163TB。收集吉尔吉斯斯坦、巴基斯坦、哈萨克斯坦、阿富汗等国家地形图277幅；收集国外图集（册）80多本。

【测绘档案成果归档】

2014年，国家测绘档案资料馆共接收国家现代测绘基准体系基础设施建设一期工程、数字城市、新农村建设、“927”一期工程、领导工作用图更新与服务等项目203批次档案归档，接收各类项目文档65962件，数据量12.8TB。接收110个摄区（32个摄区为IMU/GPS文档）航空摄影成果共1511盒、像片296801张，整理纸质文档1175本。完成1:5万馆藏纸黑图1万多幅4万多张档案整理工作。

【测绘档案成果资料提供】

国家测绘档案资料馆全年为经济社会发展、重大活动、重大项目及社会用户提供各类档案资料201批次，数据量256GB；扫描航摄底片2736片，数据量275GB，其中为行业内扫描加工航摄底片1485片、为行业外扫描加工航摄底片1251片；向31个省级测绘地理信息行政主管部门提供用于地理国情项目生产的专题数据148GB。

【国家测绘成果档案存储与服务设施建设】

国家基础地理信息中心承担的“国家测绘成果档案存储与服务设施”项目获国家发展和改革委员会批准实施。该项目包含北京主馆及陕西、黑龙江、四川3个异地备份馆和15个省级测绘成果档案馆的建设。根据项目要求，组织相关技术人员开展项目基础设施建设要求的制定。各项目参加单位开展项目初步设计编写，并按计划完成初步设计审批工作。

## 成果提供

国家测绘地理信息局完善测绘成果行政许可受理数字大厅，整合成果查询、结果公开、跟踪监管等功能，优化成果目录查询系统，更新航摄遥感等成果目录，实现了图形查询检索，行政审批信息化服务水平得到提升。拓展成果应用领域，积极推广新版地形图成果，为基础测绘重大项目及国土、交通、能源等国家重点建设项目提供保障。行政许可受理大厅全年接待用户咨询1万多人次，发布各类行政许可受理信息14980条，通过QQ解答用户各类问题和疑难问题25100多条。

国家基础地理信息中心全年办理涉密基础测绘成果提供审批745件。经审核准予使用728件、不准予使用7件、主动撤销1件，其他的正在审批中。向交通、能源、水利、航空等国家重点建设项目和地质矿产调查、环境监测、地理国情普查等提供各类基础测绘成果。全年提供印刷图9258幅（9877张），提供数字成果108.4TB。

## 涉密测绘成果管理

国家测绘地理信息局推动涉密测绘成果科学合理定密，收集分析国内外保密管理政策，开展地形图精度检核等技术试验，调研测绘成果应用需求及测绘新技术产品发展情况，形成《测绘管理工作国家秘密范围的规定》修订稿，送总参测绘导航局征求意见。组织开展倾斜航空摄影、街景测量等新技术测绘成果应用管理政策的调研和制定。起草涉密测绘成果网络安全防范技术标准，开展对新型导航位置服务产品保密处理技术的研究。协助保密行政管理部门完成涉密测绘成果的密级鉴定工作。贯彻落实测绘成果核心涉密人员管理制度，举办2期培训班，对530名核心涉密人员进行培训。

## 测量标志保护

国家测绘地理信息局组织编写全国测量标志管理信息化建设方案，定制开发测量标志管理信息系统。召开测量标志管理工作会，交流工作经验和做法，介绍全国测量标志管理信息系统建设情况及部署计划。

## 应急保障

**【应急规划项目立项】**

国家测绘地理信息局积极落实国务院办公厅航空应急和突发事件应急规划，组织开展国家应急测绘保障能力建设统筹规划并编制《国家应急测绘保障能力建设可行性研究报告》，上报国家发展和改革委员会。

**【抗震救灾应急保障】**

云南鲁甸6.5级地震发生后，国家测绘地理信息局立即启动应急测绘保障预案，紧急赶制《云南省行政区划图》《鲁甸县行政区划图》《鲁甸县地势图》等抗震救灾专用图件，紧急向中共中央办公厅、国务院办公厅、国务院应急管理办公室、民政部、中国地震局和云南省委省政府、武警部队等单位提供。获取牛栏江堰塞湖30平方千米417张0.2米分辨率的影像数据，组织中国测绘科学研究院等单位开展数据处理和灾情解译，完成《云南鲁甸6.5级地震灾情影像解译成果报告（牛栏江堰塞湖受灾区）》，报送相关部门。抗震救灾期间，累计调动测绘飞机40多架次，航飞里程约5070千米，获取主震区2490平方千米0.2米分辨率遥感影像和高清视频；累计向各部门和单位紧急提供各类抗震救灾专用地图1.13万多幅、数据量505GB。“天地图”网站发布震区及周围地区高分辨率卫星影像和各种灾区行政区划图，为公众了解鲁甸地震灾害情况、查询地震灾害损失提供便利。

根据灾害级别，按照国家测绘地理信息局统筹协调、各省测绘地理信息局发挥主导作用的原则，积极协调各方力量为新疆和田地区于田县7.3级地震、云南盈江6.1级地震、云南景谷6.6级地震等提供应急保障服务。累计提供地图53幅、数据量18.76GB；云南景谷地震期间，累计提供数据量124.6GB。

**【马航失联突发事件应急测绘保障】**

马来西亚航空公司MH370号航班（以下简称马航）失联事件发生后，国家测绘地理信息局为国务院应急管理办公室、外交部、交通运输部等部门紧急编制、提供马航失联突发事件专题图，选派技术人员共计13人（次）连续10天驻守国务院应急指挥中心提供地理信息技术支持，受到国务院及其应急管理办公室领导的赞扬和致谢。

**【军队测绘导航部门应急保障】**

2月12日，新疆于田地震发生后，总参测绘导航局紧急组织制作震区天绘卫星影像图、震中附近区域影像图、于田县地震震源位置示意图等专题图，调拨灾区所需 1:100 万、1:50 万、1:25 万地图，提供给抗震救灾指挥部门。8 月 3 日，云南鲁甸地震发生后，总参测绘导航局组织部队梳理汇集震区测绘导航成果，实时跟踪救灾保障需求，及时提供测绘导航保障。

# 科技工作

## 科技创新体系

**【重点实验室建设】**

国家测绘地理信息局修订并印发《国家测绘地理信息局重点实验室管理办法》，明确重点实验室的定位与作用，进一步梳理了管理职责，落实转变政府职能的要求，严格建设标准和评估标准，简化相关管理程序。加强科技成果推广应用的要求，充分发挥重点实验室支撑事业转型升级发展的作用，为进一步加强和规范科技创新平台建设提供制度保障。编写并印发《国家测绘地理信息局重点实验室及工程技术研究中心 2014 年度科技发展综述》。

组织中国测绘科学研究院、国家基础地理信息中心和卫星中心编写国家重点实验室申报书，召开国家重点实验室申报工作院士座谈会，在科技部的指导下，进一步修改完善申报材料，形成测绘地理信息学国家重点实验室申报材料建议稿。

组织召开激光雷达技术、海洋测绘技术等专题研讨会，举办地理国情普查、现代工程测量等培训班，搭建科研与生产对接的平台，促进实验室之间的合作交流。

根据国家测绘地理信息局党组会议精神，批准海岸带地理环境监测、流域生态与地理环境监测 2 个国家测绘地理信息局重点实验室和应急测绘与防灾减灾工程中心进入试运行阶段并召开第一次学术（技术）委员会会议。组织开展地理信息公共服务、地理国情监测和中亚地理信息国家测绘地理信息局工程中心论证工作。

**【创新机构建设】**

国家测绘工程技术研究中心建立了开发测试平台、中试基地和产业化示范基地，通过科技部的组建验收，正式挂牌运行。与香港科技大学图像科学与计算中心联合申报国家测绘工程技术研究中心香港分中心。中国测绘科学研究院和河南省科学院地理研究所共同组建地理国情监测中原中心；依托湖南省测绘科技研究所，与湖南省国土资源厅共同组建中国测绘科学研究院湖南分院；联合中南大学、湖南省国土资源厅，共同成立地理国情监测湖南研究中心；以“引领科技创新、推动技术应用”为宗旨，联合国内 31 家高校、科研院所和生产单位，共同成立测绘地理信息科技创新战略联盟。

## 科技项目

**【科技发展规划】**

国家测绘地理信息局开展科技发展“十二五”规划执行情况（2011—2013）评估，4 月 16 日，在全国范围开展书面调研，赴北京、上海、浙江、湖北、江苏、河北、江西等地实地调研和座谈，形成规划执行情况评估报告。国家测绘地理信息局组织开展测绘地理信息科技发展“十三五”规划研究编制工作，形成规划编制工作方案，组成编制领导小组、指导小组和编写组，开展书面或实地调研，形成调研报告。7 月，按大地测量与导航定位、摄影测量与遥感、地理信息与地图制图 3 个领域分别组织召开局科学技术委员会“十三五”规划专题研讨会，形成“十三五”科技规划发展方向建议报告。9 月，召开局科学技术委员会常委会，进一步研讨科技发展“十三五”规划的编制工作，形成规划大纲。12 月 2 日，“十二五”规划执行情况评估报告和“十三五”规划大纲提交到局科学技术委员会全体会议审议。

**【公益性行业科研专项】**

国家测绘地理信息局印发《关于征集 2015 年测绘地理信息公益性行业科研专项项目建议的通知》，共收到 7 个大类共 170 项项目建议（含涉密项目 1

项)，申报经费约17亿元。经形式审查，共有169项项目建议具备专家评审资格。遴选35项优先启动项目和14项备选项目，经专项管理咨询委员会讨论、国家测绘地理信息局党组研究，向科技部报送2015年公益性行业科研专项35项并在局门户网站进行公示。最终29项通过查重，通过率82%。

国家测绘地理信息局组织对2014年立项项目开展执行情况督导检查工作，发现项目总体执行进展情况良好，各项目均按任务要求开展了相关研究工作。发展中心进一步完善专项管理办法实施细则、专项管理流程，印发专项财务中期检查办法，对相关单位进行了专项申报培训。

**【科技项目管理】**

根据《科技部关于发布国家重点基础研究发展计划（含重大科学研究计划）、国家高技术研究发展计划、国家科技支撑计划2015年度项目申报指南的通知》要求，国家测绘地理信息局组织各直属单位开展项目申报工作，成功申请自然科学基金9项。“基于地理信息的智慧城镇规划设计技术集成与示范”“中国东海、南海及周边国家历史地图资料整编”“《国家影像地图集》和《国家水文地图集》编研”和“人卫激光测距数据及相关大地基准产品规范”等项目获科技部支持立项。“丝绸之路经济带地理信息资源调查与集成”“长江经济带图集编研”和“中国山水图志”等项目纳入“十三五”科技基础性工作专项计划。“智慧、绿色、低碳城镇建设和综合管理技术集成与示范”项目通过科技部的项目建议遴选和初评，进入可行性研究论证阶段。

国家测绘地理信息局组织“新世纪版国家大地图集编研”项目承担单位开展国家地图集总体设计和标准体系规范研究，以及《国家普通地图集》《国家区划地图集》《国家经济地图集》设计和基础数据库建设、国家大地图集出版与发布的先期调研等工作。国家测绘地理信息局直属单位承担的各国家级科技计划项目执行顺利，“资源三号卫星立体测图技术和应用示范”科技支撑项目所有6个课题均通过验收。

国家测绘地理信息局制定印发《2014年测绘地理信息科技与标准计划》，发文批复2014年测绘地理信息新上科技项目实施方案。完成2015年测绘地理信息科技计划“一上”的制定工作。组织完成2009年~2013年所有列入国家基础测绘科技与标准计划并已验收的基础测绘科技项目承担单位，通过测绘地理信息科技项目管理系统完成相关材料汇总工作。

**【信息化测绘技术体系建设】**

国家测绘地理信息局对2014年及2015年信息化测绘技术体系建设工作进行分工部署，按照以项目带动信息化的思路，在基础测绘科技项目以及公益性行业科研专项中持续对信息化测绘技术进行大力支持，确保关键技术在生产单位得到实践和转化。在西安和兰州分别召开信息化测绘技术体系建设座谈会和经验交流会，总结交流信息化测绘体系建设经验，研究部署后续建设内容和建设模式。组织赴湖北、江苏、甘肃等地就信息化测绘技术体系建设思路、开展情况、存在的问题及科技创新等工作进行实地调研，遴选陕西、四川、重庆、江苏、浙江、甘肃6个信息化测绘技术基础较好的省（直辖市）各1个院级单位作为信息化测绘技术体系建设试点基地。印发《关于设立信息化测绘技术体系建设试点的通知》，对6家信息化测绘技术体系试点建设提出具体要求，正式启动试点建设工作。

**【战略合作与资源共享】**

国家测绘地理信息局与总参二部开展资源三号卫星影像数据、在澳大利亚对资源三号卫星检校等方面的合作，协调沟通成立合作推进机构，并就成立合作推进机构事宜深入交换意见。

7月30日，与中国航天科工集团公司签署战略合作协议，围绕重点领域开展项目合作，建立良性互动的合作机制，实现双方资源共享、优势互补，开展技术、人才等合作。9月26日，国家测绘地理信息局相关单位与中国航天科工集团公司签署了专项合作协议。

加快北斗卫星导航系统在民用领域的推广应用和产业化发展，出台了《北斗卫星导航系统推广应用的若干意见》。8月27日，与中国兵器工业集团公司签署战略合作框架协议，双方共同在以“北斗”为代表的现代位置服务领域和以“天地图”为平台的地理信息服务领域推进国家基础设施建设。

**【中国测绘科学研究院科技项目】**

2014年，中国测绘科学研究院新立项目79项，其中国家级科技项目10项，经费2437万元；行业外省部级项目4项，经费665万元；中央级公益性科研院所基本科研业务费项目21项，经费600万元。

一、科技项目立项

中国测绘科学研究院共获得“面向多期点云所构建真实表面模型的精细三维变化检测方法”“利用多源数据研究全球海平面变化成因及冰川均衡调整信号分离”“区域地壳稳定性关键影响因子辨识与作用机理定量研究”等7项国家自然科学基金项目资助，其中青年科学基金项目5项、面上项目2项，累计资助金额294万元。获得科技基础性工作专项“人卫激光测距数据及相关大地基准产品规范”1项，项目经费520万元。

中国测绘科学研究院承担“863”计划主题项目“面向对象的高可信SAR处理系统”“863”计划课题“互联网地理空间信息探测发现与预警技术研究”“全球动态地心坐标参考框架维持关键技术”等3项，年度到位经费348万元。

中国测绘科学研究院牵头承担的国家科技支撑计划项目包括“远岛礁地理信息监测关键技术研究与示范”“倾斜摄影、地面LiDAR和野外测绘装备国产化”2项。承担的国家科技支撑计划课题包括“地理国情监测技术平台”等3项。年度到位经费832万元。

中国测绘科学研究院承担的基本科研业务费项目包括“基于倾斜摄影逐像素密集匹配和全自动三维建模研究”“中小城市拥堵治理综合信息服务平台原型系统研制”“北斗动态参考框架维持关键技术及其应用”等21项，总经费600万元。

二、科技项目实施

中国测绘科学研究院承担的国家自然基金面上项目“多种多源数据混叠的局部重力场逼近理论与方法”，收集与处理卫星测高、船测重力、航空重力和GPS水准数据，完成数据精度评估。国家科技支撑计划“远海岛礁地理信息监测关键技术研究与示范”项目，开展GNSS北斗激光测距近景信息采集系统陆地和海上试验，完成海岛礁大地基准构建、长航时低空无人机航摄遥感测量等任务。国家科技支撑计划“地理国情监测技术平台”课题，完成地理国情监测平台总体技术框架构建，形成地理国情监测数据高性能集群处理系统、地理国情要素提取与解译系统、地理国情监测外业调绘核查系统等，完成基本地理国情监测技术试验、地理国情监测信息统计分析技术试验、地理国情监测产品制作技术试验等。组织实施“863”计划主题项目“面向对象的高可信SAR处理系统”，完成干涉SAR、立体SAR和极化干涉SAR测量单机版及集群版的开发、集成、测试，集成SAR高精度地形测绘和土地利用应用示范系统和SAR植被覆盖监测应用示范系统2个专业应用系统；提出多源DEM融合方法，弥补阴影和叠掩带来的DEM漏洞；完成SAR系统与机载平台的配装与集成测试，开展系统定标与测试飞行。组织实施“863”计划课题“互联网地理空间信息探测发现与预警技术研究”，实现网络信息搜索引擎、多级分布式协同服务、文本信息定位等关键技术，完善重点地区地理目标搜索汇集、互联网社会经济信息空间态势分析等子系统，提交发明专利申请2项。

【国家基础地理信息中心科技项目】

2014年，国家基础地理信息中心新立项目12项，其中测绘地理信息行业专项2项、自然基金项目2项、国家测绘地理信息局项目6项。35项在研项目进展顺利。

国家基础地理信息中心承担“863”计划课题“面向我国华北地区的分米级相位增强运行服务系统研制与应用”，共获得“地表覆盖时空关系建模与知识表达研究”“维度-尺度-特征融合的城市三维变化检测方法研究”“面向智能构建的专题地图句法模式及制图模型研究”等5项自然科学基金项目资助，其中青年科学基金项目4项。组织实施的“863”重点项目“全球地表覆盖遥感制图与关键技术研究”完成全部研究任务，通过验收。

国家基础地理信息中心承担的基础测绘科技计划“海量遥感影像快速处理关键技术研究”项目，研究提出国产宽视场相机的解决方案，设计海量遥感处理的流程框架。承担的国家测绘地理信息局项目“基于OAIS的测绘档案网上服务系统关键技术研究”项目进展顺利。牵头完成“国家基础地理信息更新技术体系与工程应用”项目获国家科学技术进步奖二等奖。

## 科技成果

国家测绘地理信息局组织开展国家“863”计划重点项目“全球地表覆盖遥感制图与关键技术研究”数据验收及成果推广应用工作，全球地表覆盖30米分辨率数据产品是世界上首套全球30米分辨率地表覆盖遥感制图数据集，分别是2000基准年和2010基准年产品，2期数据产品共1800幅。数据产品由中国政府捐赠联合国。组织开展“地理国情监测应用系统”“测绘仪器国产化”“地震危险性评估及灾情快速获取关键技术研发”等国家科技支撑项目验收准备工作，召开“远海岛礁地理信息监测与生态修复”项目技术集成和成果对接会。国家科技支撑项目“资源三号卫星立体测图技术和应用示范”已通过科技部验收，成果在资源三号卫星应用方面、地理国情普查工作中广泛应用。

国家测绘地理信息局继续加大科技成果转化和科技装备建设力度，形成从数据获取、处理到应用、服务的全流程解决方案，为满足生产单位的信息化测绘需求提供了指导。推进SWDC系列数字航空摄影仪、高精度轻小型航空遥感系统、国家地理信息应急监测车、JX4摄影测量工作站等装备的推广和应用。

中国测绘科学研究院自主研发的“多主影像相干目标小基线InSAR技术及InSAR地表形变监测软件系统GDEMSI”“SSW车载激光建模测量系统”“TOPDC-4大幅面数字航摄系统”等11项科技成果入选2013年《中央在京科研机构科技成果推介目录》。

中国测绘科学研究院全年出版《电子政务地理信息服务》等专著3部；完成《1:50000地形图合成孔径雷达航空摄影测量技术规定》《地理空间框架基本规定》等行业和国家标准6项；获得“一种基于POS与DEM数据的SAR多普勒参数估计方法”等发明专利13项，“坐标测量装置”等实用新型专利2项，“地理国情普查基本统计软件系统”等软件著作权登记22项；发表EI/SCI论文18篇，核心期刊论文55篇。研发了JX5五化数字摄影测量系统（自动化、网络化、采编一体化、采集区域化、图库一体化）、TOPDC-5倾斜数字航摄仪、超长航时无人机遥感系统等科技装备。

北京吉威时代软件股份有限公司研制的“GEOWAY CIPS吉威集群式影像处理系统”和北京四维远见信息技术有限公司研制的“SSW车载激光建模测量系统”被科技部授予“2014年度国家重点新产品”称号。

## 科技奖励

国家测绘地理信息局推荐的科技项目“国家西部测图工程技术体系及其应用”和“国家基础地理信息更新技术体系与工程应用”获2014年国家科学技术进步奖二等奖。经国家测绘地理信息局科技委员会评审和局党组审定，推荐“2000国家大地坐标系框架精化与应用关键技术”和“精密卫星定位基准建立和动态维持的关键技术及其应用”2个项目为2015年国家科学技术进步奖申报项目。

国家测绘地理信息局指导中国测绘地理信息学会完成2014年测绘科技进步奖评选工作，评选出特等奖4项、一等奖7项、二等奖47项、三等奖57项；指导中国地理信息产业协会完成2014年地理信息科学技术进步奖评选工作，评选出特等奖1项、一等奖16项、二等奖52项、三等奖69项；指导中国卫星导航定位协会完成2014年卫星导航定位科学技术进步奖评选工作，评选出特等奖3项、一等奖5项、二等奖24项、三等奖32项。

# 测绘地理信息标准化

## 标准化研究

国家测绘地理信息局围绕测绘地理信息重大项目需求与未来发展方向，推进测绘地理信息标准化科研与新技术标准研制。组织完成“数字化测绘关键技术指标前期研究”“数字城市地理空间框架建设应用系列标准研究”等标准化科研项目的相关研究工作。组织完成“物联网节点地址及编码规则”等新技术标准项目立项。

## 国家标准制修订

国家测绘地理信息局组织开展2014年标准制修订项目提案的征集工作，完成30多项国家标准提案的征集与审查，向国家标准委会新申报测绘地理信息国家标准制修订项目立项40项，申报的城市地下空间数据测绘规范等23项国家标准项目通过审批并被列入国家标准制修订项目计划。完成《国家基本比例尺地图 1:500 1:1000 1:2000 正射影像地图》等24项国家标准的制修订。

## 行业标准制修订

国家测绘地理信息局组织完成50多项行业标准提案征集与审查。下达《车载移动测量数据规范》等23项行业标准制修订项目计划。2014年发布实施《管线测量成果质量检验技术规程》《测绘调绘成果质量检验技术规程》《地理信息系统软件验收测试规程》等12项行业标准。

## 计量标准化

国家测绘地理信息局积极推进测绘地理信息计量标准建设，完成《地面移动测量系统检定规程》《地面三维激光扫描仪检定规程》2项部门计量技术规范立项工作。

中国测绘科学研究院牵头制订《GNSS 测量型接收机通用规范》和《GNSS 测量型 OEM 板性能要求及测试方法》2项标准，参与制订《GNSS 测量型天线性能要求及测试方法》和《GNSS 导航单元性能要求及测试方法》2项标准。

## 国际标准化

国家测绘地理信息局组织开展国际标准 ISO 19163《地理信息 影像与格网数据的内容模型及编码规则》的研制工作，编制并修改完善国际标准项目的委员会草案。参与跟踪国际测绘地理信息标准化活动，了解测绘地理信息标准化国际前沿，为我国争取测绘地理信息国际标准话语权。加大对成熟且符合我国国情的国际先进标准转化力度，完成7项国际标准向国家标准的转换。国家基础地理信息中心协助国家测绘地理信息局完成了 ISO/TC 211 第39次全体会议及工作组会议。

## 标准宣传贯彻

国家测绘地理信息局组织举办航空摄影成果质量检验标准培训班，来自全国的近130名相关技术和管理人员参加培训。组织举办2014年测绘地理信息国家标准与基础知识培训班，强化测绘地理信息国家标准编制人员的知识和技能。与相关部门联合启动社会管理和公共服务标准化试点，成功申报湖北、江西、重庆3个测绘地理信息行业的标准化试点项目。

中国测绘科学研究院举办全国测绘地理信息计量技术法规培训，培训内容为《全球导航卫星系统（GNSS）测量型接收机 RTK》（JJG（测绘）2301－2013）等3项测绘地理信息计量检定规程，30多人参加。

# 财务工作

## 财务制度建设

国家测绘地理信息局修订《测绘地理信息部门项目支出预算编制及评审指南》，制定印发《国家测绘地理信息局事业单位国有资产管理暂行办法》《国家测绘地理信息局培训费管理办法》《国家测绘地理信息局因公临时出国经费管理规定》《国家测绘地理信息局因公短期出国培训费用管理办法》《测绘地理信息公益性行业科研专项项目中期财务检查暂行办法》，开展了对测绘仪器检测、测绘产品质量检验、测绘成果成图3项收费标准的修订工作。

## 预算管理

国家测绘地理信息局完成2013年预算公开工作，对所属20家单位2014年度各项经费的预算批复工作，共批复财政经费160958.74万元。在财政部开展的2014年预算编报评比工作中，国家测绘地理信息局获一等奖。

3月，国家测绘地理信息局印发《关于编制2015年测绘地理信息部门项目预算的通知》，对项目预算的编制、项目经费的测算提出具体要求。6月，在陕西召开测绘地理信息部门2015年预算编制培训会，总结近年来部门预算管理工作成效，部署2015年预算编制工作。7月，完成2015年测绘地理信息部门“一上”预算的汇总、审核、上报工作，重点审核了“三公经费”和会议费预算编制，严格控制一般性支出，提高财政资金使用效益。11月～12月，根据财政部下达国家测绘地理信息局2015年部门预算“一下”控制数要求，及时下达各预算单位，组织完成“二上”细化预算编报工作。

## 决算管理

国家测绘地理信息局组织所属单位完成2013年度行政事业单位部门决算、企业决算、固定资产投资决算、住房改革支出决算等财务决算报表的编制、审核、汇总等相关工作。根据财政部的批复，对各单位2013年总收入支出情况和财政拨款收入支出等情况进行批复。组织开展2013年决算稽核工作，对发现的问题督促相关单位进行整改。结合近几年决算数据，对局所属二级单位财务数据进行综合分析，形成财务决算分析专题报告并提供给局领导。完成国家测绘地理信息局2013年度部门决算、“三公经费”及行政经费支出情况公开相关工作。

## 财务监管

国家测绘地理信息局组织开展地理国情监测和国家现代测绘基准体系基础设施建设工程资金使用情况专项财务检查工作，完成了对14个项目承担单位工程资金使用及核算等情况的财务检查，形成专项检查总结报告，发文要求存在问题的单位进行整改。开展贯彻执行中央八项规定严肃财经纪律和“小金库”专项治理工作，抽取9家局所属单位进行财务专项检查，要求存在问题的单位进行整改并针对检查中的问题对各相关单位进行了培训。组织开展“927”一期工程竣工决算工作，形成“927”一期工程竣工决算报告报送财政部。

## 政府采购

国家测绘地理信息局开展2014年度测绘生产技术装备公开招标相关工作，组织完成政府采购计划编报、招标文件编制、招标公告发布、开标、评标等工作。加强对所属单位政府采购工作的管理，指导所属预算单位开展变更政府采购方式及采购进口产品专家论证、申报工作，完成遥感影像资料采购、中国测绘科学研究院进口GNSS信号模拟器采购、黑龙江测绘地理信息局进口数字正射影像生产软件采购等项目进口或变更政府采购方式审核报批及相关批复工作。组织局所属各单位按季度完成2014年政府采购计划和执行情况编报工作，组织完成2014年政府采购统计报表编报工作，进一步加强了政府采购预算、计划与执行的衔接。

## 国有资产管理

国家测绘地理信息局组织建设行政事业单位资产管理信息系统（二期），完成相关报表编报工作，保证了国有资产管理的规范化和工作效率的提升。

组织局属事业单位及其所办企业开展国有资产产权登记工作，完成80家单位的产权登记，登记资产总量近45亿元。

# 行政体制与队伍建设

## 机构编制

根据中央机构编制委员会办公室批复精神，截至2014年底，国家测绘地理信息局所属事业单位55家，事业编制5637名。

# 事业单位改革

【事业单位分类改革】

国家测绘地理信息局所属事业单位类别确定，6家事业单位划入公益一类，事业编制230名；39家事业单位划入公益二类，事业编制4966名；4家事业单位划入生产经营类，事业编制59名；6家事业单位暂不分类。贯彻落实国家整合检验检测认证机构实施意见，制定并上报测绘地理信息系统检验检测认证机构整合方案。贯彻落实中央非时政类报刊出版单位改革要求，按批复方案持续推进中国测绘报社剥离转制后续工作；继续推进出版社体制改革后续工作，推进中国地图出版集团工商登记手续办理。组织完成国家测绘地理信息局机关和所属单位机构人员编制核查工作。

【人事制度改革】

国家测绘地理信息局深化推进事业单位人事制度改革，规范事业单位进人行为，落实公开招聘制度，组织事业单位编制完成2014年度公开招聘计划，在国家测绘地理信息局门户网站及公开发行的报刊上发布招聘信息。进一步加强社团管理和服务，严格执行领导干部社团兼职审批、事项报告等要求，进一步规范社团评奖表彰等工作。支持指导中国测绘地理信息学会作为首批承接政府转移职能试点学会，有序承接好测绘地理信息类专业认证职能。

【收入分配制度改革】

国家测绘地理信息局继续加强局直属事业单位职工工资性收入和工资总额管理，组织完成局直属事业单位2013年津补贴发放情况核查与2014年工资总额计划测算、分解下达工作。完成测绘地理信息职工野外工作津贴标准调整数据采集、调研和沟通上报工作。启动测绘地理信息系统测绘队基本工资标准调整工作。

# 人才队伍建设

【党政人才】

国家测绘地理信息局坚持强化理想信念教育和党性党风党纪教育，组织举办3期习近平总书记系列讲话和十八届三中全会精神培训班，轮训处级以上领导干部近400人；组织选派59名领导干部参加中央党校、国家行政学院等培训机构的脱产培训和自主选学；组织完成10名司局级干部调整补充，优化领导班子和干部队伍结构；加大优秀年轻干部培养选拔力度，出台《关于加强和改进优秀年轻干部培养选拔工作的意见》，选派1名司级、1名处级干部、1名机关年轻干部分别到东北老工业基地、新疆维吾尔自治区测绘地理信息局、国家信访局挂职锻炼；完善干部人事制度，修订印发《国家测绘地理信息局领导干部选拔任用工作办法》《国家测绘地理信息局干部选拔任用工作流程图》《国家测绘地理信息局直属单位中层领导干部任免备案管理办法》等8项制度；研究建立国家测绘地理信息局组织人事工作重要事项请示报告制度，明确规定需要报告的事项、报告程序等。

国家测绘地理信息局组织完成直属单位领导班子、领导干部以及局机关公务员年度考核工作，确定18名公务员年度考核等次为优秀。组织完成国家测绘地理信息局领导干部个人有关事项报告的受理、审核、抽查、核实及处理工作。完成领导干部（含离退休）在企业兼职（任职）清理规范及“回头看”、退（离）休领导干部在社会团体兼职清理规范、领导干部因私出国（境）证件集中保管检查清理等工作；接受中共中央组织部干部监督局对局机关和所属单位按职数配备干部情况专项检查，制定消化整改方案并落实；对中国测绘科学研究院、海南测绘地理信息局进行巡视，专项检查2家单位干部选拔任用工作；加强局直属单位干部选拔任用监督工作，组织完成局直属单位干部选拔任用“一报告两评议”工作。

修订完善全国省级测绘地理信息行政主管部门2014年度绩效考核指标，组织完成绩效考核工作，评定全国31个省级测绘地理信息行政主管部门的考评等次，确定优秀单位9家、突出进步单位5家、特色工作创新单位6家，在全国测绘地理信息工作会议上予以通报。

【专业技术人才】

国家测绘地理信息局坚持借助国家重大人才工程平台推进测绘地理信息高层次人才培养，选拔推荐国家创新人才推进计划、青年拔尖人才支持计划、享受政府特殊津贴人员、百千万人才工程国家级人选、千人计划、全国技术能手、新闻出版行业领军人才、全国会计领军人才等。2014年，测绘地理信息界入选国家高层次人才特殊支持计划10名、创新人才推进计划重点领域创新团队1个、全国杰出专业技术人才1名、专业技术人才先进集体1个、百千万人才工程国家级人选 1 名、新闻出版行业领军人才 1 名。继续实施科技领军人才工程，面向国内外选拔第三批国家测绘地理信息局科技领军人才，香港理工大学教授史文中，国家基础地理信息中心成绩优异的高级工程师刘若梅、蒋捷，武汉大学教授许才军、闫利、李霖，中国测绘科学研究院研究员张力、党亚民 8 人入选。指导局属单位加强高层次人才储备，全年共接收高校毕业生 274 人，其中研究生以上学历 155 人。

**【技能人才】**

经人力资源和社会保障部批准，国家测绘地理信息局联合教育部主办全国职业院校技能大赛测绘赛项总决赛，全国 29 个省、自治区、直辖市的 52 所开设测绘类专业的高等职业院校 208 名选手参加总决赛。经中华全国总工会批准，由国家测绘地理信息局和中华全国总工会联合举办地理国情普查劳动竞赛，并作为即时表彰项目。至年底，22 个省测绘地理信息局与省总工会联合举办竞赛，5 个省测绘地理信息局与省产业单位联合举办团体赛，3 个省测绘地理信息局单独举办竞赛，初步形成“打造竞赛载体、开展特色活动、助推国情普查”的竞赛格局。与教育部高等学校测绘类专业教学指导委员会、中国测绘地理信息学会教育工作委员会联合举办第三届全国大学生测绘地理信息技能大赛，75 所高等学校组队参赛。经国家测绘地理信息局推荐，湖南省第一测绘院仇俊、国家测绘地理信息局第一航测遥感院朱利坤被授予第十二届“全国技术能手”称号；第三届全国测绘地理信息行业职业技能竞赛 2 个竞赛项目获前 3 名的选手，被授予“全国技术能手”称号。国家测绘地理信息局组织开展测绘地理信息行业技师评审，经评审，2014 年新产生 55 名高级技师和 367 名技师，全行业技师和高级技师共计 2549 人。北京工业职业技术学院因在测绘地理信息高技能人才培养方面的杰出业绩，被授予“国家技能人才培育突出贡献单位”称号。

**【西部人才援助】**

国家测绘地理信息局贯彻中央援疆工作会议精神，继续实施测绘地理信息人才援疆工程。按照中央组织部统一部署，组织第八批援疆干部人才选派工作，选派局机关 1 名处长任新疆维吾尔自治区测绘地理信息局副局长，重庆测绘院 1 名副处级专业技术干部任新疆第二测绘院副院长。继续选拔专家到新疆开展短期技术指导。继续加大人才援藏工作力度，完成第七、八批援藏干部轮换工作，选派 4 名干部（包括 1 名女干部）到西藏工作。至年底，国家测绘地理信息局共有 5 人在西藏执行任务，包括纳入中央组织部对口支援选派计划 1 人。完善对选派干部的考核管理，西部人才援助优秀干部和集体不断涌现，国家测绘地理信息局第四地形测量队（黑龙江第三测绘工程院）被评为第六届全国民族团结进步模范集体。

**【教育培训】**

2014 年，国家测绘地理信息局共举办培训班 17 个，培训各类人才约 1700 人次。认真贯彻《2013～2017 全国干部教育培训规划纲要》，落实中央规范培训费管理使用的要求，印发《国家测绘地理信息局培训费管理办法》。举办面向测绘地理信息系统局级领导干部、处级干部、科级干部及生产单位负责人的培训班。国家测绘地理信息局职业技能鉴定指导中心（以下简称职鉴中心）、国家测绘地理信息局继续教育中心、测绘职业技术教育培训基地等培训机构开展各类专业技术培训。举办第七次地方党政领导干部专题研究班，25 名分管测绘地理信息工作的副市长及 24 名省级测绘地理信息行政主管部门班子成员参加专题研究班；组织实施青年学术和技术带头人境内外学术交流活动，在册管理的带头人全部参加国内培训，24 名带头人赴英国诺丁汉大学培训。

## 离退休干部管理

**【离退休干部人数】**

截至 2014 年底，国家测绘地理信息局管理的离退休干部共 2870 人，其中离休干部 144 人、退休干部 2726 人，局机关直接管理的离退休人员 91 人。

**【思想政治建设】**

国家测绘地理信息局组织离退休干部学习和贯彻党的十八届三中、四中全会和习近平总书记系列讲话精神，通过组织观看教育片、听取辅导报告、分组讨论等形式，帮助离退休干部加深对中央精神的理解和把握。组织离退休干部阅读文件、听报告、参加重大活动，及时传达党和国家有关重要文件精神，通报国家测绘地理信息局重点工作进展情况。

**【“双先”推荐工作】**

国家测绘地理信息局组织开展全国离退休干部先进集体和先进个人推荐工作。国家基础地理信息中心退休干部周良荣获“全国离退休干部先进个人”称号。

【走访慰问活动】

国家测绘地理信息局局长库热西组织召开部分离退休干部座谈会，到部分老领导家中走访慰问，了解和关心老领导实际情况。国家测绘地理信息局及所属各单位坚持领导带头、分级负责，在元旦、春节期间开展看望困难党员、老党员和离退休干部活动；在建国65周年前夕，走访慰问建国前参加革命工作的老干部。局机关坚持日常“四必访”制度（生病住院必访、重要寿辰必访、新春佳节必访、丧葬大事必访），全年共组织看望、慰问老干部60多人次。

【文体活动】

国家测绘地理信息局组织举办离退休干部迎春茶话会、趣味运动会、象棋比赛，开展春秋游、时令采摘等文体活动。举办智慧城市建设讲座，组织参观第三届中国卫星导航与位置服务年会等。选送老干部摄影作品参加国土资源部“爱我国土”摄影展活动，取得优异成绩。

【离退休干部工作部门建设】

国家测绘地理信息局组织召开局直属单位离退休干部工作会和业务培训班。选派3人次参加中央组织部和国土资源部的离退休干部业务培训；对离退休干部个人信息资料库实行动态更新，2013年离退休干部统计工作被中央组织部评为年度统计优秀单位。

## 职业资格管理

【执业资格与职称制度】

国家测绘地理信息局持续推进注册测绘师制度建设，出台《注册测绘师执业管理办法（试行）》。推进注册测绘师注册管理系统基础建设，开展注册测绘师继续教育大纲教材编写和远程教育平台建设。组织专家学者开展共同研究，进一步提高注册测绘师命题科学化水平。联合人力资源和社会保障部组织完成2014年度全国注册测绘师资格考试，共有15296名测绘地理信息专业技术人员参加考试，716人通过考试并获得注册测绘师资格证书。截至2014年底，全国获得注册测绘师资格证书人数达7485人。

【职业技能竞赛】

职鉴中心组织开展全国测绘地理信息行业职业技能竞赛，制定竞赛工作方案，明确工程测量和地图制图2个赛项。增加全国巾帼岗位标兵的奖励指标，形成由国家测绘地理信息局、人力资源和社会保障部、中华全国总工会、共青团中央及中华全国妇女联合会5部门联合办赛模式。

中华全国总工会授予在第三届全国测绘地理信息行业职业技能竞赛中取得优异成绩的2名选手“全国五一劳动奖章”；共青团中央授予6名竞赛优胜选手“全国青年岗位能手”称号。

【职业分类大典修订】

职鉴中心开展国家职业分类标准的上报、审核、修订、完善工作，新增地理信息采集员、处理员、应用作业员等多个职业，形成由10个专业技能类职业和8个专业技术类职业构成的新职业体系。

【职业技能鉴定管理】

2014年，职鉴中心组织各鉴定站开展工作，为3.7万人提供鉴定服务，3.5万人获得国家职业资格证书，全行业累计获得国家职业资格证书人数超过22万，其中高技能人才超过4万。为行业单位约6000名从业人员提供职业技能培训和鉴定服务。选择北京工业职业技术学院、河南工业职业技术学院、辽宁水利职业技术学院等职业院校作为在校内设立职业技能鉴定点的试点单位，签订战略合作协议。与北京天元四维科技有限公司等企业联合开展测绘航空摄影从业人员职业资格鉴定，拓宽鉴定服务领域。

# 对外合作与交流

## 测绘地理信息“走出去”

国家测绘地理信息局利用国际资源为地理国情普查和监测、三大平台应用、地理信息产业发展、科技创新、人才培养、能力建设等测绘地理信息事业重点工作提供支撑。举办地理信息与统计数据融合国际研讨班、中美地理国情普查监测技术与管理高级研讨班、测绘地理信息系统学术技术带头人境外培训班、中欧地理信息技术与产业发展高级研讨班。利用商务部援外资金，举办面向发展中国家的网络地理信息公共服务平台援外培训班。在联合国项目框架下，派出测绘地理信息系统多名技术和管理人员赴联合国相关部门挂职工作，赴欧美高校进修学习，为事业发展培养和储备人才。组织系统、行业和产业单位参加重要国际会议和国际展览会，为产业单位“走出去”提供服务，支持产业单位承担和参与国际项目。开通国家测绘地理信息局新版英文网站。

## 双边合作

中国与墨西哥、瑞典、以色列、韩国、蒙古、匈牙利等国新签或续签了测绘地理信息合作协议，为开展和深化双边合作活动搭建框架，为资源三号卫星、数字城市、天地图等优势技术输出、中国测绘地理信息产品和服务输出奠定基础。2 个国际科技合作项目和 5 个引进国外智力项目在科技部和国家外国专家局立项和执行。

## 多边合作

中国政府向联合国捐赠了由国家测绘地理信息局牵头研制的 30 米分辨率全球地表覆盖数据，国务院副总理张高丽和联合国秘书长潘基文出席捐赠仪式，国家测绘地理信息局与联合国经济和社会事务部签署联合声明。联合国第三次全球地理信息管理高层论坛在中国测绘创新基地举行，发表《地理信息支撑可持续发展背景宣言》。

国家测绘地理信息局领导当选联合国全球地理信息管理专家委员会共同主席、金砖国家地理空间信息论坛顾问委员会主席。西部测图工程在瑞士日内瓦 2014 年度世界地理信息论坛上获“世界地理空间信息杰出工程奖”。国家测绘地理信息局组团参加联合国可持续发展高级别政治论坛、联合国全球地理信息管理专家委员会会议、国际测量师联合会大会、对地观测组织会议。国际标准化组织地理信息标准化委员会第 39 次会议在中国举办。

# 政务工作

## 建议提案办理

2014 年，国家测绘地理信息局承办十二届全国人大二次会议代表建议 8 件，其中主办 2 件、单独办理 1 件、会同办理 3 件、参阅 2 件；十二届全国政协二次会议提案 11 件，其中主办 3 件、单独办理 2 件、会同办理 4 件、参阅 2 件。内容涉及地理信息产业发展、智慧城市建设应用、“天地图”建设应用、测绘地理信息军地合作、测绘地理信息产品标准、测绘地理信息装备建设、市县测绘地理信息管理机构建设等方面，观点更具前瞻性和创新性。

对于王明孝代表提出的关于规范建立地理信息新产品标准体系的建议，国家测绘地理信息局已编制完成测绘标准体系和国家地理信息标准体系，确定了测绘地理信息标准的层次和分类，初步建立了部门协作和国家、省级测绘地理信息部门上下联动的统一监管机制，研发推广了互联网地图监管系统。

对于李家民等10名代表提出的关于建立全国石油石化企业地理信息系统的建议，在国家地理信息公共服务平台“天地图”中，中石油应急管理、油气田地面设施管理、管道安全风险识别等方面已有初步应用，“天地图”在线地理信息服务计划向中石油、中石化、中海油等企业提供。

对于张友君委员提出的关于加强对地理国情普查工作指导力度的提案，国家测绘地理信息局高度重视，明确工作机构、机制，优化顶层设计，加强普查队伍培训，注重成果质量监控，第一次全国地理国情普查工作进展顺利。

对于尹镇龙委员提出的关于放宽或改进基础测绘成果保密规定的提案，国家测绘地理信息局已会商总参测绘导航局，出台《基础地理信息公开表示内容的规定（试行）》《遥感影像公开使用管理规定（试行）》，积极促进基础测绘地理信息要素和遥感影像公开使用，并加强保密处理技术研发工作。

## 文秘档案管理

2014年，国家测绘地理信息局累计办理收文2124件，审核公文623件，公文流转速度和公文处理效率进一步提升。发挥公文流转二维条码作用，规范公文流转程序，形成来文可查、行文跟踪的全程追溯和闭合管理机制。开展在京单位档案管理检查，强化档案安全、提升安全能力建设。积极推动机关档案开发利用，发挥档案在机关政务运行中的查询服务和资政作用，年内档案查阅利用近1000人次、2000多件次。

国家测绘地理信息局严格执行《精简公文管理规定》，成立了局贯彻落实中央八项规定督查工作小组和办公室，进一步深化办公自动化系统应用，建立了发文监督机制，严格控制发文数量、范围和层级，努力解决“文山会海”问题，公文印发数量同比2013年减少22%。

## 信息编发

国家测绘地理信息局全年编发《内部情况通报》54期，主要收录了国土资源部、国家测绘地理信息局领导在重要会议和重要活动上的讲话、测绘地理信息重点工作进展情况通报等。围绕国家测绘地理信息局年度工作要点和重点工作情况，按季度就局机关和在京所属单位工作进展情况进行通报。

全年编发《国家测绘地理信息局简报》1期，报送中央和国务院等有关部门。向中共中央办公厅、国务院办公厅、中央网络安全与信息化领导小组办公室报送政务信息11期，其中国家测绘地理信息局为云南鲁甸、景谷、四川康定地震及时提供应急测绘保障等4篇信息被采用。

全年编发《局内要情》46期，主要收录局领导重要批示和参加的重要会议、活动，国家测绘地理信息局所发重要文件和测绘地理信息系统重要信息。

## 保密工作

国家测绘地理信息局开展档案数字化、开放档案及政府公开信息网上查阅、局涉密中央文件保密管理、局非涉密网络保密管理专项检查。成立局网络安全和信息化领导小组，加强网络安全保密和管理。加强测绘地理信息成果保密管理政策研究，推进《测绘管理工作国家秘密范围的规定》修订工作。印发《关于加强实景地图审核管理工作的通知》，为加强街景地图审核管理，促进街景地图安全应用提供依据。开展互联网三维实景地图的安全应用评估，根据导航地图应用的新需求，进一步完善了保密处理技术。配发《党政干部和涉密人员保密常识必知必读》《国家秘密定密工作指导手册》等读本，举办测绘地理信息成果核心涉密人员培训班，强化测绘地理信息系统干部和从业人员的保密意识。

## 政务信息化建设

**【电子政务应用系统建设】**

国家测绘地理信息局组织实施5个电子政务应用系统建设，包括局机关内网办公系统和资质管理系统升级改造、地图审核在线审批系统、行政执法管理系统（一期）、国家基础测绘项目管理系统，进一步提高政务信息化程度。

**【内网门户建设】**

国家测绘地理信息局组织整合公文、行政审批等4个应用系统，在办公门户首页统一展现待办工作、查询报表等信息，集成应用系统单点登录、用户同步等功能，首次实现“一次登录，到处运行”，形成针对不同部门、岗位可定制的综合内网办公门户，加强了电子政务应用平台化能力，为“政务应用2.0”的推广提供了基础保障。

**【门户网站建设】**

国家测绘地理信息局组织开展全国测绘地理信息系统网站测评工作，首次召开网站测评指标体系座谈会，督促各参评单位及时对照本单位网站建设现状，完善内容，做好优化升级工作。举办网站建设业务培训班，就“十三五”期间政府网站构建、政务微博/微信与政府网站融合等主题进行培训。进一步加强网站群建设，新增北京市测绘设计研究院和中国测绘地理信息学会2家单位，网站群建设规模达10家。国家测绘地理信息局英文网站完成改版，《国家测绘地理信息局英文网站管理规定（试行)》印发。

**【政务信息资源管理】**

国家测绘地理信息局组织编制《政务信息资源目录》《政务信息共享与交换方案》。统筹测绘资质、行政执法、地图审核、注册测绘师等多个政务应用系统，初步建成资质单位、从业人员等核心管理信息数据库，实现了系统间信息共享。

**【信息安全保障】**

国家测绘地理信息局继续开展局网站等级保护整改实施项目，完成服务器的安全加固和安全管理平台与数据库审计相关配置，提高运维效率，全年有效防范来自互联网的攻击260万次。依据三级防护标准对局网站进行安全加固，委托专业测评机构对局网站开展首次等级测评工作，形成测评报告，通过测评。完成中央网信办部署的网络安全检查工作，检查国家测绘地理信息局及部分所属单位的计算机终端近400台。采用基于云计算架构的政务应用运行环境，加大基础设施建设力度，局机房总计算资源和存储资源均有明显增加，虚拟服务器超过100台，服务器资源利用率提高到85%以上。部署了针对整个虚拟服务器的备份软件，确保核心系统重要数据的安全。

## 维护稳定工作

国家测绘地理信息局指导机关和在京直属单位积极做好“两会”、APEC会议等重大活动和重大节日期间的安全保卫、应急处置工作，确保安全稳定。制定《国家测绘地理信息局领导接待群众来访工作办法》，全年妥善处理来信来访12件。做好安全保卫工作，开展了在京直属单位节日安全保卫大检查。

# 宣传工作

## 宣传管理

**【总体情况】**

2014年，《人民日报》、新华社、《光明日报》《经济日报》、中央电视台、中央人民广播电台等中央主要媒体累计刊（播）发测绘地理信息新闻近1000条，其中中央电视台播出新闻50多条（含新闻联播3条）、焦点访谈2期，人民网、新华网、中国政府网、新浪网、搜狐网等网络媒体和各地方媒体刊（转）发有关测绘地理信息新闻2万多条。

国家测绘地理信息局高度重视新闻宣传工作，制定宣传工作年度要点，召开全国测绘地理信息宣传工作会议。在新华网开设“测绘地理信息”频道，频道日均访问量61万人次，总访问量1.7亿人次。与中央电视台合作，基本完成8集大型专题片《地图传奇》的制作。统筹新媒体与传统媒体资源，发挥社会媒体与测绘媒体作用，对局重点工作取得的重大成果和全国测绘地理信息事业取得的重要成就进行宣传报道，为测绘地理信息事业发展营造了良好的舆论氛围和外部环境。

**【报刊宣传】**

《中国测绘报》在重大专题、重点专项宣传方面，注重利用专栏、专版、专题、专刊和专网等形式进行重点、集中、连续的宣传报道，充分发挥评论和图片新闻的作用，增加宣传深度。实行记者走基层、进一线采写制度，联合新华网、中国测绘宣传中心工作联络站开展新闻走转改活动，刊发来自一线的文章100多篇。《中国测绘报》全年采写新闻稿件100多万字，推出文化专刊6期。《中国测绘》杂志全年出版6期。

【网站宣传】

国家测绘地理信息局门户网站全年共登载各类新闻稿件5778篇，比2013年增加约5%，其中转载新华网、人民网等主流媒体新闻报道887篇，围绕全年重点工作和活动开设专题专栏15个。全年点击量接近3.4亿次，社会关注度进一步提高。在中国社会科学院信息化研究中心与国脉互联政府网站评测研究中心共同发布的2014年中国政府网站绩效评估结果中，国家测绘地理信息局网站在46家国务院其他部门网站中排名第4位，较2013年上升3位。

中国测绘新闻网更新20个栏目，制作6个专题，全年登载文章3300多篇。

【新媒体宣传】

国家测绘地理信息局开通局官方微博和微信，出台《国家测绘地理信息局政务微博管理办法》，建立运维机制，全年向中央政府网报送政务微博、微信15条。截至年底，局官方微博发布各类信息2300多条，粉丝数近20万；微信发布信息400多条，关注人数6000多人。利用局微博、微信策划的“感动测绘人物颁奖典礼直播”“国家版图知识竞赛有奖转发及答题”等系列专题活动，引起社会各界的广泛关注和积极参与，国家版图知识竞赛相关微话题阅读量达625万人次。积极推动测绘地理信息系统单位和行业单位开通官方微博、微信，截至年底，省级测绘地理信息行政主管部门开通官方微博25家、微信20家。

## 专题宣传

【重大工程宣传】

国家测绘地理信息局协调中央、地方媒体资源，组织系统内媒体资源，积极宣传第一次全国地理国情普查工作。人民日报刊发2期地理国情普查公益广告；自11月起连续开设地理国情普查专栏，刊发《第一次全国地理国情普查进展顺利》等3篇文章；《声音》栏目发表国家测绘地理信息局局长库热西·买合苏提署名文章《为科学决策绘制“地情图”》。重点宣传第一次全国地理国情普查与监测最新进展和成果，各大中央新闻媒体深度报道辽宁抚顺煤矿区南部形成地裂缝、浙江地理国情普查发现西湖水域面积增大、北京市对地下管线进行地理国情普查等消息。新华网开设地理国情普查专题，连续刊发21期普查周刊。创新宣传形式，在中央人民广播电台播放普查公益报时，在各地公交车上播放普查公益广告。《中国测绘报》及时跟踪报道普查和监测的动态进展，开设《普查办主任谈普查》专栏，刊登各省地理国情普查领导小组办公室主任署名文章。国家测绘地理信息局门户网站开设专题，报道普查开展情况，发布各类信息1800多条。国家测绘地理信息局组织《人民日报》、新华社等10多家中央新闻媒体开展以“智绘中国梦、应用天地图”为主题的“天地图”中国行宣传推介活动，遴选多个优秀典型进行采访宣传。《光明日报》刊发《天地图建设全球大数据中心》，《经济日报》刊发《天地图：“国字号”应用“千地千面”》等文章；新华网开设“天地图”中国行专题，刊登国家测绘地理信息局副局长闵宜仁的专访《天地图大有天地 大应用全民受益》。在宣传推介活动中，中央各大媒体共刊发相关报道90多条，地方媒体、网站转播（载）3000多条。国家测绘地理信息局门户网站开设专题，深度报道“天地图”中国行系列活动，集中展示应用系统案例。

国家测绘地理信息局组织开展“数字城市智慧城市建设成果展示”宣传活动，报道数字城市建设成果。《人民日报》开设数字城市特刊，报道通州、沈阳、临沂、泸州的数字城市建设成果。中央电视台《焦点访谈》节目针对湖北武汉开展地下管线测绘管理取得的经验和有关情况进行2期报道。《中国矿业报》就构建智慧中国专访国家测绘地理信息局副局长李维森。《中国测绘报》通过采写重点报道、刊登各地典型经验文章等方式进行宣传。国家测绘地理信息局门户网站继续办好全力建设数字城市、加快构建智慧中国专题。

【地理信息产业发展宣传】

国家测绘地理信息局大力宣传报道地理信息产业政策的出台及各地贯彻落实情况。《国务院办公厅关于促进地理信息产业发展的意见》发布后，《经济日报》刊发《2015年全国数字城市地理空间框架全部建成应用》《基础地理信息将免费或低收费》和《地理信息：跨界融合 寻求突破》等报道，中央电视台播出新闻《政策助力：地理信息产业再迎发展良机》。《国家地理信息产业发展规划(2014—2020年)》印发后，《科技日报》刊发消息《我国首个地理信息产业规划正式印发》和深度报道《地理信息产业8000亿“钱景”在望》《地理信息产业：国民经济发展新增长点》，新华社刊发报道《2020年我国地理信息产业规划总产值将超8000亿元》和《我国首个地理信息产业规划出台》，国家测绘地理信息局副局长王春峰就该规划答记者问。中国卫星导航定位协会与中国城市燃气协会签署战略合作协议，《人民日报》刊发报道《提升城镇燃气信息化能力 北斗将应用于管网安全管理》，中央电视台播出《北斗系统助力燃气地下管线安全》的消息，宣传北斗卫星导航系统的社会化应用。第三届中国卫星导航与位置服务年会暨展览会召开后，中央电视台播出《北斗导航精度将提升至厘米级》《首席看市：北斗产业驶入高速发展轨道》《北斗导航民用化步伐加快》等5条新闻；《经济日报》刊发《我国北斗导航产业总产值逾百亿元》《可穿戴设备市场大幅增长 儿童智能手环受热捧》等多篇报道。针对重庆推出的“每周一图”，国家测绘地理信息局组织各大中央媒体记者赴重庆实地采访，展示地理信息在服务百姓生活方面发挥的重要作用。

**【测绘法治工作宣传】**

国家测绘地理信息局全面贯彻落实《关于加强互联网地图和地理信息服务网站监管的意见》，《法制日报》首家刊载《我国加强涉密地理信息监管 非法获取处理地理信息将严查》，中央人民广播电台《新闻和报纸摘要》栏目进行报道。国家测绘地理信息局发布《2014年“问题地图”专项治理工作方案》，《法制日报》刊发报道《网络提供涉密地图将严查》，《工人日报》刊发《互联网涉密地图交易将被重点清查》。第二届全国国家版图知识竞赛和少儿手绘地图大赛开赛，《法制日报》刊发消息，新华网、凤凰网等各地方媒体和门户网站转发（载）。国家测绘地理信息局颁布修订后的《测绘资质管理规定》和《测绘资质分级标准》，中央人民广播电台在《新闻和报纸摘要》《央广新闻》《第一时间连线》等栏目进行报道，《中华英才》杂志刊发国家测绘地理信息局副局长宋超智专访《宋超智：为地理信息产业健康发展保驾护航》。《注册测绘师执业管理办法（试行）》颁布后，《法制日报》刊发报道《注册测绘师通过注册方可执业》。“8·29”测绘法宣传日，《法制日报》刊发国家测绘地理信息局局长库热西·买合苏提的署名文章《以法治引领和推动测绘地理信息事业改革发展》，《中华英才》杂志刊发库热西·买合苏提专访《库热西：正确、精准、有序、协调地推进改革》。

**【科技创新和“走出去”战略宣传】**

2014年，卫星中心等单位完成的“国产民用高分辨率立体测图卫星测绘和应用关键技术”项目获国家科学技术进步奖一等奖，《人民日报》刊载《科技进步一等奖“高分辨率卫星测绘和应用技术”——让“千里眼”看得更精准》，中央电视台多个栏目播出相关报道。“中国西部1:5万地形图空白区测图工程”获世界地理空间信息杰出工程奖，《人民日报》刊发消息《我国西部测图工程获世界地理空间信息杰出工程奖》，中央人民广播电台《新闻和报纸摘要》节目进行报道。

国家测绘地理信息局主导的科技创新项目——超长航时无人机遥感系统研发成功，中央电视台播出《我国超长航时无人机首次亮相》和《身边科技 飞向未来的无人机：能力多样 小身材胜任大任务》，新华社每日电讯刊发消息；腾讯QQ首页推送该消息，社会反响强烈。国家测绘地理信息局对世界平均海拔最高的新疆、西藏、青海水准环线展开一等水准测量工作，中央电视台《朝闻天下》栏目播出《“世界平均海拔最高水准环线测量”启动：测量超5400公里 覆盖新藏青三地》，《人民日报》刊发深度报道《挑战：五千公里“人走步量”》，《经济日报》刊发报道《海拔最高水准环线测量将完成》。湖北武汉建成智慧停车平台，《经济日报》刊发深度报道《湖北武汉：智慧停车平台化解停车难》。

国家测绘地理信息局与联合国统计司共同主办联合国地理信息与统计融合国际研讨会，《人民日报》刊发报道《地理信息与统计融合国际研讨班举行》，新华网、央广网、中国经济网等网络媒体报道。中国政府向联合国捐赠世界上首套30米分辨率全球地表覆盖数据，中央电视台《新闻联播》节目进行深入报道，《人民日报》刊发《张高丽会见联合国秘书长潘基文》，各大新闻媒体及网络新媒体共刊（播）发新闻100多条，各地方媒体、门户网站转载新闻近1000条。联合国第三次全球地理信息管理高层论坛在北京举行，新华社刊发消息《联合国全球地理信息管理高层论坛聚焦“地理信息支撑可持续发展”》，《光明日报》刊发报道《北斗系统将服务全球》,《科技日报》刊发《专家聚焦“地理信息支撑可持续发展”热题》和《智慧的城市应是宜居的——解读智慧城市发展系列报道之二》,中央人民广播电台在《全国新闻联播》《新闻纵横》《新闻和报纸摘要》等节目中进行报道。

**【测绘地理信息应急保障工作宣传】**

在云南鲁甸地震、景谷地震,四川康定地震等应急救灾中,国家测绘地理信息局启动应急测绘地理信息宣传预案,及时宣传报道测绘地理信息应急保障工作在抗震救灾指挥决策、灾民安置、灾情评估等方面的作用,中央电视台《新闻联播》等栏目连续滚动播出国家测绘地理信息局成功获取首批震后无人机高分辨率影像图的消息。人民网、新华网等网络媒体全面细致地展现测绘地理信息为抗震救灾提供保障服务。局门户网站首发大量灾区震前震后高清航摄影像图、专题地图,百度、新浪、搜狐、腾讯等各大门户网站相继转载。及时向中共中央办公厅、中共中央网络安全和信息化领导小组办公室、国务院办公厅报送测绘地理信息应急保障情况信息。

马航失联突发事件中,国家测绘地理信息局为中央电视台提供失联地区地图、影像图,协助相关报道工作,《人民日报》刊发热点解读《空天“千里眼”救灾更快捷》,对“资源三号”卫星的应急救灾功能进行深度解读。

**【测绘地理信息文化建设宣传】**

国家测绘地理信息局指导、中国测绘宣传中心主办首届新时期“感动测绘人物”推选和颁奖活动,新华网和腾讯网开设专题主页,点击量超过1.3亿次。新华网,国家测绘地理信息局门户网站,中国测绘宣传中心微博、微信对颁奖仪式全程直播,腾讯网链接新华网直播。《光明日报》、中央人民广播电台、《科技日报》等中央新闻媒体开展深入采访和报道,《光明日报》在重要版面刊发获奖人员、中国工程院院士刘先林专访《国产高端设备:国内卖不动国外受欢迎》;中央人民广播电台在《难忘的中国之声》节目播出《把生命献给测绘事业的驾驶员多杰》《地图先生刘彬的追梦人生》《国界线上的测绘尖兵张玉金》等多篇获奖人物报道,社会反响强烈。

# 新闻出版

## 地图图书出版

**【出版总量】**

2014年,中国地图出版集团出版地图、图书共1934种,其中新出版(含再版)525种,重印1409种。

**【实用参考书出版】**

2014年,中国地图出版集团实用参考地图产品实现发货码洋1.6亿元,销售收入6989万元,市场占有率53%以上。出版实用参考地图新产品180个,重版率75%。其中覆膜挂图《中华人民共和国地图》和《世界地图》《图说历史系列》《最美中国》《最美世界》等新品种市场反响良好。

7月,中国地图出版集团编制的《世界标准地名地图集》正式出版,该图集是目前我国出版的开本最大、内容最详尽、收录地名最多的综合性世界地名地图参考工具书,外交部通过政府采购将图集分送我国驻外使领馆。“世界数据库建设”进入收尾阶段,数据处理工作基本完成。基础测绘项目“少数民族语言版中国地图、世界地图编制”正式启动,其中维文版《中华人民共和国地图》《世界地图》《新疆维吾尔自治区地图》3张全开幅地图正式出版。

**【地图科研项目】**

中国地图出版集团申报的测绘地理信息公益性行业科研项目“世界大地图集库图一体化编研”获财政部208万元资助,国家基础测绘科技项目“基于地理信息与文化融合的地图文化创意产业化路径研究”获国家基础测绘科技项目资助,科技部科技基础性专项项目《国家影像地图集》和《国家水文水资源地图集》获科技部批准,“中国东海、南海及周边国家历史地图整编”项目获科技部科技基础性专项资助。

中国地图出版集团完成“公益性标准地图编制与发布”“少数民族语言版中国地图、世界地图编制”“爱我中华国家版图意识宣传教育系统建设”“领导工作用图”“地图审核信息化业务系统建设与应用”5个测绘成果应用推广项目设计书并通过国家测绘地理信息局论证。申报的财政部文化产业发展项目“全球地图数据库建设和数字地图出版应用”“地图数字出版资源库及智能化出版平台建设与应用”“中国城市古地图数字化及中国城市历史地理信息平台建设”等进入收尾和验收准备阶段，“旅游数字服务平台建设”项目完成竞争性谈判并按计划推进，“面向教育信息化的教学地图资源库建设”基本完成项目总体设计，“中国地图出版社数字出版转型升级项目”按计划实施。

中国地图出版集团编制完成外交部的“中国国界线标准画法样图”项目，其中“1:100万和1:400万国界线标准画法样图”项目成果已由外交部上报国务院审批。完成国土资源部的“土地利用图件的编制”项目地图编制任务等。

**【教材与教辅图书出版】**

2014年，中国地图出版集团教材产品直供教材总发货码洋5.8亿元，租型教材总发货码洋6725万元。其中，国标版《历史》7年级~8年级、《品德与生活》1年级~2年级通过审查，《历史》9年级、《品德与社会》3年级~6年级按时送审。多次举办教材选用推广活动，进一步巩固教材市场；利用教材发行渠道推广学生及学校用挂图、地球仪、读本等相关教学产品，自主开发了北京地理光盘和电子教材。组织开展上海教材编制、出版、征订、发行、培训等工作，开发全国版地理和历史教材、教辅光盘36张，组织编写《气象教育读本》（小学版、初中版、高中版），完成《品德与社会图册》科教版、上教版修改审查工作。

2014年，中国地图出版集团教辅产品发货码洋8200万元，销售收入3700万元。及时优化调整教辅产品线，修订和完善《寒暑假作业》《高效同步测练》《能力培养与测试》《地理高考总复习》等7大系列，新增的河北、江西、青海3省教辅材料通过送审。策划适应新形势的馆配图书和幼教读物，加强市场调研，利用多种模式积极拓展产品种类，《美丽中国梦》校园教育读本在宁夏等地区推广发行效果较好。

**【测绘地理信息图书出版】**

2014年，中国地图出版集团编制出版《〈国务院办公厅关于促进地理信息产业发展的意见〉辅导读本》《中国测绘学科发展蓝皮书（2012—2013卷）》《中国测绘地理信息年鉴（2014卷）》《地理国情普查培训教材之六》《测绘资质管理规定与分级标准》《国家测绘地理信息局文件汇编》及13本行业技术标准等行业重点用书，以及22本高职高专和本科测绘专业教材，《核心利益之领土主权》等测绘地理信息科普图书。成功申报《测绘地理信息辞书出版（一期工程：资料库建设及平台研究）》项目，获50万元政府补贴。编制出版的17部测绘科技专著通过测绘地理信息科技出版资金审查。

**【综合出版】**

中国地图出版集团通过对Lonely Planet旅游图书生产流程的精细化管理，初步形成独具特色的旅游图书生产流程。中国旅行指南系列、国际旅行指南系列、自驾指南系列、IN系列等四大系列初具规模。启动旅游数字平台设计构架项目。推出“旅行家传奇”系列图书《在高处遇见自己——我的山水十年》《西岭雪：走一步看一步》《行走在心灵之间》《最欧洲——我的自驾三万里》，出版了“探访美丽中国”系列图书《江南水乡》《古城古镇》《明清皇家陵寝》，以及《北京：皇城往事》《小驴佳佳：画说非洲》《英国不装腔指南》等一批旅游类图书，实现旅游图书的出版规模效应。进一步加强地图文化创意资源聚合，推进地图文化创意产品开发和产业化发展，开发了古地图复制品、“足迹BEIJING地图”产品、螺钿漆器套装、手绘地图等近100个地图文化创意产品。与上海攻玉礼品设计制作有限公司签订战略合作协议，购买其创作的北京、厦门、香港、台湾手绘城市图版权，启动深圳、重庆等11个重点城市的手绘地图开发项目。

不断探索新媒体产品新服务模式，为各地市、县级政府门户网站提供政务、交通、旅游、产业规划、教育医疗、灾害应急保障、城乡建设等专用地图服务，并在招商引资、形象宣传、旅游推介和本地生活等方面提供公众地图服务。完成并发布58个网络地图，3个IOS APP产品，以及《北京二维码旅游地图》等新媒体产品；完成第1个全景项目圆明园的“正觉寺可视化系统”。与合作伙伴联手完成《中国名镇（区）导航电子地图》项目的搭建，并与中山市、清远市鼎湖区等地政府达成初步合作意向。

申报的“地图文化创意产品开发”项目获2014年财政部文化产业发展专项资金900万元资助，2014年北京市文化创意产业发展专项资金通过评审，“纵横申城——上海人文地图APP”项目获得上海市促进文化创意产业发展财政扶持资金支持。申报的“地图文化网络传播运营平台建设”“面向数字出版服务的地图专业内容资源库建设”“基于移动端中国（上海）人文地图开发与应用”等项目分获2014年财政部国有资本经营预算支出811万元、998万元、940万元的资助。

【版权引进及对外合作】

中国地图出版集团与美国知名教育产品生产商——赫福琼斯公司建立战略合作伙伴关系，在地球仪、数字教育产品、文化用品等项目领域达成合作意向。全年出品中美合作地球仪21个品种，其中17个品种已上市销售。在特型地图生产方面，将国际领先的数字雕模技术和地图DEM晕渲数据相结合，开发了全新系列的分省立体地形图、儿童卡通立体图等17个产品。推出立体图搭配拼图或填充图的组合套装，成为新的利润增长点。参与研发国内首个无拼缝一次成型超大立体地形图——九全开超大型立体地形图（九全中国、九全世界）。

中国地图出版集团与台湾中华文化大学教授邱毅合作，打造台湾文化旅游系列图书。与日本创河公司合作出版Hello Kitty少儿图书，并在北京图书大厦、亚运村图书大厦等地设立Hello Kitty周边文化用品销售专区。获得世界知名品牌《史努比BE系列》《轻松熊》的合作出版发行权。积极开展与美国著名品格发展公司RSS的合作项目，编制出版《车车加油》等儿童品格教育故事书系列，取得良好市场反响。

在联合国第三次全球地理信息高层管理论坛上，中国地图出版集团设立了以“地图的功用”为主题的展位，向各国观展嘉宾介绍集团在地质地貌、水资源、土地利用等专题地图编制出版领域的成果。与安曼国家测绘局达成了合作意向。

## 期刊出版

自2014年1月起，《测绘学报》改为以月刊形式向国内外公开出版发行，并入选300种以中文出版的中国精品科技期刊名单，2篇论文入选“2014年度中国百篇最具影响优秀国内学术论文”，10篇论文入选“2014年度中国精品科技期刊顶尖学术论文（F5000）”。2014年，《测绘学报》《测绘通报》加入了中文DOI（数字对象唯一标识符）系统，实现引文到其他出版商全文的动态、持久链接，两刊的影响因子和总被引频次呈逐年上升趋势。《地图》杂志以旅游和地图文化为选题重心，策划了以厦门、香港为主题的旅游选题以及紧跟社会热点的地图文化选题“地图上的丝绸之路”“《皇舆全览图》的前世今生”“中国古代海洋梦”，引起社会广泛关注和好评。《北京人文地理》增刊合作顺利推进，获得较好的经济和社会效益。《地图》杂志微博在中国测绘网发布的2014年测绘地理信息行业微博影响力排行榜TOP30中排名第9，被中国科学技术协会评选为2014年“公众喜爱的科普作品”。

# 统计工作

## 统计管理

【统计工作考核评比】

国家测绘地理信息局管理信息中心（以下简称管信中心）组织开展测绘地理信息统计工作考核评比工作，根据测绘地理信息系统2012年、2013年的统计工作考核情况，评选出了先进单位14家和先进个人24名。

【地理信息产业统计】

管信中心开展地理信息产业统计研究工作，赴国家统计局、文化部调研，了解相关产业分类和统计的工作思路和方法。参与《地理信息及相关产业分类》编制及测算工作。

## 统计制度建设

国家测绘地理信息局组织修订完成并印发《测绘地理信息统计报表制度》，自2015年1月1日起施行。修订后的报表包括机构、法制建设、测绘生产与质量监督、测绘成果管理与应用、地图管理与服务、科技与国际合作、财务、人事人才等8个方面，共63张统计报表。

## 统计信息化

管信中心组织修改完善统计网络直报系统，改变用户登录方式，解决测绘资质证号变化带来的系列问题，组织研讨统计直报系统升级、与国家测绘地理信息局电子政务平台接口等工作，编写了直报系统升级改造需求说明书。

## 统计信息服务

**【常规统计报表】**

管信中心完成2013年各项专业统计年报的收集工作，编制印发了《二〇一三年测绘地理信息统计年报》，该年报增加了管理机构、数字城市建设、天地图建设、1:1万地图覆盖等内容。完成2014年统计半年报和统计快报工作，分别编写1期《管理信息简报》，及时向有关部门提供相关统计数据。

**【综合统计分析】**

管信中心开展统计年报分析工作，编写了《2013年测绘地理信息行业发展综述》《2013年测绘地理信息系统发展综述》《2013年测绘成果提供使用综述》。开展“十二五”以来的统计分析，编写了《“十二五”期间测绘地理信息发展统计分析报告》。组织系统单位开展统计分析，并编写了《2013年测绘地理信息统计分析报告汇编》。

**【统计手册编制】**

管信中心首次组织编制了《2014测绘地理信息统计手册》，简要反映我国各省、自治区、直辖市测绘地理信息发展情况，内容包括省（自治区、直辖市）情况简单介绍、年度测绘地理信息主要工作情况以及重点统计指标数据。

## 统计调查研究

7月，管信中心组织部分统计人员赴甘肃、宁夏、陕西等地开展统计工作调研，了解统计工作开展情况和遇到的问题，收集意见、建议，不断完善统计工作机制。配合国家测绘地理信息局开展关于测绘系统测绘队工资制度执行人员情况的专项统计调查，为了解掌握全国测绘系统执行测绘队工资制度的人员情况提供了依据。

# 测绘地理信息教育

## 教育指导

国家测绘地理信息局继续将测绘地理信息教育发展纳入事业发展大局，与测绘地理信息院校创新协同育人，推进测绘地理信息产学研深度融合。发挥行业指导作用，加强测绘地理信息教育教学指导。指导开展第三届全国高等学校大学生测绘技能大赛、全国职业院校技能大赛高职组测绘竞赛、测绘类专业教学质量国家标准制订、大学生科技论文竞赛、测绘学科与地理信息学科高等教育高端论坛、高职高专专业目录修订等工作，推进测绘地理信息领域学科建设和教学改革。加强测绘地理信息青年教师培养，全国测绘地理信息职业教育教学指导委员会联合教育部职业院校信息化教学指导委员会举办了全国职业院校教师信息化教学能力提升培训班。继续推进测绘地理信息类专业认证工作，组织开展5所院校测绘工程专业认证工作。

## 武汉大学

**【招生情况】**

2014年，武汉大学测绘学院、遥感信息工程学院、资源与环境科学学院、测绘遥感信息工程国家重点实验室、卫星定位技术研究中心、中国南极测绘研究中心共招收测绘相关专业本科生1000多人，研究生721人，其中博士研究生162人、硕士研究生559人。测绘学科共有普通本科生4000多人，硕士研究生1500多人，博士研究生600多人。毕业研究生就业率约为95%，位于武汉大学各学科专业毕业研究生就业率前列。

【科研情况】

2014年，武汉大学测绘类学科获国家科技进步奖3项、省部级奖24项。发表科研论文SCI 258篇、EI 411篇、CPCI-S 41篇。出版专著4本，获发明专利授权71项，获实用新型专利授权23项，申请软件著作权58项。在研项目1000多项，经费总额3.14亿元。

武汉大学派出5名队员参加中国第30次南极科学考察，执行了卫星与地面协同的南极地区吸收性气溶胶光学特性观测、南极菲尔德斯半岛植被观测样方的建立与复查、长城站验潮系统的维护和标定、中山站卫星跟踪站建设和观测、伊丽莎白公主地内陆站建站等多项任务。3月，武汉大学1名科考队员在回国途中，随“雪龙号”科考船参与马航失联客机搜救工作。

10月，武汉大学牵头建设的地球空间信息技术协同创新中心入选国家“2011协同创新中心”。

武汉大学主持起草《卫星遥感影像植被指数产品规范》国家标准和《矢量地图符号制作规范》行业标准，均公布实施。主持完成的“关于南水北调中线工程核心水源区生态经济可持续发展的咨询建议”被湖北省政府采纳。

测绘学院教授许才军、闫利，资源与环境科学学院教授李霖入选国家测绘地理信息局第三批科技领军人才。

【学科排名情况】

10月，2014年~2015年QS世界大学排名（QS World University Ranking）发布，在地理学与区域研究（Geography&AreaStudies）学科排名中，武汉大学地理学专业首次进入150强，居149位。

11月，基本科学指标数据库（EssentialScienceIndicators，简称ESI）数据更新显示，武汉大学地球科学（GEOSCIENCES）首次进入ESI全球学科排名前1%，发文量为1074篇，总被引次数达到4481次，篇均被引次数为4.17次。

【获奖情况】

1月9日，由中国科学院院士、中国工程院院士李德仁教授为带头人的武汉大学对地观测与导航技术创新团队在2014年国家科学技术奖励大会上获国家创新团队奖。

在2013年国家测绘地理信息局重点实验室评估报告中武汉大学地球物理大地测量、数字制图与国土信息应用工程、导航与位置服务3个重点实验室被评为优秀。

【全国测绘技能竞赛】

7月，武汉大学测绘学院测绘工程专业2011级学生代表队在“中海达杯”全国第三届高等学校大学生测绘技能竞赛中获团体总成绩一等奖、数字测图一等奖，测绘学院教师赵岚被评为优秀指导教师。

9月，武汉大学代表队获第十九届中国遥感大会暨第八届中国青年遥感辩论会团体亚军。

武汉大学测绘专业相关人员完成的“广域实时精密定位关键技术与应用”“国家基础地理信息更新技术体系与工程应用”分获国家科学技术进步奖二等奖；“对地观测传感网协同智能服务的理论与方法”获高等学校自然科学奖一等奖；另有多个项目获2014年中国测绘地理信息学会测绘科技进步奖、卫星导航定位科技进步奖等。

【卫星导航系统数据中心落户】

12月，国际全球卫星导航系统服务组织（International GNSS Service，简称IGS）主席正式通知，国家卫星导航定位工程研究中心（武汉大学卫星导航定位技术研究中心）负责建设全球第五个IGS数据中心。该数据中心将面向全球卫星导航定位用户免费提供国际IGS基准站观测数据，GNSS卫星精密轨道和精密钟差，以及地球自转参数等数据服务。

【合作交流】

1月14日，泰国科技部常务次长威拉蓬·沛素汪一行访问武汉大学，探讨进一步深化合作事宜。11月11日~12日，武汉大学和国家海洋局极地考察办公室联合主办的极地测绘遥感与全球环境变化国际学术研讨会在武汉大学举行，来自挪威、澳大利亚、德国、美国、印度等国家和地区从事极地研究的专家学者共110多人参加。12月，泰国外交部副部长敦·帕马威奈一行11人访问武汉大学，洽谈深入合作事宜。

## 郑州测绘学校

【国家示范校建设】

郑州测绘学校把国家示范校建设列为2014年重点工作之一，继续围绕工程测量、地图制图与地理信息、国土资源调查3个重点建设专业和“多证书测绘人才培养模式特色项目”开展工作。出台相关办法和细则，将涉及到的608项建设指标全部分解到人，并提出明确要求。邀请测绘地理信息企业专家参与专业培养方案制定和专业教材开发，完善了校企合作、工学结合的人才培养模式，建立地貌与测量认识实验室、三维建模实验室、形变测量实验室、地理国情监测实验室，扩展了教学与实训内容；完成3个重点建设专业的标准库、文献库、素材库、试题库等建库工作；调整教学计划和方案，开展“工学交替”“订单式培养”试验，强化学生顶岗实习前的实践性教学，取得良好效果。

**【教学管理与师资队伍建设】**

郑州测绘学校加强日常教学管理，成立教学检查领导小组，采取多种评议方式对教师的教学情况进行全面检查。完善教师教学质量评价体系，出台教学责任事故认定及处理办法、教师教学工作规范等制度。武汉大学郑州测绘学校函授站在站函授生3300多人，全年分12批完成4200学时的面授教学，组织50班次的成绩考核。组织工程测量等专业教师开展岗位能力考核。组织教师参加国家测绘地理信息局开展的测绘地理信息行业技师考评，21人获高级技师任职资格，15人获技师任职资格。选派教师20多人次参加相关学习培训，邀请3名院士到校作学术报告。

郑州测绘学校被中共河南省委高等学校工作委员会、省教育厅评为“河南省文明标兵学校”。

**【招生工作】**

2014年，郑州测绘学校共招收全日制学生1185人，武汉大学郑州测绘学校函授站共招收2015级函授生720人。

**【实践性教学与对外培训】**

郑州测绘学校继续做好登封外业实习的教学组织和各项保障。3月，举办顶岗实习洽谈会，252家单位为1088名顶岗实习学生提供了5430个实习岗位。加强顶岗实习学生上岗前培训、指导及顶岗实习过程管理，派出7个小组对69家接收顶岗实习学生的单位进行回访调研。组织学生参加河南省中等职业教育技能大赛工程测量比赛，4人获得个人一等奖；参加第三届河南省高等学校大学生测绘技能竞赛，获职业院校组团体二等奖；组队代表河南省参加2014年全国职业院校技能大赛，获中职组工程测量团体二等奖。积极开展对外培训工作，全年举办4期测绘地理信息业务培训和5期测绘地理信息实用人才培训班。

**【民主建设及行风、作风建设】**

3月，郑州测绘学校召开七届四次教代会暨工会会员代表大会，审议通过《学校工作报告》等文件，校领导班子将代表的意见和建议列入“班子整改方案”进行整改。通过自查自纠、集中检查、全面整改等环节，开展民主评议行风工作，加强行风建设。从“中央开展的专项治理”和“省委开展的专项治理”中选择16项和9项内容进行落实。根据教育实践活动中查摆的问题，制定《工作纪律专项监督检查工作方案》。

## 中国测绘科学研究院

中国测绘科学研究院是教育部批准的硕士学位授予单位和国家人事部批准的博士后科研工作站，与国内多家高等院校联合培养硕士、博士研究生。设有大地测量学与测量工程、摄影测量与遥感、地图学与地理信息系统3个研究生专业。

**【师资队伍建设】**

2014年，中国测绘科学研究院新增硕士生导师3人，截至年底，共有硕士生导师32人、博士生导师11人。

**【人才培养】**

2014年，中国测绘科学研究院招收全日制硕士研究生10人，联合培养的硕士研究生、博士研究生46人，毕业的硕士研究生11人，就业率100%。

**【获奖情况】**

中国测绘科学研究院1名硕士研究生获2014年研究生国家奖学金。2人分获2013—2014学年度陈永龄院士优秀学生科技创新奖硕士研究生一、二等奖，2人分获2013—2014学年度陈永龄院士优秀学生科技创新奖博士研究生一、二等奖。

# 党的建设与党风廉政建设

## 党的群众路线教育实践活动

国家测绘地理信息局党组组织召开党的群众路线教育实践活动总结大会，向中央党的群众路线教育实践活动领导小组办公室上报群众路线教育实践活动总结报告，整理编印《国家测绘地理信息局党的群众路线教育实践活动文件资料汇编》。制定出台局党组关于完善党员干部直接联系群众制度的实施意见，不断巩固和拓展教育实践活动成果。

局党组制定教育实践活动深化整改工作安排，对各项整改任务列出时间表，明确责任人，建立整改“台账”制度、实行整改销号式管理。组织开展深化整改自查，及时向中央活动领导小组及办公室报送整改情况报告。局领导多次深入基层联系点，调研指导教育实践活动。

加强对局机关各司室和局所属单位整改落实工作的指导，督促开展自查，及时向职工群众公开整改落实情况，多次对各单位、各部门整改落实情况进行督促检查。

## 党建工作

**【创建学习型党组织】**

国家测绘地理信息局党组中心组带头学习，坚持每月必学，全年共进行9个专题的学习，及时安排中央重要会议、中央领导重要讲话精神的传达、学习和贯彻活动。推进学习型党组织建设，举办“测绘学习大讲堂”5期，邀请有关领导和专家学者作专题辅导报告，加强党员干部的理论素养和战略思维。充分利用网络平台进行理论宣讲，共发布专题讲座视频53期。坚持每季度印发直属支部理论学习指导意见，及时为各支部提供学习资料和学习指导。积极开展荐书读书活动，坚持每季度向党员干部推荐优秀书目并赠阅书籍，全年共推荐书目24本，配发优秀书籍2000多册。

**【重要讲话精神学习贯彻】**

国家测绘地理信息局通过个人自学、举办专题辅导、研讨交流会、集中轮训等多种形式，组织党员干部认真学习领会习近平总书记系列重要讲话、《中共中央关于全面深化改革若干重大问题的决定》以及局党组的贯彻落实意见。

**【理想信念教育】**

国家测绘地理信息局开展纪念建党93周年“党旗红、测绘颂”征文活动。组织编撰杨艳萍同志先进事迹汇编，继续开展向新时期测绘好干部——杨艳萍同志学习活动。与中央国家机关工作委员会共同举办中央国家机关践行社会主义核心价值观先进典型报告会。印发《2014—2018年国家测绘地理信息局直属机关党员教育培训工作规划》。

**【基层党组织建设】**

国家测绘地理信息局印发《关于开展“转作风、树新风、办实事、求实效”优秀活动评选工作的通知》，组织开展直属机关优秀支部主题活动评选并进行集中展示，积极参加中央国家机关工委开展的基层组织建设相关活动。起草《关于进一步加强和改进新形势下党的建设工作的意见》（征求意见稿）。指导相关党支部进行换届选举和增补委员工作。完善党内激励、关怀、帮扶机制，做好老党员、困难党员的服务工作。全年共发展预备党员16名，19名预备党员如期转正。完成2014年党内统计和党费收缴工作。

**【“五型机关”创建活动】**

国家测绘地理信息局组织开展2014年度“五型机关”创建活动先进司室、先进处室和先进个人评选表彰工作，2个司室、9个处（室）、26名个人受到表彰。

## 党风廉政建设

**【中央决策部署贯彻落实】**

2月24日，国家测绘地理信息局在北京召开全国测绘地理信息系统党风廉政建设工作会议，对

2014年党风廉政建设和反腐败工作做出部署。制定印发局党组关于落实党风廉政建设主体责任和监督责任的意见，印发局2014年党风廉政建设工作要点和责任分工，组织所属各单位、机关各司室党组织主要负责人签订党风廉政建设责任书，开展责任制落实情况检查，促进党风廉政建设责任制层层落实。

**【权力制约和监督】**

国家测绘地理信息局制定印发贯彻落实《建立健全惩治和预防腐败体系2013—2017年工作规划》实施办法，对推进测绘地理信息惩防体系建设进行总体部署。制定局纪检监察机构监督政府采购工作暂行办法。严格执行领导干部述职述廉、诫勉谈话、函询、报告个人有关事项等制度。组织召开局党组2014年度民主生活会，指导机关各司室、局所属各单位开好年度民主生活会。

**【反腐倡廉】**

国家测绘地理信息局及时组织学习中央纪委违纪案件通报，进一步强化警示教育。抓住春节、中秋、国庆等重要时点，发送具有测绘地理信息特色的廉政短信，及时对严明纪律、改进作风提出要求。做好中央巡视组反馈意见的整改方案制定、整改措施落实，报送整改落实情况。依法依规查办违纪违法案件。坚持抓好党性党风党纪教育，切实做好信访举报处理工作。

**【巡视工作】**

国家测绘地理信息局认真贯彻中央关于巡视的新部署新要求，对中国测绘科学研究院、海南测绘地理信息局领导班子及其成员进行巡视。巡视前认真谋划制定方案，明确巡视对象、内容、方式等，做到有的放矢。巡视中通过多种方式，广泛深入听取意见建议，努力对被巡视单位领导班子及其成员作出准确评价。巡视后认真形成工作报告，及时向被巡视单位党组织反馈，督促抓好整改落实，有效发挥了巡视工作的监督作用。

**【内部审计】**

国家测绘地理信息局修订印发局内部审计工作管理办法，进一步明确内部审计的机构人员、职责权限、审计程序、奖励惩罚等内容。加强内部控制和监督，对相关单位开展离任经济责任审计、年度预算执行和财务收支审计，参与了局重点项目财务监督和“小金库”专项治理。配合审计署做好对国家测绘地理信息局的稳增长、调结构专项审计。

# 文化建设

## 思想文化建设

国家测绘地理信息局进一步加强测绘地理信息文化建设研究与实践，在局政府门户网站开设“全国测绘地理信息系统文化展示活动”专栏，集中展示全系统文化建设和精神文明建设的实践成果。组织召开全系统文化建设座谈会，进一步探索加强新形势下测绘地理信息文化建设的新思路、新举措。组织开展全国测绘地理信息系统第三届羽毛球赛等文体活动。组织开展中国测绘职工政研会2013年度优秀研究成果评选表彰，共评出组织奖6名、个人奖30名。继续采取重点课题分组研讨的形式，开展2014年度重点课题调研工作。积极参与中国政研会课题研究成果评选活动，上海市测绘院提交的《测绘职工健康心态研究》调研报告获一等奖，江西、江苏、吉林省测绘地理信息局提交的调研报告分获三等奖。

## 精神文明建设

国家测绘地理信息局深入贯彻落实《关于培育和践行社会主义核心价值观的意见》，大力弘扬测绘精神，推出一批体现测绘精神的先进典型，向全国总工会推荐的杨艳萍被授予全国“五一劳动奖章”。多个团队和个人分获“人民满意公务员先进集体”“中央国家机关青年文明号”“中央国家机关青年五四奖章”“全国三八红旗手”等称号。配合中央国家机关妇工委举办“巾帼建新功 共筑中国梦”全国三八红旗手、红旗集体先进事迹进部委巡展活动。

## 群团工作

国家测绘地理信息局直属机关团委组织在京直属单位青年团员，到北京市顺义区太阳村特殊儿童救助中心参加爱心公益活动。直属机关妇工委在“三八妇女节”组织部分女职工参观中国妇女儿童博物馆。局机关工会组织开展“聚合力、激活力、增动力”拔河比赛，定期在中国测绘创新基地播放电影。做好统战和维护稳定工作。

# 学术社团

## 中国测绘地理信息学会

**【2014 年学术年会】**

12 月 17 日～18 日，中国测绘地理信息学会在武汉举行 2014 年学术年会，颁发 2014 年测绘科技进步奖、全国优秀测绘工程奖、优秀地图作品裴秀奖、夏坚白测绘事业创业与科技创新奖，评选出数字城市建设与应用优秀展示片，省级测绘地理信息学会能力提升建设、承接政府转移职能突出工作典型，2013 年度测绘地理信息创新产品，“吉威时代杯”青年优秀学术论文，“Esri 中国杯”《测绘学报》2014 年度优秀论文等奖项。会议期间举办特邀报告会、专题论坛、学术分会场，召开十一届二次理事会。8 位院士出席开幕式并作报告，1200 多人参加会议。

**【学术交流】**

10 月，中国测绘地理信息学会举办以“地图·文化·生活”为主题的首届中国地图文化节暨地图文化论坛。举办第四届全国测绘地理信息技术装备展览会，近 300 家企业参展。展会期间，举办了测绘仪器发展高端论坛和测绘仪器新产品发布会。

**【科普活动】**

中国测绘地理信息学会举办 2014 年全国学生定向锦标赛暨“中国四维杯”第十届全国测绘地理信息职工定向越野赛，来自全国的 90 多支代表队近 2100 人参加比赛。协助国家测绘地理信息局举办“美丽中国”第二届全国国家版图知识竞赛和少儿手绘地图大赛。积极推进测绘地理信息科普教育基地建设工作，制定了《中国测绘地理信息学会科普基地创建与管理办法（试行）》，遴选企业参加全国科普教育基地认定。

**【科技奖励】**

中国测绘地理信息学会健全完善奖励评选程序和办法。评选出 2014 年测绘科技进步奖 115 项，全国优秀测绘工程奖 318 项，优秀地图作品裴秀奖 77 项，青年优秀论文 21 篇。积极开展国家奖励推荐调研和研讨工作，取得国家奖励推荐资格，推荐“国家数字城市地理空间框架技术构建与应用”项目为 2015 年国家科学技术奖候选项目。

**【科技人才举荐】**

中国测绘地理信息学会积极推荐优秀测绘地理信息科技工作者参加全国优秀科技工作者候选人、中国青年科技奖候选人、光华工程科技奖候选人、中国青年女科学家奖候选人等评选。经全国优秀科技工作者评审委员会评审、中国科学技术协会全国委员会常务委员会批准，推荐的卫星中心研究员唐新明、中山大学地理科学与规划学院教授张新长、海军海洋测绘研究所高级工程师翟国君获“全国优秀科技工作者”称号。

**【测绘地理信息创新产品认定】**

中国测绘地理信息学会开展 2014 年测绘地理信息创新产品认定工作，进一步完善产品认定制度和程序，促进科技创新成果向市场转化和产业发展。

**【自身建设】**

中国测绘地理信息学会及时将第十次会员代表大会的选举结果和新的学会章程分别报中国科学技术协会、民政部、国家测绘地理信息局批准和备案。组建新一届学会理事会，完成聘任工作。按照民政部和中国科学技术协会关于分支机构管理的规定，组建完成新一届理事会的分会和专业（工作）委员会，印发《中国测绘地理信息学会分支机构管理办法》和《中国测绘地理信息学会团体会员管理办法》。完善各项规章制度，制定印发工资管理制度、休假考勤管理制度和固定资产管理办法，确保各项工作规范有序运行。

**【学科发展研究】**

中国测绘地理信息学会启动《中国测绘地理信息学科发展报告（白皮书）》编写工作，重点调查学科队伍建设、科学研究、人才培养等状况。开展成立科学技术测试评价国家测绘地理信息局工程技术研究中心相关调研及论证，积极筹备组建工作。

**【对外交流】**

中国测绘地理信息学会接待韩国测量协会代表团来访，就加强在地理空间信息管理与制图领域的技术合作进行探讨，共同签署《地理空间信息管理与制图领域技术合作协议》。组团出访德国、波兰、匈牙利等国家，达成实质性合作交流意向。加强同东南亚测绘协会的联系，协同举办沧海论坛——地理信息技术应用学术研究会，近200人参加会议。

**【创新发展】**

中国测绘地理信息学会积极参与中国科学技术协会推进学会有序承接政府转移职能试点项目，申请参与学会有序承接政府转移职能扩大试点工作。2014年，向中国科学技术协会成功申请“2014开放数据与智慧城市发展论坛”“测绘科学技术学科发展研究”等6个项目作为试点。

**【测绘地理信息类教育专业认证工作】**

中国测绘地理信息学会组织完成5所大学测绘工程专业的专业认证工作。启动遥感科学与技术专业补充标准的起草工作和测绘工程专业补充标准英文版修订工作。

**【分支机构工作】**

中国测绘地理信息学会测绘学名词审定工作委员会完成换届改选工作，增设“指导委员会”。完成《测绘学名词》（第四版）、《测绘学专业分类表》（第二版）的修订工作。筹备启动《中国大百科全书》第三版“测绘卷”的修订工作。

中国测绘地理信息学会科技信息网分会完成换届改选工作，组织召开分会三届一次理事会。完成《中图法·测绘学专业分类表》的修订工作，启动《测绘学叙词表》的修订工作。

中国测绘地理信息学会仪器装备专业委员会组织召开第十一届一次工作会议，举办全国测绘地理信息计量技术法规培训，承担测绘地理信息行业仪器装备情况调研项目。参与编写《测绘科学技术学科发展研究》，组织出版《测绘地理信息仪器装备发展研究》论文集。

工程测量分会和矿山测量专业委员会联合举办“变形与安全监测学术研讨会”。

中国测绘地理信息学会史志工作委员会完成换届改选工作，制定工作规则和工作要点。6月，组织召开史志工作委员会主任扩大会议，研究审定史志工作委员会工作规则和工作要点。起草编纂《中国测绘志》工作方案。9月，组织召开史志工作委员会全体会议，通报新一届史志工作委员会组建以来工作情况，座谈讨论了测绘志立卷形式、框架结构等，部分省级测绘地理信息单位就测绘志编纂工作进行了业务交流。向中国测绘地理信息学会组织上报5篇学术论文。

## 中国地理信息产业协会

**【促进地理信息产业发展】**

中国测绘地理信息协会召开《国务院办公厅关于促进地理信息产业发展的意见》座谈会、协会工作委员会工作会议、省区测绘地理信息产业（行业）协会座谈会等会议，积极推动地理信息产业发展。

到北京合众思壮科技股份有限公司、北京恒华伟业科技有限公司等地理信息企业调研，了解企业需求和产业发展状况。

**【地理信息产业大会】**

9月25日~26日，2014中国地理信息产业大会在成都召开，近1000人参加。会上首次表彰了中国地理信息产业百强企业，颁发地理信息科技进步奖、中国地理信息产业优秀工程奖和优秀论文奖，表彰了2014高德LBS应用大赛决赛入围团队。大会设12场分论坛，举办了中国地理信息产业成果展和四川省卫星导航定位成果展。

**【奖项评选】**

中国测绘地理信息协会组织开展地理信息科技进步奖评选，从216个申报项目中评选出获奖项目138项，其中特等奖1项、一等奖16项、二等奖52项、三等奖69项。

组织开展中国地理信息产业优秀工程奖评选工作，从220个申报项目中评选出获奖项目202项，其中金奖41项、银奖92项、铜奖69项。

经国家测绘地理信息局批准评选出广州南方测

绘仪器有限公司等 89 家中国地理信息产业百强企业。

开展2014 中国地理信息产业“源讯杯”优秀论文评选活动，评选出《基于地理信息和移动互联技术的警用微信平台设计》等10 篇优秀论文。

**【中地信地理信息股权投资基金】**

为贯彻落实国务院办公厅印发的《关于促进地理信息产业发展的意见》，按照国家测绘地理信息局工作部署，8 月 18 日，中国地理信息产业协会主导筹建的产业基金——中地信地理信息股权投资基金完成工商登记，标志着我国首支支持地理信息企业发展的基金正式注册成立。

**【《2014 中国地理信息产业发展报告》】**

经国家测绘地理信息局批准，由中国地理信息产业协会编撰完成《2014 中国地理信息产业发展报告》。报告系统分析了我国地理信息产业的产业链、细分产业、重点发展领域，全面介绍我国地理信息产业区域发展、行业发展状况以及发展趋势。

**【《地理信息世界》】**

2014 年，《地理信息世界》共出刊 6 期，通过了北京市新闻出版局的年检工作，配合完成国家新闻出版广电总局关于学术期刊认证工作，建立了学术不端文献检索系统，续签2014 年发行信息表，对编委会进行初步调整。

**【分支机构工作】**

6 月 6 日 ~8 日，由中国地理信息产业协会教育与科普工作委员会主办、清华大学建筑学院与清华同衡智慧城市研究所承办的第二届全国高校 GIS 青年教师讲课竞赛暨教育论坛在清华大学举行，包括讲课竞赛、教育论坛、教学论坛、案例考察 4 个环节，来自全国 40 多个单位的近 80 位代表参加论坛。9 月 11 日 ~14 日，第六届全国 GIS 教育研讨会暨第三届全国大学生 GIS 应用技能大赛在兰州举办，来自全国 54 所高校的 110 多名代表参加 GIS 教育研讨会，来自全国 37 所高校的 41 个代表队参加比赛，评选出获奖作品 36 个。

10 月 4 日，中国地理信息产业协会教育与科普工作委员会与武汉大学国际软件学院、美国东密歇根大学在美国密歇根州联合举办第二届空间信息、资源管理与可持续生态国际会议，来自中国、美国、英国等国家和地区的 100 多名代表参加会议。10 月 20 日，中国地理信息产业协会不动产工作委员会联合深圳市房地产评估发展中心、深圳市不动产估价协会举办“GIS 技术在房地产评估中的应用”专题讲座。11 月 21 日 ~23 日，在南京召开第六届地理信息科学全国博士生学术论坛。牵头编写《全国高校地理信息系统教学丛书》，完成各分册大纲审定工作。

9 月 26 日，中国地理信息产业协会航空遥感工作委员会成立大会在成都召开，审议通过航空遥感产业工作委员会章程和近期工作要点，举办航空遥感技术创新与应用论坛。

4 月 ~10 月，云计算与物联网工作委员会联合北京超图软件股份有限公司举办 8 场“云端互联，智慧三维”系列研讨会，邀请专家深入解读，累计3000 多人参会。

## 中国卫星导航定位协会

**【第三届中国卫星导航与位置服务年会暨展览会】**

9 月 10 日 ~12 日，以“壮大北斗产业，创新位置服务”为主题的第三届中国卫星导航与位置服务年会暨展览会在北京举行，近 3000 人参加。大会设 6 个分论坛，60 多名专家学者、企业领袖参与交流，近 100 家企业参展，近 1 万人参观展览。国家测绘地理信息局局长库热西·买合苏提向北斗卫星导航系统总设计师、两弹一星功勋科学家、中国科学院院士孙家栋颁发了中国位置网服务联盟理事长聘书。

**【“百城百联百用”行动计划】**

6 月，中国卫星导航定位协会发起成立中国位置网服务联盟并宣布“百城百联百用行动计划”正式启动，该计划选定约 100 个城市，以北斗及其他卫星导航系统应用为核心，开展 100 个位置服务应用示范项目。

**【承担政府项目】**

中国卫星导航定位协会承担民政部“留守儿童安全教育关爱项目”，利用北斗卫星系统定位功能、现代通讯、互联网等综合技术，提供家长监护系统、家校互通系统、校园考勤系统、紧急救助系统和教育云平台等应用服务。至 11 月底，向云南、贵州地区小学学生捐赠近 1000 个电子学生卡终端。受国家发展和改革委员会委托，对国家发展和改革委员会与财政部2012 年、2013 年立项的卫星及应用产业发展专项中北斗导航应用示范类项目开展中期检查评估。

**【地图导航定位产品测评】**

中国卫星导航定位协会牵头组织相关单位开展地图导航定位产品测评活动。对国内市场上多种基于导航电子地图的导航产品，以及移动互联网地图等新型地图导航应用产品的质量进行全面检测和评判，向社会公布了推荐产品名单。

**【卫星导航定位科学技术奖】**

中国卫星导航定位协会开展2014年卫星导航定位相关奖项评选工作，64个项目获2014年卫星导航定位科技进步奖，40个项目获优秀工程和产品奖。

国家奖励办公室同意中国卫星导航定位协会参加2015年度国家科学技术奖的推荐工作，中国卫星导航定位协会推荐1个项目申报国家科技进步奖。

**【主题宣讲】**

1月~3月，中国卫星导航定位协会在吉林、赣州、武汉等地举办“应用北斗 光彩中国”宣讲活动，与深圳智能交通协会合作举办卫星导航与位置服务国际论坛暨第九届中国卫星导航与位置服务运营商大会。

**【产业调研】**

5月~12月，中国卫星导航定位协会对浙江省地理信息产业园、威海东部滨海新城园区、山东测绘地理信息产业基地（潍坊），以及上海、珠海、深圳、武汉、惠州、杭州、江门、梅州、济宁等地企业进行调研，推动园区与“北斗”行业内骨干企业对接，助力实现区域发展带动产业转型升级。

**【科技成果鉴定】**

中国卫星导航定位协会为企业科研成果鉴定提供服务，组织对6项科技成果进行鉴定，客观评价企业项目技术水平和应用及市场前景，提供完善建议。

**【产业示范建设】**

1月，中国卫星导航定位协会为哈尔滨高新区北斗产业化应用示范基地授牌并签定框架协议，重点发展卫星导航、授时、通讯、智慧城市等北斗卫星系统推广应用高新技术。6月，与惠山区政府签订国家首个北斗应用基地合作协议，推进舟山北斗海洋应用示范基地在智慧交通、海岛旅游、港口物流、海洋监测、海洋渔业等领域的示范工程。

8月，与中国城市燃气协会签署战略合作协议，共同推动北斗卫星导航系统在城镇燃气行业的应用，通过北斗精准位置服务全面支持燃气物联网体系建设，提升我国城镇燃气企业的地下管网安全管理水平。

**【书刊出版】**

中国卫星导航定位协会编写并发布《2013年度中国卫星导航与位置服务产业发展白皮书》。开展了2014年第三届中国卫星导航与位置服务年会专家论坛“有为”杯论文征集工作，编纂出版《卫星导航定位与北斗系统应用论文集》。组织编写《2013年中国卫星导航与位置服务产业年鉴》，收录有关产业的重要政策、重要活动、重大事件、数据统计、重要企业介绍等。

**【国际交流与合作】**

中国卫星导航定位协会与中国欧盟商会、亚洲卫星导航项目团队合作，在北京举办了以“全球卫星导航系统和位置服务构建物联网，服务智慧城市发展”为主题的中欧卫星导航产业合作研讨会。与新加坡经济发展局签订合作协议，在新加坡建立以北斗导航与位置服务应用为主要研究方向的卓越创新中心（Centre of Excellence，简称CoE）。

**【机构建设】**

中国卫星导航定位协会主导成立了北斗卫星导航应用技术工程研究院，承担规划产业链布局、促进多行业应用融合、支持企业承接、实施北斗应用工程、科技成果转化和企业孵化等工作。

7月，成立中国位置网服务联盟（中国位联），聘请了北斗卫星导航系统总设计师孙家栋院士担任联盟理事长，致力于推进室内外导航定位应用，形成无缝导航定位、分级（专业级和社会应用级）服务的全国位置服务“一张网”。12月，孙家栋牵头的“中国位置网服务联盟北斗沙龙”在中国测绘创新基地举行，企业家代表27人出席。

## 其他学术组织

全国几何量长度计量技术委员会测绘仪器分技术委员会挂靠在中国测绘科学研究院，2014年，完成《全球导航卫星系统（GNSS）测量型接收机RTK检定规程》《数字水准仪检定规程》等5项计量技术规范申请备案的技术准备，组织申报2015年国家计量技术法规制定和宣贯项目。

# 地方工作

## 北京市

### 概况

2014年，北京市积极推进测绘地理信息事业和地理信息产业转型发展，做好各项工作。成立第一次地理国情普查领导小组及其办公室，制定总体方案、实施方案，申请普查经费2.8亿元。全年落实1.2亿元，用于内业采集、外业调查与核查、质量检验和典型应用监测等，推进地理国情普查工作。

完成四环范围1:500地形图更新及数据加工入库，六环范围1:2000地形图、六环外新城地区1:2000地形图、全市域1:1万地形图更新等基础测绘任务。以“智慧中关村”为重点，推进数字西城、数字房山、数字丰台、数字昌平建设成果应用转型升级，打造科技创新平台，促进地理信息成果的高效、广泛应用。

北京市规划委员会在完成日常审批的基础上，提出“减、放、优、畅”4项举措，深化行政审批制度改革。加强测绘地理信息成果保密监管，依法查处失泄密案件，对某公司拍卖我国边界地图集行为，首都机场无人机非法测绘和普渡寺西巷房产测绘行为进行调查处理，依法履行政府监管职能。

向市发展和改革委员会申请立项开展北京市基础测绘信息应用平台建设，打造政府部门之间的地理信息共享平台。研发北京市涉密测绘地理信息成果服务系统，在线提供申请使用涉密地理信息成果的政策法规、审批程序及相关表格等。与天津市、河北省测绘地理信息部门签订《京津冀测绘地理信息协同发展战略合作协议》，三方联合编制《京津冀协同发展工作用图（第一期）》，围绕地理信息共享、基础测绘、地理国情普查监测等内容，研究建立相应的协同机制。

### 重点工作推进

**【数字城市建设】**

北京市积极推进数字城市建设工作，以数字中关村为重点，推进数字西城、数字房山、数字丰台、数字昌平建设成果应用转型升级。数字西城拓展成果深化应用，设计建立地下管网地理信息系统、区地理国情普查与监测地理信息系统等专题应用系统，积极与有关部门开展旅游资源地理信息系统、公安三维地理信息服务系统的需求调研，全面深化数字西城应用。数字房山建设完成并通过验收，正式上线运行。数字昌平开展覆盖全区的地上基础地形图和地下管网测绘，完成昌平区制止和查处违法用地违法建设信息平台建设，建立“三级防控、三级监督”区（县）级查处网格化管理工作模式，搭建了查违业务流程与带图作业为一体的昌平区查违平台。数字丰台全面开展数据制作、功能开发及部门协同工作。数字亦庄正式立项。启动智慧城市时空信息云平台建设探索，开展智慧中关村地理信息服务平台一期建设。

**【“天地图·北京”建设】**

“天地图·北京”完成节点数据更新2次，完成技术架构升级，增加四环内19、20级精细数据。拓展应用领域，推动“天地图”在水务、轨道交通、历史文化名城保护、电信、朝阳区教育资源管理等领域的应用。研发北京市地理信息成果服务系统，在线提供申请使用涉密地理信息成果的政策法规、审批程序及相关表格等，提供地图数据查询。

**【地理国情普查】**

北京市全力推进地理国情普查工作，成立了北京市第一次地理国情普查领导小组，市委常委、副市长陈刚任组长，27个委、办、局为领导小组成员单位。4月24日，组织召开北京市地理国情普查领导小组第一次会议。加强地理国情普查宣传，在《北京日报》刊登专版，并借助《中国测绘报》、国家测绘地理信息局门户网站等媒体广泛宣传，增强普查影响力。申请普查经费2.8亿元，2014年落实1.2亿元，用于内业采集、外业调查与核查、质量检验和典型应用监测等。制定北京市地理国情普查项目管理办法、专项资金管理办法等多个文件，确保资金安全合理使用。

北京市规划委员会组织编制北京市第一次地理国情普查总体方案、实施方案、内容与指标、质量管理细则和多个技术文件，指导全市普查工作。通过公开招投标，确定6家单位承担内外业生产，2家单位承担质量检验，2家单位联合承担LiDAR数据获取，各由1家单位承担六环外1:2000地形图现势性补测和城六区排水管网普查应用。组织参加国家级普查培训14次，共100多人次受训；组织市级培训8次，800多人次受训，考核合格人员取得了证书。投入内业作业人员150多名、外业调查人员260多名、质量检查人员70多名，实行周例会、月调度会制度，研究推动解决相关问题，督促任务执行。制定《安全生产作业细则》，签订《安全生产责任书》，定期赴现场对管理制度、外业生产设备、人员防护装备和交通安全等内容进行检查，及时发现问题，督促整改，严格监督。

2014年4月24日，北京市第一次地理国情普查领导小组召开第一次会议。

**【行政审批改革】**

北京市规划委员会开展行政审批制度改革，提出“减、放、优、畅”4项举措。“减”，即减少审批环节，通过前移审批事项、精减监管范围等举措，提高审批与监管效率，减轻企业负担；“放”，即下放权限、做好衔接，研究将业绩核查、人员培训等事务性工作下放至行业协会的可行性，探索管理下放的新方式；“优”，即优化程序、优化服务，完善审批告知、资质到期提醒服务，实施接待日网上预约，定时定点一对一接待，提升公众满意度；“畅”，即畅通信息、资源共享，与工商、社保进行对接，形成监管合力，促进信息互通与共享。开展行政许可和行政审批事项清理，向社会公开权力清单，对规范性文件逐一进行梳理分析，规范行政审批办理程序。

**【地理信息应用服务】**

北京市规划委员会按照“需求牵引、资源共享、多元投入、分建共享”原则，向市发展和改革委员会申请资金，完成北京市基础测绘信息应用平台的项目立项，纳入市政府固定资产投资开展建设。

积极开展国家、省级间领导工作用图共享与服务，建立领导工作用图共享机制。与天津市规划局和河北省地理信息局三方联合编制《京津冀协同发展工作用图（第一期）》，涉及行政区划、地形地貌、水系、交通、人口分布、教育卫生分布、产业园区分布和沿海经济等内容；围绕地理信息共享、基础测绘、地理国情普查监测等内容，研究建立相应的协同机制。

## 法制建设与市场监管

**【市场信用体系建设】**

北京市规划委员会推动测绘地理信息市场信用体系建设，完成全市测绘资质单位信用信息征集，及时更新企业违法违规不良记录。

**【资质管理】**

北京市规划委员会组织乙、丙、丁级测绘资质单位共200多人参加测绘资质复审换证专题培训班，做好《测绘资质管理规定》和《测绘资质分级标准》的学习培训及宣传贯彻工作。完成测绘资质单位复审换证工作，办理测绘作业证983件，开具出京诚信证明13项。

【市场监管】

北京市规划委员会会同国家测绘地理信息局、局地图技术审查中心、北京市国家安全局、北京市工商行政管理局等部门查处某公司拍卖我国边界地图集行为。对无人机首都机场非法测绘和普渡寺西巷房产测绘行为进行调查处理。开展北京勘察设计测绘地理信息市场行为监管机制研究，调研、汇总了市场监管中存在的问题，拟定联动方案，建立和完善监管信息共享、联动监管机制、违法行为的发现和查处机制，促进“纵横联动”的市场监管机制的形成。

【普法宣传】

北京市创新宣传形式，采用现场宣传和互联网主题宣传相结合的方式进行“8・29”测绘法宣传日活动。现场宣传以测绘法宣传资料发放、宣传展板展示、业务咨询服务等方式为主，互联网宣传由市规划委员会与高德、百度、新浪、搜狗、第一视频等共同完成，通过公众微博、公众微信发布测绘法、地图服务、地理国情普查等主题宣传信息，各地图服务商在主要产品上进行了APP宣传广告推送、测绘法宣传活动主题视频网络投放等。测绘法宣传日当天，共发放宣传材料近1万份，互联网信息点击量超过100万人次。

## 基础测绘

【基础控制测量】

北京市规划委员会组织完成延庆四海GNSS连续运行基准站建设，通过国家测绘基准工程项目部验收并评定为优秀。完成一、二等水准复测外业测绘350千米，整网数据资料整理、平差计算及部门两级检查1100千米；一、二级导线复测完成RTK观测950点、埋石180块、边角检测120组，四等水准约1000千米。完成沉降区水准复测及中心城区GPS RTK加密控制网更新工作。

【基本比例尺地形图测绘及更新】

北京市规划委员会完成四环范围1:500地形图更新及数据加工入库，更新8450幅。完成六环范围1:2000地形图、六环外新城地区1:2000地形图、全市域1:1万地形图更新。对六环外平原地区1:2000地形图进行要素更新2600幅。完成六环范围1:2000地形图数据、平原地区1:1万地形图数据加工入库工作。进行规划道路数据库的更新与维护，完成数据入库1180条。完成北京地名数据更新约200条。配合国家测绘地理信息局完成北京市境内1:5万地形数据库更新成果外业抽检工作。

推进地方独立坐标系向2000国家大地坐标系转换工作，完成2000国家大地坐标系转换方案设计和基本控制点转换，进行了地形图数据库转换试生产，向水务、交通等有需求的用户提供2000国家大地坐标系坐标服务，并指导行业部门或市（县）使用2000国家大地坐标系。定期开展航空摄影和遥感数据获取工作，影像资料用于全市1:2000和1:1万基本比例尺地形图更新和全市域数字正射影像制作、地理信息数据库更新等，影像资料使用率100%。

【质量管理】

北京市规划委员会要求各单位严格执行两级检查一级验收的质量管理制度，基础测绘、测绘专项成果均采用第三方验收方式进行，一次验收合格率100%。北京市测绘设计研究院坚持开展质量、环境、职业健康安全体系贯标活动，通过国际质量管理体系ISO9001认证、国际环境管理体系ISO14001认证及职业健康安全GBT28001国标，对全院进行质量、环境、安全过程监测，质量管理实行管验分离。

北京市规划委员会组织开展全市地下管线成果质量专项监督检查，对全市48家地下管线测量资质单位的管理体系、产品质量、成果汇交情况进行监督检查，并于11月通报监督检查结果。组织开展地理国情普查质量验收与过程监督抽查，对质检人员进行培训和统一考试。积极配合国家测绘地理信息局组织的地理国情普查过程质量监督检查，被检单位质量管理体系建设情况良好，对发现的问题及时整改。

## 地图管理与地图服务

【地图审核】

2014年，北京市规划委员会共受理地图审核申请25项，许可23项。地图备案率100%。利用互联网地图监管系统对1382家涉及地图的网站进行筛查，督促有关网站撤销“问题地图”。

【地图编制与服务】

北京市规划委员会完成国家地名和区划数据库北京分库建设、朝阳区行政区划地域信息管理系统桌面端和移动端建设。编制《房山区行政区划图集》，开展《北京市国防交通地图集》《冀北电网挂图》《华北电网图集》《大兴区长输管线图集》等编制工作。

根据京津冀协同发展要求，与津、冀两地签订《第一次全国地理国情普查省（市）边界区域普查成果接边及资料共享协议》，按照“友好、节约、互利、快捷”的原则，免费提供本省（直辖市）行政边界区域范围内已有基础测绘地理信息成果和地理国情普查成果，满足普查影像处理和普查成果接边需要，为成果对接提供保障。

**【地图市场监管】**

北京市规划委员会对涉及南海诸岛、钓鱼岛及其附属岛屿等敏感区域的地图进行全面检查，实地对潘家园古玩市场、博物馆、旧货市场组织开展地图和保密检查，对发现的“问题地图”及时进行处理。

**【国家版图意识宣传教育】**

北京市规划委员会组织开展北京地区“美丽中国”第二届全国国家版图知识竞赛个人赛、团体赛和少儿手绘地图大赛，做好国家版图知识竞赛团体赛和少儿手绘地图大赛省级选拔工作，组队参加团体赛全国总决赛并获优秀奖。继续推进国家版图意识宣传教育“进学校、进社区、进媒体”等宣传教育活动，普及全民国家版图知识，提高全民国家版图意识。

## 测绘地理信息成果管理与应用

**【基础测绘数据服务】**

2014 年，北京市规划委员会共审批涉密测绘地理信息成果使用申请 225 项，提供北京市电子地形图数据 14252 幅，各种比例尺地形图 1205 幅，各种比例尺影像数据 6480 幅，为北京市交通委员会、自来水集团、市规划展览馆等政府和企事业单位提供基础地理数据服务。向北京市档案局移交 1991 年～1995 年永久档案 118 卷，1979 年～1995 年长期档案 834 卷。完成《北京历史文化资源手册》延庆卷、房山卷、怀柔卷、密云卷、昌平卷编制。编制完成《北京人文地理大兴卷》，制作《北京人文地理顺义卷》样书，启动《北京人文地理平谷卷》和《北京人文地理朝阳卷》编辑出版工作。

**【成果汇交】**

北京市规划委员会组织开展测绘地理信息成果及副本汇交工作，共接收 52 家单位汇交的成果 136 份，经整理后交测绘地理信息成果保管单位入库管理。北京市基础地理信息中心（测绘资料档案馆）完成 2010 年～2013 年基础测绘项目档案归档工作。

**【涉密成果管理】**

北京市规划委员会加大测绘地理信息成果保密监管事前审查力度，在涉密测绘地理信息成果审批前，对申请单位的涉密环境和涉密设施进行现场审核，对不符合要求的不予提供。加大事后监督检查力度，定期对涉密测绘地理信息成果领用单位进行跟踪检查，掌握全市涉密测绘地理信息成果的使用、安全情况。

**【应急测绘保障】**

北京市规划委员会制定《北京市测绘应急保障预案》，做到职责明确、信息畅通、反应快速、运转高效。

## 科技、标准化与国际合作

**【标准编制】**

北京市测绘设计研究院作为主编单位，编制、修编行业标准 4 项，包括住房和城乡建设部行业标准《城市基础地理信息系统技术规范》《城市综合地下管线探测技术规程》，国家测绘地理信息局行业标准《竣工测量成果更新地形图数据技术规程》《地面三维激光扫描作业技术规程》；修编北京市地方标准 2 项，包括《北京市地下管线探测技术规程》《北京市工程测量技术规程》。作为参编单位，编制国家测绘地理信息局行业标准《管线信息系统建设技术规范》和《车载移动测量数据规范》。

**【科技项目进展】**

北京市测绘设计研究院承担完成的“十二五”国家科技支撑计划项目“城市公共安全脆弱性分析和综合风险评估关键技术研究与示范”课题二“城市脆弱性分析与综合风险评估技术与系统研发”的子课题“城市综合风险评估的数据集成管理与分析技术”通过科技部组织的专家验收；“城市空间信息工程北京市重点实验室 2013 年度科技创新基地培育与发展工程专项项目——‘数字城市’综合地下管网三维空间分析关键技术研究”项目、“三维辅助历史文化保护区改造方案设计方法研究及应用示范”项目、“北京市空间数据库协同审批平台研究与应用（二期）”和联合承担的“地面沉降及地下水位变化对地铁工程的影响研究”项目通过北京市科学技术委员会组织的验收。“基于贝叶斯网络的面向对象的高分辨率遥感影像分类研究”项目获国家自然科学基金资助，“语义信息在高分辨率卫星遥感影像地表覆盖解译中的研究”项目获北京市自然科学基金资助。“基于逻辑集中物理分散的中间件技术的总体规划修改及评估平台研发及应用（空间库三期）”项目通过市科学技术委员会立项申报。

**【科研机构建设】**

3月，北京市测绘设计研究院和中国测绘科学研究院共建的信息化测绘生产示范基地——城市空间信息工程北京市重点实验室正式揭牌并成立第一次学术委员会，制定了相关规章制度，向社会征集开放研究课题的申请。北京市测绘设计研究院成立测绘地理信息技术研发中心，承担科技创新和科研项目技术开发工作。设立年度自主科研经费500万元，其中200万元用于城市空间信息工程北京市重点实验室的运行管理经费和开放研究课题基金，其余用于自主立项科研课题经费，开展生产性技术攻关研发。

**【国际交流合作】**

北京市规划委员会严格管理因公出国（境），组织地理国情普查等重大项目人员赴加拿大学习培训。派遣专业技术人员参加国际摄影测量与遥感学会地理空间数据库与位置服务国际学术大会等活动。

## 党的建设与文化建设

**【党建和廉政建设】**

北京市规划委员会开展政治纪律、宗旨教育和警示教育，加强廉政文化建设，引导党员干部严格执行廉政准则。成立由单位“一把手”任组长的党风廉政建设工作领导小组，负责党风廉政建设整体工作的组织、协调、实施，逐级签订责任书，履行一岗双责，将党风廉政建设任务进行分解、逐级负责，明确了各级领导和党员干部在党风廉政建设中的任务和主要职责。邀请中央党校教授、中央财经领导小组、国务院发展研究中心、市政府新闻办公室、市发展和改革委员会、社会科学院相关专家作专题报告；举办青年规划师、建筑师、工程师演讲比赛，新老规划师“讲传承、话党性”座谈会；组织党员干部参观教育展览，提高党员党性修养和廉政意识。

**【党的群众路线教育实践活动】**

北京市规划委员会开展党的群众路线教育实践活动整改落实，针对“四风”方面的15个问题，制定整改方案，确定7个方面24项具体措施，明确任务书、时间表、责任领导、部门和整改时限，确保整改方案切实可行。

**【文化建设】**

北京市规划委员会开展“核心价值观”再认识、再讨论活动；以“核心价值观”为主题，举办职工摄影、书画作品展；组队参加全国测绘地理信息系统第三届“中色杯”羽毛球赛，获团体第二名。北京市测绘设计研究院举办第八届职工运动会、北京测绘大讲堂·文化沙龙、“心动中国”地理国情普查暨国家版图知识竞赛等活动，组织参加北京国际徒步大会、北京国际长跑节等活动，职工业余兴趣小组定期开展足球、篮球、羽毛球等活动，丰富职工文化生活。

## 地方社团工作

**【北京市测绘学会】**

北京市测绘学会在北京市科学技术协会第十七届学术月活动期间，举办“创新驱动，促进测绘地理信息转型发展”综合论坛。举办“大数据技术支撑下的测绘地理信息发展”2014年学术年会，邀请专家作学术报告。5月，围绕科技周主题举办5场学术交流活动，300多人参加。举办地理国情监测与世界前沿科技产品的应用学术研讨会，300多人参加。

北京市测绘学会受北京市测绘设计研究院委托，开展地理国情普查业务培训21次，培训近800人次。完成市人力资源和社会保障局委托的北京市测绘专业中级职称评审工作。做好市规划委和市科学技术委员会委托的北京市优秀测绘地理信息工程奖和科技进步奖的评选工作。受市规划委员会委托，举办“美丽中国”第二届全国国家版图知识竞赛北京选拔赛和少儿手绘地图大赛。主编住房和城乡建设部委托的行业标准《建筑施工测量规范》，修编市住房和城乡建设委员会委托的地方标准《建筑施工测量技术规程》。全年出版《北京测绘》杂志6期，收稿450篇，发稿226篇。

**【中国城市规划协会城市勘测专业委员会】**

2月，中国城市规划协会城市勘测专业委员会在北京召开四届六次常务理事（扩大）会议。开展

2013年度全国优秀城乡规划设计奖（城市勘测类）评选工作。9月，在昆明召开部分城市勘测院院长座谈会。启动《城市基础地理信息系统技术规范》修订工作。继续做好《城市勘测》期刊和城市勘测专业委员会网站建设工作。

**【中国城市规划协会地下管线专业委员会】**

中国城市规划协会地下管线专业委员会修订《城市地下管线探测技术规程》，编制《管线信息系统建设技术规范》《城镇供水管道内衬及修复技术规程》；申报《城市地下病害体综合探测与风险评估技术规范》和《排水管道电子视频检测仪》编制项目。7月，组织对第五批城市地下管线探测工程项目经理、第三批城市地下管线探测工程监理和第二批城镇排水管道检测与评估专业技术岗位资格申请人进行评审。11月，举办2014中国国际地下管线大会，参展企业近300家。在南京举办第二期《城市排水管道检测与评估技术规程》宣贯暨排水管道检测与评估岗位培训班。

# 天津市

## 概况

2014年，天津市测绘地理信息各项工作实效明显。数字天津地理空间框架建设项目通过验收；“天地图·天津”整合多个行业信息，增加多个专题数据内容，提高了综合服务能力，通过了国家测绘地理信息局的接入评估；地理国情普查工作进展顺利。天津市规划局起草《关于促进地理信息产业发展实施意见》，促进地理信息产业快速发展。建立京津冀三地基础测绘、地理国情监测等工作的协同更新及共享机制，为京津冀协同发展提供保障服务。组织完成全市测量标志普查和基础测绘年度计划各项任务。组织开展测绘资质复审换证和测绘地理信息成果质量监督检查，与市应急管理委员会办公室深入合作，加强测绘地理信息应急保障工作。开展地图市场检查和互联网地图监管，发现问题并及时处理；组织参加国家版图知识竞赛和少儿手绘地图大赛，持续推进“三进”活动。

## 重点工作推进

**【数字天津地理空间框架】**

5月，数字天津地理空间框架建设项目通过国家测绘地理信息局和天津市政府联合组织的成果验收。全年开发了黑牛城道综合服务平台、北辰综合服务平台、道桥设施动态养管应用平台等多个应用系统。

**【“天地图·天津”建设】**

“天地图·天津”实现与“天地图”主节点的互联互通，建成运行与维护支撑体系，“天地图·天津”门户网站运行稳定。天津市测绘院完成“天地图·天津”2012年0.5米分辨率航空影像的处理、行政审核及上线工作，增加了街景、医院、教育、历史风貌等多个专题数据内容。

**【第一次全国地理国情普查】**

2月，天津市第一次全国地理国情普查领导小组召开会议，审议通过《天津市第一次全国地理国情普查总体方案》和《天津市第一次全国地理国情普查实施方案》，4月30日印发。天津市成立地理国情普查质量管理机构，监督检查普查过程及普查成果质量，成立技术委员会和专家咨询委员会，对普查中的重大问题提供技术咨询。天津市第一次全国地理国情普查领导小组办公室（以下简称天津市普查办）编制《天津市第一次全国地理国情普查2014年工作计划》，建立了工作例会制度，定期编报工作月报、工作简报、会议专报等，反馈和通报相关情况。6月，天津市普查办组织编制的《天津市第一次全国地理国情普查基本统计技术规定》《天津市第一次全国地理国情普查底图制作技术规定》等14项技术规定正式发布实施，《天津市第一次全国地理国情普查质量管理办法》《天津市第一次全国地理国情普查质量管理细则》等管理规定印发执行。

天津市测绘院完成天津市地理国情普查工作全

市域1.2万平方千米内业解译及外业工作底图制作、外业调绘核查及内业编辑整理，完成全市域1:2000数字高程模型15835幅，1:2000数字正射影像15967幅；完成26家单位多批数据资料收集，总计数据资料约193.1万条、图件资料1261份。完成具备空间化条件的资料空间化处理180.5万条，数据空间化率为93%。依据2013年收集到的滨海新区普查数据，编写并向国家测绘地理信息局提交统计分析深化试点报告及所有统计分析深化试点文件。

## 法制建设与市场监管

**【法制建设】**

天津市规划局组织有关部门召开《中华人民共和国测绘法》修订专题会议，从测绘地理信息成果管理、测量标志保护、测绘地理信息监管、测绘地理信息成果应用与服务、注册测绘师执业6个方面汇集了12条修改建议，上报国家测绘地理信息局。制定《天津市测绘地理信息统计工作管理办法实施细则》，4月1日起正式实施。

**【资质管理】**

截至12月31日，天津市共有测绘资质单位117家，比2013年增加6家，其中甲级18家、乙级34家、丙级59家、丁级6家。全年新申请测绘资质单位乙级3家、丙级7家；注销测绘资质单位乙级3家、丙级1家。

## 基础测绘

**【基础测绘项目】**

2014年，天津市GPS连续运行参考站系统的基站由12个扩展到20个。天津市规划局配合国家测绘地理信息局改造TJ-CORS GNSS站点1个。全年累计更新1:2000地形图48平方千米；完成天津市环城四区、滨海新区、涉农区县政府所在地等4300平方千米的更新工作。完成全市域700幅1:1万地形图向2000国家大地坐标系的转换工作，完善了天津市90坐标系向2000国家大地坐标系的转换软件。组织完成天津市宝坻区和宁河县1:1万地形图更新工作，更新1:1万地形图3200平方千米，数据库更新工作同步进行。进行全市域航空摄影工作，共获得超大幅影像18574张，地面分辨率优于0.13米的1:2000正射影像图15967幅。协助完成天津地区1:5万地形图动态更新维护工作，基本完成更新维护部分外业抽查工作。开展并完成全市域1.2万平方千米的航空摄影任务，全面完成全市域1:2000 DOM制作工作，所有影像资料均提供地理国情普查项目组使用，使用率100%。对全市域的一、二等水准点进行联测，获取2014年高程值，累计联测7000千米。对全市域2148个测量标志进行普查，对丢失的48个测量标志进行了补埋，所有成果均更新至测量标志管理系统。

**【质量监督检查】**

天津市规划局坚持实行测绘地理信息成果抽检制度，从全市各测绘地理信息单位2014年汇交的成果目录中进行随机抽检，共抽取105家测绘单位的332个项目，涵盖测绘地理信息各专业。至年底，检查工作有序推进。

## 地图管理与地图服务

**【地图编制审核】**

2014年，天津市规划局组织办理地图编制审核7件次，其中地图集（册）3件次、对外加工插附地图3件次、图书报纸期刊插附地图1件次。

**【京津冀协同发展工作用图】**

北京市规划委员会、天津市规划局、河北省地理信息局按照《京津冀测绘地理信息协同发展战略合作协议书》要求，联合绘制京津冀协同发展工作用图，包括《京津冀人口图》《京津冀科教文卫图》《京津冀产业园区图》《京津冀沿海地区图》《京津冀行政区划图》《京津冀地形地貌图》《京津冀水系流域图》及《京津冀综合交通图》8个图种，已送交天津市各区县政府、市委研究室、市政府研究室、市发展和改革委员会等相关部门作为内部工作用图使用。

**【地图市场管理】**

天津市规划局组织对保存有民国时期地图的图书馆、博物馆、文化市场和天津市图书大厦进行检查，对发现的“问题地图”进行现场封存，提出整改意见。组织开展“问题地图”专项治理，清查互联网上出售或提供涉密地图、上传或标注涉密和敏感地理信息等违法违规行为。通过监管系统发现218个涉嫌“问题地图”的网站，及时报送有关部门进行审核，将个别存在疑问的地图网站报国家测绘地理信息局复核认定，并按属地管理原则将不属天津市管辖的“问题地图”网站报送有关部门查处。

【地图服务】

天津市测绘院为天津经济技术开发区建设和交通局编制《天津开发区西区地图》《天津开发区东区地图》。与滨海新区民政局签订编制《天津市滨海新区地图集》项目协议，地图集内容包括滨海新区的最新行政区划勘界成果。天津市测绘院为天津夏季达沃斯论坛筹委会编制了8幅专题地图，被评为2014天津夏季达沃斯论坛先进单位。

## 测绘地理信息成果管理与应用

【成果汇交】

2014年，天津市测绘院接收的测绘地理信息成果包括天津市1:500、1:2000、1:1万矢量数据1346个单元（约1.2万平方千米），2013年、2014年天津市域1:5000、1:2000真彩色正射影像数据18655幅，以及天津市津南规划管理系统模型、天津市城市建设管理监管系统等开发成果数据、三维模型数据、2014年第三季度卫片数据等。

【地理信息系统开发】

天津市测绘院、天津市勘察院陆续开展三维数字社区建设、民政局社区管理系统、国房局物业管理系统等20多个地理信息系统建设项目。依据天津市三维数字城市建设标准与维护机制，每年对中心城区变化区域的三维数字模型进行更新维护，制作完成14个历史文化街区高精细、高精度三维数字模型。建立天津市建设项目核定用地测绘技术标准与核定数据核查机制，对核定数据进行动态核查。建立全市域建设用地规划动态管理系统数据库、中心城区存量用地数据库，以及动态更新维护机制，编制了天津市建设项目规划许可实施情况分析评估报告。

【成果应用】

天津市测绘院、天津市勘察院在“华北地区城市反恐维稳预案及天绘卫星检测场建设”项目中免费为军队某测绘导航基地提供了天津市域2000国家大地坐标系1:1万地形图、2013年天津市域航摄影像及加密成果；在“京津冀地区城市空间扩展监测”项目中向中国测绘科学研究院提供了2002年、2013年天津市域1:5000数字正射影像数据；在“天津市地震监测设施布局规划”项目中，向天津市地震局提供了天津市1:1万地形图数据；为“美丽天津”项目开发了“三维数字社区”。

## 科技、标准化与国际合作

【科技成果转化及应用】

天津市测绘院、天津市勘察院研发的“基于制图数据与GIS数据的地理信息数据整合方法”等12项技术获得国家专利。自主研发360度街景图像的快速采集、处理、拼接和校正平台，实现街景与地理信息平台的一体化查询、展示、分析。

【测绘地理信息标准化工作】

7月18日，《天津市基础地理信息要素数据字典 第2部分：1:10000基础地理信息要素数据字典》（DB12/T 583–2014）通过天津市市场和质量监督管理委员会的审查，于9月22日发布，11月1日实施。与已发布的《天津市基础地理信息要素数据字典 第1部分：1:500 1:2000基础地理信息要素数据字典》（DB12/T 473–2012）共同组成天津市基础地理信息数据系列标准。

【人才队伍建设】

天津市规划局积极搭建人才成长平台，至2014年底，局系统测绘专业享受政府特殊津贴专家4人，天津市授衔专家1人，入选天津市首批创新人才推进计划人选1人（并获中青年科技创新领军人才称号），天津市规划局授衔专家7人、专业技术带头人34人。入选天津市“131”创新型人才培养工程第一层次5人、第二层次15人、第三层次23人；入选国家测绘地理信息局青年学术和技术带头人培养库3人。

## 党的建设与文化建设

【党风廉政建设】

天津市规划局组织22个局属单位、19个处（室）主要负责人与局党组签订2014年党风廉政建设责任书；按照“谁主管，谁负责”的原则，落实“第一责任人”和“一岗双责”制度。围绕“转职能、转方式、转作风”，加强对“两个责任”落实情况的监督检查，先后4次向市纪委进行汇报。开展多种形式的廉政勤政教育；继续开展廉政党课宣传“送课上门”活动；做好天津市廉政勤政优秀党员干部的推荐、公示工作，利用局域网宣传先进廉政勤政事迹。

**【基层党建工作】**

天津市测绘院推行职工代表民主提案制度，全年共收到各类提案 68 条，立案 67 条，答复 67 条。天津市勘察院组织开展全院基层党支部和团支部换届选举工作，规范了党员发展程序，实现了党团组织的全覆盖；贯彻民主集中制原则和“三重一大”制度，对全院重大事项进行集体决策。

**【清理整治工作】**

天津市规划局开展整治长期租用宾馆饭店办公、清理“小金库”、治理乱收费、整治服务态度问题的“四个专项整治”工作。经自查清理，未发现前 3 类问题。在服务态度问题专项整治活动中，局纪检组到全市 16 个区县规划局（分局）和城建档案馆等 20 多个服务窗口进行暗访，实地检查服务态度、服务环境、办事公开、廉洁自律等情况，制作《暗访规划服务窗口实录》视频并在全局服务态度专项整治工作会议上通报；梳理相关服务标准，编制适合规划行业的服务标准。节日期间，通过印发通知、短信提醒、现场督察等多种方式对贯彻“八项规定”情况开展专项督查。进一步整治“会所中的歪风”，全局系统 3596 名干部职工做出了“不出入私人会所”的承诺。开展集中清理领导干部违规兼职取酬问题工作，对自查自纠、整改清退情况进行监督。

**【文化建设】**

天津市测绘院举办“天测大讲堂”11 讲；组织第五届青年职工趣味运动会；以“促进青年成长成才”为主题，召开第二届调研成果大赛。

编辑内部刊物《天测人》24 期；在国家测绘地理信息局门户网站、《中国测绘报》《天津日报》《今晚报》《城市快报》等媒体登载报道 80 多篇；在内部局域网络建立 OA 宣传板块，全年刊发报道 3520 篇；建立天测论坛，制作 12 个专题；以“地理国情普查”“数字城市空间框架建设”“A3 相机成果”为主题，开展“测绘院新技术、新成果宣传服务”活动，在相关媒体介绍了服务“美丽天津”建设的思路。天津市勘察院开展“天勘梦”主题教育实践活动，参与编写的全国勘察测绘企业文化调研报告在业内发布。

## 地方社团工作

2014 年，天津市测绘学会召开理事会 2 次、工作会议 1 次，组织召开七届二次会员代表大会。发展团体会员 4 个、个人会员 82 人。至年底，共有个人会员 1369 人、团体会员 59 个。完成理事调整及增补工作；确定了新一届科学技术奖励委员会、奖励办公室和专家库成员名单，通过了会员代表大会制度和民主选举制度，完成了地址和业务范围变更工作。

配合天津市规划局审核了 2014 年全市乙、丙、丁级 101 家测绘资质单位复审换证申请材料。评选出天津市优秀测绘工程奖 69 项，其中一等奖 8 项、二等奖 25 项、三等奖 36 项。评选中国地震局第一监测中心等 5 家单位为天津市 2014 年度优秀测绘工程奖评选工作先进组织单位、沈宪兴等 10 人为先进组织个人。召开 2014 年度学术年会，向 2014 年度天津市优秀测绘工程奖获奖单位和个人颁发了证书。

2014 年 10 月 30 日，天津市测绘学会召开七届二次会员代表大会暨学术年会。

天津市测绘学会 8 个专业委员会全年共开展学术活动 17 场次，参加人数 904 人次。

《天津测绘》全年共收到投稿 96 篇，收录 72 篇，出版 2 期，发行 1100 册。

# 河北省

## 概况

2014年，河北省大力推进测绘地理信息各项重点工作。在11个设区市地理信息局挂牌的基础上，省国土资源厅党组任命6个设区市国土资源局局长兼任市地理信息局局长；邯郸、承德、廊坊、唐山、保定、秦皇岛、邢台、张家口8市所辖县（市）地理信息局挂牌工作全部完成。《河北省地理信息交换共享管理办法》1月1日实施。继数字石家庄建成之后，数字秦皇岛、数字邯郸、数字唐山相继建成并通过验收，累计开发应用系统50多个；60个县（市）数字城市建设批准立项，40个县（市）启动建设。石家庄、邯郸、秦皇岛、廊坊4个“天地图”市级节点上线运行。地理国情普查工作全面推进，完成高分辨率正射影像图生产、内业遥感解译及工作底图制作全部任务，外业调绘核查约18.8万平方千米，内业编辑整理约18.8万平方千米，完成了100%普查数据生产任务，数据库建设和统计分析工作准备就绪，落实经费1.73亿元。

基础测绘规划稳步实施，各级财政共投入基础测绘经费1.7亿元。省级完成1330幅石保沧地区1:1万DOM和石家庄市区646平方千米1:1000 DOM的制作；完成132幅保定地区1:1万DLG更新、张家口市崇礼县东部雪场320平方千米1:5000 DLG和630平方千米1:2000 DLG的采集工作。完成全省农村面貌提升行动3244个重点村近9000平方千米1:1000地形图测制工作。全年向社会提供各种比例尺地形图1502幅，“4D”产品103352幅，航摄数据成果18441片（景），控制点成果2509个。

建成河北省地理信息应急监测及卫星通信系统并成功应用于秸秆禁烧应急监测，建成国土资源基础数据测量装备建设项目并应用于国土资源调查工作，河北省基础测绘现代化技术装备体系建设项目进展顺利。

人才队伍不断壮大，河北省地理信息局共有国务院特贴专家1人，国家测绘地理信息局青年学术和技术带头人3人，省有突出贡献中青年专家2人，省“三三三”人才工程第二层次3人。在全国省级测绘地理信息行政主管部门2014年度测绘地理信息工作绩效考核中，河北省地理信息局名列第3，连续4年受到国家测绘地理信息局表彰奖励。

## 重点工作推进

**【数字城市建设】**

河北省11个设区市数字城市建设全部立项启动，数字石家庄应用系统增加到20个；数字秦皇岛、数字邯郸、数字唐山建成并通过验收，开发应用系统30多个。全省60个县（市）数字城市建设批准立项，40个县（市）启动建设，数字栾城通过竣工验收。

6月26日，河北省地理信息局举办河北省数字城市建设县（市）长专题研讨班，全省11个设区市国土资源局主管副局长、分管地理信息工作副县（市）长和县（市）国土资源局主要负责人120多人参加。

**【“天地图·河北”建设】**

河北省地理信息局利用2014年保定地区200幅1:1万测绘地理信息成果资料及石家庄、邯郸、廊坊、秦皇岛4市的数字城市建设成果，完成“天地图·河北”省级节点矢量数据更新，利用石保沧区域和以上4市市区的影像资料完成省级节点影像数据更新。整合6个设区市建成区的1200千米街景数据，在河北全景网发布。新增河北省地理信息局CORS站管理系统示范应用。开发基于安卓、IOS系统的应用程序接口，实现下载服务。石家庄、邯郸、秦皇岛、廊坊4个“天地图”市级节点上线运行。

**【地理国情普查】**

河北省第一次全国地理国情普查办公室出台《河北省第一次全国地理国情普查项目管理办法》《河北省第一次全国地理国情普查考核管理实施细则》，建立旬报、月报、月例会调度等制度；建立健全联络和资料共享、省市县联动、分工合作、相邻省份友好协商等工作运行机制。组织16批次125人次参加国家级培训，组织4批995人次参加省级培训。坚持持证上岗，全省共有持证人员1153名，其中持有国家级督导员证58人、国家级质检员证30人、省级作业员证862人、省级质检员证203人。

2014年下达普查工作计划4期，至年底，完成高分辨率正射影像图生产、内业遥感解译及工作底图制作全部任务，外业调绘核查约18.8万平方千米，内业编辑整理约18.8万平方千米，完成了普查数据生产全部任务，数据库建设和统计分析工作准备就绪。落实普查经费1.73亿元，印发《河北省第一次全国地理国情普查专项资金管理办法》。

编制《河北省第一次全国地理国情普查技术设计书》，形成全省统一技术标准体系。开展督导检查7次，召开生产、技术、管理例会8次，解决技术问题。制定《河北省地理国情普查质量管理细则》，开展过程质量监督抽查工作，完成国普办成果质量监督抽查问题的整改，普查成果质量合格率100%，优良品率80%以上。

制定《河北省第一次地理国情普查成果资料管理规定》《河北省第一次地理国情普查成果资料汇交与归档基本要求》等制度，组织普查单位主管领导及资料管理人员培训。开展专题资料收集整理，对已收集的18个厅（局）、11个设区市64个县的专题资料进行分析评定。完成“曹妃甸工业区地理国情监测项目”“石家庄气溶胶时空特征星地协同观测项目”等监测项目，与当地政府对接，将监测成果报告上报省政府，主管副省长张杰辉做出批示。协助开展“京、津、冀地区重要地理国情监测”4个项目（大气颗粒物污染源空间分布监测、植被覆盖度变化监测、城镇空间扩展监测、地表沉降监测），推进常态化监测工作。

**【秋冬季秸秆焚烧监测】**

河北省地理信息局成立秸秆禁烧地理信息应急监测项目领导小组，抽调40多名技术人员组成监测办公室，开展秋冬季秸秆焚烧监测工作。6月5日~14日，使用4架动力三角翼飞行器设备，共起飞43架次，监测范围覆盖邯郸、邢台、沧州、石家庄、衡水5设区市56县（市）小麦主产区29597平方千米，共发现着火点619处，其中面积大于1000亩的焚烧地块12处。编制监测报告351份，报送省委农村工作部、省政府办公厅、省环保厅。河北省省长张庆伟、省委副书记赵勇、副省长张杰辉均做出批示，省内外10多家新闻媒体进行深度报道。

10月16日~11月3日，河北省地理信息局在香河、高碑店、霸州三地设立起降点，使用4架动力三角翼飞行器及外业监测设备，起飞30多架次，每3小时对1.4万平方千米监测区域监测一次。编制监测报告151份，报省委农村工作部、省政府办公厅、省环保厅。11月10日，省长张庆伟带领省直相关部门到河北省地理信息局召开秸秆焚烧监测工作现场会议。

**【推动京津冀测绘地理信息协同发展】**

7月25日，河北省地理信息局牵头组织北京市规划委员会、天津市规划局在河北省地理空间技术创新基地召开京津冀测绘地理信息协同发展第一次座谈会，共同签署《京津冀测绘地理信息协同发展战略合作协议》。成立京津冀测绘地理信息协同发展战略合作领导小组，负责决策和统筹落实合作事宜。建立事务沟通协调工作长效机制，定期召开例会，协调解决合作中的重大事项，共同推进京津冀测绘地理信息一体化进程。三方共同编制《京津冀协同发展工作用图》，分送三省（市）政府，为领导决策提供服务，河北省副省长张杰辉对此做出批示。8月和11月，京津冀测绘地理信息协同发展第二、三次座谈会分别在北京、天津召开。

**【卫星定位连续运行参考站建设管理】**

11月13日，河北省政府办公厅印发《关于加强卫星定位连续运行参考站建设及使用管理的通知》，要求加强卫星定位连续运行参考站统筹规划，充分发挥河北省卫星定位综合服务系统的作用，加强参考站的建设与使用管理。省发展和改革委员会、省财政厅、省地理信息局联合印发《关于加强卫星定位连续运行参考站建设管理的通知》。

## 法制建设与市场监管

**【制度建设】**

《河北省地理信息交换共享管理办法》自1月1日起实施。河北省地理信息局修订《河北省测绘资质管理办法》和《河北省测绘资质分级标准》，自10月1日起施行；印发《关于加强街景影像地图采集制作活动管理的通知》《河北省地理信息局测绘成果管理规定》等规范性文件。

**【依法行政】**

河北省地理信息局对测绘地理信息行政许可、非行政许可审批、行政处罚、行政监督等事项进行审查，编制职权目录，绘制权力运行流程图。共清理出行政许可事项8项、非行政许可审批事项1项、行政处罚56项、行政监督10项以及其他行政权力17项，确定非行政许可和行政监管事项转为日常管理的时间计划表，通过河北省地理信息局门户网站对外公布。开展行政审批项目流程再造，实现两岗办结制，审查环节、审批时限得到进一步压缩。下放资质审批管理事权，放宽测绘资质考核条件，简化资质许可流程，初步建立起适应地理信息新兴服务业态发展的市场准入制度。

**【行政执法】**

河北省地理信息局完成《河北省地理信息局行政执法责任制规定》《河北省地理信息局行政执法评议考核办法》《河北省地理信息局错案和执法过错责任追究办法》及《河北省地理信息局行政执法责任制实施方案》等行政执法责任制度的修订工作并印发执行。推进地理信息行政约谈制度，2014年共约谈测绘单位负责人30多人。深化“项目登记、数据提供、质量检验、成果汇交、资质管理”五位一体的管理体制，组织联合执法检查，共查处违法测绘案件5起。配合国家测绘地理信息局完成2013年12月29日无人机擅闯首都机场案件的调查取证工作。完成《测绘地理信息行政执法证》申领系统的试运行工作。

开展“问题地图”专项治理、保密检查、互联网地图等专项执法检查，加大对测绘地理信息市场的整治力度。排查互联网地图网站648个，发现存在问题的网站314个，下达责令整改通知书，责令整改。全年全省各级测绘地理信息行政主管部门开展执法检查108次，开展重大专项执法活动12次，发现涉嫌违法行为6起，立案调查6起，作出行政处罚1起。所有行政处罚案件均及时报送国家测绘地理信息局备案。

**【统一监管】**

2014年，全省各级测绘地理信息行政主管部门累计受理测绘项目备案登记事项2200件。河北省地理信息局全年共审批发放测绘作业证252个。加强街景影像地图采集管理，依法查处非法街景影像地图采集制作行为。

**【市场专项监管】**

河北省地理信息局联合工商、新闻出版以及保密等部门开展测绘地理信息市场监督检查活动，对无证测绘、违法编制出版地图、擅自提供利用涉密测绘地理信息成果等违法案件进行查处。加强网上地图、涉外测绘项目等重点领域监管。举办测绘地理信息管理人员、核心涉密人员、标准化和质检人员培训班及测绘地理信息项目招标投标等培训班，提高各级管理人员和测绘地理信息从业人员的法制意识和工作水平。

**【资质管理】**

2014年，河北省地理信息局受理测绘资质申请49项，批准49项，审批名称、地址、法人等信息变更57家。上报新申请甲级测绘资质单位4家，甲级增加业务范围2家。

协助国家测绘地理信息局开展全省49家甲级测绘资质单位复审换证工作，准予注册40家，2013年6月30日后新核准免于年度注册9家。完成705家乙级以下测绘资质单位复审换证工作，准予注册及新核准免于年度注册共675家，缓期注册经整改后通过24家，注销资质6家。截至年底，全省共有测绘资质单位748家，其中甲级49家、乙级107家、丙级220家、丁级372家。

**【测绘信用体系建设】**

河北省地理信息局根据国家测绘地理信息局统一部署，6月底前协助完成甲级测绘资质单位信用信息征集工作，完成乙、丙、丁级测绘资质单位信用信息评价发布工作。评级涉及乙、丙、丁级单位507家，按基本信用信息、良好信用信息和不良信用信息综合计分，评出A级单位5家、B级单位502家。

**【执法队伍建设】**

河北省地理信息局组织对省地理信息市场管理中心执法人员进行专题执法培训，办理测绘行政执法证件。组织省、市、县行政执法人员、甲级测绘资质单位负责人50多人参加国家测绘地理信息局组织的行政执法人员培训和测绘资质管理、甲级测绘资质单位负责人培训，组织30名行政执法人员参加执法证换证培训。9月29日，举办河北省地理信息行政管理干部培训班，各设区市国土资源局（地理信息局）地理信息管理科、国土测绘科负责人，县（市）国土资源局（地理信息局）分管地理信息工作的副局长130多人参加培训。

【法制宣传教育】

3月，河北省地理信息局印发《2014年全省测绘地理信息法制宣传教育工作要点》，部署全省测绘法制宣传教育工作。印发《关于开展2014年测绘法宣传日活动的通知》，部署以“发展地理信息产业，地图服务大众生活”为主题的系列宣传活动。8月29日，举办测绘法宣传日活动，河北省地理信息局，秦皇岛市人大、市政府、国土资源局相关负责人参加秦皇岛市主会场活动，现场发放宣传材料1万多份，解答群众咨询3000多人次。宣传日当天，全省共设立宣传站点200多个，制作宣传展板900多块，悬挂彩球、标语等1100多个，印制宣传品10多万张，发送公益短信近1万条。召开测绘法宣传日活动座谈会，就数字城市、基础测绘、地理信息机构建设等重点工作进行讨论交流。

## 基础测绘

【省级基础测绘计划】

河北省地理信息局积极争取省财政和国土资源部门投入，制定2014年省级基础测绘年度计划，加大基础地理信息数据采集、建库、数字航摄等专项的投入力度；制定年度1:1万DLG生产和入库、数字城市、“天地图・河北”、地理国情监测及普查等项目的任务量和完成时限。开展《河北省省级基础测绘“十二五”规划》中期评估工作。

【基础测绘项目】

河北省测绘地理信息部门完成石保沧地区1:1万DOM1330幅和石家庄市区646平方千米1:1000 DOM制作；完成保定地区1:1万DLG更新132幅、张家口市崇礼县东部雪场320平方千米1:5000 DLG采集和630平方千米1:2000 DLG采集工作。

河北省地理信息局制定全省2014年度航空摄影和遥感资料统一购置及处理计划。省财政安排资金740万元，完成国家航摄项目正定县城413平方千米0.1米分辨率航摄任务，完成2014年国家航摄项目0.5米分辨率2.7平方千米冀南一、冀南二摄区航摄任务和环首都区域9.3万平方千米0.5米分辨率航空摄影和14.3万平方千米格网精度为2米的机载航空激光雷达扫描项目。影像资料使用率达到100%。

承担国家现代测绘基准体系基础设施建设一期工程GNSS连续运行基准站建设、国家1:5万数据库更新抽检、正定县新农村建设测绘保障服务示范等项目。完成凌源—绥中168.3千米、赤峰—凌源189千米、北京—凌源467.4千米、绥中—天津396.6千米一等水准观测任务；完成灵寿、围场、涞水、丰宁4个GNSS新建站和曲阳、深州、临西、遵化4个GNSS改建站的土建工作并通过验收；正定GNSS新建站设计书已获国家测绘地理信息局批复，土建工作已经开展。

【质量管理】

河北省地理信息局委托省测绘产品质量监督检验站完成石家庄、唐山、沧州、承德、廊坊、张家口、衡水市和隆化县、磁县、栾城县的数字城市建设质量验收工作；完成石家庄、廊坊、秦皇岛、张家口市535平方千米倾斜相机航测相片验收工作；完成全省农村面貌提升行动3244个重点村测图、石保沧邢测区1:1万DOM制作项目验收工作；完成92家甲、乙级测绘资质单位测绘项目质量抽查，47家丙、丁级测绘资质单位质量监督检验工作。

【全省帮扶村规划紧急测图项目】

河北省地理信息局承担2014年全省农村面貌改造提升行动重点村规划测图工作。5月，完成并向省住房和城乡建设厅提供全省范围3244个提升行动重点村近9000平方千米范围的1:1000地形图等资料。省财政拨付测图经费1.85亿元。

【安全生产】

河北省地理信息局制订《河北省地理信息局安全生产应急预案》，建立并完善局安全生产应急组织机构。编制《测绘地理信息安全生产手册》，发放给一线职工。开展“安全生产月”活动，对局属单位的办公区和8个省内、外业测区进行安全生产检查，全局安全生产情况总体良好。

## 地图管理与地图服务

【地图监管与审核】

河北省地理信息局深化“问题地图”专项治理与日常巡查工作，委托省地理信息市场管理中心对11个设区市的地图市场进行全面集中和不定期的排查，重点检查“5・18”廊坊国际经济贸易洽谈会，石家庄正定小商品博览会，石家庄图书批发市场、火车站、大型商场等场所，查出“问题地图”160多幅、存在“问题地图”的宣传册1100多本，责令5家销售违法地球仪的商家下架产品，制止和撤销含有“问题地图”的大型展牌3处，与15家地图及地球仪销售商签署《增强测绘法律法规意识自觉维护和净化地图市场倡仪书》。利用互联网地理信息安全监管系统对648个网站进行互联网上传涉密地理信息标注监控，排查兴趣点信息，要求有严重政治性问题的网站限期改正。

严格执行地图审核质量委托检验、地图审核结果网上公告、地图出版样本备案等制度，全年共受理地图审核行政许可30项。

【地图编制与出版】

河北省有关测绘地理信息部门编制出版河北省领导工作用图、2022年冬奥会申奥用图、京津冀行政区划地图、京津冀协同发展战略图、阜平县影像图、秦皇岛市防御部署图等专题地图1.3万多幅(册)。与北京市测绘设计研究院、天津市测绘院分专题共同编制《京津冀协同发展系列工作用图》8幅。

【国家版图意识宣传教育】

河北省地理信息局印发《河北省国家版图意识宣传教育和地图市场监管2014年工作要点》，进一步深化宣传教育“进学校、进社区、进媒体”活动。与省教育厅联合组织省内单位和个人参加“美丽中国”第二届全国国家版图知识竞赛和少儿手绘地图大赛，收到少儿手绘地图大赛作品428幅，选送55幅，其中5幅获奖；全省参加国家版图知识竞赛个人赛近6000人，石家庄铁路职业技术学院参赛队进入团体赛全国总决赛。

## 测绘地理信息成果管理与应用

【成果汇交】

河北省地理信息局加强测绘资质单位成果汇交管理，全年汇交测绘地理信息成果570项。开发测绘资料档案管理系统，定期向社会发布。

【成果质量监督】

河北省地理信息局开展2014年测绘地理信息成果质量监督检查，编制监督检查工作方案和技术方案。对30家2011年~2013年未被抽查的单位进行检查，发现1家单位成果不合格，责令整改。

【成果审批与提供】

河北省地理信息局全年共完成测绘地理信息成果行政审批事项405项，受理并审批省外申请183项。全年向社会提供各种比例尺地形图1502幅，“4D”产品103352幅，航摄数据成果18441片(景)，控制点成果2509个。

【成果保密管理】

河北省地理信息局建立健全保密管理制度，出台《河北省地理国情普查资料管理规定》；加强对重点部门、重点部位核心涉密人员管理，7月~8月，举办4期全省测绘地理信息单位测绘地理信息成果核心涉密人员岗位培训班，培训人员近1000人。开展测绘地理信息成果保密检查工作，检查测绘地理信息单位90家，发出测绘地理信息成果保密整改通知书36份，已全部整改完毕。

【测量标志管理】

河北省地理信息局开展全省测量标志普查工作，普查结果录入河北省测量标志管理信息系统。2014年完成的灵寿、围场、涞水、丰宁、正定5个GNSS新建站均与当地国土资源所签定了测量标志保护委托协议书。

【共建共享】

3月12日，河北省地理信息局与中国测绘科学研究院签署战略合作协议，全面加强地理国情监测、北斗系统方面的应用、应急测绘及装备建设等多领域的合作，重点围绕“十二五”重要地理国情监测内容，共同开展首都经济圈地区重要地理国情信息监测，联合开展河北省地理国情普查信息综合统计分析工作，探索建立地理国情监测长效机制。5月15日，与国家测绘地理信息局卫星测绘应用中心签署战略合作协议，联合开展地理国情监测、智慧城市、地理信息公共服务平台建设、应急测绘保障等方面卫星测绘地理信息处理和应用服务合作。7月14日，与省地震局签署数据共享与科技交流合作框架协议，在高分辨遥感数据、基础地理信息数据、卫星定位观测数据等方面成果共建共享，在应急救援演练、人才培养等方面加强合作。

【服务经济建设】

河北省地理信息局推广2000国家大地坐标系转换应用工作，开展全省帮扶村规划紧急测图项目、北京崇礼申奥测图紧急任务。完成“首都经济圈地区重点大气颗粒物污染源监测项目”“以地控税、以税节地试点项目”“北京铁路局3D数字铁路用地管理系统”“农村土地承包经营权”等项目，服务领域覆盖国土、环保、税务等10多个行业和部门，项目资金近3亿元。

【服务国土资源工作】

河北省地理信息局实施“三维国土空间使用权项目”“土地登记动态监管信息系统项目”“河北省

卫片执法监察智能系统升级维护项目”“利用现代遥感技术开展省级卫片执法监察工作项目”等20多个项目，服务领域包括土地执法、地质灾害监测、海洋资源调查等领域。

**【测绘应急保障】**

河北省地理信息局组织开展应急数据储备和应急演练。6月，开展麦收秸秆焚烧地理信息应急监测工作。10月~11月，开展环北京地区秸秆焚烧及山火预警空地一体实时应急监测，服务APEC会议期间北京空气质量管理。

## 科技、标准化与国际合作

**【科技成果】**

2014年，河北省测绘地理信息行业24项科技成果分获2014年中国地理信息科技进步奖、全国优秀测绘工程奖、卫星导航定位科技进步奖、中国地理信息产业优秀工程奖。2014年度河北省优秀地理信息工程奖获奖项目共108项，其中一等奖19项、二等奖33项、三等奖56项；河北省测绘学会科技进步奖46项，其中一等奖8项、二等奖13项、三等奖25项。

**【标准化工作】**

河北省地理信息局制定标准化培训学习计划，7月~9月，组织2期全省丁级测绘地理信息质检人员培训班。组织人员参加国家测绘地理信息局2014年测绘地理信息质量检验标准培训班，推进全省测绘标准化工作。

**【人才培养】**

河北省地理信息局出台《关于加强人事人才工作服务地理信息事业转型升级发展的意见》。完成2014~2015年省、局青年学术和技术带头人评选推荐工作，评选测绘地理信息青年学术和技术带头人24人。全局共有享受国务院特殊津贴专家1人，国家测绘地理信息局青年学术和技术带头人3人，省有突出贡献中青年专家2人，省“三三三”人才工程第二层次1人。全年共培训各类人员1000多人，39人通过注册测绘师考试，2178人通过职业技能鉴定培训。与中国矿业大学合作举办工程硕士研究生班。

**【对外合作与交流】**

河北省地理信息局继续拓宽对外合作领域，加强与美国、瑞典、南非等国家的技术交流与合作。全年组织出访2批次2人，接待来访2批次12人。根据国家测绘地理信息局统一部署，选派1人赴联合国总部挂职工作。

6月，利用美国贷款建设基础测绘现代化技术装备体系项目完成项目招标工作，9月签署项目采购合同。

## 党的建设与文化建设

**【党建工作】**

河北省地理信息局印发《2014年度河北省地理信息局直属机关党委工作要点》，开展“党支部规范化建设年”和“走在前、做表率”主题实践活动。举行河北省地理信息局第三届妇女代表大会，选举产生新一届妇女工作委员会。严格党员发展程序，全年发展预备党员3人，党员转正9人。

**【党风廉政建设】**

河北省地理信息局召开局系统党风廉政建设工作会议，印发《河北省地理信息局2014年党风廉政建设工作要点》；制定《中共河北省地理信息局分党组贯彻落实〈建立健全惩治和预防腐败体系2013—2017年工作规划〉实施办法》，落实党风廉政建设责任制，逐级签订《党风廉政建设责任书》；加强干部队伍建设，举办处级干部培训班；抓好机关效能建设和行政权力公开透明运行工作，规范行政许可事项的办理程序；定期召开各级领导班子民主生活会，加强干部选拔任用工作监督，坚持干部任前谈话制度，促进全局各项工作的开展。

**【文化建设】**

河北省地理信息局承办全国测绘地理信息系统第三届“中色杯”羽毛球比赛，获团体赛第一名。参加省直安康杯竞赛、乒乓球比赛，均获优秀组织奖。举办全省第一次地理国情普查摄影书画展，展出作品400多幅。举办建局40周年文体系列活动和文艺汇演。局职工健身活动中心被授予“省直机关工会会员健身基地”牌匾。局系统2个单位被评为省级文明单位，3个单位被评为省直文明单位。

## 地方社团工作

**【河北省地理信息产业协会】**

7月，河北省地理信息产业协会十佳单位表彰暨三届六次理事会在秦皇岛召开，130多人参加，表彰12家十佳单位、15家优秀单位、14家业绩良好单位；通过换届选举提案和第四届理事会、常务理事会选举办法。

**【河北省测绘学会】**

河北省测绘学会组织开展2014年河北省优秀测绘地理信息工程奖和河北省测绘学会科学技术奖评审工作，评选出2014年度河北省优秀测绘地理信息工程奖108项、河北省测绘学会科学技术奖46项。

与河北省地理信息产业协会共同编辑出版《河北测绘》期刊4期，总发行量2800多册。按要求完成学会年检工作。

6月18日，河北省测绘学会工程测量专业委员会在天津举办工程测量新技术应用交流会，全体委员和会员代表50多人参加。11月27日，测绘教育与科普专业委员会在石家庄举办测绘工程专业教育教学改革及多源数据获取与应用技术研讨会，13所院校和6家企业240多人参加。

# 山西省

## 概况

2014年，山西省全面推进第一次全国地理国情普查，组织完成全省数字影像图制作6440幅、数字高程模型精细化处理6440幅、地表覆盖6307幅、地理国情要素6290幅、样本数据采集6331幅，外业核查6350幅等。4月15日，全省1:1万全要素DLG、高精度DEM、高分辨率DOM数据库正式发布使用。“天地图·山西”实现省级节点架构优化和系统升级，在国家测绘地理信息局组织的地理信息公共服务平台测评中排名第2。数字运城、数字忻州、数字长治、数字临汾通过验收，数字大同建设加快推进，数字吕梁建设正式启动。《山西省人民政府办公厅关于促进地理信息产业发展的实施意见》印发。

山西省测绘地理信息局测制完成山西科技创新城1:2000、1:500地形图，两次参加省地震应急和抢险救灾演练，为全省严厉打击非法采矿行为完成30个重点监测点航拍任务。“全景影像数据库建设”“突发地质灾害遥感监测指挥系统”“智慧旅游地理信息服务平台建设”3个重点项目通过专家验收。

山西省测绘地理信息局自主开发完成Ipad版“省情电子地图”；编制完成《山西省能源地图集》《山西省非物质文化遗产地图集》等大型图集；为省委、省政府新一届领导班子提供自主研发的卷图机22套；为中央和国家领导人赴晋视察，省领导外出考察、调研提供紧急用图和省直机关提供日常公务用图1664幅、便携地图1074幅、纸图629张、图集100多册；为各级领导提供《领导工作用图》；为省“两会”代表、委员提供《山西省情概览》等2000多份；向各级各部门提供各种比例尺纸质地形图2948幅4060张，各种比例尺基础地理信息数据总计1429幅146GB，专题地图10多个种类近1000张。开展全省“问题地图”专项治理交叉检查，累计检查220多次，涉及近1000家单位，收缴“问题地图”产品1200多件。开展全省地理信息产业发展现状调查，对全省500多家地理信息单位进行全面摸底。印发《关于进一步加强市县测绘地理信息工作的意见》。山西省测绘地理信息局投入资助经费150万元完成9个测绘生产和地理国情普查科技创新项目立项；依托院士工作站，开展3个项目的研发，其中1个已通过验收。

## 重点工作推进

**【智慧城市试点】**

数字运城、数字忻州、数字长治、数字临汾通过验收，数字大同加快推进，数字吕梁项目正式启动。县级市数字城市建设稳步推进，原平、潞城、武乡3个县（市）数字城市项目通过验收。

“智慧太原”时空云平台建设试点项目设计书通过国家测绘地理信息局组织的专家评审，项目进入招标阶段。该项目承担单位成立组织机构和技术研究机构，对基础数据进行整理入库，对时空云平台构架进行研究；到5个示范应用系统单位调研，确定应用方案；制作工商法人和个人地理信息库、全市人口库等；推进全市地下管线普查工作，编制地下管线普查方案。

智慧城市国家“863”计划科研项目选定太原市10平方千米实验区，山西省测绘地理信息局组织对地下管网单位进行调研，编制完成实施方案。开展“智能公交”示范应用建设，完成“智能公交”服务器端软件平台安装调试和“智能公交”手机端APP系统开发。开展“基于北斗导航技术的物流运输智能感知与位置服务系统”项目，完成2700台北斗卫星定位设备的安装调试工作。

**【“天地图·山西”建设】**

截至2014年底，“天地图·山西”为社会公众提供地理信息服务达10万次以上。在国家测绘地理信息局对“天地图”省级节点的测评中蝉联5星评级。山西省综合地理信息中心完成“天地图·山西”全面升级改造工作，制定省、市数据融合技术方案，完成晋城市、朔州（市）、平遥县大比例尺数据与省级平台数据的融合工作，完成导航数据中高速公路及国、省、县道与平台交通数据的融合；完成平台系统软件的升级及应用推广；开发完成环保噪声应用专题地图、旅游专题地图、山西科技创新城建设管理、专题信息采集系统专题应用。8家单位通过该平台公众网在线使用，4家单位通过该平台政务内网在线使用，12家单位采用该平台前置服务系统使用。

**【地理国情普查】**

山西省测绘地理信息局积极推进全省第一次全国地理国情普查工作。完成朔州（市）域试生产任务，地理国情普查资料收集工作。执行月报制度，适时召开国情普查推进会，加快生产进程，全年完成全省数字影像图制作6440幅、数字高程模型精细化处理6440幅、地表覆盖6307幅、地理国情要素6290幅、样本数据采集6331幅、外业核查6350幅等，全面完成年度工作目标。

山西省第一次全国地理国情普查领导小组办公室（以下简称山西省普查办）制定了全国第一次地理国情普查管理办法、月报制度、成果验收制度、普查经费管理办法等制度，印发《山西省第一次全国地理国情普查质量管理实施细则》《山西省第一次全国地理国情普查技术管理规定》及《山西省地理国情普查专项资金管理办法》，编制印发《第一次全国地理国情普查质量管理规定汇编》。

2014年，落实地理国情普查经费1亿元，保障全省地理国情普查工作的实施。组织11期地理国情普查技术培训和3期地理国情普查质量管理和检验人员培训，参训1539人，合格1486人。38人参加国家级培训并取得合格证书。加强过程质量控制，针对过程监督抽查中发现的问题，多次召开会议研究整改工作，印发《关于进一步加强地理国情普查过程质量管理的通知》。组织开展普查成果检查验收工作，对朔州（市）试生产的6个县（区）进行普查成果预验收。

组建地理国情普查宣传组，全年安排地理国情普查宣传经费50万元，制定印发《2014年地理国情普查宣传工作方案》，利用广播、电视、报刊、互联网等媒体开展宣传活动16次，组织山西多家媒体记者跟踪报道12次；利用太原市2000台公交车、1000多台出租车的LED屏播放宣传口号3个月；制作15秒公益广告片，在2000台公交车内每天16次滚动播放，共播放2个月。

**【地理信息产业】**

山西省测绘地理信息局印制地理信息产业发展调查问卷和产业发展现状调查汇总表，开展全省地理信息产业发展现状调查。起草完成《山西省关于促进地理信息产业发展的实施意见》，从重要意义、总体要求、重点项目、发展基础、财税金融支持和发展环境6个方面对促进山西省地理信息产业做出规定。9月9日，山西省政府办公厅印发该意见。

**【重点项目】**

11月18日，“山西省全景影像数据库建设”项目通过山西省测绘地理信息局、省财政厅组织的专家验收。该项目建立大区域数据采集、处理、质量控制、分布生产全流程生产技术体系；建立大区域高精度全景影像数据库，研发了面向行业应用的全景影像支撑系统，可服务于城市测绘、交通管理、应急和旅游等应用领域。

12月18日，“山西省突发地质灾害遥感监测指挥系统”项目通过专家验收。该项目首次将无人机遥感技术应用于山西省的地质灾害监测工作中，共完成36个测区约2500平方千米的重点地质灾害点1:2000遥感影像本底数据库建设，建立了突发地质灾害应急监测技术体系，无人机遥感数据获取与处理、成果建库及应用服务技术体系，研发了监测软件，实现了全省范围内突发地质灾害遥感快速监测和三维地理环境下的地质灾害遥感监测。

12月12日，“山西省智慧旅游地理信息服务平台”项目通过验收，该项目完成了全省5A和4A级主要景区的三维建模、全景影像、数字正射影像图和数字高程模型数据采集制作；建成山西省旅游专题空间信息数据库，完成全省278个A级旅游景点详细信息采集和数据整理工作；以晋祠公园景区为试验区，完成景区三维模型与三维虚拟旅游系统的整合集成。

## 法制建设与市场监管

**【测绘立法】**

山西省测绘地理信息局向省政府法制办公室报送2015年法规规章立法建议项目，上报政府规章立法项目2项。对地方性法规和政府规章进行全面清理，涉及地方性法规1部《山西省测绘管理条例》，政府规章2部《山西省测量标志管理规定》《山西省测绘成果管理办法》。开展《中华人民共和国测绘法》修订调研工作和《测绘资质管理规定》《测绘资质分级标准》修订意见公开征集活动。

**【依法行政】**

山西省测绘地理信息局深化行政审批制度改革，按要求向社会公开权力清单。按照省行政审批制度改革办公室的要求，对测绘地理信息行政审批事项进行调查核实；对晋中市关于测绘地理信息行政审批事项的请示进行批复并转发各市，规范各市测绘地理信息行政审批事项。对测绘地理信息行政审批事项进行进一步清理核实并予以确认，涉及省本级行政许可项目目录中行政许可事项8项，省本级目录之外法律法规设定的行政审批事项（含子项）清单3项；对拟取消和下放的行政审批事项及年审年检项目进行确认，下放市级测绘地理信息行政主管部门行政审批事项2项、年审年检项目1项；对确定保留的9项行政审批事项，以统一规范格式在部门门户网站进行公布。完成工商登记前置审批事项清理摸底，上报工商登记审批事项1项（测绘资质审批）。

加强行政执法人员执法资格管理，开展山西省行政执法证件审核注册工作，注册行政执法证48人、行政执法监督证11人。政务服务大厅共受理行政许可申请654件，其中测绘资质审批21件、测绘项目登记11件、测绘成果提供利用申请556件、地图审核62件、永久性测量标志迁建审批3件、建立相对独立平面坐标系统审批1件，办结654件，限时办结率100%；当日办结567件，当日办结率85%。

**【测绘执法】**

山西省测绘地理信息局对山西航遥地理信息勘测中心、太原鹏宇文化发展有限公司被举报事宜进行调查核实，及时上报调查结果。完成全省2013年测绘地理信息行政处罚案件报备。组织开展2014年全省测绘地理信息行政处罚案卷评查工作。

**【市场信用体系建设】**

山西省测绘地理信息局组织开展全省测绘资质单位信用等级评价和发布工作，在测绘地理信息市场信用信息平台上发布2013年~2014年全省乙、丙、丁级测绘资质单位信用评价结果，信用评价等级A级2家、B级479家、C级6家。

**【法制培训】**

12月5日，山西省测绘地理信息局举办依法行政专题培训，局机关全体人员和局属单位主要负责人共60多人参加。组织参加国家测绘地理信息局举办的2014年全国测绘地理信息行政执法人员培训班，3人参加。

**【资质管理】**

山西省测绘地理信息局组织开展2014年测绘资质年度注册工作，缓期注册6家，注销测绘资质2家。组织开展2014年度测绘资质巡查工作，对大同、朔州、忻州、太原、晋中5个市10多家测绘资质单位进行巡查和指导。组织开展全省测绘资质复审换证暨《测绘资质管理规定》《注册测绘师执业管理办法（试行）》培训班，全省市、县测绘管理科（股）负责人和乙、丙、丁级测绘资质单位相关人员参加培训。组织甲级测绘资质单位参加国家测绘地理信息局举办的《测绘资质管理规定》《注册测绘师执业管理办法（试行）》培训班。组织6家甲级测绘资质单位负责人参加国家测绘地理信息局2014年第二期甲级测绘资质单位负责人培训班。

**【测绘普法】**

山西省测绘地理信息局制定印发2014年~2016年普法依法治理工作规划和2014年普法依法治理工作要点。组织开展“8·29”测绘法宣传日活动和2014年度“依法行政宣传月”活动。12月初，组织开展“12·4”全国法制宣传日（宪法日）活动。山西省测绘地理信息局被全国普查办评为全国“六五”普法中期先进集体，王和平被评为先进工作者。报送的测绘地理信息法制宣传工作信息被评为第十一届山西法制好新闻报刊消息类三等奖。

## 基础测绘

**【省级基础测绘】**

山西省发展和改革委员会将基础测绘专项规划纳入政府规划编制序列。山西省测绘地理信息局组织完成《省级1:1万基础地理信息数据快速更新技术方案研究》项目的验收工作。编制2014年度1:1万省级基础测绘生产任务和经费预算并下达任务书。按照1:1万快速更新方案安排阳泉、长治测区1100幅地理信息数据更新任务。

继续实施国家测绘地理信息局关于1:1万基础地理信息数据库整合升级项目。按照项目计划进度，完成4515幅DLG成果的数据处理和整合，DEM和DOM成果坐标基准已转换为2000国家大地坐标。完成本省区域1:5万动态更新。完成国家现代测绘基准体系基础设施建设一期工程GNSS连续运行基准站浮山、山阴和古交站的建设工作，并安排标志保护工作。

**【质量管理】**

山西省测绘地理信息局印发《山西省测绘地理信息质量巩固年活动实施方案》，成立活动领导组织机构，开展地理国情质量专项监督检查，组织质量管理体系考核、地理国情普查成果展示，落实各级质检员考核持证上岗和基础测绘成果统一委托验收2项制度。4月8日，印发质量管理年活动情况通报，表彰质量管理年活动组织工作先进单位，总结质量管理年活动情况。

**【测绘仪器检定】**

山西省测绘产品质量监督检验站全年检定水准仪901台、经纬仪87台、全站仪1339台、GPS接收机1358台、测距仪887台，共4572台。其中，不合格仪器273台。

## 地图管理与地图服务

**【地图市场监管】**

山西省测绘地理信息局组织开展全省“问题地图”专项检查，并配合国家测绘地理信息局赴太原、大同市的书店、图书批发市场开展市场检查，未发现严重“问题地图”。10月~11月，安排11个地级市分3组开展“问题地图”交叉检查，由测绘、工商、文化、新闻出版等部门相关人员组成联合检查组，主要检查新华书店、文化用品市场的地图类图书和教辅资料，报刊和户外广告中的地图等，累计检查220多次，收缴“问题地图”产品1200多件。

**【地图编制审查】**

山西省测绘地理信息局全年完成《山西省能源图集》《山西省非物质文化遗产地图集》《临汾市行政区划图》等图集、地图、图册及“数字临汾”网络地图审查35项。

**【大型地图集编制项目】**

山西省地图集编纂委员会办公室完成《山西省非物质文化遗产地图集》编制工作，全面反映了全省非物质文化遗产的基本内容、现状及其保护、传承和创新发展状况。完成《山西省能源地图集》编制出版工作，反映山西省能源资源条件，开发和综合利用现状以及能源可持续发展。开展《广西壮族自治区农业地图集》编制工作，该图集是山西省地图集编纂委员会办公室第一次承担省外区域的省级大型专题地图集的设计和编制工作。

**【为政府决策服务】**

2014年，山西省测绘地理信息局为省委、省政府新一届领导班子提供自主研发的卷图机22套；为中央和国家领导人赴晋视察，为省领导外出考察、调研提供紧急用图和省直机关日常公务用图1664幅、便携地图1074幅、纸图629张、图集100多册；为各级领导决策提供《领导工作用图》；为省“两会”代表委员提供《山西省情概览》等2000多份。

**【国家版图意识宣传教育】**

山西省测绘地理信息局编印完成阳泉、晋中、长治、忻州4市《版图知识教育读本》15万册，10月29日，举办向阳泉、晋中、长治、忻州4市分发《版图知识教育读本》活动，协同各市教育部门实现各县（市、区）初二学生《版图知识教育读本》全覆盖。组织开展全省第二届国家版图知识竞赛网上答题和少儿手绘地图大赛，参加国家版图知识竞赛网上答题4635人，交送纸质答卷3000多份；参加少儿手绘地图大赛约5200人，报送作品约3300幅。9月，山西省首届国家版图知识竞赛团体赛在阳泉市盂县举办，15支代表队约90人参加比赛。获得全省一等奖的长治市代表一队代表山西省参加全国国家版图知识竞赛团体赛决赛，获优胜奖。

## 测绘地理信息成果管理与应用

**【成果管理】**

4月15日，山西省政府新闻办公室组织召开山西省测绘地理信息成果新闻发布会。由省级财政投入，山西省测绘地理信息局组织实施的山西省1:1万全要素DLG数据库、高精度DEM数据库、高分辨率DOM数据库3项最新测绘地理信息数据成果正式向社会提供使用。

山西省测绘地理信息局全年完成汾河—左权测区1:1万基础地理信息数据更新项目、朔州（市）怀仁县正射影像数据成果、代县金升铁矿区地形测量等各类成果质量监督检验项目74项。组织全省第三期涉密测绘成果管理人员岗位培训，测绘资质单位和地勘资质单位共300多人参加，为合格人员颁发涉密测绘成果管理人员岗位培训证书。

**【测量标志管理】**

山西省测绘地理信息局全年办理测量标志迁建行政审批事项3项，查处影响测量标志效能事件4起。向各市下达测量标志维修资金共55万元。落实资金15万元，完成吕梁市6县（区）测量标志警示牌埋设。建设完成太原万亩生态园景区和朔州应县木塔景区2座景观性测量标志。

**【房产测绘管理】**

6月，山西省测绘地理信息局为运城市房产测绘单位培训房产测绘技术骨干50多人；针对7月23日《山西晚报》刊登的《买房赠面积今后“没门”喽》一文，撰文分析房产测绘政策，普及房产测绘规范。全年接听房产测绘热线电话和接待来访人员43人次。

**【应急测绘】**

山西省测绘地理信息局配备国家地理信息应急监测车，于5月12日搭载2架无人机，参加了由省地震局、省国土资源厅、省环境保护厅和省气象局联合举行的地震应急演练。7月1日，接省政府应急办通知，为落实李克强总理的批示和李小鹏省长的指示，出动国家地理信息应急监测车和无人机等，对山西代县、五台山风景区周边采矿区域疑似私挖滥采隐患点实施了航拍，完成120平方千米30个重点监测点的航拍任务，现场快速制作数字正射影像图，为省政府全面掌握地质灾害隐患、打击私挖滥采违法行为提供了决策依据。

**【为重点项目服务】**

山西省测绘地理信息局承担山西省科技创新城1:1万、1:2000、1:500地形图电子版数据、0.5米分辨率数字正射影像图提供工作，组织相关单位及时提供510平方千米1:1万、100平方千米1:2000、21平方千米1:500地形图及电子版数据及910平方千米0.5米数字正射影像图。为省政府、太原市政府、晋中市政府及相关厅局提供山西科技创新城选址方案图、地形晕渲图、影像图等专题图件100多份，为省科技创新城建设提供了良好的测绘保障服务工作。

**【为社会服务】**

2014年，山西省测绘地理信息局向各级各部门提供各种比例尺纸质地形图2948幅4060张，各种比例尺基础地理信息数据1429幅146GB，专题地图10多个种类近1000张。

## 科技、标准化与国际合作

**【科技奖励】**

山西省测绘地理信息局系统获得多项科技奖项。山西省基础地理信息院参与的“国家数字城市地理空间框架建设体系”项目获2014年中国测绘地理信息学会测绘科技进步奖特等奖，参与的“数字运城地理空间框架建设”项目获三等奖。山西省测绘资料档案馆完成的“山西省测绘成果档案快速提供”项目获2014年全国优秀测绘工程奖铜奖。山西省综合地理信息中心完成的《山西省交通地图集》获2014年优秀地图作品裴秀奖铜奖，“山西省突发事件地理信息应急服务系统”项目获2013年度山西省科技进步奖技术发明类二等奖。山西省测绘工程院完成的“山西省汾河主河道流域生态地理环境影像信息系统建设”获2013年度山西省科学技术奖三等奖。

**【科技创新】**

山西省测绘地理信息局系统6名科技带头人、7家单位申报科技创新项目13项，经专家评审，“地面三维激光扫描技术在应急测绘中的应用研究”“大比例尺基础测绘成果在地理国情普查中的应用研究”等9个项目被批准立项。该局投入科技创新资助经费150万元。

**【标准化工作】**

山西省测绘地理信息局积极参与国家和行业标

准制修订与提案、标准宣传贯彻与执行监督检查。5月，向山西省标准化研究院推荐了山西省社会管理和公共服务标准化委员会委员和专家。8月，派员参加2014年测绘地理信息国家标准与基础知识培训。

【人才培养】

山西省测绘地理信息局全年进行技术专题培训31期，参加培训人数1000多人次。完成2014年度局机关和局属事业单位工程测量和地图清绘工种技师考试的审核申报工作。8月~9月，举办全省工程测量和地图清绘工种技师考前培训。9月，举办《注册测绘师执业管理办法（试行）》培训班，培训600多人。

## 党的建设与文化建设

【党的建设】

山西省测绘地理信息局修订党建工作考核指标，与机关各处（室）、直属单位签定党建工作目标责任书，将班子建设、中心组学习、党员队伍建设、文明创建和党风廉政建设等工作量化并纳入考核。2月28日，召开全省测绘地理信息工作暨党风廉政建设工作会议，总结回顾2013年反腐倡廉和党建工作，明确2014年党风廉政建设、党建工作的总体要求和主要任务。

【基层党组织和党员队伍建设】

山西省测绘地理信息局及时指导局属单位党组织换届补选和新成立局属单位及新设立业务处室党组织成立工作，不断加强基层党组织建设。全年审核3人的入党、转正等相关材料。9月，根据省直工委有关开展党建工作调研督查的要求，对局属各单位党组织、党员队伍建设情况提出具体要求，并形成报告上报省直工委。

【党风廉政建设】

山西省测绘地理信息局机关各处（室）、局属各单位主要负责人签署了党风廉政建设责任承诺书。全年未发生腐败案件。利用中央对山西省严重腐败问题进行严肃处理的契机，组织党员领导干部进行学习讨论，汲取教训。印发《贯彻落实建立健全惩治和预防腐败体系2013—2017年工作规划》的实施方案。充实纪检监察室工作人员，加强对纪检监察干部的管理监督。

【学习落实】

山西省开展“净化政治生态、实现弊革风清，重塑山西形象、促进富民强省”主题讨论落实活动。山西省测绘地理信息局成立活动办公室，制定实施方案，召开动员大会，对全局活动进行部署。向全体党员领导干部发放《习近平总书记系列重要讲话读本》《习近平谈治国理政》等书籍，集中学习习近平总书记系列重要讲话精神并开展学习交流。围绕省委实施意见明确要求重点讨论的4个方面，结合全省测绘地理信息工作和自身实际，组织讨论，撰写党组专题反思剖析材料。

【文明和谐建设】

山西省测绘地理信息局部署2014年全局文明创建工作，4月，分类完成局机关和11个直属单位文明和谐单位申报工作。落实中国测绘职工思想政治工作研究会2014年度重点课题组牵头任务，做好“关于党内政治生活组织生活问题研究”“关于思想政治工作和测绘地理信息文化建设研究”2个课题的研究工作，上报4篇研讨论文。推选2名优秀工作者为省直工委劳模，其中1人获省劳模称号。组织参加省直机关第三届“读书月”活动，向省直机关工委报送3篇读书体会。5月，组队参加全国测绘地理信息系统第三届“中色杯”羽毛球比赛，参加省直机关第四届职工运动会并获桥牌团体比赛第三名。7月，承办山西省第一届“测绘地理信息杯”华牌大赛。8月，组队参加省直机关工委举办的第二届机关干部五项全能比赛，1人获演讲比赛优秀选手奖。

山西省测绘地理信息局机关被评为省文明和谐单位。11个局属单位中有1个省级文明和谐单位、2个省直文明和谐单位标兵、8个省直文明和谐单位。山西省政府批准授予第一届全省测绘地理信息行业职业技能竞赛地籍测绘、地图制图、摄影测量3个专业前三名选手共9人“三晋技术能手”称号。

## 地方社团工作

【山西省测绘学会和山西省地理信息系统协会】

5月29日，山西省测绘学会和山西省地理信息系统协会分别召开八届二次常务理事会和一届三次常务理事会，60多人参加。会议总结2013年学会工作报告，部署2014年工作，对2013年学会财务工作情况进行说明。

5月，山西省地理信息系统协联合Esri中国（北京）有限公司在太原举办“智慧地理平台 分享地理价值”2014年空间信息技术研讨会，120多人参加。

**【山西省测绘行业协会】**

山西省测绘行业协会完成清理规范工作。召开四届一次常务理事会议，调整领导班子成员。10月18日，与中国测绘地理信息学会工程测量分会联合举办测绘地理信息标准暨控制测量新技术培训班。

# 内蒙古自治区

## 概况

2014年，内蒙古自治区测绘地理信息工作围绕总体思路，深入贯彻落实党的十八大和十八届三中、四中全会精神，按照国家测绘地理信息局总体部署，结合自治区“8337”发展战略，坚持“构建数字内蒙古、普查地理国情、壮大测绘地理信息产业、建设测绘强区”的战略方针，全面推进各项工作。

内蒙古自治区第一次全国地理国情普查2014年目标任务全面完成，普查区域66个旗县市区的地表覆盖数据集、地理国情要素数据集、普查数据元数据与解译样本数据已全部提交验收。全区1:1万地形图覆盖面积达59.15万平方千米，覆盖率达50%，同比增长2.2%。2014年末，内蒙古自治区可提供服务的全球卫星连续运行基准站数量达到126座。已建成并开始应用的盟市级数字城市3个，9个盟市级和12个旗县级的数字城市投入建设。“天地图·内蒙古”项目已建设完成并通过验收，基础地理信息公共服务平台政务版与示范应用已建设完成。

## 重点工作推进

**【数字城市建设】**

内蒙古自治区国土资源厅把数字城市建设纳入盟市国土资源局重点考核内容，对开展数字城市建设的盟市建立进度跟踪机制，加大推进力度。完成数字兴安盟、数字额济纳旗项目设计书的评审。开展为期10天的数字城市建设推广宣传活动，赴2个盟市、7个旗县，对接当地政府主要领导、召开座谈会，进行演示宣传，落实项目配套资金。6月，组织专家对数字通辽、数字锡林浩特进行预验收。11月，乌兰察布市数字城市正式立项。

**【“天地图·内蒙古”建设】**

“天地图·内蒙古”项目建设完成并通过验收，基础地理信息公共服务平台政务版与示范应用建设完成，政务版数据已提供4个厅局使用，示范应用已完成8项。

**【地理国情普查】**

内蒙古自治区国土资源厅组织完成自治区8个盟市66个旗县近38.9万平方千米的地理国情普查任务（其余76.5万平方千米由国家测绘地理信息局支持完成）。对涉及的66个普查基本单元的技术设计书进行审核。多次组织到实地进行生产过程检查和督导。建立每月工作例会制度，建立自治区普查技术交流QQ群，及时掌握生产进度。印发《内蒙古自治区第一次全国地理国情普查质量管理实施细则》，全年分12个批次开展地理国情普查过程质量监督抽查工作。组织召开内蒙古电视台等自治区主要新闻媒体参加的地理国情普查新闻通气会，制作地理国情普查宣传片，印发地理国情普查宣传手册3万本。

至年底，普查区域正射影像数据全部生产完成，内业解译完成1:1万图幅17212幅，外业调查和核查完成1:1万图幅17212幅，解译样本数据完成1:1万图幅17212幅。

## 法制建设与市场监管

4月，内蒙古自治区国土资源厅配合中央电视台到呼伦贝尔市宝日希勒矿区就矿山综合治理进行采访，“4·22”世界地球日当天，中央电视台新闻频道播出该报道。6月25日，借助全国土地日宣传契机，深入旗县国土所开展测绘知识宣传。8月~11月，呼和浩特市1200辆公交车的电子屏幕滚动播出地理国情普查宣传口号；11月、12月，分别在

《内蒙古日报》《中国测绘报》刊登地理国情普查宣传专版。8月29日，内蒙古自治区测绘地理信息局围绕“发展地理信息产业，地图服务大众生活”主题，开展测绘法宣传日活动，组织局属单位设置宣传点、摆放展板、悬挂横幅、张贴海报，开展现场咨询服务，发放宣传材料，取到良好效果。

## 基础测绘

**【基础测绘项目】**

2014年，内蒙古自治区共安排基础测绘项目资金7000万元，其中基础测绘经费4940万元，其他测绘项目安排2060万元。全年安排全区1:1万地形图测绘1475幅，更新1:1万地形图460幅，全区1:1万地形图覆盖率提高到50%，覆盖面积达59.15万平方千米。安排乌兰察布市三等水准测量1000千米和C级GPS点测量100个。完成阿拉善盟境内世界沙漠地质公园必鲁图峰高程测量，填补了国家重要沙漠高程数据空白。

**【参考站综合服务网项目】**

内蒙古自治区测绘地理信息局完成26座全球导航卫星连续运行参考站的土建工作，至年底，可提供服务的基准站数量达到126座。

**【航空摄影】**

内蒙古自治区测绘地理信息局完成38个旗县高分辨率数字彩色影像的航空摄影任务，航摄面积4000多平方千米。为根河市、新巴尔虎右旗、呼和浩特市制作高分辨率正射影像挂图。制作呼和浩特市市区1:1000彩色正射影像图816幅。

**【其他测绘项目】**

内蒙古自治区测绘地理信息局完成4个旗县新农村1:1000地形图测绘项目和自治区测量标志维护试点工作。

## 地图管理与地图服务

**【地图公共服务】**

内蒙古自治区测绘地理信息局积极为自治区党委政府领导和各部门提供地图服务，提供框图140多套、布图300多幅、挂图300多幅、地图集（册）5000多册及其他地图成果。

**【地图编制与出版】**

内蒙古自治区测绘地理信息局开发制作基于平板电脑的领导工作用图并提供使用。完成兴安盟领导工作用图制作。完成阿拉善盟、锡林郭勒盟、包头市等9个盟市的单全开地图制作。为自治区盟市和旗县编制行政区划图，为交通等部门编制专题地图。编制完成《内蒙古自治区历史图集》《内蒙古自治区地图集》《内蒙古自治区地图册》及系列挂图。

## 测绘地理信息成果管理与应用

**【成果分发服务】**

内蒙古自治区测绘地理信息局为自治区各单位提供地形图资料近7000幅，大地控制点9000多个，航片7万多片，航摄相片扫描数据7万多片，数字成果6万多幅。不断深化测绘地理信息成果应用，为自治区高标准农田建设、农村宅基地权属调查、西部天然气管道和地下管线探测、集体建设用地确权提供数字化地形图测绘、数字正射影像图制作、地形图修测及建库服务。

**【应急保障】**

内蒙古自治区测绘地理信息局完成无人机应急系统在各种条件下的演练项目，具备航拍、快速出图的能力，可为各级政府及部门处理突发事件提供测绘应急保障服务。完成地理信息应急服务平台建设第一阶段工作。

**【成果管理】**

内蒙古自治区测绘地理信息局对测绘地理信息成果实行统一汇交模式，成果通过验收后统一归档并统一对外提供服务。完成局属各单位测区5个旗县内、外业2062幅1:1万地形图测绘地理信息成果汇交工作，从国家测绘地理信息局获取的地理信息数据已备份到通辽测绘档案资料备份中心。组织对局属单位基础测绘与地理国情普查内、外业成果进行质量检查。

## 党的建设与文化建设

**【党建工作】**

内蒙古自治区国土资源厅贯彻落实《中国共产党党和国家机关基层组织工作条例》，进一步完善党组织书记负总责、分管领导直接抓、落实“一岗双责”的党建工作责任体系。印发《基层党组织晋位升级工作实施方案》，进行了新一轮分类定级。

厅属149个基层党组织中，好和较好的党组织达92%，一般党组织为8%。评选党支部建设示范点10个，2个党支部被命名为自治区级基层党组织建设示范点。

**【党的群众路线教育实践活动】**

内蒙古自治区国土资源厅将党的群众路线教育实践活动作为党建工作的重要内容，厅党组提出的123项整改任务中，已完成122项。厅属14个二级单位提出的683项整改任务，已完成676项。

内蒙古自治区测绘地理信息局建立《内蒙古自治区测绘地理信息局整改落实台账目录》，整理和上报了《内蒙古自治区测绘地理信息局开展党的群众路线教育实践活动整改落实工作情况汇报》。严格“三公经费”管理，规范公务用车制度，严格公务接待规定，取消了无实质内容的考察活动。

**【文化建设】**

内蒙古自治区测绘地理信息局组织开展“中国梦测绘情”摄影展，组队参加全国测绘地理信息系统第三届“中色杯”羽毛球比赛。积极组织职工参加自治区直属机关工委书画摄影展。举办“系国情普查、展测绘精神”测绘地理信息野外专业技能大赛。组织职工参加全区直属机关第四届职工运动会。局团委组织成立180人的青年自愿者服务队。通过公开招录引进6名专业技术人员，通过特殊专业人才计划从武汉大学和武汉地质大学招录5名测绘专业应届毕业生。

## 地方社团工作

内蒙古自治区测绘学会联合举办以“测绘地理信息新技术、新产品”为主题的学术交流会。召开八届二次常务理事会和测绘地理信息新技术推广应用交流研讨会。邀请香港中文大学教授林珲作学术报告。及时更新测绘专家人才库，在测绘机构评价、政府采购、评标和项目鉴定评审等方面发挥积极作用。7月，组织完成2014年学会相关奖项评选工作，评出测绘科技进步奖6个、优秀测绘工程奖27个。积极推荐并协助会员单位申报国家奖项，2个项目获2014年中国测绘地理信息学会测绘科技进步奖三等奖。组织参加“中海达”杯全国大学生测量技能竞赛，获二等奖1个、三等奖2个。连续第二年获内蒙古科学技术协会颁发的学会能力提升专项奖励。

内蒙古自治区测绘地理信息局测绘地理信息院士专家工作站积极组织学术活动，4月，中国工程院院士李建成到呼和浩特驻站指导；5月，落实工作站2014年研究课题和工作计划。

# 辽宁省

## 概况

2014年，辽宁省测绘地理信息局实现测绘服务总值3.49亿元，创历史最高水平。被省委、省政府评为目标绩效管理先进单位，被国家测绘地理信息局评为全国省级测绘地理信息行政主管部门2014年度测绘地理信息工作绩效考核优秀单位，获辽宁省节能减排工作A级单位、辽宁省定点扶贫先进单位称号，获“美丽中国”第二届全国版图知识竞赛团体赛优胜奖及优秀组织奖，测绘地理信息法律知识竞赛优秀奖。

地理国情普查信息实现全省陆域的首次覆盖，普查主体工作全部结束。“天地图·辽宁”应用服务进一步拓展。更新1:1万地形图2268幅。全面实施辽宁省B、C级GPS网、二等水准网、似大地水准面精化、卫星导航定位连续运行基准站网建设，在服务政府、服务民生等方面发挥了重要作用。

初步完成《辽宁省测量标志保护管理办法》的立法工作等。完成全省测绘资质年度注册与测绘市场管理巡查工作。购置徕卡RCD30倾斜摄影系统和法国街景工厂等设备2套，拓宽应用服务领域。

## 重点工作推进

**【数字城市建设】**

2014年，沈阳、大连、抚顺、本溪、丹东、阜新、盘锦7个设区市和绥中、本溪2个县的数字城市建设任务全部完成，为国土、规划、公安、水利等部门构建100多个示范应用系统。

【“天地图·辽宁”建设】

辽宁省测绘地理信息局完成“天地图·辽宁”公众版三期、政务版二期建设，实现电子地图、三维地表、地名地址查询、交通分析、专题分析等功能，开发应用系统23个，为国土、交通、公安、林业等14个部门提供服务。

【地理国情普查】

辽宁省地理国情普查已全部完成数字正射影像制作、地表覆盖分类数据、地理国情要素数据、遥感影像解译样本数据及生产元数据的生产，年度总体进度98.1%。全年召开工作例会11次、技术例会5次，开展国家和省级培训14次，形成技术补充规定23项。地理国情监测立项9项，包括盘锦市海岸线监测、大连市金普新区监测以及基于InSAR的南票煤矿开采沉陷区地面沉降监测、辽西北土地沙化遥感监测等7个局内监测项目。开展3期过程质量监督抽查和4次督导检查，8个区（县）通过初检。实行普查质量责任终身制，对普查作业单位负责人、质检负责人、作业员、质检员等实行定图、定人、定位，建立责任人档案，落实责任追究制度，成果质量水平不断提升。

## 法制建设与市场监管

【立法工作】

辽宁省测绘地理信息局成立《辽宁省测量标志保护管理办法（草案）》立法领导小组，完成终稿并上报辽宁省政府法制办公室，已通过初审。起草了《辽宁省地图管理规定（修订稿）》。

【资质管理】

辽宁省测绘地理信息局完成全省2014年度测绘资质年度注册结果的汇总、报批工作。参加年度注册的单位651家，通过注册579家、注销22家、降级3家、缓期注册44家、核减业务范围3家。年度注册结果在《辽宁日报》公示。办理测绘资质申请17家、资质升级申请11家、业务范围增加申请3家。至年底，全省共有测绘资质单位590家，其中甲级34家、乙级146家、丙级220家、丁级190家。

【行政执法】

辽宁省测绘地理信息局对中铁五局集团机械化工程有限公司未办理项目备案手续非法测绘案、北京国遥新天地信息技术有限公司未办理项目备案手续非法从事航空摄影案2个案件进行查处，对鞍山尚游广告传媒公司发行、出售未送审地图和伪造地图审图号案进行查处。

【市场监管】

4月~6月，辽宁省测绘地理信息局开展2014年度测绘资质单位测绘产品质量巡查工作，对大连、丹东、本溪、鞍山、铁岭测绘单位的人员配备、仪器检定、测绘项目质量等情况进行检查，对存在问题的36家单位下达处罚通知书，并监督其整改到位。

【法制培训与宣传】

7月，辽宁省测绘地理信息局召开2014年法制培训会议，全省各级测绘地理信息管理干部730人参加。8月29日，在省委、省政府和省数字化测绘基地举办测绘法宣传日活动，发送公益短信3万多条。

## 基础测绘

【基础测绘】

辽宁省测绘地理信息局全年更新1:1万地形图2268幅。建立了统一标准的正射影像图、数字线划图等基础数据库。完成二等水准观测4791千米，国家和省卫星导航定位连续运行基准站土建施工（LNCORS）55座，实施了似大地水准面精化等工程。完成全省14.81万平方千米0.2米分辨率航空摄影工作，确保农村集体土地确权登记发证工作的有序开展。

【测量标志管理】

辽宁省测绘地理信息局组织实施测量标志巡查维护工作，巡查省内164个B级、456个C级GPS控制点，17个国家B级GPS控制点和1621个二等水准点。引入测量标志管理软件，结合辽宁省实际情况进行二次开发，提高测量标志巡查工作效率。

【涉密生产网络建设】

辽宁省测绘地理信息局投入资金1200多万元开展涉密生产网络建设，保障测绘生产中涉密成果的安全管理。

## 测绘地理信息成果管理与应用

2014年，辽宁省测绘地理信息局办结测绘地理信息成果提供利用审批294项、转函40项，做到增补材料一次性告知。制定《辽宁省涉密基础测绘成果和领导工作用图提供使用审批管理办法》，进一步规范成果提供利用审批和领导工作用图保障流程。建成辽宁省测绘地理信息成果网络化分发服务系统并投入使用，实现全省成果目录信息的网上实时发布和涉密成果提供利用在线审批；11 月 11 日，举办系统使用培训班，216 人参加。

## 地图管理与地图服务

**【地图审核与管理】**

辽宁省测绘地理信息局全年办理上年度转结地图审批 16 项，新受理申请 30 项，办结并发放地图审图号 49 个。加强互联网地图监管，建立省、市互联网地图和地图市场监管联络员制度，每季度对省直各部门共 68 家网站进行清查，要求问题严重的网站整改。对市民反映的错误较多的大连市旅游地图进行现场取证，并依法对相关单位和个人进行处罚 。

**【地图服务】**

辽宁省测绘地理信息局修改完善省应急测绘保障预案，完成康平县等 44 个县（市）、47 幅城区图编制和领导工作用图移动平台系统（一期）等建设任务。为省委、省政府提供领导工作用图 125 幅，为国土、交通、规划、矿产等行业提供各种比例尺纸质地形图 3820 幅，正射影像图、数字线划图、数字高程模型数据 22429 幅，控制点 7212 个。

## 科技与人才培养工作

**【测绘装备】**

辽宁省测绘地理信息局近 3 年累计投入 2 亿多元用于购置测绘装备，启动 2600 万元的徕卡 RCD30 倾斜摄影系统和法国街景工厂等设备采购项目，装备水平不断提高。

**【人才培养】**

辽宁省测绘地理信息局推行局直属单位领导班子和局管干部考评制度，汇编 2014 年度机关处室和直属单位工作计划表和管理制度手册。推荐晋升副巡视员 2 名，选拔任用机关副处长 5 名、调研员 2 名；选拔直属单位正处级领导干部 2 名、副处级领导干部 7 名、调研员 1 名。招录博士生 1 名、研究生 12 名、本科生 8 名。完成省测绘地理信息专业职称评审工作。

## 党的建设与精神文明建设

**【党的群众路线教育实践活动】**

辽宁省测绘地理信息局按照党的群众路线教育实践活动整改要求，组织实施了测绘基地园区供暖、房屋防水、路灯照明、地面防滑、电力改造、卫生间改造等方面的修缮工作，解决了近 60 项关系广大干部职工切身利益的问题。

**【精神文明建设】**

辽宁省测绘地理信息局引导党员干部深入学习党的十八届三中、四中全会精神和习近平总书记系列重要讲话精神，发挥基层党组织的政治核心作用和领导干部、广大党员的先锋模范作用。梳理行业管理、机关工作规则、人事、财务、党务等管理制度，编印《辽宁省测绘地理信息局规章制度汇编》。征集局徽、局旗、局歌，举办摄影、书法和羽毛球、乒乓球比赛等活动，丰富干部职工文化生活。

**【宣传工作】**

辽宁省测绘地理信息局先后在《中国测绘报》《辽宁日报》《辽沈晚报》等主流媒体刊登测绘地理信息新闻 63 篇，在局门户网站发布动态工作信息 800 多条。中央电视台对辽宁省地理国情普查和“摸清辽宁国土家底”进行 2 次报道，辽宁电视台对地理国情普查工作进行专题报道。开展“5 · 15”政务公开日、“8 · 29”测绘法宣传日活动和国家版图意识宣传教育活动，组织“美丽中国”第二届全国国家版图知识竞赛和少儿手绘地图大赛选拔活动。获 2014 年“帝测杯”测绘地理信息法律知识微信有奖问答活动优秀组织奖。向省级机关和群众发放地理国情普查宣传地图 3 万多张，为依法行政和测绘地理信息事业发展营造良好的舆论环境。

# 吉林省

## 概况

2014 年，吉林省测绘地理信息公共服务保障工作得到省委、省政府高度重视。省长巴音朝鲁在省第十二届人民代表大会第二次会议上所作的政府工作报告，提出 2014 年全省 8 个方面的改革发展任务，其中开展地理国情普查和建设吉林省地理信息公共服务平台分别被列入扩大内需促进经济增长和推进社会事业发展、维护社会稳定等重点工作中，由省测绘地理信息局制定有关名词解释，提交给与会代表。2 月 8 日，吉林省政府召开常务会议，将开展地理国情普查和建设吉林省地理信息公共服务平台确定为省政府重点工作，明确了分管省领导和责任部门。6 月 24 日，省长巴音朝鲁签发第 245 号省政府令，公布《吉林省地理信息公共服务办法》自 8 月 1 日起正式实施。11 月 18 日，吉林省政府与国家测绘地理信息局在长春签订推动民用遥感卫星和地理信息产业发展战略合作框架协议。8 月 15 日，吉林省召开测绘地理信息法制与行政管理工作会议，印发《关于进一步明确各市（州）县（市）测绘地理信息行政管理部门职责的通知》。截至年底，长春、吉林、四平、松原、农安、梨树、临江、东丰、扶余 9 个市、县的测绘管理机构和人员均得到落实。8 月 21 日，吉林省机构编制委员会办公室印发《吉林省测绘地理信息局行政权力清单（2014 版）》。

吉林省加快推进测绘地理信息产业发展，副省长隋忠诚要求，测绘地理信息工作要进一步加大力度，保证质量、保证进度、达到国家要求。省政府办公厅印发《关于促进地理信息产业发展的实施意见》，对促进全省地理信息产业发展提出 26 项具体实施意见。8 月 26 日，省政府办公厅印发《关于公布 2013 年度全省地理信息资源目录的通知》（吉政办明电〔2014〕76 号），要求各级政府、各有关部门充分利用现有地理信息数据资源，避免航空和卫星影像重复采购，积极配合测绘地理信息部门开展数据资源交换和共享。

吉林省省级基础测绘经费投入继续增长，由 2013 年的 2606 万元增加到 3800 万元。吉林省测绘地理信息局开展 JLCORS 北斗地基增强系统建设，组织完成 10 座基准站的设备安装。国家现代测绘基准体系基础设施建设一期工程吉林省内 7 座国家 GNSS 基准站通过验收并获全优。吉林省测绘地理信息标准化技术委员会成立，确定全年 20 个重点科技项目，共投入科研经费 285 万元，用于产品质量控制自动化、地质雷达应用、“天地图·吉林”安卓版等关键性生产技术方面的自主创新与研发。

吉林省测绘地理信息局系统 2 人被授予“吉林省有突出贡献的中青年专业技术人才”称号。开展职业技能鉴定工作，全年共鉴定 3127 人次。在全国省级测绘地理信息行政主管部门 2014 年度测绘地理信息工作绩效考核中被评为“特色工作创新单位”。建功“十二五”主题实践活动成果“应用决策支持系统直接服务防汛抗旱主战场”业绩突出，获 2014 年度建功“十二五”主题实践活动“突出业绩奖”。

## 重点工作推进

**【数字城市建设】**

吉林省推进数字城市建设，加大数字城市建设投入，对已立项项目，在原有建设总额 30% 扶持的基础上，再分别给予市级、县级数字城市建设 100 万和 50 万的经费支持。将数字城市建设成效明显的长春、延吉、公主岭等城市作为示范城市在省内进行推广。鼓励有条件的测绘地理信息企业参与到“数字智慧城市”建设，与吉林省北斗天绘科技信息有限公司结成战略合作伙伴。长春市、通化市、延吉市、九台市数字城市建设通过国家验收，公主岭市、梨树县数字城市建设通过省级验收，松原市、双辽市、长白县项目设计书通过专家评审。至年底，全省所有市（州）数字城市建设全部立项，九台市、公主岭市、汪清县等 14 个县域数字城市建设立项并启动。

【“天地图·吉林”建设】

“天地图·吉林”建设项目被正式列入吉林省政府重点考核项目列表，确定为省政府重点工作。吉林省测绘地理信息局组织对“天地图·吉林”进行全面改版，新版“天地图·吉林”包括在线地图、三维地图、地图 API 等 7 项内容，新增搜索、公交、驾车等路径查询，丰富了热点新闻搜索、视野内搜索，链接了长春市英文电子地图网站、吉林旅游等专题。升级“天地图·吉林”安卓版，开发基于安卓平板的《省领导工作用图》、吉林省综合统计地理信息系统、吉林省测量标志信息发布系统等。组织市（州）级节点数据更新、运行维护、信息整合、应用推广工作。完成“天地图·临江”“天地图·松原”建设。12 月，“天地图·吉林”通过省政府重点工作考核。

【地理国情普查】

吉林省委、省政府领导多次听取地理国情普查工作情况汇报，并做出明确批示和要求。在第十二届吉林省人民代表大会第二次会议上，开展地理国情普查和吉林省地理信息公共服务平台建设被写入政府工作报告，并由省测绘地理信息局印发有关名词解释，提交给与会代表。2 月 8 日，省政府召开常务会议，将开展地理国情普查和吉林省地理信息公共服务平台建设确定为省政府重点工作，明确分管省领导和责任部门，明确责任人、具体任务事项和完成时限，共同推进任务具体落实。4 月 2 日，吉林省委常委、常务副省长，吉林省第一次全国地理国情普查领导小组组长马俊清主持召开全省地理国情普查领导小组工作会议并作讲话。2013 年 ~ 2014 年，1.5 亿元地理国情普查经费全部到位。

吉林省测绘地理信息局先后组织 80 多人参加地理国情普查国家级培训。省第一次全国地理国情普查领导小组办公室先后组织 8 次培训，累计培训作业员近 1000 人，实现普查全员培训上岗；组织召开全省地理国情普查技术交流会；编写管理和技术文件，实现全省普查工作统一组织管理、统一技术标准；印发《吉林省地理国情普查专项资金管理办法》，编写《吉林省第一次地理国情普查实施方案》；全年共召开 11 次地理国情普查专题会议。8 月，吉林省征集第一批地理国情普查应用项目，“吉林莫莫格国家级自然保护区湿地生态安全动态监测与管理项目”“吉林省长春东部典型黑土区水土流失动态监测与管理项目”“吉林省汪清县森林资源动态监测与管理”3 个项目通过立项申请，投入科研经费 116 万元。吉林省测绘产品质量监督检查站开展 7 次质量监督检查。截至年底，地理国情普查数据采集、基本统计分析试验、国情普查图制作、数据预验收全部完成。

【地理信息产业】

4 月 22 日，吉林省政府办公厅印发《关于促进地理信息产业发展的实施意见》，提出 26 项具体实施意见，要求加强对全省测绘地理信息产业在财税金融方面的支持，落实税收优惠和相关激励政策。省地理信息科技产业园入园企业享受免征或减半征收企业所得税、增值税等 5 项优惠待遇。

吉林省测绘地理信息局推进测绘地理信息科技产业园区建设，2 月，与公主岭市规划局到国家地理信息科技产业园、浙江省地理信息产业园、山东测绘地理信息产业基地调研。起草《关于促进地理信息产业发展实施意见分工的通知》，下发《关于开展吉林省地理信息科技产业园入园意向调研的函》。12 月 10 日，吉林省测绘地理信息局与公主岭市政府合作建设吉林省地理信息科技产业园签约仪式在公主岭市举行。吉林省地理信息科技产业园落户公主岭市范家屯镇，规划占地面积 200 万平方米，总投资 77 亿元，分为卫星导航、工程技术、装备制造、软件开发、商务交流、创业指导、综合服务 7 个功能区，计划 2020 年底建成。

2014 年 12 月 10 日，吉林省测绘地理信息局与公主岭市政府签署协议，共同建设吉林省地理信息科技产业园。

## 法制建设与市场监管

【法制建设】

6 月 24 日，吉林省省长巴音朝鲁签发第 245 号省政府令，公布《吉林省地理信息公共服务办法》，自8月1日起正式实施。4月14日，吉林省测绘地理信息局印发《吉林省涉密测绘成果管理办法（试行）》。对《吉林省测绘条例》《吉林省测绘成果管理办法》等涉及的外资限制性措施条款进行评估。

**【行政管理】**

吉林省测绘地理信息局印发《关于健全行政管理机构承接下放行政审批工作的通知》，指导市（州）、县（市）做好权力下放承接工作。省政府公布部门行政权力清单，最终确认省测绘地理信息局行政许可9项、行政确认3项、行政奖励1项、行政征收1项、其他职权15项、行政处罚115项。吉林省测绘地理信息局制作行政职权目录名单和运行流程图，在省政府和省测绘地理信息局门户网站向社会公示。对省政务大厅现有的测绘地理信息方面9个行政审批、4个日常管理和2个省级初审项目进行了再清理。全年审核受理测绘地理信息项目登记备案共28家单位、85个项目。10月10日，印发《吉林省测绘地理信息市场信用信息管理暂行办法》《吉林省测绘地理信息市场信用评价标准（试行）》。

**【行政审批】**

吉林省测绘地理信息局行政审批办公室全年受理全省测绘地理信息类行政审批项目789件，其中测绘资质审批、发证类116件，提前办结率97.5%；编印、出版、展示地图及其示意图类114件（含审核不予批准3件），提前办结率99%；利用涉及国家秘密的测绘成果类508件，提前办结率100%；测绘地理信息项目登记备案类51件。严格按照规范程序审批，未出现逾期办件现象，无举报、投诉情况发生。全年接待来访和电话咨询160多次，收到办事群众表扬留言50多条。2014年，被省政府政务公开协调办公室评为省政务大厅优秀窗口单位，1人被评为省政务大厅窗口服务标兵。

**【资质管理】**

吉林省测绘地理信息局开展2014年测绘资质年度注册工作，通过复审换证单位350家，整改58家，未提交材料45家。截至年底，吉林省共有测绘资质单位465家，其中甲级16家、乙级75家、丙级109家、丁级265家，比2013年增加35家。

**【行政执法】**

吉林省测绘地理信息局印发《关于〈2014年测绘地理信息资质巡查和成果质量巡检工作方案〉的通知》，组织对吉林市、辽源市和延边朝鲜族自治州3个地区及长白山管理委员会71家单位的专业技术人员和仪器设备配备情况、市场行为和遵纪守法等情况进行巡查，受检数占检查地区资质单位总数的57.7%。对9家问题突出的测绘资质单位下达了限期两个月的整改通知书。对整改不合格的单位1家注销资质、1家资质降级。与省政府法制办公室联合印发《关于开展贯彻落实〈吉林省测绘项目招标投标管理办法〉情况专项检查的通知》，组成联合检查组，采取抽查与调研相结合的方式，重点抽查吉林市、通化市、松原市等地的28家测绘单位。

**【法制宣传】**

8月29日，吉林省以“发展地理信息产业，地图服务大众生活”为主题，开展测绘法宣传活动。《中国测绘报》刊发《吉林把握改革定位 加快转型发展》的专题报道，全省各地展出测绘宣传展板和宣传条幅1300多块（幅），发放宣传材料1万多份，设立咨询台60多个。吉林省测绘地理信息局门户网站开展测绘法宣传网上有奖答题活动，数百人参加；官方微博开展扫描二维码赢取纪念品活动，阅读人数达5万多人次，转发和评论100多次。

## 基础测绘

**【基础测绘】**

2014年，吉林省省级基础测绘经费投入继续增长，部门预算基础测绘经费由2013年的2606万元增加到3800万元。吉林省测绘地理信息局完成2014年度边远地区、少数民族地区基础测绘专项补助经费的申请。制定《基础测绘任务管理办法》，组织完成吉林省1:1万数据库整合升级（2010年~2011年1:1万数据1291幅、2011年~2013年1:1万数据5171幅）、“天地图·吉林”系统开发与应用、地理信息公共服务平台1:1万实体数据及电子地图制作、延白通边境测区1445幅1:1万DLG基础地理信息数据更新等项目，完成省地理信息院信息化生产体系建设试点工作。完善和简化管理层次，对信息化生产管理系统进行升级，建立DLG、DEM、DOM数据库。

**【JLCORS运行管理和国家基准站建设】**

吉林省发放连续运行卫星定位参考站综合服务系统（JLCORS）用户卡300多张，广泛应用于国土、林业、交通、水利、规划等部门。吉林省测绘地理信息局与上海华测公司签订共建协议，开展JLCORS北斗地基增强系统建设工作。JLCORS全年与省气象局共享数据9000次，共享总数据量超过10TB；与长春市测绘院共享数据382次，共享站点7个，共享数据量2.6TB；与省地震局共享数据382次，共享数据6TB。全年共维护基站20多次，完成大安、东丰、罗子沟、榆树、二道、辉南、长岭、永吉和靖宇等站点维护更新。整理国家GNSS基准站相关资料，完成珲春、敦化、大浦柴河、前郭尔罗斯、通榆站5个国家GNSS基准站站址整体联调。安装完成吉林、磐石、珲春、敦化站等7座国家GNSS基准站并通过验收。

**【战略性融合发展】**

2014年11月18日，吉林省政府与国家测绘地理信息局签署推动民用遥感卫星和地理信息产业发展战略合作框架协议。

11月18日，吉林省政府与国家测绘地理信息局推动民用遥感卫星和地理信息产业发展战略合作框架协议签约仪式在长春举行。根据协议，双方围绕民用高分辨率卫星吉林1号系列卫星开展深入合作，共同促进地理信息企业发展。

吉林省测绘地理信息局与国家基础地理信息中心、国家测绘地理信息局卫星测绘应用中心、中国科学院长春光机所等研究制定战略合作具体协议，在遥感卫星影像接收处理、分发服务及应用开发方面建立长期合作关系。开展“吉林省北斗卫星导航地基增强系统”项目建设，省发展和改革委员会给予90万元资金支持。促进多边融合发展，与交通银行、长春光机所、吉林省气象局、中国地图出版集团、北京市测绘设计研究院等部门签署战略合作协议。

**【测绘信息化装备建设】**

吉林省航测遥感院引进法国Astrium公司研发的“像素工厂”系统，可生产数字地表模型（DSM）、真正射影像以及大范围正射镶嵌影像图等各种数字化终端产品。吉林省测绘地理信息局按计划完成UCOP倾斜相机和街景工厂的招标工作。

**【质量监督】**

吉林省测绘地理信息局制定《2014年测绘地理信息质量巡检工作方案》。吉林省测绘产品质量监督检查站编发《吉林省第一次地理国情普查质量管理实施方案》，确立普查成果合格率100%，优良品率80%以上的质量目标，开展过程质量控制20多次，上报《过程质量控制监督情况报告》6期。组成质量检查组，对负责地理国情普查协助单位进行检查。选派10多人参加国家测绘产品质量检验测试中心组织的质检人员培训班。举办吉林省第一次地理国情普查质检岗位人员培训班，对局属单位及协作单位的质检员进行了培训和考核，共235人通过考核取得地理国情普查质量检查及管理工作资格。完成对局属单位144名质检员岗位资格证书的年度注册登记工作。

**【安全生产】**

吉林省测绘地理信息局印发《关于切实做好2014年安全生产工作的通知》。省基础测绘院、省地理信息院等单位修订《安全生产应急预案》，制定《2014年安全防火工作方案》。全年安全生产零事故。

## 地图管理与地图服务

**【地图市场管理】**

吉林省测绘地理信息局全年共受理地图审核报件114件，批准111件、不予批准3件，核发审图号160个。制定《吉林省2014年“问题地图”专项治理工作方案》，督促各市（州）、县（市）开展“问题地图”追缴排查工作。按照国家测绘地理信息局工作部署，收集并上报吉林省制作的领导工作用图，共享有关实物地图（集、册）。联合省地图技术中心对长春市火车站、凯旋路（黄河路）客运站、长春龙嘉机场等地进行“问题地图”专项检查，全省未发现“问题地图”。

**【地图编制与出版】**

吉林省航测遥感院完成1:50万《吉林省地图》要素更新，出版新版对开、四开、A3、A4幅面《吉林省地图》，编制《吉林省220千伏及以上电力系统地理位置接线图》，完成1:70万超大全开《吉林省公路交通图》编制印刷，完成Ipad版领导工作用图管理信息系统（一期工程）建设，与战略协作单位开发点读版《吉林省地图》《长白山三维立体地图和手绘长白山旅游图》。发布网络版标准《吉林省地图》，为吉林省政府志鉴部门编制相关插图等。省基础地理信息中心研发的《吉林省立体地形图》面世后受到广泛好评，省内多家媒体进行报道；研发吉林省智慧旅游地理信息系统，与吉林市旅游局联合编制《冰雪香格里拉——吉林市旅游交通图》。

**【互联网地图监管】**

吉林省地图技术审核中心制定《互联网地图监管实施细则》，利用互联网地图监管系统开展全国联动的监管活动。对73家网站进行监测检查，发现关东企业信息网登载无审图号地图、漏绘重要岛屿地图，下达限期整改通知书；发现15天气查询网站无资质提供地图服务，已移交属地处理。完成POI（兴趣点）鉴定1148条，3条不正常兴趣点已通过监管系统处理，其他兴趣点正常。

**【地图公共服务】**

吉林省相关测绘部门先后编制《吉林省新型城镇化形态格局示意图》《吉林省口岸分布图》《延吉空港经济区区位图》《吉林省海运示意图》《中蒙大通道两山铁路示意图》等地图，为全省城镇化规划、口岸建设规划、铁路规划、西部经济区规划等重大项目提供服务保障。为省新农村建设工作办公室编制完成10幅吉林省及九市（州）《改善人居环境重点村集中连片布局图》，服务全省新农村建设。

**【国家版图意识宣传教育】**

5月15日，吉林省测绘地理信息局和省教育厅联合印发《关于组织参加“美丽中国”第二届全国国家版图知识竞赛和少儿手绘地图大赛的通知》。9月2日，举办“巡遥杯”吉林省“美丽中国”第二届国家版图知识竞赛选拔赛，选拔5人组建吉林省代表队，在“美丽中国”第二届全国国家版图知识团体赛中获优胜奖。组织全省各市（州）有关单位和学校参加全国国家版图知识竞赛，参加网络答题人数为3611人，纸质答题人数4778人。抚松县第六小学等3家单位获国家版图知识竞赛组织奖，全省18人获个人奖。全省12名儿童获“中图杯”第二届全国少儿手绘地图大赛各类奖项。

## 测绘地理信息成果管理与应用

**【成果管理】**

吉林省测绘地理信息局印发《吉林省涉密测绘成果管理办法（试行）》。全年共受理测绘地理信息成果提供申请508件，出具《国家秘密基础测绘成果资料使用证明函》35份。组织开展2013年度测绘地理信息成果目录汇交工作，共接收372家测绘资质单位汇交2968条成果目录，在局门户网站发布。指导省基础地理信息中心完成测绘地理信息成果异地存储备份工作。完善涉密测绘地理信息成果使用、保管、销毁流程，督促省基础地理信息中心向省地图技术审核中心移交2013年度涉密测绘成果审批材料，用于市（州）、县（市）测绘行政管理部门开展保密检查工作。联合省政府办公厅发布全省地理信息资源目录。

**【成果提供与接收】**

2014年，吉林省测绘地理信息局提供各种比例尺地形图3843张，各类控制点3649点，数字成果15704幅11 TB，专题地图9129幅（册）。为国家测绘地理信息局提供农安县政区图、街区图，用于国家领导视察。向国家基础地理信息中心索取用于地理国情监测项目的卫星影像数据及专题数据17项10TB。接收基础测绘任务生产单位上交的计划内生产项目13项2TB，长春测区、蛟安测区1:1万地形图档案2700幅，数字城市、专题制图、水准测量等档案资料11项。整理、归档立卷189盒。完成21盘磁带基础地理信息数据成果异地存储工作。向国家测绘地理信息局上交延吉、九台、通化3个数字城市的成果资料。

**【涉密测绘成果执法检查】**

吉林省测绘地理信息局起草《关于销毁涉密测绘成果的通知》，督促、指导各级测绘地理信息行政主管部门完成辖区内销毁涉密测绘成果工作；8月，组成4个检查组，实地检查销毁涉密测绘成果使用单位225家的成果销毁情况，责令75家整改；共销毁各种比例尺地形图263266幅。将涉密成果保管不到位和保密制度不健全的单位列入黑名单，各级测绘地理信息行政主管部门、省政务大厅、资料档案馆对其停止使用审批。完成洮南水利勘测设计队、北京世纪国源科技发展有限公司、沈阳国源科技发展有限公司等违法案件的调查处理。

**【测量标志管理】**

吉林省测量标志管理站对长春市区、双阳区、榆树市、九台市、磐石市和长白朝鲜族自治县共6个市（县）开展标志普查维护工作，共普查维护各类控制点741点。完成通化市区、通化县、梅河口市等9个市（县）的测量标志巡查工作，巡查三等以上水准点478点。建设完成全省首批10座景观型测量标志。落实全省测量标志保管人经费发放工作，年度测量标志保管津贴已经全部发放到县级测绘地理信息行政主管部门。

**【服务重点工程】**

吉林省测绘地理信息局按照省政府《关于实施城市地下管网改造工程的指导意见》，开展白城市、敦化市、珲春市、农安县等地城市地下管网普查。完成国投哈密发电厂一期（2×660MW）工程、巴基斯坦如意马苏德费萨拉巴德煤电项目等测量工程项目。参与全省农村土地承包经营权确权试点的测绘工作，综合运用JLCORS、无人机航空摄影等信息化装备技术，为双辽、梨树、公主岭等市县农村土地承包经营权确权登记项目试点工作提供服务保障。完成全国第一次地理国情普查吉林省18.74万平方千米的数据采集。完成长春市规划区内1700平方千米1:500地形图覆盖，为长吉图一体化发展战略和长春市“一廊、一脉、一带、四城”总体规划提供基础地理信息数据支撑。完成吉林省松花江干流治理工程、吉林省东辽河重点段治理工程、吉林省西部河湖联通工程、吉林省中部城市引松供水支线工程等测量工程项目。

**【应急保障】**

7月，吉林省测绘地理信息局和省水利厅研发的吉林省防汛抗旱决策支持系统正式启用，该系统加载全省3000多个水位监测站，对十多处大型水库进行视频监控。7月，洮儿河支流新开河上游突降暴雨，发生有记载以来最大洪水，省基础地理信息中心及时为吉林省防汛抗旱指挥部编制完成吉林省全套系列大幅面防洪工程图63幅。吉林省测绘地理信息局为通化市公安局东昌分局编制《通化市公安局东昌分局反暴恐工作地图》，为地方维稳工作提供保障服务。组织研发的三维矿山安全监测与应急抢险系统在突发事件应急演练中得到应用。与省气象局签署战略合作协议，开展激光雷达航摄、数据共享等全方位合作，为省地震应急、公安指挥、草原防火、地方维稳提供地理信息支持。无人机航摄系统被纳入吉林省应急保障体系。

## 科技、标准化与国际合作

**【科技创新】**

吉林省测绘地理信息局印发《2014年科技工作计划》，确定全年20个重点科技项目。共投入科研经费285万元，其中省级财政的科技专项扶持经费35万元，自筹产学研用科研经费76万元，局属各单位匹配局科研项目筹集资金174万元，用于关键性生产技术方面的自主创新与研发。组织2013年度科技创新项目验收和2014年度科技创新项目立项评审会，对2013年度立项完成的“基于Android系统天地图·吉林电子地图技术的研究与应用”等7个项目进行验收评审，对2014年申报的“城市基础地理数据标准——城市地下管线数据标准研究”等5个科技创新项目进行立项评审。10月，选择了一批具备应用条件的项目成果推广给全省行业单位。

**【标准化管理】**

8月21日，吉林省测绘地理信息标准化技术委员会在长春成立，中国工程院院士宁津生等专家和领导出席。召开第一次全体会议，审议通过了章程草案、委员会领导人员提案及其他工作草案。向省质量技术监督局报送《吉林省1:500 1:1000基础地理信息数据标准》《城市三维建模技术规范》《地名地址数据采集与建库标准》3项地方标准，其中《地名地址数据采集与建库标准》已通过省质量技术监督局审核，准予立项。吉林省测绘地理信息局编写《吉林省测绘地理信息标准库建设纲要》，对标准库的主要内容和推进措施进行总结和梳理；加强局标准库的更新工作，全年共购进新标准60多册。

2014年8月21日，吉林省测绘地理信息标准化技术委员会在长春成立。

【科技奖励】

吉林省测绘地理信息学会完成吉林省测绘地理信息科技进步奖和吉林省熹光测绘科学技术奖申报评选工作，评选出2014年度吉林省测绘地理信息科技进步奖8项，吉林省熹光测绘科学技术奖鼓励奖1人。

【职业技能培训与鉴定】

吉林省测绘职业资格管理中心主办延边大学徕卡杯测绘技能大赛和长春信息职业技术学院测绘技能大赛。7月28日，举办2014年测绘地理信息行业工程测量职业技能鉴定暨国家标准精讲培训班，全省100多人参加。8月，举办注册测绘师考前培训班，20多人参加。对全省行业内115人进行职业技能鉴定，其中10人取得高级技师职业资格、68人取得技师职业资格。为企业提供职业技能鉴定，完成75人次职业技能鉴定工作。全年在5所院校共开展28个批次职业技能鉴定工作（其中本科院校2所、中等职业院校3所），共鉴定2937人次。

【人才培养】

吉林省测绘地理信息局出台《吉林省测绘地理信息行业青年学术和技术带头人评选管理办法》，自2015年1月1日起执行。全年选送62人次参加国家测绘地理信息局党校、省委党校、省行政学院、省直工委党校培训班学习。向省人力资源和社会保障厅申报2014年度高级研修班计划，1个项目获国家人力资源和社会保障部资助，2个项目获省人力资源和社会保障厅资助。公开招聘参照公务员管理岗位2人、事业编制岗位34人，开辟人才引进“绿色通道”，招聘武汉大学毕业生4人。2人被授予“吉林省有突出贡献的中青年专业技术人才”称号。完成2014年全省测绘工程专业职称评审工作，65人申报高级、97人申报中级专业技术职称，通过评审的高级47人（含正高级工程师2人）、中级67人。8月~10月，与省人力资源和社会保障厅联合举办“地质雷达探测技术在城市地下管网测量及信息系统建设中的应用”“测绘地理信息技术在吉林省黑土地监测治理中的应用”“基于多源遥感影像的大数据处理技术在吉林省湿地监测中的应用研究”高级研修班，共培训240多人，收到学术论文和交流材料170多篇，形成论文集3册。

【对外合作交流】

3月，吉林省测绘地理信息局邀请香港中文大学太空与地球信息科学研究所所长、国际欧亚科学院院士林珲作专题报告。6月，选派1人赴马来西亚参加国际测量师联合会（FIG）大会。10月，选派1人赴英国参加诺丁汉大学“地理空间技术、商务与管理”培训班。选派1人赴香港中文大学攻读地理国情监测与公共政策专业硕士学位。全年共组织因公出国学习交流和邀请国际知名专家学者讲学4批次。

## 党的建设与文化建设

【学习型党组织建设】

吉林省测绘地理信息局加强学习型机关和学习型党组织建设，全年局党组共召开理论中心组扩大学习会4次。拓宽学习渠道，加盟“数字阅读联盟”和“长白山讲坛”。加强督学，对学习成果进行年终考核评选。选派机关党委专职副书记参加省直机关工委举办的学习党的十八届三中全会和习近平总书记系列重要讲话精神专题培训班，3人参加2014年省直机关理论骨干培训班，机关和局属单位30多人次参加省委组织的“长白山讲坛”报告会，10名基层党支部书记参加省直党工委举办的培训班。派14名入党积极分子参加党工委举办的培训班，成绩全部合格。全年发展党员12名。

【作风建设】

吉林省测绘地理信息局印发2014年党风廉政建设和反腐败工作要点，部署2014年党风廉政建设和反腐败工作。开展软弱涣散基层党组织整顿工作。在全局党员领导干部中进行“党员领导干部廉洁从政公开承诺”和“严禁党员领导干部亲属违规参与企业改制、土地征用、工程建设公开承诺”工作，安排部署节日期间廉洁自律工作，开展公款大吃大喝等突出问题专项检查和整治“为官不为”问题。召开全局党的群众路线教育实践活动总结大会，开展教育实践活动整改落实情况自查。4月，向省委教育实践活动领导小组提交自查报告以及领导班子整改落实情况统计表、领导班子成员整改情况报告单、制度建设情况统计表、突出问题专项整治情况统计表。

【服务型机关与基层党组织建设】

吉林省测绘地理信息局印发《关于加强服务型机关与服务型基层党组织建设的实施意见》，在局机关在职党员中开展党员服务社区群众活动。派员参加省直机关基层党建工作法推广观摩现场会，学习党建工作先进经验。在全系统开展定点扶贫、新农村建设帮扶、千名处长进千村、城乡共建精神文明对口帮扶、领导干部结对帮扶困难职工等服务群众工作。组织开展“群众路线在身边”活动，“两节”期间帮扶局内困难职工 20 人次，发放困难补助金 1.2 万元。完成省直机关“双日捐”工作，捐款 82447 元。

**【政务宣传】**

吉林省测绘地理信息局出台《吉林省测绘地理信息局政府信息公开工作管理办法》，配合省政府督察室开展地理国情普查和吉林省地理信息公共服务平台建设 2 项省重点工作督查，每月上报督查情况。

印发《2014 年吉林省测绘地理信息局宣传工作要点》，围绕全省测绘地理信息重点工作进行宣传，开通微信公众平台，全年局门户网站共发表文章 1240 篇，总点击量 1300 万次，同比增长 35%。吉林电视台播发测绘地理信息类新闻 15 条，省内报纸刊发报道 25 篇。全年省委、省政府采用政务信息 21 篇，省测绘地理信息局被省政府评为政务信息上报先进单位。1 人被《吉林年鉴》评为优秀撰稿人。编制 2 期简报报送省人大、省政协，推荐新时期感动测绘人物刘斌，组织接待了中央媒体对刘斌采访。印发《2014 年度地理国情普查宣传方案》，吉林卫视《吉林新闻联播》栏目、《新文化报》第五版均进行报道，全年通过网站、报纸、电视等媒体共发布新闻稿件 59 篇；与省总工会联合开展地理国情普查劳动竞赛，全省测绘地理信息系统共获“五一劳动奖状”“五一劳动奖章”“工人先锋号”等省级模范称号 13 个。

**【文化建设】**

吉林省测绘地理信息局组织参加优秀组织生活实例评选活动，全局共有 7 个基层党组织申报。举办“十一”国情普查书法绘画摄影作品比赛。组队参加省直机关第四届职工俱乐部乒乓球比赛和羽毛球比赛。

## 地方社团工作

**【吉林省测绘与地理信息行业协会】**

3 月 13 日，吉林省测绘与地理信息行业协会组织召开一届四次理事工作会议，130 多名代表参加，表彰 2013 年度协会工作先进单位、优秀组织单位、突出贡献单位和优秀工作者，表决通过变更副会长和增选常务理事人员名单。

吉林省测绘与地理信息行业协会对申报吉林省优秀测绘地理信息工程奖的 30 个项目进行评审，评选出 2013 ~ 2014 年优秀测绘地理信息工程奖一等奖 5 个、二等奖 6 个、三等奖 10 个。举办吉林省测绘资质管理信息系统和信用信息管理平台实务操作培训班，共 500 多人参加。组织召开促进吉林省地理信息产业发展座谈会。完成 2014 年中国测绘地理信息产业优秀工程奖评选材料报送工作。举办吉林省测绘地理信息行业第一届乒乓球赛，来自全省的 15 支代表队近 120 人参加比赛。

**【吉林省测绘地理信息学会】**

12 月，吉林省测绘学会更名为吉林省测绘地理信息学会。组织开展 2014 年吉林省测绘地理信息科技进步奖和吉林省熹光测绘科学技术奖的申报评选工作，申报科技进步奖项目 14 项、熹光测绘科学技术奖申报人 10 人，评选出省测绘地理信息科技进步奖一等奖 2 项、二等奖 3 项、三等奖 3 项，熹光测绘科学技术奖鼓励奖 1 人。10 月 18 日，由省测绘学会主办、吉林建筑大学承办的第四届“南方杯”吉林省大学生测量技能竞赛在长春市举行，来自全省各高校的 18 支参赛队进行了 5 个单项比赛。完成与省测绘地理信息局管理信息中心《吉林测绘》杂志业务的交接工作，该杂志更名为《吉林测绘地理信息》。12 月 26 日，吉林省测绘地理信息学会八届八次常务理事会在长春召开，30 多人参加会议。

# 黑龙江省

## 概况

2014 年，黑龙江省全面贯彻深化测绘地理信息领域改革的总目标，测绘地理信息工作积极服务黑龙江省经济社会发展。全省测绘资质单位完成测绘服务总值 15.2 亿元，同比增加 13%。省政府出台

《关于促进地理信息产业发展的实施意见》。经省民政厅批准，黑龙江测绘地理信息局牵头成立了黑龙江省地理信息产业协会。《黑龙江省测绘地理信息数据交换和共享管理办法》列入省政府立法计划。《黑龙江省测绘资质审查实施细则》《黑龙江省测绘资质审批程序规定》等规范性文件印发。建立了黑龙江省国家版图意识宣传教育和地理信息市场监管工作联席会议制度。

黑龙江测绘地理信息局对各市（地）测绘地理信息行政主管部门实行年度工作绩效考核。完成新疆、西藏、内蒙古自治区以及甘肃129万平方千米的国家西部区域普查任务，全面完成黑龙江省45.4万平方千米的年度地理国情普查任务。联合省总工会启动黑龙江省第一次全国地理国情普查劳动竞赛。作为省农村土地承包经营权确权登记试点工作指导小组成员单位，首次开展黑龙江省农村土地承包经营权确权登记影像底图制作、相关技术支持及监管等工作。黑龙江省13个市（地）数字城市建设全部完成，启动了智慧讷河及数字嘉荫、数字农场建设。8个市（地）完成“天地图”建设并正式上线运行。完成省测绘地理信息信用信息服务平台项目备案84项。

黑龙江测绘地理信息局完成国家现代大地基准体系基础设施建设一期工程、国家基础地理信息数据库动态更新、极地重点区域基础测绘工程、黑龙江省连续运行卫星参考站（HLJCORS）和似大地水准面精化工程等重点工程，为确保国家、省基础测绘任务及国家重大专项测绘工程的顺利实施发挥作用。

黑龙江省应急测绘保障预案被纳入省级应急预案序列。全年向政府部门、行业单位提供地形图2000多幅、控制点成果1868个、数据量30GB。《黑龙江省地图集》编纂工作有序推进。13个市（地）、64个县（市）政府工作用图编制、发放顺利完成。

## 重点工作推进

**【数字城市建设】**

黑龙江省13个市（地）数字城市建设工作全面完成，其中哈尔滨、齐齐哈尔、牡丹江、佳木斯、大庆、鸡西、双鸭山、伊春、鹤岗、黑河、大兴安岭11个城市已验收。启动“智慧讷河”（县级智慧城市试点）、数字嘉荫、数字绥芬河（县级数字城市）建设工作，开展二道河农场、创业农场2个数字农场建设。12月，“智慧哈尔滨”时空云平台建设试点项目列入国家测绘地理信息局试点计划并启动建设工作。

**【“天地图”建设】**

“天地图·黑龙江”省级主节点建设稳步推进，完成佳木斯、鹤岗、双鸭山、七台河等地区1.24万平方千米航摄影像电子地图数据生产、制作、切片等工作，新增地名地址数据13060个。“天地图·哈尔滨”“天地图·大兴安岭”“天地图·大庆”“天地图·绥化”和“天地图·七台河”等市级节点上线运行，在旅游、城市三维规划、应急管理、地下综合管网等方面开展示范应用。

黑龙江测绘地理信息局完成黑龙江省地理信息公共服务平台（政务版）升级改造工作，并在政务外网为政府部门提供服务。12月，依托“天地图”在线数据资源搭建了黑龙江省国土资源矿产招拍挂地图服务系统，开通了黑龙江省社会宏观经济地理信息系统应用专题，开展基于“天地图”的测绘地理信息成果发布服务专栏等应用示范，以专题栏目、专题图层等形式在公众版和政务版发布可公开的信息。“天地图·黑龙江”在黑龙江省农机管理调度指挥信息系统中开展应用，“天地图·齐齐哈尔”服务第三次经济普查工作。

**【地理国情普查】**

黑龙江测绘地理信息局完成地理国情普查内蒙古、新疆、西藏区域112.14万平方千米的内业编辑整理工作，形成普查数据成果；完成甘肃省天水市、定西市3.4万平方千米普查资料收集、数字正射影像图制作、普查工作底图制作、外业调查与核查、内业编辑整理等工作；完成内蒙古、新疆、西藏地区30个行政单元的基本统计工作。

年内，黑龙江省完成45.4万平方千米行政区域面积、81个行政单元的地理国情普查工作。黑龙江省共遴选出21家单位、1400多人投入地理国情普查数据生产。举办软件操作等各类专题培训7次。制定了省第一次全国地理国情普查项目测绘地理信息单位遴选、生产技术、质量、安全生产保密及财务管理等8项管理办法。联合省总工会启动了黑龙江省第一次全国地理国情普查劳动竞赛。创新开展国情普查成果监测应用，结合黑龙江省“五大规划”实施，牵头开展了地理国情监测在自然资源资产监管中的应用示范综合研究项目，取得阶段性成果。启动黑龙江省主体功能区市县功能分区细化及监测试点示范工作。完成哈尔滨市城市扩展、兴凯湖自然湿地、三江平原生态农业监测项目。

【农村土地承包经营权确权登记】

6月，黑龙江测绘地理信息局根据省委、省政府专题会议要求和省领导批示精神，全面启动全省农村土地承包经营权确权登记影像底图制作工作。成立了专项工作领导小组和工作机构，开展海伦市确权登记全流程试点。完成松花江、嫩江两大平原重点区域11万平方千米的航空摄影和外业控制测量工作，0.2米分辨率影像底图数据生产全面展开。

## 法制建设与市场监管

【法制建设】

10月~11月，黑龙江测绘地理信息局制定印发《黑龙江省测绘资质审查实施细则》《黑龙江省测绘资质审批程序规定》2个规范性文件。将丁级资质审批权下放至市（地）测绘地理信息行政主管部门。开展了“8·29”测绘法宣传日活动。

【行政审批改革】

黑龙江测绘地理信息局开展测绘地理信息行政权力清理工作，共梳理出行政权力44项，上报省政府。开展行政审批清理工作，对现行的1部地方性法律、5部政府规章进行全面清理，拟保留并报省政府。对法规涉及的外资限制措施进行清理，5项外资限制措施列为“拟取消的限制性措施”，报省商务厅。对省级行政审批前置中介服务收费项目进行全面清理，测绘计量仪器检定和测绘产品质量监督检验确定为保留。

【市场监管】

4月，黑龙江省政府办公厅印发通知，建立由13个厅局组成的黑龙江省国家版图意识宣传教育和地理信息市场监管工作联席会议制度；5月，召开联席会议，省政府副秘书长马立新出席会议。4月，黑龙江测绘地理信息局举办黑龙江省测绘地理信息行政执法培训班，全省各市（地）140多名测绘地理信息行政执法人员参加，考试合格人员取得测绘行政执法证。11月~12月，开展黑龙江省测绘地理信息行政综合执法检查，查处某测绘公司伪造测绘资质证书案。配合省国家安全部门对多家在省内开展地理信息数据采集业务的公司进行检查，将涉嫌违法的单位移交相关部门处理。

【资质管理】

黑龙江测绘地理信息局组织完成2014年测绘资质年度注册和复审换证工作。截至年底，黑龙江省共有测绘资质单位563家，其中甲级30家、乙级82家、丙级171家、丁级280家。全年完成项目备案123项，办理作业证460个。完成黑龙江省资质单位2013年信用信息填报和测绘统计工作。

## 基础测绘

【国家基础测绘】

**一、国家基础地理信息数据库动态更新**

黑龙江测绘地理信息局组织完成黑龙江、吉林、辽宁等10个省（区、市）共7211幅1:5万地形数据库更新与制图数据生产。其中，完成黑龙江、内蒙古、北京、天津4省（区、市）全要素更新，江苏、山东、吉林、辽宁、河北、山西6省重点要素更新；完成77幅1:100万地形图入库数据更新与制图数据生产工作。

**二、极地重点区域基础测绘工程**

黑龙江测绘地理信息局完成中国第30次南极科学考察测绘任务。完成维多利亚地科考站建站区域控制网建设D级GPS控制点选点、埋石、观测5个，全球导航卫星系统（GNSS）连续运行基准站选址1个，1:500地形图测绘0.73平方千米（成图18幅）。11月，选派3人参与第31次南极科考。

**三、基础地理信息系统运行与维护**

黑龙江测绘地理信息局组织完成哈尔滨全球定位系统跟踪站每日GPS数据采集下传、整理和汇交上传以及跟踪站的日常维护与管理等工作，数据有效率100%。完成省级基础地理信息数据库日常维护与管理等工作。

【国家重大专项测绘】

**一、国家现代测绘基准体系基础设施建设一期工程**

黑龙江测绘地理信息局组织完成国家GNSS大地控制网、国家高程控制网建设。完成省内GNSS连续运行基准站建设8个、改造1个，黑龙江和内蒙古东部GNSS大地点选埋249点，广东、广西、内蒙古中部GNSS大地点观测270点，黑龙江、内蒙古一等水准选埋约7000千米（858座），黑龙江省林口县深层基岩点选埋1座，青海、甘肃、新疆一等水准观测7330千米。

二、国家边少地区基础测绘专项补助经费项目

2014 年，中央财政补助黑龙江省 500 万元，用于开展“数字海伦地理空间框架数据集建设二期”等 6 个地形图测绘和数字城市建设项目。黑龙江测绘地理信息局完成 2009 年～2013 年国家边少地区基础测绘专项补助经费项目验收工作。

【省级基础测绘】

黑龙江各级政府对基础测绘工作重视程度持续增强。2014 年，省、市、县三级财政基础测绘经费投入同比增幅显著（详见下表）。

省、市、县三级财政基础测绘经费投入情况表　　单位：万元

| 指标名称 | 2013 年 | | | 2014 年 | | | 增加幅度 | | |
|---|---|---|---|---|---|---|---|---|---|
| | 省级 | 市地级 | 县级 | 省级 | 市地级 | 县级 | 省级 | 市地级 | 县级 |
| 基础测绘经费投入 | 5000.00 | 3666.10 | 481.50 | 21500.00 | 6117.10 | 1556.30 | 330.00% | 66.86% | 223.00% |

一、黑龙江省连续运行卫星基准站（HLJCORS）和似大地水准面精化工程

根据《黑龙江省基础测绘“十二五”规划》安排，黑龙江测绘地理信息局落实 HLJCORS 和似大地水准面精化工程项目经费 2068.5 万元。组织完成 HLJCORS 基准站建站 108 座、黑龙江省 GNSS 大地控制点选埋 120 座；完成约 1.2 万千米二等水准选埋工作。

二、数字龙江地理空间框架建设

数字龙江建设落实省 1:1 万地图测绘与更新项目经费 4300 万元。黑龙江测绘地理信息局开展了伊春、哈尔滨、黑乌北部、大兴安岭重点城镇、牡丹江等测区 5811 幅 1:1 万地图测绘与更新工作。黑龙江省 1:1 万基础地理信息覆盖率提升至 90%。

【安全生产管理】

黑龙江测绘地理信息局印发《2014 年安全生产工作要点》。6 月，调整了局安全生产管理委员会及其办公室成员。修订《黑龙江测绘地理信息局安全生产管理办法》，制定印发《黑龙江省第一次全国地理国情普查安全生产保密管理办法》等。及时转发国家测绘地理信息局及省政府有关安全生产工作的文件，开展安全生产检查及年度总结工作。为局属单位全部外业车辆安装安全生产车辆监测系统。组织开展安全生产专题培训，420 多人参加。全年未发生安全生产责任事故。

## 地图管理与地图服务

【地图管理】

黑龙江测绘地理信息局组织编制政府工作用图 77 幅，其中省图 1 幅、市（地）图 13 幅、县（市）图 63 幅，向各市（地）、县（市）政府及其相关部门分发 6 万多幅。2014 年，共受理地图审核 177 件，批准 177 件。开展互联网地图服务监管工作。为首届中国-俄罗斯博览会（哈洽会）提供地图监管服务，联合省会展事务局制作中国-俄罗斯博览会专题地图。

【地图出版】

2014 年，黑龙江省地图出版以新版、重版纸质参考图和新版一般出版物为主。其中新版纸质参考图 146 种，同比增加 64 种；重版纸质参考图 72 种，同比增加 26 种；新版一般出版物 120 种，同比增加 17 种。各种产品总印张数同比增加 43.5%。

【国家版图意识宣传教育】

黑龙江测绘地理信息局联合省委宣传部、省教育厅组织开展国家版图知识个人竞赛、团体赛和少儿手绘地图大赛活动。参加个人竞赛网络答题 5055 人，收到少儿手绘地图参赛作品 641 幅。经选拔，12 支代表队参加省级竞赛。9 月，黑龙江省电视台举办“美丽中国”第二届全国国家版图知识竞赛团体赛黑龙江赛区选拔赛决赛，经济频道在黄金时间播出，取得良好社会效应。佳木斯大学获第 1 名，代表黑龙江省参加全国竞赛，获团体优胜奖。

“美丽中国”第二届全国国家版图知识竞赛团体赛黑龙江赛区选拔赛现场。

# 测绘地理信息成果管理与应用

**【成果提供与汇交】**

2014年，黑龙江测绘地理信息局审批涉密测绘地理信息成果使用申请330批次，办理出省购图手续38批次。为省内行业单位提供地形图1217幅、控制点1868个、数据量30GB。9月，制定印发《黑龙江测绘地理信息局基础测绘项目和财政专项测绘成果资料归档管理办法》。黑龙江省296家单位汇交2013年度测绘地理信息成果目录1269条，已向社会公布。

**【涉密成果管理】**

11月，开展黑龙江省涉密测绘地理信息成果保密检查，各市（地）测绘地理信息行政主管部门在各行政区域内进行自查，省联合检查小组对8家测绘单位进行抽查。

**【成果推广应用】**

黑龙江测绘地理信息局承担并完成“天地图”分布式数据中心建设与数据融合示范、领导工作用图共享更新与服务等5项国家基础测绘成果应用推广项目。9月，确立了“天地图·黑龙江”省级节点建设、基于“天地图”的黑龙江省东北亚国际贸易沿边口岸城市资源发布平台示范等5大方向、11个项目的局级基础测绘成果应用推广项目。

**【应急保障】**

黑龙江省应急测绘保障预案被纳入省级应急预案序列。黑龙江测绘地理信息局建立黑龙江省应急管理地理信息服务平台，与省政府应急管理办公室建立合作和信息共享机制。编制《黑龙江省森林防火用图》《黑龙江省松嫩黑干流应急洪水风险图》，黑龙江省森林防火电子沙盘指挥系统升级版正式投入使用。配备快速出图系统和高端输出设备。7月，测绘地理信息应急监测车和无人机系统在省、市、县联动地震应急救援综合演练中发挥了重要作用。

# 科技、标准化与国际合作

**【科技创新】**

黑龙江测绘地理信息局系统申报国家发展和改革委员会关于开展北斗卫星导航产业重大应用示范发展专项2项，其中“黑龙江省哈尔滨市北斗卫星导航产业重大应用示范”项目获批立项。申报科技部科技支撑项目3项，1项列入备选项目。组织申报公益性行业科研项目6项。申报省科技厅应用技术研究与开发计划项目1项，承担“区域CORS系统北斗-2/GPS协同服务关键技术研究及试验验证”1项。组织申报2015年度国家基础测绘科技项目15项，2项列入2015年国家测绘地理信息局科技计划。确立“黑龙江省像控点影像数据库管理系统研发”等黑龙江测绘地理信息局科技项目15项。9项科技成果获省部级科技进步奖及优秀工程奖。

受国家测绘地理信息局委托，黑龙江测绘地理信息局牵头，联合国家测绘地理信息局测绘发展研究中心等单位开展地理国情监测在自然资源资产监管中的应用示范（基于时空监测的自然生态和资源监管评价方法）研究，取得阶段性成果。

**【测绘地理信息标准化】**

黑龙江测绘地理信息局组织申报国家测绘地理信息局测绘地理信息标准制修订提案2项；承担《极地地区1:5万1:10万遥感影像平面图制作规范》制订1项；9月，制定印发《黑龙江测绘地理信息局测绘与地理信息标准化工作管理规定》。4月，面向行业开展黑龙江省2000国家大地坐标系转换与推广应用培训，200多人参加。10月，承办航空摄影成果质量检验标准培训，全国各测绘单位150多人参加。

**【对外合作与交流】**

2014年，黑龙江测绘地理信息局组织因公出国7人次，分赴澳大利亚、美国、德国等国家，对资源三号联合检校试验、地理国情监测技术与管理、大地测量型GNSS接收设备培训等内容开展国际交流与合作。3人赴南极开展长城站北斗卫星导航系统基准站建设等极地测绘工作。10月，组织参加联合国第三次全球地理信息管理高层论坛和测绘科技创新展览。

**【人才培养】**

至年底，黑龙江测绘地理信息局有享受政府特殊津贴专家13人，其中享受国务院特殊津贴11人、享受省政府特殊津贴2人；百千万人才工程专家1人，省部级专家3人。修订了局直属事业单位领导班子及成员考核管理办法评定标准及依据。优化干部队伍结构，选拔任用副处级以上干部8人，调整交流副处级以上干部10人。选派12人参加中央、国家测绘地理信息局、省委党校的培训学习。建立健全事业单位新录用人员初任培训体系，举办了第二期起航培训班，60多人参加。全年，完成各类培训近20次，累计培训4000多人次。

## 党的建设与精神文明建设

**【党的建设】**

黑龙江测绘地理信息局坚持思想建党，积极组织党员干部学习贯彻党的十八大，十八届三中、四中全会精神和习近平总书记系列重要讲话精神。修订完善党组中心组学习制度，开展处级以上干部集中轮训工作，通过“龙江测绘学习大讲堂”“改革热点面对面”学习讨论活动等，进一步加强理论学习和形势政策宣传教育。举办党员发展工作细则学习培训，开展“党员带头行动 岗位创先争优”活动，评选表彰了一批红旗党支部和工作标兵。《基层党组织活动创新的实践与思考》获中国测绘职工思想政治工作研究会重点课题优秀研究成果二等奖。持续抓好群众路线教育实践活动整改落实，推进作风建设常态化、长效化机制形成。

**【党风廉政建设】**

3月，黑龙江测绘地理信息局召开党风廉政建设工作会议。严格落实党风廉政建设责任制，机关和局属单位33名主要负责人向党组递交了党风廉政建设责任承诺书。开展局属11家单位贯彻落实党风廉政建设责任制和中央八项规定情况专项监督检查。6月，印发《黑龙江测绘地理信息局党组贯彻落实〈建立健全惩治和预防腐败体系2013～2017年工作规划〉具体措施》和《黑龙江测绘地理信息局纪检监察部门监督政府采购工作暂行办法》。加强廉政文化建设，到省廉政警示教育基地开展预防职务犯罪警示教育活动。加强内部审计工作，修订《局内部审计管理办法》，4月～11月，开展局属3家单位内部审计工作和7家单位离任法人经济责任审计工作。强化对权力运行的制约和监督，从干部任用廉政考察、事业单位招聘、机关公务员面试等方面加强纪检监察监督工作。

**【精神文明建设】**

黑龙江测绘地理信息局团委组织开展“学习践行雷锋精神，展龙江测绘青年风采”主题系列志愿服务活动，“传承五四薪火·激扬测绘青春”系列主题活动。邀请省直机关共青团干部骨干培训班学员参观省地理信息产业园，主动宣传、推介测绘地理信息事业。组织青年志愿者开展地理国情普查宣传，向公众展示地理国情普查和监测工作，现场组织国家版图知识有奖答题等。局团委获省直机关“五四红旗团委”称号，4人被评为“优秀共青团员”或“优秀共青团干部”，1人获“全省优秀共青团干部”称号。

组织开展向“新时期感动测绘人物”齐月荣学习活动。举办全局职工摄影、拔河、羽毛球、乒乓球比赛等系列文体活动。国家测绘地理信息局第四地形测量队（黑龙江第三测绘工程院）被授予“全国民族团结进步模范集体”称号，国家测绘地理信息局第二地形测量队被人力资源和社会保障部、国土资源部联合授予“第二次全国土地调查先进集体”称号，黑龙江第三测绘工程院第三中队被黑龙江省总工会授予“黑龙江省工人先锋号”称号。

## 地方社团工作

**【黑龙江省测绘地理信息学会】**

2月～8月，黑龙江省测绘地理信息学会开展2014年度黑龙江省优秀测绘地理信息工程奖评选活动，共评出获奖项目58项。3月～10月，面向黑龙江省民营测绘地理信息企业开展测绘初级专业技术职务任职资格评审工作，212人取得初级任职资格。4月，黑龙江省测绘地理信息综合学术年会（黑龙江省测绘地理信息学会第八届三次理事会）召开，420多名代表参加。会议表彰了2013年黑龙江省测绘地理信息科技进步奖和省优秀测绘地理信息工程奖获奖单位，围绕“普查地理国情，建设数字龙江”主题进行了学术、技术交流。5月～6月，完成黑龙江省第一次地理国情普查深度培训3次。9月，与黑龙江工程学院测绘工程学院共同主办了“拓普康”第二十届“测绘杯”技能竞赛暨测绘科技活动月系列活动。黑龙江省测绘地理信息学会被黑龙江省民政厅评为5A级学会，名列科技社团学会第一。被中国测绘地理信息学会评为省级测绘地理信息学会能力提升建设、承接政府转移职能“突出工作典型”和“优秀工作典型”。

**【黑龙江省地理信息产业协会】**

4月，黑龙江省卫星导航与位置服务产业技术创新战略联盟2014年第一次理事会召开。12月，经黑龙江省民政厅批准，黑龙江省地理信息产业协会在哈尔滨挂牌成立，近200人参加成立大会，会议表决通过《黑龙江省地理信息产业协会章程》和《黑龙江省地理信息产业协会会员会费标准及使用规定》，选举产生了协会第一届理事会、常务理事会及领导机构。

# 上海市

## 概况

2014年，上海市第一次地理国情普查和监测工作总体进度位居全国前列，完成了全市区域数据采集和专题资料收集工作，开展基本统计、成果编制和数据入库工作。上海市地理信息公共服务平台政务版和“天地图·上海”（公众版）的数据体系、技术体系、标准体系、运维体制和应用服务能力不断完善，累计用户近70个，成为“天地图”中国行宣传推广活动重点推介的省级节点。上海市出台了上海市地理信息公共服务平台和“天地图·上海”3年工作计划。通过优化技术和生产体系，进一步缩短数据采集到入库周期，基础测绘更新速度提到“0511”（1:500数字地形图1年更新2次，1:1000、1:2000数字地形图1年更新1次），首次实现全市所有地形图每年至少更新一次。上海市测绘管理办公室完成测绘单位资质年度注册工作，完成测绘行政权力清理登记工作，集中开展测绘法宣传活动，组织开展市场检查20多次并对涉嫌违法行为依法进行处置。深化与上海规划国土资源管理部门的业务协作，为上海市的新一轮城市规划编制和轨道交通网络、养老设施布局等专项规划及土地新政等提供支撑。服务上海智慧城市建设，为上海市、区两级政府管理部门、重点区域、重大工程和亚信峰会等重大活动提供支撑服务。上海市测绘院成为现代工程测量国家测绘地理信息局重点实验室依托单位并完成公益性项目申报；通过全国文明单位复评，并申报上海市第17届文明单位。

## 重点工作推进

**【“智慧上海”和“天地图·上海”建设】**

上海采取全市范围统一标准集中建设管理的模式推进上海智慧城市地理空间框架建设，基本建成“天地图·上海”和政务版地理信息公共服务平台。2014年，完成了政务地图、公众地图、大比例尺地形图等数据的年度更新任务，新增了最新的航空影像和资源三号卫星影像资料，对门牌、区县街道镇界线等11个专题图层进行了整合。按照《上海市推进智慧城市建设行动计划（2014年—2016年）》要求，制定了《上海市地理信息公共服务平台建设工作计划（2014年—2016年）》，明确了平台和“天地图·上海”3年的建设、运维和应用推广计划。“天地图·上海”年内新增上海市委办公厅、上海市民政局、上海杰狮信息技术有限公司等5家用户，政务版地理信息公共服务平台新增上海国际旅游度假区管理委员会、上海市食品药品监督管理局、上海市机关事务管理局等10家用户，公众版和政务版平台合计应用近70个。11月29~30日，在国家测绘地理信息局举办的“智绘中国梦·应用天地图”——“天地图”中国行宣传推介活动中，来自中央和本市新闻媒体的10多位记者对“天地图·上海”项目的建设应用情况进行了采访。

**【地理国情普查与监测】**

上海市委、市政府高度重视地理国情普查和监测工作，1月15日，副市长蒋卓庆出席地理国情监测工作推进会。成立组织实施等5个地理国情普查和监测工作小组，建立普查和监测生产作业基地，制定年度工作计划和质量、资金、保密等管理制度，形成了领导小组成员单位和普查办内部协调机制，定期向领导小组成员单位报送工作简报，向市领导报送专报，普查和监测工作所涉及人员全部持证上岗。实施方案中增加了10方面的地理市情要素，并通过全国第一次地理国情普查领导小组办公室的审查备案。坚持边普查、边监测、边应用的原则，形成了分区县、分环节、分要素的生产管理模式，建立了地表覆盖、地理要素采集、数据转换等技术支撑体系，对各类成果资料和收集的专题数据实行专人管理，对获取的10个国家部委与上海市23家委、办、局的147类专题数据进行了比对和外业核查。全市17个区县近7000平方千米的地表覆盖与国情要素的生产、遥感影像解译样本及相关数据已全部提交检查验收，进入基本统计、成果编制和数据入库阶段，前期成果已用于上海的新一轮城市总体规划编制、第三次经济普查等工作。《文汇报》“上海发布”等媒体刊登了《地理国情普查助力申城绘蓝图》的署名文章和相关报道。

**【地理信息产业】**

上海市测绘管理办公室在前期调研基础上，拟定了促进上海地理信息产业发展的重点领域和贯彻落实意见的建设性方案，与上海市经济与信息化委员会、规划和国土资源管理局等部门进行沟通。上海市已将北斗卫星导航产业纳入战略性新兴产业和智慧城市建设内容，全市已有卫星导航应用开发企业近100家。8月14日，中央政治局委员、上海市委书记韩正到青浦北斗产业园视察测绘地理信息企业，听取了北斗产业发展情况的介绍。

## 法制建设与市场监管

**【法规建设】**

上海市测绘管理办公室根据新实施的《测绘资质管理规定》和《测绘资质分级标准》，组织修订《上海市丙、丁级测绘资质标准》，10月16日正式颁布实施，并向国家测绘地理信息局和上海市政府法制办公室进行报备。按照上海市行政审批制度改革的统一要求，完成测绘行政权力清理登记工作，共梳理登记包含行政处罚、行政决策、行政备案、行政规划、行政确认、行政检查等种类的66项行政权力事项，向社会公开清单。根据上海市规划和国土资源管理局的统一部署，完成2014版测绘行政审批业务手册和办事指南的修编工作，单列了新申请、升级、增加业务范围、换证、补证、审批监督等审批事项，制定了各分项的操作流程。

**【市场监管】**

上海市工商、海关、安全、保密、信息等14个部门形成了联席会议、联合执法、定期检查、集中通报、执法快速通道等测绘地理信息市场监管和专项整治的合作机制。2014年，上海市测绘管理办公室继续开展地图与地理信息市场专项整治和“问题地图”专项整治等专项行动，全年共组织开展测绘地理信息市场检查27次，发现涉嫌违法行为7起，立案查处案件7件，做出行政处罚决定2件，测绘密级鉴定1份，监督销毁违法地图宣传品30万份，对1家单位发出《整改通知书》，对1家单位发出行政建议书，对64个互联网地图网站进行检查取证和情况上报工作。上海市查处的2宗案件入选2013年十大测绘地理信息违法典型案件，自2007年以来上海共有6宗查处案件入选全国年度测绘地理信息违法典型案件。

**【资质管理】**

2014年，上海市应参加测绘资质年度注册单位176家，其中甲级20家、乙级65家、丙级65家、丁级26家，实际参加166家，经审查通过注册162家，未通过注册4家。全年新批测绘资质单位5家，完成3家单位业务范围增加、4家单位资质升级和11家单位信息变更工作，对2家申请甲级测绘资质的单位进行了初审。截至年底，上海市共有测绘资质单位169家，其中甲级22家、乙级61家、丙级60家、丁级26家。按照新版《测绘资质管理规定》和《测绘资质分级标准》，举办复审换证培训，组织所有测绘单位办理复审换证手续，换发新版《测绘资质证书》。完成测绘资质单位信用信息评价标准上海增项（试行）考核体系设计与系统建设要求说明，启动信用平台开发工作。

**【法制宣传】**

上海市组织开展“8·29”测绘法宣传日活动，围绕测绘地理信息法律法规、地理国情普查、国家版图知识和反地图盗版等内容组织开展以1次活动、1篇时评、1条广告、1个载体、1个专栏、1份资料为核心的“六个一”系列活动。8月29日，上海市测绘管理办公室在市中心设立宣传主会场，在《文汇报》发表署名文章，在《新民晚报》和《i时代报》刊登测绘地理信息公益广告，在上海发布、上海规土发布、上海市测管办等政务微博、微信上发布宣传日主题、口号及活动信息，发放宣传资料5万多份。

## 基础测绘

**【经费管理】**

按照上海市市级财政集中支付要求，上海市测绘管理办公室加强对基础测绘项目预算编制、年度计划、项目实施的管理，全年落实基础测绘经费5330万元。2013年度基础测绘实施项目经上海市财政局组织的专项评估，总体评价良好，社会有偿使用率超过预期水平，政府指定部门和其他社会机构及个人使用者满意度较高。经上海市测绘管理办公室与市规划和国土资源管理局、市财政局协调，市财政部门2014年落实地理国情普查专项经费2500万，航空摄影测量、三维模型更新等专项经费2400多万。

【测绘项目】

2014年，上海将基础测绘更新频率调整为“0511”，确保全市所有比例尺地形图每年至少更新一次。全年更新完成1:500数字地形图21024幅、1:1000数字地形图14173幅、1:2000数字地形图9086幅、1:1万数字地形图161幅，完成17个区县地图新一轮修编工作。完成全市约8000平方千米的航空摄影工作，完成1:2000 DOM9857幅，工业用地范围DSM 2345幅、全市DEM 9516幅、中心城区城市三维模型数据更新约660平方千米，及时向国家测绘地理信息局报送航空影像获取情况和成果资料，与地理国情普查、“天地图”等项目实现共享。

【质量监督】

按照国家测绘地理信息局1:5万基础地理信息数据库动态更新工作的统一部署，上海市测绘管理办公室积极配合收集1:5万数据库动态更新所需资料并组织完成上海市1:5万数据库动态更新成果的外业抽检工作。上海的基础测绘、专项测绘成果由上海市测绘产品质量监督检验站统一验收，已完成全市1:500、1:1000、1:2000数字地形图、正射影像图、区县图、城市三维模型、DSM变化检测等年度计划和专项计划任务135批次，一次验收合格率100%。上海市测绘管理办公室组织对全市41家资质单位的测绘地理信息成果质量进行监督检查，对33家单位进行质量体系专项检查，完成地下管线跟踪测量项目报检项目1500多件，被检单位质量管理体系建设、落实情况总体良好。

## 地图管理与地图服务

【地图编制与管理】

2014年，上海市测绘管理办公室共审核各类专题地图577幅、网络地图2件、领导工作用图2件，发放地图审图号87个。指导市反地图盗版联盟在注重维权实效、完善运作机制、扩大品牌影响等方面开展工作，联合市公安局文保分局、市文化市场行政执法总队等单位6次赴上海虹桥机场、铁路新客站、铁路南站、大宁路图书批发市场等区域开展地图市场专项整治等执法行动，及时纠正使用“问题地图”行为。

上海市测绘院继续对传统地图产品进行优化，开发《上海丝绸地图》《轨道交通站点街区图》等地图，完成《上海道路交通指南》《旅游观光图》等图册30多种，及时为市委、市政府、各委办局和区县办公场所更换各类挂图，提供工作用图，免费向市“两会”赠送《长三角地图集》。为配合亚洲相互协作与信任措施会议安保工作，启动测绘保障应急服务机制，编制了《亚信峰会陆路进沪通道安检查控专用地图》和系列《防恐重点区域地图》。完成《第十二届学生运动会专用地图》。在2014年上海书展期间，上海市测绘院举办“地图文化之旅”专题展览并在上海城市规划展示馆进行续展，展出22幅上海老地图和不同历史时期高清航空影像图，推出了介绍地图制作过程的微视频，提供了“天地图·上海”移动展示等服务。

【国家版图意识宣传教育】

上海市继续推进国家版图意识宣传教育“进学校、进社区、进媒体”宣传教育活动，市国家版图意识宣传教育“三进”活动推进小组向全市发出“美丽中国”第二届全国国家版图知识竞赛和少儿手绘地图大赛参赛号召，依托全市300多个东方社区信息苑网点开展活动，参赛人群覆盖全市所有区县，共有15318人参加国家版图知识竞赛，收到少儿手绘地图大赛活动作品1712幅，上海代表队获全国国家版图知识竞赛团体赛第二名。上海市测绘管理办公室在全市所有社区开办为期1个月的国家版图知识宣传活动专栏；在复旦大学开展了“测绘体验日”活动并向复旦学生作《智慧城市的基石——地理信息云平台》专题授课；赴华东师范大学附属第三中学等学校作《了解版图知识维护国家尊严》的主题讲座；在上海城市规划展示馆推出《一张地图的诞生》视频，组织上海地图爱好者俱乐部开展公益活动，安排人员为七宝中学地图俱乐部等授课。

## 测绘地理信息成果管理与应用

【成果管理】

上海市测绘管理办公室对测绘地理信息成果进行全面梳理，在网站上发布了最新成果目录，对成果制作时间、数量等信息进行更新，新增全市1:2000数字高程模型、古树名木、领导工作用图等新成果。严格落实测绘地理信息成果核心涉密人员管理制度，组织各行业单位参加国家测绘地理信息局举办的核心涉密人员岗位培训，与核心保密部门和人员签订了《安全、保密、综合治理工作责任书》。6月起，开展涉密测绘地理信息成果专项检查，检查对象为全市2013年经国家测绘地理信息局或上海市测绘管理办公室批准并已领取、使用和保存涉密测绘地理信息数据成果的用户单位，对不按要求进行自查及领用全市范围全要素涉密测绘地理信息成果的单位进行了现场检查，通报了检查结果。全年共审批33家单位到外省市索取测绘成果的申请，审批19家单位使用上海市涉密测绘地理信息成果的申请。根据《关于汇交测绘成果目录和副本的实施办法》，上海市基础测绘成果100%进行了汇交，非基础测绘成果目录在资质年度注册中实行统一汇交。

**【应用服务】**

上海市测绘院完成上海市地理信息公共服务平台的信息更新，实现平台政务网（浦东张江开发区机房、上海市测绘院机房）和内网平台的同步更新，将最新地理信息实时推送给用户。为满足应急救援中快速定位需要，重点研发了地理信息公共服务平台基于拼音首字母的地址服务接口和工作台面，提供了近500万条拼音首字母的定位信息，为政务部门和社会公众定制更加实用的服务功能。围绕上海新一轮城市总体规划编制和土地政策调整，以及规划国土资源系统信息化建设，利用三维模型等信息资源和移动平台等技术，为规划土地验收、郊野公园规划建设、建设工程规划设计方案审批等提供遥感影像、工作地图等专项服务，为上海浦东新区、静安、杨浦、崇明等区（县）和国际旅游度假区、长兴岛、临港等的规划土地信息化管理提供平台支撑。

## 科技、标准化与国际合作

**【科技工作】**

5月，国家测绘地理信息局批复同意现代工程测量国家测绘地理信息局重点实验室增加上海市测绘院为依托单位。8月，上海市测绘院和同济大学、陕西测绘地理信息局商定实验室的研究方向、中长期目标和工作计划，联合同济大学、上海市地质调查研究院、上海防灾救灾研究所共同承担了国家测绘地理信息局公益性行业科研专项特大城市公共设施安全监测技术体系与应急服务，开展了城市公共基础设施安全监测预警的地理信息云平台关键技术、基于地理国情普查的数据管理和应用技术研究等9项研究和技术攻关。《上海市地名地址数据规范》和《上海市地理信息公共服务平台应用标准》纳入上海市地方标准立项。11月，中国科学院院士、中国工程院院士李德仁应邀到上海作《智慧地球时代的测绘地理信息学》学术报告。

**【人才队伍建设】**

上海市测绘管理办公室选送8人参加国家测绘地理信息局党校的培训学习，2人参加上海市市级机关党支部书记培训班，3人参加2014年度上海市规划和国土资源管理局系统中青年干部研修班，5人进行跨部门挂职。全年共有34人晋升职称（高级职称11人、中级职称14人、初级职称9人）。认真履行上海市测绘职业技能培训中心和测绘行业特有工种鉴定上海站职责，全年举办各类专业技术技能培训12期356人次，共有10人通过国家测绘地理信息局的综合评审，获高级技师职业资格证书。做好全市600多人的注册测绘师考试资格审查工作，28人通过考试获得注册测绘师资格。

**【合作交流】**

上海市测绘管理办公室全年选派11人赴南非、比利时、德国等国家参加学术会议和技术培训。10月，根据国家测绘地理信息局的安排，接待2014年发展中国家基于网络的地理信息服务平台构建与运维研修班的学员，向来自17个国家的37位测绘地理信息主管机构官员和服务机构技术负责人介绍了上海的地理信息资源建设和“天地图·上海”应用服务情况。上海市测绘院积极推进军民测绘融合发展，与总参谋部驻沪某部队和驻宁某部队签署战略合作协议；与华东师范大学、上海北斗导航平台有限公司、上海伽利略导航有限公司等签署框架合作协议，面向北斗系统的应用，在导航定位、地理信息应用等方面开展合作。

## 党的建设与文化建设

**【党建工作】**

上海市测绘管理办公室严格执行中央八项规定、国家测绘地理信息局党组制定的十项措施和国家新出台的公务接待等各项制度，持续推动作风建设。推进落实党的群众路线教育实践活动整改落实方案，推进作风建设常态化长效化。组织各部门修订完善《领导班子和谐高效廉洁若干准则》。按照主体责任、监督责任和“一岗双责”要求，组织各级领导班子及领导干部分层分级签订廉政责任书，继续开展廉政风险排查和防控工作，制定领导班子成员个人廉政建设责任制工作方案，持续推进党风廉政建设和反腐败工作。对照《中国共产党党员领导干部廉洁从政若干准则》等相关规定，制定了严格落实组织工作重要事项请示报告制度的实施办法，开展了处级及以上干部亲属从事与规划、土地、房产、矿产相关的业务咨询和经营活动情况的调查登记工作和教育活动。

**【文化建设】**

上海市测绘管理办公室编纂了《测绘文化20周年成果集》。开展“修身讲堂”“家园美、测绘情”职工摄影大赛等活动，组织参加国家测绘地理信息局“十八大礼赞”测绘地理信息文化系列活动，获诗歌散文比赛优秀组织奖，在摄影比赛、诗歌散文比赛和廉政格言警句征集活动中获奖。积极参加上海市市级机关工委组织的“善·E行”网络爱心义卖活动。《测绘职工健康心态研究》获中国测绘职工思想政治工作研究会2013年课题研究成果一等奖，《以人为本ABC研究》《对测绘文化建设的几点认识》等获中国测绘职工思想政治工作研究会、中国建设职工思想政治工作研究会工程勘察行业分会和上海市市级机关党建思想政治工作研究会优秀成果奖。上海市测绘院职工康明的家庭被中华全国妇女联合会评为第九届“全国五好文明家庭”。

## 地方社团工作

7月，上海市社会团体管理局批复同意筹建上海市测绘地理信息产业协会，完善协会章程及其他规章制度，并向主管部门报请核准协会领导班子组成人员。上海市测绘学会积极参与国内外学术交流，在第十六届华东六省一市测绘地理信息学术交流会上，选送的10篇论文均获奖。12月，上海市测绘学会获4A级社会组织评估等级证书。全年共出版《上海测绘》杂志4期。

# 江苏省

## 概况

2014年，江苏省测绘地理信息工作保持平稳较快发展。在全国省级测绘地理信息行政主管部门2014年度测绘地理信息工作绩效考核中，江苏省测绘地理信息局位列第六，连续第五年被评为优秀单位。测绘地理信息管理效能进一步提高，南京市规划局7个规划分局和徐州市铜山国土资源局组建了测绘管理科；省政府依法规范了沉降观测行政许可事项，解决了长期困扰测绘地理信息行业的沉降观测行政审批问题；《江苏省测绘资质管理实施办法》和《江苏省测绘监理管理办法》修订完成，自11月1日起施行。开展地理国情普查工作，建立普查工作机构，共落实经费约3.8亿元，完成了全年普查任务；组织开展全省陆路交通变化、典型区域地面沉降、生态红线典型区域等专项监测，初步形成统计分析和监测试点成果。重点工作进展顺利，“天地图·江苏”市级节点建设全面完成，“天地图·江苏”和“江苏省地理信息公共服务平台（政务版）”分别被评为江苏省信息化示范工程和省信息化试点工程。全省“十二五”第二轮0.3米分辨率航摄工作全面完成，获取了全省2.5米分辨率卫星遥感影像。10月22日，省政府办公厅印发《关于促进地理信息产业发展的实施意见》，江苏省基础测绘中心和地理信息产业园建设已完成征地摘牌手续和概念设计工作。江苏省测绘地理信息局制定印发《全面深化江苏测绘地理信息事业改革创新的主要措施》，明确了全省测绘地理信息领域改革5个方面27项目标任务和完成时间表。局系统7个科技项目获得国家及省部级科技奖项。

## 重点工作推进

**【数字城市建设】**

南通、扬州、苏州、盐城、无锡数字城市建设项目分别通过省级验收，13 个省辖市地理空间框架建设全部完成。溧阳、如东、启东、江阴等县市数字城市完成立项工作，赣榆、金坛、溧阳、常熟、太仓、扬中、睢宁设计书通过评审，完成省、市、县（市、区）三方签约。“智慧徐州”时空信息云平台项目设计书通过国家测绘地理信息局组织的专家评审，“智慧昆山”市民公共服务平台正式启用。

**【“天地图·江苏”建设】**

江苏省基本完成“天地图”市级节点建设，开展县级“天地图”节点和数据建设，实现了省、市数据同构同架。完成“天地图·江苏”数据融合和系统同构部署试点任务。基于“天地图·江苏”的各类应用项目超过 100 个。“天地图·江苏”被江苏省信息化领导小组办公室评为江苏省信息化示范工程。“天地图·盐城”开通韩语版。“天地图·扬州”在大运河成功申遗中发挥了突出作用。

**【地理国情普查】**

江苏省地理国情普查领导小组办公室建立了进展月报、督察督办、专人跟踪等普查工作制度。全省 13 个地市和 3 个省管市（县）成立了相应的普查工作机构或下发文件。全省共落实普查工作经费 3.8 亿元，全面完成底图解译、外业核查及内业编辑工作。共收集 21 个厅局的地理国情普查专题数据，提供 2012 年 3 月 ~4 月 0.3 米分辨率数字正射影像数据和 2012 年 ~2013 年的 1:1 万数字线划地图成果作为普查解译基础数据。实际生产中，全省采用 2014 年获取的 0.3 米分辨率航摄影像作为普查解译基础数据，数据资料完备性和现势性具有显著优势。举办 6 期省级普查技术培训，累计培训人员 1032 人（次）。选择泗阳县、丹阳市 2 地开展基本统计、综合统计分析和专题分析评价试点，完成全省陆路交通变化、典型区域地面沉降、生态红线典型区监测等专项监测。

**【地理信息产业】**

10 月 22 日，江苏省政府办公厅印发《关于促进地理信息产业发展的实施意见》，提出了促进江苏省地理信息产业发展的总体要求、重点任务和保障措施。江苏省测绘地理信息局加强全省测绘地理信息产业发展现状及趋势研究，草拟了产业发展规划。江苏省基础测绘中心和地理信息产业园建设取得实质性进展，完成中心征地摘牌手续和概念设计工作。

## 法制建设与市场监管

**【法规建设】**

江苏省测绘地理信息局联合省法制办公室完成《江苏省测绘地理信息基础设施管理规定（草案）》部门意见修改工作。开展《江苏省城市地下管线和地下空间管理办法》立法研究，形成初稿。完成国家测绘地理信息局委托的《测绘地理信息项目招投标管理办法（草案）》起草工作。规范测绘资质行政许可行为，修订《江苏省测绘资质管理实施办法》和《江苏省测绘监理管理办法》，11 月 1 日起施行。联合工商部门审定发布《江苏省测绘地理信息服务合同（示范文本）》。联合省政府法制办公室开展立法后评估工作，对《江苏省测绘市场管理规定》实施 3 年来的情况进行调研。省政府依法规范沉降观测行政许可事项，解决了长期困扰测绘地理信息行业的沉降观测行政资质管理问题。

**【依法行政】**

江苏省测绘地理信息局围绕简政放权，积极推进行政审批制度改革。省级测绘地理信息权力事项由 110 项减少到 58 项，其中行政审批事项由 10 项减少至 6 项，取消所有非行政审批许可事项。将丙、丁级测绘资质审查委托给市（县）测绘地理信息行政主管部门。取消前置考核内容，改为事后监管，严格控制审批时限，简化内部审批流程，实时公开审批结果。根据省政府行政审批“三集中三到位”要求，江苏省测绘地理信息局法规与行业管理处加挂行政审批处牌子，落实工作人员进驻省政务服务中心。报经省政府同意，暂停征收测绘基础设施费，减轻测绘单位负担。加强市（县）测绘地理信息行政执法人员培训，统一审核发放测绘地理信息行政执法证件，在坚持属地管辖原则的前提下，建立省市（县）联合查处违法案件的工作机制。各级测绘地理信息行政主管部门开展执法检查 471 次，其中重大专项执法行动 18 次，共发现涉嫌违法行为案件 7 起，立案调查涉嫌违法案件 3 件，做出行政处罚案件 1 件。

**【市场监管】**

江苏省测绘地理信息局推进监管队伍建设，南京市7个规划分局和徐州市铜山区国土资源局组建了测绘管理科。完善地图市场、地理信息市场、测绘市场等多个专项市场整顿检查机制，充分借助工商、安全、保密、出版、海关、通讯等部门的执法力量，组织全省测绘地理信息市场巡查，共同查处测绘地理信息违法案件。研发测绘地理信息项目网上备案系统，实现在线动态项目备案，全省测绘地理信息项目备案数量大幅上升。创新监管方式，利用连续运行卫星定位服务综合系统（以下简称CORS）建成全省测绘地理信息市场监管平台，实现全省三级测绘地理信息行政主管部门实时动态监测测绘地理信息单位市场活动情况。加强对小区域CORS建设的监管，基本实现全省小区域CORS并网工作。完成383家单位测绘资质申请、资质升级、增加业务范围、资质延续审查，140家单位变更名称、地址、法定代表人审查，46家单位补充和修改数据审查。

**【测绘普法】**

江苏省测绘地理信息局组织开展全省“8·29”测绘法宣传日活动，首次在宣传现场展示测量采集车和航摄无人机。举办测绘地理信息法律知识竞赛，全省6336人参赛。统一编印以测绘法宣传为主题的13个市交通旅游图。各市测绘地理信息行政主管部门开展“送图进机关、进社区、进学校”活动，累计发放地图8.6万份。充分发挥广播电视、报纸报刊、互联网等媒体作用，以公益广告、手机短信、简报、黑板报等形式，广泛宣传测绘地理信息工作。组织全省甲级测绘单位负责人、各市测绘地理信息行政主管部门执法人员参加国家测绘地理信息局举办的相关培训班。组织局系统人员参加省级机关万人学法系列活动。

## 基础测绘

**【省级基础测绘】**

2014年，江苏省省级基础测绘经费投入8400万元。江苏省测绘地理信息局完善省级现代测绘基准体系，建设兼容北斗的多星多模CORS网络，完成南京、镇江、常州地区11个站点的升级改造，实现厘米级北斗系统的快速定位。全面完成全省“十二五”新一轮0.3米分辨率航摄工作，获取全省2.5米分辨率卫星遥感影像（资源三号卫星），完成1:1万数字正射影像图3130幅、1:5万数字正射影像图190幅。实施全省1:1万基础地理信息数据库整合升级工作，完成省级元数据库建设及全省4131幅数字正射影像图、数字高程模型、数字线划地图成果的转换、整理和入库工作。完成沿海滩涂航摄9000平方千米，形成数字高程模型1200平方千米、数字正射影像图成果900平方千米。完成滆湖、高邮湖、洪泽湖水下地形测量，测线长度1.06万千米。推进2000国家大地坐标系使用，印发了《转发国家测绘地理信息局〈关于加快2000国家大地坐标系推广使用的函〉的通知》，开展市（县）测绘地理信息行政主管部门2000国家大地坐标系培训工作，培训人员达200人（次）。

**【市（县）级基础测绘】**

2014年，江苏省各地级市基础测绘经费投入7705.7万元，比2013年增加662.7万元；各区（县）基础测绘经费投入共4697.1万元，比2013年增加3563万元。各地基本实现基础测绘常态化更新，扬州市将基础测绘纳入各县（市、区）年度工作考核，南通、常州、淮安等市组织了优于0.1米分辨率航空摄影265平方千米，常州实施了二等水准联测2800千米，徐州、常州完善市级CORS并纳入省级网体系，镇江建成城市三维模型110平方千米，泰州完成地下管线测绘2100千米。涟水县被列入国家新农村测绘保障服务项目。根据共建共享协议，沭阳县将基础测绘地理信息成果提供给公安、规划、城管等部门使用。

**【质量管理】**

江苏省测绘地理信息局组织开展全省“测绘地理信息质量提高年”活动。开展2014年全省测绘地理信息成果质量监督检查，共抽查8家省内测绘单位2011年~2013年承担完成的8个测绘项目，涵盖地形测量、河道断面测量、沉降观测、竣工测量、房产测量等专业，抽查结果为“批合格”6项、“批不合格”2项，批合格率为75%。江苏省测绘产品质量监督检验站全年检定测绘仪器6000多台（次）。

**【国家现代测绘基准体系基础设施一期工程】**

江苏省测绘地理信息局承担的国家现代测绘基准体系建设2个新建站点（泰州、六合）和9个改造站点（洪泽、无锡、涟水、东台、东海、丰县、徐州、铁山寺、高淳）的土建、设备安装、网络施工已全部完成并通过土建验收，进入站点试运行阶段。

## 地图管理与地图服务

【地图管理】

江苏省测绘地理信息局全年共审核地图155件，其中地图（集、册、幅）121件、图书报纸期刊插附地图18件、互联网地图16件；发放审图号140个。召开全省互联网单位服务监管工作会议，利用国家测绘地理信息局地图网监管系统对互联网地图服务进行适时监管，全年约谈和整改地图网站47家。对地图导航定位产品进行检查与清理。省版图意识宣传指导小组对南京、无锡、南通、苏州、扬州等地的地图市场进行专项检查，对违法违规地图案件进行查处。在南京市开展为期1个月的地图市场巡查和整改工作，重点检查青奥会比赛场馆、运动员村、旅游景点、机场、车站、地铁、青奥会定点宾馆等场所，共检查旅游景点16处、图书销售市场6家、宾馆10多家、高铁和地铁车站20多处，发现南京市旅游局编制的手册存在“问题地图”，已全部收回。

【地图服务】

江苏省测绘地理信息局建立领导工作用图共享机制，开展国家与省级之间领导工作用图共享工作。建立公益性地图公开信息更新与发布机制，定期更新全省市（县）标准样图，利用“中国·江苏”“天地图·江苏”和江苏地图网等平台及时发布相关变更信息。开展《中国城市地图集》（江苏）的编撰试点工作。编制完成《江苏省领导工作用图》，包括地图55幅，其中专题地图29幅。编制完成《江苏省第二次土地调查成果图集及挂图》。按照县（市、区）领导工作用图全覆盖的目标，组织开展30个县（市、区）政区图和城区图的编制更新工作。南京市编制了抗日烈士纪念地电子地图等特色地图。

【国家版图意识宣传教育】

徐州、南通、淮安、盐城、泰州、宿迁等地积极推进国家版图意识宣传教育“进学校、进社区、进媒体”。经江苏省国家版图意识宣传教育和地图市场监管协调指导小组考核评估，授予江苏省教育学院附属小学等14所学校为江苏省第一批“国家版图意识宣传教育示范学校”。江苏省测绘地理信息局承办“爱我中华国家版图意识宣传教育信息系统建设”项目。江苏省在“美丽中国”第二届全国国家版图知识竞赛和少儿手绘地图大赛中获得个人赛3个组别的特等奖，团体赛获优胜奖；少儿手绘地图大赛参赛人数1420人，作品1418幅，参赛学校97所。

## 测绘地理信息成果管理与应用

【成果管理与提供】

江苏省测绘地理信息局完成盐城、南通、泰州、扬州市省管测量标志普查维护工作，实地勘察、批准景观型测量标志3座，已建成2座，批准同意省管测量标志拆迁13座，发放省管测量标志保管津贴93.78万元。完成2013年度全省测绘地理信息成果汇交工作，汇交成果目录5600条，纳入成果发布系统对外公布。调研起草省级机关地理信息共建共享办法。出台涉密地理信息企业准入、涉密测绘地理信息成果应用等方面的监管措施。开展大宗用户、重点工程项目使用涉密测绘地理信息成果跟踪检查。对省级基础测绘地理信息成果采取了数字水印安全技术防范措施，确保涉密测绘地理信息成果安全。为南京、盐城、镇江等市进行7批次涉外成果审批，为省有关部门完成多批次密级鉴定。举办2期保密岗位培训，全省各级测绘地理信息行政主管部门、测绘单位和用户单位300多人参加培训。江苏省测绘地理信息局系统全年向社会各界提供各种比例尺地形图1275张，各种比例尺“4D”成果图3013.32GB，基准成果点1023个。南京、无锡、淮安、连云港、盐城、泰州等市国土资源局与市国家保密局组成联合检查组开展涉密测绘地理信息成果保密检查。

【地理信息公共服务平台应用】

江苏省测绘地理信息局完成江苏省地理信息公共服务平台（政务版）建设，与省140个厅、局和省直单位实现互联互通。召开江苏省地理信息公共服务平台（政务版）应用推介会，省政府应急管理办公室、省发展和改革委员会、省公安厅等40多家单位参加。江苏省地理信息公共服务平台（政务版）被江苏省信息化领导小组办公室评为2014年江苏省信息化试点工程。

【应急保障】

江苏省测绘地理信息局联合省应急管理办公室

调研无人机应急保障工作，确定连云港市勘察测绘院有限公司为省无人机航空摄影应急保障基地。参加宿迁市地震应急综合演练，为演练提供系列工作地图，抽调连云港无人机组应急测绘保障队员 10 人、测绘型无人机 2 架、运输保障车辆 2 台、影像处理软硬件系统 2 套，快速提供震后高分辨率影像。联合省应急管理办公室、总参第二测绘导航基地在苏州开展无人机应急保障演练。

**【共建共享】**

江苏省测绘地理信息局分别与 61175 部队、南京军区信息中心在成果共享、军地标准研究、CORS 应用、移动测量车青奥会安保合作、地理信息移动终端开发等方面形成共识，开展相关合作项目。7 月 30 日，江苏省测绘地理信息局与 61175 部队在南京签署战略合作框架协议，深化军地测绘战略合作。

2014 年 7 月 30 日，江苏省测绘地理信息局与 61175 部队签订战略合作框架协议。

## 科技、标准化与国际合作

**【科技创新与成果】**

2014 年，江苏省测绘地理信息局资助 23 个科研项目，验收结题 10 个往年项目。承担国家基础测绘科研项目“信息化测绘技术体系升级改造研究”“基于国产影像的变化检测和快速更新研究”，江苏省科技厅自然科学基金项目“DEM 地形纹理及地形形态特征识别研究”，科技公共服务平台及服务业务项目“江苏省天地一体化地面沉降动态监测特色业务建设”等。组织江苏省测绘地理信息科技进步奖评审工作，共评选出 25 个奖项。开展江苏省测绘地理信息优秀工程奖评审工作，共评选出一等奖 14 项、二等奖 29 项、三等奖 49 项。局系统多个项目获国家及省部级科技奖项，其中“省级地理信息云服务平台构建与应用”获 2014 年中国地理信息科技进步奖一等奖；“江宁国土资源一张图工程”“武进区地理信息公共服务平台”获 2014 年中国地理信息产业优秀工程奖金奖，“天地图·新沂”“淮安市主城区三维精细建模”获银奖；“市（县）一体化地理信息公共服务平台建设关键技术研究与应用”获 2014 年中国测绘地理信息学会测绘科技进步奖二等奖；“江苏北斗地基增强系统一期工程”获 2014 年卫星导航定位科技进步奖二等奖。

**【标准化建设】**

江苏省测绘地理信息局参与修订测绘行业标准《导航电子地图框架数据交换格式》。组织参加国家测绘地理信息局举办的数字城市建设与应用标准化培训等各类标准培训。

**【人才培养】**

江苏省测绘地理信息局机关公开考试录取公务员 1 名，局系统公开招聘引进人才 22 名，其中研究生以上学历 16 名。局系统 1 名省“333 高层次人才培养工程”第三层次培养对象获省专项课题资助，该课题通过结题验收。2 人分获首届江苏省机关事业单位工勤技能人员技能创新大赛一、三等奖。江苏省测绘地理信息局与河海大学研究生联合培养基地共培养专业学位研究生 20 名。全年举办测绘地理信息业务、专业技术等培训班 14 期，培训 2329 人（次）。开展职业技能鉴定 51 批次，鉴定 4843 人（次）。局职业技能鉴定指导中心与江苏省测绘地理信息学会联合主办第五届江苏省高校测绘技能大赛，164 人参加比赛。

**【合作与交流】**

江苏省测绘地理信息局组织全省测绘地理信息系统 24 名技术骨干和管理干部赴美国马里兰大学美华中心进行地理信息技术与地理国情监测培训。

## 党的建设与精神文明建设

**【党建工作】**

江苏省测绘地理信息局推行“党组织统一活动日”制度，提高党组织活动质量。组织局机关党员参加江苏机关党建网站“每日一题”答题活动，16 人获省级机关工委奖励，局直属机关党委被评为 2014 年度省级机关“每日一题”学习活动组织工作先进单位。制定《2014年局系统作风建设工作计划》《关于落实党员干部直接联系群众制度的具体措施》等12项规章制度。深入开展“三解三促”活动，局机关参加驻点调研活动的干部总人数为28人，走访基层群众397人，走访基层单位46个，召开各类座谈会21个，完成调研课题8个，撰写调研报告9篇，撰写民情日记8篇，为基层办实事14件，化解信访案件1起，提出意见、建议28条；其中，提请省级政策层面研究解决的问题及建议5条，建设性意见、建议23条。组织局系统在职党员到社区报到，填报志愿服务岗位，开展志愿服务群众活动，共成立3支志愿者服务队，381名在职党员集中到社区报到。

**【党风廉政建设】**

江苏省测绘地理信息局印发《党风廉政建设工作要点》和《党风廉政建设工作责任分解意见》，各直属单位党政一把手和机关各处室主要负责人向局党组书记递交了《党风廉政建设承诺书》。加强监督检查和跟踪问责，开展党员干部作风建设情况监督检查、节日期间作风建设专项督查、党员干部收受购物卡问题专项整治、党风廉政建设责任制检查考核等活动。抓好党风廉政建设和反腐败的学习教育工作，重点开展规范测绘地理信息市场行为和反商业贿赂教育。中心组集中学习13次，形成学习体会文章近40篇。开展经常性岗位廉政教育，组织处以上领导干部观看警示教育片，组织基层党支部书记观看《培育和弘扬社会主义核心价值观》系列教学录像片，组织党员观看《中国梦中国路》《全面推进依法治国——党的十八届四中全会精神解读》等宣传教育片。

**【文化建设】**

江苏省测绘地理信息局组织开展“优秀图书进机关”折扣购书、读书荐书、读书演讲等系列活动。组织开展第四届职工篮球赛、首届“迎春杯”定向越野锦标赛、“迎新春”拔河比赛、羽毛球比赛等活动。利用“五一”“五四”等时节，组织召开劳模先进代表座谈会和青年工作座谈会，举办“纪念建党93周年暨‘苏测人的中国梦’主题演讲”活动。

**【精神文明建设】**

江苏省测绘地理信息局设立测绘地理信息爱心助学基金。局团委与省测绘产品质量监督检验站党支部组成爱心小组，向南京市六合区竹镇镇泉水小学20名贫困小学生捐赠学习用品和衣物，并为他们解决一学期的住校和生活经费。在南京市国防园内设立“青年文明号”工作站，发放最新版《江苏省交通旅游图》，介绍全省测绘地理信息重点工作，现场回答市民的咨询，宣传测绘地理信息工作。2014年，局系统获得省级及以上荣誉15项，其中，省测绘工程院工程测量分院被评为“全国工人先锋号”，6家单位被评为“江苏省工人先锋号”，1家单位荣获“江苏省五一劳动奖状”，1家单位被评为“江苏省五一巾帼标兵岗”，省测绘工程院任银萍被评为“全国青年岗位能手”并获“全国五一劳动奖章”，局系统2人获“江苏省五一劳动奖章”。

## 地方社团工作

**【江苏省测绘地理信息学会】**

4月21日，江苏省测绘地理信息学会召开十届一次常务理事扩大会议。5月，组建的首席科技传播专家服务团队获省科学技术协会批准。申报的“首席工程师”“科技服务站”“学术创新重点项目”“打造优秀网站”4个项目获省科学技术协会认定。受台湾测量技师工会邀请，组团赴台湾进行学术交流。10月18日，在南京召开十届二次常务理事会议。12月19日，召开十届二次理事会和2014年度学术年会。江苏省测绘地理信息学会各专业委员会共承办6个学术交流活动。

江苏省测绘地理信息学会、省测绘与地理信息协会、省测绘科技信息站共同主办的《现代测绘》杂志共收到稿件1000多篇，正式出版6期，增刊2期，刊登学术论文200多篇。

**【江苏省测绘地理信息行业协会】**

江苏省测绘地理信息行业协会成立市场自律公约组织，2月13日，江苏省测绘工程院、江苏省基础地理信息中心等10家甲级测绘资质单位在南京签订《测绘地理信息市场自律公约》。至年底，市场自律公约组织有16家成员单位和1家申请单位。组织2014年测绘地理信息行业“诚信单位”评审活动，62家测绘单位获得“诚信单位”称号。自2014年起，“诚信单位”评审活动由2年1次改为1年1次。组织地理信息单位申报中国地理信息产业百强企业，南京市测绘勘察研究院有限公司等5家单位入围。南京市测绘勘察研究院有限公司等4家单位申报中地信地理信息股权基金首期募资。

【江苏省测绘地理信息思想政治工作研究会】

1月，江苏省测绘地理信息思想政治工作研究会召开会长会议。4月，开展《苏测人的中国梦》主题征文活动，共收到征文126篇，评出一等奖5篇、二等奖10篇、三等奖15篇，获奖征文在江苏省测绘地理信息局门户网站上刊载。7月，出版《乐山乐水乐业——苏测人风采优秀征文选》。组织会员单位参加重点课题调研活动并积极申报调研成果，2013年重点课题调研论文《江苏省测绘地理信息行业政工干部队伍建设状况调研》分获省政研会和中国政研会重点课题调研论文优秀论文三等奖，获中国测绘政研会年度优秀论文二等奖。10月，举办第十二届“测绘杯”江苏省定向锦标赛，全省31支代表队、247名运动员参赛。

# 浙江省

## 概况

2014年，浙江省测绘地理信息工作继续保持良好的发展势头，在全国省级测绘地理信息行政主管部门2014年度测绘地理信息工作绩效考核中连续第五年名列全国第一。全年全省测绘地理信息行业单位测绘服务总值达33.64亿元，实现了稳步增长。

第一次全国地理国情普查工作全面启动，按要求完成了数据采集和外业核查工作，深入开展普查成果统计分析试点工作。县级数字城市地理空间框架建设全面铺开，全省所有县（市、区）均完成数字城市地理空间框架建设项目立项工作，并与“天地图”市、县节点建设紧密结合，做到同步推进、同步验收，突出示范应用，在各地数字城市、“智慧城市”建设中发挥了重要的基础支撑作用。

基础测绘计划体制和财政投入机制更加健全，全省各级财政共投入基础测绘经费7.48亿元，比2013年增长48.12%。省、市、县基础测绘年度计划全面完成。按期完成1:1万、1:5000基础地理信息数据快速更新，1:2000、1:500基础地理信息数据必要覆盖更新等项目。海洋测绘工作扎实推进，海洋测绘成果得到广泛应用。

全年共向社会各界提供各种比例尺“4D”成果数据107833幅，提供纸质地形图781幅。浙江省地理空间数据交换和共享平台集成整合了41个省级有关部门和单位的251个大类、1636个图层的地理空间位置信息数据，有效实现了地理信息资源的交换和共享，为各级党委政府、各部门和社会各界提供测绘地理信息成果保障与技术服务。

地理信息产业规模不断扩大，2014年增长率超过25%。浙江省政府办公厅出台《关于进一步推进地理信息产业发展的实施意见》。浙江省地理信息产业园建设取得新进展，10幢产业大楼竣工投入使用，52家省内外知名的地理信息及相关企业入驻园区。

全省各市、县（市、区）测绘地理信息管理部门的机构、职能、人员进一步得到落实。宁波市、桐庐县等5个市、县（市、区）开展行政管理改革试点工作。行政审批制度改革深入推进，省、市、县三级完成权力清单和责任清单的梳理、公开工作。开展测绘地理信息项目备案、地图市场、质量监督、涉密测绘地理信息成果保密等专项检查，进一步规范测绘地理信息市场秩序。

浙江省测绘与地理信息局出台《浙江省测绘与地理信息科学技术成果鉴定办法》和《浙江省测绘与地理信息科技带头人和青年科技骨干管理办法》。加快推进国家测绘地理信息局地理国情监测重点实验室建设。发布《1:500 1:1000 1:2000数字地形图测绘规范》《三维数字地图技术规范》等地方标准。全局共有国土资源部青年学术带头人1人，国家测绘地理信息局青年学术和技术带头人3人，省“151”人才工程第二层次人才1人、第三层次人才1人。

## 重点工作推进

【数字城市和“天地图·浙江”建设应用】

2014年，浙江省所有县（市、区）完成数字城市地理空间框架建设项目的立项工作，54%的县（市、区）级数字城市建设项目通过验收。“智慧宁波”时空信息云平台建设试点项目设计书通过国家测绘地理信息局评审。浙江省将“天地图”市、县级节点建设与数字城市建设紧密结合，做到同步设计、同步建设、同步验收。浙江省省级节点、11个设区市级节点和26个县级节点已接入“天地图”国家主节点，实现互联互通和服务聚合。嘉兴、湖州、金华市全面完成市、县级数字城市和“天地图”市、县节点建设。浙江省通过考核、编制案例、组织培训、多部门联合推动等形式，推进数字城市和“天地图”的推广应用，加大数字城市和“天地图”应用的推广力度。全省基于数字城市和“天地图”的应用系统累计超过600个。在第二届天地图应用开发大赛中，浙江省共获一、二、三等奖22个。

**【地理国情普查】**

8月27日，经浙江省编制委员会办公室批复同意，浙江省地理信息中心加挂“浙江省地理国情监测中心”牌子，建立了地理国情普查和监测常设机构。浙江省积极推进第一次全国地理国情普查工作，围绕省委、省政府的中心工作，结合省级有关部门需求，增加了13项地理省情普查和监测内容，大部分市、县（市、区）结合当地实际，增加了地理市、县（市、区）情普查和监测内容。浙江省地理国情普查领导小组办公室注重与省级有关部门的沟通协调，在严格执行地理国情普查技术规范的基础上，进一步细化普查内容和指标，更好地满足有关部门对普查成果的需求。浙江省测绘与地理信息局联合建设、林业、水利等部门，共同编制省情普查标准和技术规程，联合开展相关专题普查和监测，以及普查成果与专业调查成果的对比分析工作，确保了普查成果的权威可靠。浙江省地理国情普查领导小组办公室依托国家测绘地理信息局地理国情监测重点实验室，联合南京师范大学等高校科研院所，共同开展统计分析评价和报告编制工作，为后续批量、常态化的统计分析评价奠定基础。各级测绘地理信息管理部门围绕省委、省政府“五水共治”（治污水、防洪水、排涝水、保供水、抓节水）、“三改一拆”（改造城区规划内旧住宅区、旧厂区、城中村和拆除违法建筑）、生态功能示范区建设等重大决策部署，及时向有关部门提供第一次地理国情普查中最新卫星航空影像图和水环境、城镇建设、空间开发利用等专题成果。

**【地理信息产业】**

浙江省省委、省政府领导高度重视地理信息产业发展，省长李强、常务副省长袁家军分别在浙江省测绘与地理信息局关于地理信息产业发展情况的报告上作出批示，并相继到浙江省地理信息产业园调研视察，对浙江省地理信息产业发展作出指示。浙江省政府办公厅印发《关于进一步推进地理信息产业发展的实施意见》，明确了省级有关部门推进地理信息产业的职责分工，进一步落实责任。全省地理信息产业加快集聚，浙江省地理信息产业园建设进一步提速，已有10幢产业大楼竣工投入使用，联合国全球地理信息管理德清论坛永久会址已完成规划和设计工作。至年底，有52家省内外知名地理信息及相关企业入驻浙江省地理信息产业园，协议投资金额86.3亿元，其中近一半企业已开始经营活动。随着阿里巴巴等互联网企业的进入和一批民营地理信息企业的成长，浙江省地理信息产业快速发展，产业规模不断扩大，2014年增长率超过25%。

**【浙江省地理空间数据交换和共享平台】**

截至年底，浙江省地理空间数据交换和共享平台已集成整合41个省级有关部门和单位251个大类、1636个图层的地理空间位置信息数据，数据总量35TB。浙江省测绘与地理信息局加大该平台的推广应用力度，该平台已接入用户单位76个，支撑各类应用系统94个，及时发布专题数据服务，全年共为浙江省各级政府部门和社会各界提供144批次、565TB的共享数据分发服务。

**【浙江省信息化测绘创新基地（国家测绘地理信息局东海测绘基地）】**

浙江省信息化测绘创新基地（国家测绘地理信息局东海测绘基地）项目完成施工招投标工作，全面进入施工阶段，已完成地下土建工程，地上设施建设进展顺利。

## 法制建设与市场监管

**【立法工作】**

浙江省测绘与地理信息局制定《浙江省测绘与地理信息科技带头人和青年科技骨干管理办法》《浙江省测绘与地理信息科学技术成果鉴定办法》等4个规范性文件，修订规范性文件《浙江省测绘与地理信息局关于印发〈浙江省测绘资质管理实施细则〉和〈浙江省测绘资质标准〉（调整部分）的通知》。

**【资质管理】**

2014 年，浙江省应参加复审换证的测绘资质单位及测绘质量检验机构 502 家，经审查，489 家准予换证，13 家因未按规定期限提交申请或不符合测绘资质条件，未通过复审。全省新增测绘资质单位（含资质等级升级）131 家，其中乙级 35 家、丙级 63 家、丁级 33 家；注销测绘资质单位 31 家，其中乙级 3 家、丙级 6 家、丁级 22 家。至年底，浙江省共有测绘资质单位 546 家，其中甲级 29 家、乙级 86 家、丙级 143 家、丁级 288 家；民营测绘资质单位 307 家，占全省测绘资质单位总数的 56.23%，比 2013 年增加 40 家。

**【管理体制建设】**

浙江省市、县（市、区）测绘与地理信息管理部门的机构、职能、人员进一步得到落实。宁波市、桐庐县等 5 个市、县（市、区）开展行政管理改革试点工作，积极探索新时期不同地区特点和条件下加强测绘地理信息管理、保障服务的体制机制。浙江省测绘与地理信息局依法取消 3 项行政许可事项，将 6 项行政管理事权、11 项行政处罚权下放给市、县（市、区）测绘与地理信息局，2 项行政管理事权转移给浙江省测绘与地理信息行业协会、学会。省、市、县三级测绘与地理信息管理部门完成了权力清单和责任清单的梳理、公开工作。配合有关部门开展了建设项目审批前置联合测量试点工作。对设区市测绘与地理信息局年度工作进行考核，温州、宁波、嘉兴、金华、衢州 5 市的测绘与地理信息局被评为 2014 年度优秀单位。

**【市场监管】**

浙江省测绘与地理信息局组织开展地图市场、质量监督、涉密测绘地理信息成果保密等专项检查，各级测绘与地理信息管理部门共开展行政执法检查 413 次，开展重大专项执法行动 18 项，发现涉嫌违法行为 22 起，其中，立案调查涉嫌违法案件 14 件，比 2013 年增长 16.67%，作出行政处罚案件 14 件，比 2013 年增长 27.27%。进一步规范测绘地理信息项目管理工作，对全省测绘地理信息项目实行网上备案，开展项目备案专项检查。做好永久性测量标志日常监管工作，开展动态巡查。完成全省 20 家房产测绘单位测绘地理信息成果质量的监督检查。开展全省行政许可和行政处罚案卷评查工作。浙江省测绘与地理信息局在 2014 年度浙江省法治政府建设（依法行政）考评中被评为先进单位。

## 基础测绘

**【体制机制建设】**

浙江省基础测绘计划体制和财政经费投入机制进一步完善，省、市、县三级基础测绘计划全部列入当地政府国民经济和社会发展年度计划，经费全部纳入公共财政预算。全省基础测绘经费投入 7.48 亿元，比 2013 年增长 48.12%，其中，省级基础测绘经费投入 2.8 亿元，市、县（市、区）基础测绘经费投入 4.68 亿元。

**【基础测绘工作】**

浙江省、市、县基础测绘年度计划全面完成。全省 1:1 万、1:5000 基础地理信息数据快速更新，1:2000、1:500 基础地理信息数据必要覆盖更新等项目按期完成。浙江省自然资源与地理空间数据库、北斗地基增强系统等重大项目建设积极推进。全省海洋测绘工作扎实推进，成果得到广泛应用。完成《浙江省基础测绘“十二五”规划》和《浙江省信息化测绘体系建设发展规划》的中期评估。

2014 年，全省测绘地理信息行业单位实现测绘服务总值 33.64 亿元，从业人员达 14965 人。全省测绘行业单位主要设备包括 GPS 接收机 2620 台、全站仪 2373 台、服务器 1091 台、全数字摄影测量系统 331 套、水准仪 1342 台、测深仪 406 台、地下管线仪 335 台、低空无人驾驶航摄飞机 41 架（套）、地理信息应急监测车 5 辆。

## 地图管理与地图服务

**【地图管理】**

2014 年，全省各级测绘与地理信息管理部门审核地图（集、册、幅）152 件计 1451 幅，地球仪 143 个，互联网地图 45 件，图书报纸期刊插附地图 57 件计 186 幅。经审核批准，发放公开出版、展示、登载的地图审核号 297 个，发放国家测绘地理信息局委托审核的地图产品审核号 143 个。针对网络地图、新型地图（集）等加强保密审核，处理测绘地理信息成果脱密 294 批次，数据量达 10.4TB。

**【地图服务】**

2014 年，浙江省测绘与地理信息局共向社会各界提供各种比例尺“4D”成果数据10.78万幅、纸质地形图781幅、大地控制点934个。

【地图出版】

浙江省级和部分市、县（市、区）测绘与地理信息管理部门组织编制了《领导工作用图》，其中《浙江省领导工作用图》获2014年优秀地图作品裴秀奖。编制《图说浙江——杭嘉湖系列》《杭州古民居分布地图》《萧山区地名文化系列地图》等文化休闲类地图，在浙江省测绘与地理信息局门户网站及时更新发布全省导航电子地图，供社会公众免费下载。

## 测绘地理信息成果管理与应用

【服务政府部门】

浙江省各级测绘与地理信息管理部门积极为全省环境功能区规划、海洋开发、“五水共治”、美丽乡村建设等重大项目实施提供基础地理信息和技术服务，确保项目顺利实施。浙江省测绘与地理信息局主动服务“五水共治”重大决策部署，在制作治理“三河”（黑河、臭河、垃圾河）作战地图，开发“五水共治”综合信息服务平台，利用无人机航摄监测“治污水”成效等方面得到省委、省政府的充分肯定。做好国土执法的遥感监测保障，为浙江省地质灾害管理信息系统运维提供地理信息技术支撑。

【应急保障】

浙江省测绘与地理信息局修订应急测绘工作预案，整合全行业资源，进一步完善全省应急测绘工作体制。5月，组织8家行业单位开展低空航摄应急测绘保障、应急数据库出图演练，对全省测绘应急系统进行升级和数据更新。9月，温州（市）文成县发生地震，浙江省测绘与地理信息局及时启动应急测绘预案，组织人员连夜赶制了《文成县地震应急指挥图》《泰顺县地震应急指挥图》等，为有关政府部门掌握震区地理信息状况、防震预警提供服务。

【合作共建】

在签订共建共享协议的基础上，浙江省测绘与地理信息局分别与省民政厅、省农业厅、省环保厅、省水利厅、省林业厅、省电力公司等部门（单位）签订全面深化战略合作协议，使双方的合作提升为业务协同、优势互补、共赢发展，在地理信息数据分工采集和更新维护、技术和装备共享、统一地理信息标准规范、开展项目合作及人才培养、技术交流等方面开展全方位合作。

## 科技、标准化与国际合作

【科技工作】

浙江省测绘与地理信息局制定了《浙江省测绘与地理信息科学技术成果鉴定办法》和《浙江省测绘与地理信息科技带头人和青年科技骨干管理办法》。加快建设国家测绘地理信息局地理国情监测重点实验室。积极支持武汉大学在浙江省地理信息产业园成立技术转移中心，开展产学研合作交流。组织开展的“闸控机载雷达（LIDAR）浑水测深系统的前期研究”被列入浙江省重大科技专项计划。全年全省有15项科技成果获2014年中国测绘地理信息学会测绘科技进步奖，3项科研成果取得国家专利。

【标准化工作】

浙江省测绘与地理信息局积极推进浙江省测绘与地理信息标准化技术委员会的机构建设，加快地方标准制修订工作，发布《1:500 1:1000 1:2000 数字地形图测绘规范》《三维数字地图技术规范》等地方标准，举办了测绘与地理信息标准化基础知识、三维地理信息模型系列标准等培训班。

【人才培养】

2014年，浙江省测绘与地理信息局选拔任用副处级领导干部2名，晋升调研员1名，公开招录事业编制人员10名；建立处级后备干部库，制订和实施后备干部培养方案。选送1名处级干部到温州（市）文成县挂职锻炼，选派局系统13名年轻干部到设区市担任测绘与地理信息工作指导员。举办市、县（市、区）测绘与地理信息局长培训班和全省测绘地理信息新上岗人员法律法规培训班，组织全省300多人次参加涉密测绘地理信息成果管理、地图审核、数字城市、“天地图”建设等专题培训。浙江省测绘行业职业技能鉴定站在全省测绘地理信息行业和高职院校组织5批技能鉴定，225人通过鉴定，其中高级技师2人、技师8人。

【对外合作与交流】

浙江省测绘与地理信息局分别派员随国家测绘地理信息局代表团赴瑞士、美国、英国，参加测绘地理信息研讨及培训。派员随省人力资源和社会保障厅代表团赴新加坡参加短期培训，派员随省发展和改革委员会代表团赴美国参加培训。

## 党的建设与文化建设

**【党建工作】**

浙江省测绘与地理信息局不断深化服务型、创新型基层党组织建设，省地理信息中心党总支第一党支部研发的“社区微心愿综合服务平台”被评为“浙江省十佳党建创新成果”。深入开展“点亮微心愿，共筑中国梦”主题活动，组织局系统399名在职党员认领服务项目342个，开展志愿服务1779人次，为群众办实事132件。启动新一轮结对帮扶工作，制订结对帮扶工作计划，选派农村工作指导员，浙江省测绘与地理信息局被评为“2013—2014省级扶贫结对帮扶工作先进单位”。

**【党的群众路线教育实践活动】**

浙江省测绘与地理信息局根据《党的群众路线教育实践活动整改落实方案》，切实抓好整改落实工作，截至年底，局党委班子“四风”方面存在的42个主要问题全部整改到位，117条整改措施全部落实；局直属6家单位的144项整改任务基本得到整改和落实，共制定整改措施366条。注重以制度建设巩固教育实践活动的成效，局机关共制定、修订19个行政规范性文件和内部管理规定；局直属6家单位修订规章制度50个，制定各项制度规定38个。

**【党风廉政建设】**

浙江省测绘与地理信息局制定《建立健全惩治和预防腐败体系2013—2017年实施细则》。认真贯彻执行中央八项规定和浙江省委“28条办法”“六个严禁”，深入开展“优作风、强服务、促规范”活动，切实改进工作作风，规范公务行为。全年组织4次作风建设巡查，及时发现和纠正问题。支持纪检部门独立开展纪律检查工作，进一步加强对基础测绘、地理国情普查、海洋测绘、浙江省信息化测绘创新基地等重大项目的跟踪监督检查。

**【文化建设】**

浙江省测绘与地理信息局深入开展测绘与地理信息行业创建最美主题活动，局机关1人获“浙江省直机关第三届道德模范”称号。全面实施《浙江省测绘与地理信息文化建设发展规划》，浙江测绘与地理信息科技博物馆、《浙江省测绘与地理信息志》等重大文化项目进展顺利。9月22日，经浙江省编制委员会办公室批复同意，浙江省测绘资料档案馆加挂“浙江测绘与地理信息科技博物馆（筹）”牌子，机构、人员已经到位，资金基本落实，筹建工作全面展开。

## 地方社团工作

**【浙江省测绘与地理信息行业协会】**

4月18日，浙江省测绘与地理信息行业协会召开六届三次理事会，总结2013年工作，布置2014年主要工作。协助浙江省测绘与地理信息局推进市场信用体系建设，完成全省486家测绘资质持证单位信用等级评定工作。8月12日，召开六届二次会员大会。10月19日，在宁波市举办“南方测绘杯”浙江省第八届测绘与地理信息行业职工篮球比赛，20支队伍参赛。全年共举办注册测绘师考前辅导、房产测绘上岗培训、涉密测绘地理信息成果培训、地图内容审查上岗培训等12期，培训1600多人次。新增21家会员单位，会员单位总数达453家。

**【浙江省测绘与地理信息学会】**

6月28日，浙江省测绘与地理信息学会在湖州（市）德清县举办第一届“浙江地信杯”测绘与地理信息职工定向越野赛，29家测绘地理信息单位、53支代表队参赛。7月31日，召开第十届一次理事会，选举产生第十届理事会成员及新任领导班子。举办浙江省县（市、区）数字城市地理空间框架建设运维，“天地图”市、县节点建设与应用，新技术和成果检验技术等多期培训班，累计培训462人次。组织开展浙江省测绘与地理信息科学技术进步奖评选工作，评出一等奖3项、二等奖6项、三等奖11项。出版《浙江测绘与地理信息》期刊4期，发表论文83篇。新发展个人会员96人，批准单位（团体）会员9家。

**【浙江省测绘职工思想政治工作研究会】**

5月19日，浙江省测绘职工思想政治工作研究会召开六届一次理事会暨第十五次年会，总结第五届理事会工作，交流政研成果30篇，选举产生六届常务理事会和新任领导班子。组织会员单位开展课题研究，撰写调研文章，向中国测绘职工思想政治工作研究会推荐研究成果18篇，被授予“优秀组织奖”。被浙江省委组织部、省委宣传部等单位评为“浙江省思想政治工作先进单位”，1人被评为“优秀个人”。

# 安徽省

## 概况

2014 年，安徽省测绘地理信息工作围绕经济和社会发展大局，不断提升服务保障水平。基础测绘任务全面完成，开展安徽省 1:1 万基础地理信息数据库整合升级工作，完成国家基本比例尺地形图生产与更新 44756 幅。安徽省卫星定位综合服务系统（AHCORS）建设顺利进行，编制技术方案，积极申报 AHCORS 的“北斗”兼容改造示范应用。数字城市建设进展顺利，省内 5 个地级市完成数字城市地理空间框架建设，数字县区试点同步展开。“天地图·安徽”建立地图服务监管平台，积极开展专题信息集成建设，自主开发 2 个示范应用系统。地理国情监测服务能力增强，组织无人机组及时完成合肥午季农作物秸秆禁烧动态监测，开展安徽省应急测绘指挥系统的项目研究。完善安徽省第一次地理国情普查工作体制机制，全面推进普查任务进度，强化安徽普查成果质量监管，做好普查宣传工作。安徽省推进地理信息资源共建共享，加强军民融合工作，深化与军方在测绘地理信息应用服务方面的合作。简化全省国家基础测绘地理信息成果资料提供、使用审批的流程，实行审批与分发服务一体化管理。测绘自主创新能力得到提升，在 AHCORS、数字城市、“天地图”建设的应用软件研究方面取得成果，建设安徽省地理国情监测与智慧城市重点实验室，成为安徽省首个“产、学、研”测绘地理信息科技创新平台。测绘地理信息服务保障水平显著提高，2014 年向社会各界提供各种比例尺地形图 2.47 万幅、测绘基准成果点 5301 点（次）、航空航天遥感数据 14921GB，编制各类专题地图 120 多幅。安徽省测绘系统全年生产总值达 2.94 亿元，保持了良好的增长势头。

## 重点工作推进

**【数字城市建设】**

安徽省全年完成 5 个地级市的数字城市地理空间框架建设工作，完成亳州、明光、芜湖县数字城市项目设计的评审工作，数字县域试点工作同步展开。数字滁州、数字六安在原有地理信息公共平台基础上，搭建政务网、公众网平台系统，完成相应基础数据服务的同步拓展。

**【“天地图·安徽”建设】**

安徽省测绘局积极开展数据更新和融合工作，全面更新“天地图·安徽”的线划电子地图服务、影像地图服务的数据，完成黄山市、马鞍山市全市域数据与“天地图”主节点数据的融合工作。维护升级“天地图·安徽”门户网站，采用全新的搜索引擎，优化网站内容和页面布局，提高访问速度。建立地图服务监管平台，启动“天地图·安徽”政务版建设，开发 Android 与 IOS 版应用程序，完善网站功能。

加强“天地图·安徽”的宣传推广和应用，制作完成测绘主题页面和以经济、人口、农业、教育等省情内容为主的主题地图。2014 年，“天地图·安徽”新增安徽省经济普查统计系统、省“三线三边”环境治理系统、省政府网站建设系统和合肥市政府网站 4 项前置服务系统。新建安徽旅游地图、安徽省测绘新闻地图、安徽省测绘地理信息成果目录汇交系统、安徽气象站网管理信息系统 4 个示范应用系统，自主开发去上学、城市记忆 2 个示范应用系统。

**【地理国情普查】**

安徽省制定印发《安徽省第一次地理国情普查实施方案》《安徽省第一次地理国情普查项目管理实施细则》《安徽省第一次地理国情普查专项资金管理实施细则》《安徽省第一次地理国情普查质量管理实施细则》等规章制度，制定完成《安徽省第一次地理国情普查技术设计书》（16 个市），成立安徽省第一次地理国情普查技术支撑组、宣传组等。完成全省 77 个标段的普查项目招投标和普查专项资料收集工作，全年完成内业解译及外业工作底图制作 100%，外业核查 100%，遥感解译样本制作

100%，内业覆盖编辑及整理 96.8%，内业国情要素编辑及整理 96.8%，DEM 精细化 43.8%。

强化安徽普查成果的质量监管，安徽省第一次地理国情普查领导小组办公室全年开展 2 批成果质量监督检查工作，成立巡查组，不定期进行现场巡查督导和驻点指导监查。举办各类普查培训班 10 期，培训 1000 多人，考试合格人员共 806 人。做好普查宣传工作，全年共印发简报 7 期、专刊 1 期，发布新闻 16 条，制作普查宣传地图 8000 份。

## 市场监管

【资质管理】

安徽省国土资源厅组织完成 2014 年测绘资质注册工作，缓期注册 11 家，不予注册 2 家。受理测绘资质申请 34 家，审查批准 29 家。为 26 家测绘资质单位办理法人代表、单位名称和单位地址变更。组织开展 2014 年测绘资质复审换证工作。

【行政执法】

安徽省国土资源厅根据 2013 年测绘涉密成果跟踪检查和地勘行业涉密测绘地理信息成果和地质资料专项检查情况，组织对问题突出的单位进行复查，11 家单位通过复查，5 家单位由于整改落实不到位被列入黑名单并进行全省通报，2 家单位涉嫌失泄密被依法移交省保密行政主管部门。开展测绘地理信息系统行政处罚案卷评查工作。

【信用信息评价】

安徽省国土资源厅完成 470 多家测绘资质单位的地理信息市场信用信息评价工作，并及时进行评定、发布。

## 基础测绘

【计划执行情况】

安徽省组织落实基础测绘 2014 年度计划，全面开展 1:1 万基础地理信息数据库整合升级工作。制定《2014 年基础测绘更新经费预算指标分解表》，细化基础测绘专项经费。全年共完成国家基本比例尺地形图生产与更新 44756 幅。

【现代测绘基准体系建设】

安徽省积极推进 2000 国家大地坐标系的普及使用，推广基础地理信息坐标软件，转换平面点和高程点近 7 万个，完成省级基础地理信息数据成果的坐标转换。

安徽省卫星定位综合服务系统（AHCORS）项目完成省内 8 个国家基准站建设和全国基准站网整体平差计算数据汇交，6 个基准站通过国家测绘基准工程项目部的检验和监理，质量评定为优。安徽省加强对 AHCORS 控制中心、基准站的运行维护和管理，积极申报 AHCORS 的北斗兼容改造示范应用。截至年底，AHCORS 为 200 多家单位和 1000 多个流动站用户注册入网并提供技术服务。

【质量管理】

安徽省开展 2014 年基础测绘地理信息成果质量监督检查工作，制定工作方案和技术方案，抽查全省 16 个市测绘资质单位 79 家，督促整改检查中发现的问题。全年完成测绘产品检验 50 项，检定各类仪器 1900 多台（套）。

## 地图编制

安徽省测绘局编制《安徽经济地图集》《长江三角洲地区地图集》《“三线三边”文明整治工作地图》等各类专题地图（集）30 多幅。完成“一县一图”工程地图制作 95 幅。

## 测绘地理信息成果管理与应用

【测绘资料管理】

安徽省测绘局制定印发《安徽省测绘局测绘成果管理办法》，共完成测绘资料 46032 条案卷的整理和文件录入，扫描整理航片 49050 张。开展测绘地理信息成果、档案数据异地备份系统建设。安徽省基础测绘资料成果服务系统外网上线运行，内网管理系统试运行。

【成果提供】

安徽省测绘局进一步简化测绘地理信息成果资料提供、使用审批程序，实行审批与分发服务一体化管理。向国土、交通、规划、农业等多个行业部门提供各种比例尺地形图 2.47 万幅、测绘基准成果点 5301 点（次）、航空航天遥感数据 14921GB。

【成果开发利用】

安徽省测绘局研发城市空间信息共享平台软件并应用于数字滁州、数字六安和数字黄山的更新项目。依托数字滁州地理信息公共平台，制作完成滁州市国有土地资产管理委员会决策支持系统。参加第二届天地图应用开发大赛，自主研发的去上学、城市记忆示范应用系统分获一、三等奖。

【涉密成果管理】

安徽省测绘局进一步规范和加强涉密成果管理，根据安徽省国家保密局要求，完成局内网络核查和非涉密网络专项检查工作。积极推进涉密信息系统分级保护工作。协助新疆维吾尔自治区测绘地理信息局完成涉密测绘地理信息成果跟踪协查工作，配合安徽省国家保密局完成有关涉密测绘地理信息成果的密级鉴定工作。

【测量标志管理】

安徽省国土资源厅将测量标志管护和普查经费下达到各市、县，确定滁州市为2014年普查市，下发普查方案，年内完成普查工作。因地方城市建设发展需要，依法迁建测量标志3座。

【土地变更调查和美好乡村建设保障服务】

安徽省测绘局完成全省18个县（市、区）2013年度土地变更调查数据库建库、105个县（区）的土地变更调查数据库质量检查和2013年度数据汇总及上报工作。为美好乡村建设规划提供基础地理信息数据，制作全省农村集体土地所有权确权登记发证工作20个试点乡镇的基础图件，完成100多个乡镇的外业调查底图47814张。

【共建共享】

安徽省测绘局与中国人民解放军某部队正式签署战略合作框架协议，双方以“相互支持、优势互补、共建共享、实现共赢”为原则，多层次、多领域开展合作。安徽省第一测绘院与中国人民解放军驻合肥某部队就无人机技术在航测领域应用服务方面的产、学、研签订战略合作协议。

## 科技与国际合作

【科技工作】

安徽省测绘局科技委员会完成2013年度15项科研成果的评审结题工作。开展“基于常用高分辨率卫星遥感影像的建设用地职能提取技术研究项目”研发，为强化土地管理提供技术支持。“安徽省卫星定位综合服务关键技术与系统研制及其应用”和“数字黄山地理空间框架建设”2项成果获2013年安徽省科学技术奖三等奖。与中国科技大学、武汉大学、合肥工业大学合作建设安徽省地理国情监测与智慧城市重点实验室，开展课题研究。

【人才培养】

安徽省测绘局制定印发《安徽省测绘局干部职工教育培训管理办法（试行）》《安徽省测绘局所属事业单位编制外人员聘用及管理暂行办法》。选拔配备局内相关岗位负责人4人，面向社会公开招聘事业单位工作人员10人。组织全局处级、科级干部35人参加全国测绘地理信息系统进修班和省委组织部组织的调学培训。

【合作交流】

安徽省测绘局组织参加国家测绘地理信息局举办的中美地理国情普查监测技术与管理高级研讨班、2014年青年学术和技术带头人培训班。与安徽大学、安徽农业大学就实习基地共建、人才培养合作、科学研究等签订协议，加强学习交流和人才培养。

## 党的建设与文化建设

【党的建设】

安徽省测绘局开展党的群众路线教育实践活动回头看活动，召开活动总结会议，推进整改任务落实。制定印发《安徽省测绘局党委工作规则》《安徽省测绘局工作规则》等规章制度，开展整治会所中的歪风，吃喝风、红包风专项整治等多项整治工作。全年共组织9次党委理论学习中心组学习活动，专题学习党的十八大、十八届四中全会精神，习近平总书记“三严三实”要求和中纪委三次全会，省纪委四次全会精神。制定印发《安徽省测绘局2014年党风廉政建设与反腐败工作要点》，严格党员干部的监督管理。

【文化建设】

安徽省测绘局完成《安徽省志・测绘志》组稿工作并通过省地方志办公室组织的专家组评审。组队参加全国测绘地理信息系统第三届“中色杯”羽毛球比赛。举办老干部书画摄影展、春节文体活动等，丰富干部职工的文化生活。

## 地方社团工作

安徽省测绘学会调整常务理事13人、理事6人，发展团体会员单位14家。至年底，团体会员单位共190多家，会员近5000人。被中国测绘地理信息学会评为“省级测绘地理信息学会能力提升建设、承接政府转移职能突出工作典型”。

安徽省测绘学会承办第十六届华东六省一市测绘学术交流会，公开出版《华东六省一市测绘学会学术交流会优秀论文专刊》。组织召开安徽省国土资源厅科技奖励（测绘地理信息领域）评审会，共评出科技进步奖一等奖2项、二等奖2项，项目质量优秀奖一等奖4项、二等奖12项、三等奖21项。《安徽测绘》杂志通过年检，全年编辑印刷3期，发行3900册。

# 福建省

## 概况

2014年，福建省全力推进第一次全国地理国情普查工作，完成全省陆域12.3万平方千米外业底图制作、内业解译和外业核查工作；完成内业编辑整理12.1万平方千米、“两级检查”11.6万平方千米。进一步丰富基础地理信息数据，采购并处理城市规划建设用地区域高分辨率（优于1米）卫星影像5084平方千米，应用机载激光雷达获取航摄影像2.6万平方千米，购置处理卫星影像174景。更新编纂《福建省情地图集》。加快数字城市地理空间框架建设，数字福州通过国家测绘地理信息局组织的验收，数字漳州地理空间框架通过福建省测绘地理信息局预验收。启动12个数字县域地理空间框架建设。更新“天地图·福建”影像数据3次，其中更新中分辨率影像11.98万平方千米，实现0.5米高分辨率影像全省覆盖，利用“天地图·福建”数据开发8个应用示范系统，“天地图·福建”平台功能更加丰富，应用更加广泛。申报国家及省级科研项目11项，其中5项获批立项。开展省级行政审批权清理，梳理行政权力85项，对保留的7项省级行政审批事项制定服务标准，并取消兜底性条款。

## 重点工作推进

**【数字城市建设】**

1月25日，福建省政府印发《2014年数字福建工作要点》（闽政〔2014〕4号），提出建设卫星应用公共服务平台，由福建省测绘地理信息局负责连续运行卫星定位服务系统（FJCORS）北斗化改造，建设全省统一地名地址数据库，完善地理信息公共平台。“智慧城市时空信息云服务平台建设”被列入《“十三五”数字福建专项规划》前期重大研究课题。

福建省加强对已完成数字城市地理空间框架成果的推广应用，数字泉州地理空间框架对接泉州（市）水利部门的水利和自来水应用系统，数字龙岩地理空间框架对接龙岩市计生委的人口普查系统，数字三明地理空间框架对接三明市环保局的环保工人管理系统，数字南平地理空间框架对接南平市群测群防地灾信息采集和信息管理系统等3个应用系统。数字福州地理空间框架建设完成并通过国家测绘地理信息局验收；数字漳州地理空间框架主要建设任务完成，通过福建省测绘地理信息局的预验收；数字厦门地理空间框架完成政务平台建设；数字宁德地理空间框架完成中小比例尺数据融合生产、地理信息公共平台建设等工作。

福建省数字县域地理空间框架建设加快推进。7月，省测绘地理信息局在永春县召开数字县域现场会，宣传推介数字县域地理空间框架建设。10月16日，副省长洪捷序到省测绘地理信息局调研，要求全面推进数字县域地理空间框架建设，在“十三五”期间全面完成全省数字县域建设工作。福州（市）政府办公厅印发《关于全面推进全市县域数字城市地理空间框架建设工作的通知》（榕政办〔2014〕135号）。数字永定、数字永春地理空间框架建设完成并通过福建省测绘地理信息局验收；数字晋江地理空间框架建设完成平台建设，以及晋江市便民地图网开发和移动执法监察系统对接，为晋江公安局网格化管理平台对接提供技术服务；数字尤溪、数字明溪地理空间框架建设完成项目设计书编写、专家评审与报批工作。国务院批准南平市区划调整，南平建阳市改为建阳区，南平市将数字地理空间框架建设项目更名为数字南平·建阳地理空间框架建设项目，数字建阳地理空间框架建设项目作为数字南平地理空间框架建设项目的组成部分，按数字城市模式设计，并按要求与数字南平地理空间框架建设项目对接。数字武夷山地理空间框架建设完成项目设计书编制，并通过项目评审；古田、上杭、福清等12个县（市、区）数字县域地理空间框架建设通过福建省测绘地理信息局的批复立项。

**【“天地图·福建”建设】**

福建省测绘地理信息局加强“天地图·福建”平台建设，对“天地图·福建”网站进行升级改版，进一步优化结构、丰富内容。更新“天地图·福建”平台影像底图数据3次，平台核心要素及矢量电子地图等数据1次。加强“天地图·福建”平台成果开发应用，开发福建省地价一张图查询系统、省民政防灾减灾专题图、省测绘资质单位查询系统等8个应用示范系统；对接福建省水资源管理系统、智能交通实时路况服务平台、台江区网格社会服务、台江区数字消防管理系统；完成福建省水利厅、人民防空办公室前置服务的部署；完成福州（市）小学划片查询系统数据更新。推进资源共享，收集福建省民政厅地名数据，宁德、永春公共地理框架数据及福州影像数据。加强“天地图·福建”宣传，在福建卫视以“‘天地图·福建’：福建人自己的地图网站”为题进行专题报道，在《福建日报》刊登2篇专题报道。举办首届“天地图·福建”应用开发大赛，空缺一等奖，评选出二等奖1件、三等奖2件、优秀奖4件。选送“无障碍爱心地图”“福建省地价一张图”2个项目参加第二届天地图应用开发大赛。在国家测绘地理信息局组织的测评中，“天地图·福建”总居全国第三。

**【地理国情普查】**

福建省第一次全国地理国情普查工作完成全省4688幅数字正射影像图制作。全面开展普查数据采集工作，选择6家承担单位，共626人参与普查作业。完成普查外业底图制作、内业解译、外业调查核查12.3万平方千米，普查内业编辑整理12.1万平方千米，“两级检查”11.6万平方千米。根据厦门试点普查成果，结合行业专题数据，开展综合统计分析，形成厦门市交通发展指数、生态环境情况及翔安区医疗分布专题统计分析成果。坚持“边普查、边监测、边应用”原则，制订《福建省监测总体方案》。结合厦门“两违”（违法占地、违法建设行为）拆除治理工作，应用遥感影像资料成果，开展厦门市建成区变化动态监测。福建省基础地理信息中心和三明市水土保持办公室合作，利用遥感影像资料开展三明市水土流失监测，为城市发展和生态文明建设提供决策依据。

印发《关于加强普查安全生产和资料保密工作的通知》和《关于加强福建省第一次全国地理国情普查安全保密工作的通知》。6月，在福州、厦门组织举办4期保密教育培训班，783人参加。9月，召开全省第一次全国地理国情普查技术质量工作会。

**【地理信息产业】**

12月29日，福建省测绘地理信息局印发《福建省测绘地理信息局关于促进地理信息产业发展意见》。编写《福建省2013年测绘地理信息行业发展综述》。

## 法制建设与市场监督

**【依法行政】**

福建省测绘地理信息局按照省政府部署，开展规范性文件清理，向社会公布现行有效的规范性文件43件。推进行政审批服务标准化管理，对保留的7项省级行政审批事项逐项开展行政审批服务标准制定，取消兜底性条款。完善重大行政决策制度，出台《福建省测绘地理信息局重大行政决策暂行规定》《福建省测绘地理信息局工作规则》。

**【行政审批权清理】**

福建省测绘地理信息局开展省级行政审批权清理，梳理行政权力85项，其中行政许可7项、非行政许可审批3项、行政处罚60项、行政征收4项、行政给付1项、行政监测检查5项、其他行政权力事项5项，依法向社会公开。

**【市场监管】**

福建省测绘地理信息局根据《福建省工商登记改革后续市场监管工作方案》，出台《福建省测绘地理信息局工商登记制度改革后续市场监管实施办法（试行）》。对7家省外测绘地理信息单位进行测绘资质备案，并约谈1家。开展涉密地图产品进出口监管和互联网地图活动检查，查处2起“问题地图”案件，没收“问题地图”4460件，涉案价值5050美元。

**【资质管理】**

截至年底，福建省有测绘资质单位441家，全部列入复审换证范围。完成资质复审换证单位134家，其中甲级单位25家、乙级以下测绘单位109

家。在复审换证中，经测绘单位申请和主管部门审查，获得资质升级批准单位8家。

【法制宣传】

福建省在“8·29”测绘法宣传日以“发展地理信息产业，地图服务大众生活”为主题，向群众宣传测绘地理信息法律、法规知识，普及依法用图、依法测绘的理念。宣传日当天，发放《中华人民共和国测绘法》《福建省测绘条例》《国家版图知识》《数字城市建设》《地理国情普查》等宣传材料2万多份，发送手机短信10万多条。福建电视台等省内新闻媒体对测绘法宣传活动进行现场采访和报道。

## 基础测绘

【国家基础测绘】

“福建省1:1万基础地理信息数据库整合升级”项目全面完成。“长汀县水土流失监测管理三维地理信息系统”通过国家测绘地理信息局验收。“永定县新农村建设测绘保障服务示范项目”总体实施方案通过国家测绘地理信息局批复，并完成项目建设任务。完成7个GNSS连续运行基准站新建站高程属性测量，协助国家测绘地理信息局开展国家GNSS连续运行基准站建设工程质量检查与监理。

【省级基础测绘】

福建省测绘地理信息局加强海洋基础测绘，制定海洋基础地理信息数据库数据建库技术规定，开发海洋基础地理信息数据库管理系统，完成已生产海洋基础地理信息数据的试入库。获取闽江口1:1万水下地形数据470平方千米；运用机载激光雷达获取“六江两溪”影像2.6万平方千米；采购并处理卫星影像174景，获取高分辨率卫星影像5084平方千米。完成1:1万DLG历史数据向2000国家大地坐标系转换工作，确定市县大比例尺基础地理信息数据2000国家大地坐标系转换技术路线。更新编纂《福建省情地图集》。

【市县基础测绘】

福州（市）投入258万元开展基础航空摄影及数据处理。泉州（市）完成规划区450平方千米三等水准测量。南平市开展全市2.63万平方千米似大地水准面精化，制作南平市规划区600平方千米1:2000 DOM。三明市完成全市域C级网加密联测和大地水准面精化项目建设，完成三明市区大比例尺数字地形图修补测。莆田全面完成高精度三维控制网复测，完成全市大比例尺数字地形图测绘项目，开展全市正射影像图制作。宁德市加强新农村测绘保障服务，组织实施12个行政村1:1000地形图测制，福鼎市投入136万元开展城镇地籍调查基础测绘。

【农村土地确权测绘】

4月11日，福建省政府召开现代农业流动现场会，副省长陈荣凯要求，加快农村土地承包经营权确权登记颁证进度，由福建省测绘地理信息局负责做好1:1000航拍底图指导工作。福建省测绘地理信息局印发《关于做好农村土地承包经营权确权登记颁证测绘保障服务工作的通知》，要求各设区市国土资源局加强测绘地理信息成果共建共享，做好农村土地承包经营权确权登记颁证测绘地理信息技术支持与测绘项目的监督管理。

【福建省连续运行卫星定位服务系统】

福建省连续运行卫星定位服务系统（FJCORS）控制中心接入参考站（基准站）85座，其中实现参与计算并提供服务的站点74个。福建省连续运行卫星定位服务系统审批用户246家，发放注册账号1120个，审批的用户同比增长53%，发放的账号同比增长93.4%。

【质量监督】

福建省测绘地理信息局编制《福建省测绘地理信息成果质量监督检验管理实施办法》，委托省测绘产品质量监督检验站完成省级基础测绘项目验收45个，主要包括2013年度基础地理信息数据库建设、福建省1:1万DLG数据整合处理、《福建省情地图集》更新等项目。2014年，福建省测绘产品质量监督检验站开展市场委托测绘产品检验201项，主要包括台商投资区1:500地形图修补测项目、数字永定地理空间框架建设1:1000地形图测绘及地名地址采集、平潭综合实验区基础地理信息数据建库等。

【计量检定】

7月15日，福建省质量技术监督局发布《测绘行业专用钢卷尺检定规程》，于10月15日正式实施。全年福建省测绘计量检定站检定各类仪器5729台，同比增长16%。

## 地图管理与地图服务

【地图出版】

福建省制图院编制《福建省情地图集》《福建省公路交通图册》《三明市地图册》等图册（图

集)，修编《福州（市）地图册》《厦门市地图册》及各设区市系列交通旅游图和办公挂图，新编厦门、泉州、漳州等地城区办公挂图。

**【地图审核】**

福建省测绘地理信息局完成地图审核116项，其中网络电子地图项目9项、纸质地图107项。经审定，107项产品合格、9项不合格。

**【地图公共服务】**

2014年，福建省测绘地理信息局共提供地图服务204项，提供领导工作用图及办公挂图3870幅。联合省委办公厅为在古田召开的全军政治思路工作会议编制会议用图1000多份；为中央领导在福建考察提供福建省《重点区域产业发展图》及《平潭地图》等；为省发展和改革委员会编制能源、交通等各类地图900多幅；为省经济和信息经济委员会、国有资产监督管理委员会编制《福建省原材料工业重点布局图》《龙头企业分布图》《福建省属骨干企业分布图》《中央企业在闽主要产业分布图》等各类地图200多份。

## 测绘地理信息成果管理与应用

**【成果汇交】**

2014年，福建省基础地理信息中心接收资料文档504本（其中技术文档338本、图历簿77本、加密成果89本）、地图集6本、专题图15幅、调绘片686片、控制片1368片、加密片1233片、航片34476片。接收数据档案103批次，其中“4D”数据档案资料59750幅、卫星遥感影像资料2176景（其中高分辨率影像877景、中分辨率影像751景、低分辨率影像548景）、航片数据38652片。

**【成果分发服务】**

2014年，福建省基础地理信息中心向175家单位提供测绘地理信息成果分发服务，向1360人次提供咨询服务，交付866单次，签订数据使用协议260份。提供模拟图及“4D”等成果共46878张，数据量3.57 TB（模拟图1733幅、2413张，“4D”成果15101幅、38855张，村庄规划大比例数据5610幅、5610张）；各类卫星影像282.1万平方千米，数据量3.88TB；航摄影像23465片、5.7万平方千米，数据量6.56TB；大地控制点935点。其中，无偿提供“4D”数据13961幅、35698张、数据量3.46TB，占为社会提供“4D”数据总量的91.9%；无偿提供各类卫星影像196.2万平方千米、数据量2.43TB。

**【成果开发】**

福建省基础地理信息中心为交通、水利、气象、地震、民政等行业开发10多个应用系统，为永春县政府开发永春县美丽乡村服务网，为厦门海关开发海关电子监管地图应用系统等。

**【国土服务】**

5月20日，福建省测绘地理信息局印发《关于测绘地理信息服务国土资源管理工作的意见》，从成果保障服务、技术、人才支撑等6个方面加强国土资源管理服务，成立服务国土资源管理工作领导小组。福建省基础地理信息中心为省国土资源厅开发福建省地价一张图查询系统，实现土地出让网上公开；与省国土资源厅信息中心合作开发福建省旧村复垦和城乡建设用地增减挂钩管理系统，实现旧村复垦项目申报、实施和验收全过程的监控管理；为漳州、永春、南平等地国土资源管理部门提供地灾管理信息服务、三维地理信息服务、土地收储信息的技术支持服务。

**【应急保障】**

福建省测绘地理信息局印发《地震应急预案》。购置全景移动测量系统、外业更新采集车辆和彩色宽幅激光高速打印系统，购置2套八旋翼无人机用于拍摄应急高清视频，建设了应急测绘卫星通信站。加大地理信息成果开发应用，开发防灾减灾专题地图、重大危险源监控系统。参加省政府组织的“闽动-2014”灾害紧急救援队联动演练，实时将现场画面传输至前线指挥部和国家地震局。

## 科技与标准化工作

**【科技项目】**

2014年，福建省测绘地理信息局系统共申报各类科研项目34项，其中国家测绘地理信息局公益性行业科研专项2项，“智慧管网安全运营监测预警关键技术”已进行立项前公示；国家自然科学基金2项，其中“海西地区气候变化与土壤侵蚀的树轮记录研究”项目获批立项；国家高分辨率对地观测系统应用专项2项，均获立项；省科技计划项目5项；各直属各单位申报2015年福建省测绘地理信息局科技创新项目23项，其中15个获立项。2013年申报的福建省自然科学基金项目“基于GIS技术的交通实时路况服务平台关键技术研究”和省科技重点项目“福建省应急地理信息服务平台关键技术研究”已获立项。

【获奖情况】

福建省测绘地理信息局组织5个项目申报2014年中国地理信息科技进步奖，1个项目获二等奖，3个项目获三等奖。“地理要素变化监测与管理系统”“福建省无障碍设施地图服务系统”等4个软件系统获得国家版权局授予的软件著作权。福建省基础地理信息中心主任袁存忠获第六届福建紫金科技创新奖。

【创新平台建设】

福建省基础地理信息中心加盟北斗导航与智慧交通协同创新中心。参与申报的“福建省测绘地理信息产业技术公共服务平台建设”获福建省科技厅批准立项。

【标准化建设】

福建省测绘地理信息局组织完成2个地方标准、1个计量标准草案的编写。《测绘行业专用钢卷尺检定规程》由福建省质量技术监督局发布实施。《福建省1:500 1:1000 1:2000基础数字地形图测绘规范》《三维地理信息系统技术规范》草案通过福建省质量技术监督局组织的评审。申报《福建省电子地图数据规范》《福建省电子地图制作规程》和《卫星定位高程测量规范》3个地方标准，其中《福建省电子地图数据规范》获立项。

【人才培养】

福建省测绘地理信息局加强青年学术和技术带头人培养和管理，安排27人参加国家测绘地理信息局及福建省组织的培训。组织3期全省测绘地理信息行业专业技术人员继续教育培训班，1249人参加。完成局直属各单位266名专业技术人员的教育培训。开展2期全省涉密测绘地理信息成果专管员培训，340人参加。完成全省测绘地理信息专业技术人员初、中、高级职称申报和评审工作，共申报229人，通过评审185人。福建省第一次全国地理国情普查领导小组办公室与省总工会联合印发通知，开展福建省第一次全国地理国情普查劳动竞赛。

## 党的建设与精神文明建设

【党的建设】

福建省测绘地理信息局认真学习党的十八届三中、四中全会精神，习近平总书记系列讲话和到福建考察期间的重要讲话。邀请省委党校专家为全局党员干部解读党的十八届四中全会精神。

【廉政建设】

福建省测绘地理信息局党组制定印发《领导班子突出问题整改方案》《开展“四风”突出问题专项整治工作方案》和《制度建设计划》。开展党的群众路线教育实践活动整改落实情况“回头看”工作和专项自查自纠活动。开展党员领导干部警示教育活动，组织2批次52名党员领导干部前往省反腐倡廉警示教育基地（榕城监狱）参观违反中央八项规定典型问题展。

【精神文明建设】

福建省测绘地理信息局学习贯彻《福建省机关效能建设工作条例》，组织322人参加《福建省机关效能建设工作条例》网络问答。开展“文明餐桌”、办公室节水节电节纸“三节约”等活动。举办第五届读书节活动。开展第三届全民健身系列运动会，举办羽毛球、乒乓球等比赛。组织“为生命接力”义务献血活动，33名干部职工共献血9800毫升。通过第十二届（2012—2014年度）省级文明单位创建的考评验收。全省测绘地理信息系统2篇论文获2013年中国测绘职工思想政治工作研究会重点课题调研三等奖。2人获省“五一劳动奖章”，1个单位获省“五四青年奖章集体”称号，1人获省“五四青年奖章”称号。

## 地方社团工作

【学会换届】

12月24日，福建省测绘学会在福州召开第八次会员代表大会，测绘学会理事长作第七届测绘学会理事会工作报告，选举产生第八届理事会、常务理事会。

【学术交流】

5月15日，福建省测绘学会、北京超图软件股份有限公司在福州联合召开2014 SuperMap GIS自主创新与应用研讨会。5月25日，福建省测绘学会、闽江学院共同举办“2014福建测绘·地理·空间信息”学术论坛。9月20日，福建省科学技术协会第十四届学术年会分会场暨福建省测绘学会学术年会在福州召开，中国工程院院士郭仁忠作年会主题报告。

【海峡测绘技术交流研讨会】

4月16日，福建、江苏、浙江、安徽、江西测绘（测绘地理信息）学会和台湾省测量技师公会、中国测量工程学会等单位30多名代表在福州召开海峡测绘技术交流研讨会筹备会。会议决定，“海峡测绘技术交流研讨会”将于2015年开始，每年在大陆华东地区和台湾地区各举办1次。

【奖项评选】

福建省测绘学会开展2014年福建省测绘地理信息工程奖和测绘地理信息科学技术奖评选，评选出优秀测绘地理信息工程奖18项，其中一等奖3项、二等奖4项、三等奖11项；评选出测绘地理信息科技进步奖11项，其中一等奖1项、二等奖2项、三等奖8项。省地理信息中心主任袁存忠获夏坚白测绘事业创业与科技创新奖和省科学技术协会第六届紫金科技创新奖。

【测绘科普与咨询】

在全国科普日当天，福建省测绘学会在省农林大学校区开展科普宣传，展示测绘地理信息科普挂图，开展科技咨询，发放测绘地理信息科普资料5000多份。积极参加福建省科学技术协会设立的科技思想库研究项目，承担“福建省地理信息产业发展研究”的决策咨询和调查研究课题。组织专家撰写《福建省海洋测绘学科发展研究报告》。

# 江西省

## 概况

2014年，江西省高度重视测绘地理信息工作，省委书记强卫3次作出重要批示，省长鹿心社，省委副书记、常务副省长莫建成多次听取工作汇报，作出指示批示，并到省测绘地理信息创新基地调研。江西省测绘地理信息局紧密围绕省委、省政府“发展升级、小康提速、绿色崛起、实干兴赣”十六字方针，积极主动服务好鄱阳湖生态经济区建设、赣南等原中央苏区振兴发展2个国家战略，服务南昌核心增长极和昌九一体化发展战略。各项工作成效显著，在全国省级测绘地理信息行政主管部门2014年度测绘地理信息工作绩效考核中蝉联第二名。江西省测绘地理信息局获省直机关党的工作优秀单位、全省社会管理综合治理目标管理先进单位及全省平安单位等称号，保持省直文明单位八连冠、省级文明单位三连冠、全国文明单位两连冠。

## 重点工作推进

【数字城市建设】

江西全省11个设区市全部开展数字城市建设工作，其中新余、宜春、萍乡、上饶、吉安、景德镇6个设区市已通过验收。县级数字城市建设取得重大进展，数字井冈山通过国家测绘地理信息局验收，婺源、瑞金、万安、永新、铅山等县（市）有序推进。南昌、新余2市启动智慧城市试点建设工作。江西省测绘地理信息局在上饶举办全省数字城市建设、应用及运维会。与联通江西分公司达成合作协议，共同推动智慧城市建设与应用。

【“天地图·江西”建设】

江西省测绘地理信息局组织完成省级地理信息公共服务平台建设，3月，召开全省地理信息公共服务平台开通暨应用推广会。该平台是全省统一、标准的电子“一张图”，已在地税、地震、公安、国土等20多个部门应用。“天地图·江西”已在全省13个部门的21个系统中得到应用，全年点击量超过1000万次。吉安、上饶等多个市、县级节点实现与国家主节点互联互通。江西省成立省级天地图科技有限公司，设立了国家“天地图”南昌数据中心，推进了“天地图”市场化运营。

【地理国情普查】

2014年，江西省落实地理国情普查专项经费1.45亿元。全省100个县（市、区）地理国情普查工作全面铺开，举办普查管理、生产技术及质量管理培训班13期，培训人员2000多人次。邀请相邻6省商谈普查界线接边事宜。在国家普查任务基础上增加具有江西特色的3项普查，自主开发了3套系统。与省总工会联合开展普查劳动竞赛，向全省普查单位发出倡议。

【地理信息产业】

江西省政府印发《关于促进地理信息产业发展的实施意见》，在区域优势明显的省会城市开工建设占地面积350亩、投资总额约20亿元的中国中部地理信息科技产业园，规划设计方案已完成。与12家地理信息企业举行签约仪式。局属单位自筹资金建设的省测绘地理信息产业创新基地正式启用，占地4.1万多平方米。在井冈山开展省基础地理信息数据异地备份中心建设，主体建筑工程已于7月封顶。

【机构建设】

在江西省事业单位分类改革中，江西省测绘地理信息局机关拟确定为行政机构，局属7家单位拟认定为公益一类事业单位，1家单位拟认定为公益二类事业单位。解决了1名副巡视员，在建局以来尚属首例。对局属单位领导班子副职进行轮岗交流，交流人员占副职总人数的30%。

## 法制建设与市场监管

【立法工作】

江西省测绘地理信息局配合做好《江西省地理信息公共服务管理办法》立法工作，协助省法制办公室召开部门协调会、专家论证会，编印《〈江西省地理信息公共服务管理办法〉立法依据及参阅资料汇编》，协同省法制办公室多次对该办法进行修改。修订印发《江西省〈测绘资质管理规定〉和〈测绘资质分级标准〉实施办法》，自9月1日起施行。

【行政执法】

4月，江西省测绘地理信息局组织有行政执法权及监督权的部门，对有关执法活动整合情况、执法层级精简情况、自由裁量权及规范执法行为情况、行政审批有关情况、以及执法主体及职能整合情况等进行自查自纠。完成《测绘行政执法证》注册工作；为25人配发《测绘行政执法证》。组织3人参加国家测绘地理信息局举办的省级行政执法人员岗位培训。派员参加国家测绘地理信息局举办的测绘地理信息行政执法信息系统推广应用培训班。开展全省行政执法人员统计和新版《测绘地理信息行政执法证》申领工作。

【依法行政】

江西省测绘地理信息局对负责实施的行政许可、非行政许可审批、资格资质认定、收费、备案、行政机关内部审批项目等开展自查清理，保留建立相对独立的平面坐标系统审批、从事测绘活动的单位乙、丙、丁级测绘资质审批等6项行政许可事项，下放永久性测量标志拆迁审批、测绘计量检定人员资格认定2项行政许可事项，并及时做好与各设区市的衔接。通过局门户网站向社会公开保留的6项行政审批事项目录，重新绘制审批事项流程图并在局门户网站公布，按省政府法制办公室要求对保留的审批事项进行流程再造。

根据省发展和改革委员会关于网上审批系统建设工作要求，积极做好对接，将乙、丙、丁级测绘资质审批纳入全省统一的网上审批系统，在不影响保密的前提下将建立相对独立的平面坐标系统审批纳入全省统一的网上审批系统；对外提供属于国家秘密的测绘成果审批等其他4项行政审批事项因涉密原因不纳入网上审批。

【普法宣传】

“8·29”测绘法宣传日期间，江西省各地围绕“发展地理信息产业，地图服务大众生活”宣传主题举行形式多样的宣传活动。省委副书记、常务副省长莫建成一行参加了在省测绘地理信息创新基地举行的相关活动。8月29日，全省各级测绘地理信息行政管理部门和测绘地理信息单位共悬挂宣传横幅600多条，设立宣传点80多个，摆设宣传展板200多块，发放宣传资料2万多份，发送宣传短信5万多条，开辟宣传专栏57个，张贴宣传标语500多条，为群众提供咨询服务7000多人次。

## 基础测绘

【基础测绘管理】

江西省测绘地理信息局积极参与国家现代基准建设，完成江西境内4个新建基准站的土建工作，开始进行设备安装及调试工作，9个改造站也全部按要求完成。推广2000国家大地坐标系，开展数字城市地理空间框架建设的11个市和4个县全部采用2000国家大地坐标系。完成省级1:1万基础地理信息数据库整合升级，安排1392幅第三代1:1万地形图测制与更新，增加覆盖区域，及时更新维护数据库，提高现势性。按照1:5万基础地理信息数据库动态更新要求，积极联系各设区市测绘地理信息行政管理部门协助收集资料。完成本区域1:5万基础地理信息数据库动态更新成果的外业抽查。

**【航空航天遥感影像获取与应用】**

在国家测绘地理信息局的支持下，江西省测绘地理信息局2014年度安排鄱阳湖区域LiDRA航空摄影。该资料全部用于鄱阳湖区域DEM/DSM生产及部分区域的数据分类和地形三维模型制作，航摄资料使用率达100%。江西省安排312.62万元用于获取5800平方千米鄱阳湖区域0.2米分辨率航空影像，并根据地理国情普查工作的需要，安排124.4万元用于购买12908平方千米0.5米分辨率的卫星影像。免费提供最新影像数据给四川测绘地理信息局用于国家1:5万基础地理信息数据库更新工程。

## 地图管理与地图服务

**【地图管理】**

江西省测绘地理信息局依法做好地图审核与备案工作，全年共审查46批次纸质地图和1批次电子地图，其中20个批次的地图已完成备案。

**【地图市场监管】**

江西省测绘地理信息局召开全省测绘地理信息与地图管理工作会，探讨地图（含地图导航定位产品）市场的主要问题、地图质量现状以及如何改进地图管理工作。加强互联网地理信息监管，6月，利用互联网地理信息监管系统发现涉嫌“问题地图”网站367个，已排除“问题地图”网站132个，已签收53个（其中完成31个网站地理信息内容检定工作），移交外省2个。重点对九大地图门户网站（51地图、百度地图、City8街景地图、谷歌地图、高德地图、图吧地图、新浪地图、腾讯地图、雅虎地图）的POI（兴趣点）信息开展搜索，涉及江西省的POI信息共有29990个，对其中有疑问的33个进行研判分析。

**【地图服务】**

江西省测绘地理信息局组织更新制作《江西省地图》《南昌市地图》《江西省交通图》和全省公众版影像地图等。为省领导提供200多张江西、南昌交通旅游图，更新了原有的IPAD版领导工作用图。为省领导出访活动制作《海南省地图》，美国波士顿、洛杉矶等城市的纸制、布制地图。为省领导提供和更新灯箱地图。

与中国地图出版集团、国家基础地理信息中心建立地图共享与服务机制，共同开发领导用图。及时推出新版江西铁路、公路图，昌九一体化区域影像图等系列地图，在局门户网站进行更新发布，提供免费下载服务。

**【国家版图意识宣传教育】**

江西省测绘地理信息局联合省政府新闻办公室、省外事侨务办公室、省教育厅等12家单位召开省国家版图意识宣传教育和地图市场监管工作联席会议，制定2014年国家版图意识宣传教育和地图市场监管工作要点及地图市场重点监管工作实施方案。开展“美丽中国”第二届全国国家版图知识进校园活动。与省教育厅在南昌市育新学校举办“美丽中国”国家版图知识教育示范活动，各设区市测绘行政管理部门组织了“问题地图“专项治理活动。

## 测绘地理信息成果管理与应用

**【成果汇交】**

江西省测绘地理信息局起草《地理信息资料汇交和共享管理办法》（初稿）。全年共收到16家单位汇交的测绘地理信息成果目录135项、副本11项，在局门户网站和省测绘成果分发服务系统公布。将成果汇交和发布情况列入各市年度考核，各设区市测绘地理信息行政主管部门对市级基础测绘成果以基础测绘成果覆盖图、成果目录等形式进行网上公布。测绘地理信息成果汇交制度已纳入资质单位年度注册及复审换证信用平台体系。落实测绘成果分发服务系统建设经费350万元，该系统完工并正式投入使用。

**【档案管理】**

江西省测绘地理信息局组织编制《江西省测绘成果档案管理制度汇编本》，测绘地理信息成果资料的归档工作纳入局基础测绘生产、科研计划，档案管理经费纳入预算。

**【测量标志管理】**

江西省测绘地理信息局将每年100万元的测量标志维护和保护经费列入省财政预算（纳入基数管理），依法为属于重点保护测量标志点办理有关用地审批和土地登记手续。按有偿委托保管的原则，明确委托保管手续，发放保管津贴。制作《测量标志保护巡查手册》，对测量标志实行信息化管理，建立测量标志动态跟踪、巡查、报告制度。安排10万元经费建立景观标志点，加强对测量标志的宣传。

**【应急保障】**

江西省测绘地理信息局制定《江西省测绘应急保障预案》和应急保障工作流程，组成测绘应急快速反应队伍，与省突发公共事件应急委员会办公室联合制定应急演练方案。购置地理信息应急监测车、移动测量车、数字航摄仪等测绘地理信息技术装备，法国像素工厂等专业软件系统，加强多传感平台的地理信息数据获取能力、自动化地理信息数据处理能力、海量地理信息存储管理能力。开展应急数据储备和应急演练，探索建立多部门应急联动机制。为鄱阳湖重点区域综合治理集中行动会议赶制《鄱阳湖重点区域综合治理专题地图册》。

## 科技与国际合作

**【科技创新】**

江西省测绘地理信息局实施江西连续运行参考站改造升级工作，增加北斗定位导航功能，为全省终端客户提供实时、高精度的北斗导航定位及通信服务。与江西师范大学、东华理工大学联合成立国家测绘地理信息局流域生态与地理环境监测重点实验室，与武汉大学龚健雅院士团队合作的科研项目“卫星遥感与地面传感网一体化的湖泊流域地理国情监测关键技术研究”成功申报国家公益性行业科研专项，通过集聚优势科研力量，实现产学研用的有效结合。

**【合作交流】**

江西省测绘地理信息局组织6人赴西班牙测量委员协会和意大利测量师学院进行技术交流与学习。10月，与省科学技术协会、东南亚测绘协会联合主办沧海论坛——地理信息技术应用学术研讨会。省测绘协会组织10人赴台湾进行测绘技术考察交流。

## 党的建设与文化建设

**【党风廉政建设】**

江西省测绘地理信息局积极组织广大党员干部认真学习党的十八大精神、中纪委十八届三次全会重要精神，深入开展中国梦教育、理想信念和宗旨教育、社会主义核心价值体系教育。组织开展转职能、转方式、转作风的“三转”大讨论活动。印发《中共江西省测绘地理信息局2014年党风廉政建设和反腐败工作任务分工》，制定贯彻落实《建立健全惩治和预防腐败体系2013—2017年工作规划》实施办法。

**【文化建设】**

江西省测绘地理信息局扎实开展核心价值观教育活动，将“道德讲堂”从单位固定讲堂搬入定点帮扶贫村，引导村民树立正确的社会主义核心价值观。成立志愿者服务队，组织志愿者走上街头普及测绘地理信息知识，走进社区帮扶困难群众，走进校园宣传版图知识。1篇研究成果被中国测绘职工思想政治工作研究会评为二等奖，1篇研究成果被中国思想政治工作研究会评为三等奖。积极参加省直机关工委组织的歌咏、书法等各类文体比赛，均获较好成绩。在省总工会组织的演讲比赛中，1人获一等奖。该局被评为第十届省直文明单位、省直机关党的工作特别优秀单位；局团委获“省级青年雷锋岗”称号，省基础测绘院1人获“全省青年岗位能手”称号，省测绘成果资料档案馆地图技术审核室获“省三八红旗集体”称号。

## 地方社团工作

10月25日，江西省科学技术协会、江西省测绘地理信息局和东南亚测绘协会在南昌联合主办沧海论坛——地理信息技术应用学术研讨会。国家测绘地理信息局副局长李维森、江西省政府副秘书长谢茂林出席会议，来自中国、新加坡和马来西亚的专家作了学术交流。

# 山东省

## 概况

2014年，山东省测绘地理信息工作坚持“服务大局、服务社会、服务民生”，加快实施“十二五”基础测绘规划，测绘地理信息事业发展再上新台阶。

山东省委副书记王军民，副省长孙绍骋、徐珠宝先后对测绘地理信息工作作出重要指示，并多次听取测绘地理信息工作汇报，视察山东省国土测绘院基础测绘生产基地，部署重点工作。省人大、省政协、省政法委等领导先后考察省地理信息公共服务平台，对测绘地理信息工作提出明确指示和建议。省级地理信息公共服务平台被中共山东省委组织部列为干部培训现场教学基地。全省测绘地理信息事业发展环境更加优良。

健全完善符合山东省实际的测绘地理信息行政管理体制，截至年底，全省17个设区市和137个县（市、区）都明确了测绘地理信息管理机构，设立了相应科室，配备了专（兼）职管理人员。9个设区市和29县（市、区）设立了测绘局、测绘地理信息局或地理信息局，4个设区市任命了测绘地理信息局局长或副局长。临沂、东营等市所辖县（市、区）全部加挂测绘局或测绘地理信息局牌子。山东省国土资源厅组织对市级测绘地理信息工作进行年度考核，表彰了潍坊市国土资源局等9家考核优秀单位。根据中央“简政放权、转变职能、创新管理”的要求，积极推进各级测绘地理信息行政职能转变，下放部分测绘资质审批职能，强化市县级行政管理职能，市县级基础测绘、测绘统一监管等工作得到有效落实。

## 重点工作推进

**【数字城市建设】**

山东省全面完成全省17个设区市数字城市地理空间框架建设，县级数字城市累计启动率近70%，建成率50%，覆盖省、市、县3级的数字山东地理空间框架基本形成。市级数字城市和部分县级数字城市与国家“天地图”主节点以聚合方式实现互联互通，并按要求进行成果共享汇交。数字城市建设成果应用加快推进，已在全省300多个部门的600多个业务系统中得到应用，节约重复投资超过10亿元。临沂、淄博2市列入国家“智慧城市”时空云平台建设试点，在经费落实、项目设计等方面已取得实质性进展。

**【“天地图·山东”建设】**

“天地图·山东”已与17个市级节点和21个县级节点实现互联互通，其中10个市县级节点接入国家主节点。山东省国土资源厅将“天地图·山东”更新维护纳入基础测绘规划计划，建立了稳定的投入机制，全年投入运维经费430万元。山东省国土测绘院按照《天地图省市级节点建设方案》要求，做好“天地图·山东”运行维护，确保7×24小时不间断运行，门户网站访问量800多次/日，服务调用量4.2万多次/日。“天地图·山东”数据继续保持每年更新1次，年内更新全省高清影像数据，实现了全省17个地市城区和全省2/3县（市）城区“天地图”省、市、县三级数据同构。山东省国土测绘院建成省级框架数据增量更新技术体系。全年完成全省16个市、64个县的平台数据与省级平台数据的融合。组织开展市级“天地图”节点技术评估工作。在第二届天地图应用开发大赛中获二等奖。山东省国土资源厅与省住房和城乡建设厅、济南海关等10个部门签订共建共享协议，推进“天地图·山东”在部门间的资源共建共享和成果发布。全年共接待中央及省内外有关单位参观考察、对接应用人数达800多人次，成为在省内政府管理领域极具影响力的地理信息服务平台。至年底，“天地图·山东”已发布气象、交通、统计等6个部门的专业数据，全年新增应用24个，累计达到72个，节约全省各级财政重复投资超过2亿元。

**【地理国情普查】**

山东省组建省第一次全国地理国情普查领导小

组办公室（以下简称山东省普查办）宣传组，印发《关于加强地理国情普查宣传工作的通知》，利用省广播电台、省普查办专题网站等媒体资源，广泛开展普查宣传工作。足额落实地理国情普查专项经费，出台经费管理办法，严格规范经费使用管理，确保资金使用合规、高效。全省共举办普查生产技术类培训 12 期、质检员培训 3 期，为普查人员配发普查工作证和质检员证，实行全员持证上岗。印发 2014 年普查工作计划，建立山东省普查办周例会和周报制度，按时向国家测绘地理信息局报送月报。完善普查技术体系，出台 4 个补充技术规定，编印普查遥感影像解译样例配发给作业人员。印发普查成果资料管理办法，按照省、市县分工负责的方式收集专题资料，全省共收集各类专题资料 5000 多项。印发《关于加强地理国情普查质量管理的通知》，承办了全国普查质量分片座谈会，普查质量管理工作多次受到国务院普查办公室肯定。充分发挥国家普查知识分享系统和省普查 QQ 群作用，及时组织视频培训会和问题解答。至年底，全省已有 49 个普查任务区成果通过省级验收，面积达 5.4 万平方千米，分别占全省的 36% 和 34%。

**【地理信息产业】**

山东省国土资源厅将贯彻落实《国务院办公厅关于促进地理信息产业发展的意见》列入重点工作，多次召开会议进行专题研究确定了重点领域和发展目标。起草《山东省关于促进地理信息产业发展的意见》，组织论证，征求了有关部门意见。

山东测绘地理信息产业基地落户潍坊，规划建设 1 个地理信息软件研发孵化中心和数据加工、装备制造 2 个园区。截至年底，已建成面积 75.6 万平方米，入驻企业和研发单位 50 多家。潍坊市政府出台《关于加快山东测绘地理信息产业基地建设的若干政策》《关于推进地理信息产业加快发展的意见》，召开了全市推进地理信息产业发展会议。2 个园区所在地区政府分别制定出台了相关的优惠政策，山东地理信息产业联盟正式成立。

## 法制建设与市场监管

**【法制建设】**

山东省国土资源厅继续推进《山东省测绘成果管理办法》修订工作，会同省法制办公室进行立法调研和座谈，各项准备工作已就绪。起草山东省关于促进地理信息产业发展的实施意见，并报请省政府印发实施。开展省级遥感影像需求调研，探索建立省级遥感影像统筹获取机制，起草有关文件和管理办法。

**【依法行政】**

山东省国土资源厅进一步完善行政执法机制，探索推进“审管分离、集中审批”，健全完善首办负责制、限时办结制、AB 角岗位工作制和行政责任追究制，行政审批效率明显提高。山东省国土资源厅行政权力清单经省政府第 45 次会议审议通过，省国土资源厅保留行政权力 21 项，其中，测绘地理信息行政权力 8 项。12 月，将保留的行政权力事项及运行流程图向社会公开，并结合实际对行政执法依据和行政执法职权进行梳理和分解，进一步明确了各级、各部门的执法责任。组织测绘地理信息行政执法证换证和申领工作。

山东省国土资源厅通过测绘资质管理系统，实现测绘资质申请网上受理，通过省级测绘地理信息成果网络化分发服务系统和省厅政务内网行政审批系统，实现基础测绘成果使用和地图审核的全流程网上审批，提高了审批的透明度。严格执行《山东省党政机关公文处理工作条例实施办法》，规范行文程序、格式、公开密级等，提高公文周转效率。

山东省国土资源厅进一步完善行政复议意见书、建议书制度和责任追究制度；积极推行行政机关负责人行政诉讼案件出庭应诉制度，建立了国土资源行政复议管理信息系统。全年无测绘地理信息案件及测绘地理信息败诉案件。

山东省国土资源厅把测绘地理信息信访工作纳入国土资源信访工作中统筹安排，开通 12336 热线电话，在厅门户网站设立网络举报和信访投诉窗口。全年未发生测绘地理信息上访事件。

**【资质管理】**

山东省国土资源厅召开全省测绘资质复审工作座谈会，对新颁布的《测绘资质管理规定》和《测绘资质分级标准》进行解读，部署全省测绘资质复审换证工作。结合山东实际，修订《山东省测绘资质管理规定》和《山东省乙丙丁级测绘资质专业标准》，委托下放测绘资质丁级行政审批事项，弱化了事前审批，强化事中、事后监管。全年共受理测绘资质申请事项 134 件，依法批准 47 家单位取得测绘资质证书。强化批后监管，严格执行测绘市场退出机制，年度注册中缓期注册 7 家、注销测绘资质 8 家。完成全省乙、丙、丁级测绘资质单位的复审换证工作。

**【市场监管】**

山东省在测绘地理信息市场监管方面建立了联席会议、联合办案、信息互通机制，不定期开展地图市场、测绘市场、成果保密安全等专项检查。山东省国土资源厅联合省国家保密局、省国家安全厅等部门对全省地勘行业涉密测绘成果和地质资料使用与管理情况进行专项检查并向社会通报检查情况。将测绘地理信息行政执法纳入国土资源统一执法，落实职责和工作经费，开展专项执法检查，依法查处各类测绘地理信息违法案件。

**【信用体系建设】**

山东省国土资源厅制定《山东省测绘地理信息市场信用信息管理暂行办法》和《山东省测绘地理信息市场信用评价标准（试行）》，下发《关于做好测绘地理信息市场信用信息征集工作的通知》，举办信用信息管理平台操作培训，完成了首次乙级以下测绘资质单位信用评价工作。

**【法制宣传】**

山东省国土资源厅利用“4·22”地球日、“6·25”土地日、“8·29”测绘法宣传日，组织开展宣传活动，召开座谈会，印发宣传材料，出动宣传车，发送公益性短信，举办知识竞赛，大力宣传测绘地理信息法律法规。承办了“8·29”全国测绘法宣传日主会场宣传任务。

## 基础测绘

**【规划计划】**

山东省国土资源厅组织开展“十二五”基础测绘规划中期评估，“十二五”以来，全省各级财政投入测绘经费 10.9 亿元。开展“十三五”规划前期调研和准备工作，向省发展和改革委员会报送规划编制前期思路，积极争取基础测绘“十三五”规划继续列入省政府专项规划编制序列。

山东省国土资源厅积极落实信息化建设专项经费，建成省级基础测绘信息化生产管理体系，省级基础测绘生产能力和管理效率明显提升。组织编制《2013～2016 年省级基础测绘计划和经费预算方案》，明确 4 年内省级基础测绘投资规模和年度拨付计划。2014 年落实省级基础测绘经费 7152 万元，市、县级共落实基础测绘经费 2.7 亿元。落实地理国情普查年度专项经费 1.1 亿元。及时向国家测绘地理信息局报送国家重大专项拨款申请，及时拨付项目承担单位。“927”工程经费通过国家测绘地理信息局组织的审计。

**【省级基础测绘】**

山东省国土测绘院按期完成承担的国家现代测绘基准体系一期工程任务，并为外省相关建设单位在省内作业提供帮助。结合全省基准网更新复测工作，下发通知，落实测量标志确权登记和托管工作。执行《山东省 2000 国家大地坐标系转换实施方案》，完成省级成果转换并通过质量检验。至年底，省级基础测绘成果分发服务、公共服务平台、SDCORS 系统均提供 2000 国家大地坐标系成果，大部分市、县基础地理信息数据库更新已采用 2000 国家大地坐标系。完成全省 1:1 万数据库整合升级工作，向国家测绘地理信息局提交了验收申请。完成全省新一轮 1:1 万 DLG 框架要素及时更新，完成了 462 幅全面更新。启动全省潮间带测绘工程，省级基础地理信息数据现势性进一步提升，覆盖范围进一步扩大。协助开展 1:5 万数据库动态更新工作，结合地理国情普查等工作，组织开展专题资料收集工作。按时完成 1:5 万数据库动态更新成果的外业抽检任务。

**【影像获取和共享机制】**

2014 年，山东省在省级基础测绘自主获取遥感影像的基础上，争取到国家基础航空摄影 2 万多平方千米高分辨率遥感影像支持，满足烟台、威海等地区地理国情普查的需要，遥感影像资料使用率 100%。完成全省新一轮 0.5 米分辨率航空影像获取工作，获取 4 万平方千米机载 LiDAR 数据，相关成果均用于地理国情普查。开展省级遥感影像需求调研，推动建立省级遥感影像统筹获取机制。

山东省国土资源厅充分利用地理信息公共服务平台优势，推进地理信息资源共建共享机制建设。8 月 22 日，与济南海关签署《地理信息资源共享与合作协议书》，建立长期稳定的数据交换和更新机制，实现基础地理信息和海关信息的资源共享。11 月 15 日，与中国人民解放军某部队在南京签订《军地测绘导航地理信息融合发展战略合作框架协议》，双方联合成立军地融合组织协调机构，统筹规划军地测绘融合发展，并确定“第一步建立工作机制、第二步建立融合机制、第三步实现全面深入融合”的发展目标。

【质量监督】

山东省国土资源厅印发《关于开展2014年测绘成果质量监督检查的通知》，对2012年1月～2013年12月期间完成的全省行政区域内的测绘地理信息成果进行监督抽检，抽检单位比例占全省测绘地理信息单位的25%。省级抽查出7个项目存在问题，责令进行整改，复审后均合格；1家单位因虚报测绘项目给予了降低资质等级的处理。省测绘产品质量检验站对78家测绘地理信息单位进行质量检查，完成478项市场委托项目的检查验收。

山东省国土测绘院强化基础测绘生产质量控制，完善质量过程控制体系，省级基础测绘成果一次验收合格率继续保持100%。全年完成仪器检定6173台/次。

【安全生产】

山东省国土资源厅及省国土测绘院强化基础测绘安全管理制度建设，成立安全生产管理机构，建立安全生产责任制，省级基础测绘单位制定了《安全生产管理规定》和《安全生产工作要点》。组织安全生产教育宣传活动，开展安全生产年、安全生产月主题活动，举办安全生产培训和安全生产警示教育，定期开展安全生产大检查，及时对装备进行检修检查。全年未发生安全生产事故。

## 地图管理与地图服务

【地图出版】

2014年，山东省地图院共完成各类地图项目230个，公开出版地图219种，完成印刷色令1.7万。受省委对外宣传办公室委托，编制印刷9种语言版本的《山东省行政区划图》；受省地方史志办公室委托，编制《山东省历史地图集》系列丛书，其中《村镇》《古地图》分册已出版发行，《政区》《文化》分册已编制完成；编制全省17个市行政区划挂图；启动《山东省地图集》《山东省政务工作用图》修编工作；编制《山东省国家级地质公园》《山东省省级地质公园》专题图集；与民政部门合作，编制完成《青岛市行政区划图》《济宁市地名图》《莱芜市行政区划图》《无棣县地名图集》等图集；受各市国土资源局委托，开展多种地市地图（集）编制，年内完成《东营市领导工作用图》《威海国土资源图集》《潍坊市地图集》等图集编制。编制的《寿光市地图集》获2014年优秀地图作品裴秀奖铜奖。

【地图市场管理】

山东省国土资源厅依法做好地图审核工作，截至年底，共审核公开出版、展示地图和登载地图186项。要求各申请审核单位按时进行地图备案，备案率100%。深化“问题地图”专项治理，下发《关于开展2014年“问题地图”专项治理工作的通知》，利用国家测绘地理信息局统一配发的互联网地图监管系统，排查全省各类网站400多个，对交通旅游类地图、以地图为载体进行广告和商业标注的地图、涉及国家主权的地图进行排查，对存在问题的网站下发整改通知书，责令停止销售存在问题的地图并整改。指导从事互联网地图服务的单位办理互联网地图服务资质，纳入规范管理。

【国家版图意识宣传教育】

山东省召开国家版图意识宣传教育协调小组办公室成员会议并成立“美丽中国”第二届全国国家版图知识竞赛和少儿手绘地图大赛组织委员会。17个地市举办选拨赛。山东省国土资源厅联合省委宣传部、省教育厅等12个部门举办国家版图知识竞赛（山东赛区）预赛和决赛，全省17市代表队参加，评选出团体一等奖1个、二等奖2个、三等奖6个、优秀奖8个。全省近3万人次参加国家版图知识竞赛个人赛网络和纸质答题，山东省代表队在全国团体赛中获优胜奖。全省共收到少儿手绘地图参赛作品1530幅，其中11幅作品入围“美丽中国”少儿手绘地图大赛。开展国家版图知识宣传教育“进学校、进社区、进媒体”活动，利用“8·29”测绘法宣传日等活动，积极向社会公众和广大中小学生赠送各种宣传材料，邀请媒体进行宣传报道。

## 测绘地理信息成果管理与应用

【成果汇交】

山东省将测绘单位执行成果汇交制度情况与资质升级、年度注册、成果评优、业绩考核等挂钩，促进测绘地理信息单位进行成果汇交。山东省测绘成果目录服务系统增加在线成果目录汇交功能，实现各级基础成果和行业汇交成果目录的一站式发布。2014年，全省共汇交测绘地理信息成果副本、目录近4000项。继续推进省级测绘档案信息化建设工作，基本完成各类航片、地形图、测绘档案等的数字化工作，开展信息化管理系统建设。

【涉密成果管理】

山东省国土资源厅下发《关于加强涉密地理信息安全监管工作的通知》等规范性文件，进一步规范涉密成果的申请、受理、审批等环节。与保密、安全等有关部门建立测绘地理信息成果管理长效监管机制，明确各部门职责，建立联席会议、信息互通共享、联合查处协同办案等监管机制，分期分批组织各级测绘地理信息管理部门、测绘资质单位、测绘地理信息成果保管和使用单位接受培训，全省近1000人取得岗位培训证书，实现了核心涉密人员全部持证上岗。对拟公开的地图进行内容审查，对公开上线的地理信息数据进行保密技术处理，确保地理信息数据安全。

【成果服务】

山东省国土测绘院全年共向社会各界提供各种比例尺纸质地形图3149张，大地控制点949个，航摄底片6735片，卫星遥感影像25景，“4D”产品29675幅，通过山东省测绘成果目录服务系统发布省级元数据4万多条。《SDCORS有偿服务实施方案》通过审批实施后，共有缴费用户2100多个。测绘地理信息成果服务范围涉及国土、建设、地矿、环保、教育、科研等20多个行业。

山东省国土测绘院继续为“山东半岛蓝色经济区”“黄河三角洲高效生态经济区”“中原经济区”三大国家发展战略和“省会城市群经济圈”“西部经济隆起带”等全省重点发展规划提供测绘地理信息服务；继续为省发展和改革委员会、省财政厅等部门设计制作各类规划图件。7月，为国务院领导视察山东提供工作用图。多次向省委办公厅、省政府办公厅提供工作用图，承办全省“空间信息技术在行业信息化中的应用”专题培训班。

【测量标志管护】

山东省国土资源厅进一步完善测量标志管护体制，按照分级管理的原则，将测量标志管护职能落实到基层国土资源所，将测量标志完好率纳入年度工作目标考核。推广山东省测量标志动态管理信息系统，实现测量标志的信息化管理。推进测量标志用地确权工作，严格测量标志迁建审批，组织对市县测量标志管护工作进行督导检查，提高测量标志完好率。

【应急保障】

山东省国土资源厅进一步健全测绘应急保障管理机制，成立了由厅长刘俭朴任组长的测绘应急保障工作领导小组，组建测绘应急分队，配备应急装备，明确测绘应急保障的领导机构、办事机构、实施机构并严格执行《山东省测绘应急保障预案》。山东省国土测绘院推进“山东省测绘应急服务保障工程”建设，11月通过验收。该工程完成应急地理信息资源储备中心建设，制定了山东省测绘应急服务保障预案和体系规范，形成了完备测绘应急服务保障体系，实现了“1-2-8-24”测绘应急服务（1小时内目标区域已有数据完成出图、2小时内完成应急专题地图出图、8小时内完成现场布置与会商、24小时内完成现场数据的快速获取、处理和分发提供）。

## 科技、标准化与国际合作

【科技奖励】

2014年，山东省测绘地理信息单位获2014年中国测绘地理信息学会测绘科技进步奖7项，其中二等奖4项、三等奖3项；获优秀地图作品裴秀奖4项；获全国优秀测绘工程奖22项，其中白金奖2项、银奖4项、铜奖16项。

山东省国土资源厅组织开展2014年度全省国土资源科学技术奖申报评选工作，共有89个测绘地理信息技术项目进行了申报，占总数的11.7%。经评选，测绘地理信息技术项目获一等奖19项、二等奖43项、三等奖27项。

【科技创新】

山东省国土资源厅积极支持山东科技大学国家海岛礁测绘重点实验室建设，在山东农业大学设立省级数字村镇重点实验室；省国土测绘院、省遥感技术应用中心与中国测绘科学研究院、武汉大学、山东大学、山东科技大学、山东理工大学等高校科研院所建立长期合作机制，设立了山东科技大学实践基地。

山东省国土资源厅将测绘创新作为全省国土资源科技进步的重要组成部分，统一组织评定和奖励。山东省国土测绘院设立院级科技考评，向省科技厅申请设立山东省空间信息与大数据应用工程技术研究中心，出台《科研项目管理办法》，充分发挥国家青年学术带头人等科技人才作用，推进科研团队建设。全年6项成果获软件著作权，2项成果申报发明专利。“北斗高精度定位装备产业化、网络服务平台建设及其关键技术研究”项目被列为2014年山东省自主创新及成果转化专项。

【标准化工作】

山东省国土测绘院向省质量技术监督局提出3项地理信息公共服务平台系列地方标准立项申请，获初步同意。全省将贯彻测绘地理信息标准与成果质检相结合，要求各市加强测绘地理信息标准执行情况的监督管理，促进标准的贯彻执行。

【对外交流与合作】

山东省国土测绘院赴菲律宾承担测绘任务，为开展境外测绘项目积累经验。严格按照国家相关规定申报、审批、组织、管理出国（境）团组及人员，2014年选派3人次参加国家测绘地理信息局组织的出国考察学习活动。12月1日~21日，山东省国土资源厅组织13人赴瑞典参加“测绘技术与数字城市建设”培训。与日本地质调查局和瑞典测量学会建立了稳定的交流合作机制。

【人才培养】

山东省国土资源厅积极培养青年学术和科技带头人，选拔一批科技水平高、创新能力强、带动能力突出的人员作为单位科技人才重点培养；加强专业技术人才引进，顺利完成年度人才引进计划；组织参加国家测绘地理信息局举办的测绘行政管理、行政执法、地图审核和地图安全审校等各类培训班，共500多人次接受培训。山东省国土测绘院增加中、高级专业技术岗位职数111个，解决全院专业技术岗位不足问题。山东省测绘职业技能鉴定中心积极开展测绘从业人员职业技能培训，全年开展了8个批次测量员、1个批次技师和高级技师的职业技能鉴定，共鉴定503人。

## 党的建设与精神文明建设

【党的建设】

山东省国土资源厅开展党的群众路线教育实践活动，做好第一批教育实践活动建章立制整改落实。对收集到的794条意见建议进行梳理汇总，确定4个方面49项重点整改任务。截至年底，重点整改任务已完成44项；拟修订、制定制度31项，已完成27项。省国土资源厅党组制定《2014年理论学习计划》和《进一步加强和改进理论学习中心组学习的实施意见》，坚持“三会一课”制度，落实领导班子民主生活会、党员领导干部参加双重组织生活制度。

【廉政建设】

山东省国土资源厅全面落实中央八项规定和国家测绘地理信息局党组十项措施，切实改进工作作风。认真贯彻落实党中央、国务院和省委、省政府关于反腐倡廉的会议和文件精神，推进简政放权，推行阳光行政。召开全省国土资源系统廉政建设工作会议，层层签订廉政责任书；开展办公用房清理整顿，筑牢反腐倡廉的防线。省国土测绘院组织全院54名科以上干部参加并通过省纪委组织的干部德廉知识考试。全省测绘地理信息系统未出现重大腐败行为和事件。

【精神文明建设】

山东省国土资源厅机关在连续7年获评“省级文明单位”的基础上，开展“全国文明单位”创建活动并获第四届“全国文明单位”称号。省委副书记王军民批示：“省国土资源厅在创建全国文明单位中做了大量工作，成效明显。”副省长徐珠宝批示：“山东省国土资源厅积极创建全国文明单位，成绩斐然，走在前列。”

全省国土资源系统继续深入开展向杨艳萍先进事迹学习活动。2014年，“新时期测绘好干部”杨艳萍先后获第四届“全省道德模范提名奖”、新时期“感动测绘人物”奖、全国“五一劳动奖章”。杨艳萍事迹报告宣讲19场（累计46场）。山东省国土测绘院1个科室被评为“省直机关三八红旗集体”，2个科室被评为“省直机关青年文明号”，4个科室被评为“省国土资源厅青年文明号”，1人入选“山东省最美地质队员”。

【群团工作】

山东省国土资源厅机关开展4次旧物捐赠活动，327人次参与捐赠，共捐赠物品1708件，已全部用于“第一书记”帮扶村困难家庭救助和教育。开展首个“扶贫日”扶贫济困捐助活动，共捐款4.93万元，定向用于厅“第一书记”和挂职干部帮扶村的救济工作。走访慰问38名困难职工和困难党员，发放慰问金4.5万元。举办庆祝建国65周年书画作品展、卧牛山义务植树等活动。

## 地方社团工作

【组织建设】

山东测绘学会召开七届四次理事会议，听取2013年工作汇报，研究2014年工作计划，决定成立山东测绘学会专家委员会，负责测绘地理信息科技成果和专业技术评审工作。

山东省测绘行业协会建立健全专业工作委员会，成立技术、法律、诚信体系建设及宣传与文化建设4个专项工作委员会并分别召开了第一次工作会议。

**【学术交流】**

山东测绘学会组织会员赴安徽省黄山市参加华东六省一市测绘学会学术交流会，向大会提交测绘科技论文10篇，获一等奖2篇、二等奖3篇、三等奖5篇。派代表队参加在贵州省安顺市举办的第十届全国测绘地理信息职工定向越野赛。

山东省测绘行业协会在潍坊市举办3期乙级以下测绘单位测绘地理信息技术应用培训班，700多人参加。

10月10日~12日，由山东测绘学会和山东省测绘行业协会主办的第八届“南方测绘杯”山东大学生测量技能比赛在山东建筑大学举行，共有6所大学的14个代表队参加比赛，决出了团体奖和单项奖。

# 河南省

## 概况

2014年，河南省测绘地理信息局预算财政资金指标1.75亿元，追加经费100万元，全部落实到位。全省完成测绘服务总值25.75亿元，河南省测绘地理信息局完成测绘服务总值2.28亿元，其中，生产单位服务总值1.81亿元。全年提供成果服务212次，纸质地形图1204张，成果点157个；“4D”成果39597幅，数据量1609GB；航摄像片5299片，航摄数据13737片、数据量2827GB，航片总覆盖面积约7.9万平方千米；遥感影像545景，数据量2768GB，覆盖面积43.9万平方千米。编写完成《河南省信息化建设十三五测绘信息化规划》，参与编制《河南省空间信息产业“十三五”发展规划》。

3月，“智慧郑州时空信息云平台建设项目”设计书通过国家测绘地理信息局评审。5月，河南省副省长张广智出席首届智慧中原地理信息产业创新发展论坛。河南省国家版图意识宣传教育和地图市场监管协调指导小组联席会议在郑州召开。印发《河南省国家版图意识宣传教育和地图市场监管2014年工作要点》《2014年“问题地图”专项治理工作方案》。开展全省测绘任务备案巡查工作。

## 重点工作推进

**【数字城市建设】**

2014年，洛阳、濮阳、许昌、开封、焦作市数字城市通过国家测绘地理信息局验收，河南省共完成数字城市建设10个。启动商丘、开封、新乡数字城市地理空间框架建设项目。郑州数字县域地理空间框架建设项目通过验收，兰考县被国家测绘地理信息局列入数字城市试点或推广计划。完成周口、安阳基础地理信息数据采集和建库，并通过省测绘产品质量监督站质量检验。商丘市完成LiDAR航飞及数据预处理约120平方千米，数字洛阳政务版地理信息公共平台建设完成，三门峡市完成地理信息公共平台及三维城市建模40平方千米，驻马店市完成1:1000地形图数据库建设及地名、地址外业核查及旅游系统开发。实施潢川县、滑县、偃师市等数字县域省级试点建设。汤阴、郸城、长葛、鄢陵、襄城、许昌等6县申报数字县域。启动数字县域建设23个，通过验收7个。在建数字乡镇50多个。

**【“天地图·河南”建设】**

河南省测绘地理信息局制定《“天地图·河南”2014年建设方案》，省财政预算专项资金投入300万元。完成“天地图”机房搬迁，配置了政务版“天地图”运维设备。“天地图·河南”政务版数据通过审查。河南省级节点与国家主节点数据融合通过国家测绘地理信息局验收。“天地图”平顶山、济源、鹤壁、濮阳、焦作市级节点接入国家主节点。“天地图”郑州、洛阳、三门峡政务版数据通过保密审查。“天地图·河南”开发搭建河南省领导工作用图网络版、河南省农村水利工程地理信息系统和区划地名等多个典型示范应用系统。河南省专题信息服务系统上线，更新文物保护单位、经济统计2个专题。新增湿地保护区、产业集聚区、河南省双百企业3个专题图层。河南省11个典型案例入选国家测绘地理信息局《2014年“天地图”典型应用案例汇编》。5月，与国家基础地理信息中心签订《“天地图”数据融合协议》。

**【地理国情普查】**

河南省测绘地理信息局编制完成《2013年~2015年地理国情普查计划及经费分配方案》，印发河南省第一次全国地理国情普查项目招投标管理办法、项目管理办法、质量管理办法等文件。河南省第一次全国地理国情普查经费省级财政预算1.75亿元，落实到位经费1.1亿元，配置专业软硬件设备价值1803万元。8月，河南省测绘地理信息局开展全省第一次全国地理国情普查宣传活动。全年召开40多次质量技术专题会和验收软件培训，共培训1382人次。河南省第一次全国地理国情普查领导小组办公室与山西、山东、湖北省普查办签订省界区域普查资料共享协议。

完成全省地理国情普查项目DOM 165657平方千米、DEM 165658平方千米，已通过验收。完成内业解译及外业工作底图制作、外业调绘核查、内业地表覆盖分类编辑整理、内业国情要素编辑整理、遥感解译样本数据等，占全省总面积99.71%；完成基本数据第二次检查4939平方千米，占全省总面积3%；完成基础测绘DLG 1:1万地形图更新协同作业145幅，占全省总面积2%。完成济源市、许昌、通许和范县4621平方千米地形图181幅的试点工作。完成丹江口水源保护区域普查，研发完成相应的三维空间地理信息监测系统。以盐碱治理、沙漠治理、泡桐种植等要素为主要内容，开展兰考县地理国情历史变迁监测。“地理国情普查外业调绘核查系统”通过测试论证。

**【地理信息产业】**

河南省测绘地理信息局组织开展地理信息产业基本状况专题调研，起草《河南省地理信息产业发展情况报告》及《关于促进地理信息产业发展的实施意见(代拟稿)》，编写完成《关于加快北斗卫星导航产业发展，推进信息化和促进信息消费的报告》。《河南省人民政府关于建设高成长性服务业大省的若干意见》（征求意见稿）在“信息服务”里增加“发展北斗卫星导航与地理信息产业”。2月，河南省测绘地理信息导航产业园奠基仪式在郑州举行。该产业园由20多家企事业单位共同建设，计划建成产业功能区、产业公共服务区、综合服务区3个功能区。

**【农村集体土地确权登记】**

河南省测绘地理信息局所属测绘地理信息单位完成济源、邓州、范县、上蔡等市、县23个乡镇农村宅基地使用权和集体土地建设用地使用权确权登记发证项目及数据库建设，面积388.26平方千米。完成驻马店驿城区、禹州（市）、新蔡县、商城县等市县农村集体土地所有权确权测绘项目。

**【机构建设】**

河南省机构编制委员会办公室下发通知，批复河南省测绘地理信息局机关为承担行政职能的事业单位，局属8家事业单位为公益一类事业单位，局机关后勤服务中心为公益二类事业单位。

河南省省辖市全部设置测绘地理信息管理机构，其中，11个机构挂测绘地理信息局牌子；全省设立县级测绘地理信息管理机构115个。

## 法制建设与市场监管

**【行政执法】**

2014年，河南省开展执法检查105次、专项执法行动17次。

**【法制宣传】**

河南省测绘地理信息局组织开展“8·29”测绘法宣传日系列活动。参加国家测绘地理信息局组织的测绘法宣传日主题口号、宣传口号、公益短信、宣传画有奖征集活动，获公益短信优秀奖和宣传口号优秀奖。下发2万张法制宣传地图。8月29日，组织驻郑州测绘资质单位进行测绘法宣传，组织省新闻单位开展“地理国情普查中原行”采访活动，发放印有“首届地理国情普查纪念”字样及测绘法内容的宣传品，驻马店、周口、许昌、信阳等省辖市共设立宣传点105个、咨询台113个，摆放宣传展板933块，悬挂宣传横幅480条，张贴宣传画2525张，发放宣传报纸500份，发放河南省旅游、交通地图5900张、省辖市地图15500张，发放宣传图册1.28万份、纪念品6600个，出动宣传车88辆，利用政府信息平台向市民发送测绘法宣传公益短信7.86多万条，拍摄宣传照片1300多张。

**【资质管理】**

河南省测绘地理信息局出台《行政服务规则(试行)》，年度测绘资质注册审查制改为报告制，乙、丙、丁级测绘资质由各省辖市审核报送省测绘地理信息局，20个工作日完成审批。2014年，申报复审换证资质单位831家，未通过42家，缓期注册11家，发放测绘作业证100多本。截至年底，河南省共有测绘资质单位849家，其中甲级32家、乙级183家、丙级269家、丁级365家。对全省各市和省属测绘单位进行生产任务备案培训。对违规参与测绘招投标的单位郑州（市）金创工程咨询有限公司处以罚没违法所得8000元的处罚。全省完成测绘生产任务备案706项，金额10亿元。

## 基础测绘

**【基础测绘经费】**

河南省测绘地理信息局编制完成《2014～2016年基础测绘等专项项目预算书及经费分配方案》。落实省级财政基础测绘经费5000万元，基础测绘经费投入同比减少4890.78万元，全省基础测绘经费投入同比减少5354.48万元。

**【基础测绘项目】**

2014年，河南省测绘地理信息局组织完成航空摄影32761.3平方千米、各种比例尺DLG 50614.8平方千米、1:500～1:1万DEM 70488.5平方千米。

河南省测绘地理信息局完成省级1:1万地形图数据整合5600幅、各省辖市建成区域内1:1万地形图测制1000多幅；洛阳、三门峡、商丘、安阳等市数字正射影像图制作4.3万平方千米1874幅。完成驻马店全市1:5万地形图更新和建库。完成南阳市1:1000地形图更新230平方千米，航空港承接区（许昌大周镇）1:1000地形图测绘115平方千米，数字驻马店1:1000地形图地名、地址外业核查、内业采集及数据库建设。完成豫鲁界线濮阳、新乡、开封、商丘等段勘界任务。

完成1:1万地形图航飞项目3万多平方千米，机载LiDAR数据生产DSM、DEM、DLG（地貌版）共1600幅。完成濮阳1:1000协同更新外业调绘223幅；驻马店市7个县城、漯河市2个县城飞机航摄及DOM制作1000多平方千米；1:1万地形图数据更新入库建设、基础数据2000国家大地坐标系转换、1:1万地形图DLG数据库整合1662幅；配合国家测绘地理信息局完成1:5万地形图动态数据库增量更新核查。

完成郑州地铁2号延长线、3号线基础测绘任务。完成全省县级以上政府所在地单位名称、道路（铁路、国道、县道）、居民地、县级以上境界等专题要素的更新。

**【测绘基准管理】**

河南省完成的开封、平顶山、周口、伊川、洛宁、商城6个国家测绘基准站建设通过国家测绘地理信息局验收。《河南省连续运行参考站北斗卫星地基增强系统建设可行性研究报告》通过评审。河南省连续运行参考站北斗卫星地基增强系统建设项目投入2400多万元，完成对57个站点的整合改造，新建30个加密站点，全省参考点达到93个，平均站点间距50千米以内。研发完成河南CORS用户管理服务系统。

**【质量监督】**

河南省测绘地理信息局全年举办40多次质量技术专题会和验收软件培训班。全省完成地理国情普查项目34项，项目面积约3.9万平方千米，已抽检2564幅地形图；数字城市及缩编项目5项，抽检599幅地形图；基础测绘任务1项，抽检60幅地形图；接受委托任务11项，抽检360幅地形图；地图4项，抽检42幅地形图。河南省测绘地理信息成果质量监督检验专家库新入选专家25人。研发完成CheckEasy地理信息基础数据质检系统软件，初步解决系列比例尺数字地形图外业质检需要。为全省测绘地理信息单位检定各类测绘计量器具2958台次。

**【装备建设】**

2014年，河南省测绘资质单位新装备低空遥感航空摄影无人飞机37架，全省共拥有低空遥感航空摄影无人飞机60架，机载LiDAR 15套。

**【安全生产】**

河南省测绘地理信息局邀请郑州（市）公安消防支队宣讲团举办消防安全知识讲座。测绘资质单位组织安全生产大检查。全年未发生安全事故。

## 地图管理与地图服务

**【地图市场监管】**

河南省测绘地理信息局下放部分行政许可，涉及2个以上省辖市的公开地图和互联网地图由省测绘地理信息局审核，其余的由省辖市测绘地理信息主管部门负责审核。修订了《河南省地图审核管理办法》《河南省测绘地理信息局地图审核程序规定》。

5月，河南省国家版图意识宣传教育和地图市场监管协调指导小组联席会议在郑州召开。9 月，河南省测绘地理信息局联合国土、工商等部门组成省、市、区三级执法组，突击检查郑州、鹤壁、舞钢等多个地市地图市场，收缴各类违法地图产品 100 多件。联合省工商行政管理局、省新闻出版局在郑州对地图导航定位产品进行检查。利用互联网地图安全监管系统筛选鉴定网站 156 家，整改存在问题的网站 9 家。

【地图服务】

河南省测绘地理信息局基于“天地图 · 河南”搭建河南省领导工作用图网络版。平顶山市测绘地理信息部门为诺贝尔物理奖获得者崔琦提供《平顶山地图》。驻马店测绘地理信息部门制作《领导工作挂图》9 套，编印《驻马店市交通旅游图》5000 份，向公众发放。

【地图审核出版】

河南省测绘地理信息局编制完成《河南省领导工作用图》《安阳市领导工作用图》《郑州（市）大城区图》《晋、陕、豫黄河金三角三省四市区域地图》等地图产品。河南省地图院与中图北斗文化传媒（北京）有限公司联合编制出版发行《十八市 CITY 城市地图》（6 市、大对开）、《河南省十八市全开系列地图》盒装地图集。全年审核地图 23 件 42 幅，其中，互联网地图 9 幅。

【国家版图意识宣传教育】

河南省测绘地理信息局联合省教育厅等单位开展“科普杯——美丽中国”第二届国家版图知识竞赛个人赛和少儿手绘地图大赛（河南赛区），全省 19 支代表队参加版图知识竞赛团体赛；遴选出 138 幅作品参加国家测绘地理信息局举办的总决赛，获三等奖 3 个、优胜奖 15 个、优秀指导奖及优秀组织奖 4 个。在金水区黄河路第三小学开展国家版图意识宣传教育进社区活动，展出图板 10 多块，发放宣传品 600 多份。

## 测绘地理信息成果管理与应用

【成果汇交与分发】

2014 年，河南省测绘资质单位汇交成果目录 5 家，汇交成果副本 10 家，编制完成第 21 期测绘地理信息成果目录。完成 1:1 万元数据和控制点元数据录入工作，基本编写完成档案大专项项目方案，编写河南省省级地理国情成果资料汇交与归档方案。全年向交通运输、电力、水利、国土、煤炭等行业提供纸质地形图 1204 张，成果点 157 个，DLG 6856 幅约 88GB，DOM 5027 幅约 1380GB，DEM 6856 幅约 104 GB，航摄数据 13737 片约 2761GB、总覆盖面积约 7.9 万平方千米，卫星遥感影像 545 景、数据量约 2704GB、覆盖面积 43.9 万平方千米。

河南省测绘地理信息局获取 worldview 等卫星高分影像资料和鄂北、鄂西北摄区以及运城—晋城摄区、商南摄区的航空摄影数据，河南省发展和改革委员会等 26 家单位相关专题数据。购买北京四维图新科技股份有限公司最新版河南省导航地理信息数据（每年更新，使用期限 5 年）。

【成果服务】

河南省测绘地理信息局为省领导提供最新出版的《世界地图》、竖版《中国地图》《河南省领导工作用图》等；为省财政厅等部门领导安装《领导工作用图》台式图 35 幅；为国家基础地理信息中心提供《河南省政区图》《开封市政区图》《兰考县政区图》（八开图）数据；为省人大环境与资源保护委员会提供《河南省地图册》及开封、濮阳、兰考等市政区图（各 2 套）；为河南省地理国情普查项目制作地图宣传画。

【涉密成果管理】

河南省测绘地理信息局受理涉密测绘成果提供使用 237 次，审批通过 212 次。与省国家保密局督办 2013 年涉密测绘成果跟踪检查涉嫌泄密责任人员的处理工作，处理 7 家单位 21 名责任人。联合省国家保密局、国土资源厅对全省地质勘查行业进行涉密地质资料和测绘成果保密检查，抽查 6 家单位，处理 5 家单位 18 名负责人。举办 3 期全省涉密成果保密管理培训班，1000 多人通过测绘成果核心涉密人员培训考核。

【测量标志管理】

河南省测绘地理信息局处理测量标志保管员信访事件 2 起，不予同意拆迁测量标志 1 起。驻马店市测绘地理信息局完成驿城区、经济开发区，遂平、西平、上蔡等县测量标志巡查维护工作。开封市测绘地理信息局依法处理破坏尉氏县 D 级控制点测量标志责任人。郑州（市）将测量标志维护专项经费列入年度预算，开展对全市 D、E 级 GPS 控制点普查工作，修复损坏测量标志。

【应急保障】

河南省测绘地理信息局修订《河南省测绘应急

预案》。为云南省地震应急服务提供《云南省地图》《昭通市交通图》《巧家县地图》《鲁甸县地图》等16幅。3月，为中央领导到豫视察提供地图专项服务，紧急编制最新《河南省地图》《开封市地图》《兰考县地图》各100幅。平顶山、许昌、鹤壁、济源、开封等市测绘地理信息部门为水利、规划、旧城遗址建设、城中村改造等项目提供保障服务。

## 科技工作

**【科技管理】**

2014年，河南省测绘地理信息局出台《河南省测绘地理信息局科技项目管理办法》，落实年度科研经费800万元。

**【科技创新】**

河南省测绘地理信息局与广州（市）中海达测绘仪器有限公司合作，研发完成地理国情普查与1:1万更新协同外业核查调绘系统。研发完成河南省CORS用户管理服务系统、河南省地理国情信息查询系统 、时空信息云平台三维虚拟城市等软件，启动“基于三维可视化的房产信息登记系统的研究与实现”“利用四旋翼无人机低空遥感系统小范围1:500地形图测制可行性研究”项目。“面向大比例尺测图的并行激光雷达技术及应用”项目通过国家测绘地理信息局立项，“机载LiDAR铁路专题要素提取关键技术研究”通过河南省科学技术厅组织的专家鉴定。

**【科技合作】**

河南省测绘地理信息局与解放军信息工程大学共同举办首届智慧中原地理信息产业创新发展论坛，成立智慧中原地理信息技术河南省协同创新中心和智慧中原地理信息产业创新联盟。与中国测绘科学研究院就测绘地理信息科技成果转化、科技合作达成共识，与国内知名公司就信息化测绘和智慧城市研发应用等方面进行技术交流。与河南省林业厅签订《地理信息数据资源共享协议》。河南省第一次全国地理国情普查领导小组办公室与山西、山东、湖北等省普查领导小组办公室签订省界区域普查资料共享协议。河南省测绘工程院与国内知名公司续签《SSW车载激光建模系统试用协议书》。

**【职业资格管理】**

测绘地理信息行业特有工种职业技能鉴定河南站全年完成全省工程测量专业技师鉴定15人，全省房产测量专业等级鉴定36人，全省高等职业院校测绘类国家级骨干老师高级职业技能鉴定33人，黄河水利职业技术学院毕业生工程测量、摄影测量、地图制图3个专业高级职业技能鉴定397人，驻洛阳某部队工程测量专业初、中、高3个级别等级鉴定46人。该站31人获测绘地理信息行业职业技能鉴定考评员、高级考评员资格，拥有技师专家库专家52人，国家级技能竞赛裁判员13人。

**【人才培养】**

河南省测绘地理信息局制定《河南省测绘地理信息局科级干部管理暂行规定》《河南省测绘地理信息局干部挂职锻炼实施办法》。全年招录公务员4人，招聘涉密岗位人员9人及其他工作岗位人员32人。选拔干部2人、交流干部8人。选派处级、科级干部参加国家测绘地理信息局及省直党校干部培训班学习16人。完成2012年~2013年度局青年学术和技术带头人的届满考核工作，遴选2014年~2015年度局青年学术技术带头人10人。28人通过年度工勤技能岗位等级考核。

**【人员及培训情况】**

2014年，河南省测绘地理信息局共有专业技术人员503人，省部级专家2人。全省测绘地理信息从业人员19360人，其中，高级专业技术人员511人、中级专业技术人员1817人、初级专业技术人员2942人。

河南省测绘地理信息局举办各类技术培训班20多期，共培训3000多人。开展第一次全国地理国情普查业务技术及质检员培训，共培训1382人次。完成705人次技能鉴定培训、878人测绘专业技术职务评审工作。

**【获奖情况】**

2014年，河南省优秀测绘地理信息工程奖评出一等奖42项、二等奖104项、三等奖55项。省相关测绘地理信息单位完成的“国家数字城市地理空间框架建设体系”“机载LiDAR三维数字铁路关键技术及规模化应用”“电力工程数字摄影测量标准研究”项目分获2014年中国测绘地理信息学会测绘科技进步奖特等奖、二等奖、三等奖。“数字焦作地理空间框架建设”等7个项目获2014年全国优秀测绘工程奖银奖，“新疆哈密市东戈壁钼矿测绘”等7个项目获铜奖。“塔里木河流域近期综合治理工程中生态用水调控与管理关键技术研究”获2014年中国地理信息科技进步奖一等奖，“多元多尺度全球地质矿产数据管理发布平台研发与应用”获二等奖，“国土资源全信息一张图二、三维一体化服务平台”获三等奖。“中国农产品加工业投资贸易洽谈会——地理空间信息服务系统”“驻马店市旅游地理信息系统”分获第二届天地图应用开发大赛三等奖。

## 党的建设与文化建设

**【党的群众路线教育实践活动】**

河南省测绘地理信息局在党的群众路线教育实践活动中出台《进一步加强督查工作的决定》，修订《河南省测绘地理信息局机关督查工作办法》。停止测绘生产大楼的筹备工作，清理在编不在岗人员5名，清退超标办公用房185.8平方米，出台12项工作规则、决定、办法，解决群众反映强烈的问题19项，教育实践活动第一、二、三环节群众满意度分别达到93.3%、88%、94.3%。举办“太行公仆”吴金印、“国土资源战线焦裕禄式好干部”寻明胜先进事迹报告会，组织全体党员干部观看党内教育片。从“三公经费”控制、工作会议预算等方面进一步落实中央八项规定。针对排查出的4方面11个问题，提出30条整改措施并整改落实到位。

**【党建工作】**

河南省测绘地理信息局印发《2014年党风廉政建设和反腐败工作实施意见》《关于落实党风廉政建设党委主体责任和纪委监督责任的意见（试行）》《十八大以来廉政新规定》。修订《局党委工作职责》，制定《关于落实党风廉政建设党委主体责任和纪检监督责任的实施意见》《关于开展领导干部亲属违规经商办企业和领导干部收送红包礼金问题专项治理工作方案》《河南省测绘地理信息局2013~2017年惩治和预防腐败体系建设实施细则》《河南省测绘地理信息局工作人员参加测绘业务活动禁止收取有关费用的规定（试行）》，与机关处（室）、直属单位签订《党风廉政建设目标责任书》，成立惩防体系建设工作领导小组。开展“加强作风建设、促进廉洁从政”主题教育活动，组织党员集体观看教育片。评选文明处室和先进党支部。开展“纪念先烈·报效祖国·圆梦中华”活动，在局门户网站开设“网上祭先烈”栏目，举办主题党日、团日活动，组织处级干部参加省直党校集中轮训14人次，组织入党积极分子参加省直党校理论培训27人。召开中共河南省测绘地理信息局直属机关第二届党员代表大会。

**【共青团工作】**

4月9日，河南省地图院孙光文被共青团中央、人力资源和社会保障部授予“全国青年岗位能手”称号。省测绘地理信息局团委授予省遥感测绘院团委、省基础地理信息中心团支部先进团组织称号，杨闪闪等6人优秀团员称号，贺晓阳等4人优秀团干部称号。举办“五四”青年电影周。

**【文化建设】**

河南省测绘地理信息局在全国省级测绘地理信息行政主管部门2014年度测绘地理信息工作绩效考核中被评为特色工作创新单位。完成2013年度省辖市测绘行政主管部门科学发展观年度考评工作，表彰优秀单位11家。河南省测绘工程院梁海云、河南省遥感测绘院张俊峰获“河南省五一劳动奖章”。

开展“我们的节日”主题活动，利用清明、端午等法定节假日，举办棋牌类、球类比赛。参加国家测绘地理信息局“十八大礼赞”测绘地理信息文化系列活动，获散文类一等奖2项、二等奖1项，诗歌类一、二等奖各1项，廉政格言警句二等奖1项，河南省测绘地理信息局获优秀组织奖。组织参加全国测绘地理信息系统第三届“中色杯”羽毛球比赛。组织11人参加省直文明委、省体育局举办的2014“凯路仕”杯省直机关自行车体验活动。在郑州举办首届“测绘杯”门球邀请赛，解放军信息工程大学等14支老年门球代表队参赛。

组织干部职工撰写调研报告，收集处级干部调研论文51篇，评出特别奖3篇、一等奖4篇、二等奖8篇、三等奖9篇、优秀奖17篇，出版获奖论文集《经纬思鉴》第三卷。

**【宣传工作】**

河南省测绘地理信息局组织驻豫媒体进行河南省第一次全国地理国情普查中原行一线采访，开展全省第一次全国地理国情普查宣传活动。局门户网站制作“全省测绘地理信息工作会议”“中国共产党建党九十三周年”等5个专题栏目，发布信息146篇；制作测绘地理信息行业特有工种职业技能鉴定河南站、河南省测绘学会、河南省测绘地理信息大事记3个专题网站，发布信息127篇。开通局官方微博、微信，发布各类信息485篇。与大河网合作举办“中海达”杯地理国情普查知识有奖答题活动，参与活动100多万人。全年，局门户网站发布、更新稿件2400多篇，河南省测绘地理信息局在各类媒体发表稿件550多篇，编辑《河南测绘简报》12期。编纂完成《河南测绘地理信息年鉴2012～2014卷》合订本。

## 地方社团工作

河南省测绘学会接受政府职能转移，承担2014年度河南省优秀测绘地理信息工程奖评选工作。组织举办全省房产测绘培训、GIS新技术讲座、"3S"技术及新仪器发布等学术活动20多次，2000多人次参加。印发《河南测绘》4期5000多册，刊登论文、信息、通讯报道100多篇。发展新会员单位18家。

5月，首届智慧中原地理信息产业创新发展论坛在郑州举办，成立智慧中原地理信息技术河南省协同创新中心、智慧中原地理信息产业创新联盟，河南省测绘学会组织30多家会员单位加入智慧中原地理信息产业创新联盟。6月，由河南省测绘学会测绘教育工作委员会主办、河南城建学院承办的"中海达杯"河南省第三届高等学校大学生测绘技能竞赛在郑州举行，全省18所高等院校代表队参赛。7月，河南省测绘学会组织参加在贵州举行的"中国四维杯"第十届测绘地理信息职工定向越野赛，获优秀组织奖。9月，河南省测绘学会、省信息协会和北京超图软件股份有限公司联合举办"2014' SuperMap GIS自主创新与应用"研讨会。11月，河南省测绘学会在开封市组织召开全国测绘科技信息网理事会暨中南分网第二十八次学术交流会，湖南、湖北、广东、广西、河南和海南6省（自治区）代表及理事200多人参加，大会评选出一等奖论文23篇、二等奖29篇，汇编了《全国测绘科技信息网中南分网第二十八次学术信息交流会论文集》。12月，河南省测绘学会在郑州召开主题为"测绘地理信息——服务中原三大战略"的2014年学术年会，全省测绘科技工作者260多人参加。

# 湖北省

## 概况

2014年，湖北省政府工作报告明确将支持北斗产业园建设、北斗示范工程项目建设、智慧城市建设和芯片研发作为政府工作的重大部署。湖北省政府建立了以副省长许克振为召集人、以省直相关厅局领导为成员的湖北省北斗卫星导航应用产业发展工作联席会议制度，并在湖北省测绘地理信息局设立办公室，承担重大项目评审申报、政策补贴、项目审查等职能。湖北省测绘地理信息局对局属生产单位进行整合，组建以智慧城市北斗时空信息平台研发、建设为主的基础地理信息中心（加挂"湖北省北斗卫星导航应用技术研究院"牌子）。代省政府起草了《湖北省北斗卫星导航应用产业发展规划》和《湖北省人民政府关于促进北斗卫星导航应用产业发展的意见》，确定了以北斗地基增强系统为基础设施，以北斗智能应用芯片及终端制造为关键环节，以具有北斗统一时空标识的大数据采集、加工、应用为基础，以面向社会提供智能化服务为主要内容，实现湖北省北斗应用产业发展超常规快速增长的总体发展思路。

湖北省测绘地理信息局在已建成湖北北斗地基增强系统示范项目的基础上，启动全省剩余地区北斗地基增强系统建设，为全省产业发展提供基于北斗卫星的新一代大地测量基准，为高精度导航和专业定位应用提供实时动态位置服务。

湖北省测绘地理信息局开展以地理空间数据和各类专业数据相融合为主要内容的大数据中心建设，重点攻关"智慧城市"时空信息云平台，开展以"地上、地面、地下一体，室内、室外无缝对接，可透视、可感知、可控制的智能系统和北斗时空信息平台"为主要内容的"智慧城市"建设。发挥湖北省院士及重点实验室的优势，推进全省航空摄影、地理信息数据采集、北斗导航定位、地理信息系统软件开发等方面关键技术的研发、集成和产业化，开发满足智慧城市需求的时空信息云平台，形成核心竞争力。

## 重点工作推进

**【数字城市建设】**

2014 年，湖北省 17 个市州已有 9 个数字城市地理空间框架建设项目通过竣工验收，数字县市地理空间框架建设工作持续推进。省级基础地理信息数据库整合项目完成全部汇交成果的整合处理工作。继续实施全省 0.5 米分辨率航摄数据覆盖，获取了全省范围的资源三号卫星遥感影像，17 个市州的数字城市航摄工作均已完成并投入应用。启动“智慧武汉”时空信息云平台建设试点，落实经费，完成项目设计，由国家测绘地理信息局组织开展了中期评估。完成“智慧老河口”信息化基础设施场地建设，完成不同尺度基础地理信息数据的采集及三维、室内外全景展现；完成城管、社管网格数据融合，建立全尺度的地理编码体系，实现跨部门信息的整合共享；搭建了老河口市智慧城市时空信息云平台；开发城乡一体化社管、城市综合管理、应急指挥、城乡规划管理等应用系统。以“智慧老河口”项目为样本，积极开展智慧城市建设模式的探索研究，已形成管理制度、数据标准、应用开发标准、行业规范各 1 套。

**【“天地图·湖北”建设】**

按照“天地图”公益性保障服务能力建设要求，湖北省级“天地图”建设已纳入年度财政投入体系，2014 年度投入财政资金 80 万元。湖北省测绘地理信息局整合水利、林业、公安、地质灾害等各类专题信息资源，在省级节点门户网站提供专题信息分层显示和综合查询服务。开展湖北省级节点与鄂州、仙桃市级节点，以及省级节点与国家主节点的数据融合。为多个省级政府部门提供应用服务，重点在水利、公安等领域开展合作，积极挖掘市场需求，开发适应民生需求的地理信息服务。

**【地理国情普查】**

湖北省测绘地理信息局制定《湖北省第一次全国地理国情普查实施方案》《湖北省第一次全国地理国情普查工作管理办法》等规章，在局门户网站开辟普查专栏，通过电视、报纸、网站等多种形式进行宣传，开展“我在现场”普查工作网络随手拍活动。加大省、市、县三级普查经费的投入力度，省级 5810 万元普查经费全部到位，市县级普查经费绝大多数已到位。三级财政普查生产经费约 4.3 亿元，各地普查办另配备设备和管理经费约 5000 万元。全年，开展省级普查培训 15 次，1800 多人次参训，普查工作全员持证上岗。制订了《湖北省第一次全国地理国情普查工作计划》，截至 11 月 14 日，湖北省内业解译工作完成 81%，外业核查工作完成 65%。加强对生产单位的监督指导和定期检查，及时向各方面反馈重大问题，完成 44 个市（县）首件成果检查和全部过程质量检查。

湖北省测绘地理信息局成立第一次全国地理国情普查应用研究小组，开展普查成果应用与服务研究工作。与武汉大学遥感信息工程学院合作，加强对曾都区普查试点成果的深度开发，形成了植被覆盖度分析、森林固碳能力分析、景观格局分析、人居环境分析 4 个方面的综合统计分析成果。结合湖北省国民经济和社会发展的具体情况，选定“湖北省第一次全国地理国情普查水资源湖泊专题动态监测”“湖北省主体功能区规划实施监测与评估项目”“随州（市）曾都区城市建成区动态监测与成果应用监测”作为湖北省首批国情监测项目，将“湖北省第一次全国地理国情普查水资源湖泊专题动态监测”“湖北省主体功能区规划实施监测与评估项目”上报国家测绘地理信息局作为地理国情监测省级试点。“湖北省第一次全国地理国情普查水资源湖泊专题动态监测”项目已完成 60 年代～80 年代、1999 年、2009 年、2011 年～2013 年 4 个时期湖泊数据的采集工作，空间坐标均转换为 2000 国家大地坐标系，结合湖北省气象局收集到的降雨资料和其他公开发布的信息，完成了初步的分析工作。

**【北斗卫星导航产业】**

湖北省建立北斗卫星导航应用产业发展工作联席会议制度与产业统计制度，启动部分地区北斗地基增强系统建设。向总装备部北斗办提交申报，加强北斗芯片在长江航道、精细农业、精准物流、平安惠民、民生关爱等领域的应用，项目通过专家评审。湖北省测绘地理信息局拟定《军民融合创新中心 2014—2016 年发展规划》以及军民融合连续运行参考站系统（CORS）建设、全球测绘、天绘卫星影像数据接收处理与应用、湖北省地理国情普查、北斗检测与维修中心建设 5 个合作项目的实施计划。组建省北斗产业发展联盟；与湖北省央企合作办公室组织了湖北省北斗产业项目对接洽谈会，在车联网、高精度定位、芯片、民生关爱、智慧城市等方面初步达成合作意向。与省公安厅、省农业厅、省交通厅、省移动公司等相关部门、企业签订战略合作协议。推动成立湖北长投天瑞创业投资管理有限公司，一期基金募资2亿元，推进北斗产业技术与服务模式融合创新。与交通银行签订协议，为湖北省发展北斗产业提供10亿元的贷款授信。制定北斗产业园一期建设方案，计划在武汉东湖高新开发区用地182亩，投资5.8亿元。

## 法制建设与市场监管

【立法工作】

湖北省测绘地理信息局配合省人大、省法制办公室做好相关测绘地理信息法规、规章的修订工作。向省人大、省法制办公室申报2015年立法项目，争取把《湖北省测绘管理条例》修订列入2015年预备项目。

【行政执法】

湖北省测绘地理信息局开展测绘资质巡查和测量标志执法检查，至年底，已完成测绘资质类和测量标志类执法6起，未发生行政复议案件和行政诉讼案件。

【依法行政】

湖北省测绘地理信息局对行政审批事项进行调整，保留行政审批事项共9项。在局门户网站设置公共服务、行政许可和信息查询专栏，公开行政审批目录、项目名称、办理流程、法律法规依据、法定办理期限及联系咨询电话等。积极与省行政审批办衔接，将行政审批事项在湖北省行政审批事项目录清单网站上进行公布。

【资质管理】

湖北省测绘地理信息局完成2014年测绘资质年度注册工作，缓期注册2家，注销12家。对缓期注册的单位提出了整改意见和时限要求。8月，组织48家甲级资质单位参加国家测绘地理信息局举办的测绘资质复审换证培训班。9月，在武汉、宜昌、襄阳举办培训班，解读新版《测绘资质管理规定》和《测绘资质分级标准》，对测绘资质管理信息系统3.0平台进行操作培训。至年底，湖北省共有测绘资质单位641家，其中甲级49家、乙级138家、丙级291家、丁级163家，2014年新审批测绘资质单位59家。

【市场监管】

湖北省测绘地理信息局利用互联网地图监管系统向国家测绘地理信息局报备湖北的互联网地图服务单位情况，对互联网地图服务网站进行严格监管。开展全省测绘地理信息市场信用体系建设调研，深入仙桃、潜江、鄂州、黄石等市多个县（市），收集有效意见和建议20多条。

【普法宣传】

湖北省测绘地理信息局印发《2014年全省测绘地理信息系统普法依法治理工作要点》。8月，召开全省测绘地理信息法制工作会议，对湖北省测绘地理信息系统普法依法治理工作进行部署，举办测绘地理信息法制培训班，对市县的测绘科长和省局机关全体工作人进行培训。8月，组织省内测绘资质单位参加“帝测杯”测绘地理信息法律知识微信有奖问答。“8·29”测绘法宣传日当天，全省各地设立宣传站点，通过悬挂宣传横幅、张贴宣传画、发放宣传材料和公益地图等方式，向群众宣传测绘地理信息工作，现场答复群众咨询。

## 基础测绘

【基础测绘投入及服务总值】

湖北省建立稳定的基础测绘地方财政投入机制，每年投入基础测绘（含其他专项）经费5000多万元。2014年，湖北省测绘地理信息局直属单位完成测绘服务总值2.9亿元，较2013年增长13.2%。

【测绘保障】

湖北省国家现代基准体系基础设施建设一期工程建设任务全部完成并通过国家测绘地理信息局验收。积极推进2000国家大地坐标系使用，完成年度工作任务并向国家测绘地理信息局申请了质量监督检查。结合数字城市地理空间框架建设，完成部分地方坐标系转换工作；基本完成现有1:1万数据整合处理工作，结合地理国情普查开展了全省1:1万正射影像图和数字高程模型更新工作；协助收集和提供了1:5万数据库动态更新所需的湖北省专业资料和省级测绘成果，完成湖北省区域1:5万数据库动态更新成果外业抽检。湖北省测绘地理信息局承担的湖北省境内5个国家GNSS基准站新建工作全部完成并通过国家测绘地理信息局验收。

【基础航空摄影与卫星影像获取】

湖北省继续实施西部地区0.5米分辨率航空摄影，获取全省范围的资源三号卫星遥感影像，已获取的遥感影像应用到地理国情普查等项目。影像资料使用率达到100%，配套经费支付及时、合规。加强地方影像资料统筹管理，避免了影像获取方面的重复投入。

【质量监督】

湖北省测绘地理信息局组织开展全省测绘地理信息成果质量监督检查，抽查测绘资质单位80家。完成全省44个普查单元的过程质量监督抽查工作，覆盖全部普查生产单位。开展第二轮过程质量监督抽查，实现任务区全覆盖。全省基础测绘、测绘专项成果一次验收合格率达100%。

【安全生产】

湖北省第一次全国地理国情普查领导小组办公室全面部署安全生产和保密管理工作，加强冬季高山野外作业困难地区安全管理，保证普查工作零事故，确保普查资料安全。

## 地图管理与地图服务

【地图编制管理与服务】

湖北省建立领导工作用图共享机制，开展国家与省级之间领导工作用图共享工作，按要求向国家测绘地理信息局汇交了湖北省领导工作用图的共享资料，并收到国家测绘地理信息局下发的世界地图、中国地图、省份地图和湖北城市地图光盘数据。湖北省测绘地理信息局组织开展领导机关用图编制工作，为省直部门领导办公室制作安装四全开、双全开实木镜框地图57套；为省直部门日常办公、应急服务提供地图集（册）、特色地图、挂图和纸图等累计2198份；为省委、省政府主要领导视察新疆博州提供工作用图50份；为省委办公厅提供全省各市州行政区划图、交通图561套。为湖北宜昌、孝昌、鄂州、神农架、仙桃等20多个市（县）编制行政区划、卫星影像、交通和旅游地图，编制更新湖北省、武汉市交通旅游地图和图册。为湖北水利、电力、国土等部门提供专题地图服务，编制湖北省湖泊图集、长江中下游河道形势图、省电网地理接线图等20多种专题地图。

【地图市场监管】

湖北省测绘地理信息局印发《湖北省2014年"问题地图"专项治理工作方案》，重点检查互联网上出售或提供涉密地图、上传标注涉密或敏感地理信息等违法违规行为。5月，会同武汉市测绘局对武昌城区地铁站点的房产宣传广告、租车行网点分布图等不按规定使用中国示意图的"问题地图"进行清查。向省直有关厅局、武汉地区高校发出协查函，各单位开展了自查，对已查实的相关资料实行专柜集中存放、闭架式管理。会同武汉市测绘局对中国（武汉）期刊交易博览会、第十三届华中图书交易会、武汉市城区公交站台户外广告中的地图进行检查，杜绝"问题地图"出现。

【互联网地图监管】

湖北省测绘地理信息局加强对互联网地图服务网站的实时管控，安排专人专机，运用安全监管系统对互联网地图进行清查，对清查出的问题通知有关单位进行整改。对POI（兴趣点）进行了搜索，更新POI（兴趣点）333个。

【国家版图意识宣传教育】

湖北省印发国家版图意识宣传教育和地图市场监管2014年工作要点，开展"进学校、进社区、进媒体"活动，加大地图重大违法案件曝光力度，增强公众辨别"问题地图"的能力。利用科技周和"8·29测绘法宣传日，采用多种形式，面向社会组织开展宣传教育活动，收到良好的社会效果。做好国家版图知识竞赛团体赛省级选拔工作。组织参加"美丽中国"第二届全国国家版图知识竞赛个人赛和少儿手绘地图大赛。

## 测绘地理信息成果管理与应用

【成果汇交】

湖北省测绘地理信息局组织局属测绘资质单位完成测绘地理信息成果汇交工作，编制省级测绘地理信息成果目录并向社会发布。加快测绘地理信息成果目录汇交平台建设，探索测绘地理信息成果目录汇交的盈利模式，提高目录汇交积极性。

【成果提供】

湖北省测绘地理信息局修订《湖北省基础测绘成果和地理信息数据使用、发布许可申请材料注意事项》，制定《湖北省第一次全国地理国情普查涉密基础测绘成果领取程序》。至年底，审批基础测绘成果提供使用645件，满足了地理国情普查和经济社会发展的需要。

【涉密成果管理】

12月，湖北省测绘地理信息局在武汉举办全省第八期涉密测绘成果管理人员岗位培训班。全年完成涉密测绘成果提供使用审批538件，审核并备案各类公开版地图（册）12件。组织开展涉密测绘成果使用跟踪监管，与大宗成果用户单位保持经常联系。严格管理地理国情普查相关成果资料，要求各普查单位和个人不得虚报、瞒报、拒报、迟报，不得伪造、篡改普查数据，对普查获得的涉密资料和数据严格保密。

【测量标志管理】

湖北省测绘地理信息局赴鄂州、孝感、黄冈、咸宁、黄石等地进行测量标志巡查，批准测量标志迁建5起。向11个维护工作难度较大、地方财政困难的县（市）拨付测量标志重点维护补助费38万元。湖北省测量标志管理信息系统2.0版正式上线运行，组织对市县测绘科长及测绘资质单位相关人员进行操作培训。

【应急保障】

湖北省测绘地理信息局完善《湖北省测绘应急保障预案》，建立健全部门协作和信息共享机制。对湖北省政府测绘应急管理地理信息平台建设和使用管理情况进行梳理总结，向省政府应急办提交了调研报告表。分4期开展省测绘应急保障地形图储备工作。组织开展应急演练。

【合作共建】

湖北省测绘地理信息局加强与中国地图出版集团的合作，完善公共版地图编制、出版、发行的合作机制，创新地图产品的形式和内容。加快推进军民融合创新中心建设，签署了三方协议，拟定《军民融合创新中心2014—2016年发展规划》《军民融合创新中心2014年工作计划》及军民融合连续运行参考站系统（CORS）建设、全球测绘等5个合作项目的实施计划，并对创新中心园区进行规划，制定园区改造装修方案，落实了园区建设改造资金。

## 科技、标准化与国际合作

【科技创新】

2014年，湖北省测绘地理信息局投入240万元开展生产性技术攻关与标准研究制定工作。与武汉大学资源环境科学院重点实验室和武汉大学精密工程重点实验室进行科学研究和成果转化等科目。加快北斗智能应用芯片研发，与省国资委沟通对接，组建了武汉梦芯科技有限公司，正式启动“基带射频一体化北斗多模定位芯片”项目建设，完成测试设备、软件采购、ARM授权费、研发人力成本、实验室建设等工作，该项目进展顺利，各项测试指标符合预期。

【标准化建设】

湖北省测绘地理信息局参与并完成《测量标志数据库建设规范》《航空摄影成果质量检验技术规程第2部分：框幅式数字航空摄影》《航空摄影成果质量检验技术规程第3部分：推扫式数字航空摄影》3项标准的立项和制订工作。

【国际交流】

湖北省测绘地理信息局选派1人参加在瑞士日内瓦举行的2014年世界空间信息论坛（WGF2014），选派1人随国家测绘地理信息局代表团参加英国诺丁汉大学测绘地理新技术培训。5月，组织湖北省测绘地理信息学会会员单位赴南宁参加中国-东盟矿业合作论坛暨推介展示会“中国-东盟”测绘地理信息分论坛。10月，组织参加沧海论坛——地理信息技术应用学术研讨会暨东南亚测绘协会第54次理事会会议。

【人才队伍建设】

湖北省测绘地理信息局组织局属单位完成2014年工作人员公开招聘工作，推进测绘行业技能人才队伍建设和特有工种职业技能鉴定工作。全年全局共安排11人到省委党校、华师党校、省直机关工委党校及国家测绘地理信息局党校进行学习培训；组织专题培训班2期，100多人参加。向国家测绘地理信息局推荐2名注册测绘师命题专家，为局属单位引进调入专业技术人才5人（其中博士研究生3人），安排2名机关干部到局属单位挂职锻炼，安排2人到鄂州（市）地理信息中心挂职，安排2名副处级干部参加省委组织部统一安排的挂职锻炼。

## 党的建设与精神文明建设

【党建工作】

2014年，湖北省测绘地理信息局组织9次中心组理论学习，重点学习贯彻落实党的十八大，十八届三中、四中全会及习近平系列重要讲话精神。汇编《湖北省测绘地理信息局开展“学习贯彻十八大争创发展新业绩”主题实践活动学习资料》，发放给全局干部职工进行自学。组织23人参加“湖北干部讲堂”，全年完成湖北省委规定的40学时任务，平均学习112学时，在省直机关中排名靠前。湖北省地图院地理信息工程与制图中心党支部先进事迹录入湖北省直机关工委出版的《支部工作法》，湖北省测绘地理信息局被省委评选为“党建工作合格单位”。

**【党风廉政建设】**

湖北省测绘地理信息局印发《湖北省测绘地理信息局关于认真落实党风廉政建设“两个责任”的十条措施的通知》《湖北省测绘地理信息局明查暗访活动实施办法（试行）》《湖北省测绘地理信息局建立健全惩治和预防腐败体系2013—2017年实施细则》《湖北省测绘地理信息局关于落实党风廉政建设党委主体责任纪委监督责任的清单》。在精文减会方面，比2013年减少业务工作会议和培训班次18%；以局和办公室名义发文数量比2013年同期下降11%。在“三公经费”管理方面，接待费比2013年同期下降94%，公车运行维护费比2013年同期下降6%，公务出国出境考察团零增长。

**【文化建设】**

湖北省测绘地理信息局出台《湖北省测绘地理信息局测绘文化建设指导意见》，将文化建设纳入年度工作规划，列入党组重要议事日程。成立文化建设工作领导小组。组织参加全国测绘地理信息系统第三届“中色杯”羽毛球比赛；参加“中国四维杯”第十届全国测绘地理信息职工定向越野赛，获成年团体第三名和优秀组织奖。

**【精神文明建设】**

湖北省测绘地理信息局开展“学雷锋学天祥邻里守望”志愿服务活动，参加创建“文明诚信中南路”活动和中南路街“践行核心价值观 争上中南好人榜”活动。开展“文明出行从我做起”主题宣传活动，获中南路街“文明过马路”宣传优秀志愿者服务队表彰。参加省直机关工委组织的“书香机关·践行梦想”读书演讲活动，1人获优秀奖，湖北省测绘地理信息局获组织奖。组织开展“学习焦裕禄 争当好干部”活动，推荐好干部好党员9人。

## 地方社团工作

**【湖北省测绘地理信息学会】**

11月，湖北省测绘地理信息学会在武汉召开2014年学术年会，邀请院士、专家作主题报告，颁发湖北省测绘科技进步奖，举办测绘学术交流论坛，180多人参加。12月，协助中国测绘地理信息学会在武汉举办2014年学术年会。征集第十五届湖北省自然科学优秀学术论文候选作品580多篇，经初审，报送225篇，其中10篇获二等奖，20篇获三等奖。完成由“湖北省测绘学会”更名为“湖北省测绘地理信息学会”相关手续，并发文通告。

**【湖北省测绘行业协会】**

湖北省测绘行业协会协助会员单位举办第五届武汉国际地球空间信息技术暨2014年高校GIS论坛、航天远景GIS新技术巡展。组织以“爱祖国、爱测绘、爱生活”为主题的湖北省测绘行业协会第一届摄影比赛。

# 湖南省

## 概况

2014年，湖南省政府明确要求省国土资源部门加强“对全省测绘地理信息工作的组织、指导和监督管理”，并在省国土资源厅增设地理信息处，明确6名人员编制。至年底，全省省、市、县三级共有测绘地理信息管理机构118个，其中以测绘地理信息管理机构名义挂牌的46个。全省测绘地理信息管理机构中共有从事测绘地理信息管理工作的人员333人。直属测绘地理信息单位从业人员1127人，其中省级直属测绘地理信息单位773人，占68.6%。省、市、县三级共投入基础测绘经费8937万元，其中省级占30.5%、市级占47.7%；投入测量标志维护经费248.5万元，其中省级占30.2%、市级占33.2%。

湖南省全面开展测绘资质复审换证工作，至年底，全省共有测绘资质单位558家，其中甲级35家、乙级94家、丙级186家、丁级243家。全年新增资质单位11家，升级4家，降级20家，核减业务范围48家，注销资质41家。2014年，全省测绘地理信息行业从业人员 11549 人，录用毕业生 579 人。

在省国土资源厅对测绘科研投入加大的情况下，测绘科研成果数量和质量有所提高，全年发表论文 29 篇，获奖成果 18 项，其中有 6 个省部级科技奖项。

2014 年，湖南省测绘资质单位服务总值 21.74 亿元，比上年度增加 0.38 亿元。湖南省国土资源厅各直属测绘单位服务总值 3.72 亿元，同比增长 9.64%。

## 重点工作推进

**【数字城市建设】**

湘西自治州、永州、娄底、常德、岳阳 5 个市和茶陵、湘乡、道县 3 个县数字城市地理空间框架建成并通过验收。开展数字城市一体化建设试点，启动桂东、花垣、泸溪、宁远、嘉禾、澧县、平江 7 个县域数字城市地理空间框架建设。“智慧长沙”时空信息云平台建设列入国家测绘地理信息局 2014 年“智慧城市”时空信息云平台建设试点。各地依托数字城市地理信息公共服务平台，建设了人口管理、园林绿化、电力管理、市政服务等应用系统。

**【“天地图·湖南”建设】**

湖南省国土资源厅进一步丰富、更新湖南省地理信息公共服务平台（政务版）内容，矢量数据集的地形重点要素现势性更新至 2014 年，影像数据集更新至 2013 年，利用 0.2 米分辨率影像生产的瓦片数据覆盖全省面积的 1/3，地名信息增加到 60 多万条。应用单位增加到 12 家，为省无线电管理委员会、省水文局在全省特别是武广高铁无线电信号监管、全省中小河流数据采集和管理工作提供精准服务。为湖南省警用综合地理信息系统提供基础数据，提高了省警用地理信息化水平。“天地图·湖南”（公众版）实现 7×24 小时不间断服务，分 2 次对水系、交通、居民地、林地、行政区地名等要素和影像图进行更新，完成国家与省级的数据融合，21.18 万平方千米数据融入国家级、省级节点，全年提供在线服务 432 万次。举办首届“天地图·湖南”开发大赛，多家主流媒体进行报道。向省卫生和计划生育委员会、省工商行政管理局、省林业厅等单位提供在线或前置服务，为 10 多个厅局开发 20 多个基于“天地图·湖南”的应用系统。

**【地理国情普查】**

湖南省全年共投入第一次地理国情普查工作人员 2000 多人，投入普查专项经费 1.98 亿元，完成年度工作任务。湖南省第一次地理国情普查领导小组办公室编制全省技术设计书，印发《湖南省第一次地理国情普查项目管理办法》《关于开展第一次地理国情普查“百日攻坚战”的通知》，出台《湖南省地理国情普查质量监督管理工作方案》《湖南省地理国情普查成果质量验收工作方案》，确保普查有序进行。

截至年底，7 个普查任务承担单位全面完成普查影像图制作、普查外业调查与核查工作，完成 20.65 万平方千米内业编辑整理、19.06 万平方千米 DEM 精细化处理，完成普查数据建库试点工作。全省地理国情普查生产外业核查任务完成 100%，内业编辑完成 97%，综合任务完成 99%，超额完成 2014 年度目标任务。

开展“洞庭湖生态经济区地理国情监测”与“湘江流域地理国情监测”2 个监测项目，监测洞庭湖区洲滩扩张演变、湖区湿地保护和湘江流域城市化、工业化与国土空间开发等。

开通地理国情普查官方微信，及时报道普查最新进展。召开地理国情普查新闻发布会，向 30 多家新闻媒体介绍全省地理国情普查开展情况。发送 10 万条公益短信，制作普查知识手册、宣传标语，刊登普查车身广告，加强普查宣传工作。联合各市（州）普查领导小组办公室开展为期 1 个月的地理国情普查“宣传月”活动。

## 法制建设与市场监管

**【地理信息领域立法】**

10 月 10 日，湖南省国土资源厅就《湖南省地理空间数据交换与共享管理办法（草案）》举行重大决策听证会，省政府法制办公室、省环境保护厅、省公安等单位和测绘企业近 20 名听证代表、监督员参加听证会。会上听证代表共提出建议、意见 43 条。经研究，完全采纳意见 14 条，部分采纳意见 6 条。该草案已列为省政府立法论证项目。

**【法制建设】**

湖南省国土资源厅组织调查研究地理信息产业发展的可行性，形成调研报告。湖南省政府办公厅下发《关于促进地理信息产业发展的实施意见》，明确了推进测绘地理信息工作转型升级的措施，提出6大平台建设任务、6大重点发展领域、5个方向示范和推广应用，以及7项支持保障地理信息产业发展的政策措施。湖南省国土资源厅印发《关于贯彻落实〈湖南省人民政府办公厅关于促进地理信息产业发展的实施意见〉的通知》。

**【依法行政】**

湖南省国土资源厅完成“三清单一目录”（权力清单、责任清单、外商投资准入负面清单及省政府核准的投资项目目录）清理工作，经省政府法制办公室公告取消、下放的行政权利项目相当于原有的1/3。

**【法制宣传】**

湖南省国土资源厅开展国家版图知识竞赛湖南选拔赛、少儿手绘地图大赛和优秀作品展、测绘法宣传日活动微博有奖转发等主题活动，共有近20家媒体、200名专家、30万人次参与活动。

## 基础测绘

**【测绘基准体系建设】**

湖南省国土资源厅全面完成国家现代测绘基准体系基础设施建设一期工程在湖南省各项建设任务。对测量标志进行普查，建立测量标志管理与服务系统，并对部分受损的测量标志点进行维修或加固。实施湖南省卫星导航定位公共服务平台（HNCORS）二期工程建设，建成能够提供北斗差分信号的省级系统，系统有85个基准站融合了北斗信号，并建成37个普通基准站，北斗导航定位服务信号覆盖湖南全境。积极推广应用2000国家大地坐标系，已完成全省省级基础测成果转换工作，在各市（县）积极推动2000国家大地坐标系的使用。

**【基础地理信息数据更新】**

湖南省国土资源厅安排1:1万地形图更新500幅，省级基础地理信息数据库整合改造工作顺利推进，满足了经济建设与社会发展对基础地理信息保障的需要。开展湖南境内1:5万基础地理信息数据库动态更新所需专业资料收集工作，及时向国家测绘地理信息局提供所需省级测绘地理信息成果，完成1:5万动态更新外业抽检工作。

**【基础航空航天遥感影像获取与应用】**

衡阳摄区航空摄影项目按时完成，共获取0.5米分辨率航空影像28509平方千米并通过验收，地方配套资金按时支付。省级影像资料由省国土资源信息中心统一管理、资源共享。按时向国家测绘地理信息局报送湖南省基础航空航天影像获取情况，汇交了成果资料。在基础测绘、地理国情普查、数字城市建设、农村集体土地确权登记发证、1:5万数据更新等方面，实现航空航天影像资源共享。

**【质量管理】**

湖南省国土资源厅组织完成13个项目批次的基础测绘数据更新验收，完成1:1万地形图更新项目调绘759幅、DEM 879幅、DOM 448幅、DLG 448幅。组织对湖南省农村集体土地确权登记发证、农村集体建设用地和宅基地使用权确权登记工作底图、不动产统一登记基础数据建设正射影像图等项目开展检查验收。

## 地图管理

**【地图审核】**

湖南省国土资源厅全年共受理审核地图、核发审图号80批次284幅地图，并全部按要求备案。对全省83批次地图进行严格的技术审查。全年出版各类地图（册）、图书132种，合计99.5万幅（册）。

**【互联网地图管理】**

湖南省国土资源厅组织开展互联网地图服务企业资质监测情况的研判核查，合计签收地图服务网站32个，排除地图服务网站301个，排除地图图片47张。

## 测绘地理信息成果管理与应用

湖南省国土资源厅为国土、水利、电力、地矿等20多个行业提供测绘地理信息成果服务，全年提供“4D”成果632GB，其中DEM 31704幅、DLG 27280幅、DOM 947幅、DRG 159幅，纸质地形图3699张，控制点1002个。积极保障地理国情普查、1:5万地质灾害详查、洞庭湖基本农田建设重大工程、娄邵盆地基本农田建设重大工程、连片推进农村土地整治示范县项目等重大项目，依法免费为政府和社会公益性项目提供地理信息数据服务。推进测绘地理信息数据管理方式的变革，逐步从基础地理信息数据周期性更新向实时、准实时更新转变，从介质拷贝数据向在线提供数据转变。

在与11个厅局签订共建共享协议的基础上，积极推动“天地图·湖南”和HNCORS等系统和平台的应用。至年底，HNCORS已注册账号1875个，为省内外359家单位提供服务，“天地图·湖南”已授权省发展和改革委员会、省交通厅、省公安厅等14个用户使用平台服务，支撑基于平台的应用系统16个。

## 科技创新与人才培养

**【科研项目绩效评估】**

2014年，湖南省国土资源厅组织对科研项目进行绩效评估，成立绩效评价检查小组，采取现场和非现场相结合的方式进行考核。其中，现场评价抽查的项目个数和资金量比例不低于项目总数和资金总额的30%。经第三方中介评估和省财政厅认可，湖南省国土资源厅科研及标准化建设项目绩效评估被评定为优秀等级。

**【科技创新平台建设】**

中国测绘科学研究院、中南大学、湖南省国土资源厅共同组建中国测绘科学研究院地理国情监测湖南中心。湖南省国土资源厅第三测绘院与中南大学合作共建湖南省重点工程中心——湖南省地理空间信息工程技术研究中心，开展地理空间信息理论与方法、关键技术、重大工程建设等领域的相关研究、技术开发与服务工作。国家测绘地理信息局卫星测绘应用中心在湖南省国土资源规划院设立湖南分院。中国测绘科学研究院在湖南省测绘科研所设立湖南分院。

**【科技创新能力建设】**

湖南省国土资源厅从厅科技计划专项中投入近300万元，开展10项测绘地理信息科技项目研究。取得“地理国情时空数据快速更新‘天地图·湖南’在线数据应用研究”“基于安卓智能终端的移动外业调绘系统研究”等一批成果。全年，湖南省国土资源厅组织完成的项目获2014年中国测绘地理信息学会测绘科技进步奖二等奖1个、三等奖4个，全国优秀测绘工程奖金奖2个、银奖4个、铜奖8个，优秀地图作品裴秀奖银奖1个。湖南省第二测绘院申报的“崀山国家地质公园数字三维建模”获省科技进步奖三等奖。

**【人才培养】**

湖南省国土资源厅建立激励机制，出台相关政策制度，鼓励测绘科技创新。在每年的厅科技计划中对测绘科技项目重点倾斜，支持各单位选拔和培养40岁以下青年科技创新人才、野外一线人才，资助其开展研究。对从事测绘科技创新取得成绩的人员提供职称评定优惠政策。至年底，厅测绘地理信息相关部门共有1人入选第一批国土资源科技领军人才开发和培养计划，1人入选第一批国土资源杰出青年科技人才培养计划，1个科研团队入选第一批国土资源科技创新团队培育计划。

## 党的建设与精神文明建设

**【党建工作】**

湖南省国土资源厅加强对支部党员大会、支委会、党小组会制度落实情况的检查，监督“三会一课”等基本制度的落实。支部开展“党课人人讲，课题自己领”季度讲党课活动。制定基层党组织分类定级标准，对基层党组织进行分类定级，明确帮建责任人和帮建措施。配发十八届三中、四中全会，习近平总书记重要讲话精神相关书籍、资料，安排专题辅导讲座，协调组织中心组集中（扩大）学习，举办“提升党务干部能力素质，落实从严治党管党要求”专题党务干部培训班。制定《湖南省国土资源厅2014—2020年服务型党组织建设工作规划》。申领2014年度省直机关党建和思想政治工作理论研究重点课题，获党建和思想政治理论研讨活动优秀组织奖，《科学党建一点通 搭建智慧党建平台——省国土资源厅直系统基层党建创新探索》获调研成果一等奖，“柯键——国土资源系统党务一点通”网络版已完成。各支部召开“履行党员职责、坚定理想信念”专题组织生活会，厅党组成员以普通党员身份参加支部民主生活会。

**【精神文明建设】**

湖南省国土资源厅开展培育和践行社会主义核心价值观系列讲座。围绕庆祝中华人民共和国成立65周年，举办“歌唱祖国”歌咏比赛、“践行社会主义核心价值观，聚力实现中国梦”主题演讲比赛。组织在职党员进社区报到工作，参加社区献血等进社区志愿服务活动。提炼“保资源、促发展、乐奉献、敢担当”厅直机关核心价值表述语。元旦、春节期间，筹集20多万元资金慰问帮扶单位和机关及直属单位困难人员。政务大厅获评省直“十佳文明服务窗口单位”。组织机关女干部职工到敬老院开展慰问孤寡老人活动，组织团干部参加省直机关

“爱地球、看我的”梅溪湖环保展示活动。

## 地方社团工作

**【自身建设】**

湖南省测绘地理信息学会被湖南省科学技术协会评为“2014年度先进单位”。4月24日，召开九届六次常务理事会议。12月9日，召开2014年学术年会暨九届六次理事会议，表彰2014年湖南省优秀测绘地理信息工程奖与测绘科技进步奖获奖单位和先进个人，邀请中国工程院院士张祖勋作学术报告，150多人参加。

**【学术活动】**

5月，湖南省测绘地理信息学会主办倾斜摄影真三维技术与智慧城市应用研讨会，协办2014年全国地理信息学术研讨会，主办湖南省第四届高等学校大学生测绘实践创新技能大赛。7月，组织湖南省测绘科普夏令营。8月，联合中国测绘地理信息学会工程测量分会在长沙举办2014年注册测绘师资格考试考前辅导强化培训班。9月，联合北京超图软件股份有限公司举办2014年湖南省INPHO全数字摄影测量系统培训班。10月，主办2014年度湖南省房产测绘专业委员会常务会议，与湖南省地图院联合主办湖南省2014年地图学与GIS学术论坛暨测绘地理信息大讲堂（第六讲）。

**【奖励评选】**

湖南省测绘地理信息学会组织开展2014年湖南省优秀测绘地理信息工程奖和湖南省测绘科技进步奖评选活动，从60个申报项目中评选出优秀测绘地理信息工程奖一等奖9个、二等奖15个、三等奖21个，从14个申报项目中评选出测绘科技进步奖一等奖6个、二等奖8个。推荐的1篇论文获湖南省第十五届自然科学优秀学术论文二等奖、1篇获三等奖；3篇论文获全国测绘科技信息网中南分网第二十八次学术信息交流会论文一等奖、4篇获二等奖。

**【学术平台建设】**

湖南省测绘地理信息学会做好湖南省测绘地理信息网维护与更新，年访问量3.5万人次。全年发行《湖南测绘地理信息简讯》4期7400多册。

# 广东省

## 概况

2014年，广东省大力推进各项测绘地理信息重点工作，取得明显成效。出台《广东省第一次全国地理国情普查项目管理办法》等10多项规章制度，落实地理国情普查经费4.2亿元，完成地理国情数据采集任务98.3%。数字城市地理空间框架建设全部建设完成并转入推广应用阶段，建成各类应用示范系统450多个，为50多个部门提供地理信息服务。数字县区地理空间框架建设和“一村一镇一地图”建设全面启动。完成全省地理信息公共平台涉密、政务和公众版建设，实现省市互联互通和共享，平台数据覆盖全省。完成“天地图·广东”省级节点15级～17级矢量数据全覆盖更新和“天地图·中山”“天地图·珠海”市级节点建设。

结合国家基础航空摄影计划，获取13万平方千米0.5米分辨率航空影像数据。完成1:1万地形图核心要素更新6599幅、省级地理数据库（DLG）数据整合升级986幅。实施7个国家GNSS基准站升级改造工程，完成水准联测。完成99个CORS站点2014年全国导航卫星系统连续运行基准站网整体同步观测及平差。启动广东省高分辨率影像数据建设，完成《广东省基础测绘“十三五”规划》初稿编制工作。

完成21个市和顺德区的市（区）域地图以及102幅县域地图编制，批准国家秘密基础测绘成果申请208宗，提供各种比例尺地形图和数字产品2.2万多幅、各种控制点成果2.4万多个点、航摄成果11.3万多平方千米。成立广东省突发事件应急卫星定位与低空遥感技术研究中心，充分发挥无人机测绘应急保障作用。

开展测绘统一监管体系建设惠州试点，将测绘资质、项目、执法、质量、信用及成果提供、汇交、使用等事项纳入统一平台。结合测绘地理信息行政执法，对全省21个地级以上市和顺德区执行测绘法各项制度情况进行全面检查。加强涉密测绘成果管理，开展大宗用户使用涉密测绘成果情况的跟踪检查。

2014年9月14日，国家测绘地理信息局局长库热西·买合苏提到广州中海达卫星导航技术股份有限公司考察。

截至年底，全省共有测绘资质单位622家，测绘从业人员16982人。资质单位服务产值逐年提高，2014年产值42.31亿元。测绘仪器装备制造企业优势明显，拥有南方测绘、中海达、凯立德导航等企业，在全国占有较大份额。

## 重点工作推进

**【数字城市建设】**

广东省数字城市地理空间框架建设全部建设完成并转入推广应用阶段，建成各类应用示范系统450多个，为50多个部门提供地理信息服务。数字县区地理空间框架建设和“一村一镇一地图”建设全面启动，11个县（区）完成建设，42个县（区）完成工程设计书评审，70个县（区）完成工程设计书编制。

**【“天地图·广东”建设】**

“天地图·广东”完成省级节点15级~17级矢量数据全覆盖更新，更新地名地址数据库，实现部分专题数据集成，增强支撑环境建设，增加特色功能。完成珠江三角洲9个城市影像数据发布。完善“天地图·广东”门户网站功能，提高浏览速度，完成不同终端应用。扩展省级节点应用示范系统，完成“三旧”改造、矿业权与土地交易网上监管和水利厅示范应用。“天地图·中山”“天地图·惠州”建设完成，接入国家主节点；“天地图·佛山”“天地图·珠海”完成市级节点建设；“天地图·广州”“天地图·深圳”完成数据生产，开展了保密处理、审图工作。

**【地理国情普查】**

广东省建立第一次地理国情普查工作机制，全省21个地级以上市与顺德区成立地理国情普查领导小组及领导小组办公室。出台《广东省第一次全国地理国情普查项目管理办法》等10多项规章制度，建立半月例会、专题会议、现场工作督导、工作简报（已出13期）等工作机制。落实普查经费4.2亿元，其中省级普查经费2.6亿元、珠三角地区各地级市普查经费1.6亿元。举办多期地理国情普查技术培训班，培训普查技术人员2758人。开展地理国情普查宣传，拍摄地理国情普查宣传片，分别在省、市、区电视台、网站、户外LED等进行宣传，累计播放近1万次；印发地理国情普查知识宣传海报3.3万张、《漫话地理国情》宣传册4610本，被国家测绘地理信息局网站及各大网站、报纸、杂志等采用宣传稿43篇。截至年底，数据采集总进度为98.3%，其中累计完成高分辨率正射影像图制作17.96万平方千米，完成比例100%；累计完成内业解译及外业工作底图制作17.94万平方千米，完成比例99.88%；累计完成外业调查核查17.68万平方千米，完成比例98.43%；累计完成遥感解译样本采集及内业整理17.09万平方千米，完成比例95.18%；累计完成内业地表覆盖分类编辑整理17.41万平方千米，完成比例96.94%；累计完成内业国情要素编辑整理17.18万平方千米，完成比例95.67%；累计完成DEM精细化数据17.68万平方千米，完成比例98.46%。完成珠江口湾区地理空间格局演变监测和清远高新区土地利用变化监测。

**【地理信息产业】**

广东省委、省政府先后出台系列相关文件，促进地理信息产业发展。广东省国土资源厅代省政府草拟《关于促进地理信息产业发展的实施意见》。完成乙、丙、丁级测绘资质单位信用评价工作，并在测绘地理信息市场信用信息平台公开发布信用评价结果，供社会公众查询使用。截至年底，全省共有测绘资质单位622家，服务产值超40亿元。广东省超过1/4的测绘资质单位落户广州，超过20家地理信息企业入驻广州地理信息产业园，产业集聚效应初具规模。腾讯等信息服务提供商积极拓展地理信息应用与服务领域，一批具有全国影响力的测绘地理信息龙头企业的技术优势、规模优势逐步凸显。

## 法制建设与市场监管

**【资质管理】**

广东省国土资源厅开展乙、丙级测绘资质核准工作，甲级测绘资质初审及外省来粤测绘单位测绘项目备案工作，核准测绘资质7批60家单位，验证登记外省来粤测绘单位54件，核发甲、乙级测绘单位测绘作业证200个。组织测绘资质单位和测绘地理信息行政主管部门学习新修订的《测绘资质管理规定》和《测绘资质分级标准》。举办全省测绘资质复审换证视频培训班，各级测绘地理信息行政主管部门及600多家测绘资质单位近1000人参加。完成2014年全省各等级测绘资质单位复审换证592家。截至年底，全省共有测绘资质单位622家，其中甲级43家、乙级133家、丙级189家、丁级257家。

**【依法行政】**

广东省国土资源厅建立日常监查、电子监控、网络举报、社会监督、督查考核的监督管理体系，把行政审批权行使全过程及每个环节纳入监管。推进审批信息公开和诚信体系建设，及时在门户网站公开审批信息和资质单位信用信息。开展转变政府职能、清理行政职权和编制权责清单工作，成立以厅长邬公权任组长的工作领导小组，制定工作实施方案，编制权责清单。开展省行政审批标准化建设试点工作，优化审批流程，简化审批环节，压缩审批时间，编制完成行政审批事项办事指南和业务手册，将全部行政审批事项办事指南录入省网上办事大厅行政审批事项目录管理系统，严格对照业务手册规定的办理依据、审批条件、审批时限、审批流程等开展审批工作。拓宽信息公开内容，加大信息网上公开力度，及时更新相关数据，动态发布行政审批信息，实现行政审批事项办理进展动态查询、行政审批结果及时公示，方便公众通过门户网站咨询办理业务和查询办理结果。加强办文窗口建设，实行办文窗口首问责任、服务承诺、限时办结、责任追究和效能评估等制度。规范政府信息依申请公开，细化依申请公开受理和办理程序，开设政府信息公开申请受理窗口，方便群众申请。

**【法制宣传贯彻】**

广东省国土资源厅组织干部职工学习法律知识，参加普法考试。开展2014年测绘法宣传日活动，通过测绘地理信息灯谜竞猜、少儿拼地图游戏、专家现场咨询、宣传展板展示等形式，向社会公众宣传测绘法律法规和专业知识，在南方网等网站制作“8·29”测绘法宣传日专栏，报道活动情况。

## 基础测绘

**【国家基础测绘项目】**

广东省国土资源厅积极参与国家重大测绘项目实施，结合国家基础航空摄影计划，获取13万平方千米0.5米分辨率航空影像数据。实施7个国家GNSS基准站升级改造工程，完成水准联测。完成99个CORS站点2014年全国导航卫星系统连续运行基准站网整体同步观测及平差。继续开展1:1万地形图数据库改造整合和1:5万地形图数据库动态更新，完成1:5万地形图数据库重点要素2013年度动态更新项目抽查。

**【省级基础测绘】**

广东省国土资源厅编制下达2014年度省级基础测绘项目计划，部署开展广东省GDCORS系统升级改造、湛江测区三等水准点测量、基础地理信息数据库改造整合等基础测绘项目任务。组织完成60个数字县（区）约3000平方千米优于0.2米高分辨率航空影像数据获取和1:2000彩色正射影像图生产；完成1:1万地形图核心要素更新6599幅，省级地理数据库（DLG）数据整合升级986幅；完成GPS大地控制点测量243点，水准点测量357.8千米。组织完成《广东省基础测绘“十三五”规划》初稿编制工作。广东省高分辨率影像数据建设项目获省政府批准，落实经费2亿元，拟获取粤东西北12.71万平方千米优于0.2米高分辨率航空影像数据。

**【市县基础测绘】**

2014年，广东省市县两级基础测绘投入2.4亿元。组织完成大比例尺数字线划图更新26366幅，数字高程模型更新15236幅，数字正射影像图更新15283幅，水准点测量579千米。

**【公共平台建设】**

广东省地理信息公共平台完成涉密、政务和公众版建设，平台数据覆盖全省，涵盖各市1:2000影像及1:500地形数据、现有城市三维模型数据、全省五级行政界线数据、全省地名地址数据和全省国土资源管理所需的12类专题数据，实现省、市地理信息互联互通和共享。省级平台已在省公安厅、水利厅、气象局、地震局、粮食局、建设厅等单位广泛应用。市级地理信息公共服务平台建设成果应用范围不断扩大，建成应用示范系统450多个，涵盖50多个部门。

**【质量监管】**

广东省国土资源厅组织编制广东省第一次全国地理国情普查质量管理实施方案、过程质量监督抽查实施细则、过程质量监督抽查及验收组织工作实施方案、成果质量验收实施方案等文件，开展二期全省地理国情普查过程质量监督抽查质检人员专题培训班，培训600多人。组织实施4轮地理国情普查过程质量监督抽查，派员参加第一次全国地理国情普查领导小组办公室组织的全国地理国情普查过程质量监督抽查工作。完成省级基础测绘项目强制检验任务16项、国家1:5万地形数据库重点要素（2013年度动态更新成果）广东省区域内外业检验任务。开展测绘质量监督检查工作，完成对承担省级地理国情普查任务的41家甲、乙级测绘资质单位成果质量监督检查工作。

## 地图管理与地图服务

**【地图编制】**

广东省国土资源厅组织完成21个地级市地图和中心城区图、81个县域地图的编制。编制出版《广东省高速公路及公路里程地图册》《广佛都市圈交通地图》《广州搜房图》《云浮指南地图》等地图、图册。完成领导机关工作用图125幅并生产成品地图，为省委、省政府和省直有关单位部门提供各种类型地图服务1600幅。首次参与农家书屋工程，《梦幻南极》《地理信息与智慧生活》《世界地图儿童涂色书》入选全国农家书屋目录。全年共出版公开版地图144种，测绘图书7种，总印数71.8万幅（册）。

**【地图市场监管】**

广东省国土资源厅利用地图安全监管系统和互联网信息服务监管系统，加强互联网地图监管，检查地理信息网站162个，发现登载“问题地图”网站103个；鉴定地图图片254幅，其中“问题地图”106幅；检定完成系统筛查的POI（兴趣点）1485条。针对检查中发现的问题，有关单位已按要求进行整改。组织38人参加全国地图审核人员培训班和互联网地图安全审核培训班。全年受理审核地图176件，通过审核175件，完成地图技术审查110件。

**【国家版图意识宣传教育】**

广东省国土资源厅积极开展国家版图意识宣传教育活动，在厅门户网站开设国家版图意识宣传教育专栏，登载地图管理法律法规、政策规定，普及国家版图知识，提供标准地图服务。编印《数字生活，图粤天下》《国家版图知识简读》宣传手册8000多册，免费提供各地用于测绘法宣传日活动。联合广东省教育厅下发《关于积极组织参加“美丽中国”第二届全国国家版图知识竞赛和少儿手绘地图大赛活动的通知》，组织全省国土资源系统和中小学生参加“美丽中国”第二届全国国家版图知识竞赛及少儿手绘地图大赛，参赛范围覆盖全省10个市29个县183所学校，共6500多人参加全国国家版图知识竞赛个人赛答题，2484人参加少儿手绘地图大赛，提交作品1809幅。

## 测绘地理信息成果管理与应用

**【成果管理】**

广东省国土资源厅组织甲级测绘资质单位参加国家测绘地理信息局举办的核心涉密人员培训班，15人参加。完成全省21个地级以上市和顺德区测量标志外业普查和市级检查、成果上报，初步摸清省管标志点6227个、市县管标志点10509个。开展省管标志点普查成果省级核查，完成外业核查和内业整理入库，初步建成广东省测量标志管理信息系统。全年受理省级国家涉密基础测绘成果申请221批次，批准208宗。

**【应用服务】**

广东省国土资源厅全年向社会和有关部门提供各种比例尺地形图和数字产品2.2万多幅、各种控制点成果2.4万多个点、航摄成果11.3多万平方千米。市、县国土资源管理部门向社会和有关部门提供各种比例尺地形图和数字产品2.3万多幅、各种控制点成果6.1万多个点，支撑能源、电力、水利、交通等重大项目建设。建立应急测绘服务机构，成立广东省突发事件应急卫星定位与低空遥感技术研究中心，并与省应急管理办公室对接。

## 科技创新与交流合作

**【科技奖励】**

广东省国土资源厅加大科技创新支持力度，“城乡统一建设用地市场的结构运行机制与管控措施研究”“基于自主高分遥感的耕地质量监测技术研究”等9个项目列入广东省国土资源厅科技项目。积极组织测绘科技项目参加评选，“数字深圳空间基础信息平台”获2014年度ESRI全球“GIS特别贡献奖”（Special Achievement in GIS Award）；“土地利用动态监测技术体系研究及在广东省的应用”“深圳市网络地图制作及数据更新技术研究”2个项目获2014年中国测绘地理信息学会测绘科技进步奖二等奖，“全国农村土地确权登记发证关键技术研究与实现”“广东省土地利用信息动态监测系统”2个项目获三等奖；“基于空间信息技术的广东数字水利服务平台研究与应用”获2014年中国地理信息科技进步奖二等奖，“多源遥感信息自动解译技术研究及系统建设”等4个项目获三等奖；“征收地拆迁评估公共平台建设关键技术及示范应用”项目获2014年度国土资源科学技术奖二等奖；“广州新白云国际机场建设工程综合测量”“汕头市潮南区1:1000地形图测绘项目”2个项目获2014年全国优秀测绘工程奖金奖，“深圳市龙华新区观城社区旧村改造项目”等8个项目获银奖，“揭阳市区85平方千米1:500数字化地形测量”等8个项目获铜奖；“数字湛江地理空间框架建设项目”“广东省第一次全国水利普查数据库与管理系统建设项目”获2014年中国地理信息产业优秀工程奖金奖，“惠州（市）公安局空间标准地址库建设及移动警务应用项目”“高州（市）国土资源局集体土地所有权登记发证项目”获银奖；《中山市地图集》等3个项目获2014年优秀地图作品裴秀奖铜奖。

**【交流合作】**

广东省国土资源厅派员赴加拿大参加第六届联合国教科文组织世界地质公园大会。丹霞山世界地质公园与西澳大利亚帕奴鲁鲁缔结为友好姊妹公园。广东测绘地理信息学会与香港测量师学会、澳门地图绘制暨地籍局联合主办粤港澳测量师2014年学术交流联谊活动，100多人参加。广东省遥感与地理信息系统学会与广州大学香港摄影测量与遥感学会、澳门科学技术协进会等机构共同主办第五届珠江三角洲区域环境遥感研讨会，260人参加。

## 党的建设与精神文明建设

**【党建工作】**

广东省国土资源厅认真开展机关党建工作，组织学习习近平总书记系列重要讲话精神，11名厅领导参加省委组织部的集中轮训，35名基层党支部书记、专职党务干部参加省直机关工委组织的集中轮训。组织处级领导干部集中轮训、厅机关非领导职务干部脱产培训和集中读书活动。积极推进学习型党组织建设，组织学习十八届三中、四中全会精神和中国特色社会主义理论体系，厅党组坚持每季度召开1次中心组理论学习会，各基层党支部坚持每月召开1次学习讨论会。搭建“国土资源讲堂”平台，坚持讲学活动，通过视频同步传输到全省国土资源系统单位共同学习交流。开展群众路线教育实践活动“回头看”，坚持问题导向，统筹上下联动，共完成整改任务23项。

**【精神文明建设】**

广东省国土资源厅组织学习社会主义核心价值观，到黄埔军校旧址、辛亥革命纪念馆等教育基地开展情境式教育。组织干部职工参加国家测绘地理信息局、省直工委举办的体育竞赛、理论研讨、作品征选等活动。省国土资源技术中心王新梅获2014年广东省“五一劳动奖章”。

## 地方社团工作

**【广东省测绘地理信息学会】**

5月，广东省民政厅批准广东省测绘学会更名为广东省测绘地理信息学会。8月，举办注册测绘师资格考试考前培训班，培训95人。与广东省地图出版社合作再版《注册测绘师资格考试辅导教材》（广东版）。10月，广东省测绘地理信息学会与香港测量师学会、澳门地图绘制暨地籍局联合主办粤港澳测量师2014年学术交流联谊活动。11月，组织会员参加全国测绘科技信息网中南分网第二十八次学术交流会，提交论文26篇，其中15篇被评为优秀论文。12月，组织参加中国测绘地理信息学会年会。

组织参加2014年中国测绘地理信息学会测绘科

技进步奖、全国优秀测绘工程奖、优秀地图作品裴秀奖评选，参选项目获测绘科技进步奖特等奖1项、一等奖1项、二等奖3项、三等奖5项；获全国优秀测绘工程奖金奖3项、银奖12项、铜奖28项；获优秀地图作品裴秀奖银奖1项、铜奖3项。受广东省国土资源厅委托，与省土地学会、省遥感与地理信息系统学会、省土地估价师与土地登记代理人协会、省地质灾害防治协会联合组织第二届国土资源（广东）科学技术奖评奖活动，受理申报项目22项，评选出一等奖7项、二等奖9项，其中测绘类项目获一、二等奖各1项。

全年发行《测绘时空》6期，发表论文60多篇，总印数1.38万本。与湖北《空间地理信息》期刊合作，推荐12篇论文在该刊公开发表。

**【广东省遥感与地理信息系统学会】**

3月，广东省遥感与地理信息系统学会与广州大学、香港摄影测量与遥感学会、澳门科学技术协进会共同主办第五届珠江三角洲区域环境遥感研讨会。8月，与ESRl中国（北京）有限公司、国家遥感中心广东分部联合主办ENVI遥感图像处理技术培训班，75人参加。11月，举办新技术与成果产业研讨会，130人参加。

参与组织国土资源（广东）科学技术奖评选，受理申报项目6项，评选出一、二等奖各2项。5月，开展广东省杰出女科技工作者初审和推荐工作，向广东省科学技术协会推荐候选人1名。8月，开展第四届南粤科技创新优秀学术论文初审和推荐工作，向广东省科学技术协会推荐上报《广东省地理信息公共平台的建设与应用》等4篇论文，1篇获三等奖。开展2014年对外学术交流会议资助项目初审和推荐工作，向广东省科学技术协会推荐上报1个项目并获批准。承担“阳江1:2000正射影像库建设技术开发与地理信息产品制作”“珠三角高分辨率数码航空摄影”等项目的技术咨询、监理服务。

# 广西壮族自治区

## 概况

2014年，广西壮族自治区测绘地理信息局（以下简称广西测绘地理信息局）强化测绘统一监管，推进重大项目建设，提高服务保障能力，推进各项工作开展。把广西第一次全国地理国情普查作为中心工作来抓，全区普查综合任务执行比例达81%以上。数字广西地理空间框架建设有序推进，与10个部门签订了应用示范和共建共享协议；14个设区市的数字城市地理空间框架建设全面开展，其中北海、柳州、百色、玉林4个市已建成应用，钦州、贵港、来宾等3个市完成预验收；4个县全面启动数字县域地理空间框架建设。“天地图·广西”完成省级节点和4个市级节点上线，开发了广西住房保障信息系统、广西人口地理系统等9个示范应用。广西农村土地承包经营权确权登记颁证统一航空摄影和数字正射影像图制作全面启动。1:1万基础地理信息数据库完成整合升级，全区境内589千米一等水准联测工作全部完成，广西CORS基础设施建设项目113座站点的设备安装与调试全部完成，省级站点投入试运营。完成《测绘资质管理规定》和《测绘地理信息市场信用管理制度》修订稿起草工作，参与《广西壮族自治区湿地保护条例》研究，承担广西湿地空间分布的研究课题任务，配合自治区人大在全区开展“一法一条例”执法检查。推进行政审批制度改革，取消2项、下放市局1项行政审批项目。地理信息产业发展势头良好，全区共有测绘资质单位539家，覆盖国土、规划、交通、水利、电力、农业、林业等行业，从业人员1万多人；南宁市国土资源信息中心跻身中国测绘地理信息产业百强企业。围绕广西“双核驱动、三区统筹”发展战略，主动服务重大工程、重点项目和重要基础设施建设，提供了前期规划所需基本图件和测绘地理信息成果。广西测绘地理信息局职能转变方案和局属事业单位分类改革意见获得批准，7个县级国土资源局加挂测绘地理信息局牌子。举办中国-东盟测绘地理信息论坛，广西测绘学会作为团体会员加入东南亚测绘协会。

## 重点工作推进

**【数字城市建设】**

广西测绘地理信息局全面推进数字广西和数字城市地理空间框架建设，落实数字广西建设经费2.75亿元，其中自治区政府安排数字广西地理空间框架建设项目经费1.99亿元。2014年，已完成数字广西地理空间框架可行性研究报告编制并获自治区发展和改革委员会批复，与10个部门签订了应用示范和共建共享协议。14个设区市的数字城市地理空间框架建设全面开展，其中，数字北海、数字柳州、数字百色、数字玉林全面建成并在各领域应用，钦州、贵港、来宾等3个市完成预验收，巴马、东兴、南丹、田阳4个县（市）全面启动数字县域地理空间框架建设。通过共建共享和积极推广，60多个应用系统运用于经济社会管理中，其中柳州市通过数字城市地理空间框架应用推广，实现全市地理信息共建共享。

**【“天地图”建设】**

广西测绘地理信息局在完成省级节点和4个市级节点上线、与国家主节点互联互通的基础上，积极协调其他10个市完成接入。积极宣传推广，开发了广西大地测量基准成果管理与服务系统、广西测绘地理信息成果目录服务系统、广西保障性住房信息系统等9个示范应用。

**【地理国情普查】**

广西测绘地理信息局组织编制并下发《广西第一次全国地理国情普查技术设计书》《广西第一次全国地理国情普查成果资料汇交规定》《广西第一次全国地理国情普查质量管理细则》《广西第一次全国地理国情普查过程质量监督抽查实施方案》《广西第一次全国地理国情普查经费管理办法》。举办普查技术质量培训11期，培训技术人员2600多人次；签订任务责任书95份，18家单位参与地理国情普查；获取遥感影像数据23.57万平方千米，占全区应普查面积的99.58%。实行普查生产进度上报制度，每月向国务院第一次全国地理国情普查领导小组办公室报送普查推进情况，报备生产过程中出现的重大问题。组织开展省级过程质量监督检查3期，涉及12家作业单位，4项工作任务（含像控测量、DOM制作、DEM精细化和数据采集）；协助开展国家级过程质量监督抽查2期，涉及12家作业单位。通过加强过程质量控制，阶段成果质量得到了保证。12月，根据地理国情普查工作进展情况，开展百日攻坚战活动。至年底，广西第一次全国地理国情普查工作已完成81%。

**【农村土地确权航空摄影】**

广西测绘地理信息局负责组织开展广西农村土地承包经营权确权登记颁证统一航空摄影和数字正射影像图制作，自治区安排项目经费6.88亿元。根据项目推进情况，分2期进行公开招标，第一期（范围约11万平方千米）公开招标工作于11月完成，与3家中标单位签订合同，年底完成航摄面积约1万平方千米。

**【广西CORS基础设施建设】**

广西卫星定位综合应用服务系统（CORS）基础设施建设项目113座站点的设备安装与调试工作全部完成，省级站点投入试运营。广西测绘地理信息局承建的10个国家级GNSS连续运行基准站在质量检查与监督中获得全优。

**【管理体制建设】**

广西14个市国土资源局全部加挂测绘地理信息局牌子，10个市局建立独立的测绘地理信息行政管理内设机构，4个市局建立相对独立的测绘地理信息行政管理内设机构；3个县（区）加挂测绘地理信息局牌子。广西市、县级测绘地理信息行政管理职责全部得到落实，其中测绘地理信息行政管理职能落实到各级国土资源局（测绘地理信息局）的测绘地理信息行政管理内设机构，行政执法职能落实到市局国土执法监察部门。

## 法制建设与市场监管

**【法制建设】**

广西测绘地理信息局受国家测绘地理信息局委托，完成《测绘地理信息市场信用信息管理暂行办法》和《测绘地理信息市场信用评价标准（试行）》修订稿起草工作。积极协助广西壮族自治区人大常委会开展《中华人民共和国测绘法》和《广西壮族自治区测绘管理条例》执法检查，共检查自治区级及南宁、北海、钦州、柳州、桂林、防城港6市测绘地理信息行政执法工作开展情况。

**【依法行政】**

广西测绘地理信息局职能转变方案已经广西自治区政府印发实施。广西测绘地理信息局认真做好行政审批事项清理及审批流程优化，完成取消、下放、承接工作，保留行政审批事项9项，取消2项，下放1项，精简幅度约30%，行政审批效能提速25%。5月，向社会公开权力清单。编印行政审批项目办事指南，放置在自治区政务服务中心窗口供办事人员查阅，并在局政务网站公布。

【行政管理】

广西测绘地理信息局制定下发《2014年度市级测绘地理信息行政管理工作考核内容与评价标准》，组织开展2014年度市级测绘地理信息行政管理工作考评，百色、柳州、钦州、北海4个市测绘地理信息局被评定为优秀单位，崇左、桂林、南宁等10个市测绘地理信息局被评定为合格单位，其中崇左、桂林、南宁测绘地理信息局被评定为特色工作单位。

加强市、县测绘地理信息行政管理机构建设，要求各市（县）在“三定”方案中明确查处测绘地理信息违法案件的职责，将市、县级测绘地理信息行政执法职责明确落实到对应的国土或测绘地理信息执法部门。做好测绘地理信息行政执法证换发和申领工作，全区各级测绘地理信息行政执法持证人员共239人。

【市场监督】

广西测绘地理信息局进一步强化测绘地理信息统一监管，推动在地理信息安全、地图市场、保密监管等方面建立联合工作机制，建立地理信息市场信用制度和常态化监管机制，开展“问题地图”治理、涉密测绘地理信息成果检查和测绘地理信息行业单位信用评定等专项工作，开展国家版图意识宣传教育活动。出台《关于建立地理信息市场监管长效工作机制的意见》，建立联席会议制度、跨部门联合执法、市场动态监管、市场日常监管预警等多项地理信息市场长效监管机制。

【保密检查】

5月和6月，广西测绘地理信息局在南宁举办3期涉密测绘地理信息成果管理人员岗位培训班，683人参加，考试合格人员领取了岗位培训证书，持证人员名单在局门户网站公示。组织开展全区涉密测绘地理信息成果保密宣传教育和检查，将测绘地理信息成果保密检查列入各市测绘地理信息行政管理工作考评，确保涉密测绘地理信息成果的安全。对143家领用涉密测绘地理信息成果的单位进行日常监督检查，向发现问题的8家单位下发限期整改通知书。

【行政审批】

2014年，广西测绘地理信息局共受理行政审批事项986件，已全部办结。通过优化行政审批事项、完善审批操作规范、推进网上办事服务、承诺限时办结等措施，提高行政审批效率，群众满意率100%。

【资质管理】

广西测绘地理信息局认真贯彻落实新颁发的《测绘资质管理规定》和《测绘资质分级标准》，在南宁、柳州等市分期分批组织开展业务培训。开展测绘资质复审换证工作，对甲级测绘单位进行初审，完成乙级及以下测绘资质单位复审换证工作，其中，广西测绘地理信息局负责乙、丙级测绘资质单位复审换证的受理、审查，并对乙、丙、丁级复审换证申请作出决定。各设区市级测绘地理信息行政主管部门负责丁级测绘资质复审换证的受理，提出初审意见并报广西测绘地理信息局审查。

完成2014年测绘资质年度注册工作，应注册单位472家，通过注册453家、缓期注册14家、注销注册5家。全年受理初次申请测绘资质56件，批准56件。至年底，全区共有测绘资质持证单位总数为539家，其中甲级17家、乙级80家、丙级252家、丁级190家，从业人员1万多人。开展全区测绘资质巡查，累计巡查单位126家，下发整改通知书8份。

【信用评定】

广西测绘地理信息局组织开展2013年度广西测绘资质单位信用评定，应参评单位467家，实际参评451家，评定为AA级1家、A级95家、B级355家，要求不合格的16家单位进行限期整改。

【法制宣传】

广西测绘地理信息局积极组织全区市、县测绘地理信息行政主管部门和全区资质单位参与“8·29”测绘法宣传日活动，共发送公益短信50万条，近10万人参与。12月4日，开展以“弘扬宪法精神，推进广西法治建设”为主题的“12·4”国家宪法日系列宣传活动，组织干部职工参加宪法知识竞赛，制作了板报、橱窗专栏等。

## 基础测绘

【国家基础测绘项目】

广西测绘地理信息局完成国家现代测绘基准体系基础设施建设一期工程建设一等水准测量工作，9月，成果全部汇交。协助工程建设单位在广西开展

GNSS 测量和一等水准测量等工作。积极推进 2000 国家大地坐标系使用和推广，完成省级成果的转换工作，发布《关于加快我区 2000 国家大地坐标系推广使用的通知》。

【省级基础测绘】

广西测绘地理信息局积极推进 1:1 万数据库整合升级项目，对整合升级后的 1:1 万 DLG、DEM、DOM 数据进行入库，开展管理系统开发、优化和升级工作，充分利用广西第一次全国地理国情普查数据成果，提升 1:1 万 DLG、DEM、DOM 的现势性，增加覆盖区域。

【县（市）基础测绘规划编制】

广西测绘地理信息局在全面完成市级基础测绘规划编制工作的基础上，继续指导并加快推进县（市）级基础测绘规划编制工作，马山、富川、藤县、武宣、忻城等县基础测绘规划通过评审。至年底，全区 74 个县有 61 个县完成基础测绘规划编制工作，完成率 82%。

【边远地区、少数民族地区基础测绘项目】

2014 年，中央共对广西投入边远地区、少数民族地区基础测绘补助资金 400 万元，其中基于国产高分遥感卫星的广西基础测绘地理信息成果更新投入 20 万元，用于获取及更新广西区域约 5 万平方千米的国产高分影像和基础测绘地理信息成果，已完成政府采购公开招标工作；广西数字县域地理信息空间框架无人机航空摄影投入 100 万元，用于安排百色、巴马、南丹范围内的共约 350 平方千米无人机航摄及 1:2000 数字正射影像生产，该项目已完成。

【质量监督】

广西测绘地理信息局基础测绘、地理国情普查、国家 GNSS 连续运行基准站建设等 42 项测绘专项成果通过验收，一次验收合格率 100%。完成 14 个设区市测绘地理信息局直属测绘单位的测绘地理信息成果质量监督检查工作。组织对参与广西第一次全国地理国情普查工作的 24 家单位开展 3 期地理国情普查过程质量监督检查，将检查情况印发各单位。

【全区航空摄影】

2014 年，广西获取遥感影像数据累计约 23.57 万平方千米，占广西总面积的 99.6%。其中，航摄影像面积约为 12.56 万平方千米、卫星遥感影像面积约为 11.01 万平方千米。影像数据均已运用于广西第一次全国地理国情普查工作，使用率 100%。在影像资料利用方面，注重将影像数据与数字城市地理空间框架建设、“天地图”建设等国家测绘项目共享。

## 地图管理与地图服务

【地图审核】

2014 年，广西测绘地理信息局共受理地图审核申请 98 件，已全部审完，其中电子地图 3 件，全区范围的地图集册 5 本，纸质地图审核折合 16 开本为 1990 幅，地图审核图幅数同比增长 60%。

【地图编制和出版】

广西地图院为自治区党委、政府及有关部门编制《广西壮族自治区地图》《珠江-西江经济带发展规划示意图》《广西壮族自治区交通规划地图》《中国-东盟地图》等 250 幅；编印广西壮族自治区交通旅游丝绸图 1000 幅，编制及打印仿丝绸自治区交通地图 270 幅、应急用仿丝绸专题地图 85 幅；编制武警广西总队灯箱地图 17 幅、隆安县武装部办公用图 12 幅、宾阳县武装部办公用图 7 幅、龙邦海关缉私分局辖区边境地图、柳城县武装部电控沙盘等；编制 16 开本《广西壮族自治区政区地名图集》，图幅 112 幅；编制柳州市、贵港市、玉林市、玉州区、福绵区、鹿寨县等市（县）行政区划图 7 幅；编制广西地理教学插图 1199 幅以及来宾市、柳州市水文站网分布图等 40 多项专题地图（册）。

【地图市场监管】

广西测绘地理信息局制定印发《广西壮族自治区 2014 年“问题地图”专项治理工作方案》，联合当地保密、工商和新闻出版等部门开展专项检查，重点治理互联网上出售或提供涉密地理信息，上传、标注涉密或敏感地理信息等违法违规行为，进一步规范地图上广告登载和商业标注行为。对南宁、桂林、柳州、河池等市进行了抽查。据统计，全区共对 179 家单位进行监督检查，向发现问题的 21 家单位下发限期整改通知书。

【国家版图意识宣传教育】

广西成立自治区国家版图意识宣传教育和地图市场监管协调指导小组，印发《关于做好“美丽中国”第二届全国国家版图知识竞赛和少儿手绘地图大赛工作的通知》，统一组织参加全国国家版图知识竞赛个人赛，举办全国国家版图知识竞赛团体赛和少儿手绘地图大赛选拔赛。全区 1089 人参与少儿手绘地图大赛，提交作品 1088 幅，覆盖 45 个县（市）180 所学校，获二等奖 1 个、优胜奖 6 个、优秀指导奖 1 个。1066 人参与全国国家版图知识竞赛个人赛在线答题，20 人参加纸质答题。组队参加全国国家版图知识竞赛团体赛，获三等奖。

开展国家版图意识宣传教育“进学校、进社区、进媒体”活动，组织征订国家版图意识宣传教育宣传资料，各市落实宣传经费，在学校和社区发放宣传资料。

## 测绘地理信息成果管理与应用

**【测量标志管理】**

广西测绘地理信息局推进各市（县）的测量标志保护工作，为各市局配套测量标志普查与维护专项资金 280 万元，用于所在区域的测量标志保护工作。严格执行永久性测量标志拆迁审批制度，全年共受理和批准测量标志迁建申请 5 件，先后到百色、河池等地进行实地核查，审慎做出决定。

**【成果应用与服务】**

广西测绘地理信息局充分利用“天地图・广西”平台，整合 CORS 站分布图、元数据结合表、地理国情普查 DOM 接收结合表、测绘资质单位分布图等测绘地理信息成果以及自然风景保护区及风景名胜、南宁自行车租赁点、全区水系、全区堤防、全区泵站、广西市级界线等政府部门专题信息，为各级政府和有关部门提供应用服务。全年提供数据成果 89155 幅，数据量 25176 GB；提供大地成果 230 次共 2145 点，点之记 2245 张。

## 科技创新与人才培养

**【科技创新】**

2014 年，广西测绘地理信息行业共有 14 项科技成果获 2014 年全国优秀测绘工程奖、中国测绘地理信息学会测绘科技进步奖和优秀地图作品裴秀奖。27 项科技成果申报 2014 年广西测绘地理信息科学技术奖和广西优质测绘地理信息产品（工程）奖，其中 3 个项目获测绘地理信息科学技术奖，17 个项目获优质测绘地理信息产品（工程）奖。

**【人才培养】**

广西测绘地理信息局举办全国北部湾地区卫星遥感技术研究与应用高级研修班、全区现代测绘地理信息技术发展与应用高级研修班，360 多人参加。组织开展新任处（科）级干部培训班、新入职人员培训班和“干部素质大讲堂”等。充分发挥 2 名国家测绘地理信息局青年学术和技术带头人的引领作用，由 2 人负责“广西北部湾经济区现代空间定位基准框架建设稳定性研究”“基于广西 CORS 系统辅助无人机航空摄影测量技术研究”等重大项目研究。完成局及局属事业单位超职数配备干部清理、局本级职能转变方案制定、领导干部报告重大事项核查、机构编制核查等工作，组织开展“吃空饷”整改工作，抽调 3 名市局干部到广西测绘地理信息局挂职。

## 党的建设与文化建设

**【党的建设】**

广西测绘地理信息局认真贯彻落实党的十八届三中、四中全会和习近平总书记系列讲话精神，加强思想政治建设。抓好基层党组织换届选举工作，建立健全党员发展工作机制。开展党建课题研究，探索机关党建工作的创新发展，组织在职党员到社区为群众服务。制定下发局 2014 年党组中心组理论学习实施意见，印发局党员能力素质提升培训实施方案，建设学习型党组织。

**【党风廉政建设】**

广西测绘地理信息局召开 2014 年全局党风廉政建设暨反腐败工作会议，逐级签订党风廉政建设目标管理责任书，分解落实廉政责任。邀请区直纪工委领导上廉政教育课，组织全局科级以上干部参观自治区党风廉政警示教育展。对上级转办的信访举报件进行调查核实并及时答复，全年接到转交的信访举报件 9 件，已完成调查初核工作 8 件。开展机关廉政文化建设，营造机关干部职工廉洁从政的良好氛围。参加区国土资源厅廉政文化周活动，筹建局机关办公场所测绘廉政文化长廊，共制作张贴名言警句 60 条。

**【文化建设】**

广西测绘地理信息局组织开展书法绘画作品展、广西测绘地理信息核心价值理念征集活动、“中国梦 测绘梦”主题征文活动、“十佳职工”评选活动等，举办了“感受道德力量，引领社会风尚”道德讲堂。参加区直机关“记录清洁乡村・见证美丽广西”纪实摄影大赛、青年（职工）岗位技能大赛和

"我心中的中国梦"主题征文活动。积极参加国家测绘地理信息局组织的各种活动，组织开展测绘职工思想政治工作课题研究，其中《机关党组织和党员在发挥作用方面存在的问题与对策研究》课题被广西区直工委评为2014年度优秀奖。开展区直机关三级文明单位创建活动，指导局属3家单位创建区直文明单位，局直属单位广西基础测绘地理信息基地服务中心获"第七批区直机关文明单位"称号。

**【群团组织建设】**

广西测绘地理信息局结合"五一""五四"纪念活动，组织社会主义核心价值观学习宣传板报比赛。以"学雷锋志愿者在行动"为主题，组织全局团员青年开展学雷锋志愿服务活动。召开共青团广西区测绘地理信息局第一次代表大会，部署共青团工作，表彰先进团组织、优秀团干部和优秀团员。组织参加区直机关"植百年巾帼树 造家庭幸福林"活动和"美丽家庭"评选表彰活动。

## 地方社团工作

**【广西测绘学会】**

5月，广西测绘学会协助举办2014年中国–东盟矿业合作论坛测绘地理信息分论坛。7月，组织召开广西测绘学会第十次会员代表大会、十届一次全体理事会议，协助广西国家版图意识宣传教育和地图市场监管协调指导小组举办"美丽中国"第二届少儿手绘地图大赛广西选拔赛。11月，主办广西·2014云计算与地理信息共享研讨会。12月，组织对申报2014年广西测绘地理信息科学技术奖和广西优质测绘地理信息产品（工程）奖的27个项目进行评审，评选出测绘地理信息科学技术奖一等奖2项、二等奖1项，优质测绘地理信息产品（工程）奖金奖2项、银奖6项、铜奖9项。

广西测绘学会推荐的项目获2014年中国测绘地理信息学会测绘科技进步奖三等奖1项，全国优秀测绘工程奖银奖1项、铜奖3项，优秀地图作品裴秀奖银奖1项、铜奖1项。全年编辑《广西测绘与遥感》1期，刊登论文13篇，印发1900多册。

**【广西测绘科技信息站】**

11月，广西测绘科技信息站组织23名成员单位代表参加全国测绘科技信息网中南分网第二十八次学术信息交流会，广西参加交流的论文共16篇，其中获优秀论文一等奖3篇、二等奖4篇。

# 海南省

## 概况

2014年，海南测绘地理信息局加快实施海南省第一次全国地理国情普查，普查各项子任务按进度推进，完成年度工作任务。地理信息"三大平台"建设与应用成效明显，县级数字城市地理空间框架建设覆盖面超60%；"天地图·海南"完成年度数据更新，在省内多个部门开展应用；海南岛沿海地表变化监测按计划进行。测绘地理信息服务能力大幅提升，在海南省抗击超强台风"威马逊"中充分发挥保障作用，得到省委、省政府高度肯定。深入贯彻落实部局合作部署，与省国土资源厅签署《海南国际旅游岛数字地理空间框架建设成果提供使用协议书》，推动国土资源与测绘地理信息协同发展。国家现代测绘基准工程、省1:1万基础地理信息数据库整合升级等一批重大测绘工程项目顺利实施。编制完成《测绘地理信息"十三五"规划编制工作方案》，测绘地理信息"十三五"规划列入省规划编制序列。加强测绘地理信息统一监管力度，进一步推进《海南省基础测绘条例》立法进程。

## 重点工作推进

**【数字城市建设】**

海南测绘地理信息局与五指山市政府签订《数字五指山地理空间框架建设合作协议书》，在项目建设指导、项目总体进度与质量管理和监督，以及影像获取、测绘地理信息成果使用、技术等方面给予五指山市全面支持。申请2014年国家边远地区、少数民族地区基础测绘补助资金500万，用于支持白沙、陵水、定安、文昌等市（县）的数字城市地理空间框架建设；数字陵水、数字澄迈基本建成，示范应用项目已安装调试，在国土、林业、旅游、教育等部门试运行。海口市、三亚市建成多个示范应用。

**【“天地图·海南”建设】**

海南测绘地理信息局组织完成“天地图·海南”年度更新任务，对全岛60%区域的矢量地图数据进行更新。开展专题信息的整合和共享，“天地图·海南”共整合并发布9个部门10层专题信息，其中海南省污染源环境信息、全省宗教场所分布、全省医疗场所分布、全省森林公园分布、全省测绘资质单位分布等信息为年内新增。推进“天地图”节点间的数据融合，与国家测绘地理信息局签署《天地图数据融合协议》，完成昌江、保亭、儋州3个市级节点与省级节点的数据融合工作。扩展“天地图·海南”应用领域，累计为公安、武警、药监、民航、海洋等12个部门提供应用服务。“天地图·昌江”和“天地图·海口”通过国家测绘地理信息局的测试评估，正式接入国家主节点。“天地图·儋州”进行了影像数据、矢量数据和兴趣点更新，积极开展推广应用宣传。

**【地理国情普查】**

3月26日，海南省政府办公厅印发《关于做好海南省第一次全国地理国情普查工作的通知》，要求全省各市、县、自治县政府，省政府各部门积极做好省第一次全国地理国情普查工作。4月15日，海南省第一次全国地理国情普查领导小组印发《关于印发海南省第一次全国地理国情普查领导小组成员单位职责分工的通知》，明确各领导小组成员单位职责。省财政部门落实2014年普查经费3500万元。

海南省确定年度普查任务31项，明确每项工作的具体内容、完成时间、责任单位。建立工作例会制，严格进行质量管控，开展3次过程质量检查。海南测绘地理信息局全年开展3期普查上岗培训，225人取得省级国情普查上岗资格；组织3期质检员培训，67人取得质检员上岗资格。项目承担单位开展40多期专项技术培训，300多人次受训。海南测绘地理信息局与省总工会联合开展海南省第一次全国地理国情普查劳动竞赛，以竞赛形式促进普查。全省投入普查人员300多人，完成高分辨率正射影像图生产、内业解译及工作底图制作、外业调绘核查、遥感样本数据解译、内业地表覆盖分类编辑整理、内业国情要素编辑与整理、数字高程模型精细化7个子项任务。

海南测绘地理信息局组织开展海南岛海岸线普查、重点城市建成区空间分布状态普查、重点区域生态地理普查3项专题省情普查，开展了海口市及地级以上城市的空间格局监测，海南岛沿海地表变化监测工作。与省林业、农业、海洋等部门沟通，研究讨论普查成果应用可行方案，推进普查成果在有关领域的应用。海南岛沿海地表变化监测完成总任务量的70%。

## 依法行政与市场监管

**【依法行政】**

海南测绘地理信息局开展《海南省基础测绘管理办法》的省内外调研，完成立法草案的编写及研讨。制定印发《省外测绘地理信息单位来琼登记备案管理办法》，强化行业单位管理。

**【资质管理】**

海南测绘地理信息局组织学习新修订的《测绘资质分级标准》《测绘资质管理规定》，完成全省147家测绘资质单位的年度注册和复审换证工作，缓期注册单位14家。完成外省测绘资质单位验证备案25家，约谈年度注册中存在问题的单位14家。

**【测绘法宣传】**

海南测绘地理信息局组织在三亚市开展“8·29”测绘法宣传日主场活动，制作数字城市地理空间框架建设及应用成果、基础测绘地理信息成果、测绘法律法规、地理国情普查等展板，演示了“天地图·海南”高分辨率影像、2.5维地图、360度全景等，举办了版图拼图小竞赛，向市民发放《海南省地图》《三亚市交通旅游图》等宣传资料1万多份，向5万名手机用户发送了公益短信。

## 基础测绘

**【国家现代基准工程建设】**

海南测绘地理信息局组织开展昌江、儋州、万宁、定安等地4个GNSS新建站和海南大学1个改造站的验收和系统集成安装工作。完成甘肃、内蒙古、辽宁一等水准路线2597千米的观测；完成海南国家GNSS大地控制点51个点观测任务。

【国家基础地理信息数据库动态更新项目】

海南测绘地理信息局承担广东（含香港、澳门）、福建、海南测区1:5万地形数据更新。完成广东（含香港、澳门）、福建、海南、台湾4个省共1042幅1:5万地形图制图工作。

【质量监督】

海南测绘地理信息局开展2014年全省测绘地理信息成果质量监督检查工作，检查2012年1月～2013年12月完成的国家和海南省级基础测绘地理信息成果及其他测绘工程项目成果，确定22家受检单位，年内检查工作进展顺利。召开2014年全省测绘地理信息质量会议，总结2013年成果质量监督检验工作，部署2014工作，举办海南省测绘地理信息质量和技术培训。

## 地图管理

【地图市场监管】

海南测绘地理信息局重点针对互联网地图服务网站、静态地图图片等方面进行严格审查，签收处理相关任务近2000个，鉴定各类兴趣点近800个，确保互联网地图服务健康有序运行。与省文化广电出版体育厅、省工商行政管理局、海口市测绘地理信息局等单位在海口市开展地图市场专项联合执法检查。

【地图审核】

海南测绘地理信息局全年共审核95件（258幅）地图，公开版地图备案率85%。

【国家版图意识宣传教育】

海南测绘地理信息局组织开展“美丽中国”第二届全国国家版图知识竞赛和少儿手绘地图大赛，征集到少儿手绘地图作品420幅，评选出海南赛区一、二、三等奖及优秀奖71幅，报送11幅参加全国赛；发出全国国家版图知识竞赛个人赛答卷4万多份，从2900份满分答卷中抽出100名优秀奖；举行国家版图知识竞赛团体赛海南赛区预赛，全省22支队伍参赛，海南广播电视台录制了美丽中国“地理国情普查杯”国家版图知识竞赛海南电视总决赛实况。组队参加全国国家版图知识团体赛决赛，获三等奖。

## 测绘地理信息成果管理与服务

【成果管理】

2014年，海南省共汇交208个项目成果，汇交目录总数为4295项，汇交目录和基础测绘地理信息成果目录通过局网站向社会公布。海南测绘地理信息局举办全省测绘地理信息档案业务培训班。联合国土、保密、安全、地质等部门，跟踪检查全省领用涉密测绘地理信息成果资料的地勘行业单位和借阅复制涉密地质资料的用户单位的涉密成果资料使用和管理情况。

【应急测绘】

海南测绘地理信息局与省应急管理办公室加强部门协作，共同构建了基于国际旅游岛数字海南地理空间框架的应急保障示范应用，为省应急管理办公室应急指挥平台提供地理信息数据支撑。超强台风“威马逊”登陆海南，启动应急测绘保障Ⅰ级响应，派出测绘应急保障队开展应急作业，开通测绘地理信息成果快速提供绿色通道，为省应急救灾指挥部门提供服务；派出无人机小组赶赴受灾最严重的文昌灾区开展无人机航摄，获取灾情影像资料，为抢险救灾和灾后重建提供测绘保障。

【共建共享】

海南测绘地理信息局推动国土资源与测绘地理信息协同发展，与省国土资源厅签署《海南国际旅游岛数字地理空间框架建设成果提供使用协议书》，提供海南国际旅游岛数字地理空间框架建设全部数据成果；协助省国土资源厅完成现有成果向2000国家大地坐标系转换工作。促进与省国土资源管理业务的深度融合，在省国土资源厅专网部署了海南省地理信息公共平台，通过在线服务的方式向国土业务系统提供电子地图、影像地图、三维场景、地名地址数据查询等服务。与海南省农业厅签署《加强地理信息与农业信息共享合作协议书》，在地理信息资源、技术、工程项目等方面开展深入合作，为海南省现代农业信息化建设、休闲农业发展、农村土地承包经营权确权项目等提供地理信息保障服务。

## 科技工作和人才培养

【科技管理】

海南测绘地理信息局验收2013年度局测绘科技基金项目9个，涉及项目经费约30万元。2014年，下达测绘科技基金项目资助经费18万元，涉及5个事业单位8个项目。成功申报国家科技支撑计划项目“基于地理信息的智慧城镇规划设计技术集成与示范”；申报科技部公益性科技项目3项，其中“南海重点区域基础地理数据精细化处理及三维表达”通过立项。完成“海岸带动态监测指标体系的研究”“无人机航摄像控点布设最佳方案研究”“基于航天航空遥感影像的城市化建设监测技术研究”的实施。

**【人才队伍建设】**

海南测绘地理信息局选派2名处级干部到国家测绘地理信息局挂职锻炼，4名科级干部到局所属事业单位学习锻炼，干部交流轮岗7人。开展事业单位岗位聘任工作，落实各级专业技术人员聘任相应岗位及工资待遇，调动专业技术人员的工作积极性。制定《公务员及直属单位处级干部在职进修学习管理办法》，为干部职工在职学习教育创造条件。1名高级工程师赴西藏执行人才援藏任务。举办全省测绘地理信息依法培训班和2014年数字城市建设培训班等，组织全省200多人次参加涉密测绘地理信息成果管理、地图审核、地理国情普查等专题培训。

**【职称评审】**

海南测绘地理信息局完成2014年度测绘专业技术职称评审工作，完成5名测绘专业高级工程师职称的初评，报国家测绘地理信息局高级工程师评定委员会审批。全省共评定工程师21人、助理工程师74人、技术员20人。

## 党的建设与文化建设

**【党的群众路线教育实践活动】**

海南测绘地理信息局加强党的群众路线教育实践活动整改落实、建章立制环节工作，制定教育实践活动整改方案、专项整治方案和制度建设计划。对教育实践活动进行全面总结，重点完成文山会海、公务用车和超标办公用房专项整治，推进建章立制工作。

**【党建工作】**

海南测绘地理信息局组织党员干部学习十八届三中、四中全会，习近平总书记在党的群众路线教育实践活动总结大会上的讲话精神，开展社会主义核心价值观学习教育活动。召开中心组理论学习会，组织机关处（室）负责人专题发言，开展2014年重点课题研究和优秀研究成果论文评选，提升党员干部学习能力，推进学习型党组织建设。局各党支部开展“践行核心价值观 助力改革当先锋”主题党日活动，组织党员干部参与共产党员网“榜样”宣传平台学习交流。组织党员干部参加中华优秀传统文化知识竞赛和“弘扬中华传统文化 加强党员干部道德修养”主题征文活动。

**【党风廉政建设】**

海南测绘地理信息局落实党风廉政责任制，局机关和事业单位主要负责人与党组书记签署党风廉政建设责任承诺书。开展“会所中的歪风”专项整治工作，党员领导干部做出“不持有私人会所会员卡、不出入私人会所”等承诺；审核录入海南测绘地理信息局处级干部个人事项报告信息，实施领导干部个人有关事项报告工作信息化管理。在纪检干部中开展“远学焦裕禄近学牛开成，做党的忠诚卫士”活动。参与海南省党风政风行风建设社会评价，向各厅局有关部门发放征求意见表，接受社会公开评价和群众满意度测评。

**【文化建设】**

海南测绘地理信息局直属机关工会组队参加全国测绘地理信息系统第三届“中色杯”羽毛球比赛，获第五名。组织全局职工参加省总工会互助医疗活动，工会、团委联合举办迎新春系列体育比赛活动和喜闹元宵职工趣味运动会，开展关爱儿童图书捐赠活动，组织爱心家庭到海口市福利院与孤残儿童共庆“六一”。超强台风“威马逊”灾害后，干部职工积极开展自救，并为受灾最严重的文昌地区捐款。

## 地方社团工作

海南省测绘学会充实海南省优秀测绘地理信息工程评审专家库，专家人数达42人，涵盖的专业范围有所增加，海洋测绘方面的技术力量进一步加强。制定《海南省测绘测绘地理信息优秀科技论文评选与奖励办法（试行）》。被中国测绘地理信息学会评为“省级测绘地理信息学会能力提升建设、承接政府转移职能突出工作典型”。获“海南省科学技术协会2014年度示范学会”称号。

# 重庆市

## 概况

2014年，重庆市测绘地理信息体制机制建设不断完善。重庆市规划局加挂重庆市测绘地理信息局牌子，增设地理国情监测应用处；各区（县）规划局（建委）均设置测绘地理信息管理科，明确职责、职能和人员。优化清理全市测绘地理信息5项行政审批、25项行政权力和3项行政审批前置服务项目，新实施5项管理制度。

地理国情普查推进顺利，采集地理国情要素、地表覆盖分类、遥感解译、地理单元、地形地貌等普查数据8.24万平方千米，完成试点区综合统计分析报告和生态、交通专题分析评价报告，开展基本统计软件统计测试工作。

地理信息资源进一步丰富，实施1:5000地形图测绘4.3万平方千米，编制完成全市域正射影像图，完成国家1:1万数据整合升级试点，实施1:500地形图主城规划区全覆盖和1:500地形图区（县）补助工程，收集入库全市982.8万条地址信息。建设综合市情系统，安装30多套市级试用系统，初步完成数字万州、数字潼南地理空间框架建设，推进“智慧重庆时空信息云平台”试点，修改完善《智慧重庆公共信息平台建设发展纲要》。升级改造“天地图·重庆”，提供235次政务地图服务，提供2567幅实体地图、25幅电子地图和35套地图数据，发布58期“一周一图”。

国家测绘地理信息局重庆测绘院（以下简称重庆测绘院）全年完成测绘服务总值1.07亿元。完成的国家基础测绘项目主要包括1:5万基础地理信息数据库动态更新，国家重大测绘项目包括地理国情普查（西藏地区、云南文山）、国家现代测绘基准体系基础设施建设一期工程等，地方基础测绘项目包括重庆市地理国情普查等。

## 重点工作推进

**【数字城市建设】**

重庆市数字城市建设不断推进，初步完成数字万州、数字潼南地理空间框架建设，研发规划、公众、农业、应急、地灾、市政等应用示范系统。更新维护数字长寿，升级数字永川，积极推进数字綦江建设。推进“智慧重庆”时空信息云平台试点，开展时空数据组织、管理和应用，以及面向移动应用的离线数据管理等技术攻关，研发时空信息云平台宿主环境、智能模型应用等功能。按照国家《关于促进智慧城市健康发展的指导意见》，修改完善《智慧重庆公共信息平台建设发展纲要》，提交市政府审批，为全市智慧城市建设提供指导性意见。

**【“天地图·重庆”建设】**

重庆市规划局推进“天地图·重庆”建设，完成数据管理系统、运维管理系统模块升级，提升平台稳定性和可靠性。综合门户及资源展示系统增加“每周一图”功能，增设后台发布、访问统计等功能，增加2.5维电子地图、灰度版电子地图浏览、查询功能，增强数据服务能力。完成“重庆通”移动APP应用升级，重点增加“每周一图”的浏览、交互、评论等功能，增加数据推送、程序更新等消息推送机制。

**【地理国情普查】**

重庆市地理国情普查信息采集工作全面完成。启动信息采集攻坚战、质量控制持久战、分析统计科技战“三大战役”，组织实施信息采集工作攻坚100天、苦干100天、冲刺100天三个“百日会战”，完成地理国情要素、地表覆盖分类、遥感解译、地理单元、地形地貌等普查数据采集8.24万平方千米。全过程开展成果质量控制，设立7个专门质检组进行普查成果质量检查，开展普查单位定期质量培训，通过了国务院第一次全国地理国情普查领导小组办公室4次质量抽查。创新开展普查成果校核，以区（县）为单元进行时间、空间、指标、精度等对比分析，形成分析报告。

重庆测绘院完成重庆市第一次地理国情普查梁平、万州等12个区（县）2.37万平方千米地表覆盖分类数据和地理国情要素数据普查任务以及1027幅1:5000分幅正射影像的生产和二级检查工作。承担地理国情普查西藏测区部分任务，完成昌都、林芝地区18个县正射影像成果生产、二级检查、成果报验，昌都、林芝地区18个县地表覆盖分类及地理国情要素成果、遥感解译样本数据成果及元数据的生产，二级检查和成果报验。承担云南文山测区部分任务，完成文山州4个县（市）1.72万平方千米地表覆盖分类及地理国情要素成果、遥感解译样本数据成果及元数据的生产。

**【管理体制建设】**

重庆市完善市、区（县）两级测绘地理信息管理体制建设。10月，重庆市机构编制委员会办公室批准重庆市规划局加挂“重庆市测绘地理信息局”牌子；12月，批准在市规划局增设地理国情监测应用处，主要负责地理国情监测、普查及成果应用等工作。永川、梁平成立专门的测绘地理信息管理机构，黔江、綦江、忠县、武隆、彭水等16个区（县）设立测绘地理信息科，万州等10个区（县）成立兼职测绘管理科。

**【综合市情系统】**

重庆市规划局编制完成《重庆市综合市情服务系统建设工作方案》，与市政府办公厅电子政务办联合成立了重庆市综合市情信息服务系统项目实施工作组，与方正国际软件有限公司、北京大学数字中国研究院合作编制《重庆市综合市情信息服务系统总体设计方案》。梳理综合数据资源目录，初步构建了基础市情数据资源框架，设计城建领域专题数据库结构，完成4个市长专题、26个行业部门、38个区（县）专题数据整合和处理。开展软件系统研发，形成综合市情基础版和专题版2个软件版本，覆盖ios、Android和windows 8三大移动操作系统平台的平板和手机终端，在市级领导机关安装试用系统30多套。

## 法制建设与市场监管

**【制度建设】**

重庆市规划局确定2014年为制度建设年，全面推进各项测绘地理信息管理制度建设。出台《关于加强基准站保护的通知》《测绘地理信息项目管理暂行办法》《重庆市测绘地理信息成果汇交实施细则（试行）》《都市区1:500比例尺地形图和管线图数据更新管理办法》和《重庆市基础测绘地理信息更新管理办法》5项管理制度，修订市场监管、信用信息等12项依法行政制度，制定地理信息系统、地下管线探测等9项技术管理规定，建立了办公会、印章使用等9项事务工作规则。

**【依法行政】**

重庆市规划局配合重庆市机构编制委员会办公室和市政府法制办公室，开展测绘地理信息行政权力清理工作。梳理了测绘资质、地图审核、建立相对独立平面坐标系统等5项行政审批事项，涉密测绘地理信息成果提供、测绘项目立项征求意见、成果收费等25项行政权力，现状地形图提供、规划核实服务和三维仿真制作3项规划审批环节测绘地理信息服务项目。

## 基础测绘

**【基础测绘地理信息更新机制】**

12月，重庆市规划局颁布实施《都市区1:500比例尺地形图和管线图数据更新管理办法》和《重庆市基础测绘地理信息更新管理办法》，进一步明确全市基础测绘地理信息更新机制。基础测绘地理信息采取重点要素年度（季度）更新与周期更新相结合的方式，提高重点要素更新速度，缩短更新周期，逐步实现基础地理信息数据库增量更新。

**【现代测绘基础设施】**

重庆市建设完成国家现代测绘基准体系基础设施建设一期工程彭水GNSS基准站。重庆市北斗卫星定位导航系统一期工程覆盖了都市拓展区，辐射到城市发展新区。重庆市规划局推进重庆市全球卫星定位服务系统应用，开通160家单位735个账户，日均访问量3100多次，为3024项工程提供21834个点数据转换。初步建成测绘仪器检验场，建设10个仪检基桩墩、7个GPS微网基桩墩、5个GPS中长基线网基桩墩、1550米工作道路。

重庆测绘院完成2013年结转的国家现代测绘基准体系基础设施建设一期工程566千米一等水准观测。完成重庆、贵州省境内57个国家GNSS大地控制点的选建、野外观测任务，完成辽宁、吉林、甘肃、青海和内蒙古等地区3708.2千米一等水准观测。

**【基础地理信息资源】**

重庆市规划局启动重庆市地理空间信息数据库建设，编制完成数据库建设方案。全市实施完成4.3万平方千米1:5000地形图测绘，编制8.24万平方千米1:5000正射影像图，完成国家1:1万数据整合升级试点，继续实施主城规划区1:500地形图全覆盖工程，实施区（县）1:500地形图补助项目。完成全市982.8万条地址信息收集、整理、分词和入库，更新95万多个主城及区（县）建筑物面，469千米高速公路，8400千米公路，262千米铁路，21375个地名，3万多平方千米高分辨率遥感影像。

【重庆市测绘院基础测绘项目】

重庆测绘院完成重庆市、湖南省和贵州省47万平方千米1:5万基础地理信息数据库重点要素更新工作，涉及1:5万DLG 1203幅。完成三亚市域1:5万制图数据更新1033幅。完成四川省地理信息公共平台建设1:1万DLG、DEM雅江测区70幅的内业采集、外业调绘，通江测区82幅的更新、外业调绘，南江测区150幅更新。

【质量监督】

重庆市测绘地理信息质量管理系统一期建设完成，实现质量管理流程标准化、信息电子化和检查自动化，其中空间矢量数据数字签章技术申请国家专利已被受理。重庆市规划局组织开展全市测绘地理信息成果质量大检查，169家测绘资质单位参加检查并提交自查报告，专家组重点检查渝东南片区测绘单位，抽查18项测绘地理信息成果，批成果合格17项。全年完成46家测绘单位委托检验测绘工程项目189项，涉及全市24个区（县），检验1:500地形图109项164平方千米、1:1000地形图1项24平方千米、地下管线70项378千米、铁塔7项368个、各等级控制点94点。完成全市1:5000 DLG、DEM成果质检，包括城口等区（县）6113幅3.79万平方千米内业检验、2781幅外业检验。

## 地图管理与地图服务

【地图市场监管】

重庆市规划局利用互联网地图监管系统开展地图监管工作，排查互联网地图服务网站近500家，市通信管理局对无资质从事互联网地图的“地图在线”网站予以关停。组织各区（县）对互联网上出售或者提供涉密地图情况、互联网地图服务和登载地理信息情况、违规违法编制出版地图情况和国家版图表示不完整情况进行检查。在市委宣传部的安排下策划“进媒体”活动，加强对本地媒体的专业制图指导和法规宣传，整改报纸、广告中国家版图错绘、漏绘国界线现象。联合渝中区工商局在朝天门广场建立巡查机制，重点检查“问题地图”。与市轨道交通集团、市公交集团等单位沟通，督促整改地铁轻轨站、公交站台等的导向图错误。全年开展重大执法检查16次、专项执法行动36次，约谈6家在渝参与地图制作的广告公司，调查涉嫌违法行为22起，依法查处违法案件1起。

【地图服务】

重庆市规划局更新领导机关工作用图，提供235次政务地图服务，提供2567幅纸质地图、装裱挂图、丝绸礼品图等实体地图和25幅电子地图、30个应用系统75套地图数据。组织编制《重庆历史地图集》第二卷，收集35项专题资料，完成工作底图制作。编制《重庆市应急地图集》和五大功能区地图册，更新完成20个区（县）挂图，出版《重庆主城区影像图集》，发布58期“一周一图”，发布月度“图游重庆”双语地图。全年免费发放公益地图60万份。

【国家版图意识宣传教育】

重庆市规划局组织开展“美丽中国、美好重庆”少儿手绘地图省级大赛，主城区29所小学参加活动，参赛作品292幅，评选一等奖2个、二等奖10个、三等奖20个、优胜奖30个。选送作品参加全国赛，获三等奖3个。组建重庆市代表队参加国家版图知识竞赛团体赛，获优胜奖。

## 测绘地理信息成果管理与应用

【成果汇交与分发】

重庆市规划和测绘档案馆更新全市测绘地理信息成果目录，进一步完善测绘地理信息成果发布系统。结合地理国情普查，开展成果汇交与数据收集，全年接收纸质档案3053件，接收各类电子档案343项，数据光盘62张，数据量约16.1TB。开展成果服务工作，全年分发测绘地理信息成果338次，提供各类控制点242个，各类介质、比例尺地形图2862幅，各类影像12.42万平方千米，黑白航片382片，为重庆市高速公路选线、重庆三环高速公路合川至长寿段初步勘察设计、通用航空通航业务飞行航线规划等重点项目提供数据支撑。

【地理信息公共服务平台】

《重庆市地理空间共建共享目录》编制完成。重庆市地理信息公共服务平台实现升级改造，开发数据管理系统、接口服务系统、数据交换系统和运维管理系统，构建三维GIS数据制作、管理、发布、应用开发全流程软件体系，完成平台虚拟化布局、地理编码引擎升级和新版电子地图发布，完成重庆市8.24万平方千米三维地形模型和主城区650平方千米核心要素三维建模，实现三维模型与地理实体属性信息无缝集成，建成主城区三维GIS数据库，继续支撑全市36个部门和单位的44个业务管理系统。继续完善县级服务系统，初步建成数字潼南公共服务平台。

**【应急保障】**

重庆市应急救援地理信息服务队完善应急保障预案，升级应急装备，开展重庆市应急一张图平台体系升级建设，提升应急保障信息化服务水平。参加彭水县润西乡森林火灾突发事件、渝北区红石路加油加气站汽油泄漏突发事件、渝东北突发暴雨洪涝灾害应急救援3次应急突发事件处置工作，组织开展森林火灾地理信息应急演练，提升队伍应急保障能力。全年制作各类应急图件200多幅，处理市政府应急管理办公室公文20多次，上报各类材料、报告超过15件，处理应急调度指令350次。

**【共建共享】**

重庆市规划局与中国人民解放军某部队签订全面合作协议，联合开展测绘工程项目、科技攻关，推动军事测绘地理信息技术成果共享，建设测绘地理信息应急联动体系等。与四川测绘地理信息局签订《川渝卫星导航与位置服务资源共享框架协议》，在数据交换、北斗系统、资源共享、产业化和技术等方面开展合作，共同建设西南地区导航与位置服务数据交换中心，建设跨省级导航与位置服务平台，试点川渝地区北斗地基增强系统应用。积极与市建委、市交委、市工商局等部门接洽，就地下管线管理、交通和全市法人数据库建设等内容达成合作共识，推动测绘地理信息共建共享。

## 科技创新与人才培养

**【科技项目】**

重庆市规划局2项测绘地理信息科技项目被列为国家自然科学基金委员会项目，4项被列为住房和城乡建设部研究开发类项目，2项被列为重庆市科学技术委员会项目，8项获国家知识产权局授权专利，8项获国家版权局批准的著作权，4项获重庆市经济和信息化委员会软件产品登记，6项获重庆市科学技术成果转化促进会批准的科学技术成果登记，4项成果通过科技成果鉴定。全年获科技进步奖、工程项目奖68项，其中一等奖18项，包括全国优秀测绘工程奖金奖3项、优秀地图作品裴秀奖金奖1项。成功申报院士专家工作站和重庆市岩土工程技术研究中心。

重庆市规划局研发并推广应用第二代自动化监测数据采集器、外业自动化巡检数据记录系统及多项测量机器人监测软件，建成安全监测云平台B/S版本，基本形成完整的监测云平台软件，发布了三维数字城市平台5.0版本。发展地理设计平台，启动《地理设计理论、技术与实践》专著编制工作。

重庆测绘院落实科技项目3个，其中国家测绘地理信息局项目1个，人力资源和社会保障部留学人员科技活动项目1个，院自主项目1个。

**【人才培养】**

重庆测绘院全年引进硕士研究生2人、本科生4人。全院共有博士研究生5人、硕士研究生59人，其中教授级高工3人，国家测绘地理信息局青年学术和技术带头人3人。组织、参加各类培训100多批次，参加人员900多人次，投入培训经费28万多元。

## 党的建设与精神文明建设

**【党的建设】**

重庆市规划局健全基层党组织建设，调整6个党支部领导班子，落实各党支部纪检委员，规范党建经费管理，建立机关党委委员定点联系制度。创建服务型党组织，开展“党员示范岗”评选活动，“七一”期间对21个单位、部门和36名党员授牌鼓励。制定印发《重庆市规划局党的基层组织工作考核办法》。积极开展学习辅导，安排14次局党组中心组学习，5次辅导讲座，发放书籍4000多册，学习光盘1000多盘，开展了读书心得和学习笔记评优活动，“七一”期间有6个党支部获优秀组织奖，36人分获学习笔记和心得体会优秀奖。贯彻落实“两个责任”党风廉政建设，提出4个方面21项任务，分解落实到单位。学习廉政工作会议精神，及时公布违反“四风”问题处理通报，督查“四风”问题14个方面156项措施的落实情况。组织党员干部进行廉政知识测验，完成廉政风险预警电子监察系统建设。

**【党的群众路线教育实践活动】**

重庆测绘院按照教育实践活动深化整改的要求，

制定整改任务23项，专项整治任务5项，制度建设任务14项，解决职工经常加班等问题，开展人事、工资等方面的培训。

【精神文明建设】

重庆市规划局修订《创建文明单位（处室）活动实施办法》，开展文明单位（处室）创建申报及复核工作，开展机关青年志愿者行动，推进国家级"巾帼示范岗""青年文明号""优质服务窗口"、市级"党员示范岗""服务型基层党组织"5项创建工作。举办干部轮训班和团队拓展训练班，开展办公室工作及公文写作培训、专项规划业务培训。组织参加市直机关第十五届"公仆杯"运动会、奥运日全市公开水域游泳争先赛、全市公务员系统乒乓球比赛等，举办局系统篮球、羽毛球、足球比赛和职工秋季健身游等活动。修订局工会爱心基金使用管理办法，完善了困难职工资助制度化建设，开展结对帮扶共建活动。组建违反城乡规划举报中心，进一步完善基层监管网络。

## 地方社团工作

重庆市测绘学会召开第四次会员代表大会，审议通过新修订的学会章程，表彰了重庆市2011—2012年度优秀测绘工程奖、优秀论文奖及2013年学会工作先进集体和积极分子，选举了第四届学会理事，产生常务理事和专业委员会主任共34名。与市规划协会共同承办规划和测绘科技进步奖评选。主办现代测绘科学技术与数字重庆建设科技论坛，协助中国测绘地理信息学会开展应急测绘保障等专题培训。积极与武汉大学、重庆大学、西南大学等高校开展人才培训和学术交流，组织学生实习100多人次。全年出版《重庆勘测》期刊4期。与重庆地理地图书店合作，在全市开展地理地图科普活动，整合全市地图收藏者的资源，举办地图展，近1000名市民参观。

# 四川省

## 概况

2014年，四川测绘地理信息工作秉承"以进促稳，领先发展"的工作基调，完成测绘服务总值52.52亿元。

全省20个市（州）完成市级机构更名及挂牌工作（成都除外），大部分县（区）落实到相应部门，6个地区完成市、县两级全部更名。四川省地理信息公共平台累计落实项目预算资金4.2亿元，完成项目整体进度85%。地理国情普查工作累计落实经费2亿元，完成全省普查数据生产主体工作。21个市（州）数字城市基本建成，成都、巴中、雅安、眉山、乐山、自贡完成建设任务和项目验收。2014版"天地图·四川"正式上线，新接入成都等6个市级节点。《四川省人民政府办公厅关于促进地理信息产业发展的实施意见》印发施行。至年底，西部地理信息科技产业园近50家省内外企业签约入驻，入住面积达一期建设面积的80%。

四川测绘地理信息局在全国省级测绘地理信息行政主管部门2014年度测绘地理信息工作绩效考核中名列全国第4。

## 重点工作推进

【数字城市建设】

四川省21个市（州）城市地理信息公共平台建设项目全部纳入建设计划，成都、巴中、雅安、眉山、乐山、自贡完成全部建设任务并通过验收。至年底，全省数字城市建设已完成16个市（州）。对口扶贫县数字乡城地理信息公共平台建设项目于11月5日通过验收，6日正式移交乡城县政府。

【"天地图·四川"建设】

"天地图·四川"2014版正式上线，新接入成都、巴中等6个市级节点，用户界面全新改版，更新学校、水电气服务站、医院、宾馆、网吧及目录服务专题信息，新增交通、省情普查、旅游、天气预报与空气质量4类专题信息，市（州）直通页面融入了四川特色元素。至年底，已有 100 多家部门、企事业单位运用“天地图·四川”开展业务工作，在线注册的二次开发用户达 1000 多个，各类地理信息服务日均访问量 20 多万次。7 月 4 日，第二届“天地图·四川”进高校应用开发大赛启动会在成都举行，四川省测绘学会教育与科普专业委员会、西南交通大学等 12 所高校和部分测绘地理信息企业代表 80 多人参加。

2014 年 8 月 18 日，2014 版“天地图·四川”正式上线。

**【地理国情普查】**

1 月 9 日，四川测绘地理信息局召开地理国情普查 2014 年工作启动会，与 17 家承担单位签订目标责任书。3 月 12 日，召开 2014 年第一批过程质量监督抽查首次会议。5 月 11 日，召开地理国情普查专家咨询会，6 名院士和 27 名专家组成的专家咨询委员会对四川省地理国情普查工作提出意见和建议。8 月 11 日，在全省布置开展地理国情普查劳动竞赛活动。落实 2014 年地理国情普查工作经费 2 亿元。全年分 3 次补充征选专业队伍 21 家，开展系列专题培训 7 期，培训技术和质检人员 1500 多人次。

全面建成管理技术体系，制定 20 多项管理文件，编写专业设计书 40 多本，编印了遥感解译样本图集系列工作手册丛书。完成地理国情普查监督检查及中期考核。完成 21 个省直部门 80 多类专题资料收集、18 个市和 14 个县级市中心城区范围线收集，与 9 个市州协调提供大比例尺基础地理信息数据成果。全年共下达 5 期普查任务，完成成都、广安等 5 区（市）约 3027 平方千米普查试点工作，完成西藏地区 54.38 万平方千米普查任务内业编辑和云南西双版纳州 1.37 万平方千米底图制作、外业调查与核查。完成全部正射影像数据生产，完成底图制作约 45 万平方千米、外业调绘核查约 35 万平方千米、地理国情信息编辑整理约 20 万平方千米。至年底，全面完成全省 48.6 万平方千米行政区域内普查数据生产主体工作，完成普查生产总任务量的 80%。

完成汶川、乡城等 5 个县自然生态环境监测。6 月 25 日，发布《四川省主体功能区（茂县、宝兴县、乡城县）自然生态遥感监测报告》《都江堰地质灾害风险分析报告》2 项监测成果并移交省政府办公厅。9 月 4 日，《彭州（市）地质灾害易发区风险分析报告》和《都江堰市地质灾害易发区风险分析报告》移交成都和彭州、都江堰市政府。完成都汶公路沿线重大地质灾害普查与综合统计分析、成渝经济区试验区（宜宾市和泸州（市））总体发展规划重要地理国情信息监测、城市空间扩展监测、大小凉山地区 2014 年土壤侵蚀现状调查。

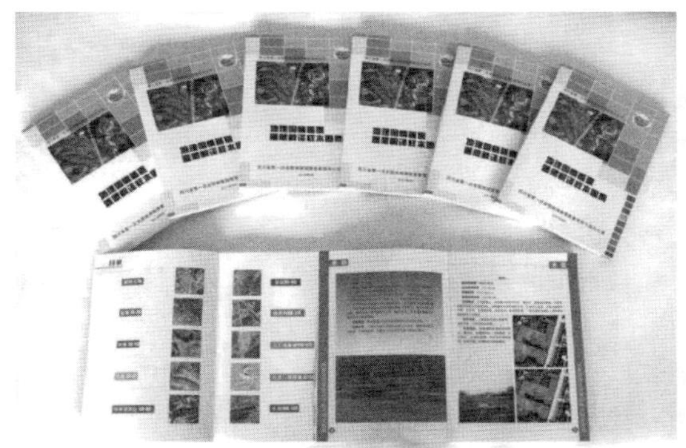

四川省第一次全国地理国情普查遥感解译样本图集。

**【地理信息产业】**

6 月 13 日，《四川省人民政府办公厅关于促进地理信息产业发展的实施意见》出台。11 月 21 日，四川省促进地理信息产业发展联席会议制度建立。

2 月 18 日，西部地理信息科技产业园第二批入驻企业签约仪式在成都举行，北京苍穹数码测绘有限公司等省内外 19 家知名地理信息企业签订入驻协议。6 月 5 日，金牛区举办产业园项目推介会，全省 180 家地理信息行业重点企业参会。至年底，近 50 家省内外企业签约入驻，入住面积达一期建设面积的 80%。

**【应急保障】**

四川测绘地理信息局完善应急测绘保障标准体系建设，修订《四川省测绘地理信息应急预案》，编写《四川省应急测绘工作手册》和《应急测绘概论》。

开展地质灾害防治专用图测制，完成测制任务一期计划的100%、二期的90%和三期的42%，完成第一批成果1:2000大比例尺地质灾害防治专用图198平方千米、高分辨率航空航天影像图109平方千米，已提供四川省国土资源厅。

完成全省地质灾害防治高精度数据库设计和总体框架建设，完成高分辨率影像获取与影像地图制作总任务量的53%、地质灾害专题地图总任务量的60%，编制地质灾害地图集总体设计方案，与中国科学院水利部成都山地灾害与环境研究所、成都理工大学等地质灾害科研机构合作开展地图集编制工作。

基本完成地质灾害应急测绘保障基础设施和环境建设，完成地质灾害应急测绘应用平台和地质灾害应急指挥辅助决策地理信息系统建设详细设计和部分功能模块开发。

选取北川县白岩滑坡体开展滑坡体高精度位移实时监测，完成地质灾害监测试点工作。6月，滑坡体高精度位移实时监测系统通过专家评审验收，实现滑坡地质灾害自动化监测及地质灾害信息综合管理，达到预期效果。

与省军区建立军地应急联动响应机制，组建四川省陆军预备役高射炮兵师地理信息保障大队。开展“5·12”防灾减灾应急测绘演练，参加四川省防震救灾综合演练和省军区“天府使命-2014”民兵预备役实兵演习。7月14日~30日，与总参谋部某所、航天某所、量子（北京）有限公司在阿坝州壤塘县南木达乡完成Z5无人直升机区域试飞。

## 法制建设与市场监管

**【法制建设】**

10月，《四川省测绘地理信息市场管理办法》草案上报省政府，列入省政府2014年立法调研计划和2015年立法计划。四川测绘地理信息局出台《四川省卫星导航与位置服务基准站网管理办法》《四川省地理信息公共服务平台管理办法》等规范性文件。

**【管理体制建设】**

四川省21个市（州）和77%的县（市、区）落实了测绘地理信息行政管理机构和管理职责，其中20个市（州）加挂“测绘地理信息局”牌子，140多个县（市、区）加挂“测绘管理办公室”牌子，部分加挂“测绘局”或“测绘地理信息局”牌子。泸州、广元、宜宾、资阳、眉山和阿坝市（州）、县两级机构全部更名。

**【依法行政】**

四川测绘地理信息局成立依法治理工作领导小组，将丁级测绘资质审批权限下放市（州），委托市（州）测绘地理信息行政主管部门对本行政区域内乙、丙级测绘资质申请进行初审。全面梳理测绘行政许可审批法律依据，共梳理行政执法依据14项，行政权力72项，其中行政审批（行政许可）9项，行政处罚62项，行政强制1项。启动行政权力依法规范公开运行监察平台，行政许可全部纳入省政府政务服务中心统一受理。

加强测绘行政执法队伍建设，提高执法能力和水平。开展行政执法岗位培训1期，培训考核230人次。

组织完成2013年测绘资质年度注册工作，参加注册单位735家，其中缓期注册28家、注销9家。开展全省测绘资质复审换证工作，组织全省乙级以下测绘资质单位分3批参加测绘资质管理信息系统培训，完成39家甲级测绘资质单位复审换证资料初审，完成资质复审换证600多件。完成6家单位升甲级资质考核与推荐工作。完成全省757家单位市场信用信息的收集和测绘资质信用等级评价工作，审核发布信息3056条。

**【市场监管】**

四川测绘地理信息局与省国土部门建立测绘市场监管协作机制，与省质量监督部门建立质量监督联合工作机制，与省保密部门建立保密检查联合工作机制，与省教育、安全、工商、出版、保密等部门建立地理信息市场专项整治、版图意识宣传教育和地图市场监管联合工作机制。

与省保密局联合开展成果保密专项检查，抽查47家，依法处理存在问题单位8家。与国土部门联合核查176家土地整理测绘项目中标单位测绘资质，纠正无资质证书和超业务范围参与投标活动单位4家。开展测绘市场监管专项检查，清理水文系统无证测绘情况，依法处理3家单位。做好测绘航摄市场和农村土地承包经营权确权登记项目质量工作，积极处理市场竞争中的矛盾和问题。搭建全省与行政审批相关的测绘地理信息中介服务机构管理平台。成立省房产测绘技术专家组，完成全省房产测绘单位技术骨干培训，组织部分市（州）开展房产测绘专项检查。

**【测绘法宣传】**

8月29日，全省21个市（州）、39个甲级测绘资质单位、部分县级测管部门和测绘单位设置宣传点近300个，出动宣传人员2000多人，邀请省人大、省政府法制办公室等部门领导到宣传现场指导工作，组织检查组到资阳、泸州、成都检查指导。全省共发放宣传资料20多万份、公益短信20多万条。播放省测绘应急指挥平台宣传片、“4·20”测绘应急纪实等宣传片，开展测绘地理信息法律法规网络答题竞赛，6000多人参与。

## 基础测绘

**【国家基础测绘项目】**

2014年，四川测绘地理信息局承担完成地理国情普查、国家基础地理信息数据库动态更新、现代测绘基准体系基础设施建设一期工程、四川省1:1万基础地理信息数据库整合升级等多项国家基础测绘项目。完成基础地理信息数据库建设与更新任务，包括四川、云南、西藏、广西、江西5省（自治区）1:5万DLG更新、5722幅1:5万地形图制图数据更新、554幅1:5万数字高程模型数据和等高线数据更新。完成国家现代测绘基准体系基础设施建设一期工程计划任务，累计完成卫星大地控制点选埋223个，卫星大地控制点观测430个，一等水准路线踏勘、选埋4989千米，一等水准路线观测6865千米，芦溪深层基岩点选建等。四川省1:1万基础地理信息数据库整合处理完成总任务量的96%，完成DLG整合约6000幅、DOM整合13312幅、DEM整合6928幅。

**【省级基础测绘规划项目】**

四川省地理信息公共平台建设项目累计落实项目预算资金4.2亿元，全年下达6期任务计划，整体生产进度达85%，累计完成1:1万地形图测制4200幅，全省地理信息数据覆盖率由40%提升至62%。向7个部门移交《2014年四川省重点工程项目分布地图》《新丝绸之路经济带、长江经济带图册》等首批建设成果。完成汶川地震核心灾区地理省情监测、全省37万平方千米地表覆盖解译、都江堰市主城区地表沉降监测、五通桥区城市发展变化检测、第一期天府新区变化检测等任务。新建基准站12个。完成1:2000地质灾害专用地形图测制908.2平方千米，完成部分航空航天遥感影像获取、地理省情监测、基础地理信息数据库建设等任务。

**【其他重点项目】**

四川测绘地理信息局推进藏区基础测绘，组织完成乡城县1:500地形图测制14.9平方千米，向乡城县政府移交第三批测绘地理信息成果，完成藏区三维实景街景数据采集8千米，完成《四川省藏区基础测绘项目初步设计》编制，开展康定县云官村规划专用图测制。开展藏区精确测绘，完成全部19个重点县城主城区（含试点）、104座寺庙（含试点）航空影像获取，完成所有像控测量工作，筹备发布首批正式生产成果。

服务摩梭家园文化保护建设，形成《四川测绘地理信息局关于推进摩梭家园建设暨摩梭文化保护工作的情况报告》，完成盐源县泸沽湖周边45幅1:1万地形图测制。

选取巴中市开展2014年边远地区、少数民族地区基础测绘补助项目建设。编写《巴中市基础测绘扩建项目可行性研究报告》并报省财政厅，项目内容包括航空影像处理84平方千米及影像图制作7幅，1:1000地形图测绘、建库50平方千米，城市三维精细建模5平方千米。已完成全部生产任务。

完成海伦市地下管线普查及信息系统建设任务，10月30日，向海伦市政府移交项目成果。

**【市（州）基础测绘】**

四川测绘地理信息局进一步加强省市对接，统筹协同推进市县各级基础测绘工作，参与广元、绵阳、成都、乐山、泸州、资阳、眉山等市（州）1:500、1:1000、1:2000地形图测制及相关工作。

9月28日，数字成都地理信息公共平台通过国家测绘地理信息局验收并投入使用，与国家、省和试点区（市）县子平台（温江区）实现纵向互通。宜宾完成南部新区10平方千米1:500地形图测绘重点工程保障项目。泸州投入2000万元对江南新区进行0.04米分辨率1:500航空测量，对主城区1:500地形图进行修补测，采集全市城区标准地址信息，实现全市1.2万平方千米农村集体土地航空摄影测量全覆盖。广元测制完成控制性详细规划急需的约

110平方千米1∶500地形图数据；完成14种管线资料普查更新，新增探测里程545千米，总管网里程达3003千米；完成中心城区50平方千米1∶500地形图测绘更新；启动剑门蜀道航拍，移交翠云廊景区25平方千米数据成果。完成剑阁县、昭化区重点乡镇1095平方千米高分辨率影像获取、DOM制作，测制1∶2000地形图78平方千米。

**【质量监管】**

四川测绘地理信息局全年共验收各直属生产单位报验的各类国家和省级基础测绘成果148批次，合格率100%。其中优良138批次，占93%；合格10批次，占7%。

组成3个监督检查组对80家测绘资质单位的成果质量和质量管理体系进行监督抽查，依法处理成果不合格单位13家。对首批承担地理国情普查项目的17家单位开展首件成果检查；配合开展2次地理国情普查监督抽查，约谈排名后7位的承担单位主要负责人、技术和质量负责人；对37家承担单位开展3次过程质量监督抽查，形成监督检查报告和落实整改意见下发各承担单位。开展3次省地理信息公共平台建设项目过程质量监督检查，对包括首件成果在内的前期成果质量进行全方位监督检查。召开4次质量问题专题会，通报和分析存在的质量问题以及具体整改落实意见。举办2期地理国情普查质检员质量技术培训，参训179人，考核合格178人。

## 地图管理与地图服务

**【地图管理】**

2014年，四川测绘地理信息局进行地图审核和备案70多项，审查地图399幅。

四川省全面组织开展网络地图监管工作，对21个市（州）政府网站，甲、乙级互联网地图服务资质单位网站及地图网站共380个进行检查和日常监管，检定POI（兴趣点）700个。加强地图市场执法检查，开展4次地图市场执法检查、审查，对第十五届中国西部国际博览会“问题地图”、网络视频“小苹果-大中国”“问题地图”、四川省土地利用图等50多项纸质、电子地图进行执法检查和审查。对成都政务及乐山、眉山、泸州等10个数字城市地图和三维地图约60多万个兴趣点进行技术审查。

**【地图出版】**

2014年，成都地图出版社共出版图书277种，总印数191.5万册，总印张7043.8千张。其中新书135种，重印（再版）142种。图书编校质量抽检合格率100%。承担的“特种文字（少数民族文字、盲文）地图出版数据库建设”项目入选2014年新闻出版广电总局新闻出版改革发展项目库；《China》获四川省重点出版项目专项资金补助；《大美中国》入选庆祝中华人民共和国成立65周年重点出版物名单。《地图上的世界》《地图上的中国》获第二十二届中国西部地区优秀科技图书一等奖、《换个角度看世界——化学与人体》获三等奖。

**【国家版图意识宣传教育】**

四川省21个市（州）组织参与国家版图知识竞赛团体赛和少儿手绘地图大赛，四川测绘地理信息局编制6万多份版图知识宣传和竞赛答题资料，通过学校、社区、单位开展版图知识宣传。少儿手绘地图大赛累计收到参赛作品520多幅，遴选108幅参加全国少儿手绘地图大赛。组队参加“美丽中国”第二届全国国家版图知识竞赛团体比赛；组织国家版图知识竞赛网上答题，全省近1.1万人参与。

## 测绘地理信息成果管理与应用

**【成果管理】**

四川测绘地理信息局完成2013年度直属单位基础测绘成果档案归档清理工作，接收测绘资质单位测绘成果目录6700多条，成果数据406TB。完成甲、乙级测绘资质单位年度测绘成果目录汇交和审核发证。完成测绘成果目录编制并对外发布。

**【成果应用】**

2014年，四川省测绘资料档案馆共受理使用国家涉密基础测绘成果审批提供1416项，对外提供各种比例尺地形图1784张，控制点1307点，“4D”产品16818幅，原始影像数据238片（处），总数据量1.5TB。

四川测绘地理信息局组织为省领导和公安部门部署应急维稳力量和指挥决策提供21市（州）城市地图；为成都军区司令部作战部提供1∶1万地形图用于国防项目建设；为省公安消防总队提供甘孜州寺庙影像图用于公安消防部署；为某部队提供1∶1万DLG 501幅用于西南地区重点城市反恐维稳；

为中国测绘科技馆提供“4·20”芦山地震震前、震后影像及抗震救灾测绘保障纪实等档案资料；为省林业厅提供76幅DRG用于全省湿地公园确权定界；为省军区司令部提供32幅DOM用于北斗平台建设；为省气象局提供省、市、县地理信息数据用于天气预测；为省地震局提供芦山地震震后影像数据及21市（州）交通图用于芦山地震科学考察和总结研究；为成都市规划管理局提供成都市绕城内POI（兴趣点）用于“天地图·成都”建设；为阿坝州城乡规划建设和住房保障局提供城市基础控制网建立改造成果用于城市建设和规划；为遂宁市勘察测绘院提供237幅1:1万地形图用于城市规划设计；为凉山州测绘地理信息局提供西昌、德昌、雷波3县地形图资料用于地方规划建设。

**【保密管理】**

四川测绘地理信息局联合省保密局对广元、绵阳44家使用和保管国家涉密测绘成果的单位进行保密检查，对涉嫌丢失涉密地形图的单位进行核查，督促存在问题的单位进行整改，要求存在严重问题的单位对有关人员依法依规进行处理。对2013年地勘行业测绘成果和地质资料保密检查问题单位进行立案调查、取证和处理。指导广元市查处非法测绘及涉嫌失泄密案件。对有关单位违规处理涉密图纸事件进行调查取证与认定。

组织全省甲级测绘资质单位参加国家测绘地理信息局举办的涉密测绘成果管理岗位培训，29人取得合格证书。对全省测绘成果使用和保管单位及部分测绘资质单位涉密管理人员开展涉密岗位培训，培训242人次。

**【合作共建】**

四川测绘地理信息局与省地震局签署成果数据资源交换共享框架协议，与重庆市规划局签署《川渝卫星导航与位置服务资源共享框架协议》，与广安市政府签订数字广安地理信息公共平台合作协议，累计签订合作协议26家。与中国测绘科学研究院合作承担的“基于SAR影像的基础地理信息数据快速采集与处理技术研究”“重点区域地表形变监测方法研究”通过验收。四川测绘地理信息局直属单位以连续运行基准站网和“天地图·四川”技术服务参股，联合四川九洲电器集团等公司共同成立四川九洲北斗导航与位置服务有限公司。

## 科技、标准化与国际合作

**【科技管理】**

四川测绘地理信息局印发《四川省测绘地理信息科技项目管理办法》《四川测绘地理信息局科技创新平台管理办法》，发布《局科技项目资助经费核定标准》等科技管理、标准文件。编制《四川测绘地理信息局科技手册》，对全局科技创新平台、各类科技管理办法及奖励办法进行整理汇编。

**【科技项目】**

2014年，四川测绘地理信息局共承担科技项目50项（新增7项），其中国家、省部级科技项目8项。参与的项目获国家科技进步奖1项，测绘科技进步奖4项，地理信息科技进步奖7项，取得计算机软件著作权18项。“长江经济带区域发展地图集编研”项目通过科技部评审，被列入2016年科技部科技基础性工作专项申报指南；“测绘地理信息共享服务关键技术研究”获省重大产业类科技计划项目资助，项目经费636.4万元；向省科技厅报送《省地理信息产业链技术创新报告》《省测绘地理信息领域技术创新现状和技术需求报告》，其中2个项目进入立项公示阶段，“测绘地理信息共享服务关键技术研究”项目获省科技厅资助200万元。

**【科技创新】**

四川测绘地理信息局初步建成四川省应急测绘与防灾减灾工程技术研究中心、数字制图与国土信息应用工程国家测绘地理信息局重点实验室和四川省地理国情监测工程技术研究中心三大创新平台，形成导航与位置服务平台、应急快速制图系统、“地下管家”系列、信息化地理信息产品检查与评价系统等具有自主知识产权的创新成果，实现全省测绘生产各环节重大技术革新。牵头的“省级应急测绘指挥平台构建与研究”和“机载SAR测图技术在省级基础测绘中的研究与应用”项目成果整体达到国际先进水平。

加大科技创新经费投入力度，每年按计划投入科研经费用于资助年度科技项目、创新平台开放基金课题，开展生产性技术攻关和各类标准制修订等。2014年投入科技经费1280万元。

2014 年 9 月 18 日，四川省应急测绘与防灾减灾工程技术研究中心试运行验收会在成都举行。省科技厅副厅长周孟林、四川测绘地理信息局局长马赟共同为中心授牌。

【标准与计量管理】

四川测绘地理信息局系统全年申报标准 7 项，《车载移动测量数据规范》等 4 项行业标准获立项，《四川省地理信息公共服务平台数据规定第 1 部分：矢量数据规定》和《测绘调绘成果质量检验技术规程》等标准通过评审并报批。

积极推进全省 2000 国家大地坐标系推广应用，已建立的地理信息公共平台数据库、1:1 万新测及更新项目全部采用 2000 国家大地坐标系。

四川测绘地理信息局加强质检分站建设。6 月，完成资阳市、宜宾市、广元市质检分站挂牌工作，至年底，全省共成立质检分部 6 家。全年计量站检定测绘仪器 7800 台（套）。

【国际交流】

四川测绘地理信息局全年共派出 6 人次赴美国、瑞士、德国、英国等国家参加学术交流和技术培训。10 月 22 日，德国宇航中心专家 Peter Reinartz 到四川测绘地理信息局九兴基地访问讲学。

【人才培养】

2014 年，四川测绘地理信息局系统引进、培养博士研究生 9 人，应急测绘与防灾减灾团队获国家测绘地理信息局推荐，参加科技部组织的重点领域创新团队评选。

四川测绘地理信息局首次在全局范围评选表彰科技创新优秀团队和先进个人，应急测绘与防灾减灾工程技术研究中心等 5 个科技创新优秀团队、13 名科技创新先进工作者、6 名科技管理先进工作者获表彰。完成四川省首届测绘地理信息青年学术和技术带头人评审工作，评选出首批测绘地理信息青年学术和技术带头人 15 人。与武汉大学联合举办 2014 级研究生课程班，举办全省测绘管理、质检、技术培训和继续教育共 9 期，近 2300 人次受训。开展测绘行业特有工种职业技能鉴定工作，鉴定合格 5676 人，合格率 92%。12 月，集中受理职称评定，评出测绘专业技术任职资格初级 261 人、中级 235 人、高级 52 人。

## 党的建设与文化建设

【党的建设】

四川测绘地理信息局建设学习型、服务型、创新型党组织和“四好班子”，全年举办“四川测绘大讲堂”7 期。深入学习贯彻党的十八届三中、四中全会精神，习近平总书记系列重要讲话等。局党组被省委宣传部、省直机关工委评为 2013 年度中心组理论学习先进单位。

四川测绘地理信息局贯彻落实《党政领导干部选拔任用工作条例》，推行直属单位党政领导分设，注重在生产一线和青年、高知群体中发展党员，全年共发展党员 12 名。加强党员培训教育，发放《习近平谈治国理政》《培育和践行社会主义核心价值观》等读本和辅导教材。组织局级、处级干部参加国家测绘地理信息局党校和省直机关党校培训班。选派 3 名局级领导参加中央党校和井冈山干部学院培训学习，2 名处级干部参加省直机关党校培训学习。选派 11 名年轻干部到企事业单位、省内和西藏、新疆等地测绘地理信息行政主管部门挂职锻炼。

【“八项规定”贯彻落实】

四川测绘地理信息局党组印发《关于进一步转变作风加强党的群众工作的意见》，多次深入基层了解和解决干部职工关心的实际问题，为职工解难事、办好事。改进会风，修订局会议管理办法，提倡开短会、并会，全年召开会议同比减少 12.5%，会议费同比减少 74.7%，接待费同比减少 63.8%。出台精简机关公文管理规定，全年局发文同比减少 22.8%。对干部选用、公务用车、庸懒散浮拖、收受礼金红包、裸官、吃空饷等问题开展专项检查整治。利用网站、QQ 群、飞信群、微博、微信等深化党政事务公开，及时通报重点工作。

【党的群众路线教育实践活动】

四川测绘地理信息局抓好党的群众路线教育实

践活动“回头看”。按照教育实践活动中整改落实方案、专项整治方案和建章立制计划，已按时间节点完成43项，其余8项长期和中长期整改任务有序推进。计划新制修订的20项制度已全部按时完成。

【党风廉政建设】

四川测绘地理信息局出台贯彻省委建立健全作风建设长效机制和进一步加强党员干部教育管理监督的实施意见，修订落实党风廉政建设责任制实施办法，制定2014年纪检监察工作要点、建立健全惩治和预防腐败体系2013—2017年实施意见、2014年党风廉政建设和反腐败工作任务分工表。局党组书记与局属各单位党政“一把手”、局机关各处（室）负责人签订党风廉政建设承诺书，全局28名纪检监察干部签订公开承诺书。在纪检监察干部中开展三项建设和“三严三实”活动，以“监督者更要接受监督”的意识强化自我监督。

【创先争优及文体活动】

四川测绘地理信息局积极开展创先争优活动，全局多个集体和个人被省委、省政府、国家测绘地理信息局、省直机关工委、省总工会、团省委等评为先进。被省委、省政府通报表扬为“省级最佳文明单位”。在全国省级测绘地理信息行政主管部门2014年度测绘地理信息工作绩效考核中名列全国第四，连续三年考核结果为优秀。四川省遥感信息测绘院遥感四室团支部被评为“全国五四红旗团支部”。

开展“中国梦”主题教育活动、“学习先进典型、践行‘三严三实’”学习教育、党的群众路线教育实践活动和向身边先进测绘榜样学习活动、劳模宣传月活动，举办劳模大讲堂，组织多场“感动测绘人物”事迹报告会，推选发布首批“四川测绘好人榜”。举办全省测绘职工摄影大赛、地理国情征文摄影比赛以及廉政警句征集等活动。组织四川测绘青年沙龙，搭建交流学习的平台。开展“我的测绘青春”经验分享、新入职职工局情教育和“测绘局长与测绘青年面对面”等活动。

【对外宣传】

2014年，四川测绘地理信息局门户网站点击量22万多次，发布和更新信息约2217条，发布测绘地理信息要闻1281篇；在《中国测绘报》刊登稿件139篇，上稿量居全国第二；在国家测绘地理信息局门户网站刊登稿件689篇。中央人民政府网站等各大媒体刊登四川测绘地理信息工作报道434条，《四川日报》《中国测绘报》刊登专版3个，《中国测绘》杂志推出四川专刊1期。编印《2013年四川测绘地理信息事业发展报告》等宣传册。开通四川测绘政务微博、微信，全年共播发信息400多条。

## 地方社团工作

【学会活动】

四川省测绘地理信息学会加强组织建设，全年共发展新会员306名，至年底，会员人数达2026人。年内增补理事2名、常务理事3名、单位理事4名。8月，召开十届五次常务理事会，讨论通过四川省测绘学会2010—2014年先进集体、2012—2014年先进个人以及《四川省测绘学会会员代表大会会员代表及理事分配方案》等。11月，四川省测绘学会第十一次会员代表大会在凉山州西昌市召开，审议通过《关于“四川省测绘学会”更名为“四川省测绘地理信息学会”报告》《第十届理事会工作报告》《关于〈四川省测绘学会章程〉修改报告》《关于专业委员会的设置和确定挂靠单位报告》等，选举产生学会新一届领导集体并召开第十一届理事会第一次会议，正式更名为四川省测绘地理信息学会。

全省有8个市（州）成立测绘学会（协会），广元市筹备成立测绘协会。

【四川省优秀测绘工程奖评选】

四川省测绘地理信息学会参与组织2012—2014年四川省优秀测绘工程奖评选工作，评选出“绵阳市地下管线普查”等13项金奖、“国家现代测绘基准体系基础设施建设一期工程GNSS大地控制网”等17项银奖、“北川县曲山镇新街村安子坪地质灾害应急综合治理工程专业监测”等30项铜奖。

【《测绘》期刊】

3月，《测绘》期刊通过四川省新闻出版广电局期刊年检。5月，《测绘》期刊编委会召开会议，对编委会委员进行调整，评选出2010—2014年优秀论文10篇，设立“地理国情普查与监测”专栏。全年《测绘》期刊共出版6期，发行1.5万册。

# 贵州省

## 概况

2014年，贵州省测绘地理信息工作坚持服务大局、服务社会、服务民生的宗旨，围绕“工业强省、城镇化带动”主战略，牢牢守住发展和生态两条底线，全面开展第一次全国地理国情普查，持续推进数字城市建设与应用，积极拓展“天地图·贵州”应用，加强基础测绘工作，强化测绘地理信息资源共享服务，提高测绘地理信息应急服务保障能力，深化科技创新与应用，全省测绘地理信息保障能力明显增强，为贵州经济社会发展提供了保障和优质服务。

## 重点工作推进

**【数字城市建设】**

贵州省9个市（州）数字城市建设全部启动，其中数字贵阳、数字遵义地理空间框架搭建完毕，待提交国家验收；其他市（州）数字城市建设稳步推进。县级数字城市建设积极开展，省国土资源厅批复同意数字盘县地理空间框架建设项目立项，并给予20万元经费补助；贞丰县级数字城市建设已批复立项。

**【“天地图·贵州”建设】**

“天地图·贵州”运行良好，在电子政务外网、互联网为政府部门和公众提供服务。根据2014年“天地图”建设与应用工作和省市级节点建设要求，贵州省国土资源厅组织完成在线服务系统、现势影像库建设，加快推进数据覆盖、信息集成、市级节点、数据融合、应用服务等方面建设。

**【地理国情普查】**

贵州省国土资源厅编制《贵州省第一次全国地理国情普查实施方案》，制定2014年工作计划，建立地理国情普查月、旬、周调度工作机制。落实普查工作经费3.6229亿元，2013年拨付启动经费3000万元，2014年安排1.92亿元。其中，安排4700多万元采购更新了普查设备，已用于普查工作；安排1亿元开展全省0.2米分辨率航空影像获取，完成3万多平方千米的航飞任务。全省普查总面积约17.63万平方千米，安排省第一、二、三测绘院分片承担，27家具备资质的省内外测绘单位协作普查。自主研发地理国情普查外业调绘核查全景影像采集系统和工作浏览系统，提高了普查工作效率。完成兴仁、钟山、台江、榕江、雷山、从江、威宁7个县（区）1.74万平方千米普查试生产。组织开展普查试点区域内外业质量巡查，及时处理并消除生产过程中影响数据质量的各类因素，保证成果质量。通过报纸、网站等媒体广泛宣传地理国情普查，营造良好的普查工作氛围。至年底，全省地理国情普查内业采集完成约11.98万平方千米，外业调查与核查完成约6.78万平方千米。针对普查工作进展较慢的情况，组织开展地理国情普查“100天大会战”，编制实施计划表，细化任务量，并加强普查生产调度。

## 法制建设与市场监管

**【法制建设】**

《贵州省测绘条例》修订已列入省人大、省政府法制办公室的立法修订计划，《贵州省测绘成果管理办法》《贵州省基础测绘管理办法》已形成文稿框架。

贵州省国土资源厅配合国家测绘地理信息局和省法制办公室开展地理信息法规、规章及重要规范性文件的清理工作。

**【市场监管与行政执法】**

3月，贵州省国土资源厅会同省国家保密局、省国家安全厅、省工商行政管理局、省新闻出版广电局、省经济和信息化委、省通信管理局、省军区等部门分组对六盘水市和安顺市进行保密、市场、地图专项检查，对检查中发现的林业部门涉密成果保存不规范问题，会同省国家保密局当场进行处理。

4月，针对贵阳市2家测绘公司采取不正当手段获取测绘项目被司法机关追究刑事责任的情况，依据《测绘资质管理规定》相关条款对其进行了处罚。6月，群众举报平坝县、平塘县个别测绘资质单位违规设立分公司承揽项目，督促当地市（州）国土资源部门进行查处。及时向国家测绘地理信息局报送行政执法证在线申办系统联络员，在全省范围内开展测绘地理信息行政执法证办理工作。

贵州省国土资源厅组织完成测绘资质年检，约谈了问题单位，责令限期整改。加强测量标志保护，做好测量标志有偿使用费和迁建费征收工作。协办第十届“中国四维杯”全国测绘地理信息系统职工定向越野赛。积极配合省国家安全、保密等部门做好涉密、涉外测绘相关工作。

11月，开展测绘资质复审换证工作，贵州省国土资源厅会同省国家保密局、北京四维益友软件公司开展5期测绘资质管理信息系统暨保密培训班，为全省400多家测绘资质单位进行系统和保密培训。

**【法制宣传】**

贵州省国土资源厅制定2014年全省国土资源法制宣传教育工作计划，组织开展全省国土资源系统普法、依法治理检查。利用“4·22”地球日、“6·25”土地日、“8·29”测绘法宣传日进行测绘法律法规宣传。“8·29”测绘法宣传活动期间，以“依法普查地理国情，测绘服务美丽中国”为宣传主题，悬挂标语条幅、发送手机短信、设立咨询点、召开报告会、开展测绘法律法规知识竞赛，社会公众测绘法律法规意识普遍提高。

## 基础测绘

**【经费保障】**

2014年，贵州省财政共安排基础测绘经费近2000万元。贵州省GNSS建设完成89个基准点的外业实地勘选、工程图设计、地勘、监理、施工单位的分项招标，其中20个基准点进行了土地征收和土建施工。协助开展国家1:5万基础地理信息数据库动态更新、1:1万基础地理信息数据库整合升级。建成贵州省基础测绘工程项目管理体系和管理平台。安排635.65万元专项资金，实施7个基础测绘项目。

**【2000国家大地坐标系转换】**

截至11月，贵州省落实2000国家大地坐标系推广工作专项经费30万元。根据国家测绘地理信息局要求，推进全省地理信息数据2000国家大地坐标系转换工作，完成5334个测量标志点成果的转换工作并通过质量检验。通过转发文件、网站宣传等方式，加快2000国家大地坐标系在全省相关行业的推广应用。

**【共建共享】**

6月，贵州省国土资源厅与某部队签订测绘地理信息军地融合共享协议，在地理信息数据、资料、装备、人才等方面开展军地合作。贵州省三维基础地理信息平台功能进一步完善，向国土资源、环境保护、公安、交通运输等部门提供地理信息服务。

贵州省国土资源厅建立测绘应急组织机构，编制应急测绘保障预案。利用国家地理信息应急监测车系统获取灾害现场影像，为灾情分析、险情排查、决策支持及时提供保障。首架轻型直升机低空数字测绘航空摄影系统投入应用。

## 地图管理与地图服务

**【地图市场监管】**

贵州省国土资源厅全年审核配发审图号36个。下发《关于深化国家版图意识宣传教育和地图市场监管工作的通知》，要求各地增加地图市场监管频次，依法查处“问题地图”。按照《2014年“问题地图”专项治理工作方案》，各级国土资源部门开展“问题地图”专项检查，检查内容包括导航地图、书刊地图、教学用图、展示地图等。参加国家测绘地理信息局举办的互联网地图监管软件培训，安排专人以地图监管软件和人工排查相结合的方式检查119个县级以上政府网站的地图，通报了检查结果，要求20家刊载不规范地图的政府网站进行整改。

**【地图服务】**

贵州省第三测绘院承担领导工作用图工作，积极参与国家、省级领导工作用图共享与服务工作，提供了《贵州省地图》《贵州省综合地图册》等相关地图数据。

贵州省有关测绘地理信息部门印制《毕节市地图》《贵阳市旅游交通图》《贵州省旅游交通地图》《黔西南州旅游交通地图》《云岩区行政区划图》等地图，总印数超过300万幅（册）。

**【国家版图意识宣传教育】**

贵州省国土资源厅组织开展贵州省少儿手绘地

图比赛和国家版图知识竞赛，其中少儿手绘地图大赛参赛作品500多幅，选出205幅作品报送国家测绘地理信息局；全省共有236人参加国家版图知识竞赛个人赛网上或纸质答题。在“8·29”测绘法宣传活动期间，开展国家版图意识宣传教育进学校、进社区活动，全省共发放国家版图宣传册和其他宣传资料6万多份。由县级国土资源部门组织，结合地图市场监管工作开展国家版图意识宣传教育进学校、进社区、进媒体活动，采取宣传栏张贴、给中小学生讲解、向群众提供咨询、组织地图市场专项检查等方式，进一步加强公众对三沙市和南海诸岛的了解；印制宣传地图，免费赠送给全省各学校、社区和群众，全省共有18所小学、14个社区参加国家版图意识宣传教育“三进”活动，直接参与人数超过1万人。8月，第24届全国图书博览交易会重点活动“阅读中国版图知识校园行”活动在贵州省遵义市举行。

## 测绘地理信息成果管理与应用

2014年，贵州省测绘资料档案馆为社会各界提供各类比例尺地形图5336幅、各等级控制点2490个。向“5个100”工程无偿提供现有基础测绘成果资料，促进贵州工业化、信息化、城镇化、农业现代化同步发展。

## 人才培养

贵州省国土资源厅组织做好注册测绘师考试有关工作，300多人参加全国统一考试。与南方测绘、广州中海达卫星导航技术股份有限公司、北京超图软件股份有限公司等仪器装备、软件公司合作，组织会员单位参加企业年度产品推荐培训活动，培训600多人次。7月8日，邀请香港中文大学教授、国际欧亚科学院院士林晖作“测绘地理信息与公共服务”专题报告，200多人参加。组织厅属测绘事业单位面向社会招考37人。

## 精神文明建设

贵州省国土资源厅组织社会主义核心价值观学习，每周由1名厅党组成员主讲，召开读书报告会。编辑《贵州国土资源·大数据专刊》，9家单位的12篇论文入选专刊。开展地理国情普查劳动竞赛，通过竞赛助推地理国情普查工作保质保量完成。组队参加全国测绘地理信息系统第三届“中色杯”羽毛球比赛等活动。

## 地方社团工作

2014年，贵州省测绘行业协会落实了新的办公地点，聘请2个专职人员，确定3个兼职人员。制定《贵州省测绘行业协会会费收支管理规定》《贵州省测绘地理信息公共服务网站运行维护管理规定》《贵州省测绘行业协会工作规则》等制度并经第五届第四次常务理事会讨论并原则通过。

6月，受贵州省国土资源厅委托，贵州省测绘行业协会开展2013—2014年度优秀工程奖评选，共收到申报项目45个，评出33个获奖项目，其中一等奖8个、二等奖14个、三等奖11个。

6月，与《贵州国土资源》杂志社合作，向社会、各测绘单位征集测绘地理信息与大数据、云平台发展论文，共收到论文16篇，印制《贵州国土资源》增刊1000册，发送行业单位、有关部门参考。8月，贵州省测绘行业协会开始建设贵州省测绘地理信息公共服务网站，10月取得初步成果，通过了第五届第四次常务会议初审。

贵州省测绘学会配合中国测绘地理信息学会，在贵州省镇宁县举办2014全国学生定向越野赛，1500多人参加。

# 云南省

## 概况

2014 年，云南省测绘地理信息局带领全省测绘地理信息行业，以地理国情普查为牵引，以提质增效升级为核心，主动融入改革发展大局，全行业实现测绘地理信息服务总值 17.11 亿元，测绘地理信息各项工作顺利推进。

截至年底，云南省完成约 39.4 万平方千米遥感影像工作底图的生产及分发，第一次全国地理国情普查信息采集任务执行比例达 94%，数据库建设和统计分析工作基本准备就绪，较好完成年度目标任务量。基础测绘“十二五”规划重点项目完成情况良好，年内测制完成 1:1 万“3D”数字地图 2039 幅，全省区域 1:1 万“3D”数字地图覆盖率增至 88%；滇西南保山市、德宏州 CORS 基准站基本建成，楚雄州、普洱市、大理州、曲靖市、迪庆州 CORS 基准站建设全面展开，丽江市、临沧市等 5 个州（市）CORS 基准站建设启动。云南省时空信息云平台建设一期工程及示范应用项目基本完成。数字昆明、数字红河地理空间框架建设接近尾声，数字县域建设深入推进，数字富民地理空间框架建设项目接近结题。云南省测绘地理信息局成立天地图公司，将“天地图·云南”运作逐步推向市场，完善“天地图·云南”服务功能，完成数据更新，开展地震应急专题服务研究。积极推进地理国情监测，开展大理海西农田保护和海东城市扩展监测，启动抚仙湖流域生态环境动态监测，已取得阶段性成果。应急测绘服务保障能力大幅提升，完成鲁甸“8·03”地震灾后应急保障任务，为灾后滑坡体、堰塞湖除险，次生灾害排查和灾后恢复重建发挥作用，逐步形成具备测绘特色的应急保障服务新模式。加强行政执法监管，查处 1 起以他人名义实施测绘活动的违法行为，处理了文山、保山、大理发生的无人飞行器违法航摄活动和某军事禁区内非法测绘事件。成立云南省“十三五”测绘地理信息规划编制领导小组，与国家测绘地理信息局测绘发展研究中心合作开展规划编制工作。云南省测绘地理信息局正式划入行政类事业单位，共有 8 项行政审批项目。

## 重点工作推进

**【数字城市建设】**

数字昆明、数字红河地理空间框架建设任务基本完成。数字昆明建设完成各分项数据生产，地理信息公共服务平台搭建及 7 个典型示范应用系统建设。数字红河建设完成地理信息公共服务平台、“天地图. 红河”的集成安装部署和国土应用系统的验收。数字县域建设深入推进，数字富民地理空间框架建设项目设计通过评审。

**【“天地图·云南”建设】**

云南省测绘地理信息局推进“天地图·云南”的商业化运作，促成局属 3 家事业单位以出资参股的形式，与云南智云信息技术股份有限公司共同成立云南天地图信息技术股份有限公司。

2014 年，“天地图·云南”项目完成 2000 多幅 1:1 万基础框架数据的提取、更新工作，完成电子地图瓦片数据生产，引入昆明市 100 千米街景数据。开展江川县新农村建设示范应用工作和“天地图”地震应急专题服务研究，及时发布鲁甸、永善、盈江震后的新拍影像、三维影像、村级降雨量气象信息等，组织首届“天地图·云南”开发和数据应用大赛。

**【地理国情普查】**

2014 年，云南省测绘地理信息局组织全省 44 家队伍 3000 多名普查人员，承担全省 123 个县市（云南辖 129 个县市，国家测绘地理信息局支持云南开展 6 个县的普查工作）共 36.2 万平方千米的地理国情普查工作任务，截至年底，完成全省约 39.4 万平方千米的遥感影像工作底图生产及分发，普查信息采集任务执行比例达 94%，数据库建设和统计分析工作准备就绪。

云南省 16 个州（市）成立了地理国情普查领

导机构及其办公室，印发工作方案、实施方案等组织管理文件，召开了全省普查工作推进会。云南省核定全省普查工作经费4.44亿元，2014年，落实并下拨省级财政安排的2.07亿元至相关单位和州（市），州（市）普查领导机构与当地财政部门共协调落实配套工作经费0.82亿元。完成7个试点县区共约1.71万平方千米的普查试生产任务。云南省测绘地理信息局将16个州（市）划分给6个下属单位分区域负责，省普查领导小组办公室统筹，各责任单位负责区域内作业单位的技术培训、质量控制和管理指导，有效化解普查任务推进中的管理难题。培训全省技术、质检及管理人员3613人，基本实现普查人员培训全覆盖。及时开展过程质量检查，组织“首件成果”全覆盖把关检查，实行预警与约谈工作制，配合完成2个批次的过程质量监督抽查。在《云南日报》《昆明日报》等纸质媒体刊登地理国情普查专版，在昆明公交车“七彩公交”频道播放地理国情普查宣传片，启动云南省第一次全国地理国情普查劳动竞赛。

云南省测绘地理信息局继续开展第二期大理海西220平方千米土地利用现状监测工作，共实施6次监测分析。开展大理海西农田保护和海东城市扩展监测，完成总工作量的40%。开展抚仙湖流域生态环境动态监测项目，已完成流域综合数据库建设、抚仙湖面积与体积量算、流域土地利用信息提取与变化分析工作，初步完成流域生态监测与分析评价、土地利用变化模拟研究、系统建设等工作。

**【地理信息产业】**

国务院办公厅关于促进地理信息产业发展的意见出台后，云南省测绘地理信息局积极向省政府汇报工作，起草《云南省人民政府办公厅关于促进地理信息产业发展的实施意见（代拟稿）》，向16家相关委办厅局征求意见修改完善后呈报省政府。认真贯彻落实《国家地理信息产业发展规划（2014—2020年）》，扶持地理信息企业，培育龙头企业，打造云南品牌公司。

**【时空信息云平台建设】**

云南省时空信息云平台及示范应用项目完成项目可行性报告的编写和评审，组建项目研发团队，成立时空云平台研发部，落实资金1065.6万元。一期工程及示范应用项目已基本完成，在时空资源调度、计算能力自动扩展与负载均衡、地理信息服务链组合、分布式时空大数据管理等技术方面均取得突破性进展。该项目建设情况在2014中国地理信息产业大会、2014云计算与地理信息共享研讨会上分别作了学术汇报。

**【“十三五”规划编制工作】**

云南省测绘地理信息局完成“十二五”规划执行情况评估。成立云南省“十三五”测绘地理信息规划编制领导小组，与国家测绘地理信息局测绘发展研究中心合作开展规划编制工作，初步完成“十三五”测绘地理信息事业发展中长期规划和基础测绘、地理国情监测、地理信息产业发展规划编制。召开云南省“十三五”测绘地理信息规划咨询会，向省发展和改革委员会、省财政厅、省国土资源厅等15个省级有关部门征询对规划初稿的意见。启动省测绘地理信息“十三五”人才、科技、法规和行业发展规划编制工作，积极与云南省发展和改革委员会沟通，争取将基础测绘规划和地理国情监测规划列入省“十三五”重点专项规划名录。

**【行政管理体制建设和事业单位分类改革】**

经云南省政府行政审批制度改革办公室确定，云南省测绘地理信息局取消行政审批事项2项，保留行政审批事项7项、承接国家测绘地理信息局下放的行政审批事项1项，共有行政审批项目8项。公开了云南省测绘地理信息行政权力清单。云南省委机构编制办核准云南省测绘地理信息局划入行政类事业单位，3家局直属单位划入公益一类事业单位，4家单位划入公益二类事业单位，1家单位划入生产经营类事业单位。

## 法制建设与市场监管

**【行政执法队伍建设】**

云南省测绘地理信息局认真贯彻落实《测绘地理信息行政执法证管理办法》，做好执法证件申领工作，利用测绘地理信息行政执法人员管理信息系统，建立云南测绘地理信息行政执法人员数据库，完成400多名测绘地理信息行政执法人员的资格复审。

**【测绘资质复审换证】**

云南省测绘地理信息局举办3期全省测绘资质复审换证培训班，全省近700家乙、丙、丁级测绘资质单位和16个州（市）测绘管理部门负责人750多人参加。执行测绘资质巡查制度，通过资质巡查、实地核查等措施，杜绝了资质复审换证弄虚作假现象，较好地完成了复审换证任务。728家资质单位参加复审换证，通过审查666家、注销62家。

【市场监管】

云南省测绘地理信息局完成各类航空摄影计划审批14项（次）。将第一次全国地理国情普查作为市场跟踪监管的重点项目，对参加该项目招投标的单位进行资质核查，排除不符合招投标条件的单位5家。结合地理国情普查、资质复审换证、保密检查、质量检查等多项执法检查内容，对玉溪市、昆明市共15家测绘单位和外省在云南承揽地理国情普查项目的8家测绘单位开展测绘地理信息综合执法检查，责令人员、设备不符合资质要求，保密制度、保密措施不到位的单位限期整改。加强农村土地承包经营权项目中测绘活动的监管，及时干预和纠正非法转包、低价竞争等行为。加强项目跟踪监管力度，积极配合省审计部门对局属单位承担的项目进行检查、审计。查处以他人名义实施测绘活动的违法行为1起，依法处理文山、保山、大理发生的无人飞行器违法航摄和某军事禁区范围发生非法测绘事件，规范了地理信息市场秩序。

【市场诚信体系建设】

云南省测绘地理信息局授权云南省地理信息协会承担云南省测绘地理信息市场信用信息的征集、整理、查询以及信用信息平台的日常监管维护工作。至年底，已完成云南省测绘地理信息市场信用信息管理平台网页建设并与测绘资质复审换证工作相结合，向全省测绘资质单位发出了信用信息征集通知。玉溪市率先开展测绘资质单位信用体系评价工作，建立了测绘资质单位动态信用档案，向各部门公布了评价结果。

【法制宣传】

“8·29”测绘法宣传日期间，云南各级测绘地理信息行政主管部门围绕“发展地理信息产业，地图服务大众生活”的宣传主题，开展测绘法宣传活动。楚雄州国土资源局悬挂宣传横幅5条，发放各种宣传资料2000多份，接受群众咨询60多人次，州电视台和广播电台进行了报道。玉溪市各县区共设咨询点9个，悬挂横幅30条，发放宣传资料4000多份。德宏州出动宣传车8辆，举办学习测绘法座谈会3个，悬挂测绘法宣传横幅32条，摆放宣传展板35块，发放宣传资料1800份。文山州制作宣传专题短片在州电视台连续播放，临沧通过微信平台开展测绘法制宣传，并通过市政府广场电子显示屏及全市出租车流动LED广告对测绘法与地理国情普查工作进行宣传。

## 基础测绘

【国家基础测绘】

云南省测绘地理信息局承担国家GNSS连续运行基准站一期工程项目曲靖、保山、广南、勐腊站点的建设工作，完成站点勘选、征地、土建施工和设备安装等工作，通过了国家测绘基准工程项目部的检查与监理，质量综合评定为优级。

【省级“十二五”基础测绘】

云南省“万幅测图”工作完成情况良好，年内完成2039幅1:1万“3D”数字地图测制和2050幅1:1万“3D”数据建库工作。至年底，累计实施“万幅测图”计划8365幅，1:1万“3D”数字地图覆盖率达到88%。

YNCORS系统建设不断加快，省级控制中心建设完成部分设备采购工作；保山市、德宏州CORS基准站建设基本完成；楚雄州完成CORS基准站联测工作，普洱市完成CORS基准站设备招标工作；大理州、曲靖市和迪庆州完成CORS基准站勘选工作和项目设计；丽江市、临沧市、怒江州、西双版纳州启动CORS建设，昭通市CORS站建设按鲁甸地震灾后重建项目申报。已建成的昆明、玉溪、红河、文山CORS站用户量不断增加，玉溪用户162家，文山用户32家，昆明用户80家。昆明市财政安排42万元用于CORS基准站防雷设施安装及设备的更新升级。

【2000国家大地坐标系推行】

根据《云南省2000国家大地坐标系转换技术方案》，云南省测绘地理信息局组织开展已有各等级大地控制测量成果的坐标系转换工作，建立了不同坐标系向2000国家大地坐标系转换的模型，解决了不同坐标系间成果资料转换问题，在地理国情普查行业专题资料收集中得到应用。

【城市相对独立平面坐标系】

3月1日，玉溪市政府批准，玉溪市2011独立平面坐标系被确定为该市唯一合法的相对独立平面坐标系，进行了公告宣传。经曲靖市政府批准，曲靖市启用2010麒麟坐标系、2011沾益坐标系、2010马龙坐标系，分别为麒麟区、沾益县、马龙县行政区域内唯一合法的地方坐标系，同时废止98曲靖坐标系。

【质量管理】

云南省测绘地理信息局开展年度测绘地理信息成果质量监督检查工作，抽检14个测绘地理信息成果，涉及甲级测绘资质单位1家、乙级8家、丙级5家，判定13项成果合格、1项不合格。

## 地图管理与地图服务

【地图市场管理】

云南省测绘地理信息局在全省范围开展“问题地图”专项治理工作，全面清理互联网涉密地图交易、登载或销售带有政治性问题的地图和上传标注涉密地理信息3类违法行为。昆明市对辖区内6家测绘单位的测绘项目、测绘资质、保密工作及测绘成果质量进行综合检查；玉溪市国土资源局对16家门户网站、13个销售地图产品的经营场所开展检查；德宏州对书店、景点、车站、档案馆、报刊亭等20多个站点进行检查；楚雄州对新华书店、图书城、文化市场等重点区域进行全面检查。经清查，全省未发现“问题地图”。

云南省测绘地理信息局运用互联网地理信息安全监管系统对10多个全国用户占有量最多的地图服务网站涉及云南的地图服务进行实时监控。对系统识别的近1万条涉嫌违法违规的互联网地理信息进行判别、鉴定和处理，重点清理了云南省网站登载的带有严重政治性问题的地图和涉密地理信息。

【地图编制与服务】

云南省测绘地理信息局全年审核并备案各类公开版地图（册）30件。组织编制出版丽江市政区图、红河州旅游图、宁洱县政区图、红河州交通图等。全年为省委、省政府等部门提供各类地图服务42次、1321幅（张），其中为省委常委办公室提供视（考）察线路图10次、920张。组织直属单位制作昭通市地理立体模型等精品沙盘。组织制作《第十六届中国科协年会指南图》等专题图。

## 测绘地理信息成果管理与应用

【成果汇交与提供】

2014年，云南省测绘地理信息局接受39个测绘地理信息项目的成果汇交，受理涉密测绘成果审批499起。提供各类纸质地图5612幅、各种比例尺“4D”成果40846幅，数据量11.37TB；提供航摄资料和卫星遥感资料206.60万平方千米，测绘基准成果7206点。

【测绘地理信息服务】

云南省测绘地理信息相关单位组织开展云南省土地卫片执法检查技术保障工作，创新卫片执法技术服务方式，研制了土地卫片执法检查信息系统和移动端外业检查信息系统，利用数据挖掘技术对全省卫片执法检查成果数据进行了分析。与云南省地质环境监测院共同承担云南省地质环境信息化建设，开展地质环境信息化三维系统试点项目建设。开展昆明、曲靖、临沧等8个州（市）低丘缓坡综合开发项目航空摄影和影像图生产，玉溪市元江县低丘缓坡综合开发项目1:500地形测绘项目通过验收。承担大理市、蒙自市、香格里拉、德钦、会泽等多个市县的基本农田划定工作，为保山、丽江等10个州（市）的农村土地确权登记发证工作研建城乡土地调查数据库，参与完成澄江、安宁、玉龙、麻栗坡县等多个市县的农村集体土地确权登记发证工作。服务滇中产业新区建设，多家测绘地理信息单位共同完成滇中产业新区东、西2个片区约300平方千米控制测量，三、四等水准测量和约220平方千米的1:500地形图测绘。

【应急保障】

云南省测绘地理信息局成立应急测绘保障指挥部和无人机航拍组、卫星影像获取制作组等5支专业应急工作小组，引进应急测绘监测车、多旋翼无人飞行器、移动工作站、三维激光扫描仪等高新技术装备，开展应急保障实战演练，完善了应急救灾指挥信息系统。全年组织测绘地理信息应急保障人员350多人次参与应急救灾，投入无人机11架、测绘高新技术装备42台（套）、防震减灾资金1300多万元，为鲁甸“8·03”地震、永善“4·05”地震、景谷“10·07”地震和福贡“6·30”山体滑坡等多起抢险救灾提供及时有效的服务。鲁甸地震后，共出动无人机44架次，航飞里程约5170千米，获取高分辨率影像近2800平方千米，多旋翼无人机航拍视频及影像6小时，紧急采购卫星遥感影像数据约4000平方千米，及时编制、提供各类应急图件1.13万多幅、505GB，受到省委、省政府的肯定。《云南日报》《春城晚报》等媒体对云南省测绘地理信息局的抗震救灾应急保障工作做了深度报道，云南电视台做了《现代测绘技术服务抗震救灾》的专题采访。

## 科技创新与交流合作

【科技研发】

云南省测绘地理信息局组织开展 YNCORS 系统关键技术研究、低空无人机应用于地理国情监测技术方法研究、低空无人机 1:1000 数字航测成图技术研究、云南省 1:1 万基础地理信息数据生产技术规程研究等 11 个项目的科研工作。研发云南地理国情普查生产质检软件——云岭质检软件，已通过专家鉴定，在云南普查任务生产中发挥了良好作用。

【科技奖励】

云南省测绘地理信息局组织全省多项测绘科技项目申报 2014 年中国测绘地理信息学会测绘科技进步奖和全国优秀测绘工程奖，“基于 GIS 技术的昆明市地下排水管线评价研究”获测绘科技进步奖三等奖，“曲靖市无人机航摄及 1:2000 数字正射影像图制作”等 7 个项目获全国优秀测绘工程奖。组织云南省测绘科技进步奖和优秀测绘工程奖评选活动，评选出测绘科技进步奖 3 项、优秀测绘工程奖 25 项、优秀论文 17 篇。

【人才队伍建设】

云南省测绘地理信息局通过民主推荐等干部选拔任用工作程序，组织完成 4 名副处级干部的推荐、考察、任用等工作。局系统通过公开招聘录用 12 名工作人员，并与 6 名武汉大学测绘专业毕业生签订就业协议。选派 1 名年轻干部到文山州国土资源局挂职锻炼。分期分批组织 12 名干部到各级党校培训。继续参加云南省干部网络在线学习。举办测绘管理类培训班 17 个，测绘专业技术知识培训班 60 个。邱云峰被云南省政府评为 2014 年云南省有突出贡献优秀专业技术人才。

【交流合作】

云南省测绘地理信息局与解放军某部队签署军地测绘融合发展协议，在测绘工程项目、成果共享、科技攻关、应急联动体系、人才队伍建设等方面开展合作。与中国测绘科学研究院签署战略合作协议，加强测绘地理信息科技创新合作研究。支持直属单位与昆明冶金高等专科学校、云南国土资源职业学院、云南旅游职业学院达成协议，在优秀学生输送、人才培养和项目共同研发等方面进行深入合作。

## 党的建设与精神文明建设

【党建和廉政建设】

云南省测绘地理信息局举办“大力培育和践行社会主义核心价值观”“落实从严治党要求，加强机关党建规范化管理”等多个专题讲座。云南省航测遥感信息院党委和云南省测绘工程院 1 个党支部开展“跨越发展当先锋，测绘党建走前头”示范点活动。云南省测绘地理信息局党组与局属各单位签订 2014 年党风廉政建设责任书，组织多期党风廉政建设和反腐败专题录像辅导，妥善处理群众来信来访举报工作。配合审计部门对 2012 年～2013 年省级预算执行和其他财政收支情况进行审计，积极做好整改事项清查工作。

【行政效能建设】

云南省测绘地理信息局参与云南省行政审批网上服务大厅建设，完成测绘地理信息行政审批事项进入省级网上大厅的前期准备工作。加强建章立制工作，制定出台云南省测绘地理信息局工作规则、公文处理实施细则、地理国情监测专项资金管理办法实施细则等 10 多项规章制度。严格落实中央八项规定和国家测绘地理信息局十项具体措施，进一步改进党风、政风、行风，精简会议文件，压缩“三公”经费支出。启动 OA 办公自动化系统应用。

【精神文明创建】

云南省测绘地理信息局开展定点挂钩扶贫工作，坚持局党组成员联系帮扶 1 个自然村的制度，选派 1 名机关处级干部到江川县担任新农村建设工作队总队长，下派 2 名科级干部赴弥渡县开展挂钩扶贫工作。筹措扶贫款 12 万元、号召职工捐款 3 万多元下拨到扶贫点；购买《防灾、减灾安全预防应急知识手册》2000 册赠送扶贫乡中小学生。组队参加云南省直机关工会运动会，获羽毛球团体总决赛第 6 名。

## 地方社团工作

【云南省测绘学会】

2014 年，云南省测绘学会召开 1 次全体理事大会、4 次常务理事会议、4 次秘书长会议，举办了学术年会和高端学术报告会。全年新增会员单位 17 家。开展科普进藏区系列活动，举办“地理国情普查、综合卫星定位服务系统和无人机应急保障”科普讲座。推荐 35 名测绘地理信息专家进入云南省政府采购专家库。组织 4 个代表团 22 人次，分别赴东盟 2 国和英国皇家特许测量学会、瑞士、奥地利及台湾进行学术交流，签署《云南省测绘学会与英国皇家特许测量师学会双方合作协议》。至年底，云南省有 17 人通过英国皇家特许测量师学会培训考核，获 RICS 特许测量师资格，其中 3 人获 RICS 测量专业考官资格。推荐湖北和广西测绘学会加入东南亚测绘协会，推荐昆明绘纬测绘有限公司和昆明麦普房地产土地评估咨询有限公司加入东南亚测绘协会会员。

**【云南省地理信息协会】**

2 月 26 日，在云南省测绘地理信息局主导和支持下，云南省地理信息协会成立。召开协会第一届会员代表大会，通过协会章程，选举产生会长、副会长和秘书长等，设置 3 个内部机构。制定《云南省地理信息协会财务管理办法》《云南省地理信息协会会议管理制度》等规章，与中国地理信息产业协会建立了关系，与已成立地理信息协会的 15 个省（区）、市建立工作联系。发展会员单位 222 家，编制会刊 1 期，制作了协会网页。经云南省测绘地理信息局授权，启动测绘地理信息市场信用体系建设。

# 西藏自治区

## 概况

2014 年，西藏自治区测绘保障服务水平显著增强，基础测绘工作取得新进展，测绘地理信息事业发展态势良好。

8 月 12 日，国家测绘地理信息局局长库热西 · 买合苏提一行进藏考察调研，听取西藏测绘地理信息工作汇报，与自治区党委副书记、政府常务副主席邓小刚进行座谈，并发表重要讲话。库热西 · 买合苏提在充分肯定西藏测绘地理信息工作取得的成绩的同时，就做好地理国情普查、基础测绘、测绘公共服务和人才队伍建设等方面工作做了重要指示。

西藏自治区测绘局全面推进地理国情普查工作，编制完成《西藏自治区第一次全国地理国情普查专业技术设计书》，及时下达地理国情普查年度计划，地理国情普查综合生产任务执行比例达 100%。继续加大测绘地理信息行业监管力度，认真执行测绘任务项目备案制度，首次对区内外在藏作业的测绘资质队伍进行任务备案登记。开展市场检查，依法查处无证测绘、超资质范围测绘等违法行为。持续推进涉密测绘成果保密检查工作，通报 2013 年保密检查和地质单位专项保密检查工作情况，督查存在问题的 8 家单位进行整改。加快推进基础测绘和重大测绘项目实施，全力推进西藏重点地区 1:1 万基础地理信息数据采集及成图项目。对 2004 年版县（市）挂图核心数据进行全面更新。

2014 年 8 月 13 日，国家测绘地理信息局局长库热西 · 买合苏提到西藏自治区测绘院调研基础测绘工作。

## 重点工作推进

**【“天地图 · 西藏”建设】**

西藏自治区继续推进“天地图 · 西藏”建设工作，“天地图 · 西藏”建设基本完成。

**【地理国情普查】**

西藏自治区测绘局完成《西藏自治区第一次全国地理国情普查专业技术设计书》编写和评审工作，报国务院第一次全国地理国情普查领导小组办公室备案。下达 2014 年度地理国情普查年度计划，落实年度普查经费 1982 万元，其中 1124 万元用于设备和软件采购、858 万元用于西藏自治区测绘院年度普查工作经费。自治区普查领导小组办公室制定出台普查生产管理办法、质量管理办法、资金使用管理办法等7个规范性文件，自治区测绘院制定项目组制度、两级检查方案、专题资料收集技术规定等生产管理制度和技术规范。

2014年度地理国情普查综合生产任务执行比例达100%。完成拉萨市约3万平方千米地理国情普查任务，包括628幅高分辨率影像图和323幅1:2.5万外业工作底图制作，完成拉萨市7县1区外业调绘核查、地表覆盖编辑、国情要素编辑整理、遥感解译样本制作以及121幅1:1万DEM精细化数据。完成全区7地市专题区情普查，对全区5453个行政村、1809个寺庙的平面坐标和海拔高程进行实地核查。

**【西藏自治区基础测绘地理信息系统】**

西藏自治区测绘局将地理信息系统、地理信息数据库和地理信息数据分发服务系统3个建设项目打包招标，确定了中标单位，均已进入全面实施阶段。

**【西藏应急平台升级建设】**

西藏应急平台升级建设项目完成山南、林芝、阿里、那曲、拉萨西部约63平方千米三维立体建模，将城市第二次土地调查中69个县的1:500数据转换为数据库数据并与城市高分辨率卫星影像数据套合，丰富了数据库内容。

**【为国家重大测绘项目提供协调服务】**

西藏自治区测绘局为进藏开展地理国情普查、现代测绘基准体系建设等项目的队伍提供协调服务，帮助办理通行证，出具协调函件。对急难任务，及时向区国土资源厅和区政府办公厅汇报沟通，较好地解决了国家测绘地理信息局直属测绘队伍在藏作业期间的实际困难。

# 市场监管

**【行业资质审批】**

西藏自治区测绘局组织完成2014年测绘资质年度注册工作。开展测绘资质复审换证工作，新审批测绘资质单位3家，资质升级2家，业务范围变更1家，注销1家。开展资质巡查工作，共巡查35家单位。

**【规范测绘地理信息市场秩序】**

西藏自治区测绘局全年对6家外来进藏作业队伍进行了备案登记。全面开展市场检查工作，多渠道加强对测绘地理信息市场的监管，查处无证测绘、超资质范围测绘等违法行为。

# 基础测绘

**【基础测绘“十三五”规划】**

西藏自治区测绘局成立自治区基础测绘“十三五”规划编制小组，启动规划编制工作。邀请国家测绘地理信息局专家入藏实地考察调研，结合各厅、委、办、局的中长期规划开展“十三五”测绘地理信息资源需求调查，明确“十三五”规划的重大基础测绘项目，完成规划编制前期工作。

**【平面控制网、高程控制网建设】**

2014年，西藏自治区平面控制网、高程控制网建设完成372个C级GPS点和4600千米三等水准以及387千米二等水准成果的验收，至年底，完成项目数据归档。

**【重点地区1:1万基础地理信息数据采集及成图】**

7月，西藏自治区完成2013年度486幅1:1万数字测绘产品的验收和归档工作，下达给自治区测绘院51幅图的生产任务。8月，完成1207幅数字测绘产品生产任务的招标工作，投入经费5184.94万元。

**【1:5万数据库动态更新质量监督抽查】**

西藏自治区测绘局技术人员在国家测绘地理信息局1:5万基础地理信息数据库更新项目部的帮助支持下，完成西藏自治区2013年1:5万数据库动态更新成果的质量监督抽查工作。

**【GNSS工作站建设】**

拉萨GPS跟踪站完成了拉萨LHAS基准站的设备更新、调试工作，全年总传输数据量达约149TB。开展珠峰、洛扎、波密、左贡4个基准站建站前准备工作。

# 地图管理

**【地图管理】**

西藏自治区测绘局联合工商部门对旅游景点、车站、报刊亭等地图经营场所进行不定期检查，并通过西藏电视台等媒体发布公告，有效打击了自治区非法编制和出版地图的行为。严格公开出版和展示地图的审核工作，全年接受审理和协助审理各类地图成果3件。

【地图编制】

西藏自治区测绘局全面更新2014年版县（市）挂图核心数据。以该数据为基础，开展日喀则市和昌都市行政区划图编制工作。

【国家版图意识宣传教育】

西藏自治区测绘局积极与区教育厅等相关部门沟通，联合发文启动“美丽中国”第二届全国国家版图知识竞赛和少儿手绘地图大赛西藏赛区的竞赛工作，组队参加国家版图知识竞赛团体赛。

【地图资料收集】

西藏自治区测绘局从国家测绘地理信息局收集全区1:5万地形图更新数据，包括2011版DLG 3075幅和2013版全区连片3075幅、DEM 2601幅、DOM 2601幅数据。接收全要素1:5万“3D”数据（DEM 7.8GB、DOM 278GB、DLG 45.9GB），2013动态更新生产所获增量包（矢量格式22.7GB），以及地理国情监测阿里数据（分幅、1694景）、日喀则影像数据（分幅、1464景）、那曲分幅DOM（3519个数据）、西藏地区分幅影像（2172景）、全区Worldview2影像（未全覆盖，24TB）。

## 测绘地理信息成果管理与应用

【成果管理】

西藏自治区测绘局制定《测绘成果及资料档案管理规定》，开展库存测绘成果、资料、档案清理工作。已整理馆藏数字档案129条、27.7TB；库存模拟地形图1:1万72幅、1:2.5万400幅、1:20万219幅、1:25万105幅、1:50万39幅、1:100万20幅、1:10万1050幅、1:5万（旧）839幅、1:5万（新）1284幅，总计759687张图纸；开始进行1:10万未上架图幅清点工作；完成2012年~2014年接收资料清单清理工作；对2013年~2014年接收的非基础测绘资料进行归档整理；为2014年索取资料2次以上的6个用户建立用户档案。

【涉密成果管理】

西藏自治区测绘局通报了2013年保密检查和地质单位专项保密检查的工作情况，督查存在问题的8家单位进行整改。继续与区国家保密局组成联合工作组，完成对拉萨、日喀则、山南、格尔木4个地区共59家单位的实地保密抽查，进一步规范了涉密测绘成果管理。4月，组织自治区国家安全厅、国家保密局、国土资源厅到自治区地勘单位，针对涉密测绘成果和地质资料使用与管理存在的问题开展保密培训。

【成果应用】

西藏自治区测绘局全年为社会各界提供测绘地理信息成果资料532次共27411幅（本、点、张），共收入54.81万元。其中，电子数据DLG 99幅，模拟（纸质版）地形图928幅，控制点153个，内部图351张，公开图16575张，地图集（册）161本。向自治区党委、区政府、区环保厅等部门无偿提供各类测绘地理信息成果资料8299幅（本、张），总价值838.63万元。其中，电子数据DLG 3175幅、DOM 120幅，模拟（纸质版）地形图16幅，公开图4052幅，内部图392张，地图集（册）195本。向西藏自治区重点区域1:1万地形图测图项目承担单位提供卫星影像、C级GPS成果、水准成果。

## 党的建设与文化建设

【党风廉政建设】

西藏自治区测绘局组织党员干部深入学习贯彻习近平总书记系列重要讲话精神及十八届中纪委三次全会、国务院第二次廉政工作会议精神，严格落实中央八项规定和区党委要求，为西藏自治区测绘地理信息工作健康发展提供了有力保障。

5月，西藏自治区测绘局成立2014年度党风廉政建设责任制领导小组，明确了责任分工。按照“职权法定、权责一致”的要求，编制了职权目录和权力运行流程图。排查廉政风险点23项，其中高风险点7项、中风险点12项、低风险点4项，针对廉政风险点制定了防控措施，完善了岗位职责，加强了监督检查。

【党的群众路线教育实践活动】

西藏自治区测绘局认真巩固党的群众路线教育实践活动成果，扎实抓好整改，构建作风建设长效机制。解决职工群众最关心的利益问题和最困难的实际问题，积极回应职工群众的利益诉求。在强基惠民活动中，顺利完成第二、三批驻村工作队轮换工作，将驻村点从拉萨市当雄县巴灵村调整到那曲地区比如县恰则乡那村。

【文化建设】

西藏自治区测绘局结合中华人民共和国成立65周年、西藏民主改革55周年、江孜抗英110周年等重大纪念日，开展形式多样的群众教育活动；举办第三届中秋联谊会和职工趣味运动会，推进测绘文化建设。

**【宣传工作】**

3月，西藏自治区测绘院驾驶员多杰被评为全国十大“感动测绘人物”。西藏自治区测绘局协助新华网、《中国测绘报》等媒体的记者进藏完成多杰事迹采访、情景再现拍摄等工作。

发挥《中国测绘报》西藏记者站优势，及时宣传西藏测绘地理信息事业发展形势。主动加强与地方媒体联系，不断扩大测绘地理信息工作的社会知名度和影响力，相关稿件多次被国土资源部网站、国家测绘地理信息局门户网站、《中国测绘报》等选用。利用“4·22”地球日、“5·12”防灾减灾日、“6·25”土地日、“8·29”测绘法宣传日等时机进行测绘地理信息宣传，发放各类宣传图件和资料2000多份。

**【人才培养】**

测绘人才援藏工作完成第七批4人与第八批4人测绘援藏干部轮换工作。按照《西藏自治区测绘局与郑州测绘学校合作办学协议书》安排，3月，郑州测绘学校组织进藏开展测绘技能培训和中等学历教育，全区各资质单位80多人参加培训学习。西藏自治区测绘局选派人员参加国家测绘地理信息局举办的局长进修班、处级干部进修班、2000国家大地坐标系推广使用培训班等各类专题培训班，参加培训人员累计40人次。

## 地方社团工作

西藏测绘学会认真做好会员发展工作，至年底，共有会员单位33个，个人会员370多人，理事单位16个，常务理事单位10个，覆盖全区测绘行业测绘单位。

6月，主办测绘新技术讲座，全区各会员单位约60多人参加。8月，组织16家会员单位负责人赴大连参加中国测绘地理信息学会举办的信息化测绘新技术培训班。向各会员单位下发《关于对测绘专业技术人员继续教育和培训需求进行摸底调研的函》，11家会员单位反馈了需求信息。与相关培训机构和学校进行沟通，筹备西藏自治区第二批测绘专业中专学历教育班。

# 陕西省

## 概况

2014年，陕西测绘地理信息局完成新疆、青海、甘肃等西部地区及陕西省约180万平方千米的地理国情普查年度任务；国家测绘地理信息局与陕西省政府合作开展的地理国（省）情监测试点顺利结束，第三批成果通过省政府审定；制定《地理国（省）情监测项目2014年实施方案》，开展持续监测。实施1:5万基础地理信息数据库动态更新、新农村测绘保障、“927”工程、现代测绘基准体系等国家重大测绘任务。实施秦岭测图专项工程，全省1:1万地形图覆盖率提高至94.7%。《陕西省测绘成果管理条例》修订稿通过省人大审议，2015年3月1日起正式施行；《陕西省测绘航空摄影管理办法》列入2014年度政府立法计划。与省国家保密局、国家安全厅联合印发通知，开展成果保密、成果质量、地图市场等专项检查，与相关部门联合查处11家单位，处理29名责任人。《省政府办公厅关于促进地理信息产业发展的意见》出台，1家地理信息企业上市，全省测绘地理信息服务总值保持30%的增长速率，产业规模达到60亿元。牵头实施的基于空间地理信息“一张图”建设被列入省信息化“数字陕西·智慧城市”发展纲要（2013—2017年）。完成省电子政务人口、法人、经济与地理空间“四大基础数据库”融合建设及统计系统开发。“天地图·陕西”政务版部署到省信息化综合服务中心，公众版接入省政府和11个市（区）、107个县（区、市）政府门户网站。编制国内首部“丝路图集”《丝绸之路经济带核心区域地图集》。“‘一带一路’地理资源本底调查与图集编制”项目通过国家科技基础性工作重大专项立项初审。编制完成《信息化测绘技术体系试点示范基地建设方案》，开展信息化测绘基地建设。承担7项国家标准制修订任务，16项国家和行业标准通过审查。围绕重大项目开展科技攻关和成果推广应用，参与承担8项国家科技创新项目，实施30多项局级和自立科技项目，2个项目分获2014年中国地理信息科技进步奖一等奖、三等奖，1个项目获2014年陕西省科学技术奖三等奖。全面完成党的群众路线教育实践活动24项整改任务，制修订完成20项制度。联合省政协出版《陕西测绘60年记事》。全局1个集体获“全国工人先锋号”称号，4个集体、15人获省级先进表彰。

## 重点工作推进

**【数字城市建设】**

数字西安完成西安市环保、120指挥、110指挥、地震应急指挥等4个地理信息系统应用示范建设。西安市政府印发《关于推广数字西安地理信息共享平台意见的通知》。2014年，西安市公安局、公安消防支队、地震局等7家单位建成数字西安公共服务平台地理信息应用系统并接入使用，应用服务覆盖城市建设管理的多个方面。数字商洛、数字延安和数字铜川建设的阶段性基础测绘成果已汇交至陕西省测绘资料档案馆。数字县域——数字安塞建设完成成果汇交。陕西测绘地理信息局与西安市工业和信息化委员会达成申请启动智慧城市建设意向。加入陕西省信息化领导小组启动的陕西省“数字陕西·智慧城市”建设，与省互联网信息化办公室联合发布《陕西省智慧城市建设要求与技术规范——时空地理信息资源及服务建设要求》。

**【“天地图”建设】**

陕西测绘地理信息局印发《加快推进天地图市级节点建设与接入的通知》和《陕西省“天地图”市级节点服务接入处理流程》。“天地图·陕西”正式接入省政府及11个设区市（区）、107个县（区、市）政府门户网站。“天地图·西安”节点实现与国家主节点互联互通。开展数字西安、数字榆林、数字安塞“天地图”市级节点建设。“天地图·西安”“天地图·榆林”已接入“天地图”国家主节点，实现与国家级主节点的互联互通和服务聚合；基于“天地图·榆林”开发了榆林旅游地图服务系统、榆林公众出行信息服务系统、榆林医疗卫生服务系统。“天地图·安塞”通过接入“天地图·陕西”的测试评估。基于空间地理信息的“一张图”建设和地理信息数据库运维及应用项目被列入省信息化“数字陕西·智慧城市”发展纲要（2013—2017年），《陕西省四大基础信息数据库数据融合实施方案》通过省工业和信息化厅组织的专家评审，完成人口、法人、宏观经济数据库乡镇级的数据融合建设和信息资源统计系统开发。基于地理信息公共服务平台开发建设省应急指挥三维地理信息系统，项目可研报告通过评审。加快“天地图·陕西”及相关地图的更新，完成交通、地名地址及POI（兴趣点）、居民地、其他要素等信息的更新工作，其中矢量更新面积24804平方千米，占接入区域总面积的12%；影像更新面积148788平方千米，占接入区域总面积的72.4%。开展西安、宝鸡市域范围内约1748平方千米的影像数据融合工作，数据现势性达到2013年底。

**【地理国情普查】**

2014年，陕西测绘地理信息局承担的新疆、青海地区148万平方千米共64个县地理国情普查任务按计划交付验收；甘肃省7.7万平方千米、陕西省20.56万平方千米的普查生产完成主体工作。落实省发展和改革委员会配套的陕西省第一次全国地理国情普查经费3500万元。制定实施陕西省第一次全国地理国情普查专业队伍遴选办法、生产管理办法、安全生产管理办法、安全生产事故应急处理预案、质量管理办法、成果检查验收细则以及局第一次全国地理国情普查项目进度和质量奖惩办法、国家地理国情监测专项资金管理办法实施细则、省级财政测绘专项资金管理办法等制度。制定普查培训方案与计划，培训1801人，为考核合格的1790人发放普查工作证和胸牌。年内组织开展4次过程质量监督抽查，全面覆盖所有普查实施单位。与国土、交通、林业、水利等14个厅局分别签订《陕西省第一次全国地理国情普查专业资料提供责任书》。编发普查工作简报12期、普查专报7期，陕西省普查宣传片在省内主要媒体和户外媒介播放，向各级政府部门和媒体、高校发放2万多份普查宣传彩页。

**【地理信息产业】**

《陕西省人民政府办公厅关于促进地理信息产业发展的意见》出台，明确省测绘地理信息行政主管部门“牵头组织、协调和指导全省地理信息产业发展工作”的职责。陕西测绘地理信息局组织召开贯彻落实国务院办公厅、省政府办公厅关于促进地理信息产业发展的意见工作会，部署意见贯彻落实工作。加快建设原点地理信息产业园，落实一期454亩用地和投资，35家企业签订入园协议。推进区域产业园区建设，与地方政府联合启动地理信息企业创业园建设，首批4个政府支持性科研和生产项目获批实施。印发《省优秀测绘地理信息工程奖评选办法》，面向行业开展双向挂职锻炼，1家地理信息企业上市，全省测绘地理信息服务总值保持30%增长速度，达到60亿元。

## 法制建设与市场监管

【法规体系建设】

新修订的《陕西省测绘成果管理条例》通过陕西省人大常委会审核并印发。陕西省政府出台促进地理信息产业发展的意见，提出促进产业发展的7个领域工作及支持产业发展的法规、财税、人才和领导体制等5项保障措施。《陕西省测绘航空摄影管理办法》列入省政府年度立法计划。陕西测绘地理信息局开展《陕西省基础测绘管理办法》起草论证，向省政府报送2015年立法项目。

【市场监管】

陕西测绘地理信息局对行政许可事项和非行政许可事项进行清理，保留测绘资质审批等8项行政许可和1项非行政审批事项，并在《陕西日报》公示。加强市县测绘地理信息管理机构建设，铜川市、咸阳市获批加挂测绘地理信息局牌子，商洛4个县级测绘地理信息行政管理机构挂牌。与省国家保密局、国家安全厅联合印发《关于进一步加强测绘地理信息安全保密工作的通知》，强化行业单位保密监管能力。与省国土资源厅、国家安全厅、国家保密局联合对2013年专项检查中存在涉密测绘成果管理违规的单位进行处罚，并联合向全省印发涉密测绘成果检查查处情况的通报；与省国家安全厅、省军区联合对第二次土地调查成果进行涉军信息保密处理。对榆林、延安等地7家承担地理国情普查任务的单位进行计算机和移动存储介质保密检查，对局属13家单位805台便携计算机进行保密检查，对8家单位进行涉密成果保密检查，消除了泄密隐患，要求存在问题的单位进行整改。2014年，联合保密、国家安全部门对11家涉密测绘地理信息成果管理、使用单位进行处罚。办理10多家单位测绘项目备案。完成测量标志拆迁审批3件、地图审核52件、测绘计量检定人员资格审批8件、涉密测绘成果提供使用审批532件，无投诉事项和行政复议案件发生。做好市场信用信息管理平台日常维护工作，发布信用信息58条，及时为企业提供市场信用信息证明。开展执法证申领人员信息统计和申请的初审工作。组织各市测绘地理信息管理部门工作人员参加国家测绘地理信息局行政执法培训班和局测绘法律法规培训。举办4期针对测绘资质单位和涉密测绘成果使用单位的涉密测绘成果管理人员岗位培训班，培训600多人。

【资质管理】

新版《测绘资质管理规定》和《测绘资质分级标准》颁布后，陕西测绘地理信息局及时组织各市测绘地理信息管理部门和行业单位召开贯彻落实工作会，解读资质管理和分级的最新内容，并结合测绘资质复审换证工作，现场解答存在的共性问题；各市级测绘地理信息管理部门及时对当地测绘资质单位进行了相关业务培训。完成测绘资质单位复审换证工作，受理36家甲级测绘资质单位复审换证申请，提出初审意见并上报国家测绘地理信息局；受理106家乙级测绘资质单位申请并作出决定；308家丙、丁级测绘资质单位由各市测绘地理信息管理部门负责初审并上报陕西测绘地理信息局。全省新增资质单位27家，资质升级20家，业务增项24家，全省资质单位总数达到438家。

【法制宣传】

陕西测绘地理信息局组织开展“8·29”测绘法宣传日活动，活动当天，联合西安市规划局在西安市邮政广场设立主宣传站点，通过宣传视频、展板、宣传彩页、微信等方式向群众介绍测绘法规和技术应用知识，提供测绘监管和成果应用咨询服务。宝鸡、汉中、咸阳、渭南、铜川、延安、榆林、商洛、安康等设区市测绘地理信息管理部门组织资质单位设立宣传站点，通过悬挂横幅、发放宣传材料、张贴宣传画、提供测绘知识咨询等形式，宣传测绘相关法律法规，普及测绘知识。全省200多家行业单位组织了宣传活动，发放宣传材料5万多份。陕西测绘地理信息局结合地理国情普查宣传工作，组织制作全省卫星影像地图和10市城区地图，并以问答方式在地图背面宣传国家相关政策和法律法规，共向省委、省政府以及全省省级、市级部门和各直属机构、媒体、高校发放2.25万份。

# 基础测绘

**【经费投入】**

2014 年，陕西测绘地理信息局争取省财政投入基础测绘经费 8600 万元，落实老少边基础测绘专项补助经费 400 万元、市级基础测绘配套经费 210 万元。全省 10 个设区市、杨凌示范区及各区县投入测绘依法行政、基础测绘、数字城市建设、地图集编制、重点工程规划建设等测绘经费约 1.8 亿元。

**【国家基础测绘】**

**一、地心坐标系维护与推广应用**

陕西省新增工程建设及地理信息系统均采用 2000 国家大地坐标系。陕西测绘地理信息局面向全省资质单位开展技术培训，完成省级基础地理信息坐标转换软件（标准版）培训与软件配发。联合中国测绘地理信息学会举办 2000 国家大地坐标系推广应用培训班。完成海南省地方独立坐标系转换软件研制、宁夏回族自治区银川市基础地理信息数据坐标转换、内蒙古自治区赤峰市中心城区基础地理信息数据坐标转换、陕西省商洛市 2000 城市坐标系建设等项目。为沈阳、昌吉、赤峰、银川、商洛等城市建立基于 2000 国家大地坐标系的城市独立坐标系，为长江航道局提供 2000 国家大地坐标转换及技术培训服务，为中国地质调查局提供相关地质资料数据 2000 国家大地坐标系转换服务。完成陕西省 446 个 GPS A、B、C 级点和 4676 个一、二、三、四等三角点及 4165 幅 1:1 万 DLG、6810 幅 1:1 万 DEM、3262 幅 1:1 万 DOM 成果转换工作并通过质量检验。

**二、国家基础地理信息数据库动态更新**

陕西测绘地理信息局按照陕西省 1:5 万数据库动态更新工作要求，向相关厅、局收集了全省县级境界联检原始勘界资料和全省电力线路、发电厂分布、煤矿分布等资料。将最新的 1:1 万地形图更新成果、秦岭测图成果、“天地图”更新成果全部提供 1:5 万数据库动态更新工程使用，满足 1:5 万数据库动态更新省级测绘地理信息成果资料需求。完成 1:5 万数据库动态更新 10 个责任区（上海、浙江、河南、安徽、湖北、陕西、甘肃、青海、宁夏、新疆）外业抽检工作。

**【国家重大专项测绘】**

2014 年，陕西测绘地理信息局共承担 9 个 GNSS 连续运行基准站联调联试、197 个卫星大地控制点选建、330 个卫星大地控制点观测、5097 千米一等水准路线选埋、12626 千米一等水准观测、10585 点水准重力观测、3 座深层基岩点选建、40 点次绝对重力观测任务，作业区域涉及内蒙古、新疆、西藏等 20 多个省（自治区、直辖市）。协助各省工程建设单位在陕西开展工作，为四川测绘地理信息局、黑龙江测绘地理信息局等 9 家单位提供的一等水准观测数据进行初步提取、概算、拼环等工作；配合中国测绘科学研究院对一等水准观测数据平差计算软件进行调试、检核。按要求指导建设单位临时委托所在地国土资源局或乡镇政府做好新建测量标志临时保管工作，待新建测量标志成果验收、入库后，纳入省级统一管理体系。

**【省级基础测绘】**

陕西测绘地理信息局按计划完成 2676 幅 1:1 万矢量地形要素数据的整合升级工作。完成陕西省 1:1 万基础地理信息数据库建设工程泾惠渠测区、安康测区 1:1 万基础地理信息数据更新生产及成果汇交，提升了省级 1:1 万数据库现势性。继续实施陕西省秦岭地区 1:1 万地形图空白区测图工程，年内完成 319 幅控制测量生产，68 幅野外像片调绘，855 幅 DOM、51 幅 DLG、93 幅 DEM 生产，1140 幅 DLG、1098 幅 DEM、253 幅 DOM、221 幅影像地形图数据入库。全省 1:1 万地形图覆盖率提高至 94.7%，最新成果在秦岭生态环境保护与综合开发利用、“数字陕西”建设及相关重点工程建设中应用。

**【质量管理】**

陕西测绘地理信息局制定《陕西省第一次地理国情普查质量管理办法》。跟踪检查《局基础测绘项目质量保证金管理实施细则》《省测绘地理信息成果质量监督检查管理办法》《省测绘质量检验专家认定及管理办法》实施情况。完成全省 80 多家测绘资质单位成果质检人员培训与考核，对 40 家单位开展成果质量监督检查，完成基础测绘项目成果检验 95 批次、委托检验项目 93 个，开展全省测绘计量检定人员考核认定工作。全省各市（区）开展成果质量、“问题地图”、房产测绘等监督检查，处理 10 多家违规单位，西安市对成果质量不合格的单位进行约谈。

**【装备建设】**

2014 年，陕西测绘地理信息局投入资金 300 万元引进地面车载三维激光扫描测量系统等高新装备，接收和分发国家测绘地理信息局组织采购的地理国情普查外业软件 714 套，投入 350 多万元购置汽车导航仪、行车记录仪、卫星电话、对讲机、野外防护装备、医药箱等野外作业装备。组织开展事业单位及事业单位所办企业国有资产产权登记工作，搭建资产管理信息（二期）系统。

## 地图管理与地图出版

**【地图管理与地图公共服务】**

陕西省各市级测绘地理信息管理部门组织开展地图市场全面检查，重点检查交通旅游类地图、城市生活类地图中广告登载和商业标注中的不规范行为。开展不符合我国现行地图管理规定地图的清理工作，重点对互联网网站、旧书市场和图书馆进行排查，向检查中发现的“问题地图”单位下发整改通知书。陕西测绘地理信息局联合地方测绘地理信息管理部门对大型展会进行监管，及时查处展会、户外展示中的“问题地图”。建立互联网地图监管长效机制，形成互联网地图网站监管统计报表 6 份，发现存在“问题地图”网站 5 家，督促相关单位及时完成整改。“‘一带一路’地理资源本底调查与图集编制”项目通过国家科技基础性工作重大专项立项初审。为社会公众提供红色革命在陕西电子地图系统、旅游地理信息服务系统、省医疗与公共卫生服务地图网等在线服务。编制出版《西安城区变迁地图集》《陕西省设区市系列地图册》《陕西省地势图》等，完成陕西省出版基金项目《地图上的秦岭》和《西安城区变迁地图集》印刷，全年完成地图出版类项目共 35 项。

2014 年 8 月 11 日，《丝绸之路经济带核心区域地图集》通过专家评审。

**【国家版图意识宣传教育】**

陕西测绘地理信息局联合省教育厅向各市测绘地理信息管理部门、教育局和 100 多所高校印发《关于开展“美丽中国”第二届国家版图知识竞赛和少儿手绘地图大赛（陕西赛区）的通知》。组织国家版图知识竞赛团体赛，编写陕西省团体赛竞赛题库，全省 18 支代表队参加竞赛，评选出团体一、二、三等奖，选拔 5 名优秀队员参加全国竞赛。组织少儿手绘地图大赛，收到全省 67 所学校 512 幅参赛作品，评选后向全国竞赛组委会推荐优秀作品 197 幅。动员参加国家版图知识竞赛答题活动，共收到纸质答卷 8983 份、网络答题 3883 份，合计参赛 12866 人。在《华商报》刊登竞赛活动公告，西安教育电视台于竞赛前期进行广告投放和决赛录播（2 期），采播《国家版图知多少》专题节目，在《测绘青年》杂志设置版图小知识栏目。

## 测绘地理信息成果管理与应用

**【成果提供与管理】**

陕西省 450 家测绘资质单位汇交了 2013 年测绘成果目录 1919 项。汇交秦岭测图工程二期成果、陕西省地理省情、数字商洛地理空间框架建设等 21 项测绘地理信息成果，及时归档入库。按规定将汇交的测绘地理信息成果目录信息、基础测绘成果信息通过局网站陕西省测绘成果目录发布系统进行发布。陕西测绘地理信息局组织对 47 家新申办涉密测绘成果使用单位进行实地检查，对全局 600 多台便携式计算机进行保密检查。组织编制完成《陕西省接待专用图》系列图件并向省领导及有关部门提供使用。

**【应急保障】**

陕西测绘地理信息局修订印发《陕西省测绘地理信息局突发公共事件测绘保障应急预案》，与省应急管理部门建立协作与信息共享机制。完成陕西省重点防震区 6 个乡镇建成区的无人机航空摄影测量任务，快速获取 0. 18 米分辨率航摄影像，制作灾害多发、易发地区影像地图和专题地图。组织航摄组及时服务新疆于田地震抗震救灾，获取灾区 500 平方千米航摄影像交付北京和当地指挥中心。配合新疆自治区维稳工作，及时提供整景和分幅正射影像数据等地理国情普查成果。组织编制《丝绸之路核心经济带沿线国家出访线路图》《世界地图丝绸之路专版》《世界地图》《中国地图》《陕西地图》并及时向省领导提供使用。完成《丝绸之路经济带核心区域地图集》序图图组及盒装图集的编制，及时向省四大班子和第十八届西洽会提供使用。开发基于平板电脑的宝鸡市重点防震区地理信息系统，为领导及相关职能部门辅助决策和现场指挥提供服务。向省应急救援总队提供地理信息保障服务，为太白山景区驴友失踪搜救工作提供应急地形资料。省应急体系地理信息平台累计更新401条突发事件信息，及时为省领导和相关部门指挥决策提供保障。

**【地理信息公共服务平台推广应用】**

陕西测绘地理信息局开展“天地图·陕西”电子地图系统改版及移动版电子地图升级工作，电子地图应用体验整体提高。“天地图·陕西”在省水利厅、农业厅、地震局、文物局等20多个厅局和部门应用，开发省应急体系地理信息平台、省公路出行信息服务系统、省住房保障信息系统、省环境保护地理信息系统等。为省军区、省公安厅、省统计局、ERM环境咨询公司等多个部门和企业提供地理信息服务，拓宽“天地图·陕西”的应用领域。做好陕西省应急体系地理信息平台运维和数据更新，为省领导应急指挥和省应急管理办公室、武警总队使用平台提供服务。

**【合作共建】**

陕西测绘地理信息局与西安市工业和信息化委员会签署测绘地理信息共建共享协议书，在建立长期稳定的地理信息数据交换共享机制、加强地理信息公共服务平台更新、应用等方面开展合作。与西安市气象局、陕西省统计局2家单位签署对接共享和保密协议。与同济大学联合建立现代工程测量国家测绘地理信息局重点实验室。与武汉大学联合建立地理空间信息与数字技术国家测绘地理信息局工程研究中心。与中国银行陕西省分行签订中国原点地理信息产业园入园企业金融服务合作框架协议。

## 科技与国际合作

**【科技创新】**

2014年，陕西测绘地理信息局参与承担“地理国情专题监测及统计分析试验”（国家“863”计划）、“地球观测与导航技术领域海岛（礁）测绘技术集成与示范专题/项目子课题”“秦岭高山地区国产测图卫星‘4D’产品生产示范”（国家科技支撑计划）等8项国家级科技创新项目；牵头承担2014年测绘地理信息公益性科研专项项目“信息化测绘生产基地构建技术研究与应用示范”；承担2014年国家测绘地理信息局科技项目“‘天地图’客户端自助制图技术研究”“区域动态三维大地基准数据集成与应用关键技术”2项，局级以上在研项目20多项。围绕测绘地理信息公益性科研专项“信息化测绘生产基地构建技术研究与应用示范”进行生产性技术攻关。完成信息化测绘生产基地需求调研与分析、国内外相关技术跟踪研究，形成信息化测绘生产基地建设总体方案（草案）、构建研究与应用示范总体实施方案。开展“天地图”客户端自助制图关键技术研究。开展“区域动态三维大地基准数据集成与应用关键技术”项目研究。

**【科技交流与合作】**

陕西测绘地理信息局与中国测绘科学研究院、同济大学、长安大学、西安科技大学、英国诺丁汉大学等科研院校建立科研长效合作机制。与同济大学联合建立的现代工程测量国家测绘地理信息局重点实验室参与承担1项“863”项目（“面向主动交通安全的城市车辆在线位置服务技术”）和1项“973”项目（“西部山区大型滑坡致灾因子识别、前兆信息获取与预警方法研究”）。与武汉大学联合建立地理空间信息与数字技术国家测绘地理信息局工程研究中心，进行基于“天地图”的导航基础引擎软件开发和基于“天地图”的手机导航软件及工具开发。与长安大学联合向国家测绘地理信息局上报《地理国情监测国家测绘地理信息局工程技术研究中心建设可行性研究报告》。

**【人才培养】**

陕西测绘地理信息局修订印发《陕西测绘地理信息局职工教育培训管理办法》。选派6名处级、5名科级干部参加省行政学院培训；2名局级、2名处级、2名科级干部和4名生产单位负责人参加国家测绘地理信息局党校培训。组织处级和人事干部集中学习《党政领导干部选拔任用工作条例》。对局机关及下属9家单位领导班子进行调整补充，交流、轮岗9人，提拔4人。面向市级测绘地理信息管理部门和行业单位开展双向挂职锻炼，安排1名干部到市级部门挂职、1名干部到行业单位挂职、1名行业单位人员到局属单位挂职。2014年局属事业单位共录用工作人员65人，其中硕士44人、本科21人。面向行业开展测绘职称评审，46人取得高级工程师任职资格，122 人取得工程师任职资格，50 名硕士研究生经过初次认定具备工程师任职资格。面向全省资质单位分片分区开展鉴定工作，涉及建筑、交通、煤炭、水利水电等行业单位的测量人员和高校、职业技术学院的测绘专业生源，共完成 5 个批次 1851 人的鉴定。开展局青年学术和技术带头人考评与增选工作，新当选 3 人，总人数达到 14 人。

**【对外交流】**

2014 年，陕西测绘地理信息局自行选派、参加国家测绘地理信息局和其他单位因公出国（境）团组共 11 人次，其中，自行选派的 6 名技术人员分 2 批赴英国诺丁汉大学学习全球导航卫星系统基础理论和航空摄影测量技术。

## 党的建设和文化建设

**【党的建设】**

陕西测绘地理信息局完成党的群众路线教育实践活动 24 项整改任务，制定《省局党组工作规则》等 21 项制度，出台《陕西测绘地理信息局处级干部考核与监督办法》，加强干部监督管理。组织全局处以上干部、人事干部集中轮训学习干部选拔任用工作条例，进一步规范干部选拔任用工作程序。对党政机关领导干部在省地理信息产业协会、测绘地理信息学会等社会团体兼任领导职务的情况进行清理规范。对按职数配备干部情况进行全面自查，对所属单位科级干部选拔任用情况进行专项检查和整改。制定印发局党组《建立健全惩治和预防腐败体系 2013—2017 年工作规划》实施办法。召开局 2014 年党风廉政建设工作会议，机关各处室、局属各单位主要负责人向局党组递交了党风廉政建设责任承诺书。制定《陕西测绘地理信息局基本建设招标管理办法》，纪检部门全程参与 10 多项局政府采购和基建工程招标。全年召开招标领导小组会议 20 多次，印发专题会议纪要 20 多期。配合国家测绘地理信息局完成地理国情监测项目、国家现代测绘基准体系基础设施建设一期专项财务检查，深入开展贯彻执行中央八项规定严肃财经纪律和“小金库”专项治理工作，全面完成整改工作。

**【民生工程】**

陕西测绘地理信息局自筹资金 1200 多万元继续实施住房改善、饮食健康、环境美化和送温暖四大系列民生工程。局社区获西安市精神文明建设指导委员会办公室“最佳人居环境奖”。2 栋职工住宅楼竣工，1 栋开工，出台 12 项优惠措施建设原点产业园配套住宅区，职工住房条件由“安居型”向“改善型”转变。组织干部职工体检，为长期在高原作业的外业职工提供专门体检和医疗保健。全年走访慰问离退休干部、劳模、特困和一线职工 431 人次，发放慰问金（品）近 30 万元。

**【文化建设】**

陕西测绘地理信息局与省政协联合编著出版《陕西测绘 60 年记事》。出版《测绘青年》杂志 4 期，举办测绘文化大讲堂 7 次。结合政治、经济、文化等领域的新形势，邀请专家开设专题讲座，全局 2000 多人次参加学习培训。举行金秋文化月系列活动、离退休职工健身大会、迎三八系列活动、“为一线职工送清凉”等活动。在妇女节、青年节、儿童节举办主题征文比赛。参加全国测绘地理信息系统第三届“中色杯”羽毛球比赛和陕西省第十五届运动会。陕西测绘合唱团在中国合唱协会全国合唱比赛中获金奖，在陕西省职工文艺调演中获一等奖、优秀组织奖。获中国测绘职工思想政治工作研究会重点课题优秀研究成果优秀组织奖，3 篇论文分获优秀论文一、二、三等奖。获省级平安单位称号。全局 1 个集体获“全国工人先锋号”称号，4 个集体、15 个人获省级先进表彰。

## 地方社团工作

**【陕西省测绘地理信息学会】**

陕西省测绘地理信息学会和中煤航测遥感局等单位联合协办 2014 年中国国际矿山测量学术论坛。邀请德国、瑞典、美国有关大学的教授到陕西举办 3 场学术报告与交流活动；举办中国工程院院士学术报告会；举办“测绘科技大讲堂”等多场全省学术交流活动；组织专家和科技人员到商洛、铜川举办学术交流活动，累计 1000 多名技术人员参加。组成科普小分队在商洛市区举办测绘地理信息科普知识宣传活动，向当地群众发放《看地图识中国》《测绘法宣传资料》和各类生活旅游地图等宣传资料 1000 多份。开展 2014 年度全省测绘科技进步奖评审工作。协助 8 家测绘地理信息企业在西安举办 6 场新产品、新技术推介会。举办“房产地籍测量新技术应用”和“地铁测量技术”2 期新技术培训班。陕西省测绘地理信息学会被省民政厅评为 5A

级学会，被省人力资源和社会保障厅、省科学技术协会评为“全省科协系统先进集体”，被陕西省科学技术协会评为2014年度学会服务能力提升计划“四星级学会”。

**【陕西省地理信息产业协会】**

陕西省地理信息产业协会召开会员代表大会和第一届三次理事会议、第一届三次常务理事会，成立省地理信息产业协会榆林代表处。组织召开产业发展意见研讨会，向省测绘地理信息行政主管部门报送《陕西省地理信息产业协会关于会员单位对产业发展建议的报告》；举办3期地理国情普查技术培训，全省测绘地理信息行业单位259人次参加培训和考核；召开陕西大数据基金研讨会；组织丙级测绘资质单位法人培训班，全省77家单位的法人代表参加。组织开展年度全省测绘资质民营企业初级职称评审工作，92家省内测绘资质单位的467人报送评审材料，375人通过评审。制定《陕西省优秀测绘地理信息工程奖评选办法》，31家测绘资质单位报送41个项目参加评选，共评选出金奖4项、银奖7项、铜奖18项。开展全省乙级测绘资质单位信用信息的征集、整理、查询及信用信息平台的日常管理维护等工作，为相关企业开具市场信用等级证明。配合陕西测绘地理信息局推进中国原点地理信息产业园建设和宣传工作，与中国银行陕西省分行签订中国原点地理信息产业园入园企业金融服务合作框架协议，与陕西和胜置业有限公司签订《中国原点地理信息产业园工程建设合作协议书》，召开2期中国原点地理信息产业园产品推介会。

# 甘肃省

## 概况

2014年，甘肃省测绘地理信息局围绕国家测绘地理信息局决策部署和甘肃省经济社会改革发展大局，稳步推进甘肃测绘地理信息各项工作，在全国省级测绘地理信息行政主管部门2014年度测绘地理信息工作绩效考核中被评为突出进步单位。3月27日，甘肃省委常委、常务副省长罗笑虎到甘肃省测绘地理信息局视察指导测绘地理信息工作，听取工作汇报，对省测绘地理信息局工作给予充分肯定。截至年底，全省共有测绘资质单位330家，分布在国土、规划、城建等20个行业。

甘肃省第一次全国地理国情普查落实经费1.47亿元，17家省内外测绘资质单位承担普查任务，全省投入普查人员2000多名，共完成31.5万平方千米普查区域的影像底图生产、内业数据采集与外业调查核查工作。推进基础测绘工作，完成酒泉、临夏和民勤测区航空摄影4.45万平方千米；截至年底，省级基础测绘已完成35万平方千米，覆盖省域面积82%。推进行政审批制度改革，取消下放部分行政审批权。强化行政执法力度，查处“问题地图”5处，及时发现并制止3起非法测绘行为。“天地图·甘肃”开创省市一体化建设新模式，在全国得到推广应用。国家测绘地理信息局将“天地图·甘肃”建设及应用作为“天地图·中国行”宣传推介活动的重点宣传推广，“天地图·甘肃”品牌效应日益凸显。数字城市地理空间框架建设全面推进，项目成果广泛应用于地质灾害防治、气象管理、基本农田保护等领域。甘肃省政府办公厅印发《关于促进全省地理信息产业发展的实施意见》。坚持“科技兴测”战略，获得国家测绘科技公益资金236万元；甘肃省测绘地理信息局科技创新成果获国家、省部级科技奖励7项，地厅级科技奖励7项，信息化测绘服务体系建设等一批项目成果已达到国内领先水平，在全国得到推广应用。省、市、县三级测绘地理信息行政主管部门统筹地理信息资源，主动为全省经济社会发展提供优质高效的测绘地理信息服务保障，为国土、水利、地矿、地震、交通、城建、规划等部门提供各种比例尺地形图8871幅，提供测绘基准成果1487个及大量的影像数据和高程数据。

## 重点工作推进

**【数字城市建设】**

数字天水、数字兰州地理空间框架建设项目建成并通过国家级验收，项目成果应用于天水古民居保护、地质灾害防治、气象管理、基本农田保护等领域。嘉峪关完成建设任务并通过省级验收，整体运行良好。金昌、张掖、酒泉基本完成建设任务。白银市开展数字白银数据库维护和更新工作。兰州、天水积极推动数字城市向智慧城市转型升级。数字平凉建设已被平凉市政府纳入“智慧平凉”建设总体规划。

**【“天地图·甘肃”建设】**

甘肃省测绘地理信息局积极推进“天地图”国家、省、市三级节点数据融合和系统同构，开创省市一体化的建设新模式并在全国推广应用，建设成本下降10%。嘉峪关、张掖、白银、甘南、陇南、平凉、武威7市完成市级节点建设，接入国家主节点。“天地图·甘肃”服务政府科学决策、重大工程建设和社会百姓民生，为全省社会治安综合管理及兰州市民情流水线工程、自行车服务点分布、车辆单行道路段、地铁线路等提供测绘地理信息服务和数据支撑。国家测绘地理信息局将“天地图·甘肃”（兰州、张掖）作为“天地图·中国行”宣传推介活动的重点进行宣传推广，《人民日报》、新华社、《光明日报》《经济日报》及人民网、新华网等20多家媒体共刊发新闻稿件30多篇，从不同角度宣传“天地图·甘肃”在各个领域的深度应用，社会反响良好。

**【地理国情普查】**

甘肃省第一次全国地理国情普查领导小组办公室（以下简称甘肃省普查办）制定《甘肃省第一次全国地理国情普查实施方案》《甘肃省第一次全国地理国情普查总体设计》及分项设计和技术规定，以及《甘肃省第一次全国地理国情普查组织实施管理办法》《甘肃省省级地理国情普查专项资金管理办法》《甘肃省第一次全国地理国情普查质量管理办法》《甘肃省第一次全国地理国情普查宣传工作方案》等规章制度。国家测绘地理信息局支持完成甘肃省11.08万平方千米的普查任务，无偿提供全省普查区域所需的最新高分辨率航空航天影像数据及150套内业解译软件，直接支持陇南、庆阳2市普查经费2460万元。甘肃省财政厅拨付普查经费1.47亿元。省、市两级普查部门和普查任务承担单位收集了民政、水利、林业、国土、交通等部门专题资料数据，完成甘肃省承担的31.5万平方千米普查区域影像底图生产任务及兰州、武威、金昌、张掖、酒泉、嘉峪关、庆阳、陇南8市的内业数据采集与外业调查核查工作。甘肃省普查办召开业务会议20多次，组织成果质量培训6批次17期，培训普查员2386人（次）。普查成果检验机构常驻测区一线现场检验，严格执行“两级检查，一级验收”制度，开展11轮过程质量监督检查，组织27次作业现场监督指导和检查，确保普查成果质量。8月29日，甘肃省委常委、常务副省长罗笑虎在《甘肃日报》发表《开展地理国情普查，保障服务甘肃发展》的署名文章。

甘肃省测绘地理信息局坚持“边普查、边监测、边应用”的原则，利用兰州新区20年（1993年~2014年）的5期普查成果，开展了区位优势、建设变化动态监测、建设与规划对比等综合分析工作，将最新普查成果和分析报告及时提供给兰州新区管委会，在兰州新区规划和建设中应用。重点围绕丝绸之路经济带生态安全屏障的发展战略，启动实施了“典型样区冰川与积雪变化监测”“张掖黑河湿地国家级自然保护区湿地资源调查与动态监测”“兰州市城市历史变迁与扩展”“河西走廊绿洲沙漠化动态监测”“黑河流域湿地动态监测分析”“兰州市土地利用与土地覆盖变化监测”6个首批地理国情监测项目，其中2个项目基本完成。

**【地理信息产业】**

甘肃省测绘地理信息局按照《国务院办公厅关于促进地理信息产业发展的意见》和《国家地理信息产业发展规划》要求，组织起草了《关于促进全省地理信息产业发展的实施意见》，征求省发展和改革委员会等53个省直部门、市（州）政府、高等院校和行业单位意见，修改完善后报省政府。12月，省政府办公厅印发该意见。

## 法制建设与市场监管

**【行政审批改革】**

甘肃省测绘地理信息局按照省政府《清理核实行政审批项目等事项实施方案》要求，依法清理测绘地理信息行政许可项目，取消3项审批项目，保留7项审批项目。进一步简政放权，把丙级测绘资质审批权下放到已成立测绘地理信息局的天水、庆阳2市，把丁级测绘资质审批权全部下放到市（州）测绘地理信息行政主管部门。按照省政府要求，在省政府政务大厅设立服务窗口，全年办结涉密测绘地理信息成果审批件716件，接受各类咨询49次，办结率100%，被省政府服务中心评为“优秀服务窗口”。

【行政执法】

甘肃省测绘地理信息局为1258名市（州）、县（区）测绘地理信息管理人员及国土资源执法监察人员办理了测绘地理信息执法证。酒泉市测绘地理信息主管部门和市国家安全局签订《地理信息领域反间防谍协作机制协议》，成立工作领导小组，建立联合执法协作机制，及时制止3起涉军、涉外违法测绘。甘南州全年开展行政执法检查63批（次）。

【统一监管】

甘肃省测绘地理信息局开展测绘地理信息市场信用信息评级工作，对253家资质单位进行信用评级，评为A级2家、B级251家。完成全省测绘资质年度注册和测绘资质复审换证工作，至年底，全省共有资质单位330家，其中甲级13家、乙级59家、丙级103家、丁级155家。

【法制宣传】

甘肃省测绘地理信息局组织开展“8·29”测绘法宣传日活动，全省14个市（州）测绘地理信息主管部门200多家测绘资质单位共5000多人参与宣传活动，发放宣传材料25万多份，发送公益短信200多万条，悬挂横幅2000多条，制作宣传短片10多个。省、市、县三级测绘地理信息行政主管部门开展“六五”普法工作，深化“法律六进”活动，进一步加强全省测绘地理信息系统依法行政法制教育。

## 基础测绘

【省级基础测绘】

甘肃省测绘地理信息局按照“十二五”基础测绘规划要求，完成酒泉、临夏和民勤测区航空摄影4.45万平方千米，整合处理1:1万地形图2476幅约6.19万平方千米，更新酒泉测区1:1万数字地形图4600平方千米。市（州）基础测绘工作稳步推进，兰州市完成1:500数字地形图测绘105平方千米，庆阳、金昌、陇南等市完成航空摄影320平方千米，张掖、酒泉完成全市域数字地形图测绘，定西市完成城区周边变化较大区域的补测和修测。

【重大基础测绘项目】

甘肃省测绘地理信息局获取国家支持藏区基础测绘、2014年度边少地区基础测绘等项目资金1000多万元。完成岷县、漳县地震灾后恢复重建、新农村建设测绘保障服务示范等项目建设。开展尼江地区地形图测绘，完成甘南州卓尼县尼巴、江车2个村1:500、1:1000、1:5000地形图测绘，为建设项目规划提供测绘地理信息支撑。

【现代测绘基准体系建设】

甘肃省测绘地理信息局完成全省卫星定位连续运行基准站网120个站点建设任务并开通试运行，已向150多家单位1000多个用户提供定位基准和精准位置服务。进一步加强对基准站网的监管，制定《甘肃省卫星定位连续运行基准站网管理与使用暂行办法》，开展全省基准站现场巡查维护工作，规范基准站网的管理、使用和服务。完成国家现代测绘基准体系基础设施建设一期工程天祝站、肃北站、阿克塞站、酒泉站、镇原站、天水站6个基准站的施工建设、设备安装与调试，各单站建筑工程已通过国家现代测绘基准工程项目部的验收，均被评定为优质工程。

## 地图管理与地图服务

【地图审核管理】

甘肃省测绘地理信息局全年受理审核《甘肃省地图》《甘肃省交通旅游图》《甘肃省开发区分布图》《中国西北游出发在兰州地图》等16批件地图，核发审图号16个。

【互联网地图监管】

甘肃省测绘地理信息局利用互联网地图监管系统研判地图服务类网站地图图片4674条，研判POI（兴趣点）5491条，对甘肃省备案网站涉及的地图进行了清查。联合军队、保密等部门及项目单位对兰州市2.5维电子地图进行安全评估、技术审查和保密审查。

【地图市场监管】

甘肃省测绘地理信息局对兰州国际马拉松赛、第二十届中国兰州投资贸易洽谈会等重大活动使用地图情况进行全程监管，共检查各类地图

200多幅，查处“问题地图”5处。天水市对涉及地图业务的12家单位、138家流动摊点开展地图市场巡查。

**【地图公共服务】**

甘肃省测绘地理信息局全年为省委、省政府领导提供各种地图44批次600多幅（册），为省直各部门、各市（州）政府部门免费赠送最新版《甘肃政务专用图集》1100多册；为国土、水利、地矿、地震、交通、城建、规划等部门提供各种比例尺地形图8871幅。甘南州向市（县）政府部门免费赠送《甘南藏族自治州地图集》3360册，庆阳市为市直各部门提供各种地图2198幅。

**【国家版图知识宣传教育】**

甘肃省测绘地理信息局举办“美丽中国”第二届全国国家版图知识竞赛省级比赛，来自12个市（州）、8所高等院校的20支代表队参加比赛，兰州市代表队获一等奖，甘肃矿区等5个代表队分获二、三等奖。组织参加全国总决赛，获优胜奖。全省6家单位、34人在“美丽中国”第二届全国国家版图知识竞赛和少儿手绘地图大赛中获奖。全省2万多人参与国家版图知识竞赛个人答题活动，2576名少年儿童参加少儿手绘地图大赛。庆阳、天水、金昌、陇南等市举办了国家版图知识竞赛或少儿手绘地图大赛选拔赛。

2014年8月29日，甘肃省测绘地理信息局举办“美丽中国”第二届全国国家版图知识竞赛甘肃团体赛。

## 测绘地理信息成果管理与应用

**【成果目录汇交】**

甘肃省测绘地理信息局完成2013年测绘地理信息成果目录汇交工作，共汇交目录2256项，遴选804个项目向社会公布。向国家测绘地理信息局汇交甘肃省领导工作用图实物地图2套（每套21册/幅）。

**【涉密成果管理】**

甘肃省测绘地理信息局联合甘肃省国土资源厅、省国家安全厅、省国家保密局对全省地勘行业开展涉密测绘地理信息成果和地质资料的使用和管理专项检查，抽查了9家涉密测绘地理信息成果和地质资料使用单位。按照省国家保密局的要求，完成全局保密普查统计工作，对局系统涉密网络及计算机进行专项整改，完成基础测绘和专题地图资料的密级鉴定工作。推广电子地图“数字水印”系统，对涉密测绘地理信息成果数字产品提供嵌入水印信息（版权信息和用户信息等）。

**【成果推广应用】**

甘肃省测绘地理信息局为甘肃省“3341”项目工程、“1236”扶贫攻坚计划、华夏文明创新区建设、丝绸之路经济带黄金段建设、甘肃东部百万亩土地整治等重大项目工程及社会百姓民生提供测绘地理信息服务。全年为400多家单位1000多人次提供测绘地理信息成果分发服务，累计提供各种比例尺地形图9000幅、各类控制点成果1500个及大量的影像数据和高程数据。兰州市为轨道交通项目建设等提供1:2000数字地形图310平方千米，临夏州为临夏县北塬片10万亩高标准基本农田整治项目提供480平方千米航摄影像数据，张掖市为有关单位提供基础测绘地理信息成果24次。

**【测量标志管理】**

甘肃省各市（州）开展永久性测量标志管护和巡查工作，其中庆阳市排查登记各类测绘标志840个，托管测量标志380个，维修保护受损测量标志140个；临夏州实地查看控制点100多个、水准点5个，维修测量标志12个。

**【应急保障】**

甘肃省测绘地理信息局健全完善测绘应急保障体系，配合省抗震救灾指挥部开展省、市、县三级联动地震应急演练。甘肃省测绘地理信息局向省地震局提供全省1:5万乡界数据资料，1:1万城区数据和60万条地名地址，为抗震救灾辅助决策系统建设提供基础地理信息数据支撑。白银市为景泰县地震抢险救灾工作编制灾区大比例尺抗震救灾专用地图；庆阳市购买无人机和应急测绘保障车，建成市级地质灾害联合预警预报信息平台；天水市建成地质灾害信息管理系统，在全市国土系统推广使用。

## 科技、标准化与国际合作

**【科技创新】**

甘肃省测绘地理信息局科技创新成果获得省部级以上科技奖励7项。“面向信息化测绘的省级基础地理信息服务体系研究与建设示范”获2014年中国测绘地理信息学会测绘科技进步奖二等奖。“测绘地理信息档案信息化技术研究与应用示范”国家级公益专项获国家测绘地理信息局批准立项。联合兰州交通大学组建的甘肃省地理国情监测工程实验室获甘肃省发展和改革委员会批准。申报了寒区旱区生态地理信息国家测绘地理信息局重点实验室。

甘肃省基础地理信息中心完成的甘肃省公安厅警用地理信息工程获2014年全国优秀测绘工程奖金奖，天水三和数码测绘院完成的平凉市崆峒区农村集体土地确权登记发证项目获银奖。全行业共有37个项目获得甘肃省测绘学会科技进步奖或优秀工程奖。

**【标准化管理】**

甘肃省测绘地理信息局把测绘地理信息高新技术发展及应用列入全省标准化年度工作计划，实行标准化工作经费专款专用。开展测绘地理信息标准宣传贯彻和实施监督工作，组织技术人员参加全国地理信息标准化技术委员会举办的地理信息生产、质量检验等方面的标准培训。

**【外事管理】**

甘肃省测绘地理信息局完成全局处级以上干部出入境报备工作。严格审批办理因公出国访问手续，派出1名技术骨干赴马来西亚参加第25届国际测量师联合会大会。

**【部门合作】**

甘肃省测绘地理信息局开展农村集体土地确权登记发证、地质找矿、国土资源管理、地质灾害防治等重点工作的业务合作。与中国联通甘肃省分公司签署战略合作协议，与总参测绘导航局第三测绘导航基地签署测绘地理信息成果无偿提供协议，与兰州市三维数字社会服务管理中心开展合作共建共享，促进地理信息与专题数据的深度融合和共享。

2014年6月23日，甘肃省测绘地理信息局与总参测绘导航局第三导航基地签订测绘地理信息成果共享协议。

## 党的建设与精神文明建设

**【党的建设】**

甘肃省测绘地理信息局深入贯彻落实习近平总书记系列重要讲话精神、党的十八大和十八届三中、四中全会精神，开展“强党性，守纪律”主题党日系列活动、“七一”党员模范带头作用集中评议检查活动，加强党的思想、组织和作风建设。按照甘肃省委部署，深入开展党的群众路线教育实践活动“回头看”，征求各方面意见、建议36条，逐条梳理并制定整改落实措施。2人获省直机关优秀共产党员称号、1人获全省联村联户为民富民行动标兵奖。

**【党风廉政建设】**

甘肃省测绘地理信息局召开党风廉政建设工作会议，部署全年党风廉政建设工作，局党委与机关各处（室）、各直属单位签订党风廉政建设责任书。全省测绘地理信息系统开展反腐倡廉警示教育，加强对领导干部的理想信念、党性党风党纪、从政道德和岗位廉政教育。

**【精神文明建设】**

甘肃省测绘地理信息局组织“三八”妇女节知识讲座、“五四”青年节爱国教育、“七一”建党纪念日党员评优、机关党员进社区等活动，深入推进社会主义核心价值观教育。组织职工参加兰州国际马拉松赛等活动。甘肃省测绘地理信息局获省直属机关女职工“传承家风家规·弘扬社会风尚”征文比赛优秀组织奖、省直属机关运动会道德风尚奖、省直属机关“先锋杯”朗诵比赛优秀组织奖、省国土资源系统篮球比赛优秀组织奖。在省国土资源系统趣味运动会中，获一等奖1个、二等奖2个。在“南方杯”感知地理国情征文比赛中，1人获一等奖、1人获三等奖；在甘肃省省直机关征文活动中，1人获一等奖、1人获三等奖、2人获优秀奖。

**【帮扶行动】**

甘肃省测绘地理信息局建设局双联点综合信息系统，为大石乡新农村建设、城镇化建设及“三农”科学管理提供支撑。筹措400多万元为2个双联村修建各种设施；筹措30多万元作为双联帮扶基金，划拨双联基金6万元到两村；落实干部驻村蹲点制度，全年安排59名双联干部分5批次22组进村入户帮扶。

## 行政体制与队伍建设

**【体制机制建设】**

甘肃省测绘地理信息局不断健全完善测绘地理信息管理体制，各市（州）测绘地理信息管理体制见下表：

**甘肃省各市（州）单位属性统计表**

| 市　州 | 行政单位 | | 事业单位 | |
|---|---|---|---|---|
| | 内设科室 | 单另挂牌 | 参　公 | 全额拨款 |
| 兰州市 | √ | | | |
| 天水市 | | | | √（成立局）副县级 |
| 庆阳市 | | | √（成立局）副县级 | |
| 陇南市 | | | | √ |
| 平凉市 | | | | √副县级 |
| 定西市 | √ | | | |
| 甘南藏族自治州 | | | | √ |
| 临夏回族自治州 | | | | √ |
| 白银市 | | | | √ |
| 金昌市 | | | | √ |
| 嘉峪关市 | √ | | | |
| 武威市 | | | | √ |
| 酒泉市 | √ | | | |
| 张掖市 | | | | √ |
| 合　计 | 4 | | 1 | 9 |

**【人才队伍建设】**

甘肃省测绘地理信息局通过干部轮岗、上调下挂、挂职锻炼等形式交流、调整领导干部12人。面向社会招聘人员20人。开展全局公务员诚信教育培训，举办52场次专题培训。开展全省测绘职业技能鉴定工作，全年共鉴定2385人。

**【测绘地理信息宣传】**

甘肃省测绘地理信息局借助中央主流媒体的作用，加强与《甘肃日报》、省电视台等地方主流媒体的合作，以甘肃省测绘地理信息局门户网站为宣传主阵地，对局重点工作和全省测绘地理信息事业进行宣传报道。《人民日报》、新华社、《甘肃日报》等媒体全年累计刊发测绘地理信息新闻2000多条。开通局官方微信、微博，创办地理国情普查专栏，制作《抢险救灾，测绘先行》宣传片及地理国情普查个性化邮票。

## 地方社团工作

甘肃省测绘学会组织召开八届三次常务理事会议，总结2013年工作，部署2014年重点工作。组织开展2013年甘肃省测绘学会科学技术奖和优秀工程奖评选工作，测绘、国土、建设、能源等近20个领域申报项目101个，评选出获奖项目37项。其中，科技进步奖一等奖4项、二等奖5项、三等奖5项，优秀工程奖金奖5项、银奖8项、铜奖10项。

# 青海省

## 概况

2014年，青海省测绘地理信息局围绕青海省委十二次党代会提出的“三区”战略建设任务（建设国家循环经济发展先行区、全国生态文明先行区、民族团结进步示范区），推进地理国情普查工作，创新行业监管模式，拓宽服务保障领域，为全省经济社会发展提供优质高效的测绘地理信息服务。

青海省制定项目管理规定、资金使用管理办法等地理国情普查工作相关制度，召开领导小组办公室工作会议、生产技术交流会，组织参加各类培训，开展过程质量监督抽查，加大普查宣传工作力度，基本完成普查年度任务。截至年底，已完成任务综合执行比例的90%。

青海省启动信息化测绘体系建设，制定《信息化测绘体系建设方案》并通过验收。将省级基础测绘项目、国家现代测绘基准体系基础设施一期建设、第一次全国地理国情普查、藏区现代测绘基准体系基础设施建设等项目纳入信息化体系建设，进行系统设计、科学统筹，基础测绘年生产能力不断提高。《省级地理信息公共服务平台建设实施方案》通过评审并开始实施。依托“天地图·青海”地理信息资源优势，开发青海省公共应急、防灾减灾、消防应急地理信息系统，发挥良好的示范作用。

青海省测绘地理信息局整合执法检查内容，发挥州市执法主体作用。全年开展专项执法检查3次，发现违法行为10起，查处了杭州某公司涉嫌违规测绘案，对中国（青海）国际清真食品及用品展览会参展单位地图使用情况进行实地检查。开展版图意识宣传教育和测绘法宣传，在“美丽中国”第二届全国国家版图知识竞赛团体赛中，青海省代表队排名第七。将16项测绘地理信息行政服务事项移入省政府行政服务和公共资源交易中心省测绘地理信息局工作窗口办理。

青海省测绘地理信息局印发《关于加强测绘地理信息文化建设的意见》，举办测绘地理信息文化研讨会，提炼了“扎根高原、献身测绘、务实创新、服务社会”的青海测绘地理信息精神。

## 重点工作推进

**【数字城市建设】**

青海省测绘地理信息局积极组织数字城市地理空间框架建设工作，数字德令哈地理空间框架建设项目已完成标准规范体系建设、地理信息数据库建设、公共服务平台建设、应用示范建设等主体内容，协助德令哈市政府开展支撑环境建设工作，成果数据已与国家主节点完成融合同构。《智慧格尔木时空信息框架建设建议书》已经格尔木市政府办公会议审议通过。

**【“天地图·青海”建设】**

青海省测绘地理信息局组织完成“天地图·青海”省、市节点与国家主节点的数据融合，对电子地图和门户网站进行服务功能和运维系统升级，整合交通、民政、气象、环保、旅游等各类空间地理信息资源，支撑多个部门的应用系统建设，开发了青海省减灾防灾地理信息系统、西宁市消防应急地理信息系统、海西州地震地理信息系统等应用系统。

**【地理国情普查】**

青海省第一次全国地理国情普查领导小组办公室制定普查年度计划，编制青海省第一次全国地理国情普查项目设计书、17个任务区的实施方案和专业技术设计书、《青海省第一次全国地理国情普查过程质量监督抽查实施方案》，印制《青海省第一次全国地理国情普查项目管理规定》，与各普查单位签订《青海省第一次全国地理国情普查目标责任书》及项目合同，明确普查任务，落实工作责任。印发《青海省第一次全国地理国情普查项目资金使用管理办法》，对普查任务承担单位的项目预算执行情况、资金使用与管理情况进行监督、检查和追踪问效，召开5次领导小组办公室工作会议、23次生产技术交流会，总结生产中的技术、管理问题，提出指导性意见，部署下一步工作目标。

【地理信息产业】

10月24日，青海省测绘地理信息局联合省测绘与地理信息行业协会在西宁召开青海省地理信息产业发展座谈会，省内甲、乙级测绘单位负责人近50人参加。联合省经济和信息化委员会起草《青海省关于促进地理信息产业发展的实施意见》。11月24日，省政府办公厅印发《青海省人民政府办公厅贯彻落实〈国务院办公厅关于促进地理信息产业发展的意见〉的实施意见》。

【青海省地理信息公共服务平台建设】

青海省测绘地理信息局组织制定《青海省地理空间数据交换和共享管理办法》《青海省地理空间数据交换和共享目录》（试行）、《青海省地理信息公共服务平台技术设计》，《青海省省级地理信息公共服务平台建设实施方案》已通过评审。

【信息化测绘体系建设】

9月28日，《青海省信息化测绘体系建设方案》通过了青海省政府组织的专家评审。青海省测绘地理信息局组织开展现代测绘基准体系和信息化测绘生产体系建设。将青海省第一次全国地理国情普查、青海省藏区现代测绘基准体系基础设施建设、青海省省级地理信息公共服务平台建设等项目纳入信息化体系建设。截至11月底，已落实项目建设经费6600万元。

## 法制建设与市场监管

【立法计划】

青海省测绘地理信息局与省政府法制办公室沟通协调，将《青海省地理空间数据交换和共享管理办法》列为省政府2015年立法计划出台类政府规章，《青海省测绘地理信息市场管理办法》列为2015年立法计划酝酿论证类规章。

【政务公开】

青海省测绘地理信息局组织修订《青海省测绘地理信息局政府信息公开指南》，制定《青海省测绘地理信息局行政执法岗位说明、能力标准、执法人员基本能力考核评价标准和培训计划》，编辑完成《青海省测绘地理信息局政府主动公开政策信息》（汉、藏、蒙）3种文字版，在局门户网站公开发布汉文版。

【行政审批】

青海省测绘地理信息局将16项测绘地理信息行政服务事项（行政许可5项，其他行政职权10项、代理事项1项）移入省政府行政服务和公共资源交易中心省测绘地理信息局工作窗口办理，进行分级分类管理，形成较为完善的测绘行政许可审批管理机制，实现集中登记、受理、审核。全年，办理许可审批件53件，咨询件200多件，审查资料2000多件。其中审批件中地图审核15件，测绘资质认定类38件，测绘资质交验15件。

【行政执法】

青海省测绘地理信息局组织开展2014年测绘地理信息专项执法检查5次，其中地图市场检查3次、测绘地理信息市场检查1次、综合执法检查1次，检查单位259家，发现违法行为11起，责令整改9起，立案处罚1起，责令停止违法行为1起。

【资质管理】

青海省测绘地理信息局组织完成2014年测绘资质年度注册工作，通过注册93家，缓期注册7家，依法注销测绘资质单位3家。截至年底，全省共有测绘资质单位106家，其中甲级11家、乙级21家、丙级56家、丁级18家。

【信用体系建设】

青海省测绘地理信息局委托省测绘与地理信息行业协会承办全省测绘地理信息市场乙、丙、丁级测绘资质单位信用信息评价工作，最终评定信用B级单位93家，评定结果在局门户网站公开发布。

【法制培训与宣传】

3月，青海省测绘地理信息局联合省政府法制办公室在西宁组织举办全省州、市、县测绘行政执法人员培训班，80人参加。组织3人参加国家测绘地理信息局行政执法培训，组织局机关4人参加省政府法制办公室执法证复审换证培训。

8月29日，青海省测绘地理信息局在西宁组织34家测绘资质单位参加以“发展地理信息产业，地图服务大众生活”为主题的测绘法宣传日活动，共摆设宣传展板50多块，悬挂横幅50多条，发送法制宣传短信220万条，发放宣传材料500多份。青海电视台、西宁电视台、《青海日报》等多家媒体进行现场报道。在《西海都市报》登载《测绘法律法规及国家版图知识竞赛题》。局测绘管理与政策法规处被国土资源部评为“全国国土资源管理系统推进依法行政及‘六五’普法中期先进单位”。

## 基础测绘

**【基础测绘规划】**

青海省测绘地理信息局开展“十二五”规划评估工作，基本比例尺地图测绘、现代测绘基准体系建设、信息化测绘基地建设和地理信息公共服务平台等重大项目均已进入实施阶段，建设目标可于2015年末基本实现。组织开展“十三五”规划编制前期工作，成立“十三五”规划编制领导小组，完成前期调研工作。经与省发展和改革委员会、省国土资源厅协商，青海测绘发展“十三五”规划将继续作为国土资源规划组成部分纳入省政府重点规划序列。

**【经费投入】**

青海省测绘地理信息局编印《青海省第一次全国地理国情普查实施方案》，省财政拨付2014年普查经费4500万元，确定2015年拨付普查经费2100万元，并视普查情况酌情增加。“十二五”以来省财政每年投入基础测绘经费600万元，矿产资源收入安排支出2000万元，边远地区、少数民族地区基础测绘补助经费400万元，基础测绘计划纳入青海省国民经济和社会发展年度计划。

**【经费管理】**

青海省测绘地理信息局成立青海藏区基础测绘项目领导小组及青海省测绘地理信息局装备建设领导小组，制定《青海省测绘地理信息局基础测绘项目管理办法》《青海省第一次全国地理国情普查项目资金使用管理办法》，修订《青海省测绘地理信息局装备建设管理办法》。

**【2000国家大地坐标系转换】**

青海省测绘地理信息局编制全省2000国家大地坐标系推广使用实施方案，完成省级成果转换工作并通过质检验收，在1:1万地形图测绘、东部城市群建设测绘保障工程、数字城市建设等项目中使用。

**【国家现代测绘基准体系建设】**

青海省测绘地理信息局组织完成国家现代测绘基准5个新建站、1个改造站联测工作。5座新建站土建工作已全部完成并通过验收。

**【青海藏区现代测绘基准体系建设】**

青海省测绘地理信息局组织完成藏区33个GNSS连续运行基准站、23个GNSS临时参考站的埋设以及54个B级点、4045千米二等水准标石埋设工作，共埋设基本水准标石95个、普通水准标石432个。

**【基础测绘生产】**

青海省测绘地理信息局完成1292幅1:1万地形图数据库整合升级工作，安排天峻、门源地区358幅1:1万“3D”数据测制工作。2010年～2014年，青海省基本比例尺地形图达1430幅，覆盖率稳步提升。提供并协助陕西测绘地理信息局收集青海省1:5万基础地理信息数据库动态更新所需的专业资料和省级测绘地理信息成果，完成1:5万动态更新成果的外业抽检工作。

**【质量监督】**

青海省测绘地理信息局开展年度甲、乙级测绘资质单位的监督抽查工作，对丙、丁级测绘资质单位7个项目成果质量进行监督抽查。全年共收到92家测绘资质单位送检的421个项目，出具成果质量合格质检报告137份，下达不合格通知书3份。

**【航空航天遥感影像获取与应用】**

青海省测绘地理信息局组织拟定2015年度1:1万地形图测绘计划，计划将现存航空摄影资料（包括国家基础航空摄影黄河源龙羊峡摄区、刚察摄区、德令哈摄区、格尔木摄区）转化为可用地形图，影像使用率可达到100%。向国家测绘地理信息局报送行政区域内倾斜摄影测量获取需求，自主投入的航空航天影像主要用于玉树灾后重建项目建设，已与国家测绘项目共享。

**【安全生产】**

青海省测绘地理信息局印发《关于调整局安全生产委员会的通知》，明确工作目标和任务，建立安全生产责任制，将安全生产纳入年终目标考核。组织局属单位参加安全生产月宣传咨询日活动，观看安全教育警示片，学习安全生产相关规定，开展安全生产检查。

## 地图管理与地图服务

**【地图管理】**

青海省测绘地理信息局全年受理地图立项申请16件，审核地图94幅，核发审图号15个。

**【互联网地图监管】**

青海省测绘地理信息局加强网络地图监管，指定专人负责互联网地图和地图市场监管软件任务处理工作，全年签收存在地图的网页9条，排除200条，移交7条。

【地图市场监管】

青海省测绘地理信息局制定印发《2014年测绘地理信息市场综合执法方案》，将“问题地图”查处作为专项进行执法检查。指导果洛州、海西州、黄南州制定辖区以外测绘单位测绘资质交验的管理制度。

【地图出版】

青海省测绘地理信息局组织编制出版《两会工作用图》《青海省交通图》《青海省行政区划图》《青海省地图典藏系列绸布图》《青海几项重点基础设施工程示意图》等专题图件，编制出版《大美青海旅游图》《手绘西宁美食旅游示意图》《青海省第二次土地调查图集》等地图。

【国家版图意识宣传教育】

青海省测绘地理信息局组织开展少儿手绘地图大赛，全国国家版图知识竞赛个人赛、团体赛，在《西海都市报》举办测绘法律法规及国家版图知识有奖竞答活动，收到有效答卷2400多份。在全国国家版图知识竞赛团体赛中，青海省代表队获三等奖。在西宁市、平安县、德令哈市中学举办国家版图意识专题讲座。联合西宁市城中区政府开展测绘法律法规及国家版图宣传教育活动。

## 测绘地理信息成果管理与应用

【成果汇交】

青海省测绘地理信息局建立和完善测绘地理信息成果汇交制度，编制《青海省测绘地理信息成果副本汇交技术要求》。组织完成青海省内各测绘地理信息行业单位2013年省域内基础测绘地理信息成果副本和非基础测绘地理信息成果目录汇交工作，共89家测绘行业单位汇交成果，其中副本490个、目录628个，通过局门户网站公布。

【成果保密管理】

青海省测绘地理信息局联合省国土资源厅、国家安全厅、国家保密局对涉密测绘地理信息成果的使用、管理和对外提供及地质资料的使用等情况进行检查，自查单位36家，抽查8家，发出整改通知4家。针对省水利厅、省地震局等重要部门及部分行业单位开展上门培训，主要培训涉密测绘地理信息成果的管理、涉密计算机的安全使用、涉密资料存储场所要求、涉密人员安全责任等内容。联合国家保密局推进涉密测绘地理信息成果安全技术防范设备的安装。

【测量标志保护】

青海省测绘地理信息局结合测绘法宣传，开展测量标志科普宣传活动，摆设宣传展板，悬挂宣传横幅，架设仪器供科普爱好者观测测量标志，普及测量标志知识。推进永久性测量标志拆迁许可业务窗口化办理工作，委托各州、市测绘地理信息主管部门开展所在区域测量标志保护工作，指导西宁市测绘地理信息局完成西宁市大通县重工业学校国家二等水准点维护工作。

【保障服务】

青海省测绘地理信息局为青海省地勘局、河南省地勘设计院等多家单位提供控制点坐标转换，转换图幅70多幅，控制点200多个。为社会各界提供各种比例尺地形图1500幅、各类挂图418张、各类图册226册、控制点成果7377份，提供各种数字化图、航片1.5TB。完成集体土地建设用地使用权调查外业调查、农村宅基地土地确权、省内公路勘测定界等工作，为“高原美丽乡村”建设测制规划底图。

【应急保障】

青海省测绘地理信息局成立测绘应急保障中心，通过应急演练，实现2小时影像信息提取、计算拼接合成高分辨率影像图6平方千米。开展川大公路、隆务峡至循化至大力加山公路、倒淌河至大水桥公路、库格铁路、内蒙古苏乌铁路、城镇规划所需地形图的应急测绘。

## 科技创新与人才培养

【科技项目】

青海省测绘地理信息局印发《青海省测绘地理信息局科技创新项目管理办法》，明确规定局基础测绘规划处为科技管理部门，省基础地理信息中心为青海省“人才小高地”信息科学领域建设单位，青海省基础地理信息中心开发部为测绘地理信息科技创新研发机构。承担省科学技术厅项目“青海省地理信息公共服务平台建设与应用研究”（青海省科技基础条件平台项目）、“多源异构数据库一体化管理平台的设计与实现”（青海省自然科学基金项目）。开展青海省发展和改革委员会“三维数字城市（玉树市）建设规划及可研编制”“青海省地理省情普查与监测前期研究”2个项目前期工作。

【人才培养】

青海省测绘地理信息局党委印发《关于加强青海省测绘地理信息人才发展的实施意见》，制定《青海省测绘地理信息局2014年度教育培训计划》，选派事业单位领导和技术负责人到武汉大学和国家测绘地理信息局参加专业技术和管理方面的培训，以重大项目为依托培养科技领军人才和国家测绘地理信息局、青海省学术技术带头人。组织局属各单位开展测绘专业知识、测绘管理等各类培训，将培训结果备案，列入年度目标考核。年内共2096人（次）参加各类培训。与武汉大学测绘学院共同举办工程硕士专业学位研究生班。与中国地质大学（武汉）签订4名研究生“西部高水平人才计划”培养协议书。举办注册测绘师考前培训班，全省51人参加。选派10名年轻干部到藏区乡镇开展帮扶工作。选派2人到海西州、黄南州国土资源局挂职。

至年底，全局有教授级高级工程师3人，国家测绘地理信息局青年学术和技术带头人2人，青海省国土资源厅系统优秀测绘专家8人，高级工程师49人，注册测绘师9人。

## 党的建设与文化建设

【党建工作】

青海省测绘地理信息局学习贯彻党的十八大，十八届三中、四中全会，省十二次党代会，省委十二届六次、七次全委会精神，进一步规范党委中心组学习制度。制定《局党员领导干部联系点制度和广泛开展“下基层交朋友”活动实施意见》，构建“把支部建在队上，把党小组建设在测区”的基层组织服务体系。依托省国土资源系统党员教育培训基地，对全局基层党组织书记进行轮训，通过上党课、听讨论等方式，对全局党员进行培训，共200人次参加。举办了以“颂党恩、忆党情、明党史”为主题的系列庆“七一”活动。

【党风廉政建设】

青海省测绘地理信息局认真贯彻落实中央八项规定和省委省政府21条措施。制定《党风廉政建设和反腐败工作要点及任务分工》《建立健全惩治和预防腐败体系2013—2017年工作规划实施方案》。修订完善8大项43个风险点，研究制定49项腐败风险防范措施，明确责任主体，推进风险防控。开展签订拒收礼金红包承诺书活动，党委班子及成员、局系统375名工作人员签订承诺书。通过局门户网站、微信平台对全局党员领导干部进行廉政宣传教育。组织“预防职务犯罪”等专题教育6次，观看反腐败警示教育片8部，领导干部撰写学习心得体会或调研文章60多篇。全年共组织各类警示教育学习5次，648人（次）参加。

【文化建设】

青海省测绘地理局党委制定《关于加强测绘地理信息文化建设的实施意见》，举办“我与地理国情普查”“青春闪耀·我的测绘梦”两届测绘青年论坛，开设“进德修业”讲堂，组织开展“青海测绘地理信息精神”大讨论活动，提炼以“扎根高原、献身测绘、务实创新、服务社会”为核心的青海测绘地理信息精神。开展“辉煌测绘40年”征文、摄影活动，10篇优秀征文在《青海日报》江河源副刊上选登。举办首届测绘地理信息文化研讨会。青海省第一测绘院1人被人力资源和社会保障部、国土资源部联合授予“第二次全国土地调查先进工作者”称号。青海省第二测绘院玉树分院被青海省总工会授予“青海高原工人先锋号”称号。青海省测绘地理信息局门户网站被青海省委宣传部评为“2014年度青海省优秀政府门户网站”。

## 地方社团工作

【青海省测绘地理信息学会】

12月15日，青海省测绘学会召开第十二次会员代表大会，与会代表一致同意青海省测绘学会更名为青海省测绘地理信息学会，选举了理事会成员。组织完成2014年度青海省测绘地理信息学会先进集体、先进个人评选工作，评出先进集体3个、先进个人5人。配合青海省测绘地理信息局宣传中心完成2014年度《青海测绘地理信息》编辑、出版、印刷任务，全年共刊发6期，印刷6000册。

青海省测绘地理信息学会推荐的“数字青海空间地理信息基础设施建设”获2014年中国测绘地理信息学会测绘科技进步奖二等奖，《青海省领导工作用图》获2014年优秀地图作品裴秀奖铜奖，“数字西宁”获全国数字城市建设与应用优秀展示片大赛优秀奖。

【青海省测绘与地理信息行业协会】

青海省测绘与地理信息行业协会开展2014年度测绘资质单位信用信息征集、录入和汇总工作，配合行政管理部门做好信用信息评价工作，向社会提供各类测绘地理信息企业信用信息查询。配合省测绘地理信息局做好综合执法检查工作，走访超过半数以上会员单位，进行2014年测绘地理信息事业诚信调查。配合省测绘地理信息局完成2014年度全省测绘行业质量巡查。多次举办新技术培训班，行业单位共430多人次参加。推荐的中国水利水电第四工程局有限公司勘测设计研究院获“中国地理信息产业百强企业”称号。

# 宁夏回族自治区

## 概况

2014年，宁夏回族自治区国土资源厅（测绘地理信息局，以下简称宁夏国土资源厅）按照国家测绘地理信息局和宁夏回族自治区党委、政府的工作部署，紧紧围绕宁夏经济社会发展大局，扎实推进测绘地理信息各项工作。

组织完成数字吴忠地理空间框架建设项目验收工作；完成数字固原地理空间框架建设项目预验收和数字中卫地理空间框架基础数据采集工作。组织开展全区地理国情普查工作，出台相关管理办法；全年完成全区5.19万平方千米地理国情普查项目内业数据解译和外业核查工作；10月，宁夏国土资源厅与自治区总工会联合印发《关于开展宁夏第一次全国地理国（区）情普查劳动竞赛的通知》。11月，宁夏回族自治区政府办公厅印发《自治区人民政府办公厅关于促进地理信息产业发展的实施意见》。

宁夏国土资源厅组织完成2014年测绘资质年度注册工作及全区96家资质单位的复审换证工作。完成2014年“问题地图”专项治理工作。

## 重点工作推进

**【数字城市建设】**

宁夏国土资源厅全面推进数字宁夏地理空间框架建设，宁夏首家数字城市数字吴忠通过验收。数字吴忠地理空间框架建设完成了吴忠市1:1万、1:5万数据整理，吴忠市利通区30平方千米大比例尺数据采集和400平方千米1:2000正摄影像数据制作。宁夏国土资源厅组织完成数字固原地理空间框架建设项目预验收和数字中卫地理空间框架基础数据采集工作。

**【地理国情普查】**

4月，宁夏国土资源厅组织开展4个县、市（区）地理国情普查工作试生产，为全面开展地理国（区）情普查工作奠定基础。成立宁夏第一次地理国（区）情普查组织实施领导小组及办公室，出台《宁夏第一次地理国（区）情普查成果管理办法》《宁夏第一次地理国（区）情普查考核管理办法》《宁夏第一次地理国（区）情普查质量管理办法》。自治区政府确定宁夏回族自治区基础测绘院、国土测绘院、国土资源地理信息中心、遥感测绘勘查院4家单位为区地理国情普查承担单位，下达工作任务书，签订了目标责任书。全年，落实全区地理国情普查项目总经费3000万元，完成全区5.19万平方千米内业数据解译和外业核查工作，培训全区地理国（区）情普查管理人员和专业技术人员3批共374人次。

## 市场监管与法制宣传

**【资质管理】**

宁夏国土资源厅组织完成2014年度测绘资质年度注册工作。全区参加年度注册单位共86家，通过注册82家、缓期注册4家，注册结果通过厅门户网站公布。1家单位整改后符合要求予以注册，3家单位被注销测绘资质。全年共受理办结新申请测绘资质单位14家，资质升级单位4家。

开展2014年度测绘资质复审换证工作，举办《测绘资质管理规定》和测绘地理信息市场监管与服务平台培训班，对全区96家测绘资质单位复审换证工作人员和5市国土资源局测绘管理科长进行培训。完成3家甲级单位测绘资质复审换证材料初审工作并上报国家测绘地理信息局。至年底，全区测绘资质复审换证工作全部完成。应参加复审换证的乙、丙、丁级资质单位共 96 家，88 家单位准予复审换证，8 家单位被注销测绘资质。

对持有测绘作业证的人员进行注册核准，为全区 35 家测绘资质单位 227 人配发测绘作业证。

【法制宣传】

宁夏国土资源厅在银川举办“8·29”测绘法宣传日活动，组织银川市国土资源局等 10 多家单位共同参与，发放测绘地理信息法律法规知识问答宣传单 2000 份、地图产品 100 份、宣传画 400 份、宣传环保手提袋 500 个，接受现场咨询 150 多人次。宣传日当天，全区各级测绘地理信息部门向当地群众编发测绘法宣传短信共 2 万多条。各市、县（区）国土资源局和测绘资质单位在“8·29”测绘法宣传日活动期间，共悬挂各类条幅 168 条，制作宣传展板 124 块、宣传专栏 27 个，全区各地共设置宣传咨询点 27 个，发放各类宣传资料 2 万多份。

## 基础测绘

【基础测绘生产】

宁夏国土资源厅完成 1500 平方千米无人机航摄工作；完成宁夏卫星定位连续运行基准站网（NXCORS）建设，其中自治区建设的 24 个全区卫星定位连续运行基准站网点已全部开通运行；完成国家测绘地理信息局委托建设的 3 座基准站，并通过国家测绘地理信息局组织的验收。

【质量监督】

宁夏测绘产品质量监督检验站完成全区 22 个县、区（市）地理国（区）情普查项目的过程质量监督抽查及预验收工作；完成宁夏基础地理信息数据库系统升级改造项目和宁夏 1:1 万基础地理信息数据库整合处理项目的过程检查及验收工作；完成 NXCORS 基建项目的检查验收工作；完成固原市、中卫市数字城市地理空间框架建设项目 1:500、1:2000地形图成果及地名地址、三维建模等成果的检验工作；完成宁夏土地整理重大工程项目 11 个项目区的成果检验。

宁夏测绘产品质量监督检验站全年共检定 GPS 接收机、全站仪、经纬仪、水准仪等各类测绘仪器 1400 多台（件）。

## 地图管理

【地图市场监管】

宁夏回族自治区国家版图意识宣传教育和地图市场监管协调指导小组办公室印发《2014 年全区“问题地图”专项治理工作方案》，加大“问题地图”查处力度。检查银川市国际会展中心举办的车展博览会，对个别企业违规展示地图的行为进行了纠正教育，对贺兰县德胜工业园区北京现代 4S 店违规展示中国地形图事件，现场责令拆除广告牌。

宁夏国土资源厅全年共核发审图号 11 个。

【国家版图意识宣传教育】

宁夏国土资源厅印发《宁夏全国国家版图知识竞赛和少儿手绘地图大赛实施方案》，组织 5 个市教育行政主管部门各推荐 1 所中学和 1 所小学开展活动。全区总参赛人数 345 人，参赛范围覆盖 5 个市 9 所学校，中卫市第六中学获个人赛优秀组织奖。

## 测绘地理信息成果管理与应用

【测量标志管理】

7 月，宁夏国土资源厅实地调查核实 1 起测量标志拆迁申请，向国家测绘地理信息局提交了关于标志拆迁的请示及相关材料，得到国家测绘地理信息局正式批复后，及时组织做好标志迁建的后续工作。

宁夏国土资源厅组织相关人员对同心县、灵武市等县（区）测量标志巡查工作进行重点检查，对检查中发现的问题给予现场指导。按时下拨 2014 年度测量标志托管费，对 2013 年度部分县国土资源局因测量标志维护产生的经费给予适当补贴。

【成果提供】

宁夏国土资源厅全年为地理国情普查、西气东输、农村土地确权、基础测绘等重大项目和交通、水利、电力、煤炭等各行业提供各种比例尺地形图 1210 幅、各类基准成果 315 个、航片 4937 张、各类挂图 86 张，卫星影像数据 20TB。

## 党的建设与文化建设

【党风廉政建设】

宁夏国土资源厅党组加大对中央八项规定和自治区若干规定及国家测绘地理信息局党组十项措施

的落实力度，采取日常督查和专项检查的方式，对违反“四风”的倾向性、苗头性问题，早发现、早纠正、早处理。驻厅纪检监察室深入各市、县（区）国土资源局和厅直属事业单位调研，对班子成员进行谈话提醒，持续推进作风建设。

3月，召开全区国土资源系统党风廉政建设和反腐败工作会议。5月，印发《全区国土资源系统贯彻落实中央建立健全惩治和预防腐败体系2013—2017年工作规划实施方案》，明确6个方面20项工作任务。结合自治区党委安排的党风廉政建设方面1项牵头任务和5项配合任务，制定印发《贯彻落实自治区实施办法任务分工的通知》。

**【文化建设】**

宁夏国土资源厅充分利用中心组学习、党课教育、国土资源大讲坛、道德讲堂、党建QQ群等平台对广大干部职工进行十八届三中、四中全会精神，中国特色社会主义道路和社会主义核心价值观教育活动。通过签订党建和精神文明建设目标责任书、设置“文化宣传栏”、开辟“网络文明传播服务”QQ群等形式，加强社会主义核心价值观宣传阵地建设。参与撰写党建调研文章，完成中国测绘职工思想政治工作研究会部署的重点课题研究。

**【人才培养】**

宁夏国土资源厅全年通过高层次人才招聘引进1名博士研究生和12名硕士研究生；组织开展自治区“国内引才312计划”“海外引才百人计划”“新世纪313人才工程”人选推荐工作；完成2014年度专业技术人员职称评审工作；开展全区测绘行业职业技能培训鉴定工作，共有191人通过鉴定并取得职业资格证书。

# 新疆维吾尔自治区

## 概况

2014年，新疆维吾尔自治区测绘地理信息局（以下简称新疆测绘地理信息局）推动地理国情普查、数字城市和“天地图·新疆”建设与应用等重点工作，服务保障新疆跨越式发展。新疆测绘地理信息局在全国省级测绘地理信息行政主管部门2014年度测绘地理信息工作绩效考核中被评为突出进步单位。

新疆测绘地理信息局系统全年完成测绘服务总值2.27亿元，其中测绘生产单位完成服务总值1.48亿元。新疆财政投入基础测绘经费6022.9万元，完成1:1万基础测绘测图1578幅，成图面积约3.95万平方千米。落实国家“十二五”支持重点地区（新疆）5个基础测绘工程项目2014年度中央预算内资金5537万元。

数字新源、数字拜城、数字哈密地理空间框架建设被列入2014年国家数字城市地理空间框架建设推广计划并顺利实施，伊宁、克拉玛依等6市数字城市地理空间框架建设进展顺利，库尔勒等市数字城市地理空间框架建设通过验收。投入2708万元加快“天地图·新疆”建设，开展与国家主节点的数据融合工作，实现上线数据新疆全覆盖；推进维文版“天地图·新疆”建设；积极开展专业应用，推动“天地图·新疆”社会化开发应用和市场化运营。完成自治区承担的约48万平方千米地理国情普查DOM制作、像控点测量、地理国情要素和地表覆盖数据采集、外业核查、样本数据解译及约46万平方千米数据整理工作；实施塔里木河流域地表覆盖变化监测试点及新疆地理国情遥感监测系统建设，完成新源县地质灾害监测项目基础工作和在线监测系统调试运行等工作。

新疆测绘地理信息局依法开展测绘资质管理工作，全区323家测绘资质单位通过年度注册，批准测绘资质新申请单位55家。加大国家版图知识宣传教育力度，联合自治区党委、政府等17个部门开展国家版图意识宣传教育“六进”活动，举办国家版图知识竞赛和少儿地图大赛。创新地图市场监管方式，启动联动工作机制，对中国-亚欧博览会、新疆喀什-中亚南亚商品交易会等大型展会及乌鲁木齐市地图宣传品进行专项执法检查，全区各地开展涉密测绘地理信息成果检查151次，受理审批涉密测绘地理信息成果1790批次，完成年度测绘地理信息成果目录汇交工作。完成22家资质单位测绘地理信息成果质量定期监督检验工作。编制《区直和中央驻疆单位“访民情 惠民生 聚民心”活动工作图册》，制作《丝绸之路经济带地图》《丝绸之路经济带—新疆周边国家地图》和《中巴经济走廊地图》等专题地图。研发的北斗导航地理信息位置服务系统多次为反恐维稳行动提供保障，及时服务保障于田县地震抢险救灾；完成自治区应急平台体系基础地理信息平台二期建设，实现自治区政府与各厅局应急指挥信息的互联互通。全年面向社会提供各种比例尺纸质地形图8381张、各级控制点6500多个、各种比例尺地形图成果数据2万多幅、各种影像数据约3.2万片。深入贯彻落实第二次中央新疆工作座谈会精神，制定《自治区测绘地理信息受援工作方案》，积极推进测绘援疆工作。12月，新疆维吾尔自治区政府出台《关于促进自治区地理信息产业发展意见》。

2014年3月28日，国家测绘地理信息局局长库热西·买合苏提（右二）到新疆维吾尔自治区测绘地理信息局调研。

## 重点工作推进

**【数字城市建设】**

新疆数字城市地理空间框架建设平稳推进，新源、拜城、哈密被列入2014年国家数字城市地理空间框架建设推广计划并顺利实施，伊宁、克拉玛依、乌鲁木齐等6个市建设进展顺利，库尔勒、乌鲁木齐、克拉玛依、博乐等市数字城市通过验收。组织部分城市参加国家测绘地理信息局举办的数字城市建设与应用优秀展示片大赛，选报4个优秀展示片，数字乌鲁木齐展示片获二等奖，克拉玛依市展示片获优秀奖。

**【“天地图·新疆”建设】**

2014年，新疆财政共投入2708万元，加快“天地图·新疆”建设。新疆测绘地理信息局整合发布新疆自然保护区、主要农作物分布和对外开放布局3个专题信息及地（州、市）、县（市）为单元的行政区域、人口、农业、资源4大类统计信息、教育资源信息和不可移动文物信息。开展与国家主节点的数据融合工作，实现上线数据新疆全覆盖。推进维文版“天地图·新疆”建设。积极与自治区政法、公安等5部门对接开展专业应用，与3家地理信息企业合作，共同推动“天地图·新疆”社会化开发应用和市场化运营。“天地图·克拉玛依”接入国家主节点并完成手机版实时交通信息查询系统、油井采输信息实时监控系统等的应用。

**【地理国情普查】**

新疆测绘地理信息局制定下发14项地理国情普查管理制度；及时领取、下发高分辨率影像与资源三号卫星影像；预先购买或无人机航拍城区范围秋季时相高分辨率影像，为时点核准工作做准备；积极协调国土资源、水利、交通等25家单位，确保各类行业专题资料的顺利提供；指导各地（州、市）落实普查工作机构，成立普查工作局际协调小组，组建普查专家咨询组。组织完成约48.18万平方千米的普查数据生产，覆盖44个县（市、区）。至年底，正射影像图生产、像控点测量、内业解译、工作底图制作、外业调查核查、内业编辑整理及普查数据生产预验收等工作全面完成；数据修改和城区范围更新工作有序开展；精细化DEM生产及数据库建设准备按计划推行；39个县（市、区）通过预验收；完成过程质量监督抽查12次、现场过程督导巡查31次，成果质量整体良好。

启动新源县地质灾害监测试点工作，完成在线监测系统、灾害隐患点设备安装、调试等工作，监测系统运行稳定。启动塔河流域地表覆盖变化监测项目，已完成资料收集与分析、数据试验、设计书评审等工作。组织开展地理国情普查知识有奖竞赛、“我为普查绘新图”主题实践活动和以党员示范岗创建表彰为主要内容的主题实践活动，开展为期3个季度的公交车公益宣传，邀请新疆电视台、《新疆日报》《新疆经济报》等媒体记者进行普查现场采访，在局门户网站开设宣传专栏。

【机构建设】

新疆测绘地理信息局属6个事业单位全部完成事业单位分类改革，4家为公益一类事业单位，1家为公益二类事业单位，1家暂不分类。

## 法制建设与市场监管

【行政许可事项清理】

新疆测绘地理信息局提出调整下放地（州、市）、县（市）测绘管理部门丁级测绘资质的核准等5项测绘行政许可事项，相关文件已报新疆行政审批制度改革工作领导小组。修订出台《利用属于国家秘密的测绘地理信息成果的审批程序》，上报自治区政府法制办公室备案。

【行政执法】

新疆测绘地理信息局调整依法行政工作领导小组与“六五”普法领导小组成员，制定《自治区测绘地理信息局2014年依法行政工作计划》，组织开展2014年行政执法案卷评查工作。对2013年7月1日~2014年6月30日立案、结案的1起测绘地理信息行政处罚案件进行评查。完成地、州、市测绘地理信息行政执法证件的换发和申领共52个。完成16人申领国家测绘行政执法证信息录入工作、11人申领自治区测绘行政执法证上报工作。

2014年8月31日，新疆维吾尔自治区测绘地理信息局和新疆国际博览事务局共同开展第四届中国－亚欧博览会地图宣传品联动执法专项检查。

【资质管理】

新疆测绘地理信息局组织完成测绘资质单位年度注册工作，通过注册323家，不需注册28家，缓期注册14家。审核批准测绘资质申请55家。完成41家测绘资质单位的信息变更工作，办理测绘作业证208个。组织开展测绘资质单位复审换证工作，举办全区测绘资质复审换证工作培训班，近150人参加；组织对全疆60多家乙级测绘单位进行实地检查和审核，组织各地、州、市测绘地理信息局对312家丙、丁级测绘单位进行检查，检查比例接近100%。至年底，测绘资质单位385家，其中甲级17家、乙级63家、丙级110家、丁级195家。

【法制宣传】

4月，新疆测绘地理信息局开展自治区第11个“宪法法律宣传月”系列活动，邀请自治区党校教师开展民族宗教法制专题讲座，制作专题展板、宣传横幅、法律知识幻灯片等，进行法制宣传。开展“8·29”测绘法宣传日活动，印制汉、维、哈文版《地理国情普查海报》10万份，全疆各地共悬挂测绘法宣传横幅265条，摆放宣传展板174块，发放宣传画5750张，宣传资料4.2万份，出动宣传车17辆，发送测绘法宣传公益短信10多万条。组织参加新疆公职人员学法考试和“与法同行万人宣讲”活动。

## 基础测绘

【测绘基准体系建设】

新疆测绘地理信息局开展全区CORS站建设项目，完成118个基准站的踏勘选址工作和105个基准站观测墩土建施工、监理工作，编制了项目设计书。做好新疆现代测绘基准体系数据中心服务系统建设项目的协调管理工作。研制完成2000国家大地坐标系转换软件，实现基础地理信息数据在1954北京坐标系、1980西安坐标系、2000国家大地坐标系之间转换，转换6443幅1:1万地形图“3D”产品；领取新疆区域国家级控制点转换成果，完成新疆区域2920个C、D级GPS控制点转换工作。全年共批准1县1市建立相对独立平面坐标系统。

【基础航空摄影】

新疆测绘地理信息局开展1:1万基础测绘航空摄影6万平方千米，申请购置卫星影像约9000平方千米，申请塔河干流影像约3.2万平方千米，自行安排博州、伊犁州航空摄影4612平方千米。编制2015年、2016年航空摄影、卫星影像需求计划。向国家测绘地理信息局汇交阿勒泰摄区自行航摄的约1万平方千米0.5米分辨率影像资料，实现资源共享。

【基础测绘测图】

2014年，新疆财政投入基础测绘经费6022.9万元。新疆测绘地理信息局与阿勒泰地区等11个地（州、市）签订1:1万基础测绘项目实施协议，安排19个测区1:1万地形图基础测绘1578幅，面积约3.95万平方千米。组织召开1:1万基础测绘专题会议，提出《关于1:1万基础测绘生产和管理工作的改进措施》，修订《基础测绘项目管理办法》和《1:1万基础测绘技术文件汇编》；全面推广图库一体化作业模式，减少内业工作量约20%。

新疆测绘地理信息局组织开展1:1万基础地理信息数据库整合升级工作，启用《新疆1:1万数字线划图数据库标准》和《新疆1:1万基础地理信息数据采集及符号展示方案》；完成1:1万基础地理信息数据库及其管理系统、公共地理框架数据库及其管理系统建设，研发入库数据成果质检软件、符号化插件等多个软件；完成克州、和田、喀什地区4230幅1:1万地形图“3D”数据加工整理工作，检查2000多幅1:1万地形图库数据，完成数据入库约2500幅。

【质量监督】

新疆测绘地理信息局全年共完成1:1万地形图基础测绘项目验收24批次；完成地理国情普查项目各类数据成果检查验收共48批次；完成国家1:5万地形数据库重点要素2013年度动态更新生产新疆辖区成果质量抽查1批次；完成自治区测绘资质单位定期检验22批次，其中，21家合格、1家不合格，督促不合格单位进行整改；委托检验35批次；检定各类仪器748台（套）。

【测绘援疆】

新疆测绘地理信息局开展测绘对口援疆需求调研，从大比例尺测图、数字城市建设、人才教育培训3个方面摸清各受援地州测绘地理信息需求情况，形成相关文件与图件提供给19个对口援疆省（市）的测绘地理信息主管部门。细化国家测绘地理信息局援疆方案，共编制24条细化方案内容，编写《进一步加强测绘援疆工作项目的建议》。提出援疆申请项目建议，积极推进测绘援疆工作。

【安全生产】

新疆测绘地理信息局制定《安全生产管理规定》，局党组与局属各事业单位签订年度安全生产目标管理责任书。组织安全生产培训，定期对生产设备、安全装置进行检查维护。自主研发地理国情普查安全生产监控系统，装备水平和科技管理水平有所提高。开展防灾减灾活动，向局系统职工发放防灾减灾手册，在局公共场所张贴宣传海报，组织制作宣传屏保图片、观摩防灾减灾演练等活动。在重大节日前开展全局系统安全生产大检查。全年未发生安全生产事故。

## 地图管理与地图服务

【地图审核】

新疆测绘地理信息局全年共受理审核地图69件325幅，完成备案工作。共审批涉密测绘地理信息成果领用手续1123批次。

【地图编制与出版】

新疆测绘地理信息局制作《丝绸之路经济带地图》《丝绸之路经济带—新疆周边国家地图》和《中巴经济走廊地图》；3月，编制《区直和中央驻疆单位“访民情、惠民生、聚民心”活动工作图册》；4月~5月，2次为中央领导视察新疆工作编制《2014年新疆维吾尔自治区重点建设项目分布挂图》及其他相关地图；编制汉、维、哈三种文字《新疆维吾尔自治区地图集》；编制历史图册《地图上的中国新疆》；与新疆军区测绘信息中心联合制作《新疆军区辖区地貌数控沙盘》《阿里地区地貌数控沙盘》，为武警和田地区支队制作15平方米沙盘模型及演示系统、和田地区及各县卫星影像图9幅，为新疆国家安全厅编制《兵团农牧团场分布图》《中亚、西亚、南亚地图》等挂图。

【地图市场监管】

9月，在第四届“中国-亚欧博览会”期间，新疆测绘地理信息局联合自治区有关部门、部分地州测绘地理信息管理部门，深入各展馆依法开展地图宣传品检查。

【地图公共服务】

新疆测绘地理信息局全年为自治区党委、政府等部门无偿提供专题地图6120幅6393张，地图集、地图册145册，电子地图数据137GB。向各地州国土资源局提供9个测区1:1万地形图1023幅，6个测区1:500 DLG地形图2975幅、DOM 1795幅。无偿为自治区党政机关各部门提供图集、图册、各类挂图6538幅（册），电子地图数据137GB。

【国家版图意识宣传教育】

新疆测绘地理信息局协助新疆商务厅、新闻出版局制定《国家版图意识宣传教育和地图市场监管工作细则》。组织开展全国国家版图知识竞赛活动，至10月13日，全疆共15851人完成答题。联合新疆测绘学会、协会，新疆大学完成“美丽中国”第二届全国国家版图知识团体赛选拔赛工作。联合新疆教育厅开展“美丽中国”第二届全国少儿手绘地图大赛新疆赛区比赛，收到参赛作品185幅，评出一、二、三等奖20幅，优秀作品29幅，推荐87幅作品代表新疆参加全国赛。借助《新疆日报》、新疆人民广播电台《百姓热线》节目，讲解地图管理的法律法规；在各类培训班设置地图管理课，进行国家版图知识普及和地图管理法律法规讲解。深化新疆国家版图意识宣传教育“进学校、进机关、进军营、进社区、进媒体、进企业”六进活动。

## 测绘地理信息成果管理与应用

**【成果管理与提供】**

新疆测绘地理信息局全年接收基础测绘1:1万地形图17个测区2068幅。完成组卷归档242卷。对外提供成果资料1123人次；提供地形图8789幅11351张、控制成果9362点，各类测绘地理信息成果数据40.94TB，其中地形图DLG数据24496幅480 GB，高分辨率卫星影像2.88万平方千米480 GB，航摄成果数据9.87万平方千米40 TB。为自治区党委政法委员会“ZWZ项目”、自治区公安厅警用平台提供地理信息支撑。

**【成果汇交】**

新疆测绘地理信息局完成2013年度全疆344家测绘单位的测绘地理信息成果汇交工作，其中，整理、编纂测绘地理信息成果目录9类2254项，汇交目录在新疆测绘地理信息局门户网站上发布。

**【涉密成果检查】**

新疆测绘地理信息局组织全疆各地（州、市）开展涉密测绘地理信息成果使用跟踪监管工作。编制测绘地理信息成果保密检查目录，每季度公布领取测绘地理信息成果资料单位及数量统计情况。完成全疆163家重点涉密单位的抽查工作，对存在失泄密隐患的43家单位下达《限期整改通知书》，做好监督复查。组织开展全疆涉密地质资料和测绘地理信息成果保密管理专项检查。组织全疆各地（州、市）涉密成果管理、使用单位到乌鲁木齐市国土规划院、克拉玛依市油田数据公司现场观摩涉密测绘地理信息成果安全技术应用。

**【测量标志保护】**

新疆测绘地理信息局严格测量标志拆迁管理，全年共批准测量标志拆迁申请1个，转报国家测绘地理信息局测量标志拆迁申请1个。用自治区财政下拨的390万元测量标志保护专项经费为全疆12个地（州）测绘地理信息行政主管部门配备手持GPS、照相机等测绘基础装备；在乌鲁木齐市、博州赛里木湖风景区建设2个景观型测量标志；对等级高、利用频繁的基线场及89个测量标志进行重点维护；开展测量标志管理信息系统建设。

**【应急保障】**

新疆测绘地理信息局开展应急数据储备和应急演练，编制全疆应急测绘工作手册；开展新疆地理信息公共服务平台建设，推进应急数据库建设和应急快速出图系统建设；建立应急测绘资料图库，编制应急测绘演练工作方案，局属单位开展3次无人机应急测绘全程演练，并协同开展基础地理信息提供、实时数据采集、应急专题制作等演练；为新疆于田抗震救灾紧急提供图件，与新疆地震局签订区域地震应急救援北斗位置服务建设协议；及时服务维稳处突决策，为自治区党委、政府和伊犁州政府紧急提供各类地图约32幅，向新疆政法、武警、部队、国家安全等部门紧急供图2000多张，向执勤武警官兵提供多种执勤急需的地图、图册1000多本。

新疆测绘地理信息局完成新疆应急管理办公室新疆应急平台体系基础地理信息平台建设，开展各厅局应急数据、信息共享。组织各地（州、市）测绘地理信息主管部门成立应急测绘工作领导小组，组织各测绘资质单位加入当地应急测绘队伍。建立健全“左右联通、上下联动”的应急测绘保障工作机制。

## 科技创新与人才培养

**【科技创新】**

新疆测绘地理信息局制定《自治区测绘地理信息局科技兴测管理办法》，研发“访民情惠民生聚民心”综合管理信息系统、基于北斗卫星导航位置服务系统等软件，开展ADS100航空摄影相机及无人机航空摄影测量生产等工作，与澳大利亚萨玛特公司等开展数字城市的土地管理系统建设项目合作。

开展图库一体化技术研发，实施内外业一体化生产流程改造，修订1:1万基础测绘技术文件汇编等，自主研发优图软件国情版（uMap-GNC）、国情普查DOM像控点整理软件、DOM元数据辅助制作软件等系列软件，使用效果良好。

【科技奖励】

新疆测绘地理信息局完成的“西部地形复杂重力数据稀疏区域高精度似大地水准面确定的关键技术及应用”获2014年卫星导航定位科技进步奖一等奖；“新疆1:1万基础地理信息数据坐标转换”项目获2014年中国地理信息产业优秀工程奖银奖；“阿拉山口口岸城镇化测绘保障服务”获2014年全国优秀测绘工程奖银奖，“和静县测区1:1000地形图基础测绘”获铜奖；《新疆维吾尔自治区地貌交通图》《自驾游——玩转新疆》《西域风韵——新疆》和《新疆维吾尔自治区市（县）城区影像图》获2014年优秀地图作品裴秀奖铜奖。

【人才培养】

新疆测绘地理信息局选派1名正厅级干部参加中央党校学习，选派1名处级干部赴浙江省国土资源厅挂职学习。做好武汉大学新疆工程硕士班面试、面授和学籍注册等工作。安排4名技术人员到国外参加培训学习。选派1名科级干部到区直机关工委党校学习培训，提拔处级干部11名，轮岗交流处级干部6名，依本人申请对1名副处级干部进行免职，办理机关3名干部退休手续，1名干部辞职手续。指导局属事业单位完成科级干部竞争上岗工作，完成科级干部职务任免64人次。完成专业技术人员岗位调整和工作调动22人次。

【教育培训】

新疆测绘地理信息局全年举办各类培训班共5期，培训专业技术人员、行政管理人员及涉密成果管理人员1200多人次。组织全疆353人参加测绘地理信息继续教育培训班；组织全疆116人参加测绘地理信息初、中级专业技术职务资格评审，84人通过评审；组织全疆370名技术人员参加注册测绘师资格考试。

## 党的建设与文化建设

【党的群众路线教育实践活动】

新疆测绘地理信息局完成局机关处级以上干部、事业单位科级以上干部不进入私人会所消费娱乐、不接受或持有私人会所会员卡的承诺书签订工作。完成局领导班子整改基本情况和建章立制情况数据汇总和上报工作，新建制度6项，修定完善制度7项。进行领导干部办公用房超标问题整改。“三公”经费同比下降54.9%。局领导和处级干部下基层调研和工作形成常态化。先后派出3个调研队赴外业测区进行为期7天的调研和锻炼。

【党建工作】

新疆测绘地理信息局全年组织集中学习11次。指导局属事业单位完成换届工作。做好党员发展工作，规范党费开支。召开局系统2014年党风廉政建设工作会议，局党组与局属各单位签订党风廉政建设责任书，开展自治区第16个党风廉政教育月活动。

【民族团结工作】

新疆测绘地理信息局组织开展自治区第32个民族团结教育月活动，观看民族团结教育片，参加民族团结形势报告会，召开全局职工代表“申讨暴力恐怖犯罪、倍加珍惜民族团结”座谈会，邀请专家讲授民族团结宗教政策；组织参加区直工委新疆精神颂诗歌散文民族团结故事会征集活动，9个作品获奖；选派1名副厅级少数民族干部到莎车县驻村工作；古尔邦节期间，到共建社区慰问6个少数民族贫困户；抵制极端宗教思想渗透，开展“去宗教极端化”教育，开展民族团结融情活动。

【文化建设】

新疆测绘地理信息局开展阅读历史和伟人传记读书活动，组织参加焦裕禄精神和家风报告会，开展测绘行业核心价值观宣讲和实践转化活动。开展地理国情普查“我为普查绘新图”主题实践，举办征文比赛、党员示范岗、地理国情普查有奖知识竞赛等活动。开展自治区第13个公民道德建设月活动。举办道德讲堂。举办庆祝建局40周年座谈会，开展全局摄影、绘画、刺绣、手工作品比赛。组织参加全国测绘地理信息系统第三届“中色杯”羽毛球比赛，获体育道德风尚奖。建立职工篮球队并定期开展训练，举办老年趣味运动会。

新疆测绘地理信息局连续第13年保持自治区级文明单位称号。1个集体保持国家级青年文明号称号，2个集体保持自治区级青年文明号称号，4个集体保持区直机关级青年文明号称号。1个集体获自治区直属机关“五四红旗团支部（总支）”称号，2个集体成功创建区直机关级学习型“新机关建设青年示范岗”，5个集体申创自治区“青年安全生产示范岗”，2个集体申创了国家级“青年安全生产示范岗”。保持5个自治区级“巾帼文明岗”集体称号。

【宣传工作】

新疆测绘地理信息局系统全年在各媒体发表稿件600多篇，局门户网站登载信息1100多篇。结合建局40周年在《中国测绘报》开辟专栏，连续6年与新疆人民广播电台联办《测绘之声》栏目，开通局官方微博、微信。以地理国情普查宣传为重点，全面加强重大项目宣传，制作视频短片，向社会发放汉、维、哈3种版本的普查海报；在《新疆日报》设答记者问专版；在929广播电台《测绘之声》栏目滚动播出地理国情普查政策、知识及动态，借助自治区人大和政协两会平台滚动播出普查宣传视频短片。

## 地方社团工作

【组织建设】

新疆测绘学会和行业协会合署办公，办公室设在新疆测绘科学研究院。5月，完成学会、协会换届工作，选举产生新一届“两会”领导机构，并对会员单位重新进行注册登记，完善管理制度。组织完成《新疆测绘》审稿专家推荐工作，为22名专家发放聘书，完善《新疆测绘》编辑部工作机制。

【学术交流】

1月，新疆测绘学会和行业协会在乌鲁木齐市举办地理信息标准暨控制测量新技术培训班，组织测绘行业单位49人参加地理国情普查培训班。4月，组织行业单位技术人员参加“北斗高精度定位导航技术及应用研究”专题讲座。5月，组织行业单位技术人员参加测绘新技术专题讲座，召开新疆测绘学会第九次会员代表大会暨新疆测绘行业协会第二次会员代表大会。6月，举办移动测量新技术研讨会。8月，启动2012～2013年度自治区测绘行业优秀测绘工程（项目）奖评选活动。11月，启动2013～2014年度优秀地图作品评选工作，与黑龙江省测绘科学研究所签订《双边合作框架协议书》。

【科普培训】

新疆测绘学会、行业协会承办地图审核、继续教育、测绘资质单位法定代表人、涉密测绘地理信息成果管理人员岗位、测绘资质复审换证工作、全国地理国情普查省级（新疆）综合培训等各类测绘新技术讲座和研讨班培训工作，培训2000多人次。与自治区科学技术协会联合主办2012～2013年度自治区测绘行业优秀测绘工程（项目）奖评选工作，全疆18家单位共申报项目46项，25个获奖。

# 新疆生产建设兵团

## 概况

2014年，新疆生产建设兵团国土资源局（以下简称兵团国土资源局）协调新疆生产建设兵团勘测设计研究院（集团）有限责任公司等相关测绘单位，认真落实年度基础测绘计划，以测绘工程技术为基础、航空航天遥感业务为抓手、地理信息服务产业建设为龙头、地理国情监测为支撑的“四位一体”发展格局逐步形成，全年完成测绘项目共198项、产值约6000万元，为兵团在屯垦戍边新型团场建设和重大工程建设方面提供保障和支撑。

## 重点工作推进

【地理国情普查】

兵团国土资源局积极与自治区测绘地理信息局联系和沟通，明确新疆地理国情普查工作（包括兵团所辖单位）由国家和自治区共同完成，兵团承担配合和成果整合工作。印发《关于做好兵团第一次全国地理国情普查的通知》，收集整理并及时提交兵团和各师相关资料，受到自治区领导小组办公室的肯定。

【测绘地理信息援疆工作】

10月，兵团国土资源局编写兵团测绘地理信息受援工作方案，与对口援助兵团的10个省（直辖市）测绘地理信息行政主管部门进行对接，及时向国家测绘地理信息局上报兵团测绘地理信息受援工作方案。

**【测绘法制宣传】**

8月29日，兵团国土资源局组织开展测绘法宣传活动。全兵团共设立宣传点14处，制作宣传板报300多块，悬挂宣传横幅140多条，发放宣传材料9000多份，接受相关咨询500多人次，发送公益短信12万多条，取得良好的宣传效果。

## 基础测绘

**【基础测绘项目】**

2014年，兵团国土资源局共完成高程控制测量四等水准200千米，平面控制测量C、D级GPS控制点86点；完成北屯市1:1000地形图测绘21.5平方千米86幅图；完成北屯市1:1000地形图航空摄影100平方千米。

**【新疆生产建设兵团图集项目】**

兵团国土资源基础数据中心与新疆生产建设兵团勘测设计研究院（集团）有限责任公司共同编制完成《新疆生产建设兵团图集》，该图集16开本，反映了新疆生产建设兵团自然地理特征和社会经济发展。由西安煤航地图制印公司印刷、西安地图出版社出版发行。

**【无人机航空摄影系统】**

新疆生产建设兵团勘测设计研究院（集团）有限责任公司首次引进无人机航空摄影系统，在五家渠市开展滑翔式无人机与弹射式无人机低空倾斜航空摄影数据获取实验。3个地区的影像数据获取和生产项目采用无人机航摄，总面积400平方千米。

## 人才培养与合作交流

**【人才培养】**

新疆生产建设兵团勘测设计研究院（集团）有限责任公司1人通过“兵团英才”选拔培养工程第二层次选拔，资助经费20万元，申报资助课题“地理信息技术在兵团团场智慧社区中的应用”，课题研究进展顺利。

**【合作交流】**

11月，新疆生产建设兵团勘测设计研究院（集团）有限责任公司与北京天时信业软件科技有限责任公司合资成立新疆智道信息科技有限责任公司，主营业务包括农业信息化、金融信息化、工矿企业信息化、软件定制研发、系统集成服务等。

## 党的建设与文化建设

**【党建工作】**

兵团国土资源局全年组织全体党员干部上党课2次，局中心组学习4次。开展党员党性分析和民主评议党员活动，局党总支委员召开专题民主生活会，开展批评与自我批评。开展党的群众路线教育实践活动“回头看”工作，局领导班子整改落实、建章立制自查台账在全系统公示，接受评议监督；班子成员逐条检查个人整改措施是否落实到位。严格党员发展工作程序和纪律，制定《兵团国土资源局党总支发展党员规划》，2名预备党员按期转正，发展1名预备党员。

**【党风廉政建设】**

兵团国土资源局制定印发《兵团国土资源系统2014年党风廉政建设工作要点》。结合第十六个党风廉政教育月活动，组织兵团国土资源系统800多人进行法律法规知识考试，同时组成4个检查组对各师国土资源局党风廉政建设进行抽查。组织局全体党员干部前往兵团西山监狱接受警示教育。制定印发《关于进一步改进兵团国土资源局处级干部工作作风、密切联系群众若干规定》，出台《关于进一步规范兵团国土资源局会议的通知》等规范性文件，合并减少会议种类，规范会议程序，提高会议效率。

**【文化建设】**

4月，兵团国土资源局在“世界地球日”期间，组织到十二师五一农场开展捡拾残留地膜环保公益劳动和徒步活动。7月，组织到兵团矿山安全救护培训基地开展安全救护讲座和消防演练活动。8月，组织全体党员观看电影《焦裕禄》并组织座谈讨论。10月，为兵团成立60周年献礼，编写《国土资源保发展》，由中国大地出版社出版发行。深入扶贫帮困团场137团调查研究，制订对口扶贫137团2014—2015年实施计划及2014年实施方案。拨付资金50万元开展阿吾斯奇牧场地质公园前期调查工作。兵团国土资源基础数据中心和七师张珊分获全国第二次土地调查先进集体和先进个人称号。

【访民情惠民生聚民心工作】

新疆生产建设兵团部署开展为期3年的“访民情惠民生聚民心”活动。兵团国土资源局选派4名干部组成“访惠聚”工作组进驻三师51团15连，深入基层宣传第二次中央新疆工作座谈会、习近平重要讲话和自治区、兵团党委的有关文件精神。全局捐款1.26万元，局筹措30多万元帮助15连改善基础设施。1人被评选为兵团各级干部深入基层“访民情惠民生聚民心”活动2014年度先进工作组成员。

# 青岛市

## 概况

2014年，青岛市沿海1:5000水下地形图测量项目通过验收，填补了近海数据空白，首次实现近海区域大规模高精度陆海基准统一。更新和丰富数字青岛地理信息公共服务平台数据，拓展平台推广应用，积极争取和推进“智慧青岛”建设。全年基础测绘投入599万元，主要开展市区大比例尺地形图更新。修订印发《青岛市测绘地理信息项目登记和成果汇交实施办法》。查处1起无资质测绘案件，处理3座测量标志迁建申请。青岛市勘察测绘研究院研发的三旋翼、四旋翼和六旋翼垂直起降航摄无人机在国情普查工作和测绘应急保障中发挥了重要作用。

## 重点工作推进

【数字城市建设】

青岛市国土资源和房屋管理局加快推进数字青岛地理信息公共服务平台更新维护和推广应用，已有35个系统在线使用公共平台运行。组织区市开展平台建设和更新升级，数字莱西、数字黄岛（原胶南市部分）、数字崂山、数字胶州按计划推进。拟订“智慧青岛”建设工作计划，提出“智慧青岛”时空信息云平台的总体思路及工作计划。

【地理国情普查】

青岛市国土资源和房屋管理局制定青岛市地理国情普查资料收集方案，建立地理国情普查资料收集工作机制，3月，完成第一批专题数据的收集汇总整理工作，9月，召开全市地理国情普查工作协调和工作推进通报会。全市共投入110名普查人员，完成全市域1.1万平方千米外业数据采集工作，采集调查地形覆盖类图斑841530个，地理国情要素116624个，遥感影像解译样本7125个，拍摄普查照片20多万张。

## 法制建设与市场监管

【制度建设】

《青岛市测绘地理信息项目登记和成果汇实施规范》（DB 3702/FW GT 008-2014）以青岛市服务业标准规范的形式印发，8月1日实施。10月1日，《青岛市测绘地理信息项目登记和成果汇交实施办法》正式施行。

【市场监管】

青岛市国土资源和房屋管理局组织开展测绘地理信息成果质量与保密工作专项检查工作，与青岛市国家保密局组成专家组，联合对崂山区、黄岛区、李沧区30多家测绘单位进行实地监督检查，发现全市测绘资质单位测绘地理信息成果使用和保管情况良好，未出现重大隐患和安全问题；全市抽取83项测绘地理信息成果，其中1家单位测绘地理信息成果质量不合格，给予降低测绘资质等级处分，11家测绘单位整改后合格。

【资质管理】

青岛市国土资源和房屋管理局组织完成测绘资质复审换证工作，全市参加复审换证资质单位96家，其中通过复审换证93家、注销测绘资质3家。青岛市行政审批服务大厅全年依法受理、审核新申请测绘资质单位8家，测绘资质升级6家，业务范围变更14家。

截至年底，全市共有测绘资质单位95家，其中甲级3家、乙级16家、丙级32家、丁级44家。

【法制宣传】

“8·29”测绘法宣传日期间，青岛市国土资源和房屋管理局通过现场摆放专题展板、3D地图、测绘仪器等方式，开展宣传活动。建立2处测绘地理信息宣传基地，一处位于国家水准零点景区，另一处设立在青岛市规划展览馆，向全社会宣传和普及测绘地理信息工作。

【国家版图知识宣传教育】

青岛市国土资源和房屋管理局组织全市测绘单位、中小学及社会人员参加国家测绘地理信息局主办的国家版图知识竞赛网上答题活动，在山东省国土资源厅等13个部门联合举办的国家版图知识竞赛中，获团体总分第二名。首次与青岛市教育局联合举办“青岛智图杯·爱我山河”少儿手绘地图大赛，全市中小学生及幼儿园上报作品216幅，其中52幅作品分获一、二、三等奖和优秀奖。

## 基础测绘

【基础测绘计划】

青岛市国土资源和房屋管理局会同市发展和改革委员会编制《青岛市2015年基础测绘计划》。主要任务是开展数字莱西、数字即墨、数字黄岛3个县级地理信息公共平台建设，以及全市域1:5000地形图快速更新工作、各区相关地形图测绘更新及红岛经济区三、四等水准测量。

【海洋测绘】

1月，青岛市“全市沿海1:5000水下地形图测量”项目通过验收，项目完整获取了730千米海岸线至离岸2千米范围（共1708平方千米）内39个海岛、189平方千米浅滩、38处明礁、67处干出礁及20处暗礁等基本地理要素情况，实现了青岛市沿海海洋基础测绘资料的全覆盖和陆海资料的完整统一。该项目已为青岛市海洋规划、海岛利用规划、红岛经济区海洋发展规划及游轮建设等项目提供大量数据，实现了青岛大比例尺海洋测绘零的突破。

## 测绘地理信息成果管理

【成果管理】

青岛市国土资源和房屋管理局完成2014年测绘地理信息项目登记和成果汇交工作，汇交测绘地理信息成果目录228项，副本50项。制作完成新版测绘地理信息成果目录册。

【测量标志普查】

青岛市国土资源和房屋管理局组织开展青岛市测量标志普查工作，共普查全市区域内各等级GPS点、三角点、水准点及卫星定位点1000多座。

## 科技工作

青岛市国土资源和房屋管理局积极推荐测绘单位参加国家、省级优秀测绘地理信息成果评选活动。“全市沿海1:5000水下地形图测量”项目获2014年中国测绘地理信息学会测绘科技进步奖二等奖，“地理信息共享服务平台关键技术及应用”项目获三等奖。3个项目获2014年全国优秀测绘工程奖，2个项目获2014全国优秀地图作品裴秀奖，1个项目获2014年中国地理信息科技进步奖，4个项目获山东省国土资源科学技术奖。

# 大连市

## 概况

2014年，大连市规划局按计划全面推进地理国情普查、“天地图”建设、2000国家大地坐标系转换、测量标志普查和复审换证、成果汇交、法规宣传等各项工作。全年共受理各类文件、报件683件，其中，国家测绘地理信息局19件、辽宁省测绘地理信息局14件、大连市局（级）46件、行业管理类604件，全部按时办结，办结率100%。对外发文145件。完成2013年测绘统计年报、2014年测绘统计季报上报等工作。

## 重点工作推进

**【智慧城市建设】**

大连市规划局组织对数字大连地理空间框架建设项目进行软、硬件更新维护和推广应用，开展智慧城市建设调研、讨论等工作。

**【“天地图”建设】**

大连市将“天地图”建设纳入市级财政预算，组织开展软、硬件升级改造工作，整合各类信息资料，实现与辽宁省级节点和“天地图”国家主节点对接，在市政府各委、办、局推广“天地图·大连”，拓展应用领域。

**【地理国情普查】**

大连市规划局开展大连市辖6区的地理国情普查工作，包括金普新区以南约3356.5平方千米区域的普查任务。

**【坐标系转换】**

大连市规划局继续推进现有成果向大连市独立坐标系统转换工作，完成大连市中心城区500平方千米1:500 DLG地形图及数据库、金州以南1329平方千米1:2000 DLG地形图及数据库等测绘地理信息成果转换工作。

## 法制建设与市场监管

**【法规建设及培训】**

大连市规划局组织全市97家测绘资质单位100多人参加全省测绘资质管理培训，组织全市92家测绘资质单位222人参加辽宁省测绘地理信息局组织的涉密测绘地理信息成果管理人员岗位培训，组织全市42家测绘单位46人参加辽宁省测绘地理信息成果网络化分发服务系统应用技术培训。结合“工作落实年”活动要求，进一步清理规范性文件，将测绘资质初审、测绘地理信息成果提供使用管理等非测绘行政许可类事项纳入全局法规汇编和规章制度中。

**【资质管理】**

大连市规划局组织开展90家单位测绘资质注册初审、转报工作，其中乙级26家、丙级48家、丁级16家。完成5家（乙级1家、丙级4家）单位测绘资质申请、1家单位升级、5家单位增加业务范围、5家单位变更信息等纸质材料的受理、审核，出具初审意见。

开展测绘资质复审换证工作，组织对全市乙级及以下单位进行资料核实，协助辽宁省测绘地理信息局做好甲级单位网上初审。至10月底，初审、上报工作全部完成。

**【测绘监管】**

大连市规划局针对个别单位专业技术人员空挂、仪器设备超期使用等问题，制定下发《关于开展测绘资质相关事项检查工作的通知》，在全市开展测绘资质相关事项自查和检查，收到良好效果。

**【法制宣传】**

大连市规划局组织开展2014年测绘法宣传日活动，在大连电视台滚动播报测绘法宣传口号，向各区（市、县）测绘地理信息行政主管部门、各测绘单位免费发放测绘法宣传画400多幅。“测绘法宣传周”活动中，全市设置宣传点、咨询站26个，宣传拱门24个，张贴宣传画400张，悬挂大型主题宣传条幅140多幅，发放宣传单及资料3000多份，为群众提供咨询240多人次，收到良好宣传效果。

## 基础测绘

**【普湾以北0.2米分辨率数字正射影像图制作】**

大连市规划局启动并完成普湾新区以北0.2米分辨率数字正射影像图工作，面积约7350平方千米，覆盖瓦房店市、普兰店市、庄河市等区域，为普湾以北区域的城市规划、工程建设提供测绘保障。

**【普湾以南道路网更新】**

大连市规划局实行基础地理信息分要素更新策略，先期完成普湾以南区域新建、改建、扩建约495千米道路网更新。

**【测量标志管理】**

大连市规划局在2013年测量标志普查工作基础上，继续开展并完成剩余测量标志普查维护工作，包括37个B级框架网点和9个连续运行基准站。

**【大连市连续运行基准站综合服务系统二期建设】**

大连市规划局启动大连市连续运行基准站综合服务系统二期建设，增加普兰店皮口、瓦房店永宁、庄河青堆和长海海洋岛4个站点，与北斗系统兼容，并集成于同一基准站系统，提高了DLCORS定位服务的精度和覆盖范围。

**【大连市地址数据库建设】**

大连市规划局制定《大连市地名地址数据采集建库标准》，建立标准的地址数据库，完成西岗区10平方千米地址数据采集及入库工作。

## 测绘地理信息成果管理与应用

**【测绘质量和档案保密管理考核】**

大连市规划局在全市测绘地理信息系统开展测绘质量管理、档案和保密管理考核。将考核结果上报辽宁省测绘地理信息局。

**【成果质量检查】**

大连市规划局配合辽宁省测绘地理信息局对全市43家测绘资质单位测绘资质和成果质量进行检查，检查率达50%。

**【涉密成果管理】**

大连市规划局开展测绘地理信息成果保密宣传教育，组织涉密测绘地理信息成果生产单位和使用单位全面自查，协助辽宁省测绘地理信息局对相关单位进行实地抽查，抽查率10%以上。全年受理涉密测绘地理信息成果申领使用4项，全部按时办结。

**【成果汇交】**

大连市规划局组织全市测绘地理信息单位开展成果汇交工作，至7月底，完成汇交并将汇交情况上报辽宁省测绘地理信息局。全市97家测绘单位共上报成果1746项。

## 科技奖励

大连市测绘院承担的“跨区域现代大地基准精化与应用”项目获2014年中国测绘地理信息学会测绘科技进步奖一等奖，“大连市1:500、1:2000数字线划图更新”项目获全国优秀城乡规划设计奖（城市勘测类）三等奖，“数字大连地理空间框架建设”项目获辽宁省测绘科技进步奖一等奖，“大连市普湾以南道路网更新”项目获省优秀工程勘察设计奖（城市规划）二等奖，“基于地面三维扫描技术的日照测量与分析”项目分获辽宁省测绘科技进步奖三等奖和省优秀工程勘察设计奖（城市规划）三等奖。大连宇龙规划土地勘测有限公司承担的“基于三维拟合、剖切式修正技术的异形建筑物竣工测量方法研究”获辽宁省科学技术进步奖二等奖。

## 党的建设

**【党的建设】**

大连市规划局制定印发《党委中心组学习计划》，全年集中学习12次。严格按照组织程序进行机关党委换届改选。利用“七一”评先评优、年终表彰、推选劳模等活动，推动创先争优活动深入开展。落实中央八项规定，加强“四风”整治，强化为民务实工作作风。建立领导深入基层单位蹲点指导机制、基层组织联络员工作机制，召开企业服务对象、群众代表、政风行风督查评议员座谈会。认真组织开展党的群众路线教育实践活动，推进基层服务型党组织建设。

**【党风廉政建设】**

大连市规划局党员干部签订《党风廉政建设承诺保证书》。开展岗位廉政教育，组织参观警示教育基地，观看教育片。利用局域网、宣传板等媒介及时宣传廉洁自律典型。加强信访举报和案件监督管理，完善办案工作组织、线索管理、协作配合等制度。

## 地方社团工作

大连市测绘学会召开会员代表大会，重新选举副理事长、秘书长。协助辽宁省测绘地理信息学会完成团体会员登记工作。组织召开新技术交流会，加大测绘地理信息新技术交流沟通。

# 宁波市

## 概况

2014年，宁波市共投入测绘类财政资金9040万元，其中，市本级投入4070万元，完成市本级项目16个、水准测量800千米、一级导线点397个，实现了256平方千米1:500、1:2000、政务电子地图、3维电子地图和2.5维电子地图的准实时联动更新；完成全市250万条地名地址数据库和1万平方千米0.5米分辨率遥感影像数据库建设；推进海洋基础测绘工作，完成908平方千米1:1万和1:2.5万水下地形测量，完成全市3000平方千米的滩涂激光雷达数据处理，实现了市域陆地、滩涂、海岸带的无缝衔接；完成665座重点测量标志的保护工作等。

## 重点工作推进

**【数字城市建设】**

宁波市测绘与地理信息局推动完成3个数字区（县）地理空间框架项目建设任务和4个数字区（县）地理空间框架项目设计评审，同步推进“天地图”县级节点建设，形成全市8个区（县）全面开展数字城市地理空间框架建设的新局面。开展时空信息云平台试点建设，完成“智慧宁波”时空信息云平台国家试点设计评审。会同市经济和信息化委员会共同开展“智慧空间”建设研究工作，将其提升为“智慧宁波”三大信息化基础设施之一，至年底，已完成“智慧空间”规划纲要、总体设计、一期项目建议书编制，落实前期经费600万元。

**【地理国情普查】**

宁波市统一组织实施各区（园区）普查工作，组建普查领导小组办公室，同步推进县（市）普查机构建设。建立全市统一领导、部门分工协作、地方分级负责、各方共同参与的普查工作机制。确定市情普查内容，编制普查经费预算和年度计划，制定5个技术规程和4个管理规定，统一组织全市域机载雷达航摄公开招标及实施，组织开展了8项480多人次参加的专业培训。下达19个指令性项目，完成建成区普查、避难场所普查等项目；启动市情平台建设工作，构建集指标管理、指标监测、指标发布于一体，市（县）统一成网的地理国情普查与监测平台。结合普查业务同步开展普查宣传工作，制作宁波市地理国情普查网站专题，发布各类信息43条；开通普查微博，发布动态信息63条，印发宣传简报5期等。

## 法制建设与市场监管

**【行业监管】**

宁波市测绘与地理信息局组织完成47家单位年度注册工作，61家单位信用等级评定工作，22家单位的测绘地理信息成果质量检查和7家单位的监督检验工作，全市77家单位项目备案专项检查和18家单位现场抽查。组织开展新修订的测绘资质管理规定培训工作，开展全市丙、丁级测绘单位资质复审换证工作。完成全市测绘地理信息成果保密检查工作，发出自查通知75份，联合市保密局实地抽查31家。

**【行政审批】**

宁波市测绘与地理信息局会同相关部门制定了建设项目审批前置联合测量试点工作前期工作方案，推进行政审批制度改革，培育测绘中介服务市场。完成6项行政许可和非行政许可事项，4项其他行政权利事项的梳理；梳理测绘类权力清单107项，整合为41项。做好日常行政审批管理工作，办理测绘地理信息成果提供779件，测绘资质审批5件，建设工程规划验线230件，建设工程竣工测量审核83件，测绘项目备案713件，地图审核16幅。

**【法制宣传】**

宁波市测绘与地理信息局以测绘法宣传日为主线，开展宣传活动，发放宣传资料2万份，接待群众1万多人次，发送短信8万多条。联合市教育局在全市测绘系统和中小学开展“美丽中国”国家版图知识竞赛，共有9000多人参加。举办市少儿手绘地图大赛，收到作品500多幅，选送219幅参与省级和全国比赛。联合市委宣传部等5家单位举办市“美丽中国”国家版图知识竞赛团体赛，组队参加省级团体赛并获第二名。

## 基础测绘

2014年，宁波市基础测绘投入5379多万元，市本级投入2520万元（其中海洋测绘412万元），完成基础地理信息数据更新维护、共享平台数据生产及运维服务、政务地图服务、应急测绘保障服务等，编制《宁波市基础测绘十三五规划前期研究》和《宁波市测绘地理信息行业发展研究》。

宁波市测绘与地理信息局编制《全市基础测绘计划管理规定》，下发《关于要求统筹做好2015年基础计划工作的通知》。编制《宁波市基础地理信息数据库管理规定》和《宁波市基础地理信息分类更新规定》，逐步形成市区统一建库、集中存储，全市标准一致、互联互通的地理信息数据管理格局。

## 地图管理与地图服务

**【地图市场监管】**

宁波市测绘与地理信息局与市文化广电新闻出版局联合开展地图市场检查，实地检查车站、机场、书店、酒店、商场、图书批发市场等25个公共场所，共收缴盗版地图1套，发出整改意见3份。组织开展互联网地图专项检查，对市6区50多家市政单位和200多家大型企事业单位及天一论坛、东方热线等10多个论坛网站地图进行大规模排查，与存在问题的11家单位沟通并指导其整改。

**【地图产品】**

宁波市测绘与地理信息局在全国第二次地名普查成果的基础上，组织编制出版《宁波市行政区划图集》。编制《轨道交通1号线一期工程车站周边资讯图》。全年共编制出版交通、生活、购物、房产和商贸等地图产品16件。编制系列领导工作用图，为政府决策提供地图服务。

## 测绘地理信息成果管理与应用

**【成果提供】**

2014年，宁波市测绘与地理信息局累计向政府部门、公益性项目免费提供基础地形图45次；向建设单位提供地形图及管线图8895幅、控制点209个；接待群众查询历史地形图70次，提供各类比例尺历史地形图220幅；为规划管理提供管线及基本地形图101278幅。

**【地理信息共享服务平台应用】**

宁波市测绘与地理信息局加大地理信息共享服务平台应用的深度和广度，全年新增7个部门的10个应用系统，横向上已支持29个部门41个应用系统建设，纵向上政务版共享平台已在4个区（县）部署。与市公安局合作共建全市地名地址数据库并实现动态更新，探索“智慧交通”应用的合作共建模式，从单纯的数据共享和交换，初步转向业务协同和科技合作。

**【NBCORS保障服务】**

宁波市连续运行卫星定位服务系统（NBCORS）2014年新增用户11家，新增注册仪器33台，共为79家单位的264台仪器提供定位服务。年内累计在线时长449万分钟，累计提供在线坐标转换500多万个。宁波市测绘与地理信息局开展NBCORS升级、北斗设备改造方案研究，完成NBCORS系统日常维护工作。

**【应急保障】**

宁波市测绘与地理信息局组织修订《宁波市测绘应急保障预案》，参加省应急测绘保障联合演练。

**【重大工程测绘保障】**

宁波市测绘与地理信息局开展轨道监测站点、区间基坑、周边道路、房屋、管线等变形监测，轨道沿线管线详查及1号线竣工测量，为轨道施工、保护、运营提供测绘保障。开展宁波市东部新城中央广场工程基坑施工变形监测，为甬台温天然气输气管道施工、南北外环快速路、宁波栎社国际机场等系列重大工程提供测绘保障服务。

**【社会服务】**

宁波市测绘与地理信息局服务市“五水共治”重点工作，协助完成全市400多条垃圾河和黑臭河地理空间定位工作。联合相关部门开展全市公共区域内危化管线和市区城镇燃气管线排查工作，完成107条1176千米危化管线排查工作，为全市油气管线精细化管理奠定数据基础；开发综合管线发布系统，实现管线的全方位、立体化管理。测制中心城整治区20多个街道的地形图和街景立面图等，服务宁波中心城区背街小巷整治。开展危房监测工作，对江东部分社区使用20年以上的居民住宅进行房屋变形监测，定期对建筑物外观变化情况进行巡视。开展甬江航道疏浚维护测量工程，全长约21千米，每月至少测量一次。开展宁波港各港区多个码头水深测量和障碍物扫测，确保航行安全。

## 科技工作

**【现代数据采集体系建设】**

宁波市测绘与地理信息局推进车载激光扫描与全景成像城市测量系统深化应用，实现了地理要素的非接触测量和高效率测量。采购和研发2套不同分辨率全景影像采集系统，装备新型多旋翼无人机及摄影系统，引进1套陀螺仪系统。

**【科技奖励】**

宁波市测绘与地理信息局推荐测绘项目参加国家、省级和市级优秀测绘地理信息成果评选活动，推荐的项目获全国优秀测绘工程奖白金奖1项、金奖1项、铜奖1项，全国优秀地图作品裴秀奖金奖1项，中国地理信息产业优秀工程奖金奖1项、银奖2项、铜奖2项，中国地理信息科技进步奖三等奖2项，中国测绘地理信息学会测绘科技进步奖三等奖1项，浙江省测绘与地理信息工程奖一等奖1项、二等奖5项、三等奖8项。组织评选宁波市优秀测绘工程奖13项。1人被评为浙江省测绘与地理信息科技带头人，2人被评为浙江省测绘与地理信息青年科技骨干。

## 党的建设

**【制度建设】**

宁波市测绘与地理信息局做好第一批党的群众路线教育实践活动整改落实工作，指导局系统第二批党的群众路线教育实践活动。制定并印发了关于加强内部审计工作的实施意见等规章制度，修订《局党委决策重大事项议事规则》等。严格执行因公出国、出差、会议、接待、培训、公务用车等管理规定，财政资金使用效益不断提高。

**【党风廉政建设】**

宁波市测绘与地理信息局印发2014年党风廉政建设和反腐败工作要点。组织召开2014年度局系统党风廉政建设工作会议，开展党风廉政建设主体责任情况报告工作。根据市纪委“突出重点强监督，探索创新求实效”专项工作部署，制订局2014年作风效能建设专项监督计划并组织实施。

## 地方社团工作

宁波市测绘与地理信息学会制定专家库、监事会等规章制度，建立健全学会规章制度。组建测绘专家库，推荐23名专家进入全市政府采购专家库。出版年度论文集，举办定向越野比赛、测绘技能竞赛，承办测绘行业培训，召开行业发展座谈会。承接政府职能转移，完成宁波市注册测绘师考试报名现场资格审查，参与宁波市测绘地理信息市场信用信息评价初审，协助开展宁波市测绘单位测绘资质复审换证工作等。被省测绘与地理信息学会、市科学技术协会评为先进学会，被市民政局评定为4A级社会组织。

# 深圳市

## 概况

2014年，深圳市结合当地特色，推进全市地理国情普查工作；拓展数字深圳空间基础信息平台推广应用，截至年底，共有用户62家；开展“天地图·深圳”节点数据建设和系统搭建工作。继续开展地形图及地下管线动态修补测、测量标志普查、地图编制等工作，进一步丰富基础地理数据资源。提升测绘公共服务和测绘地理信息应急保障能力，全年共提供服务241批次。加强测绘质量监督检查，配合省国土资源厅对全市4家甲级和10家丙、丁级单位进行检查。严格资质管理，推动测绘诚信体系建设，强化行业统一监管；加强测绘人才建设与培养，开展多次测绘业务培训；开展测绘地理信息科技创新，一批项目获得省部级科技奖励。

## 重点工作推进

**【数字城市建设】**

深圳市规划和国土资源委员会对数字深圳空间基础信息平台数据管理、运维安全和应用服务等体系进行全面升级完善，进一步提升平台的易用性和拓展性。与用户开展技术交流合作，添加了文体设施、公共物业等数据，制作了土地利用、人口等4类专题图，从深度和广度上提高平台应用水平。以政务公开为基础，推进公共服务体系建设，将民生地图扩展为4大类、13个应用专题。在2014年ESRI全球用户大会上，该平台获“GIS特别贡献奖”。

**【“天地图·深圳”建设】**

深圳市规划和国土资源委员会组织在数字深圳空间基础信息平台基础上，完成电子地图、影像地图、地理实体、地名地址等深圳节点数据建设，基本完成系统搭建工作。基于整合数据，生产满足市级节点对接要求的1:500、1:1000和1:2000在线服务电子地图数据，已提交审图和验收申请。

**【地理国情普查】**

2月~3月，深圳市开展地理国情普查试点工作。4月，组建市普查领导小组办公室，设在深圳市规划和国土资源委员会。5月，市普查领导小组审议《深圳市第一次全国地理国情普查领导小组成员单位职责分工》和《深圳市第一次全国地理国情普查实施方案》，落实了普查经费。6月~7月，完成涉及16个部门的行业专题资料收集和评估分析工作，征集了各部门应用需求。7月~8月，配合省普查质检组开展深圳市过程质量监督抽查；分4期组织319人参加省地理国情普查技术培训，分2期组织101人参加质检培训。7月，启动数据生产工作，由市地籍测绘大队及市规划国土房产信息中心2家单位承担，至年底，已基本完成。

在完成国家任务的基础上，注重彰显地区特色。扩展了实有人口分布、空间基础网格、生态控制线3项普查指标，并对部分要素属性进行补充调查；将全市51个海岛纳入调查内容；建立常态化的资料收集与需求征集工作机制，提高成果服务水平。

## 法制建设与市场监管

**【测绘立法】**

深圳市规划和国土资源委员会初步完成《深圳市连续运行卫星定位服务系统管理规定》《房屋建筑面积测绘技术规范》起草修订工作。

**【资质管理】**

深圳市规划和国土资源委员会组织完成全市测绘单位复审换证工作。完成24家资质单位的资质报告公示工作。至年底，全市共有测绘资质单位52家，其中甲级16家、乙级26家、丙级8家、丁级2家。

**【市场监管】**

深圳市规划和国土资源委员会继续推进常态化的互联网地理信息安全检查，对全市25家地理信息服务网站（其中动态地图服务网站7家，市、区两级政府网站11家，本地主要新闻网站7家）开展动态监控，发现存在违规行为的网站2家，已通知责令整改。

**【信用体系建设】**

深圳市规划和国土资源委员会根据新修订的《测绘资质管理规定》和《测绘资质分级标准》，修订了《深圳市测绘地理信息市场信用评价标准（试行）》。进一步优化深圳市测绘信用管理系统平台。组织开展了年度评价与考核工作，包括信用信息征集、录入和发布等内容。

**【法制宣传】**

8月29日，深圳市规划和国土资源委员会组织开展测绘法宣传活动。发放各类宣传资料和宣传品近2万份，邀请专家和技术人员现场为市民解答有关房产测绘、导航、空间地理信息平台及测绘法等热点问题，演示全站仪和GPS接收机等测绘仪器，提高市民对测绘地理信息法律法规及测绘地理信息工作重要性的认识。

## 基础测绘

**【深圳市现代测绘基准体系建设】**

深圳市规划和国土资源委员会推动市二等精密水准网和二等GPS控制网建设工作，建立了以SZCORS为基准的深圳市2000国家大地坐标基本控制网，完善深圳市现代测绘基准体系中的平面基准和高程基准。

【SZCORS 系统维护】

深圳市规划和国土资源委员会继续做好SZCORS系统日常维护和推广应用工作，新增用户20个，总用户数达230个。对SZCORS用户进行全面清理。推动市气象局CORS与SZCORS的数据共享研究工作，实现不同平台资源的共享服务。

【坐标转换】

深圳市规划和国土资源委员会完成市2014年航空影像的深圳独立坐标系与2000国家大地坐标系的转换工作，为市地理国情普查提供数据源。

【质量监督】

深圳市规划和国土资源委员会成立测绘质量监督检查工作领导小组，开展日常测绘产品质量监督检查工作。对8家承担深圳市数字化地形图和地下管线动态修补测工作的测绘单位基础测绘地理信息成果质量进行监督检查，被检测绘单位成果质量基本合格。8月～10月，协助广东省国土资源厅对深圳市甲、乙级测绘资质单位进行测绘产品质量监督检查，并对全市10家丙、丁级测绘资质单位办公地点进行现场检查。经检查，基本符合要求。

## 地图管理

【地图编制】

深圳市规划和国土资源委员会组织编制完成《深圳香港交通旅游图》，启动《深圳市影像挂图》《深圳市政务工作系列地图》等地图编制工作。

【地图市场监管】

6月～11月，深圳市规划和国土资源委员会对全市主要地图市场进行日常巡查，对全市范围内的主要书城、图书批发市场、文化用品市场，以及火车站、地铁站等重要交通枢纽及其附近的报刊亭、便利店等地图销售点进行检查。12月，与市文体旅游局联合开展“问题地图”专项检查行动，依法查处1家非法编制地图单位，没收“问题地图”产品1000多份。

## 测绘地理信息成果管理与应用

【档案管理】

2014年，深圳市规划国土房产信息中心全年接收测绘地理信息成果文本档案989册、图纸1848幅、光盘数据50张。全年提供查询服务33人次，提供图纸581幅（张）。其中，1:1000地形图纸287幅、1:2000地形图纸71幅、航片223张。

【成果提供】

截至年底，深圳市规划和国土资源委员会为全市各部门和企业提供测绘地理信息成果应用服务241批次，主要用于测绘地理信息、城乡规划建设、通讯等领域，包括1:1000地形图68696幅、1:2000地形图1200幅、1:1万影像数据1598幅和1.4万千米的地下管线数据。

【成果入库】

深圳市规划和国土资源委员会完成1:1000地形图数据检查入库8批24次，涉及图幅1365幅；完成地下管线数据检查入库8批24次，总长2.98万千米。

【应急保障】

深圳市规划和国土资源委员会编制完成《深圳市测绘地理信息应急保障预案》，制定配套工作机制，开展多次应急演练。

## 科技创新与人才培养

【科技奖励】

9月，深圳市规划和国土资源委员会完成的“数字深圳空间基础信息平台”项目获2014年度ESRI全球“GIS特别贡献奖”。全市测绘地理信息行业全年共获2014年全国优秀测绘工程奖金奖1项、银奖6项、铜奖9项；中国测绘地理信息学会测绘科技进步奖二等奖1项、三等奖2项；优秀地图作品裴秀奖银奖1项；中国地理信息产业优秀工程奖金奖2项、银奖2项、铜奖1项；中国地理信息科技进步奖一等奖1项、二等奖1项、三等奖3项。深圳市勘察研究院有限公司和深圳市凯立德科技股份有限公司分获“中国地理信息产业百强企业”称号。

【培训工作】

2月，深圳市规划和国土资源委员会邀请香港理工大学博士史文中作《地理空间数据质量与可靠性评估技术》报告，140多人参加；6月，组织开展为期4天的注册测绘师资格考试考前培训，全市80多人参加。

## 党的建设与文化建设

【党建工作】

深圳市规划和国土资源委员会推进学习型党组

织建设，制定全员培训计划，建立常规培训机制。明确29项改革任务，在5个重点改革领域取得重大进展。签订廉政责任书，确保“一岗双责”落实到位。加强基层党组织建设，严格发展党员程序，做好党组织整改工作。

**【宣传工作】**

深圳市规划和国土资源委员会对门户网站测绘频道进行优化调整，新增测绘专题专栏3个、查询（管理）系统2个，开展在线访谈1次、民意征集2次，全年发布测绘地理信息类新闻221条。

## 地方社团工作

5月，深圳市测绘学会组织参加地理空间数据库与位置服务国际学术会议并作报告。7月，组织45人参加“中国四维杯”第十届全国测绘地理信息职工定向越野赛，获17个奖项。10月，组织参加粤港澳测量师学术交流联谊活动。11月，召开四届七次常务理事会和四届三次理事会，通报2014年深圳市测绘地理信息企事业单位获奖情况，通过了副理事长和常务理事变更人选和3家单位的入会申请。

# 厦门市

## 概况

2014年，厦门市测绘地理信息财政投入经费共1085.4万元，较2013年增加147.4万元。厦门市数字城市地理空间框架建设取得阶段性成果，政务版地理信息公共平台通过验收，公众版地理信息公共平台“天地图·厦门”上线试运行。全国地理国情普查试点工作取得阶段性成果，利用高分辨率航摄技术协助政府“两违”整治工作成效显著。基础测绘计划与项目全面完成，完成厦门岛、海沧、同安、翔安区域1:500、1:1000高精度数字测图更新共51.44平方千米，完成全市1:2000数码航空摄影测量，购买、处理1期全市0.5米分辨率卫星遥感影像数据，编制2014年版1:5.5万、1:14万《厦门市地图》和1:8万《厦门岛地图》。行业发展稳步提升，至年底，测绘地理信息行业人员共1559人，其中测绘及相关专业技术人员995人；装备更加先进，低空无人驾驶摄影飞机、雷达系统填补了厦门测绘装备的空白。全年测绘服务总值82575.6万元，同比增长19.9%；人均服务总值52.97万元，同比增长20.7%。工程测量、地籍调查、房产测绘、信息化建设、地图提供等对市重点工程建设、不动产登记的保障作用进一步显现，全年向社会提供地理信息数据成果17880幅。

## 重点工作推进

**【数字城市建设】**

厦门市数字城市地理空间框架建设取得阶段性成果，基础地理信息数据库已建成并广泛应用，开展基础地理信息和公共地理框架数据年度更新；政务版地理信息公共平台通过验收，已在厦门火炬高新区等17个部门、单位应用；“天地图·厦门”已上线试运行，运行环境和保障机制初步建成。协调落实专项经费330万元用于移动版“天地图·厦门”建设及国土房产执法监察系统典型示范应用。

**【地理国情普查】**

厦门市作为地理国情普查第二批试点城市，已完成试点任务，取得相应成果。3月，厦门市国土资源与房产管理局协调林业、水利和公路等部门提供现有成果，验证分析试点普查成果的科学性、准确性和实用性。11月，配合福建省测绘地理信息局组织召开地理国情普查试点工作成果见面暨征询意见会，邀请厦门市统计、发改、农林、水利、交通、海洋、城管等部门参加，促进试点地理国情普查成果与相关部门的需求对接，进一步完善厦门市地理国情普查成果。

**【“两违”整治工作】**

厦门市国土资源与房产管理局和城市管理行政执法局联合利用年度最新高分辨率航摄影像比对核实“两违”（非法占地、违法建设）疑似图斑，及时查处违规情况；继续协调福建省测绘院等单位，保障航飞及内业比对进度，部署外业实地核查工作，完成厦门市6个区38个镇（街道）约1835平方千米的图斑比对，成果及时汇总提交市行政执法部门，完成年度“两违”整治测绘保障工作。

## 法制建设与市场监管

**【资质管理】**

厦门市国土资源与房产管理局集中开展辖区内测绘资质单位复审换证、资质升级和资质申请的初审工作，全市共36家测绘资质单位申请复审换证（其中3家单位申请资质升级），6家单位新申请测绘资质，2家单位未按时申请复审换证，1家单位主动放弃测绘资质。截至年底，厦门市测绘资质单位共41家，其中甲级9家、乙级8家、丙级14家、丁级10家。

**【法制宣传】**

8月29日，厦门市国土资源与房产管理局开展测绘法宣传日专题宣传活动，征集7家测绘地理信息成果保障专题案例，在《厦门晚报》专版刊发《测绘地理信息与信息城市建设集锦》；委托《厦门晚报》发行站向厦门市广大市民赠发2000张厦门岛无障碍地图；向厦门市广大干部、职工、群众发送主题宣传短信；更新政务网站“测绘日”宣传专栏，刊登2014年测绘法宣传主题、口号及相关文章、照片；厦门市各国土资源分局、所及厦门市测绘资质单位悬挂宣传横幅、张贴主题宣传画200多张。9月10日，福建省《海峡资源报》头版头条刊登《美丽厦门“三规合一”、“一张图”上求“共识”》，介绍测绘地理信息工作服务市委市政府“三规合一”重点工作情况。

## 基础测绘

**【大比例尺测图】**

厦门市国土资源与房产管理局完成厦门市局部1:500数字测图更新及基础地理信息数据更新入库等任务，施测区域涵盖厦门岛、海沧、同安、翔安共51.44平方千米，完成1032幅1:500和258幅1:1000的4类数据格式、10种数据成果的生产任务，实现基础测绘资料年度滚动更新。

厦门市测绘与地理信息中心利用小面积测图、竣工测量、地籍测绘及房产测绘等日常测绘业务产生的成果，及时更新入库相关地理信息要素。2014年，更新入库609幅竣工验收测量获取的大比例尺地形图、111个项目612幢竣工测量获取的建筑三维模型及楼块数据。

**【高分辨率遥感影像】**

厦门市国土资源与房产管理局组织1次全市1800平方千米1:2000和1:5000正射影像航空摄影测量，在服务“两违”整治的同时获得基础测绘影像数据。购买1期全市2200平方千米的0.5米分辨率卫星遥感影像数据并进行影像处理，获得各种坐标系下的1:5000正射影像图。

## 地图管理与地图服务

**【地图市场监管】**

厦门市国土资源与房产管理局配合国家测绘地理信息局地图技术审查中心和福建省测绘地理信息局调研厦门市地图管理、地图审查、互联网地图监管等情况，2次深入轮渡码头、中山路新华书店等地图、图书集中销售场所进行实地调研，对个别售卖盗版旅游地图的商户进行规劝教育，督促涉嫌违规使用中国版图的广告业主及时拆除违规广告。协调专项经费购买《厦门商贸旅游图》，印制示意性中国地图4种常见标准画法和地图编制的法律法规，发放15万份。

5月14日，对某饮料公司涉嫌不当测绘行为进行调查并提出处理意见，督促其完成整改。9月8日，厦门市国土资源与房产管理局在第18届中国国际投资贸易洽谈会《参展指南》中编入4种常用中国版图示意图彩页，利用国际性展会宣传国家版图意识。13人次参与18届中国国际投资贸易洽谈会地图监管执法，督促13个涉嫌违规用图的展位整改到位。

**【公益地图服务】**

厦门市国土资源与房产管理局组织修改完善各类最新遥感影像挂图，编制2014年版1:5.5万、1:14万《厦门市地图》和1:8万《厦门岛地图》，采购《福建省地图》和其他设区市布质地图，为厦门市委市政府及各级党政机关提供各类地图2700多份。

**【涉密成果服务】**

2014年，经厦门市国土资源与房产管理局审批向机关和企事业单位提供各种大比例尺纸质涉密地形图1058幅，数字线划图8238幅，数字正射影像7369幅、数字高程模型687幅，应用于城市设计、规划、信息系统、通讯等行业。

【地图数据服务】

厦门市测绘与基础地理信息中心为社会各领域提供数字地理信息数据15323幅，地形图、卫星影像图等2557幅。创新影像资料提供模式，在遵守国家安全保密规定的前提下，由原来的提供整张1:5000遥感影像图改为提供局部小幅（A4～A3）范围的影像资料，实现了遥感影像资料提供即来即办，缩短了图件提供时间。

## 测绘地理信息服务与应用

【征地拆迁测算服务】

厦门市测绘与基础地理信息中心完成两岸金融核心区、厦门火车站、五缘湾南片区旧村改造等14个项目的建筑占地和建筑体量测算，涉及建筑占地总面积36.6万平方米，建筑总面积100.4万平方米。

【工程测绘服务】

厦门市测绘与基础地理信息中心为厦门市市级以上重点建设项目与新开工重点工程提供工程测量保障，共完成厦门火车站等市重点建设工程（项目）测绘保障工作72件（次）。组织完成会展北片区C地块周边配套道路市政工程等市政工程竣工规划条件核实测量工作。全年累计完成竣工规划验收测量372个工程项目，建筑物1403栋、建筑面积1325.57万平方米；完成拨地测量411件、建筑物单体定位533件、±0验线644件、地籍坐标测量37件、其他测量96件，测绘产品质量优良品率98.6%，客户满意度100%。

【地籍权属调查】

厦门市国土资源与房产管理局制定印发《关于城镇私房登记涉及房地产测绘的处理意见》《危房土地房屋调查测绘操作规范》《关于后台修正地籍宗地属性数据的管理规定》等规范性文件。厦门市测绘与基础地理信息中心提出解决无证城镇危房申请翻（改）建的新思路，规范了业务操作；整理地籍历史档案的宗地数据，完成增补1987年“双登”以来无条形码的旧宗地11972宗，涉及近80万本土地房屋登记信息，覆盖厦门市除同安、翔安区以外的城镇土地房屋；解决了厦门市出入境边防检查站等单位共29宗用地历史遗留问题；提升地籍房产测绘工作效能，城镇地籍调查成果使用有效期由1年调整为2年，全年共完成日常地籍调查业务893件。

【房产测绘服务】

厦门市测绘与基础地理信息中心全年累计完成房产测绘地理信息成果审核363件，土地房屋权证配图28721宗，增容建筑面积确认98件。按计划推进2014年“房产测绘历史数据分户图数字化及图户衔接处理”项目实施，全年共完成7972幢、3848个权属单元的数据梳理入库工作。升级房产测绘信息查询系统各功能模块，为全市房产测绘工作提供统一的信息查询、档案管理、数据共享平台。

【测量标志保护】

厦门市国土资源与房产管理局梳理优化永久性测量标志迁建申请的标准化流程，现场勘察、审批通过3件测量标志拆迁申请。2014年共投入40万元，对XMCORS参考站设备进行逐年更新维护，对XMCORS网坐标进行解算评估站点稳定性。委托各国土资源分局及国土所招募测量标志保管员150多人，开展定期巡查。至年底，共建成使用6座CORS基准站，70个B级GPS点、120个C级GPS点、101个二等水准点和120个三等水准点。

【共建共享】

厦门市国土资源与房产管理局与市公路局、市政园林局签订共享协议，建立起长期稳定的数据交换和更新机制，提供管理工作所需的基础地理信息，对方提供全市最新绿化（绿地）和森林资源数据信息、路网数据信息等资料，用于完善厦门地理空间基础信息数据库。

## 党的建设与精神文明建设

【党的群众路线教育实践活动】

厦门市国土资源与房产管理局深入开展党的群众路线教育实践活动，巩固教育实践活动成果；完成机关党委换届选举工作，修订《加强党的工作建设制度》，完成2013～2014年度局系统先进基层党组织、优秀共产党员、优秀党务工作者表彰，组织开展“党员到村居，服务进万家”和“书香国土房产”党员读书活动。全年新发展和转正党员12名。

【党风廉政建设】

厦门市国土资源与房产管理局研究制定《2014

年党风廉政和反腐败工作意见》《关于贯彻落实〈建立健全惩治和预防腐败体系2013～2017年工作规划〉的实施意见》《关于进一步纠治“四风”规范工作秩序的通知》等文件，组织对局领导班子、各处室负责人、属各行政事业单位负责人等共47人开展述责述廉工作，开展领导干部任前廉政法规知识测试，将其纳入选拔任用环节。印发《公务用车管理暂行规定》，建立公务用车节假日集中封存停放制度；组织开展办公用房清理和整改，加强公务接待管理，严格执行接待标准，落实婚丧喜庆报告制度；严控“三公经费”开支，2014年局机关“三公经费”支出同比下降27.6%。开展民主评议政风行风工作，梳理完成24个评议选题，解决群众反映的热点难点问题。

**【效能建设】**

厦门市国土资源与房产管理局在全系统开展“素质提升年”活动，推进流程优化再造，制定印发《机关办文办事时限规定》，组织近2000人次参加各类培训；组织厦门市行政服务中心各进驻单位对窗口审批服务事项进行梳理，实行“就地受理、就地审核”的运行模式；推行局领导窗口轮值带班制度，现场办公解决难题；压缩部分审批服务事项的环节，推行网上审批；完善局机关交流轮岗制度，扩大交流轮岗规模，促进干部交流轮岗制度常态化。

**【精神文明建设】**

厦门市国土资源与房产管理局完成福建省第十二届（2012—2014年度）文明单位评选推荐工作，被厦门市委精神文明办公室列入省级文明单位推荐对象名单。完成局系统10家市直机关文明单位复评验收工作，组织、动员局系统4家单位开展“市直机关文明单位”和“文明创建先进工作者”申报工作。参与创建“全国文明城市”活动，完成创建“全国文明城市”测评准备工作。开展“邻里守望情暖厦门”主题志愿服务活动，与同安区莲花镇小坪村共同推进“美丽厦门共同缔造”挂钩联系村居工作。

# 国家基础地理信息中心（国家测绘档案资料馆）

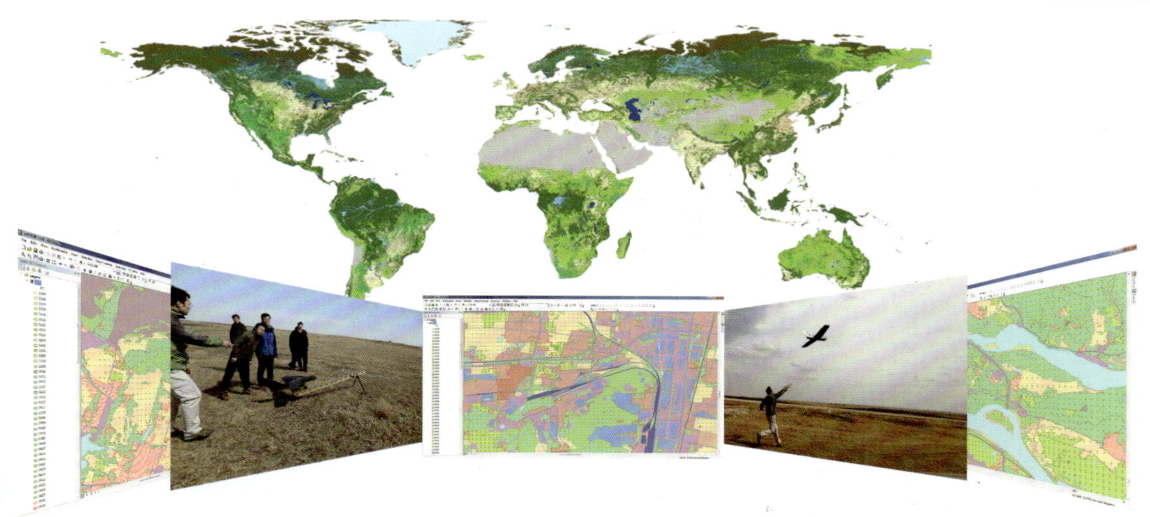

国家基础地理信息中心（国家测绘档案资料馆）是国家测绘地理信息局直属事业单位，致力于国家基础地理信息资源的建设、管理和应用服务，承担国家重大测绘工程的规划、设计和组织实施，负责全国测绘地理信息成果和档案资料的收集和管理。

近年来，该中心作为项目牵头单位，组织实施了一系列重大测绘工程项目。牵头开展的第一次全国地理国情普查，将建成全国地理国情超大规模本底数据库和地理国情统计分析平台，为地理国情监测奠定坚实的基础；成功研制 30 米分辨率全球地表覆盖数据，填补国际空白；国家基础地理信息数据库实现了“一年一版图”的动态更新目标；现代测绘基准工程将完成迄今为止全国最大规模的国家一等水准网建设以及全球卫星导航定位连续运行基准站网和卫星大地控制网建设；组织完成的珠峰高程测量、陆地国界测绘、明长城长度测量等项目取得圆满成功；建设了国家地理信息公共服务平台——“天地图”，为政府决策、经济建设、社会管理、日常生活提供一站式权威、标准、统一的地理信息在线服务。

该中心不断加强科学研究和科技创新，形成了一支专业结构合理、创新能力强的科技队伍，设立了博士后科研工作站和 2 个工程技术研究中心。开展和完成了国家“863”计划项目、国家科技支撑项目、国家自然科学基金项目等多项国家级科学研究项目，获国家科技进步奖二等奖 11 项、国家自然科学奖二等奖 2 项、国家测绘科技进步奖 60 多项。

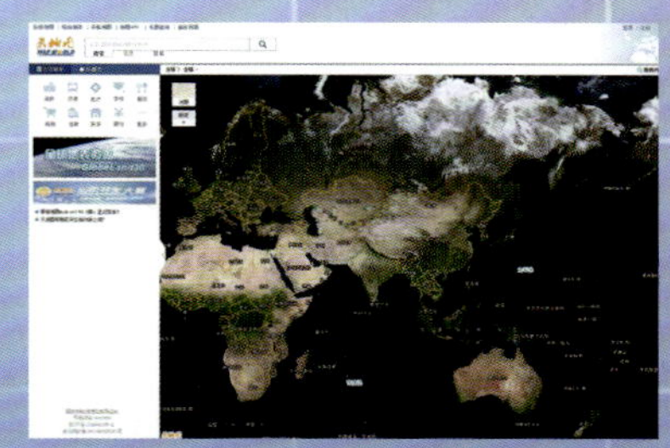

## 国家西部测图工程获国际大奖

5 月 8 日，在瑞士日内瓦举办的 2014 年度世界地理信息论坛（Geospatial World Forum 2014）上，由国家测绘地理信息局组织实施，中国测绘科学研究院联合国内多家单位共同完成的“中国西部 1:5 万地形图空白区测图工程”获世界地理空间信息杰出工程奖。

评奖委员会一致认为，“中国西部 1:5 万地形图空白区测图工程”通过一系列科技创新和技术攻关，在 5 年时间内解决了中国西部平均海拔 4500 米以上近 200 万平方千米区域 1:5 万测图这一世界难题，实现了中国陆地国土范围内 1:5 万地形图的全覆盖，建立了基础地理信息数据库和专题信息系统，基本建成了数字中国地理空间框架，具有重要的意义。

GEOSPATIAL WORLD EXCELLENCE AWARDS

Certificate

for

Application of Geospatial Technology in Mapping

to

**National Administration of Surveying Mapping and Geoinformation of China (NASG)**

**and**

**Chinese Academy of Surveying and Mapping (CASM)**

for **'Western China Mapping Project'** leading to 100% coverage at 1:50,000 through 5,032 topographic maps and land cover maps for an area over two million square kilometers in western China, and creating the fundamental geographic information database and thematic information database for central, local governments and industry units, achieving the completion of primary geospatial framework of Digital China

**8th May 2014**
Geneva, Switzerland

**Dr. Hrishikesh Samant**
Coordinating Judge
Geospatial World Awards 2014

**Sanjay Kumar**
CEO
Geospatial Media & Communications Pvt. Ltd.

# 中国测绘科学研究院

## 创新技术引领　服务普查监测

中国测绘科学研究院作为地理国情监测总体设计单位和地理国情普查统计分析的依托单位，以科技创新支撑地理国情普查工作。2014年，牵头完成《地理国情普查基本统计成果主要内容》等6项技术规定，为全国地理国情普查基本统计及普查成果报告编制等提供技术指导；编制《地理国情普查基本统计工作方案》，并上报国务院第一次全国地理国情普查领导小组办公室，用于指导国家和地方基本统计工作；形成《地理国情综合统计分析“1+5”方案》（1个总体技术方案、5个专题技术方案），围绕资源分布与利用、生态协调性、城镇发展、基本公共服务均等化、区域经济潜能等5个主题开展综合统计试点，为开展地理国情普查和监测工作提供技术指导；完成《地理国情普查基本统计成果对比分析报告》，为普查成果的发布和深化应用提供示范。

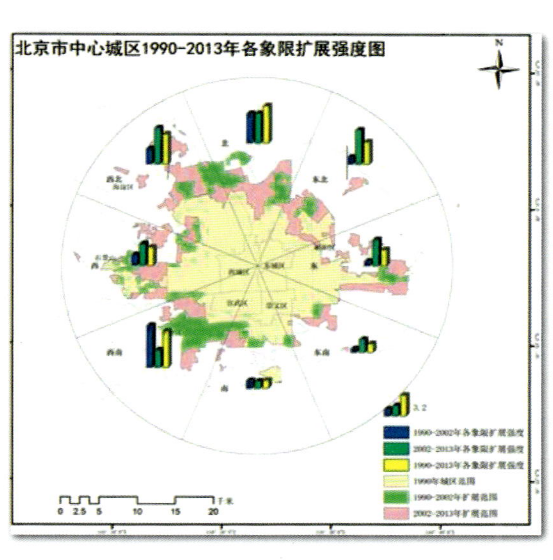


取得了京津冀地区大气颗粒物污染源空间分布监测、植被覆盖度变化监测、城市空间扩展监测、地表沉降监测，以及青海湖流域湖泊面积和草地变化监测、青海三江源国家生态综合试验区生态环境监测和板块运动与区域地壳稳定性监测7项监测成果。

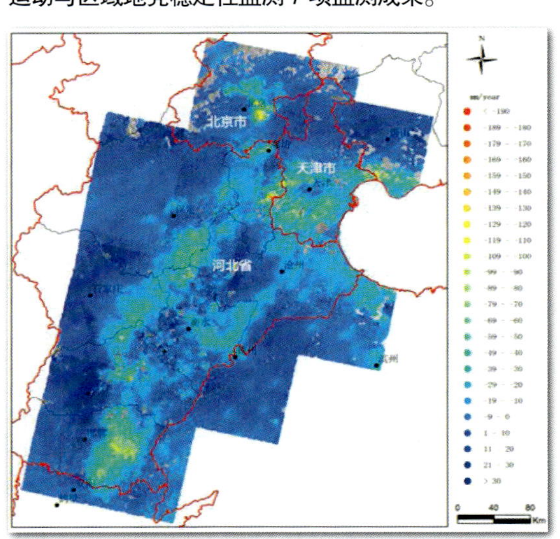


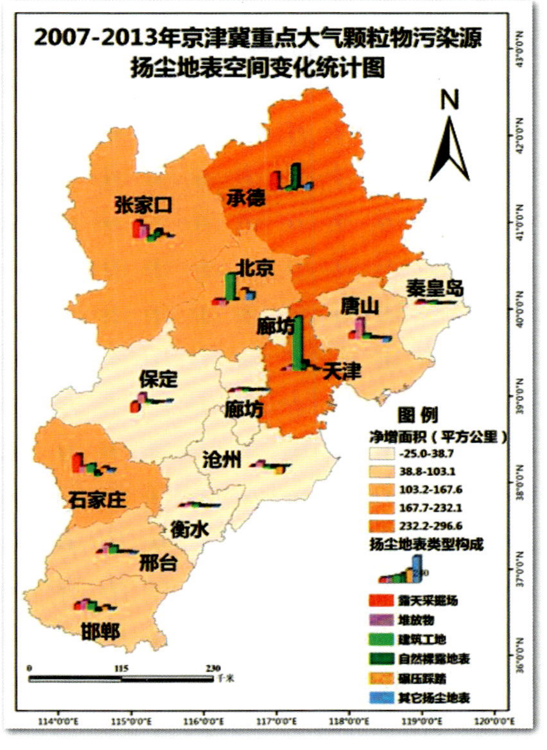

# 国家测绘地理信息局管理信息中心

2014年，国家测绘地理信息局管理信息中心（以下简称中心）在国家测绘地理信息局党组的正确领导下，以党的十八大精神为指导，深入开展教育实践活动整改工作，结合实际，贯彻落实国家局工作部署，各项工作取得显著成绩。

传达学习全国测绘地理信息局长座谈会精神

强化服务观念，做好网站建设工作。局门户网站全年开设专题专栏14个，网站共登载新闻稿件近5000篇。开通国家局官方政务微博和微信公众号，共发布微博近3000条、粉丝数接近20万，微信400多条、关注用户6000多人。配合“走出去”战略实施，完成局英文网站升级改版工作。连续第7年组织实施测绘地理信息系统网站测评项目，促进各单位做好优化升级工作。在2014年中国政府网站绩效评估结果中，国家局网站在46家国务院其他部门网站中排名第4位，较上年度上升3位，总体建设水平稳步提升。

强化需求观念，做好政务信息化建设工作。组织实施了局机关内网办公系统和资质管理系统的升级改造等5个电子政务应用系统建设。加强信息共享和业务协同的内网统一门户建设，提升了电子政务应用平台化能力，打破原有信息孤岛的分裂格局，为“政务应用2.0”的推广提供了基础保障。组织编制《政务信息资源目录》《政务信息共享与交换方案》。统筹多个政务应用系统，初步建成核心管理信息数据库，实现了系统间信息共享，关键数据经过管理部门审核认定，渠道唯一、来源权威。2014年，国家局机房总计算资源和存储资源均有明显增加，虚拟服务器已增至106台，与去年同比增长近1倍。通过集约化建设方式，服务器资源利用率从原先的不到30%提高到现在的85%以上，为国家局机房基础设施建设节约了资金。

开展副处级岗位竞聘上岗

强化安全观念，做好网络安全及保密工作。提升局网站的安全防护能力，据不完全统计，全年有效防范来自互联网上对局网站等应用系统的攻击达260多万次。委托专业测评机构对局网站开展了首次等级测评工作，依据三级防护标准对局网站进一步安全加固，顺利通过测评，成为国家局首个通过安全等保测评的重要应用系统。

强化创新观念，做好统计工作。顺利完成统计报表制度修订工作，通过国家统计局审批，将于2015年1月1日正式执行。编制完成《2013年测绘地理信息统计年报》印发各单位。首次编制完成《2014测绘地理信息统计手册》，改善了服务方式，丰富了统计产品。完成2014年上半年统计半年报工作、统计快报工作。编写2013年测绘地理信息事业的发展情况分析报告、《“十二五”期间测绘地理信息发展统计分析报告》。积极推动系统各单位开展统计分析工作，形成《2013年测绘地理信息统计分析报告汇编》。协助局机关有关部门研究制定《地理信息及相关产业分类》。

强化质量观念，做好编鉴修志工作。修订年鉴框架结构。按时完成2014卷年鉴组稿、编审、校对等工作，于8月出版。扩大年鉴发行量和彩页征集量，提升年鉴影响力。在新浪开通年鉴微博，共发布微博500多条，宣传了测绘地理信息工作和年鉴工作。作为史志工作委员会挂靠单位，组建了中国测绘地理信息学会第十一届理事会史志工作委员会。召开测绘史志工作委员会全体会议，有序推进史志工作委员会工作。

2014年国务院其他部门网站建设总体情况排名表

国家局网站在46家国务院其他部门网站中排名第4位

| 2014年排名 | 单位名称 | 总得分（100分） | 信息公开（30分） | 在线服务（20分） | 公众参与（15分） | 用户满意（20分） | 国际化（15分） |
|---|---|---|---|---|---|---|---|
| 1 | 林业局 | 77.7 | 21.8 | 20 | 9.5 | 18.2 | 8.2 |
| 2 | 海关总署 | 75.4 | 20 | 17 | 11.5 | 18.9 | 8 |
| 3 | 气象局 | 72.9 | 22.3 | 15 | 10.5 | 16.8 | 8.3 |
| 4 | 测绘地信局 | 70.5 | 21.6 | 15 | 9.5 | 15.4 | 9 |
| 5 | 税务总局 | 68.8 | 16.6 | 17 | 12 | 15.7 | 7.5 |
| 6 | 食品药品监管总局 | 68.6 | 21.6 | 16 | 10.5 | 13.5 | 7 |

强化务实观念，做好单位自身建设。深入开展教育实践活动整改工作，活动取得实效。认真学习贯彻党的十八届四中全会精神，进一步落实党风廉政责任制。开展中心标志设计征集活动，组织职工赴台儿庄战役纪念馆参观学习。组队参加全国测绘地理信息系统羽毛球比赛，获“道德风尚奖”。加强内部制度和信息化建设。共制定、修订中心工作规则、职工教育培训管理暂行办法等14项规章制度，确保中心各项工作有序运行。重视人才队伍建设，年内7人次参加业务培训，组织2人参加高级专业技术职务任职资格评审，通过竞聘上岗4人竞聘到新的岗位。做好财务预决算工作，被评为2014年度部门预算管理工作先进单位。

荣誉证书

国家测绘地理信息局管理信息中心：

你单位在2014年度部门预算管理考评中被评为先进单位，特此表彰。

二〇一四年六月

组织职工赴台儿庄战役纪念馆参观学习

# 国家测绘产品质量检验测试中心

国家测绘地理信息局领导看望质检中心干部职工

国家测绘产品质量检验测试中心（以下简称质检中心）是国家测绘地理信息局直属正厅级事业单位，2010 年 9 月 25 日正式挂牌成立。内设 7 个处（室），在编人员 59 人，硕士以上学位占 66%（其中博士 8 人）。

质检中心具有国家级资质认定检测资格，检测范围包括大地测量、工程测量、地籍测绘、行政区域界线测绘、海洋测绘、测绘航空摄影、摄影测量与遥感、地理信息系统工程、三维地理信息模型、导航电子地图、地图编制及互联网地图成果。其中互联网地图成果检验属国内首家获批。

在国家测绘地理信息局的统一部署下，质检中心组织开展了针对数字测绘成果的全国质量监督检查，承担了“927”一期工程成果质量检查验收、国家现代测绘基准体系基础设施建设一期工程成果质量检查验收、2000 国家大地坐标系转换成果监督检验和全国第一次地理国情普查质量管理与监督检验等重大任务，自行研发地理国情普查成果质量检验软件，形成系列软件系统原型，促进成果质量稳步提高。为更好地履行职责，拓展新产品检验测试工作，质检中心积极开展了涉及地理信息系统、航空摄影测量、房产测绘、地籍测量、管线测量、规划监督测量、沉降观测等多个专业方向的成果质量委托检验工作。

质检中心认真开展质量政策研究及标准制定，参与修订 JGJ 8-2007《建筑变形测量规范》、《测绘工作国家秘密范围的规定》，修订完成《测绘地理信息质量管理办法》，强化了测绘质量管理法律支撑；着力提升质检服务保障能力，成功申报并获批大型国家级科研项目“网络化测绘地理信息质检平台构建技术研究及应用示范”项目；有力助推测绘科技进步，2014 年分别获得中国地理信息科技进步奖二等奖 1 项、中国测绘地理信息学会测绘科技进步奖特等奖 1 项。

质检中心以服务“加强基础测绘，监测地理国情，强化公共服务，壮大地信产业，维护国家安全，建设测绘强国”的战略目标为宗旨，围绕政策研究、标准制定、技术引领和质量把关等核心任务，优化质检外部环境，创新质检技术手段，强化质检能力，履行“当质量的坚守着，做消费的保护者”的重要职责。

中心主任程鹏飞主持 FIG 会议

中心书记张文晖（右一）与外业人员一起工作

外业检查

开展“三严三实”专题教育党课活动

外业检查

# 北京市测绘设计研究院

Beijing Institute of Surveying and Mapping

与北京建筑大学共建产学研联合研究生培养基地

太极拳表演

地理国情普查工作证发放仪式

北京市地理国情普查领导小组第一次会议

院领导察看地理国情普查工作

北京市测绘设计研究院成立于 1955 年，具有甲级测绘资质、甲级工程勘察资质和乙级测绘航空摄影资质。拥有在职职工近 900 人，专业技术人员超过职工总数的 72.5%，其中正高级职称 11 人、副高级职称 87 人、中级职称 179 人。

北京市测绘设计研究院下设 1 个基础测绘院和 3 个专业测绘院、1 个专业测绘公司及基础地理信息工程院、航测遥感院、人文地理研究院（地理信息制图院）、北京九州宏图技术有限公司等生产部门。具备大地测量、测绘航空摄影、摄影测量与遥感、工程测量、不动产测绘和地图编制、互联网地图服务等综合设计、生产能力，可承担各种大型、特殊、复杂的测绘工程，可提供全球卫星定位系统、地图数字化、空间数据库建设和地理信息系统（数字城市、智慧城市）设计开发及地理国情监测（普查）、地名普查、地下管线基础信息普查等技术服务。承担了北京市十大建筑测量任务，天安门广场改扩建，亚运村、首都机场、奥运工程及轨道、高铁等几百项重点工程测绘项目。近 10 年来，北京市测绘设计研究院完成测绘保障城市规划建设重点工程近 6 万项，为各项重大政治、文化活动提供了测绘地理信息保障服务。

北京市测绘设计研究院树立“开放、包容、合作、共赢”的“大测绘”理念，以“建设国内领先的‘一流人才、一流科技、一流环境、一流业绩’的科技主导型测绘地理信息强院”为目标，通过科技创新、机制创新两个“四位一体”，促进全院科技、管理水平提升，积极从测绘生产型单位向保障服务型单位转变。近 30 年来，获国家科学技术进步奖 6 项、省部级科技进步奖 87 项、国家优秀工程奖 8 项、省部级优秀工程奖 160 项。

# 河北省测绘产品质量监督检验站

职业技能鉴定

河北省测绘产品质量监督检验站成立于1991年，行政隶属于河北省地理信息局，为独立法人资格的事业单位，经省质量技术监督局资质认定和计量认证合格并取得授权资格证书，是具有第三方公正地位的法定测绘地理信息质量监督检验机构；经上级部门批准本站加挂河北省测绘计量站、河北省测绘职业技能鉴定中心和测绘地理信息行业特有工种职业技能鉴定河北站三块牌子并行使相应职责。

职业技能鉴定

河北省测绘产品质量监督检验站负责全省基础测绘、地理国情监测及重大测绘工程项目的验收、地理信息成果质量监督检验、仲裁检验、委托检验和司法鉴定工作；河北省测绘计量站负责全省GPS接收机、全站型电子速测仪、测距仪、经纬仪和水准仪等地理信息仪器的检定、维修和校准工作；河北省测绘职业技能鉴定中心（测绘地理信息行业特有工种职业技能鉴定河北站）负责全省测绘地理信息行业特有工种职业技能鉴定、地理信息相关专业的各种岗位培训工作。该站内设办公室、产品检验一室、产品检验二室、仪器检定室和技能鉴定室5个科室，共有职工编制27人，其中高级工程师12人、工程师5人、助理工程师6人、科员1人，具有本科和研究生学历人员20人，占总人数的78%。

产品检验

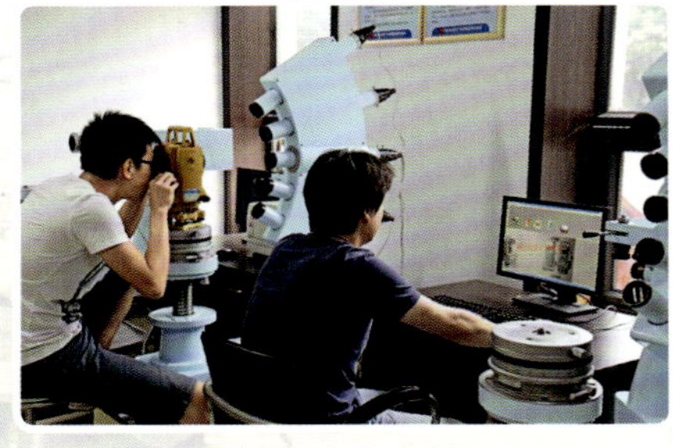

测绘计量检定

历年来，该站不断加强人才队伍、技术和装备建设，始终贯彻“依法　公正　科学　高效”的质量方针，坚持公平、公正、平等、诚信的原则，信守质量第一的承诺，努力为河北省地理信息事业发展提供优质的测绘质量技术支撑和服务保障。

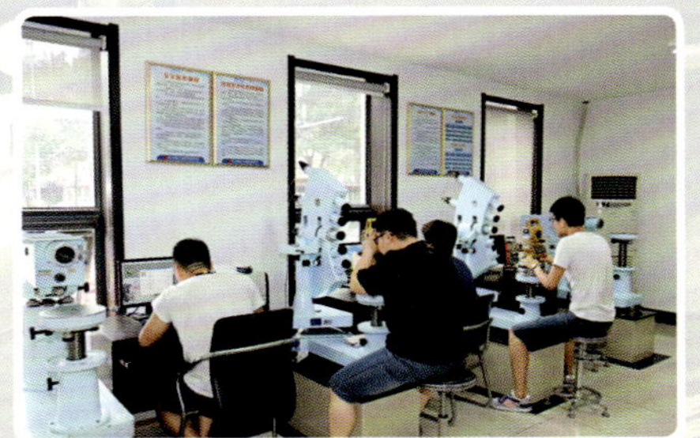

测绘计量检定

计量授权证书

质检资质

质检资质

鉴定许可证

# 河北翔通信息技术有限公司

河北翔通信息技术有限公司是河北省首家专门从事测绘航空摄影及空间地理信息技术融合创新应用的高新技术企业，主要为客户提供数码航空摄影、LIDAR 数据采集和处理、测绘产品生产、卫星遥感数据处理及空间地理信息系统研发等技术服务与系统解决方案。拥有甲级测绘资质，通过 ISO9001 质量管理体系认证。

河北翔通信息技术有限公司总部设在石家庄市，在北京设立办事处。配备多台套航空摄影设备及相关数据处理软件，拥有一支经验丰富的技术队伍，具有优秀的项目设计、航空摄影、数据加工、组织实施及技术攻关能力，建立了完善的生产流程及质量控制体系。团队核心人员密切合作近十年，先后承担多个国家及地方的重大 LIDAR 项目，在 LIDAR 数据预处理、IMU/DGPS 数据解算、特殊地形 DSM 和 DEM 编辑制作方面积累丰富经验并形成了成熟的解决办法。

2014 年，全年完成超过 16 万平方千米的机载 LIDAR 数据获取，超过 10 万平方千米数码航空摄影和 10 多个地市倾斜航空摄影。获 2014 年中国地理信息科技进步奖一等奖 1 项，河北省测绘学会科学技术奖一、二等奖各 1 项和河北省优秀测绘地理信息工程奖一等奖 2 项。2015 年初，完成近 5 万平方千米的 LIDAR 数据获取项目。

公司恪守“质量是生存之本、技术为发展之路”的经营方针，用高质量的成果、优质的服务和先进的技术手段，不断增强企业核心竞争力，为地理信息产业做出贡献。

琼北项目设计审查会

航摄相机机舱就位图

数字正射影像图

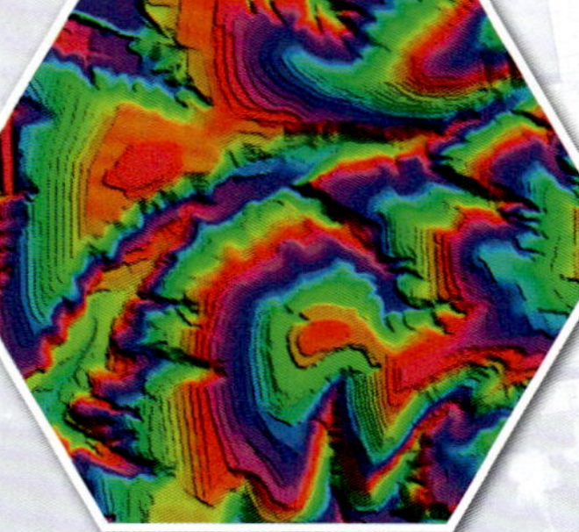

数字高程模型

河北 LIDAR 航摄项目启动评审会

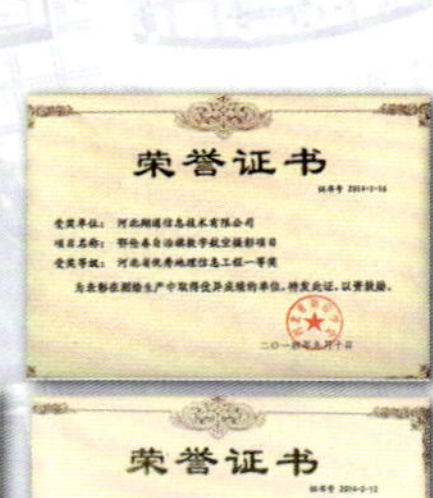

# 内蒙古自治区航空遥感测绘院

工作环境

无人机

内蒙古自治区航空遥感测绘院成立于 1976 年，隶属于内蒙古自治区测绘地理信息局，是全国首批甲级测绘资质单位。主要承担国家和自治区的基础测绘工作，为政府和社会提供测绘地理信息保障服务。经过近 40 年的发展，形成了从数据获取、数据处理、成图建库到各种地理信息应用系统研发的技术生产体系，为自治区经济建设发挥了重要作用。

职工运动会

航摄任务归来

内蒙古自治区航空遥感测绘院拥有各类技术人员 162 人，其中正高级工程师 6 人、副高级工程师 12 人、工程师 33 人、助理工程师 58 人。拥有各类设备仪器 200 多台（套），其中无人机 2 架、数码航摄仪 3 台，引进倾斜航摄仪及三维处理系统，激光发射及接收系统 Trimble Ax80 机载激光雷达，提高了数据获取能力，为快速提供保障服务奠定了良好基础。

近五年，该院主要完成第一次全国地理国情普查项目内蒙古自治区 16 个旗县 8.3 万平方千米普查任务、自治区基础测绘项目 4000 多幅 1:1 万“3D”产品制作、自治区 80 个旗县高分辨率数码航摄、呼伦贝尔市等 6 个数字城市地理空间框架建设项目，承担全国第二次土地调查及多个自治区重点水利工程勘测等项目。

地址：内蒙古自治区呼和浩特市赛罕区兴安南路 42 号

电话：0471—4312056

传真：0471—4311967

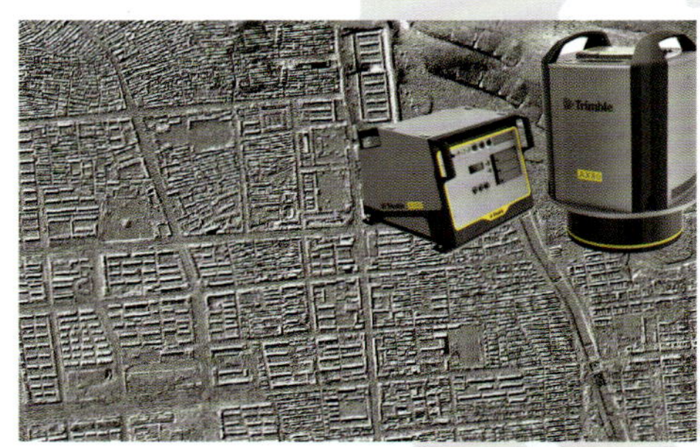

Trimble Ax80 机载激光雷达

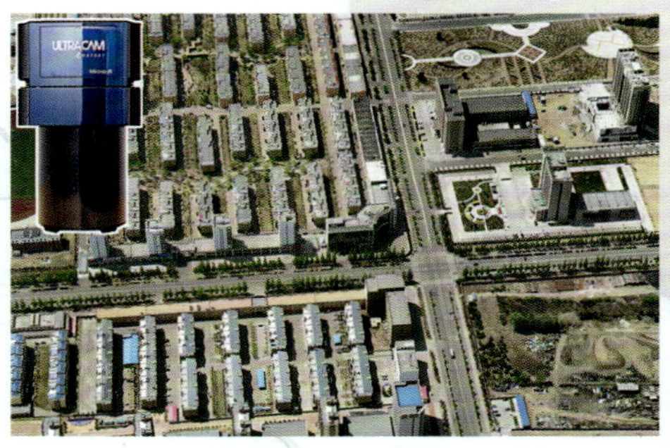

倾斜航空摄影

# 山西省测绘地理信息局

2014年，山西省测绘地理信息局围绕中心，服务大局，创新发展思路，全面深化改革，全系统广大干部职工齐心协力，开拓进取，推动全省测绘地理信息工作取得新进展。

山西省第一次全国地理国情普查预验收工作会议

山西省测绘地理信息成果新闻发布会

**全面推进第一次全国地理国情普查**。完成全省数字影像图制作6440幅、数字高程模型精细化处理6440幅、地表覆盖6307幅、地理国情要素6290幅、样本数据采集6331幅、外业核查6350幅等。

**更新完善省级基础地理信息数据库**。4月15日，全省1:1万全要素DLG、高精度DEM、高分辨率DOM数据库正式向社会发布使用。“天地图·山西”地理信息公共服务平台在国家测绘地理信息局组织的地理信息公共服务平台测评中排名第二。

山西省测绘地理信息局与省地震局签署信息资源共享合作协议

**不断增强测绘地理信息服务保障能力**。测制完成山西科技创新城1:2000、1:500地形图；2次参加省地震应急和抢险救灾演练；为全省严厉打击非法采矿行为完成30个重点监测点航拍任务；自主开发完成Ipad版“省情电子地图”，编制完成《山西省能源地图集》《山西省非物质文化遗产地图集》等大型图集；为省委、省政府新一届领导班子提供自主研发的电动遥控地图22套，为各级领导决策提供《领导工作用图》；为中央和国家领导人赴晋视察，为省领导外出考察、调研提供紧急用图和省直机关日常公务用图1664幅、丝绸便携地图1074幅、纸质挂图629张、图集100多册；为省“两会”代表、委员提供《山西省情概览》等2000多份；向各级各部门提供各种比例尺纸质地形图2948幅4060张，各种比例尺基础地理信息数据1429幅、146GB，专题地图10多个种类1000多张。

举办“美丽中国”山西省国家版图知识竞赛

# 山西省测绘地理信息局

2014 年 9 月，山西省测绘地理信息局举办全省测绘资质复审换证培训班

**加快推进数字城市建设进程**。数字运城、数字忻州、数字长治、数字临汾通过验收，加快推进数字大同建设，正式启动数字吕梁建设。

**全面完成测绘重点项目建设**。“全景影像数据库建设”“突发地质灾害遥感监测指挥系统”“智慧旅游地理信息服务平台建设”3 个重点项目全部通过专家验收。

**不断提升统一监管水平**。完成全省 21 家甲级和 496 家乙、丙、丁级测绘资质单位复审换证工作；积极开展全省“问题地图”专项治理交叉检查，累计检查 220 多次，收缴“问题地图”产品 1200 多件；完成吕梁市 6 个县（区）测量标志警示牌埋设工作，建成太原万亩生态园景区和朔州应县木塔景区 2 座景观型测量标志。

“山西省智慧旅游地理信息服务平台”项目验收会

**持续加强国家版图意识宣传教育**。编印完成《版图知识教育读本》15 万册，分发至阳泉、晋中、长治、忻州全体初二学生。

**优化地理信息产业发展环境**。《山西省人民政府办公厅关于促进地理信息产业发展的实施意见》印发实施。山西省测绘地理信息局开展全省地理信息产业发展现状调查，对全省 500 多家地理信息产业单位进行全方位摸底。

山西省测绘地理信息局在应县木塔风景区设立景观型测量标志

**继续实施科技兴测战略**。山西省测绘地理信息科技带头人和局直属事业单位共完成 9 个科技创新项目立项，山西省测绘地理信息局投入资助经费 150 万元；获 2014 年中国测绘地理信息学会测绘科技进步奖特等奖 1 个、三等奖 3 个，全国优秀测绘工程奖铜奖 1 个，优秀地图作品裴秀奖铜奖 1 个。完成 1 个项目科技成果鉴定并申报省科技进步奖；依托院士工作站，深入开展科技合作，共开展 3 个项目的研发，其中 1 个已通过验收。

山西省地理国情普查员正在进行外业核查

# 中国建筑材料工业地质勘查中心吉林总队

总队大楼

中国建筑材料工业地质勘查中心吉林总队创建于1961年，隶属于中国中材集团有限公司，是中央直属的综合性地质勘查事业单位、吉林省AAA级信用企业。

总队长、党委书记：林景胤

中国建筑材料工业地质勘查中心吉林总队拥有六类35项专业资质，涉及地质勘查、工程勘察、地质灾害防治、地基与基础工程施工、市政工程总承包、测绘地理信息、工程咨询等多个领域。其中工程测量、不动产测绘（地籍测绘、行政区域界线测绘）为甲级测绘资质，地理信息系统工程、摄影测量与遥感、不动产测绘（房产测绘）为乙级资质。拥有各类专业技术人员212人，其中享受国务院政府津贴专家1人、教授级高级工程师15人、高级工程师91人，持有一级建造师、注册岩土工程师等资格证书35人。

中国建筑材料工业地质勘查中心吉林总队自成立以来，承担并完成各专业类别工程项目2000多项，提交地质勘查成果160多项、各类矿产资源储量50多亿吨、地质灾害防治技术成果510多项，完成工程勘察项目1150多项，工程施工项目80多项，提交工程咨询成果180多项。60多项成果获省部级优秀技术、成果奖。

吉林省地质工程测绘委员会经验汇报会暨会长办公会

开展管理提升活动动员部署大会

中国建筑材料工业地质勘查中心吉林总队坚持以“技术型、服务型、产业型”为企业定位，以“建设具有较强竞争力的综合性一流地勘单位”为发展目标，大力实施产业优化、人才振兴、管理创新和装备提升战略，保持持续、健康、快速、和谐发展。

在测绘地理信息方面，共完成省内外测绘地理信息项目200多项，获省部级奖项16项。其中“敦化市矿政管理‘一张图’数据库系统”获中国中材集团有限公司2014年度集团科学技术进步奖三等奖、“吉林省舒兰市矿山地质环境恢复治理工程勘测项目”获吉林省优秀测绘地理信息工程奖二等奖、“亚泰集团铁岭石料有限公司矿区地形测量、储量核实项目”“吉林省通榆县乌兰花地形测绘”“白山市矿业权实地核查测量”获三等奖。

# 鸡西市勘察测绘研究院

鸡西市勘察测绘研究院成立于2009年，隶属于鸡西市城乡规划局，2014年通过国家ISO9000质量体系认定，具有甲级测绘资质，主要为城市规划、建设、管理及社会各界提供基础地理信息和勘测技术服务，业务领域涵盖摄影测量与遥感：摄影测量与遥感外业；工程测量：控制测量、地形测量、规划测量、建筑工程测量、市政工程测量、地下管线测量；不动产测绘：地籍测绘以及岩土工程（岩土工程勘察、设计、施工、测试）等方面。

鸡西市勘察测绘研究院拥有一支专业人员齐全、技术手段先进的城市勘测队伍。共有职工75人，其中专业技术人员60人（其中中高级职称人员26人）；下设测绘室、勘察室、管线室、办公室。配备GPS接收机、全站仪、数字水准仪、雷迪8000地下管线探测仪、绘图仪、扫描仪、数字化成图软件、图纸保密软件、栅格地图矢量化软件；建立健全完善的质量监控体系和测绘成果保密管理制度。

勘测院领导班子

勘测院中层干部

黑龙江省鸡西市兴凯湖观景平台测绘

二战终结地——虎头要塞测绘

珍宝岛测绘

鸡西市会展中心测绘

鸡西市勘察测绘研究院承担的“鸡西市牤牛河水环境治理工程”项目获黑龙江省优秀测绘地理信息工程奖金奖、“鸡西市鸡冠区1:1000数字地形图生产”“鸡西市梨树区工业谷测绘工程”项目获银奖、“鸡西市新发矿国有工矿棚户区改造测绘工程”项目获铜奖。2014年，鸡西市勘察测绘研究院获鸡西市第二十一届劳动模范先进集体称号。

2013年黑龙江省优秀测绘地理信息工程奖

金奖

黑龙江省测绘地理信息学会

二〇一三年十二月

2012年黑龙江省优秀测绘地理信息工程奖

银奖

黑龙江省测绘学会

二〇一二年九月

证书

黑测学发〔2011〕05号

鸡西市勘察测绘研究院：

你单位申报的《鸡西市鸡冠区（1：1000）数字地形图生产》项目，在2011年黑龙江省优秀测绘工程奖评选中，被授予银奖，序号为2011-02-10。

特发此证。

黑龙江省测绘学会

二〇一一年八月

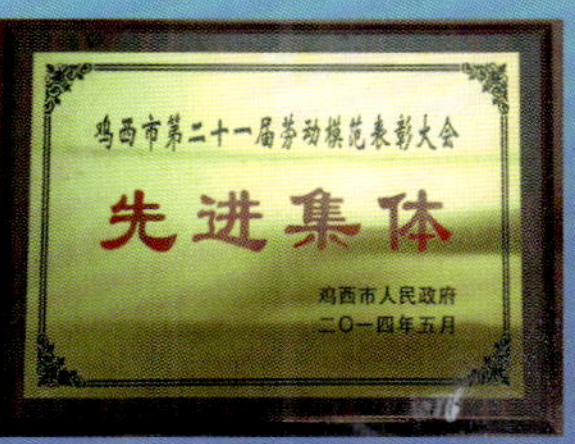
鸡西市第二十一届劳动模范表彰大会

先进集体

鸡西市人民政府

二〇一四年五月

# 常州市新北规划与测绘信息中心

常州市新北规划与测绘信息中心（原名为常州市新北测绘勘察中心）成立于1993年，隶属常州市规划局，是公益性事业法人单位。业务范围包括大地测量、摄影测量与遥感、地理信息系统工程、工程测量、不动产测绘、地图编制和互联网地图服务专业。拥有技术人员60多人，其中高级职称18人、中级职称28人，注册测绘师9人，拥有“江苏省先进工作者”等多名先进模范，具有较强实力，获“江苏省诚信单位”“江苏省住建系统工人先锋号”“江苏省测绘地理信息文化建设优秀单位”称号。

常州市新北规划与测绘信息中心注重测绘科技进步和质量管理，多次获省测绘地理信息科技工作先进和质量管理优秀表彰。近10年来，5项成果获国家、省级测绘地理信息科技进步奖，12个项目获国家、省测绘地理信息优秀工程奖，其中“常州高新区基础地理信息系统”获江苏省测绘科技进步奖一等奖，“常州高新区专题工业园项目信息系统”获中国地理信息产业优秀工程奖银奖。

常州高新区三维展示系统

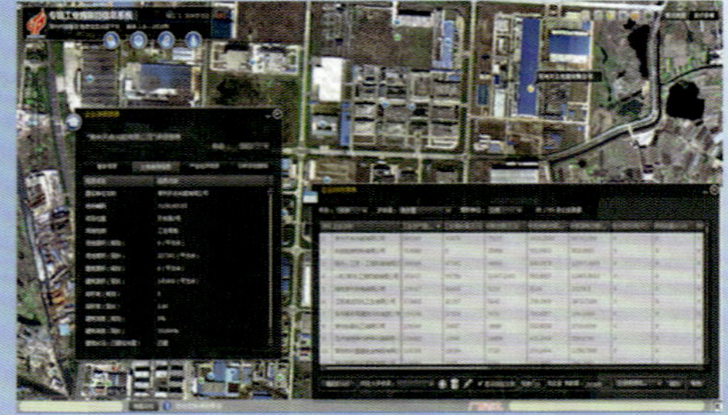
专题工业园项目信息系统

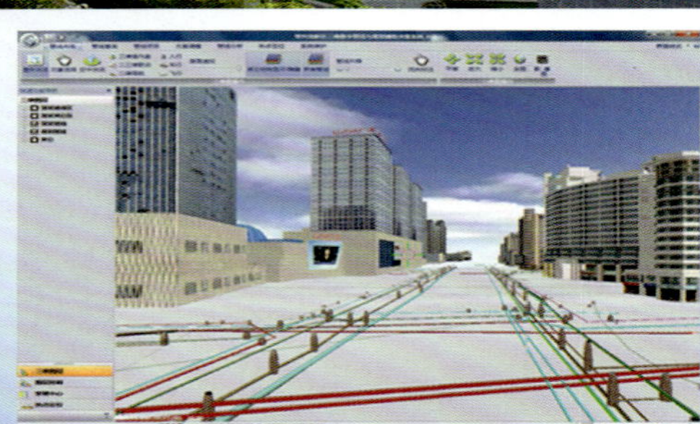
数字管线三维质检系统

地理之道·明而善用

三维规划辅助决策系统

常州高新区空间信息共享服务平台

地址：常州市新北区汉江路338号　邮编：213022　电话/传真：0519-85195862　邮箱：czxbch@126.com

# 常州市测绘院

常州市测绘院隶属常州市规划局，是常州市唯一一家拥有甲级测绘资质的事业单位，通过ISO9001质量体系认证和计量资质认证。2013年，增挂“常州市地理信息智能技术中心”牌子，重点从事智慧常州的研究、开发与推广工作。全院在职员工95人，其中注册测绘师12人、研究员级高工3人、高级工程师8人、工程师30人。

常州市测绘院坚持“以人为本、科技兴院”的方针，测绘科技与技能水平处于江苏省前列，在全省测绘技能比赛中连续两届包揽团体第一名和个人第一名。近10年，在数码航空摄影测量、似大地水准面精化、CZCORS卫星定位服务系统、精密工程测量、基坑监测、城市三维仿真、地理信息系统开发与应用、无人机航测、测绘监理、管线探测等方面取得重大进展，多项成果获国家、省部级奖项。2014年，“‘智慧常州’基础地理信息工程”获中国测绘地理信息学会测绘科技进步奖三等奖、常州市科学技术进步奖三等奖；“武进地下管线普查及综合管理信息系统工程”获中国测绘地理信息学会测绘科技进步奖三等奖、住房和城乡建设部华夏建设科学技术奖三等奖、江苏省建设科技奖三等奖；“常州市轨道交通1号线工程控制测量”“智慧武进空间基础地理信息测绘”等4个项目分获江苏省优秀测绘地理信息工程奖一、二、三等奖。常州市测绘院先后获“全国城市勘测先进单位”“全省测绘系统先进单位”“全省测绘质量优秀单位”等称号。

常州市测绘院本着“诚实守信，服务社会”的理念，为城市规划、建设、管理提供测绘技术保障，为其他政府部门及社会各界提供优质的测绘地理信息服务。

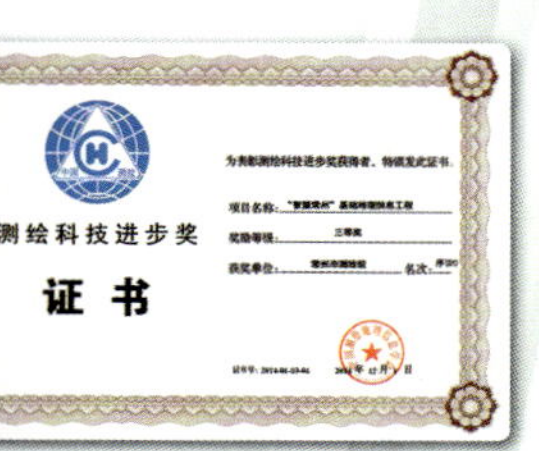

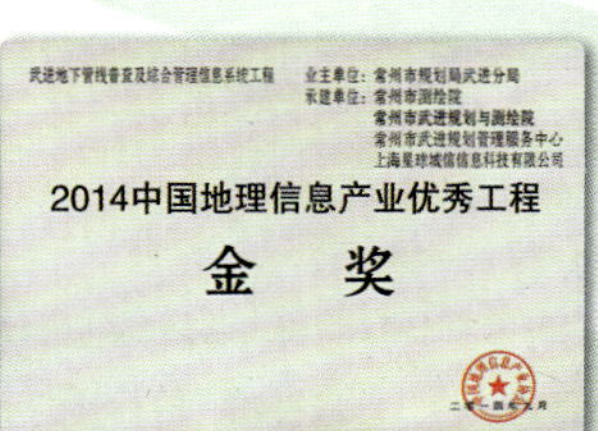

# 北京国遥新天地信息技术有限公司

EV-Image

国遥新天地

EARTHVIEW IMAGE

## 北京国遥携手浙江国遥助力地理信息产业发展

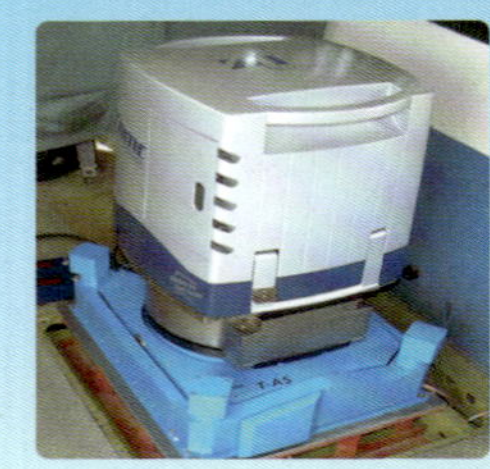

北京国遥新天地信息技术有限公司从事数据、软件两大块业务，致力于自主研发三维空间信息平台软件和自主采集空高分遥感数据，是中国地理信息产业百强企业，在职员工40多人。公司是国家规划布局内重点软件企业、武器装备承制格单位、军工二级保密单位，拥有地理信息系统甲级测绘资质计算机系统集成资质，通过了国军标质量管理体系认证。

浙江国遥地理信息技术有限公司是北京国遥新天地信息术有限公司的全资子公司（以下统称两公司为国遥新天地）2012年入驻浙江省地理信息产业园，在职员工60人，具有地信息系统、测绘航空摄影甲级和摄影测量与遥感乙级测绘资质是浙江省软件企业和高新技术企业，通过ISO9001:2008质量理体系认证。拥有先进的航摄设备（高性能飞机、DMC），富的航摄经验和技术过硬的数据服务队伍。

在软件业务方面，EV-Globe是国遥新天地自主研发的三维间信息平台软件，以EV-Globe为基础开发的多个平台系统获多省部级科技进步奖，在行业内享受盛誉。

在数据业务方面，国遥新天地构建的“中国航空高分遥网”是我国航空高分遥感领域的商业模式创新，将航空高分感采集能力和服务水平提升到一个新的水平。

无论是在军工、海洋、电力，还是石油石化、测绘等领域国遥新天地已成为重要的空间信息技术和数据提供商，服务及全国。

# 安徽省测绘仪器计量检定站

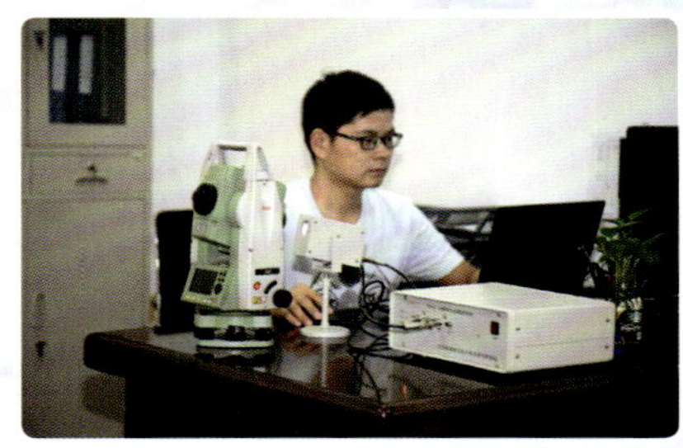
EFC-6 频率自动测试系统

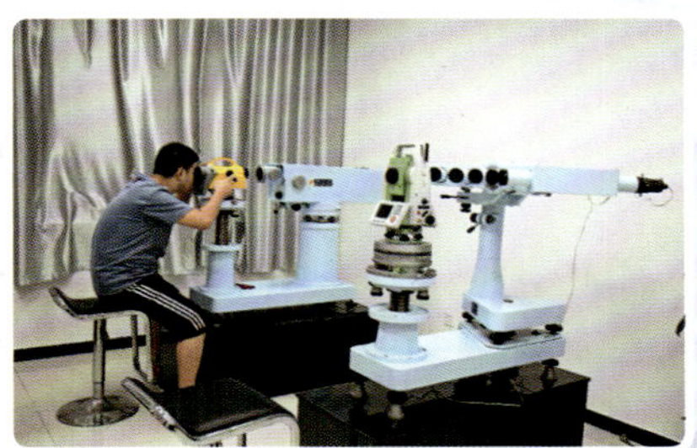
测绘仪器综合检测平台

全站仪野外检测

周期误差检测平台

安徽省测绘仪器计量检定站成立于 1995 年，隶属于安徽省测绘局，业务上接受安徽省质量技术监督局的指导，授权承担全省范围内测绘仪器的计量检定、测试任务，负责保存、维护和使用本专业项目的计量标准，承担授权范围内的量值传递和法律规定的其他检定、测试任务，负责本专业项目的计量管理和监督工作。

安徽省测绘仪器计量检定站自行设计建成的全长 1100 米的石塘光电测距、全站仪标准基线长度检定场，全部采用不锈钢强制对中装置，具有良好的稳定性和耐久性，可用于检定国内外 I 级及其以下精度等级的各型、各类测距系统。建成于 2003 年的合肥 GPS 接收机检定场填补了安徽省无 GPS 检定场的空白，与光电测距、全站仪标准基线长度检定场的联合使用，场地安排合理、实用。

经过 20 年的改革创新，安徽省测绘仪器计量检定站已拥有经纬仪、水准仪综合检验仪，光电测距仪、全站仪检定场、GPS 全球定位系统检定场等一流的检定设备和场地；所有检定人员全部取得由安徽省质量技术监督局颁发的《计量检定员证》。安徽省测绘仪器计量检定站将继续坚持质量第一的方针，严格遵守《中华人民共和国计量法》《中华人民共和国测绘法》及相关仪器检定规程的要求，提供测绘仪器全面检定和相关服务，确保出具的每个计量检定数据科学、公正、准确、可靠。

全站仪野外检测

# 泉州市规划勘测研究院

泉州市规划勘测研究院

泉州市规划勘测研究院隶属于泉州市城乡规划局，是专业从事基础测绘、工程测绘和地理信息服务的公益性事业单位，具有甲级测绘资质，承担全市城乡规划、建设的勘察测绘任务，主要业务包括国土应急测绘、基础数据测绘、工程测量、地理信息系统工程、摄影测量与遥感、地籍测绘、互联网地图服务等。

三级联创

服务前台

泉州市规划勘测研究院内设办公室、生产经营科、技术科及质检科。共有职工 73 人，从事测量工作人员占职工总数的 75% 以上，其中高级职称 8 人、中级职称 17 人、初级职称 35 人。

全秋助学

泉州市规划勘测研究院与国立华侨大学、泉州师范学院及中国地质大学（武汉）资源学院进行合作，建立实训基地，强化测绘地理信息科研教学机构科技攻关和成果转化，根据测绘业务工作特点开展地理信息获取、处理、分析、服务等方面的关键技术研究，支撑重大工程的顺利实施。

员工合影

泉州市规划勘测研究院坚持以科技求发展，以质量求生存，在成图手段、工艺流程方面严格执行检查、复核、审批制度，力求快捷准确地提供测绘产品。在测绘生产过程中，倡导细致严谨的工作作风，推行全员质量管理，落实质量目标责任，坚持做到自查、组查、抽查、院查等“四查”。坚持把发展社会事业和繁荣经济建设放在首位，提供“及时、准确、优质、高效”服务，为泉州城市规划、建设、管理和社会经济发展提供测绘地理信息保障。

卫星遥感影像制作 · 开元寺

赠送锦旗

卫星遥感影像制作 · 泉州西湖公园

# 泉州市房地产测绘队

泉州市房地产测绘队系泉州市住房和城乡建设局下属企业，成立于1982年，注册资金517万元，具有不动产测绘、工程测量甲级资质，地理信息系统工程乙级资质。是数字泉州典型应用单位、泉州市法院测绘鉴定机构，华侨大学和黎明大学教学实训基地；先后获全国建设信息工作先进单位、全国交通建设系统工人先锋号、福建省测绘单位先进集体、福建省青年文明号、福建省模范职工之家、泉州市创建文明行业先进单位等30多项称号。

近年来，泉州市房地产测绘队完成40多项省、市重点城建项目和新农村建设项目测绘任务；依托数字泉州地理空间框架研发的泉州市房地产基础地理信息管理系统，实现了房屋楼盘的空间坐落与房屋分层分户以及属性的一体化管理。完成的项目获全国优秀测绘工程奖铜奖，福建省优秀测绘地理信息工程奖一、三等奖。

泉州市房地产测绘队奉行“从严治队、质量建队、素质强队、科技兴队”的建队方针，恪守“专业测绘、优质服务”的服务理念，秉承“诚信、公正、开拓、务实、高效”的职业操守，竭诚为各界提供优质高效的测绘地理信息服务。

地址：福建省泉州市丰泽街毅都大厦17层

电话：（0595）22981508

邮编：362000

网址：http://www.qzfdc.com.cn

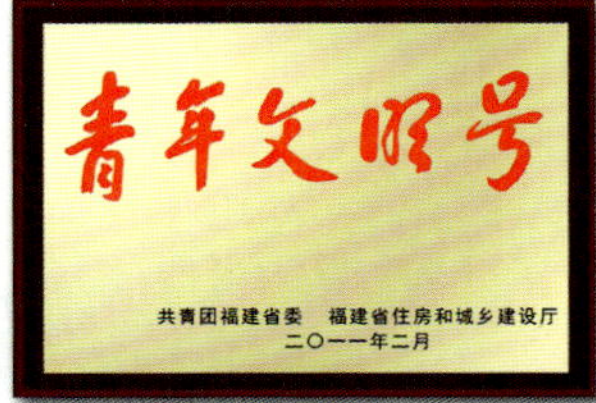


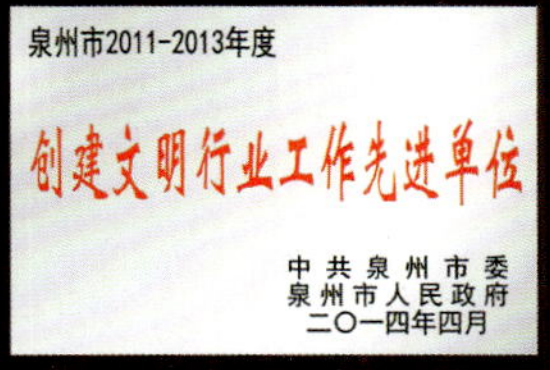

# 山东省地质测绘院

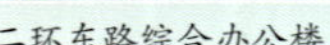
二环东路综合办公楼

无人飞艇航测遥感系统

山东省地质测绘院始建于 1958 年，是全国首批甲级测绘资质单位。测绘甲级业务范围涵盖摄影测量与遥感、地理信息系统工程、工程测量、不动产测绘和互联网地图服务等，同时具有地质勘查、地质灾害、危险性评价、地质灾害治理、工程勘察等甲级资质和测绘航空摄影、地图编制、海洋测绘、土地规划乙级资质，通过质量、环境和职业健康安全管理体系认证。

三维激光扫描仪及三维建模成果

全院在职职工 334 人，其中享受政府特殊津贴专家 1 人、山东省突出贡献中青年专家 1 人、教授级高工 9 人、高级工程师 55 人、工程师 107 人、注册测绘师 12 人、注册岩土工程师 5 人。配备无人飞艇航测遥感系统 1 台（套），ADS100 机载航空摄影测量系统 2 台（套），其他各类专业测量仪器、服务器等设备 500 多台（套）。

2014 年，山东省地质测绘院承担第一次全国地理国情普查、农村土地三权确权登记发证、地下管线核查等测绘地理信息项目 200 多项，服务总值 1.6 亿多元。完成科研课题 5 项，地理信息类软件著作权 10 项，14 个项目获省部级奖励，其中“无人飞艇地理国情监测关键技术”和“移动实景三维位置服务技术及应用”2 项研究成果获山东省科学技术进步奖二等奖；“无人飞艇城市三维快速自动建模技术”等 8 个项目分获省国土资源科技进步奖一、二等奖。该院获得“省级文明单位”“省测绘行业先进单位”“省级重合同守信用单位”等称号。

地址：济南市二环东路 11101 号

邮编：250002

电话：0531-81938188

传真：0531-81938194

网址：http://www.sddzch.com

邮箱：cehybgs@163.com

省级

文明单位

山东省精神文明建设委员会

部分荣誉、证书

管理体系认证证书

# 青岛市勘察测绘研究院

## 服务政府 服务社会 服务民生 青岛市勘察测绘研究院

青岛市勘察测绘研究院（青岛市基础地理信息与遥感中心）始建于1951年9月，是持有国家级工程勘察综合类甲级、测绘甲级等资质的生产、科研单位。现有职工近600人，其中博士、硕士研究生157名，工程技术应用研究员10名，高级工程师62名，国家注册土木（岩土）工程师38名，国家注册测绘师56名，山东省工程勘察设计大师1名，国家测绘地理信息局青年学术和技术带头人1名。

近三年来，该院科技创新进步迅速，先后组建了"海陆地理信息集成与应用国家地方联合工程研究中心""地图文化与创意国家测绘地理信息局工程技术研究中心"等8个国家、省、市级科研机构。设计开发出了几十个类别上千个品种的地图文化产品，承办了2014首届中国地图文化节暨地图文化论坛，并将地图文化作品在联合国第三次全球地理信息管理高层论坛活动中精美呈现。近几年研发完成了80多个地理信息系统项目，开发的"以地控税"信息化管理平台，被誉为全国"以地控税"的"青岛模式"；开发了青岛市黄岛区以信息处理、视频监控、数据分析等功能为主的社会治理综合信息平台，实现了网格化社会管理模式。利用无人机等先进手段完成了青岛市及周边1.3万平方千米的全国第一次国情普查任务；承担了青岛市市区及周边的地下管线普查工作，其中青岛市市区管线普查工作近期顺利通过验收。

青岛市勘察测绘研究院充分发挥青岛市基础地理信息与遥感中心职能及科技、人才优势，积极向智慧城市等领域进行拓展延伸，为城市的科学建设、安全运行与智慧管理提供强有力的技术支撑。

### 地图文化 Dituwenhua

在2013年第26届国际制图大会上《剪纸地图》荣获"专家评审委员会其他地图产品类一等奖"是中国首次获得该奖项

### 地理国情普查 Diliguoqingpucha

GPS生产轨迹实时回传

基于平板电脑的外业调查核查系统

### 地理管线普查 Diliguanxianpucha

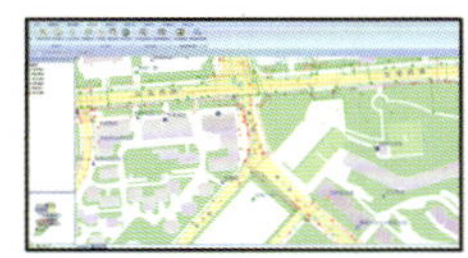

地下管线信息管理系统

地下管线信息浏览查询系统

地下管线三维展示系统

地下管线三维精细化表达

地上与地下一体化三维场景集成展示

### 地　税 Dishui

地理信息税收管理系统建设解决方案

地理信息税收管理系统

地理信息税收管理系统

### 社会治理 Shehuizhili

社会治理信息平台解决方案

青岛西海岸新区社会治理信息支撑平台

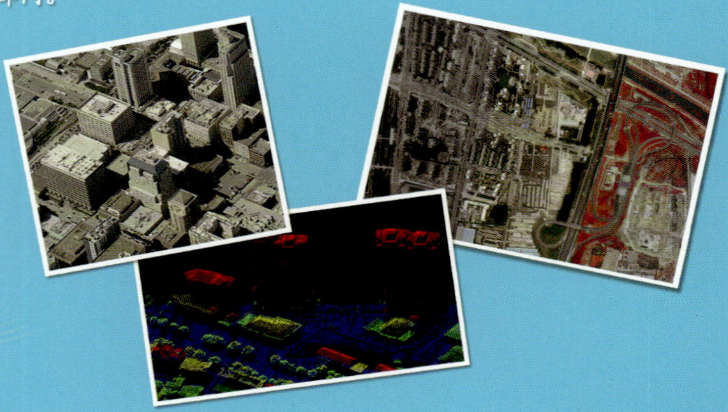

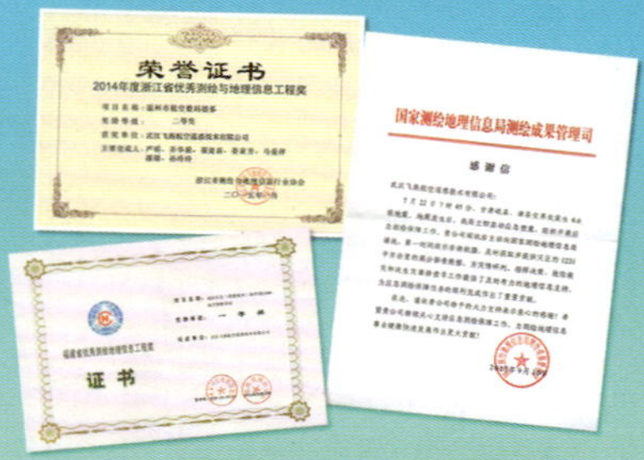

# 广东省测绘技术公司

广东省测绘技术公司是广东省国土资源厅直属的专业综合性测绘公司，是全国首批甲级测绘资质单位。拥有职工 75 人，其中高级专业技术人员 9 人、

房产测量内业工作

中级专业技术人员 21 人。甲级测绘业务范围涵盖工程测量：控制测量、地形测量、规划测量、建筑工程测量、变形形变与精密测量、市政工程测量、水利工程测量、线路与桥隧测量、矿山测量；不动产测绘：地籍测绘、房产测绘、行政区域界线测绘。

近年来，参与了广东地区多个大型重点建设工程项目的现场测绘，主要包括渝湛高速、广乐高速、江肇高速、罗阳高速、大广高速、汕湛高速、潮惠高速、江罗高速、清云高速、仁新高速、汕昆高速、云湛高速等公路的勘测定界测量，广州天河区、荔湾区、黄埔区、番禺区、萝岗区、南沙区全国第二次城镇村庄地籍调查项目，广州市萝岗区、和平县、佛冈县农村集体土地确权登记发证项目，广州市萝岗区地形地籍成果更新及集体土地使用权地籍调查项目和广州开发区房产测量，完成的多个项目获奖，并以高质量的测绘地理信息成果和周到的服务，受到客户充分肯定。公司在创造经济效益的同时，注重创造社会效益，积极树立良好的品牌形象，得到了社会各界的信任和好评。

房产测量外业工作

# 行业单位工作

## 北京市

### 概况

截至2014年底，北京市共有测绘资质单位287家，其中甲级98家、乙级93家、丙级48家、丁级48家，与2013年相比减少31家。通过软件企业认定的测绘资质单位共55家，其中甲级25家、乙级29家、丙级1家。通过软件产品认证的软件有203项，其中甲级单位88项、乙级单位115项。

2014年，北京市测绘地理信息行业实现年总产值84.5亿元，年均增长率8%。其中，涉及高端地理信息产业的（地理信息、导航电子地图制作、互联网地图服务、测绘航空摄影、摄影测量与遥感、地图编制）年服务总值32.3亿元，占38%。北京市测绘单位从业人员2.4万多人，龙头企业高度聚集，新兴测绘活动不断拓宽。

### 北京洛斯达数字遥感技术有限公司

【业务】

2014年，北京洛斯达数字遥感技术有限公司完成酒泉-湖南±800kV直流输电工程、蒙西-天津南1000kV交流输电工程等“两交四直”6条特高压线路1.5万多平方千米的航摄数据处理、外业控制与调绘、DEM与数字正射影像路径图生产；完成多条特高压工程前期卫星影像处理约200万平方千米，生产1:2.5万、1:5万、1:10万、1:25万和1:50万卫星影像路径图和1:50万、1:100万路径方案示意图，制作环境评价等专题图；完成敦煌-格尔木电气化铁路输电等20多项工程的航测平断面测量4458千米；完成向家坝工程坝址及枢纽区彩色正射影像图制作；以数字地球为载体，利用优化设计成果、地理信息和工程信息等资料，采用高清晰航空影像和高精度设备模型，建立三维施工管理平台。

参与编制《电力工程数字摄影测量规程》中数据预处理、外业控制与调绘、空中三角测量、DEM、DOM等相关内容；承担《输电线路工程测量手册》中激光传感器数据获取、控制测量及数据处理，《发变电工程测量手册》中摄影测量技术应用相关内容的编制工作。

【其他】

北京洛斯达数字遥感技术有限公司承担的“向家坝-上海±800kV特高压直流输电线路工程测绘”获2014年全国优秀测绘工程奖银奖，“唐乃亥-玛多-玉树330kV输电线路工程测量”（联合申报）、“糯扎渡送电广东±800kV直流输电线路工程测量”（联合申报）获2013年度电力行业（火电、送变电工程）优秀勘测奖一等奖，公司被中国地理信息产业协会评为“中国地理信息产业百强企业”。

### 北京威特空间科技有限公司

【业务】

2014年，北京威特空间科技有限公司利用无人机对普洱市景迈山古茶林约300多平方千米进行低空航空摄影，完成芒景上下寨、芒洪等6个传统村落前期调查、测绘工作，为该地规划和申请世界文化遗产制作1:500地形图、1:2000影像图、景迈山三维展示地图；配合宁夏回族自治区文化厅编制

《宁夏回族自治区古城保护考古测绘项目》并通过国家文物局审批；利用无人机低空航摄完成宁夏回族自治区省级100个美丽乡村城镇规划建设的勘测任务；完成宁东能源化工基地规划图集的编制工作；完成数字固原地理空间框架项目约120平方千米1:2000、1:500基础地形图数据处理及数据库建设任务；承担宁夏回族自治区盐池县、贺兰县农村土地承包经营权的调查确权工作，其中盐池县承包地确权试点工作位列宁夏回族自治区第1名；完成全国约6个县的地理国情普查项目；利用无人机低空遥感及高分一号等卫星影像完成山东、广西、海南、陕西、宁夏、河南、江西7个省份的国家土地整治重大工程及示范省工程的土地整治遥感监测工作；配合完成10多处风电场选址1:2000地形图勘测工作，总面积约500多平方千米。

【其他】

北京威特空间科技有限公司承担的“3S技术在土地整治中的应用”研究获2014年中国地理信息科技进步奖二等奖。

## 北京市勘察设计研究院有限公司

【业务】

2014年，北京市勘察设计研究院有限公司完成地形图测绘约1800万平方米、地下管线测量1300多万平方米。完成北京地铁6号线二期、7号线工程测量，开展8号线三期工程测量地面控制网复测及施工测量检测工作，完成3号线工程勘察01、03合同段管线详查工作。完成兴延路工程02合同段地形图测量，完成王府井大饭店改造工程、首都机场2号航站楼国际及国内部分改造工程基坑监测等监测工作；完成北京地铁8号线二期工程第三方监测工作，开展地铁16号线、南水北调工程第三方监测，北京地标工程中国尊的基坑第三方监测及主体沉降观测等工作。

【其他】

北京市勘察设计研究院有限公司承担的“地外大街两侧建筑立面测量”项目获2014年北京市优秀测绘地理信息工程奖二等奖。

## 北京数字空间科技有限公司

【业务】

2014年，北京数字空间科技有限公司完成安徽、江苏、浙江、福建、台湾5个省份土地利用数据更新；承担湖南省通信用“3D”数字地图项目，制作完成全省区域1:5万及14个地级市城区1:2000、县城1:1万数字地图；制作完成重庆市电子地图；承建水利卫星数据共享应用平台，完成水利专题数据多级比例尺电子地图分层表达配置；完成北京市2011年～2014年水域遥感提取，太原市地震局地震业务基础地图制作及数字太原交互接口开发，国家地震局社会服务工程项目中全国各省地震局地震应急基础数据库交互接口开发；承担国土资源部信息中心全国土地整治规划成果数据检查整理建库等项目。

【其他】

北京数字空间科技有限公司承担的“海南省警用地理信息系统”项目获2014年全国优秀测绘工程奖银奖。“基于公里格网的山西地震应急辅助决策系统”项目获2014年北京市测绘科技进步奖三等奖，“国家自然资源和地理空间基础信息库项目综合信息产品库项目”获2014年北京市优秀测绘地理信息工程奖三等奖。

## 北京中天路通工程勘测有限公司

2014年，北京中天路通工程勘测有限公司完成贵州9个中药材种植基地1:500数字地形图测量工作；承担北京市三环主路（三元桥西－苏州桥）1:500数字地形图的测绘任务，完成1:500带状地形图修补测16.5千米；完成北京地铁15号线屏蔽门（安全门）工程学院路站和清华东路站测量工作；完成北京市曹慧路热力管线工程第三方监测项目的测量等工作。

## 高德软件有限公司

【业务】

2014年，高德地图每季度发布1份行业交通报告，总结各大城市交通状况，为公众交通出行、机构研究、政府决策提供参考依据，引起媒体及相关部门的关注。9月，召开发布会，发布新高德战略，推出“敢用敢赔”政策，为用户出行提供保障。12月，高德地图提出“快乐导航”理念，发布高德地图公交导航版，为公共交通出行用户提供指引和导航；并且发布郭德纲导航语音，为用户提供多样化选择。

艾媒咨询数据显示，高德地图以50.6%份额在2014年车主手机导航/地图品牌覆盖率中位居第一。CNIT-Research最新公布的《2014年9月份中国自驾车手机导航产品市场监测报告》显示，在累计活跃用户市场份额上，高德地图位居首位。

【其他】

高德软件有限公司获“美丽中国”第二届全国国家版图知识竞赛团体赛二等奖。

# 天津市

## 概况

2014年，天津市共有测绘资质单位117家，其中甲级18家、乙级34家、丙级59家、丁级6家。资质单位总数比2013年增加6家。全年新申请乙级测绘资质单位3家、丙级7家；注销测绘资质单位乙级3家、丙级1家。按单位性质分，资质单位中事业单位31家，企业单位86家（含私营企业36家）。全市测绘资质单位完成测绘服务总值17.88亿元，比2013年增加4.19亿元。其中私营企业完成测绘服务总值2.38亿元，比2013年增加1.06亿元。完成的重点测绘地理信息项目包括滨海高新区起步区、津宁高速项目地籍测绘，津汕高速南段项目核定用地，地铁中央广场项目地铁保护区监测等。

## 天津市地质工程勘察院

【业务】

2014年，天津市地质工程勘察院完成“天津市地面沉降监测”“天津空港区域管线探测及地形测量”“天津地铁6号线工程土建施工监控测量”“天津地铁5、6号线工程第三方监测等工程”“天津滨海站交通枢纽配套市政道路工程地下空间工程第三方监测及检测测量工程”等任务。承担“天津市矿政管理‘一张图’工程（二期）”“天津市三维城市地质信息系统维护和更新（二期）”和“2000坐标系下天津市中小比例尺地质地理数据库建立及地质成果转换方法研究”等地理信息系统研发项目。编绘出版《天津搜房图》《天津房地产展示交易会楼市图》《天津旅游观光图》等地图产品。360度免调平强制对中照准装置获实用新型专利。

【其他】

天津市地质工程勘察院参与完成的“天津市矿政管理‘一张图’工程建设”项目获2014年中国地理信息产业优秀工程奖银奖、天津市优秀测绘工程奖一等奖；“天津滨海新区地质资料二次开发”项目获全国优秀测绘工程奖铜奖；“津湾广场项目7、8号楼基坑监测工程”“天津市深基坑自动化监测信息管理系统”项目分获2014年天津市优秀测绘工程奖二、三等奖。1人被授予“天津市工程勘察设计大师”称号，1人入选2014年度天津市“131”工程第一层次人选，1人获第十二届天津青年科技奖。

## 交通运输部北海航海保障中心天津海事测绘中心

【业务】

2014年，交通运输部北海航海保障中心天津海事测绘中心共完成大连、天津、曹妃甸、青岛、日照等16个港口43幅港口航道图8666.27换算平方千米的测绘任务，比2013年度增加3.61%，产品质量优良率100%。组织完成石岛港附近“鲁荣渔50845”沉船扫测、盘锦港“苏连云港货2959”轮沉没水域扫测、“鲁莱州渔66279”沉船扫测共9项应急抢险探测任务。销售发行海图47654幅，用户评价良好。发布52期中英文改正通告，改正通告编辑差错为零。

承担的“北方海区海事测绘信息服务顶层设计研究”“便携式电子海图桌”2个项目通过验收；开展“天津市陆海一体化地理信息服务平台建设研究”“北方海区重点港口水文信息服务系统（一期工程）”等项目。

【其他】

交通运输部北海航海保障中心天津海事测绘中心组织完成的“激光验潮仪及水文信息采集管理系统”获2014年中国地理信息科技进步奖三等奖；“远距离GPS在航潮位测量方法及软件开发研究”获2014年中国测绘地理信息学会测绘科技进步奖三等奖。“成山角水域船舶定线制测量工程”“天津港复式航道及30万吨级航道扫测工程”项目分获2014年全国优秀测绘工程奖金、铜奖。“成山角水域船舶定线制测量工程”获2014年度水运交通优秀勘察奖一等奖，“天津港复式航道及30万吨级航道扫测工程”“辽东湾辽东浅滩水域及沉船测量工程”项目分获三等奖。

## 中铁隧道勘测设计院有限公司

【业务】

2014年，中铁隧道勘测设计院有限公司承担天津地铁5、6号线工程第三方现场监测、广州市轨道交通21号线控制测量及施工测量检测工程、郑州市轨道交通5号线工程控制测量检测、武汉市轨道交通7号线一期工程测量监理与监测等重大工程建设项目。开展隧道防坍塌预报预警系统、城市轨道交通三维雷达变形监测、基于CPIII技术的城市轨道交通工程测量系统应用研究等项目。

【其他】

中铁隧道勘测设计院有限公司参与完成的“杭州地铁1号线工程控制测量及施工测量检测工程Ⅰ标段”获天津市“海河杯”优秀勘察设计（工程勘察）奖二等奖、天津市优秀测绘工程奖二等奖；“杭州地铁1号线工程第三方监测服务JC1-1标段”“武汉市轨道交通二号线一期全线测量（监理及车站基坑监测）项目”分获天津市“海河杯”优秀勘察设计（工程勘察）奖三等奖；“沈阳地铁一号线一期及西延伸线工程测量检测和第三方监测”“西安市地铁一号线一期工程后围寨～纺织城控制测量检测和施工测量检测”分获天津市优秀测绘工程奖二、三等奖

## 天津市水利勘测设计院

【业务】

2014年，天津市水利勘测设计院承接了北京排污河（狼尔窝退水闸至东堤头段）治理工程，中小河流治理重点县综合整治和水系连通试点天津市武清区龙北新河治理实施方案，武清区黄沙河治理二、三期工程实施方案，天津市南水北调中线配套工程北塘水库完善工程初步设计，南运河治理工程实施方案，南运河两岸（万卉桥～星光路桥段）提升改造工程施工图，天津市武清区凤河西支综合治理实施方案，引滦水源保护工程于桥水库入库河口湿地工程实验区实施方案等多个勘察设计项目。

【其他】

天津市水利勘测设计院承担的“大沽排水河治理工程”项目获2014年度天津市“海河杯”优秀勘察设计奖二等奖；“潮白新河治理工程津冀交界至里自沽闸段纵横断面及地形图测绘”“杨家泊排水工程地形及纵横断面测绘”项目分获2014年度天津市优秀测绘工程奖二、三等奖。

## 天津市星际空间地理信息工程有限公司

【业务】

2014年，天津市星际空间地理信息工程有限公司完成测绘地理信息项目31项，主要包括天津市国土资源和房地产执法监察总队执法监察数据库系统项目、空港三维数字城市规划管理系统、川南井研-犍为区块/川东北马路背区块航拍工程、太原市中心城区机载LIDAR航测数据处理、2014年西安市三维模型数据生产项目第Ⅲ标段、雅安市主城区三维数据展示系统等。

【其他】

天津市星际空间地理信息工程有限公司取得发明专利授权1项，新申请发明专利20项，获得软件著作权12项；3人取得注册测绘师资格。完成的“三维时态城市信息管理系统”“盘山城建和旅游资源城乡一体化系统建设”2项部级科研成果通过结项验收。“天津市新能源汽车充电基础设施公共应用服务平台开发”被立项为2014年天津市重大科技专项（工程）项目。参与编制行业标准《车载移动测量技术规程》。参与完成的“城建项目规划移动智能监管平台软件研发与应用”获2014年卫星导航定位科技进步奖二等奖；“数字盘山”获2014年全国优秀测绘工程奖金奖。该公司2014年被列入天津

市专利试点企业，获“中国地理信息产业百强企业”称号。

## 中交天津港航勘察设计研究院有限公司

【业务】

2014年，中交天津港航勘察设计研究院有限公司完成“天津港大港港区10万吨级航道工程测量”“黄骅港综合港区工程测量”等多项重大测绘工程项目。其中，“黄骅港综合港区工程测量”项目测区航道全长62千米，研发了完善的水位控制解决方案，为中交天津航道局有限公司配备了潮位实时推算系统，提高了施工船在航道外段的施工精度。

【其他】

中交天津港航勘察设计研究院有限公司完成的“基于潮汐调和分析及余水位差分的潮位推算技术研究”获2014年中国测绘地理信息学会测绘科技进步奖三等奖，“天津港航道、港池泊位维护及基建工程测量（2012年）”获2014年天津市优秀测绘工程奖二等奖。

## 中交第一航务工程勘察设计院有限公司

【业务】

2014年，中交第一航务工程勘察设计院有限公司共完成测绘地理信息项目90多项，涉及工程测量、海洋测绘等专项测绘工程，覆盖营口港、锦州港、秦皇岛港、京唐港、青岛港、广东茂名港等港口和地区。开发网格化数据压缩软件并在多波束扫海测量中应用，完成基于Web GIS的南美地区（智利）港口地理信息系统、基于PDA的海上勘察导航定位系统及内网环境下基于Web GIS的《港口工程勘察设计辅助地理信息系统》等10多项科技成果，其中港口数字测绘数据处理系统、基于PDA的数字水准测量系统、基于GIS的营口港仙人岛港区地质信息系统获得计算机软件著作权。

【其他】

中交第一航务工程勘察设计院有限公司完成的“国电新疆吉林台一级水电站坝前铺盖层现状调查”获2014年天津市优秀测绘工程奖二等奖。

## 天津水运工程勘察设计院

【业务】

2014年，天津水运工程勘察设计院参加交通运输部组织的亚洲航空公司QZ8501失事飞机搜寻工作，完成161.25平方千米扫测，发现2处残骸，排除15处可疑目标。参加交通运输部“碧海行动”沉船扫海测量，完成22条沉船扫测；完成湖南郴州水库旅游船舶失事事故的搜寻扫测及上海打捞局2次应急扫测工作。2013年11月～2014年5月，完成温州港水下地形测量约851平方千米。2013年11月～2014年4月，承担广东华电湛江一期2×1000MW煤电项目圆形勘测之配套码头和航道工程水下地形测量工作。

【其他】

天津水运工程勘察设计院发表学术论文40多篇，获得实用新型专利7项，获得计算机软件著作权4项。完成的项目获2014年度水运交通优秀勘察奖二等奖1项，全国优秀测绘工程奖银奖1项、铜奖1项，2014年天津市优秀测绘工程奖二、三等奖各1项。

## 中国地震局第一监测中心

【业务】

中国地震局第一监测中心完成中国综合地球物理场观测、山西GPS监测网复测、跨断层观测场地监测等项目。实施一等水准观测任务共计5380.7千米，大地测量GNSS观测532个点位，相对重力联测218点（217测段）。对中国大陆及周边地区GNSS连续站和流动站的数据进行了解算与分析，获取了数据产品与分析成果。

研发了卫星定位数据处理软件SPAS，实现高精度、高频GNSS数据处理和对北斗卫星观测数据的相对定位处理。

【其他】

中国地震局第一监测中心完成的“‘中国综合地球物理场观测－青藏高原东缘地区’2010年、2011年GPS测量”项目获2014年天津市优秀测绘工程奖一等奖，“2012年区域水准测量”“天津市滨海新区低海拔地区面积测量”2个项目分获二等奖。“中国大陆构造环境监测网络2009年、2011年区域网GPS联测”项目获2014年全国优秀测绘工程奖银奖。发表专业研究论文46篇，取得国家知识产权局颁发的实用新型专利2项。

## 天津市国土资源测绘和房屋测量中心

【业务】

2014年，天津市国土资源测绘和房屋测量中心完成7900万平方米的房产测绘任务和1500多万平方米的地籍测绘任务；1800万平方米的公租房、小城镇建设、定向还迁安置经济适用房等保障房住房的房产测绘；新八大里土地公开出让、梅江会展中心二期房地产登记等重点项目的地籍测绘。自主研发了测绘资料档案电子化管理系统；积极推广自主研发的天津市房屋测绘一体化处理及应用系统，全年天津市各房地产登记机构利用该系统打印权证附图24.3万张。

【其他】

天津市国土资源测绘和房屋测量中心承担《天津市房屋面积测算技术规范》修订工作，完成的2个项目获2014年中国地理信息产业优秀工程奖铜奖，1个项目获全国优秀测绘工程奖铜奖，2个项目获天津市优秀测绘工程奖二等奖、4个项目获三等奖。

## 天津市勘察院

【业务】

2014年，天津市勘察院完成天津梅江会展中心项目、天津理工大学新校区二期项目竣工验收测绘，滨海高新区起步区、津宁高速项目地籍测绘，天津鞍钢天铁冷轧薄板有限公司房产测绘，津汕高速南段项目核定用地，地铁中央广场（南马路五金城）项目地铁保护区监测，天津广播电视大学配套工程地下管线测量等重点项目。承担完成天津市2014年高标准基本农田保护测绘项目，2013年高标准基本农田保护验收测绘项目。承担天津市地名调查项目，涉及南开、红桥、北辰、西青4个区1090平方千米的外业调查及数据库建库，共采集信息12.1万条。参与完成天津市地下管线普查工程中心城区、西青区、东丽区、静海县等区域1.5万千米地下管线探测工作。

参与编制国家标准《城市地下空间数据测绘规范》《室内多维位置信息标识语言》《室内外多模式协同定位服务接口》，行业标准《车载移动测量数据规范》《车载移动测量技术规程》《建筑变形测量规范》等。“三维时态城市信息管理系统”“盘山城建和旅游资源城乡一体化系统建设”2项部级科研成果通过结项验收；“天津市新能源汽车充电基础设施公共应用服务平台开发”被列为2014年天津市重大科技专项（工程）项目。

【其他】

天津市勘察院参与完成的“蓟县新城新农村建设挂钩试点复垦区项目”获2014年全国优秀测绘工程奖银奖，“玖龙纸业（天津）有限公司综合规划测量”“天津市港清三线地下管线探测”分获铜奖。“城建项目规划移动智能监管平台软件研发与应用”获2014年卫星导航定位科技进步奖二等奖。“文化中心广场项目工程地下管线探测”获2014年天津市优秀测绘工程奖二等奖。取得发明专利授权1项，新申请发明专利20项，获得软件著作权12项。

## 中水北方勘测设计研究有限责任公司

【业务】

中水北方勘测设计研究有限责任公司完成56个测绘地理信息项目，其中国内41项、国外15项，涉及工程测量、摄影测量与遥感、大地测量、地理信息工程、地图制图等多个专业。承担的重大项目包括甘肃省第一次全国地理国情普查2个县的工作；水利部全国重点地区洪水风险图编制项目；天津市、河北省、甘肃省、江苏省、云南省、山西省10个标段的工作，其中天津市和海河流域范围内的工作已完成。在某国外水电站工程项目中，以SAR立体雷达影像为数据源生产1:1万DEM，在技术方面进行了有益探索。

【其他】

中水北方勘测设计研究有限责任公司参与完成的“海河流域主要入海河口水下地形测量及主要河道地形测量项目”获天津市“海河杯”优秀勘察设计奖一等奖；“柬埔寨王国国公省基里沙果县旅游项目机载LIDAR地形图测量”获2014年全国优秀测绘工程奖铜奖；“老挝拉森水电站可研阶段测量”

项目获天津市优秀测绘工程奖一等奖。

## 天津市测绘院

【业务】

2014 年，天津市测绘院完成数字天津地理空间框架建设项目并通过国家测绘地理信息局验收；更新“天地图·天津”航空影像数据，为 20 个部门的管理信息系统建设提供服务；协助做好天津市地理国情监测项目及天津市第一次全国地理国情普查工作，普查生产任务已全部完成。开发完成天津市城市建设管理监管系统建设，为天津市四清一绿“美丽天津一号工程”制作专题用图 38 幅，编制的《天津市基础地理信息要素数据字典第 2 部分：1:10000 基础地理信息要素数据字典》通过专家审查。

【其他】

天津市测绘院获省部级以上科技进步奖和工程奖 18 项，其中中国地理信息科技进步奖 2 项、中国地理信息产业优秀工程奖 5 项、全国优秀测绘工程奖 1 项。在国内外公开期刊发表论文共 89 篇，其中中文核心期刊 12 篇。

## 天津市市政工程设计研究院

【业务】

2014 年，天津市市政工程设计研究院完成吉林大街畅通工程、吕梁新城盛地大道一期工程、石家庄东三环（丰产路-杜村连接线）改造工程、岳村天桥、杜阮北一路（西环路-江肇高速杜阮出入口）扩建工程、海南省文昌至琼海高速（机场连接线）公路工程、山东单县东外环改造工程、苏州市地铁 3 号线东段、琼海市嘉积至上埇公路改造工程、海南乐东滨海大道改线定测工程等多个项目。

受海南省乐东黎族自治县交通运输局委托，承担海南乐东滨海大道改线定测工程勘察设计工作，完成测区范围内 1:1000 地形图制图（包括各项调查）、定测及施工测量控制网建设等。受天津临港工业区建设开发有限责任公司委托，承担天津临港工业区一、二、三期基础设施工程勘察设计工作，承担 1:500 地形图测绘及各项调查工作。

【其他】

天津市市政工程设计研究院参与完成的“天津大道工程”获 2014 年全国优秀测绘工程奖铜奖，“津滨高速公路改扩建工程测绘”“天津集疏港公路二期南段工程测绘”项目分获 2014 年天津市“海河杯”优秀勘察设计奖二、三等奖，“塘承高速公路一期工程测绘”“北洋园沉降观测”项目分获 2014 年天津市优秀测绘工程奖二、三等奖。

## 天津金宇信息技术有限公司

【业务】

2014 年，天津金宇信息技术有限公司开发黑牛城道综合服务平台、北辰综合服务平台、道桥设施动态养管应用平台、城投集团物业经营管理综合平台、南港工业区正射影像信息管理系统及天津燃气综合管网信息系统等多个应用系统。参与开发天津市城市建设管理监管系统，完成总体方案、技术方案、资源目录，完成各分节点数据资料收集整理及云服务平台、融合平台的大部分开发工作。完成天津市域范围内 0.125 米分辨率的航摄任务和高分辨率正射影像图制作，完成津南区、生态城和武清区 0.087 米分辨率的三维影像航摄任务。完成津南区三维影像生产任务，开展解算生态城和武清区的三维影像数据。为天津市地方税务局和天津市城市排水监测站等多家单位提供地理信息技术服务。

【其他】

天津金宇信息技术有限公司参与完成的“天津市环保地理信息采集、融合、应用一体化服务平台建设”“城市三维地理信息系统软件的研发”分获 2014 年中国地理信息科技进步奖二、三等奖。

## 天津港湾水运工程有限公司

【业务】

2014 年，天津港湾水运工程有限公司在海洋勘察测绘方面为 13 座导管架 12 平方千米的预调查、总长 2137 千米的路由预后调查等工作提供勘察测量。其中 BZ28/34 油田群开发项目海管后调查、黄岩/残雪气田开发、平北黄岩油气田群开发项目海底管道预调查等工程项目采用多波束测深技术、旁扫声呐测量技术和浅地层/管线剖面测量等技术，完成 1247 千米管线铺设的预/后调查工作。在海洋导航定位方面为 330 千米海管铺设及 300 千米管线挖沟、20 座导管架安装完成导航定位工作。共完成外省、市测绘项目 46 项，实现产值 5000 多万。

【其他】

天津港湾水运工程有限公司拥有“一种用于水下定位综合系统”“一种基于 GPS 的浅水高精度定位导航系统”“一种用于深海导管架安装的无人高精度定位系统”等9项实用新型专利技术，被中国地理信息产业协会评为“中国地理信息产业百强企业”。

完成的“丽水 36-1 气田站外管线后挖沟导航定位”项目获 2014 年天津市优秀测绘工程奖三等奖。

## 铁道第三勘察设计院集团有限公司

【业务】

2014 年，铁道第三勘察设计院集团有限公司完成哈尔滨至牡丹江既有铁路电化改造初测 350 千米，商丘至阜阳铁路定测 265 千米、大同至张家口铁路初定测 150 千米，天津地铁 10 号线一期工程初勘 22 千米、深圳市城市轨道交通 10 号线工程定测 30 千米，石家庄至济南客运专线精密工程控制测量复测 446 千米、新建青岛至连云港铁路精密工程控制测量 192 千米，太中银铁路增二线 400 千米、京沪既有铁路复测 470 千米，新建塞拉利昂矿区铁路初测 227 千米。

【其他】

铁道第三勘察设计院集团有限公司取得软件著作权 4 项；完成的“哈尔滨至大连客运专线（沈大段）路基冻胀监测”获全国优秀测绘工程奖银奖，“新建铁路盘营客运专线精密工程控制测量”“新建铁路北同蒲应县至原平取直线工程雁门关隧道控制测量”分获天津市优秀测绘工程奖一、二等奖，“埃塞俄比亚铁路（Mesio - Dewele）段工程测量”“新建青岛至荣成城际铁路精密工程控制测量”“新建兴县至保德地方铁路工程测量”分获天津市“海河杯”优秀勘察设计奖一、二、三等奖；四维 QC 小组获“天津市优秀质量管理小组”称号。

# 河北省

## 概况

截至 2014 年底，河北省共有测绘资质单位 748 家，其中甲级 49 家、乙级 107 家、丙级 220 家、丁级 372 家，比 2013 年增加 26 家。测绘资质单位从业人员 16583 人。全省测绘资质单位涉及国土资源、地理信息、城乡建设、规划、水利等 20 多个行业，2014 年共完成测绘服务总值 26.13 亿元。河北省测绘资质单位参与或完成了“三维国土空间使用权项目”“首都经济圈地区重点大气颗粒物污染源监测项目”“农村土地承包经营权项目”“利用现代遥感技术开展省级卫片执法监察工作项目”“河北省海岛测量控制网建设”等 20 多个省级以上重大项目，服务领域覆盖国土、环保、税务、农业等 10 多个行业和部门，项目资金近 3 亿元。

## 中国石油天然气管道工程有限公司

【业务】

2014 年，中国石油天然气管道工程有限公司承担西气东输三线中段工程、哈尔滨-沈阳输气管道工程（哈尔滨-长春段）、云南成品油管道工程、格尔木油库-空军格尔木场站输油管道工程、兰州出站管线改造工程、中亚天然气管道 D 线工程可行性研究、中亚天然气管道 D 线工程初步设计、楚攀凉天然气管道（楚攀段）、伊拉克 shell 马基努恩油田外输管道项目、乍得管道等 10 项工程。

【其他】

6 月，中国石油天然气管道工程有限公司被河北省地理信息产业协会授予河北省地理信息产业“十佳单位”称号；9 月，被中国地理信息产业协会授予“中国地理信息产业百强企业”称号。全年获省部级奖励 5 项，其中“中缅油气管道工程缅甸段”获全国优秀测绘工程奖银奖，“中缅油气管道工程（缅甸段）海底管道”项目获河北省测绘学会科学技术奖二等奖，提高机载 LIDAR 数据处理效率获 2014 年度国家工程建设（勘察设计）优秀 QC 小组三等奖。

## 正元地球物理有限责任公司（中国冶金地质总局地球物理勘查院）

【业务】

2014年，正元地球物理有限责任公司（中国冶金地质总局地球物理勘查院）完成江苏省扬州市建成区3600千米市政管线的管线普查监理，浙江省诸暨县江藻镇房屋用地调查，伊拉克米桑油田输水管线探测及带状图测绘，秦皇岛经济技术开发区（西区）雨污水管线探测及管线信息管理系统升级等工程。引进加拿大ITRES公司生产的CASI1500H和SASI600航空高光谱成像系统，与已有的航空物探（含航空电法测量、航空磁法测量、航空放射性测量）设备结合，形成较为完整的航空对地探测体系。提出的基于深度加权方法的隐蔽管线点精度定义方式被写入新版《城市地下管线探测技术规程》修改意见稿。

【其他】

正元地球物理有限责任公司（中国冶金地质总局地球物理勘查院）监理的“衢州市市区综合地下管线探测工程”项目获2014年全国优秀测绘工程奖铜奖、2014年河北省优秀地理信息工程奖二等奖，“高新园区建成区1:500地形测绘及处理入库、地下管线探测工程”项目获2014年河北省优秀地理信息工程奖三等奖。

## 河北省保定地质工程勘查院

【业务】

2014年，河北省保定地质工程勘查院完成财政投资及市场测绘项目160多项。承担完成保定市雄县、唐县、阜平县，张家口市宣化县、蔚县、阳原县6个县农村集体土地所有权和使用权权属调查11650.52平方千米；矿山监测与治理测绘任务38个矿点；2个县土地规划编制和数据库建设；阜平县土地整治项目测绘3.1平方千米；保定市涞源县、阜平县、唐县、易县等山区地质工程测量20平方千米；邯郸市19个县、市（区）乡（镇）政府所在地1:500地籍调查数据库建设预检工作。完成的国外项目主要有马达加斯加国图利亚省安巴西塔石墨矿1:1万和1:5000地形测量及工程地质测量60.5平方千米。

【其他】

河北省保定地质工程勘查院获“河北省先进集体”“河北省文明单位”称号和河北省地理信息产业2012—2013年度“优秀测绘单位”称号。完成的“宣化县土地利用总体规划地理信息工程”“阜平县农村集体所有权确权登记发证”项目获2014年河北省测绘学会科学技术奖二、三等奖。

## 河北中核岩土工程有限责任公司

【业务】

2014年，河北中核岩土工程有限责任公司主要完成中原油田管道天然气气化邯郸工程、中国石化天津液化天然气（LNG）项目输气干线工程等1:2000带状地形测量100多千米以及山东海阳核电厂工程3号机组次级网复测，福建漳州核电厂一期工程首级测量控制网，防城港核电厂二期工程补充地形测量等任务。在建的变形监测项目有田湾核电站扩建工程5、6号机组人工边坡监测，田湾核电站3、4号常规岛及UQF基坑监测，中国原子能科学研究院科技综合楼沉降观测及基坑变形监测，飞凤山低中放固体废弃物处置场边坡监测以及山东海阳核电厂建筑物沉降测量等。

【其他】

河北中核岩土工程有限责任公司完成的“青龙铀矿二期矿区控制测量及地形图补测”获核工业部级优秀工程勘察奖三等奖，“河北海兴核电厂陆域1:1000地形测量”获2014年河北省优秀地理信息工程奖二等奖。

## 保定金迪地下管线探测工程有限公司

【业务】

2014年，保定金迪地下管线探测工程有限公司共签订工程合同66个，合同金额1.4亿元。完成地下管线探测57513千米，完成地形图测绘62.65平方千米，输出地下管线图61441幅。开发燃气管线巡线系统、GDInfo数字旅游地理信息系统、GDInfo数字警用地理信息系统、基于ArcGIS的排水设施运行管理平台。

【其他】

保定金迪地下管线探测工程有限公司参与完成的“德阳市综合地下管线普查三维管理及共享系

统”获2014年中国地理信息产业优秀工程奖金奖；“中山市中心城区地下综合管线普查探测工程”“海口市城市地下管线普查工程”分获河北省测绘学会科学技术进步奖三等奖；“龙游县管线普查工程”项目获河北省优秀地理信息工程奖三等奖。

## 中国建筑材料工业地质勘查中心河北总队

【业务】

2014年，中国建筑材料工业地质勘查中心河北总队承担完成2014年黑龙江省五常市、双城市、阿城区第一次全国地理国情普查工作；承担元氏县8个村农村集体土地承包经营权确权登记发证、数字保定地理空间框架建设项目（A包），完成1:1000像片控制点连测、建成区1:2000数字高程模型、1:2000数字正射影像各320平方千米，地名地址普查90平方千米；承担山西省榆次区农村集体土地使用权地籍调查、宗地编码、数据库建库项目，新乐市农村集体建设用地使用权和宅基地使用权确权登记发证、数据库建设等项目。

【其他】

中国建筑材料工业地质勘查中心河北总队被评为2012—2013年度河北省地理信息产业“十佳单位”，完成的“合肥市城镇土地变更调查与地理空间框架更新项目”获2014年度建材行业优秀工程勘察奖二等奖。

## 河北省煤田地质局物测地质队

【业务】

2014年，河北省煤田地质局物测地质队完成隆尧县高标准基本农田建设项目1:2000地形图测绘40.3平方千米，南宫市农村集体土地确权地籍图测绘项目1:500和1:2000地籍图测绘10.3平方千米，邢东矿先于村地表岩移观测项目共119个监测点3次观测，河北省平乡县太行山前土地整治示范项目工程复核工作73.07平方千米，河北省任县永福庄乡、邢湾镇2个乡镇高标准基本农田建设项目核查工作20.45平方千米，隆尧县2014年农村土地承包经营权确权登记项目约17000多亩；广宗区外围煤炭勘查项目二维地震勘查工程测量测线定测59.74千米，冀中能源股份有限公司邢东矿后备区三维地震勘探工程测量测线定测10.34平方千米等测量工作。

【其他】

河北省煤田地质局物测地质队获2012年～2013年“河北省文明单位”称号。通过ISO14001环境管理体系、OHSAS18001职业健康安全管理体系认证。完成的“沙河市高店铁矿竖井井下工程控制与地名控制联系测量项目”获2014年河北省优秀地理信息工程奖三等奖。

## 河北省电力勘测设计研究院

【业务】

2014年，河北省电力勘测设计研究院主要完成酒泉—湖南±800kV特高压直流输电线路工程、蒙西—天津南1000kV交流特高压输电线路工程、中国水电建设集团华亭发电有限责任公司二期2×1000MW机组新建工程、神华国华宁东发电厂2×660MW扩建工程、巴基斯坦卡西姆2×660MW燃煤电厂、伊朗布迪亚500MW联合循环电站项目、摩洛哥Jerada电厂1×350MW超临界燃煤电站工程、波黑Zenica 390MW热电联产联合循环燃机电站工程等测绘项目200多个，测绘产值3000多万元。

【其他】

河北省电力勘测设计研究院参编的《电力工程数字摄影测量技术规程》获2014年中国测绘地理信息学会测绘科技进步奖三等奖；完成的“国华沽源坝缘风电场100MW工程”获2014年全国优秀测绘工程奖铜奖；“电力工程坐标转化管理系统研究与开发”获河北省测绘学会科学技术奖一等奖；“阳原窨子沟100MWP光伏并网电站项目”获河北省优秀地理信息工程奖三等奖；“线路测量内外业一体化处理系统”获电力建设科学技术进步奖三等奖；“输电线路杆塔坐标的获得方法”获国家发明专利；“GPS高程精度控制装置”获新型适用性专利；“电力工程坐标转换软件V1.0”获计算机软件著作权；勘测测绘QC小组《提高线路测量外业工作效率》获2014年度国家工程建设（勘测设计）优秀QC小组二等奖、河北省勘察设计咨询行业优秀QC成果一等奖，勘测测绘QC小组被评为2014年全国电力行业优秀质量管理小组二等奖、河北省优秀质量管理小组；经天纬地班组（测绘班组）被评为2014年度河北省质量信得过班组。

## 河北省第二测绘院

【业务】

2014 年，河北省第二测绘院开展“河北省 2014 年度秸秆禁烧地理信息应急监测”项目，并在 APEC 会议期间对环北京等重点区域加强巡查力度，监测总面积 10 万平方千米以上，协助政府有关部门准确、高效地监督、监察。完成保沧地区 72 幅外业调绘工作，秦皇岛、邯郸数字城市建设完成并通过验收，完成数字栾城、数字隆化预验收，启动 10 个县级数字城市建设工作。完成“首都经济圈地区重点大气颗粒物污染源监测项目”河北省区域内的作业任务。开展沧州“以地控税、以税节地”试点工作，完成沧州“以地控税以税节地”管理信息系统项目建设并申请软件著作权。受北京铁路局委托，研发北京铁路局 3D 数字铁路用地管理系统。完成秦皇岛、承德市地理国情普查工作 4.79 万平方千米、2203 幅 1:1 万图幅影像图的制作、外业核查、内业解译等工作。完成藁城、冀州、宽城 3 地实景三维制作。完成 835 个帮扶村和提升村测图任务。

【其他】

河北省第二测绘院完成的“数字秦皇岛地理空间框架建设”项目获全国优秀测绘工程奖银奖；“昌黎县县域 1:5000 地形图调绘项目”获河北省优秀地理信息工程奖一等奖，“沧州市地面沉降监测二等水准测量”“井陉县城乡一体化地籍管理系统”分获河北省测绘学会科学技术奖二、三等奖。

## 核工业航测遥感中心

【业务】

2014 年，核工业航测遥感中心完成的主要测绘业务涉及地籍测量、工程测量、航空摄影测量、地理信息系统等方面，主要承担秦皇岛市卢龙县刘田各庄镇、蛤泊乡农村宅基地、集体建设用地使用权点调查与测绘，山东省博山区电力营配贯通低压普查测绘，济南市区及县电力设备测量，承德市及周边地区 1:1000 地形图航空摄影测量内业测绘，杭州绕城高速公路西复线工程富阳段 1:2000 数字化地形图测量等项目。

完成衡水等 3 个农村土地承包经营权登记试点，山东省桓台县新城镇、田庄镇 6 万亩土地确权登记，秦皇岛市卢龙县农村集体土地确权登记发证项目 127 个村的确权登记发证工作。完成广西壮族自治区资源县老棚子-向阳坪地区控制测量、航空摄影外业调绘及航空摄影 1:2000 内业数字化成图。

【其他】

核工业航测遥感中心完成的“京蔚高速公路（张家口段）1:2000 数字地形图及数字高程模型项目”获河北省优秀地理信息工程奖二等奖。

## 中勘冶金勘察设计研究院有限责任公司

【业务】

2014 年，中勘冶金勘察设计研究院有限责任公司完成测绘项目 35 项，主要包括昆明市地下管线普查、咸宁市地下管线普查、首钢迁钢车辕寨新征地区域测绘、日照钢厂控制测量、迁安金融街基坑监测、英利集团科技小镇 1:2000 地形图测绘等，实现产值 1025 万元。

【其他】

中勘冶金勘察设计研究院有限责任公司年内通过“国家高新技术企业”认证，自主开发的地基测量分析系统、边坡稳定性基础测量分析系统、地理信息系统获计算机软件著作权登记证书。参与编写国家标准《冶金工程测量规范》（GB 50995-2014）。合作完成的“补测首钢主厂区地形图及地下管线工程”获 2014 年全国优秀测绘工程奖铜奖。

## 化学工业第一勘察设计院有限公司

2014 年，化学工业第一勘察设计院有限公司实现主营业务收入 25253 万元，实现利润总额 1233 万元，公司总资产达到 26492 万元。其中，工程测绘专业实现产值 1050 万元，完成工程控制测量及服务项目 4 项，产值 950 万元；沉降及变形监测项目 5 项，产值 66 万元；其他测量项目 7 项，产值 34 万元。新增拓普康 MS05AX 全站仪 1 台、天宝 R4 RTK 型 GPS 接收机 4 台，升级华测 T5 RTK 型 GPS 接收机 4 台，完善 RTK 技术与全站仪相结合用于厂区水平位移监测的方法，提高工作效率与测量精度。

## 中国石油集团东方地球物理勘探有限责任公司

【业务】

2014年，中国石油集团东方地球物理勘探有限责任公司通过科技研发，逐步形成能满足陆上物探测量、海上导航定位、测量行业应用等业务需求的“GeoSNAP”品牌。截至年底，完成商标注册9个、软件著作权登记16项、专利申请4项，参与制定企业标准7项。自主研发的GeoNavA-22手持RTK接收机在大港、吐哈、塔里木等物探工区投入生产60台（套）；自主研发的震源导航系统在北疆、吐哈、辽河、外蒙等地13个物探工区配套24台（套）；“北斗”三星八频GNSS接收机在华北探区试生产取得成功；自主研发的海上勘探综合导航系统（简称Dolphin）进入国际勘探市场。中标伊拉克鲁迈拉油田200万美元GIS测量项目。

【其他】

中国石油集团东方地球物理勘探有限责任公司获2012—2013年度河北省地理信息产业“十佳单位”称号。承担的“2013海南福山凹陷及洋浦滩区低空航拍技术服务”项目获2014年河北省测绘学会科学技术奖一等奖。“2011年冬-2012年春霸县凹陷霸县左各庄三维地震采集项目”“2013年度柴达木盆地狮子沟—油砂山构造带英西三维地震测量”项目获2014年河北省优秀地理信息工程奖二、三等奖。

## 河北省地球物理勘查院

【业务】

2014年，河北省地球物理勘查院完成河间市城区东、南部1:1000数字地形图测绘22.3平方千米。承担河间市城区地下管线工程普查及建立地下综合管线管理系统工作，完成河间市城区及城东开发区的地下管线探测任务，建立面积为29.44平方千米、管线总长度为592千米的地下管线及相关设施数据库和基础地形数据库。完成廊坊市2个超高建筑的变形监测。完成廊坊市商品街基坑及周边建筑工区1.3千米的位移与变形监测工作。完成固安县9条道路25千米1:1000带状地形图测绘。承担河间市5个小区的竣工测量工作。

【其他】

河北省地球物理勘查院承担的“固安县固安镇城镇地籍变更调查”项目获2014年河北省优秀地理信息工程奖三等奖。

## 河北天元地理信息科技工程有限公司

【业务】

2014年，河北天元地理信息科技工程有限公司实现营业收入6670多万元，其中地籍调查及系统建设约占45%，地下管线探测及系统建设约占45%，航测和数据处理约占5%，房产测量、工程测量、监理等约占5%。参加山东、河北省的农村土地承包经营权省级试点工作。

【其他】

河北天元地理信息科技工程有限公司被评为“中国地理信息产业百强企业”。完成的“锦州市地下管线普查探测第一标段”“宽城满族自治县农村集体土地所有权确权登记发证”“三河市集体土地所有权确权登记发证”项目获2014年全国优秀测绘工程奖铜奖，“密云县农村集体土地所用权发证测绘项目（一标段）”“大通回族土族自治县集体土地所有权确权登记发证”项目分获2014年河北省优秀地理信息工程奖一、三等奖。

## 秦皇岛市测绘大队

【业务】

2014年，秦皇岛市测绘大队完成秦皇岛市城市区1:500数字地形图更新维护30.1平方千米。完成其他各类测绘项目130多项，主要包括秦皇岛市城市规划、市区道路工程、各种管网工程、河道治理、旧城改造、房地产开发等城市工程测量和市区内所有地籍测绘、工程项目征地、土地勘测定界等土地测量项目。共测绘和编制各种图件1390多件，其中各类1:500工程地形图（含竣工图）60多项，总面积38.6平方千米；地籍、宗地图842宗，总面积16.2平方千米；征地用图50宗，总面积11.1平方千米；规划用地图62项，总面积1.9平方千米；土地勘测定界图168宗，总面积6.2平方千米。

【其他】

秦皇岛市测绘大队完成的“2012年度秦皇岛市城区1:500地形图更新维护项目”获2014年河北省

测绘学会科学技术奖三等奖，“汤河两岸 1:500 地形图测绘”获 2014 年河北省优秀地理信息工程奖三等奖。

## 河北省地矿局秦皇岛资源环境勘查院

【业务】

2014 年，河北省地矿局秦皇岛资源环境勘查院完成地勘指令性项目测绘及市场测绘工程项目共 50 多项，编制技术报告、资料整编 1000 多份，出图 1200 多幅，为地质找矿、海洋管理和地方经济建设提供服务保障。

完成秦皇岛市山海关区、海港区、开发区、北戴河区、抚宁县、昌黎县共 6 个县（区）2013 年度海籍变更调查测量及调查信息、测量数据入库工作，11 月该项目通过河北省海洋局的验收。开展老挝人民民主共和国甘蒙省丰调锡矿勘查项目测量工作，完成 E 级 GPS 控制点建设 20 个、物探测网布设 3 平方千米、剖面线测量 42.15 千米、工程点测量 1105 个。完成河北省遵化市 2014 年度矿山动态监测项目全年监测工作，监测矿山 55 处，编制动态监测报告累计 660 册。阶段性完成中国黄金集团迁西鑫峪矿业有限公司东荒峪镇栗树沟铁矿区详查项目测量、河北省遵化市堡子店航测异常查证项目测量、遵化市张各庄～前埔一带铁矿预查项目测量、北戴河区农村集体土地使用权确权登记发证等工作。承担的河北省迁西县汉儿庄乡石门子-小关庄铁矿详查测量、迁西县汉儿庄乡鸽子峪-孟子岭铁矿详查测量和秦皇岛港公用航道疏浚维护工程航道测量 3 个项目通过河北省测绘产品质量监督检验站验收。

【其他】

河北省地矿局秦皇岛资源环境勘查院完成的“秦皇岛港公用航道疏浚维护工程航道测量”“秦皇岛市昌黎县 2012 年度海籍变更调查”项目获河北省优秀地理信息工程奖一、三等奖。

## 河北省制图院（河北省渤海测绘管理中心）

【业务】

2014 年，河北省制图院（河北省渤海测绘管理中心）承担保定、唐山、邯郸 3 市 4.77 万平方千米地理国情普查任务。完成曹妃甸工业区、迁安市地理国情普查数据综合统计分析工作，编写了曹妃甸工业区地理国情监测报告、迁安市城区变化监测报告。完成廊坊市下辖县、市、区数字城市建设启动工作。完成保定市 412 个、廊坊市 430 个提升村测图任务。完成唐山海岸带、海岛三维地表模型建设示范工程，河北省沿海及沿海区域控制网建设及应用，秦皇岛入海河流流域基础地理信息更新采集与正射影像图制作等项目。承担石家庄市长安区、平山县，承德市双滦区，张家口市怀来县、张北县，唐山市迁西县、滦县农村集体建设用地使用权、宅基地使用权确权登记发证项目。承担河北省农村集体土地确权系统建设项目的研发工作。

【其他】

河北省制图院（河北省渤海测绘管理中心）获 2012 年～2013 年“河北省文明单位”及 2012—2013 年度河北省地理信息产业“十佳单位”等称号。完成的“唐山海岸带、海岛三维地表模型建设示范工程项目”“河北省土地整治项目三维设计系统（三维基础地理信息数据获取研究）”“河北省唐山市海岸线标识测量与埋设”分获河北省测绘学会科学技术奖一、二、三等奖；“石家庄市赵县农村集体土地所有权确权登记发证项目”获 2014 年河北省优秀地理信息工程奖二等奖。自主研发的“CreatMap 地理信息共享服务云平台”取得计算机软件著作权登记。

## 河北省地矿局石家庄综合地质大队

【业务】

2014 年，河北省地矿局石家庄综合地质大队完成平山县、井陉县、行唐县、正定县、深州市、兴隆县、临漳县、尚义县、任县、广宗县耕地后备资源调查评价工作。完成井陉县、行唐县、深州市、兴隆县、元氏县、正定县、深泽县 2013 年土地变更调查工作。完成正定县、隆尧县、高邑县等 9 个县（市）高标准基本农田建设勘测、规划设计项目，总面积约 50 万亩。完成石太二线高速公路勘测定界、京石客运专线土地登记发证正定段、井陉段宗地图测绘工作。完成 4 个矿区矿山工程测量，其中井下巷道测量 2500 米，探槽、钻孔测量 30 个，动态监测矿山 44 个。完成水利工程纵横断面测量 1000 千米。承担石家庄、张家口、邢台、承德、温州等市14个县、市（区）农村宅基地使用权及农村建设用地使用权发证工作部分任务，已完成16.79万宗调查测绘任务，占全部承担任务的30%。

【其他】

河北省地矿局石家庄综合地质大队承担的“石家庄市南部工业区工业组团地形测量”获2014年中国地理信息产业优秀工程奖铜奖，“温州永嘉县农村集体土地所有权确权登记发证”项目获2014年全国优秀测绘工程奖银奖，“广宗县集体土地所有权确权登记发证”“行唐县集体土地所有权确权登记发证”项目分获2014年河北省优秀地理信息工程奖二、三等奖，“元氏县农村集体土地所有权”项目获2014年河北省测绘学会科学技术奖三等奖。4月，该队获“全国五一劳动奖状”，10月，取得甲级土地规划机构证书；11月，被评为2012年~2013年“河北省文明单位”。

## 河北博翔地理信息技术有限责任公司

【业务】

2014年，河北博翔地理信息技术有限责任公司完成2013年度土地变更调查与遥感监测项目大名县1053平方千米、永年县908平方千米、武安市1818平方千米的土地变更；完成大名县城补测1:5000地形图项目约18平方千米；完成永年县城区地下综合管线普查206千米；承担武安市、沧州青县农村集体建设用地使用权和宅基地使用权确权登记发证工作；完成天津LNG港池及锚地测量变更项目水准测量2千米、单波束测量1.2平方千米；完成天津港中化石化码头港池泊位测量工程约0.3平方千米；完成天津港国际邮轮码头二期工程临时通航扫海测量项目0.48平方千米；完成数字磁县林坛工业区和漳河生态科技园1:500地形图测量、地名地址普查、三维建模项目8.7平方千米。

【其他】

河北博翔地理信息技术有限责任公司获2012—2013年度河北省地理信息产业“十佳单位”称号；承担的“数字邯郸地理空间框架建设项目A标段三维模型采集入库”项目分获2014年全国优秀测绘工程奖铜奖和河北省测绘学会科学技术奖二等奖；“唐山港曹妃甸港区三港池航道工程”项目获河北省测绘学会科学技术奖三等奖。

## 河北省欣航测绘院（河北省地质测绘院）

【业务】

2014年，河北省欣航测绘院（河北省地质测绘院）完成测绘类工程项目70多项，主要包括承德高新区农村集体土地确权登记发证、天津市农村集体土地使用权及其他地上房屋确权登记发证监理、杭长高速公路北延及山西省高速公路网第十横工程测量、南广铁路NGEQ-6标段工程测量、广西大藤峡水利枢纽工程地形测量、北京东城区绿化资源普查、白洋淀科技城1:1万遥感正射影像图制作及1:1000数字地形图测绘等。

【其他】

河北省欣航测绘院（河北省地质测绘院）建成无人飞艇低空遥感系统并在多个测绘项目中应用。被评为2012—2013年度河北省地理信息产业“十佳单位”，完成的《中国文物地图集·河北分册》获2014年优秀地图作品裴秀奖铜奖。

## 河北省水利水电第二勘测设计研究院

【业务】

2014年，河北省水利水电第二勘测设计研究院完成河北省重点项目衡水市南水北调配套工程阜城和景县支线水厂以上输水管道工程、邢台市配套工程第三设计单元水厂以上输水管道工程初步设计阶段测量，累计测制1:2000地形图19.14平方千米、1:500地形图0.44平方千米。完成永清县地表水厂、新河县地表水厂、饶阳县地表水厂工程测量，累计测制1:1000地形图8.27平方千米、1:500地形图0.72平方千米。完成崇礼县申办冬奥会水利规划项目测量1:2000地形图3.27平方千米。完成国家重点项目引黄入冀补淀工程弃土场、渠道和建筑物地形图测量1:500地形图4.1平方千米和1:1000地形图1.74平方千米。完成宁晋盐化工园区供水工程测量1:500地形图1.17平方千米、完成滦河流域兴隆县柳河综合治理工程测量1:500地形图0.32平方千米和1:1000地形图9.13平方千米。完成国家重点项目邵明煤田采空区变形对南水北调中线工程总干渠影响变形监测研究周期测量等工作。全年测绘服务总值1000多万元。

【其他】

河北省水利水电第二勘测设计研究院承担的“河北省南水北调配套工程保沧干渠工程初步设计阶段测量”项目获2014年河北省优秀地理信息工程奖一等奖，“河北省南水北调配套工程邢清干渠工程初步设计阶段测量”项目获2014年河北省测绘学会科学技术奖三等奖。

## 河北中色测绘有限公司（北京中色测绘院有限公司）

【业务】

2014年，河北中色测绘有限公司（北京中色测绘院有限公司）主要业务领域涉及数字农业、地理国情普查、数字国土、数字城市、管线探测等。在承担的第一次全国地理国情普查项目实施过程中，采取先进的电子地图调查法，提高作业效率。在河北省地理信息局的主持下，完成“数字邯郸地理信息公共平台建设”“廊坊地理信息数据库管理系统建设”2项科技成果的鉴定工作。截至年底，共有移动测量车、三维激光扫描仪、影像全站仪、低空航飞仪、陀螺仪等测绘仪器设备共计272台套。

【其他】

河北中色测绘有限公司（北京中色测绘院有限公司）全年共获测绘地理信息奖项8项，其中中国测绘地理信息学会测绘科技进步奖二等奖1项、全国优秀测绘工程奖铜奖1项，中国地理信息产业优秀工程奖铜奖1项，卫星导航定位科技进步奖三等奖1项，北京测绘学会测绘科技进步奖一等奖1项、三等奖2项，北京市优秀测绘地理信息工程奖一等奖1项。公司获“中国地理信息产业百强企业”称号，通过高新技术企业认证、OHSAS18001职业健康安全管理体系认证、ISO14001环境管理体系认证。

## 河北省北方勘测设计有限公司

2014年，河北省北方勘测设计有限公司完成尚达豪庭车库基坑一期变形监测、水晶国际高层办公楼基坑及周边建筑变形观测、南大园村地籍测量、石城县城区地下管线普查、彭州市城市排水防涝设施普查数据采集、含山县地下管线普查、吉安市中心城区地下综合管线普查工程等项目，完成合同金额876.6万元。

## 河北省第三测绘院（河北省航天航空遥感技术应用中心）

【业务】

2014年，河北省第三测绘院（河北省航天航空遥感技术应用中心）完成承德、张家口、定州农村面貌改造提升重点村699个，张家口、廊坊、沧州部分地区4.7万平方千米地理国情普查2158幅影像图制作、外业核查、内业解译编辑，1:1万基础测绘保定132幅地形图数据、石保沧1345幅正射影像图生产，张家口崇礼县1:2000地形图631平方千米、1:5000地形图310平方千米以及交通、行政区划、专题影像图制作，数字张家口各种比例尺数据生产及入库。应用河北省地理信息基础平台完成省食品药品管理局药安食美平台建设工作。完成石家庄、张家口、唐山等地建成区400平方千米倾斜摄影实景三维制作，开发了唐山世界园艺博览会地理信息辅助规划系统、城市实景三维综合应用平台SUPERCITY。利用无人机为农村宅基地确权、城市规划等项目制作影像图700多平方千米。完成邢台16个重大地质灾害点监测的航空摄影工作并建立灾害点三维地面模型。参与秦皇岛抚宁山火火灾救援，派无人机为救火指挥部提供火灾影像信息。与法国空客公司合作完成石家庄市地面沉降监测，并达成合作成立数据生产技术中心意向。

【其他】

河北省第三测绘院（河北省航天航空遥感技术应用中心）完成的“基于倾斜航空摄影测量技术的实景三维数据获取、处理及应用研究”项目获2014年中国地理信息科技进步奖一等奖、河北省测绘学会科学技术奖一等奖，“河北省基层建设年活动帮扶村庄地形图测绘”“石家庄城市实景三维数据生产项目（Ⅰ期）”项目分获2014年全国优秀测绘工程奖金、铜奖，“尚义县农村集体土地所有权确权登记发证”获2014年河北省优秀地理信息工程奖一等奖。

## 中冀石化工程设计有限公司

【业务】

2014年，中冀石化工程设计有限公司完成黄岛输油管道搬迁项目测量及物探（含1126事故抢险）；中石化华南分公司百昆线蒙自-南屏段、柳州-桂林成品油管道，昆明-玉溪成品油管道，贵阳-桐梓成品油管道等约5000千米输油（气）管道勘察测量工程；天津国储库、曹妃甸商储库、湛江商储、海南商储等100多座大型油库、站场的岩土工程勘察、测量、检测和监测等任务。

【其他】

中冀石化工程设计有限公司完成的“曹妃甸（码头）原油商业储备基地工程储罐沉降观测工程”“2014年大榭岛-镇海原油管道复线测量工程”分获河北省优秀地理信息工程奖二等奖。

# 山西省

## 概况

截至2014年底，山西省共有测绘资质单位517家，其中甲级21家、乙级64家、丙级163家、丁级269家；其中私营企业275家，占持证单位总数的53.2%。2014年全省测绘资质单位测绘服务总值13.54亿元，从业人员1.1万多人。全省行业单位主要完成山西省第一次地理国情普查，山西省高程测量现代化建设项目，山西省全景影像数据库建设，山西省智慧旅游地理信息服务平台建设，数字城市建设，农村土地确权登记发证等重大项目，编制《能源地图集》《非物质文化遗产地图集》《广西壮族自治区农业地图集》等地图。

## 山西天昇测绘工程有限公司

【业务】

2014年，山西天昇测绘工程有限公司共完成67项控制测量及变形监测任务，其中高速铁路项目16条线、普通铁路测量10条线、地铁控制测量2项、变形监测项目4项、高速公路项目1项。主要包括天津南岗铁路控制网复测、成都至贵州客专控制网复测、青岛至连云港客专控制网复测、天津地铁1号线复测、哈尔滨至大连铁路客运专线线下工程沉降变形普查性监测及精密控制网复测等。共完成控制测量981.4千米，轨道精调测量单线320千米，轨排精调测量106.3千米，CPIII（轨道控制网）建网、复测287.279千米，线路结构物线坐标复核测量7.7千米，运营阶段变形监测342千米。全年完成产值4209万元。

【其他】

山西天昇测绘工程有限公司完成软件开发2项，科技成果1项，设备创新1项。洞内导线测量QC小组获2014年度全国工程建设优秀QC小组奖二等奖。

## 山西省水利水电勘测设计研究院

【业务】

2014年，山西省水利水电勘测设计研究院承揽山西省中部引黄工程、辛安泉供水改扩建工程、山西省小浪底引黄工程、山西省晋中东山供水工程4个山西省重点大水网项目，承担保德县李家湾水库、山西省黎城县南村水库工程、山西省壶关县红豆峡水库工程、黎城南村水库上游三联坝测量等小水库更新建设项目17项，完成山西省运城北赵引黄灌区二期工程、桑干河册田灌区续建配套与节水改造骨干工程、大同市灵丘县北跃灌区改扩建工程、洪洞县曲亭水库应急专项修复加固工程等中小型水库及自营项目12项。

共完成C级GPS 120点、D级GPS 210点、E级GPS 625点、断面测量390千米、等级水准测量80千米、地形图测量折合292标准平方千米。

【其他】

山西省水利水电勘测设计研究院承担的“禹门口提水东扩工程（一期）”“长距离输水PCCP管道环境土杂散电流腐蚀性测试”分获2014年山西省优

秀工程勘察设计奖一等奖，“晋城围滩水电站技施设计阶段工程地质勘察”获二等奖。

## 阳泉新宇岩土工程有限责任公司

**【业务】**

2014年，阳泉新宇岩土工程有限责任公司测量工程专业完成工程50多项，涉及工程测绘、地形测量、沉降观测、地籍确权、煤矿日常服务、煤矿保护煤柱设计等方面。主要承担晋中市平遥农村集体建设用地、宅基地确权项目平遥县卜宜乡和段村镇共49个农村的土地确权工作，已完成21个村庄共9006宗土地调查，共埋设地籍测量控制点88个，已实测地形图6.66平方千米。完成阳煤集团和顺国贸工业园区大面积1:500地形图测量并通过验收。承担阳煤二矿小区、四矿小区、巨兴小区，嘉瑞大厦等建筑物沉降观测，其中巨兴小区和嘉瑞大厦的沉降观测已完成并通过验收。承担山西新元煤炭有限责任公司、山西阳煤寺家庄煤业有限责任公司、山西平舒煤业有限责任公司的井下巷道贯通测量工程，其中寺家庄公司和平舒公司的巷道已贯通；完成平舒公司村庄保护煤柱设计工程，寺家庄公司秦山水库、关山水库保护煤柱地形图测量及设计工程。

**【其他】**

阳泉新宇岩土工程有限责任公司测量QC小组因《提高井下导线的测量精度》被中国煤炭工业协会评为2014年度煤炭工业优秀质量管理小组。

## 山西省地质测绘院
## （山西省地质勘查局测绘队）

2014年，山西省地质测绘院（山西省地质勘查局测绘队）承担山西省第一次全国地理国情普查项目20个县（市、区）普查任务，总面积约23216平方千米，提交了地表覆盖分类数据成果、地理国情要素数据成果、遥感解译样本数据成果及生产元数据成果。完成运城市、临汾市部分县农村集体建设用地及宅基地使用权确权登记发证项目，长治市长子县农村土地承包经营权确权登记颁证试点项目、晋城市阳城县农村土地承包经营权确权登记颁证试点项目等项目41个。

## 山西省第六地质工程勘察院

2014年，山西省第六地质工程勘察院完成项目40个，主要包括运城河津市农村集体建设用地及宅基地使用权确权登记发证项目、晋中市太谷县农村集体建设用地宅基地确权登记发证、运城市闻喜县农村集体建设用地及宅基地使用权登记、运城市新绛县农村集体建设用地及宅基地使用权确权登记发证，运城垣曲县农村土地承包经营权确权登记颁证试点项目，运城市绛县农村土地承包经营权确权登记颁证试点项目。

# 辽宁省

## 概况

2014年，辽宁省通过测绘资质年度注册、地理信息市场整顿、专项执法检查等方式，对违法违规、不符合测绘资质条件的单位，进行依法注销或降级、缓期注册、核减业务范围等处理。至年底，全省共有测绘资质单位590家，其中甲级34家、乙级146家、丙级220家、丁级190家，主要分布在测绘、规划、国土等20个行业，从业人员近1.4万人，年服务总值22.77亿元。

全省测绘资质单位积极参与地理国情普查、“三大平台”建设、基本比例尺地形图更新与重大工程项目建设，为辽宁沿海经济带开发、城镇化建设等提供精准、及时的测绘地理信息服务保障。

## 中国建筑材料工业地质勘查中心辽宁总队

【业务】

2014年，中国建筑材料工业地质勘查中心辽宁总队完成辽宁现代测绘基准体系建设项目“二等水准网观测及数据整理（海城段、大连段）”630千米，西宁市北山、西山航空摄影测量65平方千米，鞍山市台安县西佛镇和抚顺市清原县英额门镇农村宅基地确权登记发证项目，葫芦岛南票区30平方千米采煤沉陷区等变形监测，省级矿山核查、储量核实以及动态监测项目等测绘工程项目200多项。

【其他】

中国建筑材料工业地质勘查中心辽宁总队获“中央企业先进集体”称号。参与编制《建材矿山工程测量技术规范》。

## 辽宁电力勘测设计院

【业务】

2014年，辽宁电力勘测设计院主要完成124千米的新疆五彩湾—芨芨湖—三塘湖750kV输电线路工程，105千米燕南—利州500kV线路工程，104.2千米阜新—鹤乡500kV送电线路工程，131.8千米哈日努拉牵引站220kV供电工程等。

【其他】

辽宁电力勘测设计院完成的“新疆与西北主网联网750千伏第二通道输变电（工程测量部分）”“燕山湖发电厂新建工程（工程水文气象）”获2014年辽宁省优秀工程勘察设计奖（工程勘察、测绘）二等奖。

## 辽宁经纬测绘规划建设有限公司

【业务】

2014年，辽宁经纬测绘规划建设有限公司完成各种工程项目136项，编制出版各种图集、图册40多种，印刷各种地图40多万册。主要完成鞍山市集体土地确权登记发证项目，大连市、锦州市、抚顺市、葫芦岛市农村集体土地确权登记发证监理项目等国土项目，盘锦市地下管网测绘及管理信息系统开发项目，营口市供水管网管理信息系统数据采集咨询服务（世界银行贷款项目）等地下管网项目，数字锦州地理空间框架建设项目，以及吉林省公主岭市、辽宁省部分县（区）农村土地承包经营权确权登记项目，沈阳市水源地地图数据采集、《葫芦岛市地图集》项目等，参与辽宁省地理国情普查及基础测绘任务。

【其他】

辽宁经纬测绘规划建设有限公司完成的“卧庞湖保护区数字化管理平台”“无人机航空摄影在铁路用地地籍测绘中的应用”获2014年辽宁省测绘科技进步奖。

## 辽宁省地理信息院

【业务】

2014年，辽宁省地理信息院完成地理国情普查、基础测绘、基准体系建设、国土服务等测绘项目60多项，总产值8500多万元。积极拓展市场项目，完成丹东、朝阳等数字城市建设，辽滨大桥精密施工控制网测量、通辽市520平方千米1:1000航测成图等40项测绘生产任务。

【其他】

辽宁省地理信息院参与完成的“丹东市地理国情遥感影像解译样本的建库”项目获辽宁省测绘科技进步奖一等奖，“图库一体化研究与实现”“3S技术在建设用地监管核查中的专题研究和应用”“927工程测绘关键性技术与应用”项目获二等奖，“多源数据融合的关键技术在国土变更调查中的应用”“ADS80三线阵影像在大比例尺测图中的应用”“沈阳四环城区图编制的关键技术与应用”“高效制作DOM的技术突破与实现”获三等奖。

## 辽宁省基础测绘院

【业务】

2014年，辽宁省基础测绘院创测绘服务产值1亿元。完成1:1万地形图更新与建库、辽宁现代测绘基准体系二等水准网观测、LNCORS站建设土建工程，参与数字锦州地理空间框架建设项目，拓展沉降观测、海洋测绘、隧道测量等项目。购置ADS10数字航摄系统、无人机航摄系统和像素工厂，采购可以生产高精度三维城市模型产品的莱卡RCD-30倾斜相机、法国街景工厂软件及其硬件设备，提高了装备水平。

【其他】

辽宁省基础测绘院被辽宁省测绘地理信息局评为“2014年度先进单位”称号。完成的项目获辽宁省测绘科技进步奖一等奖1项、二等奖2项、三等奖1项。

## 辽宁省摄影测量与遥感院

【业务】

2014年，辽宁省摄影测量与遥感院完成抚顺市、岫岩县、沈阳市约2.5万平方千米的地理国情普查、620幅1:1万地形图更新与建库、1150多千米的二等水准测量、12座LNCORS站土建等工作，测绘服务产值8000万元。利用UAVRS-10无人机遥感系统实现独立岛礁数据获取，独立研发基于地理国情普查数据检查和属性处理的GMap软件，实施“抚顺市抚顺县林业资源监测”和“地理国情普查成果在阜新市重点沙化地区遥感监测与应用”等项目。

【其他】

辽宁省摄影测量与遥感院被辽宁省直机关工委评为“先进党支部”，被辽宁省委宣传部等单位联合授予“辽宁省思想政治工作先进单位”称号。

## 辽宁省水利水电勘测设计研究院

【业务】

2014年，辽宁省水利水电勘测设计研究院完成的重大测绘工程项目包括辽宁省大伙房水库、观音阁水库、柴河水库等11座水库社会经济调查测量，大伙房水库水源区综合整治工程测量，辽宁省沈阳浑河河道治理工程测量，辽宁省猴山水库工程测量，大凌河、东西辽河、绕阳河、柳河行洪能力分析测量，葠窝水库除险加固工程测量等。全年新建C、D级GPS点191个，二、三等水准测量1759千米，1:500、1:1000、1:2000地形图测量253平方千米，断面测量1796千米。

【其他】

辽宁省水利水电勘测设计研究院完成的“辽宁省水利工程控制网连测方法研究与应用”获辽宁省优秀工程勘察设计奖一等奖、辽宁省测绘科技进步奖二等奖。

## 辽宁达荣信息技术有限公司

2014年，辽宁达荣信息技术有限公司完成河南省地理国情普查80平方千米、辽宁省农村集体土地使用权确权登记发证100平方千米、农村土地经营权确权登记15平方千米、航空摄影测量与遥感数据处理20平方千米、土地整理规划设计25平方千米、高标准基本农田规划设计12平方千米、县区级土地利用整体规划评估30平方千米等项目。

## 沈阳美行科技有限公司

【业务】

2014年，沈阳美行科技有限公司研发了基于NDS地图增量更新技术的在离线混合导航系统；以导航和地图技术为核心竞争力的位置服务产品——悠悠手机导航拥有3500万用户，连续2年在公众市场中取得五星评价；研发了车联网服务平台及海外导航产品等。

【其他】

沈阳美行科技有限公司获中国软件行业协会授予的企业信用等级AAA证书，2项导航产品被评为2014年度地图导航定位产品推荐产品。

# 吉林省

## 概况

截至2014年底，吉林省共有测绘资质单位465家，其中甲级16家、乙级75家、丙级109家、丁级265家，比2013年增加35家。测绘资质单位专业技术人员5616人。2014年，全省测绘服务主要以国土资源、测绘、农业、环保、城乡建设与规划及水利电力行业为主，共完成服务总值 12.87 亿元。

吉林省开展城市地下管网普查工作，为白城市、敦化市、珲春市、农安县等地建设城市管网地理信息系统提供技术支持。完成国投哈密发电厂一期（2×660MW）工程、巴基斯坦如意马苏德费萨拉巴德煤电项目等测量工程项目。参与全省农村土地承包经营权确权试点的测绘工作，综合运用 JLCORS、无人机航空摄影等信息化装备、技术，为双辽、梨树、公主岭等市（县）农村土地承包经营权确权登记项目试点工作提供服务保障。完成全国第一次地理国情普查吉林省全境 18.74 万平方千米的数据采集。完成吉林省 1:1 万数据库整合升级（2010 年—2011 年）1:1 万数据 1291 幅、（2011 年—2013 年）1:1 万数据 5171 幅，“天地图 · 吉林”系统开发与应用，地理信息公共服务平台 1:1 万实体数据及电子地图制作，延白通边境测区 1445 幅 1:1 万 DLG 数据更新。完成长春市规划区内 1700 平方千米 1:500 地形图覆盖，为长吉图一体化发展战略和长春市“一廊、一脉、一带、四城”总体规划提供基础地理信息数据支撑。完成吉林省松花江干流治理、东辽河重点段治理工程、西部河湖联通工程、中部城市引松供水支线工程等测量工程项目。

## 吉林省地理信息院

**【业务】**

2014 年，吉林省地理信息院完成数字公主岭地理空间框架建设、公主岭地理信息公共服务平台建设，并实现与“天地图 · 吉林”数据融合。承担数字汪清地理空间框架建设汪清县中心城区 30 平方千米 0.1 米分辨率航空摄影地形图测绘、管线普查及数据入库、地名调查及地理信息公共服务平台建设等。完成数字松原项目松原市中心城区 320 平方千米 0.1 米分辨率航空摄影及像片控制测量、1:500 地形图测绘、地名调查、部件调查及数据入库建设。完成“智慧临江”项目临江市中心城区 30 平方千米 0.1 米分辨率航空摄影、像片控制测量、1:500 地形图测绘、地名调查工作。完成数字白山项目白山市中心城区 300 平方千米 0.1 米分辨率航空摄影。完成延白通边境测区 590 幅 1:1 万 DLG 数据更新。承担吉林省第一次地理国情普查部分项目。

**【其他】**

吉林省地理信息院承担的辽源市 CGCS2000 三维城市坐标系统建设通过成果质量检验。完成的“国情普查控制点采集软件”“吉林省地理国情普查 DEM 元数据制作”分获 2014 年吉林省测绘地理信息科技进步奖二、三等奖。

## 吉林省航测遥感院

**【业务】**

2014 年，吉林省航测遥感院完成延白通测区 345 幅 1:1 万 DLG 数据更新，吉林省 1:1 万数据库整合升级 2011 年～2013 年 1:1 万数据 5162 幅，第一次地理国情普查（长春地区、延边州地区）项目第一阶段任务 6.3 万平方千米。完成 1:50 万吉林省地图要素更新，编制对开、四开、A3、A4 幅面吉林省地图，编制印刷 1:70 万超大全开吉林省交通图 1000 册，完成民政、电力等系列专题地图制图项目近 100 项。完成全开点读版吉林省地图，Ipad 版领导工作用图管理信息系统，数字长白山地理空间框架建设，长春市国土三维地籍数据库管理系统更新，惠民村镇银行地理信息系统等地理信息系统开发项目 7 项。完成公主岭市 13 个村、双阳区 2 个村农村承包地确权登记项目，双辽市、长白县 2 个县城 1:500地形图全野外数字化测图项目。完成无人机航摄影像图制作 620 平方千米。

**【其他】**

吉林省航测遥感院遥感分院获省总工会“工人先锋号”称号。完成的“数字九台地理空间框架建设”项目获 2014 年吉林省优秀测绘地理信息工程奖一等奖。

## 吉林省基础测绘院

**【业务】**

2014 年，吉林省基础测绘院完成蛟安测区 706 幅 1:1 万 DLG 数据更新空三测量及调绘。完成吉林省第一次地理国情普查松原、辽源、白城 3 个地区 5.2 万平方千米生产任务，占全省总国土面积的 28%。完成吉林省公主岭、梨树等市县农村土地承包经营权确权登记项目 45 万亩，辽源、四平、吉林、延边及云南易门等地农村宅基地地籍调查工作 80 平方千米，石质文物勘察测绘与古建筑三维制作

30 处，东北地区机场工程与勘察建设测绘 4 处，吉林、白城、龙井等地地下管网普查 3250 千米，辽源、龙井、吉林、四平数字城市建设数据采集与处理 620 平方千米。

【其他】

吉林省基础测绘院获“吉林省测绘地理信息系统先进集体”称号。完成的“地质雷达在测绘中的应用与探索”获 2014 年吉林省测绘地理信息科技进步奖一等奖，“基于测绘技术在集体土地所有权登记发证中的应用研究”“基于三维激光扫描的矿山安全监测研究”2 个项目分获三等奖。院总工程师薛晓轩被评为“吉林省突出贡献科技人才”并享受省政府特殊津贴。

## 吉林省基础地理信息中心

【业务】

吉林省基础地理信息中心完成四平市、辽源市 2000 国家大地坐标系三维城市坐标系统建设，吉林省大地高到正常高转换系统数值模型加密优化，白城测区机载激光雷达系统 1.6 万平方千米航摄及数据预处理，吉林省 1:1 万数据库整合升级项目 DLG 生产 1691 幅，吉林省地理信息公共服务平台 1:1 万实体数据及电子地图制作 2289 幅，编制专题地图 3 种。完成吉林省第一次地理国情普查四平市（除伊通满族自治县）、白山市（除抚松县、靖宇县）DOM、DEM 制作，地表覆盖、地理国情要素采集，外业核查工作；完成四平市、双辽市统计分析试点工作。数字白城项目基本完成；数字榆树完成城市管理信息系统、农业管理信息系统和“天地图・榆树”建设，城市三维建模及数据库建设；数字柳河（一期）完成数据库建设及应用示范项目系统开发，二期完成城区航空摄影 67 平方千米；数字镇赉完成城区航空摄影 90 平方千米，1:1000 测图 72.36 平方千米；数字洮南完成城区航空摄影 110 平方千米，1:1000 测图 100 平方千米；数字梅河口完成城区航空摄影 128 平方千米。完成“天地图・吉林”数据融合工作，更新改版了“天地图・吉林”3 个应用系统，新增 4 个应用系统。完成吉林省内国家 GNSS 基准站 7 个站设备安装、5 个站整体联调，完成全国基准站网整体平差项目全网联测及数据整理上交；完成 10 个站北斗地基增强系统设备安装调试。

【其他】

吉林省基础地理信息中心完成的“吉林省县（市、区）具体功能区划课题研究”项目获 2014 年吉林省优秀测绘地理信息工程奖二等奖。

## 吉林省水利水电勘测设计研究院

【业务】

2014 年，吉林省水利水电勘测设计研究院完成吉林省磐石市供水工程、吉林省松花江干流治理工程、吉林省东辽河重点段治理工程、吉林省西部河湖联通工程、吉林省松原灌区工程、吉林省中部城市引松供水支线工程、吉林省松花江干流治理工程初步设计等 30 多个测量项目。

【其他】

吉林省水利水电勘测设计研究院承担的“吉林市城区所管辖建制镇及部分村庄地籍调查工作”获 2014 年中国地理信息产业优秀工程奖银奖，“吉林省饮马河重点段治理工程测量”获 2014 年全国优秀测绘工程奖铜奖，“拉林河流域（吉林省境内）防洪工程测量”获 2014 年吉林省优秀测绘地理信息工程奖二等奖，“工程断面图自动绘图软件”获 2014 年吉林省测绘地理信息科技进步奖二等奖。

## 长春市测绘院

【业务】

2014 年，长春市测绘院建成覆盖长春市域 2 万平方千米的现代测绘基准体系。完成长春市规划区内 1700 平方千米 1:500 地形图覆盖，实现建成区内 385 平方千米 1:500 地形图每年更新。完成长春市中心城区与双阳主城区 1800 平方千米地理国情普查工作。完善长春市地理信息公共平台，推进典型应用示范项目建设，为园林绿化、市容环卫、财政等部门提供智能化整体解决方案和地理信息数据支持。为规划工作提供规划核实测绘、日照测量、建设工程放线测量、建设工程验线测量、未经登记建筑确权测绘等服务，为市政府重点工程提供测绘保障，全年完成服务 738 项。

【其他】

长春市测绘院完成的“长春市三维数字城市服务平台”“长春市测绘档案综合管理系统”分获 2014 年吉林省测绘地理信息科技进步奖一、二等奖。“长春市高分遥感正射影像制作及专题地理信息提取”“地铁1号线复测及2号线基础控制测量”分获2014年吉林省优秀测绘地理信息工程奖一等奖，“长春市红旗街万达中心日照测量”获三等奖。

## 中国电力工程顾问集团东北电力设计院

【业务】

2014年，中国电力工程顾问集团东北电力设计院承担的测量工作以国内外发电、变电、输电、可再生能源等电力工程项目的工程测量为主。完成华能巢湖电厂二期（2×660MW）扩建工程、国投哈密发电厂一期（2×660MW）工程、巴基斯坦如意马苏德费萨拉巴德煤电项目、锡盟±800kV换流站新建工程、晋中1000kV变电站新建工程、蒙西-天津南1000kV交流特高压输变电工程线路工程、沈丹客运专线配套送电工程、武安市圣莹环保科技服务有限公司一期50兆瓦光伏电站项目、巴基斯坦德万50MW风电项目咨询等。

【其他】

中国电力工程顾问集团东北电力设计院参编国家电网公司企业标准《±800kV直流架空输电线路勘测技术规程》；利用新购置的数字摄影测量3D电力选线设计会商决策系统、VirtuoZo ELE电力选线设计与平断面量测系统等软件平台，运用卫星遥感影像、航空影像、地理信息数据等多元数据辅助电网工程规划设计。

# 黑龙江省

## 概况

截至2014年底，黑龙江省共有测绘资质单位563家，其中甲级30家、乙级82家、丙级171家、丁级280家。全省测绘资质单位完成测绘服务总值超过15亿元，测绘资质单位年末从业人员总数近1.1万人，服务领域涵盖测绘、国土资源、城乡建设与规划、交通运输、水利水电、石油、煤炭、有色、农业、林业、科教文卫等。

## 黑龙江省地质矿产局测绘院

【业务】

2014年，黑龙江省地质矿产局测绘院完成黑龙江省三维国土资源管理系统建设矿产资源储量三维可视化管理系统示范工程，三道湾子金矿矿山三维可视化信息管理系统建设，呼玛县、农垦宝泉岭永久基本农田划定，佳木斯市辖区、汤原县、桦南县、依兰县地理国情普查，黑河市辖区及所辖5县（市）土地利用总体规划评估调整，黑龙江省地质档案馆破损资料修复，饶河县、东宁县、鸡东县、肇州县村庄地籍调查，呼玛县、海林市、东宁县第二次土地调查2013年度数据库更新，大庆油田工程测量，以及上海市地面沉降监测项目等。

【其他】

黑龙江省地质矿产局测绘院完成的“新建五大连池民用机场勘测”“穆棱市第二次土地调查穆棱镇地籍调查及数据库建设”分获黑龙江省优秀测绘地理信息工程奖银、铜奖。

## 齐齐哈尔市国土资源勘测规划设计院有限公司

【业务】

2014年，齐齐哈尔市国土资源勘测规划设计院有限公司共实现产值8000多万元，主要业务涉及地籍测绘、工程测量、航空摄影测量、地理信息系统工程、大地测量、工程地质、土地规划等方面。完成齐齐哈尔市14个区（县）1156平方千米集体建设用地、农村宅基地地籍调查工作。完成浙江省富阳市1:2000数字航摄成图DLG、DEM生产300平方千米，DOM生产1992平方千米。完成哈尔滨市延寿县航空摄影测量2232.6平方千米、齐齐哈尔市中心城区航空摄影测量195平方千米。完成北富高速公路建设用地勘测定界工程、哈尔滨至满洲里铁路电气化改造项目等重大工程项目勘测定界工作。

【其他】

齐齐哈尔市国土资源勘测规划设计院有限公司被黑龙江高新技术企业认定管理工作领导小组办公室列为2014年第一批高新技术企业。自主研制多架无人机，应用于内部测绘生产。完成的“讷河市基础地理信息数据库建设”项目获2014年全国优秀测绘工程奖铜奖，“国电泰来宁姜区域风电场1:2000地形图测绘”获黑龙江省优秀测绘地理信息工程奖铜奖。

## 大庆油田工程有限公司

【业务】

2014年，大庆油田工程有限公司完成大庆油田产能测量项目451项、城市市场测量项目5项，全年完成测绘产值6000万元。完成大庆油田大面积航测和国内长距离输油气管道管道工程航测任务。立项编制国家标准《油气田工程测量规范》，编制行业标准1项，中国石油企业标准2项。

【其他】

大庆油田工程有限公司完成的“管道坐标、标志桩更新和周边信息采集项目全数字摄影测量”获黑龙江省优秀测绘地理信息工程奖金奖，“大庆油田总医院集团龙南医院门急诊楼建设工程周边建筑物变形监测”获银奖，“2010年度第十采油厂长10区块地理信息系统建设地形图测量”获铜奖。

## 黑龙江龙飞航空摄影有限公司

【业务】

2014年，黑龙江龙飞航空摄影有限公司完成国家基础测绘航空摄影项目哈尔滨、牡丹江2个摄区9.2万平方千米航摄任务，黑龙江省农村土地承包经营权确权登记影像底图制作项目航空摄影一期任务，北京市海淀区，大连市沙河口区、庄河市，长春市838平方千米倾斜航空摄影项目，以及市场航空摄影项目4787平方千米。

【其他】

黑龙江龙飞航空摄影有限公司完成的国家基础测绘航空摄影项目“南海二摄区”获黑龙江省优秀测绘地理信息工程奖金奖。

## 中国能源建设集团黑龙江省电力勘察设计研究院有限公司

2014年，中国能源建设集团黑龙江省电力勘察设计研究院有限公司完成火电项目测绘6项，风电、光伏新能源工程测绘4项，总面积12.8平方千米。完成多宝山变-黑河变220kV送电线路新建工程等220kV及以下电压等级输电线路测量7项，总长280千米。承揽沉降观测工作2个。

## 国家测绘地理信息局第二大地测量队（黑龙江第一测绘工程院）

【业务】

2014年，国家测绘地理信息局第二大地测量队（黑龙江第一测绘工程院）完成国家现代测绘基准体系基础设施建设一期工程各项计划任务，新建国家GNSS连续运行基准站8座、改造1座，选埋GNSS大地控制点249座，选埋一等水准点782座、深层基岩点1座，观测GNSS大地控制点267座，观测一等水准路线7350千米。完成黑龙江省卫星定位连续运行综合服务系统和似大地水准面精化工程101座CORS站主体建设，120座GNSS大地控制点选建和1387座、总里程约1.2万千米二等水准选埋工作。

完成第一次全国地理国情普查项目内蒙古测区约11.5万平方千米内业编辑任务。完成黑龙江省地理国情普查项目基础测绘资料分析处理与使用原则制定及尚志市内外业普查工作。完成国家基础地理信息数据库动态更新工程1:5万地形数据库重点要素更新28个生产单元，868幅1:5万图生产任务。完成黑龙江省农村土地承包经营权确权登记项目约1.9万平方千米外业像控测量工作，完成数字龙江地理空间框架建设一期工程黑乌测区121幅像控测量与调绘工作。承接辽宁省现代测绘基准体系和沈阳市现代测绘基准体系建设项目，完成宁安铁路精密控制测量、上海市轨道交通长期沉降监测等项目。

【其他】

国家测绘地理信息局第二大地测量队（黑龙江第一测绘工程院）承担黑龙江测绘地理信息局科技项目1项，并应用于数字龙江地理空间框架建设一期工程及黑龙江省农村土地确权项目像控点 GPS 测量，承担2013 年～2014 年极地测绘科学国家测绘地理信息局重点实验室开放基金项目 1 项，开展“黑龙江省卫星定位连续运行参考站（HLJCORS）服务模式预研究”等工作。与中国测绘科学研究院开展合作，北斗连续运行基准站落户黑龙江省地理信息产业园并投入运行。承揽的“大庆市卫星定位连续运行综合应用服务系统（DQCORS）建设”项目获 2014 年卫星导航定位优秀工程和产品奖三等奖及黑龙江省优秀测绘地理信息工程奖金奖。

## 国家测绘地理信息局第四地形测量队（黑龙江第三测绘工程院）

【业务】

国家测绘地理信息局第四地形测量队（黑龙江第三测绘工程院）完成第一次全国地理国情普查新疆、西藏、内蒙古测区 49.2 万平方千米内业要素及地表覆盖编辑整理工作。完成黑龙江省第一次全国地理国情普查任务 10.5 万平方千米。完成数字龙江地理空间框架建设一期工程 1:1 万地形图像控点测量、像片调绘及大地控制点普查 1206 幅。完成 1:5 万地形数据库重点要素动态更新 1808 幅。承担并完成国家审计署全国 210 个重点城市闲置用地采集工作，完成武汉国土督察局湖南、湖北、贵州 3 省 DOM 制作，长江水利委员会 3 期长江流域 DOM 制作，黄河水利委员会 2 期黄河流域 DOM 制作，海河水利委员会河南、河北、山西 3 省交界处 DOM、DEM 制作等科技类生产项目。

【其他】

国家测绘地理信息局第四地形测量队（黑龙江第三测绘工程院）与东北农业大学签订了校企合作协议。被授予“全国民族团结进步模范集体”称号，第三中队被黑龙江省总工会授予“黑龙江省工人先锋号”称号。承担黑龙江测绘地理信息局科技项目 1 项。完成国家高技术产业化项目“高分辨率遥感卫星在黑龙江省现代测绘和地理信息服务中的综合应用示范”研究。全年在核心期刊发表论文 20 多篇。完成的“国家级 1:5 万遥感影像控制点数据库关键技术及系统建设”获 2014 年中国测绘地理信息学会测绘科技进步奖特等奖，2 个项目分获黑龙江省优秀测绘地理信息工程奖金、铜奖。

## 黑龙江地理信息工程院

【业务】

2014 年，黑龙江地理信息工程院完成国家基础地理信息数据库动态更新 10 个省（自治区、直辖市）地形图制图数据更新，地理国情监测项目地理国情信息普查、地理国情本底数据库建设等国家指令性任务。完成黑龙江省伊春、牡丹江、齐齐哈尔等地区 1:1 万地形图测绘与基础地理信息数据库建设，黑龙江省第一次全国地理国情普查等省级任务。承担重庆市 1:5000 地形图测绘、山东省淄博航测法数字成图、陇海铁路及相关支（联络）线运营期线路复（航）测等市场项目。完成美国、匈牙利、比利时、荷兰、墨西哥、澳大利亚等国外市场项目并定期互访、交流。

【其他】

黑龙江地理信息工程院完成测绘地理信息内业生产信息化体系建设研究、地理国情普查内业生产应用集成子系统、地理国情普查更新变化检测应用研究、地理国情监测成果开发利用与服务建设试点等 7 个科技项目研究。

## 国家测绘地理信息局经济管理科学研究所（黑龙江省测绘科学研究所）

【业务】

2014 年，国家测绘地理信息局经济管理科学研究所（黑龙江省测绘科学研究所）主要致力于数字城市、智慧城市建设以及倾斜摄影测量技术研究与应用推广工作。完成智慧讷河时空信息云平台建设（一期）、数字大兴安岭地理空间框架建设、数字七台河地理空间框架建设、数字绥化地理空间框架建设等数字城市建设项目。完成倾斜摄影及快速三维后处理系统工艺流程及关键生产技术研究、多种数据源互补生产南极“3D”产品关键技术研究、面向智慧城市的小型私有云环境搭建方法技术研究、倾斜航摄仪数据获取特点及产品应用拓展的研究、实景三维模型在互联网地图中的推广应用等科技研发项目。开发完成时空信息云平台、公共安全服务系统、实景三维应用系统等 10 多个应用系统，开展数字城市和智慧城市相关应用建设。开展 RCD30 等常规倾斜摄影航摄仪的数据处理研究和中、低空作业的动力三角翼、旋翼无人机等新兴航摄设备研究。

【其他】

国家测绘地理信息局经济管理科学研究所（黑龙江省测绘科学研究所）开发完成的主体功能区管理系统取得软件著作权，“边远地区、少数民族地区基础测绘专项补助经费项目——东宁县基础测绘工程”获中国地理信息产业优秀工程奖银奖，“基于多元数据的主体功能区重点开发区域监测技术研究”项目获中国地理信息科技进步奖三等奖。

## 黑龙江中海经测空间信息技术有限公司

【业务】

2014 年，黑龙江中海经测空间信息技术有限公司完成黑龙江省第一次全国地理国情普查项目 6 项，面积 3.5 万平方千米；海洋测绘项目 13 项，包括多波束全覆盖扫海测量 100 平方千米，单波束水下地形测量 5000 千米，港口航道地形图测量 20 多幅；地形图测量项目 14 项；省基础测绘项目 2 项。

【其他】

黑龙江中海经测空间信息技术有限公司研发的基于天地图的区域海洋环境要素遥感监测软件和环境生态遥感模拟软件取得软件著作权证书。完成的“长兴岛港区水深测量”项目获 2014 年黑龙江省优秀测绘地理信息工程奖金奖。

## 国家测绘地理信息局第二地理信息制图院（黑龙江省第五测绘地理信息工程院）

【业务】

2014 年，国家测绘地理信息局第二地理信息制图院（黑龙江省第五测绘地理信息工程院）完成国家专项测绘工程项目甘肃省地理国情监测 3.39 万平方千米。完成 1:100 万国家基础地理信息数据库动态更新项目 77 幅。完成数字龙江地理空间框架建设 1:1 万地图测绘与更新项目 1868 幅、黑龙江省基础地理信息数据库建设与维护 4478 幅。完成黑龙江省农村土地承包经营权确权航摄底图制作项目 4.75 万幅。

完成吉林省第一次地理国情普查项目（靖宇县）、河南省第一次地理国情普查项目（息县）、辽宁省 1:1 万基础测绘项目、黑龙江省第二次土地调查三维数据建设项目等市场项目。

【其他】

国家测绘地理信息局第二地理信息制图院（黑龙江省第五测绘地理信息工程院）完成“基于天地图・黑土地的精准农业示范应用研究”“1:25 万到 1:100 万数据库缩编程序开发”等黑龙江测绘地理信息局科技项目，其中“1:25 万到 1:100 万数据库缩编程序开发”项目成果在 1:100 万国家基础地理信息数据库动态更新项目生产中得到应用。

## 国家测绘地理信息局第三地形测量队（黑龙江第二测绘工程院）

【业务】

2014 年，国家测绘地理信息局第三地形测量队（黑龙江第二测绘工程院）牵头“国家基础地理信息数据库动态更新工程 1:5 万地形数据库重点要素更新项目”技术流程工作，完成江苏、辽宁、吉林、内蒙古 4 个省（自治区）365 个县级行政区（含市辖区）4602 幅 DLG 重点要素数据更新与汇交工作。完成地理国情普查项目内蒙古、新疆测区 61.9 万平方千米像控测量、要素采集、外业核查、编辑整理及 19.95 万平方千米地表要素采集工作。完成黑龙江省地理国情普查 8.88 万平方千米，像片控制测量 28.2 万平方千米。承担数字龙江地理空间框架建设一期工程，完成 1:1 万地形图更新任务牡丹江、哈尔滨、黑乌北测区等像片控制测量及调绘工作，总图幅数近 4000 幅。承担黑龙江省农村土地承包经营权确权登记颁证试点区生产工作，完成佳木斯市、宝清县的像片控制测量工作。承揽各类市场项目，完成上海 6 号线地铁监护、北京市通州区运河核心区地籍测绘、胶州 1:500 地形图、中德中日韩生态园 1:500 地形图生产等项目。自主研发的国情监测数字调绘核查系统广泛应用于地理国情普查项目测绘生产。承担的黑龙江测绘地理信息局基础测绘科技项目“地理国情普查生产应用与管理集成系统研发”“基于内外业一体化生产系统研究与应用”通过验收。

【其他】

国家测绘地理信息局第三地形测量队（黑龙江第二测绘工程院）1 人获“黑龙江省省直机关优秀共产党员”称号，1 人获“黑龙江省省直机关优秀团干部”称号，1 人获“黑龙江省省直机关优秀共青团员”称号。

## 牡丹江市勘察测绘研究院

2014年，牡丹江市勘察测绘研究院完成黑龙江省第一次全国地理国情普查牡丹江市辖区和穆棱市8700平方千米的内业解译及底图制作、解译样本制作、外业核查和编辑整理工作。11月，数字牡丹江地理空间框架建设项目通过验收。为市建设局提供城市道路建设地下管线图纸资料39份，为规划设计提供高铁新站综合体及虹云桥改造项目地下管线普查资料1.6平方千米。利用牡丹江市地下管线信息管理系统分析了市区内燃气管线与电力管线可能存在的23处隐患点。

## 双鸭山市国土资源勘测规划院

【业务】

2014年，双鸭山市国土资源勘测规划院完成双鸭山市本级村庄地籍调查及数据库建设工作，共调查测绘17021宗地，面积13平方千米。完成黑龙江省第一次全国地理国情普查双鸭山市（市辖区、集贤县测区）普查任务3778平方千米。完成各类建设项目征地补偿测绘30宗地、建设项目供地测绘21宗地。完成44家煤矿、33家非煤矿山的地质测量工作，20家新设矿权、扩储外业调查测量和20家石场现场勘查测量工作。

【其他】

双鸭山市国土资源勘测规划院承担的“双鸭山市市本级农村集体土地确权登记发证项目”获黑龙江省优秀测绘地理信息工程奖银奖。

## 黑龙江省国土资源勘测规划院

【业务】

2014年，黑龙江省国土资源勘测规划院承担全国土地利用变更调查监测与核查遥感监测任务重庆市、河北省、湖南省、西藏自治区共179个县（区）的监测工作。完成国道黑大公路改扩建工程建设项目5个县、8个征地报批的土地调查工作，国道三莫公路改扩建工程建设项目4个县、4个征地报批的土地调查工作等。完成地籍测绘项目5项，出图1855幅，测绘总面积30多万平方千米。

【其他】

黑龙江省国土资源勘测规划院获“第二次全国土地调查先进集体”称号。

## 哈尔滨市勘察测绘研究院

【业务】

2014年，哈尔滨市勘察测绘研究院完成规划定线测量594项、平面位置验测195项、建筑物竣工测量370项，提供数字化地形图800多幅。完成市级重点工程地铁1号线3期、2号线、3号线首级卫星定位网、精密导线网、高程控制网测量，建成哈尔滨市地铁测量控制网，实现跨松花江水准路线贯通。完成哈尔滨市一面街地道桥等30多条道路改造升级测量任务。完成哈尔滨市区及呼兰、阿城、双城建成区1434平方千米数码航飞和正射影像图制作项目，完成松北区208平方千米1:1000地形图更新项目。

【其他】

哈尔滨市勘察测绘研究院承担的“数字哈尔滨地理空间框架建设”获2014年中国地理信息科技进步奖二等奖，“哈尔滨市人防地理信息系统（一期）——早期人防工程部分”获黑龙江省优秀测绘地理信息工程奖金奖。

## 黑龙江省海天地理信息技术股份有限公司

【业务】

2014年，黑龙江省海天地理信息技术股份有限公司完成的服务外包项目包括美国昆内特数字线划图修测、入库1262平方千米，比利时弗兰德斯正射影像图制作13.4万片、LiDAR数据分类2300平方千米，荷兰正射影像图制作1.4万片，德国热能影像9万片。完成山东省8市县地理国情普查数据采集和外业核查5936平方千米，江苏靖江1:1000地形图测绘58平方千米，浙江嵊州、嘉善1:2000地形图测绘410平方千米；完成数字龙江地理空间框架建设1:1万地形图测绘与更新牡丹江测区像控测量、调绘499幅，伊春测区像控测量、调绘、数字线划图、正射影像图制作1033幅；完成辽宁抚顺测区1:1万地形图立体采集32幅，双城农村土地承包经营权确权登记73平方千米。

【其他】

黑龙江省海天地理信息技术股份有限公司申报黑龙江测绘地理信息局基础测绘科技项目1项并获得科技基金支持。在荷兰分类数据库项目生产过程中，利用 ArcGIS 平台开发“数据检查与成果输出”应用程序，作业效率提升 20%。完成的“比利时全境铁路沿线全要素高精度采集”项目获 2014 年黑龙江省优秀测绘地理信息工程奖银奖。

# 佳木斯市勘察测绘研究院

2014 年，佳木斯市勘察测绘研究院完成佳木斯市城市规划、建设测绘 843 项，完成佳木斯市郊区 88 平方千米 1:2000 数字线划图测绘工作、同江市 10 平方千米 1:1000 数字线划图修测和 20 平方千米 1:1000 数字线划图测绘工作，同江市、双鸭山市友谊县各 50 平方千米 1:1000 数字高程模型、数字正射影像图测绘工作，湛江市 44 平方千米 1:2000 数字高程模型、数字正射影像图、数字线划图测绘工作。承担并完成武汉市黄陂区 48 平方千米 1:2000 数字高程模型、数字线划图测绘，潍坊市临朐县 70 平方千米 1:2000 数字线划图内业立体测图和 35 平方千米 1:500 数字地形图建库，以及衢州市开化县 46 平方千米 1:2000 数字线划图内业立体测图等省外测绘任务。

# 哈尔滨地图出版社

**【业务】**

2014 年，哈尔滨地图出版社共出版图书 393 种，其中地图地理类图书 273 种。编制出版《中国分省交通旅游图系列》《佳木斯城市通地图册》《大庆城市通地图册》《哈尔滨八区系列地图》《中国分省丝绸地图系列》等新版图书 138 种；再版《世界地图册》《中国地图册》《司机行车指南地图册》《中国公路详查地图册》《中国城乡交通旅游图册》等地图册以及系列单张地图 72 种。教辅类图书《中学地理复习考试地图册》（完全版、综合版）在同类图书中发行量保持良好势头。承揽《北大荒粮食集团淮河流域船运示意图》《黑龙江省水泥企业分布图》《黑龙江省地震观测网络图》等多项地图编制合作项目，社会反响良好。自主研发的电动地图专利产品销售情况良好。

**【其他】**

哈尔滨地图出版社编制的《黑龙江省市县政府工作用图》《中国分省地图系列》《中国分省交通旅游图系列》分获 2014 年黑龙江省优秀测绘地理信息工程奖金、银、铜奖。

# 国家测绘地理信息局黑龙江基础地理信息中心（国家测绘地理信息局黑龙江测绘资料档案馆）

**【业务】**

2014 年，国家测绘地理信息局黑龙江基础地理信息中心（国家测绘地理信息局黑龙江测绘资料档案馆）开展测绘资料档案馆馆藏模拟档案数字化工作，完成平面控制点录入 4000 多点、历史航片数字化 1 万多片。完成国家、省级指令性生产任务资料收集、归档、汇交数据 200 多批次，共 78TB；分发数据 700 多批次，共 100TB；提供地形图 2000 多幅，控制点成果 2000 多点。测绘地理信息分发服务网络化办公系统试运行，完成基于“天地图”的黑龙江省测绘成果查询检索系统研发工作。

完成牡丹江、鹤岗、大庆 3 个数字城市地理空间框架项目建设和验收工作；完成“天地图·黑龙江”省级节点升级改造工作，开通黑河、伊春、双鸭山等城市在线三维服务。开展兴凯湖国家自然保护区、宾县、木兰等地区地理国情监测应用示范项目建设，完成齐齐哈尔扎龙自然保护区湿地变化监测项目。研发基于政务网和专网的黑龙江省应急管理地理信息服务平台系统，更新升级测绘应急监测车数据快速处理系统，编制完成《松嫩黑干流应急洪水风险图》等系列测绘应急工作图件。更新黑龙江省森林防火电子沙盘指挥系统 90 多台（套）。在 2014 年省市县联动地震应急救援综合演练中，完成空中灾情信息快速获取和处理任务，得到省领导的认可。

**【其他】**

国家测绘地理信息局黑龙江基础地理信息中心（国家测绘地理信息局黑龙江测绘资料档案馆）牵头开展国家公益性行业科研专项申报工作，启动地理国情普查成果服务自然资源监管研究与应用示范。开展黑龙江测绘地理信息局信息化测绘体系建设顶层设计工作，启动基于云架构的地理信息数据资源中心建设。开展“基于云计算的天地图存储与服务关键技术研发”“南极测绘地理信息应用服务关键技术研究”等公益性行业科研专项研究。

完成的“基于 GPS/北斗的移动智能安全监管系统”获 2014 年卫星导航定位科技进步奖三等奖，“国家自然资源和地理空间基础信息库项目黑龙江省省级试点”获2014年全国优秀测绘工程奖铜奖，《黑龙江省防洪工程图集》获2014年优秀地图作品裴秀奖铜奖。

## 哈尔滨测量高等专科学校测量工程公司

**【业务】**

2014年，哈尔滨测量高等专科学校测量工程公司共完成测绘工程项目15项。主要包括哈齐铁路客运专线路基冻涨变形监测，哈尔滨市城市空间地理信息数据采集，天津市基础地理国情普查，河北省青县高标准农田建设勘察测绘，延寿县集体土地承包经营权确权登记发证，安达市村庄地籍调查及数据库建设（二标段）竣工验收等。联合黑龙江工程学院测绘工程学院开展“在高寒地区进行精密水准测量可行性研究”，研究发现了降低低温对观测精度和效率影响的有效方法。

**【其他】**

哈尔滨测量高等专科学校测量工程公司完成的“哈齐铁路客运专线路基冻胀变形监测”项目获黑龙江省优秀测绘地理信息工程奖金奖。

# 江苏省

## 概况

截至2014年底，江苏省共有测绘资质单位742家，比上年末增加39家。其中，甲级单位52家，同比增加3家；乙级单位120家，同比增加14家；丙级单位308家，同比增加11家；丁级单位262家，同比增加11家。全省测绘地理信息行业共有从业人员15054人，其中专业技术人员10724人（高级技术人员1573人、中级技术人员4047人、初级技术人员4683人），其中民营测绘企业从业人员7239人、国有或集体所有测绘从业人员7815人。全省测绘资质单位完成服务总值29.26亿元，比上年增加2.1亿元，其中民营测绘企业完成服务总值13.7亿元，占全省总额的46.82%。

## 长江水利委员会水文局长江下游水文水资源勘测局

**【业务】**

2014年，长江水利委员会水文局长江下游水文水资源勘测局完成南京市长江干堤扬子石化段堤线调整工程原型观测；完成宁通公路浦口至仪征段工程可行性研究阶段地形测量，水文测验，桥区洪、中、枯水期船舶航迹线观测，河势补充分析及水文计算；承担的长江扬中河段天星洲汊道段河道综合整治工程断面及地形测量项目通过江苏省测绘产品质量监督检验站质检。完成长江三峡工程杨家脑至湖口河段（九江–湖口）固定断面观测等项目。全年共完成专业技术咨询报告约60篇，勘测项目70多个，签订项目合同100多份。

**【其他】**

长江水利委员会水文局长江下游水文水资源勘测局获江苏省测绘地理信息行业2014年度“诚信单位”称号。承担的“长江南京新济洲河段整治工程水文测验及地形测量”项目获江苏省优秀测绘地理信息工程奖二等奖，“深圳至中山跨江通道项目可行性研究阶段水下地形测量”项目获2014年全国优秀测绘工程奖铜奖。

## 江苏省测绘工程院

**【业务】**

2014年，江苏省测绘工程院完成地理国情普查总面积约37862平方千米，截至年底，外业调查工作全部完成，内业编辑及入库工作基本结束。建成覆盖苏南地区的高精度北斗CORS系统。

**【其他】**

江苏省测绘工程院承担的“南京市江宁国土资源‘一张图’工程”获2014年中国地理信息产业

优秀工程奖金奖，“长江南京以下12.5米航道二期工程GPS测量控制网和基准站建设”获2014年全国优秀测绘工程奖铜奖，“江苏北斗地基增强系统一期工程”获2014年卫星导航定位科技进步奖二等奖。

## 南通市测绘院有限公司

【业务】

2014年，南通市测绘院有限公司完成南通市地面沉降2014年监测工程，其中一等水准111个点648.5千米，二等水准217个点1358.4千米；完成唐闸申遗历史建筑测绘554幢，市第二批历史建筑测绘245幢；完成崇川开发区三维模型建模500幢；完成市中心城区1:5000地形图编绘915平方千米；完成市自来水公司专题地理信息数据更新405平方千米；完成2013年南通市区城市规划影像图集、南通市重要生态功能保护区规划图、南通乡村旅游地图等15种专题地图（集）编制。承接南通市地下管线普查工程和南通市主城区园林绿化现状调查工程。

【其他】

南通市测绘院有限公司2人被江苏省人力资源和社会保障厅授予“江苏省技术能手”称号，1人获南通市第七届“优秀科技工作者”称号。完成的“南通市三等水准网建设工程”获2014年全国优秀测绘工程奖银奖，《2013南通市区城市规划影像地图集》获2014年江苏省优秀测绘地理信息工程奖一等奖、“南通经济技术开发区规划管理信息系统建设项目”获三等奖。

## 江苏煤炭地质物测队

【业务】

2014年，江苏煤炭地质物测队完成山东枣庄市山亭区、市中区和苏州市吴江区农村宅基地地籍调查及数据库建设工程，面积约130平方千米。完成沛县部分地区地理国情普查工作和南京市溧水区城镇1:500数字地形图修补测工程。承担江苏泗洪县、泗阳县，南京市溧水区、栖霞区农村土地承包经营权调查工作，面积30多万亩。完成“车载实景三维影像数据采集系统”课题研究，“车载实景三维影像数据采集软件V1.0”取得计算机软件著作权登记证书。完成《江苏省煤炭志》“煤田地质勘探测量”章节的编写工作。

【其他】

江苏煤炭地质物测队获江苏省测绘地理信息行业2014年度“诚信单位”称号。完成的“南京市地名地址数据标准编制及实验区采集建库”项目获2014年江苏省优秀测绘地理信息工程奖二等奖。

## 镇江市勘察测绘研究院

【业务】

2014年，镇江市勘察测绘研究院完成镇江市规划行政区内基础地形图、三维场景等数据的动态更新与维护，实施南徐片区和丁卯谷阳路以西片区地下综合管线普查工作，对已建成的约5000千米地下管线综合管理信息系统进行动态更新。为谏壁地区和西南片区生态环境综合整治、丹徒生态新城建设、北汽华东基地等城建和民生重点项目提供勘测服务保障。利用无人机航摄技术快速更新近100平方千米的影像数据，利用三维建模技术为规委会30多个规划项目审批提供技术支持。

【其他】

镇江市勘察测绘研究院被评为江苏省测绘地理信息行业2014年度“诚信单位”，全年获各种奖励10多项。与南京大学合作完成的江苏省测绘科研基金项目“基于WebBOS的城市测绘档案管理系统”获2014年江苏省测绘地理信息科技进步奖三等奖，“丹徒宝堰测区航测数字地形图”获2014年江苏省优秀测绘地理信息工程奖三等奖。

## 江苏省水文地质工程地质勘察院

【业务】

2014年，江苏省水文地质工程地质勘察院完成肯尼亚蒙-内新建铁路工程测量项目500千米GPS控制测量、1000多千米水准测量、500千米纵断面测量、约25万千米横断面测量及全线工点测量200多处；承担刚果（布）高架桥工程首级控制测量全线三等GPS测量17点、三等水准测量25千米、中桩放样2千米、横断面测量10千米等工作。完成邳州市271省道地形测量工作，250省道邳州铁富至市区段改扩建工程测量，G40、G42高速公路龙华立交至苏皖省界段扩建工程测量，宿城区2014年中小河流治理洋北项目区工程，淮安机场飞行区新征地块场区地形测量等。

【其他】

江苏省水文地质工程地质勘察院获江苏省测绘地理信息行业2014年度“诚信单位”称号。完成的“张家港保税区石化交易大工程基坑监测”获江苏省第十四届优秀工程勘察奖三等奖，“宿迁古黄河工程测量”获江苏省优秀测绘地理信息工程奖三等奖，“利用高分辨率遥感数据更新主要地物信息方法研究”项目获江苏省测绘地理信息科技进步奖三等奖。

## 苏州市测绘院有限责任公司

【业务】

2014年，苏州市测绘院有限责任公司完成苏州轨道交通5号线19个车站的地形测量，苏州轨道交通3号线东段、5号线西段工程的控制测量。完成相城区第一期城市部件的数据采集。承担的2013年苏州市政府实施项目修测、补测和1:1000地形图修测、补测及建库项目和2013年城区三维模型数据更新与扩展项目，均通过苏州市规划局的验收和江苏省质检站的质检。承担的苏州天然气管网GIS系统建设地形图及影像图数据服务、苏州智慧绿岛项目“3D”数据服务、2014年市政道路地下管线探测工程技术服务项目均已提交成果并使用。初步完成苏州市第一次地理国情普查（二标段）项目数据采集和整理工作。

【其他】

苏州市测绘院有限责任公司承担的“苏州轨道交通2号线导向地图”“苏州市全图”项目获2014年优秀地图作品裴秀奖铜奖，“数字地形图修测——第一部分常熟市1:500地形图修测”项目获2014年全国优秀测绘工程奖铜奖，“吴江市主城区管线普查工程项目B测区”项目获2014年江苏省优秀测绘地理信息工程奖二等奖。

## 江苏苏州地质工程勘察院

【业务】

2014年，江苏苏州地质工程勘察院主要完成苏州高新区有轨电车2号线及配套工程、苏州高新区生态小镇道路工程、昆山花桥国际商务城新建道路网工程等线路工程测量；丰田汽车研发中心（中国常熟）、苏州西部地区拟开发宕口、苏州西山环岛公路绿化、吴中区角直镇农田整治等地形测量；苏州轨道运行保护区间工程监测和苏州高新金鹰商业广场基坑监测等各类市场测绘项目421项。

【其他】

江苏苏州地质工程勘察院完成的“常熟文化广场异型网架施工安装测量与变形监测”获2014年江苏省优秀测绘地理信息工程奖二等奖，“苏州市立医院本部门急诊综合楼基坑监测”获2014年苏州市城乡建设系统优秀勘察设计奖三等奖。继续保持江苏省测绘地理信息行业“诚信单位”和全国“工程勘察与岩土行业诚信单位”等称号。

## 江苏省基础地理信息中心

【业务】

2014年，江苏省基础地理信息中心完成“天地图·江苏”和江苏省公共服务平台（政务版）的矢量数据更新和网络升级，完成1:1万基础地理信息数据库整合升级，利用最新影像数据更新江苏省政区系列图，完成《江苏省领导工作用图》的印刷工作。为省“两会”提供《沪苏浙皖地图集》4000份，为宿迁应急演练提供地图服务。承担并完成海安、宝应、如东、张家港等县市年度土地变更调查与遥感监测，完成数字淮安地理空间框架建设1:500和1:1000地形图修补测工作；继续完善南通、无锡、宿迁、新沂的“天地图”建设及验收工作；完成“天地图·泰州”的验收工作，将“天地图·南通”和“天地图·新沂”纳入国家节点同构试点建设。

承担南通市区、如东县、海安县、泗阳县、涟水县、宿迁市区、淮阴区、沭阳县、姜堰区、盱眙县和新沂市11个县区的地理国情普查工作，总面积约1.69万平方千米，内业解译、外业调绘及内业编辑工作已全部完成，开展了数据建库工作。制印完成《沭阳县政区图》《海安县政区图》《海安县城区图》等地图（集）。

【其他】

江苏省基础地理信息中心取得3项软件著作权，1项发明创造专利。完成的“省级地理信息云服务平台构建与应用”项目获中国地理信息科技进步奖一等奖，“市县一体化地理信息公共服务平台建设关键技术研究与应用”项目获中国测绘地理信息学会测绘科技进步奖二等奖；“武进区地理信息公共服务平台”获中国地理信息产业优秀工程奖金奖，“天地图·新沂”“淮安市主城区三维精细建模”2个项目获银奖；“江苏省地理信息云服务平台构建关键技术研究”获江苏省测绘地理信息科技进步奖一等奖。

## 江苏星月测绘科技股份有限公司

**【业务】**

2014年，江苏星月测绘科技股份有限公司承担江苏省第一次地理国情普查大丰市、金湖县地理国情普查项目，盐城市（不含大丰市）地理国情普查监理项目。完成大丰市国土资源局数据中心“一张图”系统建设，赣榆县村庄地籍调查，宿迁市宿城区、经济开发区乡镇集镇区及试点村庄地籍调查，江西、江苏县（区）农村土地承包经营权确权登记颁证工作和盐城市伍佑生态高效农业示范园区开发建设测绘。完成盐城市区、阜宁、建湖、大丰电子地图编制，以及农村承包经营权管理信息系统、地价管理信息系统、国土资源数据移动应用系统等系统开发工作。

**【其他】**

江苏星月测绘科技股份有限公司获“江苏省档案工作二星级单位”、2014年“诚信单位”“江苏省重合同守信用单位”称号。承担的“大丰市1:1000村庄地籍调查”“大丰市农林场圃及港区地籍调查”项目分获江苏省优秀测绘地理信息工程奖二、三等奖，“星月生活地图服务平台建设”项目获江苏省测绘地理信息科技进步奖三等奖。

# 浙江省

## 概况

截至2014年底，浙江省共有测绘资质单位546家，其中甲级29家、乙级86家、丙级143家、丁级288家；民营测绘资质单位307家，占全省测绘资质单位总数的56.23%。2014年，浙江省测绘地理信息行业服务总值达33.64亿元，共有测绘从业人员14587人。浙江省测绘地理信息行业单位主要完成1:5000、1:1万基础地理信息数据快速更新、全省海洋测绘、数字城市地理空间框架建设、“天地图”县（市、区）节点建设、1:2000基础地理信息数据必要覆盖和数据库建设、2000国家大地坐标系转换等重大测绘项目，为国土资源、城乡建设与规划、水利电力、交通、城市管理等行业提供测绘地理信息服务和技术支撑。

## 宁波市测绘设计研究院

**【业务】**

宁波市测绘设计研究院承担浙江省第一次地理国情普查工作，完成宁波市规划区2460平方千米、余姚市1500平方千米和慈溪市1360平方千米的地理国情普查任务，完成宁波市城市建成区普查项目。组织完成宁波市情普查项目中的消防设施和避难场所普查工作，组织编制宁波市第一次地理国情普查7项技术管理规定。完成市本级基础地理数据130.1平方千米1:500和1:2000数字线划图、101平方千米三维和2.5维数字地形图的联动更新；完成市区地面沉降监测复测第十四期工作、开发区地下管线普查307千米、大型国企高危管线探测280千米。完成宁波市轨道交通1号线一期、2号线一期和1号线二期的基础控制网复测项目，2号线二期、4号线、5号线的管线详查，1号线一期的竣工测量，中山路管线详查和南北外环快速路竣工测量等项目。

**【其他】**

宁波市测绘设计研究院承担的“宁波市轨道交通1号线一期工程综合测量”“‘智慧宁波’地理信息共享服务平台数据库建设”分获2014年全国优秀测绘工程奖白金、金奖，《宁波市地图集》获2014

年优秀地图作品裴秀奖金奖，“基于移动位置服务的关键技术研究与应用”获2014年中国测绘地理信息学会测绘科技进步奖三等奖，“基于三维地理信息技术的宁波智慧高压输电网系统建设”“智慧化工三维地理信息服务平台研究及应用”分获2014年中国地理信息科技进步奖三等奖，“宁波市海曙、江东、江北基础地理信息数据联动更新”“宁波市轨道交通3号线地形修测及管线详查工程”获2014年中国地理信息产业优秀工程奖银奖。

## 浙江华东测绘地理信息有限公司

【业务】

2014年，浙江华东测绘地理信息有限公司主要承担西藏、四川、云南等省水电站工程测量项目，沿海地区及内蒙古自治区的风力发电场工程测量项目，以及印度尼西亚、越南、柬埔寨、中非共和国等国外水电和高速公路测量项目，四川、浙江、贵州、云南等地的高速公路测量项目。与中国公路科学研究所合作，对全国大型桥梁进行检测。承担杭州市地铁地下管线测量和深圳地铁3号线市政竣工测量、浙江海洋测绘水下地形测量和深水岸线调查、杭州市市区河道淤积测量、珠海横琴岛综合开发勘测设计项目、第一次全国地理国情普查等测绘项目。

【其他】

浙江华东测绘地理信息有限公司承担的“基于MicroStation的地质三维勘察设计系统”获2014年中国电力科学技术进步奖一等奖，“珊溪水库库容曲线复核与淤积测量”获2014年浙江省建设工程钱江杯奖二等奖，“浙江省海洋测绘水下地形测量和深水岸线调查（十、十一标段）”获2014年全国优秀测绘工程奖铜奖。

## 浙江省测绘大队

【业务】

2014年，浙江省测绘大队参与浙江省第一次地理国情普查工作，完成宁波市鄞州区试点、台州市所辖8个县（市、区）、奉化市和青田县的地理国情普查任务。完成大运河申遗范围内的界桩埋设、界线测绘等工作。承担杭州地铁2号线二期（三坝村站～良渚站）工程地下管线探测（修测）等重大项目。完成全省国土资源管理“一张图”、浙江省油气管网信息管理系统、农村土地承包经营权登记管理系统等14个地理信息系统的研发工作。完成全省海洋测绘水下地形测量与深水岸线调查（十二标段）和（十六标段）、浙江省部分河道及内水测绘工作。完成福建省连江县、闽候区、晋安区、光泽县等地2.5维电子地图制作项目。

【其他】

浙江省测绘大队承担的“瓯江口滩涂与浅海测绘关键技术研究与应用”获2014年中国测绘地理信息学会测绘科技进步奖二等奖，“台州市本级数字地籍调查及数据库建设项目”“西湖龙井茶园实地测绘数据处理项目”分获2014年全国优秀测绘工程奖金、铜奖。

## 浙江省第二测绘院

【业务】

2014年，浙江省第二测绘院完成湖州、宁波、绍兴等市的基础地理信息数据更新任务。参与浙江省第一次地理国情普查工作，完成19个县（市、区）1.98万平方千米的地理国情普查地表覆盖和地理国情要素生产任务。组织完成宁波、温州等市2365幅5.5万平方千米的1:1万地形图DEM精化处理任务。完成浙江省海洋测绘1:1万地形图水下地形测绘221平方千米、滩涂地形测量雷达数据处理5157平方千米。完成杭州市萧山区、建德市等地110平方千米农村地籍验收工作，承担建德市等19个县（市、区）的年度土地变更调查和遥感监测工作。完成杭嘉湖地区综合控制剖面一等水准测量、海盐县二等水准沉降监测工作。开展玉环县天地一体全景平台建设、浙江省20条典型污染河段低空无人机影像航摄等无人机航摄项目。

【其他】

浙江省第二测绘院承担的“超高复杂度海岛（礁）全空间区域信息获取及多维多域海洋地理环境高性能服务平台关键技术”“利用机载激光雷达技术进行浙江省滩涂与平地区域测绘的关键技术及应用”分获2014年中国测绘地理信息学会测绘科技进步奖二、三等奖，“瑞安市农村集体土地所有权登记发证项目”“长兴城区1:500数字地形测绘工程”分获2014年全国优秀测绘工程奖银、铜奖，“浙江省清三河管理信息系统”获全国第二届天地图应用开发大赛三等奖。

## 浙江省第一测绘院

【业务】

2014年，浙江省第一测绘院完成1:5000、1:1万基础地形图持续更新及重大要素更新998幅。参与浙江省第一次地理国情普查工作，完成20个县（市、区）1500多幅1:1万地形图的地表覆盖和地理国情要素采集、调查整理建库等工作。承担浙江省海洋测绘工作，完成浙江省海岸线监测技术规程和设计方案的编写、评审和定稿工作；完成浙江省海岸线数据整合及海岸线监测的资料收集、内业比对分析工作；完成海洋测绘项目中陆地区域216.1千米三等水准，海岛区域86.4千米二等水准、158.6千米三等水准观测作业。组织实施文成、苍南等县（市、区）数字城市地理空间框架建设项目。完成9座国家GNSS连续运行基准站建设。

【其他】

浙江省第一测绘院承担的“浙江省地理国情监测试点关键技术与示范应用”获2014年中国测绘地理信息学会测绘科技进步奖二等奖，“浙江省军区综合指挥作业系统”获2014年中国地理信息科技进步奖二等奖，“金华市似大地水准面精化项目”获2014年全国优秀测绘工程奖银奖，“数字海宁地理空间框架建设项目”“数字萧山地理空间框架建设”分获2014年中国地理信息产业优秀工程奖银奖，《西藏自治区地图集》《浙江省领导工作用图》分获2014年优秀地图作品裴秀奖银奖，“好停车”获全国第二届天地图应用开发大赛一等奖。

## 杭州市勘测设计研究院

【业务】

2014年，杭州市勘测设计研究院组织实施“杭州市1:500地形图跟踪修测”（2011—2015年度）项目，完成全市主城区跟踪修测近600平方千米1.2万幅。承担第一次地理国情普查工作，编制实施方案，完成杭州市区人工化区域解译与判读、水系分布与解释、农用地数据核查等任务，完成机载激光雷达航飞和点云数据的预处理。承担“杭州地铁2号线二期工程（三坝村站（不含）~良渚站）控制测量及后期现场服务”和“杭州地铁6号线一期工程（双浦站~丰北站）控制测量及后期现场服务”等项目。完成《杭州市政务地图册》《杭州市旅游图（英文版）》等地图的编制出版工作。

【其他】

杭州市勘测设计研究院承担的“杭州市现代空间基准体系建设方案之市域高精度高分辨率似大地水准面确立暨一、二等水准高程控制网建立”获2014年全国优秀测绘工程奖金奖，《萧山区地名文化系列地图》《上虞市地图集、上虞市影像地图册（配套地图集）》分获2014年优秀地图作品裴秀奖金、银奖。

## 浙江省地理信息中心

【业务】

2014年，浙江省地理信息中心作为浙江省第一次地理国情普查和监测技术牵头单位，制定相关技术规程，审批市、县（市、区）实施方案，举办专题培训班，开展远程技术指导。开展地理国情普查成果应用的技术支撑和研究，服务“五水共治”、生态功能示范区建设、农业产业结构调整、国土空间开发利用、灾害治理等方面。在数字城市地理空间框架建设与运维方面，成立多个项目团队，组织完成16个市、县（市、区）基础地理信息系统的运维、优化和调整，完成11个市、县（市、区）数字城市公共服务平台升级版的安装部署，组织实施的9个县（市、区）数字城市地理空间框架建设项目通过验收。

【其他】

浙江省地理信息中心承担的“异源异构地理空间数据整合关键技术研究及应用”“浙中城市群地理信息公共服务平台关键技术与应用”“五水共治—水环境监测发布（水质监督）平台”分获2014年中国地理信息科技进步奖二等奖，“数字金华地理空间框架建设”和“数字上虞地理空间框架建设”分获2014年中国地理信息产业优秀工程奖金奖。

## 浙江省河海测绘院

【业务】

2014年，浙江省河海测绘院承担完成省公益性项目和横向服务项目共175项。完成宁波市三江河道常态监测服务项目，国家海洋环境预报中心杭州湾水深测量及数据库建设项目，钱塘江及杭州湾水下地形测量和钱塘江防汛安全管理水下地形测量7489平方千米，浙江省海洋测绘水下地形测量和深水岸线调查（十八标段）412平方千米。承担杭州湾跨海大桥桥墩局部冲刷跟踪观测项目。完成《上塘河水系图》《杭州海事辖区及航行专题图》的编制工作。

【其他】

浙江省河海测绘院承担的“浙江省滩涂资源调查”获2014年全国优秀测绘工程奖白金奖，“华能玉环电厂三期‘上大压小’扩建工程水下地形测量和综合水文测验专题研究”获2014年浙江省优秀测绘与地理信息工程奖一等奖 。

# 福建省

## 概况

截至2014年底，福建省共有测绘资质单位441家，同比增加15家。其中，甲级25家，同比增加4家；乙级51家，同比减少1家；丙级160家，同比增加7家；丁级205家，同比增加5家。全省测绘服务主要以国土资源、测绘、城乡规划、水利为主，共完成服务总值22.09亿元。年末测绘地理信息从业人员8514人，同比增加280人。认真贯彻《国务院办公厅关于促进地理信息产业发展的意见》，出台《福建省测绘地理信息局关于促进地理信息产业发展意见》。根据福建省政府《2014年数字福建工作要点》（闽政〔2014〕4号），开展卫星应用公共服务平台建设，完善地理信息公共平台，推进连续运行卫星定位服务系统（FJCORS）北斗化改造，建设全省统一地名地址数据库。

## 福建省制图院

【业务】

2014年，福建省制图院购置全景移动测量系统。承担公开版地图数据库更新与应用工作，开展数据库专项检查；开展系列比例尺数据库建设，发布5个更新版本数据库。提供地图服务项目204项，总量约70.6万册（幅）。

【其他】

福建省制图院编制的《海西交通图集》获2014年优秀地图作品裴秀奖银奖，《福建省交通地图集》《福建省两会用图》系列地图分获铜奖。

## 厦门亿力吉奥信息科技有限公司

【业务】

2014年，厦门亿力吉奥信息科技有限公司获国产卫星影像数据代理权，并成为国家电网系统地图服务独家供应商。中标影像地图采购、矢量地图加工、地图质量审查等项目，在能源及铁路、烟草、物流行业获国产卫星影像数据代理权。完成龙岩市760平方千米影像数据加工、系统发布，福清市1200平方千米影像数据加工、系统发布；完成福建电网地闪密度图修订及污秽图绘制；完成甘肃省鸟害专题图绘制，承担甘肃、浙江省地图数据审查与加工。开展新疆、甘肃、福建、湖北、江苏等地“营配贯通”数据采集，梳理新疆、江苏、福州等地地下管网，开展湖北、安徽等地“营配贯通”核查治理及数据管控。编制《电网工程数字化设计成果移交实施细则》。在北京、甘肃、四川、黑龙江、福建等地推广数据采集标绘应用产品。

【其他】

厦门亿力吉奥信息科技有限公司承担的“大型电网地理信息平台研制与应用”项目获2014年国家电网公司科技进步奖二等奖，“基于GIS的无人机电力线路综合巡检控制系统”获2014年中国地理信息科技进步三等奖，“基于GIS的电网运营管理关键技术研究与应用”获2013年重庆市科学技术奖三等奖。

## 福州开睿动力通信科技有限公司

【业务】

2014年，福州开睿动力通信科技有限公司完成南昌铁路局福州铁路分局巡线调度地理信息系统、厦门铁路分局巡线调度地理信息系统和永泰林业局森林防火巡查地理信息系统建设；承接福建电力基于电子地图的快速响应中心对讲调度平台的研制、部署、数据采集、上线工作，系统涉及全省 9 个地市。

【其他】

福州开睿动力通信科技有限公司 1 人获“2014 年福州市职工技术创新先进个人”称号，自主研发的“基于公网的高性能集群智能调度指挥系统和终端”获 2013 年中国电子学会科学技术奖科技进步类二等奖。

## 龙岩市勘察测绘大队

2014 年，龙岩市勘察测绘大队完成福州市中心城区地下管线普查 2373.5 千米，1:500 地形图测绘古田大道 4.1 平方千米、大池测区 6.14 平方千米、龙雁新区红邦测区 2.24 平方千米、坎市测区 8 平方千米、步云乡周边测量 0.6 平方千米，完成控制测量任务 2150 万元。

## 厦门闽矿测绘院

【业务】

2014 年，厦门闽矿测绘院完成 2014 年厦门市 1:500 全野外数字化测图（合同包二）海沧测图项目测图面积 12.4 平方千米。

【其他】

厦门闽矿测绘院完成的“2012 年厦门市 1:500 全野外数字化测图”项目获 2014 年全国优秀测绘工程奖二等奖；“罗宾森广场一期土地房屋产权面积测算”和“三元区农村集体土地所有权确权登记发证证书”获 2014 年福建省优秀测绘地理信息工程奖三等奖；“浙江上三高速公路上塛段高边坡山体三维监测项目”获 2014 年福建省测绘地理信息科技进步奖三等奖。

## 福建省地质测绘院

【业务】

2014 年，福建省地质测绘院承担平潭现代测绘基准体系 5 个 GNSS 连续运行参考站系统建设、云南省曲靖市珠江源大城市 1450 平方千米分水线范围内基础地形图（补测更新）项目四标段 1:500 全数字化测图、古武高速公路初勘 1:2000 航测成图 164 平方千米、顺邵高速初勘 1:2000 航测成图 54.7 平方千米、独山至三都高速公路四等水准测量 120 千米、南昌铁路局福建片区（南平、漳州、龙岩、厦门等地区）铁路用地权属完善项目 40 平方千米、南安市村镇地籍调查试点项目 22.8 平方千米等项目。开发福建省固体矿产（矿山）储量三维空间信息管理系统、福建省广义地质项目管理系统。

【其他】

福建省地质测绘院完成的“宁德市中心城区及拓展区域大比例尺全数字化测图项目”获 2014 年全国优秀测绘工程奖银奖，“福建省广义地质信息管理系统”获 2014 年福建省测绘地理信息科技进步奖三等奖，“数字南平地理空间框架建设子项目地名地址数据采集生产”获 2014 年福建省优秀测绘地理信息工程奖三等奖。

## 福建省交通规划设计院

【业务】

2014 年，福建省交通规划设计院承担测量任务约 40 多项，主要包括福州港罗源湾港区可门作业区 15#～18#泊位工程 1:1000 地形图测量，福州港江阴港区 25#、26#泊位工程 1:1000 水深地形测量，厦沙高速公路德化段 A1～A7 标段用地边界放样，莆田市湄洲岛国家旅游度假区轮渡第二通道工程水深地形图测量，湄洲湾肖厝港区鲤尾作业区 4#泊位 1:1000 地形图测量，福州（琅岐）对台综合客运码头 1#～3#泊位工程 1:1000 地形图测量工作，厦门港后石航道二期工程 1:5000 地形图测量工作等。

【其他】

福建省交通规划设计院被评为“福建省测绘学会 2010—2014 年度先进集体”，1 人被评为“福建省测绘学会 2010—2014 年度先进工作者”。

## 福建省国土测绘院

【业务】

2014 年，福建省国土测绘院完成厦门市 1:500 全野外数字化测图 14.6 平方千米；福建省沙县青州镇、福州鼓楼区、福清市渔溪镇、漳州市区城镇地籍调查项目；莆田市村庄规划大比例尺数字地形图测绘；沙县、将乐、尤溪、浦城等县的土地整治规划、年度变更、耕地质量等级评定、耕地后备资源调查、土地确权等项目；安徽省涡阳县农村土地承包经营权确权登记颁证项目。

【其他】

福建省国土测绘院被评为“福建省测绘学会2010—2014年度先进集体”。完成的“厦门市1:500全野外数字化测图”项目获2014年全国优秀测绘工程奖银奖，“1:500全野外数字化测图（合同包四）”项目获福建省优秀测绘地理信息工程奖三等奖。

## 莆田市城乡勘测设计研究院

【业务】

2014年，莆田市城乡勘测设计研究院完成建筑单体放样144个项目、竣工测量142个项目、地下管线测量102宗、建筑物日照影响分析85个项目、1:500数字化地形测图约5平方千米。

【其他】

莆田市城乡勘测设计研究院被评为“福建省测绘学会2010—2014年度先进集体”，1人被评为“福建省测绘学会2010—2014年度先进工作者”。

## 福建所思达勘测设计院有限公司

2014年，福建所思达勘测设计院有限公司完成福建省高速公路存量土地权属调查、地籍测绘及数据库建设项目，南昌铁路局福建区域（福州、南平、三明段）27485.6平方千米的地籍测绘、权属调查复核工作，向莆铁路（南平、莆田、福州段）3520平方千米1:1000地籍测绘，厦深铁路（厦门至漳州南站DK42+800）1:1000地籍测绘项目，福夏高速泉州段、龙漳高速铁路（龙山站至漳州终点）、宁武高速公路（宁德段）等项目的地籍发证测量任务。

## 福建省水利水电勘测设计研究院

【业务】

2014年，福建省水利水电勘测设计研究院完成各类测绘项目13项，主要包括省重点工程平潭及闽江口水资源配置工程1:500数字地形图测绘7.25平方千米、1:1000数字地形图测绘15.01平方千米，闽江防洪工程1:500数字地形图测绘5.8平方千米、1:1000数字地形图测绘9.8平方千米，福州市城区排涝规划工程1:500河道断面83.61平方千米，福州市闽江下游防洪规划岸线修编论证工程1:1000水域数字地形图测绘23.7平方千米、1:2000水域数字地形图测绘99.2平方千米，福鼎市湖库联通工程及桐山溪整治工程1:500河道断面126条52.8千米，泉州白濑水利枢纽工程库区建设移民征地安置调查工程1:1000数字地形图测绘56平方千米。

【其他】

福建省水利水电勘测设计研究院完成的“福建省晋江防洪工程”项目获2014年福建省优秀测绘地理信息工程奖二等奖。

## 泉州市房地产测绘队

【业务】

2014年，泉州市房地产测绘队完成商品房面积预测项目292宗，建筑面积456万平方米；房屋产权面积实测项目515宗，建筑面积415万平方米。承担泉州市西郊石结构房屋改造项目、北迎宾大道拓宽改造项目丰泽段、台商投资区东经二路北延伸段、通港东街改造一期项目等城建项目土地、房屋征迁测绘，测绘土地面积20万平方米、房屋面积28.5万平方米。

【其他】

泉州市房地产测绘队获“泉州市2011～2013年度创建文明行业工作先进单位”、泉州市直机关单位先进基层党组织称号，被评为“福建省测绘学会2010—2014年度先进集体”。

## 龙岩市经纬测绘有限公司

【业务】

2014年，龙岩市经纬测绘有限公司完成地形测量2.2平方千米、征地1.24平方千米；完成莆田市荔城区1:500数字地形图测绘16平方千米、龙岩市新罗区小池水库1:500地形测量面积0.75平方千米、永定县生态农庄1:500地形测量面积3.26平方千米等项目。

【其他】

龙岩市经纬测绘有限公司完成的“数字龙岩地

理空间框架建设——地名地址数据采集”“龙岩家和天下房产测绘”项目分获2014年福建省优秀测绘地理信息工程奖二、三等奖。该公司被评为“福建省测绘学会2010—2014年度先进集体”，1人被评为“福建省测绘学会2010—2014年度先进工作者”。

# 江西省

## 概况

截至2014年底，江西省共有测绘资质单位501家，其中甲级26家、乙级59家、丙级106家、丁级310家。测绘资质单位从业人员共有8675人。其中民营企业性质测绘资质单位从业人员2150人，资质单位主要分布在国土资源、城乡建设与规划、水利水电及矿产资源行业。

2014年，江西省测绘资质单位共完成服务总值11.29亿元，其中，民营企业完成测绘服务总值1.83亿元。

## 江西省国土资源测绘工程总院

2014年，江西省国土资源测绘工程总院开展进贤县、黎川县、会昌县等7县1区的第一次地理国情普查工作。7月，开展完成全省土地矿产卫片执法监督检查项目。参与开发的江西省小蓝地理信息产业园已完成工程动工、招商引资等工作。

## 江西省基础测绘院

**【业务】**

2014年，江西省基础测绘院主要完成江西省现代大地基准完善项目B级GNSS点观测117个、二等水准测量2950千米，江西省第一次地理国情普查项目南昌县、瑞金市、石城县等15个县（区）3.3万平方千米地表覆盖和国情要素采集，数字瑞金、数字铅山项目前期调研、设计等工作，江西省1:1万“3D”产品测制329幅，江西省1:5万（11级~14级）初始库数据更新，南昌市的城市地表沉降观测等项目。

**【其他】**

江西省基础测绘院被评为江西省直机关文明单位、江西省对口支援新疆工作先进集体、江西省测绘地理信息局年度党建工作先进基层党组织，获江西省测绘地理信息局年度工作考核一等奖。完成的项目获中国地理信息科技进步奖二等奖。

## 江西天久测绘院

2014年，江西天久测绘院承担龙虎山风景名胜区、贵溪市（6标段）、定南县、宜春市袁州区农村集体土地确权登记发证项目，已完成全部所有权发证工作。承担贵溪冷水坑银珠山矿区铅锌银矿1:2000地形图测量17平方千米、1:1万地形图测量26.11平方千米，江西省遂川县车元坳石英岩矿1:2000地形图测量3.5平方千米，鹰潭市水木清华沉降观测项目，廖坊水电厂生活区滑坡体观测系统建设项目。

## 江西省勘察设计研究院

2014年，江西省勘察设计研究院承接工程测量、市政测量、控制测量、地下管线测量等项目140多个，其中工程测量管线测量及线路测量项目约120个，基坑变形及建筑变形测量15个，地籍测量、土方、放线测量等其他测量10项。承担南城县农村土地承包经营权登记颁证项目31万亩，景德镇市昌江区测图近30平方千米，永修县城区地下综合管线普查及管理系统建设，高安县52平方千米管线普查测绘，南昌航天国际广场、南昌万达文化旅游城项目水平位移及主体沉降观测，鄱阳湖生态经济区先导区九龙湖新城起步区市政基础设施一期工程1:500地形测量，永修—凤凰山段、横田—桃金坑段、洪都—桃金坑段220kV高压输电线路勘测，南昌市轨道交通1#、2#地铁施工第三方变形监测工程等大中型项目。

## 江西省地矿测绘院

【业务】

2014年，江西省地矿测绘院主要承担江西、浙江、广西、福建等省市的测绘地理信息项目，涵盖地籍测绘、地形测量、地理信息工程等。主要项目包括江西省吉水、瑞昌、上犹3个县（市）地理国情普查，江西、浙江等省10个县（市）农村土地确权登记发证，江西、广西、海南等省10多个县农村土地承包经营权项目，浙江省温州市、江西省于都县城市管线普查项目2500千米，丰城市矿政管理信息系统、江西省国土资源厅矿产资源开发利用监管系统、江西省矿产资源执法监察系统等地理信息系统研发，以及5500平方千米的航空摄影、数字化成图300多平方千米。

【其他】

江西省地矿测绘院完成的“丰城市矿政管理信息系统”项目获2014年中国地理信息产业优秀工程奖金奖。

## 九江地质工程勘察院

2014年，九江地质工程勘察院完成吉安市新干县全境1200平方千米0.2米分辨率航空摄影测量及DOM生产制作；基本完成上高县、铅山县、德安县和共青城地理国情普查项目，进入省级及国家级检查阶段；完成修水县、湖口县、彭泽县和武宁县农村集体土地确权登记发证项目地籍测绘和权属调查工作，进行数据检查及表格完善工作；完成瑞昌市、万安县、浮梁县农村土地承包经营权项目野外调查确权工作，开展内业整理及数据库建设工作；完成湖口县城10平方千米修补测工作及县城范围100平方千米DOM生产工作、湖口县黄茅塘1:1000地形图测量27平方千米（含8平方千米水下地形测量）；完成昌九快速通道110千米1:2000地形测量项目；完成地下石油管线测量湖口段1:2000地形测量20千米；完成星子县矿山复垦项目6个、修水县洞下—观塘尖钨矿1:2000地形测量8平方千米、武宁县大雾塘矿区1:2000地形测量7平方千米。

## 江西有色地质测绘院

【业务】

2014年，江西有色地质测绘院完成新余市“煤-电-路”一体化产业园1:500数字地形测量、渝水区土地整治地形测量、土地开发地形测量等各类地形测量项目38个，累计面积97平方千米；完成江西省大余县、宜黄县、会昌县、婺源县、渝水区等县（区）农村宅基地地籍调查245平方千米；完成分宜雅山钨矿地质普查项目、上高姚家钴铁矿地质普查项目、上高安塘-高安横塘钴铁矿地质普查项目等矿山测量51平方千米；在非洲津巴布韦、赞比亚等国家开展地质找矿测量工作，全年累计矿山测量面积89平方千米。

【其他】

江西有色地质测绘院获江西有色地质勘查局先进单位称号。承担的“新余市渝水区农村集体土地确权（所有权）登记发证”项目和“开化县城镇1:500数字地籍调查”项目分获2014年全国优秀测绘工程奖铜奖。

## 江西省水利规划设计院

【业务】

2014年，江西省水利规划设计院完成赣江、抚河下游尾间综合整治工程1:2000数字地形图测绘工作；完成宜春四方井大型水利枢纽工程管线测量30千米，1:1000地形图测量20平方千米；完成昌江、修河采砂规划（2015～2018）1:5000水下数字地形图测绘项目任务；完成进贤县秧塘水库、钟灵水库100平方千米数码航摄数据处理和DLG生产。承担的九江市长江济公、溢公堤变形测量工作以及江西省第一次地理国情普查靖安县、丰城市、永修县工作通过验收。

【其他】

江西省水利规划设计院承担的“鄱阳湖地理信息系统”项目获2014年江西省水利厅赣鄱水利科学

技术奖二等奖。

## 江西省测绘应急保障服务中心

**【业务】**

2014 年，江西省测绘应急保障服务中心完成赣州稀土矿区、上饶石煤矿区、抚州瓷土矿区低空遥感应急监测 907 平方千米。承担峡江县、万安县、昌江区、珠山区、浮梁县地理国情普查 6618 平方千米；完成全省 81 个县（市、区）主城区面积变化监测。完成江西省农村土地承包经营权确权登记颁证 1:5000 工作底图（DOM）制作 2480 幅和湘东区 1:2000 无人机航摄及 DOM 制作 860 平方千米，承担万安县、浮梁县、新余高新开发区等农村集体土地确权登记发证和南昌市湾里区、青山湖区、东湖区农村土地承包经营权确权登记颁证（包括无人机航摄及工作底图制作）等项目。承担江西省现代大地基准完善、GPS 点和水准点迁建工作。完成数字抚州 80 平方千米 1:500 数字线划图数据采集、470 平方千米 1:2000 数字正射影像图与数字高程模型制作、13 平方千米精细三维模型构建、80 平方千米地名地址数据采集、116 幅 1:1 万数字线划图数据整合升级、更新；完成数字景德镇 1:2000 DEM、DOM 制作 494 平方千米，数字万安项目设计书通过评审。完成行政区划等专题地图、专题影像地图制作 35 件。承担江西省 GPS 基准站网监测系统运维、升级更新和江西测绘地理信息行业特有职业技能鉴定工作。承办江西省测绘地理信息局地质灾害测绘应急演练。

**【其他】**

江西省测绘应急保障服务中心发展研究室获“省直青年文明号”称号；在江西省测绘地理信息局 2014 年度测绘科技论文评选中，报送的论文 1 篇获二等奖、2 篇获三等奖、2 篇获优秀奖。

## 江西南方测绘院

**【业务】**

2014 年，江西南方测绘院承接测绘地理信息系统工程项目 29 项，其中工程测量项目 22 项，地籍测绘及地理信息系统工程项目 7 项。完成靖安县、石城县农村集体土地所有权确权登记发证项目所有权确权登记发证工作并通过验收。完成樟树市金属园区修补 1:500 数字地形图测绘工作、南昌市象山南路沿线、十字街、绳金塔、瓦子角工程改造测绘工作。承担江西省（永新县、崇义县）第一次地理国情普查生产项目，完成正射影像分幅拼接、内业信息采集、外业调查与核查等工作。承担永新县农村土地承包经营权确权工作勘查测绘工作，建立全县统一的农村承包土地确权调查数据库。

**【其他】**

江西南方测绘院承担的“靖安县农村集体土地所有权确权登记发证项目”获 2013 年江西省优秀测绘工程奖三等奖。

## 南昌市测绘勘察研究院

**【业务】**

2014 年，南昌市测绘勘察研究院共完成测绘项目 1025 项。承担数字南昌地理空间框架建设项目南昌 CORS 网建设、1:500 ~ 1:2000 DLG 修测与编绘、1:2000 DEM 和 DOM 数据制作、各类数据建库及平台数据制作等子项目，至年底，已完成南昌 CORS 网建设，700 平方千米系列比例尺地形图修测及数据建库，260 平方千米 1:2000 地形图缩编，1200 平方千米 1:2000 DEM、DOM 数据制作。完成南昌市临港大道等 109 条道路工程测量、九龙湖片区四等平面和高程控制网测量及轨道交通 2 号线延伸段控制网测量等市政工程项目。完成 132 平方千米农村宅基地 1:500 地形图测绘和权属调查工作。编制 2014 年版南昌市城区图、南昌市域图、南昌市旅游图、南昌市东湖区政区图，制作红谷滩新区 175 平方千米电子地图。完成南昌市小区地下管线查验及数据整合建库项目 110 项。

**【其他】**

南昌市测绘勘察研究院举办了“北斗卫星定位系统发展和城市现代测绘基准”和“Trimble 基础设施与北斗”学术研讨会。承担的《中华人民共和国第七届城运会地图集》获 2014 年优秀地图作品裴秀奖铜奖，与北京清华山维新技术开发有限公司联合承担的“南昌市测绘勘察研究院测绘综合管理系统”项目获 2014 年全国优秀测绘工程奖铜奖。

## 江西省地理国情监测遥感院

2014 年，江西省地理国情监测遥感院充分发挥自身传统优势，顺利完成江西省 1:1 万 DLG 数据整合升级，第二代 1:1 万 DLG 数据整合升级，江西省农村集体土地确权登记发证调查 1:2000 DLG（地籍调查矢量图）制作，数字景德镇基础地理空间框架建设，鹰潭测区 1:1 万 DEM、DOM 数据更新等项目。承担江西省第一次地理国情普查 6 个县、2 个区生产项目及技术支持、资料收集整理工作。完成江西省交通设计院 1:2000 三维公路图绘制 2100 平方千米。承担的丰城市、兴国县、新建县 7138.2 平方千米农村集体土地确权登记发证项目中所有权确权登记发证工作已通过验收；开展使用权确权发证工作，使用权测量工作全部完成，地籍测量完成 80%，土地权属调查完成 70%。

## 中铁大桥局集团第五工程有限公司

【业务】

2014 年，中铁大桥局集团第五工程有限公司测绘公司承担福州至平潭海峡公铁跨海两用大桥、港珠澳大桥等桥梁测量任务和沪昆客专湖南段 B 级 GPS 网测量、CPIII 网测量任务；完成蒙西华中铁路洞庭湖大桥、赣龙铁路、云南乌东德水电站项目、大理至瑞丽铁路保山澜沧江大桥、厦门碧溪大桥等项目施工测量工作；承担非洲赞比亚、坦桑尼亚工程项目及西亚孟加拉国帕德玛大桥等 26 个项目控制网设计和测量、数据处理、资料存档及施工测量工作。

【其他】

中铁大桥局集团第五工程有限公司测绘公司 1 篇论文获华东六省一市优秀论文评比三等奖，基于 PPC 的隧道断面测量系统获江西省优质测绘工程奖二等奖。

## 江西省电力设计院

【业务】

2014 年，江西省电力设计院完成中广核湖口文桥风电场工程，星子沙岭风电场工程，寻乌基隆嶂风电场工程，抚州—红都 500kV 输电线路工程，石钟山—洪源 500kV 输电线路工程，洪屏抽水蓄能电站至梦山 500kV 线路工程，车头—雷公山 220kV 输电线路工程，九江西 500kV 输变电工程，赣州西 500kV 输变电工程，江西东乡（抚州北）500kV 变电站新建工程，上高芦洲 220kV 变电站工程，婺源赋春 220kV 变电站工程等。

【其他】

江西省电力设计院完成的“赣州至雷公山（赣州南）双回 500kV 输电线路工程（测量工程）”获 2013 年度电力行业（火电、送变电工程）优秀勘测奖三等奖。

## 江西省赣西土木工程勘测设计院

2014 年，江西省赣西土木工程勘测设计院完成江西省“五河治理”综合整治工程测绘工作，完成中小河流治理项目测绘 9 项、灌区续建配套与节水改造项目测绘 5 项、山洪沟项目测绘 6 项。实施小二型水库除险加固工程测绘 228 座，中型水闸测绘（高安回山闸、族里闸）2 座，宜春机场能见度目标物示意图 2 幅。承担高安市杨墟镇至石脑镇引调水工程、高安市伍桥镇集镇供水测绘、宜春市地区古井保护测绘。

## 江西核工业测绘院

【业务】

2014 年，江西核工业测绘院服务领域涵盖国土、农业、水利、电力、房产、规划设计、城市管理等。完成了江西省泰和县、安福县、南昌市经开区等县市的农村集体土地确权登记发证项目，江西省余江县、四川省宜宾市翠屏区等农村土地承包经营权确权登记发证项目，浙江省余姚市农村建设用地地籍调查项目，江西昌宁高速 B7 段工程测量，江西省高安市、安福县、芦溪县第一次地理国情普查项目，江西省信丰县、石城县、大余县等地数字航空摄影测量，江西省瑞昌市、信丰县等地管线测量项目，广东省广州市、广东省清远市、江西省南昌市等地房产测量项目，江西省井冈山市、遂川等矿山的土地复垦报告编制，广东省东莞市、江西省泰和县等地的地形测量项目等。全年累计完成测绘项目产值 5500 多万元。

【其他】

江西核工业测绘院承担的“慈溪市1:2000数字航空摄影测量工程项目”获2014年全国优秀测绘工程奖铜奖。

## 江西省基础地理信息中心

【业务】

2014年，江西省基础地理信息中心完成青原区、湾里区、信州区和遂川县的地理国情普查任务。继续推进省级平台的更新维护和应用推广，全面完成省级平台1:50万、1:25万、1:1万框架地理信息数据库、路网数据库、地名地址数据库和地理实体数据库等数据更新工作，推广江西省公安厅警用地理信息系统、萍乡市公安局警用地理信息系统、奉新县应急资源网格化管理平台等6个应用系统。完成“智慧新余”“智慧南昌”设计书编制，参与完成数字景德镇平台验收，按计划推进数字赣州、数字婺源、数字九江建设。完成江西省旅游地理信息平台、江西省公益性地理信息平台、九江市大场景三维数据演示系统等地理信息应用开发工作。

【其他】

江西省基础地理信息中心获“江西省测绘地理信息局2014年度优秀基层党组织”称号。完成的《地理信息公共服务平台行业应用模式分析》获华东六省一市测绘学会第十六次学术交流会优秀论文一等奖；《基于天地图的多尺度web要素服务研究》获江西省测绘地理信息局科技论文一等奖，《天地图在税务管理中的应用》《基于Supermap的鄱阳湖综合治理信息系统关键技术研究》获优秀奖。

## 江西省中核测绘院

【业务】

2014年，江西省中核测绘院完成江西省第一次地理国情普查生产项目广昌县约1603平方千米，乐安县约2410千米。承担修水县、星子县、玉山县农村土地承包经营权确权登记办证项目。

【其他】

江西省中核测绘院甲级测绘资质业务范围增加了变形形变与精密测量、工程测量监理和行政区域界线测绘等。

## 江西省煤田地质局测绘大队

【业务】

2014年，江西省煤田地质局测绘大队实现经营收入5587万元。实施南昌市四城区、桑海开发区、分宜县、宜丰县、崇义县、芦溪县、铅山县和四川攀枝花市8个农村集体土地确权登记发证项目。铅山县、分宜县、婺源县等5个县（区）耕地后备资源调查评价工作。开展分宜县、铅山县等6个县农村土地承包经营权调查项目。完成樟树市等6个县开发区调区扩区用地情况报告编制，2个县基准地价更新评价项目，5个增减挂钩复垦设计方案编制项目等。

所属江西中煤奥格信息产业公司获软件企业证书，并被批准为江西省高新技术企业。所属江西中煤测绘工程院有限公司承接海外项目7个。

【其他】

江西省煤田地质局测绘大队与江西理工大学、江西农业大学、宜春学院签署教学实习基地共建协议，加强校企合作。

## 江西省地球物理勘察技术院

2014年，江西省地球物理勘察技术院完成上高县国土资源局农村集体土地所有权土地证书制作项目；完成江西宝顺昌特种合金制造有限公司测绘项目；承接渝水区农村土地整治项目竣工测量项目，制作1:2000竣工图40.87平方千米，完成全部项目内容；完成上饶至万年高速公路B测段初步设计外业测量项目；承接上栗县农村集体土地确权登记调查建库（集体土地使用权测量及调查建库）项目，完成94平方千米宅基地1:500或1:1000野外数据采集工作；承接上高县农村集体土地确权登记发证项目，完成79平方千米宅基地1:500或1:1000野外数据采集工作；承接都昌县地下管线普查与信息化建设工程项目；完成新余赣西电力勘察设计院有限公司高压线线路勘测、定位、纵断面测绘155千米。

## 江西省地质矿产勘查开发局赣东北大队

【业务】

2014年，江西省地质矿产勘查开发局赣东北大队完成上饶市多个县矿山复测任务，玉山县2014年耕地灾毁及报批项目和玉山县、广丰县土地变更调查数据库建设及数据汇总。承接的德兴市、广丰县、信州区和贵溪市农村集体土地所有权建库工作通过验收，农村集体土地使用权和农村宅基地使用权完成外业测绘工作。承接多个县农村集体土地承包经营权项目，已完成外业工作。提交江西省第一次地理国情普查湖口县和安远县项目成果，进入检查验收阶段。

【其他】

江西省地质矿产勘查开发局赣东北大队获“全国文明单位”、全国“安康杯”示范企业和竞赛优胜企业、“江西省第十三届文明单位”等称号。

## 江西省瑞华国土勘测规划工程有限公司

2014年，江西省瑞华国土勘测规划工程有限公司完成永丰县、万安县等县区耕地后备资源调查评价及数据库建设和遂川县城区地下管线普查及建立信息管理系统测绘工作。承担奉新县、赣县、吉州区、青原区农村土地承包经营权确权登记颁证及数据库建设项目，完成全部外业数据采集工作。完成江西省永丰县等6个县土地变更调查任务。承担的万载县和青原区土地开发项目和弋阳县矿山复垦项目通过专家验收。

# 山东省

## 概况

截至2014年底，山东省共有测绘资质单位774家，其中甲级28家、乙级91家、丙级195家、丁级460家。测绘资质单位从业人员17311人，其中民营企业从业人员5986人，占从业人员总数的37%。资质单位主要分布在国土资源、测绘、城乡建设与规划及冶金等行业。

2014年，全省测绘资质单位共完成服务产值29.93亿元，其中山东省国土资源厅（测绘地理信息局）所属3家单位完成3.66亿元。完成的主要项目（测绘工程类）包括山东省第一次地理国情普查、全省集体土地所有权确权发证、菲律宾电力输出测绘工程、南水北调（山东段）确权等。

## 日照市城乡建设勘察测绘院有限公司

【业务】

2014年，日照市城乡建设勘察测绘院有限公司主要完成国际海洋城项目、日照港区10平方千米1:500地形图测量、日照市市区1:500基础地理信息数据库建设更新等项目。

【其他】

日照市城乡建设勘察测绘院有限公司承担的“日照市市区1:500基础地理信息数据库建设更新工程”获2014年山东省优秀测绘工程奖二等奖、“日照机场安置区1:2000数字地形图测量工程”获三等奖。

## 潍坊市勘察测绘研究院

【业务】

2014年，潍坊市勘察测绘研究院承担潍坊市部分重点项目工程的测绘和勘察任务，完成潍坊市数字化城管续建工程（城市事部件普查及建库）项目、山东省第一次全国地理国情普查数据采集项目1700平方千米、诸城市农村土地承包经营权确权登记颁证测绘项目、潍坊市城区基础地理信息数据动态更新项目等。

【其他】

潍坊市勘察测绘研究院获潍坊市2014年度市直事业单位绩效考评A级，被授予“先进单位”称号。承建的“潍坊市大比例尺基础地理数据库建设更新项目”获2014年全国优秀测绘工程奖铜奖；

“潍坊市数字化城管续建工程（城市事部件普查）项目”获山东省优秀测绘工程奖一等奖，该项目所采用的市政部件普查内外业一体化技术已申请专利。

## 山东正元航空遥感技术有限公司

2014年，山东正元航空遥感技术有限公司完成山东半岛海岸带综合地质调查与监测（机载激光雷达测量）等项目。由传统性订单销售模式转变成自主航飞自主销售模式，完成自主航飞济南、金乡、鱼台、嘉祥、西昌、日照全域及胶南曹县、成武、滨州北区等项目。全年完成市场项目金额6000万元。

## 淄博市勘察测绘研究院有限公司

**【业务】**

2014年，淄博市勘察测绘研究院有限公司完成淄博建设规划工程放线及竣工测量和威海市城市地理信息数据工程项目。

**【其他】**

淄博市勘察测绘研究院有限公司获“淄博高新技术产业服务业三十强”称号，承担的“威海市城市地理信息数据工程”获2014年山东省优秀测绘工程奖一等奖。

## 山东正元地球物理信息技术有限公司

**【业务】**

2014年，山东正元地球物理信息技术有限公司共承担各类项目267个，其中工程测量项目96个、地理信息工程项目37个。探测管线长度5万多千米。

**【其他】**

山东正元地球物理信息技术有限公司被推选为中国城市规划协会地下管线专业委员会会员单位、中国工业防腐蚀技术协会常务理事单位，山东省地球物理学会理事长单位、山东省物联网协会会员单位、山东省软件和信息业服务协会副理事长单位、山东省安全生产委员会专家委员单位、山东省测绘行业协会副理事长单位及诚信体系建设工作委员会挂靠单位。承担的“绵阳市地下管线普查项目”获2014年全国优秀测绘工程奖白金奖，“烟台开发区地下管线普查及地下管线信息管理系统建设工程”“溧阳市地下管探测工程”“齐鲁分公司地形图测量和总图管理信息系统升级项目”分获铜奖；“德阳市综合地下管线普查三维管理及共享系统”获2014年中国地理信息产业优秀工程奖金奖；“濮阳市城市地下管线普查工程”“晋江市主城区地下管线普查工程”分获2014年山东省优秀测绘工程奖一等奖，“盐城市区地下综合管线信息管理系统开发”获二等奖；1人获中国冶金地质总局“最美冶金地质人”称号，1人获“山东省优秀科技工作者”称号并记二等功。

## 山东省物化探勘查院

**【业务】**

2014年，山东省物化探勘查院完成的重点工作包括农村土地承包经营权项目、农村土地确权登记发证项目、农村房屋产权登记颁证项目和地形测量项目等。完成农村土地承包经营权项目青岛、聊城等地区283万亩。完成农村集体土地所有权确权登记发证项目7324.6平方千米，农村集体建设用地土地使用权和宅基地使用权登记发证项目341.8平方千米。承揽农村房屋产权登记颁证项目12.3万宗。完成地形测量项目84.1平方千米。

**【其他】**

山东省物化探勘查院承建的“乳山市第二次土地调查（村庄部分）及信息系统建设”获山东省优秀测绘工程奖一等奖。

## 山东明嘉勘察测绘有限公司

**【业务】**

2014年，山东明嘉勘察测绘有限公司继续完成济南、青岛、烟台、淄博等地市共28个集体土地确权登记发证项目中的使用权确权登记工作，面积约10756.38平方千米；完成省内农村土地承包经营权确权登记发证项目25个，面积约327万亩；完成淄博、临沂地理国情普查工作，总面积7690.3平方千米；承担济南、潍坊、淄博、德州、青岛等地市电力线测量和电力设备测量工程，总产值约3700万元；承担日照市东港区农村房屋所有权确权登记颁证工作。全年共完成总产值约1.36亿元。

【其他】

山东明嘉勘察测绘有限公司完成的“胶州市农村集体土地（所有权部分）调查测绘建库项目”“烟台市农村集体土地所有权数据整合项目”“烟台市市区农村集体土地确权登记发证及信息系统建设项目”获2014年山东省国土资源科学技术奖一等奖，“莱芜市集中居民区和中心村地形图测绘”获三等奖。

## 济南市勘察测绘研究院（济南市基础地理信息中心）

【业务】

2014年，济南市勘察测绘研究院（济南市基础地理信息中心）完成济南市1:500地形图动态更新632.5平方千米、济南东部片区1:2000地形图测绘380平方千米；承担山东省第一次全国地理国情普查数据采集项目，完成济南市、齐河县、禹城县约1.1万平方千米地理国情地表覆盖、要素采集；承担济南市基础地理信息公共平台数据更新维护、2000国家大地坐标系转换、济南市2014年度测量标志维护、济阳县新市镇1:2000地形图测绘等基础测绘项目；承揽人防工程普查与管理系统建设、济南市2014年度城镇地籍更新、济南市旧城现状土地利用调查与数据建库、玉符河综合治理工程勘察测量等2174项市场工程。

【其他】

济南市勘察测绘研究院（济南市基础地理信息中心）18项工程获得22项奖励，其中“数字济南地理空间框架建设与应用”和“平阴县城市三维影像制作（规划三维决策支持系统）”分获2014年全国优秀测绘工程奖白金奖和铜奖，《济南街巷百年图说》获2014年优秀地图作品裴秀奖铜奖，“普适性城乡建设用地增减挂钩管理系统关键技术及应用”获山东省国土资源科学技术奖一等奖。获得实用新型专利1项，取得软件著作权2项，发表论文16篇。

## 山东海天地理信息工程有限公司

【业务】

2014年，山东海天地理信息工程有限公司主要项目包括临沭县农村集体土地范围内房屋测绘，蒙阴县农村土地承包经营权确权登记办证，郯城县房产管理局农房房产测绘发证，平邑县房产管理局测绘发证及平邑县农业局土地确权登记发证，苍山县农村房屋产权登记发证测绘，安丘农村土地承包经营权确权，烟台市福山区地下管线探测，莱阳地下管线普查探测，龙口经济开发区地下管线信息系统建库，日照市区1:500基础地理信息数据建设更新项目监理，长岛县南、北长山岛慢行路设计应用1:500地形图测绘，现代汽车烟台行驶试验场建设工程，聊城市城市规划区正射影像图制作，曲阜市农村土地承包经营权确权登记颁证工作等。

【其他】

山东海天地理信息工程有限公司承担的“蓬莱市土地整治规划（2011—2015年）”获2014年山东省国土资源科学技术奖一等奖，“招远市农村集体土地所有权确权登记发证及信息系统建设项目”“烟台市经济技术开发区城乡一体化地籍管理信息系统建设与开发应用”“蓬莱市农村集体土地所有权确权登记发证及信息系统建设项目”获二等奖。

## 山东省地图院

【业务】

2014年，山东省地图院共完成各类地图项目230个，公开出版地图219种，完成印刷色令1.7万。受省委外宣办委托，编制印刷9种语言版本的《山东省行政区划图》；受省地方史志办公室委托，编制《山东省历史地图集》系列丛书，至年底，《村镇》《古地图》分册已出版发行，《政区》《文化》分册已编制完成；编制全省17市县行政区划挂图；启动《山东省地图集》《山东省政务工作用图》修编工作；编制《山东省国家级地质公园》《山东省省级地质公园》专题图集；与民政部门合作，编制完成《青岛市行政区划图》《济宁市地名图》《莱芜市行政区划图》《无棣县地名图集》等图集；受各市国土资源局委托，开展多种地市地图（集）编制，完成《东营市领导工作用图》《威海国土资源图集》《威海市地图集》《潍坊市地图集》《临沂市地图集》《济宁市地图集》等图集编制。

【其他】

山东省地图院编制的《寿光市地图集》获2014

年优秀地图作品裴秀奖铜奖。

## 中石化石油工程设计有限公司

**【业务】**

2014 年，中石化石油工程设计有限公司完成咸阳市天然气三期工程测量、广西 LNG 输气管网改造工程、江苏金坛地下储气库地面配套工程、新粤浙煤制天然气输气管道工程初步测量、内蒙古大唐国际煤制气管道修复工程、广东茂名石化 30 万吨级输油海底管线工程测量以及油田建设测量项目共 200 多项。

**【其他】**

中石化石油工程设计有限公司承担的“胜利油田东辛输油管道工程测量”获山东省优秀测绘工程奖一等奖，完成的勘察设计一体化软件核心算法获国家知识产权局发明专利。

## 青岛市勘察测绘研究院（青岛市基础地理信息与遥感中心）

**【业务】**

青岛市勘察测绘研究院（青岛市基础地理信息与遥感中心）承揽并完成第一次地理国情普查诸城市普查工作；参与承揽胶州、平度等区域地形图测绘项目；完成西宁市“以地控税”信息化建设项目，开展青海省“以地控税”项目；完成马尔代夫外交部办公楼岩土工程勘察项目和驻塞舌尔大使馆勘察测绘项目。承办首届中国地图文化节暨地图文化论坛，成立了中国地图文化创意产业联盟，在联合国第三次全球地理信息管理高层论坛上展示地图产品。

**【其他】**

青岛市勘察测绘研究院（青岛市基础地理信息与遥感中心）承担的“全市沿海 1:5000 水下地形图测量项目”获 2014 年中国测绘地理信息学会测绘科技进步奖二等奖，“地理信息共享服务平台关键技术及应用”获三等奖；“市南区城市管理网格全民互动服务平台”“青岛市世园会园区三维虚拟仿真系统”“青岛蓝色硅谷核心区 1:500 数字地形图测绘”分获 2014 年全国优秀测绘工程奖铜奖；《2014 青岛世界园艺博览会地图系列产品》获 2014 年优秀地图作品裴秀奖银奖，《2014 青岛世界园艺博览会电子地图》获铜奖。

## 济南市房产测绘研究院

**【业务】**

2014 年，济南市房产测绘研究院共完成房产测绘项目 2000 多件、2000 多万平方米；房产基础测绘 200 多件 700 多万平方米；房改房测绘 1 万多件、近 100 万平方米。参与第一次全国地理国情普查，承接临邑县 1016 平方千米普查任务，12 月，项目成果通过验收。负责《房产测量规范》修编工作中房产面积测算比对和房产图图式制定工作。完成济南市房屋安全管理信息系统研发并通过专家验收，上线试运行。

**【其他】**

济南市房产测绘研究院获“山东省测绘行业先进单位”称号，承担的“济南市历下区名士豪庭房产测绘项目”2014 年全国优秀测绘工程奖铜奖，“市中区九曲庄路 37 号中海国际社区二区房产测绘”和“高新区龙奥北路 1067 号房产测绘”2 个项目分获 2014 年山东省优秀测绘工程奖一、二等奖。

## 山东省国土测绘院

**【业务】**

2014 年，山东省国土测绘院承建山东省地理国情普查、省级测绘基准体系优化升级、山东省“十二五”基础地理信息数据库更新工程（三期）、山东省县级数字城市地理空间框架建设、青州现代农业发展测绘保障服务示范项目、数字垦利地理空间框架建设与应用、山东省测绘应急服务保障工程等项目。

**【其他】**

山东省国土测绘院全年共有 20 个项目获奖，其中获 2014 年中国地理信息产业优秀工程奖金奖 1 项、银奖 1 项，2014 年中国地理信息科技进步奖三等奖 2 项，2014 年中国测绘地理信息学会测绘科技进步奖 2 项，2014 年全国优秀测绘工程奖铜奖 2 项，2014 年山东省国土资源科学技术奖 9 项。共有 7 项成果获软件著作权，2 项成果申报发明专利，制定地方标准 3 项。

## 山东省水利勘测设计院

【业务】

2014 年，山东省水利勘测设计院主要完成山东省雨洪资源利用项目、中小河流重点县治理测量项目、山东省利用亚行贷款地下漏斗区域综合治理示范工程测量项目等。承担完成系统外生产任务主要有南水北调确权发证工作、变形监测等项目。

【其他】

山东省水利勘测设计院完成的“山东省淮河流域统一高程系统关键技术与应用”与“三维可视化水淹分析技术在南四湖工程中的应用研究”2 项科研项目获山东省水利科技进步奖三等奖，“泗河兖州段生态河道治理工程测量”与“峡山水库灌区续建配套与节水改造工程测量”分获山东省优秀工程勘察设计奖二、三等奖，“枣庄市岩马水库增容工程水位～面积～库容曲线复核测量”与“济南市徒骇河营子拦河闸除险加固工程初步设计测量”项目分获 2014 年山东省优秀测绘工程奖一、三等奖。

## 山东省城乡建设勘察设计研究院

【业务】

2014 年，山东省城乡建设勘察设计研究院签订测绘工程合同金额 3845 万元，完成施工产值 4220 万元，财务收入 2114 万元。

【其他】

山东省城乡建设勘察设计研究院承建的“济南市全福庄安置房 3#楼基坑监测项目”“山东电工电气集团有限公司特大型变压器及特高压电抗器项目地面高精度测量项目”分获 2014 年济南市优秀工程勘察设计奖二、三等奖，“即墨市农村土地所有权确权颁证项目”“兖州华勤紫金城住宅及商业测绘项目”分获山东省优秀测绘工程奖一、三等奖。

# 河南省

## 概况

截至 2014 年底，河南省共有测绘资质单位 849 家，其中甲级 32 家、乙级 183 家、丙级 269 家、丁级 365 家。测绘资质单位从业人员 19360 人，比 2013 年增加 1085 人。私营企业测绘从业人员 7779 人，占总人数的 40.2%。全省测绘资质单位完成测绘服务总值 25.73 亿元，同比增加 5.06 亿元。测绘资质单位中私营企业 381 家，完成服务总值 9.38 亿元，占比为 36.43%。

全省测绘行业单位围绕河南“三大国家战略规划”实施，推进科研与科技创新，加快装备更新，配备无人飞机航摄系统和地理信息应急监测车，为政府部门、全省重大工程提供测绘地理信息保障服务。截至年底，低空遥感航空摄影无人飞机增至 60 架。

## 黄河勘测规划设计有限公司

【业务】

2014 年，黄河勘测规划设计有限公司完成在建测绘项目 90 项，服务总值 1 亿元。完成黄河下游河道 1:1 万地形图测绘 9553 平方千米，黄河禹门口以上统一高程系统观测二等水准测量 2490 千米、三等水准测量 3930 千米，黄河托克托以下重点区域 GPS 控制网测量外业埋石 B 级 GPS 网点 156 点、C 级 GPS 网点 420 点等。完成河南省 16 个县（区）农村集体土地所有权确权登记发证项目及数据库建设 3451 平方千米，18 个县（区）农村集体土地使用权确权登记发证项目 360 平方千米。承担安徽省淮南市，河南省安阳市、信阳市地理国情普查项目 4468 平方千米。承担安徽、山东、甘肃、西藏、内蒙古等省、自治区黄河下游、黑河等洪水风险图编制工作。完成黄河基础地理信息平台数据更新，典型应用系统开发、调试，新版黄河流域三维地图制作。完成厄瓜多尔、老挝、刚果（金）、几内亚等国家测绘工程项目 5 个。

【其他】

黄河勘测规划设计有限公司被中国地理信息产业协会评为“中国地理信息产业百强企业”。完成的“黄河流域取水许可台账管理系统”获2014年中国地理信息产业优秀工程奖银奖；“引汉济渭工程高程控制测量”“黄河宁夏河道地形图测绘”项目分获2014年全国优秀测绘工程奖铜奖；“三维仿真多媒体制作技术在泾河东庄水利枢纽汇报项目中的应用”“原阳县农村集体土地确权登记数据库建设新技术研究与应用”“坐标转化法断面测量在东庄水利枢纽项目中的应用”获黄河水利委员会2014年度新技术、新方法、新材料认定，“黄河基础地理信息平台”被黄河水利委员会列入优秀科技推广应用成果。

## 河南省中纬测绘规划信息工程有限公司

【业务】

2014年，河南省中纬测绘规划信息工程有限公司完成地理国情普查新蔡、固始县项目共4386平方千米内业数据采集和外业核查。完成温县谷黄路产业集聚区1:1000地形图测量23.3平方千米，焦作市、温县、博爱县道路测量165.2千米，地下管线探测833.3千米。完成焦作市5区6县行政区划图更新编制，焦作市区1:500地形图更新20平方千米，焦作市高层建筑沉降观测18栋。承担河南省20个县的集体土地使用权确权登记发证项目，完成地籍测量344平方千米。完成驻马店市平舆县、新蔡县，许昌市襄城县农村土地承包经营权确权登记颁证试点工作。

【其他】

河南省中纬测绘规划信息工程有限公司完成的“数字焦作地理空间框架建设项目”“焦作市地形图的新测、修测、补测项目”分获2014年全国优秀测绘工程奖银奖，“绿色旅游走廊测量工程项目”“焦作市测量标志普查项目”分获河南省优秀测绘地理信息工程奖一等奖，“孟州市基本农田调整划定技术方法研究”获河南省国土资源科学技术奖一等奖，“焦作市土地收购储备规划编制研究”获焦作市科学技术进步奖一等奖。

## 河南省焦作地质勘察设计有限公司

【业务】

2014年，河南省焦作地质勘察设计有限公司完成农村集体土地所有权确权登记发证项目新蔡、鄢陵、舞阳县、信阳市平桥区等地地籍调查、外业勘测、内业整理及数据库建设1450平方千米。承担嵩县车村深部及外围萤石矿普查项目、嵩县木直街乡水葫芦沟萤石矿工程测量项目，完成E级GPS点19个、地质工程点50个、勘探基线测量22千米、剖面线测量17千米。完成青海省化隆县南宁沟－俄博峡地区稀土矿E级GNSS项目控制面积80平方千米。完成焦作市绿色交通及交通安全综合改善项目四等GPS控制点33个、四等水准41.93千米、一级导线点295个，绿色交通、安全走廊1:500带状地形图16.21千米，道路交叉口测量29个，停保场测量6个。完成焦作煤业（集团）有限责任公司中央医院综合楼为期3年的沉降观测项目。完成沁阳市第二污水处理厂配套管网扩建工程点放样、道路抄平等项目。完成非洲利比里亚宝米东部山区铁矿勘查项目1:1万全野外数字化地形测量40平方千米、1:5000全野外数字化地形测量15.42平方千米。

【其他】

河南省焦作地质勘察设计有限公司完成的“中电投几内亚共和国3650号矿区铝土矿勘探项目”获2014年全国优秀测绘工程奖银奖，“焦作缝山公园高程标志碑项目”获河南省科学技术普及成果奖二等奖。

## 郑州中核岩土工程有限公司

【业务】

2014年，郑州中核岩土工程有限公司完成12个核电站工程测量项目。完成许昌市恒大绿洲首期8～10号、14～16号楼基坑，东峰听橹基坑，防空兵学院学术交流中心干部食堂地下车库基坑安全监测，黄河海勃湾水利枢纽工程外部变形监测空城控制网复测等工程测量项目。

【其他】

郑州中核岩土工程有限公司完成的“优质完成黄河海勃湾水利枢纽工程外部变形监测控制网建立项目”获中国核工业勘察设计2014年度优秀QC小组成果三等奖，“田湾核电站建（构）筑物变形观测、田湾核电站扩建工程边坡施工后边坡监测服务项目”获2014年河南省优秀测绘地理信息工程奖二等奖。

## 河南科普信息技术工程有限公司

【业务】

2014 年，河南科普信息技术工程有限公司完成地理国情普查安阳、滑县共 2947 平方千米内业采集与外业调绘。完成山东省曹县 4 个乡镇，河南省新乡县、洛宁县各 1 个试点村，三门峡义马市、新乡获嘉县、焦作沁阳市农村集体土地使用权确权登记测量项目；信阳商城县、平顶山叶县等 17 个县区农村集体土地所有权确权登记项目资料移交。完成数字滑县地理空间框架建设项目地形测量 67.9 平方千米。完成驻马店上蔡县、商丘宁陵县 1:500 无人机航测 412.66 平方千米，信阳淮滨县、濮阳台前县等 12 个县区 DLG 数据采集 280 平方千米，三门峡市渑池县、安阳市滑县 1:1000 DLG 全要素采集 75.9 平方千米，济源小浪底 1:2000 DLG 全要素采集 7 平方千米，信阳市光山县、洛阳市洛宁县 1:2000 数字正射影像图制作 10 平方千米。

【其他】

河南科普信息技术工程有限公司被中国地理信息产业协会评为“中国地理信息产业百强企业”，获“美丽中国”第二届国家版图知识竞赛团体赛河南省第 1 名、全国赛团体三等奖，获河南省工商行政管理局 2012 ~ 2013 年度“守合同重信用”企业称号，取得职业健康安全管理体系认证证书和 6 个实用新型专利证书。合作完成的“基于三维激光雷达扫描技术的农村集体土地地籍测绘研究项目”获河南省国土资源厅科学技术进步奖一等奖，“滑县城乡建设用地增减挂钩研究项目”获二等奖；“南乐县农村集体土地确权登记发证项目”获 2014 年河南省优秀测绘地理信息工程奖二等奖。

## 河南省地图院

【业务】

2014 年，河南省地图院更新编制完成 2014 版《河南省领导工作用图》《安阳市领导工作用图》《郑州市大城区图》《长沙市楼市楼盘导购图》《郑州市高新区地图》等 60 多种地图产品。与中图北斗文化传媒（北京）有限公司合作编制完成《十八市 CITY 城市地图》（6 市、大对开）、《河南省十八市全开系列地图》盒装地图集。为全省各市县和政府部门编制各类政区图和专题地图 40 多幅，喷绘各种地图数十幅。为国家领导人到豫视察提供地图专项服务，编印最新《河南省地图》《开封市地图》《兰考县地图》各 100 幅。为省人大领导编制大全开《京津冀地图》、对开《环渤海地区地图》。承担的开封、焦作、新乡市地理国情普查项目通过预验收，新郑市地理国情普查项目已完成。承担“天地图”门户网站建设及运营服务，开发了标准基础地图服务、基于标准地图的二次开发利用、非标准专题地图服务等服务，实现各种设备终端的电子地图查询，新增市级节点 1 个，新增农村水利工程 GIS 系统、河南省扶贫办地理信息系统、舞钢地图网等应用服务，增加多时相、矢量影像联动功能。“天地图·河南”景观地理信息云平台开发与应用获 2014 年度河南省国土资源厅重点科研攻关项目立项，并获矿山空间信息技术国家测绘地理信息局重点实验室基金资助。参与测绘市场投标任务 19 项，投标标段 28 个。全年财政拨款 1690 万多元，事业收入 1867 万多元，服务总值 3493.14 万元。

【其他】

河南省地图院完成的“数字焦作地理空间框架建设项目”获 2014 年全国优秀测绘工程奖银奖；《河南省十八市全开系列地图》获 2014 年优秀地图作品裴秀奖铜奖；“数字焦作地理空间框架建设项目”获河南省优秀测绘地理信息工程奖一等奖、《开封市交通地图册》获二等奖。

## 河南中化地质测绘院有限公司

【业务】

2014 年，河南中化地质测绘院有限公司完成西藏自治区农村宅基地确权登记项目测量 27 平方千米，拉萨—日喀则铁路建设用地地籍调查登记发证项目 14 平方千米，山东省胶州市农村土地承包经营权确权登记颁证工作勘察测绘工程项目 66 平方千米，安徽省涡阳县农村土地承包经营权确权登记颁证项目 160 平方千米，河南省农村集体土地所有权登记项目 188 平方千米等测绘项目。

【其他】

河南中化地质测绘院有限公司组织研发了农村土地承包经营权建库软件系统。承担的“泉州市区 1:500 城镇地籍调查（标段 1）”项目获 2014 年全国优秀测绘工程奖铜奖，“息县农村集体土所有权确权登记发证及数据库建设项目”获中国石油和化工勘察设计协会优秀工程勘察奖二等奖，“博爱县农村集体土地确权登记发证及数据库建设（第一标段）（所有权部分）项目”“潢川县农村集体土地调查确权登记发证及数据库建设（第五标段）（所有权部分）项目”等4个项目获2014年河南省优秀测绘地理信息工程奖二等奖。

## 北京华星勘查新技术公司信阳测绘院

**【业务】**

2014年，北京华星勘查新技术公司信阳测绘院完成信阳市平桥区地理国情普查项目1886.6平方千米、巩义市地形测量1042.3平方千米；完成光山、潢川2个县2014年度土地变更调查项目3519平方千米、南阳市桐柏县地形测量1914平方千米；完成河南省小秦岭地区晶质石墨矿资源远景调查（二期）项目1:1万矿山测量35平方千米。

**【其他】**

北京华星勘查新技术公司信阳测绘院公开发表论文6篇，完成的“罗山县农村集体土地所有权确权登记发证及数据库建设项目”“河南省小秦岭地区晶质石墨矿资源远景调查矿山测量项目”分获2014年河南省优秀测绘地理信息工程奖二、三等奖。

## 河南省基础地理信息中心

**【业务】**

2014年，河南省基础地理信息中心完成濮阳范县地理国情普查试点工作。制作鹤壁、开封、濮阳等6个市，郑州市3个县地理国情普查1:1万DOM 1959幅；完成濮阳、驻马店、漯河3个市，郑州3个区地理国情普查数据内业解译、编辑整理、外业核查746幅；完成6个市、14个县数据库建立和数据分析与统计。完成濮阳1:1000地形图协同更新外业调绘223幅；驻马店7个县城、漯河2个县城1000多平方千米飞机航摄及1:1万DOM制作；南阳230平方千米1:1000地形图更新、航空港承接区115平方千米1:1000地形图测绘、数字驻马店1:1000地形图数据库建设及地名地址外业核查与内业采集与建库。完成基础数据2000国家大地坐标系转换、数字河南政务版地理信息公共平台建设、“天地图·河南”数据融合项目建设、1:1万DLG数据库整合工作1662幅，配合国家测绘地理信息局完成1:5万动态数据库增量更新核查。承担的“天地图·濮阳”与国家主节点联通；承担的数字濮阳地理空间框架建设项目通过省级验收，数字驻马店地理空间框架建设项目完成数据生产，驻马店旅游系统上线运行。完成中国农业投资贸易博览会地理信息服务系统改版。修改数字陕县国土综合管理系统地籍模块，研发数字老君庙地理信息系统。完成指令性及市场任务产值2800万元，服务总值3611.91万元。

**【其他】**

河南省基础地理信息中心完成的“数字驻马店地理空间数据采集与建库工程项目”获2014年中国地理信息产业优秀工程奖铜奖；“中国农产品加工业投资贸易洽谈会——地理空间信息服务系统”“驻马店市旅游地理信息系统”分获第二届天地图应用开发大赛三等奖、优秀奖；“南阳市城区1:1000比例尺地形图更新与建库工程项目”获2014年河南省优秀测绘地理信息工程奖一等奖，“浚县农村集体土地所有权登记发证及数据库建设工程项目”“河南省第一次地理国情普查数字正射影像图制作项目”分获二等奖。

## 河南省遥感测绘院

**【业务】**

2014年，河南省遥感测绘院完成的济源、鹤壁、商丘、三门峡市地理国情普查通过验收，洛阳市通过概查，普查面积近4.1万平方千米；郑州上街区、荥阳市、中牟县地理国情普查已完成；负责9个县地理国情普查监理工作，其中息县通过验收，叶县和舞钢市通过概查。完成基础测绘1:1万LiDAR航飞3万多平方千米，利用机载LiDAR数据生产DSM、DEM、DLG（地貌版）共1600幅。完成邓州、洛阳、睢县数字城市建设并通过验收；三门峡、鲁山、宝丰等市县13个乡镇、范县12个乡镇数字城市建设项目通过验收；数字平顶山更新成果通过验收；启动商丘、汝州数字城市建设项目。研发完成全省首家城市全景三维系统——三门峡城市全景三维系统。完成的“天地图·鹤壁”接入国家主节点和河南省级节点、“天地图·洛阳”接入省级节点，“天地图·郑州”（政务版）部署运行，“天地图·三门峡”通过评审。全年，完成测绘收入7219.19万元，服务总值6260.58万元。

【其他】

河南省遥感测绘院向省测绘地理信息局申请科技创新项目立项 11 个。购置航摄无人机摄影测量系统 3 架、徕卡 TS50i 测量机器人 2 台、管线探测仪、水深测深仪、清华山维的 EPS 图库一体化软件系统及地理国情普查软硬件设备等。完成的“机载 LiDAR 三维数字铁路关键技术及规模化应用”项目获 2014 年中国测绘地理信息学会测绘科技进步奖二等奖，“国土资源全信息一张图二、三维一体化服务平台”项目获三等奖；“洛阳旅游信息服务系统”获第二届天地图应用开发大赛二等奖；“数字洛阳应用系统展示”获全国数字城市建设与应用优秀展示片大赛三等奖。2 个项目获河南省国土资源科学技术奖二等奖，7 个项目获河南省优秀测绘地理信息工程奖一等奖、6 个项目获二等奖。与武汉大学、江苏省测绘工程院联合完成的“面向大比例尺测图的并行激光雷达技术及其应用”项目在国家测绘地理信息公益性行业科研专项项目中立项。

## 河南省水利勘测有限公司

【业务】

2014 年，河南省水利勘测有限公司完成信阳市出山店水库、前坪水库、赵口引黄灌区、小浪底北岸灌区、引江济淮、南水北调中线防洪影响工程测量；贾鲁河、北汝河、伊洛河治理工程测量；河南省 2013 年度山洪灾害防治项目工程测量；许昌市青泥河、宝丰、禹州、临颍水系连通工程测量；周口郸城、商水、沈丘、淮阳县农村集体土地所有权确权项目测量约 49 平方千米；各类比例尺地形图 533 平方千米，断面 7909 千米，水准 785 千米，E 级以上 GPS 测量 598 个；移民安置及勘边定界 6.4 万平方千米；山洪灾害防洪沟村落测量 4200 多个。

【其他】

河南省水利勘测有限公司完成的“伊洛河治理工程项目”“南水北调中线工程配套郑州段初设阶段测量项目”分获 2014 年河南省优秀测绘地理信息工程奖一、二等奖。

## 河南大地地理信息测绘院

【业务】

2014 年，河南大地地理信息测绘院完成许昌市魏都区、洛阳市洛龙区以及许昌县、嵩县、宜阳县、正阳县、新蔡县、汝南县第二次土地调查项目。完成潢川县 1635 平方千米地理国情普查项目内外业二检工作。完成许昌市魏都区、许昌县、固始县、辉县市、沁阳市等地农村集体土地所有权确权登记发证测量项目。

【其他】

河南大地地理信息测绘院被评为 2014 年沁阳市农村集体土地使用权确权登记发证项目工作先进单位。完成的“新疆哈密市东戈壁钼矿测绘项目”获 2014 年全国优秀测绘工程奖铜奖；“内蒙古自治区兴和县曹四夭钼矿区测绘项目”获 2014 年河南省优秀测绘地理信息工程奖一等奖，“沁阳市农村集体土地所有权确权登记发证项目”“襄城县农村土地所有权确权登记发证项目”获二等奖，“许昌市经济技术开发区农村集体土地确权登记发证服务项目”“许昌市魏都区农村集体土地确权登记发证服务项目”获三等奖。

## 河南省测绘工程院

【业务】

2014 年，河南省测绘工程院承担许昌、南阳、周口等 7 市 1:1 万地理国情普查工作底图 8 万平方千米，生产 DOM 3390 幅。完成许昌、南阳、周口、郑州等市内业影像数据采集解译、外业核查、数据整理 1686 幅 4.38 万平方千米。完成的许昌市政务版公共服务平台和“天地图・许昌”通过国家测绘地理信息局验收。完成数字许昌地理空间框架建设项目外业基础数据采集、数据库建设及应用系统研建试运行。数字周口、安阳、潢川、滑县建成并通过省级验收。完成商城县城区基础地理信息大比例尺数据和三维信息系统数据更新维护工作。启动偃师市数字县域省级试点建设项目。启动长葛、郸城数字县域和安阳县曲沟镇、桐柏县安棚镇、镇平县石佛寺镇数字乡镇省级试点项目。完成新蔡、禹州、商城及驻马店驿城区农村集体土地所有权和使用权确权测绘项目。研发完成河南 CORS 用户管理服务系统、河南省地理国情普查信息管理系统。立项研发“基于三维可视化的房产信息登记系统的研究与实现”“利用无人机低空遥感系统小范围大比例尺地形图测制可行性研究”。

【其他】

河南省测绘工程院研发的“数字南阳地理空间

框架建设工程项目”获河南省优秀测绘地理信息工程奖一等奖，“河南省国土资源厅农村集体土地登记发证省级专项工作控制测量项目”“河南省第一次全国地理国情普查（南阳市）数字正射影像制作项目”“郑州市南四环至郑州南站城郊铁路工程沿线1:1000数字地形图测绘项目”分获二等奖。

# 湖北省

## 概况

截至2014年底，湖北省共有测绘资质单位641家，其中甲级49家、乙级138家、丙级291家、丁级163家，新审批测绘资质单位59家。湖北省测绘资质单位从业人员共18941人，其中高、中、初级专业技术人员共3167人。2014年，全省测绘资质单位完成测绘服务总值52.26亿元，年均增长率23%。资质单位分布于建设、国土、水电等行业。

## 湖北省神龙地质工程勘察院

【业务】

2014年，湖北省神龙地质工程勘察院测绘工程处共承接各类测绘项目156个，涵盖高速公路控制测量、基坑监测及房屋沉降观测、地形测量、管线探测和土地确权等专业，共实现产值1774万元。

承担隧道项目15个，其中延续项目7个，新开项目8个，至年底，已完工3个。承担武汉市轨道交通三号线工程监测（第3标）项目。完成武昌、汉阳等地下管线探测工程项目35个。承担石首市农村宅基地和集体建设用地使用权确权登记发证试点、蔡甸农村土地承包经营权确权登记颁证、监利县宅基地使用权和集体建设用地使用权地籍测量及权属调查第三标段确权登记发证项目试点工作。

【其他】

湖北省神龙地质工程勘察院承担的“贵阳至都匀高速公路工程七、八、九合同段隧道监控量测及超前地质预报”和“中国人民解放军某部经济适用房基坑工程监测”获湖北省优秀测绘工程奖二等奖，“沈海复线高速公路漳州天宝至诏安段·龙门隧道监控量测”和“厦蓉高速公路长岭坡隧道监控量测”获三等奖。

## 中国电力工程顾问集团中南电力设计院有限公司

【业务】

2014年，中国电力工程顾问集团中南电力设计院有限公司共完成±800kV特高压输电线路工程测量113.98千米，750kV架空送电线路工程测量1403.96千米，500kV架空送电线路工程测量1202.44千米，220kV架空送电线路工程测量38.1千米，发电、变电、风电、核电、城市热力管网等工程E级GPS控制点测量255个、1:500地形图测绘9.13平方千米、1:1000地形图测绘32.53平方千米、1:2000地形图测绘32.53平方千米。完成湖北大冶、鄂州、潜江3个市县农村经营土地确权47.06万亩。主编电力行业标准《架空送电线路航空摄影测量技术规程》《特高压架空输电线路工程勘测技术规程》《500kV架空送电线路勘测技术规程》（工程测量部分）、《送电线路大跨越勘测技术规程》，参编《火力发电厂工程测量技术规程》《电力工程勘测综合收费标准》《工程勘察设计收费标准》（工程测量部分）。

【其他】

中国电力工程顾问集团中南电力设计院有限公司承担的“溪洛渡右岸电站送电广东±500kV同塔双回直流输电线路工程测量（黔桂界～平乐县阳安乡段）”获2014年全国优秀测绘工程奖金奖；“电力工程数字摄影测量标准研究”获2014年中国测绘地理信息学会测绘科技进步奖三等奖；“糯扎渡送电广东±800kV直流输电线路工程测量”（联合申报）获2013年度电力行业（火电、送变电工程）优秀勘测奖一等奖，“埃塞俄比亚复兴大坝500kV线路工程测量”获二等奖。

## 中铁第四勘察设计院集团有限公司

【业务】

2014 年，中铁第四勘察设计院集团有限公司完成武夷新区轨道交通初测和定测、乐清港铁路支线定测、商合杭铁路补充初测和定测、梅汕客运专线初测、东乡至昌傅高速公路初测和定测、神木至红石峡铁路定测等常规测量项目，以及杭州至长沙客运专线精测网竣工复测、赣州至龙岩铁路扩能改造工程 CPIII 建网前精测网复测、庐江至铜陵铁路 CPⅡ测设；南京至安庆铁路 CPⅠ、CPⅡ及二等水准控制网复测等精密测量项目。完成武汉经襄阳至十堰城际铁路 1:2000 制图、尼加拉瓜运河及配套工程 1:1 万地形图矢量化、鹰潭至瑞金至梅州铁路补充 1:2000 地形图制作、郑州至万州铁路 1:1 万矢量图和 1:2000 地形图制作等航测项目。

【其他】

中铁第四勘察设计院集团有限公司承担的“向莆铁路精密控制测量”项目获 2014 年全国优秀测绘工程奖白金奖，“厦深铁路（广东段）精密控制测量”项目获铜奖；“杭州至宁波铁路客运专线精密控制测量”项目获湖北省优秀工程勘察设计行业奖三等奖。研发的“沉降观测数据管理与评估系统软件”获湖北省优秀工程勘察设计计算机软件设计二等奖。1 人获“湖北省技术能手”称号。

## 湖北省测绘成果档案馆

【业务】

2014 年，湖北省测绘成果档案馆完成测绘生产服务总产值 6742 万元，同比增长 54.7%。承担全省省级地理国情普查专题资料收集与整理工作，参与省级普查 DOM、DEM 生产，完成鄂州市第一次全国地理国情普查。与华中师范大学、武汉大学共同开展地理国情监测实验，取得阶段性成果。完成现阶段面向服务的平台数据加工与基础地理信息数据入库、2000 国家大地坐标系推广应用项目成果生产等。积极推动湖北省时空信息数据中心建设，完成一期建设方案评审。开展数字湖北应用与推广，为省发展和改革委员会、省公安厅、省卫生厅和省环境总站提供地理信息服务，开发基础地理信息数据库管理系统、地理信息公共服务平台数据库管理系统。

【其他】

湖北省测绘成果档案馆编制《国家测绘成果档案存储与服务设施项目初步设计湖北省馆方案》并上交至国家地理信息局。主办的《地理空间信息》杂志全年出版发行 6 期，发表论文 372 篇，获科技创新源泉优秀期刊奖。

## 立得空间信息技术股份有限公司

【业务】

2014 年，立得空间信息技术股份有限公司在城市管理、应急、公安等领域开展实景三维地理信息服务。为 200 多个城市的信息化部门提供了定制化的“交钥匙”数据服务。与国内外 100 多家主流 IT 企业结成合作伙伴关系，共同为客户提供智慧城市解决方案。拥有覆盖全国的二维地图数据及 200 多个城市的实景地图数据，为政府、企业及个人提供差异化实景地图位置服务。完成实景三维“全民城管”城市管理信息系统、城市综合治理系统及数字社区解决方案、实景三维警用地理信息系统（PGIS）等项目建设。

研发陆基移动测量采集系统 Leador Flash“闪电侠”、倾斜航摄系统 Leador AMMS。

【其他】

立得空间信息技术股份有限公司被中国地理信息产业协会评为“中国地理信息产业百强企业”“2014 中国智慧旅游最佳方案提供商”，SCOC 智慧城市运营中心获 2014 年度智慧城市技术创新奖，“智慧黄鹤楼”获 2014 中国智慧城市创新应用大赛优秀应用奖，SCOC 智慧城市运营中心解决方案获 2014 年度中国智慧城市最佳解决方案奖。

## 武汉市测绘研究院

【业务】

2014 年，武汉市测绘研究院作为武汉市地下管线综合信息平台的技术支撑单位，完成平台建设和数据运营管理工作。被国务院第一次全国地理国情普查领导小组办公室列为《全国第一次地理国情普查图技术规定》参编单位。

【其他】

武汉市测绘研究院获“湖北省勘察设计企业综合实力十强”称号，成为首批“武汉市博士后创新实践基地”，2 人入选“武汉市黄鹤英才计划”。32 个项目获国家、省（部）、市颁发的科研和工程奖励 51 次，其中“武汉市遥感影像应用及服务管理项目”获 2014 年中国地理信息产业优秀工程奖金奖，“地理国情普查统计分析应用项目”获湖北省测绘科技进步奖一等奖，“武汉市轨道交通四号线建设测绘保障工程”获 2014 年全国优秀测绘工程奖银奖，“时空地理信息智能处理技术研究与应用”项目获武汉市科技进步奖三等奖。

## 武汉中地数码科技有限公司

【业务】

2014 年，武汉中地数码科技有限公司推出自主研发的云 GIS 软件 MapGIS 10，出台不动产登记信息管理平台解决方案。应用新一代 MapGIS 10 平台，完成多地煤田、铀矿等平台的开发工作。引进移动 GIS 产品，开展给排水管线、燃气管线管理，提高了工作效率。全年累计完成 GIS 项目近 100 个。

【其他】

武汉中地数码科技有限公司承建的“湖南省国土资源‘一张图’建设”项目获 2014 年中国地理信息产业优秀工程奖金奖，“海南省抗震设防要求全程监管技术服务平台”“山西数字煤田信息系统”获银奖，“杭州电信爱资源应用系统”获铜奖；“省域与县域永久基本农田精细化数据库及管理应用系统开发与应用”获 2014 年中国地理信息科技进步奖二等奖，“城市地质资料集成化管理与辅助决策解决方案”“基于云 GIS 平台的智能指挥调度平台解决方案”被评为 2013—2014 湖北省优秀信息化解决方案；“MapGIS K9 遥感影像处理系统 V9.0”“MapGIS 土地利用规划实施管理系统 V2.0”“MapGIS 基本农田监管系统 V1.0”被评为 2013—2014 湖北省优秀软件产品；“三维城市地质信息管理与咨询服务系统”获第二届“楚天杯”工业设计大赛软件及智能机械设计类优秀奖。

## 长江岩土工程总公司（武汉）

【业务】

2014 年，长江岩土工程总公司（武汉）共承接各类测绘项目 90 多项，完成产值约 2900 万元，业务范围涉及变形监测、控制测量、地形测量、断面测量等。完成的主要项目包括南水北调中线工程丹江口市和郧县移民集中安置点 32 个高切坡监测，南水北调中线水源工程丹江口水库地质灾害防治工程（湖北省首批）监测预警项目年度任务，安徽省定远县风电项目 1:2000 地形图测量 29 平方千米，引大济湟工程调水总干渠二等施工控制网复测，西藏尼洋河八一镇城市防洪综合整治工程 1:2000 地形图测量 68 平方千米，长江芜湖市辖河段河道整治近期工程补充测量 46 平方千米、断面测量 340 千米，安徽花凉亭水库 1:2000 地形地类图测量 32 平方千米。作为主编单位参与编制《地质灾害地表变形监测技术规程》。承担的国家科技支撑计划课题“南水北调中线工程膨胀土和高填方渠道建设关键技术研究与示范”课题二“强膨胀土（岩）渠道处理技术”1 个专题通过验收。

【其他】

长江岩土工程总公司（武汉）完成的“乌江彭水电站鹿角集镇库岸和茶林坪移民安置区防治工程变形监测”项目获 2014 年度湖北省优秀工程勘察设计奖二等奖。“膨胀土边坡自动化综合监测系统”取得国家实用新型专利证书。

## 长江空间信息技术工程有限公司（武汉）

【业务】

2014 年，长江空间信息技术工程有限公司（武汉）完成南水北调中线干线工程施工控制网 2014 年度复测工作，共观测 B 级网点 18 点，C 级网点 1400 多点，二等水准测量 2540 千米；完成南水北调中线工程干渠及建筑物形体检测工作纵断面测量 1430 多千米，横断面测量 1100 千米，建筑物形体检测 1200 多座；完成南水北调中线工程三维仿真系统像控点测量 2500 多点，1∶5000 DOM、DEM 制作 2225 幅；完成乌东德电站、旭龙电站、嘉陵江井口航电枢纽等水利水电工程 1∶500 地形测量 23 平方千米，1:2000 地形测量 308 平方千米；完成滇中引水工程专题图制作 62 幅；完成尼加拉瓜大运河 1:5000 水下地形测量 605 平方千米，1∶1 万 DOM、DEM 制作 104 幅；完成农村承包地经营权确权登记、农村宅基地及集体建设用地确权登记项目年度实施工作；完成三峡水电站、乌东德水电站、南水北调中线工程、武汉地铁等重大项目年度安全监测工作；完成的国家科技支撑计划研发项目“膨胀土渠道及高填方渠道安全检测预警技术”及“深挖方膨胀土渠道渠坡抗滑及渠基抗变形技术”通过验收；开展基于国产卫星应用技术的三峡库区生态环境动态监测与应急服务示范项目的研究工作。

**【其他】**

长江空间信息技术工程有限公司（武汉）被中国地理信息产业协会评为“中国地理信息产业百强企业”，承担的“三峡后续工作规划 1:2000 数字地形测量”及“金沙江乌东德水电站首级施工控制网测量”项目分获 2014 年全国优秀测绘工程奖金、银奖，“溪洛渡水电站工程安全监测信息管理系统”获 2014 年中国地理信息产业优秀工程奖铜奖。

## 中冶集团武汉勘察研究院有限公司

**【业务】**

2014 年，中冶集团武汉勘察研究院有限公司完成宝钢集团、武钢集团、梅山钢铁等项目控制测量、工程测量、地形图测绘等近 100 项。开展河南济源钢铁、河北承德钢铁的二维地理信息系统和宁波钢铁、青海大美煤炭深加工项目的三维地理信息系统建设；完成湖北、山东等地部分基础测绘项目外业数据采集和数据处理、资料整理工作；与武汉大学合作研发移动在线矿石品位自动检测系统，在武钢大冶铁矿成功应用；开展国家自然科学基金“积雪面积与雪水当量时空关系及其在寒区水文中的同化应用”项目中积雪消融面积变化监测工作；主编的《冶金工程测量规范》被批准为国家标准。

**【其他】**

中冶集团武汉勘察研究院有限公司承担的“上海梅山钢铁股份有限公司三维总图信息管理系统工程”和“利比里亚邦州铁矿项目邦矿铁路有线技术咨询（既有线复测）”获 2014 年全国优秀测绘工程奖铜奖；“中冶数码——三维地理信息系统”“基于 GPRS/3G 技术的无人机遥感网络体系关键技术研究与示范应用”项目分获湖北省测绘科技进步奖一、二等奖；“首钢水城钢铁（集团）有限责任公司基础地理信息系统工程”获全国冶金行业优秀工程勘察奖一等奖，“基于 Android 地下管线野外数据采集系统”和“中冶数码——移动端总图信息系统（iOS 版）”分获全国冶金行业优秀工程勘察设计计算机软件奖一、二等奖。

# 湖南省

## 概况

截至 2014 年底，湖南省共有测绘资质单位 558 家，其中甲级 35 家、乙级 94 家、丙级 186 家、丁级 243 家。年内新增资质单位 11 家（甲级 4 家、乙级 2 家、丙级 2 家、丁级 3 家），升级 4 家，核减业务范围 48 家，注销资质 41 家。民营企业 106 家。全省测绘资质单位从业人员 11549 人，新录用毕业生 579 人。

2014 年，全省测绘资质单位直接服务总值 21.74 亿元。湖南省国土资源厅各直属测绘单位完成服务总值 3.72 亿元，同比增长 9.64%。省国土资源厅积极协调省级地理信息产业园建设，向湖南省省长杜家豪汇报了产业园区建设工作情况，经省政府批准，将省政府附近的长沙暮云经济开发区定位为地理信息产业主导园区。

## 长沙市规划勘测设计研究院

**【业务】**

2014 年，长沙市规划勘测设计研究院实现生产经营收入 1.2 亿元，测绘收入 8000 万元。完成地方标准《长沙市地下管线探测技术规程》的编写工作，为长株潭连续运行卫星定位系统提供技术支持和维护；完成 1:500 地形图修补测 36 平方千米、1:1000 航测成图 120 平方千米、地下管线 400

千米；完成长沙磁浮工程、万家丽路快速化改造工程的基础测绘工作；完成长沙地铁2号线西延线、地铁1号线第三方竣工测量等重大测绘项目和城乡规划测绘项目。为长沙市城乡规划局等政府部门提供规划执法遥感辅助变化监测、长沙城区危房分布遥感影像图等基础地理信息数据和测绘地理信息保障。

修订《长沙市城市总体规划强制性内容建库》《长沙市城乡建设五年行动规划》《长沙市容积率管理技术规划》等；编制《长沙市规划建设10年典型案例评析》《长沙市四增两减改善民生策略研究和行动计划》《长沙市城乡规划技术标准与准则》等，编制完成《2013长沙市交通年度报告》《2014长沙市道路交通运行评估报告》《长沙市医疗卫生用地出行特征研究》等。

【其他】

长沙市规划勘测设计研究院完成的“长沙市综合测绘系统”“长沙市轨道2号线第三方竣工测量”获中国城市规划协会全国优秀城乡规划设计奖（城市勘测类）三等奖；“长沙市道路一张图”获2014年湖南省优秀测绘地理信息工程奖一等奖，“长沙磁浮工程控制测量”“长沙万家丽路快速化改造基础测量”获二等奖。

## 长沙市国土资源测绘院

【业务】

2014年，长沙市国土资源测绘院业务量3400宗，收入1960万元，其中新增的招投标工作创收600万元。参与社会招投标8个，中标7个，中标金额660万元。完成长沙市城镇地籍数据库变更测量和入库工作。

【其他】

长沙市国土资源测绘院增加地籍测绘监理和工程测量监理2项甲级业务。被湖南省委“法治湖南”领导小组评为湖南省依法办事示范窗口单位。完成的数字长沙成果展示视频被评为全国数字城市建设与应用优秀展示片，“长沙大河西先导区测量建库项目（二期）”获2014年全国优秀测绘工程奖银奖，“宁乡经济技术开发区地籍数据库建设”获2014年湖南省优秀测绘地理信息工程奖一等奖。

## 湖南省第三测绘院（湖南省基础地理信息中心）

【业务】

2014年，湖南省第三测绘院（湖南省基础地理信息中心）完成岳阳、张家界、邵阳市共约4.52万平方千米地理国情普查生产任务，其中岳阳市、张家界市已全部通过验收。升级湖南省1:1万基础地理信息数据库，完成吉首、宁远、邵阳、郴州4个测区1462幅1:1万DLG整合改造入库和1462幅1:1万DEM生产，完成吉首、宁远、邵阳、郴州、攸县5个测区1:1万DOM 2255幅，均已入库。完成洪江测区1:1万更新项目DLG 216幅，洞庭湖测区1:1万更新项目DLG、DEM数据采集668幅、外业调绘668幅、碎部点测量215幅、数据编辑300幅。数字岳阳、数字常德地理空间框架建设项目通过省级验收，开展数字张家界、数字平江建设。申报的湖南省地方标准《湖南省县级不动产登记数据标准》已完成部分调研和数据整理工作，编制《浏阳市不动产统一登记试点工作实施方案》，建立长沙、株洲、湘潭、衡阳等城市不动产统一登记信息动态联席机制。提高湖南省地理信息公共服务平台（政务版）的数据现势性，丰富数据内容，应用单位增加到12个。联合申报湖南省科技厅科技计划重大专项“基于北斗的高精度位置服务平台及其示范应用”“基于高分遥感时空大数据的云平台建设与动态监测应用示范”。完成华容、沅江等7个县市农村集体土地确权发证项目的建库工作，环洞庭湖、娄邵盆地等土地综合整治重大项目20万亩测量、10万亩设计工作。签订对外提供数据协议151份，提供图幅59291幅65TB；完成长株潭绕城高速、怀化至芷江、新宁至白仓等高速公路1:2000公路带状测图约400千米，岳阳市30平方千米城市三维模型建设等项目。开发湖南省河流普查系统、张家界地貌纵览演示系统等10多个系统。

【其他】

湖南省第三测绘院（湖南省基础地理信息中心）被评为省级文明单位。承建的“岳阳市空间地理框架基础数据采集及建库”项目获2014年全国优秀测绘工程奖金奖、湖南省优秀测绘地理信息工程奖一等奖，“基于安卓智能终端的移动外业调绘系统研究”项目获湖南省测绘科技进步奖一等奖。

## 湖南省测绘科技研究所

【业务】

2014年，湖南省测绘科技研究所完成HNCORS二期建设62个兼容北斗的基准站接收机安装调试工作；12个国家GNSS基准站现场质量检查及设备安装工作以及17个新建省级GNSS基准站的选址、测试工作，部分站点的安装调试工作。编写完成《湖南省公共服务平台建设若干意见》，配合完成《湖南省地理信息产业调研报告》《湖南省关于促进地理信息产业发展的指导意见》，完成全省测绘地理信息十三五规划前期准备工作。“无人机航摄系统在应急监测中的应用研究”等4个科研课题结题，国家科技支撑项目GNSS地面增强系统在土地调查监测中的示范应用启动；“湖南省GNSS高精度解算自助服务平台”项目在湖南省科技厅立项并完成主要研究工作；《湖南省网络RTK测量技术规程》批准立项。

完成7个县（市、区）地理国情普查任务，生产正射影像图12320.38平方千米，地表覆盖与地理要素解译12320.38平方千米，外业核查12320.38平方千米，DEM生产8401.78平方千米。

【其他】

湖南省测绘科技研究所年内取得甲级测绘资质。湖南省国土资源厅与中国测绘科学研究院签订战略合作框架协议，以湖南省测绘科技研究所为依托，组建了中国测绘科学研究院湖南分院。承担的“基于HNCORS地理空间框架维持及创新发展”获2014年湖南省测绘科技进步奖一等奖、2014年中国测绘地理信息学会测绘科技进步奖三等奖。

## 湖南省第一测绘院

【业务】

2014年，湖南省第一测绘院完成吉首、攸县、邵阳和宁远测区1:1万DLG、DEM、DOM数据整合处理及优化建库项目，慈利测区1:1万地形图更新项目。承担株洲、郴州、怀化市共26个县市区45586平方千米地理国情普查任务。承担的数字娄底、数字茶陵、数字湘乡、数字道县、数字资兴等通过验收。承担的农村集体土地所有权调查发证项目18个县区（或标段）全部通过预检，数据库建设已全部完成。环洞庭湖高标准基本农田建设、省级土地整治项目的规划设计完成8个县（市、区）竣工测量工作。

【其他】

湖南省第一测绘院获“湖南省五一劳动奖状”，被评为全国“安康杯”竞赛优胜单位、“湖南省文明单位”“2014年度省厅直属单位考核先进单位”。与湖南省地图院协作开发“柯键——国土资源系统党务一点通”系统，获得专项科研经费20万元。自主研发的农村土地调查软件获国家软件著作权登记证书。承担的测绘项目获省部级优秀测绘工程奖6项，获省部级科技进步奖2项。

## 湖南省地图院

【业务】

2014年，湖南省地图院实现年产值2469万元，新增固定资产161.82万元、无形资产25.6万元。完成“天地图·湖南”地理信息公共服务平台21.18万平方千米的地理实体库、矢量电子地图更新任务，图幅835幅（AI分幅）；完成长沙、娄底城区151434个兴趣点更新；新增影像1400多幅（1:1万分幅），完成12个地市影像数据生产，高清影像电子地图覆盖全省约80%范围；新增街景、地形三维数据资源，完成约6000千米街景采集任务。完成长沙、湘潭、株洲等12市（州）“天地图”省级节点与国家主节点地理实体数据融合，面积约17.6万平方千米。新增3家地图前置服务单位。完成总面积8110.72平方千米的娄底市地理国情普查任务。完成长株潭城市群昭山示范区应急地图的编制工作。

【其他】

湖南省地图院完成的人防指挥地理信息系统、远程实时监控GIS系统等4个项目取得著作权登记证书；“长沙市人民防空袭预案系统建设”获2014年全国优秀测绘工程奖铜奖；《湖南省区域经济发展地图集》获2014年优秀地图作品裴秀奖银奖；“湖南省境外找矿综合信息系统应用”获第二届天地图应用开发大赛优胜奖；《湖南省行政区划标准地名图集》获湖南省优秀测绘地理信息工程奖一等奖；“地名地址数据生产与管理系统建设”获湖南省测绘科技进步奖一等奖，“湖南省境外找矿综合信息系统”“湖南省重大项目实时监测调度GIS系统”均获二等奖。

## 湖南省第二测绘院

【业务】

2014年，湖南省第二测绘院完成1:1万地形图更新和整合升级任务。完成长沙市、湘西自治州、永州市共28个县（市、区）地理国情普查任务近5万平方千米。协助省国土资源厅开展不动产统一登记工作，推进不动产登记基础数据建设，完成8.95万平方千米航空摄影任务和数据后处理任务。年内，数字湘西、数字永州通过省国土资源厅验收，数字邵阳已申请验收，数字怀化启动数据生产；新承担宁远、望城、花垣、泸溪、嘉禾5个数字县域和湘西州经济开发区数字园区建设项目，已完成湘西州经济开发区的数字园区项目，完成数字望城40%工程量，启动数字宁远建设，完成数字花垣、数字泸溪、数字嘉禾工程设计书的验收和修改；完成数字湘西、数字永州、湘西经济开发区数字园区项目7个应用示范系统建设。采用倾斜摄影方式重新生产了崀山国家地质公园138平方千米三维实景模型，已完成数据制作和平台整合。基本完成所有权确权发证项目的扫尾工作，协助省国土资源厅组织省级验收。参与全省宗地统一编码地籍区、地籍子区划分和成果检查验收。承担13个县市农村土地承包经营权确权登记发证工作。协助省民政厅组织开展全省第二次地名普查工作。完成长沙、湘潭市年度土地变更调查工作。承担衡邵怀铁路、黔张常铁路征地拆迁测量项目。

【其他】

湖南省第二测绘院获得航空摄影乙级资质和土地规划甲级资质。协助起草了《湖南省促进地理信息产业发展的实施意见》。在“中国四维杯”第十届全国测绘地理信息职工定向越野赛中获优秀组织奖。完成的“数字湘西州地理空间框架建设项目”获2014年全国优秀测绘工程奖铜奖；“宁乡县地理国情普查项目”获2014年湖南省优秀测绘地理信息工程奖二等奖；“崀山国家地质公园数字三维建模项目”获2014年中国测绘地理信息学会测绘科技进步奖三等奖、湖南省科学技术进步奖三等奖；自主研发的地理信息野外采集系统取得计算机软件著作权登记证书，获2014年湖南省测绘科技进步奖二等奖。

## 湖南地图出版社有限责任公司

【业务】

2014年，湖南地图出版社有限责任公司实现生产经营收入近2000万元。全年共编制出版304个地图品种，其中全国性品种189个、湖南省内品种115个，单张图品种274个、地图集品种30个。推出全开竖版《中华人民共和国地图》，以同比例尺表示南海诸岛与中国大陆；推出首张竖版世界地图——《世界知识地图》；国家“十二五”规划项目《中国红色旅游地图集》获国家出版基金支持并出版上市；《湖南地图网》获省文化产业引导资金的扶持；“爱地图——地图在线”交易平台2014年营业额超过17万元。

【其他】

湖南地图出版社有限责任公司出版的《湖南省区域发展地图集》《中华人民共和国第七届城运会地图集》《新疆维吾尔自治区地貌交通图》等12个地图作品获2014年优秀地图作品裴秀奖金奖1个、银奖3个、铜奖8个。

## 湖南省测绘产品质量监督检验授权站

【业务】

2014年，湖南省测绘产品质量监督检验授权站负责全省地理国情普查过程质量监督抽查和成果质量检查验收工作，完成一次验收62个县（区），预验收48个县（区）。承担不动产登记成果质量检验任务。完成13个项目（合格）批次的基础测绘成果质量检验，83个批次地图成果的技术审查。共签收地图服务网站32个，排除地图服务网站301个，排除地图图片47张。举办9期测绘技能鉴定培训考核，鉴定724人。完成GPS检定校准2020台、手持测距仪检定820台、经纬仪检定70台、全站仪检定2260台、水准仪1330台。

【其他】

湖南省测绘产品质量监督检验授权站质量检验实验室通过CNAS换证复审，计量检定业务获得增项认可，取得质量检验、检定机构的国际互认资格。通过质检机构分等定级考核，被评为Ⅱ类检验机构。通过计量授权换证考核。协助完成湖南省第二届国家版图知识竞赛相关工作。

# 广东省

## 概况

截至2014年底，广东省共有测绘资质单位622家，其中甲级43家、乙级133家、丙级189家、丁级257家，比2013年增加12家；民营测绘资质单位263家，占全省测绘资质单位总数的42.3%。全省测绘资质单位从业人员16982人。

全省测绘资质单位涉及国土资源、地理信息、城乡建设等10多个行业，共完成服务总值42.31亿元，比2013年增加4.4亿元。承担的重点测绘项目主要包括地理国情普查、数字县区地理空间框架建设、“一村一镇一地图”建设、“天地图”市级节点建设、浅海滩涂地形测量、基础地理信息数据更新、测绘地理信息统一监管与服务平台建设、广东省公共地图服务系统开发、农村土地承包经营权确权登记颁证测量、高标准基本农田测量等。

## 深圳市赛格导航科技股份有限公司

【业务】

2014年，深圳市赛格导航科技股份有限公司推出基于T8平台的车载无线终端产品，实现车辆位置服务、行驶轨迹记录及回放、车辆状态信息查询及服务、车辆信息化管理及增值业务服务。研发基于北斗通信及兼容GPS定位的船载信息终端产品，实现远洋船舶位置查询、船舶调度及信息化服务。承担基于无人机空间地理信息数据源的车载实时导航终端研发，解决“非常态环境下的城市道路拥堵度分析及实时发布”技术难题。

【其他】

深圳市赛格导航科技股份有限公司承担的“城市公交车辆信息化管理平台”获2014年卫星导航定位科技进步奖二等奖。“一种交互式行车导航及其车载安防系统（发明专利）”获国家知识产权局优秀发明专利奖。

## 广东精一规划信息科技有限公司

【业务】

2014年，广东精一规划信息科技有限公司承担广东省公安厅空间标准地址库平台、肇庆市移动警务平台、惠州市公安局社区警务平台及移动采集应用等20多个地理信息系统研发。完成河源市公安局警用地理信息系统（PGIS）数据库建设，建立以基础地理信息、警用公共地理信息、警用关联地理信息为核心的空间警用三大数据库。完成广州市公安局地铁分局警用地铁专题测量及警用地理信息（PGIS）数据库建设，建立覆盖广州市8条运营线路，长约236千米，包括133座车站的专题资源数据库。承担惠州市空间标准地址库及社区警务平台建设项目，完成惠州市1:2000、1:5000 DLG基础数据更新和约64万条街路巷地址数据采集，建立覆盖惠州市全境的空间标准地址数据库。承担佛山市禅城区地名地址建库和区-镇-村地图编制。完成湛江市城区700多平方千米三维规划数据建模。

【其他】

广东精一规划信息科技有限公司承担的“惠州市公安局空间标准地址库建设及移动警务应用项目”获2014年中国地理信息产业优秀工程奖银奖。

## 广东省地图院

【业务】

2014年，广东省地图院承担广东省地图库建设及电子地图切片生产，完成广东省1:5万电子地图更新，广东省1:50万、1:70万、1:100万、1:130万电子地图数据库建设及切片生产。承担广东省公共地图服务系统建设，开展1:1万电子地图数据生产，完成全省21个地级市地图及城区图成图、83个县（区）公共地图服务用图编制。承担湛江测区地理国情普查，完成1.48万平方千米DOM制作、内业影像解译及信息提取、外业底图制作及1.32平方千米外业检查。承担新会、海丰、怀集、广宁、四会、五华、丰顺7个数字县区地理空间框架建设和“一村一镇一地图”建设。承担珠海市、中山市、河源源城区、佛山三水区“一村一镇一地图”项目建设，完成珠海市“一村一镇一地图”项目（一期），基本完成数字新会地理空间框架建设及“一村一镇一地图”建设。编制出版《广佛都市圈交通地图》《广州搜房图》《中山市文化旅游地图》等地图（册）。承担基于ArcMap的反走样绘图及精确线型绘制技术研发、自适应快速地图制图相关技术的应用项目。全年向省直各相关部门提供地图100多套，为国土部门开发领导公务用图系统。

【其他】

广东省地图院承担的“土地利用动态监测技术体系研究及在广东省的应用”获2014年中国测绘地理信息学会测绘科技进步奖三等奖，《中山市地图集》获2014年优秀地图作品裴秀奖铜奖。

## 广州市欧科地理信息技术服务有限公司

【业务】

2014年，广州市欧科地理信息技术服务有限公司承担数字东莞地理空间框架三维城市建设，完成三维平台搭建与应用开发。承担广州市警用地理信息数据更新维护、开平碉楼三维激光数据采集、拜城县公安局PGIS矢量/卫星影像地图建设。承担广东省博物馆智能服务平台（公众版）移动导览系统、“南海一号”保护发掘数据采集。承担广州萝岗区九龙镇洋田村等20个村庄现状测绘，东莞市长安万科商品房、樟木头镇西城樟城华庭商品房、黄江镇北岸村江山花园江山府商品房面积测量。全年总产值超过5000万元。

【其他】

广州市欧科地理信息技术服务有限公司承担的“三维地下空间综合信息管理平台”“面向规划与产权管理的房屋建筑面积核算与房产测算系统”被列入住房和城乡建设部2014年科学技术项目计划。“文化遗产的数字资源开发与应用”被列入2014年广东省科技计划项目。开发的“欧科三维GIS平台V1.0”“规划管理信息系统V1.7”“欧科三维图形引擎软件V1.0”等30个项目取得计算机软件著作权登记证书。

## 广东省测绘技术公司

【业务】

2014年，广东省测绘技术公司承担汕（头）湛（江）高速公路清远清新至云浮新兴段等4条高速公路勘测定界测量。承担广州萝岗区地形地籍成果更新及集体土地使用权地籍调查项目，2014年度广州萝岗区商品房、工业厂房、自建房房产面积测绘及辖区内工程测量、地形测量和地籍测绘。

【其他】

广东省测绘技术公司承担的“和平县农村集体土地所有权确权登记发证项目”获2014年全国优秀测绘工程奖铜奖。

## 广东省地质测绘院

【业务】

2014年，广东省地质测绘院承担佛山市顺德区第一次地理国情普查，佛山市南海区基础测绘数据缩编与数字高程模型制作，普宁城区扩容和东部新城中心区120平方千米数字化测绘，广州市部分区和合肥市等地房产测绘，汕头、潮州、珠海、惠州、湛江、广西防城港等地海洋测绘。承担信宜、吴川、佛山市南海区、阳江市海陵岛经济开发试验区、阳江高新技术产业开发区“一村一镇一地图”编制，广州市公路全图（2014年版）和各区（市）公路图修编，阳西县、惠东县、佛山市南海区领导机关工作用图编制。承担广东省地质局矿产地质综合管理信息系统、广东省地质局工程地质综合管理信息系统、普宁供水管线数据库建设。完成阳江、肇庆、台山等12个市、县（区）2014年度土地变更调查，安徽庐江农村土地承包经营权确权登记颁证，罗定、龙门等11个市、县（区）农村土地承包经营权确权登记发证试点，肇庆市各县（区）农村地籍调查试点。承担罗定城乡建设用地增减挂钩试点项目编制与项目测量，揭东、阳西土地利用总体规划调整修改，阳江、肇庆、江门等9个县（区）耕地后备资源调查评价等工作。

【其他】

广东省地质测绘院承担的省财政公益性项目“珠江三角洲及周边地区地面沉降地质灾害监测”绩效评价被广东省财政厅评为优秀。

## 国家海洋局南海工程勘察中心

【业务】

2014年，国家海洋局南海工程勘察中心完成汕尾电厂填海竣工海域使用项目、珠海港九洲港区货运搬迁工程填海项目、惠州港国际集装箱码头工程项目等填海项目的竣工验收测量。完成海南省8个海洋站水准测量、西气东输二线香港支线管道项目海底管道用海测量、琼州海峡粤海海底光缆局部迁改工程海底光缆路由勘察测量、茂名港水东港区港池及航道多波束扫海测量、国电海南西南部电厂2×350MW机组工程配套码头工程台风前后地形测量。承担广东省领海基点保护范围选划、海南省儋州市白马井海花岛旅游综合体区域建设用海规划、国投钦州煤炭码头工程、惠州港荃湾港区煤码头一期工程等填海工程海域使用与海洋环境动态监测项目。完成海上石油平台安装、海底管道电缆铺设、海底管道挖沟、海底结构物安装等14项导航定位项目和秦皇岛32-6项目塘沽码头1号滑道前沿水深测量等16项预后调查，业务范围覆盖渤海、黄海、东海、南海海域。编制完成《填海项目竣工海域使用验收测量技术导则》等海洋行业标准。

【其他】

国家海洋局南海工程勘察中心承担的“海洋工程导航定位”获2014年全国优秀测绘工程奖银奖。

## 交通运输部南海航海保障中心<br>广州海事测绘中心

【业务】

2014年，交通运输部南海航海保障中心广州海事测绘中心完成华南沿海海图测量100幅约10787平方千米。完成粤东水域船舶定线制A段测量约4760平方千米。承担湛江港龙腾航道“锦强101”沉船扫测、珠江口担杆水道“中兴2”沉船扫测等10项应急抢险任务，面积约680平方千米。完成广州港出海航道南段维护测量、华能海门电厂10万吨级港池航道多波束扫海测量、龙鼓西航道通过隧道轴线通道通航区水域多波束水深测量等152个重要通航水域测量项目。联合东莞海事局、清远海事局完成其管辖水域测量，编制出版《东莞水域航行图集》《北江清远水域航行图集》及配套电子海图图集，填补北江及东莞水域航行公用资讯空白。编制完成《港珠澳大桥岛隧工程图》《粤港澳搜救中心搜救区域示意图》《广东海事局监管资源分布图册》等32幅专题图（册）。完成52期中英文海图改正通告编辑发布，销售航海图书41598册。承担琼州海峡客滚运输安全整治、港珠澳大桥建设等多项国家重点水上工程技术支持和航海保障工作。编制《西、南沙水域测绘产品规划建议书》，参加南海航海保障中心三沙永兴岛水域航标测绘巡检任务，完成永兴岛综合码头前沿港池航道的水深扫测和引航导标的定位测量。开发清远飞来峡二三维一体移动实景系统。参与马航失联飞机搜寻工作，历时58天，航程10488海里，搜寻面积127655平方千米，水下探测面积88平方千米。

【其他】

交通运输部南海航海保障中心广州海事测绘中心承担的“港珠澳大桥建设测绘工程”获2014年全国优秀测绘工程奖银奖，“茂名港海图基本测量”获铜奖；“深圳大铲湾集装箱码头适航水深测量与应用研究项目”获中国水运建设行业协会2014年度水运交通优秀勘察奖三等奖；“水上便携智能导航系统”获中国航海学会科学技术奖三等奖 。

## 中水珠江规划勘测设计有限公司

【业务】

2014年，中水珠江规划勘测设计有限公司承担珠江流域重要河道地形测量（三期），完成西江、北江、东江1:5000河道地形测量312平方千米和1:2000断面测量223千米。承担大藤峡水利枢纽工程首级施工控制网测量，完成二等平面控制点测量21个、二等水准点测量10个、基岩水准点测量4个、二等水准测量49千米。承担重庆潼南航电枢纽工程首级施工控制网测量，完成二等平面控制点测量8个、浅层基岩水准点测量2个、二等水准点测量8个、二等水准测量22.6千米。承担喀麦隆芒楚水电站，贵州册亨、者述水库测绘；广州地铁8号线，成都地铁4号、7号线第三方监测；贵州都柳江温寨、朗洞航电枢纽土地分解到户任务。承担水利部“948”项目“船载激光三维扫描系统”建设。

【其他】

中水珠江规划勘测设计有限公司承担的“委内瑞拉埃罗莎-曼特卡尔农业综合发展项目工程测量”获2014年全国优秀测绘工程奖铜奖。

## 珠海市测绘院

【业务】

2014 年，珠海市测绘院承担珠海市陆海统一似大地水准面精化工作，建立珠海市集平面、高程信息于一体的陆海统一的几何物理一体化高精度三维大地基准。承担珠海市北斗连续运行卫星导航与位置服务系统（ZHBDCORS）建设，建成以北斗为主覆盖珠海市陆海全区域的多模卫星导航与位置服务系统，实现 BDS/GPS/GLONASS 的多模及 BDS/GPS 的单模实时动态定位服务，三维分量精度达到厘米级水平。完成珠海市房地产登记中心改图系统、珠海市房地产登记中心房产备案系统、珠海市控制点普查管理系统、珠海市五规合一图形数据处理系统、国土资源执法监测数据处理系统等项目建设。承担珠海数字城市地理空间框架建设，完成珠海市地理空间框架系统运行维护、更新升级，完成珠海横琴新区、珠海香洲区和斗门区地理空间框架系统技术设计。

【其他】

珠海市测绘院承担的“国家创新智能化绿色小区珠海格力广场一期 A、B 区房产确权及竣工规划验收测量项目”获 2014 年全国优秀测绘工程奖铜奖。

## 深圳市规划国土房产信息中心（深圳市空间地理信息中心）

【业务】

2014 年，深圳市规划国土房产信息中心（深圳市空间地理信息中心）承担数字深圳空间基础信息平台技术体系升级，完成 800 多个数据图层资源编目和服务发布、平台用户权限升级改造。完成 62 平方千米 1:1000 地形图动态修补测数据更新、1791 千米市政地下管线数据更新、深圳市电子地图 2 个版本（重点片区 4 个版本）发布、人口和房屋等 26 个专题地图编制。承担“天地图 · 深圳”建设，完成深圳市 18 级～20 级电子地图数据整合和配图，60 多万条地理实体和地名地址数据整合，WMTS 地图服务接口和 WFS-G 地址服务接口开发，“天地图 · 深圳”门户网站建设，教育培训、文化体育等 6 类公共服务应用开发。承担深圳市地理国情普查试点验证和龙岗测区普查。承担建筑方案三维辅助评审系统建设，完成深圳市新建城市建筑三维建模 1.5 万栋、深圳湾公园等重点片区地面铺设三维建模 15 平方千米。承担深圳市规划土地数字监察平台（天地网）建设、深圳市第二次地名普查、深圳市土地总登记与地籍调查、深圳市建筑信息更新调查。完成 2012 年度深圳市建筑物调查，制定深圳市《不再进行界址认定调查和建筑物面积量算规则》。全年为社会提供基础地理数据服务 200 多批次，包括地形图数据近 7 万幅、影像数据 1500 多幅、地下管线数据 1.4 万千米。

【其他】

深圳市规划国土房产信息中心（深圳市空间地理信息中心）承担的“数字深圳空间基础信息平台”项目获 2014 年度 ESRI 全球“GIS 特别贡献奖”（Special Achievement in GIS Award）。

## 深圳市勘察测绘院有限公司

【业务】

2014 年，深圳市勘察测绘院有限公司承担深汕合作区 1:1000 数字航空摄影测量、惠州市 1:500 地形图测绘、深圳市 2013 年度全市海岸线定测、2013 年～2014 年深圳市地形图和地下管线修补测 A1 标段（宝安南标段）、深圳市坪山新区和大鹏新区地理国情普查等任务。承担深圳市地铁 9 号线第三方监测，武汉市轨道交通 6、7 号线一期工程（部分标段）测量监理及监测，2013 年度深圳市土地变更调查等测绘项目。

【其他】

深圳市勘察测绘院有限公司承担的“深圳市网络地图制作及数据更新技术研究”获 2014 年中国测绘地理信息学会测绘科技进步奖二等奖，“2012 年部、省土地卫片执法检查及 2013 年市级遥感监测外业核查技术服务”等 3 个项目获 2014 年全国优秀测绘工程奖银奖，“深圳市城市轨道交通 11 号线 GPS 控制测量”“深勘智能移动办公系统”分获 2014 年卫星导航定位优秀工程和产品奖二等奖和科技进步奖三等奖，“广深高速鹤洲立交改造工程 1:500 地形测量及地下管线探测”和“深圳市南坪快速路三期工程 1:500 地形测量及地下管线探测”获深圳市优秀工程勘察设计工程测量奖一等奖。

## 中国能源建设集团广东省电力设计研究院

【业务】

2014 年，中国能源建设集团广东省电力设计研究院承担湛江核电陆海域地形测量、惠州核电项目航空数字摄影测量、宁德核电厂二期工程海域地形测量、世界文化遗产保护项目——杭州保俶塔数字化测绘、广西北海铁山港区5万吨级锚地海域多波束地形扫侧等测绘项目。完成酒泉至湖南±800kV直流特高压输电线路、榆横至潍坊1000kV交流特高压输电线路等电网工程测量。承担南方电网一张图建设、基于LiDAR数据的输电线路三维重建及空间分析研究、深圳供电局配电网数据管控体系研究、海南联网工程海底电缆在线监视系统建设等项目。参与国家电网北京经济技术研究院海底输电工程勘测技术体系研究。

**【其他】**

中国能源建设集团广东省电力设计研究院承担的“糯扎渡送电广东±800kV直流输电线路工程测量”（联合申报）获2013年度电力行业（火电、送变电工程）优秀勘测奖一等奖，“国家‘大型风电场柔性直流输电接入技术研究与开发’示范工程测量”获二等奖。“500kV东坡变电站数字化设计”“500kV木棉至从化换流站送电线路工程数字化设计”分获第一届中国电力工程数字化设计（EIM）大赛变电工程组第一名和送电工程组第三名。

## 广州奥格智能科技有限公司

**【业务】**

2014年，广州奥格智能科技有限公司承担海南省澄迈县农村土地承包经营权确权登记颁证工作，完成确权66.7平方千米。承担梅州市中心城区地下管线普查和地下管线信息系统建设，建立梅州市中心城区8.3平方千米地下管线数据库，实现地下管线GIS管理。承担湖南省祁阳县城区排水防涝设施普查规划编制，完成40平方千米管网普查与规划。承担数字南沙地理空间框架及典型应用建设，完成数据建库和服务发布，实现政务办公与公众服务功能。完成厦门“多规合一”信息系统建设。承办2014年“多规合一”规划编制与信息平台技术研讨会、短时气候预警与城市水安全学术研讨会。

**【其他】**

广州奥格智能科技有限公司被授予“中国地理信息产业百强企业”称号，连续多年获“广东省诚信示范企业”、广州市“守合同重信用企业”称号。承担的“复杂动态交通环境下网络导航与物流配送关键技术与应用项目”获2014年中国地理信息科技进步奖一等奖，“数字株洲地理空间框架建设项目”获2014年中国测绘地理信息学会测绘科技进步奖三等奖，“广州市排水管网数据库管理平台项目”“株洲市地下管线普查及信息化工程项目”获2014年中国地理信息产业优秀工程奖银奖。“奥格排水设施管理软件”“奥格水务数据中心软件”等19项软件取得著作权证书。“奥格分布式安全防护单点登录认证软件”“奥格协同应用安全统一授权管理软件”获软件产品登记证书。

## 广东省惠州七五六地质测绘工程公司

2014年，广东省惠州七五六地质测绘工程公司承担基础测绘项目11个，累计测量面积约45.6平方千米，完成四等以上GPS控制点测量185点，施测四等以上水准路线379.2千米。结合惠州市统一测绘基准要求，开展惠东县测绘基准现状调查，编制惠东县统一测绘基准工作方案，实现各专题图件在不同坐标系间平面坐标的相互转换。完成惠州机场、碧桂园十里银滩、巽寮金融街等项目的竣工测量及变形监测23个。承担惠州、河源和汕尾地质灾害应急抢险测绘工作，出动测绘作业人员152人次，施测受灾点区域面积约11.6平方千米，绘制各类灾区地形图42幅。承担湛江遂溪中间岭矿区详查1:5000矿山测量、潮州饶平溪西钼矿1:5万地形图编制、惠东县白马山锡铜多金属矿预查测量等项目，完成惠东县2013年土地整理项目委托验收、湖北襄阳土地确权项目试点。

## 佛山市城市规划勘测设计研究院

2014年，佛山市城市规划勘测设计研究院承担佛山市各类测绘业务2866项，主要包括佛山市禅城区基础测绘数据更新、地名地址调查及区级地图编制，禅城区内河涌沿线排水管线普查及信息化管理，禅城区基础控制网普查、维护和加密，南庄片区排水管网及入河排水口普查，高明区“一村一镇一地图”地图编制及机关工作用图编制，城市快速轨道交通2号线（初步设计阶段）测绘数据资料整理、3号线工程地面控制测量及地形图测绘，高明区现代有轨电车示范项目首期工程测绘，城市地下管线勘测成果数据建设（四期）等。完成佛山市禅城区城市规划“一张图”平台、控制性详细规划信息平台（第一期）、佛山市禅城区管线规划辅助决策平台、佛山市人防工程测绘及信息化管理系统、人防指挥信息系统升级与维护、佛山市禅城区内河涌沿线排水管线普查及信息化管理等项目建设。承担佛山（云浮）产业转移工业园（南园）一期道路设计及西部片区测绘项目，为云浮市“两城两园”中心城区规划建设提供基础数据。

## 深圳市凯立德科技股份有限公司

**【业务】**

2014 年，深圳市凯立德科技股份有限公司研发手机导航 V5. 3/V5. 4/V6. 0/V6. 1/V6. 2/V6. 2. 1、移动导航系统 C－Car V4. 0/V5. 0、For iPhone V10. 0/ V10. 1/ V10. 2/V10. 3/V10. 4/ V11。推出 6 款智能导航仪、8 款 GPS 行车记录仪、4 款电子狗。参加第十届广州国际汽车改装服务业展览会、第十一届中国（郑州）国际汽车后市场博览会、第三届中国卫星导航与位置服务年会、第九届中国（深圳）国际物流与交通运输博览会等展会。举办“双 11”网购促销活动，在各大电商平台开通导航地图升级业务，成为米其林必比登挑战赛 2014 指定地图及导航技术赞助商。

**【其他】**

深圳市凯立德科技股份有限公司获“中国地理信息产业百强企业”“2014 年度深圳市重点软件企业”“2014 年中国物流与交通运输博览会优质服务奖”等称号。承担的“基于云环境的城市综合交通信息集成与服务关键技术及应用”获 2014 年中国智能交通协会科学技术奖一等奖，“面向位置云的智慧物流管理技术研究及应用”获 2014 年中国地理信息科技进步奖三等奖，“三维全景导航系统关键技术研究与应用”获 2014 年卫星导航定位科技进步奖三等奖。

## 深圳市长勘勘察设计有限公司

**【业务】**

2014 年，深圳市长勘勘察设计有限公司承担深圳市南山区沿湖路黑化修缮提升工程地形及管线测量、2013 年～2014 年东深供水沿线水工建筑物变形测量、连平县生态工业园南水工业村房屋建筑面积测绘、深圳市沙井特色商业街市政配套工程勘测。承担深圳市西丽线（东滨路至蛇口水厂）源水管线勘察、深圳市龙城高级中学扩建工程地下管线探测、深圳市宏佳华府项目基坑及相邻地铁隧道第三方监测、深圳市香蜜公园建设工程监测、深圳市莲塘保障性住房项目东侧边坡监测。承担 2014 年度深圳市土地变更调查外业项目（东部滨海片区）、深圳市宝城 23 区洪浪公寓及职工楼查丈、深圳市龙华新区大浪街道赤岭头城市更新项目查丈。全年，共签订测绘项目合同额 4800 多万元。

**【其他】**

深圳市长勘勘察设计有限公司获“四维杯”测绘职工定向越野比赛团体第五名。承担的“深圳市龙岗区信息管道资源普查工程”获 2014 年全国优秀测绘工程奖银奖，“2011 年度土地变更和新增建设用地调查工程之外业调查（宝安标段）”“宏佳华府项目基坑及相邻地铁隧道第三方监测”分别被深圳市勘察设计行业协会评为深圳市第十六届优秀工程勘察设计奖一、三等奖。

## 中交广州航道局有限公司

**【业务】**

2014 年，中交广州航道局有限公司勘察测量分公司承担 29 个项目的施工测量和施工管理，其中国内项目 16 个、海外项目 13 个，完成测量面积 7861 平方千米。承担的国内项目主要包括辽宁省营口经济技术开发区钢港配套产业园区填海工程（一期二阶段）、营口经济技术开发区熊岳河口填海及海岸恢复工程、锦州港港池及航道清淤工程、江苏省连云港海滨工程、福建省湄洲湾航道三期工程、厦门翔安南部莲河片区（东园地块）造地工程第 I 标段工程、汕头东海岸新城项目新溪片区、钦州港金鼓江航道工程等。承担的国外项目主要包括加蓬摩尔港工程、喀麦隆杜阿拉港紧急疏浚工程、科威特 Subiyah 大桥临时航道疏浚工程、沙特海尔港四期扩建项目、斯里兰卡科伦坡港口城发展项目、孟加拉国 Sirajgan 四座截流坝防护工程、印尼雅加达 Sentiong Anco 水闸工程等。

**【其他】**

中交广州航道局有限公司勘察测量分公司获“全国五一劳动奖状”。完成的“水砣式浮泥层探测器项目”取得国家实用新型专利证书。“探索手机GPS定位应用疏浚吹填工程施工放样”获2014年中国建筑业协会优秀QC小组活动成果三等奖。

## 广东省测绘工程公司

2014年，广东省测绘工程公司承担肇庆市地理国情普查，完成4155平方千米地理国情普查成果整理。完成广州市萝岗区地理国情普查。承担梅州市梅县区、兴宁、德庆3个数字县（区）地理空间框架建设，梅州“一村一镇一地图”建设。承担蕉岭中心区域、德庆优于0.2米高分辨率航空影像数据获取，完成1:2000数字正射影像图制作。承担梅州梅县区、佛山顺德区三维模型、可量测实景影像和360度虚拟全景制作。完成广梅汕铁路龙湖南至汕头段增建第二线、兴汕高速公路兴宁至五华段、梅州兴宁国道（G205）改线用地勘测定界，为穗莞深、莞惠城际轨道交通项目东莞段和惠州段建设提供地上附属物和青苗详查清点成果。承担东莞市常平镇地籍调查试点、广州市集体土地使用权历史档案数据整理、广州市南沙区土地房产测量、数字东莞地理空间框架三维城市建设监理等工作。

## 广东省核工业地质局测绘院

【业务】

2014年，广东省核工业地质局测绘院承担粤北和粤东铀矿区测量控制网建设项目，完成测量面积约1900平方千米，E级GPS点102个，四等水准240千米。承担韶关仁化县非中心城镇1:500地籍测量，湖北蕲春县、团风县地理国情普查，广州、清远、韶关等多个市区房产测绘、地形测量、变形测量。承担广东省铀资源动态监测及管理系统建设、广东省地质铀矿三维建模系统建设等项目。完成郁南县、东源县、湖南省岳阳县农村土地承包经营权登记颁证试点，连山县、阳山县2014年度高标准农田测量规划。承担的四会市城市基础地形测绘和揭阳至惠来高速公路勘测定界测量项目通过验收并获得优秀等级。

【其他】

广东省核工业地质局测绘院获CMA计量认证证书。

## 深圳市勘察研究院有限公司

【业务】

2014年，深圳市勘察研究院有限公司签订测绘项目合同额近8000万元。承担“天地图·深圳”建设，2013年~2014年深圳市地形图及地下管线动态修补测，深圳前海深港现代服务业合作区低空摄影测量及图集制作，2013年~2015年数字深圳空间基础信息平台二、三维数据库更新，2013年度深圳市土地变更调查（A1标段）。承担贵州省平塘县和长顺县地理国情普查，安徽省巢湖县和宿松县地理国情普查数据处理与采集。承担深圳外环高速公路房屋及土地征收测绘、深圳坪山碧岭项目城市更新单元现状测绘、深圳龙华新区土地整备项目补偿工作测绘监理。承担中国南山开发（集团）股份有限公司三维地下管线管理系统建设，深圳电网北环110kV架空线改造入地电缆隧道工程第三方监测，深圳轨道交通4号线二期区间结构变形监测。承担山东省高密市农村土地承包经营权确权登记颁证和基本农田划定，湖北省麻城市宅基地使用权和集体建设用地使用权确权登记发证等项目。承办粤港澳地区低空摄影测量与相关应用技术研讨会。

【其他】

深圳市勘察研究院有限公司获“中国地理信息产业百强企业”称号。承担的“全国农村土地确权登记发证关键技术研究与实现”获2014年中国测绘地理信息学会测绘科技进步奖三等奖；“汕头市潮南区1:1000地形图测绘项目”“广州市农村集体土地所有权地籍调查及系统应用项目”分获2014年全国优秀测绘工程奖金、铜奖；“开平市农村集体土地确权及数据库建设工程”“刘川工业园低空数字航空摄影测量”分获2014年中国地理信息产业优秀工程奖金、银奖。

## 广东省国土资源技术中心（广东基础地理信息中心）

【业务】

2014年，广东省国土资源技术中心（广东基础地理信息中心）承担广东省地理信息公共服务平台建设，完成以虚拟化、云计算技术为核心的软硬件集成项目建设、平台整体部署、全省三维精细模型发布服务、底层操作系统优化升级、平台抗压性能测试、等级保护三级系统测评等。承担“天地图·广东”建设，完成珠海、中山、佛山等10个城市公众版电子地图更新发布，中山和惠州2个市级节点接入国家主节点，清远市和中山市移动地图应用系统开发。承担省级基础地理信息数据资源建设，完成1:1万基础地理信息数据库整合升级（二期）、2014年度省级政务版矢量及影像电子地图更新。完成茂名市1.1万平方千米地理国情普查正射影像图制作、内业解译、内业地表覆盖分类编辑、内业国情要素编辑，以及省级地理国情普查任务区DEM精细化工作。承担广东省土地登记信息监管系统建设，完成14个市县级节点监管系统试运行。开展广东省测绘地理信息统一监管与服务平台建设。

**【其他】**

广东省国土资源技术中心（广东基础地理信息中心）承担的“土地利用动态监测技术体系研究及在广东省的应用”获2014年中国测绘地理信息学会测绘科技进步奖三等奖；“多源遥感信息自动解译技术研究及系统建设”获2014年中国地理信息科技进步奖三等奖；“广东省土地利用信息动态监测系统”获广东省科学技术奖三等奖；“基于云平台‘天地图·广东’建设与关键技术的研究”“广东省‘三旧’改造地块标图建库及技术研究”2个项目获2014年国土资源（广东）科学技术奖一等奖，“广东省多尺度电子地图保密技术处理”“广东省国土资源信息服务体系建设与应用”分获二等奖；“清远市市区公房管理信息系统”获第二届天地图应用开发大赛二等奖。“广东省土地利用数据库管理系统”等5项软件获软件著作权证书。1人获广东省“五一劳动奖章”。

## 河源市明源工程勘察有限公司

**【业务】**

2014年，河源市明源工程勘察有限公司承担河源江东新区1:1000地形测绘12平方千米，连平风能发电1:2000地形测量50平方千米，河源香碧湖旅游开发区1:1000地形测绘10平方千米，河源江东产业园1:2000规划测量18平方千米。完成中小河流治理工程测量200多千米，大广高速连平段控制测量复测52千米。承担河源龙川、连平、和平、东源等国家级高标准基本农田建设测量133.3平方千米，河源市高标准基本农田建设竣工复核验收项目和土地整理竣工项目333.3平方千米，河源钓鱼台土地整合利用项目地籍测量20平方千米。承担连平县农村土地承包经营权确权登记颁证试点，完成试点村各农户土地面积核实，完善承包合同、承包土地空间位置图、承包登记簿等。

**【其他】**

河源市明源工程勘察有限公司承担的“和平县城市截污管网规范项目”获2014年全国优秀测绘工程奖铜奖。

## 深圳地质建设工程公司

2014年，深圳地质建设工程公司共签订测绘项目合同金额约2400多万元。承担深圳市1:1000地形图及地下管线动态修补测（坪山标段），完成修测面积9.03平方千米、图幅132幅，探测管线170千米。承担惠东县1:500基本地形图测绘，完成测绘面积11.67平方千米、GPS控制点测量57点、四等水准测量41千米。完成深圳市中低压配电网项目1:500地形测量21平方千米、地下管线探测420千米。承担深圳市前海合作区地下通道市政工程第三方监测及后期地铁监测。

## 广东邦鑫勘测科技股份有限公司

2014年，广东邦鑫勘测科技股份有限公司完成各种比例尺水深测量近1100平方千米，陆域地形测量近150平方千米。承担港珠澳大桥锚地调整建设七水下物探和沉船（及障航点）探查工程、惠州碧桂园游艇码头工程等侧扫声呐项目11项，完成扫测线长度1380千米、扫测面积137平方千米。承担浅地层探测项目28项，完成测线长度2300千米。完成海洋港口三维建模近80平方千米，承担广东中外运东江仓码有限公司码头、广东中外运黄埔仓码有限公司码头、海口港集装箱码头沉降位移观测工程，广州港集团南沙码头钢管桩施工过程沉降观测等变形监测项目15项。完成广东省三维港口管理地理信息系统、珠海三维航道管理信息系统、茂名危险源监控与应急指挥系统、湛江港集团港口三维资源管理系统等系统开发工作。协助承办“中国海洋勘测发展新丝路”首届高峰论坛。

## 广东南方数码科技有限公司

【业务】

2014 年，广东南方数码科技有限公司承担东营市地理信息公共服务平台数据整合与更新、平台功能扩展及示范应用系统开发项目。承担岳阳市地理信息共享服务平台建设、利津县地理信息公共服务平台建设、数字河口地理空间框架软件平台建设、数字望城地理空间框架建设等 10 多个数字城市建设项目。承担湖北、江苏等 5 个省份近 3 万平方千米地理国情普查任务，以及惠州市测绘地理信息统一监管系统建设，梅州市梅县区约 195 平方千米农村土地承包经营权确权登记颁证等项目。

推出南方数码 iDataMobile（南方地理国情普查外业调绘核查系统），获 2014 最具价值产品奖。推出首款大众应用产品“在那儿”儿童定位魔法圈。与武汉大学合编出版《数字城市三维模技术与实践》。

【其他】

广东南方数码科技有限公司获“中国地理信息产业百强企业”称号，连续八年被授予“守合同重信用企业”称号。承担的“广东省第一次全国水利普查数据库与管理系统建设项目”获 2014 年中国地理信息产业优秀工程奖金奖，“高州市国土资源局集体土地所有权登记发证项目”获银奖；“基于空间信息技术的广东数字水利服务平台研究与应用”获 2014 年中国地理信息科技进步奖二等奖；“一体化空间信息集成交互平台的关键技术与应用”获广州市科技进步奖三等奖。

## 深圳市水务规划设计院

2014 年，深圳市水务规划设计院承担测绘项目 40 多项，主要包括深圳特区外被覆盖河道安全隐患检查、深圳龙岗排水管网检测、深圳水库沙湾流域下游污水支管网工程勘测、深圳布吉河龙岗段综合整治工程勘察、深圳原特区内 11 条河安全检测、深圳水源工程线路复核测量、深圳水库群卫星定位安全预警网络监测技术应用、深圳茜坑水库大坝 GPS 全天候监测等。开发利用测量手段与地质雷达、内窥检测设备相结合对排水管涵进行安全隐患排查的新技术。承担的测量项目以安全监测、管网调查测量和河道治理测量为主，安全监测已实现自动化。

## 深圳市中正测绘科技有限公司

【业务】

2014 年，深圳市中正测绘科技有限公司承担 2013 年～2014 年深圳市地形图及地下管线修补测（A4 标段）、深圳外环高速（龙华新区段）征收地测量。完成深圳雅宝国际软件园城市更新单元、深圳市天安岗头城市更新单元等房产测绘，完成深圳机场新航站区及周边现状测绘。承担深圳轨道交通蛇口线和环中线竣工测量质量监理，四川叙永县、壤塘县、盐源县和重庆市丰都县地理国情普查。

【其他】

深圳市中正测绘科技有限公司承担的“深圳市龙华新区观城社区旧村改造项目”获 2014 年全国优秀测绘工程奖银奖。

## 深圳市爱华勘测工程有限公司

【业务】

2014 年，深圳市爱华勘测工程有限公司共签订测绘项目合同额 3200 多万元。承担深圳市宝安区地理国情普查内外业数据生产、深圳尖岗山项目物业测绘、深圳光明东周旧城改造测绘、深圳东片区涉嫌违法用地违法建筑测量、东莞市 1:500 地形图修补测量及入库服务（包 G）、东莞莞城房地产管理所公房普查测绘。承担深圳市轨道交通 10 号线工程（定测）地下管线探测、深圳福永人民医院扩建工程——基坑支护第三方监测。承担阳山县高标准基本农田建设项目测绘及规划设计及预算编制采购、山西省应县农村土地承包经营权确权登记颁证试点工作测绘、湖北省钟祥市农村集体土地确权登记和数据库建设、湖北省麻城市宅基地使用权和集体建设用地使用权确权登记发证。

【其他】

深圳市爱华勘测工程有限公司承担的“海丰县第二次土地调查”“浠水县集体土地所有权登记发证项目”分获 2014 年全国优秀测绘工程奖银、铜奖。

## 中交第四航务工程勘察设计院有限公司

【业务】

2014 年，中交第四航务工程勘察设计院有限公司完成苏丹港外航道 1:2000 多波束扫海测量 240 平方千米，苏丹矿石码头工程、苏丹萨瓦金国际集装箱码头一期工程等水深测量约 30 平方千米，苏丹达玛港区、苏丹南港区 22 个 D 级 GPS 点控制网测量。承担巴基斯坦卡西姆港 LNG 项目、煤项目、熟料及水泥码头项目测量。完成委内瑞拉卡贝略港新集装箱码头项目、科特迪瓦阿比让港扩建工程、纳米比亚鲸湾港新集装箱码头工程、委内瑞拉卡贝略港新集装箱码头项目（测量）等测量。承担科特迪瓦圣佩德罗港扩建工程 FEED 设计项目，完成 1:2000 水深测量约 4 平方千米。承担斯里兰卡港口城项目，完成浅地层剖面探测 822 千米和侧扫声纳测量 810 千米。承担牙买加国家公路网建设工程 FEED 设计项目，完成控制及地形测量 60 千米。承担揭阳港惠来沿海港区南海作业区控制性详细规划，完成 1:1 万水深测量、控制测量约 45 平方千米。承担潮州港公用锚地选址研究，完成 1:1 万地形测量约 4.5 平方千米和水深测量 34 平方千米。完成东莞市虎门港沙田港区西大坦作业区 1# ~ 4#泊位等项目的水深测量、地形测量和控制测量。参与纳米比亚鲸湾港新集装箱码头工程、斯里兰卡海港城和广西白龙核电一期项目等数十个勘探项目的勘探点定位和水尺的高程引测。

**【其他】**

中交第四航务工程勘察设计院有限公司编写的《海港总体设计规范》（JTS165-2013）获 2014 年度中国水运建设行业协会科学技术奖一等奖。“惠来电厂一期工程港口工程综合勘察”获 2014 年度水运交通优秀勘察奖三等奖。

## 深圳市蓝天鹤测绘有限公司

2014 年，深圳市蓝天鹤测绘有限公司承担深圳市地理国情普查海岛调查，深圳市南山区、福田区、罗湖区、盐田区地理国情普查内外业数据生产。承担 2013 年 ~ 2014 年深圳龙岗区地形图及地下管线动态修补测、深圳市外环高速公路（沙井范围）房屋及土地征收测绘（二标段）、深圳市龙华污水处理厂配套污水干管（二期）工程Ⅰ ~ Ⅵ标段测绘监理。承担梅州市梅江区农村土地承包经营权确权登记发证试点、梅州市梅江区耕地后备资源调查评价及建库、东莞市大朗镇地下综合管线普查工程（包C）等项目。

参与 2014 年度深圳市土地变更调查结论合理性分析及变更图斑地类一致性检查项目研究、耕地实际管理信息内业梳理与实际耕种情况外业调查及数据库建设研究、深圳市第一次全国地理国情普查遥感影像数据处理及分析等理论研究项目。

## 广东省国土资源测绘院

**【业务】**

2014 年，广东省国土资源测绘院承担全省地理国情普查具体组织、协调督导工作，制定《广东省第一次全国地理国情普查省级资金管理办法》《广东省第一次全国地理国情普查专项经费实施细则》和《广东省国土资源测绘院地理国情普查项目质量管理实施办法（试行稿）》，完成省级地理国情普查任务 11.7 万平方千米，惠州、佛山、江门、珠海、东莞、肇庆 6 个市地理国情普查任务 2.8 万平方千米。承担广东省连续运行卫星定位服务系统（GDCORS）维护与应用、广东省北斗/GPS/GLONASS 多模地基增强服务系统建设、国家测绘基准一期工程 7 个 GDCORS 基准站改造，完成广东省多模卫星地基增强服务系统总体技术设计书、广东省北斗改造实施方案、广东省北斗地基增强服务系统技术设计书等编写工作。承担测量标志普查工作，完成 3899 个测量标志点外业核查、2888 个测量标志点内业数据整理。承担 30 个数字县区地理空间框架试点影像数据获取和生产，广州花都区、白云区、从化行政区域界线测绘和区划图制作。承担汕昆高速公路龙川至怀集段、武（汉）至深（圳）高速公路新丰至博罗段等高速公路土地勘测定界测量。开展高性能无人机航摄系统技术研究、广东省土地调查基础数据库修改、农村宅基地登记发证。

**【其他】**

广东省国土资源测绘院被省直关工委授予“五好基层关工委先进集体”称号，1 人被共青团中央、人力资源和社会保障部授予“全国青年岗位能手”称号，1 人被人力资源和社会保障部授予“全国技术能手”称号。承担的“多源遥感信息自动解译技术研究及系统建设”获 2014 年中国地理信息科技进步奖三等奖；“数字湛江地理空间框架建设项目”获 2014 年中国地理信息产业优秀工程奖金奖；“清城区村民小组集体所有权登记中的摄影测量与信息系统建设”获 2014 年全国优秀测绘工程奖银奖，“揭阳市区

85 平方公里1:500 数字化地形测量”等 5 个项目获铜奖。

## 广州市城市规划勘测设计研究院

【业务】

2014 年，广州市城市规划勘测设计研究院完成广州市城市等级导线控制网维护、广州坐标系与2000 国家大地坐标系转换研究、广州市城市勘测信息系统维护、数字地形图动态更新、广州市地面 LiDAR 规划信息数据获取与处理、广州市城市规划地下空间设施普查及测绘、广州市地下管线管网管理智能化等测绘项目。编制出版《广州市地图册》，制定《广州市城市地下管线探测技术规程》《广州市1:500 1:1000 1:2000 地形图图式》等地方标准。举办测量专业新技术讲座 30 多场。在核心期刊发表论文 34 篇。“广东省空间信息移动激光测量系统工程技术研究中心”“基于增强实景的市民城管互动关键技术研究与应用”分别被列入广东省、广州市科研课题。

【其他】

广州市城市规划勘测设计研究院承担的“广州绿道攻略”“电子商务地理信息公共平台”2 个项目获 2014 年优秀地图作品裴秀奖铜奖；“广州新白云国际机场建设工程综合测量”获 2014 年全国优秀测绘工程奖金奖，“基于信息化测绘生产体系的中新知识城基本地形图更新”等 4 个项目获银奖，“广州市城市规划地下空间设施普查及测绘”等 2 个项目获铜奖；“基于超级计算机的城市规划地理信息平台关键技术研究与应用”“多类型城市地图一体化灵性生产体系研究及应用”2 个项目获 2014 年中国地理信息科技进步奖三等奖；“城际轨道交通高精度三维空间框架网建设关键技术研究”获 2014 年卫星导航定位科技进步奖三等奖。“高性能城市规划地理信息服务平台”“地理栅格数据并行计算软件、城市地下管线数据整理平台”等多个软件取得计算机软件著作权登记证书。

## 广州建通测绘地理信息技术股份有限公司

【业务】

2014 年，广州建通测绘地理信息技术股份有限公司承担加蓬共和国国家 OY 项目工程、G40（沪陕）高速公路周庄至陇西立交段改扩建工程、惠龙高速公路项目工程、佛开高速公路三堡至水口段扩建工程等 15 条高速公路测量项目，长度 600 千米。承担德庆、江门市新会区、湖北省随县、河南省灵宝等 15 个县（市）的农村土地承包经营权登记颁证，面积约 3000 平方千米。承担海南联网Ⅱ期港城—徐闻—南岭 500kV 输电线路工程、阳江 500kV 回隆（阳西）站配套 220kV 线路工程、滇西北送广东直流输变电工程等电力线路测量项目。承担数字徐闻、数字平远地理空间框架建设，贵州海龙囤遗址群机载激光遥感测绘项目，秦岭北缘断裂至华山山前断裂带机载 LiDAR 测量项目，莞韶工业园北部扩园工程等项目。全年共承担测绘项目 70 多项，涵盖公路、电力、国土、水利、考古、地震、石油等行业，总金额超 6000 万元。

与中国工程院院士张祖勋团队联合建设 LiDAR 摄影测量院士工作站获广东省产学研省级立项，初步建立了大比例尺测图系统。开发基于安卓手机和平板电脑的高尔夫应用软件 xGolf Eagle、激光点云精细分类软件 xLiDAR、激光雷达测图软件 xLMS、点云数据管理平台 xLiDAR Desktop Pro、三维漫游展示平台等。

【其他】

广州建通测绘地理信息技术股份有限公司获“中国地理信息产业百强企业”称号，承担的“三亚市 1:2000 比例尺地形图信息化测绘及入库项目”获 2014 年中国地理信息科技进步奖二等奖。开发的“机载激光点云数据工程管理系统”等 7 个软件取得计算机软件著作权证书，“一种基于机载 LiDAR 数据的输电线路的电力线提取方法”获发明专利证书。

## 广州市房地产测绘院（广州市测绘产品质量检验中心）

【业务】

2014 年，广州市房地产测绘院（广州市测绘产品质量检验中心）承担广州市地理国情普查工作，完成全市 7434 平方千米地表覆盖、地理国情要素、外业核查、样本采集及元数据制作等数据采集整理。承担 2013 年度广州市土地利用变更调查，完成外业调查及数据入库。承担广州市 2014 年地形地籍修补测摸查，完成近11万幅变化图斑标注。承担广州市城镇地形地籍成果更新、2010年~2013年广州市闲置土地现场勘测及成果数据入库、1997年~2002年1:1万土地利用现状图历史数据整理等项目。通过招投标取得总金额2478万元的测绘项目，包括白云机场噪音区安置区测绘、广州市番禺区大学城“城中村”（旧村）基础数据调查、广州市荔湾区综合执法局违法用地测量年度框架服务等。与武汉大学、中山大学、同济大学等高校开展“产学研”合作，开展北斗系统建设，提升广州地区卫星定位导航服务能力；开展广州市2000国家大地坐标系建设。

编写完成《房屋面积测算规范》《广州市测量标志历史沿革与现状》。协助广州市测绘行政主管部门开展天河区部分测绘成果的监督检查，土地管理、测绘工程技术工程师资格评审，技术培训与交流，年度测绘质量监督检查和政策法规宣传。

【其他】

广州市房地产测绘院承担的“广州市城镇地形地籍成果更新项目——中心城区地形地籍修补测及地籍总调查子项目标段2（海珠测区）”获2014年全国优秀测绘工程奖铜奖；“数字广州地理空间框架建设项目”获全国数字城市建设与应用优秀展示片大赛二等奖。

# 广西壮族自治区

## 概况

截至2014年底，广西壮族自治区共有测绘资质单位539家，其中甲级17家、乙级80家、丙级252家、丁级190家。测绘资质单位从业人员共有10166人。2014年，全区测绘资质单位共完成测绘服务总值13.06亿元。

## 广西壮族自治区地理国情监测院

【业务】

2014年，广西壮族自治区地理国情监测院完成年度服务总值约9700万元，比2013年增加462万元。承担广西第一次全国地理国情普查项目25个县市普查生产，覆盖广西30%面积；完成柳州测区等5个区域像控测量和DOM生产，覆盖面积5.5万平方千米；完成宜州等21个县市（区）普查数据生产5.6万平方千米，折合1:1万图幅约1900幅。完成5个国家GNSS连续运行基准站建设并通过验收。完成5个国家GNSS连续运行基准站高程属性测定工作，二等水准观测约100千米。完成北部湾（广西）经济区高精度多功能GPS网观测、计算6座，二等水准观测、计算35千米。补充完善数字梧州地理空间框架建设项目设计书，编制数字桂林和数字田阳地理空间框架建设项目设计书。组织技术人员对无人机车载系统、移动测量车载系统和GXCORS系统联合作业进行研究，初步形成快速获取数据成果的方法。

承担15个县（市）农村宅基地确权项目，5个乡镇承包经营权确权试点工作，完成广东8个县土地利用变更调查项目，完成竣工验收、勘测定界和土地整治测量等工程测量项目15个，规划设计和评估项目14个。完成北海水准点信息采集和二等水准测量约130千米等海洋测绘任务。

【其他】

广西壮族自治区地理国情监测院承担的“揭西县农村集体土地所有权确权登记发证项目”获2014年全国优秀测绘工程奖银奖；“2011年数字百色1:2000 DOM生产”“北海市2000国家大地坐标系建设”获广西优质测绘地理信息产品（工程）奖银奖。

## 广西壮族自治区国土测绘院

【业务】

2014年，广西壮族自治区国土测绘院完成测绘地理信息项目117项，布设D、E级GPS控制点132个，完成1:500、1:1000和1:2000数字化地形图测绘184平方千米。完成灵山、岑溪、苍梧等12个县

（市）农村宅基地和集体建设用地确权登记发证（二期工程）项目并通过验收，测图面积 76 平方千米，权属调查 29.2 万宗；承担南宁市 2 个区及龙州等 4 个县地理国情普查工作，完成外业数据采集 1.76 万平方千米；承担武鸣等 5 个县（市）农村土地承包经营权确权登记发证试点工作，利用无人机航测 700 平方千米并制作影像图；为崇左市江州区、扶绥县土地开垦和“小块并大块”耕地整治项目提供地形测绘服务。

**【其他】**

广西壮族自治区国土测绘院承担的“灵山县城镇土地调查及数据库建设”“鹿寨县城镇土地调查及数据库建设”分获 2014 年全国优秀测绘工程奖铜奖；“灵山县 1:500 数字化地形图测绘”项目获广西优质测绘地理信息产品（工程）奖银奖，“巴马县城区重点区域和旅游重点景区 1:500 地形图测绘（1 标段）”“凭祥市弄怀浦寨推山填沟地形测绘”获铜奖。

## 广西壮族自治区基础地理信息中心

2014 年，广西壮族自治区基础地理信息中心完成广西测绘地理信息局赋予的基础地理信息数据管理分发、局属单位汇交测绘成果接收、网站管理等任务，负责广西测绘政务网站建设、维护，广西 CORS 基础设施建设项目基准站运行维护管理及应用服务。承担自治区级基础地理信息数据库系统、广西数字城市地理空间框架、广西基础地理信息公共平台等系统的建设、运行、维护与更新等工作。

全年完成的重大测绘工程项目包括广西第一次全国地理国情普查数据采集、生产、资料收集、基本统计试验；数字广西地理空间框架建设项目可研报告编制、批复工作、初步设计编制、机房建设、6 个分项的招投标；“天地图·广西”省市节点建设升级、电子地图更新、平台功能升级、长效机制建设、应用示范推广、广西节点运行维护等；广西卫星连续运行基准站建设与运管；1:1 万数据整合升级；2000 国家大地坐标系转换；数字钦州、河池、巴马地理空间框架建设项目等工作。

开展“面向对象地表覆盖分类研究”“基于云计算的广西地理信息公共服务平台关键技术研究”“基础数据外发安全管控系统”等项目的研发和测试工作。与广西师范大学、北京航空航天大学等合作，成立广西区域多源信息集成与智能处理协同创新中心。

## 柳州市勘察测绘研究院

**【业务】**

2014 年，柳州市勘察测绘研究院累计完成测绘项目 1105 项，主要包括柳州市河东北片沿江地段景观规划地形图测绘，西外环沿线景观环境规划地形图修补测，柳州市古树名木保护地形图测绘等地形图测量项目。承担柳东新区企业总部基坑变形监测，柳州风情港蜡像馆钢结构变形监测，沙塘片区污水管道放线，古亭大道天然气管道放线。完成城区范围内 60 多个景观节点的 360 度全景数据采集和集成发布；完成约 60 个建筑规划方案三维模型制作，约 20 平方千米三维城市设计；升级了柳州市规划业务综合服务平台并推广扩展平台应用；升级更新了数字柳州三维规划管理信息系统；100 平方千米中心城区三维精细模型建设。

**【其他】**

柳州市勘察测绘研究院承担的“柳州市 2011 年 C 测区 1:500、1:1000 数字化地形图测绘/修补测”项目获 2014 年广西优质测绘地理信息产品（工程）奖铜奖。

## 南宁市勘察测绘地理信息院

**【业务】**

2014 年，南宁市勘察测绘地理信息院完成五象岭森林公园、外东环高速公路带状区域、东盟经济开发区共 94 平方千米航拍任务，为南宁市城市规划管理提供现势地形数据；完成 2014 年度南宁市第一期 2300 千米管网普查，7000 千米综合管线探测工作；采用全野外测量法，完成吴圩空港、三塘、老口、安吉至武鸣县城市道路两侧等片区规划设计数字地形图测绘 200 平方千米；完成南宁市地名地址数据库中心城区 9 万条兴趣点数据采集；采用数字测绘技术，为南宁市中心城区 260 栋建筑近现代优秀建筑保护提供测量服务；完成南宁轨道交通线网 GPS 框架网、水准框架网测量，完成轨道交通 3 号线地形测绘 40 平方千米；参与“美丽南宁责任网格数据服务项目”建设，完成南宁市 6 个城区、2 个开发区共约 330 平方千米责任网格精细划分数据生产。

**【其他】**

南宁市勘察测绘地理信息院 2 人通过注册测绘师考试，1 人通过注册规划师考试，12 人入选南宁市新世纪学术和技术带头人培养人选；协办南宁市第四届学术年会“智能交通·地理信息”分论坛；开发的“‘印象南宁’系列地图方巾”获南宁市旅游发展委员会颁发的2014“壮姑娘杯”南宁礼物征集大赛文化家居用品类铜奖。

## 广西壮族自治区遥感信息测绘院

2014年，广西壮族自治区遥感信息测绘院完成柳州、崇左、钦州、百色、贺州测区地理国情普查影像制作；忻城、扶绥等12个县市地理国情普查数据生产；防城港市数字城市地理空间框架建设部分工作；西林、苍梧、贵港等县市新农村规划建设1:2000地形图测绘；罗城至洞头公路、瑶山至南丹、吴圩机场至大塘等公路1:2000地形图测绘；广西天然气支线管网项目柳江、钦州等约55千米天然气支线管道1:2000地形图测绘。

## 广西壮族自治区地图院

**【业务】**

2014年，广西壮族自治区地图院完成地理国情普查南宁等4个测区992幅1万分幅的空三加密、DOM生产；地理国情普查数据采集柳城、横县等9个测区数据生产877幅图，覆盖25793.27平方千米，钦南区地理国情普查试点普查成果样图试制10幅等广西基础测绘项目10项。

为国防建设提供测绘服务保障20项，开发柳城县武装部电控沙盘等；为自治区党委、政府及各级部门提供应急地图保障服务，编印领导工作用图和专题地图421幅，编制仿丝绸地图270幅。

**【其他】**

广西壮族自治区地图院与武汉大学、桂林市靖江王陵文物管理处合作完成的“文化遗产三维数字化保护与展示的关键技术研究及在靖江王陵的应用”项目获2014年度广西科学技术进步奖二等奖；与南宁市城规地理信息技术中心、南宁市勘察测绘地理信息院合作完成的《南宁文化手绘地图》获2014年优秀地图作品裴秀奖银奖；完成的《广西壮族自治区林业图集》项目获2014年广西优质测绘地理信息产品（工程）奖银奖，“贵港市国土资源沙盘模型”项目获铜奖。

## 广西壮族自治区水利电力勘测设计研究院

**【业务】**

2014年，广西壮族自治区水利电力勘测设计研究院主要完成桂中治旱乐滩水库引水灌区二期工程、驮英水库及灌区工程、大腾峡水库灌区工程、广西主要河流整治工程等共110个项目，完成测绘产值1700多万元，出图500多幅，技术总结和资料整编共140份。

**【其他】**

广西壮族自治区水利电力勘测设计研究院完成的“自定义编码自动成图方法”获2014年度广西工程建设（勘察设计）优秀QC小组成果奖二等奖。

## 广西壮族自治区地理信息测绘院

**【业务】**

2014年，广西壮族自治区地理信息测绘院完成广西第一次全国地理国情普查任务19个市县的普查数据生产外业调查与核实、遥感解译样本采集与建库，数据处理46042平方千米；完成广西第一次全国地理国情普查任务测图控制16379平方千米、DOM生产53873平方千米；完成国家GNSS站建设及高程属性测定5座；完成资源县、柳江县等14个县的农村宅基地和集体建设用地使用权确权登记发证；完成数字来宾地理空间框架建设项目（第二期）；完成广西农村土地承包经营权登记颁证试点3个；完成地形测绘、工程测量、变更调查、建筑沉降观测等16个地方测绘保障服务项目等。完成局级科技项目“激光三维扫描仪应用与研究”“智慧（双龙）社区管理与服务平台”2项，发表科技论文16篇。

**【其他】**

广西壮族自治区地理信息测绘院承担的“数字玉林地理空间框架建设项目”获2014年中国地理信息产业优秀工程奖银奖，“柳州市农村地籍台账调查服务项目”获2014年全国优秀测绘工程奖铜奖，“柳州市1:1000数字化地形图测绘采购”项目获2014年广西优质测绘地理信息产品（工程）奖金奖。

## 南宁市国土资源信息中心

2014年，南宁市国土资源信息中心完成以地控税以税节地系统的研发工作，在全区地税部门推广使用。编制完成不动产登记系统建设项目立项建议书，完成不动产登记证书制作、房地合一证书和登记簿制作等系统功能开发。完成南宁火车站东站围合区项目、五象核心区18号路等多个自治区、市重大项目的征地测量工作，累计完成征地面积2.6万亩；完成2014年城镇变更地籍调查项目33.65平方千米地籍测绘及权属调查工作；开展广西第一次全国地理国情普查，承担江南区普查数据生产工作；完成2013年土地利用现状变更调查、南宁市2013年城镇多个批次项目的勘测定界图制作及2014年度中心城市用地报批工作等。《南宁市国土资源信息化建设三年工作计划（2014年—2016年）》编制完成。被评为“中国地理信息产业百强企业”。

# 海南省

## 概况

截至2014年底，海南省共有测绘资质单位164家，其中甲级8家、乙级21家、丙级52家、丁级83家，分布在测绘、国土、海洋、水电、交通、农业等行业。海南省2014年度测绘地理信息从业人员共2795人，比2013年增长约9%，其中高、中、初级专业技术人员共1874人。2014年海南测绘地理信息服务总值4.29亿元，年增长率为14%。

## 国家测绘地理信息局海南测绘资料信息中心

**【业务】**

2014年，国家测绘地理信息局海南测绘资料信息中心主要参与数字城市建设与应用和“天地图·海南”省级节点建设。承担海南省昌江、白沙、保亭3个县第一次地理国情普查及普查成果数据库系统研制工作，以及专题地理省情普查海南岛海岸线普查、1∶5万地形数据库全要素更新（海南、台湾）项目。

编制和完善领导工作用图，加强南海海域和三沙市资料收集、地图编制工作，对原有的电子多媒体系统进行网络版改造，实现了领导工作用图系统和“天地图”系统的集成整合。

**【其他】**

国家测绘地理信息局海南测绘资料信息中心承担的“基于网络的2.5D地图服务发布技术研究”获2013年度海南测绘地理信息局测绘科技进步奖二等奖。

## 国家测绘地理信息局海南基础地理信息中心

**【业务】**

2014年，国家测绘地理信息局海南基础地理信息中心共承担测绘项目16项，其中地理国情普查项目共完成新疆测区内业编辑与整理180幅，完成五指山、乐东、东方、三亚普查工作并提交43幅1∶5万和327幅1∶1万成果。

承担市场项目共13项，其中与地方政府合作项目6项、其他市场项目7项。参与建设测绘地理信息公益性行业科研专项——基础地理信息本体库开发关键技术及示范项目。

**【其他】**

国家测绘地理信息局海南基础地理信息中心承担的“基于Arcgis的影像处理工具集开发”获2013年度海南测绘地理信息局测绘科技进步奖三等奖。

## 海南地质综合勘察设计院

2014年，海南地质综合勘察设计院完成屯昌县农村土地承包经营权确权登记发证工作。开展万宁市农村集体土地共有宗地分割确权登记发证、琼海市农村土地承包经营权确权登记，儋州市农村土地承包经营权确权登记、定安县农村土地承包经营权确权登记发证等重点项目。

## 海口市土地测绘院

2014 年，海口市土地测绘院完成海口市招商合作项目用地区域航测三期第三测区项目 500 平方千米 1:1000 正射影像图制作工作，组织完成航测二、三期 1729 平方千米 1:1000 正射影像图制作及测绘成果验收工作。完成海口市建成区绿化覆盖普查 123.6 平方千米，海口市土地战略大收储专项工作 26 个收储项目共 62 个地块外围 2203 个界址点外业放桩、102 个收储项目共 282 个地块内业制图。完成海口市南渡江流域土地整治重大工程左、右岸子项目补充 1:2000 地形图测绘 28.614 平方千米，南渡江左、右岸 151 平方千米 1:2000 地形图预检。完成海口市 2013 年度土地变更调查与遥感监测 3286 个图斑外业调查和基本农田数据更新，海口市 2014 年卫片执法检查 945 个图斑内、外业测绘，全市 275.33 平方千米土地使用权地籍数据和 2190 平方千米农村集体土地确权地籍数据转换和处理，全市各乡镇总计 150 个基本农田保护界桩的实地桩位标定等测绘工作。

## 海口市城市规划设计研究院

2014 年，海口市城市规划设计研究院承担海口市地下管线探测数据更新和完善工作，为 35 家企事业单位提供各类海口市地下管网综合图 90 多份。承担澄迈县农村土地承包经营权确权登记耕地测绘项目 3 标段、琼海市全面开展农村土地承包经营权确权登记测绘技术队伍项目（第 3 标段）、陵水县农村土地承包经营权登记试点工作勘测及建库项目建立等农业信息化项目。承担海口市水务局污水来源调查项目。参与海南西环铁路 XHZQ-3 标建设项目，布置了高等级控制点，实现了西环铁路的无缝对接。承担海南华侨会馆有限公司（滨海国际金融中心）、海口市园林局住宅楼、滨江帝景等基坑及主体建筑的沉降观测。参与海口市各辖区的放线放点、竣工测量、房产测量等工作。

## 国家测绘地理信息局第四航测遥感院

2014 年，国家测绘地理信息局第四航测遥感院承担国家基础地理信息数据库动态更新项目，完成广东（含香港、澳门）和福建两省全部图幅的重要要素更新和不少于 35% 图幅的一般要素更新（约 300 幅），总工作量为广东 17.98 万平方千米、福建 12.4 万平方千米，总图幅数为 762 幅；利用 2013 年版 1:5 万 DLG 数据完成海南、广东（含香港、澳门）、福建和台湾 4 个省 1042 幅 1:5 万地形图制图数据更新生产。承担地理国情监测项目，完成新疆喀什地区、图木舒克市等区域约 11 万平方千米 1:5 万标准分幅影像处理与判读解译 307 幅；新疆喀什地区、图木舒克市等区域 8.8 万平方千米数字表面模型（DSM）生产 233 幅；新疆喀什地区约 5.5 万平方千米的地理国情普查工作底图制作、地理国情信息编辑及整理；海南省普查范围内 3.4 万平方千米 1:5 万分幅数字正射影像图生产 99 幅；陵水、琼中、万宁责任区内的资料整理、内业采集、外业工作底图、外业调查与核查、内业编辑与整理；全岛 3.4 万平方千米 DEM 精细化处理。承担海南 1:1 万基础地理信息数据更新项目（琼南地区），完成琼南测区 1:1 万地形要素更新共 595 幅（含岛屿）。承担数字陵水地理空间框架建设项目，完成基础地理信息资源和平台应用建设。承担超强台风“威马逊”灾后应急测绘任务，完成文昌市无人机应急航摄约 43 平方千米，生产 0.1 米分辨率原始正射影像图 4160 张。完成海口市西秀镇、新海村等 9 个无人机航摄及正射影像制作项目，成果覆盖面积约 671.64 平方千米。完成龙桥镇、云龙镇等 6 个土地及房产确权项目。

## 国家测绘地理信息局第七地形测量队

**【业务】**

国家测绘地理信息局第七地形测量队完成广东、海南测区 51 座 GNSS 大地控制点观测，完成内蒙古、甘肃、辽宁测区一等水准观测 2597 千米。完成 GNSS 基准站 4 个新建站和 1 个改造站的验收和系统集成安装工作。完成海南岛沿海地表变化监测资料收集分析、设计书编写工作，以及第一、二期海岸带地表覆盖数据采集工作；开展城市空间格局监测设计书的编写并收集相关部门资料。承担海口市、儋州市等 8 个市县所辖陆地范围地理国情普查任务。

制定数字儋州更新维护计划，开展 2014 年“天地图·儋州”数据更新评估问题修改、数字儋州地理空间框架 2014 年度数据更新和应用项目的前期工作。完成数字澄迈政务平台、“天地图·澄迈”应用示范项目开发工作，“天地图·澄迈”通过国家测绘地理信息局测试评估，进入用户测试、项目试运行阶段。完成数字五指山立项工作，开展数字五指山 1:1000 数字地形图生产。

完成 2015 国家科技支撑项目“基于地理信息的智慧城镇规划设计集成技术与示范”项目可行性报告编制、预算编制等工作。开展“远海岛礁大地基准构建与周边水下地形测量”“南海重点区域基础地理数据精细化处理及三维表达”等科技项目前期工作。完成 2015 基础测绘科技项目“基于北斗卫星的海南连续运行卫星定位综合服务系统升级改造应用研究”和海岛礁 2013—2015 年度开放基金项目“海洋多源时空数据组织与整合研究”的申报工作。完成海岛礁 2012—2014 年度开放基金项目“GNSS技术在远海海岛（礁）测绘中的应用研究”和“电子海图应用技术研究”的项目跟踪管理和验收。

【其他】

国家测绘地理信息局第七地形测量队承担的“基于平板电脑的 GPS 数据采集技术及其在公路巡检系统中的应用研究”获 2013 年度海南测绘地理信息局测绘科技进步奖一等奖，“GAMIT10.4 版软件中天线高处理方法应用研究”“EPS 平台在农村土地承包经营权确权登记项目中的深入应用”分获三等奖。

# 重庆市

## 概况

截至 2014 年底，重庆市共有测绘资质单位 173 家，其中甲级 5 家、乙级 36 家、丙级 112 家、丁级 20 家，分布在测绘、规划建设、国土资源、水利电力等 13 个行业，从业人员 6181 人。全年开展地理国情普查、数字城市（万州、潼南）等国家重点工程，开展 1:5000 地形图测绘、1:500 地形图城乡规划区全覆盖和地籍测绘等市级重点工程，完成市政工程、规划竣工核实、三维仿真模型、地籍变更和土地复垦等工程测量工作，年度测绘服务产值 13.6 亿元。

## 重庆市地理信息中心（重庆市遥感中心、重庆市测绘产品质量检验测试中心）

【业务】

2014 年，重庆市地理信息中心（重庆市遥感中心、重庆市测绘产品质量检验测试中心）全面推动重庆市综合市情系统建设，编制完成《重庆市综合市情服务系统建设工作方案》，初步形成系统软件服务体系，开展了试用。全面完成第一次地理国情普查地理单元和地形地貌普查，以梁平、潼南、永川等区县为试点，形成全市统计分析的总体设计方案，积极推动地理国情监测试点工作。完善数字重庆地理信息资源，推动国家测绘地理信息局试点项目“智慧重庆时空云平台”建设，全面完成重庆市地理信息公共服务平台三维升级。完善“天地图·重庆”地理信息公众服务平台，升级“重庆通”APP 移动便民应用，继续实施“每周一图”工程，推出《重庆火车北站交通组织地图》《重庆应急避难场所地地图》等实用地图，完成《重庆风景及物产地图》《重庆老地图》等特色地图编制出版工作。应用遥感技术查处违建，推进现状调查和分析、地理设计在城乡规划、旅游规划等领域应用。做好重庆市地理信息应急服务队、重庆市测绘档案馆日常工作。

【其他】

重庆市地理信息中心（重庆市遥感中心、重庆市测绘产品质量检验测试中心）遥感所被市妇女联合会及“巾帼建功”活动领导小组评为“市级巾帼文明示范岗”。全年获省部级科技奖励 10 项，其中“基于国产卫星遥感的城乡规划与管理监测评价高技术产业化示范工程”获 2014 年中国地理信息产业优秀工程奖金奖，数字城市展示片获全国数字城市建设与应用优秀展示片大赛一等奖，“三峡库区综合信息空间集成平台”“重庆交通综合信息平台框架研究及示范”分获重庆市科技进步奖三等奖，

《三峡库区地图集》和《重庆地形》立体地图分获2014年优秀地图作品裴秀奖金、铜奖。

## 重庆市国土资源和房屋勘测规划院

【业务】

2014年，重庆市国土资源和房屋勘测规划院完成基础地籍测量50平方千米，外业勘测面积102.5平方千米，内业绘图12.4万宗；完成农村建设用地复垦项目测绘审查339个、土地开发整理项目测绘审查104个。完成重庆市第二次土地调查后续工作，协助市国土资源和房屋管理局完成成果公布相关工作；参与全国第一次地理国情普查工作，完成重庆市约1.43万平方千米的地理国情普查任务。完成2014年土地变更调查与核查遥感监测安徽、黑龙江片区共31.3万平方千米监测任务。完成奉节、巫山、巫溪地质灾害应急航飞任务，为救灾和灾后重建提供基础数据。积极推进完善国土资源"一张图"综合监管平台基础数据库建设，做好重庆市国土资源GNSS网络信息系统的运行服务工作，累计维护30多次，共提供坐标转换服务1.6万点，系统新增注册用户38个。

【其他】

重庆市国土资源和房屋勘测规划院申报建设的重庆市土地利用与遥感监测工程技术研究中心获市科学技术委员会批准。全年科技项目立项12项，在研科技项目41项，其中国家级项目4项、省部级项目6项。承担的3项国家级项目或课题通过中期检查评估，1项通过项目组验收。开展土地整治工程建设和规划设计标准、两江新区产业用地标准和公共租赁房管理等标准研究，形成地方标准《重庆市公共租赁房物业管理服务规范》报批稿。全年获科技和优秀工程奖7项，其中"重庆市四千万方公共租赁住房用地保障研究"获国土资源科学技术奖二等奖，"重庆市区县级国土资源综合数据管理平台研制"获2014年中国地理信息科技进步奖三等奖，"重庆市大渡口区国土资源综合数据管理平台建设"获2014年全国优秀测绘工程奖铜奖，"基于城乡统筹的土地利用规划编制技术与应用实践"获重庆市科技进步奖二等奖。依托科技项目实施，获软件著作权2项、国家实用新型专利1项，申请国家发明专利1项。

## 重庆数字城市科技有限公司

【业务】

2014年，重庆数字城市科技有限公司重点围绕数字全景地图系统和移动测量系统，为政府和企事业单位提供测绘地理信息服务保障。全年共承接软件和数据服务类项目50多项，业务涵盖建设、规划、环保等多个领域，主要包括交巡警警用地理信息系统升级改造、市水利电子政务移动办公平台、建筑业从业人员平安卡管理系统、重庆市第一次地理国情普查（永川、巫山）等。在数字展览展示服务领域，以规划展览馆建设为基础，拓展建筑智能化业务，提升公司核心竞争力。全年共承接集成类项目10多项，包括黔江规划展览馆、巴南规划展览馆、钓鱼嘴招商展示中心等。

【其他】

重庆数字城市科技有限公司入选"中国地理信息产业百强企业"。全年获高新技术产品认定2项，重点新产品认定3项，承担的科研项目"智慧重庆空间信息服务云计算平台""吉信移动测量系统研发团队"获市科学技术委员会资金支持。"重庆市违反城乡规划举报投诉平台"获2014年中国地理信息产业优秀工程奖银奖，"重庆市渝中区市政设施移动监察系统""重庆市公安局交巡警总队警用地理信息系统"获铜奖；"基于物联网的高速公路空间分析关键技术与应用""移动GIS云服务关键技术与应用"获2014年中国地理信息科技进步奖三等奖；"基于三维全景技术的高速公路设施采集关键技术研究及应用"获2014年中国测绘地理信息学会测绘科技进步奖三等奖。

## 重庆市勘测院（重庆市地图编制中心）

【业务】

2014年，重庆市勘测院（重庆市地图编制中心）承担了重庆市第一次地理国情普查领导小组办公室现场保障组的工作职责，完成地理国情普查生产任务。为重庆轨道交通建设、公租房建设、大桥变形监测、道路建设等重大工程建设提供测绘服务，完成规划核实放线测量、基础竣工测量、竣工地形管线面积测量、管线跟踪竣工测量任务，积极推进地下管线普查更新工作。推进智慧重庆空间信息服务云平台等智慧城市项目。开展三维仿真信息系统、变形监测项目、第三方监测项目、安全性评估、道路设计等项目。完成社区地图集、城乡规划与影像地图集等制图项目，为市委、市政府、局级机关提供决策用图1670套，为区县政府、园区管委会提供用图数百幅。“爱尚重庆”网站全年更新三维地图600平方千米，每月发布一期“图游重庆”系列双语地图，免费发放公益地图100多万份。

全年院外科研项目立项15项、结题验收6项，4项成果通过科技成果鉴定。全年获批国家专利7项、著作权9项、重庆市科学技术成果登记6项。发布完全自主知识产权的新一代集景三维数字城市平台，成功推广到国内多个城市。

【其他】

重庆市勘测院（重庆市地图编制中心）全年共获科技进步奖、优秀工程奖68项，其中一等奖16项。2个科研项目被列为国家自然科学基金面上项目，4个项目被列为住房和城乡建设部研究开发类项目，2个项目被列为重庆市科学技术委员会项目。成功申报院士专家工作站和重庆市岩土工程技术研究中心，并获市财政、市委组织部项目资助。发表论文78篇。2人获“重庆市五一劳动奖章”。全年新增正高级工程师6名、高级工程师22名，12人通过国家执业资格考试。

# 四川省

## 概况

截至2014年底，四川省共有测绘资质单位882家，比2013年增加74家，分布在测绘、国土、建设、规划、水电、铁路、地矿、煤田等20多个行业。其中甲级39家、乙级151家、丙级366家、丁级326家。全省测绘从业人员2万多人，测绘服务总值52.52亿元。

2014年，全省测绘地理信息单位服务经济社会发展，承担中航油成都牧马山储油库地下管线探测，遂宁市中国西部现代物流港拓展区征地勘界，以及新建广州地铁14号线3标、北京地铁8号线三期南延17标等控制网复测、洞内控制测量项目。为农村土地经营权确权、新农村示范区建设规划、居民点地质灾害危险性评估、输电线路改造、天然气管道建设、公路改扩建、森林防火系统建设、矿产资源远景调查、农村电网改造等重点领域提供大量基础测绘保障和技术支持。承担印尼棉兰电厂工程初设计、中电普安电厂2×660MW新建工程初设、埃塞俄比亚铁路、玻利维亚铁路、塞拉利昂机场测量等国际合作项目的测绘保障工作。

## 四川省地质测绘院

【业务】

2014年，四川省地质测绘院承担完成的农村土地承包经营权确权登记项目主要包括射洪县、旺苍县、乐至县、罗江县等地的航摄及正射影像图制作，泸州江阳区、隆昌县（部分）、旺苍县（部分）农村土地承包经营权确权登记项目调查。完成雅西高速地籍测绘、兰州至海口高速公路广元市苍溪县段地籍测绘、成自泸高速公路地籍测绘、雅眉乐高速地籍测绘，S202线平昌县沙咀至信义段公路改建道路测量、广安花桥至岳池罗渡公路测量、桂林321国道改扩建项目测量，江油市城区综合地下管网探测工程。参与新农村建设，承担江油市武都镇涪阳村等9个新村建设规划地形图测绘。完成广州从化市文化遗产普查（不可移动文物普查）。完成马达加斯加索菲亚省33区铝土矿勘探地质测绘。

【其他】

四川省地质测绘院完成的“罗江县国土局农村集体土地所有权和集体建设用地使用权登记发证（控制测量）”获2014年全国优秀测绘工程奖银奖，“成都中海投龙泉山统筹城乡改革生态文明建设示范项目1:500、1:2000地形图测绘”项目获2012—2014年四川省优秀测绘工程奖铜奖。

## 四川省地质工程勘察院

【业务】

2014年，四川省地质工程勘察院承担的测绘项目涉及管线探测、农村土地确权、地灾应急排危测绘、地灾监测、地理信息系统建立等方面。承担完成汉源移民搬迁、瀑布沟电站修建地质灾害监测，向当地政府移交成果。启动宝兴、汉源等地地质灾害监测项目，完成石兰线、惠宁线管道黄河穿越项目、中贵干线天然气管道工程河流穿越项目及楚雄—攀枝花段管线探测工作。

【其他】

四川省地质工程勘察院完成的“北川县曲山镇新街村安子坪地质灾害应急综合治理工程专业监测”获2012—2014年四川省优秀测绘工程奖铜奖。

## 四川省煤田地质局一三七队

【业务】

2014年，四川省煤田地质局一三七队共完成工程测量、地籍测绘、地理国情普查、航空摄影测量、规划设计、地质评估和土地整理勘测定界、数据库建设等测绘工程项目50多个。承担四川省第一次全国地理国情普查成都市大邑县、凉山州甘洛县普查任务；四川省地理信息公共平台建设项目绵阳、内江2个地级市1:1万基础地理信息数据（核心要素）更新工作及2个片区地理信息公共平台建设项目；承担达州市经开区全域全覆盖1:500地形图及1:2000航空摄影；承担仪陇县农村产权制度改革“确权颁证”测绘工程项目，完成度门镇、柴井乡、复兴镇、双胜镇、铜鼓乡、赛金镇6个乡镇航空摄影，完成集体土地所有权登记，实测承包地约86288亩、林地约100030亩、小型水利工程约1109处、集体财产约139处，建立数据库。

【其他】

四川省煤田地质局一三七队完成的“达州市中心城区建立相对独立坐标系统水准测量项目”获2012—2014年四川省优秀测绘工程奖银奖。

## 四川省地震局测绘工程院

【业务】

2014年，四川省地震局测绘工程院承担四川地区跨鲜水河、安宁河、则木河、龙门山断裂带25处形变场地流动形变监测；完成四川及相邻省区约25万平方千米相对重力观测两周期；完成“中国大陆构造环境监测网络”和“中国地壳运动观测网络”39个、巴彦喀拉块体东部应变积累30个GNSS区域站观测；实施甘孜州、阿坝州2个地震台站跨断层短水准观测，确保鲜水河断裂地区6个动态形变连续观测站的无故障运行，保障了中国大陆构造环境监测网络泸州GNSS核心站、甘孜和松潘连续重力站的连续观测。

【其他】

四川省地震局测绘工程院承担的“四川雅安工业园区扩区项目1:500地形测量”项目获2012—2014年四川省优秀测绘工程奖银奖；雅安市第二次土地调查成果获2013年雅安市科技进步奖二等奖。

## 中国石油集团川庆钻探工程有限公司地球物理勘探公司

【业务】

2014年，中国石油集团川庆钻探工程有限公司地球物理勘探公司完成二、三维地震勘探工程项目35个，在四川、重庆、云南、贵州、吉林、新疆、内蒙古等省份及缅甸、也门、吉尔吉斯斯坦等国家进行油气勘探。其中地震测线1185条，放样地震激发点16.7万个，放样地震接收点78.6万个，布设GPS控制点1561个。

【其他】

中国石油集团川庆钻探工程有限公司地球物理勘探公司被国家工商行政管理总局授予“全国守合同重信用企业”称号，201队被四川省质量协会、四川省总工会、四川省科学技术协会等部门命名为2014年四川省优秀质量信得过班组，“四川盆地高石梯东地区三维地震勘探GPS控制测量”项目获2012—2014年四川省优秀测绘工程奖银奖。

## 中铁八局集团有限公司

【业务】

2014年，中铁八局集团有限公司测绘分公司完成新建铁路东乌—包西联络线CPI、CPII测量和二等水准测量35.789千米；新建成都至蒲江站前工CPZQ-2标加密CPI、CPII测量和二等水准测量29千米；成都到重庆客运专线TJ-1标加密CPI、CPII和二等水准测量50.8千米；长沙至昆明铁路客运专线引入贵阳枢纽工程控制网复测及CPIII测量48千米；兰渝铁路引入重庆枢纽工程及广元地区相关工程站前施工总承包代建站前施工2标轨道控制网（CPIII网）测量29千米；成绵乐铁路成都至罗江站区长轨精测和精调10千米。完成成都地铁1号线南延线首期工程精密导线测量（GPS测量）5.8千米；成都地铁3号线精密导线测量（GPS测量）20.4千米；成都地铁7号线（GPS测量）、南京地铁4号线D4-TA07标精密工程导线测量。完成G213线映秀至都江堰段灾后恢复重建工程III标段控制网复测及控制点加密，湖北保宜高速公路控制网复测及控制点加密，国道351线乐英—芦山—宝兴公路灾后恢复重建工程LJ2标。

【其他】

中铁八局集团有限公司测绘分公司完成的“石家庄至太原客运专线太行山隧道CPIII控制网测量”项目获2012—2014年四川省优秀测绘工程奖银奖；自主研发的“无砟轨道施工测量控制网处理系统”（WZTCS）获四川省测绘科技进步奖一等奖。

## 四川省水利水电勘测设计研究院

【业务】

2014年，四川省水利水电勘测设计研究院共完成16个水电站测量任务，45个水利工程测量任务，23座电站和水库大坝监测及内观、库区断面测量任务。与四川测绘地理信息局合作，运用四川省GPS连续运行基准站系统，提高野外作业工作效率和成果质量。

【其他】

四川省水利水电勘测设计研究院完成的“永定桥渠道施工控制网复测”项目获2012—2014年四川省优秀测绘工程奖银奖。

## 中国建筑西南勘察设计研究院有限公司

【业务】

2014年，中国建筑西南勘察设计研究院有限公司完成测绘项目170项，涉及建筑、交通运输、能源、石油、环卫环保、防卫防灾、供排水及处理等行业，业务范围涵盖四川、西藏、贵州、重庆、湖北、陕西、福建、浙江、广东、北京、上海、江西等地。主要项目包括重庆西部现代物流产业园区、重庆来福士广场、阿里巴巴西部基地、上海国际旅游度假区、“4·20”芦山地震道路恢复重建、成都双流国际机场西跑道盖被、重庆轨道环线、巴广渝高速公路等重大项目的测绘工作。

【其他】

中国建筑西南勘察设计研究院有限公司承担的“阿坝红原机场测量工程”“成都新机场预可研控制测量”分获四川省住房和城乡建设厅2014年度四川省工程勘察设计“四优”奖一、二等奖，“成都市第二、三燃气储配站储气罐支柱垂直度、直线度及基础沉降监测工程”获2014年成都市优秀勘察设计奖三等奖。

## 四川省交通运输厅公路规划勘察设计研究院

2014年，四川省交通运输厅公路规划勘察设计研究院主要承担完成巴中—万源高速公路施工图定测约125千米；成都经济区环线高速公路简阳—蒲江段施工图定测约130千米；雅安—康定高速公路A13标（草坝—对岩段约20千米）、A7标（对岩—新沟段约65千米）施工图定测；攀枝花—大理高速公路（含丽攀高速连接线约40千米）控制测量、地形图测绘和初测；南充至潼南（川渝界）高速公路控制测量、地形图测绘和初测约65千米；南充过境高速广南至南广段控制测量、地形图测绘和初测约45千米；G8515广安至泸州国家高速公路荣昌（渝川界）至泸州段控制测量、地形图测绘和初测约45千米等工程测绘项目。

中标广东、重庆、云南、四川等省内外公路和市政工程勘察设计项目，主要包括珠海市洪湾—高栏高速公路初设，重庆三环高速公路合川—长寿段工程HCSJ2标段初设，G8515广安至泸州国家高速公路大足至荣昌（渝川界）段初设，丽香高速公路香格里拉连接线施设，广安市岳池—华蓥干线公路工程华蓥段初设、施设等。

## 中冶成都勘察研究总院有限公司

【业务】

2014年，中冶成都勘察研究总院有限公司完成测绘项目130多项，涉及冶金、石油、交通、市政等行业。承担资阳市城东新区、江油市第二污水处理厂等1:500地形图测量工程；完成简阳市、巴中市通江县、南充市营山县等部分乡镇勘测定界11.8万亩；承担成都市丰德成达中心、恒河广场、中石化生活基地等项目基坑变形监测及建筑物沉降观测任务；完成成都燃气公司燃气管线工程测量、中航油成都牧马山储油库地下管线探测等管线测量工程；承担成都大魔方演艺中心、天府新区路网、绵阳科技城市政道路、省道204线渠江特大桥等重大市政工程项目施工测量任务。

【其他】

中冶成都勘察研究总院有限公司连续6年获“四川省守合同重信用企业”称号，承担的“雅安至康定高速公路控制测量工程”获2012—2014年四川省优秀测绘工程奖银奖。

## 四川永鸿测绘有限公司

【业务】

2014年，四川永鸿测绘有限公司承担四川省第一次全国地理国情普查信息采集项目，完成眉山市中区、青神县、隆昌县、井研县、乐至县、东坡区、宁南县7个区县普查工作，面积约6833.4平方千米；承担1:1万基础地理信息数据更新核心要素工作，完成古蔺县、叙永县测区186幅图，约4650平方千米。承担剑阁县、射洪县、苍溪县等县（区）和云南芒市、瑞丽市农村土地承包经营权确权登记共163.74万亩调查工作，至12月底约完成总工作量的70%。完成征地建库及违法卫片项目1个、集体土地使用权项目1个、地形图测绘项目1个、房产测绘项目2个、农村产权制度改革测绘项目2个、管线测量项目1个。

【其他】

四川永鸿测绘有限公司加大科技创新投入，成立软件研发部，开发10多项批量处理程序、工具并应用到多个项目，提高生产效率。

## 成都市勘察测绘研究院

【业务】

2014年，成都市勘察测绘研究院完成数字成都平台电子地图数据库更新面积11067平方千米，其中新测1:2000 DLG约635平方千米；完成成都高新区、青羊区楼栋、院落第二阶段地名地址普查；完成2014年成都市域卫星影像卫片纠正和正射影像制作约11050平方千米；完成雅安地震灾后重建援建—雨城区南郊乡余家村1:500地形图测绘约1500亩；完成四川省地理国情普查南充市高坪区项目813平方千米；为地铁3、4、5、7、10号线，天府大道三期，锦江生态带整治，西部国际博览城等“五大兴市战略”重大项目提供勘测保障；完成成都中心城加油（加气）站点位测绘、外环路及沙西线给水管管道测绘、五城区及绕城外侧500米生态带以内高压、次高压输油气管线竣工图资料转换、入库；完成中心城公园（绿地）疑似违法建筑测绘、环城生态带界碑定位测绘、三环路带状图测绘。

【其他】

成都市勘察测绘研究院承担的“郫县地理信息公共平台数据处理服务”获2012—2014年四川省优秀测绘工程奖金奖，变形监测自动化平面数据采集软件取得计算机软件著作权登记证书。

## 四川省核工业地质调查院

【业务】

2014年，四川省核工业地质调查院开展广西北流和资阳雁江等地航拍项目，西昌等地全国第二次土地调查验收，雷波县永久基本农田划定及数据库建设，四川省部分地区第一次全国地理国情普查工作（德阳市、绵竹市和广元市苍溪县），仁寿县珠嘉乡农村土地承包经营权确权登记成果采购、三台县农村土地承包经营权确权登记等农村土地确权登记项目，钦州市测量标志普查工程，以及沙坪坝青凤工业园及江津垃圾焚烧发电站等测量项目，汉源县万里工业园区“4·20”地震灾后重建项目土地勘界等测量任务。

【其他】

四川省核工业地质调查院完成的“双流县规划区域用图1:500地形测量”获2012—2014年四川省优秀测绘工程奖金奖。

## 四川省冶金地质勘查局测绘工程大队

2014年，四川省冶金地质勘查局测绘工程大队承担四川省地理信息公共平台建设项目1:1万基础地理信息数据更新、新测任务；承担的地理国情普查任务主要包括四川省遂宁市安居区、大英县、资阳市安岳县、内江市东兴区共5828平方千米普查和云南省红河州开远市1940平方千米普查信息采集；承担四川、重庆、西藏、云南、广西等地集体土地发证及数据库建设、土地利用变更调查、农村宅基地使用权确权、遥感影像外业调绘、地形地籍测绘、高速公路勘测项目、地下管线探测及检查、基坑变形监测等项目。

## 成都市国土规划地籍事务中心

2014年，成都市国土规划地籍事务中心承担天府新区土地规划利用技术支撑和服务保障，完成563平方千米的天府新区直管区划界、数据统计及直管区地籍调查数据库建库。承担道路、地铁地籍调查和用地评价工作，完成227.98千米、10071宗地地铁沿线地籍权属调查和数据库建设工作。完成成都地铁1号线三期首期工程用地评价，3号线二、三期工程用地评价，5号线一、二期工程用地评价工作。承担2014年成都市耕地质量等别更新评价工作，完成12个区（市）县数据处理计算。

承担不动产统一登记和调查技术方法与标准研究。完成国土资源部土地利用重点实验室科研基地建设年度监测样点相关数据的收集、监测和分析。完成成都市土地综合整治专项规划技术方法研究与应用并通过验收。优质耕地持续利用技术及耕地保护机制创新研究课题通过中期评估，完成3个研究任务，形成了研究报告。

## 四川省冶金地质勘查局六〇一大队

**【业务】**

2014年，四川省冶金地质勘查局六〇一大队承担攀枝花市数字化城市管理项目，攀枝花市布德农民生态农业观光创业园地形测量及省投资土地开发整理项目勘测定界（隆昌县响石镇和富顺县童寺镇）项目，攀枝花市恒大城第一批次变形观测测绘，华芝·御景城东南侧基坑支护变形观测、攀枝花市宏富晶座边坡影响建筑物变形监测等。

**【其他】**

四川省冶金地质勘查局六〇一大队完成的“米易县丙谷镇规划修编项目地形测量”获2012—2014年四川省优秀测绘工程奖银奖。

## 四川省煤田测绘工程院

**【业务】**

2014年，四川省煤田测绘工程院承担控制测量项目7个，完成三、四级GNSS控制测量168点3399平方千米，完成一、二级GNSS控制测量56点379平方千米，四等水准测量114.8千米；承担北川、仪陇、昭化等县区农村土地承包经营权确权航空摄影项目4个，完成航摄5453平方千米，生产制作1:500～1:2000 DOM和DEM各12087幅；承担宜宾、射洪等市县农村集体土地调查确权项目8个，完成集体土地所有权确权13456组。完成1:500宅基地宗地图测绘178080户，54.73平方千米；建设用地测绘1374宗，28.33平方千米；房产测绘42528户，948.51万平方米；土地承包经营权确权284929户，144.45万亩；林地确权12.44万亩。承担地理信息公共平台建设项目2个，完成1:1万数字线划图、内业测图和外业调绘6880平方千米，生产DLG和DEM各250幅；承担地理国情普查项目4个县，完成地表覆盖分类解译、国情要素采集和1:1万调查底图制作及外业核查304幅，5654平方千米；承担华阳、宜宾等燃气管线测量项目4个，完成管线测量466.1千米，1:500地形图测绘21.7平方千米；承担荥经县土地整理竣工测量项目6个，完成1:2000竣工图测绘24.8平方千米；承担内江市公安标准地址信息采集项目3个，完成标准地址地理信息采集117.62万条。

**【其他】**

四川省煤田测绘工程院完成的“射洪县农村集体土地使用权确权登记及数据库建设项目控制测量”项目获2012—2014年四川省优秀测绘工程奖金奖。

## 四川鱼鳞图信息技术股份有限公司

**【业务】**

2014年，四川鱼鳞图信息技术股份有限公司业务覆盖全国15个省份，参与集体土地所有权、承包经营权等项目确权面积100多万亩。承担四川省农村土地承包管理信息系统建设。全面升级成都市农村产权制度改革管理信息系统，建立天府新区成都直管区农村土地承包经营权确权登记管理系统，搭建完成西安市高陵区不动产统一登记平台。

【其他】

四川鱼鳞图信息技术股份有限公司连续2年获由德勤评选出的高新高成长亚太地区500强企业称号。

## 四川省国土勘测规划研究院

【业务】

2014年，四川省国土勘测规划研究院中标2014年度全国土地变更调查监测与核查遥感监测第13分包任务，接收15个批次83个县次监测任务，监测面积56万平方千米，处理影像近500景，提取监测图斑0.8万个。已完成的54个县次监测成果通过国家监理组检查，成果平均得分87.2，在全部22家生产单位中排名第二。完成9个项目的土地登记地籍调查前期工作（其中能源类2项、交通类7项），面积约16562公顷，涉及里程约1590千米。完成和开展的国家、省重点建设单独选址项目包括遂宁绕城路、金沙江苏洼龙水电站、乌东德水电站、汶川至马尔康高速公路、凉山州喜德县风电场等20多项。承担“四川省02C卫星数据土地业务应用产品验证与推广”项目，完成KOMPSAT-3卫星数据应用试验评价工作。研发基于移动设备的国土资源S.P.M.平台、四川省城乡建设用地增减挂钩移动管理系统软件。

【其他】

四川省国土勘测规划研究院获“第二次全国土地调查先进集体”称号，承担的“2012年全国土地利用变更调查监测与核查遥感监测任务第11分包”获2014年全国优秀测绘工程奖铜奖。

## 四川中测天翔遥感技术有限责任公司

2014年，四川中测天翔遥感技术有限责任公司测绘业务涉及测绘航空摄影、摄影测量与遥感、工程测量、地籍测绘等多个领域，范围涵盖四川、贵州、江西、内蒙古、西藏、新疆等地。承担完成米易县攀莲镇等6个乡镇农村土地承包经营权确权登记航拍967平方千米，制作1:2000数字正射影像图；承担江西省第三代1:1万基础测绘吉安测区“3D”产品数据更新项目，完成225幅专题图制作；完成内蒙古、新疆、西藏等地区1:5万分幅影像图制作1195幅；承担青川县黄坪乡解放村、群丰村和大院回族乡竹坝村土地整理项目，内蒙古地理国情普查DOM制作，眉山市彭山县1:1000 DOM和DEM生产任务。

## 中铁二院工程集团有限责任公司

【业务】

2014年，中铁二院工程集团有限责任公司完成的铁路工程测量项目涉及新成昆铁路、祥云至临沧铁路、弥勒至蒙自铁路、黔桂二线、安顺至六盘水铁路、郑州至万州铁路、川藏铁路拉萨至林芝段。完成的城市轨道交通项目涉及佛山地铁、贵阳城市轨道交通（1、2号线）、成都地铁（4、10号线）。完成的精密工程测量项目包括成绵乐高铁、贵广高铁、成渝高铁、沪昆高铁贵州东段等。三维GIS项目主要有海南东环线博鳌至万宁段三维GIS平台建设。完成的海外项目涉及埃塞俄比亚铁路、玻利维亚铁路、塞拉利昂机场测量。完成罗江县地理国情普查448平方千米、四川省地质灾害防治项目、四川省“十二五”平台建设项目1:1万制图、内江至六盘水铁路病害整治变形监测、京广高铁驻马店至信阳段运营期变形监测、长沙中低速磁浮工程测绘等项目。

【其他】

中铁二院工程集团有限责任公司完成的“渝利铁路精密控制网测量”“贵广铁路（贵阳至贺州段）精密控制网测量”获2014年度四川省优秀工程勘察设计奖一等奖，“尼日利亚现代化铁路阿布贾至卡杜纳、米那至卡诺段工程测量”“贵阳城市轨道交通控制网”获二等奖；“成昆铁路工务管理三维GIS平台”获2014年全国优秀测绘工程奖银奖；“海口市东海岸人工岛填海工程三维可视化QC小组”获2014年四川省工程建设优秀QC小组三等奖。

## 中铁二局集团有限公司

【业务】

2014年，中铁二局集团有限公司测量中心开展的测绘业务涉及高速铁路、城市地铁、高速公路、海外铁路和长大隧道等重大工程的施工复测、控制测量、沉降和变形监测、CPIII 测量等测绘工作。完成高速铁路和铁路测绘项目共 739 千米，包括新建成都至贵阳铁路乐山至贵阳段站前工程 CGZQSG-15 标、兰新高速铁路新疆段 LXTJ-5 标、新建铁路林歹—织金（新店）线、新建天津至保定铁路 JBSG-4 标等精测网复测、控制测量、变形监测、CPIII 测量、轨道板精调等。完成长大隧道（>4 千米）11 座，包括分水镇隧道 9167 米、吴家岔隧道 10455.83 米、上庄隧道 4064 米等地表控制测量、洞内控制测量和变形监测等测量任务。完成地铁工程项目 9 个，包括新建广州地铁 14 号线 3 标、北京地铁 8 号线三期南延 17 标等控制网复测、洞内控制测量等测量任务。完成市政工程 8 个，包括贵阳宾阳大道项目、新建北京市中低速磁浮悬交通示范线（S1 线）西段工程等测量任务。完成公路工程 10 个，包括黄陵至延安高速公路扩能工程试验段 LJ6 标、吉县至河津高速公路 LJ2 标、汶马高速公路 C2 标等测量任务。参与编写《高速铁路施工技术》施工测量章节。

**【其他】**

中铁二局集团有限公司举办中铁二局第四届工程测量技能大赛，取得“短线法箱梁节段预制线形控制系统”国家发明专利 1 项。

## 四川中水成勘院测绘工程有限责任公司

2014 年，四川中水成勘院测绘工程有限责任公司承担四川省宜宾市江安县、南溪区和遂宁市船山区第一次全国地理国情普查工作，乐山市乐北组合城市地形图测绘工作，三台县土地整理勘测定界测量和邻水县农村土地确权测绘工作。承担的水电工程测绘项目涉及金沙江溪洛渡、波罗、叶巴滩、岗托，大渡河瀑布沟、双江口、猴子岩，雅砻江二滩、两河口、牙根，雅鲁藏布江米林、玉松、加查，象泉河阿青，老挝南坎等水电站。工作内容包括测绘技术服务、控制测量、机载激光扫描、施工测量管理，坝区、厂区、附属工程区、引水线路等 1:500～1:2000 地形地籍图测绘，公路测量、实物指标调查测量、界桩测量、大坝变形监测、施工边坡监测、滑坡监测、压力管道变形监测等。

## 四川旭普信息产业发展有限公司

**【业务】**

2014 年，四川旭普信息产业发展有限公司承担南充市嘉陵区、顺庆区和遂宁市蓬溪县地理国情普查项目，参与四川、湖北等省地理国情普查项目。承担剑阁县、蓬溪县农村土地承包经营权确权试点、中江县集体土地所有权和集体土地使用权确权、广元市朝天区汪家乡农村产权制度改革“七权”确权试点、广元市农村土地确权登记交易管理系统软件采购等项目。完成川藏黄金旅游走廊环境资源图编制和四川省永久基本农田划定数据库成果检查及省级入库。

**【其他】**

四川旭普信息产业发展有限公司开发和完善了农村土地承包数据库成果检查应用软件系统，利用自主设计的数据处理和数据库质量检查软件，核查数据逻辑关系和数据内容，建立共享信息平台，优化操作过程。

## 四川空间信息产业发展有限公司

**【业务】**

2014 年，四川空间信息产业发展有限公司完成的航空摄影测量项目包括巴中市航拍影像图项目控制测量，合江县农村土地承包经营权确权登记航拍，富顺县 25 个乡镇农村土地承包经营权确权登记航空摄影测绘，宜宾县、合江县、富顺县数码航空摄影测量。完成的不动产测绘（地籍测绘）包括四川省合江临港工业园区地形测绘、云南省文山州广南县农村集体建设用地使用权登记确权及农村集体土地上房屋所有权确权测绘等；丰都县农村建设用地补充调查项目；自贡市沿滩区、乐山市中区、广汉市、天全县鱼泉乡、广元市昭化区、南江县、仪陇县、兴文县农村土地承包经营权确权登记项目。完成自贡市、泸州市地理国情普查项目，湖北省大冶市、荆州市、公安县地理国情普查数据采集项目。

**【其他】**

四川空间信息产业发展有限公司完成的“叙永县农村集体土地确权登记发证和数据库建设”项目获 2014 年全国优秀测绘工程奖金奖。

## 四川省交通运输厅交通勘察设计研究院

2014 年，四川省交通运输厅交通勘察设计研究院承担完成南充过境高速公路广（元）南（充）至南（充）广（安）段工程勘察设计南充过境 A 标段初步勘察设计测量；承担完成射洪至蓬安公路南充段改建工程初步设计测量，长江（水富—宜宾段）航道整治工程工程预可行性研究测量，嘉陵江川境段航运配套工程一期工程初步设计及施工图设计测量，黄河银川段航运建设工程施工图勘察设计测量、黄河宁夏吴忠段航运建设二期工程初步设计测量，锦江生态带整治项目（一期）涉水工程测量。

## 中国水利水电第七工程局有限公司

**【业务】**

2014 年，中国水利水电第七工程局有限公司承担的测绘项目主要有水电站、铁路工程、市政工程、风电工程及相关工程外部变形监测等。承建了雅砻江锦屏水电站和安谷电站。承担完成万源市李家梁水库工程勘察设计、成都至贵阳线乐山至贵阳段 CGZQSG-3 铁路建设、四川攀枝花盐边万家山光伏发电项目。承建的深圳地铁 7 号线超万米矿山法施工隧道全部贯通。

**【其他】**

中国水利水电第七工程局有限公司获中国对外承包工程商会授予的“对外承包工程企业信用评价 AAA 证书”，在四川省企业联合会信息工作暨信息化峰会上获“四川省企业信息化建设十佳单位”称号。完成的“沪昆铁路客运专线贵州段 CKGZTJ-1 标段控制网复测项目”获 2012—2014 年四川省优秀测绘工程奖银奖。

## 中节能建设工程设计院有限公司

2014 年，中节能建设工程设计院有限公司完成各类测绘项目近 200 项，涉及建筑物沉降变形观测、基坑变形监测、地形测量、地下管线探测等，主要包括“220kV 北三环输变电工程电力隧道变形监测”“水井坊历史文化保护区 D 区周边建筑物变形观测”“青白江区文化体育中心工程变形观测”等。

## 四川省川建勘察设计院

**【业务】**

2014 年，四川省川建勘察设计院承担内江市东兴区农村产权制度改革测绘项目、夹江县农村土地承包经营权确权登记颁证项目、成都地标建筑“绿地 468”基坑工程变形监测、成都地铁 4 号线二期 3 标变形监测、贵阳地铁 1 号线变形监测等。

**【其他】**

四川省川建勘察设计院完成的“二环路沿街建筑物立面测量（金牛区）”获 2014 年四川省勘察设计协会勘察类二等奖，“南干线西段（纳溪-成都）复线工程管道测绘”获 2012—2014 年四川省优秀测绘工程奖三等奖。

## 中国建筑材料工业地质勘查中心四川总队

**【业务】**

2014 年，中国建筑材料工业地质勘查中心四川总队完成船山区农村集体土地地籍信息库和乡镇场镇地籍监理及信息库建设工作；完成彭州市北部新城、南部新城和工业开发区 22 平方千米 1:500 城镇地籍修补测、4 万户分户调查及城镇地籍数据库更新工作；完成遂宁市、仁寿县地籍区及地籍子区划分、宗地代码统一转换、城镇地籍数据库升级和完善工作，为实现地籍资料电子化管理奠定基础。承担并完成瓢儿山墓穴测绘工程、邛崃市临济镇骑游绿道工程（13 千米带状 1:500 地形图测绘）、遂宁市中国西部现代物流港拓展区征地勘界（测绘面积 20 多个平方千米）等项目。

**【其他】**

中国建筑材料工业地质勘查中心四川总队承担的“遂宁市开发区新桥拓管用地 1:1000 比例尺地形、地籍测绘”项目获 2012—2014 年四川省优秀测绘工程奖铜奖。“仁寿县国土资源局确定完善全县集体土地确权登记发证及数据库建设专业队伍”和“遂宁市城区城镇地籍修补测及数据库更新”2 个项目分获 2014 年建材行业优秀工程勘察奖二等奖。

## 中国电力工程顾问集团西南电力设计院有限公司

2014年，中国电力工程顾问集团西南电力设计院有限公司承担完成印尼棉兰电厂工程初步设计阶段、贵州华电毕节热电联动工程可行性研究阶段、奉节电厂施工图设计阶段、雅安—武汉特高压交流输变电工程、华坪至文山±500kV直流送出工程、锡盟—山东1000千伏特高压输电线路工程、酒泉—湖南±800特高压直流输电线路工程、蒙西－天津南1000kV特高压输电线路工程等工程的测量任务。承担完成神华神东电力万州发电厂沉降观测、奉节电厂施工控制网、贵州盘县电厂沉降观测、浙江舟山电厂沉降观测等监测任务。

# 西藏自治区

## 概况

截至2014年底，西藏自治区共有测绘资质单位33家，其中甲级单位1家、乙级11家、丙级14家、丁级7家。涉及测绘、规划建设、国土资源、城乡建设、地勘、水利、交通等行业。全区测绘资质单位从业人员578人。

西藏是测绘事业发展相对落后的地区，高等级测绘资质单位较少，大部分单位测绘专业基本为本单位主题业务配套，测绘项目大部分为工程项目的配套业务。公路交通、水利、地勘等行业在测绘方面投入力度比较大。

## 西藏自治区测绘院

2014年，西藏自治区测绘院完成拉萨市7县1区地理国情普查数据生产任务和专题区情普查工作。完成西藏自治区地理国情普查工作拉萨市3万平方千米高分辨率正射影像图制作628幅、1:2.5万内业解译及外业工作地图制作323幅、1:2.5万地理国情信息外业调绘核查323幅、拉萨市地理国情信息遥感解译样本制作、1:2.5万内业地表覆盖编辑及整理323幅、1:2.5万内业国情要素编辑及整理323幅、1:1万DEM精细化数据121幅。完成区情普查74个县693个乡（镇、社区）5455个行政村驻地和1827个寺庙的位置和海拔高程量算工作。完成安多测区33幅1:1万基础地理信息数据采集及成图任务和拉孜至噶尔、拉孜至樟木镇97个水准和GPS合用点的选埋、111个C级GPS点联网观测、1400千米三等水准路线联测任务成果资料的整理汇交。完成国道219线新疆与西藏交界处至噶尔段30个C级GPS控制网及410千米三等水准的70%任务和堆龙—羊八井测区51幅1:1万基础地理信息数据采集及成图任务的40%。

全年有6批次30多人参加国家测绘地理信息局组织的生产、技术和质量培训，2批次40多人参加自治区普查领导小组办公室组织的省级培训考核，10批次60多人参加院内部组织的技术讨论和专题辅导。

# 陕西省

## 概况

2014年，《陕西省人民政府办公厅关于促进地理信息产业发展的意见》出台，制定2020年初步建成地理信息强省的目标，对全省地理信息产业发展进行统筹部署。省测绘地理信息行政主管部门引入行业单位参与基础测绘、优秀工程奖评选、信用体系建设、初级职称评审及资质升级、业务扩展、技术服务、人才交流等，扶持地理信息企业发展。全年陕西省新增资质单位27家，资质升级20家，业务增项24家，全省资质单位总数达438家，全省从业人员1.3万多人。

# 西安煤航信息产业有限公司

**【业务】**

2014年，西安煤航信息产业有限公司承担惠州市仲恺高新区基本比例尺数字化地形图测绘，延113—延133井区天然气开发项目地面工程全区块航空测量，陕西省农村土地承包经营权登记数码航空摄影及数字正射影像图制作项目，府谷县麻镇、黄甫钾盐矿风险性勘查工程等240多项国内测绘、地质勘查任务。承揽国际项目44个，主要包括法国希华德尔公司航片数据采集、编辑及影像挂图制作，卫片数据采集、编辑及影像挂图制作、数据更新、房屋数字化项目；美国匹克托米公司数字激光雷达数据处理项目、加拿大挑战者公司激光雷达数据处理项目和三维房屋建模等。研发的e鸟巡检系列产品开发了城市燃气巡检系统。

**【其他】**

西安煤航信息产业有限公司承担的“航空摄影质量自动检查系统”获2014年中国测绘地理信息学会测绘科技进步奖三等奖、西安市科学技术奖一等奖。

# 西安市勘察测绘院（西安市地理信息中心）

**【业务】**

2014年，西安市勘察测绘院（西安市地理信息中心）完成全市9个区4个县10108平方千米二维地理信息数据和影像数据的建库及服务发布、全市5000多平方千米三维地形数据的建库及发布、全市430平方千米三维模型数据生产、验收、建库及发布。完成航天、纺织城、雁塔、碑林、新城、阎良及西安城区影像图制作，2014年西安市重点项目分布图制作和2013版西安市影像地图集的制作与出版发行工作。完成西安地铁4号线用地定点测量22处站点、浐灞河道路测量25处。完成周至楼观台及阎良区1:1000地形图采集841幅、编辑999幅。完成西安行政区1:5000地形图编辑74幅。完成三维地理信息共享服务平台（一期）软件开发、部署及应用。

**【其他】**

西安市勘察测绘院（西安市地理信息中心）承担的“基于CORS用户端的实时三维成果智能转换与控制系统”获全国优秀城乡规划设计奖（城市勘测类）三等奖。

# 西安中勘工程有限公司

2014年，西安中勘工程有限公司完成山西夏县、平陆县农村集体建设用地及宅基地使用权确权登记发证项目，山西省永济市土地整治规划项目，陕西省第二次土地调查柞水县等县级调查成果预检项目，华能定边狼尔沟分布式示范风电场项目勘测定界项目，定边县2011—2013年度建设用地勘测项目。承担渭南市域多个县市的第二次土地调查补充测绘工作，参与完成渭蒲高速路数字地形图测绘任务。承担中建、中海、中铁等多家地产企业的工程测量和基坑变形监测项目。完成西安市城市规划编制和市级重点项目8项，提供业主和甲方专题图126幅、影像图189件。修订的《地质调查全球导航卫星定位测量规程》通过中国地质调查局验收，升级为部级标准。

# 西北综合勘察设计研究院

**【业务】**

2014年，西北综合勘察设计研究院完成澄城县农村土地调查项目；承担兴平市排水防涝设施普查及数据采集测量项目；完成全市及规划区的控制测量、主要道路带状地形图测绘；承担运城市生态智慧城1:1000全野外数字化地形图测量项目，完成规划区60多平方千米地形图测绘；完成旬邑县马栏红色革命根据地1:500地形图测量项目；承担佳县白云山风景区1:500全野外数字化地形图测绘项目，完成景区测图工作；承担安塞20万吨/年LNG项目地形测绘项目，吴起县金马工业园区1:1000地形图测量项目。

**【其他】**

西北综合勘察设计研究院承担的“大唐韩城第二发电有限责任公司全厂沉降观测项目”获陕西省优秀测绘地理信息工程奖铜奖。

## 中交第一公路勘察设计研究院有限公司

【业务】

2014 年，中交第一公路勘察设计研究院有限公司承担云南小勐养至磨憨高速公路改扩建工程 SJ-2 标段公路测绘、广西河百高速公路测绘等项目，其中云南小勐养至磨憨高速公路改扩建工程 SJ-2 标段公路测绘项目通过省级质检单位的检查验收，质量等级为良。承担并主持修订《公路勘测规范》（JTG C10-2007）、《公路勘测细则》（JTG/T C10-2007）。“车载 LiDAR 扫描技术在公路改扩建项目中的应用研究”被列入“交通运输部科技示范工程”的子课题，与项目业主正式签订科研合同。

【其他】

中交第一公路勘察设计研究院有限公司被陕西省勘察设计协会评为“陕西省工程勘察与岩土行业诚信单位”，被中国勘察设计协会评定为“全国工程勘察与岩土行业诚信单位”，被西安市城乡建设委员会授予 2013 “AAAAA 信用等级企业”称号。

## 国家测绘地理信息局第一地形测量队（陕西省第二测绘工程院）

【业务】

2014 年，国家测绘地理信息局第一地形测量队（陕西省第二测绘工程院）承担第一次全国地理国情普查甘肃省 17 个县（区）、陕西省 17 个县（区）的普查任务；承担青海省格尔木市（西）37 幅 1:5 万地理国情普查内业数据编辑与整理任务。完成国家现代测绘体系建设西藏自治区 I358 洞措—安多线全长 887 千米一等水准测量任务。承担新疆、甘肃、湖北省份 1:5 万地形数据库更新任务，其中新疆为全要素更新，甘肃和湖北为重点要素更新；完成陕西省秦岭地区 1:1 万地形图空白区测图工程商南测区 183 幅 1:1 万 DLG 和 DEM 生产、岚皋—镇坪测区 272 幅 1:1 万控制测量生产。完成新疆维吾尔自治区 2014 年 1:1 万基础测绘塔什库尔干测区、瓦恰测区 178 幅，数字延安地理空间框架建设主城区 29 平方千米 1:500 基础地理信息数据生产，陕西延长石油 1.7 万宗油气生产用地勘测定界测量，山西省汾西县农村集体建设用地使用权和宅基地使用权登记发证项目测绘任务，浙江金华至台州铁路 1:2000 航测成图 330 平方千米，武汉市 1:2000 航测数字化成图 980 平方千米，青岛市河套 1:500、1:2000 地形图测绘及建库 65 平方千米。

【其他】

国家测绘地理信息局第一地形测量队（陕西省第二测绘工程院）与甘肃省测绘工程院签订《双边合作框架协议书》，成为陕西省土地学会理事单位，被陕西省总工会评为院务公开职代会五星级单位。承担的“宿迁市市区城镇地籍调查” “清远市 1:1000数字地形图测绘（银盏测区）”“延安市基础地理信息建设 1:500 DLG、DOM、DEM 生产”3 个项目获 2014 年中国地理信息产业优秀工程奖铜奖；“国家现代测绘基准体系基础设施建设一期工程国家高程控制网一等水准观测项目”获陕西省优秀测绘地理信息工程奖银奖， “陕西灾后重建宁略 1:10000 DOM 生产” “国家 927 工程（一期）沿岸大地控制点二等水准连测”2 个项目获铜奖。

## 中国有色金属工业西安勘察设计研究院

2014 年，中国有色金属工业西安勘察设计研究院共完成测绘项目 311 项，主要包括文昌市农村土地承包经营权确权登记颁证全面铺开测绘项目（标段一）、山西省运城市生态智慧园 1:500 测绘图、西安市南门广场中心综合提升改造项目施工监控量测、中铁二局股份有限公司北京地铁 16 号线工程土建施工 07 合同段项目经理部施工监测技术服务、陕西美鑫产业投资有限公司年产 300 万吨铝镁合金配套动力电站沉降观测工程、沣科花园安置房土方测量等。主编国家标准《工程摄影测量规范》（GB50167-2014）。

## 中铁第一勘察设计院集团有限公司

【业务】

2014 年，中铁第一勘察设计院集团有限公司完成银西线、黔张常铁路、太原物流中心、西安北至机场城际轨道交通等勘测项目 19 个，累计完成铁路初测 645 千米、定测 2611 千米、补充定测 361 千米。完成西安至银川铁路等5个项目的DMC20数码及机载LiDAR 1:1万航空摄影，摄影面积共2128平方千米；完成航测外控总面积约9703平方千米；完成库尔勒至格尔木铁路等18个项目的1:2000、1:5000、1:1万航测制图；完成陕西省礼泉县、韩城市地理国情普查3638平方千米；完成西宁至成都铁路3965千米1:10万或1:20万工程地质图制作；完成西安至铜川城际铁路等1005千米环境评价图件制作；完成西安至成都客运专线等项目精密工程控制网测量工作。“客运专线无砟轨道全几何参数精密检测技术及装备研究”项目取得技术认证证书；立项“工程三维模型与真实感场景结合技术研究”等4个科研项目。

【其他】

中铁第一勘察设计院集团有限公司报送的“郑西高速铁路精密测量控制网复测及构筑物沉降变形监测”获2014年全国优秀测绘工程奖银奖，“大面积三维无缝立体正射影像生成方法及其应用”获2014年中国测绘地理信息学会测绘科技进步奖二等奖，“法截面子午线椭球工程应用研究”项目获2014年陕西省测绘科技进步奖一等奖，“大西客运专线运城至西安段测量咨询评估报告”获2014年度陕西省优秀工程咨询成果奖一等奖，“新建铁路西安至成都客运专线西安至陕川界精密测量控制网复测”获2014年陕西省优秀测绘地理信息工程奖金奖；“引汉济渭工程秦岭隧洞精密平面控制网测量”获2014年度中国铁道建筑总公司优秀工程勘察二等奖，“基于真实感场景的线路协同设计平台研究”“机载LIDAR数据获取检校场建立技术研究”分获中国铁道建筑总公司科学技术奖一、二等奖，“卫星影像数字测图QC小组”获2014年度全国工程建设优秀质量管理小组二等奖。

## 宝鸡市勘察测绘院

2014年，宝鸡市勘察测绘院完成宝鸡市中心城区测绘137平方千米、建成区地形图修测任务30平方千米，完成各类管线测量任务49.3千米。完成《宝鸡市城市绿化地图》《宝鸡市城市公共交通站点及线路分布现状图》《宝鸡市建成区主次干道位置分布图》等专题地图制作。定期对宝鸡市卫星定位基准站系统（BJCORS）进行维护。

## 国家测绘地理信息局陕西基础地理信息中心（国家测绘地理信息局陕西测绘资料档案馆）

【业务】

2014年，国家测绘地理信息局陕西基础地理信息中心（国家测绘地理信息局陕西测绘资料档案馆）完成测绘服务总值2400万元，为年度计划的114%。承担西部地区新疆、青海省3个县域共730幅1:5万地表覆盖分类及地理国情要素信息提取任务，面积26万平方千米；在陕西省第一次全国地理国情普查（一期）中，承担绥德县、清涧县、富平县、黄陵县、西安阎良区7481平方千米共378幅1:1万内业数据解译采集、外业调查、内业编辑整理工作；更新“天地图·陕西”全省71个县（区）矢量数据，完成数据规定、配图规定、转换方案等规范的编制、修改和发布；完成《丝绸之路经济带核心区域地图集》制作及验收。完成陕西省范围内的地质矿产及地质灾害相关数据库的坐标转换工作，洽川国家水利风景区数据加工工作，陕西省航空护林航管指挥调配图制作，商洛市三维辅助系统建设。

完成2013年地理国情普查项目西部地区遥感影像解译样本数据、外业控制点成果、正射影像成果等的汇交国检工作，数据量9.8TB；完成2014年国家基础地理信息数据库动态更新项目9137幅制图数据，436GB成果汇交工作。全年共接待各类成果档案咨询服务900多人次，接待用户810家，提供各种比例尺地形图6586张，大地控制成果3120点，提供DLG、DEM、DOM等成果数据38416幅、卫星遥感影像748景、航空影像数据5920片，数据量6.9TB；提供航摄底片114筒，14879片；借阅控制片2300多张、各类测绘专业档案588卷，共3000多件。完成13个批次陕西省秦岭测区1:1万地形图空白区测图工程项目内外业归档资料的检查、入库、整理工作。完成DEM、DLG、DOM、调绘片、控制片共4691幅（数据量374GB）、文本资料2619本的整理工作。完成2013年陕西省地理国（省）情项目成果监测试点任务各类数据5991幅，数据量3TB的成果归档整理工作。完成模拟档案文档821件，信息5920条的录入整理工作。完成20盒磁带11TB陕西省基础测绘成果数据备份工作。全年为政府及行业部门提供测绘服务及保障35项，为政府部门宏观决策制作专题图近40项，出图150多张。

【其他】

国家测绘地理信息局陕西基础地理信息中心（国家测绘地理信息局陕西测绘资料档案馆）承担的“陕西省地理信息公共服务平台”获2014年中国地理信息科技进步奖三等奖，“测绘生产外业安全管理平台”获陕西省优秀测绘地理信息工程奖金奖。

## 中煤西安设计工程有限责任公司

【业务】

2014年，中煤西安设计工程有限责任公司完成49项测绘项目。承担并完成陕西延安志丹县刘坪至旦八镇红色旅游二级公路扩建工程36千米的定测，鄂尔多斯国源矿业龙王沟矿井排矸场防护设计1:2000、1:500地形图测量，府谷县沙沟岔煤矿资源整合开采设计1:500地形图测量，陕西神木朱盖塔洗煤厂1:500工业场地及厂外公路测量，榆林郭家滩煤矿进场公路及场地1:1000地形图测量，榆林能源化工有限公司甲醇醋酸系列深加工及综合利用项目厂区控制测量，陕西长武安华煤炭集运站测量，榆林银河电厂至北环路供热管网测量，西安北客站至咸阳机场城际轨道勘察相关项目测量，陕西美鑫产业投资有限公司焦坪矿区冶坪矿井井口施工检核测量及1:1000排矸场地形图测量。

【其他】

中煤西安设计工程有限责任公司承担的“平朔煤炭工业公司东露天煤矿工业场地、选煤厂地形测量”项目获煤炭行业第十四届优秀工程勘察二等奖，“平朔煤炭工业公司新九台套大型露采设备综合维修厂工业场地地形测量”项目获三等奖。

## 中铁一局集团有限公司

2014年，中铁一局集团有限公司完成兰新铁路第二双线、新建青荣城际铁路、郑徐客专ZXZQ06标的CPⅢ控制网测量，石家庄至济南铁路客运专线SJZ-7标、西成铁路客运专线XCZQ-1标、成贵线乐山至贵阳段精测网及施工控制网复测，龙山至永顺高速公路第七合同段、青海省川口至大河高速公路十标等施工控制网复核测量，中铁铂丰·尚都城、文苑公寓、西安工农村等沉降观测，京福铁路客专闽赣Ⅴ标无砟轨道轨枕精调测量。全年完成产值800万元。

## 咸阳市勘察测绘院

【业务】

2014年，咸阳市勘察测绘院完成咸阳市城区三等水准控制网埋石48个、平面控制点约170个、高程控制点约180个。修测1:1000地形图160多幅。测绘1:500地形图4幅，1:1000地形图约40幅。完成咸阳市土地储备中心、咸阳市城建局咸平路绿地等征地测量项目73宗；咸阳丽莱房地产开发有限公司、咸阳京建地产京都佳苑项目建筑物放线测量等251栋；咸阳市公积金管理中心、秦都区限价房项目等建筑物实测169栋；咸阳市热力公司新兴路热力管线、中华世纪城电力管线等管线测绘共22条；秦皇北路、永昌路等道路测量项目27项；瑞沣苑、力高御景湾等项目建筑物验线308栋；建筑物变形观测1153栋/次；完成咸阳宏晔房地产公司楼房试放线、纺织工业园用地界址点放线等其他测绘项目共83宗。

参与咸阳市地理信息公共服务平台项目建设，启动城市模拟三维景观制作系统建设。完成数字咸阳地理空间框架咸阳市主城区30多平方千米三维场景制作。

【其他】

咸阳市勘察测绘院被咸阳市劳动竞赛委员会评为“2013年度咸阳市劳动竞赛优胜单位”。

## 国家测绘地理信息局第一大地测量队（国家测绘地理信息局精密工程测量院、陕西省第一测绘工程院）

【业务】

2014年，国家测绘地理信息局第一大地测量队（国家测绘地理信息局精密工程测量院、陕西省第一测绘工程院）完成国家现代测绘基准体系基础设施建设一期工程一等水准选埋5097千米、一等水准观测11446.1千米，深层基岩点选建3座，GNSS选埋197点、观测334点，重力加密10585点，绝对重力测量50点次。完成陕西省第一次全国地理国情普查项目陕西省榆林市横山县、靖边县、定边县和宝鸡市眉县4个任务区共1.63万平方千米的地理国情普查任务，制作遥感解译样本1.5万多点。完成珠海市陆海统一似大地水准面精化、甘肃省卫星定位连续运行基准站水准连测、江西省大地基准完善、杭州市地面沉降监测网建设等地方基础测绘项目。完成西安、银川、北京等地机载 LiDAR 数据获取与处理项目，青海省花土沟机场等天文测量，北京、上海等地基线丈量和 GNSS 接收机检定场测量，青岛城市轨道交通 M1 线工程控制网测量、乌鲁木齐新客站测量，上海市1:500数字地形图修测，天津港部分码头变形观测等。利用水上水下一体 SeaBat7125-SV2 高精度多波束测深系统，先后完成西安黑河金盆水库测量和山东烟台长山水道海岛礁测量。

【其他】

国家测绘地理信息局第一大地测量队（国家测绘地理信息局精密工程测量院、陕西省第一测绘工程院）第六中队获中华全国总工会授予的“工人先锋号”称号；职工张建华被评选为新时期“感动测绘人物”。承担的“徐州市现代空间基准研究与建设”项目获 2014 年卫星导航定位科学技术奖二等奖，“国家现代测绘基准体系基础设施建设一期工程国家高程控制网加密重力观测（2013 年度）项目”获陕西省优秀测绘地理信息工程奖银奖。

## 国家测绘地理信息局第一航测遥感院（陕西省第五测绘工程院）

【业务】

国家测绘地理信息局第一航测遥感院（陕西省第五测绘工程院）完成陕西省第一次全国地理国情普查 20 多万平方千米 DOM 制作、境界数据整理，开展 22 个区县地理国情普查工作，包括内业解译、外业核查、数据整理等。完成新疆地理国情普查 30 个区县数据整理任务。承担 1:5 万地形数据库更新，完成陕西测区（全要素）、河南测区（重点要素）更新任务。完成秦岭测图工程佛坪测区、白河测区 1:1 万基础地理信息数据生产。完成数字汉中地理信息数据整合与入库项目。开展数字商洛地理空间框架建设 1:500、1:2000 地理信息数据生产和三维实景影像数据生产任务。完成数字渭南航空摄影工作。开展铜川市重点乡镇 1:1000 大比例尺测图工作，为新农村建设提供保障服务。完成陕西省遥感影像控制点数据库建设。成立三维数据中心，完成西安曲江新区 60 平方千米、商洛市城区 60 平方千米的三维实景影像快速构建工作，开展三维应用平台研发工作。作为牵头单位承担的国家公益性行业科研专项“信息化测绘生产基地构建技术研究与应用示范”项目正式启动。

【其他】

国家测绘地理信息局第一航测遥感院（陕西省第五测绘工程院）加挂陕西省测绘遥感中心牌子，获 2014 年度陕西省第一次全国地理国情普查劳动竞赛“优胜单位”称号，被中共陕西省委组织部、陕西省总工会、陕西省人力资源和社会保障厅、陕西省科学技术厅、青年团陕西省委员会联合授予 2013 年陕西省职业技能大赛团体金奖，遥感影像处理中心被授予“陕西省优秀班组”称号，职工朱利坤获“全国技术能手”称号，退休高级工程师孙昭莆入选首届“感动测绘人物”。承担的“铜川市城市规划区 1:1000 航测数字化成图”项目获 2014 年中国地理信息产业优秀工程奖银奖，“陕西省第一次全国地理国情普查 DOM 生产项目”获 2014 年陕西省优秀测绘地理信息工程奖金奖。

## 国家测绘地理信息局大地测量数据处理中心（陕西省第四测绘工程院）

【业务】

2014 年，国家测绘地理信息局大地测量数据处理中心（陕西省第四测绘工程院）完成国家测绘基准维护数据处理项目 2012 年施测的 19846 千米水准数据处理及 2013 年施测的 47760. 9 千米水准拼环工作；参加编制《国家 GNSS 大地控制点数据处理与平差设计书》。完成国家现代测绘基准体系基础设施建设一期工程陕西 8 个 GNSS 站建设并通过验收。完成 102 幅 1:5 万图幅地理国情普查坐标转换，青海测区共和、兴海等 5 个县普查资料整理汇交，陕西省米脂、子洲等 4 个县及咸阳市渭城区地理国情普查任务 9676 平方千米。完成海南、云南、银川等省、市坐标转换任务；为乌鲁木齐、赤峰、商洛等城市建立基于 2000 国家大地坐标系的城市独立坐标系；为长江航道局、中国地质调查局等部门提供 2000 国家大地坐标系转换及技术培训服务。为宁夏 CORS、辽宁 CORS 建设提供全程技术支持；累计完成甘肃、宁夏、天津等省、市约 240 个 CORS 站点数据处理及稳定性分析工作。完成乌鲁木齐、三明、德州等市县似大地水准面精化数据处理，总精化面积约6万多平方千米。完成省市、区域精化及工程生产项目GPS点数据处理约3200点，水准测量数据处理约11880千米。完成陕西华电蒲城发电有限责任公司一、二、三期工程沉降观测，陕西测绘地理信息局职工住宅综合楼基坑边坡变形监测等项目。

承担国家科技支撑项目“远海岛礁地理信息监测关键技术研究与示范”、测绘地理信息公益性行业专项“国家北斗大地基准服务技术平台构建与示范”、国家测绘地理信息局基础测绘科技项目“区域动态三维大地基准数据基础与应用关键技术研究”等重大测绘科技项目。陕西测绘地理信息局科技创新项目“秦岭地区高精度高分辨率似大地水准面确定”通过验收。

**【其他】**

国家测绘地理信息局大地测量数据处理中心（陕西省第四测绘工程院）承担的“区域似大地水准面拟合方法研究”项目获2014年中国测绘地理信息学会测绘科技进步奖二等奖；“数字兰州卫星定位连续运行参考站系统与似大地水准面精化研究”项目获2013年甘肃省科技进步奖二等奖，“杭州市现代测绘基准体系建设工程”项目获2014年浙江省测绘与地理信息科技进步奖一等奖，“大跨度带状控制网建立与地理信息坐标转换”项目获2014年陕西省测绘科技进步奖一等奖。

## 中铁一局集团宝鸡精密测绘工程有限公司

**【业务】**

2014年，中铁一局集团宝鸡精密测绘工程有限公司共完成兰新铁路第二双线LXS-4标和LXS-5标，沪昆客运专线CKGZTJ-3标，兰新铁路哈密枢纽引入工程等40多个项目的复测、控制测量、CPII控制测量、CPIII加密测量、无砟轨道施工精调及地铁监测等工作，全年完成产值约1000万元，新签合同金额约1000万元。

**【其他】**

中铁一局集团宝鸡精密测绘工程有限公司获“中铁一局杯”测量职业技能竞赛团体奖第一名及个人奖前三名，职工白芝勇被中共中央宣传部与中华全国总工会联合表彰为“最美职工”。

## 中国水利水电第三工程局有限公司

2014年，中国水利水电第三工程局有限公司完成福建南龙铁路18个CPI控制点、20个CPII控制点、98千米二等水准路线复测，24座大桥共8.034千米桥墩的测量放样和沉降观测测量工作。承担郑州陇海路BT项目1、12、13标及北三环快速通道BT项目地面道路和桥梁施工测绘工作，完成E级GPS平面控制点34个、三等水准测量12.1千米。完成兰州新区保税区规划一路至规划六路8个E级GPS控制点布测，道路总长7.2千米，原始地形测绘3平方千米。完成河南邓州湍北新区北京大道、功勋路、穰城北路总计5.2千米施工测量工作。完成青海黄河玛尔挡水电站大坝1:500左、右岸消能区、溢洪道、石料场地形测绘2.6平方千米。完成河北丰宁抽水蓄能电站4.5千米施工道路测量工作。完成云南澜沧江黄登水电站9.3千米骨料运输洞三等洞内基本导线布测。完成贵州象鼻岭水电站大坝1:500原始地形补测量0.5平方千米，双曲拱坝左右岸拱肩槽开挖施工放样及竣工资料整理135.5米。完成江苏溧阳抽水蓄能水电站贯通测量、混凝土形体测量。完成湘祁水电站工程竣工测量资料的整理编制。

## 陕西省地质矿产勘查开发局测绘队（陕西国土测绘工程院）

**【业务】**

2014年，陕西省地质矿产勘查开发局测绘队（陕西国土测绘工程院）完成泸州市“江南新区”“临港产业物流园区”1:500 DLG航测项目测绘工作，嘉祥县1:500地形图基础地理信息数据库更新项目50平方千米，攀枝花市区1:500地形图修测项目18平方千米；承担潼关金矿控制测量项目，完成基础控制测量300平方千米，二、三等GPS点61点，二、三等水准点28点、水准路线360千米，坑道内四等导线点测量372点；承担新疆维吾尔自治区、甘肃省、湖北省等地电力设施地理信息数据采集项目，共完成位置测量19.6万个。完成攀枝花花城新区清香坪控规入库工作。

**【其他】**

陕西省地质矿产勘查开发局测绘队（陕西国土测绘工程院）承担的“山东省嘉祥县农村集体土地确权登记发证”项目获2014年全国优秀测绘工程奖

银奖、2014年度山东省国土资源科学技术奖一等奖，“泸州市‘江南新区’‘临港产业物流园区’1:500 DLG航测”项目基础控制测量工程获2012—2014年四川省优秀测绘工程奖金奖”。

## 机械工业勘察设计研究院有限公司

【业务】

2014年，机械工业勘察设计研究院有限公司承担西安地铁1号线二期工程和3、4号线第三方监测；南昌轨道交通2号线二期工程和红谷隧道工程第三方监测；重庆轨道交通5号线一期工程第三方监测及西安地铁2号线运营监测等大型工程监测项目。承担新建铁路宝鸡至兰州客运专线（陕西段）、西安至成都客运专线轨道铺设条件技术咨询等项目。完成区域场地平面及高程控制、竣工现状总图、新建场地地形、城市地下管线探测入库及监理、数字城市三维建模、建筑和古遗址变形、场地土方平整、岩土工程施工等工程测量项目122项。在安哥拉完成SK输变电项目、城市排水系统项目控制及地形测量，在缅甸完成曼德勒水泥厂地形测量，在印度尼西亚完成年产200万吨氧化铝项目配套取水工程水下地形测量，在赤道几内亚完成职业技术学校地形测量，为喀麦隆水电站派出技术人员配合施工工作。

【其他】

机械工业勘察设计研究院有限公司完成的“西护城河桥涵变形测量”项目获2014年陕西省优秀测绘地理信息工程奖银奖，“改建铁路包兰线惠农至银川增建二线工程惠农至青草圈段GPⅢ测量”获2014年机械工业优秀工程勘察设计奖三等奖。

## 陕西天润科技股份有限公司

【业务】

2014年，陕西天润科技股份有限公司协助完成陕西省地理国情普查项目8个市、区、县工作任务，面积1.12万平方千米；完成浙江省、黑龙江省等地区地理国情普查项目11个市、区、县，面积1.18万平方千米。完成国土资源部2013年度全国土地变更调查国家级内业核查任务共201个区（县），西安市2013年度土地变更调查任务共13个区（县）。完成陕西省绥德县、宜川县、紫阳县、佛坪县、城固县、陇县6个县村庄地籍调查试点工作。完成河南省镇平县、新乡县、辉县农村集体土地所有权确权登记发证工作，开展使用权测量、调查工作。完成上海市基础测绘1:2000数字地形图综合法修测项目，修测图幅920幅；余杭区1:500地形图修测项目，修测面积415平方千米。承担西北历史文化村镇信息管理系统、考古与文保信息管理系统建设工作，完成规划信息管理系统（IOS）移动端、煤层气数字管网三维地理信息系统、智慧乡镇管理系统开发工作。

【其他】

陕西天润科技股份有限公司在全国中小企业股份转让系统挂牌，证券名称天润科技，证券代码430564。获共青团陕西省委“青年文明号”称号、2014年度陕西省第一次全国地理国情普查劳动竞赛“优胜单位”称号、“中国地理信息产业百强企业”称号，1名员工被评为陕西省第一次全国地理国情普查劳动竞赛标兵。自主研发的“天润信息化摄影测量系统TR-IPS”获陕西省科学技术奖三等奖；“克-白城镇组群城市整体设计影像数据项目”获2014年中国地理信息产业优秀工程奖银奖；“神渭管道输煤项目”获2014年全国优秀测绘工程奖银奖；“资源三号卫星应用系统工程影像处理与应用分系统DLG更新与修测软件开发”项目获2014年陕西省测绘科技进步奖一等奖，“煤层气采气管网地理坐标精确测量工程”项目获三等奖；“成都市中心城区1:2000数字线划图更新”项目获陕西省优秀测绘地理信息工程奖银奖。

## 陕西省煤田物探测绘有限公司

【业务】

2014年，陕西省煤田物探测绘有限公司共承担40多项测绘项目。完成物探工程测量项目20多个，共完成二维地震勘探定线195.9千米，三维地震勘探定线面积136.2平方千米；完成山东省莒县农村集体土地使用权确权调查及数据库建设项目20多平方千米，山东省诸城市百尺河镇农村土地经营权发证项目6万亩。承担陕西省第一次地理国情普查项目，完成永寿县、蒲城县外业核查共2440平方千米。完成银川市市辖三区农村集体土地确权、地籍调查工作底图及DOM影像图制作46.7平方千米，完成南京市数字六合地形图测量项目345平方千米，武汉市黄陂区1:2000航测成图113平方千米。

【其他】

陕西省煤田物探测绘有限公司承担的“府谷县城区 1:1000 地形图航空摄影测绘”项目获 2014 年全国优秀测绘工程奖铜奖，“杭州市萧山区东片 1:2000（DOM）正射影像图测绘工程”“宁县 16 个乡镇基础测绘项目”获 2014 年陕西省优秀测绘地理信息工程奖铜奖，“永陇矿区麟游区园子沟煤矿首采盘区地形图测绘项目”获 2014 年陕西省测绘科技进步奖三等奖。

## 西安华测航摄遥感有限公司

【业务】

2014 年，西安华测航摄遥感有限公司共承担各类测绘生产项目 9 个，承担国家基础航空摄影项目临夏摄区、河西地区摄区、喀什塔县摄区生产项目；承担古蔺县农村土地承包经营权确权登记测绘航空摄影项目、乐山市农业局乐山市农村土地承包经营权确权登记颁证航飞拍摄采购项目、陕西关中农村土地确权航飞拍摄、四川西昌－喜德航空摄影、西安国际港务区分辨率优于 0.1 米航测正射影像图制作等。全年共完成航摄面积约 4 万平方千米，地面分辨率为 0.08 米 ~ 0.5 米。新购入 UltranCam Eagle 框幅式数码航摄仪，已应用到“乐山市农村土地承包经营权确权登记颁证航飞拍摄采购项目”及“陕西省航空摄影项目”。

【其他】

西安华测航摄遥感有限公司通过陕西省企业信用协会资质认定，获得《信用企业证书》。承担的“国家基础航空摄影 GPS 辅助航摄邵阳项目”获 2014 年全国优秀测绘工程奖铜奖，“曲靖市航空摄影项目”获 2014 年陕西省优秀测绘地理信息工程奖银奖。

## 神华神东煤炭集团有限责任公司（地质勘探测量公司）

2014 年，神华神东煤炭集团有限责任公司（地质勘探测量公司）编制工程设计 35 份，工程总结 25 份。完成岩芯鉴定 19796 米，采取煤样、岩样 303 个。完成及监理中的外委钻探工程 9 项，验收钻孔 49 个，累计进尺 10635 米。累计制图 579 张，修图 1882 张，打印各矿井采掘工程平面图及工作用图 4898 张、7293 米。绘制各矿井交换图 97 张。共完成各类钻探工程 156 项，累计完成钻孔 3260 个，其中地面钻孔 145 个、井下钻孔 3115 个；钻探总进尺 19.35 万米，其中地面 2.88 万米、井下 16.47 万米。各驻矿地测站累计完成测量放线 62.4 万米，验收原煤产量 21850 万吨；完成大型贯通测量工程 28 项，其中万米以上贯通 8 项。测量队地面测量完成测图面积 13.02 平方千米，线路测量 53.2 千米，水准测量 51.63 千米，E 级 GPS 控制点 37 个，施测陀螺边 47 条，放样点 633 个，岩移观测 296 人次。地方煤矿监测站测量小煤窑 265 次，调查 234 次。开展井下超前探测 155 次，工作面探测 1 次，顶板探测 1 次，累计探测距离 17436 米。启动神华煤制油（II 期）规划区地表变形监测项目，累计完成 E 级 GPS 控制点 15 个，水准测量 35.56 千米。使用 3D 扫描仪技术开展神山矿灭火工程相关测量业务，降低了安全风险。

## 陕西省交通规划设计研究院

【业务】

2014 年，陕西省交通规划设计研究院完成省道 230 洋县至华阳公路控制测量 62.5 千米，1:2000 地形图测绘 26.4 平方千米；南郑县青树至黎坪公路控制测量 50.05 千米，1:2000 地形图测绘 24.5 平方千米；完成宝鸡市过境公路控制测量 16.4 千米、界桩敷设 26.3 千米；商州至丹凤一级公路控制测量 43.5 千米、界桩敷设 50.9 千米；蒲城白水黄龙高速公路界桩敷设 34.1 千米；西安至临潼高速公路界桩敷设 15 千米。承担陕西省交通运输厅委托的《陕西省公路交通图集》编制工作，完成《汉唐帝陵文物旅游线路规划图》《陕西省公路图》（2014 版）、《2014 年陕西省高速公路建设项目图》等专题地图制作 18 幅。

【其他】

陕西省交通规划设计研究院承担的“西（安）咸（阳）北环线高速公路控制测量”项目获 2014 年全国优秀测绘工程奖铜奖。

## 西安建材地质工程勘察院

【业务】

2014 年，西安建材地质工程勘察院完成国内外近 100 项测绘任务，涉及工程测量、土地利用现状变更调查与遥感监测、城镇地籍调查、生态移民搬迁土地综合利用规划实施方案编制、农村所有权确权发证试点项目调查与建库等方面，项目均通过验收。在巴基斯坦、印度尼西亚、喀麦隆、缅甸等国家开展测绘工作，完成多个矿山测量及工程测量。

**【其他】**

西安建材地质工程勘察院获中材集团“三和数码杯”职工测绘技术技能大赛四等水准测量项目第三名，安康项目部获陕西省劳动竞赛委员会“工人先锋号”称号。承担的“贵州省怀仁至赤水高速公路勘察”“陕西省金源招贤煤矿D级GPS控制测量项目”分获2014年度建材行业优秀工程勘察奖一、三等奖。

## 西安大地测绘股份有限公司

**【业务】**

2014年，西安大地测绘股份有限公司（原西安大地测绘工程有限责任公司）完成无人机测绘航空摄影及数据处理约6400平方千米。完成安徽省金寨、烈山等5县，山东省金乡、汶上县，江西信丰县，陕西户县等农村土地承包经营权确权登记718883亩；完成陕西省淳化、高陵县，宁夏固原市农村集体土地所有权确权登记48平方千米120个村，农村集体土地使用权确权登记95898宗地。完成地下管线普查探测2284千米，各类大比例尺地形图测绘160平方千米，陕西省咸阳市房产测绘138928平方米，陕西省第一次全国地理国情普查5993平方千米，以及《安康市旬阳县避灾扶贫搬迁土地综合利用规划实施方案》编制工作。

**【其他】**

西安大地测绘股份有限公司（原西安大地测绘工程有限责任公司）完成股份改制，正式更名为西安大地测绘股份有限公司。承担的“淳化县农村集体土地所有权登记发证”项目获2014年全国优秀测绘工程奖银奖，“北滘镇新城区带状地形和综合管线测量”项目获2014年陕西省优秀测绘地理信息工程奖银奖，“智能化测绘无人机的研究与开发”项目获2014年西安市科学技术奖一等奖。

## 西安西北有色金属测绘院有限公司

2014年，西安西北有色金属测绘院有限公司承担陕西省洋县钒钛磁铁矿菜田沟地区1:500数字地形图测绘0.81平方千米。承担陕西有色榆林新材料有限责任公司建设项目现状地面标高测量放样、控制点测量等任务。承担陕西省潼关金矿善车峪东沟测图项目，布设E级GPS控制点4个，1:2000数字化地形图1.1平方千米。承担陕西有色榆林煤业有限公司面积测量、线路选点测量、房屋及附属物调查测量等任务。承担陕西省旬阳县蜀河古镇1:1000数字化现状地形图测绘0.2平方千米，布设施工控制点4个。完成陕西地产开发服务总公司延长石油油气生产用地勘测定界项目宗地6885宗，陕西地建土地勘测规划设计院有限责任公司长庆油田生产用地勘测定界项目宗地近3000宗。

## 中国地震局第二监测中心

**【业务】**

2014年，中国地震局第二监测中心牵头完成国家重大应用基础研究项目“中国综合地球物理场观测—鄂尔多斯周缘地区”；完成中国大陆综合地球物理场观测项目2014年度任务，申报中国综合地球物理场观测项目第三期项目—大华北地区项目。承担2014年度常规地震监测、华北强震强化监视跟踪、陆态网络GNSS区域网观测、中国综合地球物理场观测、芦山地震科考以及测绘与勘测工程项目等内容。完成精密水准测量任务3858.98千米，断层场地水准测量66个场地，177处次的观测任务。完成流动重力观测664点次。完成GNSS区域网GPS观测473个站点。申报中国地震局星火计划项目3项、陕西省自然科学基础研究计划项目1项、青年科技新星计划项目1项、老专家科研基金项目1项、2015年度震情跟踪项目11项（重点项目3项、青年课题8项）。协助中国地震局开展“中国大陆综合地球物理场优化整合”项目2014年度计划方案的制定工作。

**【其他】**

中国地震局第二监测中心在中国地震局系统地震监测经常性项目执行情况绩效考评中获监测综合评比优秀。

## 中国电力工程顾问集团西北电力设计院有限公司

**【业务】**

2014年，中国电力工程顾问集团西北电力设计院有限公司完成的发电工程主要包括鄂尔多斯市君正能源化工动力分厂2×300MW机组，测量1:1000地形图3.5平方千米，E级GPS控制点12个；新疆煤电基地新疆兵团十三师瑞虹2×660MW煤电一体化，测量1:1000地形图5平方千米，埋设E级GPS控制点20个。完成的新能源工程包括华电环县毛井二期400MW风电项目、华能渑池五凤山风电场50MW项目、黄河公司青海德令哈2×135MW光热发电工程。完成的变电工程包括芨芨湖750kV变电站，测量1:1000地形图2.25平方千米，埋设E级GPS控制点16个，四等水准测量12千米；果洛330kV变电站，测量1:1000地形图2平方千米，埋设E级GPS控制点30个。完成的输电线路工程包括玛尔挡~果洛330kV输电线路终勘定位178千米，西宁~玛尔挡750kV输电线路终勘定位332千米。

【其他】

中国电力工程顾问集团西北电力设计院有限公司承担的“糯扎渡送电广东±800kV直流输电线路工程测量”（联合申报）、“唐乃亥-玛多-玉树330kV输电线路工程测量”（联合申报）分获2013年度电力行业（火电、送变电工程）优秀勘测奖一等奖，“铜陵发电厂六期‘上大压小’改扩建2×1000MW机组（5号机）工程沉降观测”获二等奖；“宁东~山东±660kV直流线路工程（沙渠大队~黄河东岸）测量”获2014年全国优秀测绘工程奖铜奖。

## 国家测绘地理信息局第二地形测量队（陕西省第三测绘工程院）

【业务】

2014年，国家测绘地理信息局第二地形测量队（陕西省第三测绘工程院）完成第一次全国地理国情普查青海省海西州、果洛州、玉树州约59万平方千米地理国情信息外业核查成果整理；完成海西州德令哈市、乌兰县、大柴旦行委、冷湖行委、茫崖行委约13万平方千米普查成果数据整理，完成青海省海西州冷湖行委普查成果统计分析试点工作。完成甘肃省甘南藏族自治州、临夏回族自治州的地理国情普查正射影像制作任务；完成甘肃省甘南藏族自治州合作市、临潭县、卓尼县和临夏回族自治州临夏市、临夏县等12个县市共4.2万平方千米的资料收集、内判数据采集、外业核查和数据整理工作。承担完成陕西省第一次全国地理国情普查工作吴堡、神木、府谷等16个区县约5万平方千米生产任务。承担1:5万地形数据库重点要素更新项目，完成上海、安徽、浙江、宁夏、青海5个生产责任区任务。完成国家现代测绘基准体系基础设施建设新疆一等水准观测项目约800千米。完成秦岭测图工程山阳测区DLG、DEM生产70%工作量。完成汉中市水域生态承载力监测，汉中市11县（区）土地利用现状变更与遥感监测数据库建设阶段性工作。完成延川县贾家坪、安塞县建华镇、略阳县五龙洞镇等高标准基本农田设计项目。承担汉中市10个县征地统一年产值标准更新与征地综合区片地价测算项目。与陕西省民政厅达成协议，被指定为市县级行政区划图生产单位，为渭南、榆林、汉中、安康、延安等地提供行政区划图服务，为省民政厅初步编制市县级行政区划界线信息管理方案。与陕西省文物保护研究院合作开展蜀道申遗测绘工作。开展陕西省地理国（省）情文物保护监测工作，与陕西省文物保护研究院签定《陕西省文物综合信息大屏展示系统二期建设》技术合同，为陕西省文物局信息系统集成平台提供技术支持。

【其他】

国家测绘地理信息局第二地形测量队（陕西省第三测绘工程院）获“第二次全国土地调查先进集体”称号，被评为2014年度陕西省第一次全国地理国情普查劳动竞赛优胜单位、“陕西省劳动竞赛优秀班组长”。承担陕西测绘地理信息局科技创新项目3个，与中国测绘科学院合作项目1个，参与编写技术规程1个。1个项目获陕西省优秀测绘地理信息工程奖金奖。在全国测绘期刊发表科技论文16篇。

## 国家测绘地理信息局第一地理信息制图院（陕西省第六测绘地理信息工程院）

【业务】

2014年，国家测绘地理信息局第一地理信息制图院（陕西省第六测绘地理信息工程院）承担第一次全国地理国情普查任务，完成青海测区19个县（396044平方千米）内业编辑与整理、数据集建设等工作；完成陕西省第一次全国地理国情普查11个区县（20306平方千米）的普查生产任务，包括底图制作、外业调查与核查、内业编辑与整理、数据集建设等；完成安徽省第一次全国地理国情普查6个区县（4369平方千米）普查生产任务，包括底图制作、外业调查与核查、内业编辑与整理、数据集建设等；完成国家1:5万基础地理信息制图数据动态更新项目新疆、青海、甘肃等10个省（直辖市、自治区）共9174幅的制图生产任务；完成秦岭测图工程173幅1:1万影像地形图制图生产任务，旬阳测区68幅1:1万地形图的DLG、DEM生产和野外调绘生产任务。完成2014年度《陕西省接待用图》和《丝绸之路经济带核心区域地图集》编制工作。

**【其他】**

国家测绘地理信息局第一地理信息制图院（陕西省第六测绘地理信息工程院）完成的《中国西部人文地图集》《陕西省工业地图集》分获2014年优秀地图作品裴秀奖金、铜奖；在地理国情普查工作中，研发的相关创新成果获陕西测绘地理信息局职工技术创新成果奖二、三等奖。

## 西安地图出版社

**【业务】**

2014年，西安地图出版社完成出版图书186种，其中新版图书（图册）141种、再版45种。完成国家出版基金项目“中国西部入境旅游发展研究”，编制出版陕西省出版基金项目《地图上的秦岭》《西安城区变迁地图集》；出版《陕西测绘60年记事》《西安市影像地图集》《重庆市主城区影像地图集》；编制出版《地图上的秦岭·秦岭森林公园》《地图上的秦岭·秦岭地质公园》《陕西省设区市系列地图册》（10册）等图书；编制《陕西省地势图》《西安市地势图》《陕西省政区交通》等单张地图。编制《陕西省概况》《旬邑县志》插图9幅。完成“西安地图出版社中央文化企业数字出版转型升级项目”建设，已进入试运行阶段。

**【其他】**

西安地图出版社被认定为“西安市国家级文化和科技融合示范基地示范企业”；出版的《中国西部人文图集》《三峡库区地图集》获2014年优秀地图作品裴秀奖金奖，《新编慈溪市图志》获银奖，《陕西省工业地图集》《乌海综合影像图集》《陕西森林景观地图》获铜奖。

## 西安中飞航空遥感技术有限公司

**【业务】**

2014年，西安中飞航空遥感技术有限公司完成西安经济技术开发区阎良工业园0.1米分辨率航空摄影及1:1000正射影像图制作；完成泸州市江南新区、临港产业物流园区1:500 DLG航测项目（第一标段）航空摄影并通过验收；完成陕西杨凌0.1米分辨率航空摄影项目，白银0.1米分辨率航空摄影项目；完成若尔盖SAR雷达项目。四川省抚顺、合江项目0.1米分辨率航空摄影项目完成70%；玛沁0.5米分辨率航空摄影项目完成21%。

**【其他】**

西安中飞航空遥感技术有限公司承担的“泸州市江南新区、临港产业物流园区”1:500 DLG航测项目（第一标段)”获陕西省优秀测绘地理信息工程奖铜奖。

## 陕西省水利电力勘测设计研究院

2014年，陕西省水利电力勘测设计研究院完成榆神城镇供水工程初步设计阶段输水线路测量、陕西省引汉济渭受水区输配水工程南干线黄池沟至西安子午水厂段72千米纵横断面和1:2000带状航测地形图测量、渭南市抽黄供水工程输水线路初步设计阶段1:1000带状地形图测量、西安市黑河金盆水库库容曲线复核及水库尾水淤积380条1:1000水下断面测量、杨凌示范区段渭河防洪暨生态水景观工程8.5平方千米1:1000地形图测量、延安黄河引水工程黄延段95千米输水线路施工控制网测量、陕西省斗门水库工程起步区试验段初步设计阶段72平方千米1:1000航测地形图测量、延安市南沟门水库供水工程30千米输水隧洞施工贯通控制网测量、四川省盐源县龙塘水库工程灌区200多千米干支渠1:2000带状地形图测绘。

## 陕西测绘地理信息局测绘开发服务中心

2014年，陕西测绘地理信息局测绘开发服务中心承担陕西省部分城区和部分地区无人机航空摄影及影像制作任务、数字商洛地理空间框架建设项目倾斜摄影任务、西咸新区泾河新城影像数据生产、乾县正射影像挂图制作等项目。完成陕西省28个重点县城、6个应急镇航空摄影及影像拼接处理项目，共飞行有效架次49个，有效飞行时间35个小时，飞行面积约800平方千米，获取航摄像片数据1.8万多片，完成影像图制作累计约800平方千米，为“天地图·陕西”建设和重点防震区域应急测绘成果提供资料储备。

利用Leica RCD-30倾斜数字航摄仪开展湖南省邵阳市航摄项目、数字商洛地理空间框架建设项目倾斜摄影，全年共完成航摄时间73小时、飞行架次21次的倾斜航空摄影生产，获取影像面积730多平方千米，分辨率为0.05米~0.08米。在新疆于田县地震期间，积极配合空军某部实施联合应急响应，及时获取灾区影像数据，并提供给灾区地震应急指挥中心。基本完成“推扫式航空数码照相机在地理国情监测中的应用研究”，完成“基于POS辅助稀少控制点试验项目”。

# 青海省

## 概况

截至2014年底，青海省共有测绘资质单位106家，其中甲级11家、乙级21家、丙级56家、丁级18家。测绘资质单位从业人员2815人，其中民营企业从业人员677人，占从业人员总数的24%。资质单位主要分布在国土资源、城乡建设与规划、水利水电、交通运输系统、石化、煤炭、有色、农业、林业系统。

2014年，全省测绘资质持证单位共完成服务产值5.11亿元，其中青海省测绘地理信息局局属单位完成1.67亿元，开展和完成的主要项目（工程）包括地理国情普查任务，“天地图·青海”与国家主节点同构，国家现代测绘基准体系基础设施一期工程青海境内基准站建设、青海藏区现代测绘基准体系建设工程（一期），农村土地确权登记发证，黄南州、花土沟、大武、祁连机场测绘服务，三江源国家生态保护综合试验区生态环境监测和青海湖流域湖泊面积和草地变化监测，青海省减灾防灾地理信息系统等应用系统建设，《三江源主体功能区各种专题规划图》《丝绸之路路线系列图》等各类图册编制。

## 青海省第二测绘院

**【业务】**

2014年，青海省第二测绘院完成1:1万地形图测绘德令哈测区138幅、门源测区44幅，拉萨至工布江达1:1万基础测绘70幅，拉萨至唐古拉山口测区1:1万基础地理信息数据采集及成图100幅等基础测绘项目。完成同仁县地理国情普查任务；完成青海藏区现代测绘基准体系建设2115千米的选线、埋石工作，埋设Ⅱ等水准点310个；编制完成《青海省藏区大比例尺基础地理信息数据采集项目技术设计书》《青海省藏区测绘技术装备基础设施建设实施方案》。

**【其他】**

青海省第二测绘院被青海省测绘地理信息局授予“党风廉政责任制考核先进单位”称号，玉树分院被青海省总工会授予“青海高原工人先锋号”称号，测绘应急保障中心被省国土资源厅授予“青海省地质勘查及测绘先进单位”称号。

## 青海省基础地理信息中心

**【业务】**

2014年，青海省基础地理信息中心完成尖扎县、海晏县、湟源县、大通县地理国情普查工作内业解译、外业调查核查任务，内业编辑整理完成任务量的65.5%；开发青海省地理国情数据编辑及检查等工具；完成三江源国家生态保护综合试验区生态环境监测和青海湖流域湖泊面积和草地变化监测，对监测结果进行时空变化规律分析；完成“天地图·青海”与国家主节点同构工作，包括软硬件同构和省、市级节点数据同构；积极与省应急管理办公室、海西州地震局等单位合作，开展示范应用，建立了便捷、实用的地理信息系统；基本完成数字德令哈地理空间框架建设项目地理信息数据库、公共服务平台系统和多个示范应用系统建设，为德令哈市社会管理信息化平台提供二、三维地理信息；编制完成《青海省省级公共服务平台实施方案》等实施方案；编制《青海省重大基础设施规划示意图》《三江源主体功能区各种专题规划图》等地图，为青海省疾控中心制作青海省病控专题地图，为省发展和改革委员会绘制《青海省十三五规划思路框架图》。

【其他】

青海省基础地理信息中心完成的“数字青海空间地理信息基础设施建设”项目获2014年中国测绘地理信息学会测绘科技进步奖二等奖；《青海省领导工作用图图册》获2014年优秀地图作品裴秀奖铜奖；“青海省国土变更外业调查系统”项目获第二届天地图应用开发大赛三等奖，“公交秘书”“天地图·青海地名地址数据采集系统”获优秀奖；“青海省公共应急地理信息系统建设研究”项目获青海省科学技术进步奖三等奖。申报的“中高分辨率影像中云及和云阴影的去除及生产应用研究”项目获国家测绘地理信息局重点实验室地理空间信息工程开放研究基金课题资助；申报的青海省科技基础条件平台项目“青海省地理信息公共服务平台建设与应用研究”和青海省自然科学基金项目“多源异构数据库一体化管理平台的设计与实现”获省科技厅批准。

## 青海省第一测绘院

【业务】

2014年，青海省第一测绘院完成国家现代测绘基准体系基础设施一期工程西宁基准站的改造，完成杂多、曲麻莱、天峻、乌图美仁、大柴旦5个新建国家基准站观测墩的建设及设备安装与调试工作。完成青海藏区现代测绘基准体系建设一期工程中海北、海南、海西、黄南、果洛的基准站观测墩建设主体工作。完成平安、互助、乐都及泽库地理国情普查项目高程模型数据精细化处理，海东市及周边区域共319景影像纠正和587幅正射影像图制作，外业核查工作及一、二级检查。完成门源、刚察测区227幅1:1万地形图测量。

完成黄南州机场300平方千米的选址地形图测量和花土沟、大武、祁连机场的净空、磁偏角、安全飞行程序测量等服务保障工作；完成门源至青石嘴、花石峡至上贡麻、扁都口至门源公路186千米带状图和577千米的勘测定界服务；完成省内房产测量150万平方米，为青海“高原美丽乡村”建设提供规划底图；完成上海市基础测绘140幅1:500地形图的修补测和入库工作；为格尔木、尖扎、平安、乐都农村宅基地确权工作提供测绘服务。

【其他】

青海省第一测绘院分别在果洛、海南州成立了分院，职工徐伟芳被授予“第二次全国土地调查先进工作者”称号。

## 中国水利水电第四工程局有限公司

【业务】

2014年，中国水利水电第四工程局有限公司完成白鹤滩水电站、纳子峡水电站、五郎河水电站、向家坝水电站、白俄罗斯水电站工程测量；完成宝兰客专高铁测量BLTJ-10标段、京沈高铁、深圳地铁、晋红公路、林拉公路、乍得公路、埃塞俄比亚公路等测量工作。

【其他】

中国水利水电第四工程局有限公司代表青海省参加“美丽中国”第二届全国国家版图知识竞赛团体赛，获三等奖。承担的“水电工程高分卫星影像数字摄影测量技术研究与应用”获中国电建科学技术奖二等奖，“地面三维激光扫描系统在水利水电工程施工测量中的应用研究”获中国电建科学技术奖三等奖、中国水利水电第四工程局有限公司科技进步奖一等奖；“标尺对中杆法混凝土拱坝模板定位技术”获国家实用新型专利。

## 青海省地矿测绘院

【业务】

2014年，青海省地矿测绘院完成农村宅基地外业调查10万多户；开展互助、民和2县农村土地承包经营权确权登记发证试点工作；承担湟中县地理国情普查任务；完成农村集体建设用地使用权和农村土地承包经营权调查工作正射影像图制做约5000多平方千米，数据库建库约10万户；承担无人机航测生产项目8个，累计完成飞行面积5000多平方千米；与青海大学联合开展青海省耕地资源数据库建设；完成湟中、湟源等17个县乡级规划文本编制和部分规划数据库修改工作；开展海北州4个县和西宁市4个区耕地地力评价及测土配方施肥项目。

【其他】

青海省地矿测绘院申报的“无人机航测技术在高原矿区的应用研究”获青海省科学技术进步奖三等奖，“城市生产安全风险防范与控制关键技术研究与示范”已通过科技部组织的可行性论证和经费审查，出版《高原土地资源调查与评价》专著1部。

## 西宁市测绘院

2014年，西宁市测绘院完善数字西宁城市综合地理信息系统数据库并推进应用系统建设；开展西宁市地下管线信息管理系统、西宁市国土资源“一张图”工程项目建设；研发西宁市一体化生产平台（EPS）；承担西宁市四区地理国情普查、西宁市土地利用现状变更调查、西宁市四区和大通县宅基地确权调查和数据库建设；整合土地利用现状和土地规划、地籍测绘数据成果，服务县域国土业务；拓展西宁市四区、三县城市规划、城市建设等服务市场，使基本比例尺地形图生产与应用、更新与覆盖同步进行。

## 青海煤炭地质局测绘工程院

2014年，青海煤炭地质局测绘工程院完成西宁大环线上新庄至平安公路1:2000地形测量、国道315线小柴旦湖至黄瓜梁高速公路1:2000地形测量测绘项目，总里程450千米，产值约270万元。参与修订的《煤炭资源勘查工程测量规程》于10月15日发布。

## 青海省柴达木综合地质矿产勘查院

【业务】

2014年，青海省柴达木综合地质矿产勘查院完成测绘工程项目80多项；完成柴达木盆地深层卤水钾盐勘查项目控制测量1000多平方千米、格尔木市四角羊铜多金属勘查区1:1000地形测绘40平方千米；完成都兰、天峻、大柴旦、冷湖、茫崖、海晏土地基准地价专题图编制工作；完成格尔木昆仑经济开发区土地报件4个批次共60多个地块的土地勘测定界、1:500地形图修测补测；完成省国土资源厅博物馆约6000个地质钻孔的信息录入及数据库建设工作；参与完成民和县8个乡镇4万多户的农村土地承包经营权调查、农村宅基地的调查任务；完成大通县地质环境灾害治理示范项目四等GPS点30个、地形测图7平方千米、断面测量30千米、图根控制点20多点；参与完成驻格部队地下管网信息系统建设工作。

【其他】

青海省柴达木综合地质矿产勘查院被国土资源部评为“青藏高原地质理论创新与找矿重大突破先进单位”，获“省级文明标兵单位”称号，连续4次获全国“安康杯”优胜企业、优胜班组称号。完成的“青海省格尔木市牛苦头地区多金属矿勘查”项目获2014年国土资源科学技术奖二等奖。

## 青海省核工业地质局

2014年，青海省核工业地质局完成地质矿产勘查测绘工作，格尔木市郭勒木德镇、互助县、尖扎县部分乡镇的高标准基本农田整理工作，同仁县城镇地籍与道路测量工作，乌兰县、共和县、曲麻莱县境内多宗勘测定界工作，格尔木市昆仑山饮用天然矿泉水水源地扩大开采地形测绘工作。完成玛沁县拉加镇曲哇加萨（军功）滑坡应急监测工作，承担海湖医院基坑监测工作，完成西宁市城北区小西山片区、盐庄至西杏园北侧泥石流灾害防治等测绘工作。

## 青海天域北斗数码测绘科技有限公司

2014年，青海天域北斗数码测绘科技有限公司完成《中国高速公路及城乡公路网地图集》各个版本的编制出版工作。完成《中国司机行车专用地图集》《中国交通地图册（大字版）》《中国旅游地图册（大字版）》《长三角地区公路里程系列·上海市公路里程地图册》《通用中国地图集》《世界地图集-百科版》等地图类产品和《中学地理图文详解指导地图册（增强版）》《新课标高考学习中国世界地理填充图册》《高考地理读图填图复习手册》《区域地理思维训练》等教辅类产品的编制工作。承担部分全国地理教材编制地图的任务。

# 宁夏回族自治区

## 概况

截至2014年底，宁夏全区共有测绘资质单位99家，其中甲级3家、乙级17家、丙级27家、丁级52家，比2013年增加5家，分布在测绘、规划、建设、国土资源、水利、电力等行业。全年开展了地理国情普查、1:1万基础地理信息数据更新任务；开展了农村集体土地所有权和使用权的确权登记发证项目；完成宁夏中北部土地开发整理重大工程40个项目区的外业核查；完成新建银西铁路、同心县生态移民迁出区无人机监测、大柳树库区淹没区土地现状遥感调查、黄河石林景区淹没情况调查和沿黄经济区水文地质环境地质调查评查遥感解译等无人机航摄及遥感调查项目。

## 宁夏回族自治区遥感测绘勘查院（宁夏回族自治区遥感中心）

2014年，宁夏回族自治区遥感测绘勘查院（宁夏回族自治区遥感中心）完成永宁县、青铜峡市等6个项目区共1.4万平方千米地理国情普查任务。完成石嘴山市惠农区、西吉县等5个县（区）农村土地经营权确权调查试点工作；完成同心县生态移民迁出区无人机监测、大柳树库区淹没区土地现状遥感调查、黄河石林景区淹没情况调查和沿黄经济区水文地质环境地质调查评查遥感解译等无人机航摄及遥感调查项目；完成宁夏中北部土地开发整理重大工程同心县、吴忠市利通区竣工测量；完成宁夏中北部土地开发整理重大工程项目泾源县泾河源镇、西吉县兴隆镇、中卫市永康镇和常乐镇复测工作。

## 宁夏回族自治区基础测绘院

2014年，宁夏回族自治区基础测绘院完成银川市西夏区、金凤区，中卫市沙坡头区、彭阳县、泾源县、同心县共1.48万平方千米的地理国情普查任务；完成数字宁夏项目1:1万基础地理信息数据更新200幅外业调绘任务；完成宁夏卫星定位连续运行基准站网3个国家站的基本建设和设备安装调试、27个站点的气象仪安装调试、二等水准联测和站点三角高程联测任务，完成全网联通、高程平面联测解算及其他收尾工作；完成数字固原地理空间框架建设项目55平方千米1:500测图、99平方千米1:2000测图，400平方千米1:2000 DOM和DEM制作、40平方千米城市三维模型制作；完成彭阳县农村集体土地使用权确权项目6万宗地的外业测图和资料收集任务；完成自治区主干道路大整治大绿化工程青银高速临河至水洞沟段沿线两侧地质环境治理工程量复核；完成宁夏中北部土地开发整理重大工程40个项目区的外业核查；完成新建银西铁路等项目共2350平方千米航摄工作。

## 宁夏回族自治区国土测绘院

2014年，宁夏回族自治区国土测绘院完成基础测绘1:1万地形图更新项目200多幅DEM、DOM制作任务；完成河东机场周边55.7平方千米1:500地形图测量和100平方千米DOM制作；完成宁夏中北部土地开发整理重大工程项目2013年度吴忠市利通区项目工程量复核工作；完成中卫市沙坡头区农村集体土地所有权、灵武市集体土地所有权及使用权确权登记发证工作；完成沿黄测区1:1万基础地理信息数据更新；完成银川市6个项目区共13505平方千米地理国情普查任务；完成宁夏地质遗迹及地质公园数据库、宁夏矿山地质环境治理数据库、宁夏国土资源厅人力资源数据库建库建设工作。

# 新疆维吾尔自治区

## 概况

截至2014年底，新疆维吾尔自治区共有测绘资质单位385家，其中甲级17家、乙级63家、丙级110家、丁级195家，比2013年增加20家；测绘单位从业人员6448人，较2013年增加384人，其中民营企业测绘资质单位从业人员2668人，占从业人员总数的41.4%。

2014年，新疆测绘服务主要以国土资源、测绘、水利水电、城乡建设和规划及石油行业为主，共完成服务总值10.82亿元，其中民营企业测绘资质单位完成服务总值3亿元。

## 库尔勒天拓勘察测绘院

2014年，库尔勒天拓勘察测绘院完成库尔勒城区120平方千米1:500地形图修补测项目，和静县城区道路1:500带状地形图测绘，库尔勒市“三大中心”等测绘工作，库尔勒市国投龙山34平方千米1:1000地形图航测成图项目，铁门关市100平方千米数码航空摄影及30平方千米1:1000地形图航测成图项目，焉耆县40平方千米数码航空摄影及15平方千米1:1000地形图航测成图项目，巴州巴音布鲁克地区1:1万地形图测绘项目。

## 塔城地区国土资源规划研究院

**【业务】**

2014年，塔城地区国土资源规划研究院完成克塔铁路、新疆库鲁斯台草原生态修复等建设用地土地权属勘测定界工作。完成裕民县土地利用总体规划中期评估及修改工作。完成和布克赛尔蒙古自治县、裕民县地方国营农牧场确权登记工作，和布克赛尔蒙古自治县11个乡镇场、裕民县6个乡镇场基本农田划定工作。完成和布克赛尔蒙古自治县、托里县、裕民县城镇地籍变更调查数据库建设工作。完成和布克赛尔蒙古自治县、裕民县、托里县和塔城地区2013年度城镇地籍调查数据更新汇总工作。

**【其他】**

塔城地区国土资源规划研究院完成的“塔城地区第二次土地资源调查成果应用项目”获2014年全国优秀测绘工程奖铜奖；“巴克图辽塔新区规划用地勘测定界项目”获新疆维吾尔自治区测绘行业优秀测绘工程（项目）奖三等奖。

## 新疆维吾尔自治区第一测绘院

**【业务】**

2014年，新疆维吾尔自治区第一测绘院完成基础测绘1:1万地形图5个测区498幅12450平方千米，其中策勒南测区96幅2400平方千米、巴音布鲁克北测区107幅2675平方千米、温泉南测区74幅1850平方千米、巩留南测区99幅2475平方千米、青河南测区122幅3050平方千米。完成伊犁州、石河子、喀什地区共1.5平方千米航空摄影任务。完成13个县（市）15.5万平方千米地理国情普查任务；完成18万平方千米地理国情普查DOM影像的生产、2803个像控点的测量任务；完成50个CORS站站址堪选、7个国家GNSS站二等水准联测点任务136千米。完成新源县地理国情监测项目1:2000地形图测绘任务10千米、呼图壁县畜牧业建设用图测绘10.72平方千米、克拉玛依油田建设工程测量任务、喀什地区二调数据库变更及集体土地确权数据库建设、南疆铁路阿克苏段勘界任务200千米等项目。制作《昌吉回族自治州城区影像图》。

**【其他】**

新疆维吾尔自治区第一测绘院继续保持“自治区级文明单位”称号，1个分院创建自治区区直机关级“巾帼文明岗”集体，2个分院继续保持“自治区直机关青年文明号”和“自治区级青年文明号”称号。完成的“西部地形复杂重力数据稀疏区域高精度似大地水准面确定的关键技术及应用”获2014年卫星导航定位科技进步奖一等奖，“和静县测区1:1000地形图基础测绘”获2014年全国优秀测绘工程奖铜奖，“特克斯西南测区果子沟测区航空摄影测量项目”获新疆维吾尔自治区测绘行业优秀测绘工程（项目）奖二等奖。

## 乌鲁木齐市国土资源勘测规划院

**【业务】**

2014年，乌鲁木齐市国土资源勘测规划院完成乌鲁木齐市地籍变更测绘总面积205平方千米；完成乌鲁木齐市上年度1832个新增建设用地图斑卫片执法检查工作；完成轨道交通1号线、乌鲁木齐县和米东区富民安居工程、兰新全线铁路地籍测绘等乌鲁木齐市重点项目勘界和大型测绘项目；完成乌鲁木齐市农用地转用和土地征收159宗地，13.6平方千米的报批勘界工作；完成乌鲁木齐市各区土地整理整治项目工作。完成乌鲁木齐市农村集体土地所有权确权登记发证项目，调查177个单位，1732个宗地数，总面积为78731.43公顷；完成乌鲁木齐市7区1县上年度土地变更，变更图斑达1832个，面积49637.3亩。完成土地勘测面积约1.3平方千米。完成兰新铁路新疆段土地换发证、地籍测绘数据采集工作，完成车站及线路勘测面积32.3平方千米。

**【其他】**

乌鲁木齐市国土资源勘测规划院承担的“乌鲁木齐市农村集体土地所有权确权和登记发证”项目、“乌鲁木齐市建设用地节约集约利用评价”项目分获2014年全国优秀测绘工程奖铜奖；“乌鲁木齐市农村集体土地所有权确权和登记发证项目”获新疆维吾尔自治区测绘行业优秀测绘工程（项目）奖一等奖，“乌鲁木齐市建设用地节约集约利用评价项目”获三等奖。

## 乌鲁木齐市城市勘察测绘院

**【业务】**

2014年，乌鲁木齐市城市勘察测绘院完成城市规划测量业务3011件，乌鲁木齐市规划区内1:500、1:1000、1:2000地形图测绘和更新面积共461.4平方千米。

完成乌鲁木齐市城市三维地理信息共享平台建设项目。完成数字城管信息普查更新项目乌鲁木齐市水磨沟区和其他重点地区50平方千米更新普查任务。完成乌鲁木齐市存量房评税信息系统基础数据普查和数据建库项目，覆盖城区面积289平方千米。开展乌鲁木齐市交研信息系统地理信息普查和数据建库，完成中心城区443平方千米范围内的交通设施等专题交通信息普查和数据建库工作。完成乌鲁木齐市突发公共事件应急信息平台系统基础数据库更新工作。完成水磨沟区40平方千米基础地理底图和大联动网格化管理地理信息专题数据普查和建库工作。完成乌鲁木齐市现代测绘基准体系建设及应用项目，构建覆盖1.2万平方千米的乌鲁木齐市高精度控制网及似大地水准面精化模型。完成数字乌鲁木齐地理空间框架建设项目。

**【其他】**

乌鲁木齐市城市勘察测绘院完成的数字乌鲁木齐宣传片获全国数字城市建设与应用优秀展示片大赛二等奖，《乌鲁木齐市影像地图集》获2014年优秀地图作品裴秀奖铜奖，“乌鲁木齐市城市绿地普查数据采集和数据库”获第十一届优秀工程勘察奖三等奖，“乌鲁木齐存量房交易申报价格系统评税信息外业普查及数据库建库项目”“乌鲁木齐市影像地图集的设计研究及编制应用”分获新疆维吾尔自治区测绘行业优秀测绘工程（项目）奖二等奖。

## 新疆维吾尔自治区交通规划勘察设计研究院

**【业务】**

2014年，新疆维吾尔自治区交通规划勘察设计研究院完成公路勘测410千米。共布设一级GPS点314个，四等水准204千米，测绘1:2000地形图164.2平方千米，GPS RTK放线439千米。完成吐鲁番过境公路改建工程工程测量、X125线头屯河淹没区公路楼庄子水库测绘、和丰工业园区道路测绘、广州新城至喀什西二环和疏勒县二环四环路桥工程、冲乎尔农村公路工程测量、和田震后重建项目大桥测绘6座、阿克苏-阿克奇项目地形修测、喀什至疏勒六环路工程测量等8项重大测绘项目。

**【其他】**

新疆维吾尔自治区交通规划勘察设计研究院完成的“G335线阜康市过境段公路工程建设”项目获新疆维吾尔自治区测绘行业优秀测绘工程（项目）奖三等奖，自制无人机已初步形成一定生产能力，可生成 1:1000 和 1:2000 正射影像图、数字高程模型及数字线划图。

## 新疆维吾尔自治区煤田地质局综合地质勘查队

2014 年，新疆维吾尔自治区煤田地质局综合地质勘查队完成地理国情普查项目 1:2.5 万地形图测绘 720 幅图，总面积约 50414 平方千米。完成哈密三道岭外围勘查区中区 1:1 万、1:2.5 万地形图测绘，吐哈煤田托克逊县干沟 1:1 万地形图测绘；完成新疆神华能源有限责任公司铁厂沟煤矿露天采坑进行地形测量和覆盖量计算项目等；完成新疆哈密市三道岭南东一区煤炭资源预查二维地震测量项目，测量勘控点 18 个，放线 12 条，测线总长 613.3 千米。完成新疆哈巴河县喀腊苏一带煤炭资源远景调查二维地震测量，放线 6 条，总长度 188.68 千米。完成新疆伊犁昭苏县军马场煤矿磁法测量项目，磁剖面线 40 条，总长 69.2 千米。完成新疆且末县阿尔金山前一带煤炭资源调查二维地震勘查测量项目，放线 7 条，总长 41.48 千米。

## 新疆维吾尔自治区国土资源规划研究院

**【业务】**

2014 年，新疆维吾尔自治区国土资源规划研究院完成全疆 14 个地（州）、98 个县（市、区）2013 年度土地变更调查与遥感监测工作的数据下发、内外业核查、数据库质量检查、汇总上报等工作，完成变更增量包数据更新汇总上报工作；完成阿克苏地区、和田地区、吐鲁番地区 8 个县（市）城镇地籍调查外业检查验收工作；完成全疆城镇地籍调查图形库质量检查工作；完成全疆 90 个县（市）集体土地所有权业务库审核工作；完成尉犁县耕地后备资源调查评价试点工作；完成全疆上年度地籍管理和城镇地籍调查数据更新汇总统计上报工作；完成全疆 5220 个土地整治备案信息重点复核确认项目的技术审核工作；完成南疆 5 地州 44 个县市土地开发（开荒）清理查处图斑提取工作。

完成新疆红柳河至淖毛湖铁路项目、中石化西北油田分公司塔河油田 2013 年石油滚动勘探开发项目等建设用地预审项目 5 项，完成中石化西北油田分公司塔河油田 2013 年 396 口井石油滚动勘探开发项目、兰新线烟墩至乌西段电气化铁路改造工程等建设用地报批项目 13 项，完成若羌至伊吞布拉克公路、哈密至罗布泊铁路建设项目土地使用权勘测定界工作，完成哈密南环线土地使用权勘测定界工作。全年共完成公路、铁路、管线、水利项目建设用地预审、报批、勘界、资料装订项目 34 项，图幅 1187 幅；完成公路、铁路建设用地报批及土地权属勘测定界共 3367 千米。

**【其他】**

新疆维吾尔自治区国土资源规划研究院获“第二次全国土地调查工作先进集体”称号，完成的“2012 年全国土地利用变更调查监测与核查遥感监测项目”“哈密-罗布泊铁路项目”分获新疆维吾尔自治区测绘行业优秀测绘工程（项目）奖三等奖。

## 新疆石油勘察设计研究院（有限公司）

**【业务】**

2014 年，新疆石油勘察设计研究院（有限公司）共完成测绘项目 505 项。主要包括西气东输五线站场、阀室地形图等测绘项目 13 平方千米、昌吉油田吉七井区梧桐沟组中深层稠油油藏常规水驱开发地面建设工程通讯线路测量 70 千米、轮古气田地面建设工程道路部分 87 千米、克拉苏气田主干道路工程 115 千米、风城油田等油气田地面工程测量 34 平方千米，各类线路工程测量 458 千米。完成新疆油田公司油田新区产能建设地面工程数字化项目的数据采集及入库；完成地理国情普查项目 18899 平方千米；完成克拉玛依市石化工业园区三一重工项目区地下管线及地面电力线迁建工程、克拉玛依石化工业园区土地整理规划、克拉玛依石化工业园区天然气四期工程等 20 多项民生工程的地下管线探测工作。完善哈萨克斯坦阿克纠宾油气田地面工程信息系统建设项目，参与部分国外油气田工程测量项目的前期工作。

**【其他】**

新疆石油勘察设计研究院（有限公司）完成的“新疆油田产能建设地面工程数据采集与建库”获 2014 年全国优秀测绘工程奖金奖；“克-白城镇群组

城市整体设计影像图数据项目”获 2014 年度中国石油天然气集团公司石油工程优秀勘察奖二等奖，“西气东输三线西段工程（测绘工程）”获三等奖。

## 新疆维吾尔自治区基础地理信息中心（新疆维吾尔自治区测绘档案资料馆）

【业务】

2014 年，新疆维吾尔自治区基础地理信息中心（新疆维吾尔自治区测绘档案资料馆）接收基础测绘 1:1 万地形图 17 个测区 2068 幅。完成组卷归档 242 卷。

全年对外提供成果资料 1123 人次；提供地形图 8789 幅 11351 张、控制成果 9362 点，提供各类测绘成果数据总量 40.94TB，其中地形图 DLG 数据 24496 幅 480 GB、高分辨率卫星影像 28784 平方千米 480 GB、航摄成果数据 98740 平方千米 40 TB。向各地（州）国土资源局提供 9 个测区 1:1 万地形图 1023 幅，6 个测区 1:500 DLG 地形图 2975 幅、DOM 地形图 1795 幅。全年无偿为自治区党政机关各部门提供图集、图册、各类挂图 6538 幅（册），电子地图数据总量 137GB。

完成新疆 1:25 万、1:5 万基础库、框架库加工整理入库；完成喀什地区、和田地区、克孜勒苏柯尔克孜自治州 1:1 万 DLG、DOM、DEM 及元数据加工整理入库；开展基础地理信息数据库管理系统研发工作。完成数字塔城项目建设，开展项目文档整理和宣传片录制工作。开展“天地图·新疆”自治区级节点建设，完成全疆 90 个市、县的数据融合工作及统计、学校、文物等专题制作、上线发布工作，完成克拉玛依市和库尔勒市市级节点数据与国家主节点数据的融合。完成地理国情普查安全生产监控系统建设项目。制作《区直和中央驻疆单位“访民情 惠民生 聚民心”活动工作用图》、14 个地州市行政区划图、《乌鲁木齐市城区图——购物娱乐休闲出行》《乌鲁木齐市城区图》（涤绸版）。为新疆于田抗震救灾、莎车暴恐案、轮台爆炸案等紧急提供图件。组建无人机航飞小组，购置无人机 2 架。

【其他】

新疆维吾尔自治区基础地理信息中心（新疆维吾尔自治区测绘档案资料馆）承担的“新疆 1:1 万基础地理信息数据坐标转换项目”获 2014 年中国地理信息产业优秀工程奖银奖、新疆维吾尔自治区测绘行业优秀测绘工程（项目）奖一等奖；《自驾游——玩转新疆》《新疆维吾尔自治区地貌交通图》《新疆维吾尔自治区市（县）城区影像图》获 2014 年优秀地图作品裴秀奖铜奖；“新疆警用地理信息基础平台数据加工项目”、《新疆维吾尔自治区市（县）城区影像图》分获新疆维吾尔自治区测绘行业优秀测绘工程（项目）奖二等奖，《新疆维吾尔自治区地貌交通图》获三等奖。

## 中国能源建设集团新疆电力设计院有限公司

【业务】

2014 年，中国能源建设集团新疆电力设计院有限公司开展火力发电厂、新能源（风力、光伏）发电厂、输电线路、变电站等工程各阶段的测量工作。完成的国家重点工程包括榆横—潍坊 1000kV 特高压交流输电线路工程、酒泉—湖南±800kV 特高压直流输电工程、库车—阿克苏 750kV 线路工程、新疆五彩湾—芨芨湖—三塘湖 750kV 输电线路工程等超高压及特高压输电线路工程，线路总长约 520 千米。完成新能源（风力、光伏）发电项目约 150 平方千米的地形测绘工作，完成吉尔吉斯斯坦 220kV 变电站及 150 千米 110kV 架空输电线路工程的测量工作。

【其他】

中国能源建设集团新疆电力设计院有限公司自主开发输电线路塔基断面数据处理及批量成图软件，完成的“750kV 乌苏—精河输电线路（测量工程）”获 2013 年度电力行业（火电、送变电工程）优秀勘测奖三等奖，“缩短输电线路塔基断面成图时间”QC 小组获 2014 年全国电力勘测设计行业优秀 QC 小组称号。

## 新疆地矿测绘院

【业务】

2014 年，新疆地矿测绘院完成 1:1 万基础测绘 83 幅；完成北屯市城市测绘管线 269 千米；完成新疆准东煤田五彩湾矿区 1:1 万地形测量、新疆吉木萨尔县大庆沟勘查区 1:1 万地形测量项目，测绘

1:1 万地形图 173 平方千米，编绘 1:1 万地形图 518 平方千米；完成伊宁市东城区 1:500 数字化地形图测量，成图面积 10 平方千米。完成土地确权勘界项目 1:2000 条带地形图测绘 20 平方千米及界柱埋设 1140 个。完成数字新源地理空间框架建设项目数据搜集、整理，10 个县市的地理国情普查数据生产及统计，和布克赛尔国土资源“一张图”工程建设项目。

**【其他】**

新疆地矿测绘院获中国地理信息产业协会评选的“中国地理信息产业百强企业”称号；承担的“和布克赛尔国土资源一张图工程建设项目”获 2014 年中国地理信息产业优秀工程奖铜奖，“霍城县新农村规划 1:1000 数字地形图测绘项目”获 2014 年全国优秀测绘工程奖铜奖，“新源县那拉提滑雪场扩建 1:500 地形图测绘”获新疆维吾尔自治区测绘行业优秀测绘工程（项目）奖三等奖，“新疆地矿局安全生产及应急救援管理平台”取得计算机软件著作权登记证书。

## 新疆兵团勘测设计院（集团）有限责任公司

**【业务】**

2014 年，新疆兵团勘测设计院（集团）有限责任公司完成测绘项目 198 项，产值 6000 多万元。完成新疆生产建设兵团 10 个师 58 个边境团场 1:1000 地形图测绘，总面积约 130 平方千米；编制《新疆生产建设兵团图集》《兵团水利普查大中型灌区图册》；完成第七师一二五团“智慧团场”云服务、阿拉尔“数字城市”空间地理信息框架建设方案、铁门关“智慧城市”总体规划、石河子信息化“十三五”规划暨石河子“智慧城市”总体规划等项目；引进无人机航空摄影系统，完成无人机航摄 400 平方千米。11 月，与北京天时信业软件科技有限责任公司合资成立新疆智道信息科技有限责任公司，主营业务包括农业信息化、金融信息化、工矿企业信息化、软件定制研发、系统集成服务等。

**【其他】**

新疆兵团勘测设计院（集团）有限责任公司获 2014 年度全国水利水电勘测设计行业 AAA 级信用企业称号，1 人通过“兵团英才”选拔培养工程第二层次选拔。

## 水利部新疆维吾尔自治区水利水电勘测设计研究院

**【业务】**

2014 年，水利部新疆维吾尔自治区水利水电勘测设计研究院完成测绘工程项目共 45 项，主要包括玉龙水利枢纽河道断面测量、玉山古西河规划测量、萨依巴格水库地形测量、克拉玛依水库大坝变形监测、阿克达拉及园林水电站施工控制网测量、叶尔羌河防洪工程测量、阳霞水库规划测量等。共完成二等 GPS 测量 284 点、三等 104 点、四等 64 点；高程二等水准测量 141.3 千米、三等 267.4 千米、四等 380.4 千米；测绘 1:500 地形图 4.7 平方千米、1:1000 地形图 9.7 平方千米、1:2000 地形图 320 平方千米、1:5000 地形图 61.6 平方千米、1:1 万地形图 415.9 平方千米；断面测量 1:1000 地形图 224 千米、1:2000 地形图 85.4 千米；出版技术总结、资料整编共 45 份，出图 1380 多幅。

**【其他】**

水利部新疆维吾尔自治区水利水电勘测设计研究院完成的“新疆叶尔羌河上游立体卫星影像数据 1:1 万地形图测量”项目获自治区水利学会 2013 年度新疆优秀水利水电工程勘测设计奖三等奖和自治区勘协新疆维吾尔自治区第十二届优秀工程勘察奖三等奖，“新疆叶尔羌河桑皮勒水电站工程测量”项目获 2014 年全国优秀测绘工程奖铜奖，“克拉玛依风城水库库容测量”获新疆维吾尔自治区测绘行业优秀测绘工程（项目）奖二等奖”。

## 巴音郭楞蒙古自治州国土资源勘测规划设计院

**【业务】**

2014 年，巴音郭楞蒙古自治州国土资源勘测规划设计院新建 11 座卫星定位连续运行基准站，并网 4 座；完成巴音布鲁克南测区 1:1 万地形图测绘 50 幅，巴州 28 个土地整治项目 1:5000 地形图测绘 186.04 平方千米；完成轮台县农村地籍调查及集体建设用地使用权确权登记发证工作2个试点村1563宗地的权属调查及460宗地的地籍测绘；完成土地权属勘测定界420宗地，建设用地报批组件159宗，土地预审9宗；开展无人机安全航飞4万千米，航摄面积1.2万平方千米；制作1:500～1:5000 DOM和DEM 643幅，挂图43张。完成巴州47万平方千米1:5万卫星影像图制作，“巴州智慧国土”一期数据中心建设项目；完成巴州8个县土地变更调查与遥感监测工作，变更图斑807个。

**【其他】**

巴音郭楞蒙古自治州国土资源勘测规划设计院获“第二次全国土地调查先进集体”称号，完成的“巴州七个县城镇地籍调查项目”获2014年全国优秀测绘工程奖铜奖，“清水河流域规划博斯阿木水库建设项目1:1万地形图航空摄影测量”“焉耆县包尔海乡等三个基本农田整理项目1:5000地形图测绘”项目分获新疆维吾尔自治区测绘行业优秀测绘工程（项目）奖三等奖。

## 新疆维吾尔自治区第二测绘院

**【业务】**

2014年，新疆维吾尔自治区第二测绘院完成1:1万地形图基础测绘项目400幅。完成数字伊宁地理空间框架建设项目公共地理信息平台搭建。完成“天地图·伊宁”的部署和培训，数字城管系统的对接。完成数字哈密地理空间框架建设工程项目1:500外业像片调绘26平方千米，内业空三加密及采集416幅。完成数字石河子基础地理信息数据更新项目1:500地形图外业像控测量53平方千米。完成地理国情普查5个地州约30.31万平方千米的1:2.5万3563幅分幅数据和2662景整景数据的数字正射影像制作及控制点影像库制作、1:5万数字正射影像像控点测量5079个。承担完成鄯善县火车站镇工业园区全野外数字测图1:1000地形图约64平方千米371幅图。开展各类无人机飞行47架次，利用无人机获取影像400多平方千米，进行模拟灾害全程应急演练3次；为地理国情普查工作提供约300平方千米核查影像。

全年编制完成地图产品28种，制作沙盘模型4个。为新疆维吾尔自治区党委制作“三民”活动综合服务管理系统，为乌鲁木齐市幸福路派出所制作《幸福路派出所管辖区影像图》，为北三巷社区制作《北三巷社区网巡、车巡、步巡及重点部位示意图》。

**【其他】**

新疆维吾尔自治区第二测绘院通过天山区民族团结模范单位创建验收和市级“平安单位”复验。4个分院分别继续保持国家级、区直机关级“青年文明号”称号，3个分院继续保持自治区级“巾帼文明岗”称号；1人参加“西部之光”人才培养计划，3人分别被列入天山英才工程、自治区高层次人才培养计划和少数民族技术骨干进行培养。完成的“资源三号卫星在世界自然遗产天池风景区管理建设中的应用”获2014年中国地理信息产业优秀工程奖银奖，“阿拉山口口岸城镇化测绘保障服务项目”获2014年全国优秀测绘工程奖银奖、新疆维吾尔自治区测绘行业优秀测绘工程（项目）奖二等奖，《西域风韵——新疆》获2014年优秀地图作品裴秀奖铜奖，《小全开涤绸版（新疆维吾尔自治区地图）》获新疆维吾尔自治区测绘行业优秀测绘工程（项目）奖三等奖，“2014年度区直和中央驻疆单位‘访民情惠民生聚民心’活动综合服务管理系统”获第二届天地图应用开发大赛三等奖。

## 新疆疆海测绘院

**【业务】**

2014年，新疆疆海测绘院完成测绘项目40多项。其中大中型测绘项目10多个，涉及水利水电、新能源、新农村建设、公路、风电、地理国情普查等领域。测绘1:1万地形图420.80平方千米，1:2000地形图140.70平方千米，1:1000、1:500地形图共35.4平方千米。完成温宿、焉耆、精奎干渠等摄区航摄面积53.57万平方千米，航线长度共3042.2千米。完成地理国情普查项目内业数据采集、编辑整理3.7万平方千米，外业核查2.5万平方千米。

完成中广核哈密淖毛湖二期4.95万千瓦风电场工程项目1:2000地形图测绘29平方千米；新疆YE供水二期工程西水东引二期输水工程项目1:1万地形图测绘73.8平方千米、1:2000地形图测绘16.7平方千米；中节能天祝县营盘50MW风电场工程项目1:2000地形图测绘27平方千米；ABH流域生态环境保护工程一期工程精奎输水管线工程项目1:2000地形图测量68平方千米；温宿北部山区及城区山洪治理工程 1:1 万地形图测绘 212 平方千米；焉耆廊坊产业园 1:1000 地形图测绘工程项目 33 平方千米；新疆农十三师哈密抽水蓄能电站选点规划工程项目 1:1 万地形图 135 平方千米。

**【其他】**

新疆疆海测绘院完成的“开都河中游低空航空摄影”获新疆维吾尔自治区水利学会 2014 年度新疆优秀水利水电工程勘测设计奖三等奖。

# 法 律 法 规

## 部 门 规 章

### 测绘地理信息行政执法证管理办法

中华人民共和国国土资源部令第58号，
2014年4月10日国土资源部第2次部务会议通过

**第一条** 为了加强测绘地理信息行政执法证管理，规范测绘地理信息行政执法行为，促进测绘地理信息行政执法队伍建设，根据《中华人民共和国行政处罚法》、《中华人民共和国测绘法》等有关法律法规，制定本办法。

**第二条** 测绘地理信息行政执法证是测绘地理信息行政执法人员依法从事行政执法活动的有效证件，是履行测绘地理信息行政执法职责的资格凭证。

**第三条** 具有测绘地理信息行政执法职能的行政机关、法律法规授权和依法受委托的组织等测绘地理信息行政执法机构中从事测绘地理信息行政执法工作的人员，应当领取测绘地理信息行政执法证等有效执法证件。

**第四条** 测绘地理信息行政执法证的申领、注册、使用和监督管理适用本办法。

**第五条** 国家测绘地理信息局负责全国测绘地理信息行政执法证的管理工作。

县级以上地方人民政府测绘地理信息行政主管部门负责本行政区域内测绘地理信息行政执法证的管理工作。

**第六条** 测绘地理信息行政执法证由国家测绘地理信息局统一制作和颁发。

测绘地理信息行政执法证的样式、内容和编号等由国家测绘地理信息局另行规定。

**第七条** 测绘地理信息行政主管部门应当组织开展测绘地理信息行政执法人员岗位培训。

测绘地理信息行政执法人员岗位培训分为岗前培训和在岗培训，培训内容包括法律法规、政策理论、专业知识和行为规范等。

**第八条** 国家测绘地理信息局负责组织编制全国测绘地理信息行政执法人员培训规划，制定培训大纲。国家测绘地理信息局和省级人民政府测绘地理信息行政主管部门按照培训规划，分别组织开展测绘地理信息行政执法人员岗位培训。

**第九条** 国家测绘地理信息局和省级人民政府测绘地理信息行政主管部门按照培训规划分别组织开展测绘地理信息行政执法人员资格考试。

测绘地理信息行政执法人员考试题库由国家测绘地理信息局负责建立。

**第十条** 申领测绘地理信息行政执法证的人员，应当符合下列条件：

（一）测绘地理信息行政执法机构中正式在编，并且拟从事测绘地理信息行政执法工作；

（二）参加测绘地理信息行政执法岗前培训，并且通过测绘地理信息行政执法人员资格考试；

（三）掌握测绘地理信息行政执法相关的法律法规、政策理论和专业知识；

（四）身体健康，品行良好，遵纪守法；

（五）国家测绘地理信息局规定的其他条件。

**第十一条** 申领测绘地理信息行政执法证的人

员应当填写《测绘地理信息行政执法证申领表》。申领人所在的测绘地理信息行政执法机构应当签署意见，逐级上报至省级人民政府测绘地理信息行政主管部门。

**第十二条**　省级人民政府测绘地理信息行政主管部门负责对测绘地理信息行政执法证申领人的信息进行初审，并通过测绘地理信息行政执法管理信息系统将申领人的信息和初审意见报送国家测绘地理信息局。

**第十三条**　国家测绘地理信息局收到测绘地理信息行政执法证申领人信息和初审意见后，应当按照本办法第十条规定的条件进行审查，对符合条件的，颁发测绘地理信息行政执法证。

**第十四条**　国家测绘地理信息局应当通过政府网站向社会公布测绘地理信息行政执法证的持有人姓名和单位、编号等信息，供社会公众查询。

**第十五条**　测绘地理信息行政执法人员应当依法使用测绘地理信息行政执法证，不得利用测绘地理信息行政执法证从事与测绘地理信息行政执法无关的活动。

测绘地理信息行政执法人员从事行政执法活动时，应当主动出示测绘地理信息行政执法证等有效执法证件。

**第十六条**　县级以上人民政府测绘地理信息行政主管部门根据实际情况，定期组织对测绘地理信息行政执法人员进行执法工作考评，并将考评结果作为测绘地理信息行政执法证注册的重要依据。

**第十七条**　测绘地理信息行政执法人员应当妥善保管测绘地理信息行政执法证，防止遗失和损毁。

测绘地理信息行政执法人员不得擅自涂改测绘地理信息行政执法证，不得将测绘地理信息行政执法证转借他人。

**第十八条**　测绘地理信息行政执法证实行注册制度，每两年注册一次。逾期未注册的，不得作为从事测绘地理信息行政执法活动的资格凭证和有效证件。

**第十九条**　国家测绘地理信息局负责国家测绘地理信息局行政执法人员的执法证注册工作。省级人民政府测绘地理信息行政主管部门负责本行政区域内测绘地理信息行政执法证的注册工作。

**第二十条**　测绘地理信息行政执法人员符合下列条件的，应当予以注册：

（一）符合本办法第十条规定的条件；

（二）按照测绘地理信息行政主管部门的要求参加在岗培训；

（三）测绘地理信息行政执法工作考评合格；

（四）国家测绘地理信息局规定的其他条件。

**第二十一条**　测绘地理信息行政执法人员申请注册测绘地理信息行政执法证的，应当填写《测绘地理信息行政执法证注册申请表》，在注册期满前30日内报其所在的测绘地理信息行政执法机构。测绘地理信息行政执法机构应当在申请表上签署意见，并将申请表、测绘地理信息行政执法证原件逐级报送省级人民政府测绘地理信息行政主管部门。

省级人民政府测绘地理信息行政主管部门审核后，对符合本办法第二十条规定条件的，应当在测绘地理信息行政执法证上加盖注册标识，并通过测绘地理信息行政执法管理信息系统向国家测绘地理信息局备案。

测绘地理信息行政执法证注册标识由国家测绘地理信息局统一规定。

**第二十二条**　测绘地理信息行政执法人员遗失测绘地理信息行政执法证的，应当立即向其所在的测绘地理信息行政执法机构报告，并公开声明遗失。

申请补发测绘地理信息行政执法证的人员应当填写《测绘地理信息行政执法证补发申请表》。其所在的测绘地理信息行政执法机构应当按照本办法第十一条、第十二条规定的程序向国家测绘地理信息局提出补发申请。国家测绘地理信息局审查核实后，予以补发。

**第二十三条**　测绘地理信息行政执法证污损、残缺，无法正常使用的，由省级人民政府测绘地理信息行政主管部门将旧证收回，交由国家测绘地理信息局换发新证。

**第二十四条**　测绘地理信息行政执法人员调离、辞职、退休或者因其他原因不再从事测绘地理信息行政执法工作的，其所在的测绘地理信息行政执法机构应当收回其持有的测绘地理信息行政执法证，并逐级上报至国家测绘地理信息局，由国家测绘地理信息局予以注销。

**第二十五条**　测绘地理信息行政执法人员有下列行为之一的，国家测绘地理信息局或者省级人民政府测绘地理信息行政主管部门收回其测绘地理信息行政执法证，并由国家测绘地理信息局予以吊销；构成犯罪的，由司法机关追究其刑事责任：

（一）弄虚作假骗取测绘地理信息行政执法

证的；

（二）利用测绘地理信息行政执法证进行与测绘地理信息行政执法无关的活动，造成严重后果的；

（三）擅自涂改、转借测绘地理信息行政执法证，造成严重后果的；

（四）在测绘地理信息行政执法活动中徇私舞弊、滥用职权，或者存在其他违法行为的；

（五）因测绘地理信息行政执法以外其他重大违法违纪行为被处理的；

（六）其他依法应当吊销测绘地理信息行政执法证的情形。

被吊销测绘地理信息行政执法证的，不得重新申领测绘地理信息行政执法证。

**第二十六条** 测绘地理信息行政主管部门及其工作人员，违反本办法的规定擅自制作、发放测绘地理信息行政执法证的，应当按照有关规定予以行政处分。

**第二十七条** 本办法自2014年7月1日起施行。国家测绘局2000年1月4日发布的《测绘行政执法证管理规定》（国家测绘局令第7号）同时废止。

# 重要规范性文件

## 关于印发《地理国情普查过程质量监督抽查规定》和《地理国情普查检查验收与质量评定规定》的通知

国地普办〔2014〕1号 2014年1月9日

各省、自治区、直辖市第一次全国地理国情普查领导小组办公室：

为满足第一次地理国情普查工作需要，根据地理国情普查工作计划的要求，在充分参照现有国家及行业标准的基础上，国务院第一次全国地理国情普查领导小组办公室编制了《地理国情普查过程质量监督抽查规定》和《地理国情普查检查验收与质量评定规定》。现印发给你们，请在普查实施过程中严格遵照执行，执行过程中遇有问题或建议，请及时向国务院第一次全国地理国情普查领导小组办公室质量监督组反馈。

联系人：国务院第一次全国地理国情普查领导小组办公室

赵有松 010-63881923

附件：1. GDPJ13-2013 地理国情普查过程质量监督抽查规定（略）

2. GDPJ09-2013 地理国情普查检查验收与质量评定规定（略）

## 关于印发《第一次全国地理国情普查考核管理细则》和《第一次全国地理国情普查质量管理细则》的通知

国地普办〔2014〕5号 2014年1月24日

各省、自治区、直辖市第一次全国地理国情普查领导小组办公室：

为加强第一次全国地理国情普查的组织实施，依据《第一次全国地理国情普查实施办法》和《第一次全国地理国情普查项目管理办法》，国务院第一次全国地理国情普查领导小组办公室组织编制了

《第一次全国地理国情普查考核管理细则》、《第一次全国地理国情普查质量管理细则》。现印发给你们，请遵照执行。

## 第一次全国地理国情普查考核管理细则

**第一条** 为加强第一次全国地理国情普查的组织实施，保证普查各项工作顺利开展，确保普查保质保量按期完成，依据《第一次全国地理国情普查实施办法》和《第一次全国地理国情普查项目管理办法》，制定本细则。

**第二条** 本细则适用于第一次全国地理国情普查实施情况的考核，考核对象为省级第一次全国地理国情普查领导小组办公室（以下简称“省级普查办”）。第一次全国地理国情普查考核结果纳入国家测绘地理信息局的全国省级测绘地理信息行政主管部门年度绩效考核范围。

**第三条** 考核工作坚持全面、客观、公平、公正，注重实效的原则，定量考核与定性考核相结合，以定量考核为主；全面考核与重点考核相结合，以重点考核为主。

**第四条** 在国务院第一次全国地理国情普查领导小组的领导下，国务院第一次全国地理国情普查领导小组办公室（以下简称“国务院普查办”）负责组织考核工作，考核以半年为周期，日常管理工作考核和定期进度考核结合，具体工作由国务院普查办综合协调组、组织实施组承担，包括普查考核指标确定、评分及结果上报等工作。

**第五条** 考核的主要依据是国务院普查办确定的普查实施方案、工作计划、相关技术规定等规范性文件；国务院普查办和省级普查办签订的目标责任书；省级普查办制定的年度计划和实施方案等；国务院普查办各工作组的专项检查报告和评估报告；省级普查办自查报告；普查进度月报和监督检查情况报告及有关统计数据等。

**第六条** 考核的主要内容包括统筹管理、组织实施、质量控制、成果管理、经费管理、队伍建设、安全保密等方面工作（考核项目及内容参见附表1）。

**第七条** 国务院普查办根据普查进度月报和检查情况对省级普查办的日常管理工作和定期进度进行考核评分，定期公布考核结果。定期进度考核时点一般与普查重点任务进度时点一致。

**第八条** 国务院普查办根据普查各阶段的目标，动态调整考核内容，确定考核评分表。依据阶段考核内容，采用扣分与加分相结合的方式进行评分，扣分项与加分项分开计分。

**第九条** 采取百分制评分办法进行考核评定。根据考评结果分为如下五级：90分（含90分）以上为优秀，90-80分（含80分）为良好，80-70分（含70分）为合格，70-60分（含60分）为基本合格，60分以下为不合格。

年度考核根据年内周期考核结果以算术平均值的方式计算评定考核结果。

**第十条** 普查过程中，省级普查办在管理、技术及质量等方面创新性开展工作，对全国普查工作起到促进作用，可获加分奖励（奖励内容项详见附表2）。

**第十一条** 存在以下重大问题之一则考核结果为不合格：

编造、篡改普查数据；

瞒报、伪报普查数据；

发生严重质量问题影响项目按期完成；

发生重大资料失泄密事件；

发生重大安全责任事故；

未按要求汇总上交与归档最终及重要工序成果；

发生其他重大问题。

**第十二条** 针对考核检查中发现的问题，省级普查办须及时整改。凡在下一次考核检查中发现存在类似管理问题，而无特殊理由未整改的，加倍扣分。

**第十三条** 考核评定结果报国务院第一次全国地理国情普查领导小组。对考核优秀的，给予表扬；对考核基本合格的，国务院普查办进行督导，限期整改，整改结果上报国务院普查办；对考核不合格的，责令书面检查，由国务院普查办约谈该省（自治区、直辖市）普查办主任，限期整改，整改结果上报国务院普查办；被约谈或督导的省级普查办要在约谈或督导后7日内制定整改措施上报国务院普查办；连续两次考核不合格被约谈的，在全国通报批评。对年度考核达不到优秀等级的，不列入科学发展观年度考核优秀等级候选部门名单。

**第十四条** 本细则由国务院普查办负责解释。

**第十五条** 本细则自印发之日起施行。

附表：1. 第一次全国地理国情普查考核项目与内容表

2. 第一次全国地理国情普查考核奖励加分表

**附表1**

## 第一次全国地理国情普查考核项目与内容表

| 序号 | 考核科目 | 考核项目 | 考核内容或要求 |
|---|---|---|---|
| 1 | 统筹管理 | 1. 健全机构，配备专职人员 | 协助省（自治区、直辖市）政府及时成立普查领导机构，建立健全工作机构，配备专职人员 |
| | | 2. 制发文件，部署本省普查工作 | 协助（自治区、直辖市）政府及时起草印发本省开展普查工作的文件，普查要求明确，易于操作落实 |
| | | 3. 制定实施方案 | 实施方案按时论证评审并经省级领导小组审批、报备、下发执行 |
| | | 4. 管理办法制定 | 制定完善有针对性的管理办法，形成管理有序、有效、有力和信息畅通的工作机制 |
| | | 5. 部门协作配合情况 | 建立协作配合机制，实现专业资料共享 |
| | | 6. 宣传情况 | 制定宣传计划，通过各种新闻媒体，及时对普查工作进行宣传报道 |
| 2 | 组织实施 | 1. 进度管理情况 | 按时间节点完成普查任务并按要求提交成果，进度滞后是否采取有效措施整改 |
| | | 2. 进度月报情况 | 按时报送进度情况和进展信息，及时反馈重大工作进展或存在问题 |
| | | 3. 监督指导 | 按时对普查任务承担单位开展定期检查和指导，及时解决存在的问题 |
| | | 4. 技术规定执行情况 | 严格落实总体方案、实施方案及相关技术规定的情况 |
| | | 5. 技术问题处理 | 及时组织研究处理普查技术问题，保证工期和质量，反映自行处理技术问题的能力和效果 |
| | | 6. 交流与总结 | 根据进度和质量要求，及时组织开展技术交流和阶段总结，撰写总结报告 |

<table>
<tr><th>序号</th><th>考核科目</th><th>考核项目</th><th>考核内容或要求</th></tr>
<tr><td rowspan="6">3</td><td rowspan="6">质量管理</td><td rowspan="2">1. 制度管理</td><td>质量管理制度和措施落实到位</td></tr>
<tr><td>严格执行普查相关质量要求</td></tr>
<tr><td>2. 质检机构及人员配备比例</td><td>成立专门普查质量管理机构，配备足够质检技术人员</td></tr>
<tr><td>3. 质量控制</td><td>要求加强过程质量检查，发现的过程质量问题在规定时间内及时进行整改</td></tr>
<tr><td>4. 成果质量</td><td>成果质量检查、过程质量监督抽查结果及成果验收质量情况</td></tr>
<tr><td rowspan="4">4</td><td rowspan="4">成果管理</td><td>1. 管理制度</td><td>有资料管理制度且落实到位</td></tr>
<tr><td>2. 资料情况</td><td>资料齐全、完备，分析到位</td></tr>
<tr><td>3. 成果归档</td><td>按规定整理、归档、存储，确保成果安全</td></tr>
<tr><td>4. 成果汇总上报</td><td>按时间节点汇总上报普查成果，成果质量优良符合入库要求</td></tr>
<tr><td rowspan="3">5</td><td rowspan="3">经费管理</td><td>1. 资金到位情况</td><td>经费列入本级政府财政预算并及时到位</td></tr>
<tr><td>2. 经费管理实施细则</td><td>经费管理实施细则科学、可行</td></tr>
<tr><td>3. 专项检查或审计情况</td><td>合规、安全、高效</td></tr>
<tr><td rowspan="5">6</td><td rowspan="5">队伍建设</td><td>1. 培训方案</td><td>制定培训方案或培训计划</td></tr>
<tr><td>2. 培训人次</td><td>定期组织培训人次数；业务技术培训及时、有效</td></tr>
<tr><td>3. 培训时数</td><td>参与人员人均培训时数</td></tr>
<tr><td>4. 考核合格率</td><td>参加培训的人员考试通过率</td></tr>
<tr><td>5. 上岗情况</td><td>所有参与管理和技术人员都需经过专门培训，考核合格后上岗</td></tr>
<tr><td rowspan="5">7</td><td rowspan="5">安全保密</td><td rowspan="2">1. 安全制度</td><td>安全岗位责任明确、具体</td></tr>
<tr><td>安全规章制度落实到位</td></tr>
<tr><td>2. 应急预案</td><td>有安全管理应急预案</td></tr>
<tr><td>3. 安全隐患处理</td><td>排查安全隐患并及时处理</td></tr>
<tr><td>4. 涉密成果资料保管</td><td>涉密成果资料保管符合要求</td></tr>
</table>

附表2

## 第一次全国地理国情普查考核奖励加分表

| 序号 | 奖励科目 | 奖励项目 | 奖励内容或要求 |
|---|---|---|---|
| 1 | 管理创新 | 管理文件 | 相关管理文件质量优异，对全国普查实施管理有示范作用。 |
| | | 技术文件 | 相关技术文件质量优异，对全国普查实施管理有示范作用。 |
| | | 管理措施 | 采用先进的管理创新手段，实践检验能够有效提高管理质量或工作效率，对全国普查实施管理有示范作用。 |
| 2 | 技术创新 | 技术创新 | 积极承担相关技术攻关和试验任务，提出创新性的技术流程或方法，实践检验能够有效提高普查质量或工作效率，对全国普查实施有指导作用。 |
| | | 技术应用 | 积极采用先进的技术和装备，依靠科技创新，提高普查工作效率和成果质量，对全国普查实施有示范作用。 |
| | | 技术共享 | 积极共享普查实施中形成的创新性技术和先进经验，产生示范效果。 |
| | | 成果应用 | 地理国情普查成果已在国情监测中应用并有成果发布。 |
| 3 | 质量创新 | 质量措施 | 提出创新性的质量控制措施或方法，对全国普查质量管理有示范作用。 |
| | | 成果质量 | 普查成果质量控制优良，普查成果质量合格率达到100%、优良品率达到85%以上，对全国普查实施有示范作用。 |
| 4 | 成果上报 | 成果上报 | 提前提交优质成果资料，对普查后续工作具有促进和借鉴作用。 |
| 5 | 其他 | 其他 | 积极承担相关全国普查实施管理和技术培训工作，付出额外工作。 |

# 第一次全国地理国情普查质量管理细则

## 第一章 总 则

**第一条** 为加强第一次全国地理国情普查（以下简称“普查”）质量管理，保障普查成果质量，依据《第一次全国地理国情普查项目管理办法》制定本细则。

**第二条** 本细则适用于普查技术设计、资料获取、普查作业、过程质量监督抽查、成果验收检验、上交成果质量复核等工作环节。

**第三条** 普查的质量管理工作，按照全国统一领导、地方分级负责、各方共同参与的原则组织实施，统一检验标准，实行全员、全过程、分级分类质量控制。

**第四条** 普查任务承担单位（以下简称“普查单位”），应建立完善的质量管理体系，设立专门的质量管理和质量检查机构，足额配备专职质量检查人员，加强过程质量控制，建立质量岗位责任制，层层落实质量责任，保障体系的有效运行。

**第五条** 普查成果质量检验实行“两级检查，一级验收”制度。普查任务承担单位负责普查成果质量的“两级检查”，国务院第一次全国普查领导小组办公室（以下简称“国务院普查办”）或各省（自治区、直辖市）第一次全国地理国情普查领导小组办公室（以下简称“省级普查办”）负责组织普查成果质量验收，普查成果的质量检验严格执行国务院普查办制定的《地理国情普查检查验收与质量评定规定》。

**第六条** 普查实行全过程质量监督管理。国务院普查办根据全国普查任务进展情况，组织检查组赴普查任务承担单位和普查作业现场开展“过程质量监督抽查”，形成过程质量监督抽查意见，通报监督抽查结果，并督促整改落实。过程质量监督抽查严格执行国务院普查办制定的《地理国情普查过程质量监督抽查规定》。省级普查办应参照组织开展本行政区的普查过程质量监督检查。

**第七条** 为保证省级普查成果的整体质量，国务院普查办根据对各省、自治区、直辖市上交普查成果情况的综合分析，按照《地理国情普查检查验收与质量评定规定》有针对性地开展成果质量复核，复核结果将作为评定省级普查成果整体质量的依据。

## 第二章 质量管理职责

**第八条** 国务院普查办质量管理的主要职责：

审批、发布普查质量管理有关规定和技术标准；

组织开展国家级质量管理及检验有关培训；

下达国家级过程质量监督抽查、成果验收检验及上交成果质量复核计划；

组织对重大质量问题进行调查与处理；

组织与国务院普查领导小组成员单位有关普查质量的沟通与协调；

对各省、自治区、直辖市的普查质量管理工作进行监督和指导；

向国务院普查领导小组汇报普查质量情况。

**第九条** 省级普查办质量管理的主要职责：

组织开展本行政区域内质量管理及检验有关培训；

组织编制并下达本行政区域内过程质量控制和成果验收检验计划；

组织开展本行政区域普查中重大质量问题的处理，及时向国务院普查办上报；

组织与省级普查领导小组成员单位有关普查质量的沟通与协调；

向省级普查领导小组汇报普查质量情况；

向国务院普查办汇报本行政区域普查质量情况；

协助国务院普查办做好质量监督与管理工作。

**第十条** 国家测绘产品质量检验测试中心（以下简称“国检中心”）在普查中质量管理的主要职责：

起草质量管理有关规定，编制《第一次全国地理国情普查过程质量监督抽查规定》和《地理国情普查检查验收与质量评定规定》等技术标准，并对其质量负责；

编写普查质量管理及检验培训教材，承担质量检验员岗位的国家级培训，并对质检人员省级培训提供业务指导；

组织开展全国普查任务的过程质量监督抽查工作；

组织开展由中央财政承担普查成果的验收检验工作；

组织开展上交成果的质量复核工作；

指导省级普查的质量检查验收工作；

协助国务院普查办开展质量监督管理工作。

**第十一条** 国家基础地理信息中心（以下简称“地信中心”）在质量管理中的主要职责：

对其编写的普查的技术设计及相关规程质量负责；

对其提供的用于普查的相关基础资料质量负责评估说明；

负责中央财政承担的普查任务及成果的质量管理；

处理普查作业过程中的重大技术问题，并对其质量负责；

配合国检中心做好普查任务的过程质量监督抽查、中央财政承担的普查成果的验收检验等工作。

**第十二条** 中国测绘科学研究院（以下简称“研究院”）在质量管理中的主要职责：

对其编写的普查统计分析技术设计及相关规程质量负责；

负责地理国情普查统计分析质量管理工作，并对中央财政承担的统计分析任务质量负责；

处理普查统计分析过程中的重大技术问题，并对其质量负责；

配合国检中心做好普查任务的过程质量监督抽查、中央财政承担的普查成果的验收检验等工作。

**第十三条** 普查单位主要质量管理职责：

负责本单位普查任务的质量管理与过程质量控制工作，并对其质量负责；

负责本单位普查成果的质量检查工作；

负责本单位日常的普查技术和质量培训工作；

负责向上级质量管理部门定期汇报普查质量情况。

**第十四条** 普查成果质量检验单位应按照国家有关规定取得相应资质，其检验人员接受国务院普查办组织的培训并合格，受国务院普查办或省级普查办委托组织开展普查成果的验收检验工作。

**第十五条** 普查作业人员应严格执行操作规程，按照技术设计进行普查，并对普查成果质量负责。

**第十六条** 普查质量检验人员（经国普办培训考核合格）与检查人员（经省普办培训考核合格）应严格按照有关规定开展质量检查工作，对其所检查成果质量的结论负责。

**第十七条** 其他工作人员，应当严格执行有关的规章制度，对其工作质量负责。

## 第三章 过程质量控制

**第十八条** 普查组织管理和技术负责人、普查技术人员及质量管理人员、普查成果质量检验人员应经国家普查办或省级普查办组织的岗前培训，经考核合格的方可上岗。经省级质量培训考核合格的质量检查人员应报国检中心备案。

**第十九条** 普查作业采用的基础资料、专题资料等应经过选择、甄别与认定，确保满足设计要求。

**第二十条** 普查使用的测绘计量器具，应通过法定计量检定（校准）机构检定（校准），并在有效期内使用；用于普查工作的新型重要软件应通过国务院普查办委托的专门机构的测评。

**第二十一条** 普查必须遵循先设计后实施的原则，使用统一的方案、标准和技术规程，认真履行技术设计书的编写、审查、批准程序，保证普查成果的统一性和准确性。

**第二十二条** 普查单位应做好首件成果的质量检查工作，对技术设计进行验证，保证普查成果质量。

**第二十三条** 普查任务实施前，普查单位应组织有关人员学习技术设计书及技术标准、操作规程，开展相应技术培训、质量培训和质量意识教育。普查任务实施中，普查单位必须严格执行质量管理文件，针对普查成果类型和具体特点，加强各工序作业过程质量管理，有效控制影响成果质量的各个环节；质量管理人员和技术人员必须认真履行职责，及时处理质量与技术问题，指导普查作业人员严格执行操作规程，按照技术设计的要求进行作业；普查作业人员应认真完成普查作业，坚决杜绝弄虚作假；各级质量检查人员应加强过程质量控制，及时发现问题，确保成果质量。

**第二十四条** 普查成果的过程检查由普查单位作业部门的专职检查人员实施。

过程检查对普查成果资料进行 100% 内业检查，外业检查比例不得低于 30%，并应做好检查记录；

检查出的问题、错误，复查的结果应在检查记录中记录；

过程检查提出的质量问题，普查作业人员应认真修改，修改后应在检查记录上签字；

过程检查的检查记录随普查成果资料一并提交最终检查部门；

经过程检查未达到质量指标要求的，普查成果资料应全部退回处理；

退回处理后的普查成果资料须进行复查，确定问题是否修改完整。

**第二十五条** 普查成果的最终检查由普查单位专职质检部门实施。

普查成果通过过程检查后，才能进行最终检查；

最终检查对普查成果资料进行 100% 内业检查，外业检查比例不得低于 20%，且原则上与过程检查的外业检查成果不应重复；

检查出的问题、错误，复查的结果应在检查记录中记录；

最终检查应审核过程检查记录；

最终检查提出的质量问题，普查单位应认真组织全面修改，修改人员应在检查记录上签字；

经最终检查不合格或未达到质量指标要求的，普查成果资料应全部退回处理。处理后的普查成果资料须重新履行最终检查，直至合格为止；

最终检查完成后，应进行单位成果质量等级评定，并编写检查报告，检查记录及检查报告随成果一并提交验收。

## 第四章 过程质量监督抽查

**第二十六条** 普查过程质量监督抽查由国务院

普查办统筹协调，委托国检中心组织实施。

**第二十七条** 依据国务院普查办下达的过程质量监督抽查计划，国检中心组织编制过程质量监督抽查工作方案，报国务院普查办审批，并依据批准的工作方案，组织检查组赴普查单位和普查作业现场开展过程质量监督抽查工作。

**第二十八条** 过程质量监督抽查内容主要包括普查前期准备情况（组织实施、技术设计、培训与持证上岗、技术装备配置和资料收集利用情况等）、过程质量控制情况（首件成果、生产工艺、阶段性成果质量、技术问题处理和过程检查情况等）和验前成果情况（资料完整、数据组织和最终检查情况等）。

**第二十九条** 过程质量监督抽查采用总体检查与抽样检查的方式。对质量体系运行情况采用总体检查，对过程成果进行抽样检查。

**第三十条** 过程质量监督抽查完成后，不进行质量等级评定，仅进行符合性判定，形成过程质量监督抽查意见，上报国务院普查办。国务院普查办不定期通报监督抽查结果。

**第三十一条** 对监督抽查中发现的一般性质量问题，普查单位在后续的生产中应通过有效的纠正措施予以纠正。对重大质量问题，国务院普查办责成省级普查办对普查单位进行督导，并按相关程序对普查单位及相关责任人进行处罚。过程质量监督抽查意见及整改报告作为验收检验的必备材料。

**第三十二条** 省级普查办应参照本章组织开展本行政区的普查过程质量监督检查。

## 第五章 验收检验

**第三十三条** 使用中央财政经费的普查成果质量验收检验，由国务院普查办委托国检中心实施；使用地方财政经费的普查成果质量验收检验，由省级普查办委托具有相应资质的测绘地理信息成果质量检验单位实施。

**第三十四条** 使用中央财政经费的普查成果，由普查单位书面向国务院普查办申请成果质量验收；使用地方财政经费的普查成果，由普查单位书面向省级普查办申请成果质量验收。

**第三十五条** 检验单位在接受委托后，应编制验收检验实施方案，报国务院普查办或省级普查办审批后实施。内业成果质量验收检验原则上在检验单位实施。特殊情况下也可以派出检验组到普查单位进行。涉及外业检查的应到实地进行验收检验。普查成果的验收检验，严格执行国务院普查办制定的《地理国情普查检查验收与质量评定规定》。

**第三十六条** 各批次成果质量验收检验应进行批成果质量评定和批成果质量判定。

**第三十七条** 验收不合格的普查成果，应全部退回普查单位。普查单位应组织相关人员进行返修，返修成果应重新报验并承担相应检验费用。

## 第六章 上交成果质量复核

**第三十八条** 上交普查成果经验收合格后，由国务院普查办委托国检中心组织开展上交成果质量复核工作。

**第三十九条** 依据国务院普查办下达的上交成果质量复核计划，根据普查任务完成的质量情况、实际需要及综合分析情况等，国检中心制定上交成果质量复核实施方案，报国务院普查办审批，并依据批准的实施方案，开展上交成果质量复核工作。

**第四十条** 上交成果质量复核内容主要包括：（一）对重点区域、重要地类、重要成果数据进行复核；（二）对拟发布的重要统计分析成果进行复核。

**第四十一条** 上交成果质量复核工作主要采用比对分析、数据认定、审查论证等相结合的方式开展工作。

**第四十二条** 复核结果按“批合格”或“批不合格”判定，形成上交成果质量复核检验报告，上报国务院普查办。对复核结果不合格或未达到规定的质量指标的普查成果，普查单位应按要求进行整改，直至复查合格。

## 第七章 附 则

**第四十三条** 本细则由国务院普查办负责解释。

**第四十四条** 本细则自发布之日起施行。

# 关于贯彻落实《国务院办公厅关于促进地理信息产业发展的意见》的通知

国测信发〔2014〕2号 2014年2月12日

各省、自治区、直辖市、计划单列市测绘地理信息行政主管部门，新疆生产建设兵团测绘地理信息主管部门，局所属各单位，机关各司室：

近日，《国务院办公厅关于促进地理信息产业发展的意见》（国办发〔2014〕2号，以下简称《意见》）正式印发。这是国务院在新形势下为促进我国地理信息产业发展作出的重大决策部署，是我国地理信息产业发展史上具有里程碑意义的纲领性文件。为贯彻落实好《意见》精神，现就有关要求通知如下：

**一、统一思想，充分认识出台《意见》的重要意义**

《意见》深刻阐明了发展地理信息产业的“四个重要”，即发展地理信息产业是实现科学发展的重要支撑、是维护国家安全的重要保证、是加快转变经济发展方式的重要手段、是保障和改善民生的重要内容。《意见》从全局的高度提出了当前和今后一个时期促进地理信息产业发展的指导思想、基本原则、发展目标、重点领域、政策措施和工作要求，对促进地理信息产业发展作出了全面、系统的部署。这是在国家层面第一次将地理信息产业作为独立产业进行规范和引导，突显了地理信息产业的地位和作用。《意见》的出台，充分反映了地理信息产业在经济社会发展中的战略地位，充分体现了党中央、国务院对测绘地理信息工作的高度重视，吹响了推动地理信息产业跨越发展的嘹亮号角。这必将有力地促进各级政府、有关部门以及社会各界进一步统一思想、提高认识，更加关心和支持地理信息产业发展；必将极大地提振广大测绘地理信息工作者和地理信息企业的信心，增强促进地理信息产业发展的责任感和使命感，对推动我国地理信息产业发展具有十分重要和深远的意义。

**二、认真学习，准确把握《意见》的主要精神**

各地各部门要紧密结合党的十八大、十八届三中全会精神和近年来党中央、国务院对测绘地理信息工作的重要指示精神，采取学习、座谈、宣讲、培训等多种方式，全面深刻领会《意见》精神实质。《意见》首次明确地理信息产业属于战略性新兴产业，解决了地理信息产业的定位和认识问题。《意见》主要精神可以概括为：一条主线、五个重点发展领域、四大发展目标、四项保障措施。“一条主线”，就是以形成地理信息获取、处理、应用为主的成熟产业链为主线，这是发展壮大地理信息产业的基本路径和根本保障。“五个重点发展领域”，就是提升遥感数据获取和处理能力、振兴地理信息装备制造、提高地理信息软件研发和产业化水平、发展地理信息与导航定位融合服务、促进地理信息深层次应用。“四大发展目标”，就是用5-10年时间，在市场主体方面，形成若干个龙头企业和一批充满活力的中小型企业；在市场秩序方面，监管有效、竞争有序；在薄弱环节方面，使我国地理信息获取能力明显提升，科技创新能力持续增强，国际竞争力显著提高；在关键环节方面，地理信息产品更加丰富、应用更加广泛。“四项保障措施”，就是优化产业发展环境、推进科技创新和对外合作、加强财税金融支持、健全产业发展保障体系。

**三、联系实际，加快制定《意见》的配套措施**

各级测绘地理信息行政主管部门要在深刻领会《意见》精神实质的基础上，尽快制定贯彻落实《意见》的工作方案，逐条提出承担贯彻落实任务的责任部门、工作目标和进度要求，适时出台《意见》有关配套措施。要努力争取相关部门的理解和支持，推动《意见》中有关科技、人才、财政、税收、金融等政策措施的落实，必要时共同出台有关细化措施。要按照国家全面深化改革的总体要求，在贯彻落实《意见》的实践中，加强对地理信息产业发展中新情况、新问题的调查研究，掌握新形势下地理信息产业发展的基本规律，破除有碍地理信息产业发展的各种思想禁锢，及时提出支持地理信息产业发展的政策措施，完善促进我国地理信息产业发展的政策保障机制，推动当地政府出台贯彻落实《意见》的实施文件和地理信息产业发展规划，确保各项措施落到实处、促进地理信息产业发展取得实效。

**四、强化服务，促进地理信息产业健康快速发展**

各地各部门要正确处理好政府与市场的关系，简政放权，充分发挥市场在资源配置中的决定性作用。要提高公共服务水平，通过完善地理信息服务资质管理、数据提供使用、地图审核等制度，提高行政许可效率。要提供基础保障服务，积极实施基础地理信息免费或低收费政策，妥善处理好地理信息保密与开放的关系，在不危害国家安全的前提下推动基础地理信息数据对社会开放，为企业提供基础地理信息支撑。要优化产业发展环境，健全市场信用体系，加强市场监管，依法查处地理信息市场违法违规行为，规范市场秩序，保障公平竞争，为地理信息产业发展保驾护航。要充分发挥相关学会、协会等中介机构联系政府与企业之间的桥梁纽带作用，积极转移部分行业管理职能，推动行业自律。

**五、精心组织，高度重视《意见》的宣传工作**

各级测绘地理信息行政主管部门要积极配合国家测绘地理信息局开展贯彻落实《意见》系列宣传活动，加大宣传力度，正面引导舆论，营造有利于贯彻落实《意见》、促进地理信息产业发展的良好氛围。要拓宽宣传渠道，充分利用电视、广播、报刊、网站等传统宣传阵地，特别是要积极发挥微博、微信等新媒体平台的作用，加强信息互动。要丰富宣传内容，在全面解读《意见》出台背景、主要内容、有关举措、具体行动的同时，深入宣传地理信息产业发展成就和美好前景。要畅通渠道，广泛倾听社会各界对于促进地理信息产业发展的意见和建议。通过广泛宣传，要让社会各界知晓《意见》内容、读懂《意见》精神、用好《意见》政策，不断推动地理信息产业又好又快发展。

**六、加强领导，开创地理信息产业促进工作新局面**

各省级测绘地理信息行政主管部门要进一步加强对本地区地理信息产业发展工作的统筹协调，积极争取当地党委政府把地理信息产业作为经济社会发展的重要内容列入议事日程。各地要进一步转变政府职能，提高产业宏观管理水平，不断增强引导地理信息产业发展的能力。要创新工作方式，探索有利于促进地理信息产业发展的新办法，搭建有利于提高工作成效的新平台。要寻求各种途径和采取有效方式，探索建立各级领导重视、各部门协同配合、社会力量积极参与的促进地理信息产业发展的体制机制。要以更加扎实的工作作风和求实创新的精神，加大工作力度，认真做好贯彻落实《意见》精神、促进地理信息产业发展的各项工作，不断开创我国地理信息产业发展的新局面。

请各省级测绘地理信息行政主管部门将贯彻落实《意见》的情况于4月30日前报送我局地理信息与地图司。我局将适时对各地贯彻落实情况进行督促检查。

## 关于印发《国家测绘地理信息局重点实验室管理办法》的通知

国测科发〔2014〕1号 2014年4月9日

各省、自治区、直辖市、计划单列市测绘地理信息行政主管部门，新疆生产建设兵团测绘地理信息主管部门，局所属有关单位，局所属重点实验室及工程中心，测绘地理信息产业园区、企业：

为规范和加强国家测绘地理信息局重点实验室的建设与运行管理，推动测绘地理信息科技创新体系建设，提升测绘地理信息科技自主创新能力，我局参照国家重点实验室相关管理办法，结合测绘地理信息工作发展实际，对《国家测绘局重点实验室建设与管理办法（试行）》（国测国字〔2007〕12号）进行了修订，并经局务会议审议通过，现将修订后的《国家测绘地理信息局重点实验室管理办法》印发给你们，请遵照执行。

# 国家测绘地理信息局重点实验室管理办法

## 第一章 总 则

**第一条** 为规范和加强国家测绘地理信息局重点实验室（以下简称“实验室”）的建设与运行管理，发挥实验室的科技创新平台作用，参照国家重点实验室相关管理办法，制定本办法。

**第二条** 实验室是测绘地理信息科技创新体系的重要组成部分，是开展测绘地理信息科技研发、聚集和培养优秀科技人才、开展高水平学术交流的重要平台和促进科技成果转化的重要基地，是支撑测绘地理信息事业转型升级的重要智库。

**第三条** 实验室以“大测绘、大科技”的发展为宗旨，遵照布局平衡、特色突出、规模适度、产学研用结合的原则，依托科研院所、高等院校、产业园区、企业和生产单位，支持部门共建、省部共建、军地共建及与港澳台地区共建等形式建设实验室。

**第四条** 实验室实行“开放、激励、协同、竞争”的运行机制和人财物相对独立的管理机制。

## 第二章 职 责

**第五条** 国家测绘地理信息局是实验室的主管部门，主要职责是：

（一）贯彻国家有关科技创新体系建设的方针政策，编制实验室总体规划，制定实验室管理办法；

（二）批准实验室的建立与调整，组织实验室的评估和检查；

（三）组织推荐申报国家重点实验室，指导国家重点实验室建设。

**第六条** 依托单位是实验室建设与运行管理的具体实施负责单位，依托单位和共建单位原则上不超过三个，共同形成管理团队。依托单位的主要职责是：

（一）组织实验室的建设与发展，保证实验室开放与运行经费，落实实验室建设相关支撑条件；

（二）组织推荐实验室主任和学术委员会组成人选，报主管部门聘任；

（三）依据本办法制定实验室管理细则，对实验室进行年度检查，协助主管部门开展实验室验收和评估；

（四）根据学术委员会建议，提出实验室名称、研究方向、发展目标、组织结构等重大调整意见报主管部门。

## 第三章 建 设

**第七条** 实验室建设可采用择优认定和申请新建两种方式。

**第八条** 申请新建的实验室须满足下列条件：

（一）有明确的建设规划和发展目标，研究方向符合测绘地理信息科技发展方向和事业发展需求；

（二）研究能力强，在本领域有代表性，具备承担国家、省部级重大科研任务的能力和较强的成果转化能力；

（三）拥有该研究领域的学术带头人，具有年龄与知识结构合理的高水平科研队伍；

（四）具备良好的科研实验条件，人员与科研场所集中。

**第九条** 申请认定的实验室须是运行两年（含）以上的省部级重点实验室，由依托单位组织编制实验室认定申请书（见附件1）并提出认定申请，主管部门进行形式审查并公示后，组织专家现场考察和论证，根据专家论证意见，符合条件的择优批准后正式运行。

**第十条** 申请新建的实验室由依托单位组织编制实验室建设申请书（见附件2），通过主管部门形式审查并公示后进行建设可行性论证（见附件3）。建设可行性论证通过后，依托单位组织编制实验室建设计划任务书（见附件4）经学术委员会论证后，报主管部门批准建设，建设期满验收通过后正式运行。

**第十一条** 申请新建的实验室建设期限一般为两年。依托单位须在建设期满前三个月提出验收申请（见附件5），主管部门组织专家对实验室进行验收，验收结果分通过、限期整改后验收、未通过三类，验收通过后正式运行。

**第十二条** 不能按期完成建设任务的，须在建设期满前三个月提交延期申请或中止申请并说明原因，报主管部门审批。申请延期不得超过一年。

## 第四章 运 行

**第十三条** 实验室实行依托单位领导下、学术委员会指导下的主任负责制。实验室主任须具备以下条件：

（一）本领域国内外知名的学术带头人；

（二）具有较强的创新能力、组织协调能力和团队凝聚力；

（三）具备承担国家科技项目的能力和成果转化能力。

**第十四条** 学术委员会是实验室的学术指导机构，由主管部门聘任，职责是审议实验室的发展目标、研究方向、建设规划、开放课题、重大学术活动和年度工作计划等，参与实验室的年度检查工作。

学术委员会原则上每年至少召开一次全体会议，每次实到人数不少于三分之二。

**第十五条** 学术委员会由相关领域专家组成，人数不超过十五人，其中依托单位人员不超过三分之一，主任一般由非依托单位人员担任。同一位专家原则上不得同时担任局三个以上实验室的学术委员会委员。

委员每届任期五年，每次换届须更换三分之一以上。委员因工作变动等原因需要调整的须报主管部门批准。

**第十六条** 实验室应按研究方向设置研究单元，实行固定人员与流动人员相结合的人员管理制度，保持人员结构规模合理和适当流动。

**第十七条** 实验室应围绕主要任务和方向，积极开展国内外合作与交流，加强实验室间的合作与交流，通过设置开放课题等方式，吸引国内外高水平研究人员来实验室开展合作。

**第十八条** 实验室应重视和加强运行管理，建立健全内部规章制度和网站等，加强科技成果宣传。要加强室务公开，重大事项决策要公开透明。严格遵守国家有关保密规定。

**第十九条** 实验室应加强科技成果推广应用，加强知识产权保护。在实验室完成的专著、论文等研究成果均须标注实验室名称，软件登记、专利申请、成果转让、奖励申报等按国家有关规定办理。

**第二十条** 实验室更名、研究方向与组织结构调整等重大事项须由依托单位提出书面申请，经学术委员会论证通过后报主管部门审批。

## 第五章 评 估

**第二十一条** 实验室实行年度检查和抽查评估制度（见附件6）。检查与评估工作主要对实验室的整体运行状况进行综合评价，包括总体定位与研究方向、科研水平与贡献、队伍建设与人才培养、开放交流与运行管理等。

**第二十二条** 对实验室的年度检查由依托单位组织完成，并将结果报主管部门备案。

**第二十三条** 主管部门每五年对所有实验室进行一次全面评估，评估工作按照自评估、抽查评估、结果公布的程序进行。

**第二十四条** 主管部门根据实验室抽查评估成绩，结合年度检查情况，确定实验室评估结果，评估结果分为优秀、合格、不合格三类。

**第二十五条** 主管部门对评估结果为“优秀”的实验室给予优先支持；对评估结果处于末位或“不合格”的实验室给予警告并限期整改，经复评仍“不合格”的，取消实验室资格。

## 第六章 附 则

**第二十六条** 实验室统一命名为“×××国家测绘地理信息局重点实验室”，英文名称为“Key Laboratory of ×××，NASG”。

**第二十七条** 本办法自发布之日起施行。《国家测绘局重点实验室建设与管理办法（试行）》（国测国字〔2007〕12号）和《国家测绘局重点实验室评估规则（试行）》（国测科发〔2009〕1号）同时废止。

附件：1.《国家测绘地理信息局重点实验室认定申请书》编制提纲（略）

2.《国家测绘地理信息局重点实验室建设申请书》编制提纲（略）

3.《国家测绘地理信息局重点实验室建设可行性研究报告》编制提纲（略）

4.《国家测绘地理信息局重点实验室建设计划任务书》编制提纲（略）

5.《国家测绘地理信息局重点实验室验收申请书》编制提纲（略）

6.《国家测绘地理信息局重点实验室评估大纲》（略）

## 关于印发《地理国情普查成果资料汇交与归档基本要求》的通知

国地普办〔2014〕14 号　2014 年 4 月 16 日

各省、自治区、直辖市第一次全国地理国情普查领导小组办公室：

为满足第一次全国地理国情普查工作需要，依据《第一次全国地理国情普查总体方案》要求，在充分参考现有国家、行业标准以及地理国情普查相关技术规定的基础上，国务院第一次全国地理国情普查领导小组办公室组织编制了《地理国情普查成果资料汇交与归档基本要求》。现印发给你们，请在普查实施过程中严格遵照执行，执行过程中遇有问题或建议等，请及时向国务院第一次全国地理国情普查领导小组办公室反馈。

联系人：国务院第一次全国地理国情普查领导小组办公室

王海清　010-68422267

蔡清华　010-63882302

附件：GDPJ07-2014 地理国情普查成果资料汇交与归档基本要求（略）

## 关于进一步加强实景地图审核管理工作的通知

国测图发〔2014〕4 号　2014 年 9 月 25 日

各省、自治区、直辖市测绘地理信息行政主管部门，各有关单位：

近年来，随着测绘地理信息技术和网络技术的进步，实景地图作为一种全新的地图形式快速发展，在给人们的日常工作、生活带来便利的同时，也存在泄露敏感甚至涉密信息的问题，对国家安全造成威胁。为加强实景地图审核管理工作，维护地理信息安全，促进地理信息产业发展，根据《中华人民共和国测绘法》、《中华人民共和国地图编制出版管理条例》、《地图审核管理规定》等法律、法规，现就有关事项通知如下：

一、实景地图从业单位应根据国家有关保密规定，加强对涉密实景地图数据的保密管理和应用，不断增强地理信息安全保密意识。

二、实景地图的采集、编制和服务活动，应当由取得相应测绘资质的单位承担。

三、公开使用涉及城市建成区、风景名胜、旅游景点等与社会公众日常生活密切相关区域的实景地图，应依法经有审核权的测绘地理信息行政主管部门审核批准，并取得地图审图号。未经依法审核批准的实景地图，一律不得公开。

四、公开使用的实景地图，必须遵守《公开地图内容表示若干规定》、《公开地图内容表示补充规定（试行)》、《遥感影像公开使用管理规定（试行)》、《基础地理信息公开表示内容的规定（试行)》等有关公开地图管理规定，不得表示正面或内部结构清晰可见的各种军事设施、涉及国家安全的要害部门或单位、与公共安全相关的单位和涉及国家经济命脉的民用设施等，以及这些单位、设施的指示牌、标牌等特征符号；不得表示重要桥梁、隧道、水库、高压电线等的属性信息标牌等。

五、编制公开使用实景地图的单位，应严格对实景地图中不得公开表示的内容进行处理并详细记录处理方法、工作流程和处理内容，必要时应组织军地有关方面专家对实景地图内容进行安全评估。

六、实景地图服务单位应加强对公开使用实景地图的日常监测，建立完备的安全应急管理制度，对安全突发情况处理响应时间不得超过 4 小时，并应及时将有关突发情况上报测绘地理信息行政主管部门。

七、有审核权的测绘地理信息行政主管部门审核实景地图时，应严格把关，对实景地图处理记录、安全评估报告等进行保密审查，确保地图内容符合地图管理和保密管理有关规定。审查中发现存在个人隐私、商业秘密等信息的，应提醒送审单位予以处理。

八、各地测绘地理信息行政主管部门要按属地化管理原则，强化对公开实景地图的审核、监管和跟踪检查，加强对实景地图从业人员的安全保密培训教育，对实景地图服务中存在的违法违规行为，应及时依法严肃查处。

# 规范性文件目录

## 综　合

### 国务院有关测绘地理信息工作的文件

国务院办公厅关于促进地理信息产业发展的意见（国办发〔2014〕2 号　2014 年 1 月 22 日）

### 综合文件

关于印发全国测绘地理信息局长会议文件的通知（国测办发〔2014〕3 号　2014 年 1 月 17 日）

关于贯彻落实《国务院办公厅关于促进地理信息产业发展的意见》的通知（国测信发〔2014〕2 号　2014 年 2 月 12 日）

关于印发 2014 年测绘地理信息工作要点的通知（国测办发〔2014〕6 号　2014 年 2 月 20 日）

关于印发《中共国家测绘地理信息局党组工作规则》的通知（国测党发〔2014〕23 号　2014 年 5 月 7 日）

关于印发《国家测绘地理信息局工作规则》的通知（国测办发〔2014〕12 号　2014 年 6 月 6 日）

关于学习贯彻姜大明部长重要讲话推进部局业务协作的通知（国测办发〔2014〕14 号　2014 年 6 月 24 日）

国家发展改革委 国家测绘地信局关于印发国家地理信息产业发展规划（2014—2020 年）的通知（发改地区〔2014〕1654 号　2014 年 7 月 18 日）

国土资源部 国家测绘地理信息局关于印发深化部局业务协作实施方案的通知（国土资发〔2014〕140 号　2014 年 10 月 22 日）

关于认真贯彻落实深化部局业务协作实施方案的通知（测办〔2014〕75 号　2014 年 12 月 8 日）

### 政务管理

关于调整国家测绘地理信息局保密委员会和办公室组成人员的通知（国测保发〔2014〕1 号　2014 年 2 月 13 日）

关于开通“国家测绘地理信息局”官方微博微信的通知（测办〔2014〕12 号　2014 年 3 月 4 日）

关于印发《国家测绘地理信息局英文网站管理规定（试行）》的通知（国测办发〔2014〕11 号　2014 年 3 月 31 日）

关于印发《国家测绘地理信息局机关调查研究工作管理规定》的通知（测办〔2014〕19 号　2014 年 4 月 3 日）

关于印发《国家测绘地理信息局涉密专网安全运行管理办法》的通知（测保办〔2014〕6 号　2014 年 4 月 21 日）

关于印发《国家测绘地理信息局培训费管理办法》的通知（国测财发〔2014〕12 号　2014 年 5 月 27 日）

关于印发《国家测绘地理信息局政务微博管理办法》的通知（测办〔2014〕59 号　2014 年 9 月 22 日）

关于印发《国家测绘地理信息局机关国内公务接待管理办法》的通知（测办〔2014〕58 号　2014 年 9 月 24 日）

关于印发《国家测绘地理信息局因公短期出国培训费用管理办法》的通知（测办〔2014〕60 号

2014年10月9日）

关于印发天地图公益性保障服务能力建设方案的通知（国测信发〔2014〕6号 2014年10月27日）

# 市场监管与执法

2013年审核批准的甲级测绘资质单位名单（公告〔2014〕1号 2014年1月9日）

测绘地理信息行政执法证管理办法（国土资源部令第58号 2014年4月17日）

关于表扬当选全国“六五”普法中期先进集体和先进个人的通知（测办〔2014〕26号 2014年4月25日）

关于贯彻实施《测绘地理信息行政执法证管理办法》的通知（测办〔2014〕28号 2014年5月14日）

关于成立《中华人民共和国测绘法》修订专家委员会的通知（国测法发〔2014〕4号 2014年6月25日）

关于印发测绘资质管理规定和测绘资质分级标准的通知（国测管发〔2014〕31号 2014年7月2日）

关于开展测绘资质复审换证工作的通知（测办〔2014〕45号 2014年7月11日）

关于下放测绘资质审批管理事权的批复（测办〔2014〕50号 2014年7月30日）

2014年1月至7月审核批准的甲级测绘资质单位名单（公告〔2014〕3号 2014年10月8日）

关于成立《中华人民共和国测绘法》修订工作领导小组及领导小组办公室的通知（测办〔2014〕62号 2014年10月9日）

关于印发《中华人民共和国测绘法》修订工作方案的通知（测办〔2014〕63号 2014年10月9日）

关于开展换发和申领《测绘地理信息行政执法证》工作的通知（测办〔2014〕69号 2014年10月14日）

关于委托下放测绘行政审批事项的批复（测办〔2014〕73号 2014年10月23日）

关于调整测绘航空摄影专业标准乙级作业限额的批复（测办〔2014〕72号 2014年10月27日）

# 机构设置与人事管理

## 机构设置

关于调整国家测绘地理信息局人才工作领导小组的通知（国测党发〔2014〕28号 2014年6月17日）

关于成立国家测绘地理信息局援疆工作领导小组的通知（国测党发〔2014〕38号 2014年7月30日）

关于测绘地理信息系统检验检测认证机构整合工作有关事项的通知（测办〔2014〕55号 2014年9月12日）

关于成立国家测绘地理信息局网络安全和信息化领导小组的通知（国测办发〔2014〕17号 2014年9月30日）

## 人事管理

关于印发《国家测绘地理信息局干部选拔任用工作流程图》的通知（国测党发〔2014〕29号 2014年6月14日）

关于印发《注册测绘师执业管理办法（试行）》的通知（国测人发〔2014〕8号 2014年7月9日）

关于转发中共中央组织部《关于严格执行〈关于进一步规范党政领导干部在企业兼职（任职）问题的意见〉有关问题的通知》的通知（国测党发〔2014〕40号 2014年8月22日）

关于转发中共中央组织部关于规范退（离）休领导干部在社会团体兼职问题的通知（国测党发〔2014〕41号 2014年8月22日）

国家测绘地理信息局第三批科技领军人才选拔公告（公告〔2014〕2号 2014年9月16日）

关于印发《中共国家测绘地理信息局领导干部选拔任用工作办法》等6项制度的通知（国测党发〔2014〕45号 2014年10月14日）

关于印发《中共国家测绘地理信息局党组关于进一步健全完善与干部职工谈心谈话制度的意见》（国测党发〔2014〕56 号　2014 年 12 月 22 日）

第三批国家测绘地理信息局科技领军人才公告（公告〔2014〕5 号　2014 年 12 月 25 日）

国家测绘地理信息局科技领军人才考核公告（公告〔2014〕6 号　2014 年 12 月 25 日）

关于印发《中共国家测绘地理信息局党组关于加强和改进年轻干部培养选拔工作的意见》的通知（国测党发〔2014〕55 号　2014 年 12 月 29 日）

## 规划与财务工作

关于印发《国家测绘地理信息局因公临时出国经费管理规定》的通知（国测财发〔2014〕8 号　2014 年 4 月 2 日）

关于印发《测绘地理信息部门项目支出预算编制及评审指南》的通知（国测财发〔2014〕9 号　2014 年 4 月 3 日）

关于印发《国家测绘地理信息局事业单位国有资产管理实施办法》的通知（国测财发〔2014〕11 号　2014 年 4 月 21 日）

关于印发《测绘地理信息部门信息化建设指导意见》的通知（国测规发〔2014〕3 号　2014 年 5 月 30 日）

关于印发国家发展改革委与我局工作会谈纪要的通知（国测规发〔2014〕5 号　2014 年 8 月 1 日）

关于印发《测绘地理信息公益性行业科研专项项目中期财务检查暂行办法》的通知（国测财发〔2014〕38 号　2014 年 9 月 3 日）

关于印发《国家测绘地理信息局全面深化改革的实施意见》的通知（国测规发〔2014〕6 号　2014 年 9 月 9 日）

## 基础测绘与地理国情普查

关于印发《国务院第一次全国地理国情普查领导小组成员单位职责分工》的通知（国地普发〔2014〕1 号　2014 年 1 月 4 日）

关于同意建立邯郸市城市坐标系的批复（国测国发〔2014〕2 号　2014 年 1 月 8 日）

关于印发《地理国情普查过程质量监督抽查规定》和《地理国情普查检查验收与质量评定规定》的通知（国地普办〔2014〕1 号　2014 年 1 月 9 日）

关于启用第一次全国地理国情普查标识和推荐宣传标语的通知（国地普办〔2014〕2 号　2014 年 1 月 15 日）

关于印发《第一次全国地理国情普查考核管理细则》和《第一次全国地理国情普查质量管理细则》的通知（国地普办〔2014〕5 号　2014 年 1 月 24 日）

关于开展地理国情普查的同时做好普查成果应用及地理国情监测工作的通知（国地普办〔2014〕7 号　2014 年 2 月 14 日）

关于印发《地理国情普查成果资料汇交与归档基本要求》的通知（国地普办〔2014〕14 号　2014 年 4 月 16 日）

国家测绘地理信息局关于进一步加强全国地理国情普查工作的通知（国测国发〔2014〕11 号　2014 年 5 月 5 日）

关于同意建立武汉 2000 坐标系的批复（国测国发〔2014〕13 号　2014 年 5 月 8 日）

关于加强第一次全国地理国情普查过程质量控制的通知（国地普办〔2014〕17 号　2014 年 5 月 14 日）

关于加强地理国情普查保密管理工作的通知（国地普办〔2014〕18 号　2014 年 5 月 15 日）

关于进一步加强地理国情普查项目计划进度管理的通知（国地普办〔2014〕24 号　2014 年 6 月 19 日）

国务院第一次全国地理国情普查领导小组关于调整部分组成人员的通知（国地普发〔2014〕2 号　2014 年 6 月 20 日）

关于同意建立张家口市 2000 城市坐标系的批复

(国测国发〔2014〕21 号　2014 年 7 月 28 日)

关于进一步加强第一次全国地理国情普查过程质量控制的通知（国地普办〔2014〕29 号　2014 年 7 月 29 日）

关于贯彻落实张高丽副总理重要批示精神加快推动地理国情普查工作的通知（国地普发〔2014〕3 号　2014 年 8 月 25 日）

关于加快 2000 国家大地坐标系推广使用的函（国测函〔2014〕157 号　2014 年 11 月 2 日）

关于国务院第一次全国地理国情普查领导小组办公室人员调整的通知（国地普办〔2014〕45 号　2014 年 11 月 20 日）

## 测绘成果管理与地理信息服务

关于在公开地图上表示有关国家和地区的通知（国测图发〔2014〕1 号　2014 年 1 月 1 日）

关于进一步加强互联网地图安全监管工作的通知（国测图发〔2014〕2 号　2014 年 1 月 20 日）

关于举办“美丽中国”第二届全国国家版图知识竞赛和少儿手绘地图大赛的通知（国图宣教管〔2014〕3 号　2014 年 2 月 14 日）

关于印发《贯彻落实〈国务院办公厅关于促进地理信息产业发展的意见〉任务分解方案》的通知（测办〔2014〕21 号　2014 年 4 月 4 日）

关于天地图数据中心有关事项的批复（国测信发〔2014〕4 号　2014 年 5 月 6 日）

关于做好天地图与警用地理信息基础平台对接工作的通知（测办〔2014〕44 号　2014 年 7 月 9 日）

关于在公开地图上表示横琴岛澳门大学校区的通知（国测图发〔2014〕3 号　2014 年 7 月 31 日）

关于进一步加强实景地图审核管理工作的通知（国测图发〔2014〕4 号　2014 年 9 月 25 日）

关于印发天地图公益性保障服务能力建设方案的通知（国测信发〔2014〕6 号　2014 年 10 月 27 日）

关于公布“美丽中国”第二届全国国家版图知识竞赛获奖结果的通知（国图宣教管〔2014〕7 号　2014 年 12 月 18 日）

关于公布“中图杯”第二届全国少儿手绘地图大赛获奖结果的通知（国图宣教管〔2014〕8 号　2014 年 12 月 18 日）

## 科技与国际合作

国家测绘地理信息局关于北斗卫星导航系统推广应用的若干意见（国测办发〔2014〕8 号　2014 年 3 月 10 日）

关于印发《国家测绘地理信息局重点实验室管理办法》的通知（国测科发〔2014〕1 号　2014 年 3 月 31 日）

关于现代工程测量国家测绘地理信息局重点实验室建设单位调整的批复（国测科发〔2014〕3 号　2014 年 5 月 12 日）

关于设立信息化测绘技术体系建设试点的通知（国测科发〔2014〕4 号　2014 年 8 月 18 日）

国家测绘地理信息局批准实施《管线测量成果质量检验技术规程》等 12 项测绘地理信息行业标准公告（公告〔2014〕4 号　2014 年 12 月 18 日）

## 党的建设

中共国家测绘地理信息局党组关于认真学习贯彻党的十八届四中全会精神的通知（国测党发〔2014〕48 号　2014 年 11 月 6 日）

关于印发《2014—2018 年国家测绘地理信息局

直属机关党委教育培训工作规划》的通知（国测党发〔2014〕57 号 2014 年 12 月 22 日）

关于印发国家测绘地理信息局党组党的群众路线教育实践活动整改方案、建章立制工作计划和专项整治方案的通知（国测党发〔2014〕1 号 2013 年 12 月 26 日）

中共国家测绘地理信息局党组关于认真学习贯彻十八届中央纪委三次全会精神的通知（国测党发〔2014〕6 号 2014 年 1 月 24 日）

关于印发《国家测绘地理信息局纪检监察机构监督政府采购工作暂行办法》的通知（国测党发〔2014〕25 号 2014 年 5 月 12 日）

关于印发《中共国家测绘地理信息局党组贯彻落实〈建立健全惩治和预防腐败体系 2013—2017 年工作规划〉实施办法》的通知（国测党发〔2014〕27 号 2014 年 5 月 29 日）

中共国家测绘地理信息局党组关于落实党风廉政建设主体责任和监督责任的意见（国测党发〔2014〕54 号 2014 年 12 月 8 日）

关于印发《国家测绘地理信息局内部审计工作管理办法》的通知（国测审发〔2014〕1 号 2014 年 5 月 13 日）

关于严禁中秋国庆期间公款送礼等行为的通知（国测纪发〔2014〕8 号 2014 年 8 月 26 日）

# 地方法规、规章及重要规范性文件

## 河北省人民政府办公厅关于促进地理信息产业发展的实施意见

冀政办函〔2014〕61 号 2014 年 6 月 19 日

各设区市人民政府，各县（市、区）人民政府，省政府各部门：

为贯彻落实《国务院办公厅关于促进地理信息产业发展的意见》（国办发〔2014〕2 号），加快推进地理信息产业发展，结合我省实际，提出如下实施意见：

**一、发展目标要求**

通过政策推动和示范带动，用 5 到 10 年时间，逐步形成地理信息获取、处理、应用为主的成熟产业链，打造 10 家实力雄厚、具有国际竞争力的大型地理信息龙头企业，发展 100 家左右充满活力的中型地理信息企业，培育 1000 家小型地理信息科技型企业，地理信息产业年产值增长 25% 以上。2020 年，力争全省地理信息产业总产值达到 1000 亿元。

**二、推动重点领域发展**

（一）提升遥感数据获取和处理能力。大力发展高中空航摄飞机、低空无人机、地面遥感等遥感系统，综合利用多传感器平台，形成光学、雷达、激光等遥感数据获取体系，建立多源遥感数据动态获取机制，有效提升遥感数据获取水平。加强遥感数据处理技术引进与集成创新，进一步提高遥感数据处理、分析能力。

（二）加快地理信息与卫星导航产业园区建设。按照省关于卫星导航产业发展的总体布局，石家庄市要加快推进地理信息与卫星导航产业园区建设，主动承接京津地理信息产业要素转移，为企业投融资地理信息产业搭建功能完善、服务高效的产业孵化平台。积极开展产业链、产业集群招商，引进高端人才及团队，吸引省内外大型优势企业集团在我省投资发展地理信息产业，加大项目用地及财税和资金支持力度。

（三）大力发展地理信息装备制造业。充分发挥我省在电子信息、卫星导航、数据产业方面的技术与资源优势，大力培育地理信息技术装备企业；采取积极的财税金融及信贷政策，引进国内外高端地理信息装备制造企业，带动相关配套生产企业快速发展。

（四）大力发展北斗导航定位及位置服务。改善卫星导航应用基础条件，推进我省卫星导航地面增强网络多模兼容改造；加快推进北斗卫星高精度导航与位置服务项目建设，建立基于北斗的高精度导航与位置综合服务平台，积极开发推动国民经济建设和方便群众日常生活的导航定位与移动位置服务产品，不断培育新的经济增长点。

（五）深化地理信息开发利用。以数字城市、智慧城市、“天地图·河北”建设为抓手，充分发挥地理信息在服务保障规划决策、环境治理、自然资源管理、应急保障、物流管理、智能交通、智慧旅游等领域中的应用，推进面向政府管理决策、企业生产运营和人民群众生活的地理信息应用。鼓励企事业单位利用地理信息公共服务平台、“天地图·河北”开展增值服务，扩大地理信息消费需求，深化地理信息开发利用，带动地理信息相关产业发展。积极发展地理信息文化创意产业，开发以地图为媒介的动漫、游戏、科普、教育等新型文化产品，培育大众地理信息消费市场。

**三、优化产业发展环境**

（一）统筹规划产业发展。按照全省规划编制工作的总体要求，省国土资源厅（省地理信息局）牵头编制全省地理信息产业发展规划，提出发展目标、方向和重点，明确推进全省地理信息产业发展的任务和措施。

（二）加大财税金融政策扶持力度。在现有资金渠道内，进一步加大地理信息产业的投入力度，制定完善促进地理信息产业发展的税收支持政策；引导和鼓励社会资金投入，鼓励金融机构加大信贷支持，发挥多层次资本市场的融资功能，大力发展创业投资和股权投资基金。省财政要加大公益性地理信息及其产品的投入力度，落实政府采购政策；鼓励政府部门地理信息服务外包，落实相关税收及信贷等优惠政策。市、县政府要结合地理国情监测、数字城市、智慧城市建设，采取有效措施，加大投入，推动形成成熟的地理信息产业链。

（三）支持、引导企业做大做强。按照“非禁即准、非限即许”的原则，进一步完善市场准入、数据使用、地图审核等相关政策，简政放权，降低门槛，优化服务，积极引导中小企业兼并重组，鼓励企业通过并购、参股等方式进入地理信息产业，支持大型地理信息企业上市融资发展，打造地理信息产业发展高地。设置地理信息产业示范推广和产业化推进项目，对地理信息领域的品牌培育、技术创新、产学研平台搭建等进行重点支持。

（四）加快科技创新和产业转化。完善以企业为主体的科技创新体系，鼓励符合条件的地理信息企业申请建立工程技术研究中心、企业重点实验室等各级各类科技创新平台。结合下一代互联网、物联网、云计算等新技术的发展应用，以规模化发展为目标，统筹技术开发、工程化、标准制定、市场应用等创新环节，实施若干具有引领带动作用的重大产业创新发展工程，大力推进地理信息软硬件研发，加快推进产业重点领域创新发展和科研成果的产业转化。积极引进、消化、吸收国外先进技术，加强多层次、多形式、多领域的研发、生产和人才培养。

**四、健全产业发展保障体系**

（一）健全工作机制。由省地理信息局会同省发展改革委、省财政厅、省工业和信息化厅等部门，建立促进地理信息产业发展工作协调机制，协调促进地理信息产业发展中的有关事项。按照统一、协调、有效的原则，加强各级地理信息管理机构建设，强化地理信息统筹规划、公共服务、市场监管、标准建设、安全管理等职能。推进军地测绘融合发展，大力推动先进军事测绘和地理信息技术成果、装备设施的社会化应用。充分发挥学会、协会在促进地理信息产业发展中的作用。

（二）完善政策法规体系。研究制定和完善促进地理信息产业发展的法规、规章和政策，明确各类市场主体的权利和义务。建立健全地理信息获取、处理、应用、出版以及知识产权保护、安全保密监管等相关配套制度措施。

（三）加强地理信息安全监管。建立地理信息安全监管机制，完善涉密地理信息处理、分发与应用跟踪机制，落实地理信息市场准入、项目登记、质量管理、成果保密、资料汇交监管制度，健全地理信息市场信用体系。加大知识产权保护力度，依法查处非法获取、处理、使用地理信息和不正当竞争等行为，建立公平竞争、开放有序的市场秩序。

（四）加强人力资源建设。以促进地理信息科技创新和产业转型升级为重点，着力引进、培养高层次的创新创业科技人才和科研团队，充分发挥他们对优化产业结构、提升产业技术水平和发展地理信息产业的引领带动作用，落实省委、省政府关于引进、培养高层次科技人才的优惠政策，积极打造促进我省地理信息产业快速发展的人才高地。

（五）强化基础地理信息支撑。进一步加强基础测绘和地理国情监测，完善基础测绘财政投入机制，丰富基础地理信息资源。采取优惠政策，鼓励符合条件的地理信息企业充分利用基础地理信息开展社会化应用和增值服务，开发多样化、大众化、具有自主知识产权的地理信息产品。

（六）推进地理信息共享利用。建立健全政府部门间地理信息资源共建共享机制，加快建设省级地理信息公共服务平台，深化地理信息资源共享利用程度，明确共建共享的内容、方式和责任，统筹协调地理信息获取分工、更新和共享工作。在切实保障政府部门应用需求的前提下，避免重复建设和资源浪费。

# 河北省人民政府办公厅关于加强卫星定位连续运行参考站建设及使用管理的通知

2014 年 11 月 13 日

各设区市人民政府，定州、辛集市人民政府，省政府有关部门：

卫星定位连续运行参考站系统（以下简称卫星参考站）是现代测绘基准体系的重要组成部分，其基准站是国家最高等级的测量标志，是十分重要的空间基础设施，涉及国家秘密和安全。为进一步加强卫星参考站建设的管理，维护国家安全和利益，避免重复建设，现就有关事项通知如下：

一、加强统筹规划。各级有关部门要按照“科学规划、加强监管、保障安全、促进发展”原则，切实加强和改进卫星参考站网的规划、审批、建设、成果发布与使用等管理工作，有效解决随意建设卫星参考站、重复投资、运行管理混乱等问题，维护国家测绘地理信息安全。省测绘地理信息行政主管部门要会同省有关部门制定全省卫星参考站建设规划及运行管理办法，对卫星参考站项目建设、成果汇交、系统运行、数据使用等作出明确规定，促进卫星定位连续运行参考站网规范运营与协调发展。

二、充分发挥河北省卫星定位连续运行参考站网的作用。河北省卫星定位连续运行参考站网（即河北省卫星定位综合服务系统）已由省地理信息局于 2010 年利用省财政资金建设完成并正式运行。目前，全省已建成卫星定位连续运行参考站 64 个，广泛应用于测绘、国土资源管理、城乡建设、环境监测、国情监测、防灾减灾等领域，其精度指标、服务效率、潜在用户容量在现阶段能够满足全省各部门、行业单位在卫星定位导航应用方面的需要。省测绘地理信息主管部门要加强河北省卫星定位综合服系统的运行与维护工作，进一步完善系统运维管理、数据安全及安全保密等服务保障制度，健全服务机构，简化使用程序，保证系统实时在线，为用户提供不间断服务，并尽快兼容北斗导航系统，不断提升服务能力和水平。

三、切实加强卫星参考站建设及使用的管理。卫星参考站建设属于建立相对独立的平面坐标系统行为，各级各有关部门未经依法审批不得随意建立，确因建设、城市规划和科学研究的需要建立卫星参考站的，要按照《中国人民共和国测绘法》有关规定，由省级以上测绘地理信息行政主管部门批准后方可进行。对已建成的卫星参考站，相关部门应按照规定向省测绘地理信息主管部门报送卫星参考站建设、使用和管理情况，将符合国家标准和规范的纳入全省统一参考站网系统管理。

各级测绘地理信息行政主管部门和保密行政管理部门要加强监督检查，督促卫星参考站使用单位认真落实我省关于卫星参考站建设管理的有关规定，严格履行保密职责和义务，建立完善保密管理制度，加强对接触、使用、保管卫星参考站定位数据人员的教育培训和日常管理，不断提高使用能力和管理水平。

# 河北省地理信息局　河北省发展和改革委员会　河北省财政厅关于加强卫星定位连续运行参考站建设管理的通知

冀地信〔2014〕55号　2014年8月28日

各设区市国土资源局（地理信息局）、发展和改革局、财政局，定州市、辛集国土资源局、发展和改革局、财政局：

卫星定位连续运行参考站系统是现代测绘基准体系的重要组成部分，是卫星导航定位的基础设施，是相对独立的平面坐标系统的一种表现形式，其基准站是国家最高等级的测量标志。卫星定位连续运行参考站网建设属于重要的涉密测绘活动，关系到国家安全和利益。为进一步加强卫星定位连续运行参考站建设的管理，维护国家安全和利益，避免重复建设，节约财政资金，现就有关问题通知如下：

**一、充分发挥河北省卫星定位连续运行参考站网的作用**

河北省卫星定位连续运行参考站网（即河北省卫星定位综合服务系统）已由省地理信息局于2010年利用省财政资金建设完成并正式运行。目前，全省已建成卫星定位连续运行参考站64个，注册用户1000余个，其精度指标、服务效率、潜在用户容量在现阶段能够满足全省各部门、行业单位在卫星定位导航应用方面的需要。

**二、加强全省卫星定位连续运行参考站网建设的管理工作**

根据《测绘法》第三十条“使用财政资金的测绘项目和使用财政资金的建设工程测绘项目，有关部门在批准立项前应当征求本级人民政府测绘行政主管部门的意见，有适宜测绘成果的，应当充分利用已有的测绘成果，避免重复建设”的规定，为从根本上避免重复建设和资金浪费，省地理信息局对已经建立的卫星定位连续运行基准站（网），凡符合国家统一建站技术标准的，要纳入河北省卫星定位综合服务系统。今后凡申请建设卫星定位连续运行参考站（网）的，有关部门应征求省地理信息局的意见。

省地理信息局要会同相关部门编制全省卫星定位连续参考站发展建设规划，明确发展的指导思想、战略目标、总体布局和主要建设项目等，未列入规划的项目，一律不得建设。

对企业投资建设参考站项目的管理，依据国家测绘地理信息局《测绘资质管理规定》和《河北省实施〈中华人民共和国测绘法〉办法》的有关规定，从资质管理、项目备案登记等方面加强管理，防止重复建设。

**三、进一步提高河北省卫星定位连续运行参考站网系统运行、维护和服务水平**

省地理信息局应委托专业部门负责河北省卫星定位综合服系统的运行与维护工作，进一步完善系统运行、维护、管理及数据安全、保密等服务保障制度，健全服务机构，简化使用程序，保证系统实时在线、为用户提供不间断服务，并尽快兼容北斗导航系统，不断提升服务能力和水平。

# 山西省人民政府办公厅关于促进地理信息产业发展的实施意见

晋政办发〔2014〕69号　2014年9月9日

各市、县人民政府，省人民政府各委、办、厅、局：

地理信息产业是以现代测绘和地理信息系统、遥感、卫星导航定位等技术为基础，以地理信息开发利用为核心，从事地理信息获取、处理、应用的高技术服务业，是战略性新兴产业的重要组成部分，具有科技含量高、环境污染少、产业链长、关联度大、市场前景广阔、吸纳就业能力强等特点。大力发展地理信息产业，对实现科学发展、维护国家安全、加快转变经济发展方式、保障和改善民生等都具有重要意义。为加快推进我省地理信息产业发展，根据《国务院办公厅关于促进地理信息产业发展的意见》（国办发〔2014〕2 号），结合我省实际，经省人民政府同意，现提出如下实施意见。

**一、总体要求**

（一）指导思想。以邓小平理论、“三个代表”重要思想、科学发展观和党的十八大、十八届三中全会精神为指导，积极把握山西建设国家资源型经济转型综合配套改革试验区的历史机遇，加大对地理信息产业的扶持和培育力度，以产业集聚发展为重点、地理信息资源开发利用为核心、突破关键核心技术为切入点，不断提升自主创新能力，加快开发地理信息资源及技术服务产品，提高地理信息应用水平，提升产业整体竞争实力，把地理信息产业培育成我省战略性新兴产业的重要组成部分，为推动全省改革发展做出更大的贡献。

（二）发展目标。完善产业体系，引进、扶持若干个实力雄厚、竞争力强的地理信息产业龙头企业，培育一批体制机制灵活、创新能力较强、运营模式先进的地理信息增值开发中小型企业，带动创业就业形成涵盖装备制造、软件研发、系统集成和地理信息获取、处理、应用、服务的完整产业链，建成一个特色鲜明、辐射带动和聚集作用强的省级地理信息产业园。

**二、发展重点**

（三）积极推进产业发展平台体系建设。完善现代化测绘基准体系建设，构建高精度、三维、具有动态更新能力的测绘基准体系，不断提高空间定位精度。加强基础测绘工作，建立基础测绘定期更新机制，重点发展区域实行动态更新，提高信息数据现势性。全面加快数字城市地理空间框架建设，促进具备条件的向智慧城市转型升级。推进地理信息公共服务平台建设，支撑重大项目科学决策，实现省、市、县互联互通，成立天地图山西公司，建立山西省地理信息大数据中心，拓展地理信息“一站式”服务。开展地理国情普查，构建地理国情本底数据库，适时实施地理国情动态监测。完善应急地理信息资源数据库，并与政府综合应急平台互联互通，建立集动态监测、数据处理和统计分析为一体的公共应急测绘服务体系。加快信息化测绘体系建设，促进地理信息获取实时化、处理自动化、服务网络化、应用社会化。

（四）加快提升遥感影像数据获取和处理能力。加快建设遥感卫星地面接收站，建立多星数据源接收获取平台。大力发展高中空航摄飞机、低空无人机、地面遥感等遥感系统，综合利用多传感器平台，建设低空数码影像、航空三维实景影像、地面静态和移动三维实景影像获取和处理系统。建立并行处理、高速运算的大型遥感影像数据处理与应用中心，加强遥感数据处理技术研发，提高遥感影像数据处理、分析及开发应用能力与水平，加快遥感影像数据和技术在经济建设、社会管理、科学研究等方面的应用，促进遥感产业的发展。

（五）大力发展卫星导航定位与位置服务。结合北斗卫星导航的民用化应用，完善卫星定位基础设施，改造升级全省卫星定位连续运行综合服务系统，提升卫星定位系统综合服务能力。推动导航定位及位置服务与通信网、互联网、物联网的融合发展，建立山西导航与位置数据综合服务中心，大力开发基于北斗卫星导航定位及位置服务的相关产品，促进地理信息在智慧旅游、智能交通、物流监控、电子商务等涉及民生领域的广泛应用。

（六）着力发展地理信息技术装备制造业。通过产、学、研、用相结合的方式，引进和培育一批地理信息技术装备制造企业，加强地理信息技术装备研发，大力开发多功能全站仪、电子水准仪、激光扫描仪、卫星定位仪等新一代地面装备，不断向电子化、智能化、网络化方向发展。依托我省特有优势，重点发展航摄相机、航摄无人机、高性能传感器、智能采集仪器等技术装备，形成一批具有自主知识产权的先进技术装备。大力推进地理信息企业技术装备升级换代，提升现代化技术装备水平，促进地理信息技术装备国产化和现代化。

（七）深化地理信息资源开发应用。妥善处理地理信息保密与应用的关系，在确保国家安全的前提下，最大限度地向社会开放地理信息资源。结合互联网、物联网、云计算等新技术的发展，推动传统测绘服务业转型升级，强化地理信息在空间规划、资源调查、现代农业、城乡统筹、产权管理、交通物流、旅游休闲、环境监管、综合治税、公共安全等方面广泛应用。鼓励地理信息企业充分利用地理信息资源开展社会化应用和增值服务，开发出版多样化、大众化、具有自主知识产权的地理信息产品。不断创新地图表现形式，提高地图产品质量和科技含量，开发多媒体电子地图、实景三维动态电子地图、移动导航电子地图、电子沙盘等品种丰富、功能完善、形式新颖的地图产品。积极发展地理信息网络化服务，开发以地图和地理信息为核心的动漫、智力、游戏、科普、教育等文化创意产品，培育地图和地理信息文化产品的消费市场。

（八）促进产业集群化发展。加快推进省级地理信息科技产业园建设，培育龙头企业和知名品牌聚集的国内外地理信息加工服务、设备制造、地理信息软件开发企业群，促进产业集群化、集约化、规模化发展，努力打造立足山西、辐射全国、面向世界的地理信息产业集聚发展示范园区，发挥园区对全省地理信息产业发展的引领和带动作用。

**三、优化产业发展环境**

（九）加大财税金融支持力度。各级政府在相关专项资金分配和使用时，要支持地理信息获取、处理、应用、出版等产业发展的关键环节。进一步加大对公益性地理信息产品生产的投入力度，落实政府采购政策，鼓励政府部门向社会力量购买地理信息及其技术服务，推动地理信息企业产品在政府采购及投资项目中的应用。将地理信息产业纳入战略性新兴产业和高新技术产业等发展规划，统筹科技研发、成果转化等专项资金，大力支持地理信息企业技术自主创新和产业化。

落实税收优惠政策。相关部门要结合地理信息产业特点，积极指导地理信息企业申报认定高新技术企业和软件企业，对符合认定条件的地理信息企业可以享受国家出台的相关税收优惠政策。

加大融资信贷支持。引导和鼓励创业风险投资机构对地理信息企业开展业务。引导金融投资机构设立地理信息产业基金或并购基金，投资地理信息企业。鼓励民间资本投资地理信息产业，支持地理信息企业上市融资，培育具有竞争优势的地理信息企业进入全省上市后备企业资源库。支持符合条件的企业发行企业债、公司债、短期融资券等融资产品，多渠道筹措发展资金。银行业等金融机构对地理信息及相关企业，要积极拓宽抵质押品范围，开发适合地理信息企业的创新性金融产品，对其合理信贷需求给予支持。

（十）引导、支持企业做大做强。按照“非禁即准、非限即许”的原则，简政放权，优化服务，引导、支持地理信息企业做大做强。引进和培育一批拥有自主知识产权和品牌、掌握核心技术、引领作用强的地理信息龙头骨干企业，支持企业通过并购、参股等方式进入地理信息产业，鼓励地理信息企业兼并、重组、联合，优化资源配置，扩大企业规模。依托地理信息示范工程项目，建设具有国际影响力、特色鲜明的地理信息应用服务示范基地，扶持地理信息技术服务和产品研发企业。鼓励和支持地理信息企业实施“走出去”战略，开拓国内外市场，为相关企业走向国际市场提供信息咨询和服务。鼓励地理信息企业输出地理信息产品、服务、技术、装备和标准，承揽国际外包业务。

（十一）推进地理信息科技创新。加大对地理信息技术创新的政策引导，加大国家及省科技计划、知识创新工程和自然科学基金项目对地理信息科技创新的支持力度，发挥科技重大专项的核心引领作用，实施产业重点领域创新发展工程，着力发展具有自主知识产权的地理信息技术。鼓励、引导和支持高等院校、科研机构和企事业单位加强产、学、研、用协同创新，共建院士工作站、重点实验室以及工程技术中心、技术研发中心等科技创新平台，联合开展科技攻关，加快科技创新成果孵化、转化和产业化。鼓励、引导和支持测绘地理信息企业、单位建立地理信息产业技术创新联盟，大力研发地理信息软件平台和系统集成产品。扩大地理信息企业之间的合作与交流，着力推介国内外地理信息新技术、新产品、新应用，不断增强我省地理信息企业的竞争能力。

（十二）强化人才队伍建设。加大地理信息高层次人才的引进培养选拔力度，全面落实高层次人才优惠政策，支持高层次人才申报“万人计划”、“千人计划”、“百人计划”、高端创新型人才培养引进工程、新兴产业领军人才培育工程、创新团队等各类重大人才工程。建立政府、高校和企业联合培养人才机制，支持省内高校、职业技术学院根据地理信息产业人才需求完善专业学科设置，支持各类教育培训机构加大地理信息及相关专业人才培养力度，鼓励和支持高校、职业技术学院在企业设立学生实习基地。大力推进注册测绘师制度和职业资格证书制度的实施，加强注册测绘师队伍建设和职业技能鉴定工作。完善专业技术职称评审制度，为各类地理信息人才提供职称评审服务。加强市、县级测绘地理信息管理人才队伍建设。

**四、健全产业发展保障体系**

（十三）健全政策法规体系。建立健全促进地理信息产业发展的数据获取、加工处理、交换共享、应用服务、市场准入、产权保护、信息安全保密、质量管理、市场管理等政策法规，适时修订《山西省测绘管理条例》，加快制定《山西省测绘地理信息市场管理办法》、《山西省地理空间数据交换和共享管理办法》等规章。编制地理信息产业发展规划，确定产业发展的目标、任务、重点领域和措施。完善地理信息技术标准，健全地理信息产业标准体系。加快建立全面反映地理信息及相关产业的统计制度和指标体系，建立地理信息产业单位名录库，加强产业信息统计和发布工作。

（十四）规范地理信息市场秩序。加强相关职能部门的协调配合，完善监管机制，强化地理信息市场和安全监管。依法规范地理信息项目的招投标，加大项目合同履约监管，维护有关权益人的合法权益。依法查处非法获取、处理、提供、应用地理信息数据和非法出版、不正当竞争等行为，健全地理信息市场信用体系，维护公平开放、竞争有序的市场秩序。完善涉密地理信息分发与应用跟踪机制，加强互联网地图的监管，加大对涉外地理信息合作项目及其使用涉密地理信息成果的监管，依法严厉打击境外组织和个人非法获取、处理地理信息的行为。

（十五）推进地理信息资源共享利用。建立适应产业发展的地理信息交换共享机制，搭建省、市、县地理信息交换和共享平台，明确共建共享内容、方式和责任，统筹协调地理信息获取分工、更新和共享工作，有效整合各部门地理信息资源，避免重复建设和资源浪费。加强全省航空航天遥感影像获取、处理和分发服务的统一管理，确保地理信息基础数据的安全性、权威性和现势性。进一步完善全省地理信息资源目录系统建设和推广应用，鼓励企业利用基础地理信息资源进行增值开发服务。加强军地测绘地理信息深度融合发展，服务国家安全，推进地理信息社会化应用。

（十六）加强组织领导和工作协调。由省测绘地理信息局会同省发展改革委、省经信委、省财政厅等部门，建立促进地理信息产业发展工作协调机制，协调解决产业发展重大问题，落实产业发展政策措施，指导全省地理信息产业发展工作。各级政府要进一步健全地理信息行政管理体制，加强统筹协调，强化管理职责，建立省、市、县三级权责清晰、政令畅通、运转协调、办事高效的测绘地理信息行政管理体系，支持和促进地理信息产业持续、规范、健康发展。

# 吉林省人民政府办公厅关于促进地理信息产业发展的实施意见

吉政办发〔2014〕15 号　2014 年 4 月 22 日

各市（州）人民政府，长白山管委会，各县（市）人民政府，省政府各厅委办、各直属机构：

为贯彻落实《国务院办公厅关于促进地理信息产业发展的意见》（国办发〔2014〕2 号），加快我省地理信息产业发展，经省政府同意，现提出以下实施意见：

**一、充分认识加快发展地理信息产业的重要意义**

（一）地理信息产业是战略性新兴产业的重要组成部分。地理信息产业是以现代测绘和地理信息系统、遥感、卫星导航定位等技术为基础，以地理信息开发利用为核心，从事地理信息获取、处理、应用的高技术服务业。地理信息产业具有科技含量高、环境污染少、产业链长、关联度大、市场前景广阔、吸纳就业能力强的特点。随着近年来地理信息产业迅速兴起并保持高速增长，这一战略性新兴产业在经济社会发展中的作用日益显现。发展地理信息产业是实现科学发展的重要支撑，是维护国家安全的重要保证，是加快转变经济发展方式的重要手段，是保障和改善民生的重要内容。

（二）产业发展迅速，市场潜力巨大。现代地理信息技术与互联网、云计算、大数据等前沿技术集成融合，市场潜力巨大，不仅直接产生较大的经济效益，还有力地带动了网络服务、移动通信、遥感卫星、导航定位、数据加工应用、现代装备制造和各行各业的信息化建设，既有利于扩大居民消费，又有利于调整和优化经济结构。近年来，我省地理信息产业发展迅猛，地理信息资源不断丰富，信息化服务体系逐步形成，技术、人才优势明显，吉林大学、中科院长春光机所等科研院所积累了大量的研发成果与先进技术。我省地理信息服务总值近年来的年增长率接近25%，服务范围已经覆盖经济社会发展和民生的各个领域，地理信息产业发展迎来了需求的旺盛期、发展的战略机遇期。

**二、总体要求**

（三）指导思想。以邓小平理论、“三个代表”重要思想、科学发展观以及党的十八大、十八届三中全会精神为指导，把握有利时机，以满足经济社会发展和人民群众需求为导向，大力提高地理信息获取和处理能力，推进地理信息广泛应用，规范监管，推动体制机制创新，营造良好发展环境，继续强化遥感卫星数据和影像处理技术优势，不断拓展应用领域，加速产业化、规模化、市场化进程，努力提升地理信息产业的整体实力和竞争力，使地理信息产业成为我省战略性新兴产业的重要增长点，为促进我省经济结构调整和产业升级、实现富民强省作出新的更大的贡献。

（四）发展目标。到2020年，形成以地理信息获取、处理、应用为主的成熟产业链，拥有地理信息企业1500家左右，服务总值超千万元的企业达到150家左右，服务总值超亿元的企业达到30家左右。产业总产值达到300亿元，带动相关产业产值突破3000亿元，成为我省新的经济增长点。培育形成遥感卫星数据和影像处理、车载导航、装备制造领军企业及一批服务企业群，发展若干个实力雄厚、具有国际竞争力的大型企业，培育一大批特色明显、技术领先、盈利水平高的中小型企业。初步建成自主、完善、领先的技术创新体系，基础设施、装备水平大幅提升，信息化服务体系成熟完善。市场监管有效、竞争有序，产品更加丰富、应用更加广泛，产业竞争力显著提高。

**三、重点项目**

（五）提高遥感影像数据获取、处理能力。加强遥感卫星影像数据获取、加工处理、应用服务体系建设，实施遥感卫星发展战略，加快推进“吉林-1号”工程，建设吉林省遥感卫星影像数据接收中心（遥感卫星地面站）和吉林省遥感卫星影像数据技术开发应用产业示范基地（遥感卫星数据处理应用中心）。建设航空无人机低空数码影像获取和处理系统、航空三维实景影像获取和处理系统、地面三维实景影像获取和处理系统。提高遥感航空影像数据获取能力，建设航天、航空影像相补充的获取体系，确保遥感影像的领先优势。

（六）大力开展地理国情普查。查清我省自然地理要素和人文地理要素的基本情况，包括全省地形地貌、植被覆盖、水域、荒漠与裸露地等自然地理要素和全省交通网络、城乡建设、重大设施、居民地与设施、地理单元等人文地理要素的类别、位置、范围、面积等内容，掌握其空间分布现状。建立覆盖全省的地理国情信息数据库系统，包括数字高程模型数据库、高分辨率正射影像数据库、地理国情普查数据库、遥感解译样本数据库、地理国情统计分析数据库等地理国情系统，为政府决策部门和其他各行业提供地理国情信息基础数据服务。在取得普查初步成果的基础上，开展常态化地理国情监测，为生态文明建设提供保障。

（七）加快省地理信息公共服务平台建设。强化公共服务，整合地理信息资源，建设公共服务平台。完善“天地图 ·吉林”应用项目，进一步丰富、更新数据资源，拓展服务功能，突出特色应用。推进市（州）、县（市）“天地图”建设，构建起涉密、政务、公众版等完整的地理信息公共服务平台，为政府决策、社会管理、防灾减灾、环境监测及百姓生活提供服务。

（八）加快数字（智慧）城市地理空间框架建设。将数字（智慧）城市地理空间框架建设项目纳入我省信息化建设重点项目。对已建成的项目，要做好数据更新、拓展应用，实现省、市、县互联互通。要创造条件引导企业与政府合作，鼓励有条件的地理信息企业参加项目建设，发挥各自优势，推进建设进度，用3年时间基本完成市级数字（智慧）城市地理空间框架建设。同时积极促进具备条件的数字城市地理空间框架建设向智慧城市地理空间框架建设转型升级。

（九）大力发展卫星导航定位与位置服务。提升我省卫星定位综合服务系统功能，大力开发基于北斗卫星导航定位及位置服务的软件平台和网络地图等相关产品，综合集成地图与地理信息、遥感数据信息、交通信息、气象信息、环境信息等基础信息，建立位置数据综合服务系统，增强位置服务能力。推动导航定位及位置服务与通信网、互联网、物联网的融合发展，促进导航与位置服务在农业、交通、矿山、安全、旅游、电子商务等领域的广泛应用，拓展深度与广度，培育地理信息消费市场。

（十）积极推动地理信息技术装备制造业发展。通过产、学、研、用相结合的方式，依托科研院所，引进国内外知名企业，大力开发多功能全站仪、电子水准仪、激光扫描仪、卫星定位仪等新一代地面装备，不断向电子化、智能化、网络化方向发展。依托我省特有优势，重点发展航摄低空飞行器、航摄相机、车载导航设备、智能采集仪器等技术装备，培育一批具有自主知识产权的先进技术装备研发与制造企业。

（十一）促进地理信息资源共享和深层次开发应用。鼓励符合条件的地理信息企业充分利用基础地理信息开展社会化应用和增值服务，开发出版多样化、大众化、具有自主知识产权的地理信息产品。整合政府信息资源，推进应急指挥、食品药品监管、环境监管、综合治税、公共安全、城镇综合管理等地理信息公共服务。提升民生领域服务水平，推进养老机构、社区、家政、医疗护理机构地理信息共享与服务。加快推进智慧农业建设，加快推动地理信息技术在农业生产、经营、管理、服务领域的集成、示范和推广应用。提高地图产品质量和科技含量，开发多媒体电子地图、实景三维动态电子地图、移动导航电子地图、电子沙盘等地图产品。积极发展以地图和地理信息为核心的动漫、智力、游戏、科普、教育等文化创意产品，培育地图和地理信息文化产品的消费市场。

（十二）加快省地理信息科技产业园建设。构建省地理信息科技创新中心，重点实现卫星遥感数据接收处理、地理信息技术创新、地理信息公共服务、地理信息文化传播等。依托“北斗”、“吉林一1号”统筹卫星影像数据接收、运行维护，构建基于像素工厂等现代地理信息技术装备的遥感影像处理、开发及服务技术体系，形成高分辨率遥感影像获取、处理和服务能力。促进产业集群化发展，培育龙头企业和知名品牌聚集的国内外地理信息加工服务、设备制造、地理信息软件开发企业群，努力打造立足吉林、辐射全国、面向世界的地理信息产业集聚发展示范园区。力争到2020年园区产值达到150亿元。

**四、夯实产业发展基础**

（十三）丰富地理信息数据资源。各级政府要加强基础测绘工作，加大地理信息资源获取力度，依法建立基础测绘分级投入和定期更新机制，并纳入国民经济和社会发展规划及年度计划。重点发展区域基础地理信息动态更新，提高信息数据现势性。大力开展重点项目建设，不断丰富地理信息资源。加快现代化测绘基准体系建设，构建高精度、具有动态更新能力的测绘基准体系。加强军地测绘地理信息融合发展，服务国家安全，推进地理信息社会化应用。

（十四）建立地理信息资源共享机制。建立适应产业发展的地理信息交换共享机制，有效整合各部门地理信息资源，节约财政资金，促进产业快速健康发展。统筹全省航空航天遥感影像资源获取、处理和分发服务，确保高分辨率卫星遥感影像的安全性、权威性和现势性，明确共享内容、方式和责任。建立省地理信息交换中心，推进市、县级地理信息交换中心建设，依法推动地理信息资源更大范围的应用。

（十五）推进地理信息技术创新和成果产业化。加大国家和省科技计划、知识创新工程和自然科学基金项目对地理信息科技创新的支持力度，发挥科技重大专项的核心引领作用，加强对地理信息技术创新的投入和政策引导，充分发挥高等院校和科研机构在地理信息科技创新中的重要作用，强化企业科技创新的主体地位。加强产、学、研、用协同创新，联合开展科技攻关，在黑土地和湿地保护、长吉图开发开放先导区监测等方面取得实效。建立地理信息产业技术创新联盟。引导、鼓励、支持测绘地理信息企业、单位申报国家和省部级科技奖项。支持和引导企业、高等院校、科研机构共建院士工作站、重点实验室以及省地理省情监测工程技术研究中心等科技创新平台，推进地理信息技术和产品产业化。

（十六）加强人才队伍建设。加大地理信息高层次人才的引进培养选拔力度，培养一批国家级和省部级学术和技术带头人。全面落实高层次人才的优惠政策，支持地理信息高级人才申报千人计划等各类人才工程。建立部门、高校和企业联合培养人才机制，支持高校、职业技术学院根据地理信息产业人才需求完善专业学科设置，加大地理信息及相关专业人才培养力度，鼓励和支持高等院校在省内科研单位和知名企业设立学生实习基地，培养高端人才，充分发挥测绘地理信息继续教育培训基地的作用。加强执业资格管理，强化地理信息职业技能鉴定工作，推进注册测绘师制度实施，加强注册测绘师队伍建设。

（十七）提升地理信息产业层次。引进和培育一批拥有自主知识产权和品牌、掌握核心技术、引领作用强的地理信息龙头骨干企业，鼓励地理信息企业多种所有制并存、联合、重组，优化资源配置，扩大企业规模。实施“走出去”战略，鼓励和支持在地理信息服务领域开展对外合作，为相关企业走向国际市场提供信息咨询和服务。鼓励企业输出地理信息服务、技术、装备和标准，承揽国际外包业务。

**五、加强财税金融支持**

（十八）加大财政支持力度。各级政府要加大对公益性地理信息产品生产的支持投入，现有相关省级专项资金在分配和使用时，要大力支持企业技术自主创新和产业化发展。鼓励政府部门向社会力量购买地理信息及其技术服务，落实政府采购政策。

（十九）落实税收优惠和相关激励政策。在享受相应税收优惠政策基础上，省地理信息科技产业园入园企业享受如下优惠待遇：在一个纳税年度内，符合条件的地理信息企业技术转让所得不超过500万元的部分，免征企业所得税；超过500万元的部分，减半征收企业所得税。对单位和个人从事技术转让、技术开发和与之相关的技术咨询、技术服务取得的收入，免征增值税。企业用于引进高层次人才的住房补贴、安家费、配套科研经费等可列入成本，科研创新经费、设备折旧和职工培训费用可按相关规定税前扣除。企业高管和高层次人才的个人所得税，由园区所在地政府在一定年限内实行相应额度的定向奖励，用于创新创业关键要素和重要环节的补助。对园区引进的高层次地理信息人才，优先安排本人及其配偶、未成年子女在所在地落户。

（二十）加大融资信贷支持。引导和鼓励创投资金进入地理信息产业，支持创新型中小企业发展。引导金融投资机构设立地理信息产业基金或并购基金，投资地理信息企业。鼓励民间资本投资地理信息产业，支持地理信息企业上市融资，培育具有竞争优势的地理信息企业进入全省上市后备企业资源库。支持符合条件的企业发行企业债、公司债、可转换债、短期融资券、中期票据等融资产品，多渠道筹措发展资金。

银行业等金融机构对地理信息及相关企业，要积极拓宽抵质押品范围，开发适合地理信息企业的创新性金融产品，对其合理信贷需求给予支持。支持符合条件的地理信息龙头骨干企业创办小额贷款公司和担保公司，扶持中小微企业发展。加大对融资性担保机构的扶持力度，鼓励其为地理信息企业提供各种形式的贷款担保服务。对符合条件的地理信息龙头骨干企业给予利率优惠、中期流动资金贷款和中长期项目贷款支持。

对地理信息民营企业承担数字（智慧）城市地理空间框架建设等信息化工程建设的，可按小额担保贷款有关规定，通过小额担保贷款给予重点支持。

（二十一）优先安排用地。各地对地理信息产业集聚区和列入省规划的地理信息重大项目要保障用地，符合条件的进入“绿色通道”。

**六、优化产业发展环境**

（二十二）健全政策法规体系。建立地理信息市场招投标、资产评估、咨询服务等制度以及工程监理、监督检验等质量保障体系，健全地理信息市场信用体系。加强地理信息市场培育，注重知识产权保护，尽快出台《吉林省地理信息公共服务管理办法》，修订《吉林省测绘条例》，制定《吉林省涉密测绘成果保密管理办法》等规章，营造良好发展环境，编制产业发展规划。建立地理信息产业单位名录库和市场行为记录，加强统计和发布。

（二十三）加大扶持力度。地理信息产业享受国家和省重点支持与扶持高技术服务业、战略新兴产业、中小企业、软件企业等有关政策和措施。通过颁发证书、资质认证等方式，将符合条件的地理信息企业和产品纳入享受相关配套优惠政策和待遇范围。

（二十四）创造便利条件，减免相关收费。对地理信息产业园区（集聚区）的设立，简化审批程序、缩短审批时间。降低准入门槛，放宽对测绘地理信息企业申请资质的注册资金额度、技术人员认定标准和年龄要求。对新申办资质的企业，要指定专人负责，提供咨询、指导和服务，缩短审批时限为7个工作日。对利用基础地理信息开展社会化应用和增值服务的地理信息企业，收费按国家标准减免30%—50%，用于公益服务的免费使用。对接收应届毕业生的民营地理信息企业，技术培训费用减半，有法律、法规规定的收费按低限执行。加大对数字（智慧）城市地理空间框架建设的支持力度，对该类项目以技术和数据成果的形式提供建设总额30%的扶持，特殊情况的可一事一议。

（二十五）规范市场秩序。建立地理信息服务资质管理、数据使用许可、地图审核等制度，规范地理信息项目招投标，依法查处违法违规行为，营造公平、开放、有序的地理信息市场环境。加大对涉外地理信息合作项目及其使用涉密地理信息成果的监管力度，严厉打击境外组织和个人非法获取、处理地理信息的行为。加强地理信息安全监管能力建设，进一步提高涉密地理信息保密安全监管水平，维护国家安全。充分发挥相关产业协会及学会的作用，引导地理信息及相关企业加强自身建设。

（二十六）加强组织领导和工作协调。各级政府要进一步健全测绘地理信息行政管理体制，加强统筹协调，建立权责清晰、运转协调、办事高效的测绘地理信息行政管理体系，支持和促进地理信息产业持续健康发展。

# 吉林省地理信息公共服务办法

《吉林省地理信息公共服务办法》已经2014年6月13日省政府第7次常务会议审议通过，现予公布，自2014年8月1日起施行

吉林省人民政府令第245号 2014年6月24日

**第一条** 为加强地理信息资源管理，推进地理信息资源的共享和应用，提高地理信息公共服务水平，根据《中华人民共和国测绘法》、《中华人民共和国政府信息公开条例》和《吉林省测绘条例》规定，结合本省实际，制定本办法。

**第二条** 本办法所称地理信息公共服务是指利用地理信息资源为政府决策、经济发展、社会管理、应急保障和公众生活等提供服务的活动。

**第三条** 在本省行政区域内开展地理信息公共服务活动，适用本办法。

**第四条** 县级以上人民政府应当加强对地理信息公共服务的领导，建立地理信息公共服务平台（以下简称服务平台）和资源共享机制，提高地理信息公共服务能力。

**第五条** 省测绘地理信息行政主管部门负责全省地理信息公共服务工作，并履行下列职责：

（一）会同有关部门制定全省地理信息数据交换和共享规划；

（二）组织采集、更新全省地理信息数据；

（三）统一获取、加工处理、分发应用、定期更新省域范围内卫星遥感影像；

（四）建设、管理和维护省级服务平台，向社会提供地理信息公共产品和相关服务；

（五）指导市、县级“数字城市”、“智慧城市”地理空间框架建设和服务平台建设；

（六）会同有关部门制定全省地理信息数据交换和共享目录，经省人民政府同意后开展交换和共享工作。

**第六条** 市、县级人民政府测绘地理信息行政主管部门负责本行政区域内地理信息交换和共享工作，并履行下列职责：

（一）会同有关部门根据全省地理信息数据交换和共享规划及本地区经济社会发展需要，建设和管理本地区的服务平台；

（二）采集和更新地理信息数据；

（三）组织实施“数字城市”、“智慧城市”地理空间框架建设。

**第七条** 县级以上人民政府测绘地理信息行政主管部门，应当会同有关部门建立应急保障机制，制定地理信息应急保障预案，为处置突发事件及时提供地理信息公共服务。

**第八条** 县级以上人民政府其他有关部门负责组织采集、更新、交换和共享专题地理信息数据，建设本部门的专题地理信息应用系统。

**第九条** 县级以上人民政府有关部门和单位应当将下列信息纳入共享范围：

（一）在进行公共管理、办理公共事务、提供公共服务过程中产生的地理信息数据；

（二）由财政资金投入产生的地理信息数据；

（三）通过政府的采购或者互换方式取得的公

民、法人或其他组织合法拥有的地理信息数据。

**第十条** 县级以上人民政府有关部门和单位，应当于每年第一季度向本级政府测绘地理信息行政主管部门和上级业务主管部门提交全省地理信息数据交换和共享目录中规定的上一年度专题地理信息数据。

有关部门和单位应当提供合法、准确、规范的地理信息数据，并对其真实性、实效性负责。

**第十一条** 测绘地理信息行政主管部门应当在采集或者获取到相关地理信息数据的60个工作日内，完成数据处理和整合工作，更新服务平台的地理信息数据。

**第十二条** 依法应当保密的地理信息数据的传输、利用和管理，按照有关法律、法规和规章的规定执行。

**第十三条** 各级人民政府及有关部门和单位应当逐步扩大依托服务平台开展社会管理和社会服务工作的范围，提高管理的科学化水平和效率，降低社会管理成本。

**第十四条** 服务平台的建设与维护，应当执行国家和省有关的技术标准和规范。

**第十五条** 服务平台建设应当遵循政府主导、统筹建设、统一标准、资源共享的原则。

**第十六条** 服务平台的规划建设、共享应用和维护更新等所需资金，各级人民政府应当予以支持。

**第十七条** 服务平台应当具备下列功能：

（一）联通市、县级人民政府服务平台及有关部门的专题地理信息应用系统；

（二）处理、整合地理信息数据以及相关的经济、社会和人文等信息；

（三）地理信息数据交换和共享；

（四）无偿向社会公众提供数字地图、位置信息等公共地理信息在线服务；

（五）服务平台建设方案确定的其他功能。

**第十八条** 各级人民政府及其有关部门以及社会组织可根据需要，向测绘地理信息行政主管部门提出服务平台共享接入申请。对具备接入条件的，应当及时接入服务平台，共享服务平台中的地理信息数据。

**第十九条** 县级以上人民政府测绘地理信息行政主管部门及其工作人员违反本办法规定，有下列情形之一的，由本级人民政府或者上级行政主管部门责令限期改正；逾期不改正的，对负有直接责任的主管人员和其他直接责任人员由任免机关或者监察机关给予处分；构成犯罪的，依法追究刑事责任：

（一）未按照规定组织采集、更新地理信息数据和提供地理信息公共服务的；

（二）未采取有效的安全措施，致使地理信息数据失密、泄密、丢失、损毁的；

（三）未按规定对服务平台进行运行、维护，或未向有关部门提供技术支持的；

（四）擅自利用公共地理信息数据或者有关部门提供的专题地理信息数据从事经营性活动的；

（五）其他依法应当追究责任的情形。

**第二十条** 县级以上人民政府其他有关部门和单位及其工作人员有下列情形之一的，由同级人民政府测绘地理信息行政主管部门提出限期改正意见；逾期不改正的，对负有直接责任的主管人员和其他直接责任人员由任免机关或者监察机关给予处分；构成犯罪的，依法追究刑事责任：

（一）不依法组织或未按照相关技术标准和规范采集、更新专题地理信息数据的；

（二）未按规定时间和范围或未及时向服务平台提供更新的专题地理信息数据，影响共享的；

（三）擅自利用服务平台和地理信息数据从事经营性活动的；

（四）其他依法应当追究责任的情形。

**第二十一条** 本办法下列用语含义：

（一）专题地理信息是指描述某区域或者某行业领域要素的地理空间分布及其属性规律的信息，包括自然资源、环境生态、灾难灾害、经济社会、基础设施等数据。

（二）“数字城市”、“智慧城市”地理空间框架，是指以地理信息为依托，把物质城市数字化，从而对城市进行科学有效管理的综合指挥服务系统。

（三）地理信息公共服务平台是指提供地理信息服务所需的信息数据、服务功能及其运行支撑环境的总称。

（四）专题地理信息应用系统是指支持服务平台数据应用的区域性或者行业性的信息系统。

**第二十二条** 本办法自2014年8月1日起施行。

# 黑龙江省人民政府办公厅关于促进地理信息产业发展的实施意见

黑政办发〔2014〕53号 2014年11月5日

各市（地）、县（市）人民政府（行署），省政府各直属单位：

为深入贯彻落实《国务院办公厅关于促进地理信息产业发展的意见》（国办发〔2014〕2号）精神，加快推进我省地理信息产业发展，经省政府领导同意，现提出如下实施意见：

**一、总体要求**

（一）指导思想。以科学发展观、党的十八大、十八届三中全会精神为指导，进一步丰富地理信息资源，加快关键技术自主创新，推进地理信息开发应用，强化政策扶持和监督管理，培育地理信息知名品牌及龙头企业，提升产业竞争实力，将地理信息产业培育成为我省战略性新兴产业，更好地满足经济社会发展的需要。

（二）基本原则。

——坚持市场主导、政策引导原则。充分发挥市场在资源配置中的决定性作用，调动企业发展的积极性，更好地发挥政府的政策引导作用，营造产业发展良好环境。

——坚持立足龙江、辐射全国原则。强化企业在技术创新中的主体地位，结合省情特点，把握与培育市场需求，加快地理信息关键技术攻关和重点领域服务模式创新，提高我省地理信息产业对全国的辐射能力。

——坚持整体推进、重点发展原则。合理谋划全省产业布局、发展方向与发展重点，培育大型龙头企业和拳头产品，提升地理信息产业整体发展水平和综合实力。

——坚持夯实基础、推动应用原则。增强测绘地理信息基础保障能力和产业基地服务能力，支持企业开展地理信息深层次应用开发与技术服务，保障产业又好又快发展。

（三）发展目标。通过政策推动，丰富地理信息资源，完善技术创新体系，规范市场竞争秩序，增强应用服务能力，引进和培育若干个地理信息产业龙头企业和一批充满活力的中小型企业，形成涵盖装备制造、软件研发、系统集成和地理信息获取、处理、服务的成熟产业链。用5至10年时间，扶持3至5家企业上市，打造10家左右服务总值超亿元的龙头企业，50家左右服务总值超千万元的骨干企业，培育1000家左右充满活力的中小型企业。产业总产值达到300亿元，带动相关产业产值增加2000亿元，形成我省新的经济增长点，使我省成为地理信息产业发展强省。

**二、推动重点领域发展**

（四）促进地理信息多样化、深层次开发利用。完善现代化测绘基准设施，推进基于北斗、GPS等多模连续运行卫星定位服务系统建设，提高动态、高精度定位基准服务水平；推广测绘卫星、高中空航摄飞机、低空无人机、地面遥感等多源遥感系统应用，提高地理信息数据获取、处理和分析能力；创新地理信息载体与表现形式，编制出版多层次、个性化、群众喜闻乐见的特色地图产品，繁荣地图市场。

（五）大幅提高地理信息软硬件国产化水平。鼓励拥有知识产权的高端地理信息技术装备生产企业与本地配套零部件生产企业合作，提升装备制造的专业化、精细化、特色化水平；扶持北斗终端和软件研发，促进卫星导航、位置服务产业的跨越式发展；推广下一代互联网、物联网、云计算等新技术应用，提升遥感数据自动化处理、行业应用地理信息系统等软件技术水平。

（六）完善地理信息公共服务平台建设。整合地理信息资源，完成省地理信息公共服务平台的升级改造，构建分级管理的政务、行业、公众版地理信息公共服务平台，完善“天地图·黑龙江”地图门户网站，加快数字城市地理空间框架建设，建立统一的数据更新机制，开展深层次开发应用。

（七）发展地理信息与导航定位融合服务。结合北斗卫星导航产业的发展，提升导航电子地图、互联网地图等基于位置的服务能力，打造一批卫星导航与位置服务骨干企业，积极发展推动企业信息化管理和方便群众日常生活的移动位置服务产品，培育新的经济增长点。推动北斗导航定位及位置服务与通信网、互联网、物联网融合发展，促进在精准农业、智慧旅游、智能交通、物流监控、电子商务等领域的广泛应用。

（八）拓宽地理信息应用服务领域。面向政府管理决策、企业信息化建设和社会大众生活，挖掘地理信息资源开发利用潜力，建设与政府综合应急平台互联互通的应急地理信息服务平台，推进空间规划、资源调查、森林防火、防汛抗旱等方面的信息化服务；深化地理信息应用服务，推进地理信息在现代农业、城乡统筹、新型城镇化、产权管理等方面的广泛应用。

**三、夯实产业发展基础**

（九）增强测绘基础保障能力。逐步建立基础地理信息分级投入和定期更新机制，提高基础地理信息获取、处理和服务能力，实现基础地理信息的合理覆盖与周期更新，持续完善数字龙江、数字城市地理空间框架。加快全省连续运行卫星定位服务系统（HLJCORS）和大地水准面精化工程建设，为产业发展奠定空间参考基准基础。及时完成地理国情普查监测、数字城市、智慧城市等重大项目，带动和促进地理信息产业发展。

（十）引导促进产业集群化发展。整合省内不同部门的地理信息公共服务及相关基础设施和资源，增强综合服务能力。加强省地理信息产业园建设，提高园区信息基础设施保障条件，完善园区整体服务功能。充分发挥园区的产业集聚作用，引导地理信息及相关企业落户园区，支持省内外知名企业在园区设立研发中心、地区总部，推动产业的集群化、集约化、规模化发展。

（十一）推进地理信息技术创新。发挥科技引领作用，完善投入机制，整合科技资源，集中力量突破一批支撑产业发展的关键技术。加强科技创新平台建设，强化企业科技创新的主体作用，支持以地理信息骨干企业为主体组建产业技术创新联盟，鼓励企业在航空航天遥感与导航位置服务、智慧城市、云平台建设、大数据挖掘整理等领域开展技术攻关，支持企业在农业、林业、水利、生态等领域进行应用服务模式创新。加强对外合作，鼓励国内外知名企业来我省开展技术研发和生产合作，提高我省地理信息产业发展水平。

**四、加大政策扶持力度**

（十二）加强地理信息产业政策扶持。全省航空航天遥感数据的获取、处理和分发服务实行统一管理，确保地理信息基础数据的安全性、权威性和现势性。制定基础地理信息收费相关政策，依法向地理信息企业开放地理信息资源。建立适应产业发展的地理信息交换共享机制，整合各部门地理信息资源，深化地理信息资源共享利用程度，构建集约化应用体系，推动地理信息资源更大范围的应用。

（十三）加大财政支持力度。逐步建立基础地理信息分级投入机制。将地理信息产业纳入鼓励发展的战略性新兴产业、现代服务业等专项资金支持范围，重点支持地理信息产业基地建设、智慧城市试点、卫星遥感应用、北斗导航与位置服务等产业关键环节，逐步形成财政资金的引导放大效应和企业投资风险的分散补偿机制。进一步加大各级地方财政对公益性地理信息产品生产的投入力度，鼓励地理信息及其技术服务外包。

（十四）落实相关税收优惠政策。地理信息企业销售自主开发、生产、出版的地理信息产品，符合软件产品范围和认定条件的，可按规定申请享受国家鼓励软件企业发展的增值税优惠政策。符合软件企业认定条件的，可申请享受有关软件企业所得税优惠政策。地理信息企业投资国家鼓励类项目，除《国内投资项目不予免税的进口商品目录》所列商品外，在投资总额内所需进口自用设备以及按照合同随设备进口的技术及配套件、备件，免征进口关税。

（十五）加大高端人才的引进培养力度。建立健全地理信息人才培养、引进和使用机制，支持本省高校加大高层次地理信息专业人才培养力度。支持我省科研人员积极参与和承担国家测绘地理信息及相关项目，突破关键技术，培养科技人才。鼓励国内外拥有自主知识产权、具有国内领先水平的重大项目高端领军人才来我省创业，其家属和子女不受城市落户指标限制，子女可按相关规定办理入园、入学。

**五、优化产业发展环境**

（十六）完善政策法规体系。健全完善适应地理信息产业发展的数据获取、数据处理、交换共享、应用服务、技术标准、产权保护、信息安全、质量管理、市场管理等政策法规。完善地理信息项目招投标制度，规范政府采购地理信息服务产品行为，建立地理信息企业信用评估体系，改进完善地理信息企业资质管理，完善地理信息安全保密政策，促进地理信息开发应用。

（十七）扶持地理信息企业发展。创新产业管理模式，对掌握核心技术、市场占有率高、引领作用强的骨干龙头企业给予重点扶持，积极引导中小型企业进行信息化转型升级。鼓励相关产业的企业和民营资本以投资、并购、参股等形式进入地理信息服务领域；鼓励现有企业采取市场化运作方式，通过联合、重组、转制、股权置换等方式优化资源配置，增强企业活力，扩大企业规模，根据市场需求和不同的服务对象提供适宜的地理信息产品。大力扶持从事地理信息技术服务和文化创意产品开发的中小企业，形成具有一定知名度的品牌企业。

（十八）规范市场秩序。加快建立全省地理信息单位名录库，规范产业发展的统计制度、指标体系和分类标准。完善地理信息市场统一监管机制，建立地理信息市场的日常巡查和专项执法检查制度，依法查处违法违规行为，营造公平、开放、有序的地理信息产业发展环境。

（十九）加强工作组织协调。省测绘地理信息局负责统筹协调和指导全省地理信息产业发展工作，编制地理信息产业发展规划，加强产业管理与服务。相关部门要加强沟通，协调解决地理信息产业发展中的重大问题，落实产业发展政策措施。市（地）、县（市）测绘地理信息行政主管部门应强化管理职责，支持和促进地理信息产业持续、规范、健康发展。

# 江苏省人民政府办公厅关于促进地理信息产业发展的实施意见

苏政办发〔2014〕87 号　2014 年 10 月 22 日

各市、县（市、区）人民政府，省各委办厅局，省各直属单位：

为认真贯彻《国务院办公厅关于促进地理信息产业发展的意见》（国办发〔2014〕2 号），加快推进我省地理信息产业发展，经省人民政府同意，现提出如下实施意见。

**一、总体要求**

（一）基本思路。地理信息产业是以现代测绘和地理信息系统、遥感、卫星导航定位等技术为基础，以地理信息开发利用为核心，从事地理信息获取、处理、应用的服务业，具有科技含量高、环境污染小、吸纳就业强等特点，市场潜力巨大，发展前景广阔。各地、各有关部门要以改革创新为动力、转变经济发展方式为主线，做强产业规模为重点，增强自主创新为核心，提高服务水平为目标，完善政策法规为保障，着力突破核心关键技术，着力培育重点产业分支，着力提高市场竞争力，全面推进我省地理信息产业实现跨越发展。

（二）发展目标。到 2020 年，形成涵盖地理信息获取、加工、开发、应用和装备制造、软件研发、系统集成的成熟产业链，形成若干实力雄厚、具有国际竞争力的大型企业和龙头企业。培育一批充满活力的中小企业，建成国内有影响的省级地理信息产业园和国内知名的北斗卫星导航产业化基地，地理信息产业及相关产业发展水平走在全国前列，产业体系较为完善，产业竞争力显著提高，科技创新能力持续增强，地理信息获取能力明显提升，市场监管有效、竞争有序，产品更加丰富，应用更加广泛，成为地理信息产业强省。

**二、重点任务**

（三）加强地理信息基础建设。加快推进现代测绘基准体系建设，建立统一、协调、完整、开放的卫星导航定位基础设施体系，提供高精度的卫星定位应用服务，实现重点区域和特定场所全覆盖无缝定位，提升导航定位综合服务能力。协同相关力量，确保全省 1:10000 国家基本比例尺地形图每 2 年更新 1 次，重要地理信息要素实时更新；城市 1:2000、1:1000 和 1:500 比例尺地形图动态更新。建设基础地理信息数据、高分辨率航空航天遥感影像图、导航电子地图和位置服务等地理信息数据库。加强地下空间及管线、沿海滩涂、水下地形等地理信息数据的获取能力建设，丰富多尺度、多时相、高精度、全要素的基础地理信息数据资源。优化促进产业发展的数据开放、信用管理、知识产权保护、市场监管等相关内容，加快研究制定产业发展急需的新技术、新装备、新产品等方面的标准，不断强化产业发展的基础支撑。建成全省县级以上统一、权威、标准的“数字城市”地理空间基础框架、“天地图”省市县节点、地理信息公共服务平台，为建设更高水平信息化省份提供基础保障。加强地理国情普查和监测，及时提供地理国情保障服务。

（四）培育地理信息产业发展基地。加快推进江苏省地理信息产业园建设，通过政策引导和产业扶持，吸引更多地理信息及相关企业入驻省地理信息产业园，形成集聚优势和品牌优势，实现规模化、集群化发展。至2020年，引进资金100亿元以上，形成产业相对集中、相互链接、配套齐全、特色鲜明的园区地理信息产业发展格局。加快建设江苏省基础测绘中心，提升基础测绘、海洋测绘、行政区域界线测绘、地籍测绘等基础性、公益性测绘保障能力。建立省基础地理信息数据分发中心和行政管理服务窗口，为企业提供就近便利的服务保障。大力支持南京北斗卫星导航产业联盟建设，将南京北斗产业基地打造成全国知名的卫星导航、卫星通信及卫星遥感应用产业园区。

（五）提升地理信息数据获取能力。充分利用测绘应用卫星、高中空航摄飞机、低空无人机、地面遥感等遥感系统，获取航空航天对地观测数据，形成光学、雷达、激光等遥感数据获取体系，进一步提高遥感数据获取水平。结合我省需求，确保全省高分辨率航空影像每2年获取1次，航天遥感影像每年获取1次。建设遥感卫星地面接收站，丰富地理信息数据资源，提高信息数据现势性。加快建设以轻型飞机或无人机为平台的低空数码影像获取，以及车载三维可量测地面实景影像获取系统。加强遥感数据采集、处理技术软硬件开发，进一步提高数据获取、加工、处理和分析能力。

（六）发展高端地理信息软件和测绘装备。结合新一代互联网、物联网、云计算、大数据等新技术的发展趋势，鼓励相关软件企业研发具有自主知识产权的地理信息系统软件平台，大力开发智能化地理信息系统软件、系统集成产品和相关技术服务，满足经济社会发展和群众日常生活对地理信息服务的多样化需求。充分发挥我省地理信息装备制造发展基础和技术优势，通过政、产、学、研、用相结合的方式，推进地理信息装备提档升级，重点发展航摄相机、航摄无人机、三维航摄仪、高性能传感器、测量型卫星接收器、导航仪、工程测量仪器等技术装备，提升装备制造的专业化、精细化、特色化和国产化水平。支持企业自主研发兼容北斗及其他卫星数据的软件、芯片、天线、模块和终端，鼓励开发基于北斗的导航定位及位置服务相关软硬件产品。

（七）大力提升地理信息与导航定位融合服务。抓住国家大力发展北斗卫星导航应用的机遇，全面改造升级与北斗、GPS等系统相兼容的我省全球导航卫星连续运行参考站综合服务系统（JSCORS）。加快建设与国家互联互通的北斗数据中心平台、导航与位置服务综合运营平台、时空信息云平台等基础平台，提升卫星定位系统综合服务能力。推动导航定位及位置服务与通信网、互联网、物联网的融合发展，在我省“智慧城市”建设、地理国情普查与监测、国土空间优化、灾害监测、不动产登记、农村土地承包经营权确权登记等领域，推进北斗导航、授时和监控等多内容的示范工程建设和规模化应用。积极发展移动位置服务产品，加快培育新的经济增长点。

（八）促进地理信息开放共享和深度应用。建立健全政府部门间地理信息资源共建共享机制，鼓励政府部门与掌握地理信息要素的企业事业单位开展地理信息共建共享工作。统筹协调地理信息获取、更新工作，避免重复建设和资源浪费。建立遥感影像统一采购制度，出台高分辨率卫星遥感影像公开使用的有效措施。以“数字城市”地理信息基础框架、“天地图·江苏”、地理信息公共服务平台为抓手，全面提高地理信息网络化、智能化服务水平，推进面向政府管理决策、面向企业生产经营、面向群众日常生活的地理信息应用。鼓励符合条件的地理信息企业开展社会化应用和增值服务，开发多样化、大众化、具有自主知识产权的地理信息产品。鼓励制作和出版多层次、个性化、群众喜闻乐见的优秀地图产品，开发出版系列城市地图集和公路水路交通多媒体地图以及三维虚拟地图等特色地图。积极发展地理信息文化创意产业，开发以地图为媒介的动漫、科普、教育等新型文化产品，培育大众地理信息消费市场。

**三、保障措施**

（九）优化地理信息产业发展环境。进一步深化行政审批制度改革，简化行政审批程序，最大限度减少对企业发展等微观事务的管理，突出企业主体地位。加快对现行法规制度的全面梳理，清理和废除妨碍产业发展、制约释放企业活力的不合理规定。规范建立全面反映产业发展情况的统计制度、指标体系和分类标准，建立地理信息及相关产业单位名录库。逐步扩大政府采购和服务外包范围，鼓励基础测绘、地理信息公共服务、地理信息技术服务等项目服务外包，加快推进地理信息服务业态模式创新。完善地理信息市场招投标、资产评估、咨询服务等制度，健全工程监理、监督检验、质量保障和市场信用体系。依法查处非法转包、违法分包、无资质或超资质经营等违法违规行为，着力打击串标招标、低于成本竞标等恶意竞争行为。积极推进地理信息数据对社会开放，地理信息企业从事公益性项目的，基础地理信息实行免费提供；从事市场化项目的，实行低收费政策。提高涉密地理信息保密安全监管水平，妥善处理好地理信息保密和社会化应用的关系。

（十）加快科技创新和人才队伍建设。加大省科技计划等项目对地理信息科技创新的支持力度，发挥国家科技重大专项的核心引领作用，集中力量突破一批支撑产业发展的关键共性核心技术，加快推进产业重点领域创新发展和科研成果的产业转化。强化企业在科技创新中的主体地位，鼓励符合条件的地理信息企业建立各类科技创新平台，构建专业技术创新与产业转化服务体系。以促进地理信息科技创新和产业升级为重点，着力培养高层次、创新型的核心技术研发人才和科研团队。充分发挥我省高校和科研院所优势及院士工作站、重点实验室作用，努力培养国际化、复合型、实用型人才。结合省“双创计划”“创新团队计划”“企业博士集聚计划”等人才工程的实施，吸引高端地理信息人才来我省创业。

（十一）加大财政支持力度。加大财政资金对地理信息产业发展的投入力度，在现有资金渠道内，着力支持地理信息获取、处理、应用、出版等产业发展的关键环节，提升产业创新能力。对于基础测绘和地理国情监测等基础性、公益性项目，坚持以财政投入为主；对于市场化程度较高的重点发展领域，政府通过多种方式给予政策、资金扶持；对于重点发展领域以外的地理信息社会化服务，政府给予合理引导和支持。省级战略性新兴产业等专项资金对符合条件的地理信息产业重点项目给予支持，省新兴产业创业投资基金积极引导创业投资企业投资于地理信息产业。

（十二）落实相关税收优惠政策。地理信息企业自主研发、生产的地理信息产品，经有关部门认定，可申请享受国家现行鼓励软件产业发展的增值税优惠政策。地理信息企业经认定为软件企业的，可申请享受国家现行鼓励软件产业发展的有关所得税优惠政策。为开发新技术、新产品、新工艺发生的研究开发费用，可以在计算应纳税所得额时加计扣除；形成无形资产的，按照无形资产成本的150%摊销。地理信息企业经有关部门认定为高新技术企业的，减按15%的税率征收企业所得税。地理信息企业投资国家鼓励类项目，除《国内投资项目不予免税的进口商品目录》所列商品外，在投资总额内所需进口自用设备以及按照合同随设备进口的技术及配套件、备件，免征进口关税。一个纳税年度内，对地理信息居民企业技术转让所得不超过500万元的部分，免征企业所得税；超过500万元的部分，减半征收企业所得税。

（十三）加大融资支持力度。鼓励社会资本投资地理信息产业，设立主要支持地理信息企业发展的股权投资（基金）企业或创业投资（基金）企业，引导社会资金投资地理信息产业，不断扩大投入规模，提高产业发展后劲。积极支持符合条件的企业采取发行股票、债券等多种方式筹集资金。鼓励企业开展金融租赁、融资租赁等其他间接融资方式，拓宽融资渠道。银行业金融机构要在控制风险的前提下，积极拓宽抵质押品范围，开发适合地理信息企业的金融产品，对其合理信贷需求给予支持。充分发挥融资性担保机构和融资担保扶持资金的作用，为地理信息企业提供各种形式的贷款担保服务，积极推动企业利用知识产权等无形资产开展质押贷款。

（十四）加强组织领导和工作协调。成立省促进地理信息产业发展工作领导小组，指导和协调全省地理信息产业发展工作。健全测绘地理信息行政管理体制，强化市、县（市、区）人民政府测绘地理信息工作管理职责，支持和促进地理信息产业持续、规范、健康发展。科学编制省地理信息产业发展规划，提出规划目标、方向和重点。将省地理信息产业发展规划纳入省国民经济和社会发展规划，加强与相关规划、政策的衔接，明确任务和措施。充分发挥相关产业协会及学会的作用，引导地理信息及相关企业加强自身建设，促进行业自律，规范市场秩序，形成社会合力，共同推进地理信息产业发展。

# 浙江省人民政府办公厅关于进一步推进地理信息产业发展的实施意见

浙政办发〔2014〕127号 2014年11月11日

各市、县（市、区）人民政府，省政府直属各单位：

为贯彻落实《国务院办公厅关于促进地理信息产业发展的意见》（国办发〔2014〕2号）和《浙江省人民政府关于促进地理信息产业加快发展的意见》（浙政发〔2012〕51号），进一步推进我省地理信息产业发展，经省政府同意，提出如下实施意见：

**一、总体要求**

以科学发展观为指导，以满足经济社会发展需求为导向，以产品开发利用、关键技术突破、产业集聚发展、体制机制创新为重点，坚持市场主体，强化分类指导、示范应用和政策扶持，充分利用数字城市地理空间框架建设成果，全面提高地理信息获取和处理能力，推进地理信息规范监管和广泛应用，提升地理信息产业发展整体水平和国际竞争力。

**二、加快重点领域发展**

（一）提升遥感数据获取、处理能力和应用水平。

1. 充分利用国家测绘遥感卫星，发展高中空飞机、低空无人飞机、地面遥感等遥感系统，加快航空航天对地观测数据获取设施建设，形成光学、雷达、激光等遥感数据获取体系，突破遥感影像获取困难的瓶颈，实现高分辨率遥感数据的快速获取。（责任单位：省测绘与地理信息局、省发改委、省经信委）

2. 建立遥感数据服务标准化技术体系，加强遥感数据处理、解译分析，实现遥感数据处理自动化和智能化，提高数据处理、分析能力。（责任单位：省测绘与地理信息局、省科技厅、省质监局）

3. 建立高精度遥感数据共享平台和机制。拓展遥感技术和数据成果在资源调查、灾害监测、环境监测、生态保护、现代农业、城乡规划和工程建设、海上交通及海洋渔业等领域的广泛应用，积极培育遥感应用市场。（责任单位：省发改委、省经信委、省国土资源厅、省建设厅、省环保厅、省水利厅、省农业厅、省海洋与渔业局、省测绘与地理信息局）

（二）提高技术和装备研发水平。

1. 充分利用我省自主研发的图库一体化、国土规划管理、海洋功能区划管理、三维精细化建模等地理信息技术，引进、消化、吸收国内外先进技术，推进地理信息软件开发和系统集成，推进地理信息软件自动化、智能化、集成化、大型化。（责任单位：省经信委、省科技厅、省测绘与地理信息局）

2. 发展航摄低空飞行器、航摄相机、高性能传感器、便携式数据采集终端等，研发、生产具有自主知识产权的先进装备。（责任单位：省经信委、省发改委、省科技厅、省测绘与地理信息局）

（三）推进北斗卫星导航与位置服务。

1. 完善现代测绘基准体系，充分利用已建成的全球卫星定位连续运行综合服务系统，建设北斗卫星导航及其多星兼容的地基增强系统和北斗时空服务平台、导航与位置综合服务平台，构建统一、协调、完整、开放的卫星导航基础设施，夯实应用基础。（责任单位：省测绘与地理信息局、省经信委、省气象局、省地震局）

2. 完善北斗卫星导航与位置服务产业链，在北斗芯片、天线、模块、终端及其运营系统等核心技术方面实现突破。支持研发、生产北斗卫星导航定位及位置服务相关的芯片、天线及终端产品。（责任单位：省测绘与地理信息局、省发改委、省经信委、省科技厅）

3. 开展北斗卫星导航综合示范工程建设，推进北斗卫星导航在智慧城市重点工程及社会相关领域应用。促进北斗卫星导航与位置服务产业与相关行业深度融合发展，培育新的经济增长点。（责任单位：省测绘与地理信息局、省发改委、省经信委、省科技厅）

（四）促进地理信息技术、产品和服务广泛应用。

1. 推进地理信息技术和产品在行政管理、智慧城市、现代农业、城乡统筹、新型城镇化、不动产管理、应急保障、国土空间规划、海洋功能区划、生态文明建设与评估，以及在社会、民生领域等方面的深度应用。（责任单位：省发改委、省经信委、省国土资源厅、省环保厅、省建设厅、省农业厅、省海洋与渔业局、省测绘与地理信息局）

2. 利用地理信息技术促进智能地下管网、通信、电力、交通等公共设施建设，以及物流配送、特殊车辆（船舶）动态监控等有效管理，推动“三改一拆”“五水共治”、浙江渔场修复振兴等重点工作开展。（责任单位：省建设厅、省农办、省交通运输厅、省环保厅、省水利厅、省农业厅、省海洋与渔业局、省测绘与地理信息局）

3. 围绕海洋经济发展和海洋综合管理工作，发展船舶监控定位、港口物流导航、渔业资源开发和保护、海域海岛保护和利用、滩涂资源开发利用、海洋资源勘探、海洋环境保护和海洋防灾减灾等海洋地理信息技术的应用服务。（责任单位：省发改委、省国土资源厅、省交通运输厅、省海洋与渔业局、浙江海事局、省测绘与地理信息局）

4. 开发特色地图和以地图为媒介的动漫、游戏、教育用品等文化创意产品，培育大众地理信息消费市场。（责任单位：省测绘与地理信息局、省经信委、省教育厅、省新闻出版广电局）

**三、加快省地理信息产业园建设**

（一）促进产业集聚发展。

1. 加大招商引资力度，积极主动做好与相关央企对接工作，促进地理信息及相关企业加快集聚，形成产业相对集中、配套齐全、特色鲜明的产业发展格局，促进品牌化、规模化、集群化发展。（责任单位：德清县政府、省发改委、省经信委、省科技厅、省测绘与地理信息局、湖州市政府）

2. 加快推进联合国全球地理信息管理德清论坛永久会址建设。创建省级战略性新兴产业示范基地、国家级地理信息产业园、中国北斗产业浙江基地、高新技术产业化基地和省级服务业集聚示范区。建立和完善省地理信息产业园管理体制和机制。（责任单位：德清县政府、省发改委、省经信委、省科技厅、省测绘与地理信息局、湖州市政府）

（二）加强资源要素保障。

1. 强化省地理信息产业园建设用地、人才、电力等资源要素保障，支持中国联通云计算数据中心基地建设。（责任单位：省发改委、省经信委、省国土资源厅、省人力社保厅）

2. 创新服务模式，在产业园区设立服务窗口，为企业提供便利的基础地理信息数据服务。（责任单位：省测绘与地理信息局、省编委办、德清县政府）

3. 政府部门重大信息化项目建设，同等条件下优先采购省地理信息产业园企业中列入《节能产品政府采购清单》的产品、技术和服务。（责任单位：省财政厅、省发改委、省经信委、省测绘与地理信息局）

**四、加强科技创新**

（一）加快创新体系建设。

1. 建立以应用为重点、企业为主体、市场为导向、高校科研院所为支撑，产学研结合的地理信息科技创新体系。支持与武汉大学、浙江大学、中国测绘科学研究院等大院名校联合创建研发机构、科研创新平台和科技转移中心。（责任单位：省科技厅、省经信委、省教育厅、省测绘与地理信息局）

2. 鼓励有条件的地理信息企业建立研究机构或工程中心等科技创新平台，构建技术创新与成果转化服务体系。（责任单位：省科技厅、省经信委、省测绘与地理信息局）

（二）大力开展协同创新。

1. 充分发挥科技创新平台作用，实施一批地理信息技术攻关项目，突破一批支撑产业发展的关键共性技术。鼓励和推动高校、科研院所与企业形成创新利益共同体，探索企业出题、政府立题、协同解题的产学研协同创新之路。（责任单位：省科技厅、省发改委、省经信委、省教育厅、省测绘与地理信息局）

2. 加快地理信息技术标准化创新工程建设，加强地理信息工程质量管理，提升产品品质，培育发展一批国内知名的地理信息软件和技术服务品牌。（责任单位：省质监局、省经信委、省科技厅、省测绘与地理信息局）

（三）强化人才支撑。

1. 支持高校调整专业结构，加快各类地理信息人才培养。鼓励高校与企业建立联合培养地理信息产业人才的机制。（责任单位：省教育厅、省测绘与地理信息局）

2. 全面落实高层次人才优惠政策，把地理信息企业专业人才纳入国家、省级高层次专业技术人才遴选范围，加快培养适应地理信息产业发展的复合型、实用型人才，为创新发展提供人才支撑。（责任单位：

省人力社保厅、省教育厅、省测绘与地理信息局）

**五、加大财税金融支持**

（一）加大财政支持力度。

1. 进一步加大对公益性地理信息产品生产投入力度，落实政府采购政策，鼓励政府部门地理信息服务外包。（责任单位：省财政厅、省发改委、省测绘与地理信息局）

2. 通过省工业和信息化等专项资金，支持相关市县在地理信息获取、处理、应用、出版等关键环节实施产业试点示范项目，推动地理信息产品及技术广泛应用。（责任单位：省财政厅、省发改委、省经信委、省测绘与地理信息局）

3. 将地理信息产业纳入省产业发展引导基金支持范围，推进地理信息产业加快发展。（责任单位：省发改委、省经信委、省财政厅、省金融办、省测绘与地理信息局）

（二）落实相关税收优惠政策。

1. 地理信息企业销售自主开发、生产、出版的地理信息产品，符合软件产品范围和认定条件的，可按规定申请享受国家鼓励软件产业发展的增值税优惠政策。地理信息企业符合软件企业认定条件的，经认定后可申请享受有关软件企业的所得税优惠政策。（责任单位：省经信委、省财政厅、省地税局、省国税局）

2. 地理信息企业投资国家鼓励类项目，除《国内投资项目不予免税的进口商品目录》《进口不予免税的重大技术装备和产品目录（2014 年修订）》所列商品外，在投资总额内所需进口自用设备以及按照合同随设备进口的技术及配套件、备件，免征进口关税。（责任单位：杭州海关、省发改委、省经信委、省财政厅、省国税局）

（三）加大金融支持力度。

1. 鼓励社会资本投资地理信息产业，有条件的市县可按规定设立主要支持地理信息企业发展的股权投资（基金）企业或创业投资（基金）企业，引导社会资金投资地理信息产业，不断扩大投入规模，提高产业发展后劲。（责任单位：省发改委、省财政厅、省金融办）

2. 积极支持符合条件的企业采取发行股票、债券等多种方式筹集资金，拓宽直接融资渠道。银行业金融机构在控制风险的前提下，积极拓宽抵押品范围，开发适合地理信息企业的创新型金融产品，对其合理信贷需求给予支持。（责任单位：浙江证监局、浙江银监局、省金融办、省测绘与地理信息局）

3. 充分发挥融资性担保机构和融资担保扶持资金的作用，为地理信息企业提供贷款担保服务，推动企业利用知识产权等无形资产进行质押贷款。大力发展金融租赁、融资租赁等其他融资方式，支持地理信息产业发展。（责任单位：浙江银监局、省经信委、省商务厅、省金融办、省测绘与地理信息局）

**六、优化发展环境**

（一）夯实产业发展基础。

1. 加强基础测绘和海洋测绘工作，进一步丰富地理信息数据资源；加快数字城市地理空间框架和“天地图·浙江”网站建设，构建统一、权威、标准的地理信息公共服务平台，实现地理空间数据的交换与共享。（责任单位：省测绘与地理信息局、省发改委、省经信委）

2. 充分利用地理国情普查和监测成果，及时提供地理国情信息产品，建立信息共享机制。（责任单位：省测绘与地理信息局）

（二）加强分类指导。

1. 对地理信息产业中具有基础性、公益性、战略性或关系国家安全的领域，坚持以政府投资为主，加强基础地理信息公益性生产与服务。（责任单位：省财政厅、省测绘与地理信息局）

2. 各级财政投资建设的地理信息公共服务平台，向企事业单位和社会公众开放；研究出台基础地理信息数据免费或低收费政策，鼓励相关地理信息企业利用基础地理信息开展社会化应用和增值服务。（责任单位：省测绘与地理信息局、省财政厅、省物价局）

3. 地理信息社会化服务，主要由企业提供，政府给予合理引导和支持，促进测绘与地理信息成果广泛应用。（责任单位：省测绘与地理信息局、省发改委、省经信委）

4. 对地理信息装备制造、软件开发、系统集成、信息与技术服务等市场化程度高的领域，坚持以社会投资为主，政府给予一定的政策、资金引导和扶持。（责任单位：省财政厅、省发改委、省经信委、省科技厅、省测绘与地理信息局）

（三）营造开放有序的发展环境。

1. 建立地理信息及相关企业单位名录库，加强地理信息统计分析，及时发布地理信息产业发展相关信息。（责任单位：省测绘与地理信息局、省经信

委、省统计局）

2. 完善地理信息服务资质管理、数据使用许可、地图审核等制度以及地理信息技术标准体系。建立地理信息市场资产评估、咨询服务等制度以及工程监理、监督检验等质量保障体系。（责任单位：省测绘与地理信息局、省经信委、省质监局）

3. 健全涉密地理信息保密管理规定，进一步完善涉密地理信息处理、分发与应用跟踪机制，加强对涉外地理信息合作项目及其使用地理信息成果的监督管理。（责任单位：省测绘与地理信息局、省经信委、省保密局）

4. 加大知识产权保护力度，依法打击非法获取和处理地理信息、地图侵权盗版、擅自传播和使用未经许可的地理信息，以及侵犯地理信息知识产权等违法行为，维护统一开放、公平竞争的市场秩序。（责任单位：省科技厅、省工商局、省新闻出版广电局、省测绘与地理信息局）

5. 健全地理信息市场信用体系。（责任单位：省测绘与地理信息局、省工商局）

（四）强化协调配合。

1. 把地理信息产业发展摆在更加突出的位置，强化政策保障，加快地理信息全产业链建设。（责任单位：省测绘与地理信息局、省发改委等）

2. 按照统一、协调、有效的原则，做好地理信息产业发展的统筹规划、市场监管、标准建设、安全保密等工作，促进地理信息产业健康快速发展。（责任单位：省测绘与地理信息局、省发改委、省经信委、省工商局、省质监局、省保密局）

## 福建省人民政府关于数字福建智慧城市建设的指导意见

闽政〔2014〕14 号 2014 年 4 月 10 日

各市、县（区）人民政府，平潭综合实验区管委会，省政府各部门、各直属机构，各大企业，各高等院校：

为科学务实、健康有序地推进全省智慧城市建设，现提出以下指导意见。

**一、发展目标**

经过努力，到 2016 年，建成全省电子政务公共平台，政务活动普遍实现全流程网络化办理；基本建成智慧城市感知、支撑、服务三大基础平台；交通、环保、安全、旅游、市政等重点领域核心业务实现智慧化应用。到 2018 年，主要管理对象和服务事项智慧化应用覆盖率达到 50%。到 2020 年，全省智慧化应用体系建成，实现信息化条件下新政务、新经济、新生活、新城市，我省成为两岸电商合作重要基地、区域国际化智能物流中心、国际信息通信枢纽。

（一）基础设施更加智能。能源、交通、水务、环保、应急等公用基础设施的智能化水平大幅提升，宽带、融合、安全、泛在的下一代信息网络基础设施基本建成，城市基础设施实现运行管理精准化、一体化。

（二）公共服务更加便捷。建成包含教育文化、医疗卫生、劳动就业、社会保障、住房保障、环境保护、交通出行、防灾减灾等公共服务领域、覆盖全体城乡居民的信息服务体系，群众获取公共服务更加便捷高效。

（三）社会管理更加精细。市政管理、人口管理、治安防控、交通管理、公共安全、应急管理、特种设备管理、食品药品安全、社会诚信等社会管理领域的智慧应用体系基本形成，信息共享和业务协同水平显著增强，政府行政效能大幅提升。

（四）生态环境更加宜居。环境智能监测和综合治理体系形成，持久性有机污染物、危险废物、危险化学品等污染物全程防控能力大幅提升，人与自然更加和谐。

（五）产业体系更加优化。信息资源的价值潜能得到有效释放，以网络运营、信息知识加工创新为主的新业态不断发展，信息资源在经济转型升级中的作用更加凸显。资源利用效率、产业集群的生产效率以及竞争能力进一步提高。

（六）发展机制更加完善。与智慧城市发展相适应的政策、法规、标准、制度等软环境保障日益完善，信息资源共享开放和社会化开发利用机制初步形成，智慧城市信息安全保障体系逐步健全。

## 二、主要任务

（一）加快完成数字化建设

1. 加快业务数字化建设。加快开发通用基础应用、服务经济发展和社会民生的行业应用平台，到2016年尽快将主要业务信息化率提高到90%，业务信息数字化率提高到90%，文件证照普遍实现数字化应用。（省发改委、省数字办牵头）

2. 加快业务网络化应用。全面推广政务业务全流程电子化、网络化应用，大幅减少纸质材料使用；政务网上办理成为主流方式，到2018年网下办理比例控制在10%以内。（省委机要局、省数字办牵头）

3. 加快推动业务信息共享。建设更加丰富、动态的人口、法人、信用、文件证照、自然资源与空间地理等基础数据库，普遍实现政务信息在线复用、验证等应用，推动工作模式创新。（省发改委、省数字办牵头）

4. 加快基础空间信息数字化。统筹推动城市各类地下管线、地面建（构）筑物等各类设施、土地资源、河网水系、道路交通、园林绿化等相关信息空间化改造，形成城市统一的地理空间框架和时空平台，实现“一张图”共享应用。（省发改委、省数字办、省测绘局牵头）

（二）建设智慧城市公共平台

1. 建设感知平台，深度感知城市运行

（1）视频感知系统。整合公安、交通、城管、运营商等视频信息，建设统一视频接入平台、图形图像分析处理平台，实现城市可视化管理。（各设区市政府、平潭综合实验区管委会牵头，相关部门配合）

（2）识别感知系统。统筹建设感知终端，强化感知终端集成，实现目标对象的连续识别和相关信息的获取、处理、传送、共享，普遍满足气象、水环境、污染源、危险源等领域的监测、预警、处置需要。（各设区市政府、平潭综合实验区管委会数字办牵头，相关部门配合）

（3）位置感知系统。建设全省位置信息公共平台，汇聚基于北斗、GPS、通信站点等多种定位信息，统筹满足位置应用需要。（省电子信息集团牵头，相关部门配合）

（4）感知传输网。建设统一的智慧城市感知网络，规范末端网络传输模块和技术标准，确保感知传输网络的安全可靠运行。（省发改委、省数字办牵头，各设区市、平潭综合实验区管委会数字办负责）

2. 建设公共平台，提供统一支撑服务

（1）新一代通信网络。建设数字福建·宽带工程，实现光纤网络基本覆盖城市家庭，终端接入带宽达到50M以上，50%家庭达到100Mbps。加快4G网络覆盖，实现WLAN基本覆盖城市公共区域；加快向下一代互联网迁移；加快改造广播电视网络；推动卫星通信应用。（省通信管理局牵头，各电信运营商、省广电网络公司等负责）

（2）物联网能力基础平台。提供感知终端管理、信息汇聚、目录组织、信息共享等功能，实现终端统一识别和接入，以及信息集成分发。（省发改委、省数字办、各设区市、平潭综合实验区管委会数字办负责）

（3）云计算平台。建设基于云计算的电子政务公共平台，实行资源集中管理应用，普遍推行云端服务。（省发改委、省数字办、各设区市、平潭综合实验区管委会数字办负责）

（4）天基信息平台。建设统一的遥感数据共享平台、天空地一体化通信平台，统一提供天基信息服务。（省发改委、省数字办、各设区市、平潭综合实验区管委会数字办负责）

（5）大数据应用平台。建设分布式大数据存储系统、计算模型、仿真系统、机器学习算法库等，提供大数据分析、挖掘处理、发现等能力，满足预测预警和辅助决策需求。（省发改委、省数字办、各设区市、平潭综合实验区管委会数字办负责）

（6）政务数据云平台。以人、组织、地、物、事为对象、整合建设全生命周期动态数据库，推动数据聚合应用，形成支撑智慧城市运行的信息资源服务体系。（省发改委、省数字办、各设区市、平潭综合实验区管委会数字办牵头）

（7）电子认证云平台。完善电子认证服务体系，形成包括证书申请、审核、生产及远程受理等可靠的电子签名认证体系，提供统一的身份认证和数据签名服务，为数据电文提供可靠性认证服务。（省密码管理局负责）

3. 建设交付平台，实现服务一体化

建设应用注册、认证服务、内容管理、服务提交、呼叫服务等系统，构建智慧城市统一的服务交付平台（服务总线或服务网关），为应用提供身份识别、信息聚合推送、权限管理等服务。各类应用系统统一向平台开放服务接口、提供资源，通过平台调用其他部门开放的服务，统一利用服务交付平台受理请求和提交服务。（省发改委、省数字办、各设区市、平潭综合实验区管委会数字办负责）

（三）推进智慧城市重点工程

1. 建设环境资源智能化工程，实现集约利用

（1）建设陆地资源监控平台，加强对土地、矿产、森林、农业种植以及水土流失等的监控，提高资源管理和开发利用水平。（省国土资源厅、农业厅、林业厅、水利厅等负责）

（2）建设水资源监测平台、水资源利用调配智能化系统、水污染治理智能化系统、水利基础设施建设维护信息系统等，提升城市供水服务、用水安全、节水降耗等水平。（省发改委、省数字办、水利厅牵头）

（3）建设海洋资源监控平台、渔船位置信息服务平台、海上安全生产管控系统等，加强对海洋水质、海域、海岛、岸线、渔港、海水浴场等海洋环境和渔业资源的监控。（省海洋渔业厅负责）

（4）建设大气污染防治综合管理平台和大气环境质量检测预警平台，实现自动化实时监测预警，加强大气重点污染源管理，为建设“清新福建”提供保障。（省环保厅、气象局负责）

2. 建设运行设施智能化工程，实现智能管理

（1）发展智能交通，建设公交、道路、港航、物流智能化工程，推动车联网、船联网发展，实现交通诱导、智慧控制、调度管理和应急处理的智能化，保证交通安全和提高运输效率。（省交通运输厅负责）

（2）统筹推进城市规划、国土利用、城市管网、园林绿化、环境保护等市政基础设施管理的数字化、精准化，提高城市规划设计和管理科学化水平。（省住建厅牵头）

（3）建设能耗计量监测平台，实现能源优化调配和节能降耗；发展智能电网，支持分布式能源的接入、居民和企业用电的智能管理；发展智能水务，构建覆盖供水全过程、保障供水质量安全的智能供排水和污水处理系统。（省经信委、省电力公司、各地市自来水公司牵头）

3. 建设服务设施智能化工程，实现便捷服务

（1）建设食品药品安全追溯系统，建立覆盖原料来源、生产、加工、销售、服务等各个环节质量控制和监督管理平台。积极推广“中国药品电子监管网”的应用与普及。（省食安办、省食药监局、福建检验检疫局负责）

（2）建设危险源监控系统、煤矿安全生产监管监查系统、应急救援系统等，实现对设施运行状态进行实时监测，并对潜在危险进行预警、跟踪和处置。（省安监局、煤监局负责）

（3）建设健康远程监护平台等，利用物联网技术，为包含老年人在内的各类人群提供全方位的健康状况监测、预警、应急处理等服务。（省卫计委、老龄办牵头）

（4）建设智慧旅游平台，包括景区综合管理系统、一卡通平台、手机随身游应用、景区商圈营销平台，提升旅游资源开发水平，支撑旅游产业发展。（省旅游局负责）

（5）建设智慧医疗系统、公共卫生预测预警系统、居民健康系统等，建设基于可穿戴技术的智能健康服务平台，利用物联网、远程视频、仿生学等技术实现更高质量的医疗服务。（省卫计委牵头）

（6）建设教育服务云平台，推动实施“宽带网络校校通、优质资源班班通、网络学习人人通”，实现覆盖范围更广、内容更丰富的优质教育资源共享，为全体学习者提供个性化选择与主动推送相结合的终身学习服务。（省教育厅牵头）

（7）建设楼宇智能化系统，包括变配电监控系统、电梯智能监控平台、安全防范监控系统、停车场管理系统及通信自动化系统（综合布线、无线网络）等，实现建筑设施、设备、节能、安全的智慧化管控。（省住建厅牵头）

（8）发展连接两岸、面向全国的数字出版平台，建设电子图书馆、电子杂志、电子报等系统，发展特色数字文化产业，推行数字文化网络出版、网络服务。（省文化厅负责）

（9）建设社区服务综合信息平台，整合基层队伍、信息、终端、空间等网格资源，推行“前台一口受理、后台分工协同”业务模式，方便居民办事，减轻基层负担。（省综治委、省数字办、民政厅牵头）

（10）发展智能居家，推动家用电器网络化、智能化应用，建设区域数字家庭云服务平台；推广家居照明、家庭安防、家庭影音、家庭环境等智能化技术。（省经信委牵头）

4. 建设产业经济智能化工程，推动转型升级

（1）企业智能化制造工程。推广工业控制嵌入操作系统、基于互联网系统设计与仿真协同服务等，

加快重点领域装备智能化，推广数字化控制技术，集成创新一批数控装备；推进生产过程智能化，推广以人机智能交互、柔性敏捷生产为特征的智能制造方式，扩大工业机器人规模化应用，推广生产设备智能控制和增材制造（3D 打印）技术；培育数字化车间和智能工厂。（省经信委牵头）

（2）口岸智能化应用工程。推进口岸“单一窗口”管理，实现“一次申报、一次查验、一次放行”。建设两岸证书交换互认平台、口岸信息共享查验平台，以及货物船舶通关联检系统等，促进口岸查验部门业务协同，推动我省成为两岸电商桥梁和枢纽。（省商务厅、口岸办牵头）

（3）物流智能化管理工程。建设智能物流公共服务平台，统一车、船、货、箱、人的电子标示技术规范，统一建设覆盖路、场站、港口的物流感知网络，推进仓储服务、溯源系统等集成，构建山海一体、连接闽台、泛在化、智能化的物流平台。（省交通运输厅、省经信委牵头）

（4）网络信息服务创新工程。实施信息消费创业促进工程，培育数字出版、电子图书、电子阅读、游戏动漫等产业，加快构建信息加工和创新为主的新业态（省新闻出版广电局、经信委牵头）。推动运营商参与智慧城市平台建设和信息资源开发，深化闽台通信业合作和无线城市试点（省通信管理局负责）。设立互联网创业孵化器（各设区市政府、平潭综合实验区管委会牵头）。扩大引进台湾电子信息服务业，促进两岸合作，形成“闽台网络信息创新圈”。（省商务厅、经信委牵头）

（5）公共服务社会化开发工程。鼓励政务部门和社会服务机构安全有序开放信息资源，委托社会进行专业化、市场化开发和运营，培育信息产业。（省发改委、省数字办牵头）

（6）产业信息深度开发工程。推动应用从单个企业内部向产业链上下游协同转变，提升产业集群组织效率和生产效率。推动产品深度开发，提高产品智能化水平。鼓励发展数据挖掘、商业分析、数字家庭等新型服务，加速信息和知识向产品和服务、资产和效益转化。（省经信委牵头）

5. 建设综合应用智能化工程，实现业务融合协同

（1）公众智能化综合应用工程。整合构建新一代政务服务门户（政务通平台、市民个性化政务主页、政务移动应用等），运用大数据、智能终端、信息聚合推送等技术，改进公共服务方式，加快推行新型信息服务，为市民提供主动化、精细化服务。（各设区市政府、平潭综合实验区管委会负责）

（2）政府智能化综合应用工程。建设城市运行智能化管控综合平台，全面汇聚城市运行监控、预测预警、综合决策、应急指挥等功能和运行信息。（各设区市政府、平潭综合实验区管委会负责）

**三、建设应用模式**

（一）推行建设新模式，开创城市转型发展新空间

1. 推行平台化建设新模式。坚持顶层设计、统筹规划，积极推行平台化集约化建设，充分依托公共平台建设智慧城市。现有应用系统要按照《福建省电子政务公共平台实施指南》加快向公共平台迁移和集成。（省发改委、省数字办、各设区市、平潭综合实验区管委会数字办负责）

2. 推进智慧应用集成融合。把融合应用贯穿于建设全过程，以服务主体和管理对象为引导，分类聚合业务、应用和数据，确立信息共享和业务协同的关系；以公共平台为依托，强化数据集约化采集和网络化汇聚，开发应用接口，建立在线共享和协同的应用模式；通过服务交付平台，整合服务渠道和服务资源，实现融合服务。（省发改委、省数字办、各设区市、平潭综合实验区管委会数字办负责）

3. 构建智慧城市网络空间。推进网络、应用、数据和服务等互联互通，构建覆盖城市对象、便捷通达、高效交付的网络空间，推动业务全流程、无断点、协同性应用，实现物理空间和网络空间融合应用。（各设区市政府、平潭综合实验区管委会负责）

（二）建立应用新模式，构建城市生产生活新形态

1. 打造政务工作新模式。推进政务服务向网络平台迁移，大幅减少网下办事比例。加强政务预警，提前感知需要服务的人群和不稳定事态苗头。实施政务主动服务，让公众在恰当时候、以恰当方式获得恰当服务。加强政务协同，建立协同运行、联动处置机制。深度开展政民互动，掌握社情民意，创新公众参与和监督。实施智慧政务，提升管理和决策能力。（各设区市政府、平潭综合实验区管委会负责）

2. 建立城市管理新模式。基于空间地理平台和大数据技术，创新城市空间布局和规划建设模式；

通过设施智能化改造和各类系统的整合，构建基于统一网格的“大城管”格局，建立城市全要素、全过程、全动态、可视化、空间化的智能化管理新模式；改进预测预警和应急处置，提升城市运行管控和应急处置能力。（各设区市政府、平潭综合实验区管委会牵头）

3. 构建市民生活新模式。普遍利用网络办理政务事务，普遍习惯网上消费，普遍运用网络社交技术，实现信息快速广泛分享，深度感知和满足个体需求。全社会资金流、信息流、服务流大幅向网上迁移，网下活动和拥挤大幅减少。（各设区市政府、平潭综合实验区管委会牵头）

（三）建立法制新环境，构建智慧城市发展新机制

1. 建立智慧城市建设机制。进一步健全数字福建统筹全省信息化工作的体制机制，强化资源共享和整合集成。改革信息中心设置和管理，普遍推行信息服务派出模式，提高智慧城市建设运维水平。（省编办、省数字办牵头）建立服务外包，促进社会化采购。（省财政厅牵头）政务信息归属政府所有，并实施统一管理和应用调度，健全政务信息依职采集和信息共享制度。支持社会力量对政务信息资源进行深度开发利用。推行信息标准化、制度化服务，建立服务问责机制。（省发改委、省数字办负责）

2. 建立智慧城市运行机制。加快现有政策法规信息化条件下适应性改造，推动社会活动向网络空间迁移，鼓励开展网络化服务。确立电子文件作为法定办事依据，普遍推行基于网络空间的新型政务工作模式。建立网上协同、网下协作、双空间高度融合、服务标准一致的城市管理运行新模式。（省法制办、数字办牵头）

**四、保障措施**

（一）健全推进机制。依托数字福建组织框架和协调机制，加强全省智慧城市建设指导和协调。省有关部门要积极开展智慧化应用，支持智慧城市建设。设区市政府、平潭综合实验区管委会要担当智慧城市建设主体，健全专家咨询论证机制，有序推进智慧城市建设。

（二）加强标准建设。要严格遵循国家及我省电子政务和智慧城市总体框架，遵循统一接口标准，确保技术中立、功能可拓展。任何单位不得设置技术壁垒，阻碍系统集成和信息共享。凡是不符合标准、不支持集成和共享的系统不得启动建设、不得投入使用。基础平台和重点工程建设方案要报省数字办衔接。未经衔接的，不得接入和使用数字福建资源。省信息化标准化技术委员会组负责统筹全省智慧城市标准化有关工作。

（三）发挥市场作用。充分发挥企业作为智慧城市建设主力军作用，创新商业模式。鼓励信息系统代建、代维和采用外包服务。鼓励信息资源社会化、市场化开发，支持运营商等社会力量面向个性化需求开展高品质的增值服务。支持智慧城市创业，培育新的经济业态。

（四）拓宽资金渠道。要将智慧城市建设作为新阶段信息化发展的重点，加大资金筹措投入。积极争取国家智慧城市及物联网专项资金，统筹利用好数字福建建设资金、省战略性新兴产业发展资金、物联网发展及示范应用专项资金等。支持智慧城市建设纳入新型城镇化规划，大力拓宽市场化投资渠道，鼓励金融机构加大对企业参与智慧城市建设的融资支持。

（五）提升创新能力。加大科技创新力度，着力突破感知技术、智能技术。加强信息技术和产业领域的知识产权保护。加强智慧城市专业人才培养。依托数字福建专家委员会组建数字福建智慧城市专家组，支持智慧城市建设。

（六）构建安全体系。把安全保障贯穿智慧城市建设全过程，大力采用安全可控的技术。凡是为智慧城市提供支撑的数据中心、云计算平台等要设在境内，企业必须在国内注册；凡是社会力量参与建设的都要遵循信息网络安全管理规定，签订安全责任协议。建立个人隐私信息保护制度，为公众创造良好隐私信息安全环境。

（七）强化评价引导。建设主体要制定实施方案，细化年度目标、主要任务和考核指标，加强自我评价。省数字办要会同相关部门，分年度对全省智慧城市建设推进情况进行跟踪评估，形成有效的监督激励机制。

名词解释：

泛在网：即广泛存在的网络，它以无所不在为基本特征，以实现在任何时间、任何地点、任何人、任何物都能顺畅的通信为目标。

天基信息平台：是相对于陆基、海基而言，以离地面的最低高度（100～110 公里）以上的人造卫星平台为天基平台，通过遥感卫星、通信卫星、广

播卫星、导航卫星等各类卫星为地面提供天基信息服务。

机器学习算法库：机器学习是专门研究计算机怎样模拟或实现人类的学习行为，以获取新的知识或技能，重新组织已有的知识结构使之不断改善自身的性能。它是人工智能的核心。机器学习算法库是各类机器学习形成的知识、技能转化为计算机算法的存储库。

网络空间：指依托于网络环境的人类信息活动的空间，由包含各种资源和功能的众多信息系统构成，通过互联互通建立数据链路和业务关系，实现通信和资源应用管理。它的建立有利于更加有效地管理和利用物理空间，实现经济社会活动更高水平的协同和集约；有利于大规模地将物理空间的资金流、信息流、服务流向网络空间迁移和运行，大幅减少城市不必要的人流和物流，改进经济社会活动方式。

信息化率：指部门主要业务实现信息化支撑的比率，是部门信息化发展水平的度量指标。统计口径为实现信息化支撑的主要业务项数/主要业务项总数。政务部门主要业务指政务部门依据“三定方案”所确定的职能业务。

智慧化应用覆盖率：指城市主要管理对象和服务事项实现智慧化应用占城市主要管理对象和服务事项的比率，是反映城市智慧化应用水平的度量指标。

# 江西省人民政府办公厅关于促进地理信息产业发展的实施意见

赣府厅发〔2014〕56 号　2014 年 11 月 13 日

各市、县（区）政府，省政府各部门：

为贯彻落实《国务院办公厅关于促进地理信息产业发展的意见》（国办发〔2014〕2 号），加快推进我省地理信息产业发展，经省政府同意，现提出如下实施意见：

**一、明确产业发展目标**

（一）重要意义。地理信息产业是以现代测绘技术和地理信息系统、遥感、卫星导航定位等技术为基础，以地理信息开发利用为核心，从事地理信息获取、处理、应用的高技术服务业和战略性新兴产业，具有科技含量高、环境污染少、市场前景好、吸纳就业能力强等特点。地理信息产业是对经济社会全局和长远发展以及国家安全具有重大引领带动作用、技术知识密集、资源消耗少、产业链长、成长潜力大、拉动效应强的朝阳产业，是当今世界主要国家抢占未来发展制高点的战略重点，对于推进经济结构调整、加快经济发展方式转变、服务保障民生、扩大劳动就业、维护国家安全具有重大意义。

（二）工作思路。以体制机制创新为动力，全面提升我省遥感影像数据获取处理和应用能力、地理信息与导航定位融合服务能力、地理信息深层次开发应用能力和地理信息规范监管能力，加快形成“市场主导、企业推进、政府引导、社会参与”的发展格局，提高全省地理信息产业水平，更好地满足经济社会发展和人民群众需求。

（三）主要目标。引进和扶持若干家实力雄厚、竞争力强的地理信息产业龙头企业，培育一批体制机制灵活、创新能力强、充满活力的中小型企业，建成省级地理信息产业园，形成地理信息获取、处理、应用服务、软件研发及人才培养的完整产业链，产业体系更加完善，产业规模显著扩大，地理信息产业服务能力持续增强，地理信息产业年产值增长 25% 以上。力争到 2020 年，全省地理信息及相关产业年总产值达到 200 亿元。

**二、突出产业发展重点**

（四）提升遥感数据获取和处理能力。大力发展高中空航摄飞机、低空无人机、地面遥感等遥感系统，综合利用多传感器平台，形成光学、雷达、激光等遥感数据获取体系，建立多源遥感数据动态获取机制，显著提升遥感数据获取水平。建立并行处理、高速运算的大型遥感影像数据处理与应用中心，加强遥感数据处理技术研发，提高遥感影像数据处理、分析及开发应用能力与水平。大力推进遥感影像数据和技术在经济建设、社会管理、科学研究等方面的应用，促进遥感产业的发展。

（五）大力发展地理信息装备制造业。充分发挥我省在电子信息、汽车制造、航空产业方面的技术与资源优势，大力培育地理信息技术装备企业；采取积极的财税金融及信贷政策，引进国内外高端地理信息装备制造企业，带动相关配套生产企业的快速发展。

（六）发展地理信息与导航定位融合服务。提升我省卫星定位综合服务系统功能，大力开发基于北斗卫星导航定位及位置服务的软件平台和网络地图等相关产品，综合集成地图与地理信息、遥感数据信息、交通信息、气象信息、环境信息等基础信息，建立江西省导航应用综合服务平台。推动导航定位及位置服务与通信网、互联网、物联网的融合发展，积极开发推动国民经济建设和方便群众日常生活的导航定位与移动位置服务产品，不断培育新的经济增长点。

（七）深化地理信息开发利用。以数字城市、智慧城市、“天地图·江西”建设为抓手，充分发挥地理信息在服务保障规划决策、环境治理、自然资源管理、应急保障、物流管理、智能交通、智慧旅游等行业中的应用，推进面向政府管理决策、面向企业生产运营、面向人民群众生活的地理信息应用，扩大地理信息消费需求，带动地理信息相关产业发展。积极发展地理信息文化创意产业，开发以地图为媒介的动漫、游戏、科普、教育等新型文化产品，培育大众地理信息消费市场。

**三、优化产业发展环境**

（八）丰富地理信息数据资源。做好基础测绘重大工程实施，显著提升基础地理信息资源的覆盖范围、数据更新频次和内容丰富程度，常态化开展地理国情监测，鼓励支持企事业单位利用地理信息公共服务平台、“天地图·江西”开展社会化应用和增值服务，为产业的发展奠定坚实的数据基础平台。

（九）建立地理信息资源共享机制。统筹全省航空航天遥感影像资源获取、处理和分发服务，确保基础地理信息数据的安全性、权威性和现势性。建立适应产业发展的地理信息交换共享机制，节约财政资金，高效利用资源。进一步完善全省地理信息资源目录系统建设和推广应用，创新地理信息产品形态与交易模式，依法推动地理信息资源更大范围的应用。

（十）支持江西省地理信息科技产业园建设。加快江西省地理信息科技产业园建设，将其作为省级重点专业园区加快推进。加大对地理信息科技创新和入园企业的支持力度，积极开展产业链、产业集群招商和高端人才及团队引进，落实支持园区基础设施、公共服务平台、科技创新服务平台建设的扶持政策。明确相关部门协力完善园区整体服务功能，打造产学研相结合的现代化园区。

（十一）扶持企业做大做强。进一步完善市场准入、数据使用、地图审核等相关政策，简政放权，降低门槛，优化服务，积极引导中小企业兼并重组，鼓励企业通过并购、参股等方式进入地理信息产业，支持大型地理信息企业上市融资发展，打造地理信息产业发展高地。设置地理信息产业示范推广和产业化推进项目，对地理信息领域的品牌培育、技术创新、产学研平台搭建等进行重点支持。

（十二）加快科技创新和产业转化。完善以企业为主体的科技创新体系，鼓励符合条件的地理信息企业建立各类科技创新平台。发挥重大科技专项引领作用，组织实施产业重点领域创新发展工程。产学研用协同创新，联合开展科技攻关，推进地理信息深层次应用。支持和引导企业、高等院校、科研机构共建重点实验室、工程技术中心、技术研发中心等科技创新平台，提升防灾减灾、国情监测、导航定位、应急保障、现代农村等地理信息服务能力和水平。加快科技创新成果孵化、转化和产业化，提升产业核心竞争力。

**四、落实产业发展保障措施**

（十三）健全工作机制。由省测绘地理信息局会同省发改委、省财政厅、省工信委等部门，建立促进地理信息产业发展工作协调机制，协调促进地理信息产业发展中的有关事项。按照统一、协调、有效的原则，强化地理信息统筹规划、公共服务、市场监管、标准建设、安全管理等职能。推进军地测绘融合发展，大力推动先进军事测绘和地理信息技术成果、装备设施的社会化应用。

（十四）完善政策制度。健全促进地理信息产业发展的政策体系。支持骨干地理信息企业参与省级基础测绘项目建设。出台地理信息数据向社会开放的相关政策，促进地理信息的广泛应用。对从事地理信息增值开发服务的企业实行适度宽松的政策，引导企业转变发展方式和创新经营模式。完善地理信息技术标准，健全地理信息产业标准体系。建立全面反映地理信息及相关产业的统计制度和指标体系，加强地理信息产业统计和发布工作。

（十五）加大财税金融支持。将地理信息产业项目纳入省战略性新兴产业和省科技计划专项支持范围，予以重点扶持，按规定落实好国家制定的税收优惠政策和投融资激励政策。进一步加大财政对公益性地理信息产品的投入力度，大力推广政府向社会力量购买地理信息服务。

（十六）规范市场秩序。落实地理信息市场准入、项目备案、质量管理、成果保密、成果汇交监管制度，健全地理信息市场信用体系。加大知识产权保护力度，依法查处非法获取、处理、使用地理信息和不正当竞争等行为，建立公平竞争、开放有序的市场秩序。加强地理信息安全监管能力建设，建立地理信息安全监管机制，完善涉密地理信息处理、分发与应用跟踪机制，切实维护国家安全。充分发挥学会、协会在促进地理信息产业发展中的作用，引导地理信息及相关企业加强自身建设。

（十七）加强人才队伍建设。建立政府、高校和企业联合培养人才机制，实施地理信息产业人才培养和引进计划。加大地理信息高层次人才的引进培养选拔力度，培养一批学术和技术带头人、技术能手。落实高层次人才优惠政策，支持地理信息高层次人才申报各类人才工程，对引进的地理信息高层次人才，可按规定落实相应引才优惠政策。对引进符合相应条件的高层次人才，可按规定申报中高级专业技术资格。加强执业资格管理，强化地理信息职业技能鉴定工作，推进注册测绘师制度实施。加强市县级测绘地理信息技术、管理人才队伍建设。

# 陕西省测绘成果管理条例

2014年11月27日陕西省第十二届人民代表大会常务委员会第十四次会议修订

## 第一章　总　则

**第一条**　为了规范测绘成果管理，维护国家安全，促进测绘成果的利用，满足经济建设、国防建设和社会发展的需要，根据《中华人民共和国测绘法》、《中华人民共和国测绘成果管理条例》和有关法律、行政法规，结合本省实际，制定本条例。

**第二条**　本省行政区域内测绘成果的生产、更新、汇交、保管、提供、利用、销毁和质量管理，以及重要地理信息数据的审核与公布，适用本条例。

**第三条**　本条例所称测绘成果，是指通过测绘形成的数据、信息、图件以及相关技术资料。测绘成果分为基础测绘成果和非基础测绘成果。

本条例所称基础测绘成果，是指公共财政投入并由测绘地理信息行政主管部门（以下简称测绘行政主管部门）组织实施所形成的基础性、公益性测绘成果。基础测绘成果之外的为非基础测绘成果。

**第四条**　测绘成果实行无偿汇交、统一管理、资源共享、定期更新的原则。

**第五条**　省人民政府应当加强对测绘工作的领导，推动现代化省级测绘基准体系的建设与应用。

县级以上人民政府应当根据本行政区域国民经济和社会发展需要以及自然变化情况，对基础测绘成果定期进行更新，并将基础测绘及其成果更新纳入本级国民经济和社会发展规划及年度计划，所需经费列入财政预算。

**第六条**　省测绘行政主管部门负责全省测绘成果的统一监督管理工作。

设区的市、县（市、区）测绘行政主管部门负责本行政区域内测绘成果的统一监督管理工作。

县级以上其他有关行政主管部门按照各自职责做好测绘成果相关工作。

**第七条**　县级以上人民政府应当加强对地理信息交换和共享工作的领导，完善地理信息资源共建共享机制，促进地理信息资源开发和利用。

**第八条**　县级以上人民政府应当加强测绘成果应用宣传，普及测绘成果知识，提高测绘公共服务能力，鼓励测绘成果社会化应用。

企业、事业单位、行业协会、科研机构、测绘地理信息相关专业学术团体应当开展测绘成果应用宣传、培训、推广活动，加强测绘人才培养。

## 第二章　汇交与保管

**第九条**　省测绘行政主管部门负责全省测绘成果资料的汇交工作。

省测绘行政主管部门可以委托设区的市测绘行政主管部门负责下列测绘项目的测绘成果资料汇交工作：

（一）设区的市、县级财政资金投资完成的测绘项目；

（二）非财政资金投资完成的测绘项目。

设区的市测绘行政主管部门应当按照规定将汇交的测绘成果资料移送省测绘行政主管部门。

**第十条** 财政资金投资完成的测绘项目，由承担测绘项目的单位向测绘行政主管部门汇交测绘成果资料。

非财政资金投资完成的测绘项目，由测绘项目出资人向测绘行政主管部门汇交测绘成果资料。

**第十一条** 测绘成果属于基础测绘成果的，应当汇交测绘成果副本；属于非基础测绘成果的，应当汇交测绘成果目录。测绘成果的副本和目录实行无偿汇交。

需要汇交的基础测绘成果副本包括：

（一）卫星定位连续运行站，四等（D 级）以上卫星定位测量、天文测量、三角（导线）测量、水准测量、重力测量等所获取的数据、图件；

（二）基础航空摄影、遥感卫星和其他航天飞行器等获取的对地观测的基础地理信息遥感资料；

（三）国家基本比例尺地图、影像图及其数字产品；

（四）基础地理信息系统以及基础地理信息公共服务平台的数据、信息；

（五）地理国情普查及监测成果。

需要汇交的非基础测绘成果目录包括：

（一）工程测量成果目录；

（二）地籍测绘成果目录；

（三）房产测绘成果目录；

（四）行政区域界线测绘成果目录；

（五）地理信息系统的数据信息目录；

（六）公开版地图目录。

**第十二条** 测绘成果资料应当在测绘项目验收完成之日起三个月内汇交。测绘行政主管部门收到测绘成果资料后，应当出具汇交凭证，并在十个工作日内，将其移交给测绘成果保管单位。

测绘行政主管部门应当有专人负责测绘成果资料的汇交和移交工作。

测绘成果副本和目录汇交的具体办法由省测绘行政主管部门制定。

**第十三条** 测绘成果保管单位应当依照档案和消防等有关规定，建立健全测绘成果资料的保管制度，配备必要的设施，确保测绘成果安全，不得损毁、散失、转让，并对基础测绘成果实行异地备份存放制度。

异地备份存放场所的建设由省测绘行政主管部门组织实施。

**第十四条** 省测绘行政主管部门应当编制本省测绘成果资料目录，实行动态更新，向社会公布。

## 第三章 提供与利用

**第十五条** 鼓励公民、法人或者其他组织充分利用已有的测绘成果，促进测绘成果的社会化应用。

利用属于国家秘密测绘成果的，应当履行法定手续；利用不属于国家秘密测绘成果的，应当与测绘成果所有权人签订书面协议，明确双方的权利和义务。

**第十六条** 利用属于国家秘密基础测绘成果的，应当按照审批权限报测绘行政主管部门审批，并提交下列材料：

（一）国家秘密基础测绘成果使用申请表；

（二）法人或者其他组织有效证明材料；

（三）经办人有效身份证件；

（四）具备保密条件的有效证明材料和保密承诺书；

（五）利用基础测绘成果的项目设计书、合同书或者有关部门的项目委托、批准文件。

利用属于国家秘密非基础测绘成果的，按照国家有关规定执行。

**第十七条** 申请利用下列属于国家秘密基础测绘成果的，由省测绘行政主管部门负责审批：

（一）国家四等（含四等）以上平面、高程控制网以及 C 级（含 C 级）以上空间定位网（含卫星连续跟踪站网）的数据、图件；

（二）1:5000、1:10000 国家基本比例尺地形图、影像图及其数字产品；

（三）基础航空摄影、遥感卫星和其他航天飞行器等获取的对地观测的基础地理信息遥感资料；

（四）省级基础地理信息系统以及地理信息公共服务平台的数据、信息；

（五）地理国情普查及监测成果；

（六）国家测绘行政主管部门委托管理的属于

国家秘密的基础测绘成果。

申请利用下列属于国家秘密基础测绘成果的，由设区的市测绘行政主管部门负责审批：

（一）国家四等以下平面、高程控制网和C级以下卫星定位网的数据、图件；

（二）1:500、1:1000、1:2000国家基本比例尺地形图、影像图及其数字产品；

（三）设区的市、县级基础地理信息系统以及地理信息公共服务平台的数据、信息；

（四）省测绘行政主管部门委托管理的属于国家秘密的基础测绘成果。

**第十八条** 申请利用属于国家秘密基础测绘成果，提交的申请材料齐全的，测绘行政主管部门应当自受理之日起十日内作出是否准予提供的决定。

测绘行政主管部门决定准予提供的，应当以书面形式告知测绘成果的秘密等级、保密要求以及相关著作权保护要求；决定不予提供的，应当以书面形式告知理由。

**第十九条** 基础测绘成果和财政投资完成的其他测绘成果，用于国家机关决策和社会公益性事业的，应当无偿提供。

各级人民政府及其有关部门和军队因防灾、减灾、国防建设等公共利益需要的，可以无偿使用测绘成果。

无偿获得的测绘成果，不得转让或者提供他人使用。

**第二十条** 除本条例第十九条规定无偿提供和使用的情况外，测绘成果依法实行有偿使用制度。

基础测绘成果和财政投资完成的其他测绘成果有偿使用的收费标准，由省价格主管部门、财政部门会同测绘行政主管部门制定。

非财政投资完成的测绘成果的有偿使用，由使用人和测绘成果所有权人协议约定。

测绘成果使用管理的具体办法由省人民政府另行制定。

**第二十一条** 对外提供我省行政区域内属于国家秘密测绘成果的，应当按国家有关规定，报省测绘行政主管部门审批；省测绘行政主管部门在审批前，应当征求军队有关部门的意见。

**第二十二条** 县级以上测绘行政主管部门应当及时收集有关行政区域界线、地名、水系、交通、居民点、植被等地理信息的变化情况，定期更新基础测绘成果。

有关部门和单位应当对测绘行政主管部门的信息收集工作予以支持和配合，及时向测绘行政主管部门提供用于基础地理信息更新的数据、信息。

**第二十三条** 本省基础测绘成果应当按照下列规定进行更新：

（一）全省统一布设的测绘控制网，十年至十五年更新一次；

（二）1:5000、1:10000国家基本比例尺地图、影像图和数字化产品至少三年更新一次；

（三）1:500、1:1000、1:2000国家基本比例尺地图、影像图和数字化产品，自然灾害多发地区，以及国民经济、国防建设和社会发展急需的基础测绘成果应当及时更新。

**第二十四条** 使用财政资金的测绘项目、建设工程测绘项目和卫星影像采购项目，有关部门在批准立项前应当书面征求本级测绘行政主管部门的意见。

测绘行政主管部门应当自收到征求意见材料之日起十日内，向征求意见的部门书面反馈意见。有适宜测绘成果的，应当充分利用已有的测绘成果，避免重复测绘。

**第二十五条** 县级以上测绘行政主管部门应当建设和完善基础地理信息公共服务平台；其他使用财政资金建设的基于地理位置的信息系统，应当使用基础地理信息公共服务平台或者与基础地理信息公共服务平台相衔接，开展社会管理和社会服务工作，提高管理的科学化水平和效率，降低社会管理成本。

县级以上测绘行政主管部门建设基础地理信息公共服务平台应当执行国家和省统一的技术标准和数据格式，实行资源共享，充分利用各部门提供的地理信息数据及资料，及时更新和完善基础地理信息数据库的相关数据，并向社会提供服务。

## 第四章 质量监管

**第二十六条** 测绘成果质量应当符合国家标准、行业标准、地方标准或者合同约定的标准。

**第二十七条** 测绘单位应当加强测绘成果质量管理，完善测绘成果质量检验、管理和责任制度，并对其完成的测绘成果质量负责。

测绘单位使用的测绘计量器具，应当经法定计量器具检定机构检定合格，并在有效期限内使用。

测绘单位在基础测绘和重大测绘工程中使用的软件、程序等，应当符合国家和本省规定的测绘成果管理、使用等技术标准。

**第二十八条** 测绘行政主管部门应当建立测绘成果监督检查制度，对测绘成果质量实行以抽查为主要方式的监督检查，并加强对涉及公共安全和公众利益的测绘成果质量的专项监督检查。

单位和个人应当配合测绘行政主管部门依法实施的监督检查，按照规定向测绘成果质量监督检验机构提供测绘成果、测绘仪器检定证书、合同、付款证明、技术设计书等资料。

**第二十九条** 从事测绘质量检验业务的机构应当具有与其从事的检验业务相适应的专业能力。

从事测绘质量检验业务的机构应当按照法定程序、标准规范和技术设计要求开展检验工作，客观、公正做出检验结论，并对检验结果负责。

**第三十条** 项目出资人和测绘单位对测绘成果质量有争议的，可以双方约定或者由省测绘行政主管部门指定依法设立的测绘成果质量监督检验机构进行鉴定。

## 第五章 安全与保密

**第三十一条** 涉及国家秘密测绘成果的单位，应当建立保密管理制度，确保属于国家秘密测绘成果的获取、登记、归档、使用、审批、销毁程序等符合国家保密规定。

负责管理属于国家秘密测绘成果的人员应当经过保密教育培训，签订保密责任书。

**第三十二条** 存储属于国家秘密测绘成果的场所应当符合国家秘密载体保密管理要求，配备使用必要的技术防护设施、设备。

存储、处理、传递涉及国家秘密测绘成果的计算机、移动存储介质及其网络，应当实行物理隔离，不得与互联网或者其他公共信息网络相连接，并遵守涉密计算机保密管理规定。

**第三十三条** 属于国家秘密测绘成果未经批准，不得复制或者以任何方式向第三方提供。经批准复制的，复制件按照原件的密级管理。

利用涉及国家秘密测绘成果开发生产的产品，应当按照国家有关规定进行保密技术处理，未进行保密技术处理的，其开发产品确定的密级等级不得低于所用测绘成果的原定密级。

**第三十四条** 维修用于存储、处理涉及国家秘密测绘成果的计算机、办公自动化设备或者销毁涉及国家秘密测绘成果资料的，应当遵守相关保密管理规定。

**第三十五条** 测制的测绘成果属于国家秘密的，测绘单位应当在开展野外作业前书面告知测绘活动所在地设区的市测绘行政主管部门。

## 第六章 重要地理信息数据的审核与公布

**第三十六条** 本省的重要地理信息数据实行统一审核与公布制度。

任何单位和个人不得擅自公布本省重要地理信息数据。

**第三十七条** 本省重要地理信息数据包括：

（一）行政区域的重要特征点，地势、地貌分区位置；

（二）市、县（市、区）、乡（镇）行政区域位置、面积；

（三）主要河流长度、源头的位置和范围，主要湖泊面积、深度；

（四）重要山峰的高程、位置；

（五）冠以“陕西”、“陕西省”、“全省”等字样的地理信息数据；

（六）地理国情普查、监测的成果；

（七）其他重要自然和人文地理实体的位置、高程、深度、面积、数量、长度等地理信息数据。

前款规定的重要地理信息数据同时属于国家重要地理信息数据的，其审核与公布按照国家规定执行。

**第三十八条** 单位或者个人要求公布本省重要地理信息数据的，应当向省测绘行政主管部门提出书面建议并提交下列材料：

（一）单位或者个人的基本情况；

（二）获取重要地理信息数据的技术方案、措施和成果资料；

（三）对重要地理信息数据验收评估的有关资料；

（四）省测绘行政主管部门规定的其他有关资料。

对需要公布的重要地理信息数据，省测绘行政主管部门应当提出审核意见，并与其他有关部门会商后，报省人民政府批准。

**第三十九条** 省人民政府批准公布的本省重要地理信息数据，由省人民政府或者省人民政府授权的部门以公告形式公布。

在行政管理、新闻广播、对外交流、教学等对社会公众有影响的活动中，需要使用本省重要地理信息数据的，应当使用依法公布的数据。

## 第七章 法律责任

**第四十条** 违反本条例第十条规定，不汇交测绘成果资料的，由省或者设区的市测绘行政主管部门责令限期汇交；逾期不汇交的，对测绘项目出资人处以重测所需费用一倍以上两倍以下的罚款；对承担国家投资的测绘项目的单位处一万元以上五万元以下的罚款，暂扣测绘资质证书，自暂扣测绘资质证书之日起六个月内仍不汇交测绘成果资料的，吊销测绘资质证书，并对负有直接责任的主管人员和其他直接责任人员依法给予处分。

**第四十一条** 违反本条例第十三条规定，测绘成果保管单位未按照测绘成果资料的保管制度管理测绘成果资料，造成测绘成果资料损毁、散失，或者擅自转让汇交的测绘成果资料的，由测绘行政主管部门给予警告，责令改正；有违法所得的，没收违法所得；造成损失的，依法承担赔偿责任；对负有直接责任的主管人员和其他直接责任人员依法给予处分。

**第四十二条** 违反本条例第三十六条、第三十九条规定，擅自公布重要地理信息数据或者在对社会公众有影响的活动中使用未经公布的重要地理信息数据的，由省测绘行政主管部门或者其他有关部门依据职责责令改正，给予警告，可以处十万元以下的罚款；对负有直接责任的主管人员和其他直接责任人员依法给予处分。

**第四十三条** 违反本条例规定的行为，法律、法规另有处罚规定的，从其规定。

**第四十四条** 测绘行政主管部门依照本条例规定对单位处五万元以上罚款或者吊销测绘资质证书处罚，对个人处一万元以上罚款的，应当告知当事人有要求听证的权利。

**第四十五条** 违反本条例规定，县级以上测绘行政主管部门有下列行为之一的，由本级人民政府或者上级人民政府测绘行政主管部门责令改正，通报批评；对直接负责的主管人员和其他直接责任人员，依法给予处分：

（一）接收汇交的测绘成果副本或者目录，未依法出具汇交凭证的；

（二）未在规定时限内向测绘成果保管单位移交测绘成果资料的；

（三）未依法编制和公布测绘成果资料目录的；

（四）符合无偿提供测绘成果规定，无正当理由拒不提供的；

（五）发现违法行为或者接到对违法行为的举报后，不及时进行处理的；

（六）不依法履行监督管理职责的其他行为。

## 第八章 附 则

**第四十六条** 本条例自2015年3月1日起施行。

# 陕西省人民政府办公厅关于促进地理信息产业发展的意见

陕政办发〔2014〕45号 2014年5月18日

各设区市人民政府，省人民政府各工作部门、各直属机构：

为贯彻落实《国务院办公厅关于促进地理信息产业发展的意见》（国办发〔2014〕2号）精神，进一步加快发展我省地理信息产业，经省政府同意，现提出以下意见。

**一、总体思路和发展目标**

（一）总体思路。发挥市场在资源配置中的决定性作用，以体制机制创新为动力，以地理信息面向社会治理的专业化服务和面向人民群众的延伸服务为主攻方向，重点提升遥感数据获取和处理能力、地理信息与导航定位融合服务能力、关键核心技术研发与推广能力、地理信息深层次开发应用能力和地理信息数据规范监管能力，形成“市场主导、企业推进、政府引导、社会参与”的发展格局，提高全省地理信息产业整体水平，更好地满足经济社会发展的需要。

（二）发展目标。扶持若干家实力雄厚、竞争力强的地理信息产业龙头企业，培育一批体制机制灵活、创新能力较强、运营模式先进的地理信息增值开发中小型企业，建成一个特色鲜明、辐射带动和聚集作用强的国家级地理信息产业园，形成地理信息数据获取、处理、应用、服务和软件研发、人才培训等完整的产业链，使我省的地理信息产业生产及服务能力持续增强。力争到2020年，全省地理信息产业年服务总值达到300亿元，带动相关产业关联群1000亿元，初步建成地理信息强省。

**二、重点任务**

（一）提升遥感数据获取及处理能力。充分利用国家航天、航空对地观测系统，积极开发低空、地面数码影像获取系统。加快建设以轻型飞机或无人机为平台的低空数码影像获取系统，以及车载三维可量测地面实景影像获取系统，不断提高遥感影像数据获取、处理及开发应用能力与水平。加快建设陕西卫星遥感应用综合服务平台，开展遥感影像数据及技术开发应用示范项目建设。加快推动遥感影像数据和技术在经济建设、社会管理、科学研究等方面的应用，促进遥感技术发展。

（二）加快推进省级基础地理信息采集工作。加快实施秦岭测图等基础测绘工程，实现全省1:1万基础地形图全覆盖。积极推进现代测绘基准体系和基础地理信息资源建设，对我省陕北、关中及重点发展区域进行持续有效的动态更新，加快基础地理信息资源建设，提高信息数据现势性。加快开展我省第一次地理国情普查工作，进一步丰富基础地理信息资源。开发多样化基础地理信息，重点采集大比例、高精度、多时相、全要素的基础地理信息资源。

（三）完善基础地理信息公共服务平台。将数字陕西及数字城市地理空间框架建设项目纳入省信息化建设重点基础性项目，统一规划，加快实施。到2015年，建立省、市两级公共地理信息数据框架体系，初步建成基于电子政务和互联网的省、市两级地理信息公共服务平台，促进地理信息资源高效、广泛应用，为我省社会管理、政府决策、防灾减灾以及生态环境监测提供服务。

（四）发展地理信息与导航定位融合服务。对接国家卫星定位连续运行参考站网，建设分布均匀、覆盖全省的卫星定位连续运行参考站网，开发参考站数据控制系统、处理系统、通信网络系统、用户应用系统，初步建成陕西卫星导航应用综合服务平台。组织开展基于北斗卫星导航系统的应用系统建设，大力开发应用导航定位及位置服务相关产品，推动导航定位及位置服务与通信网、互联网、物联网的融合发展，促进地理信息在智慧城市、智能交通、物流监控、电子商务等领域的广泛应用。

（五）开展关键核心技术研发与推广。加大省上各类科技计划对地理信息科技创新的支持力度。结合下一代互联网、物联网、云计算等新技术的发展趋势，鼓励地理信息软件研发，在地理信息数据快速、自动化处理等软件产业化方面实现突破。强化企业在科技创新中的主体地位，鼓励符合条件的地理信息企业申请建立各类科技创新平台，构建专业技术创新与产业转化服务体系，积极引进、消化、吸收国内外先进技术。实施“走出去”战略，鼓励和支持在地理信息服务领域开展对外合作，为相关企业走向国际市场提供信息咨询和服务。

（六）加快国家级地理信息产业园建设。支持中国原点地理信息产业园建设，加快完善园区基础设施，为企业发展提供测试认证、开发环境、技术标准、数据共享、知识产权等公共服务，实现地理信息企业聚集发展。力争3至5年内，集聚一批地理信息高科技企业，使园区产值达到百亿元，将中国原点地理信息产业园建成带动西北、辐射全国的国家级地理信息产业基地。

（七）促进地理信息深层次开发应用。最大限度地向企业提供内容广、数量多、现势性强的基础地理信息数据支持，对利用基础地理信息开展社会化应用和增值服务的企业，优先提供数据，在价格上予以优惠。积极推广地理信息及技术在行政管理、规划决策、资源管理、突发事件处置、百姓日常生活等方面的应用，鼓励符合条件的地理信息企业发展在文物保护与考古、旅游休闲、生态环境监测等领域的应用技术，开发多样化、大众化、具有自主知识产权的地理信息产品。提高地图产品质量和科技含量，开发多媒体电子地图、三维动态电子地图、移动导航电子地图等地图产品。积极发展以地图和地理信息技术为核心的动漫、游戏、科普、教育等文化创意产品，培育地图和地理信息文化产品的消费市场，满足人民群众的精神文化需求。

三、政策措施

（一）健全政策法规。健全促进地理信息产业发展的地方法规体系，尽快修订《陕西省测绘成果管理条例》，制定全省测绘航空摄影管理制度。支持骨干地理信息企业参与省级基础测绘项目建设。尽快出台基础地理信息数据对社会开放的相关政策，促进地理信息的广泛应用。对从事地理信息增值开发服务的企业实行适度宽松的市场准入政策，引导企业转变发展方式和创新经营模式。完善地理信息技术标准，健全地理信息产业标准体系。加快建立全面反映地理信息及相关产业的统计制度和指标体系，加强地理信息产业统计和发布工作。

（二）规范市场秩序。加大地理信息市场培育，注重知识产权保护，完善地理信息项目招投标制度，规范市场行为。逐步建立地理信息工程质量监理制度，加强对地理信息成果的监督检查，推进相关国家标准和规范的贯彻落实，提升地理信息成果质量。依法查处违法违规行为，营造公平、开放、有序的地理信息市场环境。加大对涉外地理信息合作项目及其使用涉密地理信息成果的监管力度，严厉打击境外组织和个人非法获取、处理地理信息的行为。加强地理信息安全监管能力建设，进一步提高涉密地理信息保密安全监管水平，维护国家安全。充分发挥相关产业协会及学会的作用，引导地理信息及相关企业加强自身建设。

（三）加强财税金融支持。加大财政支持力度，基础测绘所需经费可从省级相关资金中安排，对符合扶持条件的地理信息产业化项目给予倾斜。进一步加大财政对公益性地理信息产品的投入力度，认真贯彻国务院关于政府向社会力量购买服务的指导意见，积极落实政府采购政策，鼓励政府部门通过政府采购向社会力量购买地理信息服务。

积极落实相关税收优惠政策，凡符合条件的地理信息企业，可享受国家和省上已出台的相关税收优惠政策。支持地理信息企业通过资本市场上市融资，重点培育较为成熟、具有竞争优势的地理信息企业进入全省上市后备企业资源库，享受我省企业上市工作联席会议各成员单位提供的“绿色通道”服务。

（四）加强人才培养。鼓励建立高校与企业联合培养地理信息产业人才的机制，加大支持地理信息企业职工培训力度。认真贯彻落实国家引进海外高层次人才“千人计划”，将地理信息产业发展急需和紧缺的高层次人才纳入我省“百人计划”等人才工程，对地理信息企业引进的高层次人才，优先安排本人及其配偶、未成年子女落户。对引进的符合相关条件的高层次人才，可以直接申报相应的中、高级专业技术职务任职资格。把地理信息企业专业人才纳入国家、省级高层次专业技术人才的遴选范围，加快培养适应地理信息产业发展的复合型、实用型人才。

（五）加强统筹协调。省测绘地理信息局要牵头组织、协调和指导全省地理信息产业发展工作。积极争取国家支持，力争将我省列为地理信息资源共享政策性试点省。进一步完善政府部门间地理信息资源共建共享机制，明确共建共享的内容、方式和责任，统筹协调地理信息分工采集，避免重复建设。

# 青海省人民政府办公厅贯彻落实《国务院办公厅关于促进地理信息产业发展的意见》的实施意见

青政发〔2014〕189 号　2014 年 11 月 24 日

各市、自治州人民政府，省政府各委、办、厅、局：

为贯彻落实《国务院办公厅关于促进地理信息产业发展的意见》（国办发〔2014〕2 号）和《青海省人民政府关于建设宽带青海促进信息消费的指导意见》（青政〔2013〕71 号）精神，进一步促进我省地理信息产业发展，结合我省实际，提出如下实施意见：

**一、统一思想，切实提高地理信息产业发展重要性的认识**

地理信息产业是以现代测绘和地理信息系统、

遥感、卫星导航定位等技术为基础，以地理信息开发和利用为核心，从事地理信息获取、处理、应用的高新技术服务业。近年来，随着我省地理信息产业的快速发展，这一战略性新兴产业在我省经济社会发展的作用日益显现。

（一）发展地理信息产业是实现科学发展，打造青海经济升级版的重要支撑。地理信息是国家重要的基础性、战略性信息资源，是国家信息资源的重要组成部分。地理信息产业的发展，将有利于促进物联网、数字城市、智能交通、现代物流、智慧城市以及关联服务业的发展；有利于完善“网格化”社会管理、增加就业机会、促进信息消费；有利于促进我省工业化、信息化、城镇化、农业现代化同步推进。

（二）发展地理信息产业是促进我省生态文明建设的重要途径。地理信息资源是土地资源、水资源节约集约利用、环境整治、国土空间开发保护、城镇及农村环境改善、建设绿色生态、三江源保护和治理等工作的重要数据保障。地理信息产业在为我省生态文明建设提供重要数据支撑的同时，由于其本身低碳绿色的特性，将成为我省全面实施生态立省战略的重要举措。

（三）发展地理信息产业是加快转变经济发展方式，促进我省“三区”建设的重要手段。地理信息已在政府管理、公共服务、应急救援、避灾救灾等方面发挥了重要的作用。随着地理信息产业的进一步发展，将对我省调结构、转方式，加快“三区”建设起到助推器的作用。

（四）发展地理信息产业是维护我省社会稳定的重要保证。地理信息资源是重要的战略性资源，事关国家主权、安全和利益。卫星导航定位、高分辨率遥感卫星影像及精确的地理信息数据的深度开发利用，在维护政治、经济、科技和其他非传统领域国家安全中发挥重要作用，对于维护社会稳定具有十分重要的意义。

（五）发展地理信息产业是保障和改善民生的重要内容。地理信息已成为人民群众日常生活中不可或缺的关键信息，在衣食住行、求学就业、医疗卫生等各个方面应用广泛。加快地理信息产业发展，满足人民群众日益增加的地理信息需求，有利于保障和改善民生。

**二、明确目标，切实加快地理信息产业发展**

（六）总体要求。以邓小平理论、“三个代表”重要思想和科学发展观为指导，全面提升我省地理信息获取和处理能力，加快形成规范有序的地理信息市场秩序，积极推进地理信息公共服务平台建设，推动体制机制创新，强化政策扶持，积极营造良好发展环境，努力推动地理信息产业又好又快发展，切实满足经济社会发展的需要。

（七）发展目标。通过政策推动，逐步形成地理信息获取、处理、应用为主的产业链条，积极培育一批具有较强竞争力的企业。力争通过5—10年时间，使我省地理信息获取能力明显提升，科技创新能力持续增强，市场监管有效、竞争有序，产品更加丰富、应用更加广泛、产业竞争力得到明显提高。

**三、丰富基础地理信息资源，夯实地理信息产业发展基础**

（八）加强航空航天遥感影像统筹管理。认真落实《青海省人民政府关于加强测绘工作的意见》（青政〔2008〕4号）精神，研究出台《青海省航空航天影像资料管理规定》。测绘地理信息主管部门要对全省使用财政资金获取航空航天遥感影像资料进行统一申报、统一购置、统一保管、统一分发、资源共享，建立遥感影像资料统筹管理、按需提供的机制，方便政府部门、企事业单位和各类社会组织查询和获取，避免多头重复采购，造成财政资金浪费。

（九）建立地理空间信息资源共建共享机制。以地理信息主管部门为主，进一步理顺地理信息资源管理体制和机制，强化公共服务，整合地理信息资源，抓紧建设我省地理信息公共服务平台。研究制定《青海省地理空间数据交换和共享管理办法》和《地理空间位置信息技术标准与数据交换格式标准》，推进部门间地理信息资源交流、交换和共享，保障地理空间信息数据的科学性、现势性、权威性和统一性，并以平台为核心，拓展和延伸地理信息相关产业的快速发展。

**四、推进科技创新，充分开发利用地理信息资源**

（十）提升航空航天遥感数据获取和处理能力。加强航天、航空、低空无人机、地面遥感系统等领域遥感数据获取能力，鼓励地理信息企业致力于航空遥感影像获取和航空遥感信息技术服务，丰富遥感数据资源。建立并行处理、高速运算的大型遥感影像数据处理中心，建设无人机低空遥感影像数据获取和处理系统、航空三维实景影像获取和处理系统、地面三维实景影像获取和处理系统，建立遥感影像数据处理及开发应用产业示范基地。鼓励支持企业投资遥感数据处理，加强处理技术研发等科技创新，进一步提高数据处理、分析能力。加快遥感影像数据和技术在经济建设、社会管理、科学研究等方面的推广应用。

（十一）开拓和提升地理信息资源利用水平。结合我省实际，对地理信息数据进行深度开发，加快地理信息产品及软件研发步伐。各级地理信息部门要免费或低收费向符合条件的企业和社会组织提供基础地理信息资源，鼓励支持企事业单位加大地理信息产品的投资开发及处理软件研发力度，促进地理信息资源的深层次开发和社会化应用。

（十二）推动地理信息技术装备制造业发展。鼓励有实力、有影响力的地理信息企业入驻青海信息产业园，通过引进、消化、吸收的方式带动地理信息产业发展。以青海信息产业园为载体，扩大地理信息企业的合作交流，促进产业集群化发展。积极引进优秀的地理信息企业，鼓励其投资我省地理信息服务、技术、研发、软硬件装备制造和标准建设，大力开发多功能全站仪、电子水准仪、激光扫描仪、卫星定位仪等新一代地面装备，不断向电子化、智能化、网络化方向发展。积极培育和引导我省地理信息加工服务、设备制造、软件开发等产业不断发展壮大。

（十三）发展卫星导航定位与位置服务。结合我省卫星定位连续运行基准站系统建设以及北斗卫星导航系统民用化应用，改造升级全省卫星定位连续运行综合服务系统，建设北斗地面增强系统，完善卫星定位基础设施，提升卫星定位系统综合服务能力。大力开发基于北斗卫星导航定位及位置服务的软件平台和网络地图等相关产品，建立位置数据综合服务系统，增强位置服务能力。深入推动导航定位及位置服务与通信网、互联网、物联网的融合发展，加快青海信息产业园云计算中心建设，促进地理信息在智能交通、环境保护、智慧城市、物流管控等领域的广泛应用，不断提升导航与位置服务技术在工业、农牧业、交通、矿山、安全、旅游、电子商务等现代服务业应用领域应用水平。

（十四）开发以实际应用为导向的地理信息文化产品。鼓励地理信息企事业单位打造产业品牌，创新地理信息产品内容与形式，探索地理信息文化创意新路径。大力开发品种丰富、功能完善、形式新颖的地理信息产品，推进面向政府管理决策、面向企业生产运营、面向人民群众生活的地理信息应用。大力开发多媒体电子地图、实景三维动态电子地图、移动导航电子地图、电子沙盘等地图产品，开发以地理信息为核心的科普、教育、动漫、智力、游戏等文化创意产品，促进地理信息产品更加深入地融入大众生活。

（十五）开展地理国情常态化监测。充分利用第一次全国地理国情普查成果，对地理信息存量资源和相关行业数据进行动态化、定量化、空间化监测，形成综合反映各类资源、环境、生态和经济要素的空间分布及其发展规律的多样化成果，从地理空间的角度，客观、全面、准确地反映我省国情国力及其变化趋势。

（十六）助推“智慧城市”建设，提升城市信息化水平。进一步丰富完善数字城市建设成果，不断扩展服务领域。充分发挥现有平台、资源、技术、应用方面的优势，推进数字城市向智慧城市迈进。结合“宽带青海·数字青海”、三网融合等专项建设，大力开展“信息消费试点城市”、“智慧城市”时空云平台试点建设工作。

**五、规范地理信息市场，优化产业发展环境**

（十七）规范地理信息市场。加大地理信息市场培育，强化知识产权保护，建立测绘地理信息项目招投标、资产评估、咨询服务以及地理信息工程监理制度，规范地理信息市场秩序，健全质量监督检验体系。

（十八）制定完善发展规划和政策措施。建立健全促进地理信息产业发展的政策体系、产业标准体系，加快推进地理信息产业地方立法工作。编制地理信息产业发展规划，明确产业发展的目标、任务、重点领域和措施。完善地理信息安全保密政策，促进地理信息资源广泛开发利用。完善地理信息服务资质管理、数据使用许可、地图审核等制度。加大地理信息相关产业和项目招商引资工作，实行适度宽松的地理信息企业市场准入政策。

（十九）加大人才培养引进力度。建立政府部门、高校与企业联合培养人才的机制，实施地理信息产业人才培养和引进计划，制定优秀人才评价和奖励政策。支持本省高校面向地理信息产业人才需求调整相应专业学科设置，加强测绘与地理信息相关专业多层次人才培养。推进测绘与地理信息职业技术教育发展，加大测绘与地理信息技能型人才的培养力度。全面落实引才优惠政策，对高层次地理信息科技人才，优先安排本人及配偶、未成年子女在所在地落户。对符合条件的海外高层次人才，可根据其学历、资历认定相应高级专业技术资格。

（二十）加强地理信息安全监管。正确处理地理信息成果保密与利用的关系，积极推行地理信息资源成果目录网上发布制度。加大互联网地图审核力度，进一步提高涉密地理信息保密安全监管水平，维护国家安全。依法加强城市独立坐标系统和重要地理信息数据的审核、发布管理。加大对涉外、涉密地理信息成果使用的监管力度，依法严厉打击非法获取、处理地理信息的行为。

**六、加大财税支持，落实优惠政策**

（二十一）加大财政支持力度。积极争取中央财政资金对我省地理信息产业的支持，省级财政预算安排的支持产业（企业）发展专项资金，对地理信息获取、处理、应用、出版等产业发展的关键环节给予重点支持。将基础性、公益性地理信息获取、处理和公共服务平台建设与维护所需经费纳入财政预算。省财政安排专项资金，用于不断丰富我省以空间定位基准数据、基本比例尺地图数据等为主要内容的基础地理信息资源，建设基础地理信息系统，逐步实现全省重点地区基本比例尺地形图的全面覆盖。

（二十二）落实税收政策。地理信息企业自主开发、生产、出版的地理信息产品，符合软件产品范围和认定条件的，可按规定申请享受国家鼓励软件产业发展的增值税优惠政策。地理信息企业符合软件企业认定条件的，经认定后，在 2017 年 12 月 31 日前自获利年度起计算优惠期，第一年至第二年免征企业所得税，第三年至第五年按照 25% 的法定税率减半征收企业所得税，并享受至期满为止。地理信息企业投资国家鼓励类项目，除《国内投资项目不予免税的进口商品目录》、《外商投资项目不予免税的进口商品目录》、《重大技术装备不予免税进口商品目录》、《停止减免的 20 种商品税号列表》所列商品外，所需进口设备及随同设备进口的技术及配套件、备件，免征关税。对于软、硬件产品通过青海省高新技术产品认定的地理信息企业，给予政策及税收方面的优惠。将地理信息小微企业纳入青海省支持小型和微型企业发展的若干政策的覆盖范围。

（二十三）加大融资支持力度。鼓励各类企业及社会资本投资地理信息产业，有条件的地方可按规定设立主要支持地理信息企业发展的股权投资（基金）企业或创业投资（基金）企业，发挥财政资金的撬动作用，引导社会资金投资地理信息产业，不断扩大投入规模，提高产业发展后劲。积极支持符合条件的企业在境内外资本市场发行股票，充分利用“新三板”和青海股权交易中心进行融资，鼓励和引导企业利用直接债务融资工具，发行企业债券和私募债、短期融资券、中期票据等多种方式筹集资金，拓宽融资渠道。银行业金融机构要在控制风险的前提下，积极拓宽抵质押品范围，开发适合地理信息企业的创新型金融产品，对其合理信贷需求给予支持。充分发挥融资性担保机构和融资担保扶持资金的作用，在风险可控的条件下，为地理信息企业提供各种形式的融资担保服务，积极推动企业利用知识产权等无形资产进行质押贷款及股权融资。大力发展融资租赁、BT、BOT、PPP 等其他融资方式，支持地理信息产业发展。

**七、强化协调配合，促进产业发展**

（二十四）强化协调配合。相关部门要按照统一、协调、有效的原则，做好地理信息规划统筹、公共服务、市场监管、标准建设、安全管理等工作。

（二十五）加快推进军民测绘融合发展。大力推进先进军事测绘和地理信息技术成果、装备设施的社会化应用。

（二十六）加大地理信息技术和产品推广力度。广泛宣传推广地理信息技术和产品，使政府部门、企事业单位、学术组织和社会各界共同参与空间数据基础设施建设，开发地理信息资源，推动地理信息共享，促进地理信息应用服务的深入探讨和广泛交流。

（二十七）充分发挥社团组织的积极作用。广泛调动测绘地理信息学会和测绘与地理信息行业协会等社团组织的积极性，发挥其在技术交流、科技创新、产业转化以及行业协调、决策辅助、配合市场监管等方面的作用，促进全省地理信息产业快速发展。

本意见自 2014 年 12 月 24 日起实施，有效期至 2019 年 12 月 23 日。

# 大连市人民政府办公厅关于做好大连市地理信息公共平台应用与维护工作的通知

大政办发〔2014〕7号 2014年2月25日

各区、市、县人民政府，各先导区委员会，市政府各委办局、各直属机构：

数字大连地理空间框架建设项目是国家测绘地理信息局数字城市地理空间框架建设与应用的试点项目，由国家测绘地理信息局、省测绘地理信息局和大连市人民政府共同建设的大连市地理信息公共平台（以下简称公共平台）是该项目的重要成果，是我市各行业、各领域地理信息分析、应用和集成的唯一、权威、通用的地理信息平台。建立公共平台，有利于促进城市地理信息资源的整合、共享和充分利用，加快城市地理信息产业的发展和城市信息化进程，为“数字城市”“智慧城市”建设提供基础空间数据和服务环境，满足城市管理和政府决策的需求。

公共平台已于2013年11月20日正式开通。为做好公共平台的推广应用与日常维护工作，经市政府同意，现就有关事宜通知如下：

一、各地区、各部门涉及地理信息的电子政务项目应全部基于公共平台进行开发。新开发的基于地理信息的应用系统，应以公共平台为基础；已建成的应用系统，如果需要更新基础地理信息数据，应通过公共平台调用最新的数据服务，将系统逐步统一到公共平台上来。各地区、各部门可对外提供的专题数据应集成到公共平台进行发布共享，供全市信息化建设使用，避免重复投资，维护公共平台的权威性和统一性，实现数据资源的共建共享。

二、市发展改革委和市财政局应根据国家、省、市共同签署的共建共享合作协议要求，结合我市经济社会发展的需求，将公共平台数据的完善、更新和维护列入年度政府投资计划，以保证地理信息数据的现势性。市政府各部门在需要地理信息数据时，须先获取测绘行政主管部门意见，如现有资源能够满足需求，则不再给予立项和安排财政预算，可无偿使用资源。

三、市规划局作为我市测绘行政主管部门，要积极主动推广应用公共平台成果，按照定期与动态相结合的原则，利用现代化技术手段，及时更新和维护公共平台数据，不断扩充和完善基础地理信息资源。

四、市政府有关部门要将公共平台与政务信息化建设有机结合起来，进一步扩大推广地理信息公共平台网络化应用覆盖面，不断深化应用层次，扩大应用领域，提升服务质量，使公共平台成为提高我市城市管理水平和公共服务能力的有效手段、建设“智慧城市”的重要基础。

公共平台技术支持电话：83722680。

# 公 告

# 国家测绘地理信息局公告

## 国家测绘地理信息局公告

（第 1 号 2014 年 1 月 9 日）

依据《中华人民共和国测绘法》、《测绘资质管理规定》和《测绘资质分级标准》，2013 年，国家测绘地理信息局共审核批准了北京捷泰天域信息技术有限公司等 41 家单位为甲级测绘资质单位。

特此公告。

### 2013 年审核批准的甲级测绘资质单位名单

| 序号 | 单位名称 | 省份 | 资质证号 | 法定代表人 | 甲级专业范围 |
|---|---|---|---|---|---|
| 1 | 北京捷泰天域信息技术有限公司 | 北京 | 甲测资字 11002101 | 何剑中 | 互联网地图服务。 |
| 2 | 北京航天世景信息技术有限公司 | 北京 | 甲测资字 11002102 | 吴劲风 | 互联网地图服务。 |
| 3 | 北京国遥新天地信息技术有限公司 | 北京 | 甲测资字 11002103 | 吴秋华 | 地理信息系统工程：摄影测量数据处理、空间遥感地理信息数据处理、外业采集的地理信息数据处理、地图数字化、建立数据库、建立基础地理信息系统、建立专业地理信息系统。 |
| 4 | 天津市星际空间地理信息工程有限公司 | 天津 | 甲测资字 12002018 | 田春来 | 摄影测量与遥感；地理信息系统工程。 |

| 序号 | 单位名称 | 省份 | 资质证号 | 法定代表人 | 甲级专业范围 |
|---|---|---|---|---|---|
| 5 | 河北地矿建设工程集团邯郸公司 | 河北 | 甲测资字13002046 | 李忠 | 地籍测绘；工程测量：控制、地形、市政工程、建筑工程、线路工程、矿山、变形（沉降）观测、竣工测量。 |
| 6 | 河北卓尔地理信息技术有限公司 | 河北 | 甲测资字13002047 | 相佃利 | 摄影测量与遥感；工程测量：控制、地形、城乡规划定线、城乡用地、规划检测、日照、市政工程、建筑工程、精密工程、线路工程、桥梁、矿山、隧道、变形（沉降）观测、形变、竣工测量。 |
| 7 | 河北省电力勘测设计研究院 | 河北 | 甲测资字13002048 | 周卫 | 工程测量：控制、地形、城乡规划定线、城乡用地、规划检测、日照、市政工程、水利工程、建筑工程、精密工程、线路工程、地下管线、桥梁、隧道、变形（沉降）观测、形变、竣工测量。 |
| 8 | 山西天昇测绘工程有限公司 | 山西 | 甲测资字14002023 | 崔俊良 | 工程测量：控制、地形、城乡规划定线、城乡用地、规划检测、日照、市政工程、建筑工程、精密工程、线路工程、桥梁、隧道、变形（沉降）观测、形变、竣工测量。 |
| 9 | 阿拉善盟国土资源勘测规划院 | 内蒙古 | 甲测资字15002015 | 张朝平 | 工程测量：控制、地形、城乡规划定线、城乡用地、市政工程、水利工程、建筑工程、地下管线、线路工程、矿山、竣工测量；地籍测绘；行政区域界线测绘。 |
| 10 | 大连五星测绘科技有限公司 | 辽宁 | 甲测资字21002034 | 陈运生 | 工程测量；地籍测绘；房产测绘；海洋测绘。 |
| 11 | 辽宁省核工业地质局二四一大队 | 辽宁 | 甲测资字21002035 | 王家成 | 工程测量：控制、地形、线路工程测量；地籍测绘；行政区域界线测绘。 |

| 序号 | 单位名称 | 省份 | 资质证号 | 法定代表人 | 甲级专业范围 |
|---|---|---|---|---|---|
| 12 | 长春五度空间数据有限公司 | 吉林 | 甲测资字22002050 | 杨光 | 工程测量：控制、地形、市政工程、变形（沉降）观测、形变测量；地籍测绘；地理信息系统工程：外业采集的地理信息数据处理、地图数字化、建立数据库、建立基础地理信息系统、建立专业地理信息系统。 |
| 13 | 国家测绘地理信息局第二地理信息制图院（黑龙江省第五测绘地理信息工程院） | 黑龙江 | 甲测资字23002061 | 赵隆传 | 摄影测量与遥感；工程测量：控制、地形、城乡规划定线、城乡用地、规划检测、日照、市政工程、水利工程、建筑工程、精密工程、线路工程、地下管线、桥梁、隧道、变形（沉降）观测、形变测量；地籍测绘；行政区域界线测绘；地理信息系统工程；地图编制：地形图、世界政区地图、全国政区地图、省级及以下政区地图、电子地图、真三维地图、其他专用地图。 |
| 14 | 黑龙江省海天地理信息技术股份有限公司 | 黑龙江 | 甲测资字23002062 | 李全 | 摄影测量与遥感；工程测量：控制、地形、城乡规划定线、城乡用地、规划检测、日照、市政工程、建筑工程、线路工程、桥梁、隧道、竣工测量；地籍测绘；地理信息系统工程；地图编制：电子地图、真三维地图。 |
| 15 | 上海杰图软件技术有限公司 | 上海 | 甲测资字31002022 | 余建军 | 互联网地图服务。 |
| 16 | 上海航遥信息技术有限公司 | 上海 | 甲测资字31002060 | 王建宇 | 测绘航空摄影：胶片航空摄影、数码航空摄影、机载激光扫描、机载SAR成像。 |
| 17 | 盐城市勘察测绘院 | 江苏 | 甲测资字32002051 | 高桂甫 | 工程测量：控制、地形、城乡规划定线、城乡用地、规划检测、日照、市政工程、水利工程、建筑工程、精密工程、线路工程、地下管线、桥梁、隧道、变形（沉降）观测、形变、竣工测量。 |

| 序号 | 单位名称 | 省份 | 资质证号 | 法定代表人 | 甲级专业范围 |
|---|---|---|---|---|---|
| 18 | 魔盒信息科技有限公司 | 江苏 | 甲测资字32002052 | 郑加 | 互联网地图服务。 |
| 19 | 江苏省地质工程勘察院 | 江苏 | 甲测资字32002053 | 施春华 | 摄影测量与遥感：摄影测量与遥感（外业）；工程测量：控制、地形、城乡规划定线、城乡用地、规划检测、市政工程、水利工程、建筑工程、精密工程、线路工程、地下管线、桥梁、隧道、变形（沉降）观测、形变、竣工测量。 |
| 20 | 江苏省土地勘测规划院 | 江苏 | 甲测资字32002054 | 陆效平 | 工程测量：控制、地形、城乡规划定线、城乡用地、规划检测、日照、市政工程、建筑工程、线路工程、桥梁、隧道、竣工测量；地籍测绘。 |
| 21 | 嘉兴市规划设计研究院有限公司 | 浙江 | 甲测资字33002028 | 董玉良 | 工程测量：控制、地形、城乡规划定线、城乡用地、规划检测、日照、市政工程、水利工程、建筑工程、精密工程、线路工程、地下管线、桥梁、变形（沉降）观测、形变、竣工测量。 |
| 22 | 浙江省第三地质大队 | 浙江 | 甲测资字33002029 | 金旭东 | 工程测量：控制、地形、城乡规划定线、城乡用地、规划检测、日照、市政工程、建筑工程、线路工程、桥梁、隧道、竣工测量；地籍测绘。 |
| 23 | 江西省地球物理勘察技术院 | 江西 | 甲测资字36002026 | 朱伟忠 | 工程测量：控制、地形、城乡规划定线、城乡用地、规划检测、市政工程、建筑工程、线路工程、地下管线、桥梁、矿山、隧道、竣工测量；地籍测绘。 |
| 24 | 江西省中核测绘院 | 江西 | 甲测资字36002027 | 何复亮 | 工程测量：控制、地形、城乡规划定线、城乡用地、规划检测、日照、市政工程、水利工程、建筑工程、线路工程、桥梁、矿山、隧道、竣工测量；地籍测绘；房产测绘。 |

| 序号 | 单位名称 | 省份 | 资质证号 | 法定代表人 | 甲级专业范围 |
|---|---|---|---|---|---|
| 25 | 山东正元航空遥感技术有限公司 | 山东 | 甲测资字37002098 | 杨玉坤 | 测绘航空摄影：数码航空摄影、机载激光扫描。 |
| 26 | 武汉光庭信息技术有限公司 | 湖北 | 甲测资字42002102 | 朱敦尧 | 导航电子地图制作。 |
| 27 | 湖南省地图院 | 湖南 | 甲测资字43002033 | 刘治玉 | 地理信息系统工程；地图编制：地形图、全国政区地图、省级及以下政区地图、电子地图、真三维地图、其他专用地图；互联网地图服务。 |
| 28 | 益阳市国土资源规划设计测绘院 | 湖南 | 甲测资字43002034 | 王放彩 | 工程测量：控制、地形、市政工程、水利工程、地下管线、竣工测量；地籍测绘。 |
| 29 | 广州邦鑫勘测科技有限公司 | 广东 | 甲测资字44002043 | 陈日清 | 工程测量：控制、地形、市政工程、水利工程、线路工程、地下管线、桥梁、隧道测量、变形（沉降）观测；房产测绘；海洋测绘：水深、水文、扫海、海洋磁力、底质、浮泥、水下障碍物探测、浅地层剖面、水下管线、海岸滩涂地形、海域界线、港口与航道工程、海域使用面积测量。 |
| 30 | 广东省测绘工程公司 | 广东 | 甲测资字44002044 | 刘小丁 | 工程测量：控制、地形、城乡规划定线、城乡用地、规划检测、日照、市政工程、水利工程、建筑工程、线路工程、桥梁、隧道、变形（沉降）观测、竣工测量；地籍测绘；房产测绘。 |
| 31 | 深圳市美赛达科技股份有限公司 | 广东 | 甲测资字44002045 | 庄亮 | 互联网地图服务。 |
| 32 | 广东精一规划信息科技有限公司 | 广东 | 甲测资字44002046 | 张宏利 | 互联网地图服务。 |
| 33 | 柳州市国土资源信息测绘所 | 广西 | 甲测资字45002019 | 梁佳 | 地籍测绘。 |

| 序号 | 单位名称 | 省份 | 资质证号 | 法定代表人 | 甲级专业范围 |
|---|---|---|---|---|---|
| 34 | 四川测绘地理信息局测绘技术服务中心（四川省测绘技术服务中心） | 四川 | 甲测资字51002031 | 邓海先 | 测绘航空摄影：无人飞行器航摄；摄影测量与遥感；工程测量：控制、地形、城乡规划定线、城乡用地、市政工程、水利工程、建筑工程、线路工程、地下管线、变形（沉降）观测、形变、竣工测量；地籍测绘；地理信息系统工程。 |
| 35 | 四川省第二测绘地理信息工程院（国家测绘地理信息局第三地理信息制图院） | 四川 | 甲测资字51002032 | 倪文辉 | 摄影测量与遥感；工程测量：控制、地形、城乡规划定线、市政工程、水利工程、建筑工程、线路工程、竣工测量；地籍测绘；行政区域界线测绘；地理信息系统工程；地图编制；互联网地图服务。 |
| 36 | 四川省地质工程勘察院 | 四川 | 甲测资字51002033 | 安世泽 | 工程测量：控制、地形、城乡规划定线、市政工程、精密工程、线路工程、地下管线、变形（沉降）观测、形变、竣工测量；地籍测绘。 |
| 37 | 四川旭普信息产业发展有限公司 | 四川 | 甲测资字51002034 | 熊德安 | 工程测量：控制、地形、城乡规划定线、市政工程、水利工程、线路工程、矿山、竣工测量；地籍测绘；地理信息系统工程：外业采集的地理信息数据处理、地图数字化、建立数据库、建立专业地理信息系统、外业地理信息数据采集。 |
| 38 | 四川永鸿测绘有限公司 | 四川 | 甲测资字51002035 | 王昌萍 | 摄影测量与遥感；工程测量：控制、地形、城乡规划定线、城乡用地、市政工程、水利工程、线路工程、隧道、竣工测量；地籍测绘。 |
| 39 | 遵义水利水电勘测设计研究院 | 贵州 | 甲测资字52002015 | 何谨铖 | 工程测量：控制、地形、城乡规划定线、城乡用地、市政工程、水利工程、建筑工程、精密工程、线路工程、桥梁、隧道、变形（沉降）观测、形变、竣工测量；地籍测绘。 |
| 40 | 国家测绘地理信息局第一地理信息制图院（陕西省第六测绘地理信息工程院） | 陕西 | 甲测资字61002037 | 胡勇志 | 地图编制。 |
| 41 | 青海省柴达木综合地质矿产勘查院 | 青海 | 甲测资字63002013 | 关有国 | 工程测量：控制、地形、城乡规划定线、城乡用地、规划检测、市政工程、建筑工程、线路工程、桥梁、隧道、竣工测量；地籍测绘。 |

# 国家测绘地理信息局公告

（第2号 2014年9月16日）

为认真贯彻落实习近平总书记关于人才工作的重要批示精神，建设一支规模宏大的高素质测绘地理信息人才队伍，择天下测绘地理信息英才而用之，国家测绘地理信息局决定面向国内外选拔第三批科技领军人才。现就有关事项公告如下：

**一、选拔范围**

国内外企事业单位、科研机构、高等院校从事测绘地理信息相关工作人员。

**二、选拔条件**

（一）具有战略眼光和创新思维，学术技术水平高、引领作用强、发展潜力大、贡献突出，并在本行业、本领域得到广泛认同。

（二）原则上应具有博士学位，具有高级专业技术职务，年龄一般不超过55周岁（1958年1月1日后出生）。

（三）同时符合下列条件中至少二项：

1. 近5年内获得过国家自然科学奖、技术发明奖、科学技术进步奖或省部级科学技术一等奖（国家级一等奖排名前五，国家级二等奖、省部级一等奖排名前三）。

2. 作为技术负责人，近5年内主持完成过国家或省部级重大科研或工程项目，并在学术技术方面发挥主要作用。

3. 取得的科研成果或发明专利达到国际先进或国内领先，对提升测绘地理信息技术水平、促进地理信息产业升级具有显著作用。

4. 作为第一作者，近5年内在国际重要核心期刊上发表过有影响的学术论文，并被SCI（科学引文索引）、EI（工程索引）收录。

（四）长期在国外工作的，按照与上述条件相当的原则掌握。同时，一般应有在国外著名高校、科研机构担任相当于教授以上职务的经历，并有同行公认的学术技术成就。

**三、选拔程序**

（一）申报人须填写《国家测绘地理信息局科技领军人才申报表》，并通过单位推荐、社团推荐、同行专家举荐、个人自荐等任一方式，向国家测绘地理信息局人事司提出申请。

推荐单位、社团和专家需对申报人的道德素质、学术和技术水平、团队建设等情况有充分的了解，撰写推荐意见并对相关信息的真实性负责。个人自荐者须对自荐申报材料真实性负责。

（二）国家测绘地理信息局人事司组织专家对申报人员进行评审，并提出科技领军人才候选人。

（三）国家测绘地理信息局人才工作领导小组对候选人进行审定，经公示无异议后，确定为国家测绘地理信息局科技领军人才，纳入科技领军人才培养计划。

**四、申报材料**

（一）各申报人于2014年10月15日前将申报材料及相关证明材料（附光盘）报送国家测绘地理信息局人事司，逾期不予受理，报送材料时需注明联系人及联系电话。

（二）申报材料包括：

1.《国家测绘地理信息局科技领军人才申报表》（表样可从国家测绘地理信息局网站下载，网址：http：//www. sbsm. gov. cn/）一式30份。

2. 申报人的身份证件、学历学位证书及获奖证书、业绩贡献、代表论著等有关佐证材料一式3份，外文证明材料需同时提供中文翻译件。

3. 由单位和社团推荐的须有单位或社团出具的推荐函（写明人选产生过程）。

**五、其他**

对国家测绘地理信息局科技领军人才的培养、资助、考核、管理等具体措施，详见《国家测绘局科技领军人才管理暂行办法》。

联系方式：

杨娉　010-63882003，13811577336，63882025（传真）

邮箱：yangp@ sbsm. gov. cn

地址：北京市海淀区莲花池西路28号国家测绘地理信息局人事司（100830）

特此公告。

附件：1. 国家测绘局科技领军人才管理暂行办法（略）

2. 国家测绘地理信息局科技领军人才申报表（略）

# 国家测绘地理信息局公告

（第3号　2014年10月8日）

依据《中华人民共和国测绘法》、《测绘资质管理规定》和《测绘资质分级标准》，2014年1月至7月，国家测绘地理信息局共审核批准了北京四维远见信息技术有限公司等59家单位为甲级测绘资质单位。

特此公告。

## 2014年1月至7月审核批准的甲级测绘资质单位名单

| 序号 | 单位名称 | 省份 | 资质证号 | 法定代表人 | 甲级专业范围 |
|---|---|---|---|---|---|
| 1 | 北京四维远见信息技术有限公司 | 北京 | 甲测资字11002116 | 刘先林 | 测绘航空摄影：数码航空摄影；摄影测量与遥感；地籍测绘；地理信息系统工程。 |
| 2 | 北京京东叁佰陆拾度电子商务有限公司 | | 甲测资字11002107 | 刘强东 | 互联网地图服务。 |
| 3 | 测绘出版社 | | 甲测资字11002108 | 高锡瑞 | 地图编制：地形图、世界政区地图、全国政区地图、省级及以下政区地图、电子地图、真三维地图、其他专用地图。 |
| 4 | 北京富地勘察测绘有限公司 | | 甲测资字11002109 | 周焕波 | 工程测量：控制、地形、规划检测、市政工程、水利工程、建筑工程、精密工程、线路工程、地下管线、隧道、变形（沉降）观测、形变、竣工测量；地籍测绘；房产测绘。 |

| 序号 | 单位名称 | 省份 | 资质证号 | 法定代表人 | 甲级专业范围 |
|---|---|---|---|---|---|
| 5 | 北京力佳图测绘有限公司 | 北京 | 甲测资字11002110 | 李新召 | 工程测量：控制、地形、市政工程、水利工程、建筑工程、线路工程、地下管线、矿山、变形（沉降）观测、形变、竣工测量。 |
| 6 | 北京道济测绘有限公司 | | 甲测资字11002111 | 龙澄 | 工程测量：控制、地形、城乡规划定线、城乡用地、规划检测、市政工程、地下管线、变形（沉降）观测、竣工测量；地籍测绘；房产测绘。 |
| 7 | 北京三正科技有限公司 | | 甲测资字11002112 | 孙良俊 | 互联网地图服务。 |
| 8 | 北京洛斯达数字遥感技术有限公司 | | 甲测资字11002113 | 万明忠 | 测绘航空摄影：数码航空摄影；地理信息系统工程：空间遥感地理信息数据处理、建立数据库、建立专业地理信息系统。 |
| 9 | 北京奇虎科技有限公司 | | 甲测资字11002114 | 齐向东 | 互联网地图服务。 |
| 10 | 中石化石油工程地球物理有限公司 | | 甲测资字11002115 | 赵殿栋 | 大地测量：卫星定位、重力测量；工程测量：控制、地形、城乡规划定线、城乡用地、规划检测、日照、市政工程、建筑工程、线路工程、地下管线、桥梁、矿山、隧道、竣工测量；地籍测绘；地理信息系统工程：外业采集的地理信息数据处理、地图数字化、建立数据库、建立专业地理信息系统。 |
| 11 | 北京国电经纬工程技术有限公司 | | 甲测资字11002117 | 肖小良 | 测绘航空摄影：数码航空摄影、机载激光扫描；摄影测量与遥感；地理信息系统工程：建立专业地理信息系统。 |
| 12 | 北京地矿工程建设有限责任公司 | | 甲测资字11002118 | 刘永亮 | 工程测量：控制、地形、市政工程、水利工程、精密工程、线路工程、矿山、隧道、变形（沉降）观测、形变、竣工测量；地籍测绘；房产测绘。 |
| 13 | 九成空间科技有限公司 | | 甲测资字11002119 | 杜明成 | 大地测量：卫星定位、三角、水准测量、大地测量数据处理；测绘航空摄影：胶片航空摄影、数码航空摄影；摄影测量与遥感；房产测绘；行政区域界线测绘。 |

| 序号 | 单位名称 | 省份 | 资质证号 | 法定代表人 | 甲级专业范围 |
|---|---|---|---|---|---|
| 14 | 天津中科遥感信息技术有限公司 | 天津 | 甲测资字12002019 | 王晋年 | 测绘航空摄影；摄影测量与遥感；地理信息系统工程；互联网地图服务。 |
| 15 | 正元地球物理有限责任公司 | 河北 | 甲测资字13002049 | 陈海弟 | 工程测量：控制、地形、建筑工程、线路工程、地下管线、竣工测量。 |
| 16 | 河北省地球物理勘查院 | 河北 | 甲测资字13002050 | 李卫东 | 工程测量：控制、地形、城乡规划定线、城乡用地、日照、市政工程、建筑工程、精密工程、线路工程、地下管线、桥梁、矿山、隧道、变形（沉降）观测、形变、竣工测量；地籍测绘；地理信息系统工程：地图数字化、建立数据库、外业地理信息数据采集。 |
| 17 | 保定华北工程勘测设计研究院 | 河北 | 甲测资字13002051 | 安静国 | 工程测量；地籍测绘；房产测绘。 |
| 18 | 河北翔通信息技术有限公司 | 河北 | 甲测资字13002052 | 焦裕娴 | 测绘航空摄影：胶片航空摄影、数码航空摄影、机载激光扫描。 |
| 19 | 内蒙古申科国土技术有限责任公司 | 内蒙古 | 甲测资字15002016 | 王世平 | 工程测量：控制、地形、城乡规划定线、市政工程、水利工程、建筑工程、线路工程、桥梁、矿山、隧道、竣工测量；地籍测绘；行政区域界线测绘。 |
| 20 | 沈阳经济技术开发区规划建筑设计有限公司 | 辽宁 | 甲测资字21002036 | 刘宏 | 工程测量：控制、地形、城乡规划定线、城乡用地、规划检测、日照、市政工程、建筑工程、精密工程、线路工程、地下管线、桥梁、隧道、变形（沉降）观测、形变、竣工测量。 |
| 21 | 齐齐哈尔地星测绘有限责任公司 | 黑龙江 | 甲测资字23002063 | 陈建国 | 工程测量：控制、地形、建筑工程测量；地籍测绘；地理信息系统工程：外业采集的地理信息数据处理、地图数字化、建立数据库、建立专业地理信息系统。 |

| 序号 | 单位名称 | 省份 | 资质证号 | 法定代表人 | 甲级专业范围 |
|---|---|---|---|---|---|
| 22 | 上海铁新地理信息有限公司 | 上海 | 甲测资字31002061 | 蒋渭澄 | 工程测量：控制、地形、市政工程、水利工程、建筑工程、线路工程、精密工程、地下管线、变形（沉降）观测、形变、竣工测量；海洋测绘：水深、水文、港口与航道工程测量。 |
| 23 | 连云港万源土地勘测登记代理有限公司 | 江苏 | 甲测资字32002055 | 窦进祥 | 工程测量：控制、地形、城乡规划定线、城乡用地、规划检测、日照、市政工程、建筑工程、精密工程、线路工程、桥梁、隧道、变形（沉降）观测、形变、竣工测量；地籍测绘。 |
| 24 | 长江南京航道局 | 江苏 | 甲测资字32002056 | 顾网林 | 海洋测绘（仅限内水测量）：控制、水深、水文、扫海、底质、水下障碍物探测、水下管线、海岸滩涂地形、内水航道图编制、港口与航道工程、海域使用面积测量。 |
| 25 | 徐州市国测测绘信息服务有限公司 | 江苏 | 甲测资字32002057 | 孙吉军 | 互联网地图服务。 |
| 26 | 南京捷鹰数码测绘有限公司 | 江苏 | 甲测资字32002058 | 陈杰晖 | 工程测量：控制、地形、城乡规划定线、城乡用地、规划检测、日照、市政工程、建筑工程、精密工程、线路工程、地下管线、桥梁、隧道、变形（沉降）观测、形变、竣工测量；地籍测绘；房产测绘。 |
| 27 | 莆田市城乡勘测设计研究院 | 福建 | 甲测资字35002361 | 林爱军 | 工程测量：控制、地形、城乡规划定线、城乡用地、规划检测、日照、市政工程、建筑工程、线路工程、地下管线、桥梁、竣工测量。 |
| 28 | 泉州市城乡规划勘测大队 | 福建 | 甲测资字35002362 | 郑志宏 | 工程测量：控制、地形、城乡规划定线、城乡用地、规划检测、日照、市政工程、建筑工程、线路工程、地下管线、桥梁、隧道、竣工测量；房产测绘。 |

| 序号 | 单位名称 | 省份 | 资质证号 | 法定代表人 | 甲级专业范围 |
| --- | --- | --- | --- | --- | --- |
| 29 | 福建所思达国土规划咨询有限公司 | 福建 | 甲测资字35002363 | 张仁寿 | 地籍测绘。 |
| 30 | 泉州市房地产测绘队 | | 甲测资字35002364 | 陈育新 | 工程测量：控制、地形、城乡规划定线、城乡用地、规划检测、日照、市政工程、建筑工程、线路工程、桥梁、隧道、竣工测量；房产测绘。 |
| 31 | 江西省国土资源勘测规划院 | 江西 | 甲测资字36002028 | 刘翔 | 工程测量：控制、地形、城乡规划定线、城乡用地、规划检测、日照、市政工程、建筑工程、线路工程、桥梁、隧道、竣工测量；地籍测绘；行政区域界线测绘；地理信息系统工程。 |
| 32 | 江西省勘察设计研究院 | | 甲测资字36002029 | 曾马荪 | 工程测量：控制、地形、城乡规划定线、城乡用地、规划检测、市政工程、水利工程、建筑工程、精密工程、线路工程、地下管线、桥梁、矿山、隧道、变形（沉降）观测、形变、竣工测量；地籍测绘。 |
| 33 | 山东正元地球物理信息技术有限公司 | 山东 | 甲测资字37002099 | 张善法 | 工程测量：控制、地形、城乡规划定线、城乡用地、规划检测、日照、市政工程、建筑工程、线路工程、地下管线、桥梁、隧道、竣工测量；地理信息系统工程。 |
| 34 | 东营市勘察测绘院 | | 甲测资字37002100 | 唐为峰 | 工程测量：控制、地形、城乡规划定线、城乡用地、规划检测、日照、市政工程、水利工程、建筑工程、精密工程、线路工程、地下管线、桥梁、变形（沉降）观测、形变、竣工测量；地籍测绘。 |

| 序号 | 单位名称 | 省份 | 资质证号 | 法定代表人 | 甲级专业范围 |
|---|---|---|---|---|---|
| 35 | 河南中煤测绘公司 | 河南 | 甲测资字41002027 | 牛志刚 | 工程测量：控制、地形、城乡规划定线、城乡用地、市政工程、建筑工程、线路工程、桥梁、矿山、隧道、竣工测量；地籍测绘。 |
| 36 | 河南省焦作地质勘察设计有限公司 | 河南 | 甲测资字41002029 | 陈宏伟 | 工程测量：控制、地形、城乡规划定线、城乡用地、规划检测、日照、市政工程、水利工程、建筑工程、线路工程、地下管线、桥梁、矿山、隧道、变形（沉降）观测、形变、竣工测量；地籍测绘。 |
| 37 | 河南省寰宇测绘科技发展有限公司 | 河南 | 甲测资字41002030 | 李振平 | 测绘航空摄影；摄影测量与遥感；工程测量；地籍测绘。 |
| 38 | 河南方宇勘测规划设计有限公司 | 河南 | 甲测资字41002031 | 王田磊 | 摄影测量与遥感；工程测量；地籍测绘；房产测绘；地理信息系统工程。 |
| 39 | 河南科普信息技术工程有限公司 | 河南 | 甲测资字41002032 | 卫海峰 | 摄影测量与遥感；工程测量；地籍测绘；房产测绘；行政区域界线测绘；地理信息系统工程。 |
| 40 | 河南省基力勘测有限公司 | 河南 | 甲测资字41002033 | 赵甲勋 | 摄影测量与遥感；工程测量：控制、地形、城乡规划定线、城乡用地、市政工程、水利工程、建筑工程、精密工程、线路工程、地下管线、变形（沉降）观测、竣工测量；地籍测绘；房产测绘。 |
| 41 | 湖北省鄂西地质测绘队 | 湖北 | 甲测资字42002103 | 张忠 | 工程测量；地籍测绘。 |
| 42 | 武汉华正空间软件技术有限公司 | 湖北 | 甲测资字42002105 | 黄华 | 测绘航空摄影：胶片航空摄影、数码航空摄影、机载激光扫描、机载 SAR 成像；摄影测量与遥感；地图编制：地形图、电子地图、真三维地图、其他专用地图。 |

| 序号 | 单位名称 | 省份 | 资质证号 | 法定代表人 | 甲级专业范围 |
|---|---|---|---|---|---|
| 43 | 中国科学院武汉岩土力学研究所 | 湖北 | 甲测资字42002106 | 李海波 | 工程测量。 |
| 44 | 荆门市规划勘测设计研究院 | 湖北 | 甲测资字42002107 | 王敬东 | 工程测量：控制、地形、城乡规划定线、城乡用地、规划检测、日照、市政工程、建筑工程、精密工程、线路工程、地下管线、桥梁、隧道、变形（沉降）观测、形变、竣工测量。 |
| 45 | 岳阳市国土资源规划勘测中心 | 湖南 | 甲测资字43002035 | 王晔 | 工程测量：控制、地形、城乡规划定线、市政工程、线路工程、竣工测量；地籍测绘：界址测量、其他地籍要素调查与测量、地籍图测绘、面积测算。 |
| 46 | 株洲市国土资源规划测绘院 | 湖南 | 甲测资字43002036 | 罗树壮 | 工程测量：控制、地形、城乡用地、建筑工程、竣工测量；地籍测绘；地理信息系统工程：外业采集的地理信息数据处理、地图数字化、建立数据库、建立专业地理信息系统、外业地理信息数据采集。 |
| 47 | 湖南辉达规划勘测设计研究有限公司 | 湖南 | 甲测资字43002037 | 李军 | 工程测量：控制、地形、城乡规划定线、城乡用地、规划检测、市政工程、水利工程、建筑工程、线路工程、桥梁、隧道、竣工测量。地籍测绘。 |
| 48 | 湖南省测绘科技研究所 | 湖南 | 甲测资字43002038 | 董明旭 | 工程测量：控制、地形、城乡用地、市政工程、竣工测量；地籍测绘：平面控制测量、界址测量、地籍图测绘、面积量算。 |

| 序号 | 单位名称 | 省份 | 资质证号 | 法定代表人 | 甲级专业范围 |
|---|---|---|---|---|---|
| 49 | 河源市明源工程勘察有限公司 | 广东 | 甲测资字44002047 | 陈建辉 | 工程测量：控制、地形、城乡规划定线、城乡用地、规划检测、市政工程、水利工程、建筑工程、精密工程、线路工程、地下管线、桥梁、隧道、变形（沉降）观测、形变、竣工测量；地籍测绘。 |
| 50 | 佛山市城市规划勘测设计研究院 | | 甲测资字44002048 | 朱墨 | 工程测量：控制、地形、城乡规划定线、城乡用地、规划检测、日照、市政工程、建筑工程、精密工程、线路工程、地下管线、桥梁、隧道、变形（沉降）观测、形变、竣工测量；地籍测绘；房产测绘。 |
| 51 | 广州市欧科地理信息技术服务有限公司 | | 甲测资字44002049 | 王勇 | 摄影测量与遥感；工程测量：控制、地形、城乡规划定线、城乡用地、规划检测、日照、市政工程、水利工程、建筑工程、线路工程、地下管线、矿山、变形（沉降）观测、形变、竣工测量；房产测绘；地理信息系统工程；互联网地图服务。 |
| 52 | 海南省农垦设计院 | 海南 | 甲测资字46002010 | 江国买 | 工程测量：控制、地形、城乡规划定线、城乡用地、规划检测、日照、市政工程、建筑工程、线路工程、桥梁、隧道、竣工测量；地籍测绘。 |
| 53 | 重庆数字城市科技有限公司 | 重庆 | 甲测资字50002005 | 吕楠 | 地理信息系统工程。 |

| 序号 | 单位名称 | 省份 | 资质证号 | 法定代表人 | 甲级专业范围 |
| --- | --- | --- | --- | --- | --- |
| 54 | 成都市武测地理信息工程有限公司 | 四川 | 甲测资字51002036 | 黄劲舟 | 摄影测量与遥感：摄影测量与遥感（外业）；工程测量：控制、地形、城乡规划定线、城乡用地、市政工程、水利工程、建筑工程、精密工程、线路工程、地下管线、桥梁、隧道、变形（沉降）观测、形变、竣工测量；地籍测绘。 |
| 55 | 四川省国土勘测规划研究院 | | 甲测资字51002037 | 廖平 | 地籍测绘；地理信息系统工程。 |
| 56 | 四川中测天翔遥感技术有限责任公司 | | 甲测资字51002038 | 徐国建 | 测绘航空摄影：胶片航空摄影、数码航空摄影、机载激光扫描、机载 SAR 成像；摄影测量与遥感。 |
| 57 | 四川鱼鳞图测绘工程有限公司 | | 甲测资字51002039 | 李剑波 | 地理信息系统工程。 |
| 58 | 库尔勒天拓勘察测绘院 | 新疆 | 甲测资字65002018 | 宋顺安 | 工程测量：控制、地形、城乡规划定线、城乡用地、规划检测、日照、市政工程、建筑工程、线路工程、地下管线、桥梁、隧道、竣工测量。 |
| 59 | 巴音郭楞蒙古自治州国土资源勘测规划设计院 | | 甲测资字65002019 | 范恩海 | 地籍测绘。 |

# 国家测绘地理信息局公告

（第 4 号　2014 年 12 月 18 日）

根据《中华人民共和国标准化法》有关规定，国家测绘地理信息局批准实施《管线测量成果质量检验技术规程》等 12 项测绘地理信息行业标准，现予以公布。

特此公告。

| 序号 | 行业标准编号 | 行业标准名称 | 代替标准号 | 实施日期 |
|---|---|---|---|---|
| 1 | CH/T 1033-2014 | 管线测量成果质量检验技术规程 | | 2015-01-01 |
| 2 | CH/T 1034-2014 | 测绘调绘成果质量检验技术规程 | | 2015-01-01 |
| 3 | CH/T 1035-2014 | 地理信息系统软件验收测试规程 | | 2015-01-01 |
| 4 | CH/T 3012-2014 | 数字表面模型航空摄影测量生产技术规程 | | 2015-01-01 |
| 5 | CH/T 3013-2014 | 数字表面模型航天摄影测量生产技术规程 | | 2015-01-01 |
| 6 | CH/T 3014-2014 | 数字表面模型机载激光雷达测量技术规程 | | 2015-01-01 |
| 7 | CH/T 5004-2014 | 地籍图质量检验技术规程 | | 2015-01-01 |
| 8 | CH/T 6001-2014 | 城市建设工程竣工测量成果规范 | | 2015-01-01 |
| 9 | CH/T 9022-2014 | 基础地理信息数字成果 1:500 1:1000 1:2000 1:5000 1:10000 数字表面模型 | | 2015-01-01 |
| 10 | CH/T 9023-2014 | 基础地理信息数字成果 1:25000 1:50000 1:100000 数字表面模型 | | 2015-01-01 |
| 11 | CH/T 9024-2014 | 三维地理信息模型数据产品质量检查与验收 | | 2015-01-01 |
| 12 | CH/T 9025-2014 | 城市建设工程竣工测量成果更新地形图数据技术规程 | | 2015-01-01 |

# 国家测绘地理信息局公告

（第 5 号 2014 年 12 月 25 日）

根据国家测绘地理信息局《科技领军人才管理暂行办法》，经选拔推荐、专家评审、国家测绘地理信息局党组审定并公示，香港理工大学史文中、国家基础地理信息中心刘若梅、武汉大学许才军、武汉大学闫利、中国测绘科学研究院张力、武汉大学李霖、中国测绘科学研究院党亚民、国家基础地理信息中心蒋捷（按姓氏笔画排序）8 人当选为第三批国家测绘地理信息局科技领军人才。希望当选的同志珍惜荣誉，再接再厉，努力取得新的更大成绩。

希望广大测绘地理信息科技人才以国家测绘地理信息局科技领军人才为榜样，树立科学精神，培养创新思维，挖掘创新潜能，提高创新能力，在“全力做好测绘地理信息服务保障，大力促进地理信息产业发展，尽责维护国家地理信息安全”中做出应有贡献，把自己的智慧和力量奉献给实现“中国梦”的伟大奋斗。

# 国家测绘地理信息局公告

（第 6 号　2014 年 12 月 25 日）

根据国家测绘地理信息局《科技领军人才管理暂行办法》有关规定，国家测绘地理信息局对现有科技领军人才进行了考核。经专家委员会评议、局党组审定，现将考核结果公布如下：

国家基础地理信息中心王东华、中国测绘科学研究院刘纪平、武汉大学刘耀林、中国测绘科学研究院张继贤、中国测绘科学研究院李成名、南京大学李满春、国家基础地理信息中心陈军、国家测绘地理信息局卫星测绘应用中心唐新明、国家测绘地理信息局大地测量数据处理中心郭春喜、中国科学院遥感应用研究所顾行发、国家测绘产品质量检验测试中心程鹏飞、同济大学童小华（按姓氏笔画排序）12 人考核合格，继续按照科技领军人才进行管理。

# 测绘质量检查公告

## 2013 年全国测绘地理信息成果质量监督检查情况通报

（2014 年 6 月 11 日）

根据《中华人民共和国测绘法》，国家测绘地理信息局组织开展了 2013 年全国测绘地理信息成果质量监督检查（以下简称监督检查）。监督检查内容为甲级测绘资质单位在 2010 年 1 月—2012 年 12 月期间完成的 1∶10000地形图，包括数字线划图、数字高程模型、数字正射影像图等成果。现将有关情况通报如下。

**一、总体情况**

根据各省级测绘地理信息行政主管部门上报的 1∶10000 地形图的项目情况，国家测绘地理信息局抽取甲级测绘资质单位完成的 23 个项目（44 个子项目），涉及 22 个省级行政区域，委托国家测绘产品质量检验测试中心牵头，四川测绘产品质量监督检验站等单位（以下简称检验单位）参加，开展全国 1∶10000 地形图项目成果质量监督检验工作。

（一）第一次检验结果情况

2013 年 1—6 月，各省级测绘地理信息行政主管部门组织对相关项目进行了全面自查和整改；7—11 月，检验单位对被抽取的 23 个测绘项目进行了现场检验，经汇总、统计、核查，评定检验项目样本质量，检验结论为：20 个项目的样本质量合格（见附件 1），另外 3 个项目的样本质量存在较为严重的质量问题（见附件 2）。

样本存在的主要质量问题包括：

1. 数字线划图成果主要质量问题：位置精度粗差率超限、图幅不接边、要素遗漏或多余、要素关系不合理、要素属性错漏等；

2. 数字高程模型成果主要质量问题：静止水域高程未置平、相邻图幅同名格网高程值不一致（未接边）、格网范围与设计不符等；

3. 数字正射影像图成果主要质量问题：局部影像拉花，阴影过黑导致信息丢失。

12 月，2013 年监督检查领导小组审查通过监督检验结论。国家测绘地理信息局对第一次抽检存在严重质量问题的 3 个单位下达整改通知，要求进行全面整改，并安排第二次抽检。

（二）第二次检验结果情况

2014 年 5 月，第一次抽检存在严重质量问题的 3 个单位完成整改后，检验单位按照原检验技术流程、标准，进行了第二次检验。经检验，3 个项目承担单位都进行了认真的整改，整改范围覆盖整个项目，并出具了书面整改报告；检验样本均经过认真修改、完善，成果质量状况有了明显改善，未出现严重的质量问题，达到了合格要求。

**二、结果分析**

2013 年，国家测绘地理信息局加大了质量管理力度，针对 2012 年监督检查发现的问题，重点加强了质量巡检、监督检查、宣传培训等方面的工作，省级测绘地理信息行政主管部门指导各测绘单位加强了内部质量管理、质量问题整改、关键环节质量控制等工作。2013 年监督检查第一次检验合格率达到 87%，比 2012 年（第一次检验合格率为 50%）有大幅度提高，成果质量有明显好转，但仍旧存在一些不容忽视的问题。

（一）过程质量控制不严

部分测绘单位质量保证体系落实不到位，技术设计与生产实际相脱节，设计审查走形式；对标准、规范、设计的培训不够、交流不足，作业人员、检查验收人员执行相关规定不坚决、不严格；对质量控制的关键节点把关不严，未严格执行“两级检查，一级验收”制度。

（二）质检单位把关不严

部分质检单位人力不足，技术装备能力相对落后，自身研发能力明显偏弱；设备老化，缺乏自动化程度高的质检软件，缺乏新技术、新产品的质检技术；验收检验不严格，没有起到质量把关的作用。

（三）部分作业人员缺乏敬业精神

部分作业人员对自身要求不严，缺乏责任心，忽视标准规范和技术设计的执行，导致成果质量不高。

**三、要求**

（一）进一步提高对质量工作的认识。新的历史时期对测绘地理信息提出新的要求，测绘地理信息事业强劲发展需要质量做保障，质量管理是测绘统一监管的重要内容。各级测绘地理信息行政主管部门，尤其是各级领导要高度重视质量工作，充分认识生产并提供可靠的测绘地理信息成果、保证并不断提高基础测绘成果质量水平是经济社会发展对测绘地理信息工作最基本的要求，是事业发展的立足之本，并不断强化责任意识，增强履行质量监督管理职责的能力和水平，促进测绘地理信息成果整体质量的提升。

（二）强化测绘单位的内部质量管理。测绘单位应进一步完善覆盖本单位全部业务范围的质量保证体系；建立严格的项目成果“两级检查、一级验收”制度；建立与经济效益相挂钩的质量责任制以及质量奖惩工作机制等；并强化对质量保证体系以及相关制度落实情况的考核；广泛开展质量教育活动，开展岗位技术培训和职业技能鉴定工作，加强职工的思想素质教育和职业道德教育，切实提高质量意识和履行质量责任的能力。

（三）加强生产过程的质量控制。各级测绘地理信息行政主管部门要指导并监督测绘单位落实质量责任制，严格执行质量管理各项制度措施。测绘单位应坚持先设计后生产，对项目实施中使用的仪器设备必须进行检定、校准；做好项目实施前的生产培训与演练，必要时应进行试生产，或首件产品技术交流工作；加强过程质量控制，切实做到上一工序成果达到规定的质量要求方可进入下一工序；严格落实测绘地理信息成果质量“两级检查，一级验收”制度，特别重视两级检查对质量的控制作用，全部使用或部分使用财政投资的测绘地理信息项目成果，应当通过省级以上质检单位的验收检验。

（四）加强质检单位能力建设。各级测绘地理信息行政主管部门要不断优化质检环境，保证质检单位独立履行职责，保证质检工作的公正性和权威性；要着力改善质检工作投入机制，加大质检单位基础设施建设和检验装备的投入力度。质检单位要积极进取，紧跟测绘地理信息技术及其成果的发展趋势，不断提高新技术、新装备、新成果的检验与测试水平，全面提升履职能力；着力引进、培养高素质人才，加强质检人员的培训、考核工作，全面提升质检人员的职业素质与技术水平。

# 省级测绘地理信息公告

## 2013 年江苏省测绘地理信息成果质量监督抽查结果公告

江苏省测绘地理信息局

（第 1 号 2014 年 2 月 14 日）

为认真贯彻《中华人民共和国测绘法》和《江苏省测绘条例》，加强测绘地理信息质量统一监管，全面提高测绘地理信息成果质量水平，江苏省测绘地理信息局组织开展了 2013 年全省测绘地理信息成果质量监督检查，共抽查了 30 家本省测绘单位和 3 家外省测绘单位 2010 年—2012 年间承担完成的 33 个测绘项目，涵盖工程测量、房产测量、地图制图等 8 个专业。本省测绘单位抽查结果为“批合格”26 项、“批不合格”4 项，批合格率为 86.7%；外省测绘单位成果质量抽查结果为“批合格”1 项、“批不合格”1 项、不下结论 1 项。各项目抽查结果见附表。

此次监督抽查依据 GB/T 24356-2009《测绘成果质量检查与验收》、CH/T 1018-2009《测绘成果质量监督抽查与数据认定规定》和《2013 年江苏省测绘成果质量监督抽查技术方案》以及被检项目技术设计书及所引用的国家标准、行业标准，对项目的数学精度、地理精度、整饰精度等进行了检验。

检查结果表明，我省测绘地理信息成果质量总体较好。主要表现在：测绘项目执行了国家相关标准规范，做到了先设计、后生产，能够执行“二级检查、一级验收”制度；所使用的仪器经过法定计量部门检定合格，并在检定有效期内；项目生产各工序质量控制基本到位；生产过程中普遍采用了先进的测量方法与手段；项目资料齐全；成果质量基本符合要求。

检查中发现了以下主要质量问题：

1. 技术文件编写不规范。有的项目技术设计内容简单，可操作性不强，技术总结、检查报告的要素不全，不能真实反映生产过程的技术质量情况，检查报告缺少主要技术指标的精度统计。

2. 标准规范执行不力。个别单位标准意识不强，引用标准、规范不准确，未及时采用最新标准规范。

3. 过程成果保存不当。个别项目观测手簿、检查记录等保存不完整，项目的可溯源性较差。

4. 项目成果精度不高。个别项目数学基准存在问题，平面精度和高程精度超限；地理要素表示错、漏较多，要素间的关系表示不准确。

5. 测量仪器未计量检定。个别项目使用的测量仪器未按规定进行周期检校。针对抽查中发现的主要质量问题，我局将按照有关法律法规，对不合格项目的承担单位下达整改通知，于 2014 年对其进行监督复查。

我局将进一步加大测绘地理信息质量监督管理力度，扩大对测绘地理信息成果质量监督检查的深度和广度，促进测绘单位切实增强测绘地理信息质量意识，规范测绘生产全过程质量控制，提高测绘地理信息成果质量水平，为国民经济建设和社会发展提供可靠的测绘保障服务。

附件：2013 年江苏省测绘地理信息成果质量监督抽查结果（略）

# 关于江苏省测绘地理信息单位市场信用评价结果的公告

江苏省测绘地理信息局

（第2号 2014年7月14日）

按照《测绘地理信息市场信用管理暂行办法》、《测绘地理信息市场信用评价标准（试行）》，我局组织全省测绘地理信息单位开展市场信用评价，依据是2013年4月1日至2014年3月31日期间产生的市场信用信息。未参加本次信用评价的测绘地理信息单位将列入2014年市场巡查名单。现将评价结果予以公告，公告时间为两年，公告网站为江苏省测绘地理信息局门户网站。

测绘地理信息单位如对评价结果有异议，请于公告之日起20日内提出书面申诉，书面申诉材料须提供申诉事项基本事实及相关证明材料，注明单位名称、地址和有效联系方式，并由单位法定代表人签名，否则不予受理。省测绘地理信息局法规与行业管理处受理申诉材料后在20个工作日内依法予以答复。

受理机构：省测绘地理信息局法规与行业管理处

电话：025-83757046、83757050

地址：南京市北京西路75号

邮编：210013

附件：1. 江苏省测绘地理信息单位市场信用评价表（略）

2. 未参加本次信用评价的测绘地理信息单位（略）

# 关于征集四川省“十三五”基础测绘发展规划前期重大研究课题建议的公告

四川省测绘地理信息局

（第1号 2014年11月14日）

“十三五”（2016年—2020年）是我省全面深化改革开放的攻坚时期，是加快推进多点多级支撑、“两化”互动城乡统筹、创新驱动“三大发展战略”的重要时期，是我省测绘地理信息保障服务经济社会发展作用突显期，也是我省从测绘地理信息大省向强省跨越的关键时期。科学编制好我省基础测绘发展“十三五”规划意义重大。为进一步提高规划编制的透明度和社会参与度，广泛凝聚社会各界智慧和共识，现诚向社会各界征集“十三五”基础测绘发展规划前期重大研究课题建议。

一、课题选题。围绕新时期、新形势下四川省经济、社会、文化、生态、民生、改革等领域测绘地理信息保障服务以及全省测绘地理信息事业发展等方面提出课题研究建议。

二、报送方法。请在建议中明确课题名称，课题研究意义及主要内容，建议人姓名、单位及联系手机号，于2014年12月1日（星期一）18:00前通过邮寄、传真或电子邮件的方式反馈我们。

三、课题评定。我们将组织专门力量，对征集的有关课题建议进行评定，择优确定入选课题，并认真组织开展研究工作，为科学编制“十三五”基础测绘发展规划提供支撑。

详情请登录四川省测绘地理信息局网站（www. scbsm. gov. cn）“通知公告”专栏。欢迎省内外各企事业单位、高等院校、科研机构及广大市民积极参与！

联系人：张法、徐许雄

联系电话：（028）66065631

E-mail 地址：scchgtc@ 163. com

传真：（028）66065621
邮编：610041
地址：四川省成都市高新区九兴大道7号
附件：四川省“十三五”基础测绘发展规划前期重大研究课题建议征集表（略）

# 陕西省测绘地理信息局公告

（第1号　2014年1月16日）

经陕西省人民政府批准，陕西省测绘地理信息局于2012年7月起组织实施秦岭地区1:10000地形图空白区测图工程。2013年组织完成1:10000数字高程模型和数字线划图933幅，覆盖秦岭地区约2.3万平方千米国土面积；制作完成了1.3万平方千米0.5米分辨率的数字正射影像和留坝、洛南、平利、镇坪、岚皋、旬阳、白河等7个县的城区数字影像图；研发了秦岭地区三维地理信息系统和部分科技创新成果。

现将上述秦岭地区1:10000测图工程二期成果相关信息予以公布。二期成果资料已归档至陕西省基础地理信息中心，用户可按照《陕西省测绘成果管理条例》的规定申请使用，经批准后提供。

特此公告。

附件：秦岭地区1:10000测图工程二期成果信息（略）

# 陕西省测绘地理信息局公告

（第2号　2014年3月3日）

依据《中华人民共和国测绘法》、《测绘资质管理规定》和《测绘资质分级标准》，陕西省测绘地理信息局2013年审核批准：陕西中铁建设工程质量检测有限责任公司等10家单位为乙级测绘资质单位；西安绘晟经纬测绘工程服务有限公司等24家单位为丙级测绘资质单位；西安秦中勘测工程有限公司等9家单位为丁级测绘资质单位。

特此公告。

附件：2013年审核批准的测绘资质单位名单（略）

# 陕西省测绘地理信息局公告

四川省第一次全国地理国情普查工作领导小组办公室

（第3号　2014年6月24日）

根据《中华人民共和国测绘法》和国家测绘地理信息局《测绘资质管理规定》、《测绘资质分级标准》，陕西省测绘地理信息局完成了2014年陕西省测绘资质单位年度注册工作。按照规定，2013年6月30日后批准的共25家测绘资质单位不需参加此次年度注册。对2013年6月30日前批准的共407家需要参加年度注册的测绘资质单位进行审查，其中：397家测绘单位资质予以注册；1家单位在年度注册期间申请注销，4家单位依法被吊销测绘资质证书；5家测绘单位缓期注册，整改期限2个月，期间不得从事测绘活动。

特此公告。

附件：2014 年陕西省测绘资质单位年度注册结果（略）

# 陕西省测绘地理信息局公告

（第 4 号 2014 年 12 月 29 日）

依据《陕西省测绘成果管理条例》和《陕西省测绘地理信息成果质量监督检查管理办法》，2014 年我局组织对本省 30 家甲、乙级测绘资质单位近两年完成的测绘地理信息成果质量进行了监督检查。其中 28 家单位质量管理体系和成果质量判定合格；1 家单位成果质量判定不合格；1 家单位质量管理体系和成果质量均判定不合格。

特此公告。

## 2014 年陕西省测绘地理信息成果质量监督检查结果

| 序号 | 单位名称 | 资质等级 | 抽检项目名称 | 质量体系检查 | 成果质量检查 |
|---|---|---|---|---|---|
| 1 | 西北有色金属测绘院 | 甲级 | 陕西省洛南县回马坪下马沟 1:2000 数字化地形图及控制网测量 | 合格 | 合格 |
| 2 | 中国有色金属工业西安勘察设计研究院 | 甲级 | 裕朗国际（二期）工程沉降观测 | 合格 | 合格 |
| 3 | 中煤西安设计工程有限责任公司 | 甲级 | 中煤陕西榆林公司大海则煤矿厂区控制测量 | 合格 | 合格 |
| 4 | 咸阳市勘察测绘院 | 甲级 | 茂陵 1:1000 数字化地形图测量 | 合格 | 合格 |
| 5 | 西安大地测绘工程有限责任公司 | 甲级 | 陕西省第一次全国地理国情普查 | 合格 | 合格 |
| 6 | 陕西省第一测绘工程院 | 甲级 | 陕西省第一次全国地理国情普查 | 合格 | 合格 |
| 7 | 陕西省第二测绘工程院 | 甲级 | 陕西省第一次全国地理国情普查 | 合格 | 合格 |
| 8 | 陕西省第三测绘工程院 | 甲级 | 陕西省第一次全国地理国情普查 | 合格 | 合格 |
| 9 | 陕西省第四测绘工程院 | 甲级 | 陕西省第一次全国地理国情普查 | 合格 | 合格 |
| 10 | 陕西省第五测绘工程院 | 甲级 | 陕西省第一次全国地理国情普查 | 合格 | 合格 |
| 11 | 陕西省第六测绘地理信息工程院 | 甲级 | 陕西省第一次全国地理国情普查 | 合格 | 合格 |
| 12 | 国家测绘地理信息局陕西基础地理信息中心 | 甲级 | 陕西省第一次全国地理国情普查 | 合格 | 合格 |
| 13 | 陕西天润科技股份有限公司 | 甲级 | 陕西省第一次全国地理国情普查 | 合格 | 合格 |

| 序号 | 单位名称 | 资质等级 | 抽检项目名称 | 质量体系检查 | 成果质量检查 |
|---|---|---|---|---|---|
| 14 | 西安煤航信息产业有限公司 | 甲级 | 陕西省第一次全国地理国情普查 | 合格 | 合格 |
| 15 | 中铁第一勘察设计院集团有限公司 | 甲级 | 陕西省第一次全国地理国情普查 | 合格 | 合格 |
| 16 | 北京天下图数据技术有限公司 | 甲级 | 陕西省第一次全国地理国情普查 | 合格 | 合格 |
| 17 | 西安中策资讯科技有限责任公司 | 乙级 | 陕西省第一次全国地理国情普查 | 合格 | 合格 |
| 18 | 西安新华测绘有限公司 | 乙级 | 陕西省第一次全国地理国情普查 | 合格 | 合格 |
| 19 | 西安华泰测绘工程有限公司 | 乙级 | 陕西省第一次全国地理国情普查 | 合格 | 合格 |
| 20 | 延安市水利工作队 | 乙级 | 楼坪水库测绘工程 | 合格 | 合格 |
| 21 | 榆林市测绘处 | 乙级 | 榆林绕城快速干道北段综合服务区地籍图 | 合格 | 合格 |
| 22 | 西安建筑科技大学（建筑勘测研究所） | 乙级 | 西安万科城 3#B 区、C 区商业沉降观测工程 | 合格 | 合格 |
| 23 | 中煤地（西安）视讯科技有限公司 | 乙级 | 山东郓城数据库建设 | 合格 | 合格 |
| 24 | 西安市房产测量事务所 | 乙级 | 绿地集团西安置业房产测量项目、天朗地产集团房产测量项目 | 合格 | 合格 |
| 25 | 西安地质矿产研究所 | 乙级 | 铜川市 2012 年度土地利用变更调查 | 合格 | 合格 |
| 26 | 西安创新数字测绘工程有限公司 | 乙级 | 旬阳县桂花园磁铁矿 1:2000 地形图测量 | 合格 | 合格 |
| 27 | 西安天穹勘测信息有限公司 | 乙级 | 西安曲江项目 5 号地块 32—36 座沉降观测工程 | 合格 | 合格 |
| 28 | 中铁一局集团桥梁工程有限公司 | 乙级 | 重庆至贵阳铁路扩能改造工程站前工程八标控制复测及加密测量 | 合格 | 合格 |
| 29 | 陕西天地地质有限责任公司 | 乙级 | 陕西省泾阳县城市生活垃圾卫生第二填埋场地形测量 | 合格 | 不合格 |
| 30 | 陕西地矿第二工程勘察院 | 乙级 | （未提交成果资料） | 不合格 | 不合格 |

# 大 事 记

## 一月

【1 日】《河北省地理信息交换共享管理办法》以省政府第 12 号令公布，自 2014 年 1 月 1 日起施行。

【3 日】国家测绘地理信息局安全生产委员会电视电话会议在北京召开。

【6 日 ~10 日】国家测绘地理信息局副局长、联合国全球地理信息管理亚太区域委员会主席李朋德在纽约出席联合国可持续发展目标开放工作组第七次会议并作监测地理世情、促进可持续发展的专题报告。

【10 日】国家科学技术奖励大会在北京召开，会上公布国家科技进步奖获奖项目名单，国家测绘地理信息局推荐的“国产民用高分辨率立体测图卫星测绘和应用关键技术”获国家科技进步奖一等奖，“机载多波段多极化干涉 SAR 测图系统”获二等奖。

【10 日】中国产业报协会举办的 2013 年中国产业经济“十大新闻”和“十件大事”评选揭晓。《中国测绘报》推荐的“第一次全国地理国情普查全面展开”入选“2013 年中国产业经济十件大事”。

【13 日】全国测绘地理信息局长会议在北京召开。会前，中共中央政治局常委、国务院副总理张高丽审阅会议讲话材料并作批示。国土资源部部长、党组书记，国家土地总督察姜大明出席会议并作重要讲话。国家测绘地理信息局局长徐德明主持会议并讲话。国务院办公厅、审计署、国土资源部有关人员，国家测绘地理信息局在北京领导班子成员、总工程师出席会议。

【15 日】青海省委常委、常务副省长骆玉林在《2013 年测绘地理信息工作完成情况的报告》上作出批示：“过去的一年，省测绘地理信息局注重测绘成果质量，积极推进地理国情普查、地理信息公共服务平台等重点项目建设，切实加强行业监管，不断提升服务能力水平，深入开展党的群众路线教育实践活动，狠抓党风廉政建设，各项工作取得了好成绩。新的一年希望再接再厉，继续扎实推进各项工作，组织实施好第一次地理国情普查，全面落实全省地理信息公共服务平台建设的各项任务，加快推进藏区测绘基准体系基础设施和数字地理空间框架建设，努力提升服务质量和测绘工作水平，为推进‘三区’建设和全省经济社会发展提供有力的支撑。”

【19 日】浙江省委副书记、省长李强对浙江省测绘地理信息工作作出批示：“‘四连冠’不容易，说明工作很有成效，向大家表示祝贺！希望再接再厉，为全省经济社会发展提供更加准确有效的测绘与地理信息服务。”

【20 日】陕西省测绘地理信息工作会议在西安召开。会前，陕西省副省长白阿莹审阅了会议主报告并对全省测绘地理信息工作作出批示：“扎实工作，落实任务，提升能力，跨越发展。”

【20 日 ~21 日】江西省委书记强卫对江西省测绘地理信息局在全国省级测绘地理信息行政主管部门 2013 年度绩效考核中排名全国第二作出批示：“祝贺省测绘地理信息局在全国测绘系统 2013 年度考评中取得的好成绩！”

【21 日】2014 年青海省测绘地理信息暨党风廉政建设工作会议在西宁召开。

【22 日】国务院办公厅印发《国务院办公厅关于促进地理信息产业发展的意见》（国办发〔2014〕2 号）。

【22 日】浙江省委书记夏宝龙对浙江省测绘地理信息工作作出批示：“祝贺省测绘与地理信息局在全国测绘地理信息系统年度工作绩效考核中获得‘四连冠’，向同志们表示感谢和慰问。希望大家再接再厉，继续做好各项工作，为贯彻落实‘五水共

治'、'五措并举'的重大决策部署和推进治理体系、治理能力现代化，提供全面高效的测绘与地理信息保障服务。”

【22 日】浙江省测绘与地理信息工作会议在杭州召开。

【23 日】江苏省副省长徐鸣对全省测绘地理信息工作作出批示：“2013 年，全省测绘地理信息系统紧紧围绕服务大局、服务社会、服务民生的宗旨，发扬艰苦奋斗、无私奉献的精神，全面推进地理国情普查、数字城市、天地图·江苏等三大平台建设，为全省经济建设提供了有力保障；省测绘地理信息局再次荣获全国省级测绘地理信息行政主管部门贯彻落实科学发展观年度工作优秀单位。这些成绩来之不易，可喜可贺！”

【24 日】国家测绘地理信息局党的群众路线教育实践活动总结大会在中国测绘创新基地召开，党组书记、局长、局教育实践活动领导小组组长徐德明作总结讲话。中央教育实践活动第 30 督导组组长吴定富、副组长王庭大及督导组全体人员出席会议，吴定富讲话。局党组副书记、副局长王春峰主持会议，局党组成员、副局长李维森、宋超智、闵宜仁，局党组成员、纪检组组长于贤成，副局长李朋德出席会议。

【24 日】江苏省测绘地理信息工作会议在南京召开。

【24 日】陕西天润科技股份有限公司在北京全国中小企业股份转让系统中挂牌上市，是陕西省首家上市的测绘地理信息企业。

【28 日】北京市设立第一次地理国情普查领导小组，市委常委、副市长陈刚任组长，市政府副秘书长张玉平、市规划委员会主任黄艳、市统计局局长王文杰任领导小组副组长，27 个委办局为领导小组成员单位。领导小组办公室设在北京市规划委员会。

【28 日】总参谋长助理乙晓光中将看望慰问驻京某测绘导航基地官兵。

## 二月

【7 日】河北省副省长张杰辉对省地理信息局《关于全国测绘地理信息局长会议精神及我省贯彻落实意见的报告》作出批示：“同意贯彻落实意见，切实抓好落实，充分发挥好地理信息服务经济社会发展的重要作用。”

【8 日】吉林省政府召开常务会议，决定将开展地理国情普查和建设吉林省地理信息公共服务平台确定为省政府重点工作，并发文明确分管省领导和责任部门。

【12 日】新疆和田地区于田县发生 7.3 级地震，国家测绘地理信息局第一时间启动应急预案，开展抗震救灾测绘地理信息应急保障工作。国家基础地理信息中心快速编制《新疆维吾尔自治区行政区划图》《和田地区行政区划图》《于田县行政区划图》及《震中局部地区影像图》，21 时通过专网传送至国务院应急管理办公室，并向相关部门提供了震区影像图。新疆维吾尔自治区测绘地理信息局紧急从应急图库抽取地震灾区地形图并进行标绘，制作并喷绘《于田县卫星影像图》《于田县政区图》送至自治区政府应急管理办公室，及时为自治区党委、政府研究救灾事宜提供服务。

【12 日】新疆和田地区于田县发生 7.3 级地震，总参测绘导航局组织力量紧急制作震区专题图，为抗震救灾提供测绘导航保障。

【18 日】大连市政府印发《大连市政府办公厅关于做好大连市地理信息公共平台应用与维护工作的通知》（大政办发〔2014〕7 号）。

【19 日】河北省政府办公厅印发《关于促进地理信息产业发展的实施意见》（冀政办函〔2014〕61 号）。

【19 日】四川省副省长侍俊到四川测绘地理信息局调研四川省重点地区精确测绘工作。

【20 日】新疆维吾尔自治区测绘地理信息局长会议在乌鲁木齐召开。

【24 日】国家测绘地理信息局在北京召开贯彻落实《国务院办公厅关于促进地理信息产业发展的意见》工作会议。

【24 日】国家测绘地理信息局在北京召开全系统党风廉政建设工作会议，学习贯彻中共中央总书记习近平在中央纪委三次全会和国务院总理李克强在国务院第二次廉政工作会议上的重要讲话精神，总结 2013 年工作，部署 2014 年任务。局党组书记、局长徐德明出席会议并讲话，党组副书记、副局长王春峰主持会议并作会议总结，党组成员、纪检组组长于贤成作工作报告，党组成员、副局长李维森、宋超智、闵宜仁，副局长李朋德，总工程师李志刚出席会议。

【26 日】甘肃省测绘地理信息工作会议在兰州召开。会前，省委常委、常务副省长罗笑虎对全省测绘地理信息工作作出批示："2013 年，全省测绘地理信息系统认真贯彻落实省委省政府决策部署，坚持'服务大局、服务社会、服务民生'的宗旨，求真务实，开拓进取，各项工作取得了显著成绩，在全省经济社会发展、抢险救灾及灾后重建中发挥了重要服务保障作用。新的一年，全省测绘地理信息系统要认真贯彻党的十八大和十八届二中、三中全会精神及省委省政府决策部署，进一步解放思想，改革创新，扎实做好地理国情普查，不断强化测绘统一监管，着力推进三大平台建设，努力提升测绘服务保障水平，大力发展测绘地理信息产业，全面推动测绘地理信息事业转型升级、跨越发展。"

【27 日】2014 年云南省测绘地理信息工作会议在昆明召开。

【28 日】山西省测绘地理信息局组织召开全省测绘地理信息工作暨党风廉政建设工作会议。

▲"搞好地理国情普查"被写入《2014 年山西省政府工作报告》。《山西省政府关于印发2014 年山西省政府重点工作目标责任分解的通知》（晋政发〔2014〕3 号）中，"抓好地理国情普查"被列为 2014 年山西省政府重点工作。

## 三月

【4 日～5 日】国务院第一次全国地理国情普查领导小组办公室召开全国地理国情普查工作会议，领导小组副组长、普查办公室主任、国家测绘地理信息局局长徐德明，普查办公室常务副主任、国家测绘地理信息局副局长李维森出席会议并讲话。

【8 日】国家测绘地理信息局获悉马航公布 MH370 航班失踪地点后，立刻启动应急测绘保障预案，快速编绘制作《马航客机失联区域图》《马航客机失联区域影像图》等专题地图。

【10 日】江西省地理信息公共服务平台开通暨应用推广会在南昌召开，300 多人参加会议。省委书记强卫批示："祝贺全省地理信息公共服务平台顺利建成，希望其在服务全省经济社会发展中发挥积极作用。"

【11 日】江西省测绘地理信息工作会议在南昌召开。

【12 日】河南省地图院紧急编印完成最新《河南省地图》《开封市地图》《兰考县地图》各 100 幅，为国家主席习近平到豫视察工作提供地图专项服务。

【17 日】国家测绘地理信息局召开学习传达两会精神干部大会。局党组书记、局长徐德明传达十二届全国人大二次会议和全国政协十二届二次会议精神，对测绘地理信息系统学习贯彻两会精神提出要求。

【18 日】"感动测绘人物"推选活动颁奖典礼在北京举行，公布 10 名"感动测绘人物"名单。国家测绘地理信息局局长徐德明出席颁奖仪式并讲话。

【19 日～27 日】国家测绘地理信息局副局长闵宜仁率团赴印度参加金砖国家地理空间论坛顾问委员会会议及地理空间传媒全球业务合作伙伴会议。

【20 日】中央决定，库热西·买合苏提任国土资源部副部长、党组成员，国家测绘地理信息局党组书记、局长；免去徐德明国土资源部党组副书记、副部长、国家土地副总督察，国家测绘地理信息局党组书记、局长职务。

【20 日】中共中央组织部公布"万人计划"第一批入选名单，张继贤、王东华、刘纪平、李成名、唐新明、施闯、曹晓航、刘耀林、汤国安、张永生 10 位测绘地理信息领域专家学者入选。其中，张继贤、王东华、刘纪平、李成名、唐新明、刘耀林 6 人为国家测绘地理信息局科技领军人才。

【20 日】国家基础地理信息中心蒋捷负责的国家地理信息公共服务平台"天地图"技术创新团队和同济大学童小华、中国科学院测量与地球物理研究所袁运斌、北京天下图数据技术有限公司关鸿亮、武汉光庭信息技术有限公司朱敦尧等 4 位测绘地理信息领域专家学者入选科技部 2013 年创新人才推进计划名单。

【21 日】国家测绘地理信息局举办极地测绘地理信息科技工作座谈会。

【21 日】财政部正式批复总预算为 1.2 亿元的 2014 年测绘地理信息公益性行业科研专项经费和第一批立项的 16 个项目。

【26 日】国务院法制办公室副主任夏勇到北京高德软件有限公司昌平数据基地开展立法调研，召开互联网地图专家论证会。

【27 日】甘肃省委常委、常务副省长罗笑虎，省政府副秘书长白文晖到省测绘地理信息局调研。

【28 日】中共中央政治局委员、新疆维吾尔自

治区党委书记张春贤在乌鲁木齐会见国家测绘地理信息局党组书记、局长库热西·买合苏提。

【28 日】青海省委常委、常务副省长骆玉林在省测绘地理信息局《关于拜会国家测绘地理信息局主要领导情况的报告》作出批示："很好，请贯彻落实好，使测绘地理信息工作上一个新台阶。"

【30 日】青海省委常委、常务副省长骆玉林在青海省第一次全国地理国情普查领导小组办公室上报的《关于青海省第一次全国地理国情普查工作进展情况的报告》上作出批示："工作开展的很好，请继续抓好。"

【31 日】"测绘行政许可受理"和"地图审核信息发布"官方微信正式在腾讯网上线运行。

▲甘肃省测绘地理信息局快速反应，为省地震局提供基础地理信息数据，支持地震应急救灾基础数据库建设。甘肃省副省长王玺玉对此作出批示："感谢省测绘地理信息局对全省地震工作的大力支持。"

## 四月

【2 日】第二届天地图应用开发大赛正式启动。

【8 日~9 日】全国地理信息与地图（测绘成果管理）工作会议在南昌召开。

【12 日】国家"863"计划重点项目"全球地表覆盖遥感制图与关键技术研究"数据成果在北京通过国家测绘地理信息局组织的专家评审。

【15 日】2013 版 1:5 万数字线划图（DLG）数据库动态更新项目通过验收，1:5 万数据库实现第二遍年度更新。

【15 日】山西省政府新闻办公室组织召开省级基础测绘项目成果发布会，山西省 1:1 万全要素数字线划图（DLG）数据库、高精度数字高程模型（DEM）数据库、高分辨率数字正射影像（DOM）数据库正式发布使用。

【16 日】福建省政府印发《关于数字福建智慧城市建设的指导意见》（闽政〔2014〕14 号），提出建设自然资源与空间地理等基础数据库，建设统一的遥感数据共享平台、天空地一体化通信平台。

【17 日】国家测绘地理信息局局长库热西·买合苏提到总参测绘导航局与总参测绘导航局局长薛贵江座谈交流。双方围绕为实现富国强军目标推动测绘导航事业大发展进行讨论，就统筹军地测绘建设资源、深化军地测绘融合发展政策机制研究、实现测绘导航成果快速及时共享等问题达成一致意见。

【21 日】国家测绘地理信息局局长库热西·买合苏提在中国测绘创新基地会见土耳其国家测绘局局长麦廷·凯萨普。

【22 日】吉林省政府办公厅印发《关于促进地理信息产业发展的实施意见》（吉政办发〔2014〕15 号）。

【27 日】海军组织 872 船赴南印度洋执行马航失联客机搜寻第二阶段任务。

【30 日】原中共中央政治局常委、全国政协主席贾庆林到天地图有限公司参观考察。

## 五月

【1 日】"美丽中国"第二届全国国家版图知识竞赛个人赛面向社会公众开始答题，"美丽中国"第二届全国国家版图知识竞赛和少儿手绘地图大赛正式启动。

【6 日】中国测绘宣传中心与新华网合作开办的"测绘地理信息"频道正式上线，这是中央主要媒体中首个测绘地理信息宣传平台。

【8 日】在瑞士日内瓦举办的 2014 年度世界地理信息论坛上，"中国西部 1:5 万地形图空白区测图工程"获世界地理空间信息杰出工程奖。

【8 日】由国家测绘地理信息局和天津市政府共同组织的数字天津地理空间框架建设项目成果验收与发布会在天津召开。

【9 日】四川省委书记王东明在成都会见国家测绘地理信息局局长库热西·买合苏提，双方就加快推进四川测绘地理信息工作交换意见。

【10 日】2014 年中国-东盟矿业合作论坛测绘地理信息分论坛在南宁会展中心举行。国家测绘地理信息局副局长李朋德、中国工程院院士刘经南、东南亚测绘协会主席马杜星，泰国测绘协会主席威查·齐瓦莱（WichaJiwalai）等专家学者出席活动。

【14 日】国家测绘地理信息局与国家发展和改革委员会签署《地理国情监测服务于区域协调发展总体战略合作协议》。

【17 日】首届智慧中原地理信息产业创新发展论坛在郑州解放军信息工程大学举行，同时成立智慧中原地理信息技术河南省协同创新中心、智慧中原地理信息产业创新联盟。河南省副省长张广智、

国家测绘地理信息局副局长李朋德、总参测绘导航局副局长杨宝峰、解放军信息工程大学校长郑俊杰等专家学者200多人出席论坛。

【18日】陕西省政府办公厅印发《陕西省政府办公厅关于促进地理信息产业发展的意见》（陕政办发〔2014〕45号）。

【18日~19日】以“数字矿山、绿色矿山、安全矿山”为主题的2014年中国国际矿山测量学术论坛在西安召开。

【21日】总参测绘导航局在北京与澳门特别行政区政府地图绘制暨地籍局举行澳门地区正射影像成果交接仪式。总参测绘导航局局长薛贵江和澳门特别行政区政府地图绘制暨地籍局局长陈汉平参加。

【22日】黑龙江省政府秘书长李显刚、副秘书长马立新就进一步推进黑龙江省与中国航天科技集团合作事宜到黑龙江省地理信息产业园调研。

【22日】江西省首个县级数字城市数字井冈山地理空间框架建设项目在井冈山通过国家测绘地理信息局验收。

【23日】国家测绘地理信息局召开李克强视察中国测绘创新基地重要讲话发表三周年座谈会。

【23日】国家测绘地理信息局局长库热西·买合苏提在中国测绘创新基地会见联合国副秘书长吴红波，双方就全球地表覆盖遥感制图成果在联合国范围内推广应用等问题进行探讨和交流。

【27日】国家测绘地理信息局局长库热西·买合苏提在中国测绘创新基地会见广东省副省长许瑞生。双方就进一步推动地理国情普查工作、加大基础测绘投入、加快地理信息产业发展、强化地理信息管理部门职能等进行探讨和交流。

【27日~29日】全国测绘地理信息系统第三届“中色杯”羽毛球比赛在石家庄举办，40支代表队、400多名教练员和运动员参加比赛。

【29日】国家测绘地理信息局组织召开测绘地理信息“十二五”规划评估工作会议。

【29日】国家测绘地理信息局印发《测绘地理信息部门信息化建设指导意见》。

【30日】云南省德宏傣族景颇族自治州盈江县发生6.1级地震。国家测绘地理信息局启动应急测绘保障预案，组织技术人员快速编制一系列应急救灾图。

【30日】国家测绘地理信息局印发《中共国家测绘地理信息局党组贯彻落实〈建立健全惩治和预防腐败体系2013—2017年工作规划〉实施办法》。

## 六月

【7日】国家测绘地理信息局在哈尔滨召开海伦市定点扶贫工作座谈会，局长库热西·买合苏提、黑龙江省政府副秘书长马立新出席会议，国家测绘地理信息局副局长宋超智主持会议。

【7日】黑龙江省委常委、副省长郝会龙在哈尔滨会见国家测绘地理信息局局长库热西·买合苏提，双方就进一步推进黑龙江测绘地理信息工作交换意见。

【8日】国家测绘地理信息局在中国测绘创新基地举行测绘地理信息界院士座谈会。局长库热西·买合苏提、副局长王春峰参加座谈，副局长李朋德主持会议。

【9日】由国家测绘地理信息局与联合国统计司共同主办的联合国地理信息与统计融合国际研讨班在中国测绘创新基地开幕。国家测绘地理信息局局长库热西·买合苏提、联合国统计司全球地理信息管理顾问格里高利·斯科特、联合国地理信息与统计融合专家组联合组长嘉玛·万·海德润出席开幕式并致辞。国家测绘地理信息局副局长李朋德主持开幕式。

【9日】国家测绘地理信息局局长库热西·买合苏提主持召开专题会议，就贯彻落实《国务院办公厅关于促进地理信息产业发展的意见》，进一步加快推动地理信息产业发展进行研究部署。

【10日】国家发展和改革委员会副主任林念修到中国测绘创新基地调研。

【10日】中国卫星导航定位协会主导的中国位置网服务联盟（中国位联）在深圳成立。

【11日】吉林省测绘地理信息局与省气象局在长春签署战略合作协议，在激光雷达技术应用、吉林省卫星定位参考站综合服务系统（JLCORS）应用维护和测绘地理信息成果提供、信息资源共享等方面开展战略合作。

【12日】浙江省副省长黄旭明在杭州会见国家测绘地理信息局局长库热西·买合苏提，双方就进一步推进浙江测绘地理信息工作交换意见。

【13日~14日】第一次全国地理国情普查现场交流会在浙江省德清县举行。国家测绘地理信息局局长库热西·买合苏提，浙江省副省长黄旭明出席

会议并讲话。国家测绘地理信息局副局长李维森主持会议。

【16日】国土资源部部长、国家土地总督察姜大明，党组成员、国家土地副总督察（专职）张德霖到国家测绘地理信息局考察测绘地理信息工作，国家测绘地理信息局局长库热西·买合苏提、副局长王春峰陪同参观考察。

【17日】教育部和国家测绘地理信息局联合主办的国家级竞赛活动2014年全国职业院校技能大赛测绘赛项总决赛在河南省开封市开幕，全国29个省、自治区、直辖市52所开设测绘类专业的高等职业院校共派出208名选手参加总决赛。

【17日】国家测绘地理信息局与总参测绘导航局召开专题会议，就加快推动测绘军民深度融合发展问题交换意见。

【24日】吉林省省长巴音朝鲁签发第245号省政府令，公布《吉林省地理信息公共服务办法》，自2014年8月1日起正式实施。这是我国首个以省级政府规章形式出台的地理信息公共服务办法。

【26日~28日】第十六届华东六省一市测绘学会学术交流会在黄山市召开，华东六省一市测绘（地理信息）学会的理事长、秘书长和会员代表约170人参加。

【27日】《中华人民共和国测绘法》修订座谈暨专家委员会成立会议在中国测绘创新基地召开。测绘法修订工作领导小组组长、国家测绘地理信息局局长库热西·买合苏提出席会议并讲话。全国人大常委会法制工作委员会、国务院法制办公室、国土资源部等部门负责人和测绘法修订专家委员会专家、工作组成员参加座谈。

## 七月

【1日】我国出版的开本最大、内容最详尽、收录地名最多的综合性世界地名地图参考工具书——《世界标准地名地图集》由中国地图出版集团正式出版，外交部通过政府采购将图集分送我国驻外使领馆。

【3日】新疆维吾尔自治区测绘地理信息局召开纪念建局40周年座谈会。

【6日】“天地图”2014版正式上线运行。

【6日~15日】国家测绘地理信息局副局长李朋德率代表团赴美国参加联合国可持续发展高级别政治论坛及部长级对话会议。

【8日~9日】国家测绘地理信息局在西安召开全国测绘地理信息法制与行业管理工作会议，副局长宋超智出席会议并作工作报告。会议对做好新形势下测绘地理信息法制建设、市场监管和行政执法工作进行部署。

【10日~11日】2014年全国测绘地理信息局长座谈会在中国测绘创新基地召开。国家测绘地理信息局在京领导班子全体成员、局总工程师出席座谈会。

【13日~24日】国家测绘地理信息局副局长宋超智赴英国参加第六期中欧测绘地理信息技术与产业发展高级研讨班，并赴德国访问慕尼黑工业大学及斯图加特大学，讨论人才培养等合作事宜。

【15日】新疆维吾尔自治区测绘地理信息局在乌鲁木齐市组织召开新疆第一个数字县域地理空间框架项目——数字新源地理空间框架建设项目设计书评审会。

【16日】国家测绘地理信息局和陕西省政府在西安召开陕西省地理国（省）情监测会议，总结部省合作共建3年来的监测试点工作，审定陕西省地理国（省）情监测2013年成果发布与应用建议。国家测绘地理信息局副局长李维森、陕西省副省长白阿莹出席会议并讲话，省政府副秘书长杨长亚主持会议。

【16日】陕西省副省长白阿莹在西安会见国家测绘地理信息局副局长李维森，双方就第一次全国地理国情普查、地理国情监测成果应用以及深化共建合作机制等进行交流。

【18日】国家发展和改革委员会、国家测绘地理信息局联合印发《国家地理信息产业发展规划（2014—2020年）》（发改地区〔2014〕1654号），这是国家层面上的首个地理信息产业规划。

【18日】河北省副省长张杰辉在石家庄会见国家测绘地理信息局局长库热西·买合苏提。

【18日~21日】第三届全国高等学校大学生测绘技能大赛在河南省平顶山市举办，来自全国27个省、自治区、直辖市的75所高等院校、300多名选手参赛。

【22日】由青海省第一次全国地理国情普查领导小组办公室、青海省委宣传部共同组织的“走转改·感知地理国情”和由中国测绘宣传中心、新华网联合举办的“一线报道·走进青海”采访活动在

西宁启动。中国测绘报社、新华社青海分社、人民日报社青海分社等12家媒体25名记者参加历时8天的采访活动。

【25日】北京市规划委员会、天津市规划局、河北省地理信息局在河北省地理空间技术创新基地召开京津冀测绘地理信息协同发展座谈会，共同签署《京津冀测绘地理信息协同发展战略合作协议》。

【28日～8月1日】海军副参谋长管建国率中国海道测量代表团访问英国海道测量局。

【30日】国家测绘地理信息局与中国航天科工集团公司签署战略合作协议。国家测绘地理信息局局长库热西·买合苏提、中国航天科工集团公司董事长高红卫出席签字仪式并讲话。

## 八月

【1日～6日】山西省测绘地理信息局测绘应急服务小组利用无人机航拍山西省代县与五台山风景区周边，为全省打击非法采矿工作提供保障。

【2日】由国家新闻出版广电总局、国家测绘地理信息局主办，中国地图出版集团承办的第24届全国图书交易博览会重点活动——“阅读中国版图知识校园行”遵义分会场开幕。全国人大教科文卫委员会主任委员、中国出版协会理事长柳斌杰，全国国家版图意识宣传教育与地图市场监管协调指导小组组长、国家测绘地理信息局副局长闵宜仁出席活动并讲话。中国地图出版集团向遵义市教育局捐地球仪、中华人民共和国地图、科普图书共计2000多册/幅。

【3日】云南省昭通市鲁甸县发生6.5级地震，国家测绘地理信息局启动应急预案，为抗震救灾提供应急保障服务。

【3日】云南省昭通市鲁甸县发生6.5级地震，总参测绘导航局组织部队启动应急保障预案，梳理汇集震区测绘导航成果，实时跟踪救灾保障需求，及时提供测绘导航保障。

【10日】副总参谋长戚建国到云南鲁甸灾区看望慰问执行抗震救灾任务的某测绘导航基地无人机分队全体官兵。

【12日】国家测绘地理信息局局长库热西·买合苏提到西藏调研，与自治区政府座谈。西藏自治区党委副书记、常务副主席、政法委书记邓小刚出席座谈会并讲话，自治区人大副主任、中国工程院院士多吉出席座谈会，自治区相关部门主要负责人参加座谈会。

【12日】新疆开展多民族语言文字地理国情普查宣传工作，自治区第一次全国地理国情普查领导小组办公室组织印制发放汉、维吾尔、哈萨克3种文字的地理国情普查宣传材料10万份。

【14日】中央政治局委员、上海市委书记韩正到上海青浦北斗产业园视察华测产品应用展示中心和制造中心。

【17日】云南省副省长尹建业到鲁甸“8·03”地震灾害国土系统抗震救灾前线指挥部检查指导工作，对测绘地理信息应急工作表示肯定。

【18日】中地信地理信息股权投资基金完成工商登记，标志着我国首支支持地理信息企业发展的基金正式注册成立。

【28日】国家测绘地理信息局局长库热西·买合苏提到山东省国土测绘院调研，山东省副省长孙绍骋陪同调研。

【28日】山东省委副书记王军民在济南会见国家测绘地理信息局局长库热西·买合苏提。

【29日】全国测绘法宣传日主场活动在山东潍坊举行。国家测绘地理信息局局长库热西·买合苏提出席活动。

【29日】甘肃省委常委、常务副省长罗笑虎在《甘肃日报》发表《开展地理国情普查，保障服务甘肃发展》署名文章。

▲《中国测绘地理信息年鉴》（2014年卷）正式出版发行。

▲江西省常务副省长莫建成对全省测绘地理信息工作及地理国情普查工作作出批示。

## 九月

【2日】总参谋长助理高津中将到驻疆某测绘导航基地视察。总参测绘导航局副局长徐秋龙等陪同。

【2日～3日】总参测绘导航局会同国家发展和改革委员会、工业和信息化部、住房和城乡建设部、交通运输部、国家航天局、国家测绘地理信息局共同主办首届北斗应用峰会。国家部委、地方政府、军地单位、科研院所共600多人参会。

【3日】副总参谋长乙晓光中将到驻疆某测绘导航基地视察。

【4日】全国地理信息产业促进工作现场会在武汉

召开。国家测绘地理信息局局长库热西·买合苏提、湖北省副省长许克振出席会议并讲话。国家测绘地理信息副局长闵宜仁主持会议。

【4日】湖北省副省长许克振在武汉会见国家测绘地理信息局局长库热西·买合苏提，双方就共同推动湖北省地理信息产业发展进行会谈。

【9日】国家测绘地理信息局印发《国家测绘地理信息局全面深化改革的实施意见》。

【9日】山西省政府办公厅印发《山西省政府办公厅关于促进地理信息产业发展的实施意见》（晋政办发〔2014〕69号）。

【11日~12日】第三届中国卫星导航与位置服务年会暨展览在北京国家会议中心举行。国家测绘地理信息局局长库热西·买合苏提出席开幕式并讲话。

【13日】海南省省长蒋定之在海口会见国家测绘地理信息局局长库热西·买合苏提。

【13日~14日】2014年全国注册测绘师资格考试在31个省、自治区、直辖市以及新疆生产建设兵团同时举行。经审核，符合条件的15296名测绘地理信息专业技术人员报名参加考试。

【15日~19日】中共中央组织部主办、国家测绘地理信息局承办的数字城市建设与智慧城市探索专题研究班在广州举办。全国25个省（自治区、直辖市）以及新疆生产建设兵团所辖市（地、州、盟、师市）政府分管测绘地理信息工作的副市长（专员、州长、盟长）及相关省（自治区、直辖市）测绘地理信息行政主管部门负责人参加学习。

【17日】河北省副省长张杰辉对河北省地理信息局《京津冀协同发展工作用图》作出批示：“省地理信息局发挥职能作用服务中心工作的意识强，工作积极主动，值得表扬。可将《用图》分呈有关领导并送省发展和改革委员会。”

【18日】国家测绘地理信息局党组书记、局长库热西·买合苏提在中国测绘创新基地会见吉林省副省长谷春立，双方就卫星测绘等方面战略合作事宜进行会谈。

【19日】福建首个数字县域地理空间框架——数字永定地理空间框架建设项目建设完成并通过验收。

【22日】中国政府在纽约联合国总部向联合国捐赠30米分辨率全球地表覆盖数据。捐赠仪式上，中共中央政治局常委、国务院副总理张高丽向联合国秘书长潘基文递交数据光盘，国家测绘地理信息局与联合国经济和社会事务部签署《关于向联合国提供30米分辨率全球地表覆盖数据的联合声明》。

【22日】总参测绘导航局在北京召开军队第一次全国地理国情普查任务协调会，全军有关测绘导航单位和国家测绘地理信息局代表共31人参加。

【23日】浙江省副省长黄旭明在杭州会见国家测绘地理信息局副局长王春峰。

【24日】中央财经领导小组办公室副主任杨伟民到国家测绘地理信息局调研。

【25日~26日】2014中国地理信息产业大会在成都召开。国家测绘地理信息局局长库热西·买合苏提，四川省人大常委会副主任彭渝出席会议并讲话。国家测绘地理信息局副局长、中国地理信息产业协会会长宋超智作报告。

【29日】河北省副省长张杰辉对《关于河北省第一批地理国情监测成果的报告》作出批示：“省地理信息局认真贯彻落实国家地理国情普查工作部署，结合我省实际开展并形成了曹妃甸工业区、衡水湖自然保护区、石家庄气溶胶时空特征星地协同观测等三个成果，工作扎实，富有成效。请省地理信息局将成果发布给石家庄市、唐山市、衡水市政府和省环保厅，为相关地区和单位决策提供权威准确的地理国情信息。成果也要报国家测绘地理信息局。”

【30日】《测绘学报》入选300种以中文出版的“中国精品科技期刊”名单，2篇论文入选“2014年度中国百篇最具影响优秀国内学术论文”，10篇论文入选“2014年度中国精品科技期刊顶尖学术论文（F5000）”。

▲吉林省第一次全国地理国情普查领导小组组长、省委常委、常务副省长马俊清对落实《国务院第一次全国地理国情普查领导小组关于贯彻落实张高丽副总理重要批示精神加快推动地理国情普查工作的通知》作出批示：“请省普查办认真总结前段情况查找薄弱环节，按高丽副总理重要批示精神，扎实做好我省地理国情普查的各项具体工作，确保工作进度和质量。并将工作情况报告超良代省长。”

## 十月

【7日】21时49分，云南省普洱市景谷傣族彝族自治县发生6.6级地震。国家基础地理信息中心

紧急编绘制作《景谷傣族彝族自治县行政区划图》《普洱市地图》和《云南省全图》等成果资料，通过专网传送至国务院应急管理办公室。

【8日～10日】中国地图出版集团承办首届中国地图文化节暨地图文化论坛。活动期间，中国地图文化创意产业联盟成立，中国地图出版集团被推举为联盟理事长单位。

【10日】中央军委副主席范长龙到总参测绘导航局调研。副总参谋长戚建国、总参谋长助理高津、总装备部副部长刘胜、军委办公厅副主任宋丹等陪同调研。

【13日～17日】全国测绘地理信息系统局长培训班在武汉举办，来自28个省级测绘地理信息行政主管部门及局属单位负责人近40人参加培训学习。

【15日】江西省省长鹿心社到江西省测绘地理信息创新基地调研，听取全省测绘地理信息工作及省级地理信息公共服务平台建设应用情况汇报。

【16日】福建省副省长洪捷序、省政府副秘书长陈照瑜到福建省测绘地理信息局调研。

【20日～21日】国家测绘地理信息局在武汉召开全国测绘地理信息文化建设座谈会，国家测绘地理信息局党组成员、纪检组组长于贤成出席会议并讲话。

【22日】江苏省政府办公厅印发《关于促进地理信息产业发展的实施意见》（苏政办发〔2014〕87号）。

【22日～24日】联合国第三次全球地理信息管理高层论坛在中国测绘创新基地举行。国家测绘地理信息局局长、论坛主席库热西·买合苏提，联合国副秘书长吴红波，联合国全球地理信息管理专家委员会共同主席、墨西哥国家统计与地理信息局局长爱德华多·索佚，国际地理信息学术组织联合会马克·赛甘分别在论坛开幕式上致辞。国家测绘地理信息局副局长、联合国全球地理信息管理专家委员会共同主席李朋德主持开幕式。论坛期间，国家测绘地理信息局分别与墨西哥、以色列、韩国、蒙古、瑞典5国测绘地理信息主管部门签署合作协议。

【23日】中共中央政治局委员、新疆维吾尔自治区党委书记张春贤在国家测绘地理信息局局长库热西·买合苏提和中华全国总工会副主席，新疆维吾尔自治区党委常委、总工会主席尔肯江·吐拉洪等陪同下，参观中国测绘科技馆。

【24日】江西省省长鹿心社在南昌会见参加第四届全国测绘地理信息技术装备展览会的国家测绘地理信息局副局长李维森和中国科学院院士龚健雅、国际欧亚科学院院士林珲。

【30日】极地测绘科学国家测绘地理信息局重点实验室首批执行极地测绘度夏任务的2名队员随中国第31次南极科学考察队出发。

## 十一月

【5日】黑龙江省政府办公厅印发《黑龙江省政府办公厅关于促进地理信息产业发展的实施意见》（黑政办发〔2014〕53号）。

【7日】全国测绘地理信息宣传工作会议在长沙召开。国家测绘地理信息局局长库热西·买合苏提出席会议并讲话，湖南省委常委、常务副省长陈肇雄出席会议并致辞，国家测绘地理信息局副局长宋超智作工作报告。

【7日】国家发展和改革委员会等25部门指导的2014中国智慧城市创新大会在广州举行。国家测绘地理信息局作为成员单位参加大会各项工作，副局长李维森出席会议并作《测绘服务智慧城市》主题报告。

【9日】江西省省长鹿心社在南昌会见国家测绘地理信息局局长库热西·买合苏提。

【9日～13日】国家测绘地理信息局代表团赴印度尼西亚参加联合国全球地理信息管理亚太区域委员会（UN-GGIM-AP）第三次全会。

【10日】河北省省长张庆伟、副省长张杰辉、省政府秘书长朱浩文及省委宣传部、省委农工部、省公安厅分管负责人，省国土资源厅、环保厅、农业厅、地理信息局、气象局主要负责人到河北省地理信息局应急保障指挥中心察看秸秆禁烧实时监测情况并召开汇报会，对APEC会议期间全省秸秆禁烧工作进行检查督导。

【11日】浙江省政府办公厅印发《关于进一步推进地理信息产业发展的实施意见》（浙政办发〔2014〕127号）。

【11日】新疆维吾尔自治区政府副秘书长王胜谦到新疆维吾尔自治区测绘地理信息局调研。

【13日】河北省政府办公厅印发《关于加强卫星定位连续运行参考站建设及使用管理的通知》。

【13日】江西省政府办公厅印发《关于促进地理信息产业发展的实施意见》（赣府厅发〔2014〕

56 号）。

【17 日】河北省副省长张杰辉到省地理信息局调研测绘地理信息工作。

【17 日】吉林省委书记巴音朝鲁在长春会见国家测绘地理信息局局长库热西·买合苏提。吉林省委副书记、省长蒋超良，省委常委、常务副省长马俊清，省委常委、省委秘书长房俐，副省长谷春立，国家测绘地理信息局副局长王春峰、总工程师李志刚参加会见。

【18 日】国家测绘地理信息局与吉林省政府推动民用遥感卫星和地理信息产业发展战略合作框架协议签约仪式在长春举行。吉林省省长蒋超良与国家测绘地理信息局局长库热西·买合苏提代表双方签署协议。吉林省委常委、常务副省长马俊清主持签约仪式。吉林省副省长谷春立，国家测绘地理信息局副局长王春峰、总工程师李志刚出席签约仪式。

【22 日】河南省副省长赵建才在郑州会见国家测绘地理信息局局长库热西·买合苏提，国家测绘地理信息局副局长李朋德参加会见。

【22 日～23 日】康定发生 6.3 级地震，四川测绘地理信息局紧急启动测绘应急预案Ⅰ级响应，派遣无人机中队连夜赶赴灾区，及时获取震中高分辨率影像 37 平方千米，提供救灾专题图、核心灾区无人机影像图等保障服务。

【24 日】青海省政府办公厅印发《青海省人民政府办公厅贯彻落实〈国务院办公厅关于促进地理信息产业发展的意见〉的实施意见》（青政办〔2014〕189 号）。

【25 日】由全国国家版图意识宣传教育和地图市场监管协调指导小组主办的“美丽中国”第二届全国国家版图知识团体赛总决赛在中国测绘创新基地落幕。

【26 日】全国离退休干部先进集体和先进个人表彰大会在北京人民大会堂举行，国家基础地理信息中心周良获“全国离退休干部先进个人”称号。

【26 日】2014 年国家测绘地理信息局青年学术和技术带头人为期 3 天的培训班在成都开班。

【27 日】陕西省十二届人大第 14 次会议审议通过《陕西省测绘成果管理条例》修订案，自 2015 年 3 月 1 日起施行。

▲江西省测绘地理信息局在南昌召开地理国情普查省际接边工作座谈会，浙江、安徽、福建、湖北、湖南、广东地理国情普查有关负责人参加座谈。

## 十二月

【5 日】天津市副市长尹海林在天津会见国家测绘地理信息局局长库热西·买合苏提。

【8 日】国家测绘地理信息局印发《关于加快 2000 国家大地坐标系推广使用的函》。

【8 日】匈牙利测绘局局长本采·托若尼率团访问国家测绘地理信息局。

【10 日】山东省副省长徐珠宝到山东省国土测绘院调研。

【16 日～17 日】数字城市向智慧城市转型升级工作会在武汉召开。国家测绘地理信息局局长库热西·买合苏提、湖北省副省长许克振出席大会并讲话。

【16 日～20 日】总参测绘导航局在北京召开 2015 年度全军测绘导航任务研究筹划会议，全军测绘导航系统共 72 人参加。

【17 日～18 日】中国测绘地理信息学会 2014 年学术年会在武汉举行。国家测绘地理信息局局长库热西·买合苏提，湖北省副省长许克振，国家测绘地理信息局副局长、中国测绘地理信息学会理事长李维森在开幕式上讲话。

【19 日】四川省副省长王宁在四川测绘地理信息局 2014 年工作总结上作出批示：“今年，测绘系统主动融入全省发展大局，地理国情普查有序推进，‘十二五’测绘规划顺利实施，应急保障和地信产业发展取得新成效。新的一年，望认真按照国家测绘地理信息局和省委、省政府工作部署，坚持依法行政，着力改革创新，全面完成普查任务和‘十二五’规划重点项目，扎实做好测绘地理信息服务保障，科学谋划‘十三五’发展规划，更好地服务于全省科学发展、加快发展。”

【22 日】国家测绘地理信息局与人民网联合制作的《2014 习近平出访 18 国 3D 卫星路线图》在人民网首页头条显著位置刊登。

【22 日】国家测绘地理信息局党组召开 2014 年度民主生活会。局党组书记、局长库热西·买合苏提主持会议，中央第 30 督导组组长吴定富出席会议并讲话。

【26 日】国家测绘地理信息局发布第三批科技领军人才当选公告。香港理工大学史文中、国家基础地理信息中心刘若梅、武汉大学许才军、武汉大

学闫利、中国测绘科学研究院张力、武汉大学李霖、中国测绘科学研究院党亚民、国家基础地理信息中心蒋捷8人当选。

【26日~27日】全国测绘地理信息工作会议在中国测绘创新基地召开。会前，中共中央政治局常委、国务院副总理张高丽审阅会议工作报告并作重要批示。国土资源部部长、国家土地总督察姜大明出席会议并讲话。国家测绘地理信息局局长库热西·买合苏提主持会议并作工作报告。国务院办公厅、国家发展和改革委员会、财政部、审计署、国土资源部、国务院法制办公室、总参测绘导航局、解放军信息工程大学的有关负责人和国家测绘地理信息局领导班子成员、总工程师、测绘地理信息领域院士代表出席会议。

【29日】2014年四川省测绘地理信息管理工作会议在成都召开。

【31日】北京吉威时代软件股份有限公司研制的“GEOWAY CIPS吉威集群式影像处理系统”和北京四维远见信息技术有限公司研制的“SSW车载激光建模测量系统”获科技部“2014年度国家重点新产品”称号。

# 佛山市城市规划勘测设计研究院

佛山市城市规划勘测设计研究院成立于1997年，是佛山市国土资源和城乡规划局直属事业单位，是集城市规划设计与研究、测绘与地理信息、市政工程规划设计、建筑设计于一体的综合性规划设计与测绘研究单位。具有城乡规划编制、工程测量、不动产测绘、地理信息系统工程甲级资质，具有市政公用行业（道路、排水、桥隧）、土地规划、大地测量、地图编制、互联网地图服务乙级资质，通过了质量、环境、职业健康安全三个体系认证。全院现有在职职工234人，其中高级职称49人、中级职称39人、注册测绘师6人。多数技术人员具有本科以上学历，其中博士学历3人、硕士学历45人；拥有先进的全球导航卫星系统连续运行参考站、全球导航卫星系统接收机、测量机器人、垂准仪、测深仪、管线探测仪、S05级数字水准仪、大型图文输出等仪器设备130多（台）套；为规划和基础测绘、地理信息、测绘应急保障等提供人员、设备保障。

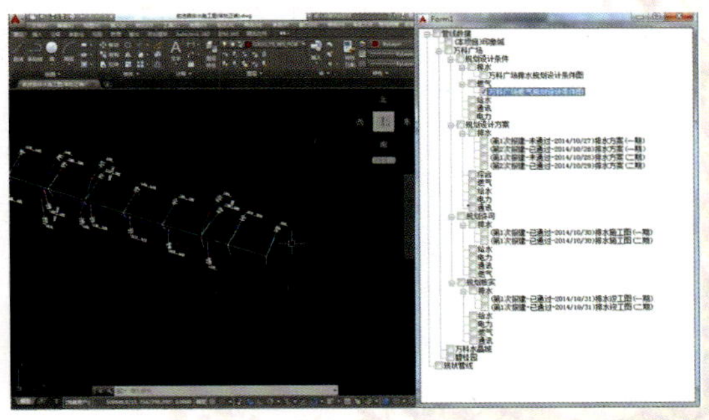

管线辅助审批系统展示

人防地理信息支撑平台

近年来，佛山市城市规划勘测设计研究院已成为具有较强区域影响力的综合性规划勘测设计单位，承担佛山全市域的规划设计、基础测绘等项目，参与佛山市多项专业性政策法规的编写、城市发展重大决策的技术咨询工作，先后有20多项规划、勘测、地理信息工程获部级、省级、市级优秀工程奖。

办公大楼

2014年，大力发展测绘地理信息建设，研发城市规划“一张图”平台、控制性详细规划信息平台、管线辅助决策平台、人防地理信息支撑平台、排水管线普查及信息化管理系统、地下空间信息管理系统等，提升了相关职能部门信息化管理水平。

管线探测现场

参加全国测绘地理信息定向越野赛

佛山市城市规划勘测设计研究院坚持“优设计、精测量、重诚信、以业主成功为己任”“低碳、节能、绿色、温馨、安全、规范、关爱、健康”的方针，以高质量、低碳环保的规划设计、测绘地理信息成果赢得社会各界的信赖，为地方国土资源、城乡规划、城市建设等管理提供技术服务保障。

# 深圳市规划国土房产信息中心（深圳市空间地理信息中心）

成立十八周年趣味运动会

参加深圳市市民长跑日活动

深圳市规划国土房产信息中心（深圳市空间地理信息中心）成立于1993年，隶属深圳市规划和国土资源委员会。主要承担深圳市空间基础信息平台的建设管理和服务，规划、国土、房地产、海洋管理的信息化，以及深圳市规划和国土资源委员会规划国土房地产业务档案的管理和服务，具体包括信息系统建设与运维，基础平台软件、应用软件和数据产品开发，各类信息采集建库、加工处理和应用分析，信息资源和档案的管理与服务。

深圳市规划国土房产信息中心拥有员工280人，其中技术人员130多人；员工中博士3人、研究生40人、本科生80人；具有正高级职称3人、副高级职称12人。下设综合部、发展研究部、空间信息部、监测技术部、智能政务一部、智能政务二部、智能政务三部、数据管理部、系统管理部和档案管理部10个部门。

深圳市规划国土房产信息中心自成立以来，完成办公自动化、行政审批服务、规划国土房产管理数字化工程等多个大型信息化工程建设，其中“深圳市规划国土管理信息化工程”获2000年度国家科学技术进步奖二等奖。承建深圳市信息化重点工程“数字深圳空间基础信息平台”，建成全市自然资源与空间地理数据库及多层次在线服务体系，创新空间信息共享模式。作为深圳市电子政务试点单位，自主研发电子政务基础平台，开展政务信息资源整合与公共服务工程，为规划国土房产全过程的数字化管理奠定基础。承建深圳市规划土地数字监察平台——“天地网”，实现“天上看、地上查、网上管、视频探、群众报”五位一体集成监控模式。开展档案数字化工作，建成规划国土档案管理集成平台，实现房地产权档案自助查询服务。

2011年11月，深圳市规划国土房产信息中心承建的深圳市规划土地数字监察平台举行开通仪式

创办“创客农场”

2010年11月，深圳市规划国土房产信息中心承建的市信息化重点工程数字深圳空间基础信息平台举行开通仪式

# 广州建通测绘地理信息技术股份有限公司

广州建通测绘地理信息技术股份有限公司（证券简称“建通测绘”，证券代码：832255）成立于1996年，注册资本3000万元，总部位于广州国家软件产业基地天河软件园，下设广西、河南、江西、福建、湛江分公司，北京、成都等办事处。该公司是专业从事高精度空间地理信息数据采集、处理及应用系统开发的测绘高新技术企业，是国内最大的激光雷达测绘服务提供商，中国地理信息产业百强企业，2015年正式在全国中小企业股份转让系统挂牌。

机载激光扫描测图系统研究开发中心
成立大会暨揭牌仪式

航飞任务结束后合影

该公司拥有甲级测绘资质，通过ISO9001质量管理体系认证，是中国测绘地理信息学会会员单位、中国地理信息产业协会理事单位。业务范围包括测绘航空摄影：机载激光雷达扫描、数码航空摄影、倾斜航射、无人飞行器航摄、摄影测量与遥感、机载SAR成像；工程测量；不动产测绘：地籍测绘、行政

员工户外活动

区域界线测绘；地理信息系统工程；地图编制；三维地图制作；海洋测绘等。

广州建通测绘地理信息技术股份有限公司拥有员工160多人，其中注册测绘师5人、高级工程师8人、工程师17人、助理工程师35人。成立以摄影测量与遥感专家、中国工程院院士张祖勋为学术带头的广东省广州市建通LiDAR摄影测量院士工作站。拥有JTLMS等多个具有自主知识产权的机载LiDAR测量与应用软件、2个发明专利、14项软件著作权。

近3年，获各等级奖项11项，其中“南方电网超高压输电公司/输电线路三维GIS运行管理系统（一期）数据采集工程”获2012年全国优秀测绘工程奖金奖，“连霍高速洛阳至灵宝（豫陕界）段改扩

专业生产团队

建工程机载三维激光雷达测量”获河南省优秀测绘工程（成果）奖一等奖，“韩江（高陂）水利枢纽工程机载激光雷达与航空摄影测量”获2014年广东省优秀测绘地理信息工程奖二等奖。

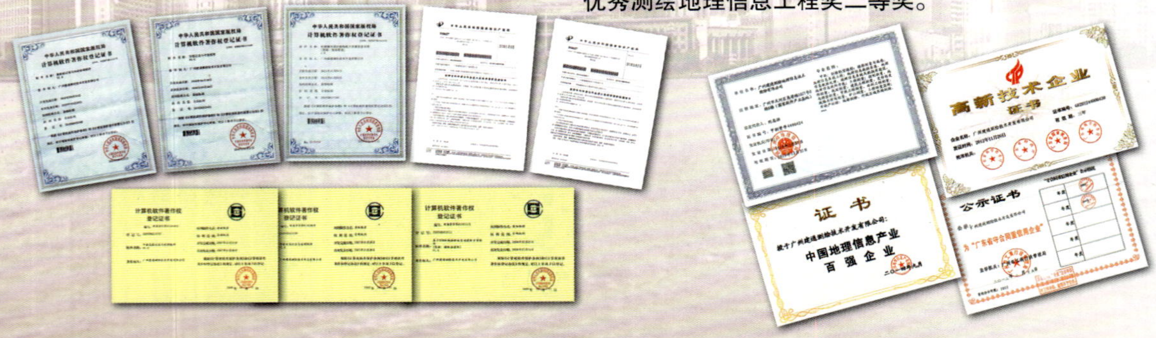

# 海南测绘地理信息局

2015年6月5日，中央全面深化改革领导小组第十三次会议召开，会议同意海南省就统筹经济社会发展规划、城乡规划、土地利用规划等开展省域"多规合一"改革试点，海南省成为全国首个在省域层面开展"多规合一"工作的试点省份。

国家测绘地理信息局局长库热西·买合苏提会见海南省省长刘赐贵

海南省政府成立海南省加快推进"多规合一"工作领导小组，省长刘赐贵任组长，海南测绘地理信息局被列为工作领导小组成员。海南测绘地理信息局在推进全省"多规合一"工作中负责在基础地理信息系统建设的基础上建立海南省"多规合一"信息数字化管理平台，制作提供"多规合一"规划编制所需的各类综合地理信息数据，负责各类规划不同坐标系和不同数据格式的转换，负责信息数字化管理平台的维护及升级。

海南省"多规合一"工作
式。海南测绘地理信息局通过
平台，实现规划管理"一站式"

海南省"多规合一"信息
务是建成省"多规合一"信息
间规划编制审批与实施管理，
力；建立信息资源共享和协同
资源配置和布局安排的规划编
的信息管理平台上完成。建设

国家测绘地理信息局和海南省政府签署海南省"多规合一"信息数字化管理平台建设合作协议

涉及9种坐标系、8种数据格
建立信息共享和协同管理信息
服务，做到"一张蓝图"做到底。
数字化管理平台建设的主要任
数字化管理平台，服务全省空
强化海南空间规划实施管控能
管理机制，实现所有涉及空间
制、修改、实施管理等在统一
主要内容包括各类规划冲突要素查找、标准规范制定、规划信息综合数据库建设、"多规合一"信息基础平台研制、"多规合一"应用服务系统开发和软硬件环境建设。

地理信息保障服务海南"多规合一"工作，将建立 "一个标准"：通过协调各专业规划标准，形成国民经济和社会发展规划、土地利用规划、城乡规划和生态红线等各领域规划可遵循的共同标准，在此基础上编制海南省总体规划；建设"一个平台"：以全省规划"一张蓝图"为基础，搭建"多规合一"信息数字化管理平台，从数据集成、数据库建设、数据管理和数据应用4个层面实现规划数据资源和规划成果的有效管理，实现规划编制、协同审批、实施管控和评价等规划全周期信息化管理。

海南省副省长王路在省测绘地理信息局调研"多规合一"信息数据化管理平台建设进展

# 海南水文地质工程地质勘察院

海南水文地质工程地质勘察院始建于 1964 年，总资产近 8000 万元，是海南省地质局下属事业单位，是一家综合性工程勘察院。拥有工程勘察综合类甲级；测绘乙级（工程测量、海洋测绘、不动产测绘）；水土保持方案编制乙级（水土保持监测）；地质灾害危害性评估甲级，地质灾害治理工程甲级设计、勘查、施工；地质勘查甲级；建设项目水资源论证乙级；桩基检测、岩土工程测试；地基基础工程施工等资质。通过 ISO9001:2008 质量管理体系、ISO14001:2004 环境管理体系、OHSAS18001:2007 职业健康安全管理体系认证。

院长：杨忠

会展中心二期（万绿园壹号）基坑监测

海南水文地质工程地质勘察院共有职工 240 名，各类专业工程技术人员 145 名，其中高级职称 35 人、各类执业注册人员 28 名。配备各种设备、机械、测试仪器 200 多台（套）。

建院 50 年来，先后完成岩土工程勘察、工程测量、海洋测绘、水土保持方案编制、水文地质勘查、地基与基础工程施工、地质灾害评估等项目 1 万多项，连续多年获“海南省勘察设计综合实力三十强单位”称号。完成的项目多次获海南省优秀工程勘察奖、海南省优秀测绘奖、海南省地质局科技进步奖。

海口国际金融中心变形监测

海南水文地质工程地质勘察院坚持以市场为导向、以科技为支撑、以质量为生命、以效益为中心，务实进取，竭诚为社会各界服务。

电 话：0898-65880996

传 真：0898-65881108

邮 箱：66823308@163.com

地 址：海口市红城湖路 115 号水工大厦四楼

美丽沙综合发展项目勘察

# 海南国源土地矿产勘测规划设计院

固定翼无人机航空摄影

外业测量

海南国源土地矿产勘测规划设计院成立于2005年9月，是海南省国土资源管理的技术服务支撑单位。具备测绘、无人机航摄、土地规划乙级资质，水利工程咨询、水利工程设计丙级资质，通过ISO9001质量管理体系认证。拥有职工90多人，其中高级职称17人、中级职称19人，技术人员占全院总人数的88.7%。业务范围涵盖土地勘测、土地调查与评价、土地利用规划、土地整治及水利工程咨询设计、土地遥感监测、土地利用变更调查与数据库建设、不动产统一登记、土地专题图制作、“3S”技术应用及土地相关课题研究等。

建院以来，海南国源土地矿产勘测规划设计院围绕国土资源中心工作，先后承接海南省琼海市、万宁市等6个市县第二次土地调查（农村部分）工作，海南省18个市县第二次土地调查数据库建设，海口市、文昌

市等6个市县农村宅基地确权登记发证，年度全国土地利用变更调查监测与核查遥感监测任务，年度海南省土地变更调查与遥感监测，年度土地矿产卫片执法检查，年度海南省耕地后备资源调查等600多个土地资源管理相关技术服务，其中国家级项目19个、省级项目202个、市县级和市场项目400多个。

海南国源土地矿产勘测规划设计院坚持“以质量求生存，以服务谋发展”的企业宗旨，求真务实、团结奋进。以扎实的技术保障和快捷高效的服务，为海南省国土资源事业发展做出贡献！

土地矿产卫片执法检查

四旋翼无人机土地整治项目航摄

# 国家测绘地理信息局第三地理信息制图院（四川省第二测绘地理信息工程院）

管线测量

工程测量

国家测绘地理信息局第三地理信息制图院（四川省第二测绘地理信息工程院）是一家以地图制印为基本特色，以测绘工程建设与地理信息成果应用为主业，承担全省地图技术审查与网络地图监管具体业务的综合性测绘单位。具有摄影测量与遥感、地理信息系统工程、工程测量、不动产测绘、地图编制、互联网地图服务 6 项甲级测绘资质，测绘航空摄影、不动产测绘 2 项乙级测绘资质，地质灾害治理、地质灾害治理工程勘测、地质灾害危险性评估 3 项地质灾害治理工程丙级资质。具备承担大型测绘地理信息工程、数字（智慧）城市建设、系统研发、地图制印与出版等能力。

三维建模效果图

无人机测绘

地图印刷

近年来，国家测绘地理信息局第三地理信息制图院（四川省第二测绘地理信息工程院）承担了国家西部 1:5 万地形图空白区测图、国家 1:5 万数据库更新、国家海岛礁测绘、中越陆地边界勘界测绘、汶川地震灾后恢复重建测绘专项工程、第一次全国地理国情普查等国家基础测绘任务，四川省地理信息公共平台、四川省地质灾害防治专用图测绘、数字城市建设、大比例尺地形地籍图测绘、工程测量等基础测绘任务，完成各类省级政务与应急地理信息保障服务，为国家和地方经济建设做出贡献。

汶川地震灾害地图集

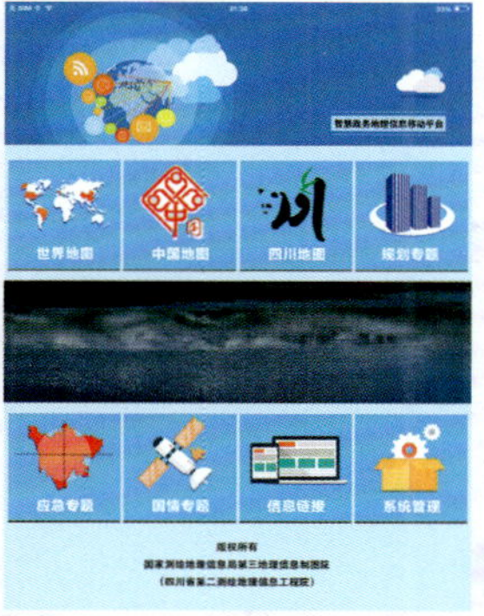

政务地理信息移动平台

# 四川金土地实业有限公司

四川金土地实业有限公司成立于1993年，具有测绘甲级资质。专业从事测绘航空摄影、遥感与摄影测量、不动产测绘、工程测量、地理信息系统工程、土地调查、土地规划；拥有系统配套的计算机遥感图像处理系统、全数字遥感摄影测量系统以及无人机、GPS、全站仪等高精度勘测设备。具备从地理信息数据采集、加工到数据集成，应用软件开发到技术咨询服务完整的产业链。

董事长陈文康受邀在成都西部地理信息科技产业园做主题发言

20多年来，公司一直秉持“以质量求生存，以效益求发展”的理念，先后承担了第一、二次全国土地遥感调查及城镇、农村地籍测绘，市县级土地利用、地籍、土地规划、基础地理信息、公共平台数据库建设，“5·12”、“4·20”灾后重建专项地形测绘，第一次全国地理国情普查等国家和省级重大项目。2013年公司成为首批入驻西部地理信息科技产业园的单位。

发展战略研讨会

公司努力实现“转型升级、科学发展”的战略目标，以建设一流的测绘地理信息产业科技企业为己任，持续全方位服务于国家基础设施建设、生态环境保护、国土资源的开发利用，服务于社会主义新农村、新型城镇化和新型工业化建设。

户外拓展活动

国家测绘地理信息局副局长李维森一行到公司检查指导

入驻西部地理信息产业园签约仪式

在四川农业大学设立金土地奖学金

# 四川中地信息工程有限公司

四川中地信息工程有限公司成立于2006年3月，是一家专业从事无人飞行器航摄、摄影测量与遥感、地理信息系统工程、工程测量、不动产测绘、土地利用总体规划修编的高科技产业公司。

四川中地信息工程有限公司是中国地理信息产业协会理事单位、四川省土地学会理事单位。拥有独立的专家顾问团队，与各大高校有密切的合作关系，通过了ISO9001质量管理体系认证、ISO14001环境管理体系认证、职业健康安全管理体系认证。

拓展训练

四川中地信息工程有限公司共有职工300多人，其中专业技术人员200多人，在泸州、凉山州、合江分别设立分公司。下设地理国情普查部、航测大队、城乡统筹部、土地整理部、总工办及质量检查室等生产管理部门，以及总经办、商务部、财务部、综合管理部、人力资源部等公司运营管理部门。配备了全球导航卫星系统接收机、全站仪、水准仪、单频测深仪、无人机、 遥感图像处理软件、MapMatrix多源地理数据综合处理平台软件、MAPGIS软件、县域永久基本农田数据库建库软件、县级土地整治规划数据库管理系统等先进技术设备。

捐赠活动

近年来，四川中地信息工程有限公司完成“什邡市第一次全国地理国情普查试点工作”“凉山州普格县第一次全国地理国情普查试点工作”“雅安市雨城区农村土地承包经营权确权等”大型项目，成果得到业主的好评。

四川中地信息工程有限公司承担的“泸县农村集体土地确权发证和数据库建设项目”获2012-2014年四川省优秀测绘工程奖金奖，“北川羌族自治县新县城城镇土地调查及数据库建设项目”获奖铜奖。

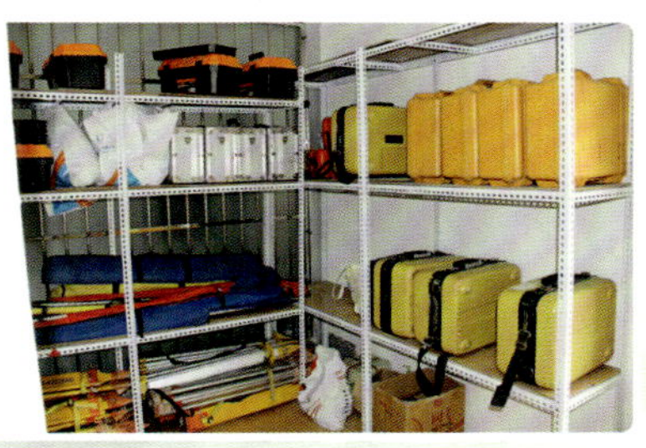
仪器设备

内业工作人员

内业输出设备

无人机

# 四川鱼鳞图信息技术股份有限公司

四川鱼鳞图信息技术股份有限公司(股票代码: 831885)成立于2008年，是一家致力于土地信息服务和智慧农村的细分领域龙头企业。具有甲级测绘资质、高新技术企业资质和国际软件研发能力成熟度模型CMMI 3级资质等，是四川省发展和改革委员会重点项目办公室的重点培育企业、四川省西部地理信息产业园首批入园企业和全国新三板样板企业，连续2年入选德勤成都高新高成长20强、亚太高新高成长500强。

新三板敲钟挂牌仪式

生产作业

工作进行摸底调查

办公环境

董事长：李剑波

鱼鳞图是古代管理地政信息的技术、工具和思想，因其直观上看形似鱼鳞而得名，四川鱼鳞图信息技术股份有限公司借鉴古代鱼鳞图以图管地的思路，结合现代技术，形成现代电子鱼鳞图，实现农村地政信息数字化和高度集成化。

四川鱼鳞图信息技术股份有限公司秉持“发现地理价值，助力智慧城乡”的宗旨，以农村信息化为切入点，以服务三农为目标，为农村地理信息服务和信息化提供包括测绘、软件、服务、咨询在内的行业解决方案，业务环节包括土地确权、地籍管理、农业物联网、智慧农业等，产品和解决方案在全国19个省100多个区县应用，市场订单从2008年的20多万元增长到2014年的8000多万元。研发了全国首个基于GIS的农村土地承包经营权管理系统，建设了西安高陵县级软件平台、成都市市级软件平台、四川省省级平台。参与试点规程和行业规范的制定。2012年，首批通过了农业部组织的县级农村土地承包管理信息系统软件测评，是中西部地区唯一一家通过测评的公司。

四川鱼鳞图信息技术股份有限公司在农村土地与不动产产权管理领域的创新得到广泛关注和肯定。《人民日报》2011年2月28日头版、中央电视台小崔会客室栏目报道了现代鱼鳞图在成都市城乡统筹改革实践中的积极作用。《四川日报》《华西都市报》《成都商报》等媒体也进行相关报道。为都江堰柳街镇鹤鸣村制作的中国首张现代鱼鳞图被国家博物馆收藏。

# 西藏自治区交通勘察设计研究院

西藏自治区交通勘察设计研究院创建于 1963 年，具有工程勘察综合甲级资质，设计、咨询甲级资质及公路工程测绘、监理、试验检测乙级资质，是集勘察设计、咨询、测绘、监理、试验检测、科研、岩土工程、代建项目管理于一体的综合型勘察设计单位。2003 年，通过 ISO9001:2000 标准认证。下设西藏天鹏工程技术咨询有限责任公司、西藏创路工程试验检测有限公司、西藏交勘岩土勘察有限公司、西藏祥龙商贸有限公司 4 个公司。共有专业技术人员 97 人，其中高级工程师 28 人、中级工程师 30 人、初级专业技术人员 31 人。

建院 50 多年来，西藏自治区交通勘察设计研究院完成近 1.5 万千米的等级公路勘察设计，65 千米（550 座）桥梁勘察设计，8348 米隧道勘察设计，近 28 万米地质钻探，6800 多千米公路工程监理任务。承担西藏地区一江两河综合开发交通规划和自治区“十五”公路网规划，设计西藏地区第一条高等级公路——拉萨至贡嘎机场专用公路新建工程，承担中国援建尼泊尔沙夫鲁比西至拉苏瓦加蒂公路勘察设计任务。

西藏自治区交通勘察设计研究院坚持“科技兴院、质量立院”的方针，完成的多项勘察设计、监理及科研项目获国家及省部级奖励。参与设计的“川、青藏公路”“西藏达孜拉萨河大桥设计”被评为建国 60 周年公路交通勘察设计经典工程。该院被国务院授予“全国民族团结进步模范集体”称号。

外业工作

设计图

办公大楼

下属单位

下属单位

# 铜川市规划局

局领导班子研究测绘工作

近年来，在铜川市委、市政府和陕西测绘地理信息局的领导下，铜川市规划局不断加强测绘地理信息行政管理，突出基础测绘，强化市场监管，全市测绘地理信息保障能力和公共服务水平持续提升。

加大基础测绘投入。率先在全省实现了城市、县城、乡镇及工业园区、景区 1:1000 地形图、正射影像图、数字高程模型测绘成果全覆盖。完成了铜川市全球卫星定位连续运行参考站 3 个单基站和系统网络建设。

强化测量标志保护。对全市新建立的 141 个 C、D 级控制点和铜川境内的高等级控制点进行全面管理维护，建立了定期巡查和动态维护制度。

铜川代表队获陕西赛区团体二等奖

建章立制强化监管。制定印发《铜川市测绘地理信息市场监督管理规定》和《铜川市 1:1000 数字化地形图使用管理规定》，开展测绘市场专项执法检查，指导做好全市测绘单位信用体系建设，进一步规范全市测绘市场行为。

新农村测绘项目外业现场

加强成果管理和应用。成立测绘信息中心，制定了用图审批流程；完成测绘地理信息成果汇交，开展全市涉密测绘成果检查和测绘资质单位成果抽查，促进成果规范管理和社会化应用。

铜川宜君——中国最美梯田

铜川新区——建设中的休闲养生城市

照金红色旅游名镇

铜川市规划局承担的“铜川市城市规划区 1:1000 航测数字化成图项目”获 2014 年中国地理信息产业优秀工程奖银奖，铜川市规划局组织代表队参加“美丽中国”第二届全国国家版图知识竞赛陕西赛区比赛，获团体赛二等奖，铜川市规划局在陕西省设区市测绘地理信息行政主管部门 2014 年度工作考评中被评为优秀单位。

证书

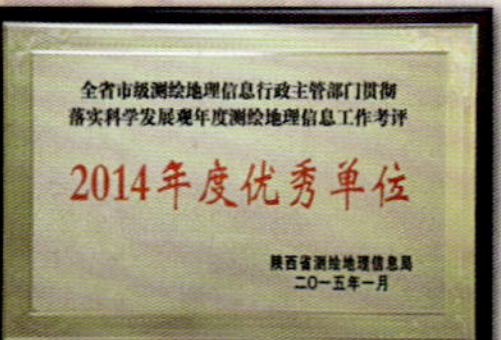

# 陕西测绘地理信息局后勤服务中心

陕西测绘地理信息局后勤服务中心是陕西测绘地理信息局下属事业单位，主要承担陕西测绘地理信息局治安保卫、水电暖供应、餐饮服务、房地产管理、环卫绿化、幼儿教育、医疗卫生、社区管理、基础设施建设等管理与服务职能。下设4个职能科室和10个所属部门。

近年来，在陕西测绘地理信息局的支持下，后勤服务中心秉承“精细管理创和谐、强化保障促发展”的理念，工作中亮点频现。陕西测绘地理信息局职工成套住房拥有率近90%，配合服务贴心的青年公寓，职工住房困难得到有效缓解；餐饮中心和大院服务社自2011年起投入运营，方便了职工餐饮、购物；屋顶绿化试点成效显现，打造了桂花、紫薇等园林景观小品，局大院“三季有花、四季常绿”的格局已形成；建成覆盖率达90%的智能监控系统，设置定点执勤岗，24小时电动巡逻车大院巡逻，实现多年“零发案”；陕西测绘地理信息局幼儿园20多年蝉联陕西省省级示范园称号，职工子女入托环境优良；门诊部配备全自动生化仪等先进医疗设备，增设中医理疗按摩科，实现职工小病不出大院的预期目标。

陕西测绘地理信息局大院

幼儿园

治安保卫

2014年，陕西测绘地理信息局大院在西安市精神文明建设指导委员会办公室、民政局、华商报共同举办的“寻找西安最美社区”活动中获“最佳人居环境奖”“最具社区文化活力奖”“最佳社区服务创新奖”，综合成绩名列第二。

供暖锅炉　门诊部　餐饮中心　生活超市

# 中铁一局集团宝鸡精密测绘工程有限公司

经理：周建军

全国劳动模范白芝勇

中铁一局集团宝鸡精密测绘工程有限公司始建于1956年9月，前身系中铁一局集团第五工程有限公司精密测量队，具有甲级测绘资质，经营范围包括控制测量、地形测量、变形观测、形变测量、隧道工程、桥梁工程、线路工程、市政工程、建筑工程等精密工程测量，通过ISO9000质量体系认证。

资料管理

中铁一局集团宝鸡精密测绘工程有限公司技术实力雄厚，拥有注册测绘师2人，中、高级技术人员50多名，配备了高精度智能型全站仪、精密电子水准仪、GPS接收机、轨道板精调设备、轨道几何状态测量仪等精密测量设备。参与近100条铁路、公路等基础设施建设的测绘项目，包括阳安线、宝成线、内昆线等普通铁路测量，京沪、哈大、武广、兰新等高速铁路精密控制网测量，吐乌大、宁台温、西康等高速公路测量。完成秦岭、乌鞘岭、石林、秦岭终南山公路等国内著名特长隧道洞内外控制测量项目以及高层建筑沉降观测、地铁基坑监测等变形监测项目100多项，在实践中培养了一批经验丰富的高级测绘技术人才。

技术比武

隧道洞外控制测量

中铁一局集团宝鸡精密测绘工程有限公司先后获“全国工人先锋号”“全国学习型先进班组”“中央企业学习型红旗班组标杆”等称号，以及全国工程建设质量管理小组一等奖、中央企业职工技能大赛工程测量决赛银奖、中铁一局集团公司建功奖章，多人获“全国劳动模范”“全国知识型职工先进个人”“全国特别关注最美青工”“全国青年岗位能手标兵”“陕西省劳动模范”“陕西省测绘行业先进工作者”等称号，1人享受国务院政府特殊津贴。

中铁一局集团宝鸡精密测绘工程有限公司秉承艰苦奋斗、勤俭节约的优良传统，发扬认真严谨、团结务实的工作作风，竭诚为社会各界提供优质服务，为我国建设再立新功！

公司领导简介

周建军：经理，高级工程师

周建东：副经理，注册测绘师，教授级高工

谯生有：副经理，注册测绘师，教授级高工

曹文科：总工，高级工程师

白芝勇：全国劳动模范，高级技师

电话：0917—3836091　0917—3836006

# 巴音郭楞蒙古自治州国土资源勘测规划设计院

院长：范恩海

巴音郭楞蒙古自治州国土资源勘测规划设计院组建于1963年，隶属于巴音郭楞蒙古自治州（以下简称巴州）国土资源局。多年来，为巴州国土资源系统提供了大量技术支撑和服务。业务范围包括地籍测绘、工程测量、测绘航空摄影、摄影测量与遥感、国土资源调查、土地利用总体规划、土地专项规划、土地整治项目的可行性研究及设计、城镇及农村土地分等定级、土地年度变更调查及国土资源数据库的建设、更新、维护和管理以及巴州国土资源系统课题研究和技术培训等。

巴音郭楞蒙古自治州国土资源勘测规划设计院拥有专业技术人员62人，其中具有高级职称13人、中级职称20人、初级职称29人，研究生学历7人。拥有甲级测绘资质、甲级土地规划资质，通过ISO9001:2008国际质量管理体系认证，档案管理达到自治区一级标准。

配备了Md4-1000测图鹰四旋翼、Free Bird和Trimble UX5等无人机，Trimble R10 GNss接收机、RIEGL车载三维激光扫描仪、全站仪等先进仪器设备，Pix4Dmapper、Correlator3D自动无人机数据处理系统、VirtuoZo NT全数字化摄影测量系统等数据处理和地理信息系统软件。

近年来，巴音郭楞蒙古自治州国土资源勘测规划设计院完成巴州卫星定位连续运行基准站新建11座、并网4座，巴州“智慧国土”一期工程数据中心建设，巴州及7个县第二次土地调查，巴州及6个县土地利用总体规划修编、评估、调整及数据库建设，50项土地整治项目勘测和规划设计，轮台县哈尔巴克乡2个村农村地籍调查试点、巴州及八县年度土地变更调查与遥感监测、巴州八县农村集体土地所有权登记发证、巴州农用地清查等重点项目。获“第二次全国土地调查先进集体”称号，获2013年中国地理信息产业优秀工程奖银奖1项、铜奖5项，2014年全国优秀测绘工程奖铜奖1项，2012年~2013年自治区测绘行业优秀测绘工程奖三等奖2项等。

外业工作

巴州卫星定位连续运行基准站

提供工作用图

无人机起飞前准备

介绍无人机

# 新疆维吾尔自治区测绘地理信息局

## 站在新的历史起点上　推进新疆测绘地理信息事业转型升级

新疆维吾尔自治区国土资源厅党组副书记、副厅长，自治区测绘地理信息局党组书记 平新来

新疆维吾尔自治区测绘地理信息局党组副书记、局长 李全战

2014 年 3 月 29 日，中共中央政治局委员、自治区党委书记张春贤在乌鲁木齐会见国土资源部党组成员、副部长，国家测绘地理信息局党组书记、局长库热西·买合苏提。

2014 年 3 月 28 日，国土资源部党组成员、副部长，国家测绘地理信息局党组书记、局长库热西·买合苏提到新疆局视察工作。

2010 年 8 月 19 日，国家测绘地理信息局党组副书记、副局长王春峰在全国测绘援疆工作座谈会上通报全国测绘援疆捐赠情况。

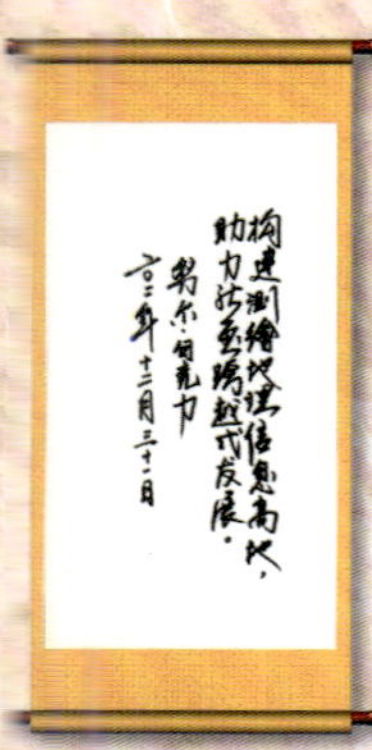


2011 年 3 月 29 日，国家测绘地理信息局副局长李维森和新疆维吾尔自治区党委常委、自治区常务副主席黄卫共同启动自治区应急指挥系统基础地理信息平台。

2011 年 8 月 17 日~21 日，国家测绘地理信息局副局长宋超智率西部测图工程新闻采访团到新疆采访一线职工。

2014 年是新疆维吾尔自治区测绘地理信息局成立四十周年。四十年来，伴随着新疆天山南北翻天覆地的变化，新疆测绘地理信息事业呈现出不断发展的良好态势，正步入历史以来实现全面发展的新阶段。

四十年来，新疆测绘地理信息事业在自治区党委、人民政府和国土资源厅的关怀领导下，在国家测绘地理信息局的指导帮助下，在全系统行业各单位的真情援助下，在社会各界的关注支持下，坚持服务稳定、服务发展、服务民生方向，积极投身新疆改革发展建设，不断取得新突破、实现新发展，为服务新疆社会稳定和长治久安作出了突出贡献。

坚持服务新疆开发建设，实现基础测绘大跨越。从 1998 年响应新疆“北水南调”工程 1:1 万基础测绘号角开始，不断推进 1:1 万基础测绘跨越发展，累计测制成图面积达 51.5 万平方公里的 1:1 万比例尺地形图 20627 幅。通过国家测绘地理信息局实施西部测图工程，首次填补新疆约 75 万平方公里 1:5 万地形图空白。2010 年全国对口援疆以来，推动大比例尺地形图基础测绘取得进展，成图面积达 2300 多平方公里。基础测绘成为新疆经济社会发展的“推进器”，为服务新疆综合开发建设、优势资源转换战略、援疆重大民生项目落地实施、地震灾后恢复重建规划和反恐维稳等作出巨大贡献。同时积极推进新疆基础地理信息数据库和现代测绘基准体系建设及 200[0] 大地坐标系推广应用工作。

坚持助力新疆社会管理创新，实现服务保障能力大提升。充分发挥测绘地理信息资源、技术、装备和人才优势，将加快数字城市地理空间框架、天地图·新疆、地理国情监测三大平台建设，开展地理国情普查等作为打造服务社会高地、推进新疆测绘地理信息事业转型升级的重要抓手。当前，全疆 15 个城市和县城开展数字城市地理空间框架建设，天地图·新疆顺利接入国家主节点，新疆重点地区（新源县）地质灾害监测和塔河流域地表覆盖变化监测启动实施，新疆投入 3.52 亿元实施第一次全国地理国情普查，承建一批辅助国土、地震、公安等部门决策管理、应急处突、反恐维稳等的地理信息系统（平台），向社会各界展示了新疆测绘地理信息服务保障能力。

坚持保障新疆安全稳定，实现测绘统一监管水平大提高。建成以《新疆维吾尔自治区实施〈中华人民共和国测绘法〉办法》等为基础的地方测绘法律法规体系。立足维护新疆统一和国家安全，深入开展地图市场、地理信息市场和涉密测绘成果保密检查等的专项整治活动，强化国家版图意识宣传教育，严厉打击和查处一批涉外非法测绘案件，在全社会树立了测绘统一监管权威。实施历史上首次全疆测量标志普查，探索启动测量标志用地确权登记发证工作，有效遏制了破坏测量标志的势头。彻底解决了影响新疆测绘地理信息事业长远发展的体制机制问题，实现地州市、县（市）测绘地理信息管理机构从无到有、上下衔接、全疆覆盖。

坚持创新事业发展，实现测绘科技大进步。高扬“科技是第一生产力”大旗，借助地理国情普查（监测）、国家“十二五”支持重点地区（新疆）基础测绘工程、三大平台建设等，大力实施科技兴测战略，实现技术装备升级换代和综合实力大幅提升，

# 新疆维吾尔自治区测绘地理信息局

锻炼和培养一批本土测绘科技人才。在基础测绘、地图编制、地理信息系统应用等领域开展科技攻关取得丰硕科技成果，采用新技术重新测定中国陆地最低点——新疆吐鲁番艾丁湖洼地海拔高程，为新疆经济、社会、平安建设及能源交通发展、“访民情惠民生聚民心”活动等提供技术支撑，一批项目获国家和自治区不同等级奖项并填补新疆相关专业领域空白。新疆局作为全疆测绘科技主管部门，从2003年开始至2011年连续三届获自治区科技兴新先进厅局称号。

坚持服务反恐维稳、应急处突和军事信息化建设，实现测绘地理信息作用大彰显。长期以来，向中央、自治区及公安、武警、军队等有关部门紧急提供用于反恐维稳决策等的各类数据成果和技术保障，助力公安、武警部队成功摧毁新疆南部“东突”恐怖分子训练基地，及时保障了乌鲁木齐2009年“7·5”暴恐事件等的应急处置工作，有力支撑了新疆公安和部队军事信息化建设。组织疆内外23家测绘单位近千人开展了全国测绘史上罕见的伊犁地震灾后恢复重建冬季测绘大会战。自治区应急指挥系统基础地理信息平台在国家测绘地理信息局支持下建成并交付自治区人民政府应急办使用，并在相关突发事件应急处置中发挥积极作用。

坚持以地图为载体服务新疆文化建设，实现地图市场大繁荣。坚持以辅助科学决策、强化国家版图意识、传播文化知识、增进对外交流和方便百姓日常生活为宗旨，以地图为载体深入挖掘新疆历史、人文、旅游、经济等资源，组织编制出版汉、维、哈等文版《新疆维吾尔自治区地图集》和新疆首部《新疆维吾尔自治区资源经济地图集》，在全国首创制作《新疆概况》多媒体查询系统、全国最大幅面盲文语音版《新疆维吾尔自治区地图》，抓紧编制反映新疆自古以来就是中国不可分割的一部分的历史图册——《地图上的中国新疆》，推出《魅力新疆》等一批设计精美、百姓喜爱的地图产品，繁荣了新疆地图市场，也为促进新疆爱国主义教育和文化市场建设作出应有贡献。

坚持立足现有人才培养，实现队伍建设大发展。争取国家测绘地理信息局及兄弟省局支持，努力克服高层次人才难以引进、人才培养经费紧缺等困难，不断创新人才工作机制，加大现有人才资源开发力度，使新疆测绘队伍整体素质和结构得到明显改善，建成一支作风扎实、技术装备较为精良、专业实力较为雄厚、敢打硬仗的队伍，为圆满完成国家、自治区急难险重测绘服务保障工作和重大测绘项目提供了坚强保证。同时，地州市、县（市）落实专兼职测绘管理人员1-2名，基层管理力量薄弱的局面得到逐步改善。推进测绘行业规模不断壮大，全疆380多家测绘资质单位6000多名直接从业人员活跃在天山南北，他们已成为新疆开发建设的重要力量。

回眸过去，新疆测绘地理信息事业走过了一条不平凡的发展道路。四十年来，一代又一代新疆测绘人，在新疆这片热土上，发扬测绘精神，栉风沐雨，挥洒青春热血和激情汗水，编织经纬人生，智绘大美新疆，沧桑与凯歌同奏，耕耘与收获同行，谱写了一曲跌宕起伏的壮美乐章。

面向未来，站在新的历史起点上，我们将深入贯彻党的十八大、十八届三中全会和第二次中央新疆工作座谈会精神，秉持“开放开拓、大气大度、变化变革”发展理念，把握测绘地理信息事业转型升级发展大势，全面推进新疆测绘地理信息各项工作，全面提升服务新疆社会稳定和长治久安的能力和水平，谱写新疆测绘地理信息事业发展新篇章。

2012年4月11日，国家测绘地理信息局副局长闵宜仁一行到新疆调研。

新疆维吾尔自治区国土资源厅党组副书记、副厅长，自治区测绘地理信息局党组书记平新来赴哈密测区一线调研指导工作。

新疆维吾尔自治区测绘地理信息局党组副书记、局长李全战参加测绘法宣传活动。

地理国情普查外业核查

州地震灾后恢复重建测绘冬日大会战

测量标志保护

基础测绘野外作业

地图执法

# 库尔勒天拓勘察测绘院

办公楼

库尔勒天拓勘察测绘院始建于 1983 年，隶属于库尔勒市城乡规划管理局，具有工程测量甲级资质。办公面积 800 多平方米，固定资产 1500 多万元。

库尔勒天拓勘察测绘院拥有测绘技术人员 70 人，其中高级工程师 9 人、工程师 29 人。配备动态卫星定位系统 Trimble 双频 R8、R4、sps882、5800RTK、全站仪、水准仪、地下管线探测仪、全数字摄影测量系统、ArcGIS 操作平台、oracle9.x 数据库及各种规格彩色绘图仪、扫描仪、压膜机等仪器设备，主要承担新疆巴州地区八县一市及南疆地区测绘项目，测绘业绩名列自治区测绘系统勘察测绘单位前列，获“建设部城市勘测工作先进单位”“自治区建设信息化工作先进单位”“库尔勒市优秀企业”等称号。

近年来，库尔勒天拓勘察测绘院完成库尔勒上库产业园区 480 平方千米航空摄影及 1:1000 地形图成图项目，库尔勒市地下管线探测及系统建设工作，库尔勒、库尔楚、博湖、和静、尉犁 5 个参考站的建设工作，库尔勒城区 120 平方千米 1:500 航测地形图修补测项目，和静县工业园区 72 平方千米 1:1000 地形图成图工作，阿克苏市托布鲁克乡、喀拉塔勒镇新农村规划建设 1:1000 数字化测图，21 团水源地 80 平方千米 1:1000 数字化地形图成图工作，铁门关市 100 平方千米航飞及 30 平方千米 1:1000 地形图成图工作，焉耆县 40 平方千米航飞及 15 平方千米 1:1000 地形图成图工作。按照库尔勒市委、市政府部署，协助库尔勒市规划局做好“三河贯通”“三大中心”等政府指令性任务的测绘工作等。

外业工作

内业工作

库尔勒天拓勘察测绘院承担的项目“库尔勒 C 级 GPS 控制网的建立及地方相对独立坐标系在城市测量中的研究与应用”被巴音郭楞蒙古自治州人民政府评为科技进步奖三等奖，被中国城市规划协会评为全国优秀城乡规划设计奖－城市勘测工程三等奖；承担的“库尔勒市地下综合管线普查及系统建设工程”项目获 2014 年第二届新疆测绘行业科学技术进步奖二等奖。

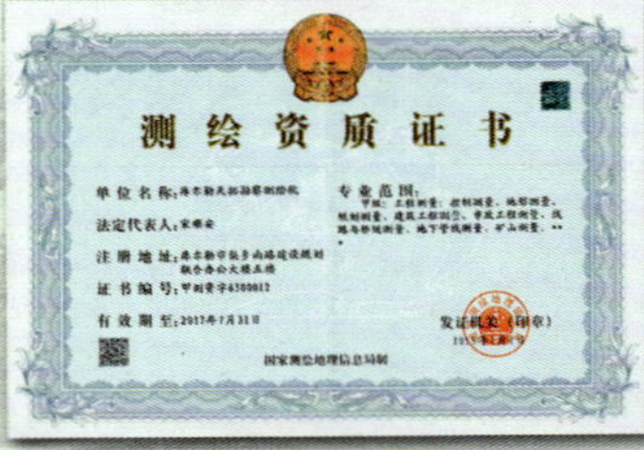

测 绘 资 质 证 书

单位名称：

法定代表人：

注册地址：

证书编号：

有效期至：

专业范围：

发证机关（印章）

国家测绘地理信息局制

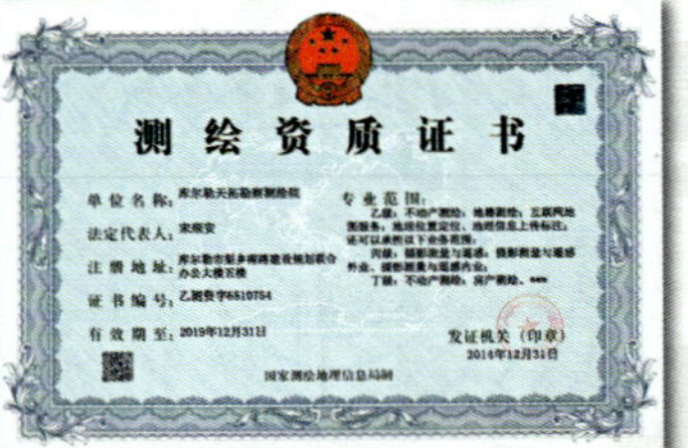

测 绘 资 质 证 书

单位名称：库尔勒天拓勘察测绘院

法定代表人：

注册地址：

证书编号：

有效期至：2019年12月31日

专业范围：

发证机关（印章）

国家测绘地理信息局制

# 统 计 资 料

# 一、综　合

## 表1　2014年测绘服务总值

计量单位：万元

| 地　区 | 测绘服务总值 | | | |
|---|---|---|---|---|
| | 合　计 | 测绘资质单位[①] | | 测绘地理信息系统其他非资质单位[③] |
| | | | #测绘地理信息系统内[②] | |
| **合　计** | **6960208.0** | **6799093.6** | **901470.9** | **161114.4** |
| 北　京 | 864176.6 | 844948.6 | 114632.9 | 19227.9 |
| 天　津 | 178792.6 | 178792.6 | 34706.1 | |
| 河　北 | 265978.7 | 261304.1 | 56909.6 | 4674.6 |
| 山　西 | 138308.2 | 135426.2 | 22312.0 | 2882.0 |
| 内蒙古 | 159942.6 | 156960.7 | 23297.3 | 2981.9 |
| 辽　宁 | 238551.4 | 227715.4 | 24961.2 | 10836.0 |
| 吉　林 | 131672.8 | 128698.3 | 13274.9 | 2974.5 |
| 黑龙江 | 165835.5 | 152187.9 | 38023.2 | 13647.6 |
| 上　海 | 227572.4 | 225844.7 | 21796.4 | 1727.7 |
| 江　苏 | 297444.6 | 292588.5 | 23832.2 | 4856.1 |
| 浙　江 | 347344.1 | 336449.1 | 43195.8 | 10895.0 |
| 安　徽 | 160471.5 | 152538.7 | 21420.9 | 7932.7 |
| 福　建 | 221946.7 | 220906.4 | 18329.7 | 1040.3 |
| 江　西 | 119917.9 | 112853.9 | 14705.7 | 7064.0 |
| 山　东 | 299277.6 | 299277.6 | 37267.5 | |
| 河　南 | 262065.2 | 257340.2 | 18100.7 | 4725.0 |
| 湖　北 | 528397.2 | 522611.9 | 23291.1 | 5785.3 |
| 湖　南 | 217989.7 | 217376.1 | 36606.2 | 613.6 |
| 广　东 | 425080.7 | 423055.3 | 41224.2 | 2025.4 |
| 广　西 | 151797.2 | 130570.7 | 24265.7 | 21226.5 |
| 海　南 | 44867.8 | 42869.8 | 10472.7 | 1998.0 |
| 重　庆 | 136210.4 | 136210.4 | 27706.0 | |
| 四　川 | 529555.7 | 525202.5 | 68874.4 | 4353.3 |
| 贵　州 | 118617.5 | 117806.9 | 27194.0 | 810.6 |
| 云　南 | 175908.1 | 171129.3 | 21391.0 | 4778.9 |
| 西　藏 | 5970.4 | 5329.3 | 363.1 | 641.0 |
| 陕　西 | 253746.0 | 240064.5 | 41300.4 | 13681.5 |
| 甘　肃 | 91401.6 | 89557.6 | 11117.7 | 1844.0 |
| 青　海 | 53940.7 | 51069.0 | 13790.2 | 2871.7 |
| 宁　夏 | 34426.3 | 34229.1 | 9261.0 | 197.2 |
| 新　疆 | 113000.4 | 108178.2 | 17847.2 | 4822.1 |

①指全国具有测绘资质的单位，下同。

②指测绘地理信息系统内具有测绘资质的单位，测绘地理信息系统指各省、自治区、直辖市、计划单列市测绘地理信息行政主管部门及其所属单位和国家测绘地理信息局及其所属单位，下同。

③指测绘地理信息系统内不具有测绘资质的所有单位，下同。

# 表2　2014年年末从业人员

计量单位：人

| 地区 | 年末从业人员 | | | |
|---|---|---|---|---|
| | 合计 | 测绘资质单位 | | 测绘地理信息系统其他非资质单位 |
| | | | #测绘地理信息系统内 | |
| **合计** | **349103** | **345511** | **22837** | **3592** |
| 北京 | 24590 | 24074 | 1704 | 516 |
| 天津 | 6154 | 6148 | 659 | 6 |
| 河北 | 16730 | 16583 | 543 | 147 |
| 山西 | 11176 | 11038 | 591 | 138 |
| 内蒙古 | 10978 | 10917 | 661 | 61 |
| 辽宁 | 13828 | 13710 | 640 | 118 |
| 吉林 | 8091 | 7973 | 488 | 118 |
| 黑龙江 | 10618 | 10401 | 1803 | 217 |
| 上海 | 6695 | 6655 | 352 | 40 |
| 江苏 | 15179 | 15054 | 469 | 125 |
| 浙江 | 14637 | 14587 | 1109 | 50 |
| 安徽 | 9967 | 9896 | 639 | 71 |
| 福建 | 8594 | 8514 | 504 | 80 |
| 江西 | 8791 | 8675 | 446 | 116 |
| 山东 | 17447 | 17311 | 622 | 136 |
| 河南 | 19451 | 19360 | 598 | 91 |
| 湖北 | 19053 | 18941 | 391 | 112 |
| 湖南 | 11605 | 11549 | 763 | 56 |
| 广东 | 17213 | 16982 | 1330 | 231 |
| 广西 | 10272 | 10166 | 1124 | 106 |
| 海南 | 2849 | 2795 | 372 | 54 |
| 重庆 | 6196 | 6181 | 1316 | 15 |
| 四川 | 24321 | 24215 | 1190 | 106 |
| 贵州 | 7472 | 7428 | 772 | 44 |
| 云南 | 14023 | 13962 | 528 | 61 |
| 西藏 | 602 | 578 | 40 | 24 |
| 陕西 | 13903 | 13476 | 1716 | 427 |
| 甘肃 | 7317 | 7136 | 253 | 181 |
| 青海 | 2863 | 2815 | 550 | 48 |
| 宁夏 | 1974 | 1943 | 210 | 31 |
| 新疆 | 6514 | 6448 | 454 | 66 |

# 表3 2007—2014年测绘资质单位数量、从业人员和服务总值

| 地区 | 2007年 | | | 2008年 | | | 2009年 | | | 2010年 | | |
|---|---|---|---|---|---|---|---|---|---|---|---|---|
| | 测绘服务总值（万元） | 年末单位数量（个） | 年末从业人员（人） | 测绘服务总值（万元） | 年末单位数量（个） | 年末从业人员（人） | 测绘服务总值（万元） | 年末单位数量（个） | 年末从业人员（人） | 测绘服务总值（万元） | 年末单位数量（个） | 年末从业人员（人） |
| **合计** | **1850293** | **10952** | **244524** | **2206123** | **11269** | **260561** | **2969868** | **11657** | **265899** | **3286429** | **11595** | **267188** |
| 北京 | 225365 | 192 | 12862 | 237264 | 201 | 15095 | 396739 | 238 | 16558 | 452150 | 261 | 18839 |
| 天津 | 98108 | 88 | 4499 | 114857 | 93 | 4582 | 135293 | 100 | 3961 | 135295 | 96 | 4002 |
| 河北 | 76014 | 582 | 14665 | 86172 | 602 | 18915 | 108391 | 627 | 13155 | 129337 | 615 | 12622 |
| 山西 | 30079 | 380 | 6269 | 40769 | 401 | 6888 | 55510 | 408 | 7321 | 62884 | 419 | 8062 |
| 内蒙古 | 28083 | 366 | 10429 | 43822 | 386 | 8371 | 51394 | 449 | 8447 | 60378 | 486 | 7511 |
| 辽宁 | 65374 | 564 | 10874 | 78709 | 590 | 12265 | 101094 | 509 | 11151 | 163549 | 585 | 9631 |
| 吉林 | 42483 | 393 | 6136 | 48797 | 398 | 6602 | 84338 | 391 | 7631 | 55514 | 385 | 6953 |
| 黑龙江 | 48361 | 450 | 9015 | 63545 | 464 | 9295 | 73541 | 489 | 9396 | 90449 | 499 | 10228 |
| 上海 | 66208 | 127 | 4403 | 78371 | 134 | 4925 | 108379 | 133 | 5382 | 103811 | 124 | 4911 |
| 江苏 | 111403 | 556 | 10392 | 120496 | 576 | 10696 | 121184 | 579 | 11541 | 130776 | 555 | 10915 |
| 浙江 | 98634 | 452 | 7796 | 114235 | 451 | 8682 | 128316 | 473 | 9686 | 151316 | 455 | 10295 |
| 安徽 | 56587 | 345 | 7684 | 62961 | 353 | 8566 | 68800 | 390 | 7975 | 79126 | 412 | 8386 |
| 福建 | 41892 | 348 | 5538 | 52630 | 364 | 5563 | 56824 | 362 | 5708 | 80408 | 355 | 5761 |
| 江西 | 29546 | 312 | 5253 | 35885 | 331 | 5478 | 45525 | 344 | 6008 | 48387 | 332 | 5645 |
| 山东 | 84915 | 665 | 12017 | 104396 | 648 | 12386 | 122746 | 683 | 12614 | 136921 | 669 | 12937 |
| 河南 | 56336 | 556 | 11193 | 91278 | 573 | 12866 | 106039 | 613 | 14213 | 109540 | 606 | 14257 |
| 湖北 | 138951 | 498 | 15703 | 143432 | 510 | 17615 | 194691 | 525 | 17743 | 234468 | 537 | 17771 |
| 湖南 | 84798 | 554 | 10415 | 89343 | 564 | 10796 | 132165 | 566 | 12019 | 131092 | 554 | 11422 |
| 广东 | 104367 | 543 | 10328 | 122169 | 576 | 11168 | 140196 | 581 | 12819 | 178219 | 519 | 13163 |
| 广西 | 37519 | 363 | 7426 | 45548 | 375 | 7606 | 59666 | 376 | 8636 | 68747 | 427 | 9124 |
| 海南 | 6971 | 77 | 1291 | 10558 | 89 | 1372 | 15808 | 94 | 1669 | 15099 | 95 | 1563 |
| 重庆 | 27805 | 98 | 1946 | 28308 | 107 | 1966 | 51626 | 117 | 3535 | 67969 | 117 | 4321 |
| 四川 | 99591 | 544 | 15863 | 129561 | 593 | 14640 | 162184 | 594 | 14229 | 171909 | 606 | 14575 |
| 贵州 | 22290 | 348 | 5796 | 27281 | 299 | 6406 | 52229 | 362 | 6158 | 55219 | 339 | 6787 |
| 云南 | 51124 | 597 | 11053 | 60004 | 616 | 11873 | 96719 | 619 | 13851 | 84510 | 559 | 12870 |
| 西藏 | 1174 | 32 | 776 | 2570 | 33 | 791 | 2826 | 31 | 830 | 2789 | 29 | 730 |
| 陕西 | 56725 | 238 | 9918 | 95154 | 242 | 11271 | 192306 | 267 | 9404 | 168130 | 263 | 9505 |
| 甘肃 | 24815 | 276 | 6460 | 27763 | 291 | 5782 | 48210 | 286 | 5565 | 45681 | 273 | 5222 |
| 青海 | 8725 | 64 | 3099 | 13883 | 75 | 2310 | 14722 | 82 | 2611 | 17847 | 85 | 2778 |
| 宁夏 | 5189 | 81 | 1179 | 5780 | 73 | 1257 | 9477 | 82 | 1353 | 10505 | 68 | 1303 |
| 新疆 | 20863 | 263 | 4246 | 30584 | 261 | 4533 | 32929 | 287 | 4730 | 44405 | 270 | 5099 |

## 2007—2014年测绘资质单位数量、从业人员和服务总值（续）

| 地区 | 2011年 | | | 2012年 | | | 2013年 | | | 2014年 | | |
|---|---|---|---|---|---|---|---|---|---|---|---|---|
| | 测绘服务总值（万元） | 年末单位数量（个） | 年末从业人员（人） | 测绘服务总值（万元） | 年末单位数量（个） | 年末从业人员（人） | 测绘服务总值（万元） | 年末单位数量（个） | 年末从业人员（人） | 测绘服务总值（万元） | 年末单位数量（个） | 年末从业人员（人） |
| **合计** | **4773424** | **12512** | **290648** | **5302259** | **13261** | **304899** | **6064551** | **14040** | **328631** | **6799094** | **14510** | **345511** |
| 北京 | 656556 | 299 | 21456 | 667731 | 311 | 21667 | 786993 | 318 | 23838 | 844949 | 287 | 24074 |
| 天津 | 93628 | 100 | 4113 | 95191 | 104 | 4259 | 136878 | 111 | 4629 | 178793 | 117 | 6148 |
| 河北 | 176574 | 637 | 13122 | 174848 | 682 | 14917 | 214721 | 722 | 16030 | 261304 | 748 | 16583 |
| 山西 | 98567 | 457 | 9043 | 112475 | 498 | 9854 | 123630 | 540 | 10853 | 135426 | 517 | 11038 |
| 内蒙古 | 100444 | 499 | 9400 | 124471 | 530 | 10003 | 130522 | 569 | 10557 | 156961 | 598 | 10917 |
| 辽宁 | 184395 | 574 | 12259 | 208021 | 620 | 13220 | 188683 | 618 | 13897 | 227715 | 590 | 13710 |
| 吉林 | 84098 | 415 | 7036 | 94357 | 418 | 7085 | 100478 | 430 | 7568 | 128698 | 465 | 7973 |
| 黑龙江 | 110824 | 490 | 10001 | 124985 | 527 | 10711 | 134671 | 541 | 10460 | 152188 | 563 | 10401 |
| 上海 | 194267 | 161 | 6300 | 190479 | 174 | 6889 | 192904 | 182 | 6632 | 225845 | 169 | 6655 |
| 江苏 | 224972 | 594 | 11558 | 232556 | 656 | 12776 | 271553 | 703 | 13639 | 292589 | 742 | 15054 |
| 浙江 | 252689 | 464 | 10744 | 279731 | 487 | 11800 | 323910 | 513 | 12488 | 336449 | 546 | 14587 |
| 安徽 | 108267 | 447 | 8847 | 124041 | 458 | 9525 | 143393 | 487 | 9820 | 152539 | 493 | 9896 |
| 福建 | 116397 | 376 | 7369 | 142262 | 404 | 7923 | 192821 | 426 | 8234 | 220906 | 441 | 8514 |
| 江西 | 64966 | 384 | 6273 | 78231 | 422 | 6558 | 97934 | 453 | 7640 | 112854 | 501 | 8675 |
| 山东 | 215049 | 710 | 13978 | 246153 | 735 | 15291 | 288712 | 772 | 16608 | 299278 | 774 | 17311 |
| 河南 | 156020 | 692 | 15636 | 177476 | 749 | 17000 | 206718 | 788 | 18275 | 257340 | 849 | 19360 |
| 湖北 | 351976 | 536 | 17771 | 338840 | 571 | 14094 | 429953 | 612 | 17398 | 522612 | 641 | 18941 |
| 湖南 | 157878 | 574 | 11641 | 169881 | 569 | 11673 | 213571 | 578 | 11980 | 217376 | 558 | 11549 |
| 广东 | 285563 | 586 | 14852 | 356210 | 591 | 15555 | 379138 | 610 | 16725 | 423055 | 622 | 16982 |
| 广西 | 107242 | 427 | 8909 | 102610 | 465 | 9271 | 119468 | 514 | 9587 | 130571 | 539 | 10166 |
| 海南 | 46937 | 116 | 2134 | 32618 | 130 | 2441 | 37583 | 142 | 2566 | 42870 | 164 | 2795 |
| 重庆 | 89023 | 133 | 4744 | 114661 | 148 | 5247 | 109307 | 162 | 5840 | 136210 | 173 | 6181 |
| 四川 | 234323 | 658 | 17122 | 442458 | 744 | 18964 | 521376 | 808 | 21684 | 525202 | 882 | 24215 |
| 贵州 | 77627 | 371 | 6696 | 89049 | 380 | 6849 | 99742 | 401 | 7104 | 117807 | 431 | 7428 |
| 云南 | 172314 | 672 | 12370 | 157293 | 651 | 13305 | 171115 | 698 | 14404 | 171129 | 709 | 13962 |
| 西藏 | 6197 | 28 | 490 | 4778 | 31 | 529 | 7269 | 31 | 521 | 5329 | 33 | 578 |
| 陕西 | 238218 | 339 | 11393 | 194026 | 387 | 11681 | 195135 | 433 | 12569 | 240064 | 438 | 13476 |
| 甘肃 | 48557 | 292 | 5930 | 69963 | 304 | 5820 | 79604 | 320 | 6419 | 89558 | 330 | 7136 |
| 青海 | 28181 | 88 | 2781 | 49150 | 95 | 2848 | 47239 | 104 | 3069 | 51069 | 106 | 2815 |
| 宁夏 | 19699 | 76 | 1305 | 20210 | 85 | 1472 | 23516 | 89 | 1533 | 34229 | 99 | 1943 |
| 新疆 | 71977 | 317 | 5375 | 87506 | 335 | 5672 | 96016 | 365 | 6064 | 108178 | 385 | 6448 |

# 表4 2007—2014年测绘地理信息系统服务总值和从业人员

| 地区 | 2007年 | | 2008年 | | 2009年 | | 2010年 | |
|---|---|---|---|---|---|---|---|---|
| | 测绘服务总值（万元） | 年末从业人员（人） | 测绘服务总值（万元） | 年末从业人员（人） | 测绘服务总值（万元） | 年末从业人员（人） | 测绘服务总值（万元） | 年末从业人员（人） |
| **合计** | **309284** | **23913** | **367734** | **24521** | **450701** | **24726** | **507412** | **25076** |
| 北京 | 20000 | 869 | 21967 | 860 | 24000 | 865 | 25200 | 919 |
| 天津 | 9408 | 530 | 9607 | 559 | 16638 | 632 | 17470 | 647 |
| 河北 | 6048 | 660 | 7652 | 660 | 10115 | 660 | 12975 | 651 |
| 山西 | 4805 | 615 | 7906 | 625 | 12666 | 679 | 15853 | 704 |
| 内蒙古 | 5280 | 678 | 5979 | 672 | 10425 | 684 | 9031 | 704 |
| 辽宁 | 4878 | 699 | 4638 | 697 | 3347 | 695 | 3331 | 695 |
| 吉林 | 5302 | 709 | 6996 | 678 | 11474 | 655 | 17300 | 633 |
| 黑龙江 | 25018 | 2302 | 28287 | 2246 | 25892 | 2202 | 26447 | 2235 |
| 上海 | 8931 | 388 | 12254 | 380 | 14006 | 373 | 15060 | 376 |
| 江苏 | 8296 | 559 | 9799 | 576 | 11359 | 562 | 11904 | 562 |
| 浙江 | 7063 | 674 | 9814 | 713 | 11914 | 751 | 16305 | 771 |
| 安徽 | 4110 | 553 | 5533 | 552 | 6554 | 572 | 9427 | 590 |
| 福建 | 5537 | 556 | 7255 | 539 | 8435 | 433 | 10351 | 417 |
| 江西 | 4406 | 524 | 5638 | 531 | 6158 | 546 | 7781 | 570 |
| 山东 | 10056 | 912 | 7239 | 782 | 10416 | 778 | 14173 | 778 |
| 河南 | 6391 | 626 | 7041 | 849 | 8287 | 792 | 9022 | 708 |
| 湖北 | 5852 | 467 | 8165 | 498 | 10198 | 505 | 12270 | 516 |
| 湖南 | 9748 | 845 | 10270 | 820 | 12083 | 802 | 13400 | 768 |
| 广东 | 7603 | 956 | 9071 | 1001 | 9773 | 1040 | 9179 | 1039 |
| 广西 | 9590 | 1091 | 12650 | 1225 | 17721 | 1099 | 16986 | 1112 |
| 海南 | 2645 | 284 | 3905 | 309 | 4324 | 295 | 4548 | 317 |
| 重庆 | 10480 | 571 | 13030 | 571 | 18711 | 743 | 20700 | 810 |
| 重庆测绘院 | 3268 | 326 | 4508 | 359 | 6009 | 360 | 6710 | 400 |
| 四川 | 16458 | 1585 | 18649 | 1702 | 22845 | 1575 | 25700 | 1577 |
| 贵州 | 2952 | 543 | 4497 | 705 | 10510 | 735 | 12047 | 811 |
| 云南 | 4937 | 507 | 5585 | 518 | 7299 | 510 | 8915 | 525 |
| 西藏 | 641 | 37 | 455 | 42 | 1475 | 43 | 199 | 49 |
| 陕西 | 17974 | 1799 | 21676 | 1813 | 27746 | 1983 | 25443 | 2031 |
| 甘肃 | 5169 | 498 | 6325 | 450 | 8854 | 468 | 7839 | 463 |
| 青海 | 5589 | 415 | 6946 | 388 | 6221 | 485 | 9533 | 451 |
| 宁夏 | 812 | 263 | 1181 | 272 | 2087 | 255 | 2599 | 262 |
| 新疆 | 3332 | 594 | 5112 | 607 | 5520 | 599 | 9412 | 579 |
| 青岛 | | | | | | | | |
| 大连 | | | | | | | | |
| 宁波 | | | | | | | | |
| 深圳 | | | | | | | | |
| 厦门 | | | | | | | | |
| 中国地图出版集团 | 44750 | 492 | 55241 | 521 | 63145 | 524 | 63083 | 548 |
| 测绘研究院 | 11167 | 385 | 13027 | 391 | 15250 | 401 | 21003 | 383 |
| 地理信息中心 | 4959 | 145 | 3375 | 149 | 6712 | 146 | 6961 | 144 |
| 卫星应用中心 | | | | | | | 1473 | 42 |
| 质量检验中心 | | | | | | | | |
| 国家局及其其他直属单位 | | 256 | | 261 | | 279 | | 289 |

# 2007—2014 年测绘地理信息系统服务总值和从业人员（续）

| 地 区 | 2011 年 | | 2012 年 | | 2013 年 | | 2014 年 | |
|---|---|---|---|---|---|---|---|---|
| | 测绘服务总值（万元） | 年末从业人员（人） | 测绘服务总值（万元） | 年末从业人员（人） | 测绘服务总值（万元） | 年末从业人员（人） | 测绘服务总值（万元） | 年末从业人员（人） |
| **合 计** | **647882** | **26069** | **749174** | **25839** | **835158** | **26155** | **1062585** | **26429** |
| 北 京 | 28540 | 947 | 28236 | 897 | 27556 | 854 | 31297 | 843 |
| 天 津 | 14766 | 664 | 17030 | 682 | 22752 | 672 | 34706 | 665 |
| 河 北 | 18423 | 650 | 28745 | 635 | 39921 | 657 | 61383 | 662 |
| 山 西 | 13900 | 718 | 22157 | 741 | 22577 | 744 | 25194 | 729 |
| 内蒙古 | 12083 | 712 | 18350 | 741 | 22594 | 724 | 26279 | 722 |
| 辽 宁 | 9304 | 692 | 14383 | 686 | 23509 | 680 | 34897 | 679 |
| 吉 林 | 11436 | 604 | 8574 | 594 | 13163 | 604 | 16249 | 606 |
| 黑龙江 | 32325 | 2103 | 33754 | 2046 | 36963 | 2050 | 51671 | 2020 |
| 上 海 | 18543 | 372 | 21454 | 361 | 19341 | 358 | 21796 | 352 |
| 江 苏 | 21463 | 566 | 26774 | 563 | 31780 | 588 | 28688 | 594 |
| 浙 江 | 19430 | 799 | 23905 | 871 | 29162 | 967 | 40978 | 967 |
| 安 徽 | 13086 | 682 | 16343 | 658 | 20709 | 654 | 29354 | 710 |
| 福 建 | 12408 | 414 | 15431 | 435 | 17306 | 437 | 16481 | 440 |
| 江 西 | 12314 | 577 | 20449 | 535 | 19079 | 546 | 21770 | 562 |
| 山 东 | 21076 | 768 | 22915 | 764 | 25742 | 777 | 37268 | 753 |
| 河 南 | 15464 | 696 | 14460 | 689 | 18344 | 714 | 22826 | 689 |
| 湖 北 | 14409 | 487 | 20171 | 484 | 23465 | 502 | 29076 | 503 |
| 湖 南 | 19909 | 748 | 29182 | 741 | 33947 | 773 | 37220 | 819 |
| 广 东 | 19415 | 1002 | 24028 | 1021 | 22364 | 1025 | 34326 | 1125 |
| 广 西 | 23313 | 1120 | 20560 | 1090 | 24645 | 1099 | 45492 | 1230 |
| 海 南 | 7876 | 342 | 10023 | 384 | 10955 | 401 | 12471 | 426 |
| 重 庆 | 14906 | 899 | 26190 | 974 | 15987 | 1003 | 17056 | 1025 |
| 重庆测绘院 | 8516 | 435 | 9727 | 474 | 11139 | 465 | 10650 | 306 |
| 四 川 | 36679 | 1532 | 39506 | 1504 | 51327 | 1461 | 73228 | 1296 |
| 贵 州 | 18755 | 801 | 16078 | 723 | 22857 | 700 | 28005 | 816 |
| 云 南 | 12633 | 553 | 17989 | 572 | 20184 | 594 | 26170 | 589 |
| 西 藏 | 576 | 52 | 626 | 56 | 757 | 60 | 1004 | 64 |
| 陕 西 | 39072 | 2018 | 42531 | 1914 | 47795 | 2042 | 54982 | 2143 |
| 甘 肃 | 8477 | 446 | 13655 | 433 | 10641 | 435 | 12962 | 434 |
| 青 海 | 13961 | 395 | 11568 | 379 | 14128 | 441 | 16662 | 598 |
| 宁 夏 | 4212 | 237 | 5824 | 254 | 8540 | 250 | 9458 | 241 |
| 新 疆 | 14788 | 587 | 13559 | 534 | 13208 | 529 | 22669 | 520 |
| 青 岛 | | 6 | | 5 | | 5 | | 5 |
| 大 连 | 935 | 62 | 960 | 59 | 800 | 68 | 900 | 79 |
| 宁 波 | 9079 | 342 | 8677 | 349 | 9531 | 183 | 13113 | 192 |
| 深 圳 | 17215 | 439 | 9901 | 435 | 8436 | 463 | 8924 | 436 |
| 厦 门 | 2512 | 142 | 2886 | 139 | 2898 | 147 | 2889 | 144 |
| 中国地图出版集团 | 44464 | 528 | 43674 | 447 | 48028 | 450 | 53119 | 462 |
| 测绘研究院 | 17962 | 382 | 15393 | 384 | 13691 | 373 | 17403 | 333 |
| 地理信息中心 | 10978 | 142 | 13979 | 149 | 11437 | 150 | 12340 | 145 |
| 卫星应用中心 | 2823 | 66 | 5271 | 81 | 5472 | 88 | 5489 | 77 |
| 质量检验中心 | 584 | 33 | 1470 | 47 | 1330 | 50 | 2304 | 60 |
| 国家局及其其他直属单位 | 9274 | 309 | 12788 | 309 | 11099 | 372 | 13838 | 368 |

# 表 5　1974—2014 年测绘地理信息系统测绘成果提供

| 年份 | 地形图（万张） | 数字成果（GB） | 测绘基准成果（万点） | 航摄成果（万片） | 航摄成果（平方千米） |
|---|---|---|---|---|---|
| 1974 | 33.0 | | 4.6 | 2.0 | |
| 1975 | 71.7 | | 10.4 | 5.9 | |
| 1976 | 109.5 | | 14.5 | 23.1 | |
| 1977 | 108.3 | | 35.4 | 47.1 | |
| 1978 | 207.8 | | 29.4 | 68.1 | |
| 1979 | 349.4 | | 35.8 | 122.8 | |
| 1980 | 215.1 | | 58.6 | 172.7 | |
| 1981 | 189.6 | | 73.2 | 142.7 | |
| 1982 | 284.8 | | 56.0 | 150.1 | |
| 1983 | 238.7 | | 86.6 | 134.4 | |
| 1984 | 211.8 | | 46.1 | 149.9 | |
| 1985 | 165.9 | | 32.1 | 84.4 | |
| 1986 | 291.2 | | 17.5 | 71.9 | |
| 1987 | 131.7 | | 15.6 | 71.6 | |
| 1988 | 132.3 | | 27.0 | 72.0 | |
| 1989 | 120.2 | | 10.2 | 59.4 | |
| 1990 | 122.3 | | 9.2 | 40.8 | |
| 1991 | 118.1 | | 9.0 | 40.7 | |
| 1992 | 160.2 | | 9.0 | 25.7 | |
| 1993 | 130.1 | | 5.4 | 6.8 | |
| 1994 | 58.1 | | 4.1 | 5.2 | |
| 1995 | 58.3 | | 3.9 | 6.9 | |
| 1996 | 62.4 | | 3.6 | 6.3 | |
| 1997 | 62.4 | | 4.5 | 10.1 | |
| 1998 | 43.1 | | 5.6 | 15.6 | |
| 1999 | 69.2 | | 4.7 | 10.1 | |
| 2000 | 102.4 | | 5.4 | 12.8 | |
| 2001 | 80.7 | | 5.4 | 37.2 | |
| 2002 | 69.6 | | 6.6 | 30.3 | |
| 2003 | 69.4 | | 14.8 | 44.7 | |
| 2004 | 79.6 | | 10.1 | 37.8 | |
| 2005 | 65.9 | | 7.1 | 35.2 | |
| 2006 | 61.4 | 10404.0 | 15.2 | 52.5 | |
| 2007 | 62.9 | 10252.6 | 15.3 | 36.2 | |
| 2008 | 52.3 | 48357.8 | 17.8 | 46.1 | |
| 2009 | 46.5 | 17082.5 | 28.3 | 70.4 | |
| 2010 | 39.5 | 47969.6 | 26.0 | 63.2 | |
| 2011 | 45.2 | 38147.5 | 17.8 | 51.4 | |
| 2012 | 34.3 | 63900.0 | 26.1 | | 3727403 |
| 2013 | 30.3 | 81005.3 | 25.8 | | 2588035 |
| 2014 | 29.0 | 158353.0 | 14.1 | | 2054585 |

注：1997、1998 年航摄成果含像片图。2012 年起航摄成果计量单位改为“平方千米”。

# 表6 1974—2014年测绘地理信息系统地图图书出版

| 年份 | 品种（种） | 总印数（万幅/万册） | 总定价（万元） |
|---|---|---|---|
| 1974 | 47 | 3242 | 563 |
| 1975 | 65 | 4753 | 599 |
| 1976 | 76 | 2690 | 633 |
| 1977 | 75 | 2829 | 818 |
| 1978 | 80 | 5553 | 894 |
| 1979 | 117 | 5171 | 1566 |
| 1980 | 178 | 4373 | 1277 |
| 1981 | 256 | 4073 | 1748 |
| 1982 | 211 | 4069 | 1692 |
| 1983 | 189 | 4625 | 1946 |
| 1984 | 254 | 5957 | 3028 |
| 1985 | 262 | 7895 | 5274 |
| 1986 | 257 | 6450 | 3294 |
| 1987 | 269 | 8180 | 4143 |
| 1988 | 364 | 7877 | 5305 |
| 1989 | 369 | 7844 | 7038 |
| 1990 | 426 | 10655 | 9938 |
| 1991 | 611 | 12543 | 11119 |
| 1992 | 699 | 18340 | 19778 |
| 1993 | 936 | 16969 | 23209 |
| 1994 | 970 | 16712 | 26992 |
| 1995 | 1027 | 19793 | 41708 |
| 1996 | 1264 | 28718 | 62149 |
| 1997 | 1429 | 27602 | 66819 |
| 1998 | 1584 | 27914 | 84501 |
| 1999 | 1847 | 28604 | 87377 |
| 2000 | 1621 | 14800 | 62453 |
| 2001 | 1586 | 10818 | 57996 |
| 2002 | 1947 | 18432 | 68063 |
| 2003 | 2040 | 12587 | 70093 |
| 2004 | 2297 | 16241 | 84872 |
| 2005 | 2266 | 17657 | 93139 |
| 2006 | 2433 | 14963 | 79591 |
| 2007 | 2331 | 13199 | 67724 |
| 2008 | 2291 | 14297 | 70730 |
| 2009 | 2519 | 14626 | 85427 |
| 2010 | 2917 | 13762 | 84090 |
| 2011 | 3912 | 18356 | 230803 |
| 2012 | 3685 | 12156 | 132878 |
| 2013 | 4337 | 15863 | 147953 |
| 2014 | 4195 | 14866 | 143765 |

# 二、测绘地理信息管理机构

## 表 7　2014 年测绘地理信息管理机构设置

| 地　区 | 地级行政区 | | | | | | | |
|---|---|---|---|---|---|---|---|---|
| | 行政区划总数（个） | 设置测绘地理信息管理机构的区划数（个） | | | | | | 从事测绘地理信息管理工作人员数（人） |
| | | | #机构挂牌个数 | 按机构隶属关系分 | | 按机构性质分 | | |
| | | | | 国土资源部门 | 建设规划部门 | 行政编制 | 事业编制 | |
| **合　计** | **333** | **325** | **201** | **243** | **82** | **265** | **60** | **1368** |
| 北　京 | | | | | | | | |
| 天　津 | | | | | | | | |
| 河　北 | 11 | 11 | 11 | 11 | | 11 | | 52 |
| 山　西 | 11 | 11 | 10 | 11 | | 8 | 3 | 64 |
| 内蒙古 | 12 | 12 | 1 | 12 | | 12 | | 32 |
| 辽　宁 | 14 | 14 | 10 | 5 | 9 | 7 | 7 | 67 |
| 吉　林 | 9 | 9 | 1 | | 9 | 5 | 4 | 24 |
| 黑龙江 | 13 | 13 | 9 | | 13 | 6 | 7 | 73 |
| 上　海 | | | | | | | | |
| 江　苏 | 13 | 13 | 3 | 12 | 1 | 12 | 1 | 54 |
| 浙　江 | 11 | 11 | 11 | | 11 | 10 | 1 | 79 |
| 安　徽 | 16 | 16 | 1 | 16 | | 14 | 2 | 53 |
| 福　建 | 9 | 9 | 9 | 9 | | 3 | 6 | 43 |
| 江　西 | 11 | 11 | 7 | 10 | 1 | 10 | 1 | 41 |
| 山　东 | 17 | 17 | 10 | 16 | 1 | 16 | 1 | 97 |
| 河　南 | 17 | 17 | 11 | 17 | | 14 | 3 | 64 |
| 湖　北 | 13 | 13 | 13 | | 13 | 10 | 3 | 46 |
| 湖　南 | 14 | 14 | 10 | 14 | | 13 | 1 | 46 |
| 广　东 | 21 | 21 | | 21 | | 21 | | 91 |
| 广　西 | 14 | 14 | 14 | 14 | | 14 | | 65 |
| 海　南 | 3 | 2 | 2 | 2 | | 2 | | 4 |
| 重　庆 | | | | | | | | |
| 四　川 | 21 | 21 | 20 | 7 | 14 | 20 | 1 | 82 |
| 贵　州 | 9 | 9 | 9 | 9 | | 9 | | 40 |
| 云　南 | 16 | 16 | 1 | 16 | | 14 | 2 | 54 |
| 西　藏 | 7 | | | | | | | |
| 陕　西 | 10 | 10 | 2 | 1 | 9 | 8 | 2 | 29 |
| 甘　肃 | 14 | 14 | 9 | 13 | 1 | 6 | 8 | 78 |
| 青　海 | 8 | 8 | 8 | 8 | | 4 | 4 | 15 |
| 宁　夏 | 5 | 5 | 5 | 5 | | 5 | | 14 |
| 新　疆 | 14 | 14 | 14 | 14 | | 11 | 3 | 61 |

注：表中行政区划总数摘自《2015 中国统计摘要》。

## 2014 年测绘地理信息管理机构设置（续）

| 地 区 | 县级行政区 | | | | | | | |
|---|---|---|---|---|---|---|---|---|
| | 行政区划总数（个） | 设置测绘地理信息管理机构的区划数（个） | | | | | | 从事测绘地理信息管理工作人员数（人） |
| | | | #机构挂牌个数 | 按机构隶属关系分 | | 按机构性质分 | | |
| | | | | 国土资源部门 | 建设规划部门 | 行政编制 | 事业编制 | |
| **合 计** | **2854** | **2058** | **876** | **1633** | **425** | **1293** | **765** | **6336** |
| 北 京 | 16 | | | | | | | |
| 天 津 | 16 | 16 | | | 16 | 14 | 2 | 51 |
| 河 北 | 171 | 169 | 140 | 169 | | 82 | 87 | 719 |
| 山 西 | 119 | 117 | 102 | 117 | | 47 | 70 | 365 |
| 内蒙古 | 102 | 53 | 2 | 53 | | 44 | 9 | 139 |
| 辽 宁 | 100 | 37 | 23 | 5 | 32 | 18 | 19 | 115 |
| 吉 林 | 60 | 42 | 4 | | 42 | 14 | 28 | 118 |
| 黑龙江 | 128 | 66 | 9 | | 66 | 7 | 59 | 139 |
| 上 海 | 17 | 7 | 6 | | 7 | | 7 | 27 |
| 江 苏 | 99 | 75 | 2 | 75 | | 37 | 38 | 221 |
| 浙 江 | 90 | 67 | 63 | | 67 | 55 | 12 | 254 |
| 安 徽 | 105 | 73 | 3 | 73 | | 51 | 22 | 245 |
| 福 建 | 85 | 63 | 20 | 63 | | 21 | 42 | 195 |
| 江 西 | 100 | 94 | 16 | 89 | 5 | 54 | 40 | 283 |
| 山 东 | 137 | 120 | 53 | 120 | | 74 | 46 | 459 |
| 河 南 | 158 | 115 | 10 | 115 | | 55 | 60 | 370 |
| 湖 北 | 103 | 68 | 61 | | 68 | 15 | 53 | 192 |
| 湖 南 | 122 | 103 | 35 | 103 | | 92 | 11 | 269 |
| 广 东 | 119 | 119 | | 118 | 1 | 118 | 1 | 306 |
| 广 西 | 110 | 78 | 8 | 78 | | 73 | 5 | 266 |
| 海 南 | 24 | 16 | 16 | 16 | | 16 | | 30 |
| 重 庆 | 38 | 30 | 2 | | 30 | 24 | 6 | 116 |
| 四 川 | 183 | 91 | 67 | 21 | 70 | 64 | 27 | 217 |
| 贵 州 | 88 | 87 | 64 | 87 | | 74 | 13 | 176 |
| 云 南 | 129 | 129 | | 129 | | 123 | 6 | 376 |
| 西 藏 | 74 | | | | | | | |
| 陕 西 | 107 | 19 | 3 | | 19 | 17 | 2 | 53 |
| 甘 肃 | 86 | 74 | 42 | 72 | 2 | 14 | 60 | 335 |
| 青 海 | 43 | 11 | 11 | 11 | | 5 | 6 | 39 |
| 宁 夏 | 22 | 21 | 16 | 21 | | 14 | 7 | 58 |
| 新 疆 | 103 | 98 | 98 | 98 | | 71 | 27 | 203 |

# 三、测绘资质单位

## 表8 2014年按类别分单位数量和服务总值

| 类别 | 年末资质单位数量（个） | | | | | | | 测绘服务总值（万元） |
|---|---|---|---|---|---|---|---|---|
| | 合计 | 按资质等级分 | | | | 按单位性质分 | | |
| | | 甲级 | 乙级 | 丙级 | 丁级 | 事业单位 | 企业单位 | |
| **合计** | **14510** | **821** | **2540** | **4959** | **6190** | **4144** | **10366** | **6799093.6** |
| 测绘地理信息① | 183 | 135 | 45 | 2 | 1 | 148 | 35 | 959997.1 |
| 国土资源 | 1982 | 134 | 388 | 644 | 816 | 1507 | 475 | 859790.7 |
| 城乡建设与规划 | 2520 | 89 | 279 | 716 | 1436 | 1418 | 1102 | 857969.2 |
| 铁道 | 94 | 18 | 54 | 14 | 8 | 1 | 93 | 320394.9 |
| 交通运输 | 273 | 39 | 96 | 92 | 46 | 120 | 153 | 216212.6 |
| 水利水电 | 693 | 85 | 178 | 247 | 183 | 407 | 286 | 482362.1 |
| 通讯 | 9 | 4 | 4 | | 1 | 0 | 9 | 4304.9 |
| 石油 | 69 | 12 | 22 | 21 | 14 | 3 | 66 | 67393.6 |
| 石化 | 8 | 2 | 3 | 2 | 1 | 1 | 7 | 5116.4 |
| 煤炭 | 279 | 22 | 91 | 82 | 84 | 125 | 154 | 143037.1 |
| 有色 | 136 | 19 | 56 | 36 | 25 | 56 | 80 | 74668.5 |
| 农业 | 22 | 2 | 9 | 7 | 4 | 15 | 7 | 3798.4 |
| 林业 | 41 | 3 | 15 | 13 | 10 | 36 | 5 | 13281.9 |
| 地震 | 17 | 6 | 8 | 3 | | 13 | 4 | 21275.6 |
| 海洋 | 67 | 6 | 8 | 19 | 34 | 56 | 11 | 17286.6 |
| 环保 | 4 | 1 | 1 | 1 | 1 | 2 | 2 | 4912.2 |
| 公安武警 | 3 | | 1 | 2 | | 2 | 1 | 60.0 |
| 科教文卫 | 62 | 7 | 34 | 20 | 1 | 36 | 26 | 30624.1 |
| 航空航天 | 13 | 9 | 4 | | | 2 | 11 | 79705.1 |
| 冶金 | 112 | 16 | 39 | 33 | 24 | 19 | 93 | 141171.1 |
| 其他系统 | 880 | 72 | 240 | 224 | 344 | 177 | 703 | 404324.0 |
| 私营企业 | 7041 | 138 | 965 | 2781 | 3157 | — | 7041 | 2084566.3 |
| 合资合作企业 | 2 | 2 | | | | — | 2 | 6841.4 |

① 包含测绘地理信息系统单位开办的测绘企业，下同。

# 表9 2014年按地区分单位数量和服务总值

| 地区 | 年末资质单位数量（个） | | | | | | | 测绘服务总值（万元） |
|---|---|---|---|---|---|---|---|---|
| | 合计 | 按资质等级分 | | | | 按单位性质分 | | |
| | | 甲级 | 乙级 | 丙级 | 丁级 | 事业单位 | 企业单位 | |
| **合计** | **14510** | **821** | **2540** | **4959** | **6190** | **4144** | **10366** | **6799093.6** |
| 北京 | 287 | 98 | 93 | 48 | 48 | 33 | 254 | 844948.6 |
| 天津 | 117 | 17 | 35 | 59 | 6 | 31 | 86 | 178792.6 |
| 河北 | 748 | 49 | 107 | 220 | 372 | 152 | 596 | 261304.1 |
| 山西 | 517 | 21 | 64 | 163 | 269 | 142 | 375 | 135426.2 |
| 内蒙古 | 598 | 16 | 126 | 238 | 218 | 127 | 471 | 156960.7 |
| 辽宁 | 590 | 34 | 146 | 220 | 190 | 187 | 403 | 227715.4 |
| #大连 | 92 | 6 | 27 | 46 | 13 | 10 | 82 | 57584.4 |
| 吉林 | 465 | 16 | 75 | 109 | 265 | 122 | 343 | 128698.3 |
| 黑龙江 | 563 | 30 | 82 | 171 | 280 | 140 | 423 | 152187.9 |
| 上海 | 169 | 22 | 61 | 60 | 26 | 18 | 151 | 225844.7 |
| 江苏 | 742 | 52 | 120 | 308 | 262 | 165 | 577 | 292588.5 |
| 浙江 | 546 | 29 | 86 | 143 | 288 | 114 | 432 | 336449.1 |
| #宁波 | 66 | 4 | 15 | 16 | 31 | 18 | 48 | 52091.3 |
| 安徽 | 493 | 19 | 69 | 123 | 282 | 148 | 345 | 152538.7 |
| 福建 | 441 | 25 | 51 | 160 | 205 | 110 | 331 | 220906.4 |
| #厦门 | 41 | 9 | 8 | 14 | 10 | 9 | 32 | 82575.6 |
| 江西 | 501 | 26 | 59 | 106 | 310 | 173 | 328 | 112853.9 |
| 山东 | 774 | 28 | 91 | 195 | 460 | 172 | 602 | 299277.6 |
| #青岛 | 95 | 3 | 16 | 32 | 44 | 16 | 79 | 49935.7 |
| 河南 | 849 | 32 | 183 | 269 | 365 | 188 | 661 | 257340.2 |
| 湖北 | 641 | 49 | 138 | 291 | 163 | 292 | 349 | 522611.9 |
| 湖南 | 558 | 35 | 94 | 186 | 243 | 384 | 174 | 217376.1 |
| 广东 | 622 | 43 | 133 | 189 | 257 | 242 | 380 | 423055.3 |
| #深圳 | 52 | 16 | 26 | 8 | 2 | 3 | 49 | 85358.2 |
| 广西 | 539 | 17 | 80 | 252 | 190 | 137 | 402 | 130570.7 |
| 海南 | 164 | 8 | 21 | 52 | 83 | 44 | 120 | 42869.8 |
| 重庆 | 173 | 5 | 36 | 112 | 20 | 33 | 140 | 136210.4 |
| 四川 | 882 | 39 | 151 | 366 | 326 | 194 | 688 | 525202.5 |
| 贵州 | 431 | 15 | 64 | 126 | 226 | 155 | 276 | 117806.9 |
| 云南 | 709 | 14 | 104 | 309 | 282 | 222 | 487 | 171129.3 |
| 西藏 | 33 | 1 | 11 | 14 | 7 | 15 | 18 | 5329.3 |
| 陕西 | 438 | 36 | 101 | 174 | 127 | 114 | 324 | 240064.5 |
| 甘肃 | 330 | 13 | 59 | 103 | 155 | 116 | 214 | 89557.6 |
| 青海 | 106 | 11 | 21 | 56 | 18 | 34 | 72 | 51069.0 |
| 宁夏 | 99 | 3 | 17 | 27 | 52 | 29 | 70 | 34229.1 |
| 新疆 | 385 | 17 | 63 | 110 | 195 | 111 | 274 | 108178.2 |

# 表 10 2014 年按类别分测绘从业人员

计量单位：人

| 类别 | 年末从业人员数 | | | | | | 年平均从业人员数 |
|---|---|---|---|---|---|---|---|
| | 合计 | #测绘作业证持证人数 | #测绘专业技术人员数 | | | | |
| | | | 小计 | #高级 | #中级 | #初级 | |
| **合 计** | **345511** | **170828** | **230446** | **32103** | **83021** | **104352** | **324271** |
| 测绘地理信息 | 25120 | 12291 | 18116 | 3033 | 5563 | 7312 | 24952 |
| 国土资源 | 43815 | 22882 | 31718 | 4496 | 11916 | 14115 | 41397 |
| 城乡建设与规划 | 46012 | 24952 | 30595 | 3860 | 11479 | 13918 | 43508 |
| 铁 道 | 9581 | 4320 | 4791 | 860 | 1671 | 2180 | 8836 |
| 交通运输 | 11860 | 6350 | 7423 | 1829 | 3036 | 2349 | 11132 |
| 水利水电 | 22875 | 13765 | 15337 | 3368 | 6056 | 5200 | 21403 |
| 通 讯 | 249 | 37 | 95 | 10 | 40 | 45 | 237 |
| 石 油 | 3968 | 2097 | 2173 | 337 | 1023 | 761 | 3565 |
| 石 化 | 372 | 192 | 192 | 34 | 67 | 87 | 349 |
| 煤 炭 | 10132 | 4944 | 6083 | 1014 | 2180 | 2719 | 9676 |
| 有 色 | 5002 | 2673 | 3635 | 599 | 1391 | 1466 | 4692 |
| 农 业 | 569 | 256 | 429 | 130 | 191 | 108 | 553 |
| 林 业 | 1986 | 910 | 1466 | 511 | 563 | 327 | 1697 |
| 地 震 | 1134 | 539 | 770 | 192 | 248 | 287 | 1015 |
| 海 洋 | 1274 | 624 | 938 | 240 | 414 | 278 | 1206 |
| 环 保 | 143 | 66 | 111 | 22 | 38 | 51 | 143 |
| 公安武警 | 66 | 19 | 65 | 3 | 25 | 37 | 66 |
| 科教文卫 | 2209 | 1025 | 1703 | 730 | 616 | 329 | 1964 |
| 航空航天 | 2515 | 792 | 637 | 92 | 211 | 286 | 2451 |
| 冶 金 | 5990 | 3746 | 3393 | 415 | 1159 | 1683 | 5678 |
| 其他系统 | 23257 | 11161 | 15571 | 2494 | 5615 | 6902 | 21509 |
| 私营企业 | 127337 | 57187 | 85160 | 7833 | 29508 | 43879 | 118197 |
| 合资合作企业 | 45 | | 45 | 1 | 11 | 33 | 45 |

# 表11 2014年按地区分测绘从业人员

计量单位：人

| 地区 | 年末从业人员数 | | | | | | 年平均从业人员数 |
|---|---|---|---|---|---|---|---|
| | 合计 | #测绘作业证持证人数 | #测绘专业技术人员数 | | | | |
| | | | 小计 | #高级 | #中级 | #初级 | |
| **合计** | **345511** | **170828** | **230446** | **32103** | **83021** | **104352** | **324271** |
| 北京 | 24074 | 5965 | 11669 | 2001 | 3937 | 4892 | 22277 |
| 天津 | 6148 | 2986 | 3556 | 803 | 1259 | 1398 | 6011 |
| 河北 | 16583 | 7567 | 10554 | 1534 | 3983 | 4701 | 15767 |
| 山西 | 11038 | 5278 | 6640 | 724 | 2723 | 3074 | 10584 |
| 内蒙古 | 10917 | 5029 | 7469 | 1174 | 3011 | 3104 | 10012 |
| 辽宁 | 13710 | 8514 | 9178 | 1407 | 3688 | 3867 | 12782 |
| #大连 | 2659 | 1720 | 1911 | 239 | 739 | 897 | 2627 |
| 吉林 | 7973 | 4076 | 5616 | 1163 | 2037 | 2263 | 7427 |
| 黑龙江 | 10401 | 4860 | 7654 | 1217 | 2854 | 2722 | 9937 |
| 上海 | 6655 | 2637 | 4144 | 779 | 1581 | 1716 | 6281 |
| 江苏 | 15054 | 7091 | 10724 | 1573 | 4047 | 4683 | 14418 |
| 浙江 | 14587 | 8010 | 9413 | 1103 | 3416 | 4468 | 13854 |
| #宁波 | 1854 | 1218 | 1308 | 161 | 496 | 588 | 1800 |
| 安徽 | 9896 | 5917 | 6380 | 802 | 2297 | 2981 | 9337 |
| 福建 | 8514 | 4418 | 6180 | 740 | 2217 | 2907 | 8029 |
| #厦门 | 1559 | 827 | 995 | 143 | 347 | 426 | 1496 |
| 江西 | 8675 | 4510 | 5758 | 739 | 1989 | 2774 | 8183 |
| 山东 | 17311 | 8499 | 11771 | 1548 | 4172 | 5368 | 16173 |
| #青岛 | 2021 | 1289 | 1571 | 297 | 501 | 661 | 1857 |
| 河南 | 19360 | 11475 | 13430 | 1556 | 4845 | 6632 | 18813 |
| 湖北 | 18941 | 8128 | 12656 | 1875 | 4718 | 5240 | 17895 |
| 湖南 | 11549 | 7019 | 8309 | 1142 | 3163 | 3613 | 11034 |
| 广东 | 16982 | 6406 | 10537 | 1603 | 3454 | 4748 | 16150 |
| #深圳 | 3805 | 1187 | 1772 | 326 | 503 | 801 | 3641 |
| 广西 | 10166 | 5672 | 6949 | 716 | 2515 | 3375 | 9303 |
| 海南 | 2795 | 1521 | 1871 | 194 | 555 | 971 | 2583 |
| 重庆 | 6181 | 3725 | 3842 | 572 | 1284 | 1576 | 5827 |
| 四川 | 24215 | 12144 | 17428 | 1546 | 5240 | 10062 | 21561 |
| 贵州 | 7428 | 4176 | 5121 | 710 | 1945 | 2359 | 7094 |
| 云南 | 13962 | 8975 | 10248 | 1387 | 3820 | 4558 | 12681 |
| 西藏 | 578 | 347 | 445 | 84 | 151 | 188 | 537 |
| 陕西 | 13476 | 7359 | 9935 | 1517 | 3476 | 4576 | 12428 |
| 甘肃 | 7136 | 3340 | 4602 | 704 | 1756 | 1822 | 6738 |
| 青海 | 2815 | 1359 | 2201 | 224 | 735 | 1044 | 2728 |
| 宁夏 | 1943 | 1112 | 1206 | 185 | 406 | 465 | 1772 |
| 新疆 | 6448 | 2713 | 4960 | 781 | 1747 | 2205 | 6055 |

# 表12 2014年按类别分主要仪器设备

计量单位：台/套

| 类别 | GPS接收机 | 全站仪 | 经纬仪(含电子) | 水准仪(含电子) | 测深仪 | 地下管线探测仪 | 低空无人驾驶摄影飞机 | 航摄仪 | 全数字摄影测量系统 | 遥感图像处理系统 | 图形编辑工作站 | 绘图仪 |
|---|---|---|---|---|---|---|---|---|---|---|---|---|
| **合计** | **81245** | **63183** | **5858** | **42270** | **6080** | **5837** | **892** | **751** | **11708** | **6093** | **38791** | **16885** |
| 测绘地理信息 | 6812 | 3949 | 313 | 1770 | 162 | 486 | 141 | 109 | 3467 | 1061 | 9683 | 891 |
| 国土资源 | 13336 | 8626 | 552 | 4870 | 574 | 589 | 148 | 55 | 1082 | 961 | 5202 | 3030 |
| 城乡建设与规划 | 6789 | 8265 | 918 | 5527 | 263 | 795 | 44 | 29 | 789 | 239 | 3948 | 2276 |
| 铁道 | 2466 | 2791 | 60 | 3098 | 95 | 79 |  | 10 | 144 | 6 | 275 | 236 |
| 交通运输 | 2738 | 2465 | 320 | 2217 | 698 | 77 | 1 | 7 | 61 | 4 | 197 | 439 |
| 水利水电 | 5990 | 4536 | 630 | 3236 | 1183 | 244 | 34 | 20 | 507 | 233 | 1129 | 944 |
| 通讯 | 4 | 2 |  | 2 |  | 1 |  |  |  |  | 3 | 1 |
| 石油 | 3426 | 793 | 50 | 305 | 131 | 80 | 6 | 32 | 85 | 39 | 46 | 199 |
| 石化 | 73 | 91 | 8 | 62 | 7 | 14 | 1 |  | 16 | 12 | 12 | 10 |
| 煤炭 | 2284 | 1600 | 383 | 1014 | 85 | 139 | 29 | 22 | 367 | 121 | 700 | 545 |
| 有色 | 1818 | 954 | 110 | 578 | 116 | 235 | 14 | 11 | 112 | 44 | 178 | 314 |
| 农业 | 110 | 98 | 8 | 65 | 19 | 2 | 2 | 2 | 10 | 43 | 93 | 35 |
| 林业 | 1647 | 147 | 44 | 147 | 4 | 7 |  |  | 11 | 154 | 419 | 83 |
| 地震 | 247 | 160 | 34 | 182 | 6 | 10 |  |  | 13 |  | 90 | 23 |
| 海洋 | 378 | 127 | 8 | 166 | 231 | 7 | 11 | 2 | 1 | 39 | 85 | 67 |
| 环保 | 25 | 22 |  | 17 |  | 4 |  |  |  |  |  | 5 |
| 公安武警 | 118 | 8 |  | 5 | 2 |  | 2 |  |  | 1 | 1 | 5 |
| 科教文卫 | 781 | 685 | 623 | 856 | 62 | 42 | 10 | 19 | 233 | 83 | 500 | 134 |
| 航空航天 | 104 | 90 | 23 | 81 | 6 | 11 |  | 35 | 72 | 89 | 246 | 31 |
| 冶金 | 1381 | 1400 | 324 | 732 | 60 | 387 | 27 | 20 | 198 | 28 | 378 | 327 |
| 其他系统 | 4780 | 3908 | 390 | 2666 | 392 | 428 | 86 | 99 | 663 | 349 | 2261 | 992 |
| 私营企业 | 25938 | 22466 | 1060 | 14674 | 1984 | 2200 | 336 | 279 | 3877 | 2587 | 13345 | 6298 |
| 合资合作企业 |  |  |  |  |  |  |  |  |  |  |  |  |

# 2014 年按类别分主要仪器设备（续）

计量单位：台/套

| 类别 | 扫描仪 | 服务器 | 磁盘阵列 | 磁带库 | 交换机 | 手持测距仪 | 重力仪 | 雷达系统 | 水平仪 | 野外通讯系统 | 卫星导航定位数据处理系统 | 地理信息应急监测车 |
|---|---|---|---|---|---|---|---|---|---|---|---|---|
| **合　计** | **12788** | **22240** | **3864** | **1324** | **16009** | **48567** | **381** | **194** | **1609** | **67222** | **3376** | **86** |
| 测绘地理信息 | 713 | 3371 | 771 | 108 | 1917 | 2192 | 14 | 6 | 12 | 2400 | 144 | 21 |
| 国土资源 | 2022 | 2194 | 494 | 143 | 1904 | 5652 | 138 | 13 | 326 | 8471 | 538 | 8 |
| 城乡建设与规划 | 1440 | 2121 | 387 | 82 | 1853 | 8887 | 5 | 18 | 78 | 7215 | 220 | 7 |
| 铁　道 | 208 | 311 | 24 | 7 | 344 | 154 | 2 | 10 | 97 | 2336 | 97 |  |
| 交通运输 | 353 | 532 | 83 | 27 | 692 | 323 | 5 | 20 | 82 | 1765 | 302 | 1 |
| 水利水电 | 717 | 1011 | 183 | 115 | 1471 | 1020 | 3 | 6 | 199 | 6197 | 242 | 1 |
| 通　讯 | 2 | 282 | 62 | 3 | 75 |  |  |  |  | 5 | 5 |  |
| 石　油 | 129 | 141 | 19 | 132 | 203 | 99 | 11 | 3 | 5 | 1776 | 88 |  |
| 石　化 | 6 | 5 | 2 | 2 | 8 | 37 |  |  | 3 | 117 |  |  |
| 煤　炭 | 299 | 238 | 42 | 28 | 330 | 730 | 11 | 4 | 31 | 2521 | 79 | 1 |
| 有　色 | 233 | 120 | 19 | 16 | 122 | 654 | 4 | 1 | 45 | 1329 | 27 |  |
| 农　业 | 33 | 22 | 3 | 2 | 18 | 38 |  |  |  | 70 | 1 |  |
| 林　业 | 135 | 141 | 23 | 20 | 171 | 168 |  |  | 2 | 131 | 3 |  |
| 地　震 | 56 | 41 | 69 | 4 | 32 | 111 | 47 |  |  | 174 | 21 | 4 |
| 海　洋 | 103 | 152 | 42 | 10 | 119 | 20 | 4 |  | 1 | 216 | 29 | 6 |
| 环　保 | 4 | 2 |  |  | 3 | 17 | 1 |  |  | 30 |  |  |
| 公安武警 | 3 | 15 | 20 | 2 | 1 |  |  |  |  | 60 |  |  |
| 科教文卫 | 193 | 703 | 157 | 14 | 480 | 193 | 7 | 10 | 9 | 415 | 90 | 2 |
| 航空航天 | 28 | 142 | 78 | 7 | 68 | 41 |  |  |  | 20 | 21 |  |
| 冶　金 | 150 | 97 | 22 | 8 | 112 | 555 | 5 | 8 | 15 | 1084 | 65 | 1 |
| 其他系统 | 984 | 1344 | 291 | 83 | 913 | 3492 | 69 | 44 | 89 | 4399 | 210 | 3 |
| 私营企业 | 4977 | 9025 | 1071 | 511 | 5143 | 24184 | 55 | 51 | 615 | 26491 | 1194 | 31 |
| 合资合作企业 |  | 230 | 2 |  | 30 |  |  |  |  |  |  |  |

# 表 13 2014 年按地区分主要仪器设备

计量单位：台/套

| 地 区 | GPS接收机 | 全站仪 | 经纬仪(含电子) | 水准仪(含电子) | 测深仪 | 地下管线探测仪 | 低空无人驾驶摄影飞机 | 航摄仪 | 全数字摄影测量系统 | 遥感图像处理系统 | 图形编辑工作站 | 绘图仪 |
|---|---|---|---|---|---|---|---|---|---|---|---|---|
| **合 计** | **81245** | **63183** | **5858** | **42270** | **6080** | **5837** | **892** | **751** | **11708** | **6093** | **38791** | **16885** |
| 北 京 | 2723 | 1964 | 157 | 1448 | 122 | 273 | 43 | 119 | 894 | 598 | 4500 | 562 |
| 天 津 | 1481 | 1260 | 98 | 1102 | 203 | 175 | 14 | 12 | 142 | 44 | 693 | 206 |
| 河 北 | 5188 | 3218 | 315 | 1900 | 293 | 568 | 31 | 24 | 564 | 285 | 969 | 888 |
| 山 西 | 2286 | 1914 | 126 | 1411 | 73 | 80 | 39 | 25 | 405 | 161 | 815 | 580 |
| 内蒙古 | 3503 | 2018 | 176 | 1560 | 98 | 108 | 13 | 9 | 210 | 185 | 910 | 642 |
| 辽 宁 | 3405 | 2333 | 379 | 1651 | 306 | 278 | 23 | 21 | 856 | 295 | 1690 | 705 |
| #大 连 | 540 | 379 | 23 | 259 | 137 | 55 | 5 | 7 | 121 | 95 | 326 | 137 |
| 吉 林 | 1890 | 1487 | 95 | 952 | 79 | 115 | 15 | 11 | 222 | 116 | 693 | 366 |
| 黑龙江 | 2566 | 1839 | 152 | 1282 | 120 | 98 | 16 | 16 | 660 | 143 | 1700 | 449 |
| 上 海 | 1085 | 1066 | 164 | 1002 | 296 | 175 | 4 | 6 | 57 | 34 | 211 | 235 |
| 江 苏 | 3181 | 2842 | 191 | 2172 | 494 | 454 | 17 | 11 | 549 | 208 | 2434 | 824 |
| 浙 江 | 2620 | 2373 | 140 | 1342 | 406 | 335 | 41 | 24 | 331 | 225 | 1871 | 721 |
| #宁 波 | 273 | 307 | 11 | 183 | 89 | 55 | 4 |  | 41 | 16 | 224 | 106 |
| 安 徽 | 2020 | 1974 | 234 | 1383 | 173 | 159 | 14 | 6 | 283 | 128 | 981 | 563 |
| 福 建 | 1931 | 1867 | 150 | 1156 | 284 | 166 | 13 | 6 | 259 | 156 | 654 | 450 |
| #厦 门 | 404 | 344 | 12 | 275 | 62 | 32 | 2 | 2 | 90 | 21 | 170 | 59 |
| 江 西 | 1681 | 1752 | 183 | 1052 | 117 | 113 | 20 | 14 | 249 | 143 | 673 | 381 |
| 山 东 | 3307 | 2927 | 217 | 1746 | 353 | 375 | 27 | 18 | 431 | 138 | 1536 | 1032 |
| #青 岛 | 387 | 333 | 14 | 222 | 106 | 39 | 3 |  | 14 | 12 | 62 | 113 |
| 河 南 | 4078 | 4036 | 343 | 2587 | 210 | 315 | 60 | 55 | 675 | 361 | 2087 | 1027 |
| 湖 北 | 4275 | 3405 | 431 | 2388 | 345 | 211 | 46 | 60 | 541 | 359 | 1879 | 770 |
| 湖 南 | 3024 | 2379 | 221 | 1364 | 150 | 141 | 14 | 5 | 311 | 279 | 1185 | 707 |
| 广 东 | 2983 | 2797 | 73 | 1770 | 725 | 413 | 58 | 30 | 382 | 402 | 3375 | 935 |
| #深 圳 | 446 | 314 | 5 | 203 | 87 | 106 | 6 | 2 | 57 | 110 | 670 | 82 |
| 广 西 | 2481 | 2076 | 166 | 1203 | 213 | 90 | 52 | 43 | 156 | 152 | 860 | 582 |
| 海 南 | 917 | 580 | 33 | 372 | 97 | 24 | 8 | 5 | 66 | 49 | 454 | 122 |
| 重 庆 | 1232 | 1358 | 126 | 794 | 63 | 139 | 22 | 6 | 225 | 59 | 321 | 284 |
| 四 川 | 6243 | 5093 | 381 | 3032 | 261 | 414 | 88 | 55 | 837 | 382 | 2043 | 1019 |
| 贵 州 | 2004 | 1449 | 98 | 868 | 95 | 64 | 40 | 31 | 297 | 169 | 931 | 406 |
| 云 南 | 4216 | 2636 | 405 | 1765 | 166 | 135 | 36 | 34 | 339 | 227 | 1179 | 784 |
| 西 藏 | 154 | 137 | 26 | 88 | 6 | 3 | 1 |  | 15 | 1 | 58 | 33 |
| 陕 西 | 4165 | 3065 | 375 | 2498 | 130 | 190 | 51 | 44 | 934 | 420 | 2384 | 639 |
| 甘 肃 | 2044 | 1223 | 221 | 894 | 59 | 69 | 37 | 16 | 285 | 169 | 670 | 352 |
| 青 海 | 1394 | 562 | 31 | 355 | 26 | 33 | 15 | 3 | 128 | 77 | 230 | 145 |
| 宁 夏 | 548 | 269 | 63 | 198 | 19 | 13 | 15 | 2 | 44 | 8 | 117 | 90 |
| 新 疆 | 2620 | 1284 | 88 | 935 | 98 | 111 | 19 | 40 | 361 | 120 | 688 | 386 |

# 2014年按地区分主要仪器设备（续）

计量单位：台/套

| 地区 | 扫描仪 | 服务器 | 磁盘阵列 | 磁带库 | 交换机 | 手持测距仪 | 重力仪 | 雷达系统 | 水平仪 | 野外通讯系统 | 卫星导航定位数据处理系统 | 地理信息应急监测车 |
|---|---|---|---|---|---|---|---|---|---|---|---|---|
| **合计** | **12788** | **22240** | **3864** | **1324** | **16009** | **48567** | **381** | **194** | **1609** | **67222** | **3376** | **86** |
| 北京 | 488 | 6328 | 653 | 122 | 2251 | 1601 | 24 | 32 | 6 | 1683 | 238 | 1 |
| 天津 | 149 | 343 | 59 | 21 | 263 | 510 | 11 | 2 | 26 | 930 | 43 | 1 |
| 河北 | 622 | 676 | 149 | 170 | 431 | 2039 | 23 | 6 | 15 | 2627 | 107 | 1 |
| 山西 | 392 | 257 | 56 | 23 | 184 | 1534 | 3 |  | 18 | 1731 | 44 | 2 |
| 内蒙古 | 426 | 463 | 80 | 12 | 245 | 1094 | 4 | 1 | 31 | 1839 | 93 | 4 |
| 辽宁 | 427 | 529 | 132 | 34 | 619 | 1943 | 2 | 5 | 22 | 2060 | 166 | 4 |
| #大连 | 71 | 86 | 20 | 4 | 180 | 543 |  | 3 | 1 | 375 | 98 | 2 |
| 吉林 | 221 | 258 | 54 | 12 | 174 | 1012 | 6 | 3 | 22 | 1198 | 42 | 2 |
| 黑龙江 | 323 | 404 | 121 | 19 | 294 | 1544 |  | 1 | 21 | 1419 | 75 | 1 |
| 上海 | 183 | 602 | 78 | 40 | 450 | 453 | 3 | 7 | 60 | 1149 | 77 | 6 |
| 江苏 | 543 | 907 | 187 | 103 | 813 | 3315 | 6 | 14 | 76 | 2537 | 143 | 1 |
| 浙江 | 515 | 1091 | 209 | 37 | 702 | 2379 | 7 | 5 | 49 | 2533 | 83 | 5 |
| #宁波 | 58 | 148 | 17 | 3 | 125 | 342 |  | 1 | 11 | 355 | 21 | 1 |
| 安徽 | 413 | 296 | 92 | 40 | 380 | 1938 | 22 |  | 42 | 2168 | 95 |  |
| 福建 | 274 | 430 | 109 | 22 | 424 | 2141 | 9 | 6 | 30 | 2154 | 52 | 1 |
| #厦门 | 43 | 64 | 14 | 7 | 56 | 253 | 5 | 20 | 1 | 376 | 17 |  |
| 江西 | 346 | 201 | 64 | 41 | 212 | 1474 | 8 | 2 | 69 | 1645 | 62 |  |
| 山东 | 560 | 798 | 155 | 40 | 674 | 2159 | 12 | 4 | 27 | 2934 | 140 | 4 |
| #青岛 | 62 | 115 | 19 | 3 | 108 | 305 |  |  | 1 | 324 | 14 | 2 |
| 河南 | 824 | 883 | 140 | 101 | 583 | 3209 | 15 | 13 | 48 | 4385 | 243 |  |
| 湖北 | 757 | 1111 | 188 | 74 | 977 | 2002 | 36 | 20 | 76 | 3603 | 215 | 21 |
| 湖南 | 610 | 690 | 119 | 41 | 900 | 1517 | 23 | 3 | 55 | 2607 | 114 |  |
| 广东 | 656 | 1043 | 215 | 81 | 999 | 2930 | 15 | 9 | 23 | 2926 | 219 |  |
| #深圳 | 90 | 184 | 55 | 26 | 215 | 420 | 1 | 2 | 2 | 481 | 17 |  |
| 广西 | 445 | 432 | 80 | 19 | 473 | 2055 | 4 | 1 | 24 | 2427 | 49 | 2 |
| 海南 | 103 | 229 | 44 | 9 | 112 | 420 | 1 |  | 6 | 520 | 5 | 2 |
| 重庆 | 173 | 309 | 44 | 15 | 260 | 566 | 3 | 5 | 26 | 1429 | 33 | 2 |
| 四川 | 962 | 952 | 188 | 85 | 1025 | 2538 | 12 | 7 | 74 | 6384 | 358 | 16 |
| 贵州 | 327 | 427 | 117 | 20 | 324 | 1197 | 29 | 28 | 99 | 1692 | 87 | 1 |
| 云南 | 700 | 843 | 169 | 36 | 516 | 2773 | 15 | 4 | 190 | 3939 | 143 | 2 |
| 西藏 | 30 | 14 | 3 |  | 10 | 51 | 1 |  | 3 | 205 | 8 |  |
| 陕西 | 544 | 763 | 113 | 35 | 896 | 1972 | 24 | 4 | 186 | 3751 | 201 | 2 |
| 甘肃 | 315 | 346 | 124 | 31 | 321 | 834 | 24 | 7 | 51 | 1889 | 131 | 3 |
| 青海 | 104 | 127 | 23 | 6 | 101 | 334 | 21 | 3 | 200 | 1042 | 5 | 1 |
| 宁夏 | 66 | 105 | 10 | 22 | 49 | 161 | 8 |  | 12 | 321 | 13 |  |
| 新疆 | 290 | 383 | 89 | 13 | 347 | 872 | 10 | 2 | 22 | 1495 | 92 | 1 |

# 四、测绘地理信息系统单位

## （一）测绘服务总值

### 表14 2014年测绘服务总值和劳动生产率

| 单　　位 | 测绘服务总值（万元） | 全员劳动生产率（元/人） |
|---|---|---|
| **合计/平均值** | **1062585.2** | **403871** |
| 北　京 | 31297.4 | 362658 |
| 天　津 | 34706.1 | 524262 |
| 河　北 | 61382.6 | 928633 |
| 山　西 | 25194.0 | 345123 |
| 内蒙古 | 26279.1 | 363977 |
| 辽　宁 | 34897.2 | 519303 |
| 吉　林 | 16249.4 | 276349 |
| 黑龙江 | 51670.8 | 253288 |
| 上　海 | 21796.4 | 610544 |
| 江　苏 | 28688.3 | 484599 |
| 浙　江 | 40977.6 | 432709 |
| 安　徽 | 29353.6 | 416955 |
| 福　建 | 16480.6 | 378863 |
| 江　西 | 21769.8 | 387362 |
| 山　东 | 37267.5 | 494920 |
| 河　南 | 22825.7 | 325617 |
| 湖　北 | 29076.3 | 578058 |
| 湖　南 | 37219.8 | 455010 |
| 广　东 | 34325.8 | 318421 |
| 广　西 | 45492.2 | 390491 |
| 海　南 | 12470.7 | 289344 |
| 重　庆 | 17055.6 | 165910 |
| 重庆测绘院 | 10650.4 | 348053 |
| 四　川 | 73227.7 | 548522 |
| 贵　州 | 28004.7 | 356747 |
| 云　南 | 26169.8 | 451204 |
| 西　藏 | 1004.1 | 159381 |
| 陕　西 | 54981.9 | 258374 |
| 甘　肃 | 12961.6 | 299345 |
| 青　海 | 16661.9 | 278628 |
| 宁　夏 | 9458.2 | 387630 |
| 新　疆 | 22669.3 | 431797 |
| 青　岛 | | |
| 大　连 | 900.0 | 113924 |
| 宁　波 | 13113.2 | 732581 |
| 深　圳 | 8923.7 | 205615 |
| 厦　门 | 2889.5 | 207874 |
| 中国地图出版集团 | 53118.6 | 1180413 |
| 测绘研究院 | 17403.1 | 493005 |
| 地理信息中心 | 12339.7 | 845183 |
| 卫星应用中心 | 5489.3 | 669423 |
| 质量检验中心 | 2304.0 | 384007 |
| 国家局及其其他直属单位 | 13838.2 | 370005 |

## （二）生产

## 表 15 2014 年测绘基准建设

| 单 位 | 卫星定位连续运行基准站（座） | GPS 测量（点） | 水准测量 | | 重力测量（点） | 似大地水准面精化（平方千米） |
|---|---|---|---|---|---|---|
| | | | 点数（点） | 水准观测长度（千米） | | |
| **合 计** | **523** | **20905** | **19698** | **131282** | **127** | **351945** |
| 北 京 | 1 | | | 1050 | | |
| 天 津 | 1 | 5093 | | 8790 | | |
| 河 北 | | 7654 | 209 | 540 | | |
| 山 西 | 3 | | 100 | 3942 | | 156000 |
| 内蒙古 | 11 | 100 | 606 | 1760 | | |
| 辽 宁 | 48 | | 1204 | 5126 | | |
| 吉 林 | 7 | | 84 | 923 | | |
| 黑龙江 | | 324 | 4563 | 14562 | | |
| 上 海 | 10 | | | | | |
| 江 苏 | | 4 | | 1800 | | |
| 浙 江 | 16 | 2429 | 134 | 4695 | | 94465 |
| 安 徽 | | 1339 | 530 | 1209 | | |
| 福 建 | | | 48 | 2432 | | 22959 |
| 江 西 | 4 | | | 3500 | | |
| 山 东 | 2 | | 259 | 702 | | |
| 河 南 | 6 | | | | | |
| 湖 北 | 5 | | 43 | 1350 | | 2000 |
| 湖 南 | 123 | 75 | 568 | 1115 | | |
| 广 东 | | | 41 | 358 | | |
| 广 西 | 5 | | 322 | 690 | | 957 |
| 海 南 | | | | 2997 | | |
| 重 庆 | 1 | | 707 | 2074 | | |
| 重庆测绘院 | | 121 | 3 | 4456 | | |
| 四 川 | | 1915 | 902 | 7223 | | |
| 贵 州 | 6 | 430 | 50 | 1141 | | 1100 |
| 云 南 | 58 | 35 | 208 | 2718 | | |
| 西 藏 | | | 30 | 450 | | |
| 陕 西 | 8 | 644 | 3625 | 19095 | 82 | 60964 |
| 甘 肃 | | | 92 | 1000 | | |
| 青 海 | 32 | 705 | 573 | 590 | | |
| 宁 夏 | | | 30 | 300 | | |
| 新 疆 | | | 80 | 120 | | |
| 青 岛 | 3 | | | | | |
| 大 连 | 9 | 37 | 266 | 1830 | | 13500 |
| 宁 波 | | | | | | |
| 深 圳 | | | | | | |
| 厦 门 | | | | | | |
| 中国地图出版集团 | | | | | | |
| 测绘研究院 | 18 | | | | | |
| 地理信息中心 | 146 | | 4421 | 32745 | 45 | |
| 卫星应用中心 | | | | | | |
| 质量检验中心 | | | | | | |

# 表16　2014年航空航天遥感资料获取

计量单位：平方千米

| 单　位 | 航空摄影 | 卫星影像获取 |
|---|---|---|
| **合　计** | **1963181.8** | **158502155.6** |
| | | |
| 北　京 | | |
| 天　津 | 14590.0 | |
| 河　北 | 70000.0 | |
| 山　西 | 6084.2 | |
| 内蒙古 | 7831.0 | |
| 辽　宁 | 21900.0 | |
| 吉　林 | | 27430.0 |
| 黑龙江 | 82997.8 | 565.0 |
| 上　海 | 8000.0 | 8000.0 |
| 江　苏 | 111586.0 | 102600.0 |
| 浙　江 | 41376.3 | 3900.0 |
| 安　徽 | 7234.5 | |
| 福　建 | 33304.0 | 5084.0 |
| 江　西 | 5000.0 | 1100.0 |
| 山　东 | 29353.0 | 39182.0 |
| 河　南 | 32761.3 | |
| 湖　北 | 33030.0 | 185900.0 |
| 湖　南 | 70891.0 | |
| 广　东 | 15641.5 | 7434.0 |
| 广　西 | 2433.0 | |
| 海　南 | 340.8 | |
| 重　庆 | 1052.2 | 48700.0 |
| 重庆测绘院 | | |
| 四　川 | 8860.0 | |
| 贵　州 | 5959.5 | 157000.0 |
| 云　南 | 3115.3 | 10365.6 |
| 西　藏 | | |
| 陕　西 | 34950.0 | 55229.0 |
| 甘　肃 | 1280.0 | |
| 青　海 | 689.0 | 1250559.0 |
| 宁　夏 | 1500.0 | |
| 新　疆 | 23766.0 | 1166324.0 |
| | | |
| 青　岛 | | |
| 大　连 | 1500.0 | |
| 宁　波 | | 100.0 |
| 深　圳 | 1600.0 | 400.0 |
| 厦　门 | | |
| | | |
| 中国地图出版集团 | | |
| 测绘研究院 | 263013.2 | 7965.0 |
| 地理信息中心 | 1021542.2 | 1955568.0 |
| 卫星应用中心 | | 153468750.0 |
| 质量检验中心 | | |

# 表 17　2014 年地理信息数据生产（一）

计量单位：幅，平方千米

| 单位 | 数字线划地图（DLG） | | | | | | | | | | | | | |
|---|---|---|---|---|---|---|---|---|---|---|---|---|---|---|
| | 合计 | | #1:5 万 | | #1:1 万 | | #1:5000 | | #1:2000 | | #1:1000 | | #1:500 | |
| | 图幅数 | 面积 | 图幅数 | 面积 | 图幅数 | 面积 | 图幅数 | 面积 | 图幅数 | 面积 | 图幅数 | 面积 | 图幅数 | 面积 |
| **合 计** | **346388** | **9974639** | **97347** | **8667362** | **43272** | **1183886** | **8460** | **49086** | **60964** | **56023** | **53781** | **13261** | **82561** | **4999** |
| 北 京 | 18299 | 23964 | | | 933 | 16410 | | | 8916 | 7132 | | | 8450 | 422 |
| 天 津 | 9044 | 881 | | | | | | | 572 | 458 | | | 8472 | 424 |
| 河 北 | 12583 | 13635 | | | 280 | 7000 | 996 | 3378 | 23 | 23 | 9508 | 3123 | 1776 | 111 |
| 山 西 | 4372 | 32348 | | | 1264 | 32092 | | | 32 | 32 | 168 | 42 | 2908 | 182 |
| 内蒙古 | 532 | 133 | | | | | | | | | 532 | 133 | | |
| 辽 宁 | 3782 | 51996 | | | 2129 | 50866 | | | 1096 | 1096 | | | 557 | 35 |
| 吉 林 | 1445 | 33235 | | | 1445 | 33235 | | | | | | | | |
| 黑龙江 | 21495 | 3296450 | 8843 | 3212256 | 3400 | 81896 | 56 | 326 | 1083 | 1083 | 2118 | 515 | 5995 | 375 |
| 上 海 | 33928 | 14261 | | | 161 | 3240 | | | 9741 | 7793 | 13514 | 2703 | 10512 | 526 |
| 江 苏 | 6911 | 7035 | | | 322 | 6065 | | | | | 3245 | 761 | 3344 | 209 |
| 浙 江 | 13424 | 49049 | | | 1450 | 40600 | | | 8214 | 8214 | | | 3760 | 235 |
| 安 徽 | 21480 | 40070 | | | 1000 | 26722 | | | 11536 | 11503 | 7262 | 1741 | 1682 | 104 |
| 福 建 | 255 | 3111 | | | 62 | 1736 | 193 | 1375 | | | | | | |
| 江 西 | 3500 | 44180 | | | 1600 | 42580 | | | 1500 | 1500 | 400 | 100 | | |
| 山 东 | 9049 | 4270 | | | | | | | 3409 | 3409 | 2712 | 678 | 2928 | 183 |
| 河 南 | 14241 | 50615 | | | 1811 | 47608 | 756 | 557 | 774 | 574 | 6700 | 1627 | 4200 | 250 |
| 湖 北 | 10397 | 24213 | | | 779 | 20400 | | | 2850 | 2850 | 2880 | 720 | 3888 | 243 |
| 湖 南 | 6737 | 74280 | | | 2540 | 71813 | | | 2156 | 2156 | 731 | 183 | 1310 | 128 |
| 广 东 | 9124 | 188501 | | | 6599 | 176592 | 1735 | 11343 | 676 | 558 | | | 114 | 9 |
| 广 西 | 2252 | 516 | | | | | | | 880 | 433 | 22 | 5 | 1350 | 78 |
| 海 南 | 2027 | 375512 | 1042 | 374800 | | | 46 | 285 | 285 | 285 | 654 | 143 | | |
| 重 庆 | 12729 | 11539 | | | | | 1571 | 10397 | 300 | 300 | | | 10858 | 842 |
| 重庆测绘院 | 3460 | 703833 | 1583 | 680690 | 540 | 14580 | 1267 | 8553 | 6 | 6 | | | 64 | 4 |
| 四 川 | 20091 | 2278921 | 4643 | 2079002 | 6226 | 184323 | 1805 | 12631 | 2852 | 2695 | | | 4565 | 270 |
| 贵 州 | 5962 | 6800 | | | 207 | 5800 | | | 434 | 350 | 1801 | 430 | 3520 | 220 |
| 云 南 | 2400 | 61450 | | | 2066 | 60884 | 35 | 241 | 296 | 296 | | | | |
| 西 藏 | 31 | 775 | | | 31 | 775 | | | | | | | | |
| 陕 西 | 88335 | 2337531 | 81080 | 2222940 | 2619 | 111496 | | | 2983 | 2953 | 150 | 38 | 1503 | 105 |
| 甘 肃 | 488 | 12200 | | | 488 | 12200 | | | | | | | | |
| 青 海 | 2923 | 73328 | | | 2859 | 73312 | | | | | 64 | 16 | | |
| 宁 夏 | 550 | 11825 | | | 470 | 11750 | | | 80 | 75 | | | | |
| 新 疆 | 2089 | 42516 | | | 1697 | 42425 | | | 21 | 21 | 371 | 70 | | |
| 青 岛 | | | | | | | | | | | | | | |
| 大 连 | | | | | | | | | | | | | | |
| 宁 波 | 171 | 3026 | | | 124 | 3000 | | | 47 | 26 | | | | |
| 深 圳 | | | | | | | | | | | | | | |
| 厦 门 | | | | | | | | | | | | | | |
| 中国地图出版集团 | | | | | | | | | | | | | | |
| 测绘研究院 | 2282 | 102640 | 156 | 97674 | 170 | 4486 | | | 202 | 202 | 949 | 233 | 805 | 44 |
| 地理信息中心 | | | | | | | | | | | | | | |
| 卫星应用中心 | | | | | | | | | | | | | | |
| 质量检验中心 | | | | | | | | | | | | | | |

# 2014 年地理信息数据生产（二）

计量单位：幅，平方千米

| 单位 | 数字高程模型（DEM） | | | | | | | | | | | | | |
|---|---|---|---|---|---|---|---|---|---|---|---|---|---|---|
| | 合计 | | #1:5 万 | | #1:1 万 | | #1:5000 | | #1:2000 | | #1:1000 | | #1:500 | |
| | 图幅数 | 面积 | 图幅数 | 面积 | 图幅数 | 面积 | 图幅数 | 面积 | 图幅数 | 面积 | 图幅数 | 面积 | 图幅数 | 面积 |
| **合　计** | **138053** | **2178192** | **1092** | **481265** | **64363** | **1639115** | **3553** | **24462** | **25117** | **23424** | **37893** | **9370** | **6035** | **555** |
| 北　京 | | | | | | | | | | | | | | |
| 天　津 | | | | | | | | | | | | | | |
| 河　北 | 9878 | 191608 | | | 8127 | 188000 | 528 | 3300 | 75 | 75 | 860 | 215 | 288 | 18 |
| 山　西 | 520 | 13000 | | | 520 | 13000 | | | | | | | | |
| 内蒙古 | | | | | | | | | | | | | | |
| 辽　宁 | 3009 | 50453 | | | 2074 | 49518 | | | 935 | 935 | | | | |
| 吉　林 | | | | | | | | | | | | | | |
| 黑龙江 | 3106 | 57264 | | | 2396 | 56814 | 10 | 50 | 300 | 300 | 400 | 100 | | |
| 上　海 | | | | | | | | | | | | | | |
| 江　苏 | | | | | | | | | | | | | | |
| 浙　江 | 11008 | 63233 | | | 2394 | 54619 | | | 8614 | 8614 | | | | |
| 安　徽 | 17998 | 4710 | | | | | | | 298 | 298 | 17700 | 4412 | | |
| 福　建 | 912 | 25990 | | | 912 | 25990 | | | | | | | | |
| 江　西 | 1450 | 1300 | | | | | | | 1450 | 1300 | | | | |
| 山　东 | 1728 | 897 | | | | | | | 620 | 620 | 1108 | 277 | | |
| 河　南 | 5225 | 70488 | | | 2657 | 69202 | 40 | 200 | 520 | 495 | 1306 | 364 | 702 | 228 |
| 湖　北 | 7139 | 172346 | | | 6269 | 171476 | | | 870 | 870 | | | | |
| 湖　南 | 8719 | 150538 | | | 5530 | 148024 | | | 2469 | 2469 | | | 720 | 45 |
| 广　东 | 8030 | 177615 | | | 6599 | 176592 | 10 | 453 | 401 | 349 | 1020 | 220 | | |
| 广　西 | 2707 | 32770 | | | 2707 | 32770 | | | | | | | | |
| 海　南 | 1300 | 35128 | | | 1300 | 35128 | | | | | | | | |
| 重　庆 | | | | | | | | | | | | | | |
| 重庆测绘院 | 1765 | 140529 | 290 | 124700 | 290 | 7830 | 1185 | 7999 | | | | | | |
| 四　川 | 30255 | 535293 | 554 | 221600 | 9835 | 294495 | 1780 | 12460 | 3988 | 3280 | 14098 | 3458 | | |
| 贵　州 | 7410 | 68187 | | | 2489 | 67642 | | | | | 1401 | 325 | 3520 | 220 |
| 云　南 | 2039 | 60072 | | | 2039 | 60072 | | | | | | | | |
| 西　藏 | 31 | 775 | | | 31 | 775 | | | | | | | | |
| 陕　西 | 3573 | 83850 | 94 | 37600 | 2597 | 45398 | | | 882 | 852 | | | | |
| 甘　肃 | 488 | 12200 | | | 488 | 12200 | | | | | | | | |
| 青　海 | 2859 | 73312 | | | 2859 | 73312 | | | | | | | | |
| 宁　夏 | 590 | 11857 | | | 470 | 11750 | | | 120 | 107 | | | | |
| 新　疆 | 1697 | 42425 | | | 1697 | 42425 | | | | | | | | |
| 青　岛 | | | | | | | | | | | | | | |
| 大　连 | | | | | | | | | | | | | | |
| 宁　波 | 79 | 2000 | | | 79 | 2000 | | | | | | | | |
| 深　圳 | | | | | | | | | | | | | | |
| 厦　门 | | | | | | | | | | | | | | |
| 中国地图出版集团 | | | | | | | | | | | | | | |
| 测绘研究院 | 4538 | 100352 | 154 | 97365 | 4 | 82 | | | 3575 | 2860 | | | 805 | 44 |
| 地理信息中心 | | | | | | | | | | | | | | |
| 卫星应用中心 | | | | | | | | | | | | | | |
| 质量检验中心 | | | | | | | | | | | | | | |

# 2014年地理信息数据生产（三）

计量单位：幅，平方千米

| 单 位 | 数字栅格地图（DRG） | | | | | | | | | | | | | |
|---|---|---|---|---|---|---|---|---|---|---|---|---|---|---|
| | 合计 | | #1:5万 | | #1:1万 | | #1:5000 | | #1:2000 | | #1:1000 | | #1:500 | |
| | 图幅数 | 面积 | 图幅数 | 面积 | 图幅数 | 面积 | 图幅数 | 面积 | 图幅数 | 面积 | 图幅数 | 面积 | 图幅数 | 面积 |
| **合 计** | **10228** | **143463** | **8** | **3072** | **4156** | **136625** | | | **3000** | **3000** | **3064** | **766** | | |
| 北 京 | | | | | | | | | | | | | | |
| 天 津 | | | | | | | | | | | | | | |
| 河 北 | | | | | | | | | | | | | | |
| 山 西 | | | | | | | | | | | | | | |
| 内蒙古 | | | | | | | | | | | | | | |
| 辽 宁 | | | | | | | | | | | | | | |
| 吉 林 | | | | | | | | | | | | | | |
| 黑龙江 | 8 | 3072 | 8 | 3072 | | | | | | | | | | |
| 上 海 | | | | | | | | | | | | | | |
| 江 苏 | | | | | | | | | | | | | | |
| 浙 江 | | | | | | | | | | | | | | |
| 安 徽 | 1000 | 26722 | | | 1000 | 26722 | | | | | | | | |
| 福 建 | | | | | | | | | | | | | | |
| 江 西 | | | | | | | | | | | | | | |
| 山 东 | | | | | | | | | | | | | | |
| 河 南 | | | | | | | | | | | | | | |
| 湖 北 | | | | | | | | | | | | | | |
| 湖 南 | 1151 | 32478 | | | 1151 | 32478 | | | | | | | | |
| 广 东 | | | | | | | | | | | | | | |
| 广 西 | | | | | | | | | | | | | | |
| 海 南 | | | | | | | | | | | | | | |
| 重 庆 | | | | | | | | | | | | | | |
| 重庆测绘院 | | | | | | | | | | | | | | |
| 四 川 | 1820 | 72800 | | | 1820 | 72800 | | | | | | | | |
| 贵 州 | 6000 | 3750 | | | | | | | 3000 | 3000 | 3000 | 750 | | |
| 云 南 | | | | | | | | | | | | | | |
| 西 藏 | | | | | | | | | | | | | | |
| 陕 西 | | | | | | | | | | | | | | |
| 甘 肃 | 185 | 4625 | | | 185 | 4625 | | | | | | | | |
| 青 海 | 64 | 16 | | | | | | | | | 64 | 16 | | |
| 宁 夏 | | | | | | | | | | | | | | |
| 新 疆 | | | | | | | | | | | | | | |
| 青 岛 | | | | | | | | | | | | | | |
| 大 连 | | | | | | | | | | | | | | |
| 宁 波 | | | | | | | | | | | | | | |
| 深 圳 | | | | | | | | | | | | | | |
| 厦 门 | | | | | | | | | | | | | | |
| 中国地图出版集团 | | | | | | | | | | | | | | |
| 测绘研究院 | | | | | | | | | | | | | | |
| 地理信息中心 | | | | | | | | | | | | | | |
| 卫星应用中心 | | | | | | | | | | | | | | |
| 质量检验中心 | | | | | | | | | | | | | | |

# 2014 年地理信息数据生产（四）

计量单位：幅，平方千米

| 单位 | 数字正射影像（DOM） | | | | | | | | | | | | | |
|---|---|---|---|---|---|---|---|---|---|---|---|---|---|---|
| | 合计 | | #1:5 万 | | #1:1 万 | | #1:5000 | | #1:2000 | | #1:1000 | | #1:500 | |
| | 图幅数 | 面积 | 图幅数 | 面积 | 图幅数 | 面积 | 图幅数 | 面积 | 图幅数 | 面积 | 图幅数 | 面积 | 图幅数 | 面积 |
| **合　计** | **579776** | **10170713** | **11380** | **4499414** | **134587** | **3574101** | **64792** | **629831** | **218884** | **212045** | **85808** | **19306** | **30949** | **5291** |
| 北　京 | | | | | | | | | | | | | | |
| 天　津 | 2688 | 13440 | | | | | 2688 | 13440 | | | | | | |
| 河　北 | 15685 | 218274 | 62 | 25000 | 8127 | 188000 | 528 | 3300 | 842 | 930 | 1126 | 744 | 5000 | 300 |
| 山　西 | 42856 | 640402 | | | 25479 | 636962 | | | 2477 | 2477 | 12152 | 791 | 2748 | 172 |
| 内蒙古 | 1416 | 254 | | | | | | | | | 1416 | 254 | | |
| 辽　宁 | 68607 | 116051 | | | 2074 | 49518 | | | 66533 | 66533 | | | | |
| 吉　林 | | | | | | | | | | | | | | |
| 黑龙江 | 10992 | 2112047 | 5043 | 2017872 | 3883 | 93373 | 10 | 50 | 340 | 326 | 1716 | 426 | | |
| 上　海 | 9891 | 28642 | 34 | 20642 | | | | | 9857 | 8000 | | | | |
| 江　苏 | 8651 | 205383 | 323 | 102600 | 4127 | 101679 | | | | | 4201 | 1104 | | |
| 浙　江 | 10616 | 47370 | | | 1502 | 38256 | | | 9114 | 9114 | | | | |
| 安　徽 | 17726 | 181252 | | | 1260 | 33612 | | | 3278 | 3278 | 12668 | 3202 | | |
| 福　建 | 4600 | 131090 | | | 4600 | 131090 | | | | | | | | |
| 江　西 | 26772 | 232287 | | | 6197 | 166900 | 8441 | 59087 | 5231 | 4800 | 6903 | 1500 | | |
| 山　东 | 50253 | 41512 | | | | | 1945 | 12160 | 25600 | 25600 | 12444 | 3111 | 10264 | 642 |
| 河　南 | 5909 | 118236 | | | 4155 | 117190 | 40 | 200 | 520 | 495 | 1194 | 351 | | |
| 湖　北 | 38704 | 201136 | | | 6224 | 169976 | | | 30720 | 30720 | 1760 | 440 | | |
| 湖　南 | 43398 | 379427 | 87 | 23256 | 5292 | 148580 | 21436 | 147704 | 12877 | 12169 | 2631 | 658 | 720 | 45 |
| 广　东 | 24403 | 333272 | | | 6599 | 176592 | 4130 | 144566 | 13674 | 12114 | | | | |
| 广　西 | 33783 | 115308 | | | 3868 | 114260 | | | 800 | 800 | | | | |
| 海　南 | 2381 | 148000 | 457 | 147514 | | | | | 20 | 50 | 1904 | 436 | | |
| 重　庆 | 9022 | 58925 | | | | | 9022 | 58925 | | | | | | |
| 重庆测绘院 | 2473 | 630829 | 1451 | 623930 | | | 1022 | 6899 | | | | | | |
| 四　川 | 26583 | 771530 | 1401 | 590325 | 5331 | 167940 | 506 | 5268 | 5247 | 4539 | 14098 | 3458 | | |
| 贵　州 | 39076 | 188940 | | | 7411 | 171136 | | | 17099 | 16299 | 3366 | 805 | 11200 | 700 |
| 云　南 | 3641 | 196912 | | | 2042 | 60147 | | | 176 | 176 | | | 212 | 3388 |
| 西　藏 | 31 | 775 | | | 31 | 775 | | | | | | | | |
| 陕　西 | 8225 | 511342 | 1190 | 457290 | 1958 | 49905 | | | 3877 | 3847 | 1200 | 300 | | |
| 甘　肃 | 232 | 5800 | | | 232 | 5800 | | | | | | | | |
| 青　海 | 2757 | 768874 | 11 | 4620 | 2632 | 67638 | | | | | 64 | 16 | | |
| 宁　夏 | 2963 | 65018 | | | 2753 | 64450 | | | 166 | 557 | 44 | 11 | | |
| 新　疆 | 3765 | 253500 | | | 1640 | 41000 | | | | | | | | |
| 青　岛 | | | | | | | | | | | | | | |
| 大　连 | | | | | | | | | | | | | | |
| 宁　波 | 79 | 2000 | | | 79 | 2000 | | | | | | | | |
| 深　圳 | 349 | 2000 | | | 44 | 400 | 305 | 1600 | | | | | | |
| 厦　门 | | | | | | | | | | | | | | |
| 中国地图出版集团 | | | | | | | | | | | | | | |
| 测绘研究院 | 60737 | 1264885 | 809 | 300365 | 27047 | 776922 | 14719 | 176632 | 10436 | 9221 | 6921 | 1700 | 805 | 44 |
| 地理信息中心 | | | | | | | | | | | | | | |
| 卫星应用中心 | 512 | 186000 | 512 | 186000 | | | | | | | | | | |
| 质量检验中心 | | | | | | | | | | | | | | |

# 表 18　2014 年地图编制

| 单　位 | 地形图（幅） | | | | | | | 专题地图（种） | 地图集（种） | 电子地图（种） |
|---|---|---|---|---|---|---|---|---|---|---|
| | | #1:5 万 | #1:1 万 | #1:5000 | #1:2000 | #1:1000 | #1:500 | | | |
| **合　计** | **81567** | **14246** | **8967** | **1097** | **17841** | **17689** | **21335** | **5362** | **445** | **719** |
| 北　京 | | | | | | | | 11 | 11 | 6 |
| 天　津 | | | | | | | | | | |
| 河　北 | 20 | | | | | | | 5 | | |
| 山　西 | 1578 | | | | 558 | 268 | 752 | 76 | 12 | 2 |
| 内蒙古 | 1006 | | 474 | | | 532 | | 23 | 1 | |
| 辽　宁 | 2325 | | 672 | | 1096 | | 557 | 72 | | |
| 吉　林 | | | | | | | | 8 | | |
| 黑龙江 | 11802 | 7211 | 3021 | 10 | 1083 | 400 | | 310 | | 4 |
| 上　海 | 33928 | | 161 | | 9741 | 13514 | 10512 | | 2 | |
| 江　苏 | | | | | | | | 1 | | |
| 浙　江 | 6608 | | 548 | | 2300 | | 3760 | 83 | 8 | 1 |
| 安　徽 | | | | | | | | 98 | 2 | |
| 福　建 | | | | | | | | 348 | 1 | |
| 江　西 | | | | | | | | 35 | | 3 |
| 山　东 | 596 | 175 | 421 | | | | | 191 | 18 | 8 |
| 河　南 | 1414 | 1 | | 190 | 540 | 682 | | 10 | | 1 |
| 湖　北 | | | | | | | | 2 | 1 | |
| 湖　南 | 2564 | | 628 | | 937 | 350 | 649 | 54 | 5 | 3 |
| 广　东 | 294 | | | | | | | 426 | | 5 |
| 广　西 | 17 | | | | 17 | | | 13 | 1 | |
| 海　南 | 1042 | 1042 | | | | | | 199 | 7 | |
| 重　庆 | | | | | | | | 126 | 11 | 9 |
| 重庆测绘院 | 3453 | 2236 | 250 | 897 | 6 | | 64 | | | |
| 四　川 | 5505 | 3389 | 990 | | 707 | 88 | 331 | 171 | 58 | 11 |
| 贵　州 | 105 | | | | | 105 | | 15 | 2 | 2 |
| 云　南 | 388 | | | | 176 | | 212 | 201 | | 5 |
| 西　藏 | | | | | | | | | | |
| 陕　西 | 2295 | 38 | 827 | | 680 | 450 | 300 | 58 | 7 | 3 |
| 甘　肃 | | | | | | | | 13 | 2 | 3 |
| 青　海 | 4540 | | 318 | | | 24 | 4198 | 55 | 2 | 1 |
| 宁　夏 | | | | | | | | 2 | 1 | |
| 新　疆 | 1028 | | 657 | | | 371 | | 28 | 3 | 1 |
| 青　岛 | | | | | | | | | | |
| 大　连 | | | | | | | | | | |
| 宁　波 | | | | | | | | 10 | | 1 |
| 深　圳 | 905 | | | | | 905 | | 1 | | 1 |
| 厦　门 | | | | | | | | | | |
| 中国地图出版集团 | | | | | | | | 534 | 290 | 154 |
| 测绘研究院 | 154 | 154 | | | | | | | | |
| 地理信息中心 | | | | | | | | 2183 | | 495 |
| 卫星应用中心 | | | | | | | | | | |
| 质量检验中心 | | | | | | | | | | |

# 表 19 2014 年界线测绘和工程测量

| 单位 | 地籍测绘 | 房产测绘 | 行政区域界线测绘 | | 工程测量（项） | | | | |
|---|---|---|---|---|---|---|---|---|---|
| | 面积（平方千米） | 面积（万平方米） | 测量长度（千米） | 点数（点） | 合计 | 50 万以上 | 50 万（含）-200 万 | 200 万（含）-500 万 | 500 万及以上 |
| **合 计** | **141332.5** | **5706.8** | **2794.0** | **13826** | **8011** | **7107** | **784** | **84** | **36** |
| 北 京 | 2.4 | 190.0 | 800.0 | | 2898 | 2830 | 61 | 7 | |
| 天 津 | 379.0 | | | | 1139 | 1109 | 27 | 2 | 1 |
| 河 北 | 45424.4 | 115.1 | | | 14 | 9 | 5 | | |
| 山 西 | | | | | | | | | |
| 内蒙古 | 88.1 | | | | 5 | 2 | 2 | 1 | |
| 辽 宁 | 613.0 | 1.1 | | | 3 | 3 | | | |
| 吉 林 | | | | | 2 | 2 | | | |
| 黑龙江 | 5.9 | | | | 60 | 52 | 6 | 2 | |
| 上 海 | | | | | 1814 | 1769 | 38 | 5 | 2 |
| 江 苏 | 164.7 | | | | 4 | 4 | | | |
| 浙 江 | 220.8 | | | | 33 | 30 | | 3 | |
| 安 徽 | 2916.0 | 83.3 | 838.0 | 25 | 19 | 17 | 1 | 1 | |
| 福 建 | | 1032.9 | | | 12 | 6 | 1 | 4 | 1 |
| 江 西 | 70.0 | | | | 31 | 1 | 18 | 5 | 7 |
| 山 东 | 184.4 | 34.6 | 370.0 | 41 | 47 | 39 | 6 | 2 | |
| 河 南 | 693.1 | | | | | | | | |
| 湖 北 | 738.0 | 50.0 | | | 23 | 20 | 2 | 1 | |
| 湖 南 | 4429.0 | 161.2 | 80.0 | | 10 | 3 | 5 | 1 | 1 |
| 广 东 | 20.0 | 317.0 | 450.0 | 35 | 87 | 76 | 5 | 2 | 4 |
| 广 西 | 711.3 | 230.0 | | | 24 | 22 | 1 | 1 | |
| 海 南 | 739.6 | 15.0 | 106.0 | 60 | 55 | 44 | 7 | 3 | 1 |
| 重 庆 | | | | | 150 | 140 | 6 | 4 | |
| 重庆测绘院 | 15.0 | | | | 65 | 55 | 7 | | 3 |
| 四 川 | 205.8 | 29.0 | | 150 | 226 | 120 | 73 | 28 | 5 |
| 贵 州 | 4.5 | 51.0 | | 15 | 66 | 57 | 7 | | 2 |
| 云 南 | 3646.7 | | | | 20 | 10 | 6 | 2 | 2 |
| 西 藏 | | | | | | | | | |
| 陕 西 | 1716.0 | | 150.0 | 13500 | 56 | 27 | 22 | 4 | 3 |
| 甘 肃 | 287.0 | | | | 15 | 8 | 6 | 1 | |
| 青 海 | 75123.1 | 255.6 | | | 128 | 119 | 6 | | 3 |
| 宁 夏 | 66.5 | | | | 12 | 8 | 3 | 1 | |
| 新 疆 | | | | | 4 | 3 | 1 | | |
| 青 岛 | 7.2 | 591.0 | | | 1 | 1 | | | |
| 大 连 | | | | | 14 | 14 | | | |
| 宁 波 | | 250.0 | | | 61 | 50 | 10 | | 1 |
| 深 圳 | 1.0 | 2300.0 | | | 913 | 457 | 452 | 4 | |
| 厦 门 | | | | | | | | | |
| 中国地图出版集团 | | | | | | | | | |
| 测绘研究院 | 2860.0 | | | | | | | | |
| 地理信息中心 | | | | | | | | | |
| 卫星应用中心 | | | | | | | | | |
| 质量检验中心 | | | | | | | | | |

# 表 20　2014 年地理信息系统开发

| 单　位 | 系统开发数量（项） | 系统开发经费（万元） | |
|---|---|---|---|
| | | 收费金额 | 免费金额 |
| **合　计** | **322** | **27072.1** | **1633.0** |
| 北　京 | 4 | 296.9 | |
| 天　津 | 3 | 263.0 | |
| 河　北 | 5 | 1516.6 | |
| 山　西 | 12 | 866.0 | |
| 内蒙古 | | | |
| 辽　宁 | | | |
| 吉　林 | 9 | | 426.2 |
| 黑龙江 | 9 | 401.0 | |
| 上　海 | 3 | 248.0 | |
| 江　苏 | 6 | 867.6 | |
| 浙　江 | 32 | 7749.5 | |
| 安　徽 | | | |
| 福　建 | 20 | 756.0 | 212.0 |
| 江　西 | | | |
| 山　东 | 8 | 380.0 | |
| 河　南 | 26 | 860.0 | 10.0 |
| 湖　北 | 4 | 194.0 | |
| 湖　南 | 12 | 590.5 | 35.0 |
| 广　东 | 27 | 760.0 | 310.0 |
| 广　西 | 2 | 385.0 | |
| 海　南 | 13 | 745.6 | |
| 重　庆 | 1 | 183.5 | |
| 重庆测绘院 | | | |
| 四　川 | 19 | 1041.5 | 210.0 |
| 贵　州 | | | |
| 云　南 | 3 | 359.4 | |
| 西　藏 | | | |
| 陕　西 | 12 | 823.3 | 75.0 |
| 甘　肃 | 16 | 1721.6 | |
| 青　海 | 23 | 340.8 | 47.0 |
| 宁　夏 | 3 | 416.0 | |
| 新　疆 | 5 | 1875.0 | 7.8 |
| 青　岛 | | | |
| 大　连 | | | |
| 宁　波 | 10 | 551.4 | |
| 深　圳 | 3 | 384.0 | |
| 厦　门 | | | |
| 中国地图出版集团 | | | |
| 测绘研究院 | 20 | 1690.0 | |
| 地理信息中心 | 5 | 136.9 | 300.0 |
| 卫星应用中心 | 7 | 669.0 | |
| 质量检验中心 | | | |

# 表 21 2014 年全国 1:1 万地图覆盖

计量单位：平方千米，幅

| 单位 | 地形图 | | 数字线划地图（DLG） | | 数字高程模型（DEM） | | 数字正射影像（DOM） | |
|---|---|---|---|---|---|---|---|---|
| | 面积 | 图幅数 | 面积 | 图幅数 | 面积 | 图幅数 | 面积 | 图幅数 |
| **合　计** | **5291988** | — | **5099782** | — | **4609043** | — | **4869083** | — |
| 北　京 | 16400 | 933 | 16400 | 933 | 16400 | 933 | 16400 | 933 |
| 天　津 | 11900 | 553 | 11900 | 553 | 11900 | 553 | 11900 | 553 |
| 河　北 | 188000 | 8108 | 188000 | 8108 | 138000 | 5524 | 188000 | 8108 |
| 山　西 | 156700 | 6317 | 156700 | 6317 | 156700 | 6317 | 156700 | 6317 |
| 内蒙古 | 431375 | 17578 | 431375 | 17578 | 336900 | 13799 | 336900 | 13799 |
| 辽　宁 | 145900 | 6508 | 139062 | 5676 | 139062 | 5676 | 139062 | 5676 |
| 吉　林 | 187400 | 8636 | 187400 | 8636 | 28911 | 1257 | 80454 | 3498 |
| 黑龙江 | 386300 | 18406 | 386300 | 18406 | 236500 | 11266 | 386300 | 18406 |
| 上　海 | 6341 | 322 | 6341 | 322 | | | | |
| 江　苏 | 107736 | 4258 | 107736 | 4258 | 66330 | 2503 | 107736 | 4258 |
| 浙　江 | 101800 | 4349 | 101800 | 4349 | 101800 | 4349 | 101800 | 4349 |
| 安　徽 | 139400 | 5467 | 139400 | 5467 | 139400 | 5467 | 139400 | 5467 |
| 福　建 | 124000 | 4689 | 124000 | 4689 | 124000 | 4689 | 124000 | 4689 |
| 江　西 | 166900 | 6197 | 166900 | 6197 | 166900 | 6197 | 166900 | 6197 |
| 山　东 | 157100 | 6400 | 157000 | 6167 | 156755 | 6087 | 157000 | 6107 |
| 河　南 | 167000 | 6562 | 167000 | 6562 | 167000 | 6562 | 167000 | 6562 |
| 湖　北 | 145600 | 5600 | 183162 | 6809 | 185900 | 7173 | 185900 | 7173 |
| 湖　南 | 211800 | 7834 | 211800 | 7834 | 211800 | 7834 | 211800 | 7834 |
| 广　东 | 179800 | 6599 | 179800 | 6599 | 179800 | 6599 | 179800 | 6599 |
| 广　西 | 235300 | 8446 | 237600 | 8495 | 237600 | 8495 | 237600 | 8495 |
| 海　南 | 34000 | 1854 | 34000 | 1854 | 34000 | 1854 | 34000 | 1854 |
| 重　庆 | 82400 | 3263 | 82400 | 3263 | 82400 | 3263 | 82400 | 3263 |
| 四　川 | 283780 | 10800 | 283780 | 10800 | 283780 | 10800 | 386000 | 13700 |
| 贵　州 | 176000 | 6543 | 30000 | 1092 | 175000 | 6483 | 30000 | 1092 |
| 云　南 | 382929 | 13114 | 305198 | 10452 | 309403 | 10596 | 309403 | 10596 |
| 西　藏 | 32500 | 1117 | 31100 | 1067 | 31100 | 1067 | 31100 | 1067 |
| 陕　西 | 173500 | 6940 | 173500 | 6940 | 170325 | 6813 | 135450 | 5418 |
| 甘　肃 | 247200 | 9888 | 247200 | 9888 | 247200 | 9888 | 251875 | 10075 |
| 青　海 | 63088 | 2450 | 63088 | 2450 | 63088 | 2450 | 63088 | 2450 |
| 宁　夏 | 57690 | 2250 | 57690 | 2250 | 57690 | 2250 | 57690 | 2250 |
| 新　疆 | 492150 | 19686 | 492150 | 19686 | 353400 | 14136 | 393425 | 15737 |

# （三）地图图书出版和地图审核

## 表22 2014年地图图书出版

| 出版单位 | 品种（种） | | | | | | 总印张（千印张） | | | | | |
|---|---|---|---|---|---|---|---|---|---|---|---|---|
| | 纸质地图 | | | | 电子地图 | 一般出版物 | 纸质地图 | | | | 电子地图 | 一般出版物 |
| | | 新版 | 重版 | 再版 | | | | 新版 | 重版 | 再版 | | |
| **合 计** | **1675** | **555** | **1046** | **74** | **143** | **2377** | **59685** | **11201** | **47555** | **930** | | **548743** |
| 黑龙江 | 218 | 146 | 72 | | | 120 | 8539 | 4065 | 4474 | | | 2304 |
| 福 建 | 49 | 49 | | | | | 1237 | 1237 | | | | |
| 山 东 | 111 | 46 | 65 | | | 29 | 1454 | 249 | 1205 | | | 1071 |
| 湖 南 | 111 | 36 | 75 | | | 21 | 923 | 238 | 685 | | | 1176 |
| 广 东 | 113 | 9 | 69 | 35 | | 7 | 866 | 42 | 692 | 131 | | 106 |
| 四 川 | 262 | 89 | 142 | 31 | | 115 | 5945 | 2220 | 3447 | 278 | | 4339 |
| 陕 西 | 35 | 35 | | | | 143 | 476 | 476 | | | | 6803 |
| 中国地图出版集团 | 776 | 145 | 623 | 8 | 143 | 1942 | 40245 | 2674 | 37052 | 521 | | 532944 |

续表

| 出版单位 | 总印数/总复制数（万幅/万册，万张） | | | | | | 总造货码洋（万元） | | | | | |
|---|---|---|---|---|---|---|---|---|---|---|---|---|
| | 纸质地图 | | | | 电子地图 | 一般出版物 | 纸质地图 | | | | 电子地图 | 一般出版物 |
| | | 新版 | 重版 | 再版 | | | | 新版 | 重版 | 再版 | | |
| **合 计** | **1848** | **353** | **1444** | **50** | **375** | **12643** | **30201** | **6683** | **22769** | **749** | **6609** | **106955** |
| 黑龙江 | 166 | 75 | 90 | | | 17 | 2861 | 1070 | 1791 | | | 1572 |
| 福 建 | 39 | 39 | | | | | 681 | 681 | | | | |
| 山 东 | 117 | 20 | 97 | | | 12 | 1234 | 288 | 946 | | | 363 |
| 湖 南 | 85 | 24 | 61 | | | 14 | 681 | 224 | 456 | | | 348 |
| 广 东 | 70 | 4 | 58 | 8 | | 2 | 565 | 30 | 461 | 75 | | 70 |
| 四 川 | 210 | 72 | 119 | 19 | | 64 | 2942 | 1316 | 1326 | 299 | | 1567 |
| 陕 西 | 31 | 31 | | | | 31 | 992 | 992 | | | | 1040 |
| 中国地图出版集团 | 1130 | 88 | 1018 | 23 | 375 | 12502 | 20246 | 2082 | 17789 | 375 | 6609 | 101995 |

# 表 23 2014 年地图审核

| 单位 | 地图审核（件） | | | 地图内容审查 | | | | | | |
|---|---|---|---|---|---|---|---|---|---|---|
| | 收到送审数 | 受理审核数 | 批准通过数 | 地图（集、册、幅）（幅） | 对外加工印刷品插附地图（幅） | 图书报纸期刊插附地图（幅） | 地球仪（个） | 导航电子地图（件） | 互联网地图（件） | 其他地图（幅） |
| **合计** | **7123** | **6911** | **6164** | **33677** | **50081** | **66196** | **227** | **241** | **277** | **3806** |
| 北京 | 25 | 25 | 24 | 21 | 4 | | | | 3 | |
| 天津 | 7 | 7 | 7 | 3 | 3 | 1 | | | | |
| 河北 | 53 | 53 | 53 | 39 | | 1 | | | 13 | |
| 山西 | 62 | 62 | 62 | 56 | | 2 | | | 4 | |
| 内蒙古 | 24 | 24 | 24 | 24 | | | | | | |
| 辽宁 | 53 | 53 | 51 | 103 | 71 | | | | | |
| 吉林 | 114 | 114 | 111 | 2096 | | 2505 | | | | |
| 黑龙江 | 177 | 177 | 177 | 170 | 2 | 2 | | | 3 | |
| 上海 | 93 | 93 | 93 | 76 | 257 | 258 | | | 2 | |
| 江苏 | 155 | 155 | 155 | 121 | | 18 | | | 16 | |
| 浙江 | 440 | 440 | 440 | 1070 | | 186 | 143 | | 45 | 52 |
| 安徽 | 34 | 34 | 34 | 29 | | 1 | | | 3 | 1 |
| 福建 | 95 | 95 | 85 | 65 | | 27 | | | 3 | |
| 江西 | 74 | 74 | 74 | 70 | | | | | 4 | |
| 山东 | 385 | 384 | 384 | 150 | | 49 | 3 | | 20 | 131 |
| 河南 | 23 | 23 | 23 | 21 | | 21 | | | 9 | |
| 湖北 | 51 | 51 | 51 | 43 | | 2 | | | 1 | 5 |
| 湖南 | 53 | 46 | 45 | 188 | | | | | | |
| 广东 | 176 | 176 | 162 | 144 | 3 | 30 | | | 19 | |
| 广西 | 88 | 88 | 88 | 803 | | 91 | | | 3 | 19 |
| 海南 | 96 | 96 | 96 | 235 | | 30 | | | 8 | |
| 重庆 | 38 | 38 | 38 | 36 | | 10 | | | | |
| 四川 | 63 | 62 | 61 | 393 | | 6 | | | 13 | |
| 贵州 | 38 | 38 | 38 | 38 | | | | | | |
| 云南 | 30 | 30 | 30 | 22 | | 6 | | | 5 | 14 |
| 西藏 | 4 | 4 | 4 | | 16 | | | | | |
| 陕西 | 60 | 60 | 60 | 563 | | 7 | | | 2 | 224 |
| 甘肃 | 16 | 16 | 14 | 8 | | | | | 2 | 1 |
| 青海 | 16 | 16 | 15 | 95 | | 1 | | | | |
| 宁夏 | 11 | 9 | 9 | 4 | 1 | 4 | | | | |
| 新疆 | 69 | 69 | 69 | 157 | | 163 | | | | 5 |
| 国家测绘地理信息局 | 4500 | 4299 | 3587 | 26834 | 49724 | 62775 | 81 | 241 | 99 | 3354 |

# （四）科技

## 表24 2014年测绘地理信息系统科技研究

| 科技活动 | 研究项目数（项） | | 完成项目数（项） | | 经费投入（万元） | | | | 项目人员（人） | |
|---|---|---|---|---|---|---|---|---|---|---|
| | | #新开项目数 | | #新开项目数 | | 财政投入 | 自筹资金 | 其他资金 | 总数 | #客座人员 |
| **合　计** | **1022** | **608** | **483** | **239** | **51854.8** | **33166.2** | **12609.9** | **6078.8** | **5081** | **334** |
| 按活动类型分： | | | | | | | | | | |
| 测绘基础研究 | 72 | 32 | 22 | 9 | 4006.4 | 3282.4 | 724.0 | | 531 | 100 |
| 测绘应用研究 | 558 | 318 | 256 | 103 | 34528.1 | 24120.0 | 6299.5 | 4108.6 | 2647 | 127 |
| 测绘技术开发 | 338 | 229 | 178 | 111 | 11635.7 | 4933.2 | 4812.4 | 1890.2 | 1615 | 87 |
| 测绘软科学研究 | 54 | 29 | 27 | 16 | 1684.7 | 830.7 | 774.0 | 80.0 | 288 | 20 |
| 按计划类型分： | | | | | | | | | | |
| 国家计划 | 91 | 29 | 22 | 3 | 4792.9 | 3864.9 | 848.0 | 80.0 | 365 | 61 |
| 部门计划 | 204 | 130 | 81 | 59 | 18997.5 | 15040.2 | 2027.3 | 1930.0 | 1384 | 114 |
| #国家局计划 | 130 | 90 | 60 | 41 | 12178.8 | 11448.6 | 730.2 | | 848 | 76 |
| 地方计划 | 116 | 54 | 47 | 14 | 11866.8 | 7853.3 | 3327.5 | 686.0 | 938 | 38 |
| 单位计划 | 431 | 282 | 229 | 101 | 11812.5 | 5798.5 | 5786.0 | 228.0 | 1949 | 100 |
| 国际合作计划 | 7 | 1 | 1 | | 420.7 | 370.7 | | 50.0 | 36 | 1 |
| 其他计划 | 173 | 112 | 103 | 62 | 3964.4 | 238.6 | 621.1 | 3104.8 | 409 | 20 |

# 表 25 2014 年直属单位科技研究

| 科技活动 | 研究项目数（项） | | 完成项目数（项） | | 经费投入（万元） | | | | 项目人员（人） | |
|---|---|---|---|---|---|---|---|---|---|---|
| | | #新开项目数 | | #新开项目数 | | 财政投入 | 自筹资金 | 其他资金 | 总数 | #客座人员 |
| **合　计** | **554** | **295** | **218** | **102** | **28357.8** | **19874.6** | **4462.2** | **4021.1** | **2368** | **238** |
| 按活动类型分： | | | | | | | | | | |
| 测绘基础研究 | 46 | 16 | 10 | 2 | 2933.3 | 2843.3 | 90.0 | | 308 | 90 |
| 测绘应用研究 | 303 | 165 | 111 | 50 | 17949.9 | 12821.4 | 2009.4 | 3119.1 | 1017 | 66 |
| 测绘技术开发 | 172 | 98 | 82 | 40 | 6815.4 | 3766.7 | 2146.7 | 902.0 | 901 | 81 |
| 测绘软科学研究 | 33 | 16 | 15 | 10 | 659.2 | 443.2 | 216.0 | | 142 | 1 |
| 按计划类型分： | | | | | | | | | | |
| 国家计划 | 79 | 23 | 18 | 2 | 3351.9 | 3291.9 | 60.0 | | 254 | 55 |
| 部门计划 | 150 | 98 | 66 | 50 | 14818.1 | 11988.8 | 899.3 | 1930.0 | 1005 | 103 |
| #国家局计划 | 109 | 75 | 52 | 35 | 9439.6 | 8803.6 | 636.0 | | 689 | 76 |
| 地方计划 | 32 | 7 | 14 | 3 | 1037.5 | 583.0 | 288.5 | 166.0 | 147 | 26 |
| 单位计划 | 174 | 107 | 75 | 36 | 6230.6 | 3401.6 | 2819.0 | 10.0 | 716 | 35 |
| 国际合作计划 | 7 | 1 | 1 | | 420.7 | 370.7 | | 50.0 | 36 | 1 |
| 其他计划 | 112 | 59 | 44 | 11 | 2499.0 | 238.6 | 395.4 | 1865.1 | 210 | 18 |

# 表 26　2014 年科技成果

| 指标名称 | 计量单位 | 测绘地理信息系统 | |
|---|---|---|---|
| | | | #直属单位 |
| 完成成果 | 项 | 197 | 77 |
| 成果登记 | 项 | 78 | 39 |
| 已应用成果 | 项 | 157 | 68 |
| 发表论文 | 篇 | 1542 | 591 |
| 1. 国内 | 篇 | 1476 | 534 |
| 其中：SCI | 篇 | 82 | 20 |
| EI | 篇 | 178 | 40 |
| 2. 国外 | 篇 | 66 | 57 |
| 其中：SCI | 篇 | 25 | 22 |
| EI | 篇 | 10 | 9 |
| 出版科技著作 | 部 | 7 | 4 |
| 专利申请受理 | 项 | 48 | 25 |
| 其中：发明专利 | 项 | 25 | 18 |
| 专利授权 | 项 | 26 | 17 |
| 其中：发明专利 | 项 | 16 | 15 |
| 国外授权 | 项 | | |
| 成果获奖 | 项 | 363 | 88 |
| 1. 国际科技奖 | 项 | 2 | 1 |
| 2. 国家科技奖 | 项 | 2 | 2 |
| 3. 省部级科技奖 | 项 | 165 | 65 |
| 4. 省部级以下科技奖 | 项 | 102 | 12 |
| 5. 社会科技奖 | 项 | 70 | 2 |
| 6. 其他 | 项 | 22 | 6 |
| 技术转让收入 | 万元 | 3166 | 331 |
| 科技成果转化 | 项 | 80 | 23 |
| 其他科技产出 | — | | |
| 1. 形成国家或行业标准数 | 项 | 34 | 31 |
| 2. 软件著作权数 | 项 | 154 | 79 |

## （五）人力资源

### 表 27 2014 年直属单位人员

计量单位：人

| 直属单位 | 年末单位个数 | 从业人员年末人数 | | | | | 离开本单位仍保留劳动关系的职工人数 |
|---|---|---|---|---|---|---|---|
| | | | #女性 | 在岗职工 | | 其他从业人员 | |
| | | | | | #在编职工 | | |
| **合 计** | **67** | **7636** | **2583** | **7044** | **5185** | **592** | **170** |
| 陕 西 | 18 | 2143 | 765 | 1899 | 1301 | 244 | 144 |
| 黑龙江 | 15 | 2020 | 634 | 1878 | 1301 | 142 | |
| 四 川 | 10 | 1296 | 396 | 1292 | 1119 | 4 | |
| 海 南 | 7 | 426 | 136 | 345 | 126 | 81 | |
| 重庆测绘院 | 1 | 306 | 72 | 306 | 235 | | |
| 中国地图出版集团 | 3 | 462 | 205 | 432 | 305 | 30 | 26 |
| 测绘研究院 | 1 | 333 | 93 | 279 | 247 | 54 | |
| 地理信息中心 | 1 | 145 | 60 | 145 | 145 | | |
| 卫星应用中心 | 1 | 77 | 33 | 77 | 77 | | |
| 测绘宣传中心 | 1 | 41 | 24 | 41 | 41 | | |
| 管理信息中心 | 1 | 21 | 10 | 21 | 21 | | |
| 地图审查中心 | 1 | 21 | 12 | 21 | 21 | | |
| 发展研究中心 | 1 | 21 | 11 | 21 | 21 | | |
| 技能鉴定中心 | 1 | 21 | 11 | 21 | 20 | | |
| 质量检验中心 | 1 | 60 | 26 | 56 | 56 | 4 | |
| 北戴河休养院 | 1 | 28 | 3 | 14 | 14 | 14 | |
| 测绘学会 | 1 | 18 | 5 | 10 | 10 | 8 | |
| 机关服务中心 | 1 | 93 | 47 | 82 | 21 | 11 | |
| 国家局机关 | 1 | 104 | 40 | 104 | 104 | | |

# 2014 年直属单位人员（续）

计量单位：人

| 直属单位 | 从业人员年平均人数 | | | | 年末累计离退休人员 | | |
|---|---|---|---|---|---|---|---|
| | | 在岗职工 | | 其他从业人员 | | 离休人员 | 退休人员 |
| | | | #在编职工 | | | | |
| **合　计** | **7705** | **7086** | **5189** | **619** | **4085** | **140** | **3945** |
| 陕　西 | 2128 | 1884 | 1300 | 244 | 1321 | 47 | 1274 |
| 黑龙江 | 2040 | 1874 | 1305 | 166 | 903 | 19 | 884 |
| 四　川 | 1335 | 1331 | 1098 | 4 | 794 | 21 | 773 |
| 海　南 | 431 | 350 | 131 | 81 | 33 | | 33 |
| 重庆测绘院 | 306 | 306 | 235 | | 195 | 2 | 193 |
| 中国地图出版集团 | 450 | 425 | 307 | 25 | 422 | 17 | 405 |
| 测绘研究院 | 353 | 296 | 259 | 57 | 214 | 14 | 200 |
| 地理信息中心 | 146 | 146 | 146 | | 80 | 2 | 78 |
| 卫星应用中心 | 82 | 77 | 77 | 5 | | | |
| 测绘宣传中心 | 41 | 41 | 41 | | 1 | | 1 |
| 管理信息中心 | 22 | 22 | 22 | | 3 | | 3 |
| 地图审查中心 | 21 | 21 | 21 | | | | |
| 发展研究中心 | 21 | 21 | 21 | | | | |
| 技能鉴定中心 | 21 | 21 | 20 | | 1 | | 1 |
| 质量检验中心 | 60 | 56 | 56 | 4 | 11 | | 11 |
| 北戴河休养院 | 28 | 14 | 14 | 14 | 20 | | 20 |
| 测绘学会 | 18 | 10 | 10 | 8 | 10 | | 10 |
| 机关服务中心 | 98 | 87 | 22 | 11 | 3 | | 3 |
| 国家局机关 | 104 | 104 | 104 | | 74 | 18 | 56 |

# 表 28 2014 年地方单位人员

计量单位：人

| 地方单位 | 年末单位个数 | 从业人员年末人数 | | | | | 离开本单位仍保留劳动关系的职工人数 |
|---|---|---|---|---|---|---|---|
| | | | #女性 | 在岗职工 | | 其他从业人员 | |
| | | | | | #在编职工 | | |
| **合　计** | **188** | **18793** | **5468** | **16811** | **13688** | **1982** | **146** |
| 北　京 | 1 | 843 | 273 | 606 | 606 | 237 | |
| 天　津 | 1 | 665 | 175 | 665 | 408 | | |
| 河　北 | 9 | 662 | 201 | 662 | 662 | | |
| 山　西 | 12 | 729 | 263 | 729 | 685 | | |
| 内蒙古 | 7 | 722 | 215 | 607 | 561 | 115 | |
| 辽　宁 | 9 | 679 | 272 | 679 | 634 | | |
| 吉　林 | 12 | 606 | 182 | 606 | 558 | | 17 |
| 上　海 | 1 | 352 | 87 | 352 | 352 | | |
| 江　苏 | 10 | 594 | 156 | 594 | 594 | | |
| 浙　江 | 7 | 967 | 181 | 892 | 506 | 75 | 17 |
| 安　徽 | 11 | 710 | 193 | 710 | 460 | | |
| 福　建 | 5 | 440 | 113 | 440 | 440 | | |
| 江　西 | 7 | 562 | 179 | 532 | 532 | 30 | |
| 山　东 | 3 | 753 | 236 | 618 | 618 | 135 | |
| 河　南 | 10 | 689 | 280 | 687 | 512 | 2 | |
| 湖　北 | 8 | 503 | 178 | 503 | 503 | | |
| 湖　南 | 9 | 819 | 230 | 730 | 466 | 89 | 1 |
| 广　东 | 6 | 1125 | 266 | 1125 | 605 | | |
| 广　西 | 10 | 1230 | 426 | 772 | 632 | 458 | |
| 重　庆 | 2 | 1025 | 37 | 599 | 262 | 426 | |
| 贵　州 | 6 | 816 | 267 | 500 | 408 | 316 | |
| 云　南 | 10 | 589 | 213 | 577 | 545 | 12 | 3 |
| 西　藏 | 2 | 64 | 14 | 54 | 49 | 10 | |
| 甘　肃 | 7 | 434 | 132 | 434 | 434 | | |
| 青　海 | 5 | 598 | 192 | 533 | 422 | 65 | |
| 宁　夏 | 5 | 241 | 54 | 239 | 237 | 2 | |
| 新　疆 | 7 | 520 | 192 | 520 | 520 | | |
| 青　岛 | | 5 | 1 | 5 | 5 | | |
| 大　连 | 1 | 79 | 36 | 79 | 79 | | |
| 宁　波 | 2 | 192 | 52 | 192 | 134 | | 108 |
| 深　圳 | 2 | 436 | 172 | 436 | 125 | | |
| 厦　门 | 1 | 144 | | 134 | 134 | 10 | |

注：表中单位个数不包括北京、天津、内蒙古、安徽、山东、湖南、广东、重庆、贵州、宁夏、青岛、大连、宁波、深圳、厦门等测绘地理信息行政主管部门机关，从业人员中山东、广东包括机关全部人员，其余只包括机关测绘管理部门的工作人员，下同。

# 2014 年地方单位人员（续）

计量单位：人

| 地方单位 | 从业人员年平均人数 | | | | 年末累计离退休人员 | | |
|---|---|---|---|---|---|---|---|
| | | 在岗职工 | | 其他从业人员 | | 离休人员 | 退休人员 |
| | | | #在编职工 | | | | |
| **合 计** | **18605** | **16737** | **13957** | **1868** | **10029** | **224** | **9805** |
| 北 京 | 863 | 609 | 609 | 254 | 620 | 9 | 611 |
| 天 津 | 662 | 662 | 411 | | 372 | 1 | 371 |
| 河 北 | 661 | 661 | 661 | | 408 | 15 | 393 |
| 山 西 | 730 | 730 | 730 | | 454 | 7 | 447 |
| 内蒙古 | 722 | 607 | 561 | 115 | 428 | 10 | 418 |
| 辽 宁 | 672 | 672 | 672 | | 417 | 18 | 399 |
| 吉 林 | 588 | 588 | 455 | | 418 | 18 | 400 |
| 上 海 | 357 | 357 | 357 | | 305 | 3 | 302 |
| 江 苏 | 592 | 592 | 592 | | 413 | 10 | 403 |
| 浙 江 | 947 | 871 | 510 | 76 | 284 | 16 | 268 |
| 安 徽 | 704 | 704 | 459 | | 260 | 5 | 255 |
| 福 建 | 435 | 435 | 435 | | 436 | 7 | 429 |
| 江 西 | 562 | 532 | 532 | 30 | 250 | 5 | 245 |
| 山 东 | 753 | 618 | 618 | 135 | 377 | 8 | 369 |
| 河 南 | 701 | 699 | 517 | 2 | 389 | 9 | 380 |
| 湖 北 | 503 | 503 | 503 | | 402 | 7 | 395 |
| 湖 南 | 818 | 729 | 663 | 89 | 568 | 8 | 560 |
| 广 东 | 1078 | 1078 | 593 | | 490 | 21 | 469 |
| 广 西 | 1165 | 777 | 645 | 388 | 532 | 7 | 525 |
| 重 庆 | 1028 | 598 | 239 | 430 | 118 | 1 | 117 |
| 贵 州 | 785 | 568 | 490 | 217 | 365 | 2 | 363 |
| 云 南 | 580 | 565 | 563 | 15 | 449 | 9 | 440 |
| 西 藏 | 63 | 53 | 49 | 10 | 18 | | 18 |
| 甘 肃 | 433 | 433 | 433 | | 350 | 14 | 336 |
| 青 海 | 598 | 533 | 422 | 65 | 395 | 5 | 390 |
| 宁 夏 | 244 | 240 | 240 | 4 | 52 | | 52 |
| 新 疆 | 525 | 525 | 525 | | 435 | 9 | 426 |
| 青 岛 | 5 | 5 | 5 | | 3 | | 3 |
| 大 连 | 79 | 79 | 79 | | | | |
| 宁 波 | 179 | 179 | 129 | | 5 | | 5 |
| 深 圳 | 434 | 399 | 124 | 35 | 15 | | 15 |
| 厦 门 | 139 | 136 | 136 | 3 | 1 | | 1 |

# 表 29 2014 年直属单位从业人员增减变动

计量单位：人

| 直属单位 | 年末从业人员 | 增加从业人员数 | | | | | | | 减少从业人员数 | | | | | | | | |
|---|---|---|---|---|---|---|---|---|---|---|---|---|---|---|---|---|---|
| | | 合计 | 从农村招收人员 | 从城镇招人员 | 录用毕业生 | 复员转业军人安置 | 调入 | 其他 | 合计 | 退休 | 退职 | 开除、除名、辞退 | 终止、解除合同 | 离开本单位仍保留劳动关系职工 | 死亡 | 调出 | 其他 |
| **合　计** | **7636** | **743** | **3** | **89** | **286** | **4** | **82** | **279** | **1009** | **175** | **7** | **8** | **562** | **3** | **4** | **86** | **164** |
| 陕　西 | 2143 | 227 | | 75 | 80 | 3 | 14 | 55 | 126 | 51 | 4 | | 39 | 1 | 3 | 19 | 9 |
| 黑龙江 | 2020 | 145 | | | 71 | | 14 | 60 | 175 | 44 | | 4 | 91 | | 1 | 16 | 19 |
| 四　川 | 1296 | 212 | | 11 | 61 | | 32 | 108 | 377 | 39 | 3 | 1 | 179 | | | 32 | 123 |
| 海　南 | 426 | 55 | 3 | 3 | 42 | | 3 | 4 | 30 | 3 | | 3 | 21 | | | 3 | |
| 重庆测绘院 | 306 | 14 | | | 2 | | | 12 | 173 | 7 | | | 166 | | | | |
| 中国地图出版集团 | 462 | 48 | | | 10 | | | 38 | 36 | 6 | | | 24 | 2 | | | 4 |
| 测绘研究院 | 333 | 10 | | | 6 | | 4 | | 50 | 12 | | | 24 | | | 6 | 8 |
| 地理信息中心 | 145 | 5 | | | 3 | 1 | 1 | | 10 | 7 | | | | | | 3 | |
| 卫星应用中心 | 77 | 9 | | | 6 | | 2 | 1 | 20 | | | | 17 | | | 2 | 1 |
| 测绘宣传中心 | 41 | | | | | | | | | | | | | | | | |
| 管理信息中心 | 21 | | | | | | | | 1 | 1 | | | | | | | |
| 地图审查中心 | 21 | | | | | | | | 1 | | | | | | | 1 | |
| 发展研究中心 | 21 | 1 | | | 1 | | | | 1 | | | | 1 | | | | |
| 技能鉴定中心 | 21 | 1 | | | 1 | | | | | | | | | | | | |
| 质量检验中心 | 60 | 10 | | | 3 | | 7 | | | | | | | | | | |
| 北戴河休养院 | 28 | | | | | | | | 2 | 2 | | | | | | | |
| 测绘学会 | 18 | | | | | | | | | | | | | | | | |
| 机关服务中心 | 93 | | | | | | | | 1 | 1 | | | | | | | |
| 国家局机关 | 104 | 6 | | | | | 5 | 1 | 6 | 2 | | | | | | 4 | |

# 表 30　2014 年地方单位从业人员增减变动

计量单位：人

| 地方单位 | 年末从业人员 | 增加从业人员数 | | | | | | | 减少从业人员数 | | | | | | | | |
|---|---|---|---|---|---|---|---|---|---|---|---|---|---|---|---|---|---|
| | | 合计 | 从农村招收人员 | 从城镇招招人员 | 录用毕业生 | 复员转业军人安置 | 调入 | 其他 | 合计 | 退休 | 退职 | 开除、除名、辞退 | 终止、解除合同 | 离开本单位仍保留劳动关系职工 | 死亡 | 调出 | 其他 |
| **合　计** | **18793** | **1613** | **52** | **191** | **611** | **48** | **172** | **539** | **1128** | **490** | **30** | **7** | **394** | | **21** | **132** | **54** |
| 北　京 | 843 | 27 | | | 16 | 2 | | 9 | 69 | 30 | | | 38 | | 1 | | |
| 天　津 | 665 | 15 | | | 11 | | 2 | 2 | 22 | 18 | | | | | | 1 | 3 |
| 河　北 | 662 | 24 | | | 11 | 7 | 6 | | 19 | 15 | | | | | 1 | 3 | |
| 山　西 | 729 | 7 | | 1 | 2 | 1 | 3 | | 22 | 16 | | | 2 | | 2 | 2 | |
| 内蒙古 | 722 | 26 | | 7 | 12 | 3 | 4 | | 28 | 23 | | | 1 | | | 4 | |
| 辽　宁 | 679 | 24 | | | 14 | | 6 | 4 | 25 | 14 | | | 4 | | | 6 | 1 |
| 吉　林 | 606 | 42 | | 2 | 36 | 1 | 3 | | 40 | 27 | 1 | | | | 3 | 9 | |
| 上　海 | 352 | 16 | | | 15 | | 1 | | 22 | 16 | | | 2 | | 1 | 3 | |
| 江　苏 | 594 | 29 | | | 21 | 3 | 5 | | 23 | 17 | 1 | | | | 1 | 4 | |
| 浙　江 | 967 | 137 | 9 | 57 | 27 | 1 | 2 | 41 | 137 | 22 | | | 91 | | | 3 | 21 |
| 安　徽 | 710 | 104 | | | 32 | 1 | 9 | 62 | 48 | 27 | | | 11 | | 2 | 7 | 1 |
| 福　建 | 440 | 29 | | | 24 | | 5 | | 26 | 14 | 1 | | 4 | | 1 | 6 | |
| 江　西 | 562 | 54 | | | | 7 | 15 | 32 | 38 | 15 | 1 | | | | 2 | 18 | 2 |
| 山　东 | 753 | 6 | | | | 2 | 1 | 3 | 30 | 15 | | | 7 | | 1 | 5 | 2 |
| 河　南 | 689 | 25 | | | 18 | | 4 | 3 | 50 | 22 | 2 | 3 | 21 | | 1 | 1 | |
| 湖　北 | 503 | 19 | | | 5 | 2 | 3 | 9 | 18 | 17 | | | 1 | | | | |
| 湖　南 | 819 | 83 | | 2 | 28 | 1 | 12 | 40 | 37 | 16 | | 2 | 6 | | 1 | 6 | 6 |
| 广　东 | 1125 | 166 | 23 | 17 | 87 | 4 | 34 | 1 | 66 | 14 | 10 | | 29 | | 1 | 7 | 5 |
| 广　西 | 1230 | 240 | | 34 | 147 | 3 | 7 | 49 | 109 | 44 | 3 | 1 | 58 | | | 3 | |
| 重　庆 | 1025 | 71 | 20 | 24 | 26 | | 1 | | 49 | 7 | | | 35 | | | 1 | 6 |
| 贵　州 | 816 | 131 | | 22 | 12 | 1 | 1 | 95 | 15 | 14 | | | | | | 1 | |
| 云　南 | 589 | 23 | | 1 | 17 | 1 | 4 | | 28 | 10 | | | 9 | | | 3 | 6 |
| 西　藏 | 64 | 11 | | | | | 3 | 8 | 7 | 5 | | | | | | 2 | |
| 甘　肃 | 434 | 32 | | | 21 | 1 | 10 | | 33 | 19 | 9 | | | | | 5 | |
| 青　海 | 598 | 187 | | | | 3 | 6 | 178 | 30 | 16 | 2 | | 2 | | | 10 | |
| 宁　夏 | 241 | 4 | | | 3 | | 1 | | 13 | 13 | | | | | | | |
| 新　疆 | 520 | 24 | | | 10 | 1 | 13 | | 33 | 16 | | | 2 | | 1 | 14 | |
| 青　岛 | 5 | 1 | | | | 1 | | | 1 | 1 | | | | | | | |
| 大　连 | 79 | 11 | | | 3 | | 8 | | | | | | | | | | |
| 宁　波 | 192 | 27 | | 19 | 7 | | 1 | | 18 | 5 | | | 10 | | | 3 | |
| 深　圳 | 436 | 15 | | 5 | 4 | 1 | 2 | 3 | 66 | | | 1 | 58 | | 2 | 5 | |
| 厦　门 | 144 | 3 | | | 2 | 1 | | | 6 | 2 | | | 3 | | | | 1 |

# 表 31 2014 年直属单位年末从业人员分类

计量单位：人

| 直属单位 | 机关工作人员 | | | 事业单位工作人员 | | | | 企业工作人员 |
|---|---|---|---|---|---|---|---|---|
| | | 公务员及其他行政人员 | 工勤技能人员 | | 管理人员 | 专业技术人员 | 工勤技能人员 | |
| **合 计** | **299** | **296** | **3** | **6769** | **721** | **4756** | **1292** | **568** |
| 陕 西 | 59 | 56 | 3 | 2024 | 180 | 1263 | 581 | 60 |
| 黑龙江 | 49 | 49 | | 1925 | 62 | 1609 | 254 | 46 |
| 四 川 | 51 | 51 | | 1245 | 191 | 809 | 245 | |
| 海 南 | 36 | 36 | | 390 | 26 | 318 | 46 | |
| 重庆测绘院 | | | | 306 | 25 | 254 | 27 | |
| 中国地图出版集团 | | | | | | | | 462 |
| 测绘研究院 | | | | 333 | 61 | 256 | 16 | |
| 地理信息中心 | | | | 145 | 56 | 79 | 10 | |
| 卫星应用中心 | | | | 77 | 20 | 57 | | |
| 测绘宣传中心 | | | | 41 | 13 | 19 | 9 | |
| 管理信息中心 | | | | 21 | 12 | 9 | | |
| 地图审查中心 | | | | 21 | 6 | 15 | | |
| 发展研究中心 | | | | 21 | 6 | 15 | | |
| 技能鉴定中心 | | | | 21 | 9 | 11 | 1 | |
| 质量检验中心 | | | | 60 | 14 | 41 | 5 | |
| 北戴河休养院 | | | | 28 | 12 | | 16 | |
| 测绘学会 | | | | 18 | 9 | 1 | 8 | |
| 机关服务中心 | | | | 93 | 19 | | 74 | |
| 国家局机关 | 104 | 104 | | | | | | |

# 表 32　2014 年地方单位年末从业人员分类

计量单位：人

| 地方单位 | 机关工作人员 | | | 事业单位工作人员 | | | | 企业工作人员 |
|---|---|---|---|---|---|---|---|---|
| | | 公务员及其他行政人员 | 工勤技能人员 | | 管理人员 | 专业技术人员 | 工勤技能人员 | |
| **合　计** | **1054** | **1015** | **39** | **17459** | **1487** | **12617** | **3355** | **217** |
| 北　京 | 39 | 37 | 2 | 804 | 117 | 328 | 359 | |
| 天　津 | 6 | 6 | | 659 | 99 | 234 | 326 | |
| 河　北 | 53 | 47 | 6 | 609 | 54 | 404 | 151 | |
| 山　西 | 46 | 46 | | 683 | 105 | 444 | 134 | |
| 内蒙古 | 5 | 5 | | 654 | 41 | 391 | 222 | |
| 辽　宁 | 45 | 42 | 3 | 634 | 59 | 530 | 45 | |
| 吉　林 | 38 | 35 | 3 | 568 | 82 | 419 | 67 | |
| 上　海 | | | | 352 | 32 | 257 | 63 | |
| 江　苏 | | | | 594 | 80 | 429 | 85 | |
| 浙　江 | 45 | 43 | 2 | 922 | 64 | 661 | 197 | |
| 安　徽 | 31 | 28 | 3 | 679 | 73 | 307 | 299 | |
| 福　建 | 41 | 38 | 3 | 399 | 17 | 327 | 55 | |
| 江　西 | 35 | 34 | 1 | 527 | 43 | 404 | 80 | |
| 山　东 | 127 | 127 | | 491 | 33 | 432 | 26 | 135 |
| 河　南 | 35 | 31 | 4 | 654 | 34 | 493 | 127 | |
| 湖　北 | 47 | 47 | | 456 | 62 | 322 | 72 | |
| 湖　南 | 31 | 31 | | 751 | 52 | 568 | 131 | 37 |
| 广　东 | 155 | 155 | | 970 | 38 | 880 | 52 | |
| 广　西 | 28 | 28 | | 1202 | 52 | 906 | 244 | |
| 重　庆 | 15 | 15 | | 1010 | 36 | 733 | 241 | |
| 贵　州 | 15 | 15 | | 801 | 34 | 701 | 66 | |
| 云　南 | 32 | 32 | | 513 | 46 | 436 | 31 | 44 |
| 西　藏 | 24 | 15 | 9 | 40 | | 26 | 14 | |
| 甘　肃 | 38 | 38 | | 395 | 44 | 298 | 53 | 1 |
| 青　海 | 34 | 31 | 3 | 564 | 36 | 518 | 10 | |
| 宁　夏 | 19 | 19 | | 222 | 24 | 155 | 43 | |
| 新　疆 | 35 | 35 | | 485 | 36 | 421 | 28 | |
| 青　岛 | | | | 5 | 3 | 2 | | |
| 大　连 | 4 | 4 | | 75 | | 75 | | |
| 宁　波 | | | | 192 | 40 | 142 | 10 | |
| 深　圳 | 24 | 24 | | 412 | 31 | 270 | 111 | |
| 厦　门 | 7 | 7 | | 137 | 20 | 104 | 13 | |

# （六）专业人才

## 表 33 2014 年测绘地理信息系统专业技术人员

计量单位：人

| 类别 \ 年龄 | 合计 | 30 岁以下 | 30-40 | 41-50 | 51-60 | 60 岁以上 |
|---|---|---|---|---|---|---|
| **总 数** | **18876** | **6328** | **6455** | **4029** | **2049** | **15** |
| 其中：女性 | 5746 | 1940 | 2085 | 1272 | 446 | 3 |
| 高 级 | 3296 | 1 | 938 | 1631 | 719 | 7 |
| #正高级 | 415 | | 25 | 216 | 172 | 2 |
| 中 级 | 5658 | 572 | 3005 | 1403 | 674 | 4 |
| 初 级 | 6480 | 3556 | 1663 | 745 | 516 | |
| 其 他 | 3442 | 2199 | 849 | 250 | 140 | 4 |

续表

| 类别 \ 学历 | 合计 | 博 士<br>研究生 | 硕 士<br>研究生 | 大学本科 | | 大学<br>专科 | 中专及<br>以下 |
|---|---|---|---|---|---|---|---|
| | | | | | #获取博士、硕士学位 | | |
| **总 数** | **18876** | **218** | **2426** | **9561** | **926** | **3896** | **2775** |
| 其中：女性 | 5746 | 53 | 886 | 3102 | 273 | 1128 | 577 |
| 高 级 | 3296 | 128 | 442 | 2389 | 395 | 298 | 39 |
| #正高级 | 415 | 47 | 58 | 300 | 60 | 10 | |
| 中 级 | 5658 | 76 | 902 | 3077 | 328 | 1180 | 423 |
| 初 级 | 6480 | | 830 | 3003 | 166 | 1498 | 1149 |
| 其 他 | 3442 | 14 | 252 | 1092 | 37 | 920 | 1164 |

# 表 34　2014 年直属单位专业技术人员

计量单位：人

| 类别＼年龄 | 合计 | 30 岁以下 | 30-40 | 41-50 | 51-60 | 60 岁以上 |
|---|---|---|---|---|---|---|
| **总　数** | **5488** | **1726** | **1739** | **1215** | **799** | **9** |
| 其中：女性 | 1777 | 573 | 589 | 438 | 175 | 2 |
| 高　级 | 992 | 1 | 228 | 489 | 269 | 5 |
| #正高级 | 109 |  | 8 | 52 | 47 | 2 |
| 中　级 | 1559 | 109 | 750 | 425 | 273 | 2 |
| 初　级 | 1561 | 822 | 278 | 234 | 227 |  |
| 其　他 | 1376 | 794 | 483 | 67 | 30 | 2 |

续表

| 类别＼学历 | 合计 | 博　士研究生 | 硕　士研究生 | 大学本科 |  | 大学专科 | 中专及以下 |
|---|---|---|---|---|---|---|---|
|  |  |  |  |  | #获取博士、硕士学位 |  |  |
| **总　数** | **5488** | **149** | **812** | **2114** | **201** | **1247** | **1166** |
| 其中：女性 | 1777 | 36 | 306 | 716 | 66 | 407 | 312 |
| 高　级 | 992 | 86 | 169 | 631 | 104 | 95 | 11 |
| #正高级 | 109 | 29 | 24 | 56 | 12 |  |  |
| 中　级 | 1559 | 55 | 269 | 655 | 60 | 403 | 177 |
| 初　级 | 1561 |  | 270 | 504 | 29 | 342 | 445 |
| 其　他 | 1376 | 8 | 104 | 324 | 8 | 407 | 533 |

# 表 35 2014 年西部地区专业技术人员

计量单位：人

| 类别 \ 年龄 | 合计 | 30 岁以下 | 30-40 | 41-50 | 51-60 | 60 岁以上 |
|---|---|---|---|---|---|---|
| **总 数** | **7345** | **2821** | **2113** | **1544** | **861** | **6** |
| 其中：女性 | 2002 | 769 | 612 | 462 | 159 | |
| 高 级 | 996 | 225 | 512 | 257 | 2 | |
| #正高级 | 123 | | 5 | 70 | 48 | |
| 中 级 | 2069 | 201 | 937 | 620 | 307 | 4 |
| 初 级 | 2953 | 1648 | 735 | 325 | 245 | |
| 其 他 | 1327 | 972 | 216 | 87 | 52 | |

续表

| 类别 \ 学历 | 合计 | 博士研究生 | 硕士研究生 | 大学本科 | | 大学专科 | 中专及以下 |
|---|---|---|---|---|---|---|---|
| | | | | | #获取博士、硕士学位 | | |
| **总 数** | **7345** | **37** | **853** | **3356** | **272** | **1872** | **1227** |
| 其中：女性 | 2002 | 3 | 276 | 991 | 76 | 479 | 253 |
| 高 级 | 996 | 22 | 165 | 697 | 127 | 103 | 9 |
| #正高级 | 123 | 9 | 17 | 95 | 20 | 2 | |
| 中 级 | 2069 | 13 | 297 | 996 | 86 | 544 | 219 |
| 初 级 | 2953 | | 334 | 1253 | 54 | 781 | 585 |
| 其 他 | 1327 | 2 | 57 | 410 | 5 | 444 | 414 |

# 表 36　2014 年测绘地理信息系统专家

计量单位：人

| 类别 \ 年龄 | 合计 | 30 岁以下 | 30-40 | 41-50 | 51-60 | 60 岁以上 |
|---|---|---|---|---|---|---|
| **总人数** | **308** | **1** | **51** | **92** | **48** | **116** |
| 其中：女性 | 31 | | 4 | 12 | 5 | 10 |
| 院　士 | 3 | | | | 1 | 2 |
| 享受政府特殊津贴专家 | 184 | | | 24 | 44 | 116 |
| 其中：国务院 | 167 | | | 19 | 32 | 116 |
| 省级政府 | 17 | | | 5 | 12 | |
| 有突出贡献专家 | 20 | | 1 | 9 | 3 | 7 |
| 百千万人才工程专家 | 19 | | | 16 | 3 | |
| 省部级专家 | 125 | 1 | 51 | 68 | 4 | 1 |
| #国家局 | 112 | 1 | 50 | 58 | 2 | 1 |

续表

| 类别 \ 学历 | 合计 | 博　士研究生 | 硕　士研究生 | 大学本科 | | 大学专科 | 中专及以下 |
|---|---|---|---|---|---|---|---|
| | | | | | #获取博士、硕士学位 | | |
| **总人数** | **308** | **49** | **68** | **171** | **32** | **11** | **9** |
| 其中：女性 | 31 | 6 | 6 | 18 | 3 | 1 | |
| 院　士 | 3 | 2 | | 1 | | | |
| 享受政府特殊津贴专家 | 184 | 21 | 27 | 116 | 6 | 11 | 9 |
| 其中：国务院 | 167 | 19 | 25 | 103 | 3 | 11 | 9 |
| 省级政府 | 17 | 2 | 2 | 13 | 3 | | |
| 有突出贡献专家 | 20 | 5 | 8 | 7 | 1 | | |
| 百千万人才工程专家 | 19 | 11 | 5 | 3 | | | |
| 省部级专家 | 125 | 29 | 40 | 56 | 25 | | |
| #国家局 | 112 | 29 | 38 | 45 | 20 | | |

# 表 37 2014 年直属单位专家

计量单位：人

| 类别＼年龄 | 合计 | 30 岁以下 | 30-40 | 41-50 | 51-60 | 60 岁以上 |
|---|---|---|---|---|---|---|
| **总人数** | **204** | | **19** | **48** | **25** | **112** |
| 其中：女性 | 21 | | 1 | 8 | 2 | 10 |
| 院 士 | 2 | | | | | 2 |
| 享受政府特殊津贴专家 | 157 | | | 20 | 25 | 112 |
| 其中：国务院 | 154 | | | 18 | 24 | 112 |
| 省级政府 | 3 | | | 2 | 1 | |
| 有突出贡献专家 | 13 | | | 5 | 1 | 7 |
| 百千万人才工程专家 | 15 | | | 12 | 3 | |
| 省部级专家 | 56 | | 19 | 34 | 2 | 1 |
| #国家局 | 56 | | 19 | 34 | 2 | 1 |

续表

| 类别＼学历 | 合计 | 博 士 研究生 | 硕 士 研究生 | 大学本科 | | 大学 专科 | 中专及 以下 |
|---|---|---|---|---|---|---|---|
| | | | | | #获取博士、硕士学位 | | |
| **总人数** | **204** | **36** | **40** | **109** | **7** | **11** | **8** |
| 其中：女性 | 21 | 3 | 5 | 12 | | 1 | |
| 院 士 | 2 | 1 | | 1 | | | |
| 享受政府特殊津贴专家 | 157 | 18 | 20 | 100 | 3 | 11 | 8 |
| 其中：国务院 | 154 | 17 | 19 | 99 | 3 | 11 | 8 |
| 省级政府 | 3 | 1 | 1 | 1 | | | |
| 有突出贡献专家 | 13 | 4 | 4 | 5 | | | |
| 百千万人才工程专家 | 15 | 9 | 4 | 2 | | | |
| 省部级专家 | 56 | 23 | 22 | 11 | 4 | | |
| #国家局 | 56 | 23 | 22 | 11 | 4 | | |

# 表 38　2014 年西部地区专家

计量单位：人

| 类别＼年龄 | 合计 | 30 岁以下 | 30-40 | 41-50 | 51-60 | 60 岁以上 |
|---|---|---|---|---|---|---|
| **总人数** | **77** | **1** | **12** | **23** | **16** | **25** |
| 其中：女性 | 6 | | | | 2 | 4 |
| 院　士 | | | | | | |
| 享受政府特殊津贴专家 | 43 | | | 3 | 15 | 25 |
| 其中：国务院 | 35 | | | 2 | 8 | 25 |
| 省级政府 | 8 | | | 1 | 7 | |
| 有突出贡献专家 | 4 | | | 3 | 1 | |
| 百千万人才工程专家 | | | | | | |
| 省部级专家 | 33 | 1 | 12 | 20 | | |
| #国家局 | 30 | 1 | 12 | 17 | | |

续表

| 类别＼学历 | 合计 | 博士研究生 | 硕士研究生 | 大学本科 | | 大学专科 | 中专及以下 |
|---|---|---|---|---|---|---|---|
| | | | | | #获取博士、硕士学位 | | |
| **总人数** | **77** | **11** | **11** | **46** | **8** | **5** | **4** |
| 其中：女性 | 6 | | | 5 | | 1 | |
| 院　士 | | | | | | | |
| 享受政府特殊津贴专家 | 43 | 3 | 2 | 29 | 4 | 5 | 4 |
| 其中：国务院 | 35 | 3 | 2 | 21 | 2 | 5 | 4 |
| 省级政府 | 8 | | | 8 | 2 | | |
| 有突出贡献专家 | 4 | 1 | 1 | 2 | | | |
| 百千万人才工程专家 | | | | | | | |
| 省部级专家 | 33 | 8 | 9 | 16 | 4 | | |
| #国家局 | 30 | 8 | 9 | 13 | 4 | | |

# （七）测绘成果管理与应用

## 表 39 2014 年按类别分地形图、专题地图、地图集和电子地图提供

| 类别 | 地形图（张） | | | 专题地图（张） | 地图集（册） | 电子地图（MB） |
|---|---|---|---|---|---|---|
| | 总数 | #1:1 万 | #1:5 万 | | | |
| 合计 | 289570 | 74677 | 37153 | 29758 | 1996 | 1428320 |
| 一、按成果领用单位类型 | | | | | | |
| 1. 党政机关 | 29927 | 10873 | 2501 | 5616 | 691 | 638095 |
| 2. 事业单位 | 72734 | 31063 | 17337 | 10677 | 1128 | 756879 |
| 3. 企业 | 179863 | 31854 | 16628 | 3969 | 109 | 3855 |
| #私营企业 | 43519 | 2895 | 2612 | 215 | 51 | |
| #涉外企业 | 2267 | | | | | |
| 4. 国（境）外组织机构 | | | | | | |
| 5. 其他 | 7046 | 887 | 687 | 9496 | 68 | 29491 |
| 二、按成果应用领域 | | | | | | |
| 1. 党政领导机关 | 5148 | 1173 | 595 | 4036 | 428 | 61075 |
| #用于应急保障 | 110 | 46 | 41 | | | |
| 2. 测绘 | 30593 | 20844 | 4972 | 10502 | 1278 | 223737 |
| 3. 土地 | 20466 | 3643 | 467 | 217 | 27 | 11820 |
| 4. 地矿 | 17722 | 9132 | 7427 | 150 | 2 | 4 |
| 5. 城乡建设与规划 | 107872 | 2740 | 820 | 114 | 80 | 7906 |
| 6. 铁道 | 6091 | 2258 | 2637 | | | |
| 7. 交通运输 | 14058 | 9737 | 2680 | 122 | 1 | 30208 |
| 8. 水利水电 | 22161 | 11613 | 5333 | 106 | 4 | 15 |
| 9. 通讯 | 1207 | 12 | 12 | 499 | | |
| 10. 石油 | 3819 | 2603 | 983 | 8 | | |
| 11. 石化 | 1033 | 744 | 206 | | | |
| 12. 煤炭 | 1329 | 773 | 529 | 48 | 52 | 2 |
| 13. 农业 | 1659 | 562 | 355 | 18 | | |
| 14. 林业 | 5924 | 2708 | 1498 | 131 | | |
| 15. 气象 | 80 | 51 | 12 | | | 56229 |
| 16. 地震 | 489 | 114 | 375 | 6 | | |
| 17. 海洋 | 167 | 24 | 27 | 19 | | 6113 |
| 18. 环保 | 7672 | 513 | 301 | | | |
| 19. 公安武警 | 1231 | 29 | 762 | 350 | 7 | 48241 |
| 20. 烟草 | 369 | 28 | 251 | 8 | | |
| 21. 科教文卫 | 7798 | 660 | 1712 | 377 | 6 | 1970 |
| 22. 出版 | 6 | | | 4 | | |
| 23. 民政 | 924 | 597 | 242 | 62 | 9 | |
| 24. 军队 | 1730 | 415 | 455 | 72 | | |
| 25. 航空航天 | 2405 | 143 | 1218 | | | |
| 26. 冶金 | 475 | 169 | 168 | 95 | | |
| 27. 其他 | 27142 | 3392 | 3116 | 12814 | 102 | 981000 |
| 三、按成果使用方式 | | | | | | |
| 1. 有偿使用 | 246785 | 52178 | 31373 | 12268 | 164 | 658022 |
| 2. 无偿使用 | 42785 | 22499 | 5780 | 17490 | 1832 | 770298 |

# 表 40 2014 年按地区分地形图、专题地图、地图集和电子地图提供

| 类 别 | 地形图（张） | | | 专题地图（张） | 地图集（册） | 电子地图（MB） |
|---|---|---|---|---|---|---|
| | 总数 | #1:1 万 | #1:5 万 | | | |
| **合 计** | **289570** | **74677** | **37153** | **29758** | **1996** | **1428320** |
| 北 京 | 8532 | 292 | | | | |
| 天 津 | | | | | | |
| 河 北 | 1732 | 1419 | 221 | | | |
| 山 西 | 4843 | 3583 | 615 | 666 | 50 | |
| 内蒙古 | 7774 | 2384 | 4495 | 1370 | | |
| 辽 宁 | 3588 | 3168 | 367 | 116 | | |
| 吉 林 | 3742 | 2383 | 1359 | 5240 | 676 | |
| 黑龙江 | 2524 | 884 | 1536 | | | |
| 上 海 | 138150 | 56 | | | | |
| 江 苏 | 1275 | 1022 | 249 | | 3 | |
| 浙 江 | 780 | 417 | 363 | | | 22 |
| 安 徽 | 19819 | 9949 | 410 | | | |
| 福 建 | 2413 | 2025 | 316 | 56 | | 301094 |
| 江 西 | 2940 | 2648 | 244 | | | |
| 山 东 | 2859 | 1634 | 1059 | | | |
| 河 南 | 1204 | 1151 | 50 | | | |
| 湖 北 | 1534 | 616 | 858 | | | |
| 湖 南 | 4557 | 2948 | 930 | | | |
| 广 东 | 963 | 886 | 42 | | | 981000 |
| 广 西 | 3152 | 2473 | 659 | 39 | 20 | |
| 海 南 | 53 | 19 | 20 | 1426 | 2 | |
| 重 庆 | 3223 | 2490 | 603 | 144 | 352 | |
| 四 川 | 1540 | 901 | 539 | | | |
| 贵 州 | 6421 | 4401 | 1902 | | | |
| 云 南 | 6305 | 4782 | 1354 | | | 5295 |
| 西 藏 | 943 | | 106 | 12748 | 316 | 5 |
| 陕 西 | 6351 | 4451 | 1798 | | | |
| 甘 肃 | 17771 | 12797 | 4650 | 1088 | | |
| 青 海 | 1712 | 392 | 1145 | 472 | 432 | |
| 宁 夏 | 1210 | 1140 | 57 | | | |
| 新 疆 | 11351 | 3366 | 3375 | 6393 | 145 | 139870 |
| 青 岛 | 162 | | | | | |
| 大 连 | 387 | | | | | |
| 宁 波 | 8467 | | | | | |
| 深 圳 | 358 | | | | | 1034 |
| 厦 门 | 1058 | | | | | |
| 地理信息中心 | 9877 | | 7831 | | | |

# 表 41 2014 年按类别分数字测绘成果提供

计量单位：幅，GB

| 类别 | 数字线划地图（DLG） | | | | | | 数字高程模型（DEM） | | | | | |
|---|---|---|---|---|---|---|---|---|---|---|---|---|
| | 合计 | | #1:1万 | | #1:5万 | | 合计 | | #1:1万 | | #1:5万 | |
| | 图幅数 | 数据量 | 图幅数 | 数据量 | 图幅数 | 数据量 | 图幅数 | 数据量 | 图幅数 | 数据量 | 图幅数 | 数据量 |
| **合 计** | **497888** | **7537.8** | **240373** | **5163.2** | **122993** | **1729.5** | **188086** | **1501.7** | **130563** | **938.0** | **50455** | **457.5** |
| 一、按成果领用单位类型 | | | | | | | | | | | | |
| 1. 党政机关 | 104636 | 837.5 | 20591 | 240.6 | 38065 | 546.1 | 27583 | 180.6 | 11096 | 138.8 | 15692 | 40.4 |
| 2. 事业单位 | 390468 | 6092.4 | 224435 | 4572.6 | 85475 | 1131.8 | 150719 | 1216.5 | 111580 | 708.8 | 34877 | 413.0 |
| 3. 企业 | 76816 | 598.4 | 24112 | 344.5 | 3753 | 50.7 | 10458 | 59.7 | 8054 | 45.6 | 393 | 4.0 |
| #私营企业 | 12579 | 92.9 | 4579 | 74.9 | 999 | 10.0 | 454 | 3.9 | 182 | 0.9 | 272 | 3.0 |
| #涉外企业 | 232 | 0.3 | | | | | | | | | | |
| 4. 国（境）外组织机构 | | | | | | | | | | | | |
| 5. 其他 | 4256 | 9.5 | 931 | 5.5 | 131 | 0.8 | 3922 | 44.9 | 3899 | 44.8 | 23 | 0.1 |
| 二、按成果应用领域 | | | | | | | | | | | | |
| 1. 党政领导机关 | 12086 | 72.5 | 5556 | 69.9 | 1 | 1.0 | 82 | 0.6 | 82 | 0.6 | | |
| #用于应急保障 | 5 | 0.004 | | | | | | | | | | |
| 2. 测绘 | 316856 | 5551.8 | 172875 | 3846.9 | 96901 | 1386.9 | 108605 | 932.3 | 67401 | 486.5 | 38374 | 358.5 |
| 3. 土地 | 22324 | 185.6 | 14181 | 167.5 | 2028 | 15.5 | 29319 | 125.1 | 26946 | 118.1 | 2373 | 7.0 |
| 4. 地矿 | 15320 | 167.2 | 9146 | 85.7 | 5047 | 74.3 | 3279 | 19.0 | 1623 | 11.8 | 1180 | 4.6 |
| 5. 城乡建设与规划 | 79653 | 350.2 | 8582 | 113.7 | 2149 | 32.6 | 2753 | 15.3 | 1887 | 13.8 | 92 | 0.5 |
| 6. 铁道 | 1247 | 14.2 | 607 | 8.8 | 365 | 5.1 | 152 | 0.8 | 30 | 0.4 | 122 | 0.4 |
| 7. 交通运输 | 20602 | 19.0 | 2287 | 13.9 | 288 | 2.4 | 56 | 0.2 | | | 56 | 0.2 |
| 8. 水利水电 | 57609 | 289.0 | 21041 | 204.0 | 1824 | 33.6 | 14684 | 123.0 | 13522 | 117.1 | 192 | 1.0 |
| 9. 通讯 | 29686 | 7.4 | 2 | 0.01 | | | | | | | | |
| 10. 石油 | 2417 | 15.5 | 1306 | 9.1 | 159 | 1.0 | 64 | 0.3 | 60 | 0.3 | 4 | 0.02 |
| 11. 石化 | 99 | 0.54 | 68 | 0.40 | 19 | 0.1 | | | | | | |
| 12. 煤炭 | 688 | 7.2 | 484 | 4.4 | 204 | 2.8 | 4 | 0.02 | 4 | 0.02 | | |
| 13. 农业 | 1017 | 3.3 | 794 | 2.7 | 19 | 0.06 | 20 | 0.2 | 12 | 0.2 | 8 | 0.04 |
| 14. 林业 | 2924 | 27.6 | 2067 | 24.0 | 167 | 3.0 | 23 | 0.1 | 7 | 0.04 | 16 | 0.05 |
| 15. 气象 | 3184 | 3.29 | 46 | 0.28 | | | | | | | | |
| 16. 地震 | 4539 | 13.8 | 4518 | 13.4 | 21 | 0.4 | 18 | 0.1 | | | 18 | 0.1 |
| 17. 海洋 | 8519 | 77.4 | 1319 | 5.8 | 3537 | 66.7 | 3571 | 12.2 | 34 | 0.2 | 3537 | 12.0 |
| 18. 环保 | 12408 | 253.7 | 9080 | 244.3 | 3083 | 9.1 | 8704 | 85.0 | 8671 | 84.9 | 33 | 0.1 |
| 19. 公安武警 | 32739 | 19.4 | 4 | 0.02 | | | | | | | | |
| 20. 烟草 | | | | | | | 9 | 0.1 | 9 | 0.1 | | |
| 21. 科教文卫 | 3950 | 25.9 | 1062 | 12.3 | 494 | 11.4 | 645 | 19.8 | 493 | 19.2 | 152 | 0.7 |
| 22. 出版 | 9015 | 71.3 | 3266 | 45.70 | 3440 | 20.2 | 8528 | 40.1 | 6517 | 30.0 | | |
| 23. 民政 | 210 | 1.7 | 116 | 1.6 | | | | | | | | |
| 24. 军队 | 2614 | 10.9 | 2019 | 9.7 | 162 | 0.8 | 428 | 3.4 | 428 | 3.4 | | |
| 25. 航空航天 | 1471 | 18.4 | 953 | 13.0 | 272 | 4.7 | 210 | 0.7 | | | 210 | 0.7 |
| 26. 冶金 | 76 | 0.8 | 36 | 0.7 | 1 | 0.004 | | | | | | |
| 27. 其他 | 43137 | 330.3 | 25454 | 265.3 | 7441 | 57.7 | 16504 | 123.4 | 11879 | 51.6 | 4618 | 71.8 |
| 三、按成果使用方式 | | | | | | | | | | | | |
| 1. 有偿使用 | 76765 | 890.2 | 24642 | 569.4 | 9150 | 136.5 | 10387 | 47.6 | 7614 | 37.8 | 2297 | 7.1 |
| 2. 无偿使用 | 478685 | 6647.6 | 235672 | 4593.8 | 118018 | 1592.9 | 179107 | 1454.1 | 123825 | 900.2 | 48690 | 450.4 |

# 2014 年按类别分数字测绘成果提供（续）

计量单位：幅，GB

| 类别 | 数字栅格地图（DRG） | | | | | | 数字正射影像图（DOM） | | | | | |
|---|---|---|---|---|---|---|---|---|---|---|---|---|
| | 合计 | | #1:1 万 | | #1:5 万 | | 合计 | | #1:1 万 | | #1:5 万 | |
| | 图幅数 | 数据量 | 图幅数 | 数据量 | 图幅数 | 数据量 | 图幅数 | 数据量 | 图幅数 | 数据量 | 图幅数 | 数据量 |
| **合　计** | **63209** | **1059.0** | **45224** | **951.0** | **10563** | **95.0** | **1062206** | **147084.6** | **194434** | **72724.4** | **20974** | **25569.7** |
| 一、按成果领用单位类型 | | | | | | | | | | | | |
| 1. 党政机关 | 2661 | 48.8 | 1467 | 38.7 | 618 | 3.0 | 30765 | 10531.7 | 8005 | 6226.7 | 6157 | 1913.0 |
| 2. 事业单位 | 55478 | 909.0 | 40484 | 831.0 | 8155 | 72.1 | 1027257 | 125001.9 | 196335 | 62046.4 | 14546 | 21538.6 |
| 3. 企业 | 4935 | 99.9 | 3160 | 80.1 | 1768 | 19.8 | 28767 | 7386.2 | 14292 | 4443.6 | 648 | 2118.1 |
| #私营企业 | 1392 | 38.3 | 1092 | 30.1 | 297 | 8.2 | 3198 | 888.6 | 2675 | 711.7 | 371 | 156.6 |
| #涉外企业 | | | | | | | | | | | | |
| 4. 国（境）外组织机构 | | | | | | | | | | | | |
| 5. 其他 | 141 | 1.4 | 119 | 1.3 | 22 | 0.1 | 18956 | 4164.9 | 80 | 7.6 | | |
| 二、按成果应用领域 | | | | | | | | | | | | |
| 1. 党政领导机关 | 483 | 15.4 | 300 | 7.4 | 119 | 1.3 | 4678 | 283.4 | 151 | 18.5 | | |
| #用于应急保障 | | | | | | | | | | | | |
| 2. 测绘 | 41081 | 284.4 | 33714 | 256.4 | 7365 | 28.0 | 210298 | 78301.8 | 142223 | 46469.3 | 18745 | 21234.4 |
| 3. 土地 | 1503 | 10.9 | 1492 | 10.9 | 11 | 0.1 | 67233 | 13419.1 | 26639 | 9379.0 | 154 | 89.7 |
| 4. 地矿 | 2192 | 60.6 | 1727 | 26.7 | 465 | 34.0 | 13236 | 5421.2 | 9024 | 3087.5 | 908 | 1733.0 |
| 5. 城乡建设与规划 | 8771 | 48.4 | 1362 | 41.6 | 60 | 0.6 | 16491 | 3605.1 | 3039 | 1804.2 | 797 | 312.4 |
| 6. 铁道 | 383 | 21.6 | 367 | 21.6 | 16 | 0.1 | 8 | 2.3 | 8 | 2.3 | | |
| 7. 交通运输 | 1243 | 357.7 | 981 | 352.3 | 262 | 5.4 | 14435 | 894.3 | 1770 | 577.6 | | |
| 8. 水利水电 | 3397 | 205.7 | 3029 | 197.7 | 365 | 8.0 | 10263 | 517.3 | 406 | 126.9 | | |
| 9. 通讯 | 1 | 0.1 | 1 | 0.1 | | | | | | | | |
| 10. 石油 | 302 | 4.6 | 270 | 3.9 | 32 | 0.7 | 228 | 1949.2 | | | 228 | 1949.2 |
| 11. 石化 | | | | | | | | | | | | |
| 12. 煤炭 | 48 | 0.7 | 30 | 0.5 | 18 | 0.2 | 73 | 84.3 | 73 | 84.3 | | |
| 13. 农业 | 998 | 5.1 | 23 | 0.2 | 971 | 4.9 | 752826 | 29229.1 | 8163 | 2411.7 | | |
| 14. 林业 | 1700 | 28.1 | 1285 | 21.0 | 415 | 7.0 | 10972 | 159.1 | 225 | 68.7 | 34 | 67.3 |
| 15. 气象 | | | | | | | 2870 | 10.4 | 26 | 7.6 | | |
| 16. 地震 | 46 | 1.0 | 46 | 1.0 | | | 333 | 73.0 | | | 333 | 73.0 |
| 17. 海洋 | 23 | 0.1 | | | 23 | 0.1 | 226 | 69.9 | 226 | 69.9 | | |
| 18. 环保 | 43 | 0.8 | 27 | 0.3 | 16 | 0.4 | 22434 | 4143.0 | 12579 | 4120.7 | | |
| 19. 公安武警 | | | | | | | 10680 | 309.5 | 195 | 57.5 | | |
| 20. 烟草 | | | | | | | | | | | | |
| 21. 科教文卫 | 148 | 2.9 | 38 | 0.7 | 110 | 2.2 | 838 | 804.4 | 737 | 800.4 | 14 | 0.4 |
| 22. 出版 | | | | | | | 6501 | 2062.0 | 6501 | 2062.0 | | |
| 23. 民政 | | | | | | | 37 | 1.0 | 37 | 1.0 | | |
| 24. 军队 | 100 | 1.2 | 94 | 1.1 | 6 | 0.1 | 13080 | 1264.1 | 882 | 727.0 | 38 | 8.5 |
| 25. 航空航天 | 28 | 0.5 | | | 28 | 0.5 | 78 | 26.5 | 50 | 8.8 | 28 | 17.7 |
| 26. 冶金 | 65 | 0.8 | 47 | 0.6 | 18 | 0.2 | 17 | 0.2 | | | | |
| 27. 其他 | 660 | 8.4 | 397 | 7.1 | 263 | 1.3 | 22558 | 4454.4 | 9606 | 839.1 | 104 | 84.1 |
| 三、按成果使用方式 | | | | | | | | | | | | |
| 1. 有偿使用 | 20965 | 732.3 | 10434 | 657.8 | 3173 | 68.2 | 24723 | 5060.2 | 9155 | 2916.6 | 1114 | 440.2 |
| 2. 无偿使用 | 42244 | 326.7 | 34790 | 293.2 | 7390 | 26.9 | 1062645 | 142024.5 | 200578 | 69807.8 | 19868 | 25129.5 |

# 表 42　2014 年按地区分数字测绘成果提供

计量单位：幅，GB

| 地　区 | 数字线划地图（DLG） | | | | | | 数字高程模型（DEM） | | | | | |
|---|---|---|---|---|---|---|---|---|---|---|---|---|
| | 合计 | | #1:1 万 | | #1:5 万 | | 合计 | | #1:1 万 | | #1:5 万 | |
| | 图幅数 | 数据量 | 图幅数 | 数据量 | 图幅数 | 数据量 | 图幅数 | 数据量 | 图幅数 | 数据量 | 图幅数 | 数据量 |
| **合　计** | **497888** | **7537.8** | **240373** | **5163.2** | **122993** | **1729.5** | **188086** | **1501.7** | **130563** | **938.0** | **50455** | **457.5** |
| 北　京 | 3485 | 2.8 | 71 | 0.1 | | | | | | | | |
| 天　津 | 33171 | 18.2 | 696 | 3.4 | | | | | | | | |
| 河　北 | 29242 | 1713.2 | 17323 | 1691.7 | 1107 | 16.2 | 3150 | 18.5 | 2476 | 14.5 | 674 | 3.9 |
| 山　西 | 5505 | 41.2 | 4185 | 18.6 | 655 | 21.4 | 474 | 119.1 | 6 | 0.02 | 468 | 119.0 |
| 内蒙古 | 34652 | 243.7 | 22758 | 170.5 | 11730 | 72.5 | 25165 | 160.2 | 15259 | 75.2 | 9906 | 85.0 |
| 辽　宁 | 11913 | 65.6 | 10380 | 47.6 | 1528 | 17.9 | 7810 | 43.6 | 6713 | 37.4 | 1097 | 6.2 |
| 吉　林 | 7815 | 871.3 | 7174 | 833.0 | 612 | 36.8 | 7563 | 121.5 | 6954 | 80.1 | 609 | 41.4 |
| 黑龙江 | 59095 | 630.0 | 35261 | 375.5 | 19883 | 213.6 | 19207 | 56.3 | 16190 | 47.4 | 2940 | 8.6 |
| 上　海 | 33937 | 227.3 | 519 | 4.9 | | | | | | | | |
| 江　苏 | 4580 | 78.1 | 4132 | 71.2 | 440 | 6.8 | 4229 | 71.7 | 4110 | 71.4 | 119 | 0.4 |
| 浙　江 | 5947 | 154.0 | 4334 | 136.9 | 333 | 4.8 | 4209 | 88.4 | 4127 | 88.1 | 25 | 0.1 |
| 安　徽 | 2141 | 9.7 | 2130 | 9.5 | 11 | 0.2 | 127 | 1.2 | 100 | 1.0 | 27 | 0.2 |
| 福　建 | 11197 | 413.8 | 4771 | 370.9 | 336 | 6.5 | 4729 | 53.3 | 4627 | 53.0 | 95 | 0.3 |
| 江　西 | 12708 | 128.3 | 12389 | 123.3 | 319 | 5.0 | 6038 | 68.6 | 6038 | 68.6 | | |
| 山　东 | 17601 | 184.3 | 12768 | 131.5 | 173 | 2.8 | 14277 | 72.7 | 10806 | 54.9 | 16 | 0.05 |
| 河　南 | 6856 | 88.3 | 6368 | 55.0 | 464 | 32.7 | 6856 | 103.6 | 6368 | 81.7 | 464 | 21.9 |
| 湖　北 | 12880 | 103.2 | 9499 | 92.8 | 260 | 5.1 | 1863 | 4.5 | 898 | 2.6 | 965 | 1.9 |
| 湖　南 | 26644 | 343.3 | 25155 | 307.6 | 1489 | 35.7 | 31700 | 124.7 | 28788 | 116.1 | 2912 | 8.6 |
| 广　东 | 9462 | 223.1 | 6561 | 121.5 | 878 | 24.0 | 4668 | 112.4 | 2179 | 23.5 | 490 | 11.6 |
| 广　西 | 3520 | 69.4 | 2459 | 45.6 | 1032 | 23.6 | 623 | 2.3 | 623 | 2.3 | | |
| 海　南 | 1626 | 6.8 | 1337 | 4.4 | 289 | 2.4 | 2040 | 3.5 | 2017 | 3.4 | 23 | 0.1 |
| 重　庆 | 1421 | 4.0 | 854 | 2.0 | 286 | 1.8 | 6 | 0.04 | 6 | 0.04 | | |
| 四　川 | 3136 | 112.5 | 2814 | 106.2 | 314 | 6.3 | 175 | 0.3 | 104 | 0.1 | 71 | 0.2 |
| 贵　州 | 1782 | 29.9 | 398 | 9.9 | 1357 | 19.6 | 1302 | 8.6 | 1071 | 7.8 | 231 | 0.7 |
| 云　南 | 26537 | 248.1 | 23261 | 183.2 | 2360 | 23.3 | 4669 | 68.7 | 2361 | 25.0 | 1754 | 35.4 |
| 西　藏 | 3442 | 13.8 | 230 | 4.3 | 3212 | 9.5 | 186 | 0.9 | 163 | 0.9 | 23 | 0.1 |
| 陕　西 | 4816 | 69.0 | 4207 | 52.3 | 593 | 16.2 | 7169 | 68.4 | 6979 | 67.9 | 184 | 0.5 |
| 甘　肃 | 2239 | 79.2 | 1894 | 74.0 | 312 | 4.6 | 3365 | 48.0 | 320 | 3.8 | 2995 | 43.9 |
| 青　海 | 549 | 6.3 | 87 | 1.2 | 454 | 5.0 | 244 | 3.7 | 135 | 3.4 | 109 | 0.3 |
| 宁　夏 | 142 | 15.5 | 118 | 15.4 | 20 | 0.1 | 180 | 1.1 | 180 | 1.1 | | |
| 新　疆 | 24496 | 127.0 | 15453 | 97.9 | 4415 | 27.2 | 2101 | 10.3 | 965 | 6.8 | 1136 | 3.5 |
| 青　岛 | 162 | 0.4 | | | | | | | | | | |
| 大　连 | 396 | 0.4 | | | | | | | | | | |
| 宁　波 | 4896 | 5.7 | 660 | 0.7 | | | | | | | | |
| 深　圳 | 7405 | 60.6 | 127 | 0.5 | | | | | | | | |
| 厦　门 | 8238 | 8.0 | | | | | 687 | 0.7 | | | | |
| 地理信息中心 | 74254 | 1141.8 | | | 68131 | 1088.0 | 23274 | 65.0 | | | 23122 | 63.7 |

# 2014 年按地区分数字测绘成果提供（续）

计量单位：幅，GB

| 地　区 | 数字栅格地图（DRG） | | | | | | 数字正射影像图（DOM） | | | | | |
|---|---|---|---|---|---|---|---|---|---|---|---|---|
| | 合计 | | #1:1 万 | | #1:5 万 | | 合计 | | #1:1 万 | | #1:5 万 | |
| | 图幅数 | 数据量 | 图幅数 | 数据量 | 图幅数 | 数据量 | 图幅数 | 数据量 | 图幅数 | 数据量 | 图幅数 | 数据量 |
| **合　计** | **63209** | **1059.0** | **45224** | **951.0** | **10563** | **95.0** | **1062206** | **147084.6** | **194434** | **72724.4** | **20974** | **25569.7** |
| 北　京 | | | | | | | | | | | | |
| 天　津 | | | | | | | 9500 | 737.4 | | | | |
| 河　北 | | | | | | | 63604 | 13866.3 | 46711 | 13684.9 | | |
| 山　西 | 203 | 1.6 | 203 | 1.6 | | | 34 | 9.9 | 34 | 9.9 | | |
| 内蒙古 | 1032 | 2.4 | | | 1032 | 2.4 | 15269 | 1561.3 | 9974 | 239.2 | 5295 | 1322.1 |
| 辽　宁 | 854 | 101.7 | 854 | 101.7 | | | 5980 | 307.3 | 5521 | 148.3 | 459 | 159.0 |
| 吉　林 | | | | | | | 6559 | 1333.0 | 6559 | 1333.0 | | |
| 黑龙江 | 36684 | 143.3 | 30910 | 120.7 | 5774 | 22.6 | 14139 | 5523.0 | 11994 | 4685.2 | 2145 | 837.9 |
| 上　海 | | | | | | | 9857 | 2569.8 | | | | |
| 江　苏 | | | | | | | 3421 | 2863.5 | 3210 | 2816.3 | 203 | 46.6 |
| 浙　江 | 582 | 7.4 | 496 | 5.7 | 86 | 1.7 | 4678 | 15238.3 | 4288 | 9589.6 | 333 | 5644.0 |
| 安　徽 | 1510 | 174.8 | 1495 | 173.1 | 15 | 1.8 | 1990 | 670.6 | 1990 | 670.6 | | |
| 福　建 | | | | | | | 4785 | 3186.5 | 4759 | 3028.7 | 26 | 157.8 |
| 江　西 | 1940 | 10.3 | 1934 | 10.2 | 6 | 0.1 | 88504 | 28554.9 | 62446 | 22695.8 | | |
| 山　东 | 149 | 0.4 | | | 149 | 0.4 | 17423 | 4804.9 | 12259 | 4384.2 | 28 | 17.7 |
| 河　南 | | | | | | | 5027 | 1380.0 | 4640 | 1234.4 | 387 | 145.6 |
| 湖　北 | 567 | 5.2 | 490 | 4.8 | 77 | 0.4 | 712119 | 20864.1 | 7025 | 205.8 | 4 | 1.4 |
| 湖　南 | | | | | | | 947 | 163.1 | 947 | 163.1 | | |
| 广　东 | 313 | 2.3 | 312 | 2.3 | 1 | 0.005 | 7986 | 1631.1 | 392 | 17.1 | 45 | 3.5 |
| 广　西 | 2052 | 19.9 | 1881 | 18.5 | 170 | 1.4 | 286 | 121.8 | 139 | 5.9 | | |
| 海　南 | 7 | 0.1 | 7 | 0.1 | | | 39051 | 2963.3 | 18 | 0.9 | | |
| 重　庆 | 7434 | 6.3 | 86 | 0.1 | | | 9093 | 747.4 | | | | |
| 四　川 | 4850 | 456.8 | 3586 | 402.6 | 1261 | 54.1 | 721 | 179.5 | 709 | 175.2 | 12 | 4.2 |
| 贵　州 | 1171 | 52.7 | 1068 | 52.2 | 103 | 0.5 | 1082 | 187.0 | 865 | 43.5 | 217 | 143.5 |
| 云　南 | 1334 | 16.4 | 272 | 4.8 | 994 | 5.0 | 8306 | 11312.9 | 485 | 14.3 | 158 | 29.0 |
| 西　藏 | | | | | | | 275 | 25.1 | 241 | 22.8 | 34 | 2.3 |
| 陕　西 | 26 | 0.1 | 26 | 0.1 | | | 2692 | 394.3 | 2518 | 333.8 | 174 | 60.5 |
| 甘　肃 | 356 | 10.0 | 266 | 7.8 | 90 | 2.2 | 699 | 47.8 | 535 | 41.8 | 138 | 4.0 |
| 青　海 | 112 | 0.4 | | | 110 | 0.3 | 244 | 38.5 | 135 | 7.2 | 109 | 31.3 |
| 宁　夏 | 1331 | 44.8 | 1331 | 44.8 | | | 2191 | 6369.3 | 2191 | 6369.3 | | |
| 新　疆 | 113 | 0.3 | 7 | | 106 | 0.3 | 10670 | 16773.1 | 3722 | 90.6 | 3629 | 15019.9 |
| 青　岛 | | | | | | | | | | | | |
| 大　连 | | | | | | | | | | | | |
| 宁　波 | | | | | | | | | | | | |
| 深　圳 | | | | | | | 127 | 712.8 | 127 | 712.8 | | |
| 厦　门 | | | | | | | 7369 | 7.2 | | | | |
| 地理信息中心 | 589 | 1.9 | | | 589 | 1.9 | 7578 | 1939.5 | | | 7578 | 1939.5 |

# 表 43 2014 年按类别分测绘基准成果、航摄成果和卫星影像提供

| 类别 | 测绘基准成果（点） | 航摄成果 | | 卫星影像 | |
|---|---|---|---|---|---|
| | | 面积（平方千米） | 数据量（GB） | 面积（平方千米） | 数据量（GB） |
| **合　计** | **141209** | **2054585** | **194590.1** | **9221207** | **150118.4** |
| 一、按成果领用单位类型 | | | | | |
| 1. 党政机关 | 2113 | 78236 | 44568.9 | 2200646 | 85801.8 |
| 2. 事业单位 | 92295 | 1865456 | 143730.0 | 6738702 | 62501.4 |
| 3. 企业 | 43465 | 99253 | 4364.5 | 281089 | 1804.1 |
| #私营企业 | 13966 | 26621 | 157.9 | 166 | 2.1 |
| #涉外企业 | | | | | |
| 4. 国（境）外组织机构 | | | | | |
| 5. 其他 | 3336 | 11640 | 1926.6 | 770 | 11.1 |
| 二、按成果应用领域 | | | | | |
| 1. 党政领导机关 | 66 | | | 177065 | 782.7 |
| #用于应急保障 | | | | | |
| 2. 测绘 | 72591 | 1888695 | 162249.7 | 7228982 | 144238.3 |
| 3. 土地 | 4426 | 63767 | 22467.2 | 177365 | 1280.6 |
| 4. 地矿 | 14079 | 614 | 24.1 | 2400 | 197.0 |
| 5. 城乡建设与规划 | 2576 | 15850 | 5249.5 | 536826 | 275.2 |
| 6. 铁道 | 2981 | 14475 | 1205.7 | | |
| 7. 交通运输 | 2715 | 2528 | 33.9 | 366 | 6.8 |
| 8. 水利水电 | 11881 | 19060 | 67.3 | 250334 | 593.4 |
| 9. 通讯 | 216 | | | | |
| 10. 石油 | 1621 | | | | |
| 11. 石化 | 346 | | | | |
| 12. 煤炭 | 1338 | 33610 | 1.7 | | |
| 13. 农业 | 104 | 3581 | 279.1 | 39182 | 4.7 |
| 14. 林业 | 421 | | | 406561 | 408.0 |
| 15. 气象 | | | | | |
| 16. 地震 | 3043 | | | | |
| 17. 海洋 | 247 | | | 14767 | 80.8 |
| 18. 环保 | 151 | 12 | | 124000 | 273.0 |
| 19. 公安武警 | 309 | | | | |
| 20. 烟草 | | | | | |
| 21. 科教文卫 | 3049 | 14 | 0.4 | | |
| 22. 出版 | | | | | |
| 23. 民政 | 4 | | | | |
| 24. 军队 | 387 | 7004 | 1469.8 | 2 | 0.001 |
| 25. 航空航天 | 19 | | | | |
| 26. 冶金 | 328 | | | | |
| 27. 其他 | 18311 | 5375 | 1541.6 | 263357 | 1977.8 |
| 三、按成果使用方式 | | | | | |
| 1. 有偿使用 | 71102 | 103647 | 10165.7 | 454705 | 824.9 |
| 2. 无偿使用 | 70107 | 1950938 | 184424.4 | 8766502 | 149293.6 |

# 表 44　2014 年按地区分测绘基准成果、航摄成果和卫星影像提供

| 地　区 | 测绘基准成果（点） | 航摄成果 | | 卫星影像 | |
|---|---|---|---|---|---|
| | | 面积（平方千米） | 数据量（GB） | 面积（平方千米） | 数据量（GB） |
| **合　计** | **141209** | **2054585** | **194590.1** | **9221207** | **150118.4** |
| 北　京 | 9520 | | | | |
| 天　津 | 16 | | | | |
| 河　北 | 2612 | | | | |
| 山　西 | 541 | | | | |
| 内蒙古 | 10858 | 185276 | 30624.2 | 138054 | 2349.3 |
| 辽　宁 | 7254 | 105167 | 22103.3 | 200495 | 22174.2 |
| 吉　林 | 3285 | 180000 | 7617.2 | 360000 | 5952.5 |
| 黑龙江 | 1166 | | | | |
| 上　海 | 5766 | | | | |
| 江　苏 | 1023 | | | | |
| 浙　江 | 934 | 17517 | 15021.7 | 110574 | 581.0 |
| 安　徽 | 5301 | 2325 | 140.7 | 711124 | 14921.0 |
| 福　建 | 935 | 57430 | 6726.9 | 2553368 | 3970.1 |
| 江　西 | 2598 | 120734 | 7810.0 | | |
| 山　东 | 985 | 2246 | 1120.0 | 41365 | 70.6 |
| 河　南 | 157 | 79363 | 2761.0 | 439095 | 2703.5 |
| 湖　北 | 1018 | 9364 | 3606.7 | 182000 | 810.5 |
| 湖　南 | 1939 | 79626 | | | |
| 广　东 | 24183 | 112626 | 6901.3 | 266257 | 4547.6 |
| 广　西 | 3645 | | | | |
| 海　南 | 476 | 36705 | 2963.3 | 9951 | 121.1 |
| 重　庆 | 286 | 124159 | 972.1 | 5489 | 5.7 |
| 四　川 | 934 | 132 | | | |
| 贵　州 | 4267 | 370239 | 5368.8 | | |
| 云　南 | 7206 | 375400 | 4130.1 | 1717049 | 3835.4 |
| 西　藏 | 483 | | | | |
| 陕　西 | 3207 | 4712 | 3631.0 | 446356 | 833.4 |
| 甘　肃 | 1936 | 2900 | 6943.4 | | |
| 青　海 | 7519 | 8708 | 36.3 | | |
| 宁　夏 | 315 | 16160 | 7128.9 | 99744 | 891.6 |
| 新　疆 | 9362 | 98740 | 41032.7 | 28784 | 480.0 |
| 青　岛 | 4 | | | | |
| 大　连 | | | | | |
| 宁　波 | 246 | | | | |
| 深　圳 | 82 | 7 | | | |
| 厦　门 | | | | | |
| 地理信息中心 | 21150 | 65049 | 17950.5 | 1911502 | 85870.8 |

# 表45 2014年测绘成果汇交

| 地 区 | 汇交目录（条） | 汇交副本（套） |
|---|---|---|
| **合 计** | **60366** | **1468** |
| | | |
| 北 京 | | |
| 天 津 | 10 | 10 |
| 河 北 | | 620 |
| 山 西 | | |
| 内蒙古 | 6 | |
| 辽 宁 | 4931 | |
| 吉 林 | 2968 | 3 |
| 黑龙江 | 1269 | |
| 上 海 | | |
| 江 苏 | 5620 | |
| 浙 江 | 183 | |
| 安 徽 | | |
| 福 建 | | 36 |
| 江 西 | 135 | 11 |
| 山 东 | | |
| 河 南 | 275 | |
| 湖 北 | | |
| 湖 南 | 500 | 2 |
| 广 东 | 33289 | 8 |
| 广 西 | | |
| 海 南 | 4295 | 122 |
| 重 庆 | | 12 |
| 四 川 | 31 | |
| 贵 州 | | |
| 云 南 | 43 | 44 |
| 西 藏 | | |
| 陕 西 | 1919 | 24 |
| 甘 肃 | 2256 | 10 |
| 青 海 | 154 | 487 |
| 宁 夏 | | 13 |
| 新 疆 | 2254 | |
| | | |
| 青 岛 | 228 | 50 |
| 大 连 | | |
| 宁 波 | | |
| 深 圳 | | 16 |
| 厦 门 | | |

# 表46　2014年测绘成果共享协议签订情况

计量单位：份

| 地区 | 测绘成果共享协议累计签订数量 | #本年签订数量 |
|---|---|---|
| **合计** | **325** | **50** |
| 北京 | | |
| 天津 | | |
| 河北 | 5 | |
| 山西 | | |
| 内蒙古 | 1 | 1 |
| 辽宁 | 9 | 1 |
| 吉林 | 19 | |
| 黑龙江 | 21 | |
| 上海 | 29 | 12 |
| 江苏 | 31 | |
| 浙江 | 29 | 8 |
| 安徽 | 13 | 1 |
| 福建 | 15 | 3 |
| 江西 | 25 | 3 |
| 山东 | | |
| 河南 | | |
| 湖北 | 8 | |
| 湖南 | 12 | |
| 广东 | | |
| 广西 | | |
| 海南 | 12 | 2 |
| 重庆 | | |
| 四川 | 5 | 2 |
| 贵州 | | |
| 云南 | 4 | |
| 西藏 | | |
| 陕西 | 19 | 1 |
| 甘肃 | 8 | 2 |
| 青海 | 10 | |
| 宁夏 | 3 | 3 |
| 新疆 | 3 | 1 |
| 青岛 | 2 | |
| 大连 | | |
| 宁波 | 12 | |
| 深圳 | 23 | 8 |
| 厦门 | 7 | 2 |

# （八）固定资产

## 表 47　2014 年主要固定资产投资

计量单位：万元

| 单　　位 | 房屋 | | | | | | 设备 | | | 汽车 | | |
|---|---|---|---|---|---|---|---|---|---|---|---|---|
| | 年末原值 | 本年增加原值 | 本年减少原值 | 建筑面积（平方米） | #办公用房 | #业务用房 | 年末原值 | 本年增加原值 | 本年减少原值 | 年末原值 | 本年增加原值 | 本年减少原值 |
| **合　计** | **168406.6** | **53414.4** | **9304.1** | **1104617.1** | **615817.2** | **171053.6** | **469631.5** | **106699.8** | **17877.4** | **53121.1** | **5269.6** | **3556.2** |
| 北　京 | 3476.6 | | | 56280.2 | 26127.0 | 30153.2 | 10474.3 | 2594.2 | 922.7 | 2320.0 | 1391.8 | 671.7 |
| 天　津 | 1866.0 | | | 13931.0 | | 8858.0 | 7732.0 | 1881.6 | 91.9 | 1066.9 | | |
| 河　北 | 1027.6 | | | 16780.3 | 15126.7 | | 19515.8 | 10901.9 | 137.6 | 1244.4 | 379.0 | 15.0 |
| 山　西 | 3578.1 | | | 44485.4 | 14971.4 | 2300.0 | 24864.0 | 5362.1 | 1965.3 | 1643.3 | 624.6 | |
| 内蒙古 | 2168.1 | 47.7 | | 17143.9 | 14571.1 | 2330.8 | 22217.0 | 6147.3 | 139.8 | 1577.1 | | |
| 辽　宁 | 5230.7 | | | 38114.9 | 21220.9 | 16042.0 | 16313.5 | 4614.6 | 106.6 | 1042.7 | 120.3 | 27.0 |
| 吉　林 | 628.3 | | | 26610.2 | 23019.0 | 3591.2 | 11182.1 | 2768.1 | 1090.5 | 1196.0 | 51.4 | |
| 黑龙江 | 13790.4 | 5743.4 | | 138878.4 | 66894.6 | 372.1 | 23146.8 | 5808.6 | 2071.3 | 3641.8 | | 386.0 |
| 上　海 | 8563.3 | | | 30302.3 | | | 9645.8 | 1309.0 | 228.8 | 478.8 | 162.9 | 228.8 |
| 江　苏 | 579.5 | | | 17574.7 | 14084.0 | 3490.7 | 12986.2 | 1411.8 | 664.2 | 1213.3 | 27.1 | 193.8 |
| 浙　江 | 1224.2 | | | 18427.8 | 2992.9 | 13007.4 | 14410.9 | 2951.7 | 142.2 | 1722.8 | 37.2 | |
| 安　徽 | 564.4 | | | 16437.2 | 14577.5 | 1859.7 | 7990.3 | 704.4 | 252.7 | 1050.2 | 22.0 | 50.0 |
| 福　建 | 932.4 | | | 4372.4 | 4372.4 | | 10406.8 | 2051.2 | 305.3 | 903.2 | 38.3 | 44.2 |
| 江　西 | 370.0 | | | 14193.6 | 9763.8 | | 15340.0 | 6031.3 | 69.7 | 1025.8 | | 69.7 |
| 山　东 | 4553.8 | | | 26286.8 | 23314.9 | 143.9 | 17206.2 | 6453.2 | 955.3 | 769.8 | | 107.5 |
| 河　南 | 1095.3 | | | 12602.8 | 9601.8 | | 10659.1 | 779.1 | 294.9 | 1166.1 | 19.5 | |
| 湖　北 | 15757.3 | 15557.8 | 1946.6 | 47376.0 | 44004.0 | 3372.0 | 10289.7 | 2475.4 | 14.6 | 1240.1 | 70.7 | |
| 湖　南 | 2237.0 | | | 24481.9 | 13021.7 | 6701.8 | 15814.1 | 3734.4 | 948.7 | 1036.8 | | 86.2 |
| 广　东 | 278.1 | | | 40.0 | | | 10238.3 | 1361.7 | 276.8 | 1405.5 | 110.5 | 68.9 |
| 广　西 | 762.4 | 0.7 | | 25070.4 | 253.5 | 4649.0 | 15433.9 | 2797.2 | | 1333.9 | 22.2 | |
| 海　南 | 3444.8 | | | 24139.4 | 16188.9 | | 7964.2 | 713.9 | 498.1 | 1739.2 | | |
| 重　庆 | 4021.4 | | | 10049.4 | 10049.4 | | 7301.4 | 738.7 | 181.8 | 1702.6 | 126.6 | 69.7 |
| 四　川 | 9821.0 | | | 108289.8 | 26816.4 | 22175.6 | 28222.3 | 6180.3 | 259.6 | 3675.1 | 126.5 | 258.8 |
| 贵　州 | 719.4 | | | 18558.0 | | | 8678.0 | 2041.3 | 95.6 | 1268.7 | | 0.5 |
| 云　南 | 915.3 | | | 19081.7 | 10848.0 | | 10364.8 | 2199.7 | 98.7 | 1703.0 | | |
| 西　藏 | 248.3 | 69.4 | | 3300.0 | 870.0 | | 465.5 | 107.3 | | 220.2 | 26.0 | |
| 陕　西 | 18408.9 | 4.7 | 5829.8 | 114768.1 | 98537.7 | 7707.3 | 30544.2 | 5089.6 | 3310.9 | 4411.7 | 125.2 | 590.9 |
| 甘　肃 | 1111.9 | | | 19076.9 | 12589.0 | 6487.9 | 10897.8 | 2173.1 | 0.4 | 919.4 | 0.4 | |
| 青　海 | 403.2 | | | 4993.0 | 4993.0 | | 8173.8 | 1456.4 | 307.7 | 1904.5 | 866.0 | |
| 宁　夏 | | | | | | | 2968.7 | 607.6 | 428.7 | 330.6 | | 361.9 |
| 新　疆 | 4151.6 | | | 21497.0 | 19007.0 | | 11656.4 | 3363.4 | 154.8 | 1853.0 | | |
| 青　岛 | | | | | | | | | | | | |
| 大　连 | 180.0 | | | 925.0 | 925.0 | | 1016.5 | 240.0 | | 43.5 | | |
| 宁　波 | 1150.5 | 269.6 | | 1624.0 | 1461.9 | | 3751.0 | 282.0 | 45.0 | 551.0 | | 20.0 |
| 深　圳 | 25.0 | | | 297.9 | 297.9 | | 1764.4 | 48.0 | | 362.2 | | |
| 厦　门 | 145.9 | | | 1794.6 | | | 1031.6 | | 123.4 | 124.6 | | 123.4 |
| 中国地图出版集团 | 39190.3 | 31721.1 | 2.4 | 46240.2 | 46240.2 | | 3259.5 | 169.4 | 46.9 | 1328.9 | 20.0 | |
| 重庆测绘院 | 2105.8 | | 667.3 | 16198.2 | | 16198.2 | 5220.4 | 412.8 | 470.8 | 1006.7 | 44.2 | 158.1 |
| 测绘研究院 | 1827.6 | | 858.1 | 23599.8 | | 18863.2 | 16782.5 | 1357.4 | 389.0 | 712.0 | | |
| 地理信息中心 | 5321.4 | | | 24474.3 | 9304.0 | 2749.7 | 16317.4 | 5573.1 | 629.4 | 368.3 | | |
| 卫星应用中心 | | | | | | | 2138.2 | 993.2 | | 895.4 | 857.3 | |
| 测绘宣传中心 | | | | | | | 1001.8 | 46.4 | | 144.2 | | |
| 管理信息中心 | | | | | | | 653.4 | 233.8 | 21.3 | | | |
| 地图审查中心 | | | | | | | 294.7 | 34.2 | | 14.2 | | |
| 发展研究中心 | | | | | | | 140.4 | 3.2 | | | | |
| 技能鉴定中心 | | | | | | | 91.7 | 1.0 | 4.0 | 23.7 | | |
| 质量检验中心 | 951.9 | | | 10669.8 | | | 1020.0 | 217.5 | | 117.6 | | |
| 北戴河休养院 | 179.9 | | | 6169.0 | 291.0 | | 243.2 | 6.6 | 45.5 | 46.8 | | 24.0 |
| 测绘学会 | | | | | | | 148.8 | 23.9 | | 33.6 | | |
| 机关服务中心 | | | | | | | 192.3 | 20.4 | 7.0 | 81.6 | | |
| 国家局机关 | 5398.8 | | | 39480.6 | 39480.6 | | 1459.7 | 227.0 | 80.0 | 459.9 | | |

注：宁夏国土资源厅房屋均由厅机关统一管理，未作统计。

# 表 48 2014 年主要设备数量

计量单位：台/套

| 设备名称 | 年末数量 | | | | | | 本年增加数量 | 本年减少数量 |
|---|---|---|---|---|---|---|---|---|
| | 合计 | 按质量状况分 | | | 按存在状态分 | | | |
| | | 完好 | 待修 | 待废 | 在用 | 闲置 | | |
| GPS 接收机 | 6988 | 6584 | 63 | 341 | 6565 | 423 | 1440 | 165 |
| 全站仪 | 3838 | 3698 | 28 | 112 | 3660 | 178 | 351 | 228 |
| 经纬仪 | 332 | 273 | 4 | 55 | 241 | 91 | 1 | 35 |
| 水准仪 | 1674 | 1607 | 6 | 61 | 1557 | 117 | 124 | 76 |
| 测深仪 | 121 | 119 | 1 | 1 | 119 | 2 | 44 | 5 |
| 地下管线探测仪 | 473 | 450 | 3 | 20 | 463 | 10 | 95 | 3 |
| 低空无人驾驶摄影飞机 | 129 | 126 | | 3 | 126 | 3 | 37 | 1 |
| 航摄仪 | 64 | 64 | | | 59 | 5 | 18 | 2 |
| 全数字摄影测量系统 | 3341 | 3311 | | 30 | 3311 | 30 | 442 | 58 |
| 遥感图像处理系统 | 917 | 917 | | | 917 | | 228 | 8 |
| 图形编辑工作站 | 8943 | 8842 | | 101 | 8838 | 105 | 3561 | 82 |
| 绘图仪 | 879 | 854 | | 25 | 858 | 21 | 110 | 42 |
| 扫描仪 | 774 | 760 | 2 | 12 | 756 | 18 | 98 | 55 |
| 服务器 | 3354 | 3302 | 5 | 47 | 3309 | 45 | 737 | 66 |
| 磁盘阵列 | 743 | 728 | 3 | 12 | 730 | 13 | 174 | 16 |
| 磁带库 | 101 | 96 | | 5 | 96 | 5 | 10 | 15 |
| 交换机 | 1939 | 1903 | 3 | 33 | 1903 | 36 | 425 | 73 |
| 台式计算机 | 25892 | 24440 | 54 | 1398 | 24500 | 1392 | 3142 | 1516 |
| 便携式计算机 | 13653 | 12838 | 32 | 783 | 12852 | 801 | 2964 | 578 |
| 手持测距仪 | 2059 | 2021 | 3 | 35 | 2023 | 36 | 417 | 60 |
| 重力仪 | 14 | 13 | 1 | | 13 | 1 | 4 | |
| 雷达系统 | 6 | 6 | | | 6 | | 3 | |
| 水平仪 | 17 | 17 | | | 17 | | 6 | |
| 野外通讯系统 | 2387 | 2162 | 6 | 219 | 2132 | 255 | 175 | 109 |
| 卫星导航定位数据处理系统 | 133 | 133 | | | 133 | | 44 | |
| 地理信息应急监测车 | 20 | 20 | | | 20 | | 6 | 1 |
| 载货汽车 | 133 | 129 | 0 | 4 | 129 | 4 | 16 | 17 |
| 越野汽车 | 680 | 654 | 5 | 21 | 662 | 18 | 71 | 75 |
| 载客汽车 | 578 | 553 | 4 | 21 | 561 | 17 | 90 | 73 |
| 轿车 | 603 | 575 | 8 | 20 | 581 | 22 | 31 | 43 |

# 表 49　2014 年各单位主要设备数量

计量单位：台/套

| 单　　位 | GPS 接收机 | 全站仪 | 经纬仪 | 水准仪 | 测深仪 | 地下管线探测仪 | 低空无人驾驶摄影飞机 | 航摄仪 | 全数字摄影测量系统 | 遥感图像处理系统 |
|---|---|---|---|---|---|---|---|---|---|---|
| **合　计** | **6988** | **3838** | **332** | **1674** | **121** | **473** | **129** | **64** | **3341** | **917** |
| 北　京 | 75 | 114 | 16 | 87 | 3 | 20 | 2 |  | 35 |  |
| 天　津 | 107 | 97 | 24 | 88 | 4 | 42 | 3 |  | 10 |  |
| 河　北 | 310 | 373 | 26 | 141 | 6 | 4 | 5 | 5 | 171 | 138 |
| 山　西 | 131 | 76 |  | 46 | 1 | 1 | 3 | 8 | 122 | 14 |
| 内蒙古 | 393 | 76 |  | 45 |  | 8 | 4 | 6 | 86 | 15 |
| 辽　宁 | 425 | 162 | 1 | 75 | 11 | 22 | 4 | 8 | 321 | 34 |
| 吉　林 | 188 | 195 |  | 53 |  | 22 | 4 | 2 | 60 | 2 |
| 黑龙江 | 561 | 222 | 3 | 121 | 8 | 10 | 3 | 3 | 344 | 17 |
| 上　海 | 121 | 108 | 1 | 63 |  | 28 | 1 |  | 3 |  |
| 江　苏 | 165 | 51 | 21 | 55 | 15 | 17 |  |  | 43 | 23 |
| 浙　江 | 109 | 73 | 14 | 49 | 12 | 5 | 10 |  | 109 | 16 |
| 安　徽 | 111 | 79 | 2 | 56 | 1 | 6 | 7 |  | 106 | 16 |
| 福　建 | 108 | 73 | 51 | 24 | 5 | 7 | 2 | 2 | 41 | 32 |
| 江　西 | 154 | 127 | 6 | 52 | 4 | 3 | 2 | 4 | 102 | 39 |
| 山　东 | 182 | 63 |  | 12 | 6 |  | 1 | 1 | 44 | 3 |
| 河　南 | 174 | 164 | 12 | 41 |  | 5 | 5 | 1 | 82 | 3 |
| 湖　北 | 153 | 86 |  | 29 |  | 3 | 1 |  | 95 | 72 |
| 湖　南 | 348 | 117 | 12 | 32 | 8 | 8 | 4 | 3 | 110 | 64 |
| 广　东 | 75 | 127 | 3 | 37 | 11 | 4 | 4 | 2 | 54 | 21 |
| 广　西 | 258 | 187 | 1 | 47 | 3 | 7 | 5 | 2 | 71 | 98 |
| 海　南 | 139 | 98 | 4 | 37 | 2 |  | 1 |  | 17 | 10 |
| 重　庆 | 108 | 112 |  | 11 | 3 | 60 | 5 |  | 30 | 4 |
| 四　川 | 588 | 292 | 14 | 82 | 4 | 143 | 9 | 2 | 327 | 51 |
| 贵　州 | 133 | 96 | 1 | 24 | 3 | 3 | 12 | 1 | 123 | 74 |
| 云　南 | 207 | 80 | 8 | 25 | 1 | 2 | 10 |  | 69 | 52 |
| 西　藏 | 14 | 11 |  | 9 |  |  | 1 |  | 10 |  |
| 陕　西 | 658 | 141 | 18 | 131 | 2 | 16 | 2 | 3 | 184 | 45 |
| 甘　肃 | 150 | 81 | 1 | 15 |  | 4 | 6 | 3 | 188 | 20 |
| 青　海 | 100 | 79 | 3 | 41 | 1 | 1 | 4 |  | 70 | 15 |
| 宁　夏 | 87 | 32 | 40 | 21 |  |  | 1 | 1 | 23 | 7 |
| 新　疆 | 339 | 87 | 46 | 67 |  | 2 | 4 | 1 | 115 | 9 |
| 青　岛 |  |  |  |  |  |  |  |  |  |  |
| 大　连 | 15 | 10 |  | 6 |  | 3 |  |  | 16 |  |
| 宁　波 | 20 | 30 |  | 11 | 4 | 6 | 3 |  | 15 | 10 |
| 深　圳 | 19 | 13 | 2 | 7 |  | 1 |  |  |  | 1 |
| 厦　门 | 12 | 14 |  | 6 |  | 1 |  |  |  |  |
| 中国地图出版集团 | 2 |  |  |  |  |  |  |  |  |  |
| 重庆测绘院 | 125 | 84 |  | 23 | 3 | 9 | 1 |  | 127 | 1 |
| 测绘研究院 | 79 | 6 | 2 | 4 |  |  |  | 6 | 13 | 7 |
| 地理信息中心 | 28 | 1 |  |  |  |  |  |  | 1 | 3 |
| 卫星应用中心 | 2 |  |  |  |  |  |  |  |  |  |
| 测绘宣传中心 |  |  |  |  |  |  |  |  |  |  |
| 管理信息中心 |  |  |  |  |  |  |  |  |  |  |
| 地图审查中心 | 1 |  |  |  |  |  |  |  |  |  |
| 发展研究中心 |  |  |  |  |  |  |  |  |  |  |
| 技能鉴定中心 |  |  |  |  |  |  |  |  |  |  |
| 质量检验中心 | 14 | 1 |  | 1 |  |  |  |  | 4 | 1 |
| 北戴河休养院 |  |  |  |  |  |  |  |  |  |  |
| 测绘学会 |  |  |  |  |  |  |  |  |  |  |
| 机关服务中心 |  |  |  |  |  |  |  |  |  |  |
| 国家局机关 |  |  |  |  |  |  |  |  |  |  |

# 2014 年各单位主要设备数量（续一）

计量单位：台/套

| 单　　位 | 图形编辑工作站 | 绘图仪 | 扫描仪 | 服务器 | 磁盘阵列 | 磁带库 | 交换机 | 台式计算机 | 便携式计算机 | 手持测距仪 |
|---|---|---|---|---|---|---|---|---|---|---|
| **合　计** | **8943** | **879** | **774** | **3354** | **743** | **101** | **1939** | **25892** | **13653** | **2059** |
| 北　京 | 52 | 28 | 22 | 96 | 12 | 1 | 76 | 921 | 296 | 102 |
| 天　津 | 218 | 38 | 17 | 51 | 8 | 2 | 32 | 521 | 232 | 42 |
| 河　北 | 264 | 38 | 44 | 86 | 23 | 2 | 24 | 917 | 369 | 81 |
| 山　西 | 314 | 24 | 24 | 85 | 21 | 5 | 46 | 446 | 181 | 41 |
| 内蒙古 | 199 | 34 | 22 | 44 | 12 | 1 | 19 | 575 | 434 | 18 |
| 辽　宁 | 138 | 30 | 20 | 81 | 36 | 6 | 27 | 885 | 405 | 60 |
| 吉　林 | 142 | 27 | 17 | 47 | 26 | 1 | 23 | 435 | 148 | 27 |
| 黑龙江 | 1059 | 58 | 46 | 137 | 59 | 3 | 86 | 1587 | 962 | 132 |
| 上　海 | 63 | 24 | 16 | 74 | 40 | 9 | 169 | 719 | 212 | 13 |
| 江　苏 | 255 | 20 | 26 | 102 | 23 | 5 | 66 | 669 | 633 | 119 |
| 浙　江 | 305 | 24 | 25 | 149 | 40 | 1 | 47 | 896 | 411 | 66 |
| 安　徽 | 219 | 29 | 24 | 29 | 15 | 5 | 29 | 536 | 229 | 118 |
| 福　建 | 208 | 18 | 7 | 55 | 18 |  | 24 | 593 | 354 | 115 |
| 江　西 | 152 | 18 | 24 | 51 | 13 | 6 | 21 | 498 | 200 | 66 |
| 山　东 | 316 | 12 | 15 | 119 | 21 | 4 | 146 | 487 | 290 | 20 |
| 河　南 | 117 | 36 | 26 | 57 | 19 | 2 | 44 | 1189 | 599 | 185 |
| 湖　北 | 108 | 12 | 14 | 61 | 9 |  | 24 | 753 | 426 | 51 |
| 湖　南 | 362 | 30 | 25 | 91 | 18 | 1 | 169 | 1091 | 466 | 107 |
| 广　东 | 592 | 30 | 29 | 87 | 17 | 5 | 89 | 748 | 272 | 53 |
| 广　西 | 46 | 38 | 27 | 81 | 26 | 5 | 55 | 1361 | 494 | 90 |
| 海　南 | 179 | 12 | 15 | 104 | 26 | 6 | 24 | 320 | 307 | 18 |
| 重　庆 | 111 | 18 | 4 | 61 | 11 | 2 | 28 | 535 | 137 | 42 |
| 四　川 | 548 | 51 | 34 | 120 | 42 | 3 | 46 | 1446 | 1034 | 64 |
| 贵　州 | 550 | 24 | 27 | 50 | 7 | 2 | 35 | 855 | 385 | 48 |
| 云　南 | 233 | 27 | 27 | 117 | 21 |  | 33 | 455 | 463 | 53 |
| 西　藏 |  | 1 | 2 | 4 | 2 |  | 4 |  |  |  |
| 陕　西 | 771 | 54 | 41 | 171 | 31 | 3 | 166 | 1725 | 1005 | 156 |
| 甘　肃 | 208 | 18 | 14 | 120 | 20 |  | 55 | 521 | 413 | 3 |
| 青　海 | 47 | 15 | 4 | 30 | 3 |  | 12 | 451 | 181 | 11 |
| 宁　夏 | 29 | 7 | 10 | 9 | 3 |  | 8 | 231 | 109 | 25 |
| 新　疆 | 150 | 29 | 23 | 52 | 17 | 2 | 38 | 656 | 455 | 19 |
| 青　岛 |  |  |  |  |  |  |  |  |  |  |
| 大　连 | 58 | 3 | 3 | 2 |  | 1 | 4 |  |  | 20 |
| 宁　波 | 38 | 11 | 4 | 82 | 5 | 2 | 58 | 219 | 136 | 20 |
| 深　圳 | 61 | 7 | 7 | 51 | 6 | 3 | 6 | 200 | 45 | 48 |
| 厦　门 | 2 | 5 | 1 | 3 |  | 1 | 3 |  |  | 17 |
| 中国地图出版集团 | 242 | 6 | 18 | 42 |  |  | 9 | 369 | 101 |  |
| 重庆测绘院 |  | 9 | 3 | 35 | 8 |  | 25 | 265 | 236 |  |
| 测绘研究院 | 331 | 7 | 28 | 186 | 34 | 2 | 87 | 774 | 514 | 5 |
| 地理信息中心 | 218 | 4 | 15 | 472 | 42 | 6 | 64 | 274 | 178 |  |
| 卫星应用中心 | 6 | 1 |  | 24 | 3 | 1 | 5 | 13 | 25 |  |
| 测绘宣传中心 |  |  |  | 10 | 1 |  |  | 111 | 24 |  |
| 管理信息中心 |  |  | 1 | 4 | 3 | 2 | 2 | 32 | 8 |  |
| 地图审查中心 |  |  | 2 | 3 | 1 |  |  | 43 | 20 |  |
| 发展研究中心 |  |  |  | 1 |  |  | 2 | 48 | 9 |  |
| 技能鉴定中心 |  |  | 1 | 2 |  |  |  | 22 | 15 |  |
| 质量检验中心 | 28 | 2 | 3 | 3 | 1 | 1 | 2 | 94 | 88 | 4 |
| 北戴河休养院 |  |  |  |  |  |  |  | 16 | 4 |  |
| 测绘学会 |  |  |  |  |  |  |  | 21 | 22 |  |
| 机关服务中心 |  |  | 2 |  |  |  |  | 38 | 12 |  |
| 国家局机关 | 4 |  | 15 | 13 |  |  | 7 | 331 | 114 |  |

# 2014 年各单位主要设备数量（续二）

计量单位：台/套

| 单　　位 | 重力仪 | 雷达系统 | 水平仪 | 野外通讯系统 | 卫星导航定位数据处理系统 | 地理信息应急监测车 | 载货汽车 | 越野汽车 | 载客汽车 | 轿车 |
|---|---|---|---|---|---|---|---|---|---|---|
| **合　计** | **14** | **6** | **17** | **2387** | **133** | **20** | **133** | **680** | **578** | **603** |
| 北　京 | | | | 5 | | | | 7 | 57 | 23 |
| 天　津 | | | | 34 | | | | | 42 | 18 |
| 河　北 | | | | 63 | 40 | 1 | | 7 | 1 | 34 |
| 山　西 | | | | 20 | 3 | 1 | 1 | 17 | 2 | 22 |
| 内蒙古 | | | | 49 | 2 | 1 | | 21 | 11 | 9 |
| 辽　宁 | | | | 76 | 2 | | | 10 | 21 | 16 |
| 吉　林 | | | | 2 | 1 | 1 | | 21 | 33 | 20 |
| 黑龙江 | | | | 100 | 3 | 1 | | 57 | 46 | 23 |
| 上　海 | | | | 152 | | | | 1 | 22 | 1 |
| 江　苏 | | | | 11 | 9 | 1 | | 19 | 10 | 20 |
| 浙　江 | | | | 10 | | 2 | 5 | 33 | 17 | 19 |
| 安　徽 | | | 7 | 23 | | 1 | | 18 | 16 | 10 |
| 福　建 | | | | 58 | 2 | 1 | 5 | 12 | 9 | 16 |
| 江　西 | | | | 19 | 3 | | 6 | 15 | 3 | 21 |
| 山　东 | 1 | 1 | | 2 | | | | 15 | 2 | 10 |
| 河　南 | | | | 55 | | | 14 | 18 | 15 | 23 |
| 湖　北 | | 1 | | 29 | 2 | | | 15 | 10 | 20 |
| 湖　南 | | 1 | | 19 | 5 | | | 13 | 13 | 9 |
| 广　东 | 4 | | | 86 | 10 | | 41 | 10 | 9 | 11 |
| 广　西 | | | | 118 | | 1 | | 25 | 16 | 12 |
| 海　南 | | | | 40 | | 1 | 6 | 24 | 14 | 20 |
| 重　庆 | | | 10 | 124 | | 1 | 7 | 27 | 45 | 29 |
| 四　川 | | | | 82 | 22 | 3 | 3 | 48 | 43 | 41 |
| 贵　州 | | | | 27 | 1 | 1 | 2 | 34 | 5 | 10 |
| 云　南 | | | | 69 | | 1 | | 34 | 11 | 13 |
| 西　藏 | | | | 9 | | | | 3 | 3 | |
| 陕　西 | 7 | 1 | | 570 | 3 | 1 | 1 | 67 | 28 | 22 |
| 甘　肃 | | | | 41 | 5 | | 15 | 13 | 3 | 11 |
| 青　海 | | | | 75 | 1 | | 1 | 31 | 11 | 6 |
| 宁　夏 | | | | 2 | 2 | | 12 | 6 | 1 | 2 |
| 新　疆 | | | | 228 | 5 | | 12 | 25 | 4 | 16 |
| 青　岛 | | | | | | | | | | |
| 大　连 | | 1 | | | 5 | | | 1 | | |
| 宁　波 | | 1 | | 52 | | 1 | 2 | 1 | 10 | 7 |
| 深　圳 | | | | 16 | | | | 1 | 4 | 5 |
| 厦　门 | | | | | | | | | 5 | |
| 中国地图出版集团 | | | | | | | | 1 | 12 | 29 |
| 重庆测绘院 | | | | 29 | | | | 15 | 10 | 10 |
| 测绘研究院 | 2 | | | 38 | 2 | | | 5 | 3 | 13 |
| 地理信息中心 | | | | 8 | | | | | 6 | 4 |
| 卫星应用中心 | | | | 4 | | | | 7 | | |
| 测绘宣传中心 | | | | | | | | | 1 | 5 |
| 管理信息中心 | | | | | | | | | | |
| 地图审查中心 | | | | | | | | | 1 | |
| 发展研究中心 | | | | | | | | | | |
| 技能鉴定中心 | | | | | | | | | | 1 |
| 质量检验中心 | | | | 14 | 5 | | | 3 | 1 | |
| 北戴河休养院 | | | | | | | | | 1 | 1 |
| 测绘学会 | | | | | | | | | 1 | |
| 机关服务中心 | | | | 28 | | | | | | 3 |
| 国家局机关 | | | | | | | | | | 18 |

# （九）教育培训

## 表 50 2014 年教育培训

| 指标名称 | 计量单位 | 数量 |
| --- | --- | --- |
| 一、参加教育培训人员 | — | — |
| 1. 人员数 | 人 | 16527 |
| 其中：学历教育 | 人 | 666 |
| （1）管理人员 | 人 | 1906 |
| （2）专业技术人员 | 人 | 11855 |
| （3）其他人员 | 人 | 2766 |
| 2. 人次数 | 人次 | 74497 |
| 其中：境外培训 | 人次 | 96 |
| 党校培训 | 人次 | 947 |
| （1）政治理论培训 | 人次 | 12072 |
| （2）业务培训 | 人次 | 55157 |
| （3）其他培训 | 人次 | 7268 |
| 二、教育培训经费支出 | 万元 | 3702.8 |
| 1. 组织培训 | 万元 | 1924.8 |
| 2. 参加培训 | 万元 | 1778.0 |
| 三、组织教育培训 | 次 | 11685 |
| 1. 政治理论培训 | 次 | 1545 |
| 2. 业务培训 | 次 | 9675 |
| 3. 其他培训 | 次 | 465 |

# （十）立法执法

## 表51 2014年测绘法规

### 中央法规

计量单位：件

| 法律 | 行政法规 | 部门规章 |
|---|---|---|
| 1 | 4 | 6 |

### 地方法规

计量单位：件

| 单位 | 地方性法规 | 地方政府规定 | | |
|---|---|---|---|---|
| | | | #本年新制定 | #本年修订 |
| **合计** | **35** | **84** | **2** | **1** |
| 北京 | 1 | | | |
| 天津 | 1 | 1 | | |
| 河北 | 1 | 9 | | 1 |
| 山西 | 1 | 2 | | |
| 内蒙古 | 2 | | | |
| 辽宁 | 1 | 4 | | |
| 吉林 | 1 | 6 | 1 | |
| 黑龙江 | 1 | 5 | | |
| 上海 | 1 | 3 | | |
| 江苏 | 2 | 5 | | |
| 浙江 | 1 | 6 | | |
| 安徽 | 1 | 1 | | |
| 福建 | 1 | 2 | | |
| 江西 | 1 | 1 | | |
| 山东 | 1 | 3 | | |
| 河南 | 1 | 1 | | |
| 湖北 | 2 | 6 | | |
| 湖南 | 1 | 2 | | |
| 广东 | 1 | 1 | | |
| 广西 | 1 | | | |
| 海南 | 1 | 1 | | |
| 重庆 | 1 | 1 | | |
| 四川 | 1 | 4 | | |
| 贵州 | 1 | 2 | | |
| 云南 | 1 | 3 | | |
| 西藏 | 1 | | | |
| 陕西 | 2 | 1 | | |
| 甘肃 | 1 | 4 | | |
| 青海 | 1 | 1 | | |
| 宁夏 | 1 | 3 | | |
| 新疆 | 1 | 3 | 1 | |
| 青岛 | | 1 | | |
| 大连 | | | | |
| 宁波 | | 1 | | |
| 深圳 | | | | |
| 厦门 | | 1 | | |

# 表 52　2014 年测绘行政执法

| 类　别 | 开展执法检查（次） | 开展重大专项执法行动（项） | 发现涉嫌违法行为（起） | 立案调查涉嫌违法案件（件） | 做出行政处罚案件（件） |
|---|---|---|---|---|---|
| **合　计** | **2310** | **210** | **147** | **65** | **46** |
| 市场准入类 | 393 | 31 | 26 | 17 | 5 |
| 测绘项目类 | 365 | 47 | 41 | 25 | 24 |
| 地图类 | 438 | 55 | 49 | 12 | 8 |
| 测绘成果类 | 526 | 41 | 21 | 4 | 4 |
| 涉外测绘 | 23 | | 4 | 3 | 1 |
| 涉军测绘 | 21 | 2 | 1 | | |
| 测量标志 | 475 | 19 | 5 | 4 | 4 |
| 其他 | 69 | 15 | | | |

# （十一）数字城市建设

## 表53 2014年数字城市地理空间框架建设

计量单位：个

| 单位 | 地级行政区 | | | 县级行政区 | | | 乡镇级行政区 | | |
|---|---|---|---|---|---|---|---|---|---|
| | 总数 | #开展建设数字城市 | #建成数字城市 | 总数 | #开展建设数字城市 | #建成数字城市 | 总数 | #开展建设数字城市 | #建成数字城市 |
| **合计** | **333** | **324** | **199** | **2854** | **384** | **112** | **40381** | **54** | **1** |
| 北京 | | | | 16 | 5 | 4 | 329 | 1 | |
| 天津 | | | | 16 | | | 240 | | |
| 河北 | 11 | 11 | 5 | 171 | 62 | 2 | 2246 | | |
| 山西 | 11 | 11 | 9 | 119 | 14 | 6 | 1398 | | |
| 内蒙古 | 12 | 12 | 3 | 102 | 12 | | 1010 | | |
| 辽宁 | 14 | 14 | 7 | 100 | 5 | 2 | 1530 | | |
| 吉林 | 9 | 9 | 3 | 60 | 14 | 3 | 900 | | |
| 黑龙江 | 13 | 13 | 11 | 128 | 2 | | 1231 | | |
| 上海 | | | | 17 | | | 209 | | |
| 江苏 | 13 | 13 | 6 | 99 | 20 | | 1274 | | |
| 浙江 | 11 | 11 | 11 | 90 | 63 | 33 | 1321 | | |
| 安徽 | 16 | 16 | 4 | 105 | 2 | | 1505 | | |
| 福建 | 9 | 9 | 6 | 85 | 12 | 1 | 1104 | | |
| 江西 | 11 | 11 | 6 | 100 | 4 | 1 | 1548 | | |
| 山东 | 17 | 17 | 17 | 137 | 37 | 21 | 1826 | | |
| 河南 | 17 | 17 | 8 | 158 | 19 | 10 | 2420 | 53 | 1 |
| 湖北 | 13 | 13 | 8 | 103 | 11 | 1 | 1233 | | |
| 湖南 | 14 | 14 | 11 | 122 | 12 | 3 | 2414 | | |
| 广东 | 21 | 21 | 21 | 119 | 53 | 11 | 1587 | | |
| 广西 | 14 | 14 | 5 | 110 | 4 | | 1243 | | |
| 海南 | 3 | 3 | | 24 | 9 | 1 | 218 | | |
| 重庆 | | | | 38 | 6 | 3 | 1023 | | |
| 四川 | 21 | 21 | 16 | 183 | 4 | 2 | 4648 | | |
| 贵州 | 9 | 9 | | 88 | 1 | | 1396 | | |
| 云南 | 16 | 14 | 12 | 129 | 1 | 1 | 1389 | | |
| 西藏 | 7 | 7 | 7 | 74 | | | 694 | | |
| 陕西 | 10 | 10 | 2 | 107 | 4 | 2 | 1420 | | |
| 甘肃 | 14 | 13 | 7 | 86 | 3 | 3 | 1351 | | |
| 青海 | 8 | 7 | 7 | 43 | 1 | | 399 | | |
| 宁夏 | 5 | 3 | 1 | 22 | | | 237 | | |
| 新疆 | 14 | 11 | 6 | 103 | 4 | 2 | 1038 | | |

注：表中行政区划总数摘自《2015 中国统计摘要》。

# （十二）“天地图”建设

## 表54　2014年“天地图”节点接入

计量单位：个

| | 省级节点接入主节点 | 地（市）级 | | | 县（市）级 | | |
|---|---|---|---|---|---|---|---|
| | | 行政区划总数 | #只接入省级节点 | #同时接入主节点和省级节点 | 行政区划总数 | #只接入省级节点 | #同时接入主节点和省级节点 |
| **合　计** | **30** | **333** | **48** | **97** | **2854** | **38** | **47** |
| 北　京 | 1 | | | | 16 | | |
| 天　津 | 1 | | | | 16 | | |
| 河　北 | 1 | 11 | | 4 | 171 | | |
| 山　西 | 1 | 11 | 2 | 2 | 119 | | |
| 内蒙古 | 1 | 12 | | | 102 | | |
| 辽　宁 | 1 | 14 | 7 | 3 | 100 | 2 | 1 |
| 吉　林 | 1 | 9 | | 1 | 60 | | 1 |
| 黑龙江 | 1 | 13 | 1 | 6 | 128 | | |
| 上　海 | 1 | | | | 17 | | |
| 江　苏 | 1 | 13 | | 13 | 99 | | 8 |
| 浙　江 | 1 | 11 | | 11 | 90 | 2 | 26 |
| 安　徽 | 1 | 16 | | 3 | 105 | | |
| 福　建 | 1 | 9 | 2 | 5 | 85 | | |
| 江　西 | 1 | 11 | | 5 | 100 | | 1 |
| 山　东 | 1 | 17 | 8 | 9 | 137 | 24 | 1 |
| 河　南 | 1 | 17 | 2 | 3 | 158 | | 1 |
| 湖　北 | 1 | 13 | | 2 | 103 | | |
| 湖　南 | 1 | 14 | | 3 | 122 | | |
| 广　东 | 1 | 21 | 16 | 2 | 119 | | |
| 广　西 | 1 | 14 | | 4 | 110 | | |
| 海　南 | 1 | 3 | | 1 | 24 | | 2 |
| 重　庆 | 1 | | | | 38 | | 4 |
| 四　川 | 1 | 21 | 2 | 14 | 183 | | |
| 贵　州 | 1 | 9 | | | 88 | | |
| 云　南 | 1 | 16 | | | 129 | | |
| 西　藏 | | 7 | | | 74 | | |
| 陕　西 | 1 | 10 | | 2 | 107 | 1 | |
| 甘　肃 | 1 | 14 | 7 | 3 | 86 | 1 | |
| 青　海 | 1 | 8 | 1 | | 43 | 8 | |
| 宁　夏 | 1 | 5 | | | 22 | | |
| 新　疆 | 1 | 14 | | 1 | 103 | | 2 |

注：表中行政区划总数摘自《2015中国统计摘要》。

# 附　　录

# 全国测绘地理信息系统领导干部名录

## 国家测绘地理信息局机关司级以上干部名录

### 局领导

| | |
|---|---|
| 局　长、党组书记 | 库热西·买合苏提 |
| 副局长、党组副书记 | 王春峰 |
| 副局长、党组成员 | 李维森　宋超智　闵宜仁 |
| 党组纪检组组长、党组成员 | 于贤成 |
| 副局长 | 李朋德 |

### 局总工程师

李志刚

### 办公室

| | |
|---|---|
| 主　任 | 周远波 |
| 副主任 | 周　星　宫银勇 |

### 规划财务司

| | |
|---|---|
| 司　长 | 王宝民 |
| 正局级干部 | 柏玉霜 |
| 副司长 | 陈常松　刘勤胜　张学锋 |

### 国土测绘司

| | |
|---|---|
| 司　长 | 白贵霞 |
| 巡视员 | 辛少华 |
| 副司长 | 孔金辉　田海波 |

### 法规与行业管理司

| | |
|---|---|
| 司　长 | 王保立 |
| 副司长 | 张万峰　李维兵 |
| 副巡视员 | 李媛媛　张卫平 |

### 地理信息与地图司（测绘成果管理司）

| | |
|---|---|
| 司　长 | 赵继成 |
| 副司长 | 程　军　刘大可 |
| 副巡视员 | 徐心蕊 |

### 科技与国际合作司

| | |
|---|---|
| 司　长 | 张燕平 |
| 副司长 | 王　倩　燕　琴 |

### 人事司

| | |
|---|---|
| 司　长 | 李赤一 |
| 副司长 | 雷　斌（挂职黑龙江省伊春市委常委、副市长）<br>王久辉　任振宇 |

### 直属机关党委（纪检监察审计室）

| | |
|---|---|
| 专职副书记 | 李　烨 |
| 副书记、纪委书记、纪检监察审计室主任 | 雷德容 |

### 离退休干部办公室

| | |
|---|---|
| 主　任 | 林振中 |

## 国家测绘地理信息局直属单位、挂靠单位领导班子成员名录

### 陕西测绘地理信息局

| | |
|---|---|
| 局　长、党组书记 | 武文忠 |
| 副局长、党组成员 | 成燕辉　肖　平　王晓国　岳建利 |
| 党组纪检组组长、党组成员 | 施仲刚 |
| 巡视员 | 臧克福 |
| 副巡视员 | 陈向阳　张合安 |

### 黑龙江测绘地理信息局

| | |
|---|---|
| 局　长、党组成员 | 朱　杰 |
| 党组书记、副局长 | 鲍英华 |
| 副局长、党组成员 | 徐开明　裴宝军　郝科铭 |
| 党组纪检组组长、党组成员 | 邢京锁 |
| 巡视员 | 孙明晶 |
| 工会主席 | 胡秀琴 |

### 四川测绘地理信息局

| | |
|---|---|
| 局　长、党组书记 | 马　赟 |

| | |
|---|---|
| 副局长、党组副书记 | 余国珊 |
| 副局长、党组成员 | 周　社　杨　升　谢维挺 |
| 党组纪检组组长、党组成员 | 涂　军 |
| 副巡视员 | 曹颖华 |
| 副厅局级干部 | 戴昌礼 |

## 海南测绘地理信息局

| | |
|---|---|
| 局　长、党组书记 | 杨宏山 |
| 副局长、党组成员 | 蔺　赞　李劲松　许　裕 |
| 党组纪检组组长、党组成员 | 詹宏海 |

## 中国地图出版集团

| | |
|---|---|
| 董事长、党委书记 | 赵晓明 |
| 副董事长、总经理、党委副书记 | 倪庆华 |
| 副董事长、党委副书记 | 杨俊岭 |
| 董事、副总经理 | 高锡瑞　杨树德　郭　宝　陈　平 |
| 董事、副总经理兼总编辑 | 徐根才 |

## 中国测绘科学研究院

| | |
|---|---|
| 院　长、党委副书记 | 张继贤 |
| 党委书记、副院长 | 李永春 |
| 副院长 | 王　权　吴　岚　马宗新　刘纪平 |

## 国家基础地理信息中心

| | |
|---|---|
| 主　任、党委副书记 | 冯先光 |
| 党委书记、副主任 | 金舒平 |
| 总工程师 | 陈　军 |
| 正局级干部 | 李　莉 |
| 副主任 | 王东华　罗建军　刘若梅 |
| 纪委书记、工会主席 | 陈新湖 |

## 国家测绘地理信息局卫星测绘应用中心

| | |
|---|---|
| 党委书记、副主任 | 刘小波 |
| 副主任 | 孙承志　黄　鹦　唐新明 |

## 中国测绘宣传中心

| | |
|---|---|
| 主　任 | 周德军（兼中国测绘报社副社长） |
| 副主任 | 陈兰芹（兼中国测绘报社总编辑） |

## 国家测绘地理信息局管理信息中心

| | |
|---|---|
| 主　任 | 王起民 |
| 正局级干部 | 辛　英 |
| 副主任 | 丁明柱　庞秋红 |

## 国家测绘地理信息局地图技术审查中心

| | |
|---|---|
| 主　任 | 叶银虎 |
| 副主任 | 赵　晖 |

## 国家测绘地理信息局测绘发展研究中心

| | |
|---|---|
| 主　任 | 张辉峰 |
| 副主任 | 徐永清　王咏梅 |

## 国家测绘地理信息局职业技能鉴定指导中心

| | |
|---|---|
| 主　任 | 易树柏 |
| 副主任 | 吴卫东　牛　黎 |

## 国家测绘产品质量检验测试中心

| | |
|---|---|
| 主　任、党委副书记 | 程鹏飞 |
| 党委书记、副主任 | 张文晖 |
| 副主任 | 袁　宏　翟义青 |
| 总工程师 | 张　莉 |

## 国家测绘地理信息局重庆测绘院

| | |
|---|---|
| 院　长、党委书记 | 王冬滨 |
| 常务副院长 | 山　川 |
| 副院长 | 杨　洪（兼总工程师）　蒋世明 |
| 纪委书记 | 蒋民龙 |
| 工会主席 | 方庆春 |

## 国家测绘地理信息局机关服务中心

| | |
|---|---|
| 主　任 | 吴　松 |
| 副主任 | 于建明 |

## 国家测绘地理信息局三亚测绘技术开发服务培训中心

| | |
|---|---|
| 主　任 | 杨宏山（兼） |
| 副主任 | 李劲松（兼） |

## 国家测绘地理信息局北戴河休养院

| | |
|---|---|
| 院　长 | 张锡浩 |
| 副院长 | 林　强　刘春艳 |

## 中国测绘地理信息学会

| | |
|---|---|
| 理事长 | 李维森（兼） |
| 副理事长、秘书长 | 彭震中 |
| 正局级干部 | 易杰军 |
| 专职副秘书长 | 马振福 |

### 中国地理信息产业协会

| | |
|---|---|
| 会　长 | 宋超智（兼） |
| 常务副会长、秘书长 | 胥燕婴 |
| 专职副秘书长 | 汤　海 |

### 中国卫星导航定位协会

| | |
|---|---|
| 会　长 | 张荣久 |
| 常务副会长、秘书长 | 苗前军 |
| 专职副秘书长 | 范京生 |

# 各省、自治区、直辖市、计划单列市<br>测绘地理信息行政主管部门及有关测绘地理信息单位，<br>新疆生产建设兵团测绘地理信息主管部门领导班子成员名录

### 北京市规划委员会

| | |
|---|---|
| 主　任 | 黄　艳 |
| 副主任、党组书记 | 王英杰 |
| 副主任、党组成员 | 周楠森　刘玉民　王　飞　王　玮<br>曹跃进 |
| 党组成员、纪检组组长 | 高　翔 |
| 总规划师、党组成员 | 施卫良 |
| 委　员 | 张亚芹 |

### 北京市勘察设计和测绘地理信息管理办公室

| | |
|---|---|
| 主　任 | 王　玮（兼） |
| 副主任 | 叶　嘉　李节严　王金坡 |

### 北京市测绘设计研究院

| | |
|---|---|
| 院　长、党委副书记 | 温宗勇 |
| 党委书记 | 郝赛英 |
| 党委副书记、纪委书记、工会主席 | 王瑞平 |
| 常务副院长 | 杨伯钢 |
| 副院长 | 王继明　陈品祥　程　祥 |
| 总工程师、院长助理 | 贾光军 |
| 总会计师 | 代　为 |

### 天津市规划局

| | |
|---|---|
| 局长、党组书记 | 严定中 |
| 党组副书记 | 战秋艳 |
| 巡视员、常务副局长、党组成员 | 李春梅 |

副局长、党组成员　鲁承斌　郑嘉轩　沈　磊
副局长、滨海新区规划和国土资源管理局局长　霍　兵
总建筑师　秦　川
副局级巡视员　诸　铭　刘　荣　侯学钢

## 天津市测绘院

党委书记、副院长　刘俊卫
院长、党委副书记　马华山
党委副书记　段立凯
纪检书记、工会主席　仉　明
副院长　韩振镖　刘凤杰　黄　甡
总工程师　胡　珂
副院长　史廷玉　刘玉财

## 河北省地理信息局

河北省国土资源厅副厅长、党组成员
河北省地理信息局局长、分党组书记　高献计
副局长、分党组成员　续铁枢　曹　立
总工程师、分党组成员　李爱生
副局长、分党组成员　王明才　吴　京

## 山西省测绘地理信息局

纪检组长、党组成员　王喜瑞（主持工作）
副局长、党组成员　孔令礼
总工程师、党组成员　秦炎平
总经济师、党组成员　王秀珍
副巡视员　于建刚

## 内蒙古自治区国土资源厅

厅　长、党组书记　李世镕
巡视员、党组成员　孔燕燕
副厅长、党组成员　王富友
纪检组组长、党组成员　敖　拉
副厅长、党组成员　陈　伟
总工程师、党组成员　张　宏
副厅长、党组成员　王　杰
副巡视员　王重明　赵大勇

## 内蒙古自治区测绘地理信息局

党委书记、局　长　吴齐文
副局长　赵新刚　刘　秀

## 辽宁省测绘地理信息局

辽宁省国土资源厅副厅长、党组成员

| | |
|---|---|
| 辽宁省测绘地理信息局分党组书记、局长 | 吴景涛 |
| 副局长、分党组成员 | 李建国 张中凯 于百云 |

## 吉林省测绘地理信息局

| | |
|---|---|
| 局　长、党组书记 | 张立民 |
| 副局长、党组成员 | 张凤赞 李文忠 |
| 纪检组长、党组成员 | 张文清 |
| 副巡视员 | 郭　燕 |

## 上海市测绘管理办公室（上海市测绘院）

| | |
|---|---|
| 主任（院长） | 孙红春 |
| 党委书记 | 杨海荣 |
| 党委副书记 | 杭　燕 |
| 副主任（副院长） | 陈德兵 季善标 |
| 常务副主任（副院长） | 朱　萼 |
| 纪委书记 | 杨勤华 |
| 党委委员 | 赵宝康 陆伟军（兼工会主席） |
| 总工程师 | 郭容寰 |

## 江苏省测绘地理信息局

| | |
|---|---|
| 江苏省国土资源厅副厅长、江苏省测绘地理信息局局长 | 刘　聪 |
| 江苏省国土资源厅党组成员、江苏省测绘地理信息局党组书记 | 施建石 |
| 副局长、党组成员 | 史照良 谢建平 |
| 纪检组组长、党组成员 | 龚　琴 |
| 副局长、党组成员 | 钱承新 王　祥 |
| 局党组成员、直属机关党委书记 | 黄建东 |

## 浙江省测绘与地理信息局

| | |
|---|---|
| 局　长、党委书记 | 陈建国 |
| 副局长、党委委员、直属机关党委书记 | 鲍伟民 |
| 副局长、党委委员 | 马建平 周方根 |
| 纪委书记、党委委员 | 钱文华 |
| 局党委委员、人事处处长、直属机关党委副书记 | 徐焕凤 |

## 安徽省国土资源厅

| | |
|---|---|
| 厅　长、党组书记 | 孙爱民 |
| 副厅长、党组成员 | 俞凤翔 潘海滨 李世蕴 晏　飞 |
| 党组成员、省测绘局局长 | 蒋学军 |
| 党组成员、纪检组长 | 江献军 |
| 副巡视员 | 徐铁军 郑春林 |

## 安徽省测绘局（安徽省测绘总院）

| | |
|---|---|
| 安徽省国土资源厅党组成员、<br>安徽省测绘局局长、党委书记 | 蒋学军 |
| 党委副书记、纪委书记 | 董　宁 |
| 副局长 | 朱　平　张耀波 |
| 总工程师 | 余建平 |
| 调研员 | 梁　钧 |

## 福建省测绘地理信息局

| | |
|---|---|
| 福建省国土资源厅党组成员、<br>福建省测绘地理信息局局长 | 陈跃进 |
| 党组书记、副局长 | 林　辉 |
| 副局长 | 陈智仁　林孝文 |
| 总工程师 | 简灿良 |

## 江西省测绘地理信息局

| | |
|---|---|
| 江西省国土资源厅党组成员、<br>江西省测绘地理信息局局长 | 高振华 |
| 党委书记 | 匡　猛 |
| 江西省国土资源厅副巡视员 | 钟永辉 |
| 副局长 | 敖颠根　袁仁亮 |
| 纪委书记 | 龙　象 |
| 副局长 | 焦三梓　李增学 |
| 工会主席 | 周茂林 |
| 党委委员 | 陈挺芳 |

## 山东省国土资源厅（山东省测绘地理信息局）

| | |
|---|---|
| 厅长、党组书记 | 刘俭朴 |
| 副厅长、党组副书记 | 张庆坤 |
| 副厅长 | 王玉志 |
| 副厅长、党组成员 | 宇向东　王桂鹏 |
| 测绘地理信息局局长 | 吴玉海 |
| 党组成员、纪检组长、监察专员 | 袁如英 |
| 副巡视员 | 宁廷河 |
| 测绘地理信息局副局长 | 曲伟刚　袁振林 |

## 河南省测绘地理信息局

| | |
|---|---|
| 河南省国土资源厅党组成员<br>河南省测绘地理信息局党委书记、局长 | 贾志伟 |
| 副局长、党委成员 | 禄丰年　王进福 |

## 湖北省测绘地理信息局

| | |
|---|---|
| 局　长、党组书记 | 陈文海 |

| | |
|---|---|
| 纪检组组长、党组成员 | 王耀鸣 |
| 副局长、党组成员 | 何保国　李建国　柯美忠 |
| 总工程师、党组成员 | 郭建华 |
| 副巡视员、直属机关党委书记 | 郑永益 |

## 湖南省国土资源厅（湖南省测绘地理信息局）

| | |
|---|---|
| 党组书记、厅长 | 方先知 |
| 党组副书记、副厅长 | 颜学毛 |
| 副厅长（副省级） | 杨维刚 |
| 党组成员、副厅长（正厅级） | 胡进安 |
| 党组成员、副厅长 | 厉　坤　王善明 |
| 党组成员、总工程师 | 尹学朗 |
| 党组成员、纪检组长 | 唐新民 |
| 党组成员、副厅长 | 金勇章 |
| 党组成员、省国土资源执法监察总队总队长 | 范荣华 |
| 巡视员 | 易显奇　彭　悦 |
| 副巡视员 | 彭晓玉 |

## 广东省国土资源厅

| | |
|---|---|
| 厅　长、党组书记 | 邬公权 |
| 副厅长、党组副书记 | 涂高坤 |
| 巡视员、党组成员 | 沈绍梅 |
| 副厅长、党组成员 | 黄奕锋　杨俊波　邢建江　李俊祥　杨林安 |
| 纪检组长、党组成员 | 叶伟龙 |
| 执法监察局局长、党组成员 | 李　师 |
| 副巡视员 | 张超群 |
| 副厅级纪检员、监察专员 | 刘克斌 |

## 广西壮族自治区测绘地理信息局

| | |
|---|---|
| 党组书记、局长（正厅长级） | 席　扬 |
| 党组成员、副局长 | 卢显泰　李占元　熊　伟 |
| 党组成员、总工程师 | 周　涛 |

## 重庆市规划局（重庆市测绘地理信息局）

| | |
|---|---|
| 党组书记、局　长 | 曹光辉 |
| 党组成员、副局长 | 邱建林　张　远　张　睿　王　岳 |
| 党组成员、纪检组长 | 何桂文 |
| 党组成员、规划展览馆馆长 | 桑东升 |
| 巡视员 | 汪子发　彭晓麟 |
| 党组成员、副巡视员 | 田茂明 |
| 副巡视员 | 甘　红 |

## 重庆市测绘地理信息局

| | |
|---|---|
| 局　长 | 张　远 |
| 副局长 | 田茂明　张治清 |

## 贵州省国土资源厅

| | |
|---|---|
| 党组书记、厅长 | 朱立军 |
| 党组成员、副厅长 | 周从启　王赤兵　周　文　肖才忠 |
| 党组成员、总规划师 | 董晓峰 |
| 党组成员、总工程师 | 郭　强 |
| 党组成员、驻厅纪检组长 | 闫海山 |
| 党组成员、机关党委书记 | 杨真贵 |

## 云南省测绘地理信息局

| | |
|---|---|
| 副局长、党组成员 | 刘继元（主持工作）　邹亚光　王卫国 |

## 西藏自治区测绘局

| | |
|---|---|
| 西藏自治区国土资源厅副厅长、西藏自治区测绘局局长 | 王维拉 |
| 副局长 | 扎西多吉 |
| 总工程师 | 王晓强（援藏干部） |

## 甘肃省测绘地理信息局

| | |
|---|---|
| 党委书记、局长 | 缪树德 |
| 党委委员、副局长 | 苗天宝　陈　钢 |
| 党委委员、纪委书记 | 郭生亮 |
| 党委委员、副局长 | 牟应录 |

## 青海省测绘地理信息局

| | |
|---|---|
| 党委书记、局长 | 董永弘 |
| 党委副书记、副局长 | 唐千里 |
| 副局长 | 卢晓平　郗利华 |
| 纪委书记 | 辛全林 |
| 总工程师 | 黄伟星 |

## 宁夏回族自治区国土资源厅

| | |
|---|---|
| 厅　长、党组书记 | 王　政 |
| 副厅长、党组副书记，地矿局党委书记、局长 | 徐占海 |
| 副厅长、党组成员 | 张玉英　马　鑫　韦晓龙 |
| 总工程师、党组成员 | 包　敏 |
| 党组成员、纪检组长 | 于晓峰 |
| 党组成员、土地征收储备局局长 | 杨兴叶 |
| 党组成员、总规划师 | 宋艳萍 |

副巡视员 张 黎

## 新疆维吾尔自治区测绘地理信息局

新疆维吾尔自治区国土资源厅党组副书记、副厅长，
新疆维吾尔自治区测绘地理信息局党组书记（厅长级） 平新来
党组副书记、局长 李全战
副巡视员、党组成员、纪检组长 艾买提·艾达洪
党组成员、副局长 常戈军 邹辉东（挂职）

## 新疆维吾尔自治区兵团国土资源局

局 长、党组书记 黄国强
副局长、党组成员 闫丽莉 张新安（挂职） 李佼玉
纪检组长、党组成员 杜学明

## 青岛市国土资源和房屋管理局

党委书记、局长 陈立新
党委委员、纪委书记 田忠源
党委委员、副局长 潘思晓
副局长 王威宁
党委委员、副局长 赵富安 付荣云
党委委员、市国土资源执法监察支队支队长 马 刚
党委委员、总经济师 潘 奇
巡视员 陈培新

## 大连市规划局

党委书记、局长 王 君
副局长 张继良 刘东立 宋继先
党委副书记、纪委书记 石 山
副局长 陈 艳

## 宁波市规划局（宁波市测绘与地理信息局）

局 长 王丽萍
党委书记 阮志贤
党委委员、副局长、副书记 郑声轩
党委委员、总规划师 袁朝晖
党委委员、副局长 李明华 陈为民
党委委员、市纪委驻局纪检组组长 金维连
党委委员、副局长 张晓斌
副巡视员 周志刚
党委委员、组织人事处处长 金明强

## 深圳市规划和国土资源委员会

党组书记、主任（局长） 王幼鹏

| | |
|---|---|
| 党组成员、副主任（副局长） | 黄　斑　梁俊乾 |
| 党组成员、机关委员会专职书记 | 户从义 |
| 党组成员、副主任（副局长） | 薛　峰 |
| 党组成员、副主任（副局长）兼土地整备局局长 | 刘世会 |
| 党组成员、副主任（副局长） | 徐　荣 |
| 党组成员、监察支队支队长 | 覃跃良 |
| 巡视员 | 郭仁忠 |
| 副巡视员 | 韩肖平 |
| 巡视员 | 刘永根 |

### 厦门市国土资源与房产管理局

| | |
|---|---|
| 局长、党组书记 | 余江河 |
| 副局长、党组成员 | 郭俊胜 |
| 纪检组长、党组成员 | 王星旦 |
| 副局长、党组成员 | 戴　敏　吴志坚 |
| 总规划师、党组成员 | 卢海林 |
| 局长助理 | 黄健雄 |

# 测绘地理信息人物名录

## 全国政协委员

徐德明　李朋德　杨维刚　李　莉

## 院　士

### 中国科学院

陈俊勇　许厚泽　李德仁　徐冠华　童庆禧　高　俊　李小文　杨元喜　郭华东　龚健雅　周成虎

### 中国工程院

李德仁　刘先林　宁津生　魏子卿　王任享　刘经南　王家耀　张祖勋　许其凤　李建成　郭仁忠

## 国家测绘地理信息局直属单位享受政府特殊津贴人员（1990 年～2013 年）

刘先林　陈俊勇　杨明辉　顾旦生　田伯键　夔中羽　刘永诺　陈　军　张清浦　杜祥明　毛可标
冯浩鉴　朱德愉　刘四宁　胡建国　田　成　穆宝菡　杨　可　文沃根　邱志成　苗履丰　孙立业

左传惠　徐　善　周英武　徐道盈　楚良才　赵先恒　梁振英　林宗坚　徐国华　董鸿闻　徐伯清
王惠民　张书荣　许卓群　朱梅珍　薛　璋　王惠然　王福履　蔡金生　王满英　翟声柱　方　恒
华彬文　文湘北　麦柏楠　郑家声　林天冲　石奉天　陆用森　赵熙林　张武冰　周忠谟　王增藩
张家庆　张伟兼　李道义　邱其宪　周祚域　周祚义　潘新诺　王鸿生　任维春　陈仁恕　何汉启
黄克明　蒋景瞳　戴其潮　钱天久　陈继良　姜翔鸾　张三省　赵一昌　郁期青　席德昆　麻英暖
周光楹　周正谊　潘达忠　吴孟起　龙宗英　端木杰　刘明光　陈　潮　凌大夏　王淑华　金　符
陈振华　黄衍其　秦金泉　干福弟　黄武英　李　莉　李广源　刘凤德　杨　凯　冯孟华　姚绪荣
卢瑞虹　高文朗　沈安生　施品浩　林晓慧　余国珊　彭安仁　朱长盛　余文芳　周　良　姬恒炼
张学良　王谭强　吴郁芬　郭锡正　李左清　徐承天　李根洪　张燕平　关大任　丘金宏　张　骥
肖国雄　向宗藩　刘纪平　王东华　顾乃福　成燕辉　马林波　张安川　刘若梅　闵宜仁　李毓麟
刘宗杰　苗前军　李绍明　郭春喜　庞尚益　张开昶　王明善　肖学年　张继贤　李英成　孙晓生
程鹏飞　肖　平　李伟建　古一鸣　王　权　徐开明　蒋　捷　周　敏　杨　升　周　社　燕　琴
张江齐　徐根才　李成名　王晓国　商瑶玲　金玉平　周德军　金舒平　黄国满　高锡瑞　唐新明
王小军　党亚民　张　力　张　鹏　王　亮　胡兴树　孙承志　刘云峰

## 百千万人才工程国家级人选

张继贤　程鹏飞　陈　军　刘若梅　王东华　蒋　捷　刘纪平　商瑶玲　徐开明　党亚民　张　力
唐新明　张　鹏　李成名　李英成　黄国满

## 海外高层次人才引进计划人选

吴晓良　徐永龙　关鸿亮　单　杰　史文中　萧世伦　周国清　李志林　李荣兴　韩绍伟　朱敦尧
施建成　何宏昌　柳　林

## 国家测绘地理信息局科技领军人才

陈　军　李成名　张继贤　郭春喜　王东华　刘纪平　刘耀林　李满春　顾行发　唐新明　程鹏飞
童小华　史文中　刘若梅　许才军　闫　利　张　力　李　霖　党亚民　蒋　捷

## 国家创新人才推进计划中青年科技创新领军人才

刘纪平　李成名

## 国家创新人才推进计划重点领域创新团队

国家测绘地理信息局卫星测绘应用中心卫星测绘关键技术创新团队（团队负责人唐新明）
国家基础地理信息中心国家地理信息公共服务平台天地图技术创新团队（团队负责人蒋捷）

## 百千万工程领军人才

张继贤　王东华

## 全国新闻出版行业领军人才

徐根才　周　敏　芦仲进　倪庆华　陈　平　赫建忠　路丽华

## 国家测绘地理信息局青年学术和技术带头人名单（2015 年～2017 年）

冯学兵　陈廷武　刘　光　祝晓坤　黄　勇　邓世军　汪　伟　陈永立　王润峰　吴文坛　杨爱民
石建军　丰　勇　徐　婵　王　铮　刘振宇　谢　岩　杨爱玲　张洪文　曲　平　林富明　毛炜青
冯　琰　吴张峰　卢　刚　刘　波　朱凤云　沈　飞　刘昱君　楼燕敏　曾文华　李东阳　胡传文
侯恩兵　马卫春　余丽钰　吴铭杰　吴　飞　欧立业　易明华　廖　明　张立国　相恒茂　张　伟
王海银　李国清　卢清国　邱儒琼　段志强　洪　亮　徐之俊　华亮春　肖祥红　刘华光　李成钢
吴永静　钟远军　廖超明　李　毅　黄日娟　王春晓　袁　超　陈良超　明　镜　甘　泉　陈中林
李　冲　刘建川　曹振宇　刘　吉　孙俊英　金宝轩　曹建成　王　斌　张　智　邓国庆　聂建亮
兀　伟　蒋光伟　曹建君　李克恭　吴文魁　周　星　王　苑许长军　杨鸿海　杨　波　魏　岳
刘　涛　辛海强　宫林成　聂　倩　李兆雄　潘建平　赵礼剑　卜庆华　朱　萌　芦仲进　司连法
余　凡　刘文杰　张　力　刘正军　张永红　张福浩　李海涛　王继周　秘金钟　宁晓刚　张利明
翟　亮　张　鹏　廖安平　周　旭　刘建军　孙占义　黄　蔚　李志才　蒋志浩　张元杰　张宏伟
常晓涛　汪汇兵　王华斌　谢俊峰　高小明　刘　利　阮于洲　熊　伟　吉建培　陈海鹏

# 先进集体和先进个人名录

## 全国民族团结进步模范集体

国家测绘地理信息局第四地形测量队（黑龙江第三测绘工程院）

## 全国省级测绘地理信息行政主管部门 2014 年度测绘地理信息工作绩效考核受表彰单位

**优秀单位（9 家）**

浙江省测绘与地理信息局

江西省测绘地理信息局
河北省地理信息局
四川测绘地理信息局
山东省国土资源厅（测绘地理信息局）
江苏省测绘地理信息局
重庆市规划局
辽宁省测绘地理信息局
陕西测绘地理信息局

## 达标单位（22 家）

湖南省国土资源厅（测绘地理信息局）
新疆维吾尔自治区测绘地理信息局
广东省国土资源厅（测绘局）
黑龙江测绘地理信息局
海南测绘地理信息局
甘肃省测绘地理信息局
吉林省测绘地理信息局
湖北省测绘地理信息局
上海市测绘管理办公室（测绘院）
福建省测绘地理信息局
河南省测绘地理信息局
北京市规划委员会
山西省测绘地理信息局
天津市规划局
青海省测绘地理信息局
内蒙古自治区国土资源厅
安徽省国土资源厅
宁夏回族自治区国土资源厅（测绘地理信息局）
广西壮族自治区测绘地理信息局
贵州省国土资源厅（测绘局）
云南省测绘地理信息局
西藏自治区测绘局

## 突出进步单位（5 家）

湖南省国土资源厅（测绘地理信息局）
新疆维吾尔自治区测绘地理信息局
广东省国土资源厅（测绘局）
甘肃省测绘地理信息局
内蒙古自治区国土资源厅

## 特色工作创新单位（6 家）

吉林省测绘地理信息局
湖北省测绘地理信息局

河南省测绘地理信息局
北京市规划委员会
天津市规划局
西藏自治区测绘局

## 全国测绘地理信息技术能手

（按竞赛成绩排序）

### 地籍测绘竞赛成绩第 1—15 名选手

| | |
|---|---|
| 武润泽 | 北京市测绘设计研究院 |
| 瞿申润 | 广东省国土资源测绘院 |
| 孙光文 | 河南省地图院 |
| 仇　俊 | 湖南省第一测绘院 |
| 党军勇 | 国家测绘地理信息局第二地形测量队 |
| 隋正苏 | 辽宁地质勘查局一〇一测绘队 |
| 车红磊 | 江苏省南通市测绘院有限公司 |
| 陈永就 | 广东省国土资源测绘院 |
| 李砾砾 | 江苏省南通市测绘院有限公司 |
| 王光泽 | 江西省南昌市测绘勘察研究院 |
| 李正洪 | 广西壮族自治区地理国情监测院 |
| 陈小松 | 浙江省宁波市测绘设计研究院 |
| 徐红波 | 湖南省第一测绘院 |
| 李　鹏 | 重庆市勘测院 |
| 高永超 | 国家测绘地理信息局第三大地测量队 |

### 地图制图竞赛成绩第 1—15 名选手

| | |
|---|---|
| 任银萍 | 江苏省测绘工程院 |
| 向　勇 | 国家测绘地理信息局第三航测遥感院 |
| 高何利 | 长江空间信息技术工程有限公司（武汉） |
| 佘迎晨 | 湖南省第三测绘院 |
| 朱利坤 | 国家测绘地理信息局第一航测遥感院 |
| 王天明 | 黑龙江地理信息工程院 |
| 李莎莎 | 国家测绘地理信息局第一航测遥感院 |
| 李　蕾 | 辽宁省基础地理信息中心 |
| 李桂芬 | 黑龙江地理信息工程院 |
| 谭志华 | 重庆市勘测院 |
| 郭小玉 | 广西壮族自治区遥感信息测绘院 |
| 何秀国 | 长江空间信息技术工程有限公司（武汉） |
| 易　舟 | 湖南省第三测绘院 |
| 何　丽 | 国家测绘地理信息局第三航测遥感院 |
| 杨　婷 | 江苏省测绘工程院 |

# 测绘地理信息系统全国“六五”普法中期先进集体和先进个人名单

## 先进单位

山西省测绘地理信息局

## 先进普法依法治理工作领导小组办公室

福建省三明市国土资源局“六五”普法依法治理办公室

## 先进个人

王玉玲　中国测绘宣传中心记者
李　兰　新疆维吾尔自治区测绘地理信息局政策法规处主任科员

## 先进工作者

王和平　山西省测绘地理信息局测绘市场管理处处长

# “转作风、树新风、办实事、求实效”优秀活动

中国地图出版集团党委第一党支部
中国测绘科学研究院党委中测新图党总支研发中心党支部
国家基础地理信息中心党委第四党支部
国家基础地理信息中心党委第五党支部
卫星测绘应用中心党委第二党支部
国家测绘产品质量检验测试中心临时党委第一党支部
中国测绘宣传中心党总支第二党支部
国家测绘地理信息局国土测绘司党支部
国家测绘地理信息局地理信息与地图司（测绘成果管理司）党支部
国家测绘地理信息局直属机关党委党支部
国家测绘地理信息局地图技术审查中心党支部
国家测绘地理信息局测绘发展研究中心党支部

# “转作风、树新风、办实事、求实效”展示活动

中国地图出版集团党委第九党支部
中国地图出版集团党委测绘出版社第三党支部
中国测绘科学研究院党委职能部门联合党支部
中国测绘科学研究院党委期刊编辑中心党支部
中国测绘科学研究院党委国家光电测距仪检测中心党支部
中国测绘科学研究院党委地图学与地理信息系统研究所党支部
中国测绘科学研究院党委政府地理信息系统研究中心党支部
国家测绘地理信息局办公室党支部
国家测绘地理信息局规划财务司党支部

国家测绘地理信息局法规与行业管理司党支部
国家测绘地理信息局人事司党支部
国家测绘地理信息局离退休干部办公室党支部
国家测绘地理信息局管理信息中心党支部
国家测绘地理信息局职业技能鉴定指导中心党支部

## 国家测绘地理信息局2014年度“五型机关”创建活动先进集体和先进个人名单

### 先进司室（2个）

办公室
法规与行业管理司

### 先进处（室）（9个）

办公室秘书处
规划财务司预算处
国土测绘司遥感信息处（地理国情监测处）
法规与行业管理司法规与行政复议处
地理信息与地图司（测绘成果管理司）地图管理处
科技与国际合作司外事处（港澳台事务处）
人事司教育人才处（社团管理处）
直属机关党委（纪检监察审计室）纪委办公室（监察处）
离退休干部办公室

### 先进个人（26名）

办公室　刘　宇　刘海岩　杨和平　李　文
规划财务司　周丽娜　蒋丽华　白振栋
国土测绘司　宋雪生　蒯晓童　张贵钢
法规与行业管理司　陈　静　孙　超　杨忆兰
地理信息与地图司　王　茜　柏华洁　卢卫华
科技与国际合作司　杨　铮　何超英　张世柏
人事司　魏　尧　叶　婷　杜　明
直属机关党委（纪检监察审计室）
杜文广　柳　静　侯冬梅
离退休干部办公室　陈海峰

## “美丽中国”第二届全国国家版图知识团体赛获奖名单

### 一等奖

浙江代表队

**二等奖**

上海代表队
高德代表队

**三等奖**

湖北代表队
海南代表队
河南代表队
青海代表队
广西代表队

**优胜奖**

北京代表队
天津代表队
河北代表队
山西代表队
内蒙古代表队
辽宁代表队
吉林代表队
黑龙江代表队
江苏代表队
安徽代表队
福建代表队
江西代表队
山东代表队
湖南代表队
广东代表队
重庆代表队
四川代表队
西藏代表队
陕西代表队
甘肃代表队
新疆代表队
中科宇图代表队
北京帝测代表队
四维图新代表队
世景科技代表队
同创达代表队
河南中纬代表队
恒华科技代表队

## “美丽中国” 第二届全国国家版图知识个人赛获奖名单

**组织奖（125 名）**

北京市陈经纶中学
北京市京源学校
天津市教育委员会
河北省清苑县教育局
河北省石家庄市盛世长安小学
山西省晋城市国土资源局
山西省长治市国土资源局
内蒙古自治区明阳风电有限公司
辽宁省测绘地理信息局
辽宁省铁岭县凡河中心小学
辽宁省开原市第八中学
辽宁省辽阳市师范附属小学
辽宁省铁岭市教育局
辽宁省辽阳市教育局
吉林省抚松县第六小学
吉林省长白山管委会测绘管理办公室
吉林省公主岭市秦家屯镇中心小学
黑龙江省哈尔滨市测绘地理信息局
上海市测绘管理办公室
上海市金山区测绘管理办公室
上海市华东师范大学附属第三中学
上海市东方社区信息苑打浦苑
江苏省测绘地理信息局
江苏省连云港市教育局
江苏省盐城市国土资源局
江苏省赣榆县第一中学
江苏省连云港市师专二附小
江苏省南通职业大学

江苏省睢宁县宁海外国语学校
江苏省宿迁市洋河新区郑楼实验学校小学部
江苏省靖江外国语学校
江苏省苏州工业园区跨塘实验小学
江苏省镇江市国土资源局新区分局
江苏省常州市武进区南夏墅中心小学
江苏省第二师范学院附属小学
江苏省洪泽外国语中学
江苏省连云港市海州实验中学
江苏省常州市礼嘉中心小学
江苏省沭阳县南湖小学
江苏省苏州市新区实验小学
江苏省连云港市大庆路小学
浙江省测绘与地理信息局
浙江省宁波市测绘与地理信息局
浙江省嘉兴市测绘与地理信息局
浙江省衢州市测绘与地理信息局
浙江省温州市测绘与地理信息局
浙江省慈溪市测绘与地理信息局
浙江省桐乡市测绘与地理信息局
浙江省绍兴市上虞区测绘和地理信息局
浙江省杭州市文一街小学
浙江省衢州市实验学校
浙江省绍兴市测绘和地理信息局
安徽省淮南市田家庵区第十九中学
安徽省和县第一中学高二年级地理教研组
福建省福州市教育局
福建省武平县实验小学
江西省测绘地理信息局
江西省南昌市育新学校
江西省新余市国土资源局
江西省上饶市国土资源局
山东省国土资源厅
山东省潍坊市国土资源局
山东省东营市胜利第二小学
山东省烟台市莱州市实验小学
山东省青岛市文登路小学
山东省日照市国土资源局
山东省临沂市沂水县国土资源局
山东省聊城市冠县国土资源局
河南省测绘地理信息局
湖北省测绘地理信息局
湖北省潜江市测绘地理信息局
湖北省武汉市测绘局
中地数码集团
湖南省国土资源厅
湖南省湘西自治州国土资源局
湖南省湘潭市国土资源局
湖南省衡阳市国土资源局
广东省国土资源厅
广西壮族自治区柳州市国土资源局
海南省测绘地理信息局
海南省文昌市文昌中学
海南省儋州市一中
海南省琼海市第一小学
海南省东方市铁路中学
海南省中共海南省委办公厅
重庆市潼南县规划局
四川省测绘地理信息局
四川省攀枝花市测绘管理办公室（攀枝花市住房和城乡规划建设局）
四川省攀枝花市教育局
四川省眉山市测绘地理信息局（眉山市规划局）
四川省眉山市教育局
四川省广元市测绘地理信息局（广元市城乡规划建设和住房保障局）
四川省广元市教育局
四川省乐山市教育局
四川省眉山市大北街小学
四川省攀枝花市外国语学校
四川省攀枝花市实验学校
四川省凉山州会理县通安中学
四川省广元市昭化区实验小学
四川省峨眉山市第三小学
四川省乐山市徐家扁小学
贵州省铜仁市国土资源局
云南省昆明市国土资源局
西藏自治区林芝地区幼儿园
陕西省测绘地理信息局
陕西省宝鸡市城乡建设规划局
陕西省榆林市第七中学
陕西省榆林市城乡建设规划局
甘肃省测绘地理信息局
甘肃省庆阳市测绘地理信息局
甘肃省庆阳市教育局
甘肃省镇原县测绘管理办公室

甘肃省金昌市第四中学
甘肃省张掖市测绘管理办公室
青海省测绘地理信息局
青海省黄南州测绘地理信息局
青海省中国水利水电第四工程局有限公司
宁夏回族自治区中卫市第六中学
新疆维吾尔自治区测绘地理信息局
新疆维吾尔自治区教育厅
新疆维吾尔自治区塔城地区国土资源局
新疆维吾尔自治区阿克苏地区国土资源局
新疆维吾尔自治区乌鲁木齐市国土资源局
新疆维吾尔自治区阿勒泰地区国土资源局
新疆维吾尔自治区商务厅

## 个人奖（共 698 人）

### 小学组（306 人）

**特等奖（1 人）**

王嘉辉　江苏省常州市武进区马杭中心小学五（2）班

**一等奖（5 人）**

周瑞云　北京市西城区海淀外国语实验学校五（9）班
袁梓涵　吉林省白山市抚松县第六小学一（1）班
李雯雯　江苏省连云港市赣榆县沙河镇中心小学三（1）班
欧　康　浙江省嘉兴市桐乡市石门路学校六（5）班
吴钟雄　海南省琼中黎族苗族自治县第一小学五（6）班

**二等奖（10 人）**

袁　杨　江苏省盐城市建军路小学三（2）班
林文豪　江苏省连云港市海州区师专二附小五（7）班
李紫欣　浙江省衢州市衢江区实验小学五（4）班
邵雅琪　浙江省绍兴市上虞市沥海镇中心小学一（1）班
付驰名　江西省宜春市高安市第一小学六（6）班
罗睿幸　江西省南昌市东湖区南师附小叠山路校区一（1）班
江胤锋　湖南省湘西土家族苗族自治州凤凰县箭道坪小学四（258）班
祝毅凡　陕西省商洛商州城关第二小学六（3）班
陈　博　甘肃省庆阳市镇原县蒲河小学四年级
张　可　甘肃省庆阳市庆城县小学五（1）班

**三等奖（50 人）**

王佳蕊　河北省保定市清苑县北王力刘村小学五（1）班
臧　伟　河北省保定市清苑县南刘口明德小学四（甲）班
田梦帆　山西省晋城市阳城县第三小学五（4）班
周禹杉　吉林省四平市公主岭市秦家屯中心校一（1）班
杜雨航　黑龙江省伊春市嘉荫县乌云中心小学三（2）班
怀晓静　江苏省连云港市新浦区海宁小学四（4）班
徐福康　江苏省连云港市赣榆县青口中心小学六（5）班
赵晨晨　江苏省宿迁市洋河新区郑楼实验学校小学三（1）班
浦　晶　江苏省宿迁沭阳县南湖小学一（3）班
荣子豪　江苏省宿迁市沭阳县南湖小学四（5）班
张文博　江苏省宿迁市洋河新区郑楼实验学校小学部四（2）班
占雨涵　江苏省常州市武进区礼嘉镇中心小学二（2）班

李艺龙　江苏省常州市武进区南夏墅中心小学二（1）班
孙　露　江苏省常州市武进区礼嘉中心小学五（4）班
张云炟　江苏省常州市武进区南夏墅中心小学一（1）班
杨　洁　江苏省常州市武进区南夏墅中心小学四（5）班
曾林豪　江苏省常州市武进区夏溪小学三（2）班
周建杰　江苏省盐城市响水县县南实小二（13）班
胡　兵　江苏省无锡市东绛实验小学部六（5）班
徐博文　浙江省宁波市镇海区中心学校一（2）班
孙镓镓　浙江省宁波市慈溪市城区中心小学教育集团六（4）班
黄露冉　浙江省宁波市慈溪市蓝天小学四（2）班
王友国　浙江省宁波市鄞州区雅戈尔小学四（1）班
张涵杰　浙江省宁波市慈溪市蓝天小学二（3）班
刘梦莹　浙江省宁波市鄞州区邱隘镇中心小学五（2）班
沈佳丽　浙江省嘉兴市桐乡市乌镇镇民合小学六（2）班
魏佳豪　浙江省衢州市衢江区廿里镇中心小学五（2）班
曾占辉　浙江省衢州市衢江区实验小学五（5）班
徐翌程　浙江省绍兴市上虞市鹤琴小学五（3）班
赵佳敏　浙江省绍兴市上虞区章镇大勤小学三（1）班
潜烁琪　浙江省绍兴市上虞市滨江学校博文校区四（4）班
林裕明　福建省龙岩武平实验小学五（2）班
赵子远　江西省南昌市东湖区南师附小老校区五（7）班
宗佳瑒　江西省南昌市西湖区站前路小学五（5）班
李博涵　江西省南昌市育新学校五（6）班
廖学忠　江西省上饶市广丰县北门小学二（1）班
许世帆　山东省青岛市市南区宁夏路二小四（2）班
胡国佳　山东省青岛市市南区南京路小学三（2）班
张博文　山东省潍坊市高密市恒涛双语实验学校二（7）班
刘翔宇　山东省烟台市莱州市双语学校四（15）班
卢昭婧　湖北省宜昌市秭归县三峡工程希望小学四（4）班
赵雯熙　湖北省潜江市江汉油田外国语学校一（2）班
宋辰蕾　湖北省潜江市江汉油田第二实验小学四（1）班
何鑫琪　湖南省郴州市市辖区资兴市二完小六（4）班
张希楠　广东省广州市番禺区番禺市桥中心小学六（2）班
邓皓霖　广东省广州市番禺区市桥实验小学三（5）班
黄景怡　海南省琼中县第二小学四（3）班
鄢羽欣　四川省乐山市实验小学五（2）班
张圣淇　四川省广元市昭化区实验小学四（1）班
田　杰　新疆维吾尔自治区塔城市三小五（2）班

**优胜奖（240 人）**

李晓航　天津市河北区光明小学二（1）班
唐　靖　天津市静海县大邱庄镇中学八（1）班
张吉辰　河北省石家庄市辛集市马庄完小四（2）班
赵少康　河北省保定市清苑县北刘口小学三（3）班

| | |
|---|---|
| 米梦涵 | 河北省保定市清苑县清苑镇中冉小学三（1）班 |
| 李梦悦 | 河北省保定市清苑县望亭乡御城小学五（乙）班 |
| 郭弋琳 | 山西省晋城市阳城县第三小学六（1）班 |
| 高宇婕 | 山西省晋城市阳城县实验小学五（4）班 |
| 郑浩泉 | 山西省晋中市和顺县南关小学四（1）班 |
| 郭潇阳 | 辽宁省抚顺市新抚区抚顺市实验小学四（4）班 |
| 周木淼 | 辽宁省铁岭市开原市红旗小学五（3）班 |
| 丁晨悦 | 辽宁省铁岭市铁岭县凡河中心小学六（4）班 |
| 徐　鑫 | 辽宁省铁岭市西丰县鸿志小学六（1）班 |
| 赵美琪 | 吉林省白山市长白县向阳小学五（2）班 |
| 王浩宇 | 吉林省白山市抚松县第六小学二（1）班 |
| 张振缘 | 吉林省白山市抚松县第六小学四（4）班 |
| 韩春林 | 吉林省长白山保护开发区池北区第三小学二（1）班 |
| 崔泽文 | 吉林省长白山保护开发区池北区第三小学五（2）班 |
| 武柏彤 | 吉林省长白山保护开发区池北区第一小学四（1）班 |
| 王语博 | 吉林省公主岭市岭西小学六（3）班 |
| 谭婷元 | 吉林省四平市公主岭市秦家屯中心校三（1）班 |
| 孙文哲 | 吉林省四平市公主岭市秦家屯中心校四（1）班 |
| 姜文泽 | 吉林省四平市公主岭市秦家屯中心校五（2）班 |
| 张晓雨 | 吉林省四平市公主岭市秦家屯中心校一（6）班 |
| 刁嘉悦 | 黑龙江省齐齐哈尔市甘南县实验小学四（3）班 |
| 钱晨豪 | 上海市青浦区青浦逸夫小学二（7）班 |
| 李智杰 | 上海市金山区枫泾小学五（2）班 |
| 陆思语 | 江苏省南京市鼓楼区天正小学二（1）班 |
| 王海慰 | 江苏省南京市鼓楼区天正小学四（4）班 |
| 唐嘉翊 | 江苏省常州市武进区湖塘桥中心小学六（2）班 |
| 庄晨怡 | 江苏省常州市武进区礼嘉中心小学二（1）班 |
| 张美怡 | 江苏省常州市武进区礼嘉中心小学五（3）班 |
| 章澍东 | 江苏省常州市武进区礼嘉中心小学一（1）班 |
| 鲍广磊 | 江苏省常州市武进区南夏墅中心小学六（3）班 |
| 徐　涛 | 江苏省常州市武进区南夏墅中心小学五（5）班 |
| 彭锋闻 | 江苏省常州市武进区南夏墅中心小学一（2）班 |
| 殷岩浩 | 江苏省常州市武进区南夏墅中心小学二（8）班 |
| 陈奥迪 | 江苏省常州市武进区夏溪小学五（3）班 |
| 周昶岑 | 江苏省淮安市洪泽县实验小学五（9）班 |
| 胡　翔 | 江苏省连云港市赣榆县青口镇中心小学六（3）班 |
| 张　迪 | 江苏省连云港市赣榆县沙河小学四（1）班 |
| 钱宗硕 | 江苏省连云港市赣榆县沙河中心小学三（5）班 |
| 张文娟 | 江苏省连云港市赣榆县实验小学四（5）班 |
| 黄彦敏 | 江苏省连云港市灌云县第二实验小学六（2）班 |
| 许文静 | 江苏省连云港市灌云县第二实验小学四（2）班 |
| 潘思吉 | 江苏省连云港市海州区大庆路小学三（1）班 |
| 陈子璇 | 江苏省连云港市海州区大庆路小学四（1）班 |

刘芷念　江苏省连云港市海州区大庆路小学一（3）班
朱慧倪　江苏省连云港市海州区连云港师专二附小二（7）班
贺启凡　江苏省连云港市建国路小学二（3）班
程莘茹　江苏省连云港市连云区灌云县第二实验小学六（2）班
李梦欣　江苏省连云港市师专二附小六（8）班
牛紫琼　江苏省连云港市师专二附小三（7）班
郭美姣　江苏省连云港市师专二附小四（3）班
徐　皓　江苏省连云港市师专二附小五（6）班
时祎伟　江苏省连云港市新浦区建国路小学三（6）班
陈雨来　江苏省连云港市新浦区建国路小学四（5）班
黄一永　江苏省连云港市新浦区建国路小学五（1）班
徐鎏馨　江苏省南通市如皋市城南小学四（2）班
刘语涵　江苏省苏州工业园区跨塘实验小学六（3）班
陆心愿　江苏省苏州工业园区跨塘实验小学四（3）班
徐王渊　江苏省苏州市宝带实验小学二（4）班
高梦洋　江苏省苏州市工业园区跨塘实验小学六（1）班
金文奕　江苏省苏州市工业园区跨塘实验小学四（4）班
程浦楠　江苏省苏州市虎丘区实验小学四（9）班
刘学明　江苏省苏州市张家港市凤凰小学六（2）班
包　蓉　江苏省苏州新区实验小学六（7）班
周昕昊　江苏省苏州新区实验小学六（8）班
胡超锦　江苏省宿迁沭阳县南湖小学二（1）班
程建成　江苏省宿迁市仓集中心小学三（4）班
苑哲涵　江苏省宿迁市沭阳县南湖小学四（3）班
藏　满　江苏省宿迁市沭阳县南湖小学五（4）班
刘　煦　江苏省宿迁市沭阳县南湖小学一（1）班
李子彤　江苏省宿迁市洋河新区郑楼实验学校小学部二（4）班
李浩浩　江苏省宿迁市洋河新区郑楼实验学校小学部三（3）班
尹浩祥　江苏省宿迁市洋河新区郑楼实验学校小学部四（5）班
李瑞轩　江苏省宿迁市洋河新区郑楼实验学校小学部一（4）班
刘炎鑫　江苏省泰州市靖江市滨江学校六（2）班
朱芸仪　江苏省泰州市靖江市滨江学校六（2）班
尹昱涛　江苏省无锡市滨湖区峰影小学三（2）班
张桢尧　江苏省无锡市峰影小学四（2）班
赵欣彤　江苏省徐州市铜山区铜山区刘集实验小学三（2）班
袁　翔　江苏省盐城市建湖县上冈小学五（1）班
武欣纯　江苏省盐城市建军路小学三（2）班
房才郅　江苏省盐城市亭湖区青墩小学五（2）班
仇静妍　江苏省盐城市亭湖区青墩小学一（2）班
郁　涵　江苏省盐城市响水县南实验小学四（9）班
张鹏越　江苏省盐城市响水县实验小学（南）一（1）班
徐伟伟　江苏省盐城市响水县运河中心小学六（2）班
姜　攀　江苏省盐城市盐都区大纵湖小学六（1）班

| | |
|---|---|
| 张 楠 | 江苏省盐城市盐都区楼王小学六（2）班 |
| 符世杰 | 江苏省盐城市盐都区潘黄小学六（1）班 |
| 陶俊喆 | 江苏省盐城市盐都区神州路小学二（3）班 |
| 刘俊锴 | 江苏省盐城市盐都区神洲路小学一（9）班 |
| 王婷玉 | 江苏省扬中市丰裕中心小学六（2）班 |
| 唐 晔 | 江苏省镇江市丹徒区高资中心小学六（1）班 |
| 杨宇尧 | 江苏省镇江市丹徒区高资中心小学四（3）班 |
| 周 乐 | 江苏省镇江市句容市华阳中心小学六（1）班 |
| 张 啸 | 江苏省镇江市句容市华阳中心小学六（8）班 |
| 张 盈 | 江苏省镇江市镇江新区实验小学六（3）班 |
| 奚爽纹 | 江苏省镇江新区平昌小学五（2）班 |
| 王红燕 | 浙江省嘉兴市桐乡濮院桐星学校六（2）班 |
| 钟诚至 | 浙江省嘉兴市桐乡市高桥中心小学五（1）班 |
| 屠艺瑶 | 浙江省嘉兴市桐乡市留良中心小学六（2）班 |
| 岳启佳 | 浙江省嘉兴市桐乡市启新学校五（3）班 |
| 陈佳明 | 浙江省嘉兴市桐乡市石门镇羔羊中心小学五（1）班 |
| 陈铭杨 | 浙江省嘉兴市桐乡市实验小学教育集团城北小学六（1）班 |
| 李灵奕 | 浙江省嘉兴市桐乡市洲泉镇中心小学五（1）班 |
| 吴庭洋 | 浙江省嘉兴市桐乡市乌镇镇民合小学四（1）班 |
| 洪韵博 | 浙江省金华市磐安县实小四（5）班 |
| 余世达 | 浙江省宁波市北仑区长江小学六（1）班 |
| 张海杰 | 浙江省宁波市慈溪市庵东镇东二小学四（1）班 |
| 乔 峰 | 浙江省宁波市慈溪市城区中心小学东部校区五（8）班 |
| 徐以乐 | 浙江省宁波市慈溪市城区中心小学三（4）班 |
| 王 楠 | 浙江省宁波市慈溪市慈吉小学六（2）班 |
| 钱陈灏 | 浙江省宁波市慈溪市第三实验小学四（3）班 |
| 李成昆 | 浙江省宁波市慈溪市开发小学五（1）班 |
| 陈彦铮 | 浙江省宁波市慈溪市实验小学教育集团四（4）班 |
| 翁熠培 | 浙江省宁波市慈溪市阳光实验学校五（1）班 |
| 杜佳源 | 浙江省宁波市慈溪市阳光实验学校五（3）班 |
| 黄 燚 | 浙江省宁波市江东区国家高新区实验学校五（3）班 |
| 江雨霞 | 浙江省宁波市宁海县金阳小学六（5）班 |
| 杨 可 | 浙江省宁波市宁海县潘天寿小学六（3）班 |
| 杨昱琦 | 浙江省宁波市象山县实验小学六（2）班 |
| 王 杰 | 浙江省宁波市鄞州区东吴镇中心小学四（2）班 |
| 金佳敏 | 浙江省宁波市鄞州区邱隘镇实验小学五（4）班 |
| 蔡佳怡 | 浙江省宁波市鄞州区邱隘镇中心小学五（3）班 |
| 黄 坤 | 浙江省宁波市余姚市陆埠镇中心小学六（3）班 |
| 王涵玥 | 浙江省宁波市镇海区应行久外语实验小学二（4）班 |
| 乐嘉煜 | 浙江省宁波市镇海区镇海区中心学校二（5）班 |
| 李荫泽 | 浙江省宁波市镇海区中心小学三（6）班 |
| 吕佳浩 | 浙江省衢江区高家镇安仁小学六（2）班 |
| 孙菁璐 | 浙江省衢江区廿里镇中心小学三（3）班 |

| | |
|---|---|
| 杨振康 | 浙江省衢州市开化县北门小学五（3）班 |
| 王耀辉 | 浙江省衢州市龙游县阳光小学四（2）班 |
| 黄　磊 | 浙江省衢州市衢江区第四小学六（2）班 |
| 黄雨轩 | 浙江省衢州市衢江区实验小学五（7）班 |
| 郑东晟 | 浙江省绍兴市上虞区百官小学五（1）班 |
| 周仕霖 | 浙江省绍兴市上虞区百官小学一（5）班 |
| 景怡晨 | 浙江省绍兴市上虞市滨江小学博文校区二（1）班 |
| 陈漫莎 | 浙江省绍兴市上虞市滨江小学博文校区四（1）班 |
| 章诗菡 | 浙江省绍兴市上虞市滨江小学德济校区五（3）班 |
| 凌　波 | 浙江省绍兴市上虞市丰惠镇中心小学四（4）班 |
| 陈语莎 | 浙江省绍兴市上虞市上虞百官小学四（5）班 |
| 叶湘楠 | 浙江省绍兴市上虞市上虞区城北百官小学三（5）班 |
| 吴雅如 | 浙江省绍兴市上虞市夏丏尊小学四（1）班 |
| 钟孙婕 | 浙江省绍兴市绍兴县沥海镇小五（4）班 |
| 黄子恒 | 福建省福州市长乐市实验小学三（3）班 |
| 李　堃 | 福建省龙岩市武平附小六（3）班 |
| 刘圣芳 | 福建省龙岩市武平县第二附小五（2）班 |
| 林　斌 | 福建省龙岩市武平县实验小学六（6）班 |
| 王尚宇 | 江西省南昌市东湖区滨江学校一（3）班 |
| 万　浩 | 江西省南昌市东湖区叠山路南师附小老五（1）班 |
| 汪　阳 | 江西省南昌市东湖区南师附小叠山路校区六（7）班 |
| 曹乐宸 | 江西省南昌市南师附小叠山路校区二（10）班 |
| 龚亦然 | 江西省南昌市西湖区站前路小学四（1）班 |
| 袁晨轩 | 江西省南昌市育新学校二（7）班 |
| 陈亦夫 | 江西省南昌市育新学校六（6）班 |
| 李梓阳 | 江西省南昌市育新学校三（5）班 |
| 丁鹏宇 | 江西省南昌市育新学校四（7）班 |
| 龚诗雨 | 江西省南昌市育新学校五（4）班 |
| 唐佳慧 | 江西省赣州市安远县三百山中心小学六（3）班 |
| 李　媚 | 江西省赣州市信丰县第三小学六（3）班 |
| 方可欣 | 江西省赣州市寻乌县实验小学一（1）班 |
| 占艺杰 | 江西省上饶市德兴市银城二小四（1）班 |
| 潘　浩 | 江西省上饶市广丰县实验小学五（4）班 |
| 郑栩佳 | 江西省上饶市教育局直属小学二（3）班 |
| 徐嘉瑞 | 江西省上饶市直属小学一（4）班 |
| 吴郡怡 | 江西省新余市西湖小学五（5）班 |
| 袁紫霞 | 江西省宜春市丰城市丽村中心小学一（1）班 |
| 彭美晶 | 江西省宜春市万载县高村中心小学五（1）班 |
| 汪　蓉 | 江西省宜春市万载县三小六（2）班 |
| 朱家铭 | 山东省东营市胜利河口第二小学三（1）班 |
| 张茗然 | 山东省莱芜市莱城区莲河学校四（6）班 |
| 靖亮晶 | 山东省聊城市冠县店子镇当铺中心小学五（1）班 |
| 王曦曦 | 山东省聊城市冠县东古城镇前刘小学一（3）班 |

| | |
|---|---|
| 刘丽丽 | 山东省聊城市冠县化村中心小学五（1）班 |
| 刘皓中 | 山东省青岛市市南区南京路小学三（2）班 |
| 李昊燃 | 山东省青岛市市南区镇江路小学二（3）班 |
| 刘芳孜 | 山东省潍坊市安丘市汶水小学六（1）班 |
| 卢文慧 | 山东省潍坊市安丘市北洛中心小学六（2）班 |
| 刘子宁 | 山东省潍坊市安丘市东关小学四（1）班 |
| 逄顺越 | 山东省潍坊市安丘市汶水小学五（4）班 |
| 王艺颖 | 山东省潍坊市安丘市兴安小学五（1）班 |
| 施加伟 | 山东省潍坊市高密市第二实验小学二（二）班 |
| 牟建宇 | 山东省潍坊市寒亭区河西学校六（3）班 |
| 张瑜轩 | 山东省潍坊市青州市宋池学校四（1）班 |
| 郑芳菲 | 山东省潍坊市寿光市古城街道开发区小学五（1）班 |
| 江　雨 | 山东省潍坊市诸城市祝家楼小学四（1）班 |
| 蔡滇宇 | 山东省烟台市莱州双语学校五（7）班 |
| 田　奔 | 河南省郑州市巩义市五小四（3）班 |
| 罗颐珩 | 湖北省潜江市湖北省江汉油田外国语学校二（1）班 |
| 洪子琪 | 湖北省潜江市江汉油田东方红学校五（2）班 |
| 刘霄阳 | 湖北省武汉市江岸区同济附小二（4）班 |
| 龚子涵 | 湖北省武汉市硚口区同济医学院附小二（3）班 |
| 曾金川 | 湖南省凤凰县水打田九年制学校五（甲）班 |
| 刘　巧 | 湖南省衡阳市常宁市双蹲小学四（8）班 |
| 孔繁荣 | 湖南省湘西土家族苗族自治州保靖县实验小学六（7）班 |
| 方宇航 | 湖南省湘西土家族苗族自治州保靖县岳阳小学六（4）班 |
| 段昱杰 | 湖南省湘西土家族苗族自治州凤凰县箭道坪小学三（262）班 |
| 欧艳霞 | 湖南省湘西土家族苗族自治州凤凰县木里完小四（2）班 |
| 李欣怡 | 湖南省湘西土家族苗族自治州古丈县三小五（乙）班 |
| 李邦鑫 | 湖南省湘西土家族苗族自治州泸溪县浦市中心完小四（1）班 |
| 孟培政 | 湖南省湘西土家族苗族自治州永顺县永茂九年制学校六（77）班 |
| 刘俊华 | 湖南省湘西土家族苗族自治州永顺县民族实验学校一（3）班 |
| 周　特 | 湖南省张家界市桑植县桑植县第一小学六（296）班 |
| 谭嗣尧 | 广东省广州市番禺区市桥德兴小学六（4）班 |
| 赵沛妍 | 广东省佛山市高明区沧江中学附属小学三（3）班 |
| 王柯钦 | 海南省海口市琼山区海南白驹学校五（1）班 |
| 王　莹 | 海南省定安县定安县第一小学五（4）班 |
| 庞茜尹 | 海南省琼海市第一小学五（6）班 |
| 周意茹 | 海南省琼中县营根中心小学四（2）班 |
| 龙思颖 | 海南省文昌市第二小学五（3）班 |
| 李坤河 | 海南省文昌市新桥中心小学四（1）班 |
| 欧　黎 | 四川省广元市昭化区实验小学二（2）班 |
| 王钦锐 | 四川省广元市昭化区实验小学四（2）班 |
| 刘力源 | 四川省乐山师范附小五（2）班 |
| 柯雨乔 | 四川省乐山市峨眉山市六（5）班 |
| 袁瑜浛 | 四川省乐山市实验小学四（3）班 |

| | |
|---|---|
| 刘伊贝 | 四川省乐山市中区徐家扁小学四（4）班 |
| 车祎杰 | 四川省眉山市东坡区大北街小学六（1）班 |
| 孙梦婕 | 四川省攀枝花市第三十二中小三（2）班 |
| 陈　杰 | 陕西省宝鸡市凤翔县董家河社区乔家堡小学四（1）班 |
| 刘　磊 | 陕西省商洛商州城关第二小学六（1）班 |
| 王宁馨 | 陕西省商洛市商州城关第二小学五（3）班 |
| 尹榛钰 | 陕西省西安市雁塔区西安电子科技大学附属小学一（7）班 |
| 王岱巍 | 甘肃省庆阳市宁县城关小学六（2）班 |
| 王　萌 | 甘肃省庆阳市宁县城关小学五（2）班 |
| 南林彤 | 甘肃省庆阳市宁县宁江小学四（3）班 |
| 贾望龙 | 甘肃省庆阳市庆城小学三（2）班 |
| 张　甜 | 甘肃省庆阳市庆城小学四（2）班 |
| 秦　杰 | 甘肃省庆阳市镇原县东街小学四（6）班 |
| 孙菁怡 | 甘肃省庆阳市镇原县东街小学五（5）班 |
| 张向娜 | 甘肃省庆阳市镇原县马渠九年制学校二（2）班 |
| 李小霞 | 新疆维吾尔自治区塔城地区乌苏市乌苏班 |
| 轩诗雨 | 新疆维吾尔自治区塔城地区裕民县一小四（6）班 |
| 王子豪 | 新疆维吾尔自治区塔城市第二小学四（2）班 |
| 蒋曜泽 | 新疆维吾尔自治区塔城市第五小学四（1）班 |
| 黄少伟 | 新疆维吾尔自治区塔城市第一小学六（1）班 |
| 闫　卫 | 新疆维吾尔自治区塔城市恰夏镇中心学校四（2）班 |

**中学组（226人）**

**特等奖（1人）**

| | |
|---|---|
| 陈梦莹 | 江苏省淮安市洪泽县实验中学九（4）班 |

**一等奖（5人）**

| | |
|---|---|
| 蒋祎烽 | 江苏省常州市武进区湖塘实验中学初一（11）班 |
| 潘美津 | 江苏省盐城市响水县双港中学初二（1）班 |
| 闻丹丽 | 浙江省嘉兴市桐乡市求是中学八（7）班 |
| 何志龙 | 广东省佛山市顺德一中实验学校初一（1）班 |
| 弥　博 | 甘肃省庆阳市宁县宁江初中七（2）班 |

**二等奖（10人）**

| | |
|---|---|
| 李彩霞 | 吉林省白山市抚松九中七（2）班 |
| 卜令颖 | 浙江省宁波市北仑区大榭中学初三（2）班 |
| 陈璐熙 | 浙江省宁波市慈溪市胜山初级中学八（1）班 |
| 邓宝莹 | 安徽省淮南市第十九中学七（1）班 |
| 马汇玥 | 山东省潍坊市安丘市东埠中学七（2）班 |
| 李泽环 | 山东省潍坊市青州市大郇初级中学八（2）班 |
| 宋　霜 | 山东省潍坊市青州市宋池学校八（3）班 |
| 熊万琼 | 湖北省宜昌市秭归县茅坪镇秭归二中三（8）班 |
| 于万洋 | 新疆维吾尔自治区塔城地区额敏县第三中学高一（7）班 |
| 殷思佳 | 新疆维吾尔自治区塔城市第四中学七（50）班 |

三等奖（50人）

| | |
|---|---|
| 王智玉 | 吉林省白山市抚松十中八（10）班 |
| 马　澳 | 江苏省南京市六合区龙池初级中学八（1）班 |
| 施　阳 | 江苏省淮安市洪泽外国语中学七（11）班 |
| 周发展 | 江苏省淮安市洪泽县实验中学初二（4）班 |
| 乐慧敏 | 江苏省连云港市赣榆县第一中学高二（105）班 |
| 张富强 | 江苏省连云港市赣榆县第一中学高二（6）班 |
| 李紫嫣 | 江苏省连云港市赣榆县第一中学高三（105）班 |
| 赵清华 | 江苏省连云港市赣榆县第一中学高三（7）班 |
| 杜庭萱 | 江苏省连云港市海州实验中学七（5）班 |
| 胡举正 | 江苏省连云港市赣榆县城头高级中学高二（14）班 |
| 谢春静 | 江苏省连云港市灌云县四队中学高一（4）班 |
| 黄嘉玲 | 江苏省苏州工业园区金鸡湖学校七（4）班 |
| 汤嘉伟 | 江苏省苏州市昆山市花桥中学初二（1）班 |
| 吕　力 | 江苏省苏州市昆山市秀峰中学初一（8）班 |
| 徐金功 | 江苏省宿迁市宿豫区关庙初中七（4）班 |
| 张浩践 | 江苏省宿迁市钟吾国际七（106）班 |
| 秦　雪 | 江苏省盐城市东台时堰中学高一（4）班 |
| 翟绍浩 | 江苏省盐城市东台市梁垛镇台南中学七（4）班 |
| 沈洲雨 | 江苏省盐城市响水县双港中学初三（3）班 |
| 周　轩 | 江苏省镇江市润州区镇江实验学校八（9）班 |
| 魏思琪 | 浙江省嘉兴市桐乡市石门中学七（4）班 |
| 盛晓玲 | 浙江省嘉兴市桐乡市实验中学八（3）班 |
| 郑李央 | 浙江省金华市磐安县实验初中九（3）班 |
| 孙炜杰 | 浙江省绍兴市上虞市百官中学初三（8）班 |
| 池佳辉 | 浙江省绍兴市上虞市百官中学九（1）班 |
| 赵晓娜 | 浙江省绍兴市上虞市崧厦高中高一（9）班 |
| 林志斌 | 福建省泉州市南安市诗山中学高一（3）班 |
| 杨　霞 | 江西省南昌市育新中学初一（4）班 |
| 王　晨 | 山东省日照市五莲中学2013级（8）班 |
| 王成宇 | 山东省潍坊市安丘市和平中学七（1）班 |
| 张永佳 | 山东省潍坊市奎文区德润国际学校九（6）班 |
| 王誉洁 | 山东省潍坊市诸城第一初中七（16）班 |
| 李思思 | 湖北省荆州市沙市五中高一（6）班 |
| 罗金鑫 | 湖北省荆州市松滋市沙市5中高一（10）班 |
| 石佳鑫 | 湖北省潜江市广华实验初中七（2）班 |
| 尚冰洁 | 湖北省潜江市江汉油田高级中学高一（2）班 |
| 林显灿 | 湖北省潜江市江汉油田广华初级中学八（1）班 |
| 成　珊 | 湖南省衡阳市衡山县县实验中学七（389）班 |
| 田　梓 | 湖南省湘西土家族苗族自治州保靖县雅丽中学九（11）班 |
| 吴　珲 | 广东省佛山市高明区沧江中学七（12）班 |
| 李家豪 | 广东省佛山市高明区第四中学高二（6）班 |
| 邓佳伟 | 广东省江门市蓬江区楼山初中九（2）班 |

| | |
|---|---|
| 温园园 | 陕西省西安市雁塔区西科中学高二（2）班 |
| 杜朋京 | 陕西省榆林市第七中学八（16）班 |
| 马　楠 | 甘肃省庆阳市宁县宁江初中七（9）班 |
| 李文静 | 甘肃省庆阳市庆城县凤城初中八（4）班 |
| 高秋华 | 新疆维吾尔自治区塔城地区沙湾县第四中学八（7）班 |
| 付　甜 | 新疆维吾尔自治区塔城地区托里县二中八（4）班 |
| 关亚东 | 新疆维吾尔自治区塔城地区裕民县二中高三（2）班 |
| 张　进 | 新疆维吾尔自治区塔城市第四中学七（7）班 |

**优胜奖（160 人）**

| | |
|---|---|
| 贾鹏娜 | 山西省长治市长治县职业高中 |
| 刘　影 | 山西省长治市屯留二中八年级 |
| 李　岩 | 山西省晋城市阳城四中八（190）班 |
| 孙　萌 | 内蒙古自治区呼和浩特市玉泉区八（10）班 |
| 蓝茜予 | 辽宁省铁岭市第五中学八（3）班 |
| 张晴晴 | 辽宁省铁岭市西丰第一中学七（11）班 |
| 李明旭 | 吉林省白山市抚松九中八年（3）班 |
| 魏智宇 | 吉林省白山市抚松十中八（1）班 |
| 李凤蛟 | 上海市宝山区罗店中学高一（1）班 |
| 孟　立 | 江苏省南京市金陵汇文学校初一（9）班 |
| 江辰峻 | 江苏省南京市六十六中初二（3）班 |
| 柘瑶瑶 | 江苏省常州市马杭初级中学七（4）班 |
| 蒋叶子 | 江苏省常州市武进区横山桥高级中学高一（9）班 |
| 柴仲扑 | 江苏省淮安市高教园区淮阴商业学校 2013 级（3）班 |
| 许明月 | 江苏省淮安市洪泽外国语中学七（5）班 |
| 韩金汉 | 江苏省连云港市赣榆县第一中学高三（106）班 |
| 张　颖 | 江苏省连云港市赣榆县第一中学高三（108）班 |
| 韦　乾 | 江苏省连云港市赣榆县第一中学高三（24）班 |
| 张　威 | 江苏省连云港市赣榆县第一中学高三（6）班 |
| 冯仕轩 | 江苏省连云港市赣榆县第一中学高一（104）班 |
| 张杰祥 | 江苏省连云港市赣榆县第一中学高一（210）班 |
| 于思文 | 江苏省连云港市海州实验中学八（107）班 |
| 刘子瑞 | 江苏省连云港市海州实验中学八（2）班 |
| 李雨辰 | 江苏省连云港市海州实验中学八（7）班 |
| 李栩辉 | 江苏省连云港市海州实验中学七（6）班 |
| 李曼秋 | 江苏省连云港市海州实验中学七（8）班 |
| 董玥希 | 江苏省连云港市赣榆县第一中学高二（106）班 |
| 王雄杰 | 江苏省连云港市赣榆县黑林中学八（4）班 |
| 杜玉杰 | 江苏省连云港市赣榆县黑林中学八（5）班 |
| 徐彩婷 | 江苏省连云港市赣榆县黑林中学七（8）班 |
| 谢飞勇 | 江苏省连云港市灌云县四队中学高一（2）班 |
| 杨　逍 | 江苏省连云港市新浦区浦南中学八（8）班 |
| 孙家豪 | 江苏省南通启东惠和初级中学八（1）班 |
| 徐储乐 | 江苏省苏州市昆山市秀峰中学七（8）班 |

| | |
|---|---|
| 李思文 | 江苏省苏州市立达中学校初一（17）班 |
| 伏锦鸿 | 江苏省宿迁市宿城区钟吾国际七（5）班 |
| 倪小琪 | 江苏省宿迁市宿城区钟吾国际七（8）班 |
| 杜新成 | 江苏省宿迁市宿豫区关庙初级中学七（4）班 |
| 孙　玮 | 江苏省泰州市靖江市实验学校七（7）班 |
| 秦莉娜 | 江苏省无锡惠山中等专业学校 G1042 班 |
| 熊　锐 | 江苏省无锡惠山中等专业学校 G1043 班 |
| 朱鑫文 | 江苏省无锡惠山中等专业学校 G1323 班 |
| 强　祯 | 江苏省无锡惠山中等专业学校 G1362 班 |
| 方志兰 | 江苏省无锡惠山中等专业学校 GK1364 班 |
| 李　松 | 江苏省无锡市惠山中等专业学校 Z1311 班 |
| 孙钰晨 | 江苏省锡山高级中学初一（17）班 |
| 杨宇骞 | 江苏省锡山高级中学七（1）班 |
| 秦轶玮 | 江苏省锡山高级中学实验学校七（18）班 |
| 朱婷婷 | 江苏省徐州市睢宁县宁海外国语学校高二（14）班 |
| 史　昂 | 江苏省徐州市睢宁县宁海外国语学校高一（1）班 |
| 廖凡凯 | 江苏省徐州市睢宁县宁海外国语学校高一（10）班 |
| 张响成 | 江苏省徐州市睢宁县宁海外国语学校高一（16）班 |
| 凡　磊 | 江苏省盐城市东台时堰中学高一（1）班 |
| 张雅文 | 江苏省盐城市响水县双港中学初一（4）班 |
| 陈　康 | 江苏省镇江市第一中学高二（10）班 |
| 朱宇渏 | 江苏省镇江市实验学校八（1）班 |
| 樊欣悦 | 江苏省镇江市实验学校八（8）班 |
| 朱学艺 | 江苏省镇江市镇江新区大港中学南校区七（6）班 |
| 田宛艳 | 江苏省镇江市镇江新区大港中学七（9）班 |
| 沈佳琴 | 浙江省嘉兴市海宁区硖石中学八（5）班 |
| 屠冰妍 | 浙江省嘉兴市海宁市桐乡市实验中学八（1）班 |
| 曹晴宇 | 浙江省嘉兴市桐乡市凤鸣同福初级中学七（3）班 |
| 吴春丹 | 浙江省嘉兴市桐乡市高桥新区中心学校八（1）班 |
| 李泽飞 | 浙江省嘉兴市桐乡市求是实验中学八（4）班 |
| 陆伟杰 | 浙江省嘉兴市桐乡市石门中学八（2）班 |
| 谭文佳 | 浙江省嘉兴市桐乡市石门中学八（3）班 |
| 胡燕燕 | 浙江省宁波市北仑区大榭中学初一（2）班 |
| 宓森欢 | 浙江省宁波市慈溪市鸣鹤初中七（3）班 |
| 史一栋 | 浙江省宁波市慈溪市西门中学九（91）班 |
| 杨　洋 | 浙江省宁波万里国际学校初三（1）班 |
| 陈佳慧 | 浙江省衢州市衢江区高家镇初级中学九（6）班 |
| 杨嘉坚 | 浙江省绍兴市上虞区百官中学七（5）班 |
| 劳佳淇 | 浙江省绍兴市上虞市实验中学初二（1）班 |
| 谢舒儿 | 浙江省绍兴市上虞外国语学校七（3）班 |
| 蒋宝新 | 安徽省淮南市第十九中学七（2）班 |
| 陈　浩 | 福建省福州市第八中学初一（8）班 |
| 郑忠豪 | 福建省福州市屏东中学屏北分校九（24）班 |

| | |
|---|---|
| 高福贵 | 福建省福州市长乐一中高三（4）班 |
| 侯方彪 | 福建省龙岩市上杭县上杭第二中学高一（7）班 |
| 吴　鹏 | 福建省龙岩市武平三中七（5）班 |
| 刘秀秀 | 福建省龙岩市武平县实验中学八（4）班 |
| 王　萍 | 福建省龙岩市武平县厢城中学九（1）班 |
| 车汉斌 | 福建省龙岩武平三中七（9）班 |
| 钟子祺 | 福建省龙岩武平武平县实验中学七（9）班 |
| 邱新洪 | 福建省南平市建阳市一中高一（12）班 |
| 夏　怡 | 福建省南平市建阳一中高二（2）班 |
| 史彦青 | 江西省南昌市青山湖区育新学校七（9）班 |
| 刘心成 | 江西省上饶市横峰县钟山学校八（7）班 |
| 叶紫青 | 江西省上饶市实验中学八（4）班 |
| 缪子恒 | 江西省上饶市弋阳县方志敏中学七（12）班 |
| 牛雨暄 | 江西省新余市渝水区九中八（2）班 |
| 熊冬琴 | 江西省新余市渝水区新余五中八（3）班 |
| 景文杰 | 山东省临沂市临沭县第二初级中学八（9）班 |
| 王奕超 | 山东省临沂市临沭县第二初级中学七（4）班 |
| 刘盈铄 | 山东省青岛市银海学校八（1）班 |
| 梅花高 | 山东省日照市五莲县五连中学高二（11）班 |
| 吴　蓓 | 山东省日照市五莲县五莲中学 2013 级（10）班 |
| 刘周旋 | 山东省潍坊市安丘市东埠中学八（14）班 |
| 高小斐 | 山东省潍坊市安丘市东埠中学初一（101）班 |
| 倪一文 | 山东省潍坊市安丘市东埠中学九（11）班 |
| 于靖文 | 山东省潍坊市安丘市东埠中学七（101）班 |
| 李治昊 | 山东省潍坊市安丘市东埠中学七（12）班 |
| 周昊宇 | 山东省潍坊市安丘市东城双鱼八（9）班 |
| 都坤龙 | 山东省潍坊市安丘市凌河镇凌河中学八（1）班 |
| 李昭辉 | 山东省潍坊市安丘市凌河镇凌河中学八（3）班 |
| 潘玉洁 | 山东省潍坊市安丘市新大双语八（2）班 |
| 娄梦婷 | 山东省潍坊市安丘市兴华学校八（1）班 |
| 杨　含 | 山东省潍坊市奎文区德润国际学校八（6）班 |
| 李炎培 | 山东省潍坊市寿光市田柳镇第一初级中学九（2）班 |
| 任尊严 | 山东省淄博第十中学初一（1）班 |
| 胡星星 | 河南省安阳市滑县枣村乡第一初级中学七（1）班 |
| 郁博涵 | 湖北省武汉市江汉区同济附中七（5）班 |
| 杨玮荣 | 湖北省荆州市沙市中学高一（14）班 |
| 谢雨桐 | 湖北省潜江市广华初级中学七（2）班 |
| 徐天泓 | 湖北省潜江市江汉油田高级中学高三（1）班 |
| 徐佳颖 | 湖北省潜江市江汉油田广华初级中学八（4）班 |
| 涂怀钰 | 湖北省十堰市实验学校八（4）班 |
| 陶静宜 | 湖北省宜昌市西陵区三峡艺术学校高一（103）班 |
| 张　政 | 湖南省常德市临澧县丁玲学校八（6）班 |
| 王　璇 | 湖南省衡阳市常宁市八中八（163）班 |

| | |
|---|---|
| 刘洪志 | 湖南省衡阳市祁东县成章实验中学祁东校区九年级实验 1 班 |
| 邹志伟 | 湖南省衡阳市祁东县洪丰中学八（192）班 |
| 王思晴 | 湖南省衡阳市祁东县双桥镇中学九（146）班 |
| 蒋　杰 | 湖南省衡阳市铁一中高一（399）班 |
| 石　成 | 湖南省湘西土家族苗族自治州保靖县雅丽中学高三（4）班 |
| 刘　坤 | 湖南省湘西土家族苗族自治州保靖县雅丽中学高一（1）班 |
| 张　雪 | 湖南省湘西土家族苗族自治州凤凰二中八（159）班 |
| 鲁宜沁 | 湖南省湘西土家族苗族自治州永顺一中高一（396）班 |
| 余雯敏 | 广东省佛山市高明区四中高二（3）班 |
| 欧阳晓思 | 广东省佛山市顺德一中实验学校高一（4）班 |
| 陈雅琳 | 广东省江门市台山市联合职业技术学校 2014 级幼教 1 班 |
| 宋李汇 | 四川省乐山市乐山七中八（4）班 |
| 谭皓鹏 | 四川省乐山市实验中学七（2）班 |
| 姚　焱 | 四川省凉山彝族自治州会理县通安中学八（2）班 |
| 顾　淋 | 四川省凉山彝族自治州会理县通安中学七（8）班 |
| 彭云路 | 四川省攀枝花市仁和区大河中学八（7）班 |
| 张潇尹 | 四川省攀枝花市外国语学校一中七（1）班 |
| 白晓东 | 陕西省宝鸡市凤翔紫荆中学高二（3）班 |
| 崔君伟 | 陕西省宝鸡市凤翔紫荆中学高一（4）班 |
| 薛佳林 | 陕西省西安市雁塔区西科一中高二（2）班 |
| 李　敏 | 陕西省榆林市第七中学八（16）班 |
| 贺建雷 | 陕西省榆林市第七中学七（3）班 |
| 刘苗苗 | 陕西省榆林市榆阳区第七中学七（5）班 |
| 白浩楠 | 陕西省榆林市榆阳区榆林市第七中学七（10）班 |
| 赵勇珍 | 陕西省榆林市榆阳区榆林市第七中学七（17）班 |
| 路　倩 | 甘肃省金昌市第四中学高一（1）班 |
| 王　蕊 | 甘肃省陇南市成县第一中学高一（1）班 |
| 王国栋 | 甘肃省庆阳市宁县宁江初中七（13）班 |
| 田　敏 | 甘肃省庆阳市宁县宁江初中七（8）班 |
| 郑丽琼 | 甘肃省庆阳市庆城县凤城初中八（3）班 |
| 董亚琪 | 甘肃省庆阳市镇原县镇原职专二年级教育 3 班 |
| 张利君 | 新疆维吾尔自治区塔城地区额敏县第一中学高一（102）班 |
| 张溢雯 | 新疆维吾尔自治区塔城地区沙湾一中高一（2）班 |
| 窦　双 | 新疆维吾尔自治区塔城地区沙湾一中高一（3）班 |
| 何月晓露 | 新疆维吾尔自治区塔城地区沙湾一中高一（6）班 |
| 马拉提 | 新疆维吾尔自治区塔城地区托里二中八（3）班 |
| 陈　鑫 | 新疆维吾尔自治区塔城地区裕民二中九（3）班 |
| 陈南坡 | 新疆维吾尔自治区塔城地区第四中学七（7）班 |
| 车　睿 | 新疆维吾尔自治区塔城地区一中七（10）班 |
| 得力努尔 | 新疆维吾尔自治区石河子市师范学校九（6）班 |

## 成年组（166人）

**特等奖（1人）**

| | |
|---|---|
| 余梅元 | 江苏省镇江市丹徒区国土资源局 |

**一等奖（5人）**

| | |
|---|---|
| 李雪梅 | 山西省长治市国土资源局郊区分局 |
| 马守智 | 江苏省连云港市赣榆县第一中学 |
| 苗瑞兰 | 山东省莱芜市山东诚信建设项目管理有限公司 |
| 郭晓航 | 山东省青岛市崂山区青岛大学师范学院 |
| 黄　可 | 四川省成都市国伦房地产测绘有限公司 |

**二等奖（10人）**

| | |
|---|---|
| 张子衡 | 浙江省余姚市地理信息中心 |
| 张文忠 | 浙江省嘉兴市嘉善县三维测绘与地理信息院 |
| 高　燕 | 山东省临沂市临沭县 |
| 戴　刚 | 湖北省潜江市江汉石油管理局五七社区服务中心 |
| 葛海华 | 湖南省娄底市双峰县房地产管理局 |
| 刘环昌 | 湖南省邵阳市新邵县国土资源局 |
| 陈海达 | 海南省委办公厅 |
| 王立超 | 陕西省第六测绘地理信息工程院 |
| 杨燕领 | 新疆维吾尔自治区塔城市纪委 |
| 雷　东 | 新疆维吾尔自治区塔城市国网新疆电力公司塔城供电公司 |

**三等奖（50人）**

| | |
|---|---|
| 艾重生 | 河北省张家口市宣化区退休 |
| 薛　丽 | 山西省太原市晋源区山西华晋岩土工程勘察有限公司 |
| 申向民 | 山西省长治市潞城市国土局 |
| 吴锦珠 | 山西省长治市国土资源局城区分局 |
| 邓秋月 | 山西省地图集编纂委员会办公室 |
| 都忠庆 | 山西省晋城市阳城县星辰城乡规划设计所 |
| 原立军 | 黑龙江省牡丹江市东宁县广盈商贸 |
| 孙焱廓 | 黑龙江省牡丹江市东宁县行政干部学校 |
| 王佳炜 | 上海市崇明县自由职业 |
| 方　兵 | 上海市金山石化东方社区信息苑 |
| 曹竹君 | 上海市浦东新区离退休 |
| 汪　勇 | 上海市普陀区武宁路419号 |
| 曹媛媛 | 江苏省淮安市高教园区淮安信息职业技术学院 |
| 黄　嵘 | 江苏省淮安市金湖县人民医院院感科 |
| 高凯卿 | 江苏省镇江市国土资源局 |
| 李根伟 | 江苏省镇江市国土资源局 |
| 李晓飞 | 浙江省杭州市西湖区华东建设工程有限公司 |
| 陈　佳 | 浙江省嘉兴市海盐县土地勘测信息中心 |
| 包尚坎 | 浙江省温州市苍南县测绘院 |
| 董宇佳 | 浙江省温州市海洋监测中心站 |
| 陈　惠 | 福建省宁德市屏南县国土资源局 |

| | |
|---|---|
| 黄桂英 | 江西省赣州市兴国县国土资源局 |
| 陈四清 | 山东省济南市勘察测绘研究院 |
| 贾耀亭 | 山东省东营市中石化胜利石油工程有限公司地质录井公司 |
| 王洪刚 | 山东省临沂市沂水县国土资源局 |
| 于晓燕 | 山东省泰安市肥城市国土资源局 |
| 曲菲菲 | 山东省潍坊市安丘市大明官庄 |
| 陈美程 | 山东省潍坊市安丘市大汶河旅游开发区国土所 |
| 王连丰 | 山东省潍坊市安丘市高家庄子幼儿园 |
| 刘炳勋 | 山东省潍坊市安丘市凌河镇西刘家庄村 |
| 董玉章 | 山东省潍坊市安丘市郚山国土所 |
| 陈学法 | 山东省潍坊市安丘市兴安街道陈十里村 |
| 王茂玲 | 山东省潍坊市寿光市纪台二中 |
| 徐威威 | 河南省民政学校 |
| 李新社 | 河南省遥感测绘院 |
| 王立青 | 湖北省武汉微目科技有限公司 |
| 刘德桃 | 湖南省益阳市桃江县城乡规划设计院 |
| 宋　奎 | 广东省佛山市顺德一中实验学校 |
| 韩周元 | 海南省文昌市海南昌兴会计师事务所 |
| 曾　涛 | 四川测绘地理信息局测绘技术服务中心 |
| 黎丽萍 | 四川省成都市新都区国家测绘地理信息局第六地形测量队 |
| 曾新灵 | 四川省第三测绘工程院 |
| 来　锦 | 陕西省第三测绘工程院 |
| 林志军 | 陕西省第三测绘工程院 |
| 李雨蓉 | 甘肃省酒泉景盛测绘工程有限公司 |
| 杨晓艳 | 甘肃省兰州市七里河区中核华原钛白股份有限公司 |
| 李　枫 | 新疆测绘地理信息局 |
| 阿依先木·阿西木 | 新疆维吾尔自治区阿勒泰地区温宿县古勒阿瓦提乡中心小学 |
| 谢鹏飞 | 新疆维吾尔自治区塔城地区塔城市和平街道新华社区 |
| 马天文 | 新疆维吾尔自治区乌鲁木齐市天山区测绘局 |

**优胜奖（100 人）**

| | |
|---|---|
| 刘　永 | 山西省长治市长治县国土资源局 |
| 刘雅平 | 山西省长治市黎城县国土资源局 |
| 杨广威 | 山西省长治市沁源县国土资源局 |
| 元桂英 | 山西省长治市屯留县国土资源局 |
| 周晓渝 | 山西省大同市勘察测绘院 |
| 张虎林 | 山西省晋城市阳城县国土资源局 |
| 刘国娟 | 山西省临汾市襄汾县国土资源局 |
| 刘秀兰 | 山西省吕梁市中阳县国土资源局 |
| 牛峰晖 | 山西省太原市迎泽区经纬航摄有限责任公司 |
| 刘宝珍 | 山西省忻州代县国土资源局 |
| 李跃平 | 山西省忻州市五台县国土局 |
| 武玉文 | 吉林省吉林市龙潭区东北炼化吉林化建建筑工程公司 |
| 任德龙 | 黑龙江房信测绘有限公司 |

张明文　黑龙江省大庆市测绘地理信息管理站
范玉松　黑龙江省第五测绘地理信息工程院
乔　禹　黑龙江省东宁县委党校
朱小才　上海市崇明县退休
刘　晟　上海市闵行区员工
黄大鱼　江苏省淮安市信息职业技术学院
潘慧莉　江苏省连云港市赣榆县第一中学
孙秀芹　江苏省连云港市赣榆县第一中学
王　宇　江苏省南通市崇川区学校
高　梦　江苏省南通职业大学
胡松慧　江苏省南通职业大学
甘继顺　江苏省苏州市太仓市国土资源局
吴雪峰　江苏省苏州市太仓市国土资源局
姜　林　江苏省盐城市国土资源局
司　艳　江苏省淮安信息职业技术学院
沈钜龙　浙江省第一测绘院
叶　靓　浙江省杭州市房屋安全鉴定事务管理中心
介　玠　浙江省河海测绘院
许文娟　浙江省嘉兴市海宁市
彭　慧　浙江省金华诚宇土地调查登记代理有限公司
章艳瑾　浙江省丽水市莲都区丽水市国土勘察规划院
全　圆　浙江省温州市城市建设档案馆
邱洲姆　浙江省温州市经纬地理信息服务有限公司
蔡启布　浙江省温州市乐清市苍南县房地产测绘有限公司
孙荣晖　浙江省温州市立民房地产测绘有限公司
陈寿宝　福建泉州市鲤城区广平仓法院宿舍 501 明媚阳光公司
林火姬　福建省三明市梅列区洋溪中心小学
杨　燕　江西省地矿局九一二大队
杨　杰　江西省基础测绘院
金江琼　江西省吉安市峡江县国土资源局
高新友　山东省安丘市石堆镇
宋景超　山东省德州市齐河县国土资源局
董子刚　山东省东营市河口区国土分局
刘　琳　山东省济南市房产测绘研究院
付　垚　山东省济南市勘察测绘研究院
杨吉祥　山东省日照市国土资源局
王建香　山东省潍坊市安丘市官庄学校
韩立霞　山东省潍坊市安丘市国土资源局
黄文彩　山东省潍坊市安丘市国土资源局
杨连香　山东省潍坊市安丘市国土资源局景芝分局
李朋虚　山东省潍坊市安丘市辉渠镇白山头村
李久华　山东省潍坊市安丘市辉渠镇白山头村
谭　宝　山东省潍坊市安丘市金冢子镇金冢子小学

| | |
|---|---|
| 郭绍坦 | 山东省潍坊市安丘市石埠子 |
| 王若廷 | 山东省潍坊市安丘市郚山国土资源所 |
| 杜咏辉 | 山东省潍坊市安丘市兴安街道办事处 |
| 张春梅 | 山东省潍坊市安丘市兴安小学 |
| 左保永 | 山东省潍坊市临朐县国土资源局 |
| 张香慧 | 山东省潍坊市寿光市田柳镇中心小学 |
| 刘　昊 | 山东省烟台市福山区烟台市国土资源局福山分局 |
| 贾广迎 | 山东省枣庄市国土资源局 |
| 赵锦尧 | 山东省淄博市博山区淄博正基土地评估测绘有限公司 |
| 唐晓峰 | 湖北省电力勘测设计院 |
| 王永华 | 湖北省江汉油田教育集团东方红小学 |
| 宋　艳 | 湖北省潜江市中心医院 |
| 李　淳 | 湖南省常德市金地测绘有限责任公司 |
| 杨顺焱 | 湖南省怀化市新晃侗族自治县房产管理局 |
| 刘　哲 | 湖南省邵阳市隆回县国土所 |
| 杨冬梅 | 湖南省湘西土家族苗族自治州永顺县永顺一中 |
| 唐　静 | 湖南省湘西土家族苗族自治州永顺县永顺一中 |
| 熊建华 | 湖南省沅江市国土资源局 |
| 徐　天 | 广东省国土资源测绘院 |
| 邵志明 | 广东省土地开发储备局 |
| 甘东平 | 广西壮族自治区崇左市江州区国土资源局 |
| 李朝斌 | 广西壮族自治区来宾市城市规划综合技术服务中心 |
| 唐永洪 | 四川省成都都江堰市金迪勘察测绘有限公司 |
| 陈　涛 | 四川省成都市龙泉驿区规划管理局 |
| 程　栋 | 四川省成都市新都区西南石油大学 |
| 归养养 | 四川省第三测绘工程院 |
| 刘玉安 | 陕西省安康市汉滨区高新国际中学 |
| 姚　瑾 | 陕西省西安碑林陕西省第六测绘院地理信息工程院 |
| 朱石超 | 陕西省西安市碑林区国家测绘局地理信息局第一航测遥感院 |
| 温　萍 | 陕西省西安市碑林区国家测绘局地理信息局第一航测遥感院 |
| 丁　娟 | 甘肃省兰州市七里河区中核四〇四有限公司 |
| 刘　军 | 甘肃省金昌市金川区第四中学 |
| 何永宁 | 甘肃省庆阳市庆城县 |
| 何小艳 | 新疆生产建设兵团农九师勘测设计院 |
| 张文明 | 新疆双羊土地勘查有限公司 |
| 张　燕 | 新疆维吾尔自治区计算机培训中心 |
| 阿尔卡斯·吾纳尔汗 | 新疆维吾尔自治区塔城地区额敏县第一中学 |
| 聂　阅 | 新疆维吾尔自治区塔城地区新力测绘工程有限公司 |
| 米金福 | 新疆维吾尔自治区塔城市新城街道哈尔墩社区 |
| 杨发爱 | 新疆维吾尔自治区塔城市杜别克社区 |
| 宋华伟 | 新疆维吾尔自治区塔城市和平街道广场社区 |
| 阿不力孜·依力牙斯 | 新疆维吾尔自治区温宿县克孜勒镇中心小学 |
| 许晓娟 | 新疆维吾尔自治区乌鲁木齐市天山区测绘局 |
| 杨　阳 | 新疆维吾尔自治区乌鲁木齐市新华书店 |

# “中图杯”第二届全国少儿手绘地图大赛获奖名单

## 6 岁以下组（45 名）

**一等奖（1 名）**

友谊之花处处开

**二等奖（5 名）**

最美地球　中国快成长　你深深地在我脑海里
回归　小蜗牛

**三等奖（11 名）**

美丽中国结　爱护地球　世界一家人
一起去旅行　浇灌美丽中国梦　保护地球
放飞的和平鸽　金色中国梦　畅游全世界
美丽家园　美丽雁城

**优胜奖（28 名）**

we are family　中国心　心中的灯笼
我爱你美丽的祖国　我眼里的龙游　家乡武汉
致敬中国　我爱我家　我爱祖国
歌声与微笑　地球，我们共同的家　祖国妈妈我爱您
可爱中国　美丽中国　美丽博鳌
爱我中华　美丽中国 欣欣向荣　我爱黄岩岛
关爱地球　美丽中国　欢乐中国
拥抱中国　美丽家园　我爱家乡
我的“红”伟蓝图　美丽江西，欢迎您　摸摸中国
龙游城一隅

## 6–8 岁组（91 名）

**一等奖（1 名）**

美丽中国——中国地图

**二等奖（5 名）**

我手画中国　和平，民族大团结　趣＊游
火火的中国　旗＊彩

**三等奖（19 名）**

树叶上的城市　五水共治，幸福回“嘉”和　绿色世界 美丽中国
美丽的中国　给地球洗澡
祝祖国生日快乐　放飞中国　美丽地球村
台湾岛风情　绿色地球　西兰卡普. 龙山
美丽中国好河山　怀抱中国　我心目中的中国
美丽祖国　我的祖国　大眼看祖国
手绘骑行图

**优胜奖（66名）**

我爱家乡我爱中国
美丽山西
美丽中国
孙悟空带你游玩连云港
大海，我的故乡
瓶子上的地图
美丽的家乡连云港
青奥南京，我的家
美好江苏
舌尖上的金陵
家居祖国亲
惠山古镇手绘地图
美丽江苏欢迎您
相亲相爱家人
中国红-中国梦
校园风貌
和平
腾飞的祖国
中国梦
站在太空看地球
茶乡开化-茶香
畅游中国
舌尖上的中国
美丽龙游
夜游衢州古城
我心中的美丽祖国
三坊七巷
美丽的泉州——我的家乡
泉州漫步
海之恋·鼓浪屿
美丽中国
美丽抚州
家乡美
我爱祖国
美丽家乡 江西
祥和大中国
我爱我的家乡河南
和谐
美丽的高阳山我的家
绿色家园
绿色中国
凤舞荆州
看世界、看中国
MH370 地球人等你回来
美丽中国
美丽湖湘我爱你
高铁来了
渔米之乡
畅游高明
幸福瑶山
美丽中国-和美中山
美丽海南 博鳌水城
绿色创想曲
珊瑚乐园
中华情中国梦
美丽山城
地球的微笑
跟我走遍全世界
最美铜仁
中国梦在我心中
爱我中华——你的家乡在哪儿
生态金昌美丽的家
美丽的中国 我的家
吉祥如意
我爱祖国
梦想在这里起飞

**9-12岁组（142名）**

**一等奖（1名）**

中华情

**二等奖（5名）**

我眼中的世界
熊猫中国
“花”样中国——我的中国梦
和谐安定富强美好
中国各省区著名景点图

**三等奖（31名）**

团圆
我们爱和平
不要灰色大地
地球新装
舌尖上的中国
美丽中国
和平
同一世界 同一个地球
我们都是妈妈的孩子
浇绿地球
最美中华
微心愿，共筑中国梦
请送给地球一份幸福
共同守护
重生
给地球治病
烧开水
和谐中国
中国剪纸
托起希望
一起看中国
海上丝绸之路
56个民族56枝花
北纬三十度
美丽武昌
我的眼里只有您
重庆麻辣吃货
牡丹花开艳中华
重庆市沙坪坝区凤鸣山小学四（3）班
美丽中国
多彩中国
和谐中国

**优胜奖（105 名）**

美食地图
美丽的祖国
天坛公园局部
我爱你中国
爸爸去哪儿
舌尖上的中国
中国梦——托起明天的太阳
手绘地图最美中国
美丽山西任你行
美丽的辽宁我的家
美丽的“中国花”
爱我中华大地
我的幸福版图
曾经的美好
中国海域地图
中国地图
我们城市的街道
江苏小景
低碳生活
我爱江苏
最爱家乡
崛起的中国
砳砳带我游山河
最美南京
绿色中国
中国是一颗璀璨明珠
繁荣昌盛大中国
畅想未来的地图
美丽家园
守护家园
山水慈溪
美妙世界
畅游南海
腾飞吧，中国
最美浙江
环保小卫士
我的家乡
舞动中国
梦想树
中国梦
魅力余姚
刷亮地球
一块也不能少
播种春天：愿一切和花般美丽
美丽中国，快乐行
和谐之国
手绘和平之书
团结一心
保护母亲河 共建美好家园
和平之歌
龙游人民欢迎您
龙游
拼图游戏
我的中国梦
眼中的绿色家园
美丽温州
瞰瑞城
锦绣中华
“母亲”地球
忆·古街
唱响和平
我眼中的家乡——泉州
闽台一家亲
我的中国梦
鼓浪屿手绘地图
我爱您——泉州古城
祖国好地方——石狮
留住绿色
星球手拉手
美丽中国
中国
祖国明天更美好
爱我中华
地球妈妈
同一个世界，同一个梦
鲤莲河南
美丽郑州
和谐世界
和平世界
和平地球
多彩中国
我的祖国
美丽中国
美丽家乡
环保足迹
爱我中华
奔向世界的中山
民族团结一家亲
中华魁宝
我爱广西
我爱阳朔
南宁绿城，我的家
血脉相连
多彩世界
和平中国
中华大家园
我爱中国　我爱地球
哭泣的地球
世界和平
我的祖国
眼中的世界
大美青海我的家
放飞梦想 美丽中国
我和祖国永远在一起
美丽的新疆 我的家

**13–15 岁组（72 名）**

**一等奖（1 名）**

“荷”天下

**二等奖（5 名）**

舌尖上的京杭大运河
花开中国
祝福中国

印象中国
神秘的世界

**三等奖（17 名）**

生命倒计时
情蕴中国——四大发明
祖国明天更辉煌
邻家女孩
历史中国
阳光攀枝花
美丽中国
花样中华
让世界充满爱
美丽的安徽姑娘
枝繁叶茂
与子同胞
大漠雄鹰
何萍（和平）中国
马年大吉
和平航母
我爱“我们的家”

**优胜奖（49 名）**

盛世中国
美丽中国
最美中国
美丽中国欢迎您
放眼中国 情系湖州
海南岛
放飞中国梦
绽放·中国梦
椰岛海南
青花瓷
余姚救灾
中国年年有鱼（余）
勿忘国耻，振兴中华
神奇的热气球
乐山乐水，美的家园
勿忘国耻，振兴中华
青花瓷
我心中的中国
“祖国，生日快乐”
我梦想中的未来世界
美丽中国红
我们的完城市
千年古国 腾飞中华
花香·中国
魅力地球村
屏开丹艳
美丽自然中的中国
贵和
动画中国
凤舞九州·中国地图拟人
霓裳中国图
崛起中华
历史悠久的中国
绘世
众观中国
世界人民同一家
四季中国
我们同住一个地球
绽放中国
苏韵中国
天天向上
中华民族地图
古韵惠山
中国根
未来世界
中国景
美在广东
华夏之树
中国母亲

**2015 年芭芭拉少儿地图绘画大赛推荐作品（6 幅）**

组别：6 岁以下
作品名称/主题：友谊之花处处开

组别：6-8 岁
作品名称/主题：给地球洗澡

组别：6-8 岁
作品名称/主题：绿色地球

组别：9-12 岁
作品名称/主题：熊猫中国

组别：9-12 岁
作品名称/主题：重生

组别：13–15 岁
作品名称/主题："荷"天下

**优秀指导奖（49 名）**

| | |
|---|---|
| 于海南 | 黑龙江省哈尔滨市安广小学 |
| 刘　雪 | 黑龙江省哈尔滨市安广小学 |
| 叶　强 | 黑龙江省哈尔滨市安广小学 |
| 刘　洋 | 黑龙江省黑河市教育幼儿园 |
| 徐　韵 | 江苏省南京市建邺实验小学 |
| 郭永丽 | 江苏省连云港市少年宫 |
| 赵建萍 | 江苏省苏州市振华中学校 |
| 张园园 | 江苏省连云港市新海实验中学东校区 |
| 张　敏 | 江苏省镇江市第四中学 |
| 顾　萍 | 江苏省扬州市江都区仙女镇中心小学 |
| 钱爱霞 | 江苏省靖江市城中小学 |
| 魏红梅 | 江苏省靖江市城中小学 |
| 沈秀君 | 浙江省嘉兴市嘉善杜鹃幼儿园 |
| 金子暄 | 浙江省台州市温岭市锦园小学 |
| 吴　娟 | 浙江省宁波市鄞州区东吴镇天童小学 |
| 林菊坪 | 浙江省杭州市文一街小学 |
| 欧阳金伟 | 浙江省杭州市文一街小学 |
| 冯建强 | 浙江省杭州市文一街小学 |
| 何南飞 | 浙江省宁波市余姚陆埠镇中心小学 |
| 胡美玲 | 浙江省衢州市开化县实验小学 |
| 巫向云 | 浙江省衢州市龙游县横山小学 |
| 吴　耘 | 浙江省杭州市第十三中学 |
| 余世芳 | 浙江省宁波市慈溪第二实验小学 |
| 郑　军 | 浙江省宁波市鄞州区东吴镇中心小学 |
| 张吉静 | 浙江省宁波市鄞州区东吴镇中心小学 |
| 周　俊 | 浙江省衢州市衢江区横路初中 |
| 周文广 | 浙江省衢州市实验学校 |
| 朱　菀 | 浙江省衢州市衢江区第一小学 |
| 方　莹 | 福建省泉州市鲤城区西郊幼儿园 |
| 余剑婷 | 福建省泉州市第二实验小学 |
| 章　莉 | 江西省抚州市临川四小 |
| 田小芹 | 山东省寿光世纪教育集团寿光世纪学校 |
| 公茂蓬 | 山东省日照市岚山区实验中学 |
| 姜年豪 | 河南省郑州市河南省实验学校郑东小学 |
| 李欣隆 | 河南省三门峡市第三中学 |
| 王文峰 | 河南省三门峡市第三中学 |
| 张晓燕 | 河南省三门峡市第三中学 |
| 何维亚 | 湖北省武汉市蔡甸区幼儿园 |
| 辛　梦 | 湖北省武汉市开发区实验小学 |

| | |
|---|---|
| 郑　佼 | 湖北省武汉市开发区实验小学 |
| 张　磊 | 湖南省怀化市幼儿园 |
| 廖帅丹 | 湖南省湘潭市凤凰中学 |
| 颜桂珊 | 广西壮族自治区桂林市恭城县机关幼儿园 |
| 陈少玲 | 海南省琼海市大路镇中心幼儿园 |
| 龚　政 | 海南省东方市铁路中学 |
| 高永春 | 甘肃省金昌市金川公司第六小学 |
| 李亚玲 | 甘肃省金昌市金川公司第四小学 |
| 刘　戈 | 青海省西宁市贾小庄小学 |
| 张国嫦 | 青海省西宁市城北区小桥大街小学 |

# 军队测绘导航部队先进个人

## 2014 年度全军测绘导航标兵

| | |
|---|---|
| 付　浩 | 61363 部队 |
| 崔　浩 | 61363 部队 |
| 杨　华 | 61081 部队 |
| 顾广杰 | 61206 部队 |
| 杨润华 | 61206 部队 |
| 纪立东 | 61206 部队 |
| 贺淑荣 | 61175 部队 |
| 陈莉莉 | 61175 部队 |
| 刘　立 | 61243 部队 |
| 王　波 | 61287 部队 |
| 刘文涛 | 61618 部队 |
| 高晟丽 | 61206 部队 |
| 朱光成 | 92678 部队 |
| 巫贤虎 | 92899 部队 |
| 张锦军 | 92493 部队 |
| 熊　义 | 95956 部队 |
| 王士双 | 96633 部队 |
| 姚　劲 | 96167 部队 |
| 赵　博 | 65014 部队 |
| 张　宇 | 66444 部队 |
| 姜战底 | 68029 部队 |
| 李连昌 | 72515 部队 |
| 程晓辉 | 73608 部队 |
| 黄沛求 | 75711 部队 |
| 徐　强 | 78138 部队 |

# 军队院校育才奖

## 金奖

| | |
|---|---|
| 华一新 | 解放军信息工程大学地理空间信息学院 |
| 孙付平 | 解放军信息工程大学导航与空天目标工程学院 |

## 银奖

| | |
|---|---|
| 范百兴 | 解放军信息工程大学地理空间信息学院 |
| 周　杨 | 解放军信息工程大学地理空间信息学院 |
| 刘玉峰 | 解放军信息工程大学地理空间信息学院 |
| 吴官祥 | 解放军信息工程大学地理空间信息学院 |
| 成　毅 | 解放军信息工程大学地理空间信息学院 |
| 范大昭 | 解放军信息工程大学地理空间信息学院 |
| 张　超 | 解放军信息工程大学导航与空天目标工程学院 |

# 其他获得省部级表彰的先进集体和先进个人

## 先进集体

北京工业职业技术学院被人力资源和社会保障部评为“国家技能人才培育突出贡献单位”

江苏省测绘工程院工程测量分院、国家测绘地理信息局第一大地测量队第六中队被中华全国总工会授予“全国工人先锋号”称号

四川测绘地理信息局被省委、省政府通报表扬为“省级最佳文明单位”

国家测绘地理信息局第二地形测量队被人力资源和社会保障部、国土资源部评为“第二次全国土地调查先进集体”

青海省测绘地理信息局测绘管理与政策法规处被国土资源部评为“全国国土资源管理系统推进依法行政及‘六五’普法中期先进单位”

国家地理信息公共服务平台天地图技术创新团队被中共中央组织部、中共中央宣传部、人力资源和社会保障部、科技部联合表彰为“全国专业技术人才先进集体”

## 先进个人

中国测绘科学研究院张继贤获“全国杰出专业技术人才”称号

国家基础地理信息中心蒋捷被中华妇女联合会授予2013年“全国三八红旗手”称号

北京市测绘设计研究院武润泽、江苏省测绘工程院任银萍、山东省国土测绘院杨艳萍获“全国五一劳动奖章”

北京市测绘设计研究院武润泽、广东省国土资源测绘院瞿申润、河南省地图院孙光文、江苏省测绘工程院任银萍、国家测绘地理信息局第三航测遥感院向勇、长江空间信息技术有限公司高何利获“全国青年岗位能手”和“全国技术能手”称号

湖南省第一测绘院仇俊、国家测绘地理信息局第一航测遥感院朱利坤获第十二届“全国技术能手”称号

# 科技奖励名单

## 国家科技奖励

项　目　名　称：国家西部测图工程技术体系及其应用
项　目　编　号：J-25201-2-01
获奖类别及等级：国家科学技术进步二等奖
完　成　单　位：中国测绘科学研究院、陕西测绘地理信息局、黑龙江测绘地理信息局、四川测绘地理信息局、国家测绘地理信息局重庆测绘院、新疆维吾尔自治区测绘地理信息局、青海省测绘地理信息局、甘肃省测绘地理信息局、云南省测绘地理信息局、海南测绘地理信息局
主 要 完 成 者：张继贤　张　力　辛少华　燕　琴　李维森　郝科铭　谢露蓉　袁晓宏　杨　升　李海涛

项　目　名　称：国家基础地理信息更新技术体系与工程应用
项　目　编　号：J-25201-2-03
获奖类别及等级：国家科学技术进步二等奖
完　成　单　位：国家基础地理信息中心、陕西测绘地理信息局、黑龙江测绘地理信息局、四川测绘地理信息局、武汉大学、海南测绘地理信息局、国家测绘地理信息局重庆测绘院、浙江省测绘与地理信息局、江苏省测绘地理信息局
主 要 完 成 者：陈　军　王东华　商瑶玲　刘建军　廖安平　赵仁亮　肖　平　于庆国　倪文辉　潘　励

## 2014 年中国测绘地理信息学会测绘科技进步奖名单

### 特等奖（4 项）

项目编号：2014-01-00-01
项目名称：国家地理信息公共服务平台天地图建设与应用
完 成 人：龚健雅　蒋　捷　李志刚　李京伟　张　扬　黄　蔚　翟　永　丁明柱　宋爱红　徐开明　孙玉国　孙　冰　曹天景　王鑫堂　查祝华　周　旭　杨超伟　张红平　陈　杰　王　建　李明巨　赵　峰　苗天宝　刘奕夫　王　聪　刘　磊　马秀香　向隆刚　王伶俐　谭向农
完成单位：国家基础地理信息中心、武汉大学、天地图有限公司、武大吉奥信息技术有限公司、北京吉威时代软件股份有限公司、北京四维图新科技股份有限公司、北京东方道迩信息技术股份有限公司、国信司南（北京）地理信息技术有限公司、四维航空遥感有限公司、水利部水利信息中心

项目编号：2014-01-00-02
项目名称：国家数字城市地理空间框架建设体系

完 成 人：李成名　赵占杰　张新长　陈　军　沈　涛　马照亭　孙　伟　孙隆祥　张成成　刘晓丽　毛　曦　洪志远　路文娟　李晓红　倪军波　陈弘奕　钟全宝　张贵俊　王　闯　禄丰年　陈品祥　李　兵　俞志强　孟勇飞　郭沛沛　黄　钰　刘　丽　马小龙　刘　健　郑荣静

完成单位：中国测绘科学研究院、山东省国土资源厅、山西省基础地理信息院、湖北省基础地理信息中心、中山大学、河南省测绘地理信息局、内蒙古自治区地图院、吉林省测绘地理信息局、北京市测绘设计研究院、浙江省地理信息中心

项目编号：2014-01-00-03

项目名称：2000 国家大地坐标系框架精化与推广应用的理论和关键技术研究

完 成 人：程鹏飞　成英燕　秘金钟　蒋志浩　孙占义　文汉江　王　华　徐彦田　张　莉　李志才　王晓明　张元杰　王　虎　蔡艳辉　王永尚　王　凡　陈　醒　张　鹏　章　磊　刘　立　高　乐　韩文立　田　慧　张训虎　张　勇　刘晋虎　李兵孙　罗　庆　于　男

完成单位：中国测绘科学研究院、国家基础地理信息中心、国家测绘产品质量检验测试中心

项目编号：2014-01-00-04

项目名称：国家级 1:5 万遥感影像控制点数据库关键技术及系统建设

完 成 人：唐新明　王华斌　冯先光　王桂敏　李参海　王光辉　李国元　张爱明　高　立　张国林　王伶俐　卢　刚　王雪锋　王　玉　高小明　王鸿燕　陈　晨　关　雷　郭晓敏　周晓青　樊文峰　龙敬琪　宋　威　许　康　赖震刚　石晓峰　邓玲艳　李慧蕊　赵世湖　陈　成

完成单位：国家测绘地理信息局卫星测绘应用中心、中国测绘科学研究院、江苏省测绘工程院、国家测绘地理信息局第四地形测量队

## 一等奖（7 项）

项目编号：2014-01-01-01

项目名称：省级应急测绘指挥平台构建与研究

完 成 人：谢维挺　王　芳　曹振宇　朱　庆　张　力　程多祥　陈现春　杨本勇　黄国满　杨正银　应国伟　艾廷华　苏凤环　苏　炯　甘荣成

完成单位：四川测绘地理信息局、中国测绘科学研究院、西南交通大学、武汉大学、中国科学院水利部成都山地灾害与环境研究所

项目编号：2014-01-01-02

项目名称：测量数据处理病态模型的估计理论、方法及应用

完 成 人：沈云中　李博峰　张兴福　周泽波　楼立志　陈　义　李伟伟　陈秋杰

完成单位：同济大学、广东工业大学

项目编号：2014-01-01-03

项目名称：全国土地利用变更调查遥感监测体系建设与运行

完 成 人：高延利　温　礼　吴海平　张荣慧　李万东　宁晓刚　柴　渊　杨冀红　宋海荣　陈　涛　史良树　周灵霞　王　锦　战　鹰　王　浩

完成单位：中国土地勘测规划院、中国测绘科学研究院

项目编号：2014-01-01-04

项目名称：多源数据融合的精细三维重建技术研究与应用

完 成 人：王晏民 朱 光 黄 明 王国利 胡春梅 张瑞菊 石宏斌 郭 明 危双丰 侯妙乐 胡云岗 杜岩竹 王树东 韩友美 曾飞翔
完成单位：北京建筑大学、北京天城空间科技有限公司

项目编号：2014-01-01-05
项目名称：基于多源时空信息的农情定量遥感监测关键技术创新与应用
完 成 人：秦其明 王纪华 王鹏新 李召良 杨贵军 范闻捷 高中灵 任华忠 吴 伶 杨小冬 黄文江 王金梁 张 宁 刘峻明 唐荣林
完成单位：北京大学、北京农业信息技术研究中心、中国农业大学、中国科学院地理科学与资源研究所、农产品质量与农田环境分析检测中心、中国科学院遥感与数字地球研究所、中国农业科学院农业资源与农业区划研究所

项目编号：2014-01-01-06
项目名称：重力场数据的多尺度分析技术及其应用
完 成 人：宁津生 汪海洪 罗志才 王 伟 钟 波 许 闯 李振海 周波阳 张双喜 罗 佳 王正涛 周 浩 林 旭 李 琼
完成单位：武汉大学、中国测绘科学研究院、中国航天电子技术研究院

项目编号：2014-01-01-07
项目名称：时空大数据高效能计算平台构建关键技术及应用
完 成 人：杜震洪 王国锋 刘仁义 张 丰 李建成 骆剑承 戴韫卓 鄢 贞 李荣亚 黄祥志 周经纬 张蕴灵 刘 玲 白 璐 侯志通
完成单位：浙江大学、中国公路工程咨询集团有限公司、中国科学院遥感与数字地球研究所

## 二等奖（47 项）

项目编号：2014-01-02-01
项目名称：机载 LiDAR 三维数字铁路关键技术及规模化应用
完 成 人：卢小平 钱小龙 李国清 于海洋 余海坤 许福缘 徐新超 禹小伟 宋晓红 朱怀汝
完成单位：河南省遥感测绘院、河南理工大学、矿山空间信息技术国家测绘地理信息局重点实验室、河南北斗空间科技有限公司

项目编号：2014-01-02-02
项目名称：基于全景影像的地图云服务平台与示范应用
完 成 人：关鸿亮 宫辉力 陶永亮 李祥武 陈长军 余晓松 胡晓明 姜中杰 王 刚 周龙平
完成单位：北京天下图数据技术有限公司、国家测绘地理信息局陕西基础地理信息中心、纵横皆景（北京）信息技术有限公司、纵横皆景（武汉）信息技术有限公司、首都师范大学

项目编号：2014-01-02-03
项目名称：基于移动终端的实景 LBS 技术及应用
完 成 人：柳 林 李万武 韩晓冬 邵振峰 于胜文 田茂义 柳 诚 陈传法 成 枢 朱建国
完成单位：山东科技大学、武汉大学

项目编号：2014-01-02-04
项目名称：城乡规划业务全生命周期智能化管理平台建设与应用
完 成 人：张新长　李碧辉　朱广堂　曹伟明　曹久久　郭泰圣　陈汭新　黄健锋　郑　楠　罗国玮
完成单位：佛山市城市地理信息中心、中山大学、佛山市国土资源和城乡规划局、佛山市南海区国土城建和水务局、广州城市信息研究所有限公司、广州优比建筑咨询有限公司

项目编号：2014-01-02-05
项目名称：数字制图要素空间转换理论及应用
完 成 人：李　霖　朱海红　于忠海　尹章才　王　红　应　申　谭永滨　蒯　希　张志军　贺　彪
完成单位：武汉大学、武汉理工大学、湖北大学

项目编号：2014-01-02-06
项目名称：面向信息化测绘的省级基础地理信息服务体系研究与建设示范
完 成 人：苗天宝　王有弢　张　扬　李克恭　程立君　鲍立尚　王振坤　苏　浩　周海鹏　王芳霞
完成单位：甘肃省基础地理信息中心、北京吉威时代软件股份有限公司

项目编号：2014-01-02-07
项目名称：高精度测深理论、方法与应用
完 成 人：赵建虎　张红梅　田　淳　周丰年　关永贤　董　江　欧阳永忠　柯　灝　王胜平　郭　军
完成单位：武汉大学、长江水利委员会水文局长江口水文水资源勘测局、海军海洋测绘研究所、交通运输部北海航海保障中心、广州海洋地质调查局

项目编号：2014-01-02-08
项目名称：地理空间数据挖掘的理论、方法及应用
完 成 人：邓　敏　刘启亮　王佳璆　沙宗尧　陈江平　石　岩　李朝奎　邓　浩　何晋强　李光强
完成单位：中南大学、武汉大学、湖南科技大学

项目编号：2014-01-02-09
项目名称：地理空间传感网关键技术与系统
完 成 人：陈能成　王　伟　王　超　龚健雅　卫启云　高昭良　卜方玲　严颂华　陈泽强　杨　超
完成单位：武汉大学、太原市基础地理数据中心、福州市勘测院、中国地质大学（武汉）、武汉吉嘉伟业科技发展有限公司

项目编号：2014-01-02-10
项目名称：国产陆地观测卫星数据预处理及基础定量产品生产关键技术
完 成 人：孙　林　王仁礼　傅俏燕　仲　波　刘国林　历　华　刘思含　孙长奎　段德宏　蔡玉林
完成单位：山东科技大学、中国科学院遥感与数字地球研究所、中国资源卫星应用中心、中国国土资源航空物探遥感中心

项目编号：2014-01-02-11
项目名称：全球卫星导航系统非差精密单点定位理论及应用
完 成 人：徐爱功　祝会忠　徐辛超　徐宗秋　隋　心　葛茂荣　吴景涛　柏惠印　舒　鹏　吉长东
完成单位：辽宁工程技术大学、辽宁省测绘地理信息局

项目编号：2014-01-02-12
项目名称：荆州大遗址机载三维激光扫描遥感考古调查与监测方法
完 成 人：王少华 王风竹 边馥苓 胡庆武 官 信 刘守军 汤强松 王 然 叶雪峰 朱剑锋
完成单位：武汉大学、湖北省文物局、武汉海达数云技术有限公司、湖北省海达文化遗产保护科技研究院

项目编号：2014-01-02-13
项目名称：大区域地表覆盖卫星遥感影像分类关键技术及应用
完 成 人：翟 亮 桑会勇 余 凡 李 军 顾海燕 李见阳 冯存均 张晓贺 袁 捷 乔庆华
完成单位：中国测绘科学研究院、四川测绘地理信息局、兰州交通大学

项目编号：2014-01-02-14
项目名称：特大城市交通地理信息服务平台及应用
完 成 人：陆 锋 于 晓 杨必胜 陈 洁 孙亚夫 张恒才 吴 琼 张高峰 张云菲 郭胜敏
完成单位：中国科学院地理科学与资源研究所、北京掌城科技有限公司、武汉大学

项目编号：2014-01-02-15
项目名称：三轴分层地球自转理论
完 成 人：申文斌 陈 巍 宁津生 丁 浩 孙 榕 李 进 韩建成 梁毅强 刘 琳 刘任莉
完成单位：武汉大学

项目编号：2014-01-02-16
项目名称：土地利用专题地图综合软件及其在“二调”多级数据库建设中的应用
完 成 人：艾廷华 成晓强 李精忠 张 翔 杨 敏 田 晶 禹文豪 高 峰 周梦杰 何亚坤
完成单位：武汉大学、武汉智图科技有限责任公司

项目编号：2014-01-02-17
项目名称：全市沿海 1:5000 水下地形图测量
完 成 人：张志华 丁鹏辉 邵成立 逄铭新 栾学科 张 健 闫鲁雁 宋云记 栾 天 邵春丽
完成单位：青岛市勘察测绘研究院

项目编号：2014-01-02-18
项目名称：多源遥感矿区环境与灾害精准监测技术
完 成 人：靳奉祥 刘国林 季 民 孙 林 江 涛 王钦军 陶秋香 赵相伟 王志勇 王 健
完成单位：山东科技大学、山东建筑大学、中国科学院遥感与数字地球研究所

项目编号：2014-01-02-19
项目名称：城市轨道精密三维测控新技术的研究与应用
完 成 人：徐成家 韩三琪 徐永刚 王嘉伟 杨兵明 王 曼 马文静 梁宇欣 方 杨 郦 亮
完成单位：中铁工程设计咨询集团有限公司、宁波市轨道交通集团有限公司

项目编号：2014-01-02-20
项目名称：国家 1:25 万基础地理信息数据库联动更新技术研发

完 成 人：刘建军　李雪梅　张元杰　谭继强　刘剑炜　赵文豪　吴晨琛　赵仁亮　王铁军　赵　飞
完成单位：国家基础地理信息中心、黑龙江测绘地理信息局

项目编号：2014-01-02-21
项目名称：大面积三维无缝立体正射影像生成方法及其应用
完 成 人：王　密　潘　俊　王争鸣　任晓春　王　玮　金淑英　常学立
完成单位：武汉大学、中铁第一勘察设计院集团有限公司

项目编号：2014-01-02-22
项目名称：VLBI 用于深空探测器精密定位的理论方法、软件系统及推广应用
完 成 人：魏二虎　邹贤才　严　韦　金双根　罗三明　李金岭　平劲松　郭际明　田晓静　彭碧波
完成单位：武汉大学、中国科学院国家天文台、中国科学院上海天文台

项目编号：2014-01-02-23
项目名称：上海市现代测绘基准服务体系研究与建设
完 成 人：季善标　邹俊平　郭容寰　余美义　顾建祥　毛炜青　吴张峰　徐　颖　翁必华　徐　云
完成单位：上海市测绘院

项目编号：2014-01-02-24
项目名称：三维地理设计云平台研发与应用
完 成 人：陈翰新　陈良超　李　锋　王阳生　王国牛　薛　梅　詹　勇　何兴富　王俊勇　胡　颖
完成单位：重庆市勘测院

项目编号：2014-01-02-25
项目名称：市县一体化地理信息公共服务平台建设关键技术研究与应用
完 成 人：李明巨　贺卫中　刘　波　杨少敏　蔡　勇　谈　帅　束　平　刘昱君　李观石　陆藩藩
完成单位：江苏省基础地理信息中心、常州市基础地理勘测中心、常州市国土资源局

项目编号：2014-01-02-26
项目名称：《全国基础测绘中长期规划纲要》修编研究
完 成 人：张辉峰　陈常松　阮于洲　贾　丹　宁镇亚　徐　坤　熊　伟　刘　芳　桂德竹
完成单位：国家测绘地理信息局测绘发展研究中心

项目编号：2014-01-02-27
项目名称：超高复杂度海岛（礁）全空间区域信息获取及多维多域海洋地理环境高性能服务平台关键技术
完 成 人：张　丰　楼燕敏　杜震洪　刘仁义　余华芬　李荣亚　杨一挺　周　伟　滕龙妹　吴森森
完成单位：浙江大学、浙江省第二测绘院

项目编号：2014-01-02-28
项目名称：全空间 GIS 技术在互通式立交智能设计中的应用
完 成 人：刘子剑　王国锋　杜震洪　李建成　杨少伟　牛玉欣　潘兵宏　白　璐　谢卓然　富中海
张　丰　刘仁义　许振辉　严先荣　尹　冰
完成单位：中国公路工程咨询集团有限公司、浙江大学、长安大学

项目编号：2014-01-02-29
项目名称：65 米射电望远镜精密测量技术研究
完 成 人：李宗春 李广云 张冠宇 冯其强 李 干 邓 勇 李 丛 杨 振 王 力 储 鹄
完成单位：中国人民解放军信息工程大学

项目编号：2014-01-02-30
项目名称：建设项目三维规划审批体系建设及应用推广
完 成 人：温宗勇 陈品祥 李 扬 郑国江 冯学兵 程 祥 刘增良 杨 军 韩雪松 陈 思
完成单位：北京市测绘设计研究院、城市空间信息工程北京市重点实验室

项目编号：2014-01-02-31
项目名称：安徽省地图集
完 成 人：李贤虎 汪跃平 胡张武 方 剑 刘 策 朱兆明 柏友林 管怀重 吴国华 傅祖英
完成单位：安徽省第四测绘院

项目编号：2014-01-02-32
项目名称：城市综合测绘数据库建设与分发服务应用关键技术
完 成 人：杨伯钢 张保钢 赵春香 刘 进 陶迎春 刘增良 吴 飞 刘 鹏 秦学秀 张凤录
完成单位：北京市测绘设计研究院、城市空间信息工程北京市重点实验室

项目编号：2014-01-02-33
项目名称：地形分析通用支撑平台技术研究
完 成 人：张 德 吴芳华 张跃鹏 吉国杰 黄利民 李 翔 许朝晖 曾 军 柯希林 高 凯
完成单位：西安测绘研究所

项目编号：2014-01-02-34
项目名称："房地一张图"关键技术研究与应用
完 成 人：唐文刚 陶 虹 钱程扬 王 峰 曹 佳 刘 亚 王永君 张 蔚 陈超伦 王兆亮
完成单位：苏州工业园区测绘地理信息有限公司、苏州工业园区国土房产局、南京师范大学、苏州工业园区格网信息科技有限公司

项目编号：2014-01-02-35
项目名称：应用 GPS 技术进行中亚天山地区现代地壳运动研究
完 成 人：王晓强 李 杰 郑黎明 王 琪 刘代芹 杨少敏 朱治国 程瑞忠 沈 军 李桂荣
完成单位：新疆地震测绘研究院

项目编号：2014-01-02-36
项目名称：北斗区域导航系统在相对控制测量中的应用论证研究
完 成 人：冯来平 吴显兵 阮仁桂 朱永兴 周 巍 毛 悦 冯淑萍 刘 焱 张清华 宋小勇
完成单位：西安测绘研究所

项目编号：2014-01-02-37
项目名称：上海市地面沉降监测现代技术体系建设

完 成 人：詹龙喜　熊福文　杨建刚　黄小秋　杨丽君　唐继民　方志雷　王书增　许　准　杨柏宁
完成单位：上海市地质调查研究院

项目编号：2014-01-02-38
项目名称：区域似大地水准面拟合方法研究
完 成 人：聂建亮　蒋光伟　田晓静　李　东　焦立芬　陈俊英　刘　璐　李春晓　谢　方
完成单位：国家测绘地理信息局大地测量数据处理中心

项目编号：2014-01-02-39
项目名称：浙江省地理国情监测试点关键技术与示范应用
完 成 人：冯存均　左石磊　詹远增　王高强　吴　慧　刘晓忠　蔡志刚　朱校娟　黄思明　李　江
完成单位：浙江省地理信息中心、浙江省第一测绘院、浙江省第二测绘院、浙江省测绘科学技术研究院

项目编号：2014-01-02-40
项目名称：基于物联网的重大基础设施安全监测云平台
完 成 人：向泽君　谢征海　滕德贵　胡　波　欧　斌　肖兴国　岳仁宾　李　超　张　恒　袁长征
完成单位：重庆市勘测院

项目编号：2014-01-02-41
项目名称：星载天线型面水下摄影测量技术研究与应用
完 成 人：钦桂勤　黄桂平　柏宏武　蒋理兴　范亚兵　马开锋　元朝鹏　黄志荣　陈　铮　贺　磊
完成单位：中国人民解放军信息工程大学、华北水利水电大学

项目编号：2014-01-02-42
项目名称：数字青海空间地理信息基础设施建设
完 成 人：郗利华　王　苑　刘　军　许长军　赵成福　杨鸿海　马秉斌　杨　炯　辛兵厂　王来强
完成单位：青海省基础地理信息中心

项目编号：2014-01-02-43
项目名称：同架次变航高无人机遥感数据获取与应用
完 成 人：郑持辉　梁建国　胡开全　周智勇　王　快　王　莉　潘　科　刘超祥　严以成　欧阳晖
完成单位：重庆市勘测院

项目编号：2014-01-02-44
项目名称：数字邯郸地理信息公共平台建设
完 成 人：马小计　宁利立　武　娟　周　亦　马熹肇　马昭辉　李卫红　胡龙华　李晶莹　王慧敏
完成单位：北京中色测绘院有限公司、河北中色测绘有限公司

项目编号：2014-01-02-45
项目名称：深圳市网络地图制作及数据更新技术研究
完 成 人：傅晓珊　晏晓红　汪其志　周贻港　陈继详　李小谦　赵晓发　蔡舒翔　邵　勇　李　静
完成单位：深圳市勘察测绘院有限公司

项目编号：2014-01-02-46
项目名称：瓯江口滩涂与浅海测绘关键技术研究与应用
完 成 人：项谦和 葛中华 陈春雷 徐和平 庄小将 杨元兴 申仲舒 王永乔 沈 琦 陈 宇
完成单位：浙江省测绘大队

项目编号：2014-01-02-47
项目名称：基于物联网的公路安全监测及预警系统
完 成 人：许贤泽 江春华 王 力 陈显龙 徐逢秋 周慧娟 陈晓龙 王志建 刘盼盼 贺志刚
完成单位：北京恒华伟业科技股份有限公司、武汉大学、北方工业大学

## 三等奖（57 项）

项目编号：2014-01-03-01
项目名称："智慧常州"基础地理信息工程
完 成 人：刘全海 张云青 陈再春 丁亚杰 刘 军 王小维 张春敏
完成单位：常州市测绘院、常州市规划局、常州市新北测绘勘察中心、常州市武进规划与测绘院

项目编号：2014-01-03-02
项目名称：基于 GIS 的军队卫勤应急保障辅助决策系统
完 成 人：薛智勇 范承啸 袁建锋 王欣宇 胡群英 李欣欣 王景雨
完成单位：西安测绘总站（61363 部队）

项目编号：2014-01-03-03
项目名称：联合卫星和地面重力测量数据反演地球重力场的理论与方法
完 成 人：刘晓刚 孙中苗 王兴涛 肖 云 李迎春 翟振和 周德斌
完成单位：西安测绘研究所

项目编号：2014-01-03-04
项目名称：数字镇江地理空间框架建设
完 成 人：徐地保 戴非平 徐建新 郑永红 赵 棣 王 勇 李乃强
完成单位：江苏省测绘工程院、镇江市国土资源局、镇江天地图信息科技有限公司

项目编号：2014-01-03-05
项目名称：开放式二三维一体化地理空间框架建设及西城示范
完 成 人：任 顺 贾慧娟 钟 钫 叶大华 王金坡 凌 毅 周新宇
完成单位：北京市规划委员会西城分局、北京市西城区规划管理信息中心、北京市勘察设计和测绘地理信息管理办公室、中国测绘科学研究院

项目编号：2014-01-03-06
项目名称：基于北斗的卫星移动通信试验系统综合信关站研究开发
完 成 人：李洪力 刘 冰 窦晓晶 徐伯健 原 亮 卢 伟 刘 京
完成单位：北京卫星导航中心

项目编号：2014-01-03-07
项目名称：太阳风暴期间北斗电离层监测与影响评估
完 成 人：吴晓莉　曹纪东　董恩强　吴　杉　梁红梅　谭红力　张晓欣
完成单位：北京卫星导航中心

项目编号：2014-01-03-08
项目名称：基于时序 DInSAR 技术地表形变监测
完 成 人：陈华刚　梁建国　胡开全　周智勇　王　成　张俊前　楚　恒　滕德贵　马　红　李莲芳　向华林　李　晗　陈银福
完成单位：重庆市勘测院

项目编号：2014-01-03-09
项目名称：地理信息共享服务平台关键技术及应用
完 成 人：王海银　胡振彪　张　东　龙凤鸣　孙为晨　赵永峰　赵　维
完成单位：青岛市勘察测绘研究院

项目编号：2014-01-03-10
项目名称：服务于南京市国土测绘的现代测绘基准的建立与维持
完 成 人：施凤翔　姚宜斌　王　勇　赵荣军　李晓华　黄东海　邹　旭
完成单位：南京市国土资源信息中心、江苏省测绘工程院、武汉大学

项目编号：2014-01-03-11
项目名称：基于三维全景技术的高速公路设施采集关键技术研究及应用
完 成 人：明　镜　王卫平　向　煜　向　华　蔡　啸　杨本廷　张　彦
完成单位：重庆数字城市科技有限公司、重庆市勘测院、重庆高速公路集团有限公司

项目编号：2014-01-03-12
项目名称：地理信息全息显示机理与技术论证
完 成 人：侯溯源　刘平芝　杨　云　徐道柱　安晓亚　葛　平　严　薇
完成单位：西安测绘研究所

项目编号：2014-01-03-13
项目名称：世景图库网络应用服务
完 成 人：徐丽萍　朱继东　徐　鹏　刘　鑫　刘红波　来玉梅　张志云
完成单位：中国四维测绘技术有限公司、北京航天世景信息技术有限公司

项目编号：2014-01-03-14
项目名称：基于云计算架构与 GML 数据同构的地理信息共享与交换平台
完 成 人：甘　泉　刘建川　张　尧　杨　军　谭明建　任春雷　佟　杰
完成单位：四川省基础地理信息中心

项目编号：2014-01-03-15
项目名称：北斗 RDSS 中心标校站

完 成 人：乐四海 张向征 韩玉宏 孔 维 田 原 谭启国 管运祥
完成单位：北京卫星导航中心、中国电子科技集团公司第十研究所航天事业部

项目编号：2014-01-03-16
项目名称：时空地理信息智能处理技术研究与应用
完 成 人：肖建华 王厚之 何 伟 彭清山 刘 昊 安永强 程 琦
完成单位：武汉市测绘研究院

项目编号：2014-01-03-17
项目名称：HNCORS 数据转换平台软件研发
完 成 人：尹昊华 邓兴升 汤仲安 陈春花 唐超华 孙虹虹 黎晨曦
完成单位：湖南省测绘科技研究所、长沙理工大学

项目编号：2014-01-03-18
项目名称：1:5000 航测生产一体化作业体系关键技术与应用
完 成 人：谢征海 梁建国 胡开全 周智勇 张 燕 张俊前 刘超祥
完成单位：重庆市勘测院

项目编号：2014-01-03-19
项目名称：中华人民共和国空管形势图业务处理系统
完 成 人：李永练 缪 剑 高 帅 徐进华 徐惠宁 史克农 岳志兰
完成单位：西安测绘总站（61363 部队）

项目编号：2014-01-03-20
项目名称：似大地水准面模型保障系统
完 成 人：周 巍 张敏利 王 强 杨华忠 荣 敏 李 琦 董洪霞
完成单位：西安测绘总站（61363 部队）

项目编号：2014-01-03-21
项目名称：中国测绘与人文社会——测绘科技对社会文明的驱动
完 成 人：牛汝辰
完成单位：中国测绘科学研究院

项目编号：2014-01-03-22
项目名称：基于三维城市的地下管线管理和应用系统研究
完 成 人：毕 俊 毛炜青 冯 琰 张 唯 王 伟 顾星晔 贾 蓉
完成单位：上海市测绘院

项目编号：2014-01-03-23
项目名称：天下图二三维地图服务平台
完 成 人：关鸿亮 沈 奕 冷继全 朱光兴 支仁泽 湛国毅 黄 勇
完成单位：北京天下图数据技术有限公司、贵州省第一测绘院

项目编号：2014-01-03-24
项目名称：远距离GPS在航潮位测量方法及软件开发研究
完 成 人：董　江　白亭颖　刘　雷　汪连贺　桑　金　董玉磊　缪锦根　赵建虎
完成单位：天津海事测绘中心

项目编号：2014-01-03-25
项目名称：内蒙古自治区快速出图应用系统
完 成 人：刘　秀　张贵俊　薛志忠　丁圣陶　于　欣　张宗海　石建军
完成单位：内蒙古自治区地图院、中国测绘科学研究院地图学与地理信息系统研究所（GIS研究所）

项目编号：2014-01-03-26
项目名称：基于潮汐调和分析及余水位差分的潮位推算技术
完 成 人：李素江　王华原　陈存扩　肇　斌　燕经典　郑俊华　王云国
完成单位：中交天津港航勘察设计研究院有限公司

项目编号：2014-01-03-27
项目名称：数字运城地理空间框架建设
完 成 人：李晓红　吴博义　王建军　毛国梁　郭海青　屈树政　薛学盛
完成单位：山西省基础地理信息院、运城市国土资源局、北京四维远见信息技术有限公司

项目编号：2014-01-03-28
项目名称：深圳地铁安保区地下管线与地质资料三维信息管理系统
完 成 人：陈　鸿　余海忠　刘树亚　肖　民　陈湘生　欧阳宇峰　陈发波
完成单位：深圳市市政设计研究院有限公司、深圳市地铁集团有限公司、深圳市伟图科技开发有限公司

项目编号：2014-01-03-29
项目名称：地理国情监测内外业一体化系统
完 成 人：张　云　文学虎　何　鑫　吴　思　李　胜　王　蕾　曹伟超
完成单位：国家测绘地理信息局第六地形测量队（四川省第三测绘工程院）

项目编号：2014-01-03-30
项目名称：利用机载激光雷达技术进行浙江省滩涂与平地区域测绘的关键技术及应用
完 成 人：楼燕敏　余华芬　吴　迪　盛志鹏　傅月波　盛志娟　何大金
完成单位：浙江省第二测绘院

项目编号：2014-01-03-31
项目名称：长株潭地区耕地土壤重金属污染的遥感监测评价研究
完 成 人：郭云开　张永忠　张龙其　李晓蓉　曹小燕　王礼尧　周访滨
完成单位：长沙理工大学、湖南省国土资源厅耕地保护处

项目编号：2014-01-03-32
项目名称：基于移动位置服务的关键技术研究与应用
完 成 人：徐狄军　唐　云　梁寒冬　王海江　吴秀芸　沈银辉　杨军生

完成单位：宁波市测绘设计研究院、宁波市人民政府办公厅、宁波市规划局杭州湾新区分局、宁波市东部新城开发建设指挥部、宁波市规划局梅山分局、宁波市规划局东钱湖旅游度假区分局、宁波市加快构筑现代都市协调推进小组办公室

项目编号：2014-01-03-33
项目名称：山东省重点地区矿产勘查开采遥感动态监测
完 成 人：曹洪松　陈玉成　巩贵仁　杨逸飞　彭慧妍　贾广斌　刘　伟
完成单位：山东省国土测绘院

项目编号：2014-01-03-34
项目名称：航空摄影质量自动检查系统
完 成 人：彭桂辉　梁　菲　赵铁梅　左　涛　张忠民　刘　敏　吕军超
完成单位：西安煤航信息产业有限公司

项目编号：2014-01-03-35
项目名称：环境空气质量天地一体化监测预警体系构建与应用
完 成 人：姚　新　孙世友　黄祖照　刘　锐　谢　涛　邝俊霞　李文韬
完成单位：中科宇图天下科技有限公司

项目编号：2014-01-03-36
项目名称：土地利用动态监测技术体系研究及在广东省的应用
完 成 人：曾元武　陈泽鹏　吴楷钊　洪镇填　练　栩　吴永静　朱晓亮
完成单位：广东省国土资源技术中心、广东省国土资源测绘院、广东省地图院

项目编号：2014-01-03-37
项目名称：武汉市中心城区既有危房图数表一体化地理信息系统建设
完 成 人：郑举汉　张四维　余　磊　杨　磊　李琳慧　郭阿兰　涂　颖
完成单位：武汉市房产测绘中心、武汉市房产信息中心

项目编号：2014-01-03-38
项目名称：面向信息化测绘的遥感数据分布集群处理生产体系研究
完 成 人：山　川　何忠焕　潘建平　张　力　赵礼剑　李兆雄　韩颜顺
完成单位：国家测绘地理信息局重庆测绘院、中国测绘科学研究院

项目编号：2014-01-03-39
项目名称：DL-2003 高精度数字水准仪
完 成 人：陈圣红　张卫华　金　峰　石　蕊　王智明　徐文生　车建仁
完成单位：广州南方测绘仪器有限公司、常州市新瑞得仪器有限公司

项目编号：2014-01-03-40
项目名称：无人机摄影测量用于农村宅基地确权登记技术研究
完 成 人：李　君　张保成　李贵中　刘子强　李树云　陆　强　张振东
完成单位：内蒙古乔泰国土勘测技术有限公司、内蒙古成图电子技术有限责任公司

项目编号：2014-01-03-41
项目名称：基于GIS技术的昆明市地下排水管线评价研究
完 成 人：解智强　侯至群　何江龙　高　忠　周海彬　周京春　陈厚元
完成单位：昆明市城市地下管线探测管理办公室、HR Wallingford Ltd、昆明排水设施管理有限责任责任公司

项目编号：2014-01-03-42
项目名称：《长江中下游河道形势图》
完 成 人：王　俊　刘东生　李永丰　汪　冰　陈松生　周建红　徐丽坤
完成单位：长江水利委员会水文局、湖北省地图院

项目编号：2014-01-03-43
项目名称：地理信息公共服务关键技术研究及泰安应用
完 成 人：孔兆慧　相恒茂　张　伟　高浠舰　李　飞　李　浩　刘玉华
完成单位：山东省国土测绘院

项目编号：2014-01-03-44
项目名称：数字株洲地理空间框架建设项目
完 成 人：陈志军　谢优平　陈　焱　周振明　罗海燕　陈　新　唐秋祥
完成单位：湖南省第一测绘院、株洲市测绘地理信息局、广州奥格智能科技有限公司

项目编号：2014-01-03-45
项目名称：国家卫星应用高技术产业化项目——山西省国土资源生态环境地质灾害卫星遥感动态监测系统
完 成 人：韩兆双　王秀珍　于　颂　杨爱民　樊贵平　马翠萍　张庆勇
完成单位：山西省遥感中心

项目编号：2014-01-03-46
项目名称：基于天地图的互联网地震灾情快速获取处理与展布系统
完 成 人：帅向华　刘　钦　姜立新　甄　盟　胡素平　郑向向　冯　蔚
完成单位：中国地震台网中心

项目编号：2014-01-03-47
项目名称：广西测绘成果分发服务业务系统
完 成 人：梅树红　廖超明　马　哲　朱俊琦　冯杏芳　王柏鹏　韦家宏
完成单位：广西壮族自治区测绘地理信息档案资料馆

项目编号：2014-01-03-48
项目名称：金东区集体土地所有权确权登记发证
完 成 人：楼亨庞　寿春法　傅宏文　王蓉丽　蒋跃明　管　雷　傅冬华
完成单位：义乌市勘测设计研究院、金华市国土资源局金东分局

项目编号：2014-01-03-49
项目名称：全国农村土地确权登记发证关键技术研究与实现
完 成 人：周运林　卢永华　潘文俊　胡朝辉　谢伟文　吕　兵　汤学建
完成单位：深圳市勘察研究院有限公司

项目编号：2014-01-03-50
项目名称：面向矿山环境的地理国情监测关键技术
完 成 人：雷 兵 刘小波 张文晖 赵广信 甘宇航 迟瑛琳 史冠军
完成单位：国家测绘地理信息局卫星测绘应用中心、抚顺市地理信息局、抚顺市勘察测绘院

项目编号：2014-01-03-51
项目名称：基于集群分布式计算的海量影像快速处理技术及其在湖北的示范应用
完 成 人：洪 亮 王海涛 邱儒琼 李 兵 何保国 张 扬 王 波
完成单位：湖北省基础地理信息中心、湖北省测绘成果档案馆、北京吉威时代软件股份有限公司、湖北省航测遥感院、湖北地理信息科技股份有限公司

项目编号：2014-01-03-52
项目名称：电力工程数字摄影测量标准研究
完 成 人：程正逢 代宏柏 胡吉伦 宋志勇 张焕杰 李少龙 程 伟
完成单位：中国电力工程顾问集团中南电力设计院、北京洛斯达科技发展有限公司、中国电力工程顾问集团西北电力设计院、河北省电力勘测设计研究院、山西省电力勘测设计院、贵州电力设计研究院、河南省电力勘测设计院

项目编号：2014-01-03-53
项目名称：森林资源空间信息共享技术体系构建及山西省示范应用
完 成 人：卫 东 邸富宏 周耀学 韩建平 颜东海 胡 斌 杨 帆
完成单位：山西省综合地理信息中心、山西省林业调查规划院、武大吉奥信息技术有限公司

项目编号：2014-01-03-54
项目名称：连续运行参考站精密高程测量方法研究
完 成 人：何德平 王明权 江周勇 文雪中 昌中华 徐黎立 孙建华
完成单位：重庆市勘测院

项目编号：2014-01-03-55
项目名称：崀山国家地质公园数字三维建模
完 成 人：黄 磊 刘 专 董胜光 詹剑青 李志文 赵淑玲 吴朝辉
完成单位：湖南省第二测绘院

项目编号：2014-01-03-56
项目名称：应力自动监测预警系统
完 成 人：青 舟 朱坤奠 杨 宇 王书强 何 磊 陈 攀
完成单位：成都云隆科技有限公司、成都中铁隆工程集团有限公司

项目编号：2014-01-03-57
项目名称：旅游文化地理信息建模与可视化方法
完 成 人：李仁杰 傅学庆 郭风华 张军海 孙桂平 严正峰
完成单位：河北师范大学资源与环境科学学院、河北省科学院地理科学研究所

# 2014 年全国优秀测绘工程奖名单

## 白金奖（9 项）

长江中游荆江河段航道整治工程工可阶段原型观测
浙江省滩涂资源调查
向莆铁路精密测量控制工程
全国第二次湿地资源调查
数字济南地理空间框架建设与应用
上海轨道交通 11 号线工程建设综合测量
中央电视台新台址工程测量
宁波市轨道交通 1 号线一期工程综合测量
绵阳市地下管线普查

## 金奖（38 项）

数字沈阳地理空间框架项目
丝绸之路新疆段世界文化遗产申报前期工作
上海市重大市政工程变形监测技术体系建设
三峡后续工作规划 1:2000 数字地形图测量
甘肃省公安厅警用地理信息工程
“岳阳市空间地理框架”基础数据采集及建库
台州市本级数字地籍调查及数据库建设项目
广州新白云国际机场建设工程综合测量
武汉市农村集体土地所有权确权登记发证
溪洛渡右岸电站送电广东±500kV 同塔双回直流输电线路工程（黔桂界～平乐县阳安乡段）测量
红水河龙滩水电站变形监测网系统
增城市地下综合管线数据信息服务体系建设与应用
叙永县农村集体土地确权登记发证和数据库建设
重庆国际博览中心变形监测
北京市第一次水务普查空间数据资源建设
上海市航空摄影测量高效处理及多元应用
新疆油田产能建设地面工程数据采集与建库
青草沙水库及取输水泵闸工程 QSK-S2 标水下地形测量
沪杭高铁运营期控制网复测及构筑物变形监测工程
杭州市现代空间基准体系建设方案之市域高精度高分辨率似大地水准面确立暨一、二等水准高程控制网建立
重庆都市区 1:2000 DLG、DEM、DOM 生产及建库
成山角水域船舶定线制测量工程
数字盘山
昆明城市轨道交通控制网建设
通州新城 1:500 基础地形图测绘工程
河北省基层建设年活动帮扶村庄地形图测绘

"智慧宁波"地理信息共享服务平台数据库建设
重庆全市域0.4米真彩色航空摄影与正射影像制作
汕头市潮南区1:1000地形图测绘项目

## 银奖（98项）

淳化县农村集体土地所有权登记发证项目
瑞安市农村集体土地所有权确权登记发证
数字焦作地理空间框架建设项目
金沙江乌东德水电站首级施工控制网
中国大陆构造环境监测网络2009年、2011年区域网GPS联测
长春市城区补充地籍调查
哈尔滨市阿什河干流道外香坊段防洪及河道整治工程土地勘测
蓟县新城新农村建设挂钩试点复垦区项目勘测定界测绘
长沙大河西先导区地籍测量与建库项目（二期）
宁德市中心城区及拓展区域大比例尺全数字化测图项目
2012年部、省土地卫片执法检查及2013年市级遥感监测外业核查技术服务
基于信息化测绘生产体系的中新知识城基本地形图更新
重庆市地质灾害信息管理和监测预警系统
中电投几内亚共和国3650号矿区铝土矿勘探
湘中南、湘西重点成矿带及矿集区矿山开发遥感调查与监测
武汉市城中村改造项目——数字航空摄影测量工程
数字秦皇岛地理空间框架建设
福州市地下管线数据库数据生产建设
南通市三等水准网建设工程
蓬溪县农村集体所有权确权颁证及数据库建设项目
舟山市大陆连岛工程金塘大桥控制测量项目
重庆大学新校区建设测绘地理信息服务工程
中牟县2012年度农村集体土地调查、确权登记发证及数据库建库项目（第一标段）
新建连云港至盐城铁路精密控制测量
向家坝-上海±800kV特高压直流输电线路工程测绘
武汉市轨道交通四号线建设测绘保障工程
武汉市土地利用规划实施动态管理信息系统
武汉城市景观大道（长江大道）沿线房屋三维建模及立面整治测绘
天津市土地利用现状调查项目
数字襄阳地理空间框架及应用示范
神渭管道输煤项目
深圳河水下地形定期测量（2010—2013年度）
山西林业信息化统一平台
七星关区农村集体土地所有权确权登记发证和数据库建设项目
嘉峪关2×350MW自备热电联产工程测量项目
济广高速公路粤境平远至兴宁段工程测量
号百POI生产管理平台
哈尔滨至大连客运专线（沈阳至大连段）路基冻胀监测

广州市轨道交通 2015 年建设线路控制网测量工程（扩网）
广州从化城市比例尺机载 LiDAR（激光雷达）地形图测量及数据入库
广西城镇三维地籍数据库航空摄影项目
港珠澳大桥建设测绘工程
丹阳市宅基地地籍调查及数据库建设
安徽电网空间信息服务平台数据采集项目
罗江县国土局农村集体土地所有权和集体建设用地使用权登记发证（控制测量）
永嘉县农村集体土地所有权确权登记发证项目
铜陵市集体土地范围内宅基地房屋测绘（第一标段）
株洲市地下管线普查及信息化工程
深圳市龙华新区观城社区旧村改造项目
厦门市 1:500 全野外数字化测图
全球生态地质环境卫星遥感“一张图”工程
南水北调中线一期工程丹江口水库建设征地水文河道专业设施复建工程河道观测设施复建
金沙江向家坝水电站水文泥沙观测
基于三维激光扫描技术的广州万博 CBD 商业广场规划验收测量
河南省重要成矿区带 1:5000 地形图测绘
河北省沧州市市区城镇地籍调查及城镇地籍数据库建设
海南省警用地理信息系统
海丰县第二次土地调查
广东韶关有色金属矿集区遥感地质综合调查
大广高速公路（粤境从化段）勘测定界测量及地面附着物清点
北京地铁 9 号线工程第三方监测与安全技术风险管理技术研究与应用
北京地铁 10 号线二期工程测量
金华市似大地水准面精化项目
郑州市二七区城镇地籍更新调查
沂水县农村集体土地所有权确权登记发证项目
宁夏海原县农村集体土地所有权确权登记发证
上海市不可移动文物管理地理信息系统
曲靖市无人机航摄及 1:2000 数字正射影像图制作工程
京沪高速铁路（徐州至滁州段）运营期精测网复测
黄骅港综合港区回淤分析监测工程
海洋工程导航定位
常武地区 1:1000 数字正射影像图制作项目
平凉市崆峒区农村集体土地确权登记发证
重庆市主城建成区地下空间普查
中缅油气管道工程（缅甸段）
云南大理至丽江高速公路基础控制测量与航测成图工程
西藏自治区农村宅基地确权登记发证项目（日喀则地区日喀则市）
无锡地下管线普查探测工程
太原市地理信息服务平台
数字奉化地理空间框架建设项目
清城区村民小组集体所有权登记中的摄影测量与信息系统建设

揭西县农村集体土地所有权确权登记发证项目
焦作市地形图的新测、修测、补测项目
胶南市三维数字城市建设项目
嘉鱼县城区 1:500 三维地籍管理信息系统建设项目
嘉善县城乡一体新社区及零星地块数字地籍调查
成昆铁路工务管理三维 GIS 平台
2011—2013 年度全市地形图与地下管线修补测（宝安南标段）
重庆市社区地图集
晋州市国土资源局农村集体土地所有权发证项目
贵州电网公司培训与评价中心综合楼地下停车场基坑及建筑物安全监测项目
山东省嘉祥县农村集体土地确权登记发证项目
西安铁路局郑西高速铁路精密测量控制网复测及构筑物沉降变形监测
石武铁路客运专线河南段 SWZQ-1 标段精密控制测量工程项目
深圳市龙岗区信息管道资源普查工程
南京市城区雨污分流测绘工程
阿拉山口口岸城镇化测绘保障服务
贵州息烽至黔西高速公路基础控制测量及 1:2000 带状地形图测量

## 铜奖（182 项）

长兴城区 1:500 数字地形测绘工程（Ⅰ标）
上海梅山钢铁股份有限公司三维总图信息管理系统工程
山西省测绘成果档案快速提供
常州市区航空摄影和正射影像制作项目
2013 年国家基础航空摄影福建闽江流域机载激光数据采集与处理项目
委内瑞拉埃罗莎-曼特卡尔农业综合发展项目工程测量
市南区城市管理网格全民互动服务平台
上海烟草集团北京卷烟厂管网可视化管理信息系统项目
昆明市城市 1:500 比例尺地形图修补测工程（片区Ⅰ）
常德市城区和规划区数字航空摄影和 1:1000 地形图测绘项目
昭觉县第二次土地调查及数据库建设
新疆维吾尔自治区巴音郭楞蒙古自治州七个县城镇地籍调查
广州市城市规划地下空间设施普查及测绘
运城市盐湖区农村集体土地所有权确权登记项目
新余市渝水区农村集体土地（所有权）确权登记发证项目
浙江省海洋测绘水下地形测量和深水岸线调查（二标段）
数字湘西州地理空间框架建设项目
龙口海域公用锚地扫海测量
连城县城区地形图及地籍图测绘编制
溧阳市地下管线探测工程
宽城满族自治县农村集体土地所有权确权登记发证
浠水县集体土地所有权登记发证项目
广州市城镇地形地籍成果更新项目——中心城区地形地籍修补测及地籍总调查子项目标段 2（海珠测区）
重庆市大渡口区国土资源综合数据管理平台建设

新疆哈密市东戈壁钼矿测绘项目
五华县村民小组集体土地所有权登记发证调查
乌鲁木齐市农村集体土地所有权确权和登记发证项目
天津港复式航道及30万吨级航道扫海测量
唐河县第二次土地调查
石家庄城市实景三维数据生产项目（I期）
深圳国际低碳城绿色低碳产业基地测绘项目
青岛市世园会园区三维虚拟仿真系统
齐鲁分公司地形图测量和总图管理信息系统升级项目
宁波市海岸线激光雷达滩涂测绘项目
南昌市测绘勘察研究院测绘综合管理系统
连云港港30万吨级航道工程徐圩5万吨级航道回淤观测
京唐港区规划锚地扫海测量、底质探测、下潜探摸
揭阳市区85平方公里1:500数字化地形测量
国家基础航空摄影GPS辅助航摄邵阳项目
福州笠里~东台500kVⅠ、Ⅱ型回线路工程测量
丰台区南苑镇棚户区改造一期项目变形监测及工程测量
鞍山数字城市测绘工程
2012年度全国土地变更调查成果国家级内业核查项目
舟山群岛海底电缆管道路由勘测研究和应用
章丘市城乡规划信息管理系统建设1:500基础地理信息数据采集与建库
伍家岗长江大桥航道实船航迹线原型观测及表面流速流向观测、水下地形观测
深圳至中山跨江通道项目可行性研究阶段水下地形测量
茂名港基本测量
开化县城镇1:500数字地籍调查项目
江西省天然气管道测绘项目
柬埔寨王国国公省基里沙果县旅游项目机载LIDAR地形图测量
湖南省矿产资源潜力评价遥感资料应用专题成果报告
衡阳市国土资源局基础测绘数据生产政府采购项目（衡阳市1:2000数字地形航空摄影测量）
广州市农村集体土地所有权地籍调查及系统应用项目
广州市轨道交通十一号线（环线）数字化地形图测量
广州市轨道交通三号线北延段工程测量
二广高速公路粤境连州至怀集段工程测量
2012年全国土地利用变更调查监测与核查遥感监测任务
正阳县第二次土地调查（城镇地籍外业调查）项目
浙江省海洋测绘水下地形测量和深水岸线调查（十、十一标段）
湛江港集团地下管网信息化建设工程
甬舟高速公路金塘大桥桩基冲刷初始状态检测
义乌市三维规划辅助决策系统
数字随州地理空间框架建设
数字地形图修测——第一部分：常熟市1:500数字地形图修测
石柱县城总体规划修编1:500地形图测绘（含修测）工程
厦深铁路（广东段）精密测量控制工程

衢州市市区地下综合管线探测工程
平度市 2010 年 1:500 地形图测绘项目
牛栏江—滇池补水工程施工测量控制网设计建网及复测
利比里亚邦州铁矿项目邦矿铁路有线技术咨询（既有线复测）
海南省中线琼中至五指山至三亚（乐东）段高速公路勘察设计（测绘工程）
哈密市 1:500 数字地形图测绘工程
贵州省息烽县第二次土地调查项目
府谷县城区 1:1000 地形图航空摄影测绘
成渝客专 CYSG2 标段 CPⅢ轨道基准网测量
潮州至惠州高速公路第 A1 设计合同段工程测量
2012 年全国土地利用变更调查监测与核查遥感监测任务第 11 分包
重庆市南岸区未登记建筑工程测量及管理系统建设
重庆都市功能核心区市政排水管线普查
浙北 ~ 福州 1000 千伏交流线路（包 9）工程测量
长春高新技术产业开发区南区地下综合管线普查
烟台开发区地下管线普查及地下管线信息管理系统建设工程
西湖龙井茶园实地测绘、数据处理项目
西（安）咸（阳）北环线高速公路控制测量
天津市港清三线地下管线探测
上海打浦路隧道复线工程测量
泉州市区 1:500 城镇地籍调查（标段Ⅰ）
青岛蓝色硅谷核心区 1:500 数字地形图测绘
坪山新区城市更新（碧岭片区）房产测绘项目
宁东 ~ 山东±660kV 直流线路工程（沙渠大队 ~ 黄河东岸）测量
讷河市基础地理信息数据库建设项目
空间信息服务在国际无线网络规划项目中的应用
锦州市地下管线普查探测工程第一标段
胶南市第二次土地调查（村庄部分）
基于建设用地的规划管理信息整合入库与 GIS 系统升级
霍城县新农村规划 1:1000 数字地形图测绘
和平县农村集体土地所有权确权登记发证项目
国华沽源坝缘风电场 100MW 工程
补测首钢主厂区地形图及地下管线工程
滨海新区重点管理区域基础地形图测绘
北京市草桥燃气联合循环热电厂二期工程测量项目
500kV 蟠龙变电站配套输电线路工程测量
2013 年黄浦江水文测验
沈丘县第二次土地调查项目
鞍山市连续运行参考站系统
数字湘潭地理空间框架建设项目
绥中 36-1 等油田群海底管缆调查服务项目
迁安市城区地籍调查及数据库建设项目
平阴县城市三维影像制作（规划三维决策支持系统）

萝岗区排水、供水设施普查
景泰县第二次土地调查项目
海阳市第二次城镇土地调查与信息系统建设
国家自然资源和地理空间基础信息库项目黑龙江省省级试点
国家创新智能化绿色小区珠海. 格力广场一期 A、B 区房产确权及竣工规划验收测量
鄂州市地下综合管网探测及信息系统数据库建设与开发应用
第二次全国土地调查核查成果数据缩编项目山东、河南数据缩编（第一包第 8 子包）
重庆市主城区河段河道演变观测
长江南京以下 12.5 米深水航道二期工程 GPS 测量控制网和基准站建设
引汉济渭工程高程控制测量
新疆叶尔羌河桑皮勒水电站工程测量
新建京沪高速铁路土建三标段 DK551+794.1 ~ DK570+112.1 区段线下工程沉降变形观测
小浪底水利枢纽机载雷达航测及数据处理
武汉市东西湖区三维数字地图系统建设
梧州市城镇地籍调查正射影像图制作项目
铁路合肥南站配套城市轨道交通土建工程基坑施工Ⅰ标段第三方监测
天津市天津大道工程测绘项目
天津滨海新区地质资料二次开发
台州市黄岩区沙埠、院桥区域 1:500 地形测量
苏州工业园区 100 平方公里三维数据采集建模、二三维信息整合及原型系统建设
数字韶关地理空间框架建设
深圳市城市轨道交通 11 号线工程下穿 1 号线竹子林车辆段自动化监测
山东省电网资源设备及营销设备采集与整理
曲靖市麒麟区基础测绘首级控制网建立工程
莫力达瓦达斡尔族自治旗村庄调查
丽泽花苑住宅小区沉降观测
昆明新机场飞行区变形监测工程
昆明倘甸产业园区 1:2000DMC 数码航摄数字地形图测量工程项目
玖龙纸业（天津）有限公司规划测量项目
济宁市建成区 100 k ㎡三维数据采集与数据库建设
黄河宁夏河道地形图测绘
衡阳市公安局警用地理信息系统
和静县测区 1:1000 地形图基础测绘
福洲路工程隧道、软基和边坡施工期监测
德清县农村居民点 1:500 数字化地籍测量
大连—沈阳天然气管道工程
从化市村庄规划地形勘探、测量项目（标段二）暨太平镇、鳌头镇 98 个行政村 1:500 地形图修补测
常熟市地下管线普查项目（05 测区）
昌邑市农村集体土地确权登记发证和宗地统一编码项目
产业用地优化配置与调控管理决策支持系统开发
北京市门头沟区农村土地确权登记颁证信息普查与数据建库
安庆石化 800 万吨/年炼化一体化配套成品油管道工程（安庆—合肥、淮南—蚌埠）工程测量
2012 年余杭区基础测绘Ⅰ标段 1:500 数字地形图更新项目

2011—2013 年度深圳市地形图、地下管线修补测（南山标段）
铜陵县集体土地范围内房产测绘工程（第一标段）
英德市农村集体土地所有权确权登记发证
芜湖市似大地水准面精化
长沙市人民防空袭预案系统建设
天津市土地整理储备管理信息系统
三河市集体土地所有权确权登记发证
鹿寨县城镇土地调查及数据库建设
昆明经济技术开发区三维地理信息系统建设项目
《中华人民共和国国家历史地图集（第一册）》数字制图与制印工程
深圳市龙岗区住房和建设局燃气地理信息管理系统
沛县村庄第二标段地籍调查及数据库建设项目
柳州市农村地籍台帐调查服务项目
济南市历下区名士豪庭房产测绘项目
和平县城市截污管网规划项目
2012 年深圳分公司光导航资源能力划小数据支撑技术服务项目
珠海市斗门区农村集体土地所有权确权登记发证服务项目
乌鲁木齐市城市建设用地节约集约利用评价
天津市东丽区金钟街小城镇房产测绘
吉林省饮马河重点段治理工程测量
贵州省地下水资源勘查信息系统
重庆市巫山县第二次土地调查（城镇部分）项目
塔城地区第二次土地资源调查成果的应用
数字邯郸地理空间框架建设项目 A 标段三维模型采集入库
随州市曾都区淅河镇府君山村测图项目
灵山县城镇土地调查及数据库建设
聊城市城区地下管线普查及信息化建设工程
海南省地震应急救援服务系统数据库建设
慈溪市 1:2000 数字航空摄影测量工程项目

# 2014 年优秀地图作品裴秀奖名单

## 金奖（10 项）

中国西部地区典型地貌图集
亚洲地下水系列图（中文版）（英文版）
三峡库区地图集
萧山区地名文化系列地图
嫦娥一号全月球地形图集
人教版义务教育《地理图册》（全套 4 册）
重庆历史地图集・第一卷 古地图
高德导航电子地图

中国西部人文地图集
宁波市地图集

**银奖（23 项）**

南宁文化手绘地图
中国西部地区典型自然景观地图集
天津港序列图
嫦娥一号月球仪（直径 32cm）
浙江省耕地地力调查与评价成果图集
中国血吸虫病地图集
奥迪导航电子地图（中国）
浙江省领导工作用图
西藏自治区地图集
中华人民共和国钓鱼岛及其附属岛屿领海基线图（03085）
十二运地图系列指南（套图）
2014 青岛世界园艺博览会地图系列产品
淮河流域水环境与消化道肿瘤死亡图集
深圳市绿道地图
中国旅游导航（便携版）
湖南省区域发展地图集
资源三号影像图册
《上虞市地图集》、《上虞区影像地图册》（配套地图集）
甘南藏族自治州地图集
中国海岛（礁）地图集（国家海岛（礁）测绘一期工程卷）
海西交通图集
中华人民共和国第十二届运动会地图集
新编慈溪市图志

**铜奖（44 项）**

三江源地区生态环境地图集
陕西省工业地图集
《上海地图》系列图
新疆维吾尔自治区地貌交通图
广州绿道攻略
2012 年中国自然灾害图集
河南省十八市全开系列地图
《上海旅游指南图》系列图
中图版义务教育《地理》教科书（全套 4 册）
2014 青岛世界园艺博览会电子地图
《重庆地形》立体地图
自驾游——玩转新疆
江苏省领导工作用图
南京政府办公用图——主城篇、市域篇

福建省交通地图集
直径 32 厘米中文数字地形地球仪
苏州市全图
陕西省森林景观地图
山西省交通地图集
江西省地图册
西域风韵——新疆
乌海综合影像图集
南京市区影像地图集
东海形势图
《福建省两会用图》系列地图
中华人民共和国第七届城运会地图集
天地图福建——无障碍爱心地图
苏州轨道交通 2 号线导向地图
《美丽中国》手绘地图桌垫
北平历史地理
济南街巷百年图说
寿光市地图集
黑龙江省防洪工程图集
城市智讯互联网地图
中山市地图集
电子商务地理信息公共平台
青海省领导工作用图
昆明市地图集
玉环地名图集
乌鲁木齐市影像地图集
甘肃政务专用图集
绍兴中心城市影像图集
中国文物地图集·河北分册
新疆维吾尔自治区市（县）城区影像图

# 2014 年中国地理信息科技进步奖名单

## 特等奖（1 项）

云端一体化 SuperMap GIS 软件平台研发及产业化

## 一等奖（16 项）

复杂动态交通环境下网络导航与物流配送关键技术与应用
海量精细三维空间数据管理系统研制与应用
远离大陆海岛礁轻小型无人机遥感关键技术与应用
国家新一代地形图快速制图与更新技术

网格化城市管理与运行服务平台研发及应用
水环境遥感应用工程化处理技术研究与系统实现
塔里木河流域近期综合治理工程中生态用水调控与管理关键技术研究
省级地理信息云服务平台构建与应用
井上下一体化三维信息管理与应急系统
研发及规模化应用
全国城镇土地利用信息系统及工程应用
基于“一张图”的全国国土资源综合信息监管信息化建设与应用
基于倾斜航空摄影测量技术的实景三维数据获取、处理及应用研究
特大城市地理信息数据管理与服务体系建设关键技术及应用
机载SAR测图技术在省级基础测绘中的研究与应用
智能空间优化关键技术与应用
现代化野外地质工作管理与服务关键技术研究与应用

## 二等奖（52项）

公安“云+端”扁平化指挥作战平台关键技术及示范应用
地质资料信息服务集群关键技术研究及推广应用
基于“一张图”的国土资源服务与监管体系建设
3S技术在土地整治监测监管中的系统集成与应用
A3数字航测系统在高分辨率影像数据获取与处理中的关键技术研究
数字武汉地理空间框架建设
真三维可视化公路建设项目管理关键技术研究与应用
“全球地质一张图·中国”（One Geology China）开发与建设
基于卫星红外遥感的地震综合信息处理与应用技术研究
高异质性高亮度地区颗粒物遥感监测技术
全国中比例尺区域地质调查及编图成果公开版数据产品研制
工程勘察设计CAD/GIS/BIM技术集成创新与应用
特大城市土地利用综合管理信息系统
多元多尺度全球地质矿产数据管理发布平台研发与应用
基于三维GIS的城市空间形态控制方法研究与应用
基于三维GIS房地产税基评估关键技术及示范应用
广州数字绿化关键技术研究与应用
分布式大数据协同的省域建设用地在线审批系统
地理国情普查内外业一体化数据处理系统（OneDataPro HandSurvey）
基于空间信息技术的广东数字水利服务平台研究与应用
基于北斗/GPS的两客一危车辆综合监控管理系统
甘肃省国土资源土地、矿产数据中心平台系统建设项目
上海南汇水务（集团）有限公司供排水管网综合管理系统工程
大亚湾经济技术开发区金土工程数据库与应用系统建设项目
基于无线传感器网络的养殖水环境空间监测系统
浙中城市群地理信息公共服务平台关键技术与应用
全国海域海岛地名普查数据采集与管理系统
地理国情监测体制机制研究

基于 GIS、RS 技术的农业三维地理信息系统构建及生态环境分析研究
大规模地形景观三维建模软件 UFactory
中小地震震害综合快速评估系统研究与应用
天津市环保地理信息采集、融合、应用一体化服务平台建设
国外矿产资源风险勘查项目管理系统建设
四川省地质灾害应急管理指挥地理信息系统建设
浙江省土地登记信息动态监管查询系统
数字测绘成果智能检验系统
大型钢铁企业“数字管网”全生命周期管理关键技术的研究及示范应用——以南京市钢铁集团为例
全国地质资料馆核心数字系统研发与应用
浙江省军区综合指挥作业系统
异源异构地理空间数据整合关键技术研究及应用
山西地理信息数据库时空一体化管理及快速更新发布系统
数字哈尔滨地理空间框架建设
省域与县域永久基本农田精细化数据库及管理应用系统开发与应用
广州市村庄规划编制管理信息平台项目
多源异构海量空间数据实时融合的分级地籍管理系统研究
三亚市 1:2000 比例尺地形图信息化测绘及入库项目
农村集体土地登记信息管理关键技术研究
城市智能照明监控管理系统开发项目
临沂市国土资源转征供用动态监管信息系统
927 一期工程海岛礁测图成果质量检验
广东省综合运输体系规划信息平台
历史文化保护区规划管理平台关键技术研究及应用示范

## 三等奖（69 项）

武汉市地理国情统计分析技术研究与应用
重庆市区县级国土资源综合数据管理平台研制
北京市国土资源局信息综合发布系统
两防一体化应急指挥平台关键技术研究与应用
国土地籍电子地图定位控税系统
突发性交通地质灾害监测与应急决策地理信息系统研究
数字济宁时空云 GIS 平台建设
国土资源全信息一张图二、三维一体化服务平台
省级土地利用数据库更新技术和方法的研究
天津市房地矿指挥监控系统
陕西省地理信息公共服务平台
广东省地质资料数据集群与管理服务平台
浙江省国土审计空间辅助系统平台
无人机协同超站仪精准测树与林业 GIS 平台研建
基于 GP（地理处理）模型的广西新增耕地确认关键技术研究与应用
南京市空间信息移动服务平台
武汉市土地调查信息系统在集体土地所有权确权登记发证工程的应用

推进测绘地理信息行政管理体制改革研究
基于超级计算机的城市规划地理信息平台
关键技术研究与应用
深圳地铁安保区地下管线与地质资料三维信息管理系统
海量异域土地时空数据网格 GIS 高效处理与服务集成关键技术
亚米级立体卫星影像修测 1:2000 地形图的工艺研究
移动 GIS 云服务关键技术与应用
山东省位置服务平台关键技术研究与应用
多传感器信息融合与三维可视化导航技术
基于 GIS 的城市燃气管道完整性管理技术应用与示范
基于像控点数据库的卫星影像快速更新技术研究与应用
航天三维态势平台
宁夏地质灾害预警预报系统
规划空间数据协同建库与管理系统建设
多类型城市地图一体化灵性生产体系研究及应用
基于 GIS 的无人机电力线路综合巡检控制系统
辽宁省土地利用总体规划信息管理系统
邦鑫港口三维资源地理信息系统
基于 GIS 平台的黄河上中游水土保持动态监测与公告信息系统
智慧化工三维地理信息服务平台研究及应用
世园会数字化园区软件应用（GIS）系统总承包项目
大型云服务 3D GIS 平台软件
武汉市房屋管理综合应用平台
支撑电力行业多专业业务的电网 GIS 平台应用
面向位置云的智慧物流管理技术研究及应用
数字海洋原型系统
基于物联网的高速公路空间分析关键技术与应用
多源遥感信息自动解译技术研究及系统建设
基于三维地理信息技术的宁波智能高压输电网系统建设
绍兴柯桥供水有限公司移动 GIS 系统
福建省自然资源与地理空间基础信息库关键技术研究
天河区“三规合一”决策支持平台
美丽乡村地理信息服务平台
地理国情监测内外业一体化系统（Windows 版）
地下排水管线地理信息水力建模与城市内涝防治应用关键技术
基于一张图的矿业权综合监管信息平台建设临沂实践
镇江市城乡规划决策支持平台
智慧城市管理公共信息平台
潍坊市真三维基础地理信息平台建设
激光验潮仪设计及水文信息采集管理系统
城市地理区情监测服务平台
三维地理信息系统在工业园区规划中的应用研究
海南三维实景互联网电子地图

河北省国土资源厅卫片执法专项设备
数字市政综合管理平台关键技术研究
城市市政桥梁地理信息系统
浙江省金华监狱地理信息系统
城市三维地理信息系统软件的研发
数字黔江地理信息空间框架建设
县（区）级地理信息共享交换平台研发及应用
常州市国土资源综合动态巡查系统
新疆国土资源卫片执法监察系统
基于多元数据的主体功能区重点开发区域监测技术研究

# 2014 年中国地理信息产业优秀工程奖名单

## 金奖（41 项）

湖南省国土资源“一张图”建设项目
国家海域使用动态监视监测管理系统基本系统软件项目
基于国产卫星遥感的城乡规划与管理监测评价高技术产业化示范工程
山东省 1:10000 基础地理信息 3D 产品更新
聊城市规划管理信息一体化平台
全国第二次湿地资源调查
呼和浩特市规划一张图应用系统
数字金华地理空间框架建设项目
沈阳市国土资源综合监管系统建设项目
武汉市建设用地动态监管系统建设与应用
克拉玛依天地图数据中心建设及应用
北京市环境监测一张图系统建设
武进区地理信息公共服务平台
成都市温江区城乡空间信息综合管理系统
苏州工业园区“房地一张图”综合管理与应用平台
甘肃省警用地理信息系统
智慧花桥规划建设一体化综合平台
开平市农村集体土地确权及数据库建设工程
广东省第一次全国水利普查数据库与管理系统建设项目
中国地震台网中心地震热红外遥感综合信息处理集成系统
基于国产卫星的贵州现势影像统筹与应用项目
南京市江宁区国土资源“一张图”工程
烟台市“规划一张图”综合信息管理系统
威海市国土资源“一个平台、两个市场”建设
西安市数字化“城市管理”信息系统
数字淄博地理空间框架建设项目
乌鲁木齐市国土资源矿政管理系统

武汉市遥感影像数据管理与服务系统
数字上虞地理空间框架建设项目
乌鲁木齐市实景三维数字城市规划决策信息平台
武进地下管线普查及综合管理信息系统工程
德阳市综合地下管线普查三维管理及共享系统
深圳市房地产整体估价信息平台建设与应用工程
南疆天然气利民工程——地理信息系统建设
数字鄞州地理空间框架建设项目
广州移动企业地理信息应用公共服务平台建设项目
洛阳市数字化城市管理系统（一期工程）
增城市城乡规划局“数字增城政务空间信息服务平台”
数字湛江地理空间框架建设项目
常熟市三维共享平台
丰城市矿政管理信息系统

## 银奖（92 项）

广州市 PGIS 平台及 PGIS 业务应用系统建设
塔里木河流域水量调度会商决策系统
厦漳泉气象预报预警综合业务平台
2011 年度、2012 年度全国土地变更调查成果国家级内业核查项目
铜川市城市规划区 1:1000 航测数字化成图
福建省第二次全国地名普查试点工程
朝阳区教育地理信息系统建设项目
宿迁市城市展览馆数字沙盘项目
广州市排水管网数据库管理平台
刘川工业园低空数字航空摄影测量
重庆市主城区三维停车场规划管理系统
淮南市数字化城市管理系统建设项目
天津市矿政管理“一张图”工程建设
合肥市城市污水管网系统完善工程 GIS 系统采购
武汉市集体土地所有权确权登记和宅基地、集体建设用地使用权地籍调查试点
濮阳市数字化城市管理信息系统一期工程
贺州市国土资源电子政务系统
中山市数字三维规划体系设计（中山规划 3D 数字审批系统）第一期项目
黄河流域取水许可台账管理系统
边远地区、少数民族地区基础测绘专项补助经费项目——东宁县基础测绘工程项目
智慧南岸地理空间信息服务平台及体验中心建设
数字东阳地理空间框架建设项目
攀枝花市数字化城市管理信息系统建设项目
地理信息公众服务系统（天地图·新沂）
漳州开发区管线信息化工程
资阳市国土资源“一张图”及综合管理平台
株洲市地下管线普查及信息化工程

云南省小流域“一张图”及水土保持管理信息系统
高州市国土资源局集体土地所有权登记发证项目
武汉市统一地籍管理信息系统建设
数字玉环地理空间框架建设项目
“数字瑞安”地理信息公共平台
山西数字煤田信息系统
高密市农村集体土地确权登记发证和宗地统一编码工作
西安交大二三维一体化数字校园综合信息服务系统
数字满洲里地理空间框架建设
泉州市燃气管道巡检系统
数字海盐地理空间框架建设项目
数字江山地理空间框架建设项目
南通市规划数据仓库建设
重庆市违反城乡规划举报投诉平台
广州萝岗区城镇村庄地籍调查项目
新疆 1:10000 基础地理信息数据坐标转换
青州市现代农业发展测绘保障服务项目
数字永康地理空间框架建设项目
寿光市卤水资源开发远程监测与服务系统
伊宁市规划信息移动服务平台
河南省营造林管理系统
基于复合测量技术的电网空间数据采集及多维内控体系的工程应用
数字海宁地理空间框架建设
数字萧山地理空间框架建设
长春市 2012 年度城区三维地籍数据库更新与维护项目
数字垦利地理空间框架建设与应用
徐州市数字规划信息平台
宁波市轨道交通 3 号线地形修测及管线详查工程
杭州市规划局数字控规系统
青州市城镇第二次土地调查与信息系统建设
常熟市第二次土地调查项目——城镇土地调查
武汉东湖新技术开发区地理国情普查试点
数字东西湖地理空间信息平台建设与应用
福建省龙岩市城市规划三维仿真辅助决策支持系统建设项目
重庆市镇街乡规划建设基本信息数据库
数字玉林地理空间框架建设项目
3S 技术在武汉中央文化旅游区地籍调查工程的应用
新疆生产建设兵团农六师土地利用总体规划修编及数据库建设工程
诸城市城区第二次土地调查及信息系统建设
资源三号卫星影像在世界自然遗产天池风景区管理建设中的应用
绍兴市土地利用规划管理信息系统
海南省抗震设防要求全程监管技术服务平台
淮安市主城区三维精细建模

全国地质资料汇交监管平台
武汉东湖新技术开发区城市综合管理监督指挥系统建设项目
济宁市土地利用管理系统
河北省利用现代遥感技术开展省级卫片执法检查项目
山东省金乡县乡（镇）级土地利用总体规划数据库
吉林市城区所管辖建制镇及部分村庄地籍调查工作
数字柯桥地理空间框架建设
数字安吉地理空间框架建设
数字古交地理空间框架建设项目
宁波市海曙、江东、江北基础地理信息数据联动更新
数字文登地理空间框架建设项目
中核四〇四有限公司三维管网系统建设工程
温州经济技术开发区智慧规划平台（规划管理信息系统）
克-白城镇组群城市整体设计影像数据
贵阳至安顺高速公路 1:2000 带状地形图测量
城市规划多元信息现场移动采集平台
惠州市公安局空间标准地址库建设及移动警务应用项目
邢台市公安局 PGIS 云平台建设
开封市可视化警务综合应用平台
南宁供电局 2012 年营配信息数据核查项目（外业现场核查）
杭州江东市政公用事业服务有限公司“开发区跨部门协同的市政园林智慧政务系统”
北京市第一次水务普查排水设施普查资料对比整理与管网补测补绘项目

## 铜奖（69 项）

重庆市渝中区市政设施移动监察系统
2012 年地理国情监测普查天津试点
永泰、闽清、罗源区域数码航空摄影及 1:5000 数字正射影像图（DOM）制作
杭州电信爱资源应用系统
宁阳县农村集体土地确权发证项目
南宁市 1:1000 基础地理信息数据库建设项目
天津市规划局建设项目监督管理系统
溪洛渡水电站工程安全监测信息管理系统
武汉市汉南区二三维图数一体化房产综合管理平台
潍坊市奎文区楼宇经济信息管理平台
清远市 1:1000 数字地形图测绘（银盏测区）
武昌区地理信息服务平台及其在数字化城市管理中的应用
福建电网抗御台风仿真实验与分析预警系统
宁波市规划编制信息化体系建设
川渝地区天然气管网调整改造工程北外环集输气管道工程二期工程（数字化管道）
中新天津生态城公用事业基础设施运行监视系统开发项目
高密市航空摄影及数字正射影像图制作项目
天津滨海高新区三维数字城市规划管理系统的研发与建立
加格达奇住建局综合地下管网信息管理系统

和布克赛尔国土资源“一张图”工程建设项目

张家口市市区航测数字化成图及咨询服务项目

嵊州市基础测绘基准建设

衢州市市区地下管线管理系统软件开发及数据录入工程

文昌湖旅游度假区国土资源电子政务平台及一张图综合监管平台

数字邯郸地理空间框架建设项目（D 标段）

石家庄南部工业区工业组团地形测量

福州市数字化城市管理部件普查建库

北京铁路局天津土地房产管理所地籍 GIS 系统

上海市园林绿化工程管理与服务系统

临沂市城区 300 平方公里 1:1000 比例尺数字化地形图更新工程

常熟市政公用地理信息管理平台

南宁高新区土地储备中心土地收购储备综合监管信息系统

天津市智慧社区管理服务应用平台

延安市基础地理信息建设 1:500 DLG、DOM、DEM 生产（一期）

通州区水务局排水管网普查及展现系统工程

长春市 2012 年度“一张图”数据库变更与维护

潍坊市大比例尺基础地理信息数据库建设更新项目

宿迁市市区城镇地籍调查

数字驻马店空间数据建设工程

北京市无伐倒立木精测森林数表研建工程

“国家生态园林城市”遥感影像数据处理及绿化调查统计

徐汇区规划移动办公信息平台

线路设计数字化移交系统

山东省曲阜市土地利用总体规划数据库

重庆市两江新区土地储备数据库建设

3D 仿真虚拟机器人活动与体验中心项目

宝安区遥感影像监测内外业技术支持及绩效考核软件开发项目

浙江省国土资源执法监察综合管理信息系统建设项目

东钱湖智慧地理信息项目

韶关市城乡规划局城乡规划管理电子报批管理系统开发及水印防伪电子印章软件项目与规划报建成果数据处理服务项目

福州市建筑物抗震性能普查及地理信息系统（二期）

长江口青草沙水源地船舶污染防控能力

智慧城市政府资源规划管理决策移动查询系统项目

咸宁规划业务管理系统

江门市虚拟三维数字规划展览馆建设项目

辽宁省森林抚育作业设计系统

库尔勒市香梨种植信息系统

临沂市城区 1:500 比例尺数字化地形图生产、更新工程

武汉市消防安全网格化管理系统

保利（天津）武清区上河雅苑房产测绘

数字济宁地理信息空间框架建设项目——1:2000 DLG、DEM、DOM 数据生产与建库子项目

贵州省盘县至兴义高速公路基础控制测量及 1:2000 带状地形测图项目
重庆市公安局交巡警总队警用地理信息系统
天津北方五金机电城房产测绘
菏泽市郓城县 1:500、1:2000 基础地理信息数据采集、更新与建库项目
临沂市城镇规划区 1:1000 比例尺数字化地形图测绘更新工程
栖霞区数字化城市管理系统数据普查与建库项目
沙坡头国家级自然保护区地理信息系统和生物多样性数据库建设
津南污水处理厂（纪庄子污水处理厂迁建）工程

# 2014 年卫星导航定位科技进步奖名单

## 特等奖（3 项）

基于北斗定位应用的智慧养老服务系统
北斗 + GPS/ GLONASS/ GALILEO 低功耗 GNSS SoC 芯片（蜂鸟 Humbird）
北斗导航卫星业务信息中断快速恢复系统

## 一等奖（5 项）

新型北斗地基增强系统天线
西部地形复杂重力数据稀疏区域高精度似大地水准面确定的关键技术及应用
北斗卫星导航 RDSS 基带 SoC 芯片
引力与惯性力分离的理论及关键技术
基于北斗的警务飞行综合监控技术研究

## 二等奖（24 项）

海上卫星动态定位精度检测系统
基于 GNSS 的矿区边坡变形监测预警成套技术研究与应用
地理信息导航标准体系及重要标准研究
多源信息协同导航定位技术及其应用
CRNet 北斗地基增强系统解算软件
多模卫星导航测试关键技术及应用
面向车联网技术的智能化车载信息服务平台
全星座低成本连续运行参考站系统
嫦娥三号箭载多系统分集导航接收机
卫星导航抗干扰专用芯片
超长待机便携式北斗实时定位终端及平台
基于天地图和北斗定位的国家珍稀野生动物跟踪与保护应用系统
军民通用 GNSS 模拟器测试技术研究及产品测评项目
基于 CORS 的城市高层建筑物健康状况监测关键技术研究
徐州市现代空间基准研究与建设
北斗多频载波相位周跳实时检测修复与模糊度求解技术
GNSS 卫星导航高精度定位服务平台技术

重庆北斗卫星地基增强系统关键技术及示范应用
面向主动安全的智能车载终端及云服务运营平台的研制及应用
北斗卫星导航系统时间性能评估技术
江苏北斗地基增强系统一期工程
城市公交车辆信息化管理平台
城建项目规划移动智能监管平台软件研发与应用
兼容型北斗/GPS 智能卫星定位车载系统

## 三等奖（32 项）

实时 GNSS 软件接收机技术
智慧城市公交运营综合监测与服务系统
星载高精度定轨授时型接收机
基于车辆安全及驾驶行为分析的营运车辆智能管理平台
视障人群北斗智能导航系统
北斗 RNSS 基带芯片测试系统
福建省连续运行卫星定位服务系统建设维护应用
基于道路特征的发动机工况自适应节能控制系统的研发及应用
安徽省卫星定位综合服务系统
卫星导航应用设备与系统质量检测平台
城际轨道交通高精度三维空间框架网建设关键技术研究
三维全景导航系统关键技术研究与应用
基于调频副载波的北斗地基增强数据播发示范系统研究与开发
基于北斗 GEO 的站间实时传输技术
基于北斗及 RFID 电子车牌的智慧交通安全管理系统及其产业化
河北 CORS 异构网络融合管理及应用服务系统研究与实现
北斗物流云的招标项目
北斗亚米级导航终端
北斗多任务用户信息快速保障系统研究
基于运行状态的北斗 RDSS 业务性能验证评估技术
SmartEarth 新能源汽车信息监控系统（北汽福田汽车）
国产资源一号卫星 02C 卫星应用试点研究
北斗二号服务性能测试评估理论和方法研究
基于卫星综合应用的北斗船载终端
测向授时基准接收机
面向高动态、高过载、高旋转载体的卫星定位接收机导航滤波算法
基于 GPS/北斗的移动智能安全监管系统
深勘智能移动办公系统
北斗一号/GPS 双模型用户设备规范
山基掩星观测气象应用试验研究
北京环卫集团环卫保障车辆（北斗）监控平台
低碳航空遥感大规模自主采集机制

# 2014 年卫星导航定位优秀工程和产品奖名单

## 特等奖（1 项）

I80 小型化高精度北斗智能接收机

## 一等奖（4 项）

北斗 5S 智能信息终端
上海市现代测绘基准服务体系研究与建设
基于海量数据分析与处理的货运车辆定位与监控云计算平台
智慧空港 i3Q 智能移动公共服务终端（i3Q 候机宝）

## 二等奖（16 项）

高精度小型化光纤/北斗组合导航系统
准噶尔盆地北斗 CORS 站的建设和应用
工程机械车辆远程智能监控系统
北斗信息化授时表
便携式铷原子频标测试校准仪
溪洛渡水电站库区地灾滑坡体 GNSS 自动化监测系统
基于北斗的特殊人群定位及监护系统
基于北斗导航的汽车即开即还（分时租赁）共享服务项目
多模多频高精度 OEM 板
国产高精度多用途卫星导航接收机
UG775 坚固型北斗通信定位智能移动终端
天津生态城管线精细化巡检系统
“天地互备”北斗应急预警信息传输与发布系统
北京市轨道交通地铁 12 号线及 17 号线测绘工程
深圳市城市轨道交通 11 号线 GPS 控制测量
北斗汽车行驶记录仪重型卡车前装应用

## 三等奖（19 项）

船联网北斗智能控制集成装备关键技术研究及应用
北斗大批量 RDSS 用户卡快速换钥系统
“中国大陆构造环境监测网络”区域网 GNSS 联测
E-Trans 道路运输车辆卫星定位监管软件平台
天地图——车辆监控系统
基于 BDS 技术的道路交通安全定位智能管理平台项目
2013 年导航定位软件白盒测试
南京市三维动态基础控制网维护项目
基于高精度北斗定位的智能公交管理系统
工程运输车辆安全管控平台

大庆市卫星定位连续运行综合应用服务系统（DQCORS）建设
三亚市现代测绘基准的建立
2013 年地图导航定位产品测评中的环境建设
车辆实时调度管理信息系统
北斗乾星基于北斗应用的车辆监管平台系统
北斗智慧灯杆
卫星导航定位及位置服务公共服务平台及其云服务平台
基于北斗位置服务平台的城市燃气管网完整性管理
昆明轨道交通 6 号线一期工程复测及施工测量检测

# 其他省部级科技奖励项目

项 目 名 称：国家地理信息应急监测系统研制与应用
获奖类别及等级：北京市科学技术奖二等奖
完 成 单 位：中国测绘科学研究院、北京市测绘设计研究院、中测新图（北京）遥感技术有限责任公司
主 要 完 成 人：李英成 杨伯钢 肖金城

项 目 名 称：安徽省卫星综合服务关键技术与系统研制及其应用
获奖类别及等级：2013 年度安徽省科学技术奖三等奖
完 成 单 位：安徽省测绘局

项 目 名 称：数字黄山地理空间框架建设
获奖类别及等级：2013 年度安徽省科学技术奖三等奖
完 成 单 位：安徽省基础测绘信息中心

# 甲级测绘资质单位名录

## 北京（98 家）

九成空间科技有限公司
北京洛斯达数字遥感技术有限公司
测绘出版社
北京捷泰天域信息技术有限公司
北京图为先科技有限公司
北京三正科技有限公司
北京新浪互联信息服务有限公司
北京中交兴路信息科技有限公司
北京合众思壮科技股份有限公司
中国测绘科学研究院
北京星天地信息科技有限公司

北京国测信息科技有限责任公司
北京帝测科技股份有限公司
北京新兴华安测绘有限公司
中铁工程设计咨询集团有限公司
中航勘察设计研究院有限公司
中国石油集团工程设计有限责任公司
北京市测绘设计研究院
北京京昌工程测绘技术有限公司
北京力佳图测绘有限公司
北京灵图软件技术有限公司
北京时正兴测绘工程技术有限公司
北京华星勘查新技术公司
北京数字政通科技股份有限公司
北京威特空间科技有限公司
北京长地万方科技有限公司
北京世纪高通科技有限公司
北京世纪国源科技发展有限公司
北京市房地产勘察测绘所
北京市勘察设计研究院有限公司
北京爱地地质勘察基础工程公司
北京苍穹数码测绘有限公司
北京超图软件股份有限公司
国家林业局调查规划设计院
国信司南（北京）地理信息技术有限公司
建设综合勘察研究设计院有限公司
中科宇图天下科技有限公司
中兵勘察设计研究院
北京东方新星石化工程股份有限公司
北京富地勘察测绘有限公司
北京国电经纬工程技术有限公司
北京航天勘察设计研究院有限公司
北京恒华伟业科技股份有限公司
国家基础地理信息中心
北京地星伟业数码科技有限公司
北京九五智驾信息技术股份有限公司
北京奇虎科技有限公司
中国国土资源航空物探遥感中心
北京天元四维科技有限公司
中国科学院遥感与数字地球研究所
北京老虎宝典科技有限责任公司
第一视频通信传媒有限公司
北京地拓科技发展有限公司
天地图有限公司

北京航天世景信息技术有限公司
北京三友宇天测绘有限公司
中国地图出版社
北京市地质工程勘察院
中测新图（北京）遥感技术有限责任公司
北京天下图数据技术有限公司
北京勘察技术工程有限公司
北京数字空间科技有限公司
北京地矿工程建设有限责任公司
北京城建勘测设计研究院有限责任公司
北京同创达勘测有限公司
北京四维远见信息技术有限公司
中国电建集团北京勘测设计研究院有限公司
地质出版社
北京四维空间数码科技有限公司
北京国遥新天地信息技术有限公司
人民交通出版社股份有限公司
国家测绘地理信息局卫星测绘应用中心
中石化石油工程地球物理有限公司
易图通科技（北京）有限公司
正元地理信息有限责任公司
北京京东叁佰陆拾度电子商务有限公司
中国电信股份有限公司
中国地质调查局发展研究中心（全国地质资料馆）
伟景行科技股份有限公司
中国电力工程顾问集团华北电力设计院工程有限公司
中国土地勘测规划院
北京道济测绘有限公司
科菱航睿空间信息技术有限公司
北京四维图新科技股份有限公司
诺基亚联新互联网服务有限公司
北京中天路通工程勘测有限公司
北京四维益友信息技术有限公司
北京百度网讯科技有限公司
北京车网互联科技股份有限公司
北京掌城科技有限公司
高德软件有限公司
北京市信息资源管理中心
中国四维测绘技术有限公司
北京搜狗信息服务有限公司
北京东方道迩信息技术股份有限公司
中航四维（北京）航空遥感技术有限公司
中国移动通信集团公司

中交宇科（北京）空间信息技术有限公司

## 天津（18 家）

天津中科遥感信息技术有限公司
天津市地质工程勘察院
交通运输部北海航海保障中心天津海事测绘中心
中铁隧道勘测设计院有限公司
天津市水利勘测设计院
天津市星际空间地理信息工程有限公司
中交天津港航勘察设计研究院有限公司
中交第一航务工程勘察设计院有限公司
天津水运工程勘察设计院
中国地震局第一监测中心
天津市国土资源测绘和房屋测量中心
天津市勘察院
中水北方勘测设计研究有限责任公司
天津市测绘院
天津市市政工程设计研究院
天津金宇信息技术有限公司
天津港湾水运工程有限公司
铁道第三勘察设计院集团有限公司

## 河北（49 家）

中国石油天然气管道工程有限公司
河北翔通信息技术有限公司
正元地球物理有限责任公司（中国冶金地质总局地球物理勘查院）
河北省保定地质工程勘查院
河北建设勘察研究院有限公司
河北省水利水电勘测设计研究院
保定华北工程勘测设计研究院
河北中核岩土工程有限责任公司
保定金迪地下管线探测工程有限公司
石家庄市勘察测绘设计研究院
中国建筑材料工业地质勘查中心河北总队
邯郸市恒达地理信息工程有限责任公司
河北省煤田地质局物测地质队
河北水文工程地质勘察院
河北省电力勘测设计研究院
河北省第二测绘院
核工业航测遥感中心
中勘冶金勘察设计研究院有限责任公司
承德华勘五一四测绘有限公司
化学工业第一勘察设计院有限公司

中国二十二冶集团有限公司
中国石油集团东方地球物理勘探有限责任公司
河北省地球物理勘查院
河北省第一测绘院
河北天元地理信息科技工程有限公司
秦皇岛市测绘大队
河北省地矿局秦皇岛资源环境勘查院
河北省制图院
河北省地矿局石家庄综合地质大队
河北省基础地理信息中心
河北省地质矿产勘查开发局第四地质大队
河北卓尔地理信息技术有限公司
河北格瑞空间信息技术有限公司
唐山中地地质工程公司
邢台市勘察测绘院
中国兵器工业北方勘察设计研究院有限公司
河北博翔地理信息技术有限责任公司
河北地矿建设工程集团邯郸公司
河北冀东建设工程有限公司
河北九华勘查测绘有限责任公司（华北地质勘查局五一九大队）
河北省地矿局第十一地质大队
河北省欣航测绘院（河北省地质测绘院）
河北省水利水电第二勘测设计研究院
河北天地资源勘测规划设计工程有限公司
河北恒华信息技术有限公司
河北中色测绘有限公司（北京中色测绘院有限公司）
河北省北方勘测设计有限公司
河北省第三测绘院
中冀石化工程设计有限公司

## 山西（21家）

山西省交通规划勘察设计院
中国能源建设集团山西省电力勘测设计院有限公司
山西华晋岩土工程勘察有限公司
山西省第二地质工程勘察院
山西省第三地质工程勘察院
山西省勘察设计研究院
山西天昇测绘工程有限公司
东方通用航空摄影有限公司
太原市勘察测绘研究院
中国冶金地质总局第三地质勘查院
中铁十二局集团有限公司
山西地宝能源有限公司

山西省水利水电勘测设计研究院
山西省基础地理信息院
山西省测绘工程院
阳泉新宇岩土工程有限责任公司
山西省地质测绘院（山西省地质勘查局测绘队）
山西省第六地质工程勘察院
山西省煤炭地质物探测绘院
山西省第五地质工程勘察院
山西省地图集编纂委员会办公室

## 内蒙古（16 家）

内蒙古自治区地图院
内蒙古自治区水利水电勘测设计院
内蒙古电力勘测设计院有限责任公司
内蒙古自治区地质测绘院（内蒙古地质测绘有限责任公司）
包头市测绘院
内蒙古自治区航空遥感测绘院
内蒙古自治区土地调查规划院
包钢勘察测绘研究院
内蒙古乔泰国土勘测技术有限公司
内蒙古申科国土技术有限责任公司
内蒙古自治区测绘院
阿拉善盟国土资源勘测规划院
呼和浩特市勘察测绘研究院
内蒙古自治区煤田地质局勘测队（内蒙古煤炭地质勘查（集团）测绘院有限公司）
内蒙古交通设计研究院有限责任公司
核工业二〇八大队

## 辽宁（34 家）

辽宁宏图创展测绘勘察有限公司
大连东软思维科技发展有限公司
大连九成测绘信息有限公司
中国建筑材料工业地质勘查中心辽宁总队
中煤科工集团沈阳设计研究院有限公司
中冶沈勘工程技术有限公司
中油辽河工程有限公司
辽宁地矿测绘院
辽宁有色地质地理信息研究院
辽宁电力勘测设计院
辽宁经纬测绘规划建设有限公司
辽宁省城乡建设规划设计院
辽宁省地理信息院
辽宁二四一测绘院

辽宁省化工地质勘查院
辽宁省基础测绘院
辽宁省基础地理信息中心
辽宁省交通规划设计院
辽宁省摄影测量与遥感院
辽宁省水利水电勘测设计研究院
辽宁省冶金地质勘查局地质勘查研究院
辽宁达荣信息技术有限公司
大连市勘察测绘研究院有限公司
大连五星测绘科技有限公司
抚顺市勘察测绘院
国家海洋环境监测中心
沈阳地球物理勘察院
沈阳市公路规划设计院
沈阳市勘察测绘研究院（沈阳市地理信息中心）
沈阳美行科技有限公司
沈阳经济技术开发区规划建筑设计有限公司
鞍钢集团工程技术有限公司
辽宁地质海上工程勘察院
辽宁有色勘察研究院

## 吉林（16 家）

吉林省地矿测绘院
吉林省地理信息院
吉林省航测遥感院
吉林省基础测绘院
吉林省基础地理信息中心
吉林省交通规划设计院
长春五度空间数据有限公司
吉林省水利水电勘测设计研究院
吉林市勘测设计院
长春市测绘院
长春市国土测绘院
四平市地勘测绘院
中国建筑材料工业地质勘查中心吉林总队
中水东北勘测设计研究有限责任公司
中国电力工程顾问集团东北电力设计院
启明信息技术股份有限公司

## 黑龙江（30 家）

黑龙江省地质矿产局测绘院
齐齐哈尔市国土资源勘测规划设计院有限公司
黑龙江农垦勘测设计研究院

大庆油田工程有限公司
黑龙江龙飞航空摄影有限公司
中国能源建设集团黑龙江省电力勘察设计研究院
国家测绘地理信息局第二大地测量队（黑龙江第一测绘工程院）
国家测绘地理信息局第四地形测量队（黑龙江第三测绘工程院）
黑龙江地理信息工程院
黑龙江省水利水电勘测设计研究院
国家测绘地理信息局经济管理科学研究所（黑龙江省测绘科学研究所）
黑龙江中海经测空间信息技术有限公司
齐齐哈尔市勘察测绘研究院
黑龙江省煤田地质物测队
国家测绘地理信息局第二地理信息制图院（黑龙江省第五测绘地理信息工程院）
国家测绘地理信息局第三地形测量队（黑龙江第二测绘工程院）
牡丹江市勘察测绘研究院
双鸭山市国土资源勘测规划院
齐齐哈尔市水利勘测设计研究院有限责任公司
齐齐哈尔地星测绘有限责任公司
黑龙江省国土资源勘测规划院
黑龙江省林业设计研究院
哈尔滨市勘察测绘研究院
黑龙江省海天地理信息技术股份有限公司
黑龙江省航道局
哈尔滨市国土资源勘测规划院
佳木斯市勘察测绘研究院
哈尔滨地图出版社
国家测绘地理信息局黑龙江基础地理信息中心（国家测绘地理信息局黑龙江测绘资料档案馆）
哈尔滨测量高等专科学校测量工程公司

## 上海（22家）

上海安吉星信息服务有限公司
上海京海工程技术有限公司
上海吉图软件开发有限公司
上海杰图软件技术有限公司
号百信息服务有限公司
上海东海海洋工程勘察设计研究院
上海东亚地球物理勘查有限公司
上海航遥信息技术有限公司
上海市城市建设设计研究总院
中国电力工程顾问集团华东电力设计院
上海海洋石油局第一海洋地质调查大队
上海市地籍事务中心（上海市土地登记事务中心）
上海市地质调查研究院
上海市岩土工程检测中心

上海市政工程设计研究总院（集团）有限公司
上海铁新地理信息有限公司
上海岩土工程勘察设计研究院有限公司
中船勘察设计研究院有限公司
中交第三航务工程勘察设计院有限公司
交通运输部东海航海保障中心上海海事测绘中心
上海达华测绘有限公司
上海市测绘院

## 江苏（52 家）

长江水利委员会水文局长江下游水文水资源勘测局
淮安市水利勘测设计研究院有限公司
徐州市国测测绘信息服务有限公司
江苏省地质调查研究院
盐城市勘察测绘院
长江南京航道局
江苏省电力设计院
徐州市勘察测绘研究院
苏州工业园区测绘地理信息有限公司
南京北极测绘研究院有限公司
江苏科信岩土工程勘察有限公司
江苏兰德数码科技有限公司
江苏省测绘工程院
江苏省地质工程勘察院
江苏省地质勘查技术院
江苏省工程勘测研究院有限责任公司
江苏省金威测绘服务中心
江苏万源测绘地理信息有限公司
南京捷鹰数码测绘有限公司
南通市测绘院有限公司
南京国图信息产业股份有限公司
江苏煤炭地质物测队
化学工业岩土工程有限公司
江苏省金威遥感数据工程有限公司
南京市国土资源信息中心
镇江市勘察测绘研究院
江苏连云港地质工程勘察院
江苏省水文地质工程地质勘察院
华东有色测绘院
苏州市测绘院有限责任公司
中铁大桥局集团第二工程有限公司
江苏省土地勘测规划院

常州市测绘院
江苏星月测绘有限公司
天泽信息产业股份有限公司
南京魔盒信息科技有限公司
江苏南京地质工程勘察院
长江口水文水资源勘测局
南京城际在线信息技术有限公司
神州图骥地名信息技术股份有限公司
苏州海客科技有限公司
苏州数字地图网络科技有限公司
无锡市测绘院有限责任公司
南京市房屋产权监理处
江苏苏州地质工程勘察院
连云港市勘察测绘院有限公司
江苏省在这里数字科技有限公司
江苏省地质测绘院
江苏易图地理信息工程有限公司
淮安市测绘勘察研究院有限公司
江苏省基础地理信息中心
南京市测绘勘察研究院有公司

## 浙江（29 家）

浙江煤炭测绘院
宁波上航测绘有限公司
宁波市测绘设计研究院
浙江建材测绘院
核工业湖州工程勘察院
浙江华东测绘地理信息有限公司
浙江省测绘大队
浙江省第二测绘院
嘉兴市规划设计研究院有限公司
浙江省第三地质大队
浙江省第一测绘院
浙江有色测绘院
中国水利水电第十二工程局有限公司
丽水市勘察测绘院
杭州市勘测设计研究院
杭州阿拉丁信息科技股份有限公司
浙江省地理信息中心
义乌市勘测设计研究院
浙江省水利水电勘测设计院
阿里云计算有限公司
国家海洋局第二海洋研究所

温州市勘察测绘研究院
浙江省第一地质大队
中国能源建设集团浙江省电力设计院有限公司
浙江省工程勘察院
浙江省河海测绘院
宁波冶金勘察设计研究股份有限公司
浙江省第十一地质大队
浙江华东建设工程有限公司

## 安徽（19 家）

中水淮河规划设计研究有限公司
安徽二水测绘院
安徽省第一测绘院
蚌埠市勘测设计研究院
合肥市测绘设计研究院
马鞍山测绘技术院
安徽省煤田地质局物探测量队
中国能源建设集团安徽省电力设计院
安徽省地矿局安庆测绘技术院
安徽省第三测绘院
华东冶金地质勘查局测绘总队
安徽省地质测绘技术院
安徽省第四测绘院
安徽省水利水电勘测设计院
安徽省基础测绘信息中心（安徽省测绘档案资料馆）
安徽省城建设计研究院
安徽长江河道测绘研究院
芜湖市勘察测绘设计研究院有限责任公司
安徽省第二测绘院

## 福建（25 家）

厦门精图信息技术股份有限公司
福建绎天数字城市信息科技有限公司
福建省基础地理信息中心
厦门银据空间地理信息有限公司
福建省制图院
厦门亿力吉奥信息科技有限公司
福州市勘测院
福建省港航管理局勘测中心
福建省测绘院
福州开睿动力通信科技有限公司
龙岩市勘察测绘大队
厦门地质工程勘察院

漳州市测绘设计研究院
厦门闽矿测绘院
福建省地质测绘院
福建省交通规划设计院
泉州市规划勘测研究院
厦门地震勘测研究中心
福建省国土测绘院
莆田市城乡勘测设计研究院
福建所思达勘测设计院有限公司
福建省水利水电勘测设计研究院
厦门海洋工程勘察设计研究院
厦门市测绘与基础地理信息中心
泉州市房地产测绘队

## 江西（26 家）

江西省国土资源测绘工程总院
江西省基础测绘院
江西天久测绘院
江西省勘察设计研究院
江西省地矿测绘院
九江地质工程勘察院
江西有色地质测绘院
江西省水利规划设计院
江西省测绘应急保障服务中心
江西南方测绘院
南昌市测绘勘察研究院
江西省地理国情监测遥感院
核工业赣州工程勘察院
中铁大桥局集团第五工程有限公司
江西省电力设计院
江西省赣西土木工程勘测设计院
江西核工业测绘院
江西省基础地理信息中心
江西省中核测绘院
江西省煤田地质局测绘大队
江西省交通设计研究院有限责任公司
江西省地球物理勘察技术院
江西省地质矿产勘查开发局赣东北大队
江西省瑞华国土勘测规划工程有限公司
江西省国土资源勘测规划院
江西省地质矿产勘查开发局赣西地质调查大队

## 山东（28 家）

山东省经纬工程测绘勘察院

日照市城乡建设勘察测绘院有限公司
潍坊市勘察测绘研究院
山东正元航空遥感技术有限公司
淄博市勘察测绘研究院有限公司
山东正元地球物理信息技术有限公司
山东省物化探勘查院
山东明嘉勘察测绘有限公司
山东正元数字城市建设有限公司
济南市勘察测绘研究院
青岛海大工程勘察设计开发院有限公司
山东海天地理信息工程有限公司
山东省地质测绘院
山东中煤物探测量总公司
山东省地图院
煤炭工业济南设计研究院有限公司
中石化石油工程设计有限公司
青岛市勘察测绘研究院（青岛市基础地理信息与遥感中心）
济南市房产测绘研究院
东营市勘察测绘院
山东省国土测绘院
山东省水利勘测设计院
临沂市国土资源局测绘院
山东省第四地质矿产勘查院
山东省城乡建设勘察设计研究院
山东电力工程咨询院有限公司
山东省地质矿产勘查开发局第五地质大队
青岛海洋工程勘察设计研究院

## 河南（32 家）

黄河勘测规划设计有限公司
河南省中纬测绘规划信息工程有限公司
河南省交通规划勘察设计院有限责任公司
河南中煤测绘公司
河南方宇勘测规划设计有限公司
河南省地球物理工程勘察院
河南省焦作地质勘察设计有限公司
中铁大桥局集团第一工程有限公司
小浪底水利水电工程有限公司
信阳公路勘察设计院
郑州中核岩土工程有限公司
河南科普信息技术工程有限公司
河南省地图院
河南省寰宇测绘科技发展有限公司

河南省科学院地理研究所
河南省煤田地质局物探测量队
河南省信阳工程地质勘察院有限公司
河南省有色测绘有限公司
河南省啄木鸟地下管线检测有限公司
河南中化地质测绘院有限公司
北京华星勘查新技术公司信阳测绘院
河南省电力勘测设计院
郑州市市政工程勘测设计研究院
河南省基础地理信息中心
河南省遥感测绘院
黄河水文勘察测绘局
河南省水利勘测有限公司
郑州市规划勘测设计研究院
河南省基力勘测有限公司
河南省地质矿产勘查开发局测绘地理信息院
河南大地地理信息测绘院
河南省测绘工程院

**湖北（49 家）**

武汉飞燕航空遥感技术有限公司
武汉华正空间软件技术有限公司
湖北省水利水电规划勘测设计院
中国葛洲坝集团股份有限公司测绘工程院
湖北同城一家网络科技有限责任公司
武汉光庭信息技术有限公司
中石化江汉石油工程设计有限公司
武汉市房产测绘中心
武大吉奥信息技术有限公司
武汉市国土资源和规划信息中心（武汉市地理信息中心）
湖北省神龙地质工程勘察院
湖北省交通规划设计院
中工武大设计研究有限公司
中南勘察设计院（湖北）有限责任公司
长江航道局
中国科学院测量与地球物理研究所
中国电力工程顾问集团中南电力设计院有限公司
中铁第四勘察设计院集团有限公司
湖北省基础地理信息中心（湖北省测绘成果档案馆）
湖北省地图院
立得空间信息技术股份有限公司
湖北省测绘工程院
荆门市规划勘测设计研究院

武汉航天远景科技有限公司
中机三勘岩土工程有限公司
湖北省航测遥感院
湖北省地质局第六地质大队
中国地震局地震研究所
长江水利委员会长江科学院
武汉市政工程设计研究院有限责任公司
长江水利委员会水文局
长江三峡勘测研究院有限公司（武汉）
中国长江三峡集团公司
中铁大桥局集团有限公司
武汉市测绘研究院
湖北省电力勘测设计院
湖北省鄂西地质测绘队
武汉科岛地理信息工程有限公司
武汉中地数码科技有限公司
湖北省地质局第一地质大队
湖北省国土测绘院
长江水利委员会水文局长江中游水文水资源勘测局（长江水利委员会水文局长江中游水文水环境监测中心）
中国科学院武汉岩土力学研究所
中交第二公路勘察设计研究院有限公司
中铁大桥勘测设计院集团有限公司
长江岩土工程总公司（武汉）
中交第二航务工程勘察设计院有限公司
长江空间信息技术工程有限公司（武汉）
中冶集团武汉勘察研究院有限公司

**湖南（35 家）**

衡阳市规划设计院
常德市国土资源规划测绘院
湖南省工程勘察院
湖南省勘察测绘院
湖南省资源规划勘测院
湖南省水利水电勘测设计研究总院
湘潭市勘测设计院
湖南省地质科学研究院（湖南省国土资源规划院）
湖南省交通规划勘察设计院
益阳市国土资源规划设计测绘院
株洲中天高科技勘测工程有限公司
中国水利水电第八工程局有限公司
岳阳市国土资源规划勘测院
长沙市规划勘测设计研究院
长沙市国土资源测绘院

湖南图维依动网络有限公司
湖南省湘南地质勘察院
湖南省第三测绘院（湖南省基础地理信息中心）
中国有色金属长沙勘察设计研究院有限公司
湖南省测绘科技研究所
湖南省第一测绘院
湖南有色测绘院有限公司
株洲市规划设计院
湖南省勘测设计院
湖南省水工环地质工程勘察院
中国电建集团中南勘测设计研究院有限公司
湖南省煤田地质局物探测量队
湖南辉达规划勘测设计研究有限公司
湖南科创电力工程技术有限公司
湖南省地图院
湖南省地质测绘院
湖南省第二测绘院
核工业衡阳第二地质工程勘察院
株洲市国土资源规划测绘院
湖南地图出版社有限责任公司

## 广东（43 家）

深圳市赛格导航科技股份有限公司
广东精一规划信息科技有限公司
广州华多网络科技有限公司
广东省地图院
广州市欧科地理信息技术服务有限公司
广东省测绘技术公司
广东省地质测绘院
国家海洋局南海工程勘察中心
广东省水利电力勘测设计研究院
交通运输部南海航海保障中心广州海事测绘中心
中水珠江规划勘测设计有限公司
珠海市测绘院
深圳市规划国土房产信息中心
深圳市勘察测绘院有限公司
中国能源建设集团广东省电力设计研究院
广州奥格智能科技有限公司
深圳市腾讯计算机系统有限公司
广州市四维城科信息工程有限公司
广东省惠州七五六地质测绘工程公司
佛山市城市规划勘测设计研究院
深圳市凯立德科技股份有限公司

深圳市长勘勘察设计有限公司
中交广州航道局有限公司
广东省测绘工程公司
广东省核工业地质局测绘院
深圳市勘察研究院有限公司
广东省国土资源技术中心
河源市明源工程勘察有限公司
深圳市地籍测绘大队
深圳市车音网科技有限公司
深圳地质建设工程公司
广东邦鑫勘测科技股份有限公司
广东南方数码科技有限公司
深圳市水务规划设计院
深圳市中正测绘科技有限公司
深圳市爱华勘测工程有限公司
中交第四航务工程勘察设计院有限公司
深圳市蓝天鹤测绘有限公司
广东省国土资源测绘院
广州市城市规划勘测设计研究院
广州建通测绘地理信息技术股份有限公司
广州市房地产测绘院
深圳市美赛达科技股份有限公司

## 广西（17 家）

柳州市国土资源信息测绘所
钦州市测绘院
广西电力工业勘察设计研究院
广西壮族自治区地理国情监测院
广西壮族自治区国土测绘院
广西壮族自治区基础地理信息中心
柳州市勘察测绘研究院
南宁市勘察测绘地理信息院
北海市国土资源信息中心
广西有色勘察设计研究院
桂林市测绘研究院
广西壮族自治区遥感信息测绘院
广西壮族自治区地图院
广西壮族自治区水利电力勘测设计研究院
广西壮族自治区地理信息测绘院
广西壮族自治区交通规划勘察设计研究院
南宁市国土资源信息中心

## 海南（8 家）

国家测绘地理信息局海南测绘资料信息中心

国家测绘地理信息局海南基础地理信息中心
海南省农垦设计院
海南地质综合勘察设计院
海口市土地测绘院
海口市城市规划设计研究院
国家测绘地理信息局第四航测遥感院
国家测绘地理信息局第七地形测量队

## 重庆（5 家）

国家测绘地理信息局重庆测绘院
重庆市地理信息中心
重庆市国土资源和房屋勘测规划院
重庆数字城市科技有限公司
重庆市勘测院

## 四川（39 家）

四川测绘地理信息局测绘技术服务中心（四川省测绘技术服务中心）
四川省地质测绘院
成都市武测地理信息工程有限公司
四川省地质工程勘察院
四川省煤田地质局一三七队
四川省地震局测绘工程院
中国石油集团川庆钻探工程有限公司地球物理勘探公司
中铁八局集团有限公司
四川省水利水电勘测设计研究院
中国建筑西南勘察设计研究院有限公司
四川省交通运输厅公路规划勘察设计研究院
中冶成都勘察研究总院有限公司
四川永鸿测绘有限公司
成都地图出版社
成都市勘察测绘研究院
四川省核工业地质调查院
四川省冶金地质勘查局测绘工程大队
成都市国土规划地籍事务中心
四川省冶金地质勘查局六〇一大队
四川省煤田测绘工程院
四川鱼鳞图信息技术股份有限公司
四川省国土勘测规划研究院
四川中测天翔遥感技术有限责任公司
四川省基础地理信息中心
四川省第二测绘地理信息工程院（国家测绘地理信息局第三地理信息制图院）
四川省第三测绘工程院（国家测绘地理信息局地下管线勘测工程院、国家测绘地理信息局第六地形测量队）

中铁二院工程集团有限责任公司
中铁二局集团有限公司
四川中水成勘院测绘工程有限责任公司
四川旭普信息产业发展有限公司
四川空间信息产业发展有限公司
四川省交通运输厅交通勘察设计研究院
中国水利水电第七工程局有限公司
四川省第一测绘工程院（国家测绘地理信息局第三大地测量队）
中节能建设工程设计院有限公司
四川省川建勘察设计院
四川省遥感信息测绘院（国家测绘地理信息局第三航测遥感院）
中国建筑材料工业地质勘查中心四川总队
中国电力工程顾问集团西南电力设计院有限公司

## 贵州（15 家）

中国建筑材料工业地质勘查中心贵州总队
贵州省水利水电勘测设计研究院
贵州天地通科技有限公司
中国电建集团贵阳勘测设计研究院有限公司
贵州有色地质工程勘察公司
贵州省第一测绘院
贵州省第三测绘院
贵州地矿测绘院
中铁五局（集团）有限公司
遵义水利水电勘测设计研究院
贵阳市测绘院
贵州黔美测绘工程院
贵州省地质矿产勘查开发局一〇六地质大队
贵州省地质矿产勘查开发局一〇一地质大队
贵州省第二测绘院

## 云南（14 家）

国家林业局昆明勘察设计院
云南省水利水电勘测设计研究院
中国电建集团昆明勘测设计研究院有限公司
中国有色金属工业昆明勘察设计研究院
云南省交通规划设计研究院
昆明市测绘研究院
云南省地图院
云南省航测遥感信息院
云南省测绘工程院
西南有色昆明勘测设计（院）股份有限公司
昆明市国土规划勘察测绘研究院

云南省地震局形变测量中心
中国水利水电第十四工程局有限公司
云南省地矿测绘院

## 西藏（1家）

西藏自治区测绘院

## 陕西（36家）

西安煤航信息产业有限公司
西安市勘察测绘院
西安中勘工程有限公司
西北综合勘察设计研究院
中交第一公路勘察设计研究院有限公司
国家测绘地理信息局第一地形测量队（陕西省第二测绘工程院）
中国有色金属工业西安勘察设计研究院
中铁第一勘察设计院集团有限公司
宝鸡市勘察测绘院
国家测绘地理信息局陕西基础地理信息中心（国家测绘地理信息局陕西测绘资料档案馆）
中煤西安设计工程有限责任公司
中铁一局集团有限公司
咸阳市勘察测绘院
国家测绘地理信息局第一大地测量队（国家测绘地理信息局精密工程测量院、陕西省第一测绘工程院）
国家测绘地理信息局第一航测遥感院（陕西省第五测绘工程院）
国家测绘地理信息局大地测量数据处理中心（陕西省第四测绘工程院）
中铁一局集团宝鸡精密测绘工程有限公司
中国水利水电第三工程局有限公司
陕西省地质矿产勘查开发局测绘队（陕西国土测绘工程院）
机械工业勘察设计研究院有限公司
陕西天润科技股份有限公司
陕西省煤田物探测绘有限公司
西安华测航摄遥感有限公司
神华神东煤炭集团有限责任公司（地质勘探测量公司）
陕西省交通规划设计研究院
西安建材地质工程勘察院
西安大地测绘股份有限公司
西安西北有色金属测绘院有限公司
西安长庆科技工程有限责任公司
中国地震局第二监测中心
中国电力工程顾问集团西北电力设计院有限公司
国家测绘地理信息局第二地形测量队（陕西省第三测绘工程院）
国家测绘地理信息局第一地理信息制图院（陕西省第六测绘地理信息工程院）
西安地图出版社
西安中飞航空遥感技术有限公司

陕西省水利电力勘测设计研究院

## 甘肃（13 家）

甘肃省地图院
甘肃省基础地理信息中心
甘肃煤田地质局综合普查队
甘肃省交通规划勘察设计院有限责任公司
兰州市城市建设设计院
甘肃省国土资源规划研究院
甘肃有色工程勘察设计研究院
甘肃省水利水电勘测设计研究院
中国电建集团西北勘测设计研究院有限公司
甘肃省地质矿产勘查开发局测绘勘查院
甘肃省测绘工程院
兰州市勘察测绘研究院
天水三和数码测绘院

## 青海（11 家）

青海省第二测绘院
青海省基础地理信息中心
青海省第一测绘院
青海省水利水电勘测设计研究院
中国水利水电第四工程局有限公司
青海省地矿测绘院
西宁市测绘院
青海煤炭地质局测绘工程院
青海省柴达木综合地质矿产勘查院
青海省核工业地质局
青海天域北斗数码测绘科技有限公司

## 宁夏（3 家）

宁夏回族自治区遥感测绘勘查院（宁夏回族自治区遥感中心）
宁夏回族自治区基础测绘院
宁夏回族自治区国土测绘院

## 新疆（17 家）

库尔勒天拓勘察测绘院
塔城地区国土资源规划研究院
新疆维吾尔自治区第一测绘院
乌鲁木齐市国土资源勘测规划院
乌鲁木齐市城市勘察测绘院（乌鲁木齐市基础地理信息中心）
新疆维吾尔自治区交通规划勘察设计研究院
新疆维吾尔自治区煤田地质局综合地质勘查队

新疆维吾尔自治区国土资源规划研究院
新疆石油勘察设计研究院（有限公司）
新疆维吾尔自治区基础地理信息中心
中国能源建设集团新疆电力设计院有限公司
新疆地矿测绘院
新疆兵团勘测设计院（集团）有限责任公司
水利部新疆维吾尔自治区水利水电勘测设计研究院
巴音郭楞蒙古自治州国土资源勘测规划设计院
新疆维吾尔自治区第二测绘院
新疆疆海测绘院

# 索 引


0～9

1:5 万数据库动态更新质量监督抽查（西藏） …… 331
《2014 中国地理信息产业发展报告》 …… 207
2000 国家大地坐标系推广应用 …… 173
2000 国家大地坐标系推行（云南） …… 327
2000 国家大地坐标系转换（贵州） …… 323
2000 国家大地坐标系转换（青海） …… 348
2014 年导航电子地图质量检测 …… 178
2014 年全国卫星导航定位连续运行基准站网整体平差计算 …… 173
2014 年学术年会（中国测绘地理信息学会） …… 205
"8·29" 测绘法宣传日活动 …… 171
"927" 工程项目 …… 174

A～Z

GNSS 工作站建设（西藏） …… 331
GNSS 卫星大地控制点数据处理 …… 173
JLCORS 运行管理和国家基准站建设（吉林） …… 237
NBCORS 保障服务 …… 366
SAR 飞行试验 …… 175
SZCORS 系统维护（深圳） …… 369

A

安全生产（河北） …… 221
安全生产（河南） …… 283
安全生产（湖北） …… 290
安全生产（吉林） …… 238
安全生产（青海） …… 348
安全生产（山东） …… 278
安全生产（新疆） …… 356
安全生产管理（黑龙江） …… 245

B

"八项规定" 贯彻落实（四川） …… 320
巴音郭楞蒙古自治州国土资源勘测规划设计院 …… 478
"百城百联百用" 行动计划 …… 207
版权引进及对外合作 …… 199
版图知识相关赛事 …… 181
帮扶行动（甘肃） …… 345
宝鸡市勘察测绘院 …… 461
保定金迪地下管线探测工程有限公司 …… 383
保密管理（四川） …… 319
保密检查（广西） …… 303
保障服务（青海） …… 349
报刊宣传 …… 194
北斗卫星导航产业（湖北） …… 288
北京华星勘查新技术公司信阳测绘院 …… 423
北京洛斯达数字遥感技术有限公司 … 375
北京市测绘学会 …… 213
北京市勘察设计研究院有限公司 …… 376
北京数字空间科技有限公司 …… 376
北京威特空间科技有限公司 …… 375
北京中天路通工程勘测有限公司 …… 376
边远地区、少数民族地区基础测绘项目（广西） …… 304
标准编制（北京） …… 212
标准化工作（河北） …… 223
标准化工作（山东） …… 280
标准化工作（山西） …… 228
标准化工作（浙江） …… 261
标准化管理（甘肃） …… 344
标准化管理（吉林） …… 240
标准化建设（福建） …… 270
标准化建设（湖北） …… 291
标准化建设（江苏） …… 256
标准与计量管理（四川） …… 320
部门合作（甘肃） …… 344

C

财政投入 …… 172
参考站综合服务网项目（内蒙古） …… 231
测绘保障（湖北） …… 289
测绘档案成果归档 …… 181
测绘档案成果资料提供 …… 181
测绘档案资料收集 …… 181
测绘地理信息安全保密和监管研究 …… 169
测绘地理信息标准化（黑龙江） …… 246
测绘地理信息标准化工作（天津） …… 216
测绘地理信息创新产品认定 …… 205
测绘地理信息服务（云南） …… 328
测绘地理信息类教育专业认证工作 …… 206
测绘地理信息图书出版 …… 198
测绘地理信息文化建设宣传 …… 197
《测绘地理信息行政执法证管理办法》颁布实施 …… 170
测绘地理信息宣传（甘肃） …… 345
测绘地理信息应急保障工作宣传 …… 197
测绘地理信息援疆工作（新疆兵团） … 359
测绘法修订 …… 170
测绘法宣传（海南） …… 307
测绘法宣传（四川） …… 317
测绘法制宣传（新疆兵团） …… 360
测绘法治工作宣传 …… 196
测绘基准管理（河南） …… 283
测绘基准体系建设（湖南） …… 294
测绘基准体系建设（新疆） …… 355
测绘监管（大连） …… 363
测绘科普与咨询（福建） …… 271
测绘立法（山西） …… 226
测绘立法（深圳） …… 368
测绘普法（江苏） …… 254
测绘普法（山西） …… 226
《测绘》期刊（四川） …… 321
测绘卫星规划 …… 176
测绘项目（上海） …… 250
测绘信息化装备建设（吉林） …… 238
测绘信用体系建设（河北） …… 220
测绘仪器检定（山西） …… 227
测绘应急保障（河北） …… 223
测绘援疆（新疆） …… 356
测绘执法（山西） …… 226
测绘质量和档案保密管理考核（大连） …… 364

测绘装备（辽宁）…………………………… 234
测绘资料管理（安徽）……………………… 264
测绘资质复审换证（云南）………………… 326
测量标志保护（青海）……………………… 349
测量标志保护（厦门）……………………… 372
测量标志保护（新疆）……………………… 357
测量标志管护（山东）……………………… 279
测量标志管理（安徽）……………………… 265
测量标志管理（大连）……………………… 363
测量标志管理（甘肃）……………………… 343
测量标志管理（广西）……………………… 305
测量标志管理（河北）……………………… 222
测量标志管理（河南）……………………… 284
测量标志管理（湖北）……………………… 291
测量标志管理（吉林）……………………… 240
测量标志管理（江西）……………………… 273
测量标志管理（辽宁）……………………… 233
测量标志管理（宁夏）……………………… 352
测量标志管理（山西）……………………… 228
测量标志普查（青岛）……………………… 362
产业示范建设（中国卫星导航定位协会）
…………………………………………… 208
产业调研（中国卫星导航定位协会）… 208
长春市测绘院 ………………………… 395
常规统计报表 ………………………… 200
长江空间信息技术工程有限公司（武汉）
…………………………………………… 427
长江水利委员会水文局长江下游水文水
资源勘测局 ………………………… 402
长江岩土工程总公司（武汉）…………… 427
长沙市规划勘测设计研究院 ………… 428
长沙市国土资源测绘院 ……………… 429
成都市国土规划地籍事务中心 ……… 454
成都市勘察测绘研究院 ……………… 453
成果保密管理（河北）……………………… 222
成果保密管理（青海）……………………… 349
成果分发服务（福建）……………………… 269
成果分发服务（内蒙古）………………… 231
成果服务（河南）…………………………… 284
成果服务（山东）…………………………… 279
成果管理（广东）…………………………… 299
成果管理（海南）…………………………… 308
成果管理（吉林）…………………………… 239
成果管理（内蒙古）……………………… 231
成果管理（青岛）…………………………… 362
成果管理（山西）…………………………… 228
成果管理（上海）…………………………… 250
成果管理（四川）…………………………… 318
成果管理（西藏）…………………………… 332
成果管理与提供（江苏）………………… 255
成果管理与提供（新疆）………………… 357
成果汇交（北京）…………………………… 212
成果汇交（大连）…………………………… 364
成果汇交（福建）…………………………… 269
成果汇交（河北）…………………………… 222
成果汇交（湖北）…………………………… 290
成果汇交（江西）…………………………… 273
成果汇交（青海）…………………………… 349
成果汇交（山东）…………………………… 278
成果汇交（天津）…………………………… 216
成果汇交（新疆）…………………………… 357
成果汇交与分发（重庆）………………… 312
成果汇交与分发（河南）………………… 284
成果汇交与提供（云南）………………… 328
成果开发（福建）…………………………… 269
成果开发利用（安徽）……………………… 264
成果目录汇交（甘肃）……………………… 343
成果入库（深圳）…………………………… 369
成果审批与提供（河北）………………… 222
成果提供（安徽）…………………………… 264
成果提供（湖北）…………………………… 290
成果提供（宁波）…………………………… 366
成果提供（宁夏）…………………………… 352
成果提供（深圳）…………………………… 369
成果提供与管理（陕西）………………… 337
成果提供与汇交（黑龙江）……………… 246
成果提供与接收（吉林）………………… 239
成果推广应用（甘肃）……………………… 343
成果推广应用（黑龙江）………………… 246
成果应用（四川）…………………………… 318
成果应用（天津）…………………………… 216
成果应用（西藏）…………………………… 332
成果应用与服务（广西）………………… 305
成果质量监督（河北）……………………… 222
成果质量检查（大连）……………………… 364
承担政府项目（中国卫星导航定位协会）
…………………………………………… 207
城市相对独立平面坐标系（云南）…… 327
重庆市测绘院测绘项目（重庆）……… 312
重庆市地理信息中心（重庆市遥感中
心、重庆市测绘产品质量检验测试
中心）………………………………… 448
重庆市国土资源和房屋勘测规划院 … 449
重庆市勘测院（重庆市地图编制中心）
…………………………………………… 449
重庆数字城市科技有限公司 ………… 449
出版地图国界审查 …………………… 176
出版总量 ……………………………… 197
创建学习型党组织 …………………… 203
创先争优及文体活动（四川）………… 321
创新发展（中国测绘地理信息学会）… 206
创新机构建设……………………………… 183
创新平台建设（福建）……………………… 270
促进地理信息产业发展…………………… 206

D

大比例尺测图（厦门）……………………… 371
大连市地址数据库建设…………………… 364
大连市连续运行基准站综合服务系统
二期建设………………………………… 363
大庆油田工程有限公司…………………… 397
大型地图集编制项目（山西）…………… 227
档案管理（江西）…………………………… 273
档案管理（深圳）…………………………… 369
档案管理…………………………………… 181
党的建设（安徽）…………………………… 265
党的建设（重庆）…………………………… 313
党的建设（大连）…………………………… 364
党的建设（福建）…………………………… 270
党的建设（甘肃）…………………………… 344
党的建设（广西）…………………………… 305
党的建设（黑龙江）………………………… 247
党的建设（山东）…………………………… 280
党的建设（山西）…………………………… 229
党的建设（陕西）…………………………… 339
党的建设（四川）…………………………… 320
党的群众路线教育实践活动（北京）…… 213
党的群众路线教育实践活动（重庆）…… 313
党的群众路线教育实践活动（海南）…… 309
党的群众路线教育实践活动（河南）…… 286
党的群众路线教育实践活动（辽宁）…… 234
党的群众路线教育实践活动（内蒙古）
…………………………………………… 232
党的群众路线教育实践活动（厦门）…… 372
党的群众路线教育实践活动（四川）…… 320
党的群众路线教育实践活动（西藏）…… 332
党的群众路线教育实践活动（新疆）…… 358
党的群众路线教育实践活动（浙江）…… 262
党风廉政建设（大连）……………………… 364
党风廉政建设（甘肃）……………………… 344
党风廉政建设（广西）……………………… 305
党风廉政建设（海南）……………………… 309
党风廉政建设（河北）……………………… 223
党风廉政建设（黑龙江）………………… 247
党风廉政建设（湖北）……………………… 292
党风廉政建设（江苏）……………………… 257
党风廉政建设（江西）……………………… 274
党风廉政建设（宁波）……………………… 367
党风廉政建设（宁夏）……………………… 352
党风廉政建设（青海）……………………… 350

党风廉政建设（厦门）…………………… 372
党风廉政建设（山西）…………………… 229
党风廉政建设（四川）…………………… 321
党风廉政建设（天津）…………………… 216
党风廉政建设（西藏）…………………… 332
党风廉政建设（新疆兵团）……………… 360
党风廉政建设（浙江）…………………… 262
党建工作（广东）………………………… 300
党建工作（海南）………………………… 309
党建工作（河北）………………………… 223
党建工作（河南）………………………… 286
党建工作（湖北）………………………… 291
党建工作（湖南）………………………… 295
党建工作（江苏）………………………… 256
党建工作（内蒙古）……………………… 231
党建工作（青海）………………………… 350
党建工作（上海）………………………… 251
党建工作（深圳）………………………… 369
党建工作（新疆）………………………… 358
党建工作（新疆兵团）…………………… 360
党建工作（浙江）………………………… 262
党建和廉政建设（北京）………………… 213
党建和廉政建设（云南）………………… 329
党政人才 ………………………………… 189
地籍权属调查（厦门）…………………… 372
地理国情监测组织管理体系 ………… 168
地理国情普查（安徽）…………………… 263
地理国情普查（北京）…………………… 210
地理国情普查（重庆）…………………… 310
地理国情普查（大连）…………………… 363
地理国情普查（福建）…………………… 267
地理国情普查（甘肃）…………………… 341
地理国情普查（广东）…………………… 297
地理国情普查（广西）…………………… 302
地理国情普查（贵州）…………………… 322
地理国情普查（海南）…………………… 307
地理国情普查（河北）…………………… 218
地理国情普查（河南）…………………… 282
地理国情普查（黑龙江）………………… 243
地理国情普查（湖北）…………………… 288
地理国情普查（湖南）…………………… 293
地理国情普查（吉林）…………………… 236
地理国情普查（江苏）…………………… 253
地理国情普查（江西）…………………… 271
地理国情普查（辽宁）…………………… 233
地理国情普查（内蒙古）………………… 230
地理国情普查（宁波）…………………… 365
地理国情普查（宁夏）…………………… 351
地理国情普查（青岛）…………………… 361
地理国情普查（青海）…………………… 346
地理国情普查（厦门）…………………… 370
地理国情普查（山东）…………………… 275
地理国情普查（山西）…………………… 225
地理国情普查（陕西）…………………… 334
地理国情普查（深圳）…………………… 368
地理国情普查（四川）…………………… 315
地理国情普查（西藏）…………………… 330
地理国情普查（新疆）…………………… 354
地理国情普查（新疆兵团）……………… 359
地理国情普查（云南）…………………… 325
地理国情普查成果应用 ……………… 168
地理国情普查工作进展 ……………… 168
地理国情普查技术支撑体系 ………… 168
地理国情普查统计分析 ……………… 168
地理国情普查与监测（上海）………… 248
地理国情普查质量保障体系 ………… 168
地理信息产业（福建）…………………… 267
地理信息产业（甘肃）…………………… 341
地理信息产业（广东）…………………… 297
地理信息产业（河南）…………………… 282
地理信息产业（吉林）…………………… 236
地理信息产业（江苏）…………………… 253
地理信息产业（江西）…………………… 272
地理信息产业（青海）…………………… 347
地理信息产业（山东）…………………… 276
地理信息产业（山西）…………………… 225
地理信息产业（陕西）…………………… 334
地理信息产业（上海）…………………… 249
地理信息产业（四川）…………………… 315
地理信息产业（云南）…………………… 326
地理信息产业大会 ……………………… 206
地理信息产业发展（浙江）…………… 259
地理信息产业发展宣传 ……………… 195
地理信息产业发展政策 ……………… 169
地理信息产业管理体制 ……………… 169
地理信息产业金融支持 ……………… 169
地理信息产业统计 ……………………… 199
地理信息产业园区建设 ……………… 169
地理信息公共服务平台（重庆）……… 312
地理信息公共服务平台推广应用（陕西）
……………………………………………… 338
地理信息公共服务平台应用（江苏）…… 255
地理信息共享服务平台应用（宁波）…… 366
地理信息领域立法（湖南）…………… 293
《地理信息世界》 ……………………… 207
地理信息系统开发（天津）…………… 216
地理信息应用服务（北京）…………… 210
地图备案 ………………………………… 180
地图编制（广东）………………………… 299
地图编制（深圳）………………………… 369
地图编制（西藏）………………………… 332
地图编制管理与服务（湖北）………… 290
地图编制和出版（广西）……………… 304
地图编制审查（山西）………………… 227
地图编制审核（天津）………………… 215
地图编制与出版（河北）……………… 222
地图编制与出版（吉林）……………… 238
地图编制与出版（内蒙古）…………… 231
地图编制与出版（新疆）……………… 356
地图编制与服务（北京）……………… 211
地图编制与服务（云南）……………… 328
地图编制与管理（上海）……………… 250
地图产品（宁波）………………………… 366
地图出版（福建）………………………… 268
地图出版（黑龙江）……………………… 245
地图出版（青海）………………………… 349
地图出版（山东）………………………… 278
地图出版（四川）………………………… 318
地图出版（浙江）………………………… 261
地图导航定位产品测评………………… 180
地图导航定位产品测评………………… 208
地图服务（重庆）………………………… 312
地图服务（贵州）………………………… 323
地图服务（河南）………………………… 284
地图服务（江苏）………………………… 255
地图服务（江西）………………………… 273
地图服务（辽宁）………………………… 234
地图服务（天津）………………………… 216
地图服务（浙江）………………………… 260
地图公共服务（福建）…………………… 269
地图公共服务（甘肃）…………………… 343
地图公共服务（吉林）…………………… 239
地图公共服务（内蒙古）………………… 231
地图公共服务（新疆）…………………… 356
地图公共服务…………………………… 181
地图管理（黑龙江）……………………… 245
地图管理（江苏）………………………… 255
地图管理（江西）………………………… 273
地图管理（青海）………………………… 348
地图管理（四川）………………………… 318
地图管理（西藏）………………………… 331
地图管理（浙江）………………………… 260
《地图管理条例》立法 ………………… 170
地图管理与地图公共服务（陕西）…… 337
地图监管与审核（河北）……………… 221
地图科研项目…………………………… 197
地图内容审查…………………………… 179
地图审核（北京）………………………… 211
地图审核（福建）………………………… 269
地图审核（广西）………………………… 304

地图审核（海南）…………………………308
地图审核（湖南）…………………………294
地图审核（新疆）…………………………356
地图审核出版（河南）……………………284
地图审核管理（甘肃）……………………342
地图审核管理　…………………………179
地图审核人员培训　……………………179
地图审核信息化建设　…………………179
地图审核与管理（辽宁）…………………234
地图市场管理（吉林）……………………238
地图市场管理（山东）……………………278
地图市场管理（天津）……………………215
地图市场管理（云南）……………………328
地图市场监管（北京）……………………212
地图市场监管（重庆）……………………312
地图市场监管（甘肃）……………………342
地图市场监管（广东）……………………299
地图市场监管（广西）……………………304
地图市场监管（贵州）……………………323
地图市场监管（海南）……………………308
地图市场监管（河南）……………………283
地图市场监管（湖北）……………………290
地图市场监管（江西）……………………273
地图市场监管（宁波）……………………366
地图市场监管（宁夏）……………………352
地图市场监管（青海）……………………349
地图市场监管（厦门）……………………371
地图市场监管（山西）……………………227
地图市场监管（深圳）……………………369
地图市场监管（新疆）……………………356
地图市场调查　…………………………180
地图数据服务（厦门）……………………372
地图资料收集（西藏）……………………332
第三届中国卫星导航与位置服务年会暨展览会　……………………………207
第一次全国地理国情普查（天津）………214
第一次全国地理国情普查（浙江）……259
电子海图发行　…………………………176
电子政务应用系统建设　………………193
对外合作交流（吉林）……………………241
对外合作与交流（河北）…………………223
对外合作与交流（黑龙江）………………246
对外合作与交流（浙江）…………………261
对外交流（陕西）…………………………339
对外交流（中国测绘地理信息学会）……206
对外交流与合作（山东）…………………280
对外宣传（四川）…………………………321

F

法规建设（江苏）…………………………253
法规建设（上海）…………………………249
法规建设及培训（大连）…………………363
法规体系建设（陕西）……………………335
法制建设（广西）…………………………302
法制建设（贵州）…………………………322
法制建设（黑龙江）………………………244
法制建设（湖南）…………………………293
法制建设（吉林）…………………………236
法制建设（山东）…………………………276
法制建设（四川）…………………………316
法制建设（天津）…………………………215
法制培训（山西）…………………………226
法制培训与宣传（辽宁）…………………233
法制培训与宣传（青海）…………………347
法制宣传（大连）…………………………363
法制宣传（福建）…………………………268
法制宣传（甘肃）…………………………342
法制宣传（广西）…………………………303
法制宣传（贵州）…………………………323
法制宣传（河南）…………………………282
法制宣传（湖南）…………………………294
法制宣传（吉林）…………………………237
法制宣传（宁波）…………………………365
法制宣传（宁夏）…………………………352
法制宣传（青岛）…………………………362
法制宣传（厦门）…………………………371
法制宣传（山东）…………………………277
法制宣传（陕西）…………………………335
法制宣传（上海）…………………………249
法制宣传（深圳）…………………………368
法制宣传（新疆）…………………………355
法制宣传（云南）…………………………327
法制宣传贯彻（广东）……………………298
法制宣传教育（河北）……………………221
反腐倡廉　………………………………204
房产测绘服务（厦门）……………………372
房产测绘管理（山西）……………………228
访民情惠民生聚民心工作（新疆兵团）……………………………………361
分支机构工作（中国测绘地理信息学会）……………………………………206
分支机构工作（中国地理信息产业协会）……………………………………207
佛山市城市规划勘测设计研究院　……436
服务国土资源工作（河北）………………222
服务经济建设（河北）……………………222
服务型机关与基层组织建设（吉林）……241
服务政府部门（浙江）……………………261
服务重点工程（吉林）……………………240
福建省地质测绘院　……………………409
福建省国土测绘院　……………………409
福建省交通规划设计院…………………409
福建省连续运行卫星定位服务系统（福建）　……………………………268
福建省水利水电勘测设计研究院………410
福建省制图院……………………………408
福建所思达勘测设计院有限公司………410
福州开睿动力通信科技有限公司………408
复审换证…………………………………178

G

概况（北京）……………………………375
概况（重庆）……………………………448
概况（福建）……………………………408
概况（广东）……………………………432
概况（广西）……………………………443
概况（海南）……………………………446
概况（河北）……………………………382
概况（河南）……………………………420
概况（黑龙江）…………………………396
概况（湖北）……………………………425
概况（湖南）……………………………428
概况（吉林）……………………………393
概况（江苏）……………………………402
概况（江西）……………………………411
概况（辽宁）……………………………391
概况（宁夏）……………………………473
概况（青海）……………………………470
概况（山东）……………………………416
概况（山西）……………………………390
概况（陕西）……………………………458
概况（四川）……………………………450
概况（天津）……………………………377
概况（西藏）……………………………458
概况（新疆）……………………………474
概况（浙江）……………………………405
港澳专项测绘及保障……………………174
高德软件有限公司………………………376
高分辨率遥感影像（厦门）………………371
工程测绘服务（厦门）……………………372
公共平台建设（广东）……………………298
公益地图服务（厦门）……………………371
公益性行业科研专项……………………183
共建共享（安徽）…………………………265
共建共享（重庆）…………………………313
共建共享（贵州）…………………………323
共建共享（海南）…………………………308
共建共享（河北）…………………………222
共建共享（江苏）…………………………256
共建共享（厦门）…………………………372
共青团工作（河南）………………………286

管理体制建设（重庆）…………………… 311
管理体制建设（广西）…………………… 302
管理体制建设（四川）…………………… 316
管理体制建设（浙江）…………………… 260
广东邦鑫勘测科技股份有限公司 …… 439
广东精一规划信息科技有限公司 …… 432
广东南方数码科技有限公司 ………… 440
广东省测绘地理信息学会 …………… 300
广东省测绘工程公司 ………………… 438
广东省测绘技术公司 ………………… 433
广东省地图院 ………………………… 432
广东省地质测绘院 …………………… 433
广东省国土资源测绘院 ……………… 441
广东省国土资源技术中心（广东基础地理信息中心）……………………… 438
广东省核工业地质局测绘院 ………… 438
广东省惠州七五六地质测绘工程公司 ……………………………………… 436
广东省遥感与地理信息系统学会 …… 301
广西 CORS 基础设施建设（广西）…… 302
广西测绘科技信息站 ………………… 306
广西测绘学会 ………………………… 306
广西壮族自治区地理国情监测院 …… 443
广西壮族自治区地理信息测绘院 …… 445
广西壮族自治区地图院 ……………… 445
广西壮族自治区国土测绘院 ………… 443
广西壮族自治区基础地理信息中心 … 444
广西壮族自治区水利电力勘测设计研究院 …………………………… 445
广西壮族自治区遥感信息测绘院 …… 445
广州奥格智能科技有限公司 ………… 436
广州建通测绘地理信息技术股份有限公司 ……………………………… 442
广州市城市规划勘测设计研究院 …… 442
广州市房地产测绘院（广州市测绘产品质量检验中心）………………………… 442
广州市欧科地理信息技术服务有限公司 ……………………………………… 433
规范测绘地理信息市场秩序（西藏）…… 331
规划计划（山东）……………………… 277
国际交流（湖北）……………………… 291
国际交流（四川）……………………… 320
国际交流合作（北京）………………… 213
国际交流与合作（中国卫星导航定位协会）…………………………………… 208
国家版图意识宣传教育（北京）……… 212
国家版图意识宣传教育（重庆）……… 312
国家版图意识宣传教育（广东）……… 299
国家版图意识宣传教育（广西）……… 304
国家版图意识宣传教育（贵州）……… 323
国家版图意识宣传教育（海南）……… 308
国家版图意识宣传教育（河北）……… 222
国家版图意识宣传教育（河南）……… 284
国家版图意识宣传教育（黑龙江）…… 245
国家版图意识宣传教育（湖北）……… 290
国家版图意识宣传教育（吉林）……… 239
国家版图意识宣传教育（江苏）……… 255
国家版图意识宣传教育（江西）……… 273
国家版图意识宣传教育（宁夏）……… 352
国家版图意识宣传教育（青海）……… 349
国家版图意识宣传教育（山东）……… 278
国家版图意识宣传教育（山西）……… 227
国家版图意识宣传教育（陕西）……… 337
国家版图意识宣传教育（上海）……… 250
国家版图意识宣传教育（四川）……… 318
国家版图意识宣传教育（西藏）……… 332
国家版图意识宣传教育（新疆）……… 356
国家版图意识宣传教育“三进”活动 … 181
国家版图知识宣传教育（甘肃）……… 343
国家版图知识宣传教育（青岛）……… 362
国家测绘成果档案存储与服务设施建设 ……………………………………… 181
国家测绘地理信息局大地测量数据处理中心（陕西省第四测绘工程院）…… 463
国家测绘地理信息局第二大地测量队（黑龙江第一测绘工程院） ………… 397
国家测绘地理信息局第二地理信息制图院（黑龙江省第五测绘地理信息工程院）……………………………… 399
国家测绘地理信息局第二地形测量队（陕西省第三测绘工程院） ………… 468
国家测绘地理信息局第七地形测量队 ……………………………………… 447
国家测绘地理信息局第三地形测量队（黑龙江第二测绘工程院） ………… 399
国家测绘地理信息局第四地形测量队（黑龙江第三测绘工程院） ………… 398
国家测绘地理信息局第四航测遥感院 ……………………………………… 447
国家测绘地理信息局第一大地测量队（国家测绘地理信息局精密工程测量院、陕西省第一测绘工程院）…… 462
国家测绘地理信息局第一地理信息制图院（陕西省第六测绘地理信息工程院）……………………………… 468
国家测绘地理信息局第一地形测量队（陕西省第二测绘工程院） ………… 460
国家测绘地理信息局第一航测遥感院（陕西省第五测绘工程院） ………… 463
国家测绘地理信息局海南测绘资料信息中心……………………………… 446
国家测绘地理信息局海南基础地理信息中心……………………………… 446
国家测绘地理信息局黑龙江基础地理信息中心（国家测绘地理信息局黑龙江测绘资料档案馆）………………… 401
国家测绘地理信息局经济管理科学研究所（黑龙江省测绘科学研究所）…… 398
国家测绘地理信息局陕西基础地理信息中心（国家测绘地理信息局陕西测绘资料档案馆）………………… 461
国家海洋局南海工程勘察中心……… 434
国家基础测绘（福建）……………… 268
国家基础测绘（黑龙江）…………… 244
国家基础测绘（陕西）……………… 336
国家基础测绘（云南）……………… 327
国家基础测绘项目（广东）………… 298
国家基础测绘项目（广西）………… 303
国家基础测绘项目（四川）………… 317
国家基础地理信息数据库动态更新…… 173
国家基础地理信息数据库动态更新项目（海南）……………………… 308
国家基础地理信息中心科技项目……… 185
国家基础航空摄影…………………… 174
国家示范校建设……………………… 201
国家现代测绘基准数据处理………… 174
国家现代测绘基准体系基础设施一期工程（江苏）……………………… 254
国家现代测绘基准体系建设（青海）…… 348
国家现代基准工程建设（海南）……… 307
国家重大专项测绘（黑龙江）……… 244
国家重大专项测绘（陕西）………… 336
国土服务（福建）…………………… 269


## H


哈尔滨测量高等专科学校测量工程公司………………………………… 402
哈尔滨地图出版社…………………… 401
哈尔滨市勘察测绘研究院…………… 400
海口市城市规划设计研究院………… 447
海口市土地测绘院…………………… 447
海南地质综合勘察设计院…………… 446
海图编制出版总体情况……………… 175
海峡测绘技术交流研讨会（福建）…… 271
海洋测绘（青岛）…………………… 362
行风建设……………………………… 179
行业监管（宁波）…………………… 365
行业资质审批（西藏）……………… 331
杭州市勘测设计研究院……………… 407
航海通告……………………………… 175

航空航天遥感影像获取与应用（江西）…… 273
航空航天遥感影像获取与应用（青海）…… 348
航空摄影（内蒙古）…… 231
合作共建（湖北）…… 291
合作共建（陕西）…… 338
合作共建（四川）…… 319
合作共建（浙江）…… 261
合作交流（安徽）…… 265
合作交流（江西）…… 274
合作交流（上海）…… 251
合作交流（武汉大学）…… 201
合作交流（新疆兵团）…… 360
合作与交流（江苏）…… 256
河北博翔地理信息技术有限责任公司 …… 388
河北省保定地质工程勘查院 …… 383
河北省北方勘测设计有限公司 …… 389
河北省测绘学会 …… 224
河北省地矿局秦皇岛资源环境勘查院 …… 387
河北省地矿局石家庄综合地质大队 …… 387
河北省地理信息产业协会 …… 223
河北省地球物理勘查院 …… 386
河北省第二测绘院 …… 385
河北省第三测绘院（河北省航天航空遥感技术应用中心）…… 389
河北省电力勘测设计研究院 …… 384
河北省煤田地质局物测地质队 …… 384
河北省水利水电第二勘测设计研究院 …… 388
河北省欣航测绘院（河北省地质测绘院）…… 388
河北省制图院（河北省渤海测绘管理中心）…… 387
河北天元地理信息科技工程有限公司 …… 386
河北中核岩土工程有限责任公司 …… 383
河北中色测绘有限公司（北京中色测绘院有限公司）…… 389
河南大地地理信息测绘院 …… 424
河南科普信息技术工程有限公司 …… 422
河南省测绘工程院 …… 424
河南省地图院 …… 422
河南省基础地理信息中心 …… 423
河南省焦作地质勘察设计有限公司 …… 421
河南省水利勘测有限公司 …… 424
河南省遥感测绘院 …… 423
河南省中纬测绘规划信息工程有限公司 …… 421
河南中化地质测绘院有限公司 …… 422
河源市明源工程勘察有限公司 …… 439
核工业航测遥感中心 …… 385
黑龙江地理信息工程院 …… 398
黑龙江龙飞航空摄影有限公司 …… 397
黑龙江省测绘地理信息协会 …… 247
黑龙江省测绘地理信息学会 …… 247
黑龙江省地质矿产局测绘院 …… 396
黑龙江省国土资源勘测规划院 …… 400
黑龙江省海天地理信息技术股份有限公司 …… 400
黑龙江中海经测空间信息技术有限公司 …… 399
湖北省测绘成果档案馆 …… 426
湖北省测绘地理信息学会 …… 292
湖北省测绘行业协会 …… 292
湖北省神龙地质工程勘察院 …… 425
湖南地图出版社有限责任公司 …… 431
湖南省测绘产品质量监督检验授权站 …… 431
湖南省测绘科技研究所 …… 430
湖南省地图院 …… 430
湖南省第二测绘院 …… 431
湖南省第三测绘院（湖南省基础地理信息中心）…… 429
湖南省第一测绘院 …… 430
互联网地图安全审校人员培训 …… 180
互联网地图管理（湖南）…… 294
互联网地图监督检查 …… 180
互联网地图监管（甘肃）…… 342
互联网地图监管（湖北）…… 290
互联网地图监管（吉林）…… 239
互联网地图监管（青海）…… 348
互联网地图监控室建设 …… 180
化学工业第一勘察设计院有限公司 …… 385
黄河勘测规划设计有限公司 …… 420
获奖情况（福建）…… 270
获奖情况（河南）…… 285
获奖情况（武汉大学）…… 201
获奖情况（中国测绘科学研究院）…… 202


J


机构建设（河南）…… 282
机构建设（江西）…… 272
机构建设（新疆）…… 355
机构建设（中国卫星导航定位协会）…… 208
机械工业勘察设计研究院有限公司 …… 465
机制建设 …… 180
基本比例尺地形图测绘及更新（北京）…… 211
基层党建工作（天津）…… 217
基层党组织和党员队伍建设（山西）…… 229
基层党组织建设 …… 203
基础测绘（吉林）…… 237
基础测绘（辽宁）…… 233
基础测绘“十三五”规划（西藏）…… 331
基础测绘测图（新疆）…… 356
基础测绘地理信息更新机制（重庆）…… 311
基础测绘工作（浙江）…… 260
基础测绘管理（江西）…… 272
基础测绘规划（青海）…… 348
基础测绘计划（青岛）…… 362
基础测绘计划…… 173
基础测绘经费（河南）…… 283
基础测绘生产（宁夏）…… 352
基础测绘生产（青海）…… 348
基础测绘数据服务（北京）…… 212
基础测绘投入及服务总值（湖北）…… 289
基础测绘项目（河北）…… 221
基础测绘项目（河南）…… 283
基础测绘项目（内蒙古）…… 231
基础测绘项目（天津）…… 215
基础测绘项目（新疆兵团）…… 360
基础地理信息数据更新（湖南）…… 294
基础地理信息资源（重庆）…… 311
基础航空航天遥感影像获取与应用（湖南）…… 294
基础航空摄影（新疆）…… 355
基础航空摄影与卫星影像获取（湖北）…… 289
基础控制测量（北京）…… 211
吉林省测绘地理信息学会…… 242
吉林省测绘与地理信息行业协会…… 242
吉林省地理信息院…… 394
吉林省航测遥感院…… 394
吉林省基础测绘院…… 394
吉林省基础地理信息中心…… 395
吉林省水利水电勘测设计研究院…… 395
计划执行情况（安徽）…… 264
计量检定（福建）…… 268
技能人才…… 190
济南市房产测绘研究院…… 419
济南市勘察测绘研究院（济南市基础地理信息中心）…… 418
佳木斯市勘察测绘研究院…… 401
健全联合执法机制…… 171
江苏煤炭地质物测队…… 403
江苏省测绘地理信息行业协会…… 257
江苏省测绘地理信息思想政治工作研究会…… 258
江苏省测绘地理信息学会…… 257
江苏省测绘工程院…… 402
江苏省基础地理信息中心…… 404
江苏省水文地质工程地质勘察院…… 403
江苏苏州地质工程勘察院…… 404

江苏星月测绘科技股份有限公司 …… 405
江西核工业测绘院 …… 414
江西南方测绘院 …… 413
江西省测绘应急保障服务中心 …… 413
江西省地矿测绘院 …… 412
江西省地理国情监测遥感院 …… 414
江西省地球物理勘察技术院 …… 415
江西省地质矿产勘查开发局赣东北大队 …… 415
江西省电力设计院 …… 414
江西省赣西土木工程勘测设计院 …… 414
江西省国土资源测绘工程总院 …… 411
江西省基础测绘院 …… 411
江西省基础地理信息中心 …… 415
江西省勘察设计研究院 …… 411
江西省煤田地质局测绘大队 …… 415
江西省瑞华国土勘测规划工程有限公司 …… 416
江西省水利规划设计院 …… 412
江西省中核测绘院 …… 415
江西天久测绘院 …… 411
江西有色地质测绘院 …… 412
奖励评选（湖南）…… 296
奖项评选（福建）…… 271
奖项评选（中国地理信息产业协会）…… 206
交流合作（广东）…… 300
交流合作（云南）…… 329
交通运输部北海航海保障中心天津海事测绘中心 …… 377
交通运输部南海航海保障中心广州海事测绘中心 …… 434
教材与教辅图书出版 …… 198
教学管理与师资队伍建设（郑州测绘学校）…… 202
教育培训（新疆）…… 358
教育培训 …… 190
京津冀协同发展工作用图（天津）…… 215
经费保障（贵州）…… 323
经费管理（青海）…… 348
经费管理（上海）…… 249
经费投入（青海）…… 348
经费投入（陕西）…… 336
精神文明创建（云南）…… 329
精神文明建设（重庆）…… 314
精神文明建设（福建）…… 270
精神文明建设（甘肃）…… 344
精神文明建设（广东）…… 300
精神文明建设（黑龙江）…… 247
精神文明建设（湖北）…… 292
精神文明建设（湖南）…… 295
精神文明建设（江苏）…… 257
精神文明建设（辽宁）…… 234
精神文明建设（厦门）…… 373
精神文明建设（山东）…… 280
九江地质工程勘察院 …… 412
局内立法工作 …… 170
局重点工作经费 …… 172
军队测绘导航部门应急保障 …… 182

K

抗震救灾应急保障 …… 182
科技成果（河北）…… 223
科技成果鉴定（中国卫星导航定位协会）…… 208
科技成果转化及应用（天津）…… 216
科技创新（甘肃）…… 344
科技创新（广西）…… 305
科技创新（河南）…… 285
科技创新（黑龙江）…… 246
科技创新（湖北）…… 291
科技创新（吉林）…… 240
科技创新（江西）…… 274
科技创新（山东）…… 279
科技创新（山西）…… 228
科技创新（陕西）…… 338
科技创新（四川）…… 319
科技创新（新疆）…… 357
科技创新和“走出去”战略宣传 …… 196
科技创新能力建设（湖南）…… 295
科技创新平台建设（湖南）…… 295
科技创新与成果（江苏）…… 256
科技发展规划 …… 183
科技工作（安徽）…… 265
科技工作（上海）…… 251
科技工作（浙江）…… 261
科技管理（海南）…… 308
科技管理（河南）…… 285
科技管理（四川）…… 319
科技合作（河南）…… 285
科技奖励（广东）…… 300
科技奖励（吉林）…… 241
科技奖励（宁波）…… 367
科技奖励（山东）…… 279
科技奖励（山西）…… 228
科技奖励（深圳）…… 369
科技奖励（新疆）…… 358
科技奖励（云南）…… 329
科技奖励（中国测绘地理信息学会）… 205
科技交流与合作（陕西）…… 338
科技人才举荐（中国测绘地理信息学会）…… 205
科技项目（重庆）…… 313
科技项目（福建）…… 270
科技项目（青海）…… 349
科技项目（四川）…… 319
科技项目管理 …… 184
科技项目进展（北京）…… 212
科技研发（云南）…… 329
科普活动（中国测绘地理信息学会）…… 205
科普培训（新疆）…… 359
科研机构建设（北京）…… 213
科研情况（武汉大学）…… 201
科研项目绩效评估（湖南）…… 295
库尔勒天拓勘察测绘院 …… 474

L

离退休干部工作部门建设 …… 191
离退休干部人数 …… 190
理想信念教育 …… 203
立得空间信息技术股份有限公司 …… 426
立法工作（湖北）…… 289
立法工作（江西）…… 272
立法工作（辽宁）…… 233
立法工作（浙江）…… 259
立法计划（青海）…… 347
廉政建设（福建）…… 270
廉政建设（山东）…… 280
“两违”整治工作（厦门）…… 370
辽宁达荣信息技术有限公司 …… 393
辽宁电力勘测设计院 …… 392
辽宁经纬测绘规划建设有限公司 …… 392
辽宁省地理信息院 …… 392
辽宁省基础测绘院 …… 392
辽宁省摄影测量与遥感院 …… 393
辽宁省水利水电勘测设计研究院 …… 393
柳州市勘察测绘研究院 …… 444
“六五”普法落实 …… 171
龙岩市经纬测绘有限公司 …… 410
龙岩市勘察测绘大队 …… 409

M

马航失联突发事件应急测绘保障 …… 182
门户网站建设 …… 194
民生工程（陕西）…… 339
民用《航海图书目录》 …… 175
民用 S-57 标准数字海图编制 …… 175
民主建设及行风、作风建设（郑州测绘学校）…… 202
民族团结工作（新疆）…… 358
牡丹江市勘察测绘研究院 …… 400

N

南昌市测绘勘察研究院 …………………… 413
南宁市国土资源信息中心 ……………… 445
南宁市勘察测绘地理信息院 ………… 444
南通市测绘院有限公司 ………………… 403
内部审计 …………………………………… 204
内网门户建设 ……………………………… 194
宁波市测绘设计研究院 ………………… 405
宁夏回族自治区国土测绘院 ………… 473
宁夏回族自治区基础测绘院 ………… 473
宁夏回族自治区遥感测绘勘查院（宁夏回族自治区遥感中心）………………… 473
农村集体土地确权登记（河南）……… 282
农村土地承包经营权确权登记（黑龙江）…………………………………………… 244
农村土地确权测绘（福建）…………… 268
农村土地确权航空摄影（广西）……… 302

P

培训工作（深圳）………………………… 369
平面控制网、高程控制网建设（西藏） … 331
莆田市城乡勘测设计研究院 ………… 410
普法宣传（北京）………………………… 211
普法宣传（湖北）………………………… 289
普法宣传（江西）………………………… 272
普湾以北 0.2 米分辨率数字正射影像图制作 …………………………………… 363
普湾以南道路网更新 ………………… 363

Q

齐齐哈尔市国土资源勘测规划设计院有限公司 ……………………………… 396
其他测绘项目（内蒙古）……………… 231
其他重点项目（四川）………………… 317
企业负责人培训 ……………………… 179
秦皇岛市测绘大队 …………………… 386
青岛市勘察测绘研究院（青岛市基础地理信息与遥感中心）……………… 419
青海藏区现代测绘基准体系建设 …… 348
青海煤炭地质局测绘工程院 ………… 472
青海省测绘地理信息学会 …………… 350
青海省测绘与地理信息行业协会 …… 350
青海省柴达木综合地质矿产勘查院 … 472
青海省地矿测绘院 …………………… 471
青海省地理信息公共服务平台建设 … 347
青海省第二测绘院 …………………… 470
青海省第一测绘院 …………………… 471
青海省核工业地质局 ………………… 472
青海省基础地理信息中心 …………… 470
青海天域北斗数码测绘科技有限公司 … 472
清理整治工作（天津）………………… 217
秋冬季秸秆焚烧监测（河北）………… 219
权力制约和监督 ……………………… 204
全国测绘技能竞赛 …………………… 201
全国测量标志动态信息管理系统定制与应用 ……………………………… 173
全区航空摄影（广西）………………… 304
全省帮扶村规划紧急测图项目（河北）………………………………………… 221
泉州市房地产测绘队 ………………… 410
群团工作（山东）……………………… 280
群团组织建设（广西）………………… 306

R

人才队伍建设（甘肃）………………… 345
人才队伍建设（海南）………………… 309
人才队伍建设（湖北）………………… 291
人才队伍建设（上海）………………… 251
人才队伍建设（天津）………………… 216
人才队伍建设（云南）………………… 329
人才培养（安徽）……………………… 265
人才培养（重庆）……………………… 313
人才培养（福建）……………………… 270
人才培养（广西）……………………… 305
人才培养（河北）……………………… 223
人才培养（河南）……………………… 285
人才培养（黑龙江）…………………… 246
人才培养（湖南）……………………… 295
人才培养（吉林）……………………… 241
人才培养（江苏）……………………… 256
人才培养（辽宁）……………………… 234
人才培养（宁夏）……………………… 353
人才培养（青海）……………………… 350
人才培养（山东）……………………… 280
人才培养（山西）……………………… 229
人才培养（陕西）……………………… 338
人才培养（四川）……………………… 320
人才培养（西藏）……………………… 333
人才培养（新疆）……………………… 358
人才培养（新疆兵团）………………… 360
人才培养（浙江）……………………… 261
人才培养（中国测绘科学研究院）…… 202
人事制度改革 ………………………… 189
人员及培训情况（河南）……………… 285
人员经费 ……………………………… 172
日照市城乡建设勘察测绘院有限公司 … 416

S

三级 GNSS 大地控制网建设 …………… 174
山东海天地理信息工程有限公司 …… 418
山东明嘉勘察测绘有限公司 ………… 417
山东省城乡建设勘察设计研究院 …… 420
山东省地图院 ………………………… 418
山东省国土测绘院 …………………… 419
山东省水利勘测设计院 ……………… 420
山东省物化探勘查院 ………………… 417
山东正元地球物理信息技术有限公司 … 417
山东正元航空遥感技术有限公司 …… 417
山西省测绘行业协会 ………………… 230
山西省测绘学会和山西省地理信息系统协会 ……………………………… 229
山西省地质测绘院（山西省地质勘查局测绘队）………………………… 391
山西省第六地质工程勘察院 ………… 391
山西省水利水电勘测设计研究院 …… 390
山西天昇测绘工程有限公司 ………… 390
陕西测绘地理信息局测绘开发服务中心 ………………………………………… 469
陕西省测绘地理信息学会 …………… 339
陕西省地理信息产业协会 …………… 340
陕西省地质矿产勘查开发局测绘队（陕西国土测绘工程院） …………… 464
陕西省交通规划设计研究院 ………… 466
陕西省煤田物探测绘有限公司 ……… 465
陕西省水利电力勘测设计研究院 …… 469
陕西天润科技股份有限公司 ………… 465
社会服务（宁波）……………………… 366
涉密测绘成果管理（河南）…………… 284
涉密测绘成果管理（湖北）…………… 290
涉密测绘成果执法检查（吉林）……… 239
涉密成果服务（厦门）………………… 371
涉密成果管理（安徽）………………… 265
涉密成果管理（北京）………………… 212
涉密成果管理（大连）………………… 364
涉密成果管理（甘肃）………………… 343
涉密成果管理（黑龙江）……………… 246
涉密成果管理（山东）………………… 279
涉密成果管理（西藏）………………… 332
涉密成果检查（新疆）………………… 357
涉密生产网络建设（辽宁）…………… 233
深圳地质建设工程公司 ……………… 439
深圳市爱华勘测工程有限公司 ……… 440
深圳市规划国土房产信息中心（深圳市空间地理信息中心）……………… 435
深圳市凯立德科技股份有限公司 …… 437
深圳市勘察测绘院有限公司 ………… 435
深圳市勘察研究院有限公司 ………… 438
深圳市蓝天鹤测绘有限公司 ………… 441
深圳市赛格导航科技股份有限公司 … 432
深圳市水务规划设计院 ……………… 440

深圳市现代测绘基准体系建设 ……… 368
深圳市长勘勘察设计有限公司 ……… 437
深圳市中正测绘科技有限公司 ……… 440
神华神东煤炭集团有限责任公司（地质勘探测量公司）………………………… 466
沈阳美行科技有限公司 …………… 393
省级“十二五”基础测绘（云南）…… 327
省级基础测绘（福建）………………… 268
省级基础测绘（甘肃）………………… 342
省级基础测绘（广东）………………… 298
省级基础测绘（广西）………………… 304
省级基础测绘（黑龙江）……………… 245
省级基础测绘（江苏）………………… 254
省级基础测绘（山东）………………… 277
省级基础测绘（山西）………………… 227
省级基础测绘（陕西）………………… 336
省级基础测绘规划项目（四川）……… 317
省级基础测绘计划（河北）…………… 221
师资队伍建设（中国测绘科学研究院）…………………………………… 202
时空信息云平台建设（云南）………… 326
实践性教学与对外培训（郑州测绘学校）…………………………………… 202
“十三五”规划编制工作（云南）…… 326
实用参考书出版 ……………………… 197
市（县）级基础测绘（江苏）………… 254
市（州）基础测绘（四川）…………… 317
市场诚信体系建设（云南）…………… 327
市场管理（辽宁）……………………… 233
市场监督（广西）……………………… 303
市场监管（北京）……………………… 211
市场监管（福建）……………………… 267
市场监管（黑龙江）…………………… 244
市场监管（湖北）……………………… 289
市场监管（江苏）……………………… 254
市场监管（青岛）……………………… 361
市场监管（山东）……………………… 277
市场监管（陕西）……………………… 335
市场监管（上海）……………………… 249
市场监管（深圳）……………………… 368
市场监管（四川）……………………… 316
市场监管（云南）……………………… 327
市场监管（浙江）……………………… 260
市场监管与行政执法（贵州）………… 322
市场信用体系建设（北京）…………… 210
市场信用体系建设（山西）…………… 226
市场专项监管（河北）………………… 220
市县基础测绘（福建）………………… 268
市县基础测绘（广东）………………… 298
事业单位分类改革 …………………… 189
收入分配制度改革 …………………… 189
首次领导工作用图交换和共享 ……… 180
书刊出版（中国卫星导航定位协会）…… 208
数字城市和“天地图·浙江”建设应用（浙江）……………………………… 258
数字城市建设（安徽）………………… 263
数字城市建设（北京）………………… 209
数字城市建设（重庆）………………… 310
数字城市建设（福建）………………… 266
数字城市建设（甘肃）………………… 341
数字城市建设（广东）………………… 297
数字城市建设（贵州）………………… 322
数字城市建设（海南）………………… 306
数字城市建设（河北）………………… 218
数字城市建设（河南）………………… 281
数字城市建设（黑龙江）……………… 243
数字城市建设（湖北）………………… 288
数字城市建设（湖南）………………… 293
数字城市建设（吉林）………………… 235
数字城市建设（江苏）………………… 253
数字城市建设（江西）………………… 271
数字城市建设（辽宁）………………… 232
数字城市建设（内蒙古）……………… 230
数字城市建设（宁波）………………… 365
数字城市建设（宁夏）………………… 351
数字城市建设（青岛）………………… 361
数字城市建设（青海）………………… 346
数字城市建设（厦门）………………… 370
数字城市建设（山东）………………… 275
数字城市建设（陕西）………………… 334
数字城市建设（深圳）………………… 368
数字城市建设（四川）………………… 314
数字城市建设（新疆）………………… 354
数字城市建设（云南）………………… 325
数字数字建设（广西）………………… 302
数字天津地理空间框架（天津）……… 214
“双先”推荐工作 …………………… 190
双鸭山市国土资源勘测规划院 ……… 400
水利部新疆维吾尔自治区水利水电勘测设计研究院 ……………………… 478
思想政治建设 ………………………… 190
四川空间信息产业发展有限公司 …… 456
四川省川建勘察设计院 ……………… 457
四川省地震局测绘工程院 …………… 451
四川省地质测绘院 …………………… 450
四川省地质工程勘察院 ……………… 450
四川省国土勘测规划研究院 ………… 455
四川省核工业地质调查院 …………… 453
四川省交通运输厅公路规划勘察设计研究院 ……………………………… 452
四川省交通运输厅交通勘察设计研究院…………………………………… 457
四川省煤田测绘工程院……………… 454
四川省煤田地质局一三七队………… 451
四川省水利水电勘测设计研究院……… 452
四川省冶金地质勘查局测绘工程大队 … 453
四川省冶金地质勘查局六〇一大队…… 454
四川省优秀测绘工程评选……………… 321
四川旭普信息产业发展有限公司……… 456
四川永鸿测绘有限公司………………… 453
四川鱼鳞图信息技术股份有限公司…… 454
四川中测天翔遥感技术有限责任公司 … 455
四川中水成勘院测绘工程有限责任公司…………………………………… 456
苏州市测绘院有限责任公司…………… 404

T

塔城地区国土资源规划研究院………… 474
体制机制建设（甘肃）………………… 345
体制机制建设（浙江）………………… 260
“天地图·安徽”建设 ……………… 263
“天地图·北京”建设 ……………… 209
“天地图·重庆”建设 ……………… 310
“天地图·福建”建设 ……………… 267
“天地图·甘肃”建设 ……………… 341
“天地图·广东”建设 ……………… 297
“天地图·贵州”建设 ……………… 322
“天地图·海南”建设 ……………… 307
“天地图·河北”建设 ……………… 218
“天地图·河南”建设 ……………… 281
“天地图·湖北”建设 ……………… 288
“天地图·湖南”建设 ……………… 293
“天地图·吉林”建设 ……………… 236
“天地图”建设（大连） …………… 363
“天地图”建设（广西） …………… 302
“天地图”建设（黑龙江） ………… 243
“天地图”建设（陕西） …………… 334
“天地图”建设与应用总体情况 …… 167
“天地图·江苏”建设 ……………… 253
“天地图·江西”建设 ……………… 271
“天地图·辽宁”建设 ……………… 233
“天地图·内蒙古”建设 …………… 230
“天地图·青海”建设 ……………… 346
“天地图·山东”建设 ……………… 275
“天地图·山西”建设 ……………… 225
“天地图·深圳”建设 ……………… 368
“天地图”数据覆盖 ………………… 167
“天地图·四川”建设 ……………… 314
“天地图·天津”建设 ……………… 214
“天地图·西藏”建设 ……………… 330

"天地图·新疆"建设 …… 354
"天地图. 云南"建设 …… 325
"天地图"制度建设 …… 167
天津港湾水运工程有限公司 …… 381
天津金宇信息技术有限公司 …… 381
天津市测绘院 …… 381
天津市地质工程勘察院 …… 377
天津市国土资源测绘和房屋测量中心 …… 380
天津市勘察院 …… 380
天津市市政工程设计研究院 …… 381
天津市水利勘测设计院 …… 378
天津市星际空间地理信息工程有限公司 …… 378
天津水运工程勘察设计院 …… 379
铁道第三勘察设计院集团有限公司 …… 382
统计工作考核评比 …… 199
统计手册编制 …… 200
统一监管（甘肃）…… 342
统一监管（河北）…… 220
土地变更调查和美好乡村建设保障服务（安徽） …… 265
推动京津冀测绘地理信息协同发展（河北） …… 219
拓展财政资金渠道 …… 173

W

外事管理（甘肃）…… 344
网站宣传 …… 195
潍坊市勘察测绘研究院 …… 416
为国家重大测绘项目提供协调服务（西藏） …… 331
为社会服务（山西）…… 228
卫星导航定位科学技术奖 …… 208
卫星导航系统数据中心落户 …… 201
卫星定位连续运行参考站建设管理（河北） …… 219
卫星激光测距与系统维护 …… 174
为政府决策服务（山西）…… 227
为重点项目服务（山西）…… 228
卫星数据统筹 …… 177
文化建设（安徽）…… 265
文化建设（北京）…… 213
文化建设（广西）…… 305
文化建设（海南）…… 309
文化建设（河北）…… 223
文化建设（河南）…… 286
文化建设（湖北）…… 292
文化建设（吉林）…… 242
文化建设（江苏）…… 257
文化建设（江西）…… 274
文化建设（内蒙古）…… 232
文化建设（宁夏）…… 353
文化建设（青海）…… 350
文化建设（陕西）…… 339
文化建设（上海）…… 252
文化建设（天津）…… 217
文化建设（西藏）…… 332
文化建设（新疆）…… 358
文化建设（新疆兵团）…… 360
文化建设（浙江）…… 262
文明和谐建设（山西）…… 229
文体活动 …… 191
"问题地图"专项治理 …… 180
我国边境地区地理信息资源开发建设项目前期研究 …… 169
乌鲁木齐市城市勘察测绘院 …… 475
乌鲁木齐市国土资源勘测规划院 …… 475
无人机航空摄影系统（新疆兵团）…… 360
武汉市测绘研究院 …… 426
武汉中地数码科技有限公司 …… 427
"五型机关"创建活动 …… 203

X

西安大地测绘股份有限公司 …… 467
西安地图出版社 …… 469
西安华测航摄遥感有限公司 …… 466
西安建材地质工程勘察院 …… 466
西安煤航信息产业有限公司 …… 459
西安市勘察测绘院（西安市地理信息中心） …… 459
西安西北有色金属测绘院有限公司 …… 467
西安中飞航空遥感技术有限公司 …… 469
西安中勘工程有限公司 …… 459
西北综合勘察设计研究院 …… 459
西部人才援助 …… 190
西藏应急平台升级建设 …… 331
西藏自治区测绘院 …… 458
西藏自治区基础测绘地理信息系统 …… 331
西宁市测绘院 …… 472
厦门闽矿测绘院 …… 409
厦门亿力吉奥信息科技有限公司 …… 408
咸阳市勘察测绘院 …… 462
县（市）基础测绘规划编制（广西）…… 304
现代测绘基础设施（重庆）…… 311
现代测绘基准体系建设（安徽）…… 264
现代测绘基准体系建设（甘肃）…… 342
现代数据采集体系建设（宁波）…… 367
项目招投标监管 …… 179
效能建设（厦门）…… 373
新疆兵团勘测设计院（集团）有限责任公司 …… 478
新疆地矿测绘院 …… 477
新疆疆海测绘院 …… 479
新疆生产建设兵团图集项目 …… 360
新疆石油勘察设计研究院（有限公司） …… 476
新疆维吾尔自治区第二测绘院 …… 479
新疆维吾尔自治区第一测绘院 …… 474
新疆维吾尔自治区国土资源规划研究院 …… 476
新疆维吾尔自治区基础地理信息中心（新疆维吾尔自治区测绘档案资料馆） …… 477
新疆维吾尔自治区交通规划勘察设计研究院 …… 475
新疆维吾尔自治区煤田地质局综合地质勘查队 …… 476
新媒体宣传 …… 195
新农村建设测绘保障服务示范项目 …… 173
信息安全保障 …… 194
信息化测绘技术体系建设 …… 184
信息化测绘体系建设（青海）…… 347
信用评定（广西）…… 303
信用体系建设（青海）…… 347
信用体系建设（山东）…… 277
信用体系建设（深圳）…… 368
信用信息评价（安徽）…… 264
行政管理（广西）…… 303
行政管理（吉林）…… 237
行政管理体制建设和事业单位分类改革（云南） …… 326
行政审批（广西）…… 303
行政审批（吉林）…… 237
行政审批（宁波）…… 365
行政审批（青海）…… 347
行政审批改革（北京）…… 210
行政审批改革（甘肃）…… 341
行政审批改革（黑龙江）…… 244
行政审批权清理（福建）…… 267
行政效能建设（云南）…… 329
行政许可事项清理（新疆）…… 355
行政执法（安徽）…… 264
行政执法（甘肃）…… 342
行政执法（河北）…… 220
行政执法（河南）…… 282
行政执法（湖北）…… 289
行政执法（吉林）…… 237
行政执法（江西）…… 272
行政执法（辽宁）…… 233
行政执法（青海）…… 347

行政执法（新疆）…… 355
行政执法队伍建设（云南）…… 326
宣传工作（河南）…… 286
宣传工作（辽宁）…… 234
宣传工作（深圳）…… 370
宣传工作（西藏）…… 333
宣传工作（新疆）…… 359
学会换届（福建）…… 270
学会活动（四川）…… 321
学科发展研究（中国测绘地理信息学会）…… 206
学科排名情况（武汉大学）…… 201
学术活动（湖南）…… 296
学术交流（福建）…… 270
学术交流（山东）…… 281
学术交流（新疆）…… 359
学术交流（中国测绘地理信息学会）…… 205
学术平台建设（湖南）…… 296
学习落实（山西）…… 229
学习型党组织建设（吉林）…… 241
巡视工作 …… 204

Y

阳泉新宇岩土工程有限责任公司 …… 391
依法行政（重庆）…… 311
依法行政（福建）…… 267
依法行政（广东）…… 298
依法行政（广西）…… 302
依法行政（海南）…… 307
依法行政（河北）…… 220
依法行政（湖北）…… 289
依法行政（湖南）…… 294
依法行政（江苏）…… 253
依法行政（江西）…… 272
依法行政（山东）…… 276
依法行政（山西）…… 226
依法行政（四川）…… 316
影像成果接收与分发 …… 175
影像获取和共享机制（山东）…… 277
影像应用服务 …… 177
应急保障（重庆）…… 313
应急保障（福建）…… 269
应急保障（甘肃）…… 343
应急保障（河南）…… 284
应急保障（湖北）…… 291
应急保障（吉林）…… 240
应急保障（江苏）…… 255
应急保障（江西）…… 274
应急保障（内蒙古）…… 231
应急保障（宁波）…… 366
应急保障（青海）…… 349
应急保障（山东）…… 279
应急保障（陕西）…… 337
应急保障（深圳）…… 369
应急保障（四川）…… 316
应急保障（新疆）…… 357
应急保障（云南）…… 328
应急保障（浙江）…… 261
应急保障服务（黑龙江）…… 246
应急测绘（海南）…… 308
应急测绘（山西）…… 228
应急测绘保障（北京）…… 212
应急规划项目立项 …… 182
应用服务（广东）…… 299
应用服务（上海）…… 251
应用推介 …… 168
云南省测绘学会 …… 329
云南省地理信息协会 …… 330

Z

战略合作与资源共享 …… 184
战略性融合发展（吉林）…… 238
招生工作（郑州测绘学校）…… 202
招生情况（武汉大学）…… 200
浙江华东测绘地理信息有限公司 …… 406
浙江省测绘大队 …… 406
浙江省测绘与地理信息行业协会 …… 262
浙江省测绘与地理信息学会 …… 262
浙江省测绘职工思想政治工作研究会 … 262
浙江省地理空间数据交换和共享平台推广应用 …… 259
浙江省地理信息中心 …… 407
浙江省第二测绘院 …… 406
浙江省第一测绘院 …… 407
浙江省河海测绘院 …… 407
浙江省信息化测绘创新基地（国家测绘地理信息局东海测绘基地）…… 259
镇江市勘察测绘研究院 …… 403
征地拆迁测算服务（厦门）…… 372
正元地球物理有限责任公司（中国冶金地质总局地球物理勘查院）…… 383
郑州中核岩土工程有限公司 …… 421
政务公开（青海）…… 347
政务信息资源管理 …… 194
政务宣传（吉林）…… 242
职称评审（海南）…… 309
执法队伍建设（河北）…… 220
执法队伍建设 …… 171
执法管理 …… 171
执法制度建设 …… 170
执业资格与职称制度…… 191
职业分类大典修订…… 191
职业技能鉴定管理…… 191
职业技能竞赛…… 191
职业技能培训与鉴定（吉林）…… 241
职业资格管理（河南）…… 285
制度建设（重庆）…… 311
制度建设（河北）…… 219
制度建设（宁波）…… 367
制度建设（青岛）…… 361
质量管理（安徽）…… 264
质量管理（北京）…… 211
质量管理（河北）…… 221
质量管理（湖南）…… 294
质量管理（江苏）…… 254
质量管理（山西）…… 227
质量管理（陕西）…… 336
质量管理（云南）…… 328
质量监督（重庆）…… 312
质量监督（福建）…… 268
质量监督（广西）…… 304
质量监督（海南）…… 308
质量监督（河南）…… 283
质量监督（湖北）…… 290
质量监督（吉林）…… 238
质量监督（宁夏）…… 352
质量监督（青海）…… 348
质量监督（山东）…… 278
质量监督（上海）…… 250
质量监督（深圳）…… 369
质量监督（新疆）…… 356
质量监督检查（天津）…… 215
质量监督与计量总体情况…… 178
质量监管（广东）…… 299
质量监管（四川）…… 318
智慧城市建设（大连）…… 363
智慧城市试点（山西）…… 224
“智慧上海”和“天地图·上海”建设 …… 248
中地信地理信息股权投资基金…… 207
中国测绘科学研究院科技项目…… 184
中国城市规划协会城市勘测专业委员会 …… 213
中国城市规划协会地下管线专业委员会 …… 214
中国大陆构造环境监测网络运行维护 … 174
中国地震局第二监测中心…… 467
中国地震局第一监测中心…… 379
中国电力工程顾问集团东北电力设计院 …… 396

中国电力工程顾问集团西北电力设计院有限公司 …… 467
中国电力工程顾问集团西南电力设计院有限公司 …… 458
中国电力工程顾问集团中南电力设计院有限公司 …… 425
中国建筑材料工业地质勘查中心河北总队 …… 384
中国建筑材料工业地质勘查中心辽宁总队 …… 392
中国建筑材料工业地质勘查中心四川总队 …… 457
中国建筑西南勘察设计研究院有限公司 …… 452
中国能源建设集团广东省电力设计研究院 …… 435
中国能源建设集团黑龙江省电力勘察设计研究院有限公司 …… 397
中国能源建设集团新疆电力设计院有限公司 …… 477
中国石油集团川庆钻探工程有限公司地球物理勘探公司 …… 451
中国石油集团东方地球物理勘探有限责任公司 …… 386
中国石油天然气管道工程有限公司 …… 382
中国水利水电第七工程局有限公司 …… 457
中国水利水电第三工程局有限公司 …… 464
中国水利水电第四工程局有限公司 …… 471
中国有色金属工业西安勘察设计研究院 …… 460
中国与不丹边界勘测 …… 176
中国与俄罗斯国界第一次联检测绘 …… 176
《中华人民共和国测绘法》修订研究 …… 169
中冀石化工程设计有限公司 …… 390
中交第四航务工程勘察设计院有限公司 …… 440
中交第一公路勘察设计研究院有限公司 …… 460
中交第一航务工程勘察设计院有限公司 …… 379
中交广州航道局有限公司 …… 437
中交天津港航勘察设计研究院有限公司 …… 379
中节能建设工程设计院有限公司 …… 457
中勘冶金勘察设计研究院有限责任公司 …… 385
中煤西安设计工程有限责任公司 …… 462
中石化石油工程设计有限公司 …… 419
中水北方勘测设计研究有限责任公司 …… 380
中水珠江规划勘测设计有限公司 …… 434
中铁八局集团有限公司 …… 451
中铁大桥局集团第五工程有限公司 …… 414
中铁第四勘察设计院集团有限公司 …… 426
中铁第一勘察设计院集团有限公司 …… 460
中铁二局集团有限公司 …… 455
中铁二院工程集团有限责任公司 …… 455
中铁隧道勘测设计院有限公司 …… 378
中铁一局集团宝鸡精密测绘工程有限公司 …… 464
中铁一局集团有限公司 …… 462
中央决策部署贯彻落实 …… 203
中冶成都勘察研究总院有限公司 …… 452
中冶集团武汉勘察研究院有限公司 …… 428
重大案件查办 …… 171
重大工程测绘保障（宁波）…… 366
重大工程宣传 …… 195
重大基础测绘项目（甘肃）…… 342
重大项目质量监督 …… 178
重点地区 1:1 万基础地理信息数据采集及成图（西藏）…… 331
重点实验室建设 …… 183
重点项目（山西）…… 225
重要讲话精神学习贯彻 …… 203
珠海市测绘院 …… 435
主题宣讲（中国卫星导航定位协会）…… 208
主要海图产品 …… 175
主要航海图书 …… 175
专业技术人才 …… 189
装备建设（陕西）…… 336
装备生产（河南）…… 283
资源三号卫星数据生产 …… 177
资源三号卫星应用系统初步验收 …… 176
资质管理（安徽）…… 264
资质管理（北京）…… 210
资质管理（大连）…… 363
资质管理（福建）…… 267
资质管理（广东）…… 298
资质管理（广西）…… 303
资质管理（海南）…… 307
资质管理（河北）……
资质管理（河南）…… 282
资质管理（黑龙江）…… 244
资质管理（湖北）…… 289
资质管理（吉林）…… 237
资质管理（辽宁）…… 233
资质管理（宁夏）…… 351
资质管理（青岛）…… 361
资质管理（青海）…… 347
资质管理（厦门）…… 371
资质管理（山东）…… 276
资质管理（山西）…… 226
资质管理（陕西）…… 335
资质管理（上海）…… 249
资质管理（深圳）…… 368
资质管理（天津）…… 215
资质管理（新疆）…… 355
资质管理（浙江）…… 260
资质管理制度 …… 178
资质审批 …… 179
淄博市勘察测绘研究院有限公司 …… 417
自身建设（湖南）…… 296
自身建设（中国测绘地理信息学会）…… 205
综合出版 …… 198
综合市情系统（重庆）…… 311
综合统计分析 …… 200
总体情况 …… 194
走访慰问活动 …… 191
组织建设（山东）…… 280
组织建设（新疆）…… 359
作风建设（吉林）…… 241
坐标系转换（大连）…… 363
坐标转换（深圳）…… 369

**图书在版编目（CIP）数据**

中国测绘地理信息年鉴. 2015 / 国家测绘地理信息局编. —北京 ：测绘出版社, 2015.8
ISBN 978-7-5030-3778-8

Ⅰ. ①中… Ⅱ. ①国… Ⅲ. ①测绘事业—中国—2015—年鉴 Ⅳ. ① P2-54

中国版本图书馆 CIP 数据核字（2015）第 186831 号

**责任编辑** 余易举 马驰原 程立海 李鹏飞 **封面设计** 刘宝石 **责任校对** 杨利娜 **责任印制** 王 超

出版发行 测绘出版社

地　　址 北京市西城区三里河路 50 号　　电　　话 010-68531609 68512386（门市部）
010-63881627（年鉴编辑部）

邮政编码 100045

电子邮箱 smp@sinomaps.com　　网　　址 www.chinasmp.com

印　　刷 北京华联印刷有限公司　　经　　销 新华书店

成品规格 185mm × 260mm　　字　　数 1480千字

印　　张 49.125　　彩　　插 78面

版　　次 2015 年 8 月第 1 版　　印　　次 2015 年 8 月第 1 次印刷

印　　数 0001—4600　　定　　价 278.00 元

书　　号 ISBN 978-7-5030-3778-8/P · 804

审 图 号 GS（2015）1575号

本书如有印装质量问题，请与我社门市部联系调换。

北京华联印刷
质检员 6